TRADUÇÃO DA SÉTIMA EDIÇÃO

administração
estratégica

criando vantagens competitivas

Gregory G. Dess
University of Texas
em Dallas

G. T. Lumpkin
Syracuse University

Alan B. Eisner
Pace University

Gerry McNamara
Michigan State
University

ALTA BOOKS
EDITORA
Rio de Janeiro, 2016

Administração Estratégica — criando vantagens competitivas (tradução da sétima edição)
Copyright © 2016 da Starlin Alta Editora e Consultoria Eireli. ISBN: 978-85-508-0040-0

Translated from original Strategic Management: creating competitive advantages, seventh edition by Gregory G. Dess, G. T. Lumpkin, Alan B. Eisner and Gerry McNamara. Copyright © 2014 by McGraw-Hill Education. ISBN 978-0-07-763608-1. This translation is published and sold by permission of McGraw-Hill Education, the owner of all rights to publish and sell the same. PORTUGUESE language edition published by Starlin Alta Editora e Consultoria Eireli, Copyright © 2016 by Starlin Alta Editora e Consultoria Eireli.

Todos os direitos estão reservados e protegidos por Lei. Nenhuma parte deste livro, sem autorização prévia por escrito da editora, poderá ser reproduzida ou transmitida. A violação dos Direitos Autorais é crime estabelecido na Lei nº 9.610/98 e com punição de acordo com o artigo 184 do Código Penal.

A editora não se responsabiliza pelo conteúdo da obra, formulada exclusivamente pelo(s) autor(es).

Marcas Registradas: Todos os termos mencionados e reconhecidos como Marca Registrada e/ou Comercial são de responsabilidade de seus proprietários. A editora informa não estar associada a nenhum produto e/ou fornecedor apresentado no livro.

Impresso no Brasil — 1ª Edição, 2016 - Edição revisada conforme o Acordo Ortográfico da Língua Portuguesa de 2009.

Obra disponível para venda corporativa e/ou personalizada. Para mais informações, fale com projetos@altabooks.com.br

Produção Editorial	**Gerência Editorial**	**Marketing Editorial**	**Gerência de Captação e Contratação de Obras**	**Vendas Atacado e Varejo**
Editora Alta Books	Anderson Vieira	Silas Amaro marketing@altabooks.com.br	autoria@altabooks.com.br	Daniele Fonseca Viviane Paiva comercial@altabooks.com.br
Produtor Editorial Claudia Braga	**Supervisão de Qualidade Editorial** Sergio de Souza			**Ouvidoria** ouvidoria@altabooks.com.br
Produtor Editorial (Design) Aurélio Corrêa				

Equipe Editorial	Bianca Teodoro Christian Danniel	Juliana de Oliveira Renan Castro	Thiê Alves		
Tradução Renan Amorim	**Copidesque** Carlos Bacci	**Revisão Gramatical** Alessandro Thomé	**Revisão Técnica** Paulo Cesar Lopes Pereira DSc, Prof. Adjunto na FACC/UFRJ	**Diagramação** Joyce Matos	**Capa** Bianca Teodoro

Erratas e arquivos de apoio: No site da editora relatamos, com a devida correção, qualquer erro encontrado em nossos livros, bem como disponibilizamos arquivos de apoio se aplicáveis à obra em questão.

Acesse o site www.altabooks.com.br e procure pelo título do livro desejado para ter acesso às erratas, aos arquivos de apoio e/ou a outros conteúdos aplicáveis à obra.

Suporte Técnico: A obra é comercializada na forma em que está, sem direito a suporte técnico ou orientação pessoal/exclusiva ao leitor.

Dados Internacionais de Catalogação na Publicação (CIP)
Vagner Rodolfo CRB-8/9410

D475a Dess, Gregory G.
   Administração estratégica: a criação de vantagens competitivas / Gregory G. Dess, G. T. Lumpkin, Alan B. Eisner, Gerry McNamara ; traduzido por Renan Amorim dos Santos. - Rio de Janeiro : Alta Books, 2016.
   496 p. : il. ; 21cm x 28cm.

   Tradução de Stratégic Management: Creating Competitive Advantages.
   Inclui índice e anexo.
   ISBN: 978-85-508-0040-0
   1. Gerenciamento de projetos. 2. Planejamento. 3. Avaliação de desempenho. 4. Métricas. I. Lumpkin, G. T. II. Alan B. Eisner, Alan B. III. McNamara, Gerry. IV. Santos, Renan Amorim dos. V. Título.

   CDD 658.401
   CDU 658.011.2

Rua Viúva Cláudio, 291 — Bairro Industrial do Jacaré
CEP: 20.970-031 — Rio de Janeiro (RJ)
Tels.: (21) 3278-8069 / 3278-8419
www.altabooks.com.br — altabooks@altabooks.com.br
www.facebook.com/altabooks — www.instagram.com/altabooks

DEDICATÓRIA

Para minha família, Margie e Taylor; meus pais, Bill e Mary Dess; e Walter Descovich
– Greg

Para minha querida esposa, Vicki, e para meus estudantes e colegas
– Tom

Para minha família, Helaine, Rachel e Jacob
– Alan

Para minha maravilhosa esposa, Gaelen; meus filhos, Megan e AJ; e meus pais, Gene e Jane
– Gerry

sobre os autores

Gregory G. Dess

Professor de Administração titular da Cátedra Andrew R. Cecil (ilustre estudioso da instituição) em Gestão na Universidade do Texas, em Dallas. Seus interesses de pesquisa são na administração estratégica, nos relacionamentos entre a organização e o ambiente, e na gestão de conhecimento. Já publicou vários artigos sobre esses assuntos, tanto em periódicos acadêmicos como nos voltados aos profissionais da área. É membro do conselho editorial de publicações dirigidas a profissionais e acadêmicos. Em agosto de 2000, ele foi empossado no Hall da Fama do *Academy of Management Journal* como um de seus sócios fundadores. O professor Dess conduziu programas executivos nos Estados Unidos, Europa, África, Hong Kong e Austrália. Durante o ano de 1994, participou do prestigiado programa Fulbright, como bolsista na cidade do Porto, Portugal. Em 2009, recebeu o título de Doutor *Honoris Causa* da Universidade de Berna (Suíça). Além disso, é doutor em Administração de Empresas na University of Washington (Seattle) e bacharel em Engenharia Industrial pela Georgia Tech.

G. T. (Tom) Lumpkin

Titular da Cátedra Chris T. Witting e professor de empreendedorismo na Syracuse University, em Nova York. Antes de se juntar ao corpo docente nessa universidade, foi titular da Cátedra Kent Hance e professor, onde lecionava empreendedorismo na Texas Tech University. Seus interesses de pesquisa incluem educação empreendedora voltada para a orientação para empreendedores, reconhecimento de oportunidades, processos de formação de estratégias, empreendedorismo social e maneiras inovadoras de organização do trabalho. Ele publicou vários artigos de pesquisas em periódicos tais como *Strategic Management Journal, Academy of Management Journal, Academy of Management Review, Journal of Business Venturing* e *Entrepreneurship: Theory and Practice*. É membro do corpo editorial científico do *Strategic Entrepreneurship Journal, Entrepreneurship Theory & Practice* e do *Journal of Business Venturing*. É doutor em Administração pela University of Texas, em Arlington, e mestre em Administração de Empresas pela University of Southern California.

Alan B. Eisner

Professor de Administração e chefe do Departamento de Administração e Ciências de Gestão, na Lubin School of Business, Pace University. Doutor em Administração pela Stern School of Business, New York University. Seus principais interesses de pesquisa são administração estratégica e gestão de tecnologia, aprendizagem organizacional e tomada de decisões administrativas. Publicou artigos de pesquisa e estudo de casos em periódicos tais como *Advances in Strategic Management, International Journal of Electronic Commerce, International Journal of Technology Management, American Business Review, Journal of Behavioral and Applied Management* e *Journal of the International Academy for Case Studies*. Foi editor associado do periódico revisado por pares *The CASE Journal*, publicação da Associação Case.

Gerry McNamara

Professor de Administração na Michigan State University. Tem doutorado pela Carlson School of Management na University of Minnesota. Sua pesquisa se concentra na tomada de decisões estratégicas, na gestão de riscos organizacionais e em fusões e aquisições. Seus estudos são publicados em vários periódicos, incluindo os seguintes: *Academy of Management Journal, Strategic Management Journal, Organization Science, Organizational Behavior and Human Decision Processes, Journal of Management* e *Journal of International Business Studies*. Sua pesquisa sobre fusões e aquisições foi resenhada no *New York Times, Bloomberg Businessweek, The Economist* e *Financial Week*. Atualmente é um dos editores associados da *Academy of Management Journal*.

prefácio

Bem-vindo à 7ª Edição de *Administração Estratégica: Criando Vantagens Competitivas!*

Estamos todos muito satisfeitos com a resposta positiva do mercado no que se refere às nossas edições anteriores. Eis alguns dos comentários encorajadores que recebemos de nossos leitores:

O texto é meticuloso e completo. Não precisei consultar outro livro para entender o assunto. Ele aborda todos os aspectos da administração estratégica, desde a inspiração inicial de uma visão aos detalhes para a implementação do projeto. É bem estruturado; fica bem claro não apenas como cada capítulo acrescenta ao assunto do anterior, mas também como sua análise, formulação e execução estão inter-relacionadas.

Lois Shelton, California State University, Northridge

Utilizo o *Administração Estratégica* em uma classe de encerramento de graduação, e os alunos gostam do livro porque encontram tudo o que aprenderam sobre negócios em uma única obra significativa e compreensível. Meus alunos apreciam a redação e a boa organização do livro, e são bem receptivos aos exemplos atuais, estudos de casos, questões para discussão e exercícios.

William Sannwald, San Diego State University

É muito fácil para os alunos ler o livro porque ele apresenta conceitos estratégicos de uma maneira simples, mas abrangente. Ele cobre os importantes desenvolvimentos no campo de administração estratégica que costumam ser deixados de lado por outros livros (por exemplo, conceitos como redes sociais e capital social, o balanced scorecard e novas formas de estrutura organizacional).

Moses Acquaah, University of North Carolina em Greensboro

O conteúdo é atual, e os alunos o assimilam com facilidade; seus gráficos e tabelas ilustram pontos importantes do capítulo. A organização do livro segue o padrão estabelecido pelo conceito "AFI framework" (analisar, formular e implementar).

Lise Anne D. Slatten, University of Louisiana em Lafayette

É o melhor livro de curso universitário que já vi. Seu material aplicativo relaciona a teoria com o que é praticado no mundo real.

Justin L. Davis, University of West Florida

Dess se vale de um método prático e acessível de explicar assuntos bem difíceis. O livro utiliza várias situações da vida real para ajudar o aluno a entender conceitos-chave. O que se destaca no texto é a seção Refletindo sobre Implicações na Carreira. As perguntas no fim de cada capítulo auxiliam o aluno a aplicar aquilo que aprendeu no ambiente de trabalho, de forma a impulsionar sua carreira.

Amy Patrick, Wilmington University

O livro de Dess supera, de vários modos, muitas das limitações do último livro que utilizei: (a) seu conteúdo é apresentado de uma maneira muito cativante, que desperta interesse sem comprometer a profundidade e a compreensão do assunto, (b) oferece exemplos ilustrativos oportunos e interessantes e (c) os exercícios no fim dos capítulos são muito úteis para consolidar o aprendizado.

Sucheta Nadkami, Drexel University

Em cada edição, procuramos sempre aprimorar este livro. Agradecemos muito aos vários comentários construtivos feitos gentilmente pelos muitos profissionais da área de estratégia. Como sempre, nos esforçamos para acrescentar suas ideias nesta tradução da 7ª Edição – e agradecemos a cada um dos citados mais à frente neste Prefácio.

Acreditamos ter feito melhorias consideráveis em cada nova edição de *Administração Estratégica*. Ao mesmo tempo, procuramos ser consistentes e "fiéis" ao nosso primordial objetivo original: um livro que seja relevante, rigoroso e bem redigido. Parafraseando um famoso comercial do desodorante Secret, veiculado nos Estados Unidos, nosso lema é: "Profundo para o professor; escrito para o aluno". Estamos contentes por ter recebido comentários (tais como os da página anterior) coerentes com o que procuramos fazer.

Para continuar a receber o apoio de professores de estratégia (e dos alunos!), tentamos escrever de uma maneira atraente, que fizesse o menor uso de jargões desnecessários e que abrangesse todos os fundamentos tradicionais. Além disso, falamos sobre temas fundamentais pelo livro todo – tais como globalização, tecnologia, ética, sustentabilidade ambiental e empreendedorismo –, elementos vitais para a compreensão da administração estratégica na economia global atual. Elaboramos alguns breves exemplos da prática empresarial para dar vida à teoria através de 85 Destaques Estratégicos (exemplos mais detalhados são encontrados em artigos à parte, ao longo do livro).

Diferentemente de outros textos estratégicos, apresentamos três capítulos isolados que abordam assuntos oportunos que os estudantes de negócios precisam entender bem. São eles o papel dos ativos de propriedade intelectual na criação de valor (Capítulo 4), a estratégia empreendedora e as dinâmicas competitivas (Capítulo 8) e a promoção do empreendedorismo em organizações já estabelecidas (intrapreneurship) (Capítulo 12). Apresentamos também um excelente e minucioso capítulo que explica em detalhes como analisar casos de administração estratégica.

Ao escrever *Administração Estratégica: Criando Vantagens Competitivas*, não nos esquecemos dos professores. Como sabemos, os professores têm um trabalho desafiador (porém gratificante). Fizemos o melhor que pudemos para auxiliá-los. Fornecemos vários materiais extras que poderão ajudar na preparação e apresentação das aulas. Por exemplo, as notas em cada capítulo não servem apenas para resumir a matéria contida neles. Em vez disso (e em coerência com o conceito da estratégia!), nos perguntamos: "Como podemos agregar valor?". Assim, em cada capítulo propomos várias perguntas que podem ser feitas para dirigir uma discussão em sala de aula, em pelo menos doze quadros com exemplos, em adição à matéria do capítulo, e três "dicas de ensino" detalhadas que podem cativar ainda mais os alunos. Além disso, nós mesmos, os autores, complementamos as notas dos capítulos – acrescentando todo um banco de testes. Ou seja, diferentemente de muitos dos nossos rivais, não delegamos o serviço para outros. Antes, sentimos que tais esforços ajudam a aumentar a qualidade e a consistência – e ainda servem como demonstração de nosso compromisso pessoal em fornecer um pacote completo de alta qualidade aos professores de estratégia. Com a 7ª Edição, nos beneficiamos, também, dos valiosos comentários de nossos colegas da área da estratégia no sentido de aprimorar nosso trabalho.

Vamos falar agora sobre algumas das alterações mais significativas desta 7ª Edição. Depois discorreremos sobre algumas das características mais marcantes apresentadas nas edições anteriores.

O Que É Novo? Destaques da Tradução da 7ª Edição

Esforçamo-nos para acrescentar material novo aos capítulos, procurando atender tanto aos comentários recebidos de nossos resenhistas como aos desafios enfrentados, hoje em dia, pelos administradores. Assim sendo, investimos uma grande quantidade de tempo na revisão cuidadosa de vários livros, periódicos acadêmicos e profissionais, e de publicações de negócios.

PREFÁCIO

Também nos esforçamos para escrever capítulos mais concisos e mais bem redigidos. Baseando-nos na opinião de alguns de nossos críticos, tentamos eliminar exemplos redundantes, focando mais diretamente no que acreditamos ser os aspectos de maior relevância em cada capítulo para o nosso público-alvo. O resultado geral é que atualizamos nosso material, adicionamos material valioso e, ao mesmo tempo, diminuímos a extensão dos capítulos.

Estas são algumas das maiores alterações e aprimoramentos na 7ª Edição:

- **Todas as doze primeiras vinhetas "Aprenda com os Erros" que iniciam cada capítulo são totalmente novas.** Exclusivas deste livro, todas elas trazem exemplos do que poderia dar errado, constituindo-se em um excelente método para esclarecer e reforçar os conceitos de estratégia. Afinal de contas, o que resta a aprender se só nos deparamos com exemplos de perfeição?

- **Mais da metade de nossos "Destaques de Estratégia" (os sidebars – pequenos artigos à parte –, por exemplo) são novos, e muitos dos restantes foram cuidadosamente atualizados.** Embora tenhamos reduzido a quantidade de Destaques em comparação com a edição anterior para diminuir a quantidade de páginas, terminamos ainda com um total de 85 – de longe o maior número no mercado de estratégias. Nos concentramos em dar vida aos conceitos de estratégia mais importantes de um modo conciso e bem escrito. Esforçamo-nos em eliminar detalhes cuja presença pode desviar a atenção do leitor do ponto principal que procuramos explicar. Além disso, e em linha com as edições anteriores, muitos dos Destaques se concentram em três temas "polêmicos", atuais e críticos na ação das lideranças empresariais: a ética, a sustentabilidade ambiental e o *crowdsourcing*.

- **Adicionamos uma nova característica – Questões para Debater – no final de cada capítulo.** Testamos algumas situações e descobrimos que os alunos se envolvem (muitas vezes com grande entusiamo!) na discussão de um assunto que comporta pontos de vista distintos e defensáveis. Trata-se de uma maneira muito interessante de esclarecer conceitos-chave estratégicos. Por exemplo, no Capítulo 1, a Seventh Generation se depara com uma situação que contraria seus valores, e eles têm que decidir se devem ou não fornecer seus produtos a alguns de seus maiores clientes. No Capítulo 3 surgiram várias opiniões quando a The World Triathlon Corporation cedeu sua marca exclusiva, Ironman, a produtos que não refletiam o "espírito" da marca. E no Capítulo 6 o ingresso da Delta Airlines no negócio de petróleo mediante a aquisição de uma refinaria configura um bom tema para uma interessante troca de opiniões divergentes.

- **Os capítulos contêm vários extratos de entrevistas com grandes executivos do *The Corner Office* de Adam Bryant** (trata-se de uma coluna no jornal *The New York Times*). Tais pontos de vista nos fornecem a valiosa opinião de grandes executivos e nos ajudam a esclarecer o valor e o objetivo dos conceitos-chave estratégicos. Por exemplo, incluímos as opiniões de Tim Brown (presidente da IDEO) sobre oferecer mais "empowerment" ao empregado, de John Stumpf (presidente da Wells Fargo) sobre a implementação de estratégias, e de Gordon Bethune (ex-presidente da Continental Airlines) sobre a importância dos sistemas de incentivo.

- **Reescrevemos por completo a seção "Refletindo quanto às Implicações sobre a Carreira...", que foi introduzida na 6ª Edição de *Administração Estratégica*.** Baseando-nos nas resenhas recebidas, nos concentramos em fornecer ideias consistentes e que fossem dirigidas aos três diferentes desafios com que os leitores se deparam: preparação para uma entrevista de emprego (por exemplo, a análise do setor de atividade), lidar com seus empregadores atuais ou com sua carreira em geral, ou identificar empregadores em potencial e decidir onde trabalhar. Cremos ter tido êxito na reformulação dessa seção, tornando-a mais útil para o desenvolvimento profissional dos alunos.

As principais alterações de conteúdo dos capítulos incluem:

- **O Capítulo 1 apresenta um signicativo caso de negócio relacionado à sustentabilidade ambiental e desenvolve o conceito de Porter sobre "valor compartilhado", que foi originalmente apresentado na 6ª Edição.** Aqui trabalhamos a noção de que as firmas devem ir além da limitada visão de retorno para os acionistas. O valor compartilhado promove práticas que aumentam a competitividade da empresa ao mesmo tempo em que melhora as condições sociais e econômicas nas quais opera.

- **O Capítulo 2 diferencia as "tendências certas" e as "tendências prováveis", que foram explicadas por Dan Burrus no seu recente livro *O Futuro como um Bom Negócio*.** Essa diferenciação é importante para determinar a importância das tendências atuais e de sua evolução com o passar do tempo. As tendências prováveis (ou "soft trends", em inglês) são aquelas que podem efetivamente acontecer e cuja probabilidade de ocorrência pode ser calculada. Em contraste com isso, as tendências certas (ou "hard trends", em inglês) baseiam-se em fatos, eventos ou objetos mensuráveis – são coisas que vão acontecer. Fornecemos um exemplo de como a identificação de tendências certas (na tecnologia) fez com que a renomada Clínica Mayo desenvolvesse um CD para ajudar os clientes a ter acesso a valiosas informações médicas. Essa iniciativa gerou significativos benefícios, financeiros e não financeiros, à Clínica Mayo!

- **O Capítulo 4 fala sobre dois assuntos que não são importantes apenas para desenvolver capital humano nas organizações, mas também para o ingresso – ou aumento da probalidade no sucesso – dos alunos em uma organização: orientação (mentoring, em inglês) *versus* patrocínio e a "armadilha" de redes de contatos ineficazes.** Saber a diferença entre mentor e patrocinador tem grande influência na carreira de uma pessoa. Os mentores podem treinar, aconselhar e preparar a pessoa para uma posição mais importante. Os patrocinadores, porém, costumam ser pessoas em uma posição sênior que podem defender ou facilitar o desenvolvimento da carreira de alguém. Falamos também sobre uma pesquisa que alerta contra três tipos de "armadilhas da rede" que os profissionais devem evitar com todas as forças: a estrutura errada, as relações erradas e o comportamento errado.

- **O Capítulo 6 discorre sobre quando ações tomadas para alterar o escopo do negócio no qual uma empresa compete trazem resultados positivos para a empresa.** Destacamos as características tanto das aquisições como dos desinvestimentos que obtêm bons resultados. No que se refere às aquisições, nos concentramos em como as características da firma compradora, bem como das aquisições em si, resultam em reações positivas por parte do mercado de ações ao anúncio do acordo. No caso dos desinvestimentos, partimos do trabalho elaborado pelo Boston Consulting Group para destacar sete princípios para realizar desinvestimentos eficientes.

- **O Capítulo 7 aborda os custos ocultos do offshoring.** Em anos recentes, muitas empresas passaram a realizar partes de suas operações em países com menor custo da mão de obra. Em muitos casos, tais companhias descobriram que a economia que esperavam obter era ilusória. Abordaremos sete motivos pelos quais essas firmas não conseguiriam economizar dinheiro pelo processo do offshoring e daremos exemplos de companhias que se beneficiaram por voltar a funcionar em sua terra natal.

PREFÁCIO

- O Capítulo 8 faz um estudo do crowdfunding, um meio de crescimento rápido para financiar empreendimentos de risco. Crowdfunding envolve obter quantias individuais relativamente pequenas de dinheiro em uma grande rede de investidores, gerando um potencialmente grande montante de capital destinado a empreendimentos de risco. Abordaremos tanto os crowdfundings de grande potencial como suas armadilhas para os investidores. Sabendo que alguns de nossos alunos talvez desejem se tornar investidores nesses empreendimentos, também levantaremos temas que devem ser considerados ao procurar tais oportunidades.

- O Capítulo 9 fala sobre como as empresas podem criar um comitê executivo eficaz. Falaremos sobre o fato de que as empresas devem ir além das categorias padrões, tais como membros internos e externos da diretoria, para desenvolver dinâmicas de direção favoráveis. Também falaremos sobre como a estrutura do corpo diretivo mudou nos últimos 25 anos.

- O Capítulo 10 examina custos e benefícios de nutrir relacionamentos fortes para assegurar a cooperação e atingir níveis altos de desempenho. Nos últimos 30 anos, muitos estudiosos têm defendido que os sistemas de relacionamento, nos quais as decisões referentes a como facilitar o controle e a coordenação são guiados por relacionamentos e não por sistemas burocráticos e contratos, são melhores do que os sistemas de controle tradicionais. Estudamos esse tema e apresentamos as vantagens e desvantagens de um sistema relacional. Concluímos falando sobre quando seria melhor os administradores utilizarem o sistema de relacionamento e quando seria melhor utilizar a estrutura formal e o sistema de recompensas.

- O Capítulo 11 apresenta o conceito de "competências complementares", uma importante contribuição que os administradores devem considerar para desenvolver sua habilidade de liderança. A ideia é que os líderes podem se beneficiar mais identificando e desenvolvendo habilidades complementares, em vez de aperfeiçoar aquelas que já possuem. Por exemplo, um líder capaz de conceber ideias originais pode expandir esse dom desenvolvendo uma maior habilidade de comunicação.

- O Capítulo 13 atualiza nosso Apêndice: Fontes de Informações de Empresas e Setores de Atividade. Agradecemos a Ruthie Brock e Carol Byrne, bibliotecárias profissionais da University of Texas, de Arlington, por esta seção. Gentis, elas nos repassaram informações abrangentes, atualizadas e organizadas por tópicos. Estes incluem inteligência competitiva, coleções de relatórios anuais, classificação de empresas, sites de negócios, e análises estratégicas e sobre concorrência. Tais informações são inestimáveis na análise de empresas e ramos de atividade econômica.

O Que Não Mudou: As Principais Características das Edições Anteriores

Falemos agora, rapidamente, de algumas das interessantes características das edições anteriores que permanecem na 7ª Edição:

- **Estrutura de organização tradicional com outros três capítulos em tópicos.** Capítulos com uma redação objetiva abrangem todos os fundamentos em estratégia e tópicos contemporâneos. Em primeiro lugar, os capítulos são divididos de maneira lógica seguindo a sequência tradicional: análise de estratégia, formulação de estratégia e execução de estratégia. Em segundo lugar, apresentamos três capítulos sob tópicos contemporâneos, como capital intelectual/gestão de conhecimento, estratégia empreendedora e dinâmica competitiva, e promoção do empreendedorismo em organizações já estabelecidas (intrapreneurship) e novos empreendimentos de risco.

- **Os casos da seção "Aprenda com os Erros" no início de cada capítulo.** Para aumentar o interesse do aluno, iniciamos cada capítulo com um caso que apresenta uma organização que passou por uma dramática queda de desempenho ou que sofreu um desastre total por deixar de seguir os bons conceitos e princípios da administração estratégica. Acreditamos que essa seção será muito útil para enfatizar o valor dos conceitos no curso e que essa abordagem de ensino é preferível a simplesmente dar exemplos de empresas excelentes nas quais tudo sempre parece dar certo! Afinal de contas, não é melhor (e mais desafiador) diagnosticar problemas do que simplesmente admirar a perfeição? Sydney Finkelstein, da Faculdade de Dartmouth e autor de *Why Smart Executives Fail*, disse: "Vivemos em um mundo onde o sucesso é reverenciado e onde o fracasso é rapidamente deixado de lado. No entanto, algumas das melhores oportunidades de aprendizado – tanto para indivíduos como para organizações – vêm do estudo do que deu errado".[1] Veremos, por exemplo, como a Borders, que alcançou enorme sucesso como uma empresa inovadora – com faturamento de quase $4 bilhões em 2005 – foi à falência seis anos depois. Veremos também por que o carro Smart "ultraurbano" da Daimler – apesar dos elogios iniciais – lhe custou $5,3 bilhões em perdas cumulativas com o passar dos anos. Estudaremos também o porquê de a entrada da Cisco no mercado de vídeo digital por meio da aquisição da Pure Digital não haver alcançado os resultados esperados.

- **Capítulos de formato consistente e características que reforçam o aprendizado.** Incluímos vários atributos em cada capítulo para melhorá-los e para desenvolver uma experiência de aprendizado aprimorada. Em primeiro lugar, cada capítulo começa com um resumo, destacando os principais objetivos a serem explicados. Em segundo lugar, como mencionado anteriormente, o caso de abertura descreve uma situação em que o desempenho de uma empresa erodiu por não ter aplicado corretamente os conceitos de estratégia. Em terceiro lugar, no final de cada capítulo há quatro tipos diferentes de perguntas/exercícios que ajudarão o aluno a avaliar sua compreensão e utilização do conteúdo:
    1. Perguntas de revisão do resumo.
    2. Exercícios experimentais.
    3. Aplicações e exercícios.
    4. Questões éticas.

    Dada a importância dos sistemas online para os negócios hoje em dia, cada capítulo contém ao menos um exercício que leva o aluno a explorar o uso da internet na implementação da estratégia de uma companhia.

- **"Refletindo nas Consequências sobre a Carreira" de cada capítulo.** Essa seção – ao término de cada capítulo – ajudará os professores a enfatizar a relevância e valor imediatos dos conceitos sobre estratégia. Ela se concentra em como uma compreensão dos conceitos-chave ampara os alunos de negócios no início de suas carreiras.

- **Termos-chave.** Cerca de doze termos-chave são identificados em cada capítulo nas margens das páginas. Essa adição foi feita para atender aos comentários que chegaram dos revisores e para ajudar os alunos a entender melhor os conceitos centrais de estratégia.

- **Articulação clara e ilustração dos conceitos-chave.** Os conceitos-chave sobre estratégia são apresentados de maneira clara e concisa, sendo seguidos de exemplos oportunos e interessantes da prática de negócios. Tais conceitos incluem a análise da cadeia de valor,

---
[1] Comunicação pessoal, 20 de junho de 2005.

PREFÁCIO

a visão baseada em recursos da firma, o modelo das cinco forças de Porter, vantagem competitiva, designs organizacionais sem fronteiras, estratégias digitais, administração corporativa, ética e empreendedorismo.

- **Extensivo uso de sidebars** (pequenos artigos inseridos no texto). Incluímos 85 sidebars (ou cerca de sete por capítulo) chamados de "Destaques Estratégicos". Os Destaques Estratégicos não apenas ilustram pontos-chaves, mas também ampliam a compreensão e o envolvimento do leitor ao considerar novos conceitos de estratégia.
- **Temas integradores.** O livro fornece uma boa análise da ética, da globalização, da sustentabilidade ambiental e da tecnologia. Esses tópicos são temas centrais abordados no livro inteiro e são a base para muitos dos Destaques Estratégicos.
- **As consequências dos conceitos nas pequenas empresas.** Muitos dos conceitos-chave são aplicados para "startup" e pequenos negócios, o que ganha relevância em razão de que muitos alunos planejam trabalhar nessas firmas.
- **Não apenas um livro: um pacote completo.** *Administração Estratégica* apresenta, em cada capítulo, o melhor material de ensino disponível atualmente. Em vez de simplesmente resumir os pontos principais em cada capítulo, procuramos acrescentar informações para aprimorar a experiência de ensino (e aprendizado). Cada capítulo contém várias questões para estimular a discussão, dicas, exercícios em grupo na sala de aula e vários exemplos da prática de negócios para ilustrar melhor os conceitos-chave.

Agradecimentos

Administração Estratégica representa mais do que apenas os esforços combinados de seus quatro coautores. Antes, trata-se do produto da colaboração de muitas pessoas. Algumas delas são colegas acadêmicos, diversas fazem parte da excepcional equipe de profissionais da McGraw-Hill/Irwin, enquanto outras são pessoas mais próximas de nós – nossos familiares. Este é o momento de lhes expressar sincera gratidão.

Em primeiro lugar, queremos agradecer aos dedicados professores que gentilmente contribuíram com suas reflexões desde que se começou a escrever este livro. Seus comentários foram muito úteis ao sugerir áreas necessitadas de melhor elaboração na forma de tópicos adicionais, além da identificação de erros de redação. Sinceramente, acreditamos que a adoção de suas ideias foi essencial para aprimorar o produto final. Esses profissionais e suas afiliações são:

Moses Acquaah,
University of North Carolina – Greensboro

Brent B. Allred,
College of William & Mary

Allen C. Amason,
University of Georgia

Kathy Anders,
Arizona State University

Lise Anne D. Slatten,
University of Louisiana, em Lafayette

Peter H. Antoniou,
California State University, San Marcos

Dave Arnott,
Dallas Baptist University

Marne L. Arthaud-Day,
Kansas State University

Jay Azriel,
York University of Pennsylvania

Jeffrey J. Bailey,
University of Idaho

Dennis R. Balch,
University of North Alabama

Bruce Barringer,
University of Central Florida

Barbara R. Bartkus,
Old Dominion University

Barry Bayon,
Bryant University

Brent D. Beal,
Louisiana State University

Joyce Beggs,
University of North Carolina – Charlotte

Michael Behnam,
Suffolk University

Kristen Bell DeTienne,
Brigham Young University

Eldon Berstein,
Lynn University

Jay Dial,
Ohio State University

Michael E. Dobbs,
Arkansas State University

Jonathan Doh,
Villanova University

Tom Douglas,
Clemson University

Meredith Downes,
Illinois State University

Jon Down,
Oregon State University

Alan E. Ellstrand,
University of Arkansas

Dean S. Elmuti,
Eastern Illinois University

Clare Engle,
Concordia University

Mehmet Erdem Genc,
Baruch College, CUNY

Tracy Ethridge,
Tri-County Technical College

William A. Evans,
Troy State University, Dothan

Frances H. Fabian,
University of Memphis

Angelo Fanelli,
Warrington College of Business

Michael Fathi,
Georgia Southwestern University

Carolyn J. Fausnaugh,
Florida Institute of Technology

Tamela D. Ferguson,
University of Louisiana, em Lafayette

David Flanagan,
Western Michigan University

Craig Kelley,
California State University, Sacramento

Donna Kelley,
Babson College

Dave Ketchen,
Auburn University

John A. Kilpatrick,
Idaho State University

Helaine J. Korn,
Baruch College, CUNY

Stan Kowalczyk,
San Francisco State University

Daniel Kraska,
North Central State College

Donald E. Kreps,
Kutztown University

Jim Kroeger,
Cleveland State University

Subdoh P. Kulkarni,
Howard University

Ron Lambert,
Faulkner University

Theresa Lant,
New York University

Ted Legatski,
Texas Christian University

David J. Lemak,
Washington State University – Tri-Cities

Cynthia Lengnick-Hall,
University of Texas em San Antonio

Donald L. Lester,
Arkansas State University

Wanda Lester,
North Carolina A&T State University

Benyamin Lichtenstein,
University of Massachusetts em Boston

Chandran Mylvaganam,
Northwood University

Sucheta Nadkarni,
Drexel University

Anil Nair,
Old Dominion University

V.K. Narayanan,
Drexel University

Maria L. Nathan,
Lunchburg College

Louise Nemanich,
Arizona State University

Charles Newman,
University of Maryland, University College

Stephanie Newport,
Austin Peay State University

Gerry Nkombo Muuka,
Murray State University

Bill Norton,
University of Louisville

Yusuf A. Nur,
SUNY Brockport

Jeffrey R. Nystrom,
University of Colorado

William Ross O'Brien,
Dallas Baptist University

d.t. ogilvie,
Rutgers University

Floyd Ormsbee,
Clarkson University

Karen L. Page,
University of Wyoming

Jacquelyn W. Palmer,
University of Cincinnati

Julie Palmer,
University of Missouri, Columbia

Gerald Parker,
Saint Louis University

John Seeger,
Bentley College

Jamal Shamsie,
Michigan State University

PREFÁCIO

Mark Shanley,
University of Illinois, em Chicago

Lois Shelton,
California State University, Northbridge

Herbert Sherman,
Long Island University

Weilei Shi,
Baruch College – CUNY

Chris Shook,
Auburn University

Jeremy Short,
University of Oklahoma

Mark Simon,
Oakland University, Michigan

Rob Singh,
Morgan State University

Bruce Skaggs,
University of Massachusetts

Wayne Smeltz,
Rider University

Anne Smith,
University of Tennessee

Andrew Spicer,
University of South Carolina

James D. Spina,
University of Maryland

John Stanbury,
George Mason University & Inter-University Institute of Macau, SAR China

Timothy Stearns,
California State University, Fresno

Elton Stephen,
Austin State University

Beth Woodard,
Belmont University

John E. Wroblewski,
State University of New York – Fredonia

Todd Alessandri,
Northeastern University

David Blair,
University of Nebraska, em Omaha

Daniela Blettner,
Tilburg University

Dusty Bodie,
Boise State University

William Bogner,
Georgia State University

Scott Browne,
Chapman University

Jon Bryan,
Bridgewater State College

Charles M. Byles,
Virginia Commonwealth University

Mikelle A. Calhoun,
Valparaiso University

Thomas J. Callahan,
University of Michigan, Dearborn

Samuel D. Cappel,
Southeastern Louisiana State University

Gary Carini,
Baylor University

Shawn M. Carraher,
University of Texas, Dallas

Tim Carroll,
University of South Carolina

Don Caruth,
Amberton University

Maureen Casile,
Bowling Green State University

Gary J. Castrogiovanni,
Florida Atlantic University

Radha Chaganti,
Rider University

Erick PC Chang,
Arkansas State University

Dave Foster,
Montana State University

Isaac Fox,
University of Minnesota

Deborah Francis,
Brevard College

Steven A. Frankforter,
Winthrop University

Vance Fried,
Oklahoma State University

Karen Froelich,
North Dakota State University

Naomi A. Gardberg,
CNNY Baruch College

J. Michael Geringer,
California Polytechnic State University

Diana L. Gilbertson,
California State University, Fresno

Matt Gilley,
St. Mary's University

Debbie Gilliard,
Metropolitan State College – Denver

Yezdi H. Godiwalla,
University of Wisconsin – Whitewater

Sanjay Goel,
University of Minnesota, Duluth

Sandy Gough,
Boise State University

Allen Harmon,
University of Minnesota, Duluth

Niran Harrison,
University of Oregon

Paula Harveston,
Berry College

Jun Lin,
SUNY, em New Paltz

Zhiang (John) Lin,
University of Texas, em Dallas

Dan Lockhart,
University of Kentucky

John Logan,
University of South Carolina

Franz T. Lohrke,
Samford University

Kevin Lowe,
University of North Carolina, Greensboro

Leyland M. Lucas,
Morgan State University

Doug Lyon,
Fort Lewis College

Rickey Madden, Ph.D.,
Presbyterian College

James Maddox,
Friends University

Ravi Madhavan,
University of Pittsburgh

Paul Mallette,
Colorado State University

Santo D. Marabella,
Moravian College

Catherine Maritan,
Syracuse University

Daniel Marrone,
Farmingdale State College, SUNY

Sarah Marsh,
Northern Illinois University

John R. Massaua,
University of Southern Maine

Hao Ma,
Bryant College

Larry McDaniel,
Alabama A&M University

Daewoo Park,
Xavier University

Ralph Parrish,
University of Central Oklahoma

Amy Patrick,
Wilmington University

Douglas K. Peterson,
Indiana State University

Edward Petkus,
Mary Baldwin College

Michael C. Pickett,
National University

Peter Ping Li,
California State University, Stanislaus

Michael W. Pitts,
Virginia Commonwealth University

Laura Poppo,
Virginia Tech

Steve Porth,
Saint Joseph's University

Jodi A. Potter,
Robert Morris University

Scott A. Quatro,
Grand Canyon University

Nandini Rajagopalan,
University of Southern California

Annette L. Ranft,
Florida State University

Abdul Rasheed,
University of Texas, em Arlington

Devaki Rau,
Northern Illinois University

George Redmond,
Franklin University

Kira Reed,
Syracuse University

Charles E. Stevens,
University of Wyoming

Alice Stewart,
Ohio State University

Ram Subramanian,
Grand Valley State University

Roy Suddaby,
University of Iowa

Michael Sullivan,
UC Berkeley Extension

Marta Szabo White,
Georgia State University

Stephen Takach,
University of Texas, em San Antonio

Justin Tan,
York University, Canada

Qingju Tao,
Lehigh University

Linda Teagarden,
Virginia Tech

Bing-Sheng Teng,
George Washington University

Alan Theriault,
University of California – Riverside

Tracy Thompson,
University of Washington, Tacoma

Karen Torres,
Angelo State University

Robert Trumble,
Virginia Commonwealth University

Francis D. (Doug) Tuggle,
Chapman University

K.J. Tullis,
University of Central Oklahoma

Anne York,
University of Nebraska, Omaha

Michael Zhang,
Sacred Heart University

Larry Alexander,
Virginia Polytechnic Institute

Theresa Cho,
Rutgers University

Bruce Clemens,
Western New England College

Betty S. Coffey,
Appalachian State University

Wade Coggins,
Webster University, Fort Smith Metro Campus

Susan Cohen,
University of Pittsburgh

George S. Cole,
Shippensburg University

PREFÁCIO

Joseph Coombs,
Texas A & M University

Christine Cope Pence,
University of California,
Riverside

James J. Cordeiro,
SUNY Brockport

Stephen E. Courter,
University of Texas em Austin

Jeffrey Covin,
Indiana University

Keith Credo,
Auburn University

Deepak Datta,
University of Texas, em
Arlington

James Davis,
Utah State University

Justin L. Davis,
University of West Florida

David Dawley,
West Virginia University

Helen Deresky,
State University of New York,
Plattsburgh

Rocki-Lee DeWitt,
University of Vermont

Ahmad Hassan,
Morehead State University

Donald Hatfield,
Virginia Polytechnic Institute

Kim Hester,
Arkansas State University

Scott Hicks,
Liberty University

John Hironaka,
California State University,
Sacramento

Alan Hoffman,
Bentley College

Gordon Holbein,
University of Kentucky

Stephen V. Horner,
Pittsburg State University

Jill Hough,
University of Tulsa

John Humphreys,
Eastern New Mexico
University

James G. Ibe,
Morris College

Jay J. Janney,
University of Dayton

Lawrence Jauch,
University of Louisiana –
Monroe

Dana M. Johnson,
Michigan Technical
University

Homer Johnson,
Loyola University, Chicago

James Katzenstein,
California State University,
Dominguez Hills

Joseph Kavanaugh,
Sam Houston State University

Franz Kellermanns,
University of Tennessee

Jean McGuire,
Louisiana State University

Abagail McWilliams,
University of Illinois, Chicago

Ofer Meilich,
California State University –
San Marcos

John E. Merchant,
California State University,
Sacramento

John M. Mezias,
University of Miami

Michael Michalisin,
Southern Illinois University,
em Carbondale

Doug Moesel,
University of Missouri –
Columbia

Fatma Mohamed,
Morehead State University

Mike Montalbano,
Bentley University

Debra Moody,
University of North Carolina,
Charlotte

Gregory A. Moore,
Middle Tennessee State
University

James R. Morgan,
Dominican University e UC
Berkeley Extension

Sara A. Morris,
Old Dominion University

Carolyn Mu,
Baylor University

Stephen Mueller,
Northern Kentucky University

John Mullane,
Middle Tennessee State
University

Clint Relyea,
Arkansas State University

Barbara Ribbens,
Western Illinois University

Maurice Rice,
University of Washington

Violina P. Rindova,
University of Texas, Austin

Ron Rivas,
Canisius College

David Robinson,
Indiana State University –
Terre Haute

Kenneth Robinson,
Kennesaw State University

Simon Rodan,
San Jose State University

Patrick R. Rogers,
North Carolina A&T State
University

John K. Ross III,
Texas State University, San
Marcos

Robert Rottman,
Kentucky State University

Matthew R. Rutherford, *Gonzaga University*

Carol M. Sanchez, *Grand Valley State University*

William W. Sannwald, *San Diego State University*

Yolanda Sarason, *Colorado State University*

Marguerite Schneider, *New Jersey Institute of Technology*

Roger R. Schnorbus, *University of Richmond*

Terry Sebora, *University of Nebraska – Lincoln*

Craig A. Turner, Ph.D., *East Tennessee State University*

Beverly Tyler, *North Carolina State University*

Rajaram Veliyath, *Kennesaw State University*

S. Stephen Vitucci, *Tarleton State University – Central Texas*

Jay A. Vora, *St. Cloud State University*

Bruce Walters, *Louisiana Tech University*

Jorge Walter, *Portland State University*

Edward Ward, *St. Cloud State University*

N. Wasilewski, *Pepperdine University*

Andrew Watson, *Northeastern University*

Larry Watts, *Stephen F. Austin University*

Paula S. Weber, *St. Cloud State University*

Kenneth E. A. Wendeln, *Indiana University*

Robert R. Wharton, *Western Kentucky University*

Laura Whitcomb, *California State University – Los Angeles*

Scott Williams, *Wright State University*

Diana Wong, *Bowling Green State University*

Monica Zimmerman, *Temple University*

O Hall da Fama dos Revisores

Em segundo lugar, os autores gostariam de expressar sua gratidão a vários de seus colegas do corpo docente que auxiliaram na revisão, crítica e escrita deste livro e dos materiais suplementares adicionais. Os colegas de Greg, da University of Texas, em Dallas, também contribuíram com sua ajuda e apoio. Essas pessoas incluem Mike Peng, Joe Picken, Kumar Nair, John Lin, Larry Chasteen, Seung-Hyun Lee, Tev Dalgic e Jane Salk. Sua assistente administrativa, Mary Vice, ajudou bastante. Três alunos que estão fazendo doutorado, Brian Pinkham, Steve Saverwald e Ciprian Stan contribuíram com muitos comentários e ideias, em conjunto com uma pesquisadora associada, Kimberly Flicker. Ele também agradece pelo apoio dispensado por seu reitor e pelo reitor associado, Hasan Pirkul e Varghese Jacob, respectivamente. Tom gostaria de agradecer Gerry Hills, Abagail McWilliams, Rod Shrader, Mike Miller, James Gillespie, Ron Mitchell, Kim Boal, Keith Brigham, Jeremy Short, Tyge Payne, Bill Wan, Andy Yu, Abby Wang, Johan Wiklund, Mike Haynie, Alex McKelvie, Denis Gregoire, Alejandro Amezcua, Maria Minniti, Cathy Maritan, Ravi Dharwadkar e Pam Brandes. Agradecimentos especiais vão para Jeff Stambaugh, por suas valiosas contribuições. Tom também dá um agradecimento especial a Benyamin Lichtenstein por seu apoio e encorajamento. Tanto Greg como Tom desejam agradecer a um colega especial, Abdul Rasheed, da University of Texas, em Arlington, por suas ideias e valiosa amizade de vários anos. Ele fez muitas contribuições valiosas para a 7ª Edição. Alan agradece a seus colegas da Pace University e da Case Association pelo apoio na elaboração de uma seleção de excelentes casos. Agradecimentos especiais vão para Jamal Shamsie, da Michigan State University, por seu apoio na elaboração da seleção de casos para esta edição. Gerry agradece a todos os colegas da Michigan State University pela ajuda e apoio durante esses anos todos. Ele também agradece a seu mentor, Phil Bromiley, bem como aos alunos atuais e antigos, com os quais teve o prazer de trabalhar, incluindo Becky Luce, Cindy Devers, Federico Aime, Mike Mannor, Bernadine Dykes, Mathias Arrfelt, Kalin Kolev, Seungho Choi, Rob Davison, Dustin Sleesman, Danny Gamache, Adam Steinbech e Daniel Chaffin.

PREFÁCIO

Em terceiro lugar, gostaríamos de agradecer à equipe da McGraw-Hill pelo total apoio durante todo o processo. À medida que trabalhamos neste livro em suas várias edições, sempre apreciamos seus esforços e reconhecemos como muitos "acrescentaram valor" ao produto final! Tudo começou com John Biernat, ex-editor, com quem assinamos o primeiro contrato. Ele sempre esteve à disposição e nos deu apoio e orientação durante o processo de várias edições. Atualmente, no editorial, Paul Ducham, diretor administrativo, o diretor executivo da marca, Mike Ablassmeir, e a editora de desenvolvimento sênior, Laura Griffin, cuidaram das coisas, responderam prontamente a nossos pedidos e necessidades, que pareciam nunca ter fim, e ofereceram ideias e encorajamento. Apreciamos sua perícia – bem como sua paciência! Depois de o manuscrito ter sido terminado e revisado, o gerente de conteúdo de projetos, Harvey Yep, foi muito hábil em nos orientar ao longo do processo de impressão. Pam Verros nos deu excelentes designs, seleções de fotos e orientação de arte. Susan Lombardi, gerente de conteúdo de projetos, realizou um excelente trabalho quanto a nossa matéria adicional. Queremos agradecer também à nossa gerente de marketing, Elizabeth Trepkowski, e à especialista de marketing, Liz Steiner, por seus ingentes, enérgicos e competentes esforços. Também agradecemos aos 70 extraordinários representantes da MHE – que trabalham na "linhas de frente" –, bem como a muitos profissionais de vendas de Dubuque, Iowa. É óbvio que eles merecem muito crédito (mesmo que seus nomes não sejam mencionados) por nosso sucesso.

Agradecemos a Pauline Assenza, da Connecticut State University, por seu excelente trabalho com as notas de ensino dos casos. Agradecemos a Doug Sanford, da Towson University, por sua perícia na elaboração de várias características pedagógicas, incluindo as notas de ensino da seção "Aprenda com os Erros" e por ter revisado com cuidado os capítulos do Manual do Professor. Justin Davis, University of West Florida, em conjunto com Noushi Rahman, Pace University, merecem nosso reconhecimento por seus esforços na elaboração dos excelentes conteúdos digitais para o Connect. Agradecemos, ainda, a Christine Pence, University of California – Riverside.

Por fim, queremos agradeder a nossos familiares. No caso de Greg, isso inclui seus pais, William e Mary Dess, que sempre estiveram presentes. Sua esposa, Margie, e sua filha, Taylor, têm sido uma fonte constante de amor e companheirismo. Ele também gostaria de testemunhar sua gratidão a seu finado tio, Walter Descovich. O tio Walt foi mesmo um membro da *Greatest Generation,* de Tom Brokaw (referência às pessoas que vivenciaram a Grande Depressão nos EUA), serviu na Marinha dos EUA. durante a Segunda Guerra Mundial – onde aprendeu eletrônica – e, mais tarde, tornou-se superintendente na Consolidated Edison, na Cidade de Nova York. Ele, sua esposa, Eleanor, e sua família serviram de inspiração para Greg ao longo dos anos. Tom agradece a sua esposa, Vicky, por seu inabalável amor e companheirismo. Tom também agradece a Lee Hetherington e a Thelma Lumpkin por sua inspiração, bem como à sua mãe, Katy, e à sua irmã, Kitty, por toda uma vida de apoio. Alan agradece à sua família – sua esposa, Helaine, e seus filhos, Rachel e Jacob – por seu amor e apoio. Ele também agradece aos pais, Gail Eisner e o finado Marvin Eisner, pelo apoio e encorajamento. Gerry agradece à sua esposa, Gaelen, por seu amor, apoio e amizade, e a seus filhos, Megan e AJ, por seu amor e pela alegria que trazem à sua vida. Ele também agradece aos pais, Gene e Jane, por seu encorajamento e apoio em todas as fases de sua vida.

APRESENTAÇÃO

Pontos a Aprender
Os Pontos a Aprender são numerados: PA5.1, PA5.2, PA5.3 etc., com os ícones correspondentes nas margens para indicar onde, no texto, estão as respectivas explicações.

Aprenda com os Erros
A seção Aprenda com os Erros traz exemplos que mostram o que fez algo não dar certo. Falhas não são apenas interessantes: às vezes, levá-las em consideração torna mais fácil o aprendizado. Além disso, os alunos passam a compreender que estratégia não consiste apenas de perguntas "certas ou erradas"; ela exige raciocínio crítico.

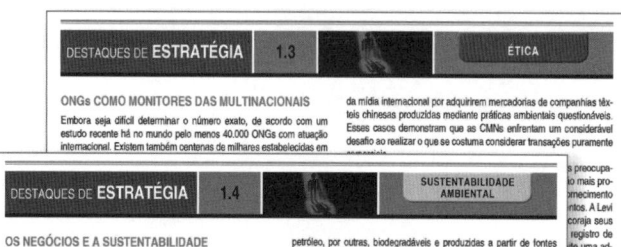

Destaques de Estratégia
Esses quadros abordam questões de ética, globalização e tecnologia em cada capítulo do livro, fornecendo aos alunos o fundamento necessário para compreender a administração estratégica. Alguns quadros especiais falam sobre crowdsourcing, sustentabilidade ambiental e questões éticas.

Termos-Chave
Os Termos-Chave que aparecem nas margens foram incluídos para aumentar a compreensão dos alunos no que se refere aos conceitos estratégicos principais.

> **estratégia de turnaround**
> uma estratégia que reverte o processo de declínio do desempenho de uma empresa e a faz retomar o crescimento e a lucratividade.

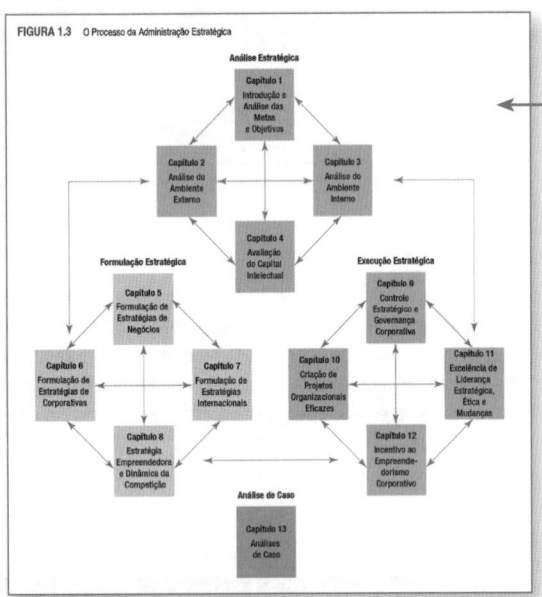

FIGURA 1.3 O Processo da Administração Estratégica

Anexos
Os novos anexos associados a cada capítulo foram aprimorados para auxiliar o aluno a ampliar a visão quanto aos conceitos mais complexos apresentados.

Refletindo quanto às Implicações sobre a Carreira...
Essa nova seção vem antes do resumo de cada capítulo e contém exemplos de como a compreensão dos conceitos principais ajuda os estudantes de administração de negócios no início de sua carreira.

> **Refletindo quanto às Implicações sobre a Carreira...**
>
> - Tipos de Vantagem Competitiva: Você conhece a estratégia de nível empresarial de sua organização? O que fazer para ajudar nossa empresa a aumentar a diferenciação ou diminuir os custos? É possível mostrar a seus superiores como você contribui para a estratégia de nível empresarial escolhida pela empresa?
> - Tipos de Vantagem Competitiva: Qual é sua própria vantagem competitiva? Quais são as oportunidades que seu trabalho atual lhe dá para melhorar sua vantagem competitiva? Você está usando sua vantagem competitiva da melhor maneira possível? Se não, que organizações poderiam proporcionar melhores oportunidades de fazer isso? Seu currículo reflete de modo claro sua vantagem competitiva? Ou você está "atolado no meio do caminho"?
> - Compreendendo sua Diferenciação: Ao procurar por um novo emprego ou por um avanço na empresa atual, pode-se identificar o que nos diferencia de outros candidatos. Considere os itens da Figura 5.4 para fazer isso.
> - O Ciclo de Vida Setorial: Antes de comparecer a uma entrevista de emprego, deve-se identificar em que estágio do ciclo de vida da indústria essa empresa está. Pode-se ter mais oportunidades de avanço da carreira em um setor de atividade que está no estágio de crescimento e não no de declínio.
> - O Ciclo de Setorial: Caso sinta que sua carreira está amadurecendo (ou declinando!), que ações se pode tomar para restaurar seu crescimento e impulso (p. ex., treinamento, orientação, redes profissionais)? Deve-se considerar ativamente oportunidades profissionais em outras segmentos.

sumário resumido

prefácio vi

Parte 1: Análise Estratégica

1 Administração Estratégica: Criando Vantagens Competitivas 2

2 Análise do Ambiente Externo da Empresa: Criando Vantagens Competitivas 34

3 Análise do Ambiente Interno da Empresa 70

4 O Reconhecimento dos Recursos Intelectuais de Uma Empresa: Indo além dos Recursos Tangíveis 104

Parte 2: Formulação da Estratégia

5 Estratégia no Nível de Negócio: Criar e Sustentar Vantagens Competitivas 140

6 Estratégia Corporativa: Criar Valor Através da Diversificação 178

7 Estratégia Internacional: Criar Valor nos Mercados Mundiais 210

8 Estratégia Empreendedora e Dinâmica Competitiva 246

Parte 3: Implementação da Estratégia

9 Controle Estratégico e Governança Corporativa 276

10 Criação de Designs Organizacionais Eficazes 310

11 Liderança Estratégica: A Criação de Uma Organização de Aprendizado e Ética 344

12 Administração da Inovação e Fomento ao Empreendedorismo Corporativo 376

Parte 4: Análise de Casos 412

13 Análise de Casos da Administração Estratégica 412

Índices I-1

sumário

Prefácio vi

Parte 1: Análise Estratégica

CAPÍTULO 1
Administração Estratégica: Criando Vantagens Competitivas 2

O Que é Administração Estratégica 7
Definição de Administração Estratégica 7
As Quatro Características Principais da Administração Estratégica 8

O Processo da Administração Estratégica 9
Estratégias Pretendidas e Realizadas 10
A Análise Estratégica 11
A Formulação da Estratégia 13
A Implementação da Estratégia 13

O Papel da Governança Corporativa e da Administração de Stakeholders 14
Diferentes Abordagens da Administração de Stakeholders ... 15
Responsabilidade Social e Sustentabilidade Ambiental: Indo Além das Necessidades dos Stakeholders Primários 17

A Visão da Administração Estratégica: Uma Necessidade Imperiosa da Organização 20

Assegurando a Coerência da Direção Estratégica 22
A Visão da Organização 23
Declaração de Missão 25
Objetivos Estratégicos 26
Resumo 29

CAPÍTULO 2
Análise do Ambiente Externo da Empresa: Criando Vantagens Competitivas 34

A Criação de uma Organização Ambientalmente Alerta 36
O Papel do Exame, da Monitoração, da Inteligência Competitiva e da Previsão 36
Análise SWOT (FOFA) 41

O Macroambiente 42
O Ambiente Demográfico 42
O Ambiente Sociocultural 42
O Ambiente Político/Legal 44
O Ambiente Tecnológico 45
O Ambiente Econômico 45
O Ambiente Global 46
Relações entre os Elementos do Macroambiente 46

O Ambiente Competitivo 48
O Modelo de Porter: As Cinco Forças da Concorrência no Setor de Atividade 49
Como a Internet e as Tecnologias Digitais Estão Afetando as Cinco Forças Competitivas 55
O Uso da Análise Setorial: Alguns Alertas 59
Grupos Estratégicos em um Setor de Atividade 61
Resumo 65

CAPÍTULO 3
Análise do Ambiente Interno da Empresa 70

A Análise da Cadeia de Valor 72
Atividades Primárias 74
Atividades de Apoio 76
Inter-relações entre as Atividades da Cadeia de Valor dentro e através das Organizações 79
O Conceito "Prosumer": A Integração dos Clientes na Cadeia de Valor 80
Aplicação da Cadeia de Valor em Organizações de Serviços ... 81

Visão Baseada em Recursos da Empresa 82
Tipos de Recursos de uma Empresa 83
Os Recursos da Empresa e as Vantagens Competitivas Sustentáveis 85
Geração e Distribuição dos Lucros de uma Empresa: Ampliação da Visão Baseada em Recursos da Empresa ... 90

Avaliação do Desempenho da Empresa: Duas Abordagens 92

Análise de Índices Financeiros..................92

Integração da Análise Financeira e das Perspectivas dos Stakeholders: O Balanced Scorecard.................94

Resumo..................98

CAPÍTULO 4

O Reconhecimento dos Recursos Intelectuais de Uma Empresa 104

Indo além dos Recursos Tangíveis 104

O Papel Central do Conhecimento na Economia Atual 106

O Capital Humano: A Fundação do Capital Intelectual 109

Atraindo o Capital Humano..................110
Desenvolvendo o Capital Humano..................112
Retendo o Capital Humano..................116
Aprimorando o Capital Humano: O Papel da Diversidade na Força de Trabalho..................117

O Papel Vital do Capital Social 118

Como o Capital Social Ajuda a Atrair e Reter Talentos......120
Redes Sociais: Consequências sobre a Gestão de Conhecimento e sobre o Sucesso da Carreira..................120
Limitações da Abordagem do Capital Social..................125

O Uso da Tecnologia para Alavancar o Capital Humano e o Conhecimento 126

Utilização das Redes Sociais para Compartilhar Informações..................126
Equipes Eletrônicas: O Uso da Tecnologia para Incrementar a Colaboração..................127
Codificação do Conhecimento para a Vantagem Competitiva..................128

Protegendo os Ativos Intelectuais da Organização: A Propriedade Intelectual e as Habilidades Dinâmicas 129

Direitos de Propriedade Intelectual..................131
Capacidades Dinâmicas..................131
Resumo..................133

Parte 2: Formulação da Estratégia

CAPÍTULO 5

Estratégia no Nível de Negócios: Criar e Sustentar Vantagens Competitivas 140

Tipos de Vantagem Competitiva e de Sustentabilidade 142

Liderança no Custo Total..................143
Diferenciação..................147
Foco..................152
Estratégias de Combinação: Integrando Baixos Custos Totais e Diferenciação..................154

Estratégias Competitivas Podem Ser Sustentáveis? Integrando e Aplicando os Conceitos de Administração Estratégica 157

Atlas Door: Um Exemplo de Caso..................158
As Vantagens Competitivas da Atlas Door São Sustentáveis?..................159

Como a Internet e as Tecnologias Digitais Afetam as Estratégias Competitivas 160

Liderança no Custo Total..................160
Diferenciação..................161
Foco..................161
Estratégias de Combinação São a Chave para o Sucesso do e-Business?..................162

Estágios do Ciclo de Vida Setorial: Consequências Estratégicas 162

Estratégias no Estágio de Introdução..................164
Estratégias no Estágio de Crescimento..................165
Estratégias no Estágio de Maturidade..................165
Estratégias no Estágio de Declínio..................166
Estratégias de Reestruturação..................169
Resumo..................172

CAPÍTULO 6

Estratégia Corporativa: Criar Valor Através da Diversificação 178

Fazendo a Diversificação Funcionar: Uma Visão Geral 181

SUMÁRIO

Diversificação Relacionada: Economias de Escopo e Aumento de Receitas 182
Alavancando as Competências Centrais.....................182
Compartilhamento de Atividades 184

Aumentando a Receita e Diferenciação 185

Diversificação Relacionada: O Poder de Mercado ... 185
Poder de Negociação Conjunta....................................185
Integração Vertical 186

Diversificação Não Relacionada: Sinergia Financeira e Suporte Corporativos........................ 189
Suportes Corporativos e Reestruturação 189
Administração de Portfólio 190
Uma Advertência: A Redução de Risco É um Objetivo Viável de Diversificação?.......................................192

Os Meios de Diversificar... 193
Fusões e Aquisições..193
Alianças Estratégicas e Joint Ventures 199
Desenvolvimento Interno..200

Como Questões Gerenciais Podem Prejudicar a Criação de Valor 201
Crescer por Crescer...201
Egocentrismo 201
Táticas de Salvaguarda 202
Resumo..204

CAPÍTULO 7
Estratégia Internacional: Criar Valor nos Mercados Mundiais 210

Economia Global: Um Breve Resumo 212

Fatores que Afetam a Competitividade de uma Nação.. 214
Dotação de Recursos 214
Condições de Demanda..214
Fornecedores e Empresas Similares 215
Estratégia, Estrutura e Concorrência da Empresa.............215
Comentários Finais sobre os Fatores que Afetam a Competitividade de uma Nação..............................215

Internacionalização: Os Motivadores e Riscos de uma Companhia.. 217
Motivações para a Expansão Internacional.................217
Possíveis Riscos da Expansão Internacional 220
Dispersão Mundial das Cadeias de Valor: Terceirização e Offshoring......................................223

Como Obter Vantagens Competitivas nos Mercados Globais... 225
Duas Pressões Opostas: Redução de Custos e Adaptação aos Mercados Locais.............................225
Estratégia Internacional 228
Estratégia Global 228
Estratégia Multidoméstica..230
Estratégia Transnacional...232
Global ou Regional? Um Segundo Olhar sobre a Globalização...233

Canais de Entrada na Internacionalização 234
Exportação 235
Licenciamento e Franquia...236
Alianças Estratégicas e Joint Ventures 237
Subsidiárias Totalmente Controladas..........................238
Resumo..241

CAPÍTULO 8
Estratégia Empreendedora e Dinâmica Competitiva... 246

Como Reconhecer Oportunidades de Empreendimento 248
Oportunidades de Empreendimento............................248
Recursos para Empreendimentos................................251
Liderança Empreendedora 255

Estratégia Empreendedora.. 256
Estratégias de Entrada..257
Estratégias Genéricas..260
Estratégias de Combinação 262

Dinâmicas Competitivas... 262
Novas Ações Competitivas...263
Análise de Ameaças..264
Motivação e Capacidade de Resposta 266

Tipos de Ações Competitivas 267
Possibilidade de Reação da Concorrência 269
Escolher Não Reagir: Tolerância e Coopetição 270
Resumo 272

Parte 3: Implementação da Estratégia

CAPÍTULO 9
Controle Estratégico e Governança Corporativa 276

Garantindo o Controle da Informação: Como Responder de Modo Eficaz às Mudanças Ambientais .. 278
Uma Abordagem Tradicional de Controle Estratégico 278
Uma Abordagem Contemporânea de Controle Estratégico 279

Obtendo o Controle Comportamental: Equilíbrio entre Cultura, Recompensas e Limites 281
Edificando uma Cultura Forte e Eficaz 281
Motivando com Recompensas e Incentivos 283
Estabelecendo Limites e Restrições 284
Controle Comportamental nas Organizações: Fatores Situacionais 286
Evoluindo dos Limites para Cultura e Recompensas 287

O Papel da Governança Corporativa 288
A Corporação Moderna: A Separação entre Proprietários (Acionistas) e Gestores 290
Instrumentos de Governança: Alinhando os Interesses de Proprietários e Gestores 291
Duplo Papel dos CEOs: Bom ou Ruim? 297
Mecanismos Externos de Controle da Governança 298
Governança Corporativa: Uma Perspectiva Internacional .. 301
Resumo 305

CAPÍTULO 10
Criação de Designs Organizacionais Eficazes 310

Formas Tradicionais de Estrutura Organizacional 312
Padrões de Crescimento das Grandes Corporações: Relações entre Estratégia e Estrutura 312
Estrutura Simples 314
Estrutura Funcional 314
Estrutura Divisional 316
Estrutura Matricial 319
Operações Internacionais: Consequências sobre a Estrutura Organizacional 321
Startups Globais: Um Fenômeno Recente 322
Como a Estrutura de uma Organização Pode Influenciar a Formulação da Estratégia 324

Modelos de Organizações Sem Fronteiras 324
A Organização Livre de Barreiras 324
A Organização Modular 328
A Organização Virtual 329
Organizações sem Fronteiras: Fazendo-as Funcionar 331

Criação de Projetos Organizacionais Ambidestros .. 336
Organizações Ambidestras: Atributos de Projeto Principais ... 336
Por Que a Organização Ambidestra Foi a Estrutura mais Eficaz? 337
Resumo 338

CAPÍTULO 11
Liderança Estratégica: 344
A Criação de Uma Organização de Aprendizado e Ética 344

Liderança: Três Atividades Interdependentes 346
Estabelecer uma Direção 347
Projetar a Organização 348
Estimular uma Cultura Comprometida com a Excelência e Comportamento Ético 349

Fazendo as Coisas Acontecerem: Como Superar Obstáculos e Usar o Poder 350
Superando os Obstáculos para Mudar 350
O Uso Eficaz do Poder 351

Inteligência Emocional: Uma Característica Fundamental da Liderança 354
Autoconsciência 354
Autorregulação 354
Automotivação 355
Empatia 355
Habilidade Social 356
Inteligência Emocional: Algumas Possíveis Inconveniências e Precauções 357

Desenvolvendo Competências Complementares e Criando uma Organização de Aprendizado 358
Inspirando e Motivando o Pessoal com uma Missão ou Propósito 360

SUMÁRIO

Delegando Poder aos Empregados de Todos os Níveis 360
Acumulando e Compartilhando o Conhecimento Interno .. 361
Reunindo e Integrando Informações Externas..................362
Desafiando o Status Quo e Permitindo a Criatividade........363

A Criação de uma Organização Ética 364
Ética Individual *versus* Ética Organizacional 365
Duas Abordagens Distintas das Organizações Éticas:
   Integridade *versus* Compliance 366
Modelos de Comportamento...368
Crenças Corporativas e Códigos de Conduta 368
Sistemas de Recompensas e de Avaliação..........................369
Políticas e Procedimentos 370
Resumo..372

CAPÍTULO 12   376
Administração da Inovação e Fomento ao Empreendedorismo Corporativo 376

Administrando a Inovação 378
Tipos de Inovação 378
Desafios da Inovação..381
Cultivar Habilidades de Inovação 382
Definição o Escopo da Inovação 384
Administrar o Ritmo da Inovação 385
Recursos Humanos para Apropriação do
   Valor da Inovação 386
Colaborar com Parceiros de Inovação................................386

Empreendedorismo Corporativo 387
Abordagens Focalizadas...390
Abordagens Dispersas 391
Medindo o Sucesso das Atividades de
   Empreendedorismo Corporativo 393

Análise das Opções Reais: Uma Ferramenta Útil 395
Aplicações da Análise das Opções Reais
   para as Decisões Estratégicas 395
Possíveis Armadilhas da Análise das Opções Reais............396

Orientação Empreendedora 398
Autonomia..399
Caráter Inovador 400
Proatividade 401

Agressividade Competitiva..402
Assunção de Risco..403
Resumo..406

Parte 4: Análise de Casos

CAPÍTULO 13
Análise de Casos da Administração Estratégica 412

Por Que Analisar Casos de Administração Estratégica?.. 413

Como Conduzir uma Análise de Caso...................... 415
Familiarizar-se com o Material...418
Identificar os Problemas...418
Conduzir Análises Estratégicas 419
Propor Soluções Alternativas 419
Fazer Recomendações 421

Como Tirar o Máximo de Proveito da Análise de Caso 422

Técnicas Úteis de Tomada de Decisão na Análise de Caso 424
Técnicas que Induzem ao Conflito 427

O Acompanhamento do Ciclo de Análise/Decisão/Ação na Análise de Caso................ 432
Resumo..436
Apêndice 1 do Capítulo 13: Análise dos Indicadores
   Financeiros e Patrimoniais...437
Apêndice 2 do Capítulo 13: Fontes de Informações
   sobre Companhias e Setores de Atividade 447

Índices   I-1
Empresas   I-1
Nomes   I-7

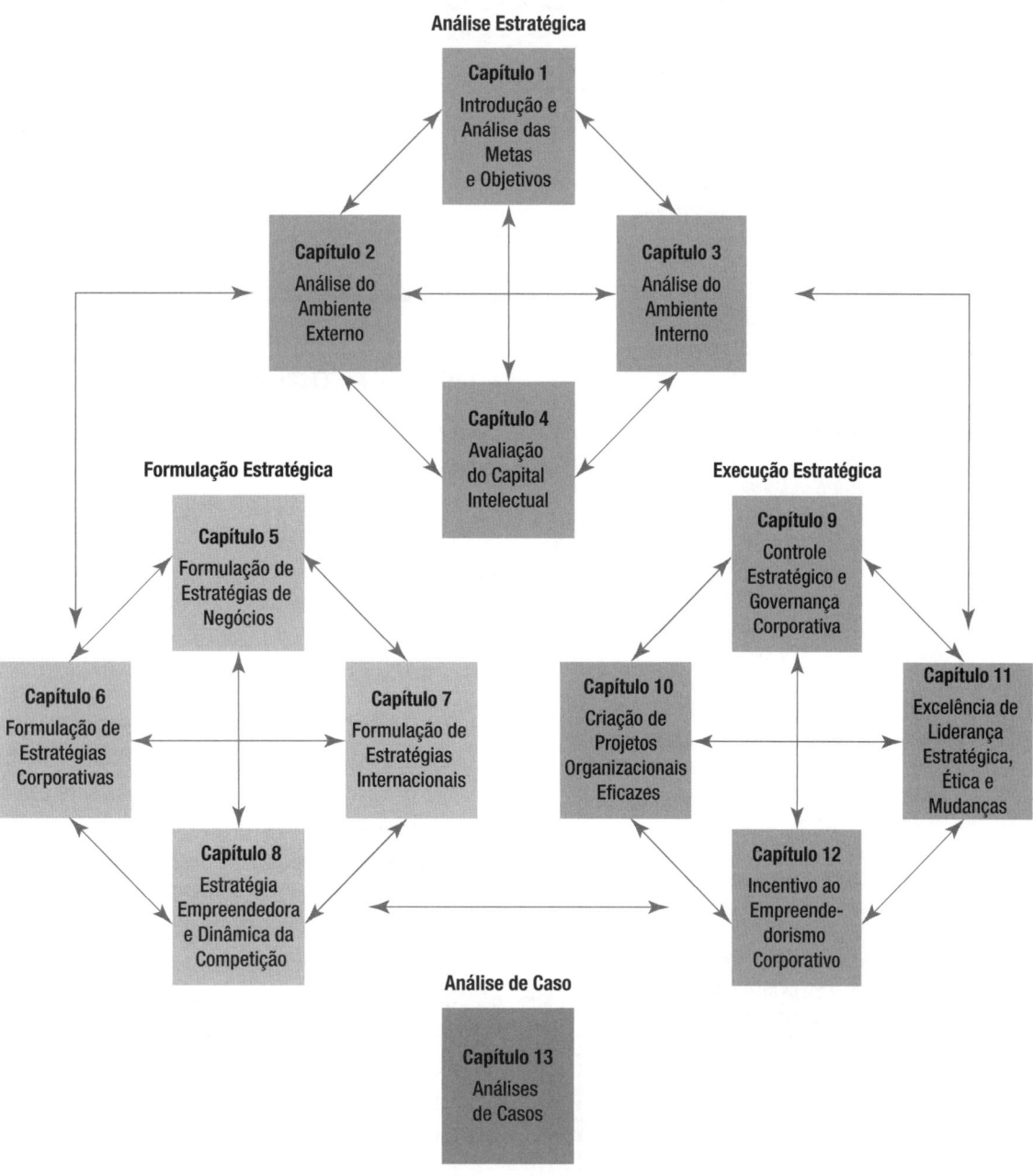

PARTE 1: ANÁLISE ESTRATÉGICA

capítulo 1

Administração Estratégica
Criando Vantagens Competitivas

Depois da leitura deste capítulo você deverá obter uma boa compreensão dos seguintes pontos a aprender:

PA1.1 A definição de administração estratégica e seus quatro atributos principais.

PA1.2 O processo da administração estratégica e suas três atividades principais inter-relacionadas.

PA1.3 O papel vital da governança corporativa e da gestão de stakeholders, e como se pode estabelecer uma "simbiose" entre os stakeholders da organização.

PA1.4 A importância da responsabilidade social, incluindo a sustentabilidade ambiental, e como ela pode melhorar a estratégia de inovação de uma empresa.

PA1.5 A necessidade de maior delegação de autoridade em uma organização.

PA1.6 Como a compreensão de uma hierarquia de alvos estratégicos pode ajudar uma organização a ter coerência em sua direção estratégica.

Aprenda com os Erros

O que torna o estudo da administração estratégica tão interessante? Um dos motivos é que empresas problemáticas podem se tornar exemplares, enquanto as que estão no auge podem, subitamente, cair em desgraça. Como bem ilustrado por Arthur Martinez, ex-presidente da Sears: "O pavão de hoje é o espanador de amanhã". Considere, por exemplo, a mudança dos componentes da prestigiosa lista *Fortune 500* das maiores empresas dos Estados Unidos:[1]

- Das 500 empresas que apareceram na primeira lista em 1955, apenas 62, classificadas pelo montante de faturamento, continuaram na lista em todos os anos consecutivos desde então.
- Algumas das empresas mais poderosas da lista atual – tais como Intel, Apple e Google – vieram do nada e se tornaram grandiosas devido a novas tecnologias, expulsando antigas empresas de renome da lista.
- Quase 2 mil empresas passaram a constar da lista desde o início da publicação, mas a maioria já não faz parte dela há muito tempo. Ser citado na lista não garante a permanência no mundo dos negócios.
- Entre 2009 e 2013, com certeza os anos mais instáveis de todos, mais de 100 empresas – incluindo Bear Stearns, Chrysler, Circuit City, Merrill Lynch, RadioShack e Tribune – saíram daquela publicação.

Manter o sucesso competitivo ou simplesmente sobreviver por um bom tempo no mercado é um grande desafio para empresas de qualquer tamanho. É como John Donahue, presidente da eBay, diz: "Quase todas as empresas têm seus bons momentos. Mas apenas as melhores mantêm um desempenho forte e recorrente com o passar dos anos. Embora seja muito agradável estar nos melhores momentos, é muito melhor estabelecer um negócio sólido, sustentável".[2] A seguir veremos o exemplo da Borders, uma grande livraria que, depois de muitos anos de sucesso, declinou rapidamente e quebrou.

Em 1971, Louis e Tom Borders abriram sua primeira loja em Ann Arbor, Michigan.[3] Enquanto estudavam na Universidade do Michigan, os irmãos criaram o então revolucionário sistema de rastreamento de vendas e estoque – e por muitos anos os executivos se referiam a isso como o "pulo do gato" da empresa. Com seu "Book Inventory System", um método de controle de estoque personalizado e ágil, Borders podia prever o fluxo de um grande número de títulos divididos em milhares de categorias diferentes em várias lojas. À medida que crescia, a Borders transferia sua expertise para livrarias independentes, ao mesmo tempo em que lhes delegava sua aura toda peculiar, proveniente de arquitetura elegante, assentos confortáveis e nichos de leitura. Além disso, as lojas entrevistavam e treinavam seus funcionários, remunerando-os relativamente bem e oferecendo um generoso conjunto de benefícios. Parecia ser uma excelente estratégia – e funcionou por um bom tempo. Por volta da década de 1990, a Borders e a Barnes & Noble controlavam 40% das vendas de livros no varejo. No aspecto financeiro, os números da Borders também eram impressionantes: entre 2003 e 2005, o faturamento cresceu 11%, alcançando quase $4 bilhões, e o lucro líquido saltou 23%, chegando a $132 milhões. Infelizmente, o ano de 2005 foi seu último ano lucrativo. Entre 2009 e 2010, a situação financeira da Borders foi se deteriorando a ponto de ficar gravemente comprometida, com prejuízos que chegaram a um total de $293 milhões. Em fevereiro de 2011, ela solicitou a proteção da Lei de Falências dos Estados Unidos para continuar a operar e procurar se reorganizar. As tentativas de recuperação, entretanto, não tiveram êxito, e não demorou muito para que começasse a liquidação final de seus ativos, com suas últimas lojas fechando as portas em 18 de setembro de 2011. O que deu errado?

Apenas dar continuidade ao que se sabe fazer melhor pode ser perigoso. Todos já ouvimos o velho ditado: concentre-se em sua habilidade principal e não se distraia com tendências ou ideias passageiras. A Borders se tornou uma empresa multimilionária em função de sua presença física no comércio varejista. Isso,

PARTE 1: ANÁLISE ESTRATÉGICA

porém, também a levou à ruína. A Borders se fixou em sua estratégia de varejo dos anos 2000, procurando expandir-se agressivamente nos Estados Unidos e no exterior – e contraindo dívidas. Aprimorou a experiência que os clientes vivenciavam ao visitar as lojas, reservou espaços para lanchonetes e colocou em prática novos conceitos. Tal estratégia pode ter funcionado em décadas passadas, mas enquanto a Borders investia em instalações físicas, os consumidores estavam migrando para a internet. A Borders adotou uma estratégia equivocada: a queda das vendas forçou-a a fechar várias lojas (incluindo toda a rede Waldenbooks), apostando nos pontos de vendas restantes.

Lamentavelmente, ela considerou a tendência rumo à internet como algo passageiro e não como um fenômeno revolucionário. A empresa terceirizou suas operações online para a Amazon – que, obviamente, se tornou uma grande concorrente. A Borders esperou até 2008 para desenvolver sua própria estratégia online. Enquanto isso, a Amazon se tornou a companhia líder na venda de livros e e-books, apresentando o e-reader (leitor eletrônico) Kindle. Sua tradicional e maior concorrente, a Barnes & Noble, que também havia ficado para trás, por fim desenvolveu o popular e-reader Nook e investiu pesado no próprio site. Ficou evidente que a Borders chegava tarde para a festa – e estava muito endividada e com restrita capacidade de investimento. Em resumo, precisou recorrer aos leitores digitais terceirizados da Sony e Kobo, o que fez com que se tornasse impossível tomar conhecimento de suas ofertas na internet.

Durantes seus últimos onze anos, a Borders teve seis CEOs diferentes. Nenhum deles permaneceu no cargo tempo suficiente para promover alguma mudança significativa ou criar uma alternativa que pudesse recuperar financeiramente a companhia. No final das contas, ela manteve sua postura tradicional – concentrou-se nos concorrentes com os quais estava mais familiarizada. Como o processo de consolidação da indústria livreira continuou a acontecer, isso significava, basicamente, enfrentar a Barnes & Noble. No entanto, as lojas que operavam com grandes descontos, como a Walmart e a Target, vendiam toneladas de livros, sendo que a Amazon conseguiu estabelecer preços capazes de competir com elas. A Borders tinha diante de si um dilema: assumir as perdas e estabelecer preços no nível das outras empresas, ou simplesmente adotar a estratégia de justificar os preços mais elevados por oferecer aos clientes um atendimento premium. Nada disso funcionou. Como observado por Michael Souers, um analista da Standard & Poor's: "Eles cresceram além da conta e se endividaram excessivamente. Em vez de liderar e inovar, ficaram para trás".

Para concluir, uma nota: a Amazon continua a superar os concorrentes. Suas vendas passaram de $25 bilhões para $57 bilhões nos últimos três anos. Durante o mesmo período, as ações da Amazon valorizaram mais de 100%, e seu valor de mercado alcançava impressionantes $121 bilhões em meados de 2013. Jeff Bezos, o fundador e CEO da Amazon, pode se vangloriar de lucros líquidos de mais de $23,6 bilhões. Em contraste, a Border não existe mais.

Perguntas para Discussão

1. O que podemos aprender com o fracasso da Borders?
2. Qual foi o principal erro dessa empresa?
3. O que a Best Buy, uma empresa que está enfrentando o grande desafio proposto pela Amazon, pode aprender com esse caso?

O recente desaparecimento da Border ilustra como até uma firma bem estabelecida pode fracassar no mercado se não se antecipar e responder proativamente às mudanças que ocorrem ao seu redor. Atualmente, os líderes empresariais enfrentam um número maior e mais complexo de desafios no mercado global. Ao ponderar sobre quanto de crédito (ou de culpa) eles têm pela situação final de uma empresa, nos lembramos de dois pontos de vista sobre liderança: a "romântica" e a de "controle externo".[4] Primeiro, consideremos a **visão romântica da liderança**. Ela defende que é o líder quem faz uma organização ser bem-sucedida – ou não.[5] Essa é a visão predominante entre as publicações de negócios mais populares, como a *Fortune*, a *BusinessWeek* e a *Forbes*, nas quais o CEO pode ser elogiado pelo sucesso ou diretamente

visão romântica da liderança
situação em que o líder faz uma organização ser bem-sucedida – ou não.

responsabilizado pelo fracasso da organização.⁶ Considere, por exemplo, o crédito que foi dado a líderes como Jack Welch, Andrew Grove e Herb Kelleher pelos excelentes resultados obtidos quando estiveram à frente de companhias como a General Electric, Intel e Southwest Airlines, respectivamente.

Da mesma forma, o sucesso da Apple, na última década, foi atribuído quase que inteiramente ao falecido Steve Jobs, seu ex-presidente, falecido em 5 de outubro de 2011.⁷ O conjunto de produtos de sucesso da Apple, tais como os computadores iMac, iPods, iPhones e iPads, confirma sua genialidade ao desenvolver produtos inovadores, bonitos e fáceis de usar. Além de ser um perfeccionista no que se refere ao design dos produtos, Jobs era hábil na hora de apresentá-los, angariando vários admiradores. Sob seu comando, entre 1997 e 2011, o valor de mercado da Apple ultrapassou a cifra de $300 bilhões!

Por outro lado, quando as coisas não dão certo, grande parte dos motivos de isso ter acontecido também pode ser corretamente atribuída ao líder.⁸ Fica óbvio que os líderes da Border deixaram de responder eficientemente às mudanças que estavam acontecendo no mercado de venda de livros no varejo. A Apple, ao contrário, investiu pesado nas novas tendências tecnológicas, abrangendo vários produtos, inclusive os sofisticados smartphones.

Os resultados contrastantes da Hewlett-Packard sob dois diferentes CEOs também demonstram a influência da liderança na obtenção de um bom desempenho.⁹ Quando Carly Fiorina foi demitida da presidência da HP, as ações da empresa tiveram uma valorização imediata de 7% – mostrando uma desaprovação de sua liderança! O sucessor, Mark Hurd, liderou a companhia por cinco anos, com excelentes resultados financeiros. É interessante notar que, quando ele deixou o cargo, em 6 de agosto de 2010, as ações da empresa caíram 12% quase que instantaneamente! (Para se ter uma ideia, isso representa uma queda do valor de mercado da HP de cerca de $12 bilhões.) E, com a saída de Hurd, o valor de mercado da HP caiu cerca de 80% – desde o início de 2013!

Entretanto, esse é apenas um dos pontos de vista. Considere agora o outro, chamado de **visão de controle externo da liderança**. Neste caso, em vez de concluirmos que o líder é o responsável pelos resultados da organização, nos focamos em fatores externos que podem influenciar no desempenho da companhia, positiva ou negativamente. Não é preciso ir muito longe para encontrar alguns exemplos sobre isso. Acontecimentos de âmbito geral, como viradas econômicas, legislações governamentais ou o início de um grande conflito interno ou uma guerra, podem representar grandes restrições à ação dos executivos de uma empresa. A Borders, bem como muitos outros vendedores de livros no varejo, observou o êxodo de seus clientes, das lojas físicas rumo às compras online das versões digitais pela internet (da Amazon, por exemplo), o que, sem dúvida, se constituiu em um fenômeno externo contra o qual não havia muito o que fazer.

> **visão de controle externo da liderança** situações em que as forças externas – sobre as quais o líder tem influência limitada – determinam o sucesso da organização.

Os grandes acontecimentos não antecipados podem resultar, muitas vezes, em consequências negativas para os negócios, independentemente de quão bem planejadas sejam suas estratégias.

Vejamos alguns exemplos recentes:¹⁰

- O Furacão Katrina, em 2007, teve um efeito desastroso sobre os negócios localizados na Costa do Golfo.
- A crise financeira de 2008 e a profunda recessão durante os dois anos seguintes forçaram grandes companhias, como a General Motors e o Citigroup, a solicitar auxílio governamental. Outras, como a Merrill Lynch e a Washington Mutual, tiveram que ser adquiridas por outras empresas.
- No rescaldo da desastrosa explosão do poço de petróleo da BP, em 20 de abril de 2010, as indústrias de pesca e turismo da região sofreram contratempos significativos. A própria BP arcou com uma multa de $20 bilhões imposta pelo governo dos EUA.
- Em 11 de março de 2011, um terremoto de 9 graus na escala Richter e um tsunami devastaram a costa japonesa, resultando na perda de mais de 20 mil vidas. Durante os dois dias úteis seguintes, a bolsa de valores do país (Nikkei) sofreu a maior perda em 40 anos. O desastre atingiu quase toda a indústria pesada – em especial, as empresas de energia. Por exemplo, a cotação das ações da Tokyo Electric Power Co., que opera uma usina de energia nuclear que sofreu vários danos, caiu 24,7%, e a das ações da Toshiba Corp., uma fabricante de usinas nucleares, caiu 19,5%. Várias companhias, como Toyota, Honda e

DESTAQUES DE ESTRATÉGIA 1.1

CRISE ECONÔMICA NA EUROPA: AS CONSEQUÊNCIAS PERDURAM

A crise econômica europeia se parece cada vez mais com um drama sem fim em câmera lenta. Enquanto os ministros de finanças e os principais banqueiros propõem e rejeitam, ou implementam e fracassam, uma solução após a outra, o desemprego continua a aumentar, os bancos se mostram instáveis e o rancor público cresce. A Grécia é um dos países que enfrentam grave crise política e econômica; Portugal e Espanha estão sob recessão prolongada e os problemas da Itália parecem ser piores do que se supunha a princípio. Há apenas uma década, as 27 nações da União Europeia e as 17 nações da Zona do Euro foram consideradas um gigante econômico. Hoje em dia, o próprio futuro da União e do Euro está imerso em incertezas.

Quais são algumas das consequências da crise econômica até agora? Primeiro, ela resultou em grandes protestos políticos. À medida que governos como os de Portugal e Espanha têm sido obrigados a cortar gastos governamentais como parte de seus programas de austeridade, o ressentimento público eclode na forma de violentos protestos de rua. Pessoas acostumadas a bons salários proporcionados pelo governo acham difícil se ajustar a um ambiente sem as redes de segurança que foram garantidas por, pelo menos, duas gerações. Segundo, os protestos políticos têm, por sua vez, resultado em mudanças de políticas governamentais. Em 2012, François Hollande foi eleito presidente da França com uma plataforma eleitoral que intencionava elevar para 75% a alíquota do imposto sobre altos rendimentos (o que fez com que muitos cidadãos proeminentes da França mudassem de nacionalidade!). A Itália colocou Mario Monti, um economista experiente, no lugar do eloquente, mas controverso, Silvio Berlusconi, para tirar o país do atoleiro.

O enfraquecimento dos bancos europeus tem se constituído em importante causa e consequência das crises financeiras, em especial em países como a Espanha. Como o crescimento do setor imobiliário na Espanha caminhou para o desastre inevitável, os bancos se encontraram na posse de vários imóveis cujos leilões não arrecadavam o suficiente para cobrir as perdas dos financiamentos. A resultante crise de confiança nos bancos obrigou o Banco Central Europeu a liberar recursos para auxiliar os bancos fragilizados.

Os efeitos conjuntos do corte de gastos dos governos, da impossibilidade dos bancos de emprestar dinheiro e do descontentamento civil em vários países têm sido devastadores para o nível de emprego na Europa. A Espanha tem, atualmente, uma taxa de desemprego de 24%. No início de 2012, a taxa de desempregados com menos de 25 anos na Espanha atingiu a surpreendente marca de 51,4%. Nos Estados Unidos, a taxa média de desemprego em 2013 foi de 7,9% – uma taxa que muitos norte-americanos consideram inaceitável. Isso nos ajuda a ter uma boa ideia da situação! O grande número de jovens desempregados resultou em vários problemas sociais, tais como aumento das taxas de criminalidade, uso de drogas e depressão. Visto que muitos jovens na Europa não esperam que a situação melhore no futuro próximo, está havendo um aumento da migração para outros países. Entre essas pessoas, vários portugueses, por exemplo, têm migrado para as antigas colônias de seu país, como Angola e Moçambique, na África, e Brasil, na América do Sul. Um em cada dez formandos costumam deixar Portugal hoje em dia. Apenas em 2010, o número de trabalhadores portugueses no Brasil aumentou para 60 mil. Profissionais portugueses capacitados têm imigrado cada vez mais para países como os Estados Unidos, Canadá e Austrália. Há 50 mil alemães no Vale do Silício e mais de 500 novas empresas na região da Baía de São Francisco fundadas por franceses.

Uma indústria que tem sofrido muito por causa da crise econômica é o turismo. França, Espanha e Itália – os três maiores destinos turísticos na Europa – sofrem com acentuado declínio na quantidade e tempo de permanência de visitantes nos anos mais recentes. A indústria do turismo na França emprega 900 mil pessoas e gera receitas de $96 bilhões. Na Espanha, esse setor emprega 1,4 milhão de pessoas e significa cerca de $110 bilhões de receitas. A diminuição na chegada de turistas tem sido devastadora para os empregos em negócios relacionados com o turismo, como hotéis, restaurantes e viagens.

Fontes: Ash, L. 2011. Portugal's jobless graduates flee to Africa and Brazil. bbc.com.uk, 31 de agosto: np; Les miserables. 2012. economist.com, 28 de julho: np; e Govan, F. 2012, Spain's lost generation: Youth unemployment surges above 50 percent. telegraph.co.uk, 27 de janeiro: np.

Sony foram obrigadas a interromper a produção em razão dos grandes danos nas estradas, que tornavam quase impossível para os sistemas de distribuição transportar os produtos.

A continuidade da atividade econômica na Europa tem sido uma fonte de considerável incerteza para quem realiza negócios lá e no mundo todo. A seção Destaques de Estratégia 1.1 analisa alguns dos motivos e consequências da atual crise europeia.

Antes de prosseguir, é importante destacar que os executivos bem-sucedidos costumam ter a habilidade de lidar com as circunstâncias difíceis que encontram pela frente. Às vezes, pode ser encorajador observar a posição otimista que eles têm ao se deparar com o que parecem ser dificuldades esmagadoras. É claro que isso não quer dizer que devemos ser ingênuos à la Pollyanna (personagem irremediavelmente otimista do livro escrito por Eleanor H. Porter). Considere, por exemplo, como um CEO de uma empresa está lidando com os tempos difíceis:[11]

É só falar de uma aflição econômica qualquer que é muito possível que Charles Needham, presidente da Metorex, esteja às voltas com ela.

- Turbulências de mercado desvalorizaram em 80% as ações da Metorex da África do Sul, a companhia de mineração que ele dirige.
- A forte redução da demanda global afetou negativamente o preço do cobre, do cobalto e de outros minerais extraídos pela Metorex na África. A crise financeira dificulta ainda mais a obtenção de recursos monetários.
- Iniciaram-se conflitos na República Democrática do Congo, local onde a Metorex possui uma mina e vários projetos em desenvolvimento.

Tais problemas são capazes de levar vários executivos a considerar pular pela janela. Entretanto, Needham não parece se alterar ao se sentar na mesa de reuniões do modesto escritório da companhia em um subúrbio de Joanesburgo. Ele diz que os conflitos no nordeste do Congo ocorrem longe da mina da Metorex. Em termos históricos, os preços das commodities continuam em patamar elevado. Needham está confiante de que é possível arrecadar capital suficiente estreitando o relacionamento com os bancos sul-africanos. E acrescenta: "Esses são os tipos de coisas com que temos de lidar ao realizar negócios na África".

O Que é Administração Estratégica

Em face dos muitos desafios e oportunidades que surgem no mercado global, os administradores de hoje devem fazer mais do que estabelecer estratégias de longo prazo e esperar pelo melhor.[12] Eles devem ir além do que alguns chamam de "modelo de gestão incremental", na qual a administração empresarial é realizada através de uma série de pequenas alterações para melhorar a eficácia das atividades operacionais.[13] Em vez de encarar seu papel como sendo de meros guardiões do status quo, os líderes modernos devem ser proativos, antecipar mudanças, continuar a refinar suas estratégias e, quando necessário, realizar mudanças drásticas nelas. A administração estratégica da organização deve se tornar tanto um processo como uma filosofia da organização.

Definição de Administração Estratégica

A **administração estratégica** consiste nas análises, decisões e ações realizadas por uma organização para criar e manter vantagens competitivas. Essa definição contém dois elementos principais que são o ponto central da administração estratégica.

Primeiro, a administração estratégica de uma organização envolve três processos contínuos: *análises, decisões e ações*. A administração estratégica se preocupa com a *análise* de metas (visão, missão e objetivos estratégicos) em conjunto com a análise do ambiente interno e externo da organização. Em seguida, os líderes devem tomar decisões estratégicas. Tais *decisões*, falando de modo geral, respondem a duas perguntas básicas: em quais mercados devemos competir? Como devemos competir neles? Essas perguntas costumam abranger as operações domésticas e internacionais da companhia. E, por fim, vêm as *ações* que devem ser tomadas. Naturalmente, as decisões não têm muito valor, a menos que sejam colocadas em ação. As empresas devem realizar as ações necessárias para implementar suas **estratégias**. Isso exige líderes que aloquem os recursos necessários e estruturem a organização de modo a colocar em prática as estratégias adotadas.

Segundo, a essência da administração estratégica é o estudo do porquê de algumas empresas serem mais bem-sucedidas do que outras.[14] Assim, os administradores precisam determinar como uma empresa deve competir para obter vantagens sustentáveis por um longo período de tempo. Isso implica em se concentrar em duas questões fundamentais:

- *Como devemos agir para criar* **vantagens competitivas** *no mercado?* Gestores devem determinar se a empresa deve se posicionar como um produtor de baixo custo ou desenvolver bens e serviços únicos que lhes permitam praticar preços "premium". Ou será que deveriam combinar esses dois fatores?
- *Como podemos criar vantagens competitivas no mercado que sejam exclusivas, valiosas e difíceis de serem copiadas ou substituídas pela concorrência?* Ou seja, os administradores precisam fazer com que tais vantagens sejam sustentáveis, e não apenas temporárias.

administração estratégica
as análises, decisões e ações que uma organização realiza para criar e manter vantagens competitivas.

PA1.1
A definição de administração estratégica e seus quatro atributos principais.

estratégia
Ideias, decisões e ações que possibilitam a uma empresa ser bem-sucedida.

vantagem competitiva
Os recursos e habilidades de uma empresa que a fazem superar os competidores em sua área de atuação.

eficácia operacional
realizar as mesmas atividades de uma maneira superior à da concorrência.

As vantagens competitivas não são obtidas apenas pela eficácia operacional.[15] As inovações administrativas mais populares das últimas duas décadas – qualidade total, just-in-time, benchmarking (comparação entre produtos, serviços e práticas empresariais), reengenharia do processo empresarial, terceirização – estão todas relacionadas com a eficácia operacional. **Eficácia operacional** quer dizer realizar atividades similares às da concorrência, só que melhor. Tais inovações são importantes, mas nenhuma delas leva a uma vantagem competitiva sustentável, simplesmente porque são práticas generalizadas. Estratégia se relaciona com a ideia de "ser diferente". Obter uma vantagem competitiva sustentável só é possível realizando atividades diferentes da concorrência ou realizando atividades similares de maneira diferente. Empresas como Walmart, Southwest Airlines e IKEA desenvolveram sistemas de atividades diferenciadas, com consistência interna e difíceis de imitar, resultando em vantagens competitivas perenes. Uma empresa com uma boa estratégia deve deixar bem claro o que deseja alcançar. Tentar replicar tudo o que a concorrência faz leva, no final das contas, a uma guerra de preços mutuamente destrutiva, e não a uma vantagem de longo prazo.

As Quatro Características Principais da Administração Estratégica

Antes de discorrer sobre o processo de administração estratégica, falaremos sobre suas quatro características.[16] É preciso deixar bem claro que este curso difere de outros que você talvez tenha feito, relacionados a áreas funcionais como contabilidade, marketing, gestão de operações e finanças. A Figura 1.1 define e apresenta as quatro características da administração estratégica.

Primeiro, a administração estratégica é *orientada às metas gerais da organização*. Ou seja, os esforços devem ser aplicados no que é melhor para a organização como um todo, não apenas para uma única área funcional. Alguns autores se referem a esse ponto de vista como "racionalidade organizacional contra racionalidade individual".[17] Ou seja, o que pode parecer "racional" ou ideal para uma área isolada, tal como a de fabricação, pode não corresponder ao que é mais interessante para a empresa como um todo. Por exemplo, a área de fabricação pode decidir programar a manufaturação de grandes lotes de produtos padronizados para diminuir os custos unitários. No entanto, produtos padronizados podem não ir ao encontro do que o departamento de marketing precisa para chamar a atenção de um público-alvo mais exigente. De maneira similar, a área de pesquisa e desenvolvimento pode querer sofisticar demais no projeto de um produto superior. Entretanto, isso pode fazer com que o produto fique tão caro que a demanda de mercado seja mínima.

stakeholders
indivíduos, grupos e organizações que apostam no sucesso da organização. São todas as partes interessadas, direta ou indiretamente: os proprietários (acionistas, em uma corporação de capital aberto), empregados, clientes, fornecedores e a comunidade em geral.

Segundo, a administração estratégica *envolve considerações sobre vários stakeholders nas tomadas de decisão*.[18] **Stakeholders** são indivíduos, grupos e organizações que apostam no sucesso da organização, incluindo os proprietários (acionistas, no caso de corporações de capital aberto), empregados, clientes, fornecedores, a comunidade em geral, e assim por diante (falaremos mais sobre isso à frente neste capítulo). Os administradores não serão bem-sucedidos concentrando-se apenas em uma dessas partes interessadas. Por exemplo, se a ênfase estiver na geração de lucro para os proprietários, os empregados podem se tornar alienados, a prestação de serviço ao cliente perder qualidade, e os fornecedores se ressentirem com as constantes solicitações de descontos.

Terceiro, a administração estratégica *exige o estabelecimento de perspectivas de curto e longo prazo*.[19] Peter Senge, um eminente autor de administração estratégica, se referiu a tal dicotomia como "tensão criativa".[20] Ou seja, os administradores devem manter ambas as visões, pensando no futuro da organização e se concentrando nas atuais necessidades operacionais. No entanto, os mercados financeiros podem exercer considerável pressão sobre os executivos

FIGURA 1.1
Conceitos de Administração Estratégica

Definição: A administração estratégica consiste nas análises, decisões e ações tomadas por uma organização para criar e manter vantagens competitivas.
As Principais Características da Administração Estratégica
• Orienta a organização em direção de objetivos gerais.
• Envolve considerações sobre vários stakeholders nas tomadas de decisão.
• Estabelece perspectivas de curto e longo prazo.
• Mantém o equilíbrio entre eficiência e eficácia.

para que estes atendam às metas de curto prazo. Estudos mostram que líderes corporativos costumam escolher a abordagem de curto prazo às custas da valorização das ações a longo prazo. Considere o seguinte:

> De acordo com estudos recentes, apenas 59% dos executivos financeiros dizem que perseguiriam um projeto de valor presente líquido positivo se isso significasse a falta de consenso quanto à estimativa de ganhos por ação no trimestre. Pior do que isso, 78% disseram que sacrificariam valor – em geral, bastante – para melhorar os lucros. Ao mesmo tempo, alguns administradores estão propensos a eliminar o departamento de Pesquisa e Desenvolvimento para reverter um escorregão dos lucros se uma boa parte das ações de emissão da empresa pertencer a fundos cujo portfólio de ações tivesse elevada rotatividade. Muitas empresas têm a mesma filosofia sobre investimentos de longo prazo, tais como infraestrutura e treinamento de empregados.[21]

Em quarto lugar, a administração estratégica *envolve a manutenção do equilíbrio entre eficácia e eficiência*. Alguns autores referem-se a isso como um balanceamento entre "fazer a coisa certa" (**eficácia**) e "fazer certo as coisas" (**eficiência**).[22] Os administradores devem alocar e usar os recursos disponíveis com sabedoria e, concomitantemente, esforçar-se para atingir os objetivos gerais da organização. Aqueles que só se concentram em cumprir orçamentos e metas de curto prazo podem deixar de lado alvos mais amplos. Considere a interessante história a seguir, narrada por Norman Augustine, ex-CEO da Martin Marietta (agora, Lockheed Martin), uma enorme corporação fornecedora de equipamentos militares:

> Lembro-me de um artigo em um jornal britânico que descrevia uma situação inusitada no serviço de ônibus local entre as cidades de Bagnalle e Greenfields. Para grande constrangimento dos clientes, os motoristas passavam pelas longas filas dos que seriam seus passageiros sorrindo e sem lhes apertar as mãos. Essa prática, porém, foi esclarecida pelo representante da companhia de ônibus, que disse: "É impossível que os motoristas fiquem em dia com suas programações de viagens se tiverem que parar para cumprimentar cada passageiro".[23]

eficácia
adaptar ações às necessidades de uma organização, em vez de desperdiçar esforços (ou: "fazer a coisa certa").

eficiência
realizar ações a baixo custo em relação ao padrão vigente (ou: "fazer as coisas direito").

Obviamente, com aquele procedimento, os motoristas tentavam cumprir suas escalas de serviço, mas estavam ignorando por completo a missão geral do trabalho que realizavam. Como disse Augustine, "A lógica era impecável, mas parecia que estava faltando alguma coisa!".

Administradores bem-sucedidos devem fazer muitas escolhas, optando por algumas e deixando outras de lado. É fundamental a prática da administração estratégica. Às vezes, os administradores devem se concentrar em alvos de curto prazo e na eficiência; em outras ocasiões, a ênfase deve estar em metas de longo prazo e na expansão do mercado de seu produto ou atividade para antecipar oportunidades no ambiente competitivo. Por exemplo, considere a visão de Kevin Sharer. Ele é o CEO da Amgen, uma grande empresa de biotecnologia com valor de mercado de $17 bilhões:

> Um CEO deve sempre alternar entre o que chamo de atitudes diferentes – tarefas de diversos níveis de abstração e especificidade. Quando a empresa está bem, devemos nos fazer as grandes perguntas: Qual é a estratégia e missão da companhia? As pessoas entendem e acreditam nesses objetivos? As decisões são coerentes com eles? Quando a empresa está em dificuldade, nos concentramos nas operações mais imediatas: Fizemos aquela venda? O que estava atrapalhando na última programação de produção da fábrica? Quantos dias de estoque temos para um medicamento específico? E, por fim, há o que se situa entre esses dois extremos: Quantos químicos precisamos contratar para o próximo trimestre? Quanto devemos pagar por uma pequena empresa biotécnica que está produzindo uma nova droga promissora? Nossa capacidade de produção é adequada para introduzirmos um produto em um novo mercado?[24]

ambidestria
o desafio que os administradores enfrentam para alinhar recursos e tirar vantagem de mercados de produção já existentes, bem como de, proativamente, explorar novas oportunidades.

processo de administração estratégica
análise, formulação e execução de estratégia

Alguns autores desenvolveram o conceito da "**ambidestria**", que se refere ao desafio do administrador em alinhar recursos para tirar vantagem de mercados já existentes, bem como de explorar novas oportunidades proativamente.[25] A seção Destaques de Estratégia 1.2 aborda comportamentos ambidestros exigidos para se obter sucesso no desafiador mercado econômico atual.

O Processo da Administração Estratégica

Identificamos três processos permanentes – análises, decisões e ações – que são vitais para a administração estratégica. Na prática, esses três processos – geralmente chamados de análise,

PA1.2
O processo de administração estratégica e suas três atividades principais inter-relacionadas.

DESTAQUES DE ESTRATÉGIA 1.2

COMPORTAMENTOS AMBIDESTROS: COMBINANDO ALINHAMENTO E ADAPTABILIDADE

Um estudo recente envolvendo 41 unidades de negócios em 10 companhias multinacionais identificou quatro comportamentos ambidestros em indivíduos. Tais comportamentos são a essência da ambidestria e ilustram como uma capacidade dupla para se preparar e se adaptar pode ser exercida na organização em nível individual.

Eles não são apressados e estão alertas às oportunidades oferecidas além daquelas confinadas a suas funções diretas. Um gerente de vendas de uma grande companhia de computação soube da necessidade de um novo módulo de software que ninguém oferecia. Em vez de vender alguma outra coisa ao cliente, preparou um projeto de fabricação do novo módulo. Com a aprovação da administração, começou a trabalhar em tempo integral no desenvolvimento do produto.

Eles cooperam e buscam oportunidades de combinar seus esforços com outros. Uma gerente de marketing na Itália era responsável por uma recém-adquirida subsidiária. Aborrecida com o contato limitado que tinha com seus colegas de outros países, propôs debater a questão com eles. O resultado foi a criação de um fórum europeu de marketing que se encontra a cada três meses para discutir sobre resolução de problemas, melhores práticas de ação e colaboração em projetos de marketing.

Eles são mediadores, sempre procurando construir redes internas. Ao visitar o escritório central em St. Louis, um gerente de fábrica canadense ouviu falar sobre planos de um investimento de $10 milhões em uma nova fábrica de fitas magnéticas. Depois de investigar mais sobre esses planos, retornou ao Canadá e contatou o gerente regional em Manitoba, sabedor do interesse dele em desenvolver esse tipo de produto. Com um apoio generoso do governo de Manitoba, o gerente regional pediu e acabou recebendo o investimento de $10 milhões.

Eles são multifuncionais. Um gerente de operações de uma grande distribuidora de café e chá foi encarregado de fazer com que sua fábrica funcionasse com a maior eficiência possível. Porém, ele assumiu, também, a responsabilidade de identificar os serviços que seriam mais valiosos para seus clientes. Por executar um papel duplo, pôde gerenciar as operações e desenvolver um módulo eletrônico promissor que automaticamente indicava a iminência de problemas de funcionamento das máquinas de café. Com o financiamento corporativo, contratou uma empresa para desenvolver um software e, então, testou o módulo em sua própria fábrica. O teste foi tão bem-sucedido que o módulo foi adotado pelos gerentes de operações de vários outros países.

Um artigo recente da *Harvard Business Review* apresentou algumas ideias de como alguém pode se tornar um líder mais ambidestro. Considere as perguntas a seguir:

- **Você atinge sua cota?**
- **Você colabora com outras pessoas?**
- **O que faz por seus companheiros?** Você é apenas o seu concorrente interno?
- **Quando gerencia, você levanta problemas** – ou problemas com possíveis soluções?
- **Você é transparente?** Gerentes que têm a reputação de distorcer acontecimentos passam a perder a confiança de seus pares ou superiores.
- **Está desenvolvendo um grupo de gerentes seniores o conhecem e estão dispostos a apoiar suas ideias originais com recursos?**

Fonte: Birkinshaw, J & Gibson, C. 2004. Building ambidexterity into an organization. *MIT Sloan Management Review*, 45(4): 47-55; e, Bower, J. L. 2007. Solve the succession crisis by growing inside-out leaders. *Harvard Business Review*, 85(11): 90-99.

---

formulação e execução da estratégia – são altamente interdependentes e não surgem um depois do outro, de modo sequencial, na maioria das empresas.

Estratégias Pretendidas e Realizadas

Henry Mintzberg, um estudioso de administração da McGill University, defende que encarar o processo de administração estratégica como algo no qual a análise é acompanhada por excelentes decisões e suas subsequentes e meticulosas execuções não descreve o processo de administração estratégica corretamente, nem estabelece sua prática ideal.[26] Ele enxerga o ambiente de negócios como algo longe de ser previsível e, portanto, um fator limitador de nossa habilidade de análise. Além disso, as decisões não costumam se basear apenas em questões sujeitas somente ao raciocínio, tendo em vista os processos políticos que ocorrem em todas as organizações.[27]

Levando em consideração as limitações apresentadas anteriormente, Mintzberg propõe um modelo alternativo. Como demonstrado na Figura 1.2, as decisões resultantes da análise, no modelo, constituem a **estratégia pretendida** de uma empresa. Por vários motivos, ela dificilmente mantém sua configuração original. Desenvolvimentos ambientais imprevisíveis, restrições de recursos inesperadas ou mudanças nas preferências administrativas podem resultar no *não cumprimento* de, pelo menos, algumas partes da estratégia formulada. Por outro lado, bons administradores desejarão tirar vantagem de uma nova oportunidade apresentada

estratégia pretendida
estratégia na qual as decisões da organização são determinadas apenas pela análise.

FIGURA 1.2 Estratégia Realizada e Estratégia Formulada: Geralmente Não São a Mesma Coisa

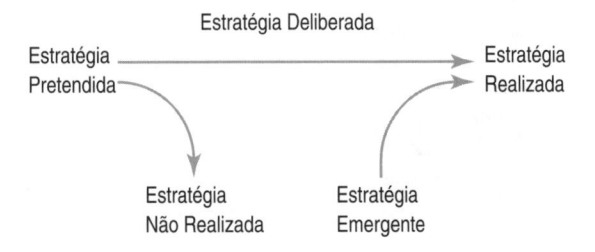

```
                    Estratégia Deliberada
    Estratégia ─────────────────────────→ Estratégia
    Pretendida ─┐                      ↗  Realizada
                │                    ╱
                ↓                   ╱
            Estratégia        Estratégia
            Não Realizada     Emergente
```

Fonte: De Mintzberg, H. & Waters, J. A., "Of Strategies: Deliberate and Emergent", *Strategic Management Journal*, Vol. 6, 1985, pp. 257-272. Direitos Autorais © John Wiley & Sons Limited. Reproduzido com permissão.

pelo ambiente, mesmo que ela não tenha feito parte do conjunto original. Por exemplo, considere como a crescente classe média da China tem ajudado as transportadoras de carga a se recuperar de uma recente recessão.

> A crescente demanda da China por bens de luxo e por alimentos perecíveis importados levou a um aumento drástico da demanda por embarques aéreos. Por exemplo, Cathay Pacific, a maior transportadora de Hong Kong, está embarcando mensalmente 100 toneladas de lagosta e 150 toneladas de garoupa para a Austrália e a Indonésia, procedentes da China e Hong Kong. As remessas de peixes para sashimi, que vêm de Tóquio, aumentaram cerca de 60%.
>
> A United Parcel Service, a maior empresa de entregas do mundo, adicionou à frota dois aviões de carga em Hong Kong e um em Xangai. A FedEx, a maior transportadora aérea de carga do mundo, está planejando comprar mais aviões para suas rotas de longa distância na Ásia.[28]

Assim, a **estratégia realizada** final de qualquer firma é a combinação de estratégias deliberadas e emergentes.

A seguir falaremos sobre cada um dos três processos principais da administração estratégica: a análise, a formulação e a execução da estratégia, além de apresentarmos um breve resumo de cada capítulo.

A Figura 1.3 apresenta o processo da administração estratégica e mostra como cada um desses processos está relacionado com cada um dos capítulos deste livro. Seguindo o raciocínio que acabamos de considerar, usaremos setas duplas para indicar o fluxo da natureza interativa do processo.

A Análise Estratégica

> *"A primeira coisa que devo fazer é ajudar as pessoas a entender aonde desejo levar a empresa. Isso deve ficar bem claro. E não apenas isso. Todos da organização devem entender, todos devem estar cientes dos objetivos e devem compreender como o que estão fazendo nos ajudará a caminhar em direção ao futuro."*
>
> – Joseph Jimenez, CEO da Novartis[29]

A análise de estratégia deve ser vista como o ponto de partida do processo da administração estratégica. Ela consiste na "antecipação do trabalho" que deve ser feita para que a formulação e execução da estratégia sejam eficazes. Muitas estratégias fracassam porque os administradores podem querer formular e executar estratégias sem uma análise cuidadosa dos objetivos mais abrangentes da organização e sem uma avaliação minuciosa dos ambientes interno e externo.

A Análise das Metas Organizacionais (Capítulo 1) A visão, missão e objetivos estratégicos de uma companhia formam uma hierarquia de metas que parte de claras declarações de intenção e fundamentos, passa pelas vantagens competitivas e chega aos objetivos estratégicos específicos e mensuráveis.

A Análise do Ambiente Externo de uma Empresa (Capítulo 2) Os administradores devem monitorar e esquadrinhar o ambiente, bem como analisar a concorrência. Para tal, levam-se

estratégia realizada
estratégia cujas decisões organizacionais são determinadas tanto pelas análises como pelos desenvolvimentos ambientais imprevistos, restrições de recursos inesperadas e/ou mudanças nas preferências administrativas.

análise de estratégia
estudo dos ambientes externo e interno de uma empresa e onde eles se encaixam na visão e objetivos da organização.

FIGURA 1.3 O Processo da Administração Estratégica

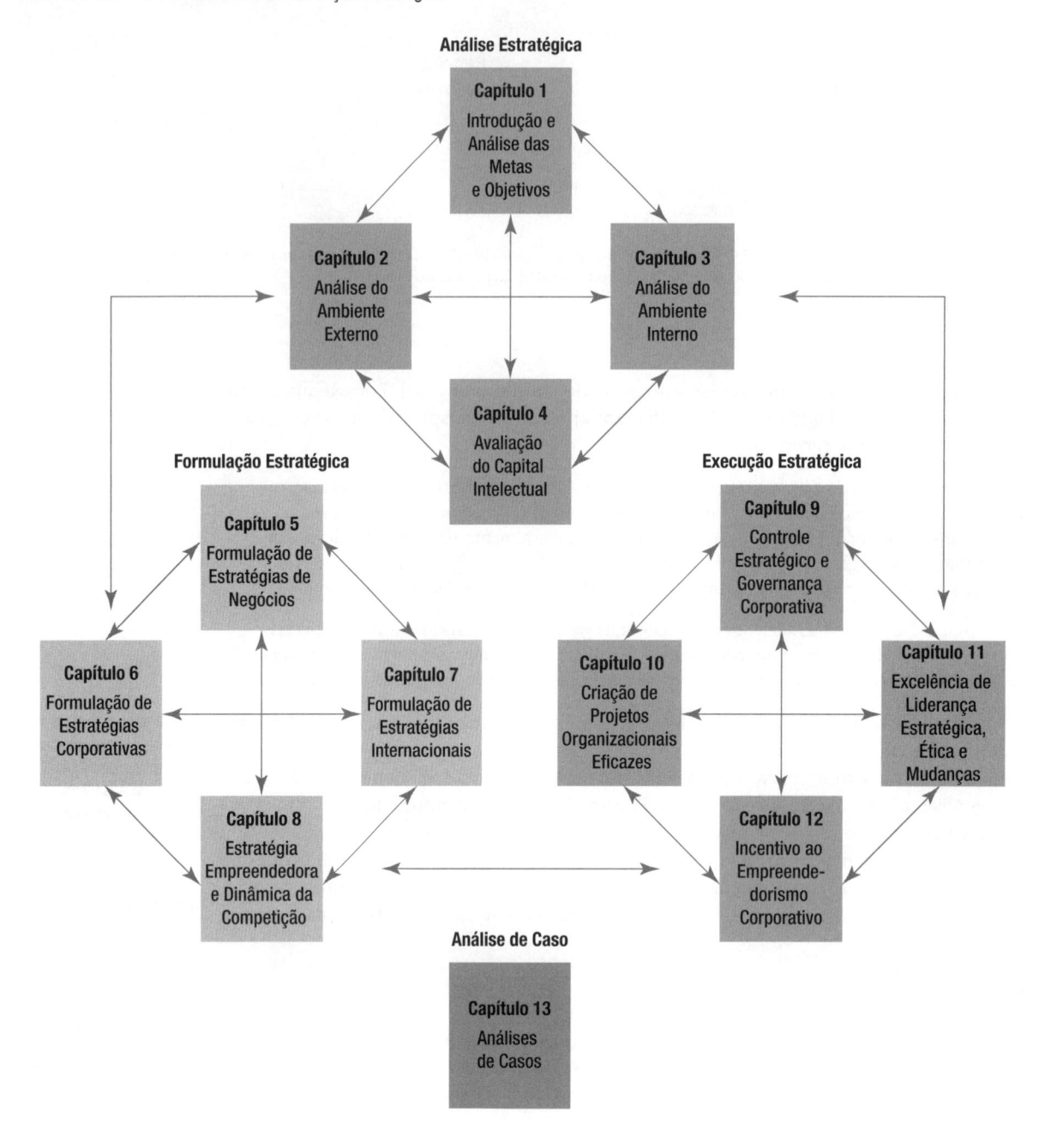

Análise Estratégica

- **Capítulo 1** Introdução e Análise das Metas e Objetivos
- **Capítulo 2** Análise do Ambiente Externo
- **Capítulo 3** Análise do Ambiente Interno
- **Capítulo 4** Avaliação do Capital Intelectual

Formulação Estratégica

- **Capítulo 5** Formulação de Estratégias de Negócios
- **Capítulo 6** Formulação de Estratégias Corporativas
- **Capítulo 7** Formulação de Estratégias Internacionais
- **Capítulo 8** Estratégia Empreendedora e Dinâmica da Competição

Execução Estratégica

- **Capítulo 9** Controle Estratégico e Governança Corporativa
- **Capítulo 10** Criação de Projetos Organizacionais Eficazes
- **Capítulo 11** Excelência de Liderança Estratégica, Ética e Mudanças
- **Capítulo 12** Incentivo ao Empreendedorismo Corporativo

Análise de Caso

- **Capítulo 13** Análises de Casos

---

em conta dois princípios: (1) o ambiente geral consiste de vários elementos, como demografia e fatores econômicos, e (2) o ambiente setorial consiste da concorrência e de outras organizações que podem ameaçar o sucesso dos produtos e serviços de uma empresa.

A Avaliação do Ambiente Interno de uma Empresa (Capítulo 3) Analisar as forças e as relações entre as atividades que constituem a cadeia de valor de uma empresa (por exemplo, operações, gestão de recursos humanos, marketing e vendas) pode ser um meio de descobrir fontes em potencial de vantagens competitivas.[30]

A Avaliação dos Recursos Intelectuais de uma Empresa (Capítulo 4) Um trabalhador do conhecimento*, e os outros recursos intelectuais de uma empresa (por exemplo, as patentes)

---

* N.E.: Trabalhador do conhecimento (do inglês "knowledge worker") é um termo usado hoje para pessoas que são valorizadas por sua capacidade de atuar sobre o conhecimento de uma dada área e comunicá-lo.

são peças importantes das vantagens competitivas e criação de renda. Também avaliamos quão bem a organização cria vínculos e relacionamentos e como a tecnologia pode aumentar a colaboração entre os empregados e prover meios de acumular e armazenar conhecimento.[31]

A Formulação da Estratégia

> *"Medimos, estudamos, quantificamos e analisamos cada parte do nosso negócio... Então devemos ter a capacidade de pegar todos esses dados e informações e transformá-los em mudanças e melhorias na organização e na formulação da estratégia do negócio."*
>
> Richard Anderson, CEO da Delta Airlines[32]

formulação de estratégia
decisões adotadas pelas empresas no que se refere a investimentos, compromissos e outros aspectos das operações que criam e sustentam a vantagem competitiva.

A formulação de estratégia é desenvolvida em vários níveis. Primeiro, a estratégia de negócios se concentra em como atuar em certo negócio para obter uma vantagem competitiva. Segundo, a estratégia em nível corporativo se concentra em dois pontos: (a) em qual negócio competir e (b) como negócios podem ser administrados para promover sinergia; ou seja, eles criam mais valor ao trabalharem juntos do que operando isoladamente. Terceiro, uma empresa deve desenvolver estratégias internacionais à medida que se aventura para além de suas fronteiras nacionais. Quarto, os administradores devem formular iniciativas empreendedoras eficazes.

A Formulação de Estratégia de Negócios (Capítulo 5) A questão de como as empresas competem e superam a concorrência e como conseguem e sustentam as vantagens competitivas é o núcleo da administração estratégica. Empresas bem-sucedidas lutam para desenvolver as bases da vantagem competitiva, o que pode ser feito por meio da liderança de custo e/ou diferenciação, bem como por se concentrar num segmento estreito ou amplo do mercado.[33]

A Formulação de Estratégia de Nível Corporativo (Capítulo 6) A estratégia de nível corporativo se concentra no portfólio (ou grupo) de negócios de uma empresa. As perguntas que surgem nesse nível são: (1) Em qual(is) negócio(s) deveríamos competir? e (2) Como poderemos administrar essa carteira de negócios para estabelecer sinergia entre eles?

A Formulação de Estratégias Internacionais (Capítulo 7) Quando uma empresa entra num mercado estrangeiro, ela se depara com oportunidades e armadilhas.[34] Os administradores não devem apenas decidir qual será a melhor estratégia para entrar nesse mercado, mas também como obterão vantagens competitivas nos mercados internacionais.[35]

A Estratégia Empreendedora e a Dinâmica da Competição (Capítulo 8) A atividade empreendedora destinada à criação de novos valores tem um grande papel no crescimento econômico. Para que as iniciativas empreendedoras sejam bem-sucedidas devem-se reconhecer oportunidades viáveis, e estratégias eficazes devem ser formuladas.

A Implementação da Estratégia

> *"Poderíamos deixar nossos planos estratégicos em um avião e isso não faria diferença. O fundamental é a implementação."*
>
> John Stumpf, presidente da Wells Fargo[36]

implementação de estratégia
ações realizadas pelas empresas que colocam a estratégia formulada em prática, o que inclui controles de estratégia, projetos organizacionais e liderança.

Boas estratégias não serão de nenhum valor se não forem implementadas direito.[37] Executar estratégias envolve assegurar controles estratégicos apropriados e projetos organizacionais, o que inclui o estabelecimento de meios eficazes para coordenar e integrar atividades dentro da empresa, bem como com os fornecedores, clientes e organizações parceiras.[38] A liderança tem um papel fundamental em assegurar que a organização esteja comprometida com a excelência e com comportamentos éticos. Ela também promove o aprendizado e a melhoria contínua e é empreendedora na criação de novas oportunidades.

O Controle Estratégico e a Governança Corporativa (Capítulo 9) As empresas devem exercer dois tipos de controle estratégico. Primeiro, o controle da informação requer que as organizações estejam continuamente monitorando e avaliando o ambiente e respondendo às ameaças e oportunidades. Segundo, o controle comportamental envolve o equilíbrio entre recompensas e incentivos, bem como entre culturas e limites (ou restrições). Além disso, as empresas de grande porte bem-sucedidas praticam uma governança corporativa eficaz.

A Criação de Projetos Organizacionais Eficazes (Capítulo 10) As empresas devem ter estruturas e projetos organizacionais consistentes com sua estratégia. Nos ambientes competitivos de hoje em dia, que mudam rapidamente, as empresas devem se assegurar de que suas fronteiras organizacionais – internas e externas – sejam mais flexíveis e permeáveis.[39] As organizações costumam desenvolver alianças estratégicas para tirar proveito das habilidades de outras organizações.

A Criação de uma Organização de Aprendizado e uma Organização Ética (Capítulo 11) Líderes eficazes direcionam, projetam e desenvolvem uma organização que esteja comprometida com a excelência e com comportamentos éticos. Além disso, devido às mudanças rápidas e imprevisíveis, os líderes devem criar uma "organização de aprendizado", de modo que toda a organização se beneficie dos talentos individuais e coletivos.

O Incentivo ao Empreendedorismo Corporativo (Capítulo 12) As empresas devem se aperfeiçoar e crescer continuamente, além de encontrar novos meios de renovar suas organizações. A inovação e o empreendedorismo corporativo apresentam novas oportunidades às empresas. As estratégias devem ser formuladas para aumentar sua capacidade inovativa.

O Capítulo 13, "A Análise de Casos da Administração Estratégica", provê orientações e sugestões sobre como avaliar situações de fato neste curso. Assim, os conceitos e técnicas discutidos nos doze capítulos podem ser aplicados em organizações do mundo real.

Analisemos agora dois conceitos – a governança corporativa e a administração de stakeholders – que são vitais no processo da administração estratégica.

O Papel da Governança Corporativa e da Administração de Stakeholders

> **PA1.3**
> O papel vital da governança corporativa e da gestão de stakeholders, e como se pode promover uma "simbiose" entre os stakeholders da organização.

> **governança corporativa**
> a relação entre os vários participantes na determinação da direção e desempenho das corporações. Os principais participantes são (1) os acionistas, (2) a diretoria (encabeçada pelo CEO), e (3) o conselho de administração.

A maioria das empresas que empregam mais do que uma dúzia de pessoas é organizada como corporação. Como você deve se lembrar de suas aulas de finanças, o objetivo geral de uma corporação é maximizar o retorno de longo prazo aos proprietários (acionistas). Assim, podemos nos perguntar: Quem é realmente o responsável por cumprir esse objetivo? Robert Monks e Neil Minow definem **governança corporativa** como "a relação entre vários participantes que visa determinar a direção e o desempenho das corporações. Os principais participantes são (1) os acionistas, (2) a administração (encabeçada pelo CEO), e (3) o conselho de administração".[40] Essa relação é ilustrada na Figura 1.4.

O conselho de administração (Board, em inglês) é formado por representantes eleitos dos acionistas e tem a responsabilidade de assegurar que os interesses e motivações da administração estejam em harmonia com as dos proprietário (i.e., os acionistas). Em muitos casos, o Board é diligente em cumprir com esse objetivo. Por exemplo, a Intel Corporation, fabricante amplamente conhecido de chips de microprocessadores cujo valor de mercado está na casa de $54 bilhões, pratica uma boa governança. Seu Board segue a cartilha que assegura que seus membros sejam independentes (i.e., que não façam parte ou mantenham relações de maior proximidade pessoal com os executivos de alto escalão) para que possam exercer sem empecilhos sua função de supervisão apropriada. As regras contêm, ainda, instruções explícitas para a escolha de candidatos para a diretoria a fim de evitar o "compadrio" (algo semelhante ao nepotismo nas funções públicas). Ela prescreve procedimentos detalhados para avaliações formais de diretores e de membros importantes da empresa.[41] Tais orientações garantem que a administração esteja trabalhando para os melhores interesses dos acionistas.[42]

FIGURA 1.4 As Principais Características da Governança Corporativa

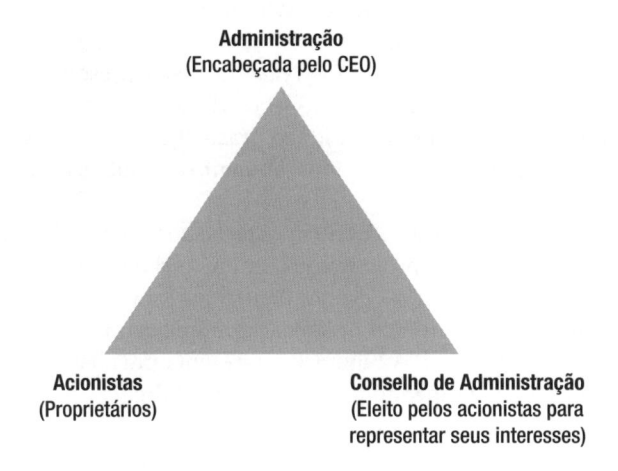

Administração
(Encabeçada pelo CEO)

Acionistas
(Proprietários)

Conselho de Administração
(Eleito pelos acionistas para representar seus interesses)

Recentemente, nos Estados Unidos, circularam comentários críticos e carregados de ceticismo nas publicações de negócios e entre as pessoas em geral, envolvendo o fraco desempenho vigente na administração e conselhos de administração de grandes corporações. Basta observar os escândalos em companhias como Arthur Andersen, Best Buy, Olympus, Enron, Tyco e ImClone Systems.[43] Tal conduta resultou na erosão da reputação dessas corporações junto ao público. Por exemplo, uma pesquisa da Gallup descobriu que 90% dos norte-americanos opinavam que as pessoas que estavam dirigindo aquelas corporações não eram confiáveis para cuidar dos interesses de seus empregados, e apenas 18% achavam que elas defendiam os interesses de seus acionistas. De fato, 43% acreditavam que os executivos seniores só pensavam em si mesmos. Na Inglaterra, esse número, de acordo com outra pesquisa, chegou a incríveis 95%.[44] O pior de tudo talvez esteja em um outro levantamento, no qual 60% dos diretores (as próprias pessoas que decidem quanto os executivos ganham) consideravam que os executivos "recebiam muito mais do que mereciam"![45]

Fica claro que muitos dos bônus pagos a executivos de Wall Street nos últimos anos não foram lá muito merecidos.[46] Nos três anos que levaram ao colapso de sete grandes instituições financeiras em 2008, os CEOs dessas empresas embolsaram um total de $80 milhões em bônus por desempenho e $210 milhões entre compensações pelo desligamento e lucros na venda de ações. Essa tendência continua. O ano de 2011 foi um ano difícil para as ações do setor financeiro: a cotação de 35 das 50 maiores ações de instituições financeiras caiu nesse período. O setor perdeu 17% – em comparação com o desempenho médio apenas regular do índice Standard & Poor's das 500 maiores empresas. Entretanto, ao mesmo tempo que o setor ia mal das pernas, a remuneração média dos CEOs das instituições financeiras crescia 20,4%. Por exemplo, o presidente da JPMorgan, Jamie Dimon, era o banqueiro mais bem pago – com $23 milhões em compensações salariais, um aumento de 11% em relação ao ano anterior. Os acionistas da empresa não se deram tão bem assim – suas ações caíram 20%.[47]

É evidente a necessidade de uma governança corporativa de melhor qualidade, e falaremos mais sobre isso no Capítulo 9.[48] Nos concentramos em três importantes instrumentos para assegurar uma ótima governança corporativa: conselho de administração eficaz e comprometido, acionistas proativos e recompensas e incentivos administrativos adequados.[49] Além dos controles internos, há vários instrumentos de controle externos que são essenciais.[50] Eles incluem auditores, bancos, analistas, uma imprensa financeira ativa e a ameaça de ofertas hostis** para a tomada do controle societário.

Diferentes Abordagens da Administração de Stakeholders

Gerar retornos de longo prazo para os acionistas é o objetivo primário de uma empresa de capital aberto.[51] Como observado pelo ex-vice-presidente da Chrysler, Robert Lutz: "Estamos aqui para servir aos acionistas e aumentar o valor das ações. Insisto que o único dono da companhia é aquele que colocou seu dinheiro nela".[52]

administração dos stakeholders
uma estratégia da empresa para reconhecer e responder aos interesses de todos os seus stakeholders mais relevantes.

** Ofertas hostis ou não negociadas são as propostas de aquisição do controle acionário de uma corporação que não recebem parecer favorável do Conselho de Administração da empresa-alvo. Evidentemente, esse parecer pode ou não ser aceito pelos acionistas majoritários.

Apesar da primazia da meta de aumentar o valor das ações, os administradores que se concentram apenas nos interesses imediatos dos acionistas acabarão por tomar decisões ruins que levarão a resultados negativos e imprevisíveis.[53] Por exemplo, realizar demissões em massa para aumentar os lucros, ignorar assuntos relacionados à preservação da natureza para economizar dinheiro, e pressionar demais os fornecedores para diminuírem os preços são medidas que podem prejudicar a empresa a longo prazo. Tais ações provavelmente terão resultados negativos, como empregados alienados, aumento de multas e supervisão do governo e fornecedores infiéis.

Fica claro que, além dos *acionistas*, existem *stakeholders* (p.ex., fornecedores, clientes) que devem ser levados em conta no processo da administração estratégica.[54] Um stakeholder pode ser definido como uma pessoa ou grupo, dentro ou fora da companhia, que participa e que pode influenciar o desempenho da organização. Cada grupo de stakeholders tem suas demandas em relação à companhia.[55] A Figura 1.5 apresenta uma lista dos maiores grupos de stakeholder e a natureza do que esperam receber da companhia.

Soma Zero ou Simbiose? Há duas maneiras opostas de se encarar o papel da administração de stakeholders.[56] A primeira pode ser chamada de "soma zero". Neste caso, vários stakeholders competem pelas benesses da organização: o ganho de um indivíduo ou grupo é a perda de outro indivíduo ou grupo. Por exemplo, os empregados querem um aumento salarial (que diminui os lucros), os fornecedores querem elevar os preços de suas mercadorias (ou serviços) e estabelecer horários de entrega mais flexíveis e menos urgentes (o que aumenta os custos), os clientes querem receber rapidamente produtos de maior qualidade (o que pressiona os custos), a comunidade quer que a empresa incremente suas ações filantrópicas (que retira dinheiro destinado à consecução das metas da companhia), e assim por diante. Essa visão soma zero surgiu, em parte, dos conflitos tradicionais entre trabalhadores e patrões, resultando na formação de sindicatos e, às vezes, em complicadas negociações trabalhistas cujo antagonismo leva a longas e amargas greves.

Considere, por exemplo, os muitos desafios relacionados com os stakeholders enfrentados pelo Walmart, maior empresa varejista do mundo.

> O Walmart tenta crescer enquanto muitos stakeholders observam, ansiosos: empregados e sindicatos; acionistas, investidores e credores; fornecedores e parcerias; os governos dos EUA e de outras nações nos quais está estabelecido, além dos clientes. Ademais, muitas organizações não governamentais (ONGs), em especial nos lugares onde a empresa adquire as mercadorias para revenda, estão vigiando o Walmart de perto. Os stakeholders do Walmart têm interesses diferentes, e nem todos compatíveis com os objetivos da companhia. Cada grupo tem a condição, em diferentes graus, de influenciar as escolhas e resultados da empresa. Obviamente, esse não era o caso quando Sam Walton construiu sua primeira loja em Rogers, Arkansas, em 1962![57]

Sempre haverá demandas conflitantes nas organizações. Entretanto, é possível obter benefícios mútuos se houver um processo simbiótico entre os stakeholders, que necessitam reconhecer que são dependentes um do outro para alcançar sucesso e bem-estar.[58] Considere a "compactação do detergente para lavagem de roupas" da Procter & Gamble, uma técnica para aprimorar ainda mais a capacidade de limpeza utilizando um produto mais concentrado.

FIGURA 1.5
Os Principais Stakeholders de uma Organização e a Natureza de suas Demandas

Grupo de Stakeholders	Natureza da Demanda
Acionistas	Dividendos, valorização do capital investido
Empregados	Salários, benefícios, ambiente seguro de trabalho, segurança do trabalho
Fornecedores	Pagamento pontual, garantia de relacionamento contínuo
Credores	Recebimento de juros, reembolso de capital
Clientes	Preço, qualidade, garantia
Governo	Impostos, obediência às regulamentações
Comunidade	Atitudes benéficas para os cidadãos, como ações filantrópicas, criação de empregos, cuidados com o meio ambiente

DESTAQUES DE ESTRATÉGIA 1.3 — ÉTICA

ONGs COMO MONITORES DAS MULTINACIONAIS

Embora seja difícil determinar o número exato, de acordo com um estudo recente, há no mundo pelo menos 40 mil ONGs com atuação internacional. Existem também centenas de milhares estabelecidas em países, individualmente falando, com a Índia na liderança, com uma ONG para cada 400 cidadãos. O que são ONGs e o que elas fazem? ONGs como Greenpeace ou World Wildlife Fund incluem vários grupos e organizações de ativistas que "reclamam nas ruas" a aquelas que providenciam ajuda e serviços públicos essenciais. Outras ONGs são voltadas à pesquisa e buscam se envolver com os que tomam decisões. E algumas se veem como cães de guarda, de olho crítico em eventos e situações atuais.

Algumas ONGs ampliaram recentemente seu monitoramento ou papel como vigilantes das corporações multinacionais (CMNs), incluindo não apenas a própria CMN, mas também sua rede de fornecedores. A título de exemplo, a Apple passou, em 2011, por uma grande investigação realizada por uma ONG ambiental chinesa, porque esse prestigiado gigante norte-americano da tecnologia ignorou violações às normas antipoluição de alguns de seus fornecedores chineses. Reagindo em face da grande pressão da mídia, a Apple rapidamente entrou em conversações com as ONGs ambientais chinesas e, por fim, aumentou o padrão dos cuidados com o meio ambiente por parte dos seus fornecedores. Entretanto, a responsabilidade das CMNs não termina aí. Marcas internacionais, como Nike e Adidas, foram alvo da atenção da mídia internacional por adquirirem mercadorias de companhias têxteis chinesas produzidas mediante práticas ambientais questionáveis. Esses casos demonstram que as CMNs enfrentam um considerável desafio ao realizar o que se costuma considerar transações puramente comerciais.

Embora muitas CMNs reajam rapidamente em face das preocupações ambientais apontadas pelas ONGs, uma administração mais proativa no que se refere a essas questões em sua cadeia de fornecimento pode evitar uma investigação pública e outros constrangimentos. A Levi Strauss, empresa do ramo de vestuário, por exemplo, encoraja seus fornecedores a exercer o automonitoramento. Para cada registro de infração ambiental falso ou equivocado, a Levi Strauss emite uma advertência de "tolerância zero" à fornecedora e informa que encerrará os vínculos após três dessas advertências. No entanto, se o fornecedor informar voluntariamente um problema ambiental, a Levi Strauss não faz nenhuma advertência formal e ajuda o fornecedor a corrigir os problemas. Esse método proativo encoraja o automonitoramento e diminui o risco de ficar na mira de uma ONG ou da mídia.

Fontes: Esty, D. C. & Winston, A. S. 2009. *Green to Gold*. Hoboken, NJ: Wiley: 69-70; Barboza, D. 2011. Apple cited as adding to pollution in China. *The New York Times*, 1º de setembro: np; Plambeck, E., Lee, H.L., e Yatsko, P. 2011. Improving environmental performance in your Chinese supply chain. *MIT Sloan Management Review*, 53(2): 43-51; e Shukla, A. 2010. First official estimate: An NGO for every 400 people in India, www.indianespress.com, 7 de julho: np.

No início dos anos 2000, a P&G aperfeiçoou uma técnica que compactava uma quantidade duas ou três vezes maior de sabão em pó em uma determinada concentração líquida. Esse avanço incrível resultou não apenas em uma mudança dos hábitos de compras dos consumidores, mas também revolucionou a economia da cadeia de suprimento da indústria. Veja como muitos dos principais stakeholders foram afetados:

> Os *clientes* adoraram devido à maior facilidade de carregar, usar e armazenar. Os *varejistas* também: afinal, os produtos ocupavam menos espaço no chão e nas prateleiras, elevando as vendas por m² – um ótimo negócio para o Walmart, Target e outros grandes varejistas. As *transportadoras e atacadistas* ficaram igualmente satisfeitas com o tamanho reduzido do produto graças às embalagens menores, que significavam uma redução do consumo de combustível e uma melhor utilização do espaço de armazenagem. E, por fim, os *ambientalistas* aplaudiram, pois são a favor de produtos com menores exigências para embalagem e que produzem menos lixo do que os convencionais.[59]

A seção Destaques de Estratégia 1.3 discute o papel das ONGs e sua influência potencial sobre as operações das companhias. Enquanto algumas organizações têm sido abordadas por causa de seu impacto controverso sobre o meio ambiente, as que incluem as preocupações ambientais em suas estratégias de negócios têm sido elogiadas por grupos vigilantes por sua proatividade.

Responsabilidade Social e Sustentabilidade Ambiental: Indo Além das Necessidades dos Stakeholders Primários

As organizações não podem ignorar os interesses e exigências dos demais stakeholders, tais como os cidadãos e a sociedade em geral, que não integram os mais diretamente envolvidos com a empresa – clientes, donos, fornecedores e empregados. Entender que as empresas têm vários stakeholders e que a avaliação de seu desempenho deve ir além da análise de seus resultados financeiros resultou em uma nova forma de pensar os negócios e o relacionamento com a sociedade.

Primeiro, a *responsabilidade social* reconhece que os negócios devem corresponder às expectativas da sociedade no que se refere a suas obrigações para com ela. Segundo, o *valor compartilhado* encara a responsabilidade social não apenas como um custo a mais nos negócios. Em vez disso, ele encara os negócios como criadores de valor, valor este a ser compartilhado com a sociedade em um relacionamento mutuamente benéfico. Por fim, *o tripé da sustentabilidade* (em inglês, "triple bottom line") avalia, em uma abordagem ampla, o desempenho de uma empresa. Essa visão leva em conta os aspectos financeiro, social e ambiental.

responsabilidade social
a expectativa de que certas empresas ou indivíduos trabalharão para melhorar o bem-estar geral da sociedade.

Responsabilidade Social Trata-se da expectativa de que certos negócios ou indivíduos trabalharão para melhorar o bem-estar geral da sociedade.[60] Do ponto de vista de uma empresa, isso quer dizer que as atitudes efetivas dos gestores para melhorar a sociedade decorrem do fato de seu negócio existir.[61] O que constitui um comportamento socialmente responsável muda com o passar do tempo. Na década de 1970, as ações afirmativas eram muito importantes; durante a década de 1990 até o presente, a sociedade tem se preocupado com a qualidade do meio ambiente. Muitas empresas responderam a isso procurando reciclar e diminuir desperdícios. E, com os ataques terroristas em Nova York e no Pentágono e as constantes ameaças terroristas no mundo todo, surgiu um novo tipo de prioridade: a necessidade de se manter vigilante quanto à segurança pública.

PA1.4
A importância da responsabilidade social e da sustentabilidade ambiental, e como elas podem aprimorar a estratégia de inovação de uma corporação.

Hoje em dia, as exigências por maiores responsabilidades corporativas aumentaram.[62] Elas se originam dos que criticam as corporações, dos investidores em projetos sociais, dos ativistas e, cada vez mais, de clientes que levam em consideração as posturas de responsabilidade social ao tomar decisões de compras. Tais exigências vão muito além da qualidade do produto e do serviço.[63] Elas incluem a grande relevância dada a temas como condições de trabalho, sustentabilidade ambiental, relatórios financeiros e contábeis, procedimentos de compras e práticas ambientais.[64] Às vezes, a reputação de uma empresa pode ser maculada devido à ausência de critérios por parte de um dos administradores. Por exemplo, a decisão de Tony Hayward, presidente da BP, de esconder informações do público no que se refere à magnitude do derramamento de petróleo no Golfo do México teve o condão de manchar ainda mais a reputação da empresa.

Um dos principais grupos de stakeholders que tende a ser particularmente suscetível às iniciativas de responsabilidade social corporativa RSC(CSR, em inglês) é o de clientes.[65] As pesquisas indicam uma forte relação positiva entre a RSC e a reação dos clientes aos produtos e serviços de uma empresa.[66] Por exemplo:

- Uma pesquisa da Corporate Citizenship realizada pela Cone Communications descobriu que "84% dos norte-americanos dizem que estariam dispostos a trocar de marca por uma que estivesse associada a uma boa causa, desde que os preços e a qualidade sejam similares".[67]
- Uma enquete da Hill & Knowlton/Harris Interactive revelou que "79% dos norte-americanos levam a postura cidadã das empresas em conta ao decidir se comprarão ou não um produto delas e 37% consideram tal comportamento um fator importante ao decidirem o que comprar".[68]

Essas descobertas estão de acordo com muitas pesquisas que confirmam a influência positiva da RSC nas avaliações, por parte dos consumidores, de companhias e intenções de compra em uma grande variedade de categorias de produtos.

O Conceito de "Valor Compartilhado" Cada vez mais, negócios que são apenas negócios e não doam recursos para ações filantrópicas estão sujeitos à pressão da sociedade. O novo conceito de capitalismo redefine o objetivo de uma corporação como a criação de valor compartilhado, e não apenas do lucro por si só. Isso levará a uma nova onda de inovação e crescimento da produtividade na economia global.[69]

Valor compartilhado pode ser definido como políticas e práticas de operação que aumentam a competitividade da companhia ao mesmo tempo que investem nas condições sociais e econômicas nas quais opera. Michael Porter, um dos melhores pensadores da administração estratégica, diz que a criação do valor compartilhado se concentra na identificação e expansão das conexões entre o progresso econômico e social.[70]

> "Creio que a ideia de valor compartilhado trata-se, fundamentalmente, da habilidade de criar benefícios de valor econômico e [...] social simultaneamente. Não se trata apenas de fazer o bem, de fazer caridade. No fundo, tratam-se de negócios. As empresas criam valor compartilhado quando lucram – criam valor econômico – enquanto, simultaneamente, satisfazem importantes necessidades sociais ou importantes objetivos sociais, como melhorar o desempenho ambiental, reduzir problemas de saúde, melhorar a nutrição, contribuir para a mobilidade social dos portadores de necessidades especiais, aprimorar a segurança e ajudar a economizar dinheiro para a aposentadoria. A ideia básica do valor compartilhado é que existem muitas oportunidades para atender a essas necessidades sociais para realmente criar valor econômico no processo. O valor compartilhado acontece quando fazemos ambas as coisas."

A visão do valor compartilhado reconhece que a harmonia entre o progresso social e a produtividade da cadeia de valor é muito maior do que tradicionalmente se acreditava. A sinergia aumenta quando as empresas veem os assuntos sociais sob a perspectiva do valor compartilhado e inventam novas maneiras de funcionar para atendê-los. Até agora, porém, relativamente poucas empresas colheram os plenos benefícios da produtividade.

Vejamos o que a Olam International está fazendo para se beneficiar da postura de aceitar os desafios sociais e, ao fazer isso, obter maior produtividade e lucro:

> A Olam International, uma grande produtora de caju, costumava transportar suas castanhas da África para a Ásia para serem processadas. Ao abrir fábricas de processamento locais e treinar trabalhadores na Tanzânia, Moçambique, Nigéria e Costa do Marfim, a Olam diminuiu os custos de processamento e transporte em 25% e reduziu bastante as emissões de carbono! Ademais, a Olam construiu um relacionamento preferencial com os fazendeiros locais. Ela prové empregos diretos para 17 mil pessoas – 95% das quais são mulheres – e empregos indiretos para uma quantidade similar de moradores nas áreas rurais, onde não costuma haver oportunidades de trabalho.

O Tripé da Sustentabilidade: Incorporar os Custos Financeiros, Ambientais e Sociais Muitas empresas estão levando em consideração, atualmente, o que é chamado de "**tripé da sustentabilidade**", que envolve a avaliação do desempenho financeiro, social e ambiental. Shell, NEC, Procter & Gamble e outras empresas reconheceram que não considerar os custos ambientais e sociais de se fazer negócios representa um risco para a companhia e para a comunidade.[71]

tripé da sustentabilidade
avaliação do desempenho financeiro, social e ambiental de uma empresa.

A revolução ambiental tem quase quatro décadas de desenvolvimento.[72] Nos anos 1960 e 1970, as empresas estavam em um estado de negação no que se refere ao impacto de sua presença no meio ambiente. No entanto, uma série de visíveis problemas ecológicos fez com que a população pressionasse o governo a criar normas rígidas de preservação das condições ambientais. Nos Estados Unidos, o lago Erie (o 13º maior do mundo) estava "morto", e no Japão, pessoas estavam perecendo, vítimas de envenenamento por mercúrio. Mais recentemente, o terrível tsunami que varreu o litoral japonês em 11 de março de 2011 e a devastação do furacão Sandy na Costa Leste dos Estados Unidos em fins de outubro de 2012 fizeram crescer os alertas. Obviamente, os efeitos do aquecimento global têm sido sentidos no mundo todo.

Em artigo do *Harvard Business Review*, Stuart Hart abordou a magnitude dos problemas e desafios associados com o meio ambiente:

> O desafio é desenvolver uma *economia global sustentável*: uma economia que o planeta possa manter indefinidamente. Embora estejamos nos aproximando de uma recuperação ecológica no mundo desenvolvido, o planeta como um todo continua em um curso insustentável. Cada vez mais os flagelos do final do século XX – áreas agrícolas e de pesca exauridas; destruição de florestas; grave poluição urbana; pobreza; doenças infecciosas e migrações – têm ultrapassado cada vez mais as fronteiras geopolíticas. O fato é o seguinte: para atender a nossas necessidades, estamos minando a capacidade das gerações futuras atenderem as delas [...] as corporações são as únicas organizações com recursos, tecnologia, alcance mundial e, o mais importante, motivação para atingir a sustentabilidade.[73]

Sustentabilidade ambiental é, atualmente, um valor pelo qual as companhias multinacionais mais competitivas e bem-sucedidas têm se empenhado.[74] Uma pesquisa da McKinsey Corporation entre mais de 400 executivos seniores de companhias ao redor do mundo revelou que 92% deles concordam com a visão do ex-presidente da Sony, Akio Morita, de que a controvérsia sobre o desafio ambiental será um dos temas principais no século XXI.[75]

Virtualmente, todos os executivos reconheceram a responsabilidade de sua empresa no controle da poluição, e 83% concordam que as corporações são ambientalmente responsáveis por seus produtos mesmo depois de serem comercializados.

Para muitas empresas bem-sucedidas, os valores ambientais têm se tornado o ponto central de sua cultura e processos de gestão.[76] E, como mencionado anteriormente, os impactos ambientais têm sido examinados e levados em conta como parte do "tripé". Um relatório corporativo recente diz: "Se, como corporações, não adotarmos uma postura cidadã, como apregoa o Tripé de Sustentabilidade, que leva em consideração as responsabilidades ambientais, sociais e financeiras, o preço de nossas ações, nossos lucros e todo o nosso negócio sofrerão as consequências".[77] Ademais, uma pesquisa da Accenture desmistifica a noção de que sustentabilidade e lucro são metas corporativas mutuamente exclusivas. O estudo descobriu que a sustentabilidade tem sido cada vez mais reconhecida como fonte de eficiências de custo e de crescimento de receita. No caso de muitas empresas, as atividades de sustentabilidade resultaram no crescimento de receita e lucros. Tal como Jeff Immelt, o presidente da General Electric, diz: "Verde é verde".[78]

Vejamos alguns exemplos:[79]

- A Adobe Systems recebeu recentemente $390 mil de descontos e reduziu os custos operacionais anuais em $1,2 milhão com um retorno de 121% em um investimento na melhoria nos sistemas de aquecimento, ventilação e ar-condicionado em San Jose, Califórnia.
- A IBM economiza pelo menos $700 milhões por ano apenas em gastos com imóveis ao permitir que cerca de 25% de seus 320 mil empregados trabalhem em casa, comunicando-se por meios eletrônicos.
- Espera-se que o método de empacotamento de celulares e acessórios que leva em conta o meio ambiente da Sprint venha a economizar $2,1 milhões para a empresa e gerar 647 toneladas a menos de resíduos por ano.
- A Boeing Corporation diminuiu o uso de combustível em 3% ao acrescentar na fuselagem dos aviões um equipamento capaz de reduzir a resistência do ar. Eles se inspiraram na biomecânica das asas do morcego e da libélula.
- A GM economiza $12 milhões dos custos relacionados ao lixo compartilhando embalagens reutilizáveis com seus fornecedores.

Vejamos como duas empresas bem conhecidas estão aumentando sua eficiência operacional por meio de práticas de negócios sustentáveis. Na seção Destaques de Estratégia 1.4 são citadas as iniciativas do Walmart e da International Paper.

Muitas empresas lucraram ao investir em um comportamento socialmente responsável, inclusive quanto às iniciativas que melhoram a sustentabilidade ambiental. Contudo, o que tais companhias "socialmente responsáveis" oferecem em termos de retorno aos acionistas em comparação a benchmarks (índices de referência) tais como o Standard & Poor 500? Vejamos algumas evidências.

O chamado ISR (Investimento Socialmente Responsável) é estimado, atualmente, em cerca de $3,07 trilhões de um total de $25,2 trilhões do mercado de investimento norte-americano. O ISR reconhece que a responsabilidade corporativa e as preocupações sociais entram em consideração nas decisões de investimento. Com o ISR, os investidores têm a oportunidade de fazer seu dinheiro trabalhar para construir um mundo mais sustentável enquanto recebem retornos competitivos hoje e ao longo do tempo.

E, como diz o ditado, sujeitos legais não precisam se dar mal. O Fundo ING SRI, composto por ações de 50 companhias, teve um retorno de 47,4% em um ano recente. Rentabilidade que supera com facilidade os 2,65% do índice de ações da Standard & Poor. Uma análise dos 145 fundos mútuos de investimento socialmente responsáveis e dos fundos de índices registrados pela Morningstar também apresenta um ganho de 65% em relação ao S&P 500.[80]

A Visão da Administração Estratégica: Uma Necessidade Imperiosa da Organização

> **PA1.5**
> A necessidade de maior delegação de autoridade em uma organização.

A administração estratégica requer gestores que tenham uma visão de conjunto da organização e que saibam avaliar como todas as áreas funcionais e atividades se concatenam para ajudar a organização a atingir seus objetivos. Isso não é possível se apenas os executivos de

DESTAQUES DE ESTRATÉGIA 1.4 — SUSTENTABILIDADE AMBIENTAL

OS NEGÓCIOS E A SUSTENTABILIDADE

Sustentabilidade corporativa, ou "movimento verde", se constitui em uma filosofia de negócios que ultrapassa o mero cumprimento legal dos regulamentos ambientais. Historicamente, as empresas procuraram resolver problemas sociais assinando cheques para filantropia ou para assistir vítimas de desastres naturais. Embora essas formas de "marketing verde" estejam aqui para ficar, os novos movimentos de sustentabilidade corporativa exigem não apenas praticar o bem, mas também economizar muito dinheiro.

Empresas em todo o planeta aceitaram o conceito de sustentabilidade como uma poderosa fonte de inovação e melhoria da eficácia operacional. As empresas que traduzem práticas de negócios sustentáveis em aprimoramento do desempenho operacional se concentram no custo de oportunidade representado pelo desperdício, em vez dos custos de curto prazo em que incorrem. Um segmento empresarial no qual a sustentabilidade cria vantagens competitivas é o varejo. Tomemos o Walmart como exemplo. O Walmart está muito à frente de seus maiores concorrentes, o Target e a Sears, no que se refere a diminuir o desperdício e o peso das embalagens. Em 2009, a cadeia japonesa Seiyu do Walmart mudou a embalagem de suas frutas e saladas de marca própria, substituindo as convencionais, de plástico oriundo do petróleo, por outras, biodegradáveis e produzidas a partir de fontes renováveis, como o milho, por exemplo. Essa melhoria operacional diminuiu o peso do empacotamento em 25% e os custos de transporte e armazenamento em 13%, o que representa uma economia de mais de $195 mil por ano para o Walmart.

A International Paper (IP), uma empresa mundial de papel e embalagens, é outra companhia que se beneficiou das práticas de negócios sustentáveis. A IP reconheceu que seu lucro futuro depende de um suprimento estável de árvores, e plantou mais de 4 bilhões de mudas desde a década de 1950. Ela também diminuiu sua dependência de combustível fóssil em 21% entre 2005 e 2010 – graças, em parte, a queimar galhos e outros resíduos orgânicos no processamento industrial. Tais decisões de sustentabilidade valeram a pena, pois economizaram $221 milhões por ano para a IP. A companhia também formalizou objetivos específicos de sustentabilidade, como a redução das emissões de gazes que contribuem para o efeito estufa em 20% até 2020, destacando seu compromisso com a sustentabilidade.

Fontes: Sanford, D. 2011. Why sustainability is winning over CEOs. *Bloomberg BusinessWeek*, 31 de março: np; Gupta, N.J. & Benson, C. 2011. Sustainability and competitive advantage: An empirical study of value creation. *Competitive Forum*, 9(1): 121-136; International Paper. 2012. International Paper announces 12 voluntary sustainability goals to be achieved by 2020. www.internationalpaper.com, 16 de maio: np.

---

alto escalão da companhia têm uma visão integradora e estratégica dos problemas que a empresa enfrenta enquanto todos os outros "cuidam de si mesmos" em suas áreas funcionais isoladas e autônomas. Em vez disso, todos na organização devem se empenhar para alcançar os objetivos gerais da empresa.

A necessidade dessa visão está aumentando em vista da economia global cada vez mais complexa, inter-relacionada e que sofre constantes mudanças. Como observado por Peter Senge do MIT, os dias em que Henry Ford, Alfred Sloan e Tom Watson (grandes executivos da Ford, General Motors e IBM, respectivamente) "aprenderam com a organização, se foram".[81]

Para desenvolver e mobilizar pessoas e outros recursos, os líderes são necessários em todos os setores da organização.[82] As empresas não conseguem mais ser eficazes se os chefes "fazem o trabalho mental" e o resto da organização "faz o trabalho braçal". Todos devem estar envolvidos no processo de administração estratégica. Há uma necessidade vital de três tipos de líderes:

- *Líderes de linha local,* que têm grandes responsabilidades nos lucros e prejuízos.
- *Líderes executivos,* que apoiam e orientam ideias, criam uma infraestrutura de aprendizagem e estabelecem um domínio para agir.
- *Líderes criadores de redes internas*, que, embora não tenham cargo ou autoridade formal, criam poder por meio da convicção e clareza de ideias.[83]

Executivos de alto nível são fundamentais para o estabelecimento do tom da delegação de poder aos empregados. Consideremos Richard Branson, fundador do Virgin Group, cujas principais atividades incluem operações de varejo, hotéis, comunicações e linhas aéreas. Ele é bem conhecido por criar uma estrutura cultural e informal em que qualquer pessoa da organização pode se envolver na criação e execução de novas ideias de negócios. Ele disse, em uma entrevista:

> Somos mais ágeis do que muitas outras empresas. Não temos reuniões ou comitês formais. Se alguém tem uma ideia, pode pegar o telefone e falar comigo. Eu posso dizer: "Beleza, vamos fazer isso". Ou, melhor ainda, eles podem se adiantar e executar essa ideia. Eles sabem que vão ouvir um bocado se cometerem um erro. Regras e regulamentos não são nosso ponto forte. Analisar coisas até a morte não é o que fazemos. É muito raro sentar e analisar o que fazemos.[84]

DESTAQUES DE ESTRATÉGIA | 1.5

ESTRATÉGIA E O VALOR DA INEXPERIÊNCIA

Peter Gruber, o presidente da Mandalay Entertainment, descobriu que grandes ideias podem vir de onde menos se espera. Durante a filmagem de *Nas Montanhas dos Gorilas*, a sua equipe de produção enfrentou muitos problemas. Ruanda – o local da produção – estava à beira de uma revolução, o filme precisava de 200 animais, e os gorilas precisavam seguir o roteiro, ou seja, "atuar". Se isso não desse certo, a saída seria usar anões travestidos de gorilas em um estúdio – uma estratégia que costuma não dar certo.

Gruber explica como o "dia foi salvo" por alguém que tinha pouca experiência:

> Fizemos uma reunião de emergência para resolver esses problemas. No meio dela, uma jovem assistente perguntou: "E se os gorilas escrevessem a história?" Todos riram e se perguntaram o que ela estava fazendo na reunião de profissionais experientes. Algumas horas depois, alguém lhe perguntou casualmente o que ela queria dizer. Ela disse: "Se mandassem para a selva um fotógrafo muito bom com um bocado de fitas para filmar os gorilas, vocês poderiam escrever a história conforme o que os gorilas fizessem". Foi uma ideia brilhante. Fizemos exatamente o que ela sugeriu: Enviamos Alan Root, um profissional que fora indicado ao Oscar, para a selva por três semanas. Ele voltou com gravações excelentes e praticamente escreveu a história para nós.

O resultado? O filme custou $20 milhões – metade do orçamento original. Além disso, ele foi indicado para o Oscar daquele ano – que premiou Sigourney Weaver como melhor atriz – e ganhou dois Globos de Ouro.

Fonte: Gruber, P. 1998. My greatest lesson. *Fast Company*, 14: 88-90; e imdb.com.

Para inculcar uma visão de administração estratégica, os gestores devem fazer ingentes e frequentes esforços. Isso envolve muita comunicação, incentivo, treinamento e desenvolvimento. Por exemplo, sob a direção de Nancy Snyder, uma vice-presidente corporativa, a Whirlpool, maior produtora mundial de aparelhos domésticos, promoveu significativas mudanças estruturais de gestão no intuito de marcar a reputação da companhia como inovadora.[85] Essa iniciativa de cinco anos incluiu tanto investimentos financeiros como uma série de mudanças nos processos de gerenciamento, incluindo o treinamento de mentores inovativos, fazendo da inovação uma parte importante dos programas de desenvolvimento de líderes, inscrevendo todos os empregados assalariados em cursos online de inovação em negócios, e oferecendo aos funcionários um portal de consulta para acesso a várias ferramentas e informações sobre inovação.

Muitos executivos bem-sucedidos recompensam a honestidade e a criação de ideias, e mostram interesse em procurar saber o que outros estão pensando. Os métodos variam e incluem reuniões com autoridades, busca de conselhos de pessoas de todos os níveis da empresa, e perguntar aos empregados o que fariam se estivessem no comando. Como observou Tim Brown, CEO da IDEO, uma consultoria de design de projetos: "Os melhores podem estar em qualquer lugar da organização. Assim, faríamos bem em identificá-los e promovê-los quando aparecerem e não deixar que as posições hierárquicas das pessoas ditem o quão influentes suas ideias são".[86]

Gostaríamos de encerrar com nosso exemplo preferido de que a inexperiência pode ser uma virtude. Ela reforça os benefícios de se ter um amplo envolvimento em toda a organização no processo de administração estratégica (veja a seção Destaques de Estratégia 1.5).

PA1.6
Como a compreensão de uma hierarquia de alvos estratégicos pode ajudar uma organização a ter coerência em sua direção estratégica.

Assegurando a Coerência da Direção Estratégica

Os empregados e os administradores devem trabalhar em função de objetivos comuns.[87] Ao se especificar os resultados desejados, fica muito mais fácil progredir. Por outro lado, quando há uma incógnita sobre o caminho que está sendo trilhado, ninguém tem a menor ideia sobre pelo que trabalhar. Alan Mulally, presidente da Ford Motor Company, enfatiza a importância da perspectiva na criação de um senso de missão:

> Acredito que a coisa mais importante é que todos tenham uma visão compartilhada do que se está tentando conseguir – quer seja uma organização com fins lucrativos ou não. O que

FIGURA 1.6   Uma Hierarquia de Objetivos

```
        Visão
   Declaração
   da Missão              Geral ↕    Horizonte de Longo Prazo ↕
Objetivos Estratégicos    Específico   Horizonte de Curto Prazo
```

somos? Qual é nosso real objetivo? E, então, com todos incluídos, e cada um sabendo onde se encaixa, pode-se cuidar das áreas que exigem mais atenção. Assim, todos têm uma oportunidade de participar e contribuir para os desígnios comuns.[88]

As organizações expressam melhor as prioridades por meio de metas gerais e objetivos específicos declarados que formam uma **hierarquia de objetivos**, a qual comporta sua visão, missão e objetivos estratégicos.[89] O que talvez falte em especificidade nas visões é compensado por sua habilidade em evocar poderosas e instigantes imagens mentais. Por outro lado, os objetivos estratégicos tendem a ser mais específicos e proveem meios mais diretos de determinar se a organização está se movendo em direção a alvos mais amplos e gerais.[90] As visões, como era de se esperar, também têm horizontes de tempo maiores do que as declarações de missão ou do que os objetivos estratégicos. A Figura 1.6 apresenta a hierarquia de alvos e seu relacionamento com dois atributos: horizonte geral e atemporal contra horizonte específico e temporal.

A Visão da Organização

Uma **visão** é um objetivo que "inspira as massas, é abrangente e cumprida a longo prazo".[91] Ela representa um destino que é dirigido por, e evoca, paixão. Por exemplo, Wendy Kopp, fundador da Teach for America, observa que sua visão para a organização, que é tentar melhorar a qualidade das escolas nos centros urbanos, atrai muitos interessados:

> Estamos à procura de pessoas que são tocadas por essa noção, por essa visão, de que um dia todas as crianças da nossa nação terão a oportunidade de ter uma excelente educação. Isso atrai certas pessoas. Na verdade, trata-se delas, da visão delas, não apenas da minha visão. É nossa visão coletiva.[92]

Líderes devem desenvolver e executar uma visão. Ela pode ser bem-sucedida ou não; depende de as coisas acontecerem, ou deixarem de acontecer, de acordo com a estratégia da organização. É como Mark Hurd, o ex-presidente da Hewlett-Packard, destaca com uma boa dose de humor: "Sem implementação, a visão é apenas outra palavra para alucinação".[93]

Numa pesquisa em executivos de 20 países diferentes, os entrevistados relataram o que achavam ser as principais características de um líder.[94] Cerca de 98% responderam que "um forte senso de visão" era a mais importante. Analogamente, quando falaram sobre os conhecimentos estratégicos que devem ter, os líderes citaram "a formulação de uma estratégia para alcançar uma visão" como a habilidade mais importante. Em outras palavras, não é suficiente que os administradores tenham uma visão; eles devem ter um plano para implementá-la. Lamentavelmente, 90% disseram que lhes faltava confiança em sua própria capacidade e condição de conceber uma visão. Por exemplo, T. J. Rogers, CEO da Cypress Semiconductor, uma fabricante de chips eletrônicos que passou por algumas dificuldades em 1992, lamentou que sua falta de visão tenha resultado no problema que a empresa enfrentou. Ele disse: "Eu não tive a percepção do conjunto e me dei mal".[95]

---

hierarquia de alvos
tratam-se dos objetivos organizacionais, que vão dos mais amplos e menos específicos, mas capazes de evocar poderosas imagens mentais, localizados no topo da pirâmide, àqueles mais concretos e mensuráveis, na base da pirâmide.

visão
o(s) objetivo(s) da organização que evoca(m) poderosas e instigantes imagens mentais.

Um dos exemplos mais famosos é a visão da Disneylândia "De ser o lugar mais feliz da Terra". Outros exemplos são:

- "Nossa visão é ser o restaurante com o melhor serviço de atendimento rápido do mundo." (McDonald's)
- "Organizar a informação do mundo e torná-la universalmente acessível e útil." (Google)
- "Conectar o mundo com os jogos." (Zynga)

Embora tais visões não possam ser adequadamente quantificadas por um indicador específico de quão bem estão sendo satisfeitas, elas se constituem em uma declaração fundamental dos valores, aspirações e objetivos de uma organização. Tais visões vão muito além de limitados objetivos financeiros, obviamente, e tentam atingir tanto a mente como o coração dos empregados.

A declaração da visão também pode conter um slogan, um logo ou uma ilustração – o que chame a atenção.[96] O objetivo é capturar a essência das partes mais formais da visão em umas poucas palavras que podem ser lembradas com facilidade, ao mesmo tempo que evocam o espírito da declaração da visão por completo. Em sua batalha de 20 anos com a Xerox, o slogan da Canon, ou grito de guerra, era: "Derrote a Xerox". O slogan da Motorola era: "Satisfação Total do Consumidor". O slogan da Outboard Marine Corporation era: "Dominar o Mundo Navegando".

É óbvio que declarações de visão não fazem milagres. Às vezes o tiro sai pela culatra e compromete a credibilidade de uma empresa. As visões podem falhar por muitos motivos, incluindo os seguintes:[97]

Faça o que Eu Digo mas Não Faça o que Eu Faço Uma visão idealista pode entusiasmar o empregado. No entanto, esse mesmo entusiasmo pode virar fumaça se o empregado vir que o comportamento do administrador não é coerente com a visão. Muitas vezes, a visão nada mais é que slogans desgastados ou vazios, tais como "devoção ao consumidor", "trabalho em equipe" ou "qualidade total", que nem sempre são corroborados pelas ações do gerente.

Irrelevância Visões criadas no vácuo – não relacionadas com as ameaças ambientais, oportunidades ou com os recursos e habilidades da organização — costumam ignorar as necessidades daqueles que deveriam aceitá-las. Os empregados rejeitam visões que não estejam baseadas na realidade.

Não São o Santo Graal Os administradores costumam procurar continuamente pela ilusória solução que resolveria os problemas da empresa – ou seja, o próximo "santo graal" da administração. Eles podem ter experimentado outros modismos administrativos somente para descobrir que estes não cumpriram com suas expectativas. Entretanto, permanecem convencidos de que tal solução existe. A visão simplesmente não pode ser encarada como uma cura mágica para as doenças de uma organização.

Focar em Demasia Implica em Oportunidades Perdidas O ponto ruim de manter-se inflexivelmente focado é que, ao conduzir pessoas e recursos em direção de uma visão grandiosa, as perdas podem ser devastadoras. Considere a ambiciosa tentativa da Samsung de ingressar na fabricação de automóveis:

> Em 1992, Kun-Hee Lee, presidente da Samsung Group da Coreia do Sul, elaborou uma ousada estratégia para se tornar uma das dez maiores fabricantes de carros até 2010. Seduzida pelo brilho da visão, a Samsung pulou uma etapa do processo, que seria uma joint venture (sobre joint ventures, consulte o Capítulo 6) ou um contrato de fornecimento inicial. Em vez disso, a Samsung tomou muito dinheiro emprestado para investir em pesquisa sobre os mais modernos avanços tecnológicos e designs das instalações fabris e construir uma fábrica do zero, ignorando eventuais restrições de empreendimentos similares anteriores, completa e sofisticada, com robôs de última geração. A Samsung Auto sofreu perdas operacionais e arcou com taxas de juros elevadíssimas desde o início. Após alguns anos, devastado, o negócio valia uma fração do investimento inicial.[98]

Um Futuro Ideal Desconectado do Presente Embora as visões não sejam feitas para espelhar a realidade, devem ser coerentes com ela de alguma forma. As pessoas têm dificuldades de se identificar com uma visão que pinta um mundo cor-de-rosa para o futuro, mas que não leva em consideração os costumeiros ambientes hostis nos quais a empresa compete, ou que ignora alguns pontos fracos da empresa.

Declaração de Missão

A **declaração da missão** de uma companhia difere de sua visão por envolver tanto a razão de ser da companhia como os fundamentos de seu setor de atuação e vantagem competitiva.

A Figura 1.7 apresenta a declaração da visão e a declaração da missão da WellPoint Health Network, uma gigante do segmento de assistência médica com valor de mercado de $61 bilhões. Perceba que enquanto a declaração da visão é ampla, a da missão é mais específica e concentrada nos meios com os quais a empresa vai competir.

Declarações de missão eficazes incorporam o conceito da gestão de stakeholders, sugerindo que a organização deve responder às várias pessoas que têm influência sobre ela. Clientes, empregados, fornecedores e acionistas são os stakeholders primários, mas outros também têm um papel importante. As declarações de missão também causam um grande impacto quando refletem a perenidade da organização, as prioridades estratégicas abrangentes e o posicionamento competitivo. As declarações de missão também podem variar em extensão e especificidade. As duas declarações de missão a seguir ilustram esse aspecto.

- Para gerar retornos financeiros superiores para nossos acionistas, prestamos aos clientes serviços da maior qualidade em transporte, logística e e-commerce. (Federal Express)
- Ser o melhor no ramo. Nossa ideia é estar sempre prontos [...] estamos sempre nos antecipando, fortalecendo e alcançando novos objetivos. Na busca por tais objetivos, as três estrelas no logotipo da Brinker nos fazem lembrar dos valores básicos que são a força desta companhia [...] Pessoas, Qualidade e Lucro. Tudo o que fazemos na Brinker deve apoiar-se nesses valores básicos. Olhamos também para as oito chamas douradas de nosso logotipo e nos lembramos do fogo que estimula nossa missão e que forma o coração e a alma desta incrível companhia. Essas chamas são: os Clientes, o Alimento, a Equipe, os Conceitos, a Cultura, os Parceiros, a Comunidade e os Acionistas. Como guardiões dessas chamas, continuaremos a reunir nossas forças e trabalhar juntos para ser os melhores no ramo. (Brinker International, cujas cadeias de restaurantes incluem a Chili's e a On the Border)[99]

São poucas as declarações da missão que identificam o lucro ou qualquer outro indicador financeiro como o único propósito da empresa. Na verdade, muitas nem sequer mencionam o lucro ou o retorno aos acionistas.[100] Os empregados das organizações ou dos departamentos costumam ser o público mais importante da missão. A missão deve ajudá-los a estabelecer um entendimento comum sobre o objetivo e estimular seu comprometimento.

Uma boa declaração de missão, por se referir a cada tema principal, deve informar as razões pelas quais uma organização é especial e diferente. Dois estudos que relacionam os valores corporativos e as declarações de missão com o desempenho financeiro revelaram que as empresas mais bem-sucedidas preferem mencionar valores no lugar de lucros. As empresas

> **declaração da missão**
> uma série de objetivos organizacionais que incluem a razão de ser da organização, o escopo de suas operações e os fundamentos de sua vantagem competitiva.

FIGURA 1.7
A comparação da Visão e da Missão da WillPoint Health Network

Visão

A WellPoint *vai redefinir nossa área de atuação:*
Lançando uma nova geração de planos de saúde flexíveis que fazem as pessoas controlarem seu futuro novamente.

Missão

As companhias WillPoint *asseguram* a saúde por oferecerem a *escolha* de um sistema de assistência médica de boa qualidade e de serviços financeiros relacionados *projetados* para ir ao encontro das *mudanças* nas expectativas de indivíduos, famílias e conveniados durante um relacionamento *de uma vida inteira*.

Fonte: Registros da companhia WillPoint Health Network.

DESTAQUES DE ESTRATÉGIA 1.6

COMO A FUNDAÇÃO JAMES IRVINE REDEFINIU SUA MISSÃO

Muitos anos atrás, a Fundação James Irvine, com um capital de $1,5 bilhão, se empenhou em um primeiro esforço de planejamento estratégico abrangente em mais de uma década. Seus líderes continuaram a se empenhar pela grande missão imposta pelo magnata imobiliário James Irvine em 1937: promover o bem-estar dos habitantes da Califórnia.

Com o tempo, porém, essa declaração inspiradora levou a um leque de doações extremamente diversificado. Os líderes da fundação, por fim, reconheceram essa distorção e se conscientizaram de que deveriam usar os recursos naquilo em que fossem realmente mais úteis. Para decidir onde o auxílio da fundação poderia causar um impacto maior, realizaram uma pesquisa dos problemas enfrentados pelos californianos, incluindo os assuntos relacionados com educação, saúde e meio ambiente. Por meio dessa pesquisa, descobriram que a mudança das expectativas demográficas, tecnológicas e do público influenciariam drasticamente a maneira como museus de arte, orquestras sinfônicas e teatros gerenciavam seus estabelecimentos.

A equipe sênior logo recolheu muitos dados. Vieram à luz algumas descobertas – os desafios significativos enfrentados pela juventude californiana, por exemplo. Porém, devido à magnitude das necessidades do estado, a equipe não demorou para perceber que os números, por si sós, não justificariam uma grande variedade de decisões sobre onde aplicar os fundos. Assim, eles se concentraram em três valores organizacionais críticos: abordar causas, e não sintomas, capacitar os californianos para ajudar a si mesmos, e lidar com problemas que poderiam atrair parceiros e patrocinadores com o mesmo modo de pensar. Orientada por valores e informações, a equipe redefiniu sua missão, selecionando jovens entre 14 e 24 anos como os principais beneficiários de seus fundos, e a educação como o instrumento primário para a mudança. Por exemplo, em 2012, a fundação aprovou sete doações que totalizaram mais de $1,75 milhão para ampliar o número de jovens de baixa renda que terminam o colegial no tempo certo e que obtêm um diploma de ensino superior até a idade de 25 anos.

A Fundação Irvine teve de tomar algumas decisões difíceis: o que ela deveria fazer, por exemplo, quanto a seu tradicional compromisso com as artes? As artes não surgiram nos dados como um desafio crítico, mas décadas de investimento nessa área resultaram em acervos importantes para a Irvine na forma de reputação e relacionamentos. Além disso, se ela retirasse o apoio, essa área sofreria um impacto muito grande. Assim, os líderes da fundação continuaram a financiar as artes, mesmo que em menor proporção, e definiram uma nova estratégia relacionada a elas em 2012. Essa nova estratégia oferece capital de risco para encorajar e estimular as organizações locais a se envolver com a arte.

Fonte: Ditkoff, S. W. & Colby, S. J. 2009. Galvanizing Philanthropy. *Harvard Business Review*, 87(11): 109; A Conversation with John Jenks, Irvine's Chief Investment Officer. Sem data. www.irvine.com, np; e Emerling, S. 2009. James Irvine Foundation Rewards the Innovators. www.articles.latimes.com. 17 de junho: np. Ramirez, J. 2012. Our new arts strategy's first grants. www.irvine.com, 22 de junho: np.

---

que não são tão bem-sucedidas se concentram quase que por completo no lucro.[101] Em essência, o lucro é o equivalente metafórico do oxigênio, da comida e da água que o corpo precisa. Eles não são o objetivo da vida, mas sem eles não há vida.

Declarações de visão tendem a durar por um bom tempo e dificilmente mudam. No entanto, a missão de uma empresa pode e deve mudar quando as condições competitivas mudam drasticamente ou no caso de a firma se deparar com novas ameaças ou oportunidades.

A transformação da Fundação James Irvine é descrita na seção Destaques de Estratégia 1.6. Essa fundação filantrópica mudou sua missão abrangente de "promover o bem-estar dos habitantes da Califórnia" para uma missão mais específica que enfatiza a educação dos jovens de idade entre 14 e 24 anos.

objetivos estratégicos
uma série de objetivos organizacionais que devem ser usados para realizar a declaração da missão, que são específicos e abrangem um espaço de tempo bem definido.

Objetivos Estratégicos

Os objetivos estratégicos, também chamados de alvos, são usados para realizar a declaração da missão.[102] Ou seja, eles ajudam a orientar a maneira pela qual a organização pode satisfazer ou avançar em direção das "metas maiores" na hierarquia de metas – a missão e a visão. Assim, eles são mais específicos e abrangem um espaço de tempo mais bem definido. Estabelecer objetivos requer critérios de mensuração do total cumprimento dos objetivos.[103]

A Figura 1.8 apresenta os alvos estratégicos de várias empresas – tanto objetivos financeiros como não financeiros. Enquanto muitos deles são voltados à geração de lucros maiores e retorno para os donos de um negócio, outros são voltados aos clientes ou à sociedade em geral.

FIGURA 1.8
Alvos Estratégicos

Alvos Estratégicos (Financeiros)

- Aumentar as vendas de 6% a 8% e acelerar o crescimento do lucro líquido de 13% para 15% por ação em cada um dos cinco anos seguintes. (Procter & Gamble)
- Gerar receita relacionada com a internet de $1,5 bilhão. (AutoNation)
- Aumentar a contribuição dos lucros dos investimentos, corretagem e seguros de 16% para 25%. (Wells Fargo)
- Diminuir os gastos corporativos gerais em $30 milhões por ano. (Fortune Brands)

Alvos Estratégicos (Não Financeiros)

- Queremos que a maioria de nossos clientes, quando questionada, diga que considera a Wells Fargo como a melhor instituição financeira da comunidade. (Wells Fargo)
- Diminuir as emissões de gases na atmosfera em 15% até 2015, considerando 2010 como ano-base, indexado às vendas líquidas. (3M)
- Nosso objetivo é ajudar a salvar mais 100 mil vidas a cada ano. (Varian Medical Systems)
- Queremos ser os melhores fornecedores para nossos clientes. (PPG)

Fontes: Documentos das companhias e relatórios anuais.

Para que os objetivos sejam significativos, devem satisfazer vários critérios. Eles precisam ser:

- *Mensuráveis.* Deve haver pelo menos um indicador (ou parâmetro) que meça o progresso em comparação com o cumprimento do objetivo.
- *Específicos.* Isso fornece uma mensagem clara do que deve ser feito.
- *Apropriados.* Devem ser consistentes com a visão e com a missão da organização.
- *Realistas.* Deve ser possível cumpri-los tendo em vista as habilidades e oportunidades da organização. Em essência, eles devem ser desafiadores, porém, viáveis.
- *Datados (Ter um prazo).* Deve haver um espaço de tempo para serem alcançados. Vale citar o economista John Maynard Keynes, que disse certa vez: "A longo prazo, estaremos todos mortos!".

Quando os objetivos satisfazem os critérios citados, obtêm-se muitos benefícios. Em primeiro lugar, os esforços dos empregados são canalizados em direção a propósitos comuns. Isso ajuda a organização a se concentrar, conservar recursos valiosos e trabalhar em equipe obedecendo ao prazo.

Em segundo lugar, alvos desafiadores podem motivar e inspirar os empregados a assumir níveis maiores de esforço e comprometimento. Muitas pesquisas apoiam a noção de que as pessoas trabalham mais quando se empenham em objetivos específicos, em vez de simplesmente serem instadas a "fazer seu melhor".

Em terceiro lugar, como observado anteriormente neste capítulo, sempre existe o risco de diferentes partes da organização procurarem alcançar suas próprias metas, deixando de lado os objetivos gerais da organização. A despeito da boa intenção, essa postura e seus resultados podem ir de encontro aos objetivos da organização como um todo. Assim, objetivos significativos ajudam a resolver os conflitos que possam surgir.

Por último, tais objetivos servem de parâmetro para recompensas e incentivos. Eles assegurarão um sentido maior de igualdade ou justiça quando as benesses forem concedidas.

Um porém: ao formular alvos estratégicos, os administradores precisarão se lembrar de que objetivos demais poderão resultar na perda de foco e na diminuição dos resultados:

> Há alguns anos, o CEO Tony Petrucciani e sua equipe na Single Source Systems, uma empresa de softwares em Fishers, Indiana, estabeleceram quinze objetivos anuais, entre eles, disponibilizar os aplicativos para acesso remoto. Entretanto, a companhia, dispersa em face do excesso de itens objetivados, obteve receitas 11% menores que as projetadas, que alcançavam $8,1 milhões. Ele declarou: "Ninguém se concentrou em apenas uma coisa". Posteriormente, Petrucciani decidiu estabelecer apenas algumas prioridades principais. Isso ajudou a empresa a atingir seu alvo de $10 milhões de faturamento. Às vezes, menos é mais![104]

Além do que foi apresentado antes, as organizações têm objetivos menos importantes e que são mais específicos do que os objetivos estratégicos. Eles costumam ser chamados de objetivos de curto prazo – componentes essenciais do "plano de ação" de uma empresa, e vitais na execução da estratégia escolhida. Falaremos mais sobre isso no Capítulo 9.

QUESTÕES PARA DEBATER

O Dilema da Seventh Generation

Uma greve afetou 67.300 empregados ligados ao United Food and Commercial Workers (UFCW) – um sindicato de trabalhadores – contratados de três grandes redes de supermercados: Albertsons, Ralphs e Vons. Nessas lojas eram vendidos produtos orgânicos da Seventh Generation, uma empresa socialmente consciente que adota métodos de fabricação que respeitam o meio ambiente. Interessante notar que o nome dessa companhia foi inspirado na Grande Lei dos Haudenosaunee, também chamados Iroquois, um conjunto de povos nativos norte-americanos (Essa Lei de Paz da Confederação Iroquois data do início do século XIV). A Lei diz que "em todas as nossas deliberações devemos considerar o impacto que causam sobre as próximas sete gerações". Coerente com essa filosofia, a missão da companhia é: "Inspirar uma revolução que cuide da saúde das sete gerações seguintes", e seus valores são "cuidar com sinceridade, colaborar voluntariamente, nutrir a natureza, apoiar a inovação disruptiva e ser uma marca confiável".

Obviamente, a Seventh Generation enfrentou um dilema: por um lado, acreditava que os grevistas tinham uma causa justa. No entanto, se ela estimulasse as greves ao respeitar os piquetes, perderia o espaço tão importante e duramente conquistado para seus produtos nas prateleiras daquelas grandes redes de supermercados. Isso também minaria a confiança daquelas grandes empresas varejistas. Por outro lado, se a Seventh Generation ignorasse os grevistas e passasse a enviar seus produtos às lojas, comprometeria seus valores e, consequentemente, perderia credibilidade e confiança junto a vários stakeholders – clientes, distribuidores e empregados.

Perguntas para Discussão

1. Ao decidir como proceder, qual o grau de importância que a Seventh Generation deveria dar a seus valores?
2. Como a Seventh Generation poderia resolver esse dilema?

Fontes: Russo, M. V. 2010. *Companies on a Mission: Entrepreneurial Strategies for Growing Sustainably, Responsibly, and Profitably*. Stanford University Press: 94-96; Seventh Generation. 2012. Seventh Generation's Mission — Corporate Social Responsibility. www.seventhgeneration.com: np; Foster, A. C. 2004. Major Work Stoppage in 2003. US Bureau of Labor and Statistics. Compensation and Working Conditions. www.bls.gov, 23 de novembro, np; e Ratical; nd. The six nations: Oldest living participatory democracy on earth. www.ratical.org, np.

Refletindo quanto às Implicações sobre a Carreira...

- **Atributos da Administração Estratégica:** Os atributos da administração estratégica descritos neste capítulo também são aplicáveis às nossas carreiras pessoais. Quais são nossos alvos e objetivos gerais? Quem são os stakeholders que precisam ser levados em consideração (família, comunidade etc.)? Que conflitos podem existir entre nossos objetivos de longo e curto prazo?

- **Estratégias Pretendidas e Emergentes:** Embora talvez tenhamos planejado o andamento de nossa carreira cuidadosamente, não devemos nos apegar demasiado a ele. Devemos procurar tirar vantagem de novas oportunidades à medida que elas aparecem. Mesmo, talvez, não fazendo parte de nossa estratégia de carreira original ou de nossa costumeira área de trabalho, muitas oportunidades de carreiras promissoras podem "emergir". É preciso tomar a iniciativa de ir atrás de oportunidades que proporcionem treinamento adicional (p. ex., aprender a mexer em um software ou programas de análise de dados), fazer trabalho voluntário em uma localidade no exterior por algum tempo etc. Talvez estejamos numa posição melhor para nos beneficiar de tais oportunidades emergentes esforçando-nos para estar preparados caso elas surjam. Por exemplo, aprender um outro idioma pode nos colocar em melhores condições na hipótese de uma colocação no exterior.

- **Ambidestria:** Na seção Destaques de Estratégia 1.2, falamos sobre os quatro atributos mais importantes de indivíduos ambidestros. Eles incluem procurar oportunidades além de nossas responsabilidades funcionais, identificar ocasiões para colaborar com os demais colegas de trabalho, construir redes internas e ser um profissional multitarefas. Devemos nos autoavaliar em cada um desses critérios. Se ficamos a desejar em algum deles, devemos pensar em maneiras de melhorar nossa ambidestridade.

- **Coerência Estratégica (com relação à empresa):** Qual é a missão de nossa organização? Quais são os objetivos estratégicos do departamento ou da unidade em que trabalhamos? Como nossa atuação contribui para a missão e alcance dos objetivos? O que podemos fazer de diferente que pode auxiliar a organização a satisfazer sua missão e atingir seus objetivos estratégicos?

- **Coerência Estratégica (com relação a nós mesmos):** Estabelecer objetivos estratégicos é importante para nossa carreira pessoal também. Identifique e escreva três ou quatro importantes objetivos estratégicos que você deseja cumprir dentro dos próximos anos (graduar-se, encontrar um trabalho com um salário melhor etc.). Está reservando recursos (tempo, dinheiro etc.) para poder alcançar tais objetivos? Eles são mensuráveis, têm prazo, são realistas, específicos e apropriados?

resumo

Começamos este capítulo introdutório definindo administração estratégica e discorrendo sobre alguns de seus atributos principais. Administração estratégica é definida como "consistindo das análises, decisões e ações que uma organização realiza para criar e manter vantagens competitivas". O como e o porquê de algumas empresas serem melhores do que outras no mercado são questões fundamentais para o estudo da administração estratégica. A administração estratégica tem quatro atributos principais: é voltada para os objetivos gerais da organização, inclui vários stakeholders, incorpora pontos de vista de curto e longo prazo e envolve um equilíbrio entre eficiência e eficácia.

Depois discutimos o processo da administração estratégica. Nesse ponto, ponderamos sobre a definição acima de administração estratégica e nos concentramos nas três atividades principais do processo de administração estratégica – análise, formulação e implementação da estratégia. Vimos como essas atividades estão altamente inter-relacionadas e dependem uma da outra. Também falamos sobre como essas três atividades principais permeiam cada um dos doze capítulos deste livro.

Em seguida apresentamos dois conceitos importantes – governança corporativa e administração dos stakeholders – que merecem ser destacados no processo da administração estratégica. Os instrumentos de governança podem ser divididos em dois grupos: interno e externo. Os mecanismos de governança interna incluem os acionistas (proprietários), gestores (liderados pelo CEO) e o conselho de administração. O controle externo é exercido por auditores, bancos, analistas e por uma imprensa de negócios ativa, bem como por ameaças de aquisições hostis. Identificamos cinco stakeholders principais em todas as organizações: proprietários (ou acionistas), clientes, fornecedores, empregados e a sociedade em geral. Empresas bem-sucedidas não se concentram apenas nos interesses dos proprietários. Em vez disso, reconhecem os conflitos inerentes que surgem das demandas dos vários stakeholders, bem como a necessidade de tentar fazê-los relacionar-se simbioticamente – ou seja, com interdependência e benefícios mútuos. Os gestores também devem reconhecer a necessidade de agir de uma maneira socialmente responsável que, se realizada eficazmente, pode melhorar a capacidade de inovação da empresa. O método do "valor compartilhado" representa uma nova forma de criação de valor para a firma e para a sociedade ao mesmo tempo. Os administradores também devem reconhecer e integrar pontos relacionados com a sustentabilidade ambiental em suas ações estratégicas.

Na quarta seção falamos sobre os fatores que aceleraram a taxa de mudanças imprevisíveis que os administradores enfrentam hoje em dia. Tais fatores, e a combinação deles, aumentaram a necessidade de gerentes e empregados da organização adotarem uma perspectiva de administração estratégica e de ampliar a delegação de poder.

A parte final expôs a necessidade de consistência entre visão, missão e objetivos estratégicos de uma companhia. Em conjunto, esses elementos formam uma hierarquia de objetivos de uma organização. As visões devem evocar poderosas imagens mentais de como e onde se quer chegar. Entretanto, elas têm um caráter genérico. Os objetivos estratégicos, porém muito mais específicos, são vitais para assegurar que a organização está se empenhando para satisfazer sua visão e sua missão.

PERGUNTAS DE REVISÃO DO RESUMO

1. Como a "administração estratégica" é definida no texto e quais são seus quatro atributos principais?
2. Fale brevemente sobre as três atividades principais no processo da administração estratégica. Por que é importante que os administradores reconheçam a natureza interdependente dessas atividades?
3. Explique o conceito de "administração dos stakeholders". Por que os gestores não devem se interessar unicamente em maximizar o retorno para os donos de uma firma – seus acionistas?
4. O que é "governança corporativa"? Quais são seus três elementos principais e como ela pode ser aprimorada?
5. Como a "simbiose" (interdependência, benefícios mútuos) pode ocorrer entre os stakeholders de uma empresa?
6. Por que as empresas precisam ter uma melhor perspectiva de administração estratégica e delegação de poder no processo de administração estratégica na organização?
7. Qual é o significado de "hierarquia de objetivos"? Quais são seus componentes principais e por que há a necessidade de consistência entre eles?

termos-chave

visão romântica da liderança 4
visão de controle externo da liderança 5
administração estratégica 7
estratégia 7
vantagem competitiva 7
eficácia operacional 8
stakeholders 8
eficácia 9
eficiência 9
ambidestridade 9
processo de administração estratégica 9
estratégia pretendida 10
estratégia realizada 11
análise de estratégia 11
formulação de estratégia 13
implementação de estratégia 13

governança corporativa 14
administração dos stakeholders 15
responsabilidade social 18
tripé da sustentabilidade 19
hierarquia de alvos 23
visão 23
declaração da missão 25
alvos estratégicos 26

exercício experimental

Usando fontes da internet ou de uma biblioteca, escolha quatro organizações – duas no setor privado e duas no setor público. Encontre suas declarações da missão. Complete o quadro a seguir identificando os stakeholders mencionados. Avalie as diferenças entre as empresas do setor privado e do setor público.

Nome da Organização				
Declaração da Missão				
Stakeholders (√ = mencionado)				
1. Clientes				
2. Fornecedores				
3. Gerentes/empregados				
4. Comunidade em geral				
5. Donos				
6. Outros?				
7. Outros?				

questões & exercícios práticos

1. Acesse a internet e veja o site de uma dessas empresas: www.walmart.com, www.ge.com ou www.fordmotor.com. Cite alguns dos principais eventos que representariam a visão "romântica" da liderança. Cite alguns dos principais eventos que exemplificam a visão de "controle externo" da liderança.

2. Escolha uma companhia que compete em um ramo que lhe interesse. Cite algumas das exigências mais recentes dos stakeholders dessa companhia. Você pode encontrar exemplos de como a companhia está tentando desenvolver uma "simbiose" (interdependência e benefícios mútuos) entre seus stakeholders? (Use os recursos da internet ou de uma biblioteca.)

3. Dê exemplos de companhias que estão aumentando a delegação de autoridade no processo da administração estratégica de uma organização. Essas empresas parecem ter bons resultados? Por quê? Por que não?

4. Pesquise as declarações de visão e/ou missão de algumas empresas. Você acha que elas são construtivas e úteis no sentido de motivar os empregados e dar uma forte orientação estratégica? Por quê? Por que não? (*Nota*: relatórios anuais em conjunto com a internet podem ser boas fontes de informação.)

questões éticas

1. Uma companhia se concentra apenas nos lucros de curto prazo para gerar o máximo de retorno aos proprietários do negócio (i.e., os acionistas, no caso de uma empresa de capital aberto). Quais questões éticas isso poderia levantar?

2. Uma empresa dedicou-se – sob a orientação de administradores de todos os níveis – ao desenvolvimento de uma declaração de visão e de missão. Com o passar do tempo, porém, o comportamento de alguns executivos passou a ser contrário a essas declarações. Isso poderia levantar algumas questões éticas?

referências

1. Gunther, M. 2010. Fallen angels. *Fortune*, 1º de novembro: 75–78.
2. Donahue, J. 2012. What do CEOs admire? *Fortune*. 19 de março: 143.
3. Austen, B. 2011. The end of Borders is not the end of books. *Bloomberg BusinessWeek*, 14–20 de novembro: 92–97; Kary, T. & Sandler, L. 2011. Borders files bankruptcy, closing up to 275 stores. www.businessweek.com, 16 de fevereiro: np; Newman, R. 2011. 4 Lessons from the demise of Borders. *usnews.com*; e Borders Group, Relatório Anual de 2004. media.corporate-ir.net.
4. Para saber mais sobre o ponto de vista "romântico" em comparação com o de "controle externo", veja Meindl, J. R. 1987. The romance of leadership and the evaluation of organizational performance. *Academy of Management Journal* 30: 92–109; e Pfeffer, J. & Salancik, G. R. 1978. *The external*

control of organizations: A resource dependence perspective. Nova York: Harper & Row.

5. Um novo ponto de vista da "visão romântica" da liderança é dado por Mintzberg, H. 2004, Leadership and management development: An afterword. *Academy of Management Executive.* 18(3): 140–142.

6. Para saber mais sobre os melhores e os piores gerentes de 2008, leia: Anônimo. 2009. The best managers. *BusinessWeek,* 19 de janeiro: 40–41; e The worst managers. Na página 42 do mesmo artigo.

7. Burrows, P. 2009. Apple without its core? *BusinessWeek,* 26 de janeiro/2 de fevereiro: 31.

8. Para um estudo dos efeitos dos CEOs sobre o desempenho de uma empresa, veja: Kor, Y. Y. & Misangyi, V. F. 2008. *Strategic Management Journal,* 29(11): 1357–1368.

9. Charan, R. & Colvin, G. 2010. Directors: A harsh new reality. money.cnn.com. 6 de outubro: np.

10. Dobson, C. 2010. Global airlines lost $1,7 billion due to Iceland ash cloud. www.theepochtimes.com. 23 de maio: np, e Pylas, P. 2011. Nikkei slides 11 percent on radiation fears. www.finance.yahoo.com. 14 de março: np.

11. Ewing, J. 2008. South Africa emerges from the shadows. *BusinessWeek.* 15 de dezembro: 52–56.

12. Para conhecer uma visão interessante da necessidade de estrategistas para manter um padrão mental global, veja Begley, T. M. & Boyd, D. P. 2003. The need for a global mind-set. *MIT Sloan Management Review* 44(2): 25–32.

13. Porter, M. E. 1996. What is strategy? *Harvard Business Review* 74(6).: 61–78.

14. Veja, por exemplo, Barney, J. B. & Arikan, A. M. 2001. The resource-based view: Origins and implications. Em Hitt, M. A., Freeman, R. E., & Harrison, J. S. (Eds), *Handbook of strategic management:* 124–189. Malden, MA: Blackwell.

15. Porter, M. E. 1996. What is strategy? *Harvard Business Review,* 74(6): 61–78; e Hammonds, K. H. 2001. Michael Porter's big ideas. *Fast Company,* março: 55–56.

16. Esta seção baseia-se em Dess, G. G. & Miller, A. 1993. *Strategic management.* Nova York: McGraw-Hill.

17. Veja, por exemplo, Hrebiniak, L. G. & Joyce, W. F. 1986. The strategic importance of managing myopia. *Sloan Management Review,* 28(1): 5–14.

18. Para uma reflexão profunda de como administrar vários grupos de stakeholders, veja Rondinelli, D. A. & London, T. 2003. How corporations and environmental groups cooperate: Assessing cross-sector alliances and collaborations. *Academy of Management Executive,* 17(1): 61–76.

19. Alguns perigos das perspectivas de curto prazo são abordadas em: Van Buren, M. E. & Safferstone, T. 2009. The quick wins paradox. *Harvard Business Review,* 67(1): 54–61.

20. Senge, P. 1996. Leading learning organizations: The bold, the powerful, and the invisible. Em Hesselbein, F. Goldsmith, M., & Beckhard, R. (Eds.), *The leader of the future;* 41–58. São Francisco: Jossey-Bass.

21. Samuelson, J. 2006. A critical mass for the long term. *Harvard Business Review*; 84(2): 62, 64; e Anônimo. 2007. Power play. *The Economist,* 20 de janeiro: 10–12.

22. Loeb, M. 1994. Where leaders come from. *Fortune,* 19 de setembro: 241 (citando Warren Bennis).

23. Dito por Norman R. Augustine na Crummer Business School, Rollins College, Winter Park, FL, 20 de outubro, 1989.

24. Hemp, P. 2004. An Interview with CEO Kevin Sharer. *Harvard Business Review,* 82(7/8): 66–74.

25. As novas perspectivas dos "modelos de administração" são mencionadas em: Birkinshaw, J. & Goddardm J. 2009. What is your management model? *MIT Sloan Management Review,* 50(2): 81–90.

26. Mintzberg, H. 1985. Of strategies: Deliberate and emergent. *Strategic Management Journal,* 6: 257–272.

27. Encontramos algumas reflexões interessantes dos processos de tomadas de decisão em: Nutt, P. C. 2008. Investigationg the success of decision making processes. *Journal of Management Studies,* 45(2): 425–455.

28. Leung, W. & Ling, C. S. 2010. Chinese consumers' appetites fatten air shippers. *International Herald Tribune,* 30 de julho: 15.

29. Bryant, A. 2011. The corner office. nytimes.com, 8 de outubro: np.

30. Um estudo que investiga a sustentabilidade das vantagens competitivas é: Newbert, S. L. 2008. Value, rareness, competitive advantages, and performance: A conceptual-level empirical investigation of the resource-based view of the firm. *Strategic Management Journal,* 29(7): 745–768.

31. Encontramos boas reflexões sobre orientar em: DeLong, T. J., Gabarro, J. J., & Lees, R. J. 2008. Why mentoring matters in a hypercompetitive world. *Harvard Business Review,* 66(1): 115–121.

32. Bryant, A. 2009. The corner office. nytimes.com, 25 de abril: np.

33. Um ponto de vista único sobre estratégias de diferenciação pode ser encontrado em: Austin, R. D. 2008. High margins and the quest for aesthetic coherence. *Harvard Business Review,* 86(1): 18–19.

34. Algumas reflexões sobre parceria na área global são abordadas em: MacCormack, A. & Forbath, T. 2008. *Harvard Business Review,* 66(1): 24, 26.

35. Para reflexões de como as empresas podem ser bem-sucedidas ao entrar em novos mercados em economias emergentes, veja: Eyring, M. J., Johnson, M .W. & Nair, H. 2011. New business models in emerging markets. *Harvard Business Review,* 89(1/2): 88–95.

36. *Fortune.* 2012. 3 de dezembro: 6.

37. Uma abordagem interessante dos desafios da implementação da estratégia está em: Neilson, G. L., Martin, K. L., & Powers, E. 2008. The secrets of strategy execution. *Harvard Business Review,* 86(6): 61–70.

38. Algumas perspectivas interessantes da implementação da estratégia envolvendo o vínculo entre estratégia e operações são apresentadas em: Kaplan, R. S. & Norton, D. P. 2008. Mastering the management system. *Harvard Business Review,* 66(1): 62–77.

39. Uma visão inovativa do projeto organizacional é encontrada em: Garvin, D. A. & Levesque, L. C. 2008. The multiunit enterprise. *Harvard Business Review,* 86(6): 106–117.

40. Monks, R. & Minow, N. 2001. *Corporate governance* (2nd ed.). Malden, MA: Blackwell.

41. Intel Corp. 2007. *Intel corporation board of directors guidelines on significant corporate governance issues.* www.intel.com

42. Jones, T. J., Felps, W., & Bigley, G. A. 2007. Ethical theory and stakeholder-related decisions: The role of stakeholder culture.

Academy of Management Review, 32(1): 137–155.

43. Por exemplo, veja The best (& worst) managers of the year, 2003. *BusinessWeek*, 13 de janeiro: 58–92; e Lavelle, M. 2003. Rogues of the year. *Time*, 6 de janeiro: 33–45.
44. Handy, C. 2002. What's a business for? *Harvard Business Review*, 80(12): 49–55.
45. Anônimo, 2007. In the money. *Economist*, 20 de janeiro: 3–6.
46. Hessel, E. & Woolley, S. 2008. Your money or your life. *Forbes*, 27 de outubro: 52.
47. Task, A. 2012. Finance CEO pay rose 20% in 2011, even as stocks stumbled. www.finance.yahoo.com, 5 de junho: np.
48. Algumas reflexões interessantes sobre o papel dos investidores ativistas podem ser encontradas em: Greenwood, R. & Schol, M. 2008. When (not) to listen to activist investors. *Harvard Business Review*, 66(1): 23–24.
49. Para uma perspectiva interessante sobre a mudança do papel dos diretores, veja Lawler, E. & Finegold, D. 2005. Rethinking governance. *MIT Sloan Management Review*, 46(2): 67–70.
50. Benz, M. & Frey, B. S. 2007, Corporate governance: What can we learn from public governance? *Academy of Management Review*, 32(1): 92–104.
51. A importância do valor do acionista é abordada em: Carrott, G. T. & Jackson, S. E. 2009. Shareholder value must top the CEO's agenda. *Harvard Business Review*, 67(1): 22–24.
52. Stakeholder symbiosis. 1998. *Fortune*, 30 de março: S2.
53. Uma excelente revisão da teoria da administração dos stakeholders pode ser encontrada em: Laplume, A. O., Sonpar, K., & Litz, R. A. 2008. Stakeholder theory: Reviewing a theory that moves us. *Journal of Management*, 34(6): 1152–1189.
54. Para uma abordagem recente e definitiva do conceito de stakeholder, veja Freeman, R. E. & McVae, J. 2001. A stakeholder approach to strategic management. Em Hitt, M. A., Freeman, R. E., & Harrison, J. S. (Eds.). *Handbook of strategic management*: 189–207. Malden, Ma: Blackwell.
55. Harrison, J. S., Bosse, D. A. & Phillips, R. A. 2010. Managing for stakeholders, stakeholder utility functions, and competitive advantage. *Strategic Management Journal*, 31(1): 58–74.
56. Para uma abordagem profunda do papel do negócio na sociedade, veja Handy, obr. cit.
57. Camillus, J. 2008. Strategy as a wicked problem. *Harvard Business Review*, 86(5): 100–101.
58. Stakeholder symbiosis. op. cit., p. S3.
59. Sidhu, I. 2010. *Doing both*. FT Press: Upper Saddle River, NJ: 7–8.
60. Thomas, J. G. 200 Macroenvironmetal forces. Em Helms, M. M. (Ed.), *Encyclopedia of management*. (4th ed.): 516–520. Farmington Hills, MI: Gale Group.
61. Para uma posição firme de defesa pela necessidade de valores corporativos e pela responsabilidade social, veja Hollender, J. 2004. What matters most: Corporate values and social responsibility. *California Management Review*, 46(4): 111–119.
62. Waddock, S. & Bodwell, C. 2004. Managing responsibility: What can be learned from the quality movement. *California Management Review*, 47(1): 25–37.
63. Para uma abordagem do papel das alianças e da colaboração nas iniciativas de responsabilidade social corporativa, veja Pearce, J. A. II. & Doh, J. P. 2005. The high impact of collaborative social initiatives, *MIT Sloan Management Review*, 46(3): 30–40.
64. Reflexões sobre o comportamento e desempenho ético são encontradas em: Trudel, R. & Cotte, J. 2009. *MIT Sloan Management Review*, 50(2): 61–68.
65. Bhattacharya, C. B. & Sen, S. 2004, Doing better at doing good: When, why, and how consumers respond to corporate social initiatives. *California Management Review*, 47(1): 9–24.
66. Para algumas descobertas referentes à relação entre responsabilidade social corporativa e o desempenho da empresa, veja: Margolis, J. S. & Elfenbein, H. A. 2008. *Harvard Business review*, 86(1): 19–20.
67. Cone Corporate Citizenship Study, 2002, www.coneinc.com.
68. Acesse www.bsr.org.
69. Essa seção se baseia em: Porter, M. E. & Kramer, M. R. 2011. Creating shared value. *Harvard Business review*, 89 (½): 62–77.
70. Driver, M. 2012. An Interview with Michael Porter: Social entrepreneurship and the transformation of capitalism. *Academy of Management Learning & Education*, 11(3): 422.
71. Uma discussão esclarecedora sobre riscos e oportunidades associadas com o aquecimento global se encontra em: Lash, J. & Wellington, F. 2007. Competitive advantage on a warming planet. *Harvard Business Review*, 85(3): 94–102.
72. Essa seção se baseia em Hart, S. L. 1997. Beyond greening: Strategies for a sustainable world. *Harvard Business Review*, 75(1): 66–76, e Berry, M. A. & Rondinelli, D. A. 1998. Proactive corporate environmental management: A new industrial revolution. *Academy of Management Executive*, 12(2): 38–50.
73. Hart, op. cit., p. 67.
74. Para uma perspectiva criativa da sustentabilidade ambiental e das vantagens competitivas, bem como de implicações éticas, veja Ehrenfeld, J. R. 2005. The roots of sustainability. *MIT Sloan Management Review*, 46(2): 23–25.
75. McKinsey & Company. 1991. *The corporate response to the environmental challenge*. Relatório Resumido, Amsterdam: McKinsey & Company.
76. Delmas, M. A. & Montes-Sancho, M. J. 2010. Voluntary agreements to improve environmental quality: Symbolic and substantive cooperation. *Strategic Management Journal*, 31(6): 575–601.
77. Vogel, D. J. 2005. Is there a market for virtue? The business case for corporate social responsibility. *California Management Review*, 47(4): 19–36.
78. Esty, D. C. & Charnovitz, S. 2012. Green rules to drive innovation. *Harvard Business Review*, 90(3): 120–123.
79. Esty, D. C. & Simmons, P. J. 2011. *The green to gold business playbook*. Nova York: Wiley.
80. Kaahwarski, T. 2010. It pays to be good. *Bloomberg BusinessWeek*, 1º–8 de fevereiro: 69.
81. Senge, P. M. 1990. The leader's new work: Building learning organizations. *Sloan Management Review*, 32(1): 7–23.
82. Para uma visão interessante do papel dos gerentes de médio escalão no processo da administração estratégica, veja Huy, Q. H. 2001. In praise of middle managers. *Harvard Business Review*, 79(8): 72–81.
83. Senge, 1996, op. cit., pp. 41–58.
84. Kets de Vries, M. F. R. 1998. Charisma in action: The

transformational abilities of Virgin's Richard Branson and ABB's Percy Barnevik. *Organizational Dynamics*, 26(3): 7–21.

85. Hamel, G. 2006. The why, what, and how of management innovation. *Harvard Business review*, 84(2): 72–84.
86. Bryant, A. 2011. *The corner office*. Nova York: St. Martin's/Griffin, 6.
87. Uma abordagem interessante de como transformar os objetivos dos grandes administradores em ações concretas é encontrada em: Bungay, S. 2011. How to make the most of your company's strategy. *Harvard Business Review*, 89(1/2): 132–40.
88. Bryant, A. 2011. *The corner office*. Nova York: St. Martin's/Griffin, 171.
89. Uma abordagem interessante do papel da visão, missão e objetivos estratégicos pode ser encontrada em: Collis, D. J. & Rukstad, M. G. 2008. Can you say what your strategy is? *Harvard Business Review*, 66(4): 82–90.
90. Nossa abordagem se baseia em várias fontes. Elas incluem Lipton, M. 1996. Demystifying the development of an organizational vision. *Sloan Management Review*, 37(4): 83–92; Bart, C. K. 2000 Lasting inspiration. *CA Magazine*, maio: 49–50; e Quigley, J. V. 1994. Vision: How leaders develop it, share it, and sustain it. *Business Horizons*, setembro–outubro: 37–40.
91. Lipton, op. cit.
92. Bryant, A. 2011. *The corner office*, Nova York: St. Martin's/Griffin, 34.
93. Hardy, Q. 2007. The uncarly. *Forbes*, 12 de março: 82–90.
94. Alguns pontos de vista interessantes sobre a diferença de gênero na visão organizacional são abordados em: Ibarra, H. & Obodaru, O. 2009. Women and the vision thing. *Harvard Business Review*, 67(1): 62–70.
95. Quigley, op. cit.
96. Ibid.
97. Lipton, op. cit. Esse artigo aborda mais armadilhas.
98. Sull, D. N. 2005. Strategy as active waiting. *Harvard Business Review*, 83(9): 120–130.
99. Registros da empresa.
100. Lipton, op. cit.
101. Sexton, D. A. & Van Aukun, P. M. 1985. A longitudinal study of small business strategic planning. *Journal of Small Business Management*, 8–15 de janeiro, citado em Lipton, op. cit.
102. Para uma perspectiva esclarecedora sobre o uso de objetivos estratégicos, veja Chatterjee, S. 2005. Core objetives: Clarity in designing strategy. *California Management Review*, 47(2): 33–49.
103. Ibid.
104. Harnish, V. 2011. Five ways to get your strategy right. *Fortune,* 11 de abril: 42.

PARTE 1: ANÁLISE ESTRATÉGICA

capítulo 2

Análise do Ambiente Externo da Empresa

Criando Vantagens Competitivas

Depois da leitura deste capítulo você deverá obter uma boa compreensão dos seguintes pontos a aprender:

PA2.1 A importância de elaborar previsões do ambiente de negócios.

PA2.2 Por que exploração, monitoração ambiental e coleta de inteligência competitiva são informações vitais nas previsões.

PA2.3 Por que o planejamento de cenário é uma técnica útil para empresas que competem em setores de atividade caracterizados por imprevisibilidade e mudança.

PA2.4 O impacto do ambiente geral nas estratégias e no desempenho de uma empresa.

PA2.5 Como as forças inerentes ao ambiente competitivo podem afetar a rentabilidade e como uma empresa pode melhorar sua posição competitiva aumentando seu controle sobre essas forças.

PA2.6 Como a internet e as habilidades digitais estão afetando as cinco forças competitivas e a rentabilidade dos negócios.

PA2.7 O conceito de grupos estratégicos e as consequências de suas estratégias e desempenho.

Aprenda com os Erros

A análise do ambiente externo é um passo vital para o reconhecimento e compreensão das oportunidades e ameaças enfrentadas pelas organizações. A seguir falaremos sobre algumas companhias que falharam nesse quesito.

Considere o exemplo da Salemi Industries e o lançamento de seu produto, a Cell Zone, em 2005. Embora tenha tentado analisar com cuidado o possível mercado, ela interpretou mal a demanda por seu produto e pagou caro por esse erro.[1] O uso do celular estava aumentando bastante, e o fundador da empresa observou que, nos restaurantes, os clientes se incomodavam com o falatório de outra pessoa ao lado que estava tendo uma conversa particular (porém, em voz alta!). A Salemi Industries interpretou essa observação como uma oportunidade e criou a Cell Zone. De acordo com o site da empresa, trata-se de uma "cabine telefônica à prova de som que garante privacidade e conveniência ao fazer e receber telefonemas [...] com um design curvilíneo que promove tanto o produto quanto o serviço".

O principal erro da Salemi Industries foi que ela deixou de considerar uma tecnologia emergente — a crescente popularidade das mensagens de texto, e de outras tecnologias de comunicação que dispensam a fala, e como isso afetaria as vendas de seu produto. Por exemplo, a Pew internet & American Life Project calculava que o número de mensagens de texto enviadas passaria de 500 mil em 2001 para 4 bilhões em 2009. Além dessa mudança tecnológica, os alvos (restaurantes) não se interessaram nem estavam dispostos a ceder um espaço produtivo para que seus clientes pudessem telefonar. Assim, não foi uma grande surpresa que a empresa tenha vendido apenas 300 unidades (100 delas para bibliotecas de faculdades) e que a Salemi Industries tenha perdido mais de $650 mil até agora.

Perguntas para Discussão

1. Qual foi a maior pedra no caminho da Cell Zone?
2. Existem outros segmentos de mercado nos quais a Cell Zone poderia trabalhar?

Administradores bem-sucedidos devem reconhecer oportunidades e ameaças no ambiente externo de sua empresa. Eles devem estar cientes do que acontece do lado de fora da companhia. Se estiverem focados unicamente na eficiência das operações internas, a empresa pode se degenerar a ponto de se tornar a mais eficiente fabricante de carroças do mundo, máquinas de escrever ou papel-carbono. Mas, se fizerem um cálculo errado do mercado, perderão oportunidades — o que dificilmente é algo invejável. Como vimos no exemplo da Cell Zone, a má interpretação do mercado pode resultar em consequências negativas.

Na obra *Competing for the Future*, Gary Hamel e C. K. Prahalad sugerem que "cada administrador tem sua dose de preconceito, de suposições e pressuposições sobre a estrutura relevante do mercado, sobre como é possível ganhar dinheiro nela, sobre quem é ou deixa de representar a concorrência, sobre quem são ou deixam de ser os clientes, e assim por diante".[2] A análise ambiental exige a contínua reavaliação dessas suposições. Peter Drucker definiu esse conjunto inter-relacionado de premissas como "teoria dos negócios".[3] A súbita reversão financeira da Borders (Capítulo 1) ilustra claramente que se uma companhia não acompanhar as mudanças do ambiente externo, fica difícil reter as vantagens competitivas e obter bons resultados financeiros.

A estratégia de uma empresa pode ser válida em um determinado momento, porém, pode deixar de ser quando as referências da administração se afastam da verdadeira realidade dos negócios. Isso acontece quando os pressupostos ou crenças do gestor são incorretas ou quando as inconsistências internas entre eles fazem com que toda a "teoria dos negócios" seja posta em xeque. Sobre isso, Warren Buffett, um renomado investidor, observa: "Cuidado com as 'provas' de desempenho passadas. Se os livros de história fossem a chave para a riqueza, a Forbes 400 listaria bibliotecários".

No mundo dos negócios, muitas empresas que antes eram bem-sucedidas desapareceram. Hoje podemos imaginar qual será a próxima Blockbuster, Borders, Circuit City ou *Encyclopaedia Britannica*.

A Criação de uma Organização Ambientalmente Alerta

PA2.1 A importância de elaborar previsões do ambiente de negócios.

Como os administradores podem estar ambientalmente alertas?[4] Falaremos agora sobre três importantes processos — exploração, monitoração e obtenção de inteligência competitiva — que são usados para gerar previsões.[5] A Figura 2.1 ilustra as relações entre essas importantes atividades. Também falaremos sobre a importância do planejamento de cenário ao antecipar grandes mudanças futuras no ambiente externo, e sobre o papel da análise FOFA (em inglês, SWOT).[6]

O Papel do Exame, da Monitoração, da Inteligência Competitiva e da Previsão

PA2.2 Por que a exploração, a monitoração ambiental e a coleta de inteligência competitiva são informações vitais nas previsões.

Escaneamento ou Varredura Ambiental O **escaneamento ou varredura ambiental** envolve o monitoramento do ambiente externo de uma empresa com o objetivo de predizer as mudanças ambientais e detectar as que já estão acontecendo.[7,8] Isso alerta a organização quanto a tendências e eventos críticos antes que a mudança desenvolva um padrão discernível e antes que a concorrência possa reconhecê-los.[9] De outra forma, a empresa poderia ser obrigada a entrar em um estado apenas reativo.[10]

Os especialistas concordam que identificar as tendências principais exige uma combinação entre conhecer o negócio e os clientes e, ao mesmo tempo, manter-se alerta quanto ao que acontece a seu redor. Ambas as visões, a ampla e a focalizada, nos ajudam a identificar melhor as tendências emergentes que afetarão nosso negócio.

exploração ambiental supervisão do ambiente externo de uma empresa com o objetivo de predizer as mudanças ambientais e detectar mudanças que já estão acontecendo.

As empresas líderes de um setor de atividade também podem servir como um indicador relevante das tendências emergentes.[11] Por exemplo, em razão do variado portfólio de seus produtos destinados ao uso doméstico, a Procter & Gamble é um barômetro do padrão de gastos do consumidor. Qualquer sinal de que ela esteja vendendo mais de seus produtos premium, sem diminuir consideravelmente os preços, indica que, afinal, os clientes estão se tornando menos sensíveis ao fator preço na compra de mercadorias de consumo diário. Os

FIGURA 2.1 Fontes de Informação para a Previsão

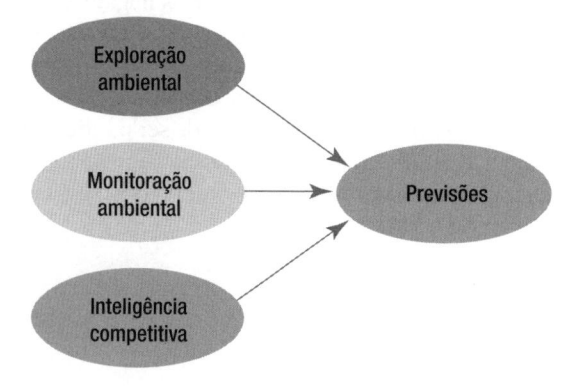

investidores, em particular, estarão atentos ao desempenho comercial de produtos de beleza, como os hidratantes Olay e os cosméticos CoverGirl, como evidências do aumento da despesa discricionária com produto.

Monitoração Ambiental A **monitoração ambiental** acompanha a evolução das tendências ambientais, as sequências de eventos ou o fluxo das atividades. Podem se tratar de tendências externas com as quais a empresa talvez tenha se deparado por acaso ou que lhe chamaram a atenção.[12] A monitoração permite que as organizações avaliem quão dramaticamente as tendências ambientais estão mudando o cenário competitivo.

Um dos autores deste livro realizou entrevistas presenciais com executivos de vários segmentos empresariais para identificar indicadores utilizados nos métodos de monitoração de informações essenciais em seu processo estratégico. Exemplos de tais indicadores incluem:

- *Um executivo do Motel 6.* O número de quartos disponíveis no segmento de reservas online nos Estados Unidos e a diferença entre a evolução do preço médio das diárias de quartos comuns e o índice de preços ao consumidor (IPC).
- *Um executivo da Pier 1 Imports.* A renda líquida disponível (RLD), o índice de confiança do consumidor e o número de novos projetos imobiliários para habitação.
- *Um executivo de produtos médicos da Johnson & Johnson.* A porcentagem do produto interno bruto (PIB) relativo ao sistema de assistência à saúde, o número de leitos hospitalares disponíveis, e o tamanho e nível de concentração dos compradores.

Tais índices são vitais para que os administradores determinem a direção estratégica da empresa e a alocação de recursos.

Nas duas últimas seções da varredura e monitoração ambiental, falamos sobre a importância de se determinar quais são as tendências principais e sua evolução com o passar do tempo, o que pode afetar o futuro da empresa. Projetar as condições vigentes no futuro, porém, é muito arriscado. Dan Burrus, em seu recente livro *Flash Foresight*, estabeleceu uma importante diferença entre **tendências certas** (ou "hard trends", em inglês) e **tendências prováveis** (ou "soft trends", em inglês), que acreditamos auxiliarão os administradores que têm que basear suas estratégias em projeções sobre o futuro.[13]

Dan Burrus dá um exemplo interessante para ilustrar a tendência provável. Quando Elvis Presley morreu, em 1977, havia cerca de 100 imitadores profissionais dele. Nos cinco anos seguintes, esse número cresceu bastante. Uma projeção direta dessa tendência nos mostraria que até o ano 2000, um em cada três norte-americanos seria um imitador do Elvis! É claro que ninguém fez essa predição porque o número de imitadores do Elvis representa uma tendência provável. Uma tendência provável é algo que pode acontecer e sua probabilidade pode ser calculada. Por exemplo, o deficit orçamentário contínuo é uma tendência provável. As escolhas que os governantes fazem no que se refere à política econômica, cobrança de impostos e despesas de custeio da máquina pública têm grandes consequências no tamanho do deficit orçamentário público. Muitas das decisões importantes que os gestores tomam são baseadas em projeções dos índices de juros futuros. Tais projeções, porém, são tendências prováveis, visto que os níveis de juros podem ser afetados por vários fatores, dentro e fora do país, tais como decisões dos Bancos Centrais, o prosseguimento da crise econômica na Europa e as decisões da China, possuidora de enormes reservas monetárias, sobre comprar títulos da dívida pública dos Estados Unidos.

Uma tendência certa, por outro lado, é uma projeção baseada em fatos, eventos ou objetos mensuráveis. É algo que *vai* acontecer. O envelhecimento da população é uma tendência certa. O desempenho crescente e a redução do preço dos computadores também. Tendo em vista a continuidade do consumo dos combustíveis fósseis e o aumento da demanda por automóveis em países em desenvolvimento, tal como a China e a Índia, o aumento do preço do petróleo é uma tendência certa, independentemente das flutuações, quer para cima, quer para baixo.

A seção Destaques de Estratégia 2.1 fala sobre como a Mayo Clinic se beneficiou por agir de acordo com as tendências certas. Ao se aproveitar da crescente entrada de computadores pessoais nos lares norte-americanos, a Mayo Clinic se transformou em uma fonte de conhecimento e expertise relacionada com a saúde.

---

monitoração ambiental
uma análise do ambiente externo efetuada pela empresa, que acompanha a evolução das tendências ambientais, as sequências de eventos ou o fluxo das atividades.

tendência certa
uma projeção baseada em fatos, eventos e objetos mensuráveis. É algo que vai acontecer.

tendência provável
algo passível de acontecer e cuja probabilidade de ocorrência pode ser calculada.

DESTAQUES DE ESTRATÉGIA 2.1

A TRANSFORMAÇÃO DA MAYO CLINIC EM UMA ORGANIZAÇÃO DE CONHECIMENTO: O BENEFÍCIO DAS TENDÊNCIAS CERTAS

Quando as organizações projetam as tendências ambientais do futuro, é muito comum se depararem com uma situação ruim. Tais cenários sombrios, porém, podem ser o resultado de um viés seletivo quanto ao que vemos ou, cada vez mais, de nossa incapacidade de enxergar possíveis oportunidades naquilo que nos parecem ser aspectos não relacionados ou periféricos.

Vejamos o caso da Mayo Clinic, o internacionalmente conhecido hospital sem fins lucrativos de Rochester, Minnesota. Na década de 1980, quando passou a elaborar predições sobre como seria o futuro, essa instituição se deparou com uma situação depressiva envolvendo o envelhecimento da população, reembolsos decrescentes com os planos oficiais Medicare e Medicaid (sistemas americanos de assistência médica voltada a idosos e pessoas sem recursos financeiros, respectivamente) e cada vez mais óbitos nas operações de emergência. Assim, tanto as tendências econômicas como as demográficas eram desoladoras. Entretanto, Dan Burrus, um consultor, descobriu várias tendências certas significativas em pleno andamento, coisa que muitos hospitais costumam não considerar ao projetar o futuro. Tais tendências tecnológicas incluíam:

- A contínua redução dos preços dos computadores
- A velocidade e capacidade crescente dos computadores
- Grande expansão na capacidade de armazenamento, distribuição e de busca de informação
- A presença crescente de computadores pessoais em suas várias formas em praticamente cada casa dos Estados Unidos e no exterior

Por ser um grande hospital de pesquisa, a Mayo Clinic desenvolveu, ao longo do tempo, uma grande quantidade de informações sobre como diagnosticar, administrar e curar várias doenças e problemas de saúde. Embora tal conhecimento tivesse sido desenvolvido, primariamente, para tratar os pacientes, Dan Burrus viu uma grande oportunidade para a Mayo Clinic obter renda vendendo informações para o público, sedento por informação médica confiável e que fosse escrita de uma forma acessível. O resultado foi um CD, comercializado por $100. Com ele, os usuários poderiam acessar informações capazes de ajudá-los a determinar, por exemplo, se a coriza ou a febre de seu filho era algo que poderia ser tratado simplesmente pela administração de ibuprofeno (analgésicos, anti-inflamatórios e antitérmicos comuns) ou se era algo que exigia que os pais corressem com o filho para o hospital imediatamente. No primeiro ano, foram vendidos 670 mil CDs!

Além da receita extra, gerada pelos CDs, a entrada da Mayo no mercado do conhecimento obteve vários resultados positivos não antecipados. Por exemplo, a popularidade dos CDs estabeleceu a marca Mayo como uma líder do sistema de saúde, um nome que milhões de pessoas ao redor do mundo reconheceriam imediatamente. Em segundo lugar, isso ajudou a Mayo a se transformar de apenas mais uma organização que providencia cuidados de saúde presenciais em uma instituição ímpar, que transmite, para o mundo todo, conhecimento e expertise relacionada com a assistência médica.

Hoje, quando alguém visita o site MayoClinic.com, pode notar seu slogan: "Ferramentas para uma vida mais saudável", que dizem ser o resultado da experiência de mais de 3.300 médicos, cientistas e pesquisadores. O site permite que as pessoas procurem por informações sobre vários assuntos, incluindo doenças e condições, sintomas, primeiros socorros, remédios e suprimentos médicos. Ele também contém informações novas e atualizadas sobre assuntos tais como as tendências recentes para sobreviventes de câncer, opções para lidar com adversidade e como identificar e agir quando alguém sofre uma estafa devido ao trabalho.

Fonte: Burrus, D. 2011. *Flash foresight: How to see the invisible and do the impossible.* Nova York: HarperCollins; www.mayoclinic.com; e Ness, S. M. 2013 Reflections on 2012 trends from cancer survivors. www.mayoclinic.com.

---

inteligência competitiva
as atividades de uma empresa para coletar e interpretar informações sobre a concorrência, definir e entender sua área de atuação e identificar os pontos fortes e fracos da concorrência.

Inteligência Competitiva A **inteligência competitiva** (IC) ajuda as empresas a definir e entender o mercado em que atuam e a identificar os pontos fortes e fracos da concorrência.[14] Ela inclui a reunião de conhecimento associada com os dados sobre a concorrência e a interpretação desse conjunto de informações. Se bem realizada, a inteligência competitiva auxiliará a empresa a evitar surpresas antecipando as ações da concorrência e diminuindo o tempo de resposta.[15]

Exemplos de análise competitiva são evidentes em jornais diários e em periódicos como *The Wall Street Journal, Bloomberg BusinessWeek* e *Fortune*. Por exemplo, os bancos acompanham continuamente o volume de financiamentos habitacionais e automotivos, bem como os níveis de juros dos CDB's praticados pelos concorrentes. As grandes linhas aéreas mudam centenas de tarifas diariamente como resposta às táticas das rivais. Os fabricantes de carros estão sempre muito atentos à diminuição ou aumento da produção, vendas e incentivos a seus consumidores (p. ex., descontos e menores taxas de juros no financiamento de veículos) dos competidores. Tal informação é usada no marketing para estabelecer os preços e estratégias de produção.

Acompanhar o que a concorrência está fazendo se tornou mais fácil atualmente devido à quantidade de informação disponível na internet. Os exemplos a seguir são de alguns sites que as companhias costumam usar para reunir inteligência competitiva.[16]

DESTAQUES DE ESTRATÉGIA 2.2 — ÉTICA

DIRETRIZES ÉTICAS QUANTO À INTELIGÊNCIA COMPETITIVA: UNITED TECHNOLOGIES

A United Technologies (UT) é um conglomerado global com valor de mercado de $58 bilhões cujos componentes são empresas mundiais com ricas histórias de pioneirismo tecnológico, tais como a Otis Elevator, a Carrier Air Conditioning e a Sikorsky (helicópteros). A UT realmente acredita em um rígido código de ética. Um dos documentos relativos a essa questão é o Código de Orientação Ética Quanto à Inteligência Competitiva. Ele encoraja os administradores e os trabalhadores a se formularem as cinco perguntas a seguir sempre que se depararem com preocupações éticas.

1. Fiz algo que coagiu alguém a compartilhar informações? Por exemplo, ameacei um fornecedor por indicar que suas futuras oportunidades de negócios serão influenciadas pelo recebimento de informações no que se refere a um concorrente?
2. Estou em um lugar que não deveria estar? Se, por exemplo, sou um representante da empresa com privilégios para circular nas instalações de um cliente, fui além das áreas permitidas? Enganei alguém para obter acesso?
3. A técnica usada para se obter informações é invasiva, tal como mexer no lixo ou colocar um aparelho de espionagem eletrônico do outro lado da rua em direção à propriedade do concorrente?
4. Enganei alguém para fazer com que essa pessoa pensasse ser obrigada a compartilhar informações comigo ou que seria protegida por um pacto de confidencialidade? Por exemplo, liguei para alguém fingindo ser um agente do governo que queria informações para algum objetivo governamental?
5. Fiz algo para evitar ou não ativar um sistema que deveria guardar ou proteger informações?

Fontes: Nelson, B. 2003. The thinker. *Forbes*, 3 de março: 62-64; e The Fuld war room — Survival kit 010. Code of ethics (impresso em 26/2/01); e www.yahoo.com.

- **Slideshare**: Um site público de apresentações de PowerPoint. Equipes de marketing adotaram a plataforma e costumam postar apresentações detalhadas sobre suas empresas e produtos.
- **Quora**: Um site de perguntas e respostas muito popular entre os membros de um setor de atividade empresarial que adotam o livre fluxo de informações sobre questões técnicas.
- **Ispionage**: Um site que revela as palavras-chave utilizadas em propaganda e publicidade das empresas, o que pode ser valioso para identificar o lançamento de novas campanhas.
- **YouTube**: Ótimo para encontrar entrevistas com executivos em feiras de negócios.

Às vezes os ingentes esforços de uma empresa para constituir inteligência competitiva podem levar a comportamentos antiéticos ou ilegais.[17] A seção Destaques de Estratégia 2.2 dá um exemplo de uma companhia, a United Technologies, que estabeleceu diretrizes claras para combater e evitar comportamento antiético.

Uma palavra de cautela: os executivos devem tomar o cuidado de evitar gastar muito tempo e esforço acompanhando ações de concorrentes tradicionais a ponto de ignorar novos concorrentes. Além disso, grandes mudanças ambientais e eventos podem afetar drasticamente a viabilidade de uma empresa. Peter Drucker, considerado o pai da administração moderna, escreveu:

> Uma estratégia vencedora exigirá cada vez mais a coleta de informações sobre eventos e condições fora da instituição: pessoas que não são clientes, outras tecnologias que não estão sendo usadas pela companhia e pela concorrência atual, mercados que não estão sendo atendidos no momento e assim por diante.[18]

Considere a queda da (antes) poderosa *Encyclopaedia Britannica*.[19] Seu desaparecimento não ocorreu em virtude de um concorrente tradicional no ramo de enciclopédias. Foi causada pelas novas tecnologias. Os CD-ROMs surgiram do nada e acabaram com a indústria de enciclopédias impressas. Uma enciclopédia num CD-ROM, tal como a *Encarta*, da Microsoft, é vendida por apenas $50. Para piorar as coisas, muitas pessoas receberam a *Encarta* de graça embutida em seus computadores pessoais. O surgimento da Wikipédia alterou essa indústria ainda mais. Centenas de colaboradores passaram a gerar conteúdo gratuitamente. Além disso, visto que se trata de um recurso online, praticamente não há limites para o quanto de informações pode armazenar.

previsão ambiental
o desenvolvimento de projeções plausíveis sobre a direção, escopo, velocidade e intensidade da mudança ambiental.

PA2.3
Por que o planejamento de cenário é uma técnica útil para empresas que competem em setores de atividade caracterizados pela imprevisibilidade e pela mudança.

Previsão Ambiental A varredura e monitoração ambientais e a inteligência competitiva são informações importantes para a análise do ambiente externo. A **previsão ambiental** envolve o desenvolvimento de projeções plausíveis sobre a direção, escopo, velocidade e intensidade da mudança ambiental.[20] Seu propósito é prever mudanças.[21] Ela pergunta: quanto tempo vai demorar para que uma nova tecnologia chegue ao mercado? A preocupação atual da sociedade sobre o assunto resultará em uma nova legislação? As tendências atuais do estilo de vida vão continuar?

Alguns elementos de previsão são muito mais específicos para uma empresa em particular e para o setor em que ela compete. Consideremos o quão importante foi para o Motel 6 determinar, por exemplo, sua oferta de quartos. Se suas projeções fossem baixas, o excesso de disponibilidade diminuiria as tarifas dos quartos.

Um perigo da previsão é que os administradores podem enxergar a imprevisibilidade em preto e branco e ignorar as áreas cinzentas.[22] Subestimar a incerteza pode levar a estratégias que não resguardam a empresa de ameaças nem a levam a aproveitar as oportunidades.

Uma das maiores subestimações da história dos negócios aconteceu em 1977, quando Kenneth H. Olsen, o presidente da Digital Equipment Corp., anunciou: "Não existe nenhum motivo para que as pessoas tenham computadores em suas casas". A explosão do mercado de PCs não era fácil de identificar em 1977, mas estava obviamente dentro das possibilidades na ocasião. E, historicamente, houve subestimações do potencial de crescimento dos serviços de telecomunicação. O telégrafo elétrico foi ridicularizado por Ralph Waldo Emerson, e muitos eram céticos quanto ao telefone. Mais recentemente, um estudo "infame" da McKinsey no início da década de 1980 predisse que haveria pouco mais de 1 milhão de usuários de celulares nos Estados Unidos até o ano 2000. Na verdade, chegaram a quase 100 milhões.[23]

Previsões malfadadas, obviamente, nunca saem de moda. Consideremos algumas das "pérolas" associadas à crise financeira global que começou em 2008.[24]

- "Freddie Mac e Fannie Mae estão basicamente bem [...]Acho que estão em boa forma e progredindo." — Barney Frank, parlamentar democrata do estado de Massachusetts e presidente do Comitê de Serviços Financeiros Internos, em 14 de julho de 2008 (*Dois meses depois, o governo viu-se obrigado a colocar esses gigantes do financiamento hipotecário sob sua tutela*).
- "Acredito que haverá algumas falhas [...] Não antecipo qualquer problema sério desse tipo entre os grandes bancos internacionais ativos." — Ben Bernanke, presidente do Federal Reserve, em 28 de fevereiro de 2008. (*Em setembro, a Washington Mutual se tornou a maior instituição financeira da história dos EUA a entrar em liquidação judicial. O Citigroup precisou de enorme auxílio financeiro governamental em novembro.*)
- "No ambiente regulatório de hoje, é praticamente impossível quebrar as regras." — Bernard Madoff, consultor financeiro, em 20 de outubro de 2007. (*Em 11 de dezembro de 2008, Madoff foi preso, acusado de ter realizado um esquema Ponzi (um tipo de pirâmide financeira) que fez com que os investidores perdessem $50 bilhões. Ele foi sentenciado a 150 anos de prisão em 29 de julho de 2009.*)

análise de cenário
um método sofisticado de previsão ambiental que envolve avaliações detalhadas de especialistas das tendências sociais, das políticas econômicas, da tecnologia ou de outros fatores do ambiente externo.

Análise de Cenário Trata-se de um método bastante elaborado de previsão. Multidisciplinar, baseia-se em variados assuntos e interesses, incluindo economia, psicologia, sociologia e demografia. Costuma ter início com um intenso debate entre os participantes sobre como as tendências sociais, econômicas, políticas e tecnológicas podem afetar uma determinada questão.[25] Por exemplo, considere a Lego. O popular fabricante dinamarquês tem uma sólida posição no mercado de fabricação de brinquedos. Mas o que poderia acontecer se esse mercado, tão amplamente definido, mudasse drasticamente? Afinal de contas, a Lego está competindo não apenas com empresas que fabricam produtos similares, mas também com um leque muito grande de oferta de passatempos infantis. Em tal mercado, a Lego tem um exército de concorrentes, muitos dos quais fabricam produtos para serem usados em computadores; e de outros que nem sequer foram inventados ainda. A Lego pode terminar com uma parcela crescente de um mercado estreito e minguante (tal como a IBM nos dias de declínio dos computadores de grande porte). Para evitar tal destino, os gestores devem levar em consideração um contexto muito mais amplo do que seus estreitos mercados tradicionais, estabelecendo diretrizes para,

DESTAQUES DE ESTRATÉGIA 2.3

PLANEJAMENTO DE CENÁRIO DA PPG

A PPG Industries é uma fabricante de tintas, revestimentos, produtos ópticos, materiais especiais, produtos químicos, vidros e fibra de vidro, localizada em Pittsburgh, que vem pagando dividendos a cada ano desde 1899 e que manteve ou aumentou seus dividendos anualmente, desde 1972. Com vendas que ultrapassam os $13 bilhões e operações em mais de 60 países, a PPG é verdadeiramente um participante global. Embora considerada como uma companhia muito bem-sucedida, a PPG já teve sua parcela de erros estratégicos. Depois de descobrir que a atividade de seus negócios principais havia enfraquecido, adquiriu os negócios de equipamentos médicos eletrônicos da Honey e Litton Industries em 1986 e da Allegheny International em 1987. Entretanto, esses esforços de diversificação não deram certo, pois sua experiência na fabricação padronizada e de baixo custo em indústrias maduras e estáveis não foi de muita ajuda na altamente instável indústria biomédica, na qual a personalização era vital. Sete anos mais tarde, a PPG vendeu essas unidades e saiu do negócio de equipamentos médicos eletrônicos. Com o propósito de aproveitar o crescimento do setor imobiliário da China, a PPG entrou no mercado daquele país apostando suas fichas na produção de vidro. Depois de anos de perdas, a companhia percebeu que deveria se concentrar na área de revestimentos.

Essas perdas levaram a PPG a enfatizar o planejamento estratégico. Uma das principais ferramentas que utiliza hoje é o planejamento de cenário. Ela desenvolveu quatro alternativas futuras baseadas em diferentes suposições sobre duas variáveis principais: o custo da energia (insumo fundamental em seus processos de fabricação) e a extensão das oportunidades de crescimento nos mercados emergentes. No cenário mais favorável, o custo da energia continuaria moderado e estável, e as oportunidades de crescimento e diferenciação seriam rápidas e importantes. Nesse cenário, a companhia verificou que seu sucesso dependeria de ter os recursos para ir atrás das novas oportunidades. Por outro lado, no cenário ruim, o custo de energia seria alto, e as oportunidades de crescimento, poucas e de lenta maturação. A hipótese não favorável exigiria uma mudança completa da direção estratégica. Havia, ainda, a possibilidade de ocorrência de dois cenários mistos: (1) expressiva oportunidade de crescimento em mercados emergentes, mas com custo de energia elevado e incerto. Nessa situação, o sucesso da companhia estará vinculado à criação de processos mais eficientes; (2) custo da energia moderado e estável, mas pouco significativas oportunidades de crescimento em mercados emergentes. Nesse caso, a estratégia mais viável poderia ser a conquista de uma parcela do mercado com novos produtos.

O desenvolvimento de estratégias baseadas em cenários futuros possíveis parece valer a pena para a PPG Industries. A companhia se vangloria, atualmente, de uma rentabilidade patrimonial de 19,1% e suas ações têm um retorno total de mais de 43% no mais recente período de 52 semanas.

Fonte: Camillus, J. C. 2008. Strategy as a Wicked Problem. *Harvard Business Review*, 86 (5): 98–106; www.ppg.com; e www.finance.yahoo.com.

---

pelo menos, dez anos no futuro, no intuito de antecipar mudanças rápidas. A seção Destaques de Estratégia 2.3 dá um exemplo de um planejamento de cenário da PPG Industries.

Análise SWOT (FOFA)

Para compreender o ambiente de negócios de uma empresa em particular precisamos analisar o meio ambiente geral, a área de atuação da empresa e o ambiente competitivo. Em geral, as empresas concorrem com outras do mesmo setor. Um setor é composto de um conjunto de empresas que geram produtos e serviços similares, vendem para clientes similares e têm métodos de produção similares. A coleta de informações setoriais e a compreensão das dinâmicas competitivas entre as diferentes companhias de um mesmo segmento são a base da administração estratégica bem-sucedida.

Uma das técnicas mais fundamentais para a análise das condições de uma empresa ou setor é a **análise SWOT**. SWOT significa forças, oportunidades, fraquezas e ameaças. Ela proporciona o "material bruto" — uma lista das condições básicas internas e no entorno de uma companhia.

Pontos F̲ortes e F̲racos se referem às condições próprias de uma empresa — no que ela se destaca (pontos fortes) e onde ela talvez esteja em falta em comparação com a concorrência (pontos fracos). O̲portunidades e A̲meaças correspondem a condições ambientais externas. Elas podem ser fatores relacionados tanto ao ambiente geral como ao ambiente competitivo. No que diz respeito ao primeiro fator, é possível passar por acontecimentos que são benéficos para muitas companhias, tais como a melhora das condições econômicas (que diminuem os custos) ou tendências que beneficiam algumas companhias e prejudicam outras. Um exemplo é a questão da importância da boa forma física, que ameaça algumas companhias (p. ex., a de tabaco) e representa uma boa oportunidade para outras (p. ex., academias de ginástica). As

análise SWOT
uma base para a análise do ambiente interno e externo de uma companhia e que significa pontos fortes e fracos, oportunidades e ameaças.

oportunidades e as ameaças também estão presentes no ambiente competitivo entre empresas que disputam os mesmos clientes.

A ideia geral da análise SWOT é que a estratégia de uma empresa deve:

- aproveitar seus pontos fortes,
- eliminar os pontos fracos ou lidar com eles,
- aproveitar as oportunidades apresentadas pelo ambiente e
- proteger a empresa de ameaças.

Independentemente de sua aparente simplicidade, o método SWOT é bem popular. Os motivos para isso são: (1) ele impele os administradores a considerar os fatores internos e externos ao mesmo tempo. (2) Sua ênfase na identificação de oportunidades e ameaças forçam a empresa a agir de modo proativo no lugar de apenas reagir aos fatos. (3) Ele faz com que estejamos cientes do papel da estratégia no estabelecimento de um equilíbrio entre as condições ambientais e os pontos fortes e fracos internos da empresa. (4) Sua simplicidade conceitual é obtida sem o sacrifício do rigor analítico. (Abordaremos algumas das limitações da análise SWOT no Capítulo 3.)

macroambiente
fatores externos de um setor de atividade, geralmente alheios ao controle de uma empresa, que afetam sua estratégia.

PA2.4
O impacto do macroambiente nas estratégias e no desempenho de uma empresa.

O Macroambiente

O **macroambiente** é composto de fatores que podem influenciar dramaticamente a estratégia de uma empresa.[26] Dividimos o ambiente geral em seis elementos: demográfico, sociocultural, político/legal, tecnológico, econômico e global. A Figura 2.2 dá exemplos das principais tendências e eventos em cada um dos seis segmentos do ambiente geral.

O Ambiente Demográfico

ambiente demográfico do macroambiente
características genéticas e observáveis de uma população, incluindo níveis e crescimento da idade, densidade, sexo, raça, etnia, educação, região geográfica e da renda.

A demografia é o elemento do macroambiente mais fácil de entender e quantificar. Ela é a raiz de muitas mudanças sociais. A demografia inclui variáveis tais como envelhecimento da população,[27] aumento ou a diminuição da afluência (no sentido de bens, propriedade ou dinheiro trazidos pelas pessoas ao se mudarem para outros locais), mudanças na composição étnica, distribuição geográfica da população e diferenças do nível de renda.[28]

O impacto de uma tendência demográfica, tal como todos os elementos do macroambiente, varia de acordo com o setor econômico. Níveis elevados de afluência em muitos países desenvolvidos são um bom augúrio para serviços de corretagem e atividades relacionadas a animais de estimação e produtos afins. No entanto, tal tendência pode ser desfavorável para lanchonetes e fast-foods, porque as pessoas, nesse caso, poderiam preferir restaurantes mais caros. Para funcionarem a contento, os fast-foods empregam funcionários que ganham o salário mínimo, porém a competição pelo serviço aumenta à medida que oportunidades de trabalho mais atraentes prevalecem, ameaçando, assim, seu suprimento de mão de obra. Vejamos alguns detalhes de uma dessas tendências.

O envelhecimento da população nos Estados Unidos, e em outros países desenvolvidos, tem importantes implicações. O U.S. Bureau of Statistics informa que apenas 19,5% dos trabalhadores norte-americanos tinham 55 anos ou mais em 2010.[29] No entanto, até 2020 esse número vai aumentar para 25,2%, ou cerca de um para cada quatro trabalhadores norte-americanos. Ao mesmo tempo, os Estados Unidos esperam uma queda significativa do número de trabalhadores mais jovens, da idade de 25 a 44 anos, de 68% para 64% até 2018, o que faz com que seja cada vez mais importante para os empregadores recrutar e reter trabalhadores mais velhos.

O Ambiente Sociocultural

ambiente sociocultural do macroambiente
os valores, crenças e estilos de vida de uma sociedade.

As forças socioculturais influenciam os valores, crenças e estilos de vida de uma sociedade. Exemplos disso incluem a grande participação de mulheres na força de trabalho, domicílios com duplos chefes de família, aumento do número de trabalhadores temporários, uma preocupação maior por dietas saudáveis e boa forma física, mais interesse no meio ambiente e a geração mais tardia de filhos. Tais forças aumentam as vendas de produtos e serviços em muitos setores, mas diminuem as de outros. O crescimento do número de mulheres no mercado de trabalho aumentou a necessidade de empresas de roupas, mas diminuiu a demanda dos produtos básicos de cozinha (visto que as pessoas teriam menos tempo para preparar as

FIGURA 2.2
Macroambiente: Principais Tendências e Eventos

Demográfico
- Envelhecimento da população
- Aumento de afluência
- Mudanças na composição étnica
- Distribuição geográfica da população
- Maior disparidade nos níveis de renda

Sociocultural
- Mais mulheres na força de trabalho
- Mais trabalhadores temporários
- Mais preocupação com a boa forma física
- Mais preocupação com o meio ambiente
- Adiamento da formação de uma família

Político/Legal (Nos Estados Unidos)
- Reforma na legislação de ações cíveis
- Lei de 1990 relativa a americanos portadores de necessidades especiais
- Desregulamentação de serviços públicos e de outros setores
- Aumentos dos salários mínimos determinados pelo governo federal
- Impostos de níveis local, estadual e federal
- Reformas na legislação sobre governança corporativa quanto à contabilidade, opções de ações etc. (Lei Sarbanes-Oxley de 2002)
- Lei de Acesso ao Sistema de Saúde (Obamacare)

Tecnológico
- Engenharia genética
- Sistemas computadorizados de projetos e fabricação (CAD/CAM)
- Pesquisa de materiais sintéticos e exóticos
- Poluição/aquecimento global
- Miniaturização da tecnologia de computação
- Comunicações sem fio
- Nanotecnologia

Econômico
- Taxas de juros
- Índices de desemprego
- Índice de Preço ao Consumidor
- Tendências do PIB
- Mudanças nas avaliações do mercado de ações

Global
- Aumento do comércio global
- Taxas de câmbio
- Emergência das economias indiana e chinesa
- Acordos comerciais entre blocos regionais (p. ex., NAFTA, UE, ANSEA)
- Criação do WTO (que procura diminuir as tarifas comerciais e de serviços)
- Aumento de riscos associados ao terrorismo

DESTAQUES DE ESTRATÉGIA 2.4

A OBESIDADE GERA OPORTUNIDADES PARA O VAREJO

A obesidade adulta nos Estados Unidos aumentou de 12% em 1989 para 35% em 2010 e pode aumentar para quase 50% até 2018. Ao mesmo tempo em que tais números são assustadores do ponto de vista da saúde pública, criaram oportunidades inesperadas para o varejo. As vendas de peças de vestuário de tamanho grande para homens representam 8% do total do mercado de roupas masculinas, embora mais de um terço dos homens norte-americanos sejam obesos.

Os varejistas veem oportunidades para atender a esse crescente segmento do mercado. O Casual Male Retail Group, que atualmente é o líder de mercado no negócio de roupas de modelo grande, acabou de inaugurar a Destination XL, um novo conceito de loja que atende apenas a homens obesos e oferece corredores mais largos e uma coleção maior de roupas. A concorrência não está ficando para trás. A Men's Wearhouse notou um aumento de faturamento de 40% das roupas grandes e está testando o desempenho de suas lojas no atendimento a esse perfil de clientes.

Embora a demanda do mercado seja promissora, os varejistas também enfrentam desafios. Visto que a categoria é baseada num atributo físico — e não demográfico, tal como "homens de meia-idade" — as lojas para obesos e de elevada estatura têm baixa penetração junto ao público. A taxa crescente de obesidade está, aos poucos, removendo esse estigma social, tornando esse segmento de mercado algo atraente para os principais varejistas. Os varejistas estão reagindo a esta oportunidade oferecendo uma diversificada coleção de roupas e serviços especiais. Por exemplo, a J. C. Penney inaugurou há pouco tempo a "The Foundry Big & Tall Supply Co.", uma loja especializada que engloba as características de uma microcervejaria e de um refúgio masculino, servindo cerveja e pretzels de graça durante o happy hour.

A obesidade infantil também está crescendo hoje em dia, com 41% das crianças obesas ou apresentando sobrepeso. Crianças de qualquer idade não querem ser excluídas da companhia de seus colegas ou serem vistas como diferentes. A J. C. Penney foi uma das primeiras varejistas a colocar nas prateleiras roupas de tamanhos maior para crianças, poupando-as da vergonha de ficar procurando seu número em montes de roupas de tamanhos grandes. Essa estratégia parece compensar: a J. C. Penney informou que a linha de roupas infantis de tamanho maior está aumentando rapidamente. De modo geral, ao oferecer novos serviços e produtos para esse segmento de clientes antes mal atendidos e, agora, socialmente aceitosos, os varejistas estão se beneficiando financeiramente de um triste problema de saúde pública.

Fontes: The last course. 2012. *The Economist*, 14 de dezembro: 16; Townsend, M. 2011. Retailers see profits in big-and-tall menswear. *Bloomberg BusinessWeek*. 27 de junho: 26–28; Park, M. 2012. Obese chilfren outgrowing kids' clothing and furniture. www.cnn.com, 15 de fevereiro: np; e Keller, M. 2011. Retailers plump up childrens' clothing. www.connectamarillo.com, 6 de fevereiro: np.

---

refeições do modo tradicional). Já a tendência de cuidados com a saúde e boa forma física levou indústrias a fabricarem equipamentos de exercícios e alimentos mais saudáveis, mas prejudicou as que fabricavam alimentos não saudáveis.

O aumento do nível de escolaridade das mulheres no local de trabalho fez com que um número maior delas atingisse posições administrativas mais destacadas.[30] Em função de tais níveis educacionais, não é nenhuma surpresa que companhias de propriedade de mulheres sejam uma das forças propulsoras da economia dos EUA; essas companhias (são mais de 9 milhões) representam 40% de todos os negócios norte-americanos, com mais de $3,6 trilhões de faturamento anual. Além disso, as mulheres exercem uma grande influência nas decisões de gastos dos consumidores. Não surpreende que muitas companhias estejam concentrando suas propagandas e promoções no público feminino. Consideremos, por exemplo, os esforços da Lowe's de atrair compradoras:

> A Lowe's descobriu que as mulheres preferem realizar projetos de melhorias domésticas maiores com um homem — namorado, marido ou vizinho. Assim, em complemento a seus "cartões de receita" (que explicam vários projetos que duram apenas uma semana), a Lowe's oferece clínicas mistas para projetos tais como a instalação de uma pia. A relações-públicas da Lowe's, Julie Valeant-Yenichek, afirma: "As mulheres gostam de sentir que estão recebendo a mesma atenção que os clientes masculinos". Ela destaca que a maioria dos que comparecem aos seminários, homens ou mulheres, são inexperientes.[31]

A Home Depot gastou, recentemente, milhões de dólares para instalar iluminação mais suave e letreiros mais brilhantes em 300 lojas. Por quê? Trata-se de um esforço de se igualar à sua concorrente, a Lowe's, na tentativa de atrair as mulheres.

Outra tendência sociocultural que abre novas oportunidades de negócios é o crescente nível de obesidade nos Estados Unidos. Falamos sobre isso nos Destaques de Estratégia 2.4.

O Ambiente Político/Legal

ambiente político/legal do macroambiente como uma sociedade cria e exerce o poder, incluindo regras, leis e políticas de impostos.

Os processos políticos e legislativos exercem influência nas regras ambientais que cada setor de atividade econômica devem obedecer.[32,33] Algumas das variáveis importantes da arena política/legal, nos Estados Unidos, incluem a reforma na legislação de ações cíveis, a lei de 1990 relativa a americanos portadores de necessidades especiais, a revogação da Lei Glass-Steagall em 1999 (os bancos agora podem oferecer serviços de corretagem), a desregulamentação de serviços públicos e de outros setores, e a questão dos aumentos dos salários mínimos determinados pelo governo federal.[34]

A legislação governamental também pode ter um significativo impacto na governança corporativa. O Congresso dos EUA aprovou a Lei Sarbanes-Oxley, em 2002, que aumenta bastante a responsabilidade de auditores, executivos e advogados corporativos. Ela repercutiu a crescente percepção de que os instrumentos de governança existentes deixavam de proteger os interesses dos acionistas, empregados e credores. Obviamente, o Sarbanes-Oxley também gerou uma enorme demanda por serviços profissionais de contabilidade.

A legislação também pode afetar empresas de tecnologia de ponta ao aumentar o número de vistos temporários de trabalho para profissionais estrangeiros especializados.[35] Por exemplo, o Congresso dos EUA aprovou uma lei em outubro de 2000 que liberava 195 mil vistos desse tipo para cada um dos três anos seguintes — acima do limite de 115 mil. No entanto, de 2006 a 2013, o teto anual dos vistos diminuiu para apenas 65 mil — com 20 mil vistos adicionais disponíveis para estrangeiros com mestrado ou com um grau de educação superior concedido por uma instituição norte-americana. Muitos desses vistos são para profissionais da Índia com expertise em computadores ou informática. Como era de se esperar, esta é uma "batata quente" política para os executivos das empresas e grupos de direitos trabalhistas dos EUA. Os principais argumentos contra tais vistos são que os beneficiários diminuem os salários e tomam os empregos dos norte-americanos.

Considere um dos passos proativos que a Microsoft adotou para abordar essa questão:

> A Microsoft abriu um escritório há pouco tempo em Richmond, British Columbia, um subúrbio de Vancouver.[36] Ali, ela espera empregar centenas de trabalhadores que não conseguiram obter um visto dos EUA. Colocar os trabalhadores no mesmo fuso horário os tornará mais colaborativos — visto que a instalação fica a apenas 200 km ao norte do *campus* da Microsoft em Redmond, Washington. E a somente duas horas e meia de carro pela Rodovia Interestadual 5, caso a pessoa se disponha a enfrentar a viagem.
>
> Com certeza ninguém se prejudica pelo Canadá não limitar a quantidade de vistos para trabalhadores especializados. Um incomum comunicado à imprensa da Microsoft dizia: "A região de Vancouver é um portão mundial com uma população diversificada, está próxima dos escritórios da Microsoft em Redmond, e permite que a companhia recrute e mantenha trabalhadores altamente especializados que são afetadas por questões de imigração nos EUA."

O Ambiente Tecnológico

Os desenvolvimentos na tecnologia levam a novos produtos e serviços e melhoram a maneira como são produzidos e entregues ao usuário final.[37] As inovações podem criar indústrias inteiramente novas e alterar os limites das existentes.[38] Desenvolvimentos e tendências tecnológicas incluem engenharia genética, tecnologia da internet, projetos e fabricação computadorizados (CAD/CAM), pesquisa de materiais sintéticos e exóticos, e, como desvantagem, ocasionam poluição e aquecimento global.[39] As indústrias do petróleo e de metais primários gastam uma quantidade significativa de dinheiro para diminuir a poluição. As empresas de engenharia e de consultoria que trabalham com indústrias poluentes recebem benefícios financeiros ao resolver tais problemas.

A nanotecnologia está se tornando uma área muito promissora de pesquisa, com muitas possíveis aplicações úteis.[40] Ela ocupa o menor espaço da indústria: um bilionésimo de um metro. Algo incrível: esse é o tamanho de dez átomos de hidrogênio colocados um do lado do outro. Nessa escala, a matéria se comporta de maneira muito diferente. Materiais familiares – do ouro à fuligem de carbono – apresentam propriedades novas, surpreendentes e úteis. Alguns transmitem luz ou eletricidade. Outros se tornam mais duros do que o diamante ou se transformam em catalisadores químicos poderosos. Além disso, os pesquisadores descobriram que apenas uma pequena dose de nanopartículas pode transformar a química e a natureza em coisas ainda maiores.

O Ambiente Econômico

A economia afeta todas os segmentos econômicos, desde os fornecedores de materiais-primas a fabricantes de produtos e serviços finais, bem como todas as organizações de serviços, atacado, varejo, governo e setores sem fins lucrativos.[41] Os principais indicadores econômicos

ambiente tecnológico do macroambiente
inovação e estágio atual do conhecimento na indústria, engenharia, ciência pura e aplicada, bem como sua interação com a sociedade.

ambiente econômico do macroambiente
características da economia, incluindo a renda nacional e as condições monetárias.

incluem as taxas de juros, os índices de desemprego, o Índice de Preço do Consumidor, o produto interno bruto e a renda líquida disponível.[42] Aumentos das taxas de juros têm um impacto negativo no setor de construção de imóveis residenciais, mas um efeito insignificante (ou neutro) em indústrias cujos produtos satisfazem certas necessidades do consumidor, tais como medicamentos ou itens mais comuns comercializados em supermercados.

Outros indicadores econômicos estão associados com os mercados de ações. Talvez o que seja mais observado é o Dow Jones Industrial Average (DJIA), que é composto por 30 grandes empresas industriais. Quando os índices do mercado de ações aumentam, a renda dos clientes aumenta, o que geralmente resulta no crescimento da demanda de itens de luxo, como joias e automóveis. Porém, quando as avaliações das ações diminuem, a demanda por tais itens cai.

O Ambiente Global

ambiente global do macroambiente
influências dos outros países, incluindo oportunidades de mercado no estrangeiro, competição externa e expansão do mercado de capitais.

Mais empresas estão expandindo suas operações e alcance de mercado além das fronteiras de sua terra "natal". A globalização gera oportunidades de acessar mercados de maior potencial e uma ampla base de fatores de produção, tais como matérias-primas, mão de obra, administradores capacitados e pessoal técnico. Entretanto, tais tentativas envolvem muitos riscos políticos, sociais e econômicos.[43]

Exemplos de elementos-chaves incluem taxa de câmbio, comércio global crescente, a emergência econômica da China, acordos comerciais entre blocos regionais (p. ex., o Acordo de Livre Comércio Norte-Americano, a União Europeia) e o Acordo Geral sobre Tarifas e Comércio (GATT) (diminuição de tarifas).[44] O aumento dos negócios além das fronteiras nacionais também gera benefícios para as indústrias de transporte aéreo e marítimo, mas tem um impacto mínimo sobre as atividades de prestação de serviço, tais como contabilidade e serviços médicos rotineiros.

Um fator essencial na economia global é a rápida ascensão da classe média nos países em desenvolvimento. Até 2015, pela primeira vez, o número de consumidores da classe média da Ásia será igual ao da Europa e América do Norte juntas. Uma importante consequência dessa tendência é a mudança drástica nas práticas de contratação de funcionários das multinacionais norte-americanas. Considere:

> Entre 2009 e 2011, 35 empresas multinacionais estabelecidas nos EUA geraram empregos mais rapidamente do que outros empregadores norte-americanos, mas quase ¾ deles eram no exterior, de acordo com uma análise do *Wall Street Journal*. Tais companhias, que incluíam Wal-Mart Stores Inc., International Paper Co., Honeywell International, Inc., e United Parcel Service, ampliaram o número de empregados no país em 3,1%, ou 113 mil vagas, aproximadamente a mesma taxa de aumento que os outros empregadores da nação. No entanto, elas criaram mais de 333 mil postos de trabalho em suas distantes — e de crescimento mais rápido — operações estrangeiras.[45]

Relações entre os Elementos do Macroambiente

Ao analisarmos o macroambiente, encontramos muitas relações entre seus vários elementos.[46] Por exemplo, uma tendência demográfica nos Estados Unidos, o envelhecimento da população, tem grandes consequências sobre o segmento econômico (em termos de políticas de impostos para providenciar benefícios para a quantidade crescente de cidadãos mais idosos). Outro exemplo é a emergência da tecnologia da informação como meio de aumentar o índice de produtividade nos Estados Unidos e em outros países desenvolvidos. Tal uso da TI resulta em uma inflação menor (um importante elemento do segmento econômico) e ajuda a compensar os custos associados a maiores taxas de mão de obra.

Os efeitos de uma tendência ou de um evento no ambiente geral variam conforme o setor de atividade. A legislação governamental americana (política/legal) de permitir a importação de medicamentos de países estrangeiros é um fator muito positivo para as farmácias, mas de efeito oposto para os fabricantes de produtos farmacêuticos dos EUA. A Figura 2.3 dá outros exemplos de como o impacto das tendências ou dos eventos no macroambiente pode variar de acordo com o segmento de atividade econômica.

Crowdsourcing: Uma Tecnologia que Afeta Vários Segmentos do Macroambiente Antes de continuar, consideremos a internet. A internet tem sido um componente líder e altamente visível de um fenômeno tecnológico mais amplo — o crescimento da tecnologia digital. Tais

FIGURA 2.3 O Impacto das Tendências do Macroambiente em Vários Setores de Atividade

Segmento/Tendências e Eventos	Setor de Atividade	Positivo	Neutro	Negativo
Demográfico				
Envelhecimento da população	Sistema de saúde	√		
	Produtos para bebês			√
Aumento da afluência	Serviços de corretagem	√		
	Fast-foods			√
	Animais de estimação e produtos afins	√		
Sociocultural				
Mais mulheres no mercado de trabalho	Roupas	√		
	Produtos de cozinha (básicos)			√
Maior preocupação com a saúde e com a boa forma física	Equipamentos de exercícios domésticos	√		
	Carne e derivados			√
Político/legal				
Reforma na legislação de ações cíveis	Serviços advocatícios			√
	Indústria automobilística	√		
Lei de 1990 relativa a americanos portadores de necessidades especiais	Varejo			√
	Fabricantes de elevadores, escadas e esteiras rolantes	√		
Tecnológico				
Engenharia genética	Farmacêutica	√		
	Publicações		√	
Poluição/aquecimento global	Serviços de engenharia	√		
	Petróleo			√
Econômico				
Diminuição da taxa de juros	Construções residenciais	√		
	Produtos básicos de supermercado		√	
Global				
Aumento do comércio global	Transporte	√		
	Serviços pessoais		√	
Emergência da China como uma potência econômica	Refrigerantes	√		
	Defesa			√

crowdsourcing
prátisca em que a internet é usada para envolver muitos indivíduos e grupos na geração de ideias e resolução de problemas.

tecnologias estão alterando a maneira como os negócios são conduzidos e se refletem em quase todos as áreas de negócios.

Uma aplicação da tecnologia digital é o **crowdsourcing**, que será um dos assuntos no decorrer do livro. Trata-se de um fenômeno que afetou vários elementos do ambiente geral, tais como a tecnologia, a globalização e a economia. Quando e de onde se originou este termo?[47] Em janeiro de 2006, o código aberto, para muitos homens de negócios, era algo que mal superava o status de mera curiosidade online. Naquele tempo, Jeff Howe, da revista *Wired*, começou a escrever um artigo a respeito. No entanto, não demorou muito para que ele descobrisse uma história que valesse muito mais a pena contar: grandes — e pequenas — companhias de vários segmentos econômicos começaram a confiar serviços sérios a indivíduos e grupos via internet. Junto com seu editor, Mark Robinson, ele definiu um novo termo para descrever o fenômeno. Em junho de 2006, foi publicado o artigo onde *crowdsourcing* era definido como encontrar o "talento latente da população (online)". O termo foi escolhido para nominar um processo que está infiltrado em muitos aspectos da vida empresarial.

O crowdsourcing foi claramente responsável por alguns sucessos bem conhecidos, em especial no campo do desenvolvimento de produtos. Considere:

- O sistema operacional Linux, criado como uma alternativa de código aberto para o Windows e para o UNIX, pode ser baixado de graça e alterado para atender a quaisquer necessidades do usuário. E com todo o poder de fogo da comunidade online de código aberto, os bugs do sistema podem ser corrigidos em questão de horas.
- Uma das ações mais inteligentes da Amazon foi convidar seus clientes a escrever críticas online. Os clientes não são pagos nem controlados pela companhia, mas o conteúdo gerado é muito útil para outros consumidores e, consequentemente, para a Amazon.
- Cerca de 5 milhões de usuários mensais adotaram a Wikipédia. A enciclopédia online gratuita foi criada e é atualizada por voluntários da Internet, que aprimoram cerca de mais de 2 milhões de artigos.

No decorrer deste livro apresentaremos exemplos de crowdsourcing para mostrar sua relevância em relação aos principais conceitos estratégicos. Por exemplo, no Capítulo 3 mostraremos como a Procter & Gamble valeu-se dele para desenvolver conexões sociais por meio da mídia digital, o que permitiu aliar-se a seus clientes e, juntos, projetar e desenvolver inovações. No Capítulo 4 veremos como a SAP, uma gigante companhia de software, utiliza o crowdsourcing para formar conhecimento muito além de seus limites físicos por intermédio de cerca de 3 milhões de participantes em sua Comunidade Online. No Capítulo 5 explicaremos como a Unilever está usando o crowdsourcing para melhorar suas iniciativas de sustentabilidade. E no Capítulo 8 veremos como as empresas canalizam o poder da multidão para acumular fundos e iniciar novos empreendimentos.

Os Destaques de Estratégia 2.5 explicam como a Goldcorp, uma mineradora de Toronto, utilizou o crowdsourcing para adquirir a expertise necessária para identificar os melhores locais de extração aurífera em suas propriedades. A Goldcorp convidou geólogos do mundo todo para competir por $575 mil em dinheiro para analisar suas informações geológicas. O resultado da iniciativa foi um incrível sucesso!

setor de atividade
um grupo de empresas que produzem bens ou serviços similares.

ambiente competitivo
fatores vinculados a um setor de atividade que afetam as estratégias de uma empresa.

PA2.4
Como as forças no ambiente competitivo podem afetar a rentabilidade e como uma empresa pode melhorar sua posição competitiva aumentando seu poder em relação a essas forças.

O Ambiente Competitivo

Os administradores devem levar em consideração o ambiente competitivo (às vezes chamado de ambiente de atuação ou ambiente setorial ou, ainda, microambiente). A natureza da competição em um determinado setor de atividade, bem como a lucratividade de uma empresa, costumam ser influenciadas diretamente pelo desenrolar dos acontecimentos no ambiente competitivo.

O **ambiente competitivo** consiste na reunião de vários fatores particularmente relevantes para a estratégia de uma empresa. Eles incluem a concorrência (existente ou potencial), clientes e fornecedores. Um potencial concorrente pode ser um fornecedor considerando uma eventual integração de negócios, tal como um fabricante de automóveis que adquire uma companhia de locação de carros, ou uma empresa vinda de um setor diferente apresentando um produto similar que usa uma tecnologia mais eficiente.

DESTAQUES DE ESTRATÉGIA 2.5 — CROWDSOURCING

COMO A GOLDCORP USOU O CROWDSOURCING PARA ENCONTRAR OURO!

Há cerca de 15 anos, a Goldcorp, uma companhia de mineração de ouro de Toronto, estava envolta em grandes problemas. Depois de enfrentar greves, lidar com enormes dívidas e com um custo de produção extremamente alto, a empresa decidiu acabar com suas operações de mineração. As condições do mercado de ouro eram ruins e estavam piorando. A maioria dos analistas chegou à conclusão de que a mina em Red Lake, Ontario, estava praticamente exaurida após 50 anos de extração. Sem nenhuma evidência sólida de novos depósitos do metal, a Goldcorp provavelmente não resistiria.

Ficou claro que o CEO da empresa, Robert McEwen, precisava de um milagre. Ele estava frustrado com a falta de confiabilidade na avaliação de seus geólogos internos sobre valor e localização do ouro em sua propriedade. E fez algo sem precedentes na indústria: tornou públicas suas informações geológicas através da internet e desafiou quem quer que fosse a analisá-las. O "Desafio Goldcorp" ofereceu um total de $575 mil em prêmios em dinheiro aos participantes que lhe enviassem os melhores métodos e estimativas.

Eis o raciocínio dele: se pudesse atrair a atenção de talentos mundiais para o problema de encontrar mais ouro em Red Lake, como fizera a Linux com os programadores do mundo inteiro pela causa de obtenção de um software melhor, ele também poderia alcançar milhares de mentes às quais, de outra forma, não teria acesso. Com isso, seria possível acelerar a exploração e melhorar suas chances de encontrar ouro.

Embora seus geólogos tenham ficado consternados com a ideia de expor suas informações ultrassecretas para o mundo, a resposta foi imediata. Mais de 1.400 cientistas, engenheiros e geólogos de 50 países baixaram os dados da companhia e começaram a examiná-los. McEwen diz:

> "Conseguimos matemática, física avançada, sistemas inteligentes, gráficos de computador e soluções orgânicas para problemas inorgânicos. Surgiram técnicas e conhecimentos que nunca vimos na indústria. Quando vi os gráficos de computador, quase caí da cadeira."

A banca julgadora, composta de cinco pessoas, ficou maravilhada com a criatividade das informações mandadas. O grande vencedor, que ganhou $105 mil, foi a colaboração de dois grupos na Austrália: a Fractal Graphics, de West Perth, e a Taylor Wall & Associates, em Queesland. Juntos eles desenvolveram um poderoso projeto gráfico em 3-D da mina. Um dos membros da equipe disse: "Eu nunca estive em uma mina. Nunca estive no Canadá". Em geral, os participantes identificaram 110 alvos na propriedade de Red Lake, mais de 80% dos quais resultou em uma grande quantidade de ouro. De fato, desde que o desafio começou, uma surpreendente quantidade de 248.827 kg de ouro foi encontrada — o que vale mais de $3 bilhões (dado o valor flutuante do mercado do ouro). Muitos concordariam que este é um retorno muito bom pelo investimento de meio milhão de dólares!

Em 2012, a Goldcorp teve uma receita anual de mais de $5 bilhões e um valor de mercado de $36 bilhões! Nada mal para uma empresa que estava falindo...

Fontes: de Castella, T. 2010. Should we trust the wisdom of crowds? news.bbc.co.uk, 5 de julho: np; Libert, B & Spector, J. 2008. *We are smarter than me*. Filadélfia: Wharton School Publishing; Tapscott, D. & Williams, A. D. 2007. Innovation in the age of mass collaboration. www.businessweek.com, 1º de fevereiro: np; e Tischler, L. 2002. He struck gold on the net (really). fastcompany.com, 2 de maio: np.

A seguir falaremos sobre os principais conceitos e técnicas analíticas utilizados pelos gestores para avaliar o ambiente competitivo. Primeiro examinaremos o modelo de cinco forças (também chamadas de "poderes") de Michael Porter, que ilustra como elas podem ser usadas para explicar a capacidade lucrativa de um setor de atividade.[48] Depois veremos como as cinco forças estão sendo afetadas pelos recursos resultantes das tecnologias da internet. Então falaremos sobre algumas das limitações, ou "ressalvas", com os quais os administradores devem estar familiarizados ao realizar uma análise setorial. Por fim falaremos sobre o conceito de grupos estratégicos, porque mesmo inseridas em um mesmo setor, costuma ser útil agrupar empresas baseando-se nas similaridades de suas estratégias. Como veremos, a concorrência tende a ser mais intensa entre empresas *dentro* de um grupo estratégico do que entre grupos estratégicos.

O Modelo de Porter: As Cinco Forças da Concorrência no Setor de Atividade

O modelo de "cinco forças" desenvolvido por Michael E. Porter tem sido a ferramenta mais usada para examinar o ambiente competitivo. Este é descrito em termos de cinco forças competitivas básicas.[49]

1. A ameaça de novos entrantes.
2. O poder de barganha dos compradores.
3. O poder de barganha dos fornecedores.
4. A ameaça de produtos substitutos.
5. A intensidade da rivalidade entre os concorrentes em uma indústria*.

> **modelo de cinco forças de Porter da concorrência no setor de atividade**
> uma ferramenta para examinar o ambiente competitivo no nível setorial, em especial a habilidade das empresas para estabelecer preços e minimizar custos.

---

* N.E.: O termo indústria define um grupo de empresas que compete, através de produtos similares, pelos mesmos clientes.

Cada uma dessas forças afeta a condição de uma empresa de competir em determinado mercado. Juntas elas determinam o potencial de rentabilidade de uma área de atuação em particular. O modelo é reproduzido na Figura 2.4. Um administrador deve estar familiarizado com o modelo de cinco forças por vários motivos. Ele ajuda a decidir se uma empresa deve permanecer ou sair do setor. Auxilia a raciocinar quanto a aumentar ou diminuir o comprometimento de recursos. O modelo ajuda a avaliar como melhorar a posição competitiva de uma empresa em relação a cada uma das cinco forças.[50] Por exemplo, os insights proporcionados pelo modelo de cinco poderes podem ser utilizados para criar barreiras à entrada de novos concorrentes.[51] Ou, talvez, para desenvolver um forte relacionamento com nossos canais de distribuição. Ou, ainda, localizar fornecedores que satisfaçam critérios de preço/desempenho necessários para fazer com que nosso bem ou serviço seja o melhor.

ameaça de novos entrantes
a possibilidade de que os lucros de empresas estabelecidas em determinado setor de atividade possam ser erodidas por novos concorrentes.

economias de escala
diminuições no custo total por unidade produzida como resultado de aumentos periódicos na quantidade produzida.

diferenciação de produto
característica de um produto que tem uma marca de forte apelo comercial ou conta com clientes fiéis.

A Ameaça de Novos Entrantes A entrada de novos competidores no setor leva à possibilidade de que os lucros de empresas estabelecidas possam ser negativamente afetados.[52] A extensão da ameaça depende das barreiras à entrada existentes e da reação conjunta dos demais participantes.[53] Se as barreiras forem altas e/ou o recém-chegado anteveja uma acentuada retaliação dos concorrentes já estabelecidos, a ameaça à entrada de um novo competidor será baixa. Tais circunstâncias desencorajam novos participantes. Existem seis grandes fatores que podem significar barreiras à entrada de novos concorrentes.

Economias de Escala Economias de escala se referem ao processo de diminuição dos custos unitários totais de produção resultantes dos aumentos recorrentes na quantidade produzida. O custo total de um produto por unidade produzida diminui à medida que a quantidade por período aumenta. Isso desencoraja a entrada por forçar o novo participante a iniciar com uma produção em larga escala, arriscando uma reação forte das empresas existentes, ou a começar produzindo em pequena escala, assumindo a desvantagem de custo. São, ambas, opções indesejáveis.

Diferenciação de Produto Quando os concorrentes já existentes têm uma grande identificação de marca e clientes fiéis, a diferenciação cria um obstáculo para a entrada de novos concorrentes por forçá-los a investir pesado para superar a fidelidade dos consumidores.

FIGURA 2.4 Modelo de Cinco Forças de Porter da Concorrência no Setor de Atividade

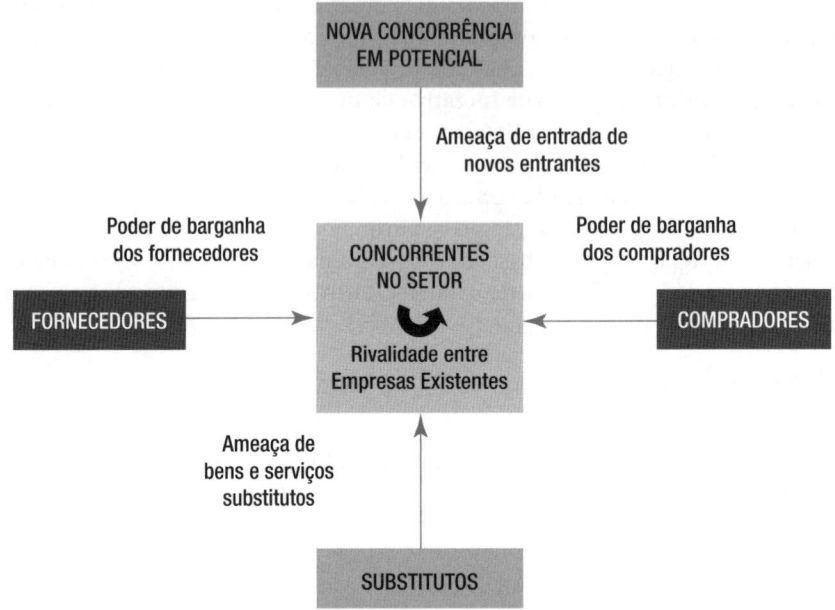

Fonte: Adaptado e reimpresso com permissão de The Free Press, uma divisão de Simon & Schuster Adult Publishing Group, de Competitive Strategy: Techniques for Analyzing Industries and Competitors, por Michael E. Porter. Direitos Autorais © 1980, 1998 por The Free Press. Todos os direitos reservados.

Exigência de Capital A necessidade de investir grandes recursos financeiros para competir cria uma barreira à entrada, em especial se o capital exigido for para publicidade ou pesquisa e desenvolvimento (P&D) de alto risco ou a fundo perdido.

Custos de Mudança Uma barreira à entrada é constituída pela existência de custos, de caráter monetário e não monetário, nos quais incorrem os compradores ao substituir o fornecedor de um produto ou serviço.

custos de mudança
os custos, monetários e não monetários, nos quais incorre um comprador/fornecedor ao trocar de um fornecedor/comprador para outro.

Acesso aos Canais de Distribuição A necessidade do novo concorrente de assegurar a distribuição de seu produto pode representar uma barreira à sua entrada.

Desvantagens de Custo Independentes da Escala Alguns concorrentes já existentes podem ter vantagens que independem do tamanho ou das economias de escala. Elas são resultantes de:

- Tecnologia proprietária
- Acesso favorável a matérias-primas
- Subsídios do governo
- Políticas governamentais favoráveis

Em um ambiente onde há nenhum ou poucas barreiras à entrada, a ameaça da entrada de novos participantes é elevada. Por exemplo, se uma nova empresa pode iniciar seus negócios com um baixo investimento de capital e operar com eficiência apesar de sua pequena escala de operação, ela, muito provavelmente, representará uma ameaça. Uma companhia que faliu vítima de pequenos obstáculos de entrada em um setor de atividade foi a ProCD.[54] É provável que você nunca tenha ouvido falar dessa companhia. Ela não durou muito tempo. A ProCD é um exemplo de uma empresa que quebrou porque entrou em segmento com obstáculos de entrada muito pequenos.

> A história começa em 1986, quando a Nynex lançou a primeira lista telefônica eletrônica: um CD que listava todos os números da região de Nova York. Ela cobrava $10 mil por cópia e vendia os CDs para o FBI, Receita Federal e outras grandes organizações comerciais ou governamentais. James Bryant, o executivo da Nynex encarregado do projeto, achou que essa era uma incrível oportunidade de negócios. Demitiu-se da Nynex e fundou sua própria firma, a ProCD, que tinha o ambicioso objetivo de produzir um diretório eletrônico que abrangesse todos os Estados Unidos.
>
> As companhias telefônicas, temendo um ataque a seu extremamente lucrativo negócio de Páginas Amarelas, recusaram-se a conceder a licença para digitalizar suas listas. Bryant não se desencorajou. Contratou trabalhadores chineses por $3,50 por dia para digitar os dados de cada lista telefônica dos EUA em um banco de dados. O resultado foi uma relação de mais de 70 milhões de números de telefones gravados em um disco mestre capaz de gerar centenas de milhares de cópias. Cada CD era vendido por centenas de dólares e custava menos de $1 para ser produzido.
>
> Era, de fato, um negócio lucrativo! No entanto, o sucesso foi efêmero. Concorrentes como a Digital Directory Assistance e a American Business Information não demoraram para lançar produtos similares com as mesmas informações. Como os clientes não conseguiam diferenciar um produto de outro, os vendedores foram obrigados a competir apenas com o preço. Não demorou para que os preços dos CDs baixassem para apenas alguns dólares. Assim, a lista telefônica em CD, que poucos meses antes era um produto caro e de grande margem de lucro, tornou-se apenas uma pechincha.

O Poder de Barganha dos Compradores Os compradores ameaçam um determinado mercado ao forçar os preços a baixar, exigir mais qualidade ou mais serviços e jogar os concorrentes um contra o outro. Tais ações desgastam a rentabilidade do setor.[55] O poder de cada grande grupo de compradores depende da situação do mercado e da importância das compras desse grupo nos negócios como um todo. Um grupo de compradores é poderoso quando:

poder de barganha dos compradores
a ameaça de que os compradores podem forçar os preços a baixar, exigir mais qualidade ou mais serviços e jogar os concorrentes um contra o outro.

- *É concentrado ou suas compras representam um grande volume em relação às vendas do fornecedor.* Se uma grande porcentagem das vendas de um fornecedor é comprada por um único comprador, a importância deste para o fornecedor aumenta. Compradores de grandes quantidades também são poderosos em setores com custos fixos elevados (p. ex., a fabricação de aço).

- *Os produtos que ele compra são padronizados ou indiferenciados.* Por estarem confiantes de que sempre poderão encontrar outros fornecedores, os compradores podem jogar uma companhia contra a outra, como na comercialização de grãos.
- *O comprador se depara com baixos custos de mudança.* Os custos de mudança prendem o comprador a certos vendedores. Por outro lado, o poder do comprador aumenta se o vendedor se depara com custos de mudança altos.
- *O lucro é baixo.* Lucros baixos estimulam a diminuição dos preços de compra. Por outro lado, compradores muito rentáveis costumam ser menos sensíveis ao preço.
- *Os compradores representam uma verdadeira ameaça de integração vertical para trás* (na qual a empresa controla seu suprimento de bens e serviços). Se os compradores já estiverem parcialmente integrados ou representarem uma verdadeira ameaça nesse sentido, geralmente podem obter concessões na negociação.
- *Os produtos do setor não são importantes para a qualidade dos produtos ou serviços do comprador.* Quando a qualidade dos produtos do comprador não é afetada pelos produtos do setor, o comprador se torna mais sensível ao preço.

Às vezes, uma empresa ou conjunto de empresas em certo mercado pode aumentar seu poder como comprador utilizando os serviços de um terceiro. A FreeMarkets Online é uma dessas terceiras partes.[56] Localizada em Pittsburgh, a FreeMarkets desenvolveu um software que habilita grandes compradores a organizar leilões online para fornecedores qualificados de peças parcialmente padronizadas, tais como componentes, materiais de embalagem, estampas de metal e serviços. Ao agregar os compradores, a FreeMarkets aumenta o poder de barganha deles. Os resultados são impressionantes. Nos primeiros 48 leilões, a maioria das companhias participantes economizou 15%; algumas economizaram até 50%.

Embora algumas empresas possam ser tentadas a tirar proveito de seus fornecedores em razão do grande poder de compra, devem estar cientes da potencial repercussão negativa desse procedimento. Um exemplo recente disso é o crescente ressentimento de alunos com relação a universidades estaduais da Califórnia em função de um aumento de 32% nas anuidades. Vejamos por que eles têm tão pouco poder de negociação.

> Os alunos protestaram ocupando instalações escolares. Como observou Asher Hawkins, da *Forbes*: "Foi um esforço fútil. Alunos já cursando um programa de quatro anos são, praticamente, uma audiência cativa, e os cofres do estado da Califórnia estão vazios".[57] Afinal de contas, sair custaria caro para os alunos, primeiro por causa da dificuldade de transferir créditos para outra universidade. Além disso, há menos vagas em outros campi da UC devido a cortes orçamentários e a uma demanda crescente por elas por parte de alunos estrangeiros. Todos esses fatores desgastam o poder de barganha dos estudantes.
>
> Após o aumento, as anuidades e taxas estaduais para os alunos universitários estaduais chegarão a $10 mil por ano letivo (isso representa um aumento anual conjunto de quase 10% em relação à década passada). Embora possa parecer um preço razoável para uma educação de alta qualidade, poderá haver mais aumentos de preço lá na frente.

poder de barganha dos fornecedores
a ameaça de que os fornecedores possam aumentar os preços ou diminuir a qualidade de bens e serviços.

O Poder de Barganha dos Fornecedores Os fornecedores poder exercer um poder de negociação ameaçando aumentar os preços ou diminuir a qualidade de bens e serviços. Fornecedores poderosos podem estreitar a rentabilidade das empresas a tal ponto que as impossibilitam de recuperar os custos da matéria prima utilizada.[58] Os fatores que fazem com que os fornecedores sejam poderosos tendem a se espelhar nos motivos de os compradores serem poderosos. Um grupo de fornecedores será poderoso quando:

- *O grupo de fornecedores é dominado por algumas companhias e mais concentrado (poucas empresas) do que o setor para o qual vende.* Fornecedores que vendem em mercados fragmentados influenciam os preços, a qualidade e os termos.
- *O grupo de fornecedores não é obrigado a competir com produtos substitutos.* Os fornecedores, até mesmo os grandes e poderosos, podem sofrer abalos se tiverem que competir com substitutos.

- *O setor não é um cliente importante do grupo de fornecedores.* Quando fornecedores vendem para vários setores de atividade e um deles não representa uma parte significativa de suas vendas, os fornecedores tendem a ter mais poder de barganha.
- *O produto do fornecedor é um elemento importante para os negócios do comprador.* Quando tais produtos são importantes para o sucesso do processo de fabricação do comprador ou para a qualidade do produto, o poder de negociação dos fornecedores é alto.
- *Os produtos do grupo de fornecedores são diferenciados ou estabelecem elevados custos de mudança para o comprador.* Diferenciação ou custos de mudança eliminam as opções dos compradores para jogar um fornecedor contra o outro.
- *O grupo de fornecedores representa uma verdadeira ameaça à integração vertical para a frente* (na qual a empresa supervisiona a distribuição de seus produtos ou serviços). Isso limita a capacidade de um setor para aprimorar os termos de compra.

A Ameaça de Bens e Serviços Substitutos   Todas as empresas dentro de um setor econômico competem com outros segmento que produzem bens e serviços substitutos.[59] Os substitutos limitam os retornos potenciais de um determinado setor pelo estabelecimento de um teto nos preços que as empresas desse setor podem cobrar para obter lucros. Quanto mais atraentes forem os índices de preço/performance dos produtos substitutos, mais restritos serão os lucros do setor atingido.

A identificação de produtos substitutos envolve a pesquisa de outros bens e serviços que possam realizar as mesmas funções que os já oferecidos. Isso pode fazer com que um administrador faça pesquisas em negócios que parecem não ter absolutamente nada a ver com seu ramo de atuação. Por exemplo, as empresas de aviação civil podem não considerar câmeras de vídeo como uma ameaça. Mas à medida que a tecnologia digital avançou e o wireless e outras formas de telecomunicação se tornaram mais eficientes, a teleconferência se transformou em um substituto viável para as viagens de negócios. Ou seja, o índice de melhoria na relação entre o preço e o desempenho de bens (ou serviços) substitutos é alto.

> Teleconferências podem economizar tempo e dinheiro. Foi o que a IBM descobriu com sua ideia do "Manager Jam".[60] Com 319 mil empregados (incluindo 32 mil gerentes)espalhados por seis continentes, a IBM é um das maiores empresas do mundo e pode ser um lugar muito confuso. A mudança representada por relações de trabalho a cada dia mais virtuais resulta em gerentes supervisionarem empregados que eles quase nunca veem em pessoa. Para melhorar a coordenação, Samuel Palmisano, o novo CEO da IBM, pôs em ação uma de suas primeiras grandes iniciativas: um programa de dois anos que explorasse o papel do gestor no século XXI. O "Manager Jam", como o programa foi apelidado, era um evento online de 48 horas de tempo real no qual administradores de 50 países trocavam ideias e estratégias para lidar com problemas que todos eles tinham, independentemente da geografia. Cerca de 8.100 gerentes entraram na intranet da companhia para participar dos fóruns de discussão.

Os avanços tecnológicos aumentaram a quilometragem dos carros que funcionam a gasolina, em comparação com os híbridos. Isso fez com que os híbridos se tornassem menos atraentes analisando o índice de preço/desempenho, tal como abordado nos Destaques de Estratégia 2.6.

A Intensidade da Rivalidade entre Concorrentes em um Setor de Atividade   As empresas usam táticas como competição de preços, guerras de publicidade, introdução de produtos e aumento de serviços e garantias para os clientes. A rivalidade acontece quando os concorrentes sentem a pressão ou agem ao verificar uma oportunidade de melhorar sua posição.[61]

Algumas formas de competição, tais como a competição de preços, costumam ser extremamente desestabilizantes e podem reduzir o nível médio da rentabilidade de um setor de atividade.[62] Os rivais podem igualar a queda dos preços com facilidade, algo que diminui os lucros de todas as empresas. Por outro lado, as guerras de publicidade aumentam a demanda geral ou o nível de diferenciação de produto para o benefício de todas as empresas do segmento. A rivalidade, obviamente, difere de setor para setor. Em alguns casos, ela é caracterizada como um verdadeiro campo de batalha, amarga ou acirrada, enquanto que em outras oportunidades é tida como educada ou cavalheiresca. A rivalidade intensa é o resultado de vários fatores que interagem, incluindo os seguintes:

---

ameaça de bens e serviços substitutos
a ameaça da limitação de retornos potenciais de um setor de atividade pelo estabelecimento de um teto nos preços que as empresas participantes dele podem cobrar para obter lucros sem perder muitos clientes para produtos substitutos.

bens e serviços substitutos
bens e serviços alheios ao setor de atividade que atendem às mesmas necessidades dos clientes que os bens e serviços desse setor.

intensidade da rivalidade entre concorrentes em um setor de atividade
a ameaça de que clientes trocarão a empresa pelos outros fornecedores do mesmo setor.

| DESTAQUES DE **ESTRATÉGIA** | 2.6 | | **SUSTENTABILIDADE AMBIENTAL** |

GASOLINA E HÍBRIDOS: UMA BATALHA DE SUBSTITUTOS

Os carros híbridos, como o Toyota Prius, experimentaram um grande sucesso desde que seus primeiros modelos foram apresentados no fim da década de 1990. Mesmo assim, a quota de mercado de carros híbridos nos EUA. caiu de 2,8% em 2009 para 2,4% em 2010 e para 2,2% em 2011. Tais resultados são ainda mais surpreendentes dado que o número de modelos híbridos no mercado cresceu a cada ano: eram 17 em 2009 e 30 no início de 2011. Isso quer dizer mais escolhas, mas menos compradores. Enquanto alguns pensam que a indústria de carros híbridos esteja sendo pressionada por outros segmentos de carros novos, tais como os carros elétricos (p. ex., o Nissan Leaf), a verdadeira competição vem de alguém de quem não suspeitaríamos: os velhos carros de combustão interna!

O principal motivo pelo qual clientes preocupados com o meio ambiente e com o preço preferem os carros que funcionam a gasolina em vez de carros híbridos é muito simples. Os motores a gasolina sempre aumentaram o desafio ao principal atributo de vendas dos carros híbridos: a economia de combustível. Enquanto os híbridos ainda superam um pouco os modernos carros a gasolina em termos de economia de combustível, os clientes, cada vez mais, não veem nenhum motivo para desembolsar $6 mil a mais por um híbrido se é possível fazer 17 km/l na estrada em um carro a gasolina como o Hyundai Elantra ou o Chevrolet Cruze.

Automóveis movidos a gasolina também podem ser mais competitivos do que os híbridos em outro sentido. Por exemplo, os compradores podem preferir tecnologias maduras, como é o caso dos motores a gasolina, em função da incerteza de novas tecnologias, tais como dúvidas sobre a autonomia das baterias dos híbridos. Cada vez mais, novas gerações de carros como o Nissan Leaf e o Chevrolet Volt possibilitam que seus clientes deem uma olhadinha no futuro. O mais recente estudo do J.D. Power (U.S. Green Automotive Study) sugere que alguns clientes preferem esperar e investir seu dinheiro nessa nova geração de carros elétricos. Os consumidores que estão economizando para comprar carros elétricos que não usam nenhuma gota de gasolina e os avanços tecnológicos dos motores de combustão interna resultaram na volta inesperada do carro a gasolina.

Fontes: Naughton, K. 2012. Hybrids' unlikely rival: Plain old cars. *Bloomberg BusinessWeek*, 2 de fevereiro: 23–24; Valdes-Dapena, P. 2011. Hybrid car sales: Lots of options, few takers. money.cnn.com, 30 de setembro: np; e Valdes-Dapena, P. 2011. Green cars are ready, car buyers aren't. money.ncc.com, 27 de abril: np.

- *Concorrentes numerosos ou igualmente equilibrados.* Quando há muitas empresas em um determinado setor de atividade, a probabilidade de estratégias divergentes é grande. Algumas empresas acreditam que podem agir sem serem notadas. Mesmo quando há relativamente poucas empresas, e são praticamente iguais em tamanho e recursos, a instabilidade resulta da competição entre companhias com capacidade de retaliação sustentável e vigorosa.
- *Lento crescimento do setor.* O crescimento setorial lento faz a competição virar uma luta pela quota de mercado, visto que as empresas procuram expandir suas vendas.
- *Altos custos fixos ou de armazenagem.* Custos fixos altos criam uma forte pressão sobre todas as empresas para aumentar sua capacidade. Excesso de capacidade costuma resultar em contínua queda de preço.
- *Falta de diferenciação ou de custos de mudança.* Se um produto ou serviço é tido como uma commodity ou quase sem diferenciação, a escolha do comprador costuma se basear no preço e no serviço, o que resulta em pressões para uma intensa competição nesses quesitos. A inexistência de custos de mudança, descrita anteriormente, tem o mesmo efeito.
- *Aumentos de capacidade em fortes incrementos.* Quando a economia de escala exige que a capacidade seja elevada em grandes saltos, esse processo pode prejudicar o equilíbrio entre oferta e demanda setorial.
- *Grandes barreiras à saída.* As barreiras à saída são fatores econômicos, estratégicos e emocionais que mantêm as empresas competindo mesmo ganhando menos ou obtendo retornos negativos em seus investimentos. Algumas barreiras à saída são recursos especializados, custos fixos, inter-relacionamentos estratégicos (p. ex., relacionamentos entre as unidades de negócios e outras na companhia em termos de imagem, marketing, instalações compartilhadas, e assim por diante), aspectos emocionais e pressão governamental ou social (por exemplo, desencorajamento governamental devido à preocupação com a perda de postos de trabalho).

A rivalidade entre as empresas é frequentemente baseada apenas no preço, mas pode envolver outros fatores. Pense no posicionamento da Pfizer quanto ao tratamento da impotência. A Pfizer foi a primeira empresa farmacêutica a desenvolver o Viagra, um medicamento muito bem-sucedido no tratamento da impotência sexual.

> Em vários países, incluindo o Reino Unido, a Pfizer foi processada pela Eli Lilly & Co. e Icos Corp. no que se refere à proteção de patente. Essas duas empresas farmacêuticas formaram, recentemente, uma joint venture para comercializar o Cialis, uma droga que compete com o Viagra. Os tribunais do Reino Unido deram ganho de causa e liberaram a patente.
>
> Isso abriu a oportunidade para a Eli Lilly e Icos continuarem a desafiar a posição da Pfizer no mercado. Visto que o Cialis tem menos efeitos colaterais que o Viagra, tem potencial para diminuir rapidamente a participação de mercado da Pfizer no Reino Unido se os médicos passarem a prescrever o Cialis, em vez do Viagra. Se os processos de quebra de patente futuros tiverem êxito, a Pfizer poderá ver suas vendas de Viagra caírem rapidamente.[63] Mas a Pfizer não ficou parada. Recentemente, dobrou seus gastos com a publicidade do Viagra.

A Figura 2.5 resume nossa análise das cinco forças do setor de atividade. Ela nos mostra como vários fatores, tais como a economia de escala e as exigências de capital, afetam cada "força".

Como a Internet e as Tecnologias Digitais Estão Afetando as Cinco Forças Competitivas

A internet está desempenhando um impacto significativo em quase todas os segmentos econômicos. Essa tecnologia mudou a base da interação entre as empresas e como elas interagem com os clientes. Em muitos casos, tais mudanças afetaram a própria estrutura de forças dos setores econômicos, resultando em novos desafios estratégicos. Nesta seção analisaremos o modelo de cinco forças de Michael Porter no que se refere ao uso corrente da internet e as novas habilidades tecnológicas que se tornam possíveis.

internet
uma rede global que conecta computadores que utilizam um formato comum de transmissão, troca de informações e armazenamento de dados.

PA2.6
Como a internet e as habilidades digitais estão afetando as cinco forças competitivas e a rentabilidade dos negócios.

A Ameaça de Novos Competidores Na maioria dos setores de atividade, a ameaça da entrada de novos participantes aumentou, porque as tecnologias da internet diminuem os obstáculos de entrada. Por exemplo, os negócios que abordam os clientes primariamente pela internet podem economizar o dinheiro que seria gasto com outras despesas tradicionais, como aluguel de um escritório, salários da equipe de vendas, impressão e postagem. Isso pode encorajar a entrada de mais empresas que, devido aos poucos gastos iniciais, veem uma oportunidade de obter uma quota do mercado oferecendo um produto ou realizando um serviço de maneira mais eficiente do que seus concorrentes. Assim, um novo concorrente cibernético pode usar as economias resultantes da internet para diminuir os preços e competir, independentemente das vantagens de escala dos rivais já estabelecidos.

Como alternativa, visto que as tecnologias digitais costumam possibilitar que empresas jovens forneçam serviços equivalentes ou superiores a uma empresa tradicional, o novo participante pode atender ao mercado com mais eficiência, serviços mais personalizados e maior atenção aos detalhes do produto. Uma nova empresa pode ser capaz de ganhar uma boa reputação em seu nicho de mercado e cobrar preços elevados por seus melhores serviços. Ao fazer isso, ela pode conquistar parte do negócio de uma empresa tradicional e diminuir-lhe a rentabilidade.

Outro possível benefício dos negócios online é o acesso aos canais de distribuição. Fabricantes e distribuidores podem alcançar compradores em potencial para seus produtos de maneira mais eficiente por meio da internet, entrando em contato com mercados que antes talvez não fossem acessíveis a eles. No entanto, o acesso não é garantido, em virtude dos grandes obstáculos de entrada que existem em certos mercados.[64]

O Poder de Negociação dos Compradores A internet e as tecnologias sem fio podem aumentar o poder de negociação dos compradores ao lhes dar mais informações nas decisões de compra e diminuírem os custos de mudança. Porém, tais tecnologias podem, também, suprimir o poder dos canais tradicionais de compra que haviam concentrado o poder de compra nas mãos de alguns poucos, fazendo com que os compradores tenham novos modos de obter acesso aos vendedores. Para classificar tais diferenças, vamos, primeiramente, distinguir dois tipos de compradores: os usuários finais e os intermediários dos canais de compra.

FIGURA 2.5 Lista de Verificação da Análise Competitiva

A Ameaça de Entrada de Novos Concorrentes É Alta Quando:	Alto	Baixo
As economias de escala são		X
A diferenciação do produto é		X
As exigências de capital são		X
Os custos de mudança são		X
O controle dos canais de distribuição pelas empresas já existentes é		X
O conhecimento dos proprietários das empresas já existentes é		X
O acesso das empresas já existentes às matérias-primas é		X
O acesso das empresas já existentes aos subsídios do governo é		X

O Poder dos Fornecedores É Alto Quando:	Alto	Baixo
A concentração em relação aos compradores é	X	
A disponibilidade de produtos substitutos é		X
A importância do cliente para o fornecedor é		X
A diferenciação dos bens e dos serviços do fornecedor é	X	
Os custos de mudança do comprador são	X	
A ameaça de integração vertical para a frente do fornecedor é	X	

A Ameaça de Produtos Substitutos É Alta Quando:	Alto	Baixo
A diferenciação do produto substituto é	X	
A taxa de melhoria na relação entre o preço e o desempenho do produto substituto é	X	

O Poder dos Compradores É Alto Quando:	Alto	Baixo
A concentração dos compradores em relação aos fornecedores é	X	
Os custos de mudança são		X
A diferenciação do produto dos fornecedores é		X
A ameaça de integração vertical para trás por parte dos compradores é	X	
Os lucros dos compradores são		X
A importância das informações do fornecedor para a qualidade do produto final do comprador é		X

A Intensidade da Rivalidade Competitiva É Alta Quando:	Alto	Baixo
O número de concorrentes é	X	
O índice de crescimento do setor de atividade é		X
Os custos fixos são	X	
Os custos de armazenagem são	X	
A diferenciação do produto é		X
Os custos de mudança são		X
As barreiras à saída são	X	
Os riscos estratégicos são	X	

Usuários finais são os últimos consumidores da cadeia de distribuição. As vendas de internet definidas como "B2C" (business-to-consumer) — ou seja, da empresa para o consumidor — referem-se aos usuários finais. A internet está, provavelmente, aumentando o poder desses compradores por vários motivos. Primeiro: a internet é fonte de ampla informação para o consumidor. Isso fornece aos usuários finais a informação de que precisam para comprar mercadorias de qualidade e negociar reduções de preço. Segundo: os custos de mudança do usuário final podem ser muito menores graças à internet. A troca pode envolver apenas alguns cliques no mouse para encontrar e visualizar um bem ou serviço concorrente online.

| DESTAQUES DE **ESTRATÉGIA** | 2.7 | | SUSTENTABILIDADE AMBIENTAL |

O PODER DO COMPRADOR EM SERVIÇOS DE ASSISTÊNCIA JURÍDICA: O PAPEL DA INTERNET

O setor de serviços de assistência jurídica nos EUA, um mercado de $240 bilhões, tem sido, historicamente, exemplo clássico de uma atividade que deixa os compradores em desvantagem quanto ao poder de negociação. Um dos principais motivos pelos quais as empresas que prestam esse serviço têm grande poder de barganha é a enorme assimetria entre os advogados e seus clientes: aqueles experientes e instruídos profissionais legais sabem muito mais sobre tais assuntos do que a média dos clientes de serviços jurídicos.

A internet é um exemplo excelente de como o poder de negociação desigual pode ser reduzido caso seja diminuída a diferença de informação. Uma nova classe de fornecedores de serviços jurídicos online tenta fazer exatamente isso, desafiando os serviços de advocacia tradicionais. Por exemplo, o site LawPivot.com, uma startup apoiada pela Google Ventures e cofundada por um antigo grande advogado da Apple Inc., possibilita aos clientes interagir com advogados em um site de rede social. Esse serviço proporciona aos clientes um melhor entendimento dos aspectos legais antes de colocarem a mão no bolso. Como resultado, a assimetria de informações entre advogados e consumidores diminuiu, deixando os clientes em uma posição de negociação melhor. Outro exemplo é o LegalZoom.com, um serviço que auxilia os clientes a elaborar documentos legais. Os clientes familiarizados com o LegalZoom.com podem utilizar o conhecimento do tempo e esforço exigidos para criar documentos legais para negociar os custos advocatícios das demandas que promovem.

Fontes: Jacobs, D. L. 2011. Google takes aim at lawyers. *Forbes*, 8 de agosto: np; e Alternative law firms: Bargain briefs. 2011. *The Economist*, 13 de agosto: 64.

Em contraste, o poder de negociação dos compradores nos canais de distribuição pode diminuir por causa da internet. Os *intermediários de canais de compra* são os atacadistas, os distribuidores e os varejistas que atuam como intermediários entre os fabricantes e os usuários finais. Em alguns setores, eles são controlados por agentes poderosos que controlam quem obtém acesso aos bens mais recentes ou à melhor mercadoria. A internet e as comunicações sem fio, porém, facilitam e barateiam bastante o acesso direto aos clientes pelas empresas. Assim, a internet pode aumentar o poder das empresas em relação aos canais de compra tradicionais. Os Destaques de Estratégia 2.7 ilustram algumas das mudanças trazidas pela internet que afetaram o segmento de prestação de serviços de advocacia.

O Poder de Negociação dos Fornecedores O uso da internet e das tecnologias digitais para acelerar e simplificar o processo de adquirir suprimentos já está beneficiando muitos setores da economia. Mas o efeito líquido da internet sobre o poder do fornecedor dependerá da natureza da competição em cada setor de atividade. Tal como acontece com o poder do comprador, o quanto a internet será benéfica ou prejudicial dependerá da posição do fornecedor na cadeia de suprimento.

O papel dos fornecedores é prover bens ou serviços a outras firmas. O termo "B2B" — ou seja, empresas para empresas (business-to-business) — costuma se referir a negócios de compra e venda entre companhias. O efeito da internet sobre o poder de negociação dos fornecedores é uma faca de dois gumes. Por um lado, os fornecedores podem achar difícil manter clientes porque eles podem comparar suas opções e preços muito mais rapidamente na internet.

Por outro lado, existem vários fatores que podem contribuir para o fortalecimento da capacidade de barganha. Primeiro: o crescimento de negócios online pode significar mais clientes, além dos já existentes em sua carteira. Segundo: os fornecedores podem criar ferramentas facilitadoras de compras online, desencorajando seus clientes de uma eventual substituição. Os sistemas de busca online ligam fornecedores e clientes diretamente, diminuindo os custos de transação e a burocracia.[65] Terceiro: o uso de software exclusivo que conecta os compradores a um site do fornecedor pode fornecer método de compra ágil e barata que desestimula o comprador de procurar outras fontes de fornecimento. O Amazon.com, por exemplo, criou e patenteou a tecnologia One Click, que acelera o processo de compra para os clientes que se registram no serviço.[66]

Por último: os fornecedores terão mais poder à medida que alcançarem mais usuários finais dispensando intermediários. Antigamente, os fornecedores, em geral, tinham que trabalhar por meio de intermediários que colocavam seus produtos ou serviços ao mercado em troca de comissões ou margens. Mas um fenômeno conhecido como *desintermediação* está removendo as organizações ou camadas de negócios que compõem as cadeias de valor de muitos setores de atividade.[67] Ao mesmo tempo em que está eliminando algumas funções de negócios, a internet gera oportunidades para novas funções. Essas novas atividades estão entrando nas cadeias de valor pelo processo conhecido como *reintermediação* — a entrada de novos tipos de intermediários. Várias dessas novas funções estão afetando as redes de fornecimento tradicionais. Por exemplo, os serviços de entrega estão crescendo acentuadamente em virtude da internet. Cada vez mais clientes estão preferindo que seus produtos sejam entregues em sua porta, em vez de sair de casa e apanhá-los pessoalmente.

A Ameaça de Substitutos Ao lado dos mercados tradicionais, a internet criou um novo mercado e um novo canal. Portanto, em geral, a ameaça de substitutos é maior porque a internet introduziu novas maneiras de realizar as mesmas tarefas.

Em geral, os clientes preferem usar um produto ou serviço até que um substituto, que atende às mesmas necessidades, se torne disponível a um custo mais baixo. As economias resultantes das tecnologias da internet levaram ao desenvolvimento de várias alternativas às maneiras tradicionais de fazer negócios.

Outro exemplo de substituição está no campo do armazenamento eletrônico. Com a expansão do uso de computadores, a necessidade de armazenar informações eletronicamente aumentou drasticamente. Até recentemente, a tendência era aprimorar cada vez mais a capacidade e as técnicas de comprimir informações que resultam em mais eficiência no armazenamento de dados. Porém, um substituto viável surgiu há pouco tempo: o armazenamento digital de informações na internet. Companhias como a Dropbox e a Amazon Web Services fornecem armazenamento online que as empresas podem acessar simplesmente alugando um espaço online. Como esses locais de armazenamento são virtuais, podem ser acessados de qualquer lugar por meio da internet. Os viajantes podem consultar documentos e arquivos importantes sem levá-los fisicamente com eles de um lugar para o outro.

A Intensidade da Rivalidade Competitiva Visto que a internet gera mais ferramentas e meios de competir, a rivalidade entre os concorrentes provavelmente se intensificará. Apenas os concorrentes que podem utilizar as tecnologias digitais e a internet para se destacar, criar ofertas de produtos únicos ou prover serviços "mais rápidos, mais inteligentes e mais baratos" é que, provavelmente, poderão abter mais rentabilidade com a nova tecnologia.

A rivalidade é mais intensa quando os custos de mudança são baixos e a diferenciação do produto ou serviço é minimizada. Como a internet torna possível comprar coisas por aí afora, ela "banalizou" produtos que anteriormente eram tidos como raros ou únicos. E devido ao fato de que a internet reduz a importância da localização, os produtos que antes eram procurados em lojas distantes se tornaram disponíveis online. Isso faz com que a concorrência no ciberespaço seja mais equilibrada, e, assim, a rivalidade aumenta.

O problema dos comerciantes se agrava graças à presença de robôs ("bots") compradores e infomediários (empresas especializadas em análise e veiculação de conteúdo via internet) que fazem uma busca na internet pelo melhor preço possível. Os sites de consumidores, como mySimon, fazem uma busca em todos os locais da internet que vendem produtos similares e fazem uma comparação de preços.[68] Obviamente, isso faz com que o consumidor pense apenas no preço. Alguns infomediários, tais como a CNET, além de procurarem pelo menor preço de muitos produtos diferentes, avaliam e classificam a qualidade do atendimento ao consumidor de vários sites que vendem produtos com preços semelhantes.[69] Tais serviços infomediários são bons para os consumidores porque lhes dão a oportunidade de comparar tanto os serviços como os preços. Para os negócios, contudo, eles acirram a rivalidade, uma vez que passam a mensagem de que os consumidores farão uma compra baseando-se em algumas poucas informações sobre as quais a empresa tem pouco controle.

O Uso da Análise Setorial: Alguns Alertas

Para que análise setorial funcione, uma companhia deve coletar e avaliar várias informações. À medida que a tendência pela globalização acelera, as informações sobre mercados estrangeiros, bem como de uma grande variedade de concorrentes, fornecedores, clientes, substitutos e possíveis novos concorrentes, se tornam vitais. A análise setorial ajuda uma empresa a mensurar o potencial de rentabilidade desse determinado segmento e considera várias maneiras de fortalecer sua posição em relação às cinco forças. Entretanto, gostaríamos de fazer alguns alertas.

Primeiro: *os administradores não devem sempre evitar setores de baixa rentabilidade (ou segmentos de baixa rentabilidade em setores lucrativos).*[70] Tratam-se de mercados ainda capazes de gerar ótimos retornos a alguns participantes que seguem boas estratégias. Como exemplos, consideremos a Paychex, uma companhia de processamento de folhas de pagamento, e a WellPoint Health Network, uma grande seguradora de saúde:[71]

> A Paychex, com um faturamento de $2 bilhões, foi bem-sucedida atendendo pequenas firmas. As empresas já existentes a ignoraram porque concluíram que tais negócios não poderiam pagar pelo serviço. Quando o fundador da Paychex, Tom Golisano, não conseguiu convencer seus chefes na Electronic Accounting Systems de que estavam perdendo uma grande oportunidade, ele fundou sua empresa. Agora ela tem uma carteira de quase 600 mil clientes nos Estados Unidos e na Alemanha. O retorno das vendas, depois das deduções dos impostos, da Paychex é de surpreendentes 25%.
>
> Em 1986, a WellPoint Health Network (quando era conhecida como Blue Cross of California) perdeu $160 milhões. Naquele ano, Leonard Schaeffer se tornou o CEO e desafiou a sabedoria tradicional de que indivíduos e pequenas empresas fazem perder dinheiro. (Isso, com certeza, era uma "heresia" na época — a empresa estava perdendo $5 milhões por ano ao segurar 65 mil indivíduos!) No entanto, no início da década de 1990, essa seguradora de saúde era líder no ramo em rentabilidade. E continuou a crescer e a superar seus concorrentes mesmo durante épocas de problemas econômicos. Até 2012, sua receita e lucros eram de $61 bilhões e $2,5 bilhões, respectivamente.

Segundo: a análise das cinco forças implicitamente *supõe a existência de um jogo de soma zero*, determinando como uma empresa pode melhorar sua posição em relação às forças. Entretanto, tal método pode ser limitado; ou seja, ele pode ignorar muitos benefícios em potencial de desenvolver relações construtivas entre fornecedores e clientes onde ambos ganham (em inglês, esse relacionamento é chamado de "win-win"). O estabelecimento de relações mutuamente benéficas de longo prazo com os fornecedores aumenta a condição de uma empresa de implementar sistemas de estoque just-in-time (JIT), que proporciona um melhor gerenciamento dos estoques, e responder rapidamente às demandas do mercado. Um estudo recente descobriu que se uma companhia usa sua posição de força contra um fornecedor, tal ação pode voltar-se contra a companhia mais à frente.[72] Consideremos, por exemplo, a mão pesada da General Motors com seus fornecedores.[73]

jogo de soma zero
uma situação em que múltiplos participantes interagem e os vencedores só ganham se os outros perderem.

> A GM tem a reputação de usar táticas agressivas. Embora esteja tentando eliminar as mais prejudiciais, ela continua a ocupar a última posição na lista anual de satisfação dos fornecedores. David R. Cole, que comanda o Centro de Pesquisa Automotiva de Ann Arbor, diz: "É um processo selvagem. Há cadáveres jogados nos acostamentos das estradas".
>
> Os fornecedores destacam uma prática particularmente sórdida: vender secretamente a tecnologia dos fornecedores aos concorrentes para ver se eles conseguem fazê-la mais barato. Em um desses casos, um gerente de compras da GM mostrou um novo projeto de freios de um fornecedor para a Delphi Corporation. Ele foi demitido. No entanto, em recente pesquisa, os executivos da área de peças disseram que eles costumam apresentar novas tecnologias a outros fabricantes de carros primeiro. Eis aí mais um motivo pelo qual a GM encontra dificuldades de competir em uma indústria de competição intensa.

Terceiro: a análise das cinco forças também foi criticada por *ser, basicamente, uma análise estática*. Forças externas, bem como as estratégias de empresas individuais, continuam a alterar a estrutura de todos os setores de atividade. A busca por uma teoria de estratégia dinâmica levou ao grande uso da teoria dos jogos na pesquisa econômica e estratégica das organizações industriais.

Baseando-se em considerações centradas na teoria dos jogos, Brandenburger e Nalebuff apresentaram, recentemente, o conceito de rede de valores,[74] que, em certos sentidos, é uma

FIGURA 2.6 A Rede de Valores

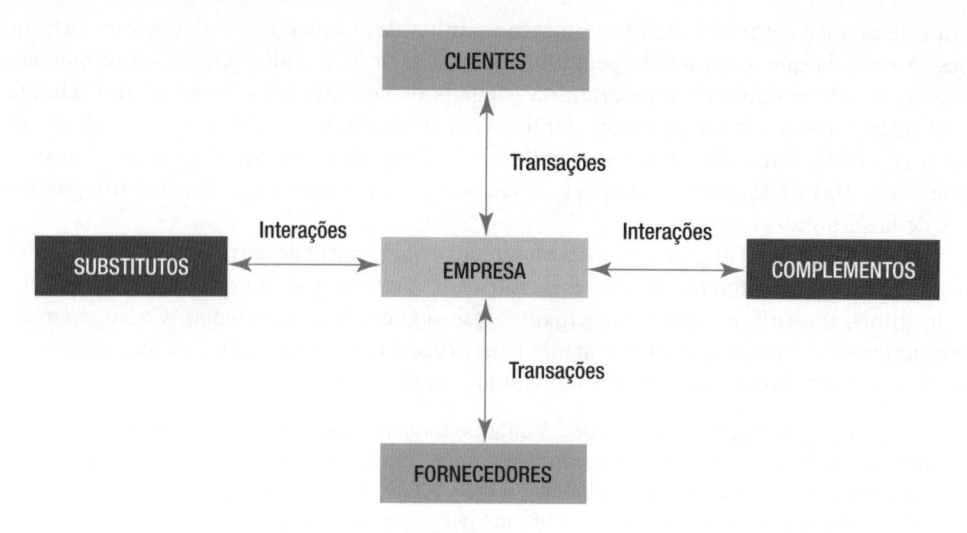

Fonte: Reimpresso com a permissão de *Harvard Business Review*: Anexo de "The Right Game: Use Game Theory to Shape Strategy", de A. Brandenburger e B. J. Nalebuff, julho–agosto de 1995. Direitos Autorais © 1995 pela Harvard Business School Publishing Corporation. Todos os direitos reservados.

extensão da análise das cinco forças. Ela é ilustrada na Figura 2.6. A rede de valores representa todos os agentes no jogo e analisa como suas interações afetam a habilidade da empresa de gerar e se apropriar de valores. A dimensão vertical da rede inclui fornecedores e clientes. A empresa tem transações diretas com eles. Na dimensão horizontal estão os substitutos e os complementos, com os quais a empresa interage, mas não necessariamente faz transações. O conceito dos complementos é, talvez, a contribuição mais importante da análise da rede de valores e é explanada em mais detalhes a seguir.

complementos
bens ou serviços que têm um impacto no valor dos produtos ou serviços de uma empresa.

Complementos são bens ou serviços que têm impacto potencial no valor dos próprios bens ou serviços da empresa. Quem produz complementos costuma ser chamado de complementadores.[75] Um hardware poderoso não serve para nada a menos que haja um software que funcione nele. De modo similar, softwares novos e melhores só funcionam se o hardware no qual ele roda está disponível. Isso também é verdade na indústria de videogames, onde consoles e jogos complementam um ao outro. O sucesso da Nintendo no início da década de 1990 foi o resultado de sua habilidade de administrar o relacionamento com seus complementadores. Eles embutiam um chip de segurança no hardware e licenciavam o direito de desenvolver jogos para outras empresas. Estas pagavam royalties para a Nintendo por cópia vendida dos jogos. A receita com royalties permitiu que a Nintendo vendesse os consoles em um valor próximo ao de custo, o que aumentava sua participação de mercado, que, por sua vez, fazia com que mais jogos fossem vendidos e mais royalties fossem gerados.[76]

Apesar de os esforços para criar cenários "win-win", o conflito entre os complementadores era inevitável.[77] Afinal de contas, seria ingênuo acreditar que mesmo os parceiros mais chegados farão o favor de deixar seus próprios interesses de lado. Até mesmo as parcerias mais bem-sucedidas não são isentas de problemas. O poder é um fator que faz parte do jogo, conforme podemos ver nos Destaques de Estratégia 2.8, com o exemplo do iPod da Apple — um produto muito bem-sucedido.

Gostaríamos de encerrar esta seção com algumas das reflexões mais recentes de Michael Porter, o criador da análise das cinco forças.[78] Ele aborda dois assuntos vitais na realização de uma boa análise setorial, o que resultará em uma compreensão mais apurada das principais causas da rentabilidade: (1) a escolha do período de tempo mais apropriado e (2) uma quantificação rigorosa das cinco forças.

- *Uma boa análise setorial considera com rigor os alicerces estruturais da rentabilidade. O primeiro passo é compreender o horizonte de tempo*. Uma das tarefas essenciais na análise setorial é diferenciar as flutuações de curto prazo das mudanças estruturais. Uma boa

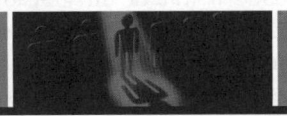

> **DESTAQUES DE ESTRATÉGIA 2.8**
>
> **O IPOD DA APPLE: RELAÇÕES COM SEUS COMPLEMENTADORES**
>
> Em 2002, Steve Jobs começou sua campanha para convencer as maiores empresas da indústria fonográfica a vender suas músicas aos usuários do iPod por meio do iTunes Music Store, um site de varejo on-line. Muitos executivos da indústria, depois de serem prejudicados pelos serviços de compartilhamento de arquivos ilegais, como o Napster e o Kazaa, queriam que as músicas em formato digital desaparecessem. No entanto, a contagiante visão de Jobs os convenceu a se juntarem a ele. Jobs prometeu diminuir os riscos que eles enfrentavam oferecendo segurança contra a pirataria, bem como um novo e avançado produto (o iPod e iPad Touch) que estimularia as vendas.
>
> No entanto, a Apple tinha enorme poder de barganha quando os contratos com as empresas de música precisavam ser renovados, em abril de 2005. Até então, o iTunes havia dominado 80% do mercado de downloads legais. A indústria fonográfica, que estava recebendo de 60 a 70 centavos por download, queria mais. As empresas achavam que se o iTunes Music Store cobrasse $1,50 ou $2,00 por música, poderiam dobrar ou triplicar sua receita e lucros. Como Jobs sabia que poderia vender mais iPods se a música fosse barata, estava determinado a manter o preço por download a 99 centavos e a manter as margens da Apple. Devido à posição dominante do iTunes, as companhias de música não tiveram outra opção a não ser ceder.
>
> A entrada da Apple na indústria de música foi um grande sucesso. Desde a criação do iPod em 2001, a Apple vendeu mais de 300 milhões de unidades no mundo todo. Em 2012, as vendas do iPod arrecadaram $5,6 bilhões, e outros produtos relacionados com música faturaram $8,5 bilhões. Apesar da grande competição, a Apple ainda domina o mercado de players de música.
>
> Fonte: Reisinger, D. 2012. Why the iPod (yes, the iPod) still matters. *Fortune*, 8 de outubro: 79; Hesseldahl, A. 2008. Now that we all have iPods. *BusinessWeek*, 15 de dezembro: 36; Apple Computer Inc. 10-K, 2010; Relatório Anual da Apple Inc. de 2012; e Yoffie, D. B. & Kwak, M. 2006. With friends like these: The art of managing complementors. *Harvard Business Review*, 84(9):88–98.

referência para o horizonte de tempo certo é o ciclo de negócios completo de um setor em particular. Na maioria dos setores, um horizonte de três a cinco anos é apropriado. No entanto, no caso de algumas atividades de horizonte temporal mais ampliado, como a mineração, esse período alcança uma década ou mais. O foco dessa análise deve ser a rentabilidade média durante esse intervalo de tempo, e não a rentabilidade de um único ano.

- *O objetivo da análise da indústria não é declarar uma indústria atraente ou não, mas entender a base da competição e os principais motivos da rentabilidade.* Dentro do possível, os analistas devem encarar a estrutura de uma indústria de maneira quantitativa, em vez de se satisfazer com listas de fatores qualitativos. Vários elementos das cinco forças podem ser quantificados: a porcentagem dos gastos totais do comprador com o produto da indústria (para entender a sensitividade de preço do comprador); a porcentagem das vendas da indústria necessária para que a empresa lucre ou fazer com que uma rede logística funcione numa escala eficiente (para ajudar a avaliar obstáculos de entrada); e o preço de troca do comprador (para saber que incentivo um novato ou um concorrente deve oferecer aos clientes).

Grupos Estratégicos em um Setor de Atividade

Na análise de um setor, há dois pressupostos que são inquestionáveis: (1) duas empresas não são totalmente diferentes e (2) duas empresas não são exatamente iguais. A questão é identificar grupos de empresas mais parecidas umas com as outras do que as empresas que não o são, algo conhecido como **grupos estratégicos**.[79] Isso é importante porque a concorrência tende a ser maior entre empresas semelhantes. Os grupos estratégicos são conjuntos de empresas que compartilham de estratégias similares. Afinal, o Kmart se preocupa mais com a Nordstrom ou com o Walmart? A Mercedes está mais preocupada com a Hyundai ou com a BMW? As respostas são simples.[80]

Esses exemplos não têm como objetivo trivializar o conceito de grupos estratégicos.[81] Classificar uma empresa em um grupo estratégico envolve reflexão. Se a finalidade for sua utilização como ferramenta analítica, devemos tomar cuidado ao decidir quais critérios usar para classificar tais empresas. Os critérios incluem a penetração do produto e o âmbito geográfico,

> **grupos estratégicos**
> conjuntos de empresas que compartilham estratégias similares.
>
> **PA2.6**
> O conceito de grupos estratégicos e as consequências de suas estratégias e desempenho.

o preço/qualidade, o grau de integração vertical, o tipo de distribuição (p. ex., revendedores, hipermercados, marcas próprias), e assim por diante. Os critérios devem ser escolhidos de modo a refletir a variedade de combinações estratégicas em um setor de atividade. Por exemplo, se todas as empresas de uma indústria têm praticamente o mesmo nível de diferenciação de produtos (ou a mesma intensidade de pesquisa e desenvolvimento), esse não seria um critério adequado.

Qual é o valor do conceito de grupos estratégicos como ferramenta analítica? *Primeiro: o agrupamento estratégico ajuda uma empresa a identificar obstáculos de mobilidade que protegem o grupo de ataques de outros grupos.*[82] Obstáculos de mobilidade são fatores que limitam o deslocamento das empresas de uma posição estratégica para outra. Por exemplo, na indústria de motosserras, as maiores barreiras protetoras do grupo caracterizado pela excelência da qualidade dos revendedores são a tecnologia, a imagem da marca e uma rede já estabelecida de prestadores de serviço.

A segunda vantagem do agrupamento estratégico é que ele auxilia *uma empresa a identificar grupos cuja posição competitiva pode ser marginal ou tênue*. É possível antecipar que tais concorrentes podem sair da indústria ou tentar ir para outro grupo. Recentemente, no setor de lojas de varejo, empresas como a JCPenney e Sears passaram por tempos muito difíceis porque estavam sem ação: nem faziam descontos agressivos, como o Walmart, nem se sofisticavam, como a Neiman Marcus.

Terceiro: o agrupamento estratégico *permite mapear o direcionamento das estratégias das empresas*. Os sinais indicadores de cada grupo estratégico podem representar o caminho que cada grupo (ou empresa dentro de um grupo) parece trilhar. Se todos os grupos estratégicos tiverem destinos similares, isso pode sugerir um alto grau de volatilidade e intensidade de concorrência no futuro. Na indústria de automóveis, por exemplo, a competição nos segmentos de minivans e SUVs aumentou nos últimos anos porque muitas empresas passaram a ocupar esse espaço.

Quarto: os grupos estratégicos são *úteis para nos ajudar a pensar nas consequências de cada tendência setorial sobre o grupo estratégico como um todo*. A tendência está comprometendo a viabilidade do grupo? Se sim, como o grupo estratégico deve proceder? A tendência está aumentando ou diminuindo os obstáculos de entrada? A tendência vai diminuir a capacidade do grupo de se separar de outros grupos? Tal análise pode ser valiosa para projetar a evolução de um setor de atividade. Um grande aumento da taxa de juros, por exemplo, tende a ter menos impacto em itens caros (p. ex., o Porsche) do que nos mais baratos (p. ex., Chevrolet Cobalt) cujos clientes são mais sensíveis ao fator preço.

A Figura 2.7 mostra grupos estratégicos da indústria mundial de automóveis.[83] As empresas citadas em cada grupo apenas os representam: nem todas foram incluídas nele. Identificamos quatro grupos estratégicos. No alto, à esquerda, estão os fabricantes de carros de luxo, concentrados em uma faixa de mercado bem estreita. A maioria dos carros produzidos pelos componentes desse grupo custa mais de $100 mil. Alguns, muito mais do que isso. A Ferrari F12 Berlinetta vale a partir de $274 mil,** e o Lamborghini Gallardo 2013 nos faz cair da cadeira com o preço de $237.225 (caso esteja pensando como gastar seu bônus de fim de ano). Os participantes desse mercado têm uma clientela bem exclusiva e enfrentam pouca rivalidade de outros grupos estratégicos. No outro extremo, na parte de baixo, à esquerda, está o grupo estratégico que lida com produtos de menor preço e qualidade, e visa um mercado restrito. Esses participantes, Hyundai e Kia, limitam a competição de outros grupos estratégicos ao cobrar muito pouco por seus produtos. O terceiro grupo (quase no meio) consiste de empresas de preço e qualidade altos e média amplitude da linha de modelos. O último grupo (à direita) constitui-se de empresas com ampla variedade de produtos e preços. Elas competem tanto nos modelos de entrada (p. ex., o Ford KA) quanto nos mais sofisticados (p. ex., Honda Accord) da faixa do mercado.

** N.E.: Valores em dólares americanos

FIGURA 2.7 A Indústria Automobilística Mundial: Grupos Estratégicos

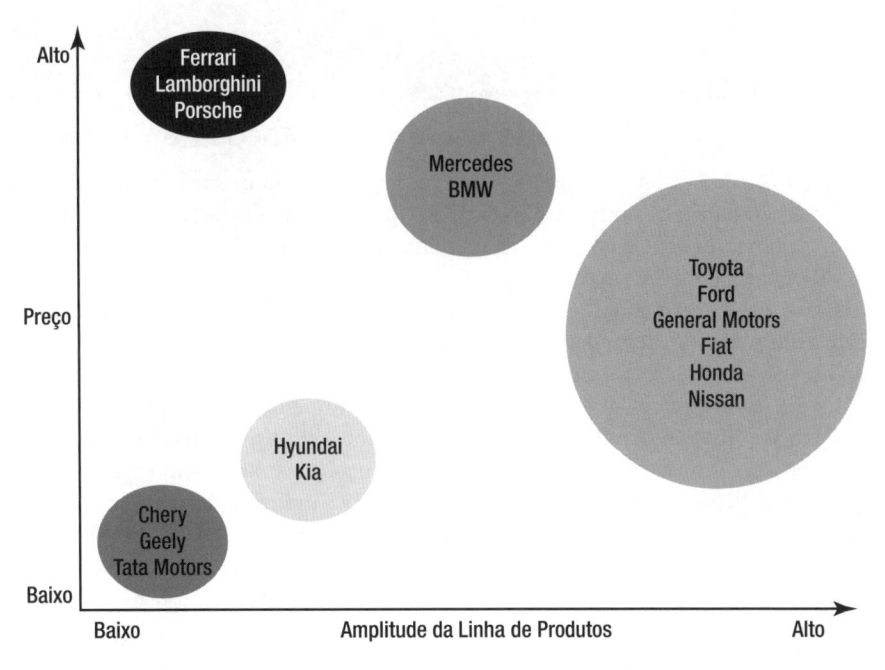

[Gráfico com eixo vertical "Preço" (Baixo a Alto) e eixo horizontal "Amplitude da Linha de Produtos" (Baixo a Alto), mostrando os grupos estratégicos:
- Ferrari, Lamborghini, Porsche (preço alto, linha estreita)
- Mercedes, BMW (preço médio-alto, linha média)
- Toyota, Ford, General Motors, Fiat, Honda, Nissan (preço médio, linha ampla)
- Hyundai, Kia (preço médio-baixo, linha média)
- Chery, Geely, Tata Motors (preço baixo, linha estreita)]

Nota: Os componentes de cada grupo estratégico são apenas exemplos ilustrativos. Há vários outros.

O mercado de automóveis tem sido muito dinâmico, e a competição se intensificou em anos recentes.[84] Por exemplo, alguns fabricantes estão sofisticando a oferta de seus produtos. Em 2009, a Hyundai apresentou o Genesis, com preços a partir de $33 mil. Isso fez com que a Hyundai passasse a competir diretamente com os produtos de outros grupos estratégicos, como o Camry da Toyota e o Accord da Honda. Em 2010, a Hyundai lançou o modelo Equus, que foi precificado em cerca de $60 mil para competir com o Lexus 460. Para intensificar ainda mais a concorrência, alguns fabricantes de carros estão oferecendo opções em segmentos mais baratos. A BMW, com sua série 1, é um exemplo bem conhecido. Tais carros, com preços abaixo de $30 mil, competem de modo mais direto com produtos de fabricantes com linhas de produtos mais diversificadas, como a Ford, General Motors e Toyota. Isso dá a entender que os membros de um grupo estratégico podem superar obstáculos de mobilidade e migrar para outros grupos que acharem atraentes caso estejam dispostos a investir tempo e recursos.

Nossa análise não estaria completa, obviamente, se deixássemos de falar das novas empresas participantes da indústria automobilística as quais, ao que parece, formarão um novo grupo estratégico — no ponto mais baixo, à esquerda, na Figura 2.7. Três empresas — a Zhejiang Geely Holding Company, da China, a Chery Automobile Company, também da China, e a Tata Motors, da Índia — criaram novos modelos que dão um novo significado ao termo "subcompactos".[85] Vamos dar uma olhada neles.

> O preço de venda do modelo QQ da Chery fica entre $4 mil e $7 mil no mercado chinês e tem uma potência de 51 a 74 cavalos. O melhor sedã de quatro portas da Geely, o Free Cruiser, é comercializado na faixa de $6.300 a $6.900. A empresa planeja aumentar a qualidade com o Geely KingKong ($7.500–$10 mil), um sedã de quatro portas com motor 1.5 a 1.8, e o Vision ($9.700–$15.300), um sedã 1.8 de quatro portas. Mas, no que se refere a preços, ninguém supera a Tata Motors, da Índia. Em janeiro de 2008, ela apresentou o Nano com o extraordinário preço no varejo de apenas $2.500. Trata-se de um hatch de quatro portas e cinco lugares que faz quase 23 km/l. Mas, antes de pensar em comprar um, lembre-se de que ele tem apenas 30 cavalos de potência.

QUESTÕES PARA DEBATER

Os Obrigatórios Alertas de Saúde nos Maços de Cigarros

Recentemente, a Austrália começou a exigir de sua indústria de tabaco, que movimenta $10 bilhões, embalagens simples e avisos dos possíveis males à saúde impressos nos maços. Essa nova regulamentação governamental exigirá que 75% da parte da frente dos maços de cigarro contenham alertas de saúde e imagens gráficas. Desnecessário dizer que tais imagens são chocantes: um pé com gangrena, uma língua com câncer, um vaso sanitário com manchas de urina com sangue e um homem magérrimo chamado Bryan, agonizante, com câncer no pulmão.

Como era de se esperar, esse método chocante de impedir os consumidores de fumar levou os fabricantes, como a British American Tobacco, Philip Morris, Imperial Tobacco e Japan Tobacco International, a recorrerem aos tribunais, afirmando que isso é uma violação de sua propriedade intelectual e uma restrição indevida do comércio de tabaco.

Os Estados Unidos foram o primeiro país na história a colocar alertas de saúde do Surgeon General (organismo líder em questões de saúde pública do governo federal do país) nos maços de cigarro. Em 2001, o Canadá foi o primeiro país a usar o que se considera uma estratégia gráfica agressiva de saúde pública. A Austrália é, agora, o quarto país a regulamentar os maços — mas cujas determinações são as mais draconianas já conhecidas. Espera-se mais iniciativas do tipo nos mercados mundiais porque a diminuição de mortes prematuras devido ao fumo é uma das maiores prioridades da saúde pública. Entretanto, a indústria de tabaco é lucrativa e as companhias de tabaco estão elaborando estratégias para protestar e contornar as regras do governo.

Perguntas para Discussão

1. Qual deveria ser o papel do governo quanto às opções de saúde?

Fontes: Fickling, D. 2012. The Malboro Man's replacement. *Bloomberg BusinessWeek*, 8 de outubro: 25–26; e Wilson, D. 2011. US selects cigarette warning images. *The New York Times*, 21 de junho: B1.

Refletindo quanto às Implicações sobre a Carreira...

- **A Criação de Uma Organização Que Respeita o Meio Ambiente:** Fazer uma carreira avançar exige constante varredura, monitoração e coleta de informações para descobrir futuras oportunidades de emprego e para entender como as expectativas dos empregadores estão mudando. Consideremos o uso de sites como o LinkedIn para encontrar oportunidades. Simplesmente postar um currículo num site como o LinkedIn pode não ser o suficiente. Em vez disso, devemos considerar de que maneiras podemos utilizar tais sites para explorar, monitorar e coletar inteligência.

- **A Análise SWOT:** Como método analítico, a análise SWOT pode ser aplicada tanto a indivíduos como a empresas. É importante avaliarmos nossos pontos fortes e fracos, bem como as possíveis oportunidades e ameaças à nossa carreira. Depois dessa análise, devemos fazer algo quanto a nossos pontos fracos aprimorando nossas habilidades e capacidades.

- **O Macroambiente:** O ambiente geral é formado por vários ambientes: demográfico, sociocultural, político/legal, tecnológico, econômico e global. Seria útil avaliar como cada um deles pode afetar nossas oportunidades de carreira. Pode-se identificar duas ou três tendências específicas (p. ex., a rápida mudança tecnológica, o envelhecimento da população, o aumento do nível salarial) e seu impacto nas opções de carreira. Eles também abrem a oportunidade de acrescentarmos valor à nossa organização.

- **A Análise das Cinco Forças:** Antes de ir a uma entrevista de emprego, é preciso considerar o efeito das cinco forças no setor em que a empresa compete. O conhecimento assim adquirido aumentará as chances de obter o emprego. E também ajudar a decidir se queremos trabalhar para essa organização. Se as "forças" não forem favoráveis, o potencial de lucro de longo prazo do setor pode não ser atraente, resultando em menos recursos disponíveis e — tudo o mais constante — menos oportunidades de carreira.

resumo

Os administradores devem analisar o ambiente externo para minimizar ou eliminar ameaças e encontrar oportunidades. Isso envolve um processo contínuo de varredura e monitoração ambiental, bem como a coleta de inteligência competitiva dos atuais ou possíveis concorrentes. Tais atividades geram informações valiosas para as previsões de desenvolvimento. Além disso, muitas empresas usam o planejamento de cenário para antecipar e reagir a mudanças ambientais voláteis e disruptivas.

Identificamos dois tipos de ambientes: o macroambiente e o competitivo. Os seis ambientes do macroambiente são o demográfico, o sociocultural, o político/legal, o tecnológico, o econômico e o global. Tendências e eventos que ocorrem nesses ambientes, tal como envelhecimento da população, elevada porcentagem de mulheres no ambiente de trabalho, regulamentações governamentais e aumento (ou decréscimo) da taxa de juros, podem ter um efeito dramático em uma empresa. Certa tendência ou evento pode ter um efeito positivo em alguns setores de atividade e negativo ou neutro, e até nenhum, em outros.

O ambiente competitivo consiste de fatores relacionados com o ambiente econômico e tem um impacto mais direto do que o macroambiente. O modelo dos cinco forças de Porter de análise setorial inclui a ameaça de novos entrantes, o poder do comprador, o poder do fornecedor, a ameaça de substitutos e a rivalidade entre concorrentes. A intensidade desses fatores antecipa, em grande parte, o nível médio de rentabilidade de um determinado setor de atividade. Estar bem ciente desses fatores, tando de modo individual como em conjunto, é benéfico não apenas para decidir em que setor devemos entrar, mas também para avaliar como uma empresa pode melhorar sua posição competitiva. Discutimos como muitas das mudanças resultantes da economia digital podem ser compreendidas no contexto da análise das cinco forças. As limitações da análise dos cinco poderes incluem sua natureza estática e sua incapacidade de reconhecer o papel dos complementadores. Embora tenhamos falado do macroambiente e do ambiente competitivo em seções separadas, eles são interdependentes. Certa tendência ou evento ambiental, como mudanças na composição étnica de uma população ou inovações tecnológicas, costumam ter um impacto muito maior em algumas áreas do que em outras.

O conceito de grupos estratégicos também é importante para o ambiente externo de uma empresa. Duas organizações não podem ser completamente diferentes ou exatamente iguais. A questão é como agrupar as empresas de um setor baseando-se nas similaridades de seus recursos e estratégias. O conceito de grupos estratégicos é valioso para determinar quais são os obstáculos de mobilidade entre eles, identificando grupos com posições marginais de competição, projetando a direção das estratégias de uma empresa e avaliando as consequências das tendências setoriais para um grupo estratégico como um todo.

PERGUNTAS DE REVISÃO DO RESUMO

1. Por que os administradores devem estar cientes do ambiente externo de uma empresa?
2. O que significa coletar e analisar a inteligência competitiva e por que é importante que as empresas façam isso?
3. Discuta e descreva os seis elementos do ambiente externo.
4. Escolha um desses elementos e descreva algumas mudanças relacionadas com ele em um setor de atividade que lhe interesse.
5. Descreva como as cinco forças podem ser usadas para determinar a rentabilidade setorial média esperada.
6. Cite algumas das limitações (ou ressalvas) no uso da análise das cinco forças.
7. Explique como o macroambiente e o ambiente competitivo estão intimamente relacionados. Como este inter-relacionamento afeta a rentabilidade setorial ou de uma empresa?
8. Explique o conceito de grupos estratégicos. Quais são as consequências de desempenho?

termos-chave

exploração ambiental 36
monitoração ambiental 37
tendência certa 37
tendência provável 37
inteligência competitiva 38
previsão ambiental 40
análise de cenário 40
análise SWOT 41
macroambiente 42
ambiente demográfico do macroambiente 42
ambiente sociocultural do macroambiente 42
ambiente político/legal do macroambiente 44
ambiente tecnológico do macroambiente 45
ambiente econômico do macroambiente 45
ambiente global do macroambiente 46
crowdsourcing 48
setor de atividade 48
ambiente competitivo 48
modelo de cinco forças de Porter da concorrência no setor de atividade 49
ameaça de novos entrantes 50
economias de escala 50
diferenciação de produto 50
custos de mudança 51
poder de barganha dos compradores 51
poder de barganha dos fornecedores 52
ameaça de bens e serviços substitutos 53
bens e serviços substitutos 53
intensidade da rivalidade entre concorrentes em um setor de atividade 53
internet 55
jogo de soma zero 59
complementos 60
grupos estratégicos 61

exercício experimental

Escolha uma das seguintes indústrias: PCs, linhas aéreas ou automóveis. Para aquela que escolher, avalie o poder de cada uma das cinco forças de Porter e dos complementadores.

Força da Indústria	Alta? Média? Baixa?	Por quê?
1. Ameaça de novos participantes		
2. Poder dos compradores		
3. Poder dos fornecedores		
4. Poder dos substitutos		
5. Rivalidade entre concorrentes		
6. Complementadores		

questões & exercícios práticos

1. Imagine-se como o CEO de uma grande empresa em um setor de atividade em que esteja interessado. Tente (1) identificar as maiores tendências no macroambiente, (2) analise o impacto delas na empresa e (3) identifique as maiores fontes de informação para monitorar tais tendências. (Use os recursos da internet ou de bibliotecas.)

2. Analise movimentos entre os grupos estratégicos no "varejo de alimentos" no Brasil. Como esses movimentos setoriais mudam a natureza da competição?

3. Quais são as maiores tendências no ambiente geral que influenciaram a indústria farmacêutica?

4. Acesse o site www.submarino.com. Cite algumas das cinco forças impulsionadoras da competição setorial que estão afetando a rentabilidade dessa empresa.

questões éticas

1. Cite algumas das questões legais e éticas relacionadas com a coleta de inteligência da concorrência nas seguintes situações:

   a. O Hotel A envia um empregado, que finge ser um possível cliente, ao Hotel B para descobrir quem são seus maiores clientes corporativos.

   b. A empresa contrata um aluno cursando um MBA para coletar informações diretamente de um concorrente dizendo que está fazendo isso para um trabalho de escola.

   c. Uma empresa informa que está contratando para uma posição que não existe e entrevista um dos empregados da concorrência com o objetivo de obter informações do concorrente.

2. Cite algumas das consequências éticas que surgem quando uma empresa tenta se aproveitar de seu poder sobre um fornecedor.

referências

1. Schneider, J. & Hall, J. 2011. Con You Hear Me Now? *Harvard Business Review*; 89 (4): 23; Hornigan, J. 2009. Wireless Internet use—Mobile access to data and information. www.pewinternet.org, 22 de julho: np; e Salemi Industries. 2012. Home page. www.salemiindustries.com, 20 de dezembro: np.

2. Hamel, G. & Prahalad, C. K. 1994. *Competing for the future*. Boston: Harvard Business School Press.

3. Drucker, P. F. 1994. Theory of the business. *Harvard Business Review*, 72: 94–104.

4. Para uma interessante discussão sobre a avaliação dos administradores do ambiente externo, veja: Sutcliffe, K. M. & Wber, K. 2003. The high cost of accurate knowledge. *Harvard Business Review*; 81 (5): 74–86.

5. Para reflexões sobre como reconhecer ou agir em caso de oportunidades ambientais, veja: Alvarez, S. A. & Barney, J. B. 2008. Opportunities, organizations, and entrepreneurship: Theory and debate. *Strategic Entrepreneurship Journal*, 2(3): o artigo inteiro.

6. Charitou, C. D. & Markides, C. C. 2003. Responses to disruptive strategic innovation. *MIT Sloan Management Review*, 44(2): 55–64.

7. Nossa discussão sobre os conceitos de exploração, monitoração, inteligência competitiva e previsão são baseados em várias fontes. Estas incluem Fahey, L. & Narayanan, V. K. 1983. *Macroenvironmental analysis for strategic management*. St. Paul, MN: West; Lorange, P., Scott, F. S., & Ghoshal, S. 1986. *Strategic control*. St. Paul, MN: West; Ansoff, H. I. 1984. *Implementing strategic management*. Englewood Cliffs, NJ: Prentice Hall; e Schreyogg, G. & Stienmann, H. 1987. Strategic control: A new perspective. *Academy of Management Review*, 12: 91–103.

8. Uma interessante discussão sobre como os líderes podem desenvolver uma "visão periférica" na exploração ambiental é encontrada em: Day, G. S. & Schoemaker, P. J. H. 2008. Are you a "vigilant leader"? *MIT Sloan Management Review*, 49 (3): 43–51.

9. Elenkov, D. S. 1997. Strategic uncertainty and environmental scanning: The case for institutional influences on scanning behavior. *Strategic Management Journal*, 18: 287–302.

10. Para um interessante ponto de vista sobre a varredura ambiental nas economias emergentes, veja: May, R. C., Stewart, W. H., & Sweo, R. 2000. Environmental scanning behavior in a transitional economy: Evidence from Russia. *Academy of Management Journal,* 43(3): 403–27.
11. Bryon, E. 2010. Para informações sobre P&G, consulte Olay numbers. *Wall Street Journal.* 27 de outubro: C1.
12. Tang, J. 2010. How entrepreneurs discover opportunities in China: An institutional view. *Asia Pacific Journal of Management.* 27(3): 461–480.
13. Fonte: Burrus, D. 2011. *Flash Foresight: How to see the invisible and do the impossible.* Nova York: HarperCollins.
14. Walters, B. A. & Priem, R. L. 1999. Business strategy and CEO intelligence acquisition. *Competitive Intelligence Review,* 10(2): 15–22.
15. Prior, V. 1999. The language of competitive intelligence, Part 4. *Competitive Intelligence Review,* 10(1): 84–87.
16. Hill, K. 2011. The spy who liked me. *Forbes,* 21 de novembro: 56–57.
17. Wolfenson, J. 1999. The world in 1999: A battle for corporate honesty. *The Economist,* 38: 13–30.
18. Drucker, P. F. 1997. The future that has already happened. *Harvard Business Review,* 75(6): 22.
19. Evans, P. B. & Wurster, T. S. 1997. Strategy and the new economics of information. *Harvard Business Review,* 75(5): 71–82.
20. Fahey & Narayanan, op. cit., p. 41.
21. Reflexões sobre como melhorar as predições podem ser encontradas em: Cross, R., Thomas, R. J., & Light, D. A. 2009. The prediction lover's handbook. *MIT Sloan Management Review,* 50 (2): 32–34.
22. Courtney, H., Kirkland, J., & Viguerie, P. 1997. Strategy under uncertainty. *Harvard Business Review,* 75(6): 66–79.
23. Odlyzko, A. 2003. False hopes. *Red Herring,* março: 31.
24. Coy, P. 2009. Worst prediction about 2008. *BusinessWeek,* 12 de janeiro: 15–16.
25. Para uma interessante perspectiva sobre como a Accenture trabalha e sobre como ela desenvolveu seu método de planejamento de cenário, veja: Ferguson, G., Mathur, S., & Shah, B. 2005. Evolving from information to insight. *MIT Sloan management Review,* 46(2): 51–58.
26. Dean, T. J., Brown, R. L., & Bamford, C. E. 1998. Differences in large and small firm responses to environmental context: Strategic implication from a comparative analysis of business formation. *Strategic Management Journal,* 19: 709–728.
27. Colvin, G. 1997. How to beat the boomer rush. *Fortune,* 18 de agosto: 59–63.
28. Porter, M. E. 2010. Discovering— and lowering—the real costs of health care. *Harvard Business Review,* 89 (½): 49–50.
29. Toossi, M. 2012. Labor force projections to 2020: A more slowly growing workforce. *Monthly Labor Review,* 135(1): 43–64.
30. Challenger, J. 2000. Women's corporate rise has reduced relocation. *Lexington* (KY) *Herald-Leader,* 29 de outubro: D1.
31. Tsao, A. 2005. Retooling home improvent, Businessweek.com, 14 de fevereiro; e Grow, B. 2004. Who wears the wallet in the family? *BusinessWeek,* 16 de agosto: 10.
32. Watkins, M. D. 2003. Government games. *MIT Sloan Management Review,* 44(2): 91–95.
33. Podemos encontrar uma discussão das questões políticas relacionadas com a quantidade de calorias nas refeições em: Orey, M. 2008. A food fight over calorie counts. *BusinessWeek,* 11 de fevereiro: 36.
34. Para uma discussão da relação entre a lei dos direitos autorais e a inovação, leia: Guterman, J. 2009. Does copyright law hinder innovation? *MIT Sloan Management Review,* 50(2): 14–15.
35. Davis, A. 2000. The welcome mat is out for nerds. *BusinessWeek,* 21 de maio: 17; Broache, A. 2007. Annual H-1B visa cap met—already. news.cnet.com, 3 de abril: np; e Anônimo. Sem data. Cap count for H-1B and H-2B workers for fiscal year 2009. www.uscis.gov: np.
36. Elliott, M. 2010. Opinion. *Fortune,* 14 de junho: 56; e Greene, I. 2008. Case study: Microsoft's Canadian solution. *Bloomberg BusinessWeek,* 28 de janeiro: 51.
37. Hout, T. M., Ghemawat, P. 210. China vs. the world: Whose technology is it? *Harvard Business Review,* 88(12): 94–103.
38. Business ready for Internet revolution, 1999. *Financial Times,* 21 de maio: 17.
39. Uma discussão sobre uma energia alternativa — a energia das marés — é o assunto de: Boyle, M. 2008. Scottish power. *Fortune,* 17 de março: 28.
40. Baker, S. & Aston, A. 2005. The business of nanotech. *BusinessWeek,* 14 de fevereiro: 64–71.
41. Para uma interessante discussão sobre as causas da crise financeira mundial, leia: Johnson, S. 2009. The global financial crisis—What really precipitated it? *MIT Sloan Management Review,* 50(2): 16–18.
42. Tyson, L. D. 2011. A better stimulus for the U.S. economy. *Harvard Business Review,* 89(1/2): 53.
43. Podemos encontrar uma discussão interessante e equilibrada sobre os méritos das multinacionais em relação à economia dos EUA em: Mandel, M. 2008. Multinationals: Are they good for America? *BusinessWeek,* 10 de março: 41–64.
44. Reflexões sobre a percepção de risco nos países são encontradas em: Purda, L. D. 2008. Risk perception and the financial system. *Journal of International Business Studies.* 39(7): 1178–1196.
45. Thurm, S. 2012. U.S. firms add jobs, but mostly overseas. wsj.com, 27 de abril: np.
46. Gooll, I. & Rasheed, M. A. 1997. Rational decision-making and firm performance: The moderating role of environment, *Strategic Management Journal,* 18: 583–591.
47. Nossa discussão sobre crowdsourcing é baseada nos dois primeiros livros que trataram desse assunto: Libert, B. & Spector, J. 2008. *We are smarter than me.* Filadélfia: Wharton Books; e Howe, J. 2008. *Crowdsourcing.* Nova York: Crown Business. Eric von Hippel discorreu sobre assuntos similares em seu livro de 2005, *Democraticizing Innovation,* Cambridge, MA.: MIT Press.
48. Essa abordagem baseia-se muito em Porter, M. E. 1980. *Competitive strategy:* Capítulo 1. Nova York: Free Press.
49. Ibid.
50. A rivalidade no setor de linhas aéreas é discutida em: Foust, D. 2009. Which airlines will disappear in 2009? *BusinessWeek,* 19 de janeiro: 46–47.
51. Fryer, B. 2001. Leading through rough times: An interview with Novell's Eric Schmidt. *Harvard Business Review,* 78(5): 117–123.

52. Para uma discussão sobre a importância das barreiras à entrada nos setores de atividade, leia: Greenwald, B. & Kahn, J. 2005. *Competition demystified: A radically simplified approach to business strategy*. East Rutherford, NJ: Portfolio.
53. Uma discussão sobre como a indústria médica estabeleceu barreiras à entrada que resultaram em processos é encontrada em: Whelan, D. 2008. Bad medicine. *BusinessWeek*, 10 de março: 86–98.
54. O exemplo da ProCD baseia-se muito em Shapiro, C. & Varian, H. R. 2000. Versioning: The smart way to sell information. *Harvard Business Review*, 78(1): 106–114.
55. Wise, R. & Baumgarter, P. 1999. Go downstream: The new profit imperative in manufacturing. *Harvard Business Review*, 77(5): 133–141.
56. Salman, W. A. 2000. The new economy is stronger than you think. *Harvard Business Review*, 77(6): 99–106.
57. Staley, O. 2011. California universities fell the squeeze. *Bloomberg Businessweek*, 24–30 de janeiro: 20–30.
58. Mudambi, R. & Helper, S. 1998. The "close but adversarial" model of supplier relations in the U.S. auto industry. *Strategic Management Journal*, 19: 775–792.
59. As tendências na indústria de energia solar são abordadas em: Carey, J. 2009. Solar: The sun will come out tomorrow. *BusinessWeek*, 12 de janeiro: 51.
60. Tischler, L. 2002. IBM: Manager jam. *Fast Company*, outubro: 48.
61. Uma análise interessante da autorregulação em uma indústria (química) é encontrada em: Barnett, M. L. & King, A. A. 2008. Good fences make good neighbors: A longitudinal analysis of an industry self-regulatory institution. *Academy of Management Journal*, 51(6): 1053–1078.
62. Para uma interessante perspectiva sobre a intensidade da competição no setor de supermercados, veja: Anônimo. 2005. Warfare in the aisles. *The Economist*, 2 de abril: 6–8.
63. Marcial, G. 2000. Giving Viagra a run for its money. *BusinessWeek*, 23 de outubro: 173.
64. Para uma perspectiva interessante das características que estão mudando nos limites de atuação das empresas, veja: Afuah, A. 2003. Redefining firm boundaries in the face of internet: Are firms really shrinking? *Academy of Management Review*, 28(1): 34–53.
65. Time to rebuild. 2001. *Economist*, 19 de maio: 55–56.
66. www.amazon.com
67. Para saber mais sobre o papel da internet como um intermediário eletrônico, veja: Carr, N. G. 2000. Hypermediation: Commerce as clickstream. *Harvard Business Review*, 78(1): 46–48.
68. www.mysimon.com; e www.pricecan.com.
69. www.cnet.com; e www.bizrate.com.
70. Para reflexões sobre as estratégias em um setor de lucro baixo, veja: Hopkins, M. S. 2008. The management lessons of a beleaguered industry. *MIT Sloan Management Review*. 50(1): 25–31.
71. Foust, D. 2007. The best performers. *BusinessWeek*, 26 de março: 58–95; Rosenblum, D., Tomlinson, D., & Scott, L. 2003. Bottom-feeding for blockbuster businesses. *Harvard Business Review*, 81(3): 52–59; Relatório Anual de 2006 da Paychex; e Relatório Anual de 2005 da WellPoint Health Network.
72. Kumar, N. 1996. The power of trust in manufacturer-retailer relationship. *Harvard Business Review*, 74(6): 92–110.
73. Welch, D. 2006. Renault-Nissan: Say hello to Bo. *BussinessWeek*, 31 de julho: 56–57.
74. Brandenburger, A. & Nalebuff, B. J. 1995. The right game: Use game theory to shape strategy. *Harvard Business Review*, 73(4): 57–71.
75. Para uma discussão acadêmica sobre complementaridade de recursos e suas relações com a vantagem competitiva, veja: Stieglitz, N. & Heine, K. 2007. Innovations and the role of complementarities in a strategic theory of the firm. *Strategic Management Journal*, 28(1): 1–15.
76. Uma abordagem útil para a análise da evolução setorial foi sugerida pela professora Anita McGahan da Boston University. Sua análise se baseia na identificação das atividades e dos recursos principais de um setor de atividade e as ameaças que ele enfrenta. Ela sugere que um setor pode seguir uma de quatro possíveis trajetórias evolutivas — mudança radical, mudança criativa, mudança intermediária ou mudança progressiva — baseadas em dois tipos de ameaças de obsolência. Veja: McGahan, A. M. 2004. How industries change. *Harvard Business Review*, 82(10): 87–94.
77. Yoffie, D. B. & Kwak, M. 2006. With frieds like these: The art of managing complementors. *Harvard Business Review*, 84(9): 88–98.
78. Porter, M. I. 2008. The five competitive forces that shape strategy. *Harvard Business Review*, 86 (1): 79–93.
79. Peteraf, M. & Shanley, M. 1997. Getting to know you: A theory of strategic group identity. *Strategic Management Journal*, 18 (Edição Especial): 165–186.
80. Um interessante ponto de vista acadêmico sobre grupos estratégicos pode ser encontrado em: Dranove, D., Perteraf, M., & Shanley, M. 1998. Do strategic groups exist? An economic framework for analysis. *Strategic Management Journal*, 19(11): 1029–1044.
81. Para um estudo empírico de grupos estratégicos e pessoas que predizem o desempenho, veja: Short, J. C., Ketchen, D. J., Jr., Palmer, T. B., & Hult, T. M. 2007. Firm, strategic group, and industry influences on performance. *Strategic Management Journal*, 28(2): 147–167.
82. Esta seção é baseada em várias fontes, incluindo Kerwin, K. R. & Haughton, K. 1997. Can Detroit make cars that baby boomers like? *BusinessWeek*, 1º de dezembro: 134–148; e Taylor, A., III. 1994. The new golden age of autos. *Fortune*, 4 de abril: 50–66.
83. Csere, C. 2001. Supercar supermarket. *Car and Driver*, janeiro: 118–127.
84. Para uma discussão sobre a extensão do excesso de capacidade instalada na indústria mundial de automóveis, leia: Roberts, D., Matlack, C., Busyh, J., & Rowley, I. 2009. A hundred factories too many. *BusinessWeek*, 19 de janeiro: 42–43.
85. Esta abordagem é baseada em: Wojdyla, B. 2008. The $2500 Tata Nano, unveiled in India. jalopnik.com, 10 de janeiro: np; Roberts, D. 2008. China's Geely has global auto ambitions. businessweek.com, 27 de julho: np; e Fairclough, G. 2007. In China, Chery automobile drives an industry shift. *The Wall Street Journal*, 4 de dezembro: A1, A17.

PARTE 1: ANÁLISE ESTRATÉGICA

capítulo 3

Análise do Ambiente Interno da Empresa

Depois da leitura deste capítulo você deverá obter uma boa compreensão dos seguintes pontos a aprender:

PA3.1 Os benefícios e limitações da análise SWOT na realização da análise interna da empresa.

PA3.2 As atividades primárias e de apoio da cadeia de valor de uma empresa.

PA3.3 Como a análise da cadeia de valor pode ajudar os administradores a criar valor ao investigar as relações entre as atividades dentro da firma e entre esta e seus clientes e fornecedores.

PA3.4 A visão baseada nos recursos de uma empresa e os diferentes tipos de recursos tangíveis e intangíveis, bem como as capacidades organizacionais.

PA3.5 Os quatro critérios que os recursos de uma empresa devem apresentar para manter uma vantagem sustentável e como a criação de valor pode ser realizada por empregados e gerentes.

PA3.6 A utilidade da análise de índices financeiros e suas limitações inerentes, e como fazer comparações significativas do desempenho das empresas.

PA3.7 O valor do "balanced scorecard" no reconhecimento de como os interesses de vários stakeholders podem estar inter-relacionados.

Aprenda com os Erros

Em 1997, a Daimler AG apresentou, com muito alarde um carro "ultraurbano" na Frankfurt Motor Show.[1] O veículo, projetado por Nicholas Hayek (inventor do relógio Swatch) e pela Mercedes-Benz, foi elogiado por sua inovação, engenharia avançada, funcionalidade e ser gostoso de dirigir. Mais de um milhão de carros foram vendidos no mundo todo antes de entrar no mercado norte-americano, uma década mais tarde. Que carro era esse que estava transformando o mercado de transporte urbano? Era o Smart — um carro minúsculo de dois lugares, grande eficiência, feito com materiais de ponta, tão leves quanto fortes, e equipado com um motor tão admiravelmente bem projetado da Mercedes-Benz que dirigi-lo era um verdadeiro prazer.

Em 16 de janeiro de 2008, o primeiro Smart rodou pelas ruas de Manhattan, Nova York. O carrinho se tornou uma febre imediata nos Estados Unidos, com vendas de 24.600 unidades em seu primeiro ano. Com o aumento do preço do combustível, uma economia dinâmica e clientes extremamente preocupados com o meio ambiente, a Daimler não somente havia encontrado um mercado, mas também estava deixando sua marca pelos Estados Unidos. No entanto, as vendas rapidamente começaram a declinar — apenas 20 mil carros foram vendidos nos três anos seguintes. Quais as razões da súbita reviravolta?

A Daimler AG identificou corretamente as tendências no mercado externo, que apontavam para o aumento da urbanização e engarrafamentos de trânsito, alta no preço do combustível e no desejo dos clientes de causarem um impacto ecológico menor. De acordo com Annette Winkler, encarregada-chefe da Smart Product Unit na Daimler AG, "escolher um carro de dois lugares é mais do que comprar um carro, é escolher um modo de vida". No entanto, o Smart era muito caro para seu tamanho (cerca de $13 mil) e seu nível de consumo de combustível não era mais vantajoso do que o da última série de compactos, como o Chevrolet Sonic ($14.800), o Hyundai Accent ($14.500) e o Mini Cooper da BMW ($20.200), sendo que todos estes tinham assentos traseiros — diferentemente do Smart. Além disso, o Smart não conseguiu capitalizar a marca da Mercedes-Benz e sua associação com potência, prestígio e segurança. A segurança se tornou uma questão das mais relevantes — afinal, o carro não tinha assentos traseiros! Em resumo, os projetistas superestimaram o desejo dos consumidores por um motor potente e subestimaram o desejo dos consumidores norte-americanos por carros grandes.

Roger Penske, o presidente e diretor executivo da Penske Automotive Group, estava muito otimista em relação ao potencial do Smart no mercado dos EUA. Ele comprou os direitos exclusivos de exploração do mercado norte-americano em 2008 pensando em comercializar 200 mil unidades por ano. Contudo, quando as vendas caíram para meras 5.208 unidades em 2011, ele vendeu seus direitos. Infelizmente, o mercado havia mudado — o preço do combustível havia se estabilizado, a economia, despencado, e o mercado de veículos dos EUA estava saturado, com vários concorrentes no segmento de carros compactos, como o Honda Fit, o Nissan Versa, o Ford Fiesta, o Toyota Yaris e o Chevrolet Aveo — que tinham preços muito mais atrativos.

Cabe um pós-escrito: em 1º de julho de 2011, o Smart se tornou um subsidiário da Merceder-Benz USA, que o vendeu para seus distribuidores. Embora as vendas tenham ficado acima de 10.009 unidades em 2012, até então o Smart havia causado uma perda acumulada de $5,3 bilhões para a Mercedes-Benz.

Perguntas para Discussão

1. Por que o Smart não teve êxito no mercado dos Estados Unidos?
2. Eles perderam a oportunidade ou seria possível viabilizar uma posição de mercado?

PA3.1

Os benefícios e limitações da análise SWOT na realização da análise interna da empresa.

análise da cadeia de valor
uma análise estratégica de uma organização que coloca em prática atividades de criação de valor.

atividades primárias
atividades sequenciais da cadeia de valor que se referem à criação física do produto ou serviço, sua venda e transferência ao comprador, e ao serviço de pós-venda. Elas incluem a logística de entrada, operações, logística de distribuição, marketing e vendas, e prestação de serviços.

atividades de apoio
atividades da cadeia de valor que acrescentam valor por si só ou por meio de relações importantes com as atividades primárias e outras atividades de apoio. Incluem os processos de compras, desenvolvimento de tecnologia, gestão de recursos humanos e administração geral.

Neste capítulo enfatizaremos bastante o conceito de cadeia de valor. Ou seja, nos concentraremos nas principais atividades de criação de valor (p. ex., operações, marketing e vendas, e compras) que uma empresa deve administrar e integrar de maneira eficaz para obter vantagens competitivas no mercado. Entretanto, as empresas não devem se ater apenas a suas próprias atividades de criação de valor, mas também relacionar-se próxima e eficazmente com as principais organizações que a orbitam: fornecedores, clientes e parceiros.

As vendas do Smart ficaram bem abaixo das expectativas graças a problemas maiores associados com várias atividades da cadeia de valor. Grande parte está relacionada com Pesquisa & Desenvolvimento (P&D) e com marketing e vendas, como, por exemplo, bancos para apenas duas pessoas, baixa quilometragem por litro de gasolina relativamente baixa e um preço que o colocava em desvantagem contra concorrentes como a Hyundai.

Antes de falar sobre a cadeia de valor, revisemos brevemente os benefícios e limitações da análise SWOT. Como vimos no Capítulo 2, uma análise SWOT consiste de uma lista cuidadosa dos pontos fortes e fracos, das oportunidades e das ameaças. Embora acreditemos que a análise SWOT seja muito útil como ponto de partida, ela não deve ser a base primária da avaliação das forças e fraquezas internas de uma empresa, ou das oportunidades e ameaças do ambiente. Destaques de Estratégia 3.1 ocupa-se com as limitações do método SWOT tradicional.

Agora voltemo-nos para a análise da cadeia de valor. Como veremos, ela nos traz grandes insights ao analisarmos a posição competitiva de uma empresa em comparação com a análise SWOT por si só.

A Análise da Cadeia de Valor

A **análise da cadeia de valor** enxerga a organização como um processo sequencial de atividades de criação de valor. A abordagem permite entender os fundamentos da vantagem competitiva e foi descrita no excelente livro de Michael Porter *Competitive Advantage*.[2] Valor é a soma que os compradores estão dispostos a pagar pelo que a empresa oferece e é medida pela receita total, a qual reflete a conjugação entre o preço exigido pelo produto e a quantidade que pode ser comercializada. Uma empresa é rentável quando o valor que ela recebe excede os custos totais envolvidos na criação de seu produto ou serviço. A criação de valor para os compradores que ultrapassa os custos de produção (ou seja, margem) é um conceito fundamental usado na análise da posição competitiva de uma empresa.

Porter descreve duas categorias diferentes de atividades. Primeira: cinco **atividades primárias** — logística de entrada, operações, logística de distribuição, marketing e vendas, e prestação de serviços — contribuem para a criação física do produto ou serviço, sua venda e transferência para o comprador, e o serviço de pós-venda. Segunda: **atividades de apoio** — compras, desenvolvimento de tecnologia, gestão de recursos humanos e administração geral — que acrescentam valor por si só ou por meio de relações importantes com as atividades primárias e outras atividades de apoio. A Figura 3.1 apresenta a cadeia de valor de Porter.

Para tirar o máximo de proveito da análise da cadeia de valor, devemos encará-la a partir de seu contexto mais amplo, independentemente dos limites de nossa própria organização. Ou seja, colocar nossa organização em uma cadeia de valor mais extensa, que inclua fornecedores, clientes e parceiros. Assim, além de compreender plenamente como o valor é criado dentro da organização, estaremos cientes de como o valor é criado em outras empresas no total da cadeia de fornecimento ou no canal de distribuição.[3]

Em seguida, descreveremos e daremos exemplos de cada uma das atividades primárias e de apoio. Depois exemplificaremos como as companhias acrescentam valor através de relações entre atividades dentro e fora da organização, tais como aquelas associadas a clientes e fornecedores.[4]

DESTAQUES DE ESTRATÉGIA 3.1

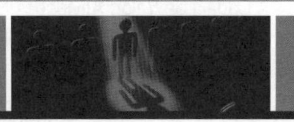

AS LIMITAÇÕES DA ANÁLISE SWOT

A análise SWOT (pontos fortes, pontos fracos, oportunidades, ameaças — tradução de strengths, weaknesses, opportunities and threats) é um instrumento de análise estratégica comprovado. Ela é usada regularmente nos negócios para fazer uma avaliação inicial das oportunidades e ameaças no ambiente de negócios e dos pontos fortes e fracos do ambiente interno de uma empresa. Os melhores gerentes se valem da SWOT para estimular a autorreflexão e discussões em grupo sobre como aprimorar sua empresa e direcioná-la para o sucesso.

No entanto, a SWOT tem suas limitações. Ela é apenas um ponto de partida. Ao alistar os atributos de uma empresa, os administradores dispõem do material bruto necessário para realizar uma análise mais aprofundada. Entretanto, a SWOT não consegue lhes mostrar como obter uma vantagem competitiva. Eles não devem considerar a SWOT um fim em si mesma, elevando temporariamente o nível de consciência da empresa quanto a questões importantes, mas deixando de dar os tipos de passos necessários à realização de uma mudança estratégica.

Considere o exemplo no Capítulo 2 da ProCD, página 51. Uma análise sucinta da SWOT pode revelar o seguinte:

Pontos Fortes	Oportunidades
Vantagem do pioneirismo	Demanda por listas telefônicas eletrônicas
Baixo custo de mão de obra	Crescimento repentino no uso de tecnologia digital

Pontos Fracos	Ameaças
Inexperiência da nova companhia	Produto replicado com facilidade
Carência de informações	Poder de mercado de outras empresas

A combinação do custo de mão de obra baixo e a vantagem de se investir em um negócio pioneiro em um ambiente no qual a demanda por listas telefônicas em CDs estava em rápida ascensão parecia indicar que o fundador da ProCD, James Bryant, havia se deparado com uma oportunidade de ouro. Mas a análise SWOT não mostrou como fazer com que tais pontos fortes se tornassem vantagens competitivas, nem detectou quão velozmente o ambiente mudaria, fato que permitiria aos imitadores entrar no mercado e eliminar a vantagem de ser o primeiro a começar o negócio. Vejamos algumas das limitações da análise SWOT.

Os Pontos Fortes Podem Não Resultar em Vantagem

Os pontos fortes e as habilidades de uma empresa podem não ser o suficiente para que ela consiga uma vantagem competitiva no mercado, não importando quão única ou impressionante ela seja. Podemos comparar isso com recrutar um pianista de concertos para uma gangue de bandidos — embora sua habilidade seja rara e valiosa, ela dificilmente ajudará a organização a atingir seus alvos e objetivos! De modo similar, o talento de um designer de produtos extremamente criativo resultaria em pouca vantagem competitiva para uma empresa cujos produtos são comuns e baratos. Na verdade, as despesas adicionais de se contratar tal pessoa teriam um impacto negativo nas vantagens de custo da empresa. Se uma empresa elabora sua estratégia em uma capacidade que não pode, por si só, criar ou sustentar uma vantagem competitiva, ela é, essencialmente, um desperdício de recursos. A ProCD tinha vários pontos fortes fundamentais, mas eles não foram traduzidos em vantagens duradouras no mercado.

O Foco da SWOT no Ambiente Externo É Muito Limitado

Os estrategistas que trabalham em cima das configurações tradicionais de seu setor de atividade e do ambiente competitivo costumam se concentrar apenas em seus clientes, tecnologia e concorrentes atuais. Assim, deixam de notar mudanças importantes na periferia do ambiente que poderiam levá-los a redefinir as fronteiras setoriais e identificar todo um novo conjunto de relações competitivas. Voltemos ao exemplo do Capítulo 2 da *Encyclopaedia Britannica*, cuja posição competitiva foi extremamente prejudicada por um concorrente "não tradicional" — as enciclopédias em CD (p. ex., a Encarta, da Microsoft) que rodava em PCs.

A SWOT Mal Percebe um Alvo em Movimento

Um dos principais pontos fracos da SWOT é que ela é, basicamente, uma avaliação estática. Ela concentra em demasia sua atenção em um determinado momento do tempo. Em essência, isso é fixar-se em um único fotograma de um filme. Talvez possamos identificar os atores principais e entender alguma coisa do ambiente, mas não saberemos muito sobre o enredo. A concorrência entre as organizações se desgasta com o tempo. Visto que as circunstâncias, habilidades e estratégias mudam, as técnicas de análise estáticas não revelam a dinâmica do ambiente competitivo. Obviamente, a ProCD desconhecia que sua competitividade estava sendo minada tão rapidamente.

A SWOT Superestima uma Particular Dimensão da Estratégia

Às vezes as empresas se preocupam com um determinado ponto forte ou com uma característica fundamental do bem ou serviço que oferecem, ignorando outros fatores necessários para o sucesso competitivo. Por exemplo, a Toyota, grande fabricante de veículos, pagou caro por sua ênfase excessiva no controle de custos. Os problemas de qualidade e a publicidade negativa resultaram em severas perdas financeiras e desgaste de sua reputação em muitos mercados.

A análise SWOT tem muito a oferecer, mas apenas como ponto de partida. Isoladamente, ela dificilmente ajuda uma empresa a desenvolver vantagens competitivas que possam ser sustentadas com o passar do tempo.

Fontes: Shapiro, C. & Varian, H. R. 2000. Versioning: The Smart Way to Sell Information. *Harvard Business Review*, 78(1): 99–106; e Picken, J. C. & Dess, G. G. 1997. *Mission Critical*. Burr Ridge, IL: Irwin Professional Publishing.

FIGURA 3.1 A Cadeia de Valor: Atividades Primárias e de Apoio

```
A Cadeia de Valores

Atividades de Apoio:
    Administração geral
    Gestão de recursos humanos
    Desenvolvimento de tecnologia
    "Procurement"

Atividades Primárias:
    Logística de suprimento | Operações | Logística de distribuição | Marketing e vendas | Prestação de Serviços

Margem
```

Fonte: Reimpresso com a permissão da Free Press, uma divisão de Simon & Schuster Inc., de *Competitive Advantage: Creationg and Sustaining Performance* de Michael E. Porter. Direitos Autorais © 1985, 1998 The Free Press. Todos os direitos reservados.

PA3.2
As atividades primárias e de apoio da cadeia de valor de uma empresa.

logística de suprimento
recebimento e armazenamento de um produto, e gestão das atividades correlatas.

Atividades Primárias

Há cinco categorias genéricas de atividades primárias envolvidas na concorrência dentro de uma área de mercado, como podemos ver na Figura 3.2. Cada categoria é dividida em diversas atividades diferentes que dependem do segmento econômico e da estratégia da empresa.[5]

Logística de Suprimento A logística de suprimento está associada, primariamente, com o recebimento e armazenamento de um produto, e gestão das atividades correlatas. Ela inclui o manuseio dos insumos, armazenamento, controle de estoque, cronogramas de veículos e a logística reversa.

FIGURA 3.2
A Cadeia de Valores: Alguns Fatores a Considerar na Avaliação das Atividades Primárias de uma Empresa

Logística de Suprimento
- Localização das instalações de distribuição para minimizar as remessas.
- Layout e design do depósito para aumentar a eficiência nas operações de recebimento de materiais.

Operações
- Instalações fabris eficientes que minimizem os custos.
- Layout da fábrica e planejamento do fluxo de trabalho eficientes.
- Incorporação de processos tecnológicos apropriados.

Logística de Distribuição
- Processos de expedição eficazes para garantir entregas rápidas e minimizar danos.
- Remessas de mercadorias em grandes lotes para minimizar os custos de transporte.

Marketing e Vendas
- Métodos inovadores de promoção e publicidade.
- Identificação adequada dos segmentos e necessidades dos clientes.

Prestação de Serviços
- Pronta resposta às necessidades e urgências dos clientes.
- Qualidade da mão de obra e treinamento constante.

Fonte: Adaptado de Porter, M. E. 1985. *Competitive Advantage: Creating and Sustaining Superior Performance*. Nova York: Free Press.

Os sistemas de estoque just-in-time (JIT), por exemplo, foram projetados para que se conseguisse uma logística de suprimento eficiente. A Toyota é um exemplo perfeito de sistemas de estoque JIT, no qual as peças são entregues nas linhas de montagem apenas algumas horas antes de serem necessárias. Os sistemas JIT serão imprescindíveis para que a Toyota cumpra o compromisso de entregar um carro zero para o cliente em apenas cinco dias.[6] Esse padrão contrasta plenamente com o da maioria dos concorrentes, que precisam de cerca de 30 dias para construir um veículo. O padrão da Toyota é três vezes mais rápido até do que o da Honda Motors, considerada como a indústria mais eficiente no processo de atendimento dos pedidos de compra de um veículo. Esses cinco dias representam o tempo transcorrido entre o recebimento do pedido e o momento que o carro deixa a linha de montagem. A entrega efetiva do carro pode demorar mais, dependendo do local de residência do cliente.

Operações   As operações incluem todas as atividades relacionadas à fabricação do produto em sua forma definitiva, tais como o uso de máquinas, empacotamento, montagem, testes, impressão e operações de instalação.

Métodos de fabricação que respeitam o meio ambiente são uma das maneiras de criar vantagens competitivas. A Shaw Industries (agora parte da Berkshire Hathaway), um participante classe mundial no setor de pisos, é bem conhecida por sua preocupação com o meio ambiente.[7] Ela conseguiu reduzir os gastos associados à eliminação de produtos químicos perigosos e de outros resíduos de suas operações fabris. Seus empreendimentos ambientais compensaram de várias maneiras. A Shaw recebeu muitos prêmios pelos esforços de reciclagem — prêmios que abrilhantam sua reputação.

operações
todas as atividades relacionadas à fabricação do produto em sua forma definitiva.

Logística de Distribuição   A logística de distribuição compreende a coleta, armazenamento e distribuição do produto ou do serviço aos consumidores. Essas atividades incluem o produto final, armazenamento, manuseio de material, operações de entrega, processamento de pedidos e programação.

A Campbell Soup usa a informática para agilizar seu programa de reposição contínua com seus varejistas mais dinâmicos.[8] A cada manhã, via rede eletrônica, os varejistas informam a Campbell sobre suas necessidades de produtos e o nível dos estoques em seus centros de distribuição. A Campbell usa essa informação para prever demandas futuras e determinar quais produtos necessitam de reposição (baseando-se nos limites de estoque previamente estabelecidos com cada varejista). Os caminhões saem dos depósitos da Campbell à tarde e chegam aos polos de distribuição dos varejistas no mesmo dia. O programa reduz o nível de estoque dos varejistas participantes de quatro para duas semanas. A Campbell Soup conseguiu essa melhoria ao diminuir o tempo de entrega e por ter acesso aos estoques dos principais varejistas, o que possibilita enviar suprimentos quando há a necessidade.

O exemplo da Campbell Soup também ilustra os benefícios mútuos das atividades otimizadas da cadeia de valor. Tanto o fornecedor (a Campbell) como seus compradores (os varejistas) saem na frente. Como o varejista lucra mais devido ao sistema de reposição contínua dos produtos da Campbell, sente-se motivado a ampliar o espaço da companhia em suas prateleiras. Após introduzir o programa de entregas sistemáticas, as vendas da Campbell cresceram duas vezes mais rápido, tanto entre os varejistas participantes quanto nos demais. Não é surpresa nenhuma que as redes de supermercados amem tais programas.

logística de distribuição
coleta, armazenamento e distribuição do produto ou serviço aos consumidores.

Marketing e Vendas   Essas atividades estão associadas com compras de bens e serviços pelos usuários finais e os métodos e instrumentos de indução ao consumo.[9] Incluem a publicidade, promoção, força de vendas, cotações, seleção de canais, relacionamento com os canais e precificação.[10, 11]

Consideremos o merchandising editorial ou "tie-in", uma ferramenta de vendas com sentido específico no Brasil que, nos EUA, é conhecida como "product placement". Trata-se de uma estratégia de marketing cada vez mais adotada pelas empresas para alcançar clientes não seduzidos pela publicidade tradicional. Um exemplo recente é o papel de destaque que a BMW tem no filme *Missão Impossível: Protocolo Fantasma*.[12]

marketing e vendas
atividades associadas com compras de bens e serviços pelos usuários finais e os métodos e instrumentos de indução ao consumo.

Nesse último filme da franquia *Missão Impossível*, o conceito i8, o supercarro da próxima geração da BMW, ajuda Tom Cruise e sua coadjuvante Paula Patton a passar pelo trânsito de Mumbai. As cenas em grande estilo com o carro destacam o retorno da marca a Hollywood após uma década de afastamento.

Além de apresentar o i8, que está para ser lançado, a BMW usou o filme para promover o atual X3 SUV, um conversível da série 6 e um compacto Série 1. Conforme Uwe Ellinghaus, executivo responsável pela gestão da marca BMW, em vez de um pagamento adiantado, a empresa se comprometeu a promover o filme em seus anúncios impressos e nos comerciais de televisão. Para ele, "*Missão Impossível* é toda uma nova dimensão para a BMW. É o que James Bond costumava ser".

Às vezes, as iniciativas de marketing de uma empresa podem se tornar agressivas demais e resultar em ações antiéticas e ilegais.[13] Por exemplo:

- *Burdines.* Essa rede de lojas de departamento está sob investigação por alegadamente cadastrar os cartões de crédito de seus clientes na condição de membros sem consentimento prévio.
- *Fleet Mortgage.* Essa companhia foi acusada de incluir taxas de seguro residenciais e de cobertura de planos odontológicos aos empréstimos hipotecários dos clientes sem o conhecimento deles.
- *HCI Direct.* Onze estados acusaram esta empresa de mala direta por cobrar por amostras de meias-calças que as clientes não solicitaram.
- *Jono Online Services.* A Federal Trade Commission processou esse provedor de serviços de internet por deixar de fornecer um número de telefone a seus clientes para cancelar o serviço.

Os Destaques de Estratégia 3.2 apresentam um exemplo com o qual muitos estudantes estão familiarizados: como a Frito-Lay usa o crowdsourcing para aumentar a competitividade de seus anúncios. Os melhores vão ao ar durante o Super Bowl.

prestação de serviços
ações associadas com a prestação de serviços que visam aumentar ou manter o valor do produto.

Prestação de Serviços Atividade primária que inclui todas as ações associadas com a prestação de serviços que visam aumentar ou manter o valor do produto, como a instalação, conserto, treinamento, fornecimento de peças e ajustes do produto.

Vejamos como dois varejistas estão realizando um serviço exemplar a seus clientes. No site Sephora.com, um representante da empresa que recebe uma ligação de uma cliente pela segunda vez tem acesso instantâneo à tonalidade de batom de que ela gosta mais. A informação o ajudará a realizar uma venda complementar sugerindo um brilho labial que combine. O CEO da empresa, Jim Wiggett, espera que esse atendimento personalizado fidelize os consumidores e aumente as vendas por cliente. A Nordstrom, uma cadeia de lojas de departamento de Seattle, vai além disso. Ela oferece assistência online: um representante pode assumir o controle do navegador da cliente e a leva ao lenço de seda que ela estava procurando. O presidente da Nordstrom, Dan Nordstrom, acredita que essa ferramenta fará vendas o suficiente para cobrir o investimento de $1 milhão no software.

Atividades de Apoio

As atividades de apoio da cadeia de valor podem ser divididas em quatro categorias genéricas, como mostrado na Figura 3.3. Cada uma delas é subdividida em várias atividades diferentes específicas de determinado setor. Por exemplo, as atividades de desenvolvimento tecnológico podem incluir o design de componentes e características, testes de campo, engenharia de processo e escolha de tecnologia. De modo similar, as ações de compras podem incluir atividades como a qualificação de novos fornecedores, aquisição de diferentes grupos de materiais e monitoramento do desempenho do fornecedor.

compras
a função de adquirir materiais utilizados na cadeia de valor da empresa, incluindo as matérias-primas, suprimentos e outros itens de consumo, bem como maquinaria, equipamento de laboratório, material de escritório e construções.

Procurement Compras (nos EUA, utiliza-se o termo "procurement", sem tradução direta) se refere à função de adquirir os materiais utilizados na cadeia de valor da empresa, e não à compra em si.[14] Os materiais comprados incluem matérias-primas, suprimentos e outros itens de consumo, bem como maquinaria, equipamento de laboratório, material de escritório e construções.[15, 16]

DESTAQUES DE ESTRATÉGIA 3.2 — CROWDSOURCING

OS ANÚNCIOS DA FRITO-LAY NO SUPER BOWL

As empresas, há muito tempo, perceberam o potencial da terceirização no exterior — a prática de fabricar e repassar a prestação de serviços para o exterior lucrando com a mão de obra barata. Hoje em dia, os líderes de marketing e vendas vêm colocando em ação, cada vez mais, um conceito parecido: o crowdsourcing. Embora o crowdsourcing não envie, fisicamente, um trabalho para o exterior, ele se vale de outro conjunto de mão de obra barata: as pessoas comuns, com frequência amadores, que usam seu tempo de folga para gerar conteúdo e resolver problemas.

Tomemos como exemplo a divisão Frito-Lay da PepsiCo. A Frito-Lay, por um bom tempo, ficou conhecida por seu concurso Crash no Super Bowl, uma competição anual online que convida consumidores comuns a criar seu próprio comercial do Doritos. O concurso começou em 2006, com mais de 1 mil candidatos, e subiu para mais de 6 mil em 2011. A Frito-Lay leva ao ar pelo menos um desses comerciais feitos por fãs durante o Super Bowl. A Frito-Lay se beneficia desses comerciais feitos por consumidores de várias maneiras. As campanhas Crash no Super Bowl são um grande sucesso de relações-públicas. Em 2007, o International Public Relations Association premiou a Frito-Lay com o Golden World Award porque sua campanha obteve 1,3 bilhão de retornos de mídia, criou uma animada comunidade online de 1 milhão de usuários e ajudou a aumentar a venda da marca Doritos em 12% em janeiro de 2007.

Alguns podem pensar que os comerciais feitos pelos consumidores para o Super Bowl não passam de um interessante truque de marketing. Pois é preciso repensar! Esses comerciais de baixo orçamento foram os mais vistos, de acordo com o USA Today Super Bowl Ad Meter em 2009, 2011 e 2012. O comercial de 2007 foi até citado pelo site Time.com como o 9º melhor comercial do ano. Para que seu sucesso com o crowdsourcing continue, a Frito-Lay aumentou o desafio para o concurso Crash the Super Bowl 2013. Em um dos maiores incentivos de marketing da marca Doritos, o vencedor do concurso de 2013 poderia trabalhar com o célebre diretor Michael Bay no próximo filme dos *Transformers*. O vencedor também receberia $1 milhão de bônus se o comercial viesse a ocupar o primeiro lugar no USA Today Super Bowl Ad Meter. Levando em consideração que os comerciais feitos pelos consumidores já ganharam três das últimas quatro premiações, as chances não eram nada más.

Fontes: Robinson-Jacobs, K. 2012. Crunch time for contest lovers. *Dallas Morning News*, 21 de setembro: 1D; Consumer PR—Doritos crashes the Superbowl. 2007. *IPRA*: np; e Keegan, R. W. 2007. Top 10 TV ads. www.time.com, 9 de dezembro: np.

FIGURA 3.3 A Cadeia de Valor: Alguns Fatores a Considerar na Avaliação das Atividades de Apoio de uma Empresa

Administração Geral
- Sistemas de planejamento eficazes para atingir alvos e objetivos gerais.
- Relações excelentes com vários grupos de stakeholders.
- Tecnologia de informação eficaz para integrar atividades de criação de valor.

Gestão de Recursos Humanos
- Mecanismos eficazes de recrutamento, desenvolvimento e retenção de empregados.
- Boas relações sindicais.
- Programas de recompensa e incentivo para motivar os empregados.

Desenvolvimento de Tecnologia
- Atividades eficazes de Pesquisa & Desenvolvimento para inovações de processos e produtos.
- Relações de colaboração positivas entre o P&D e outros departamentos.
- Excelência na qualificação profissional da força de trabalho.

Procurement
- Compra de matérias-primas que otimizem qualidade e velocidade, e minimizem os custos correlatos.
- Desenvolvimento de relações ganha-ganha com os fornecedores.
- Análise e seleção de fontes alternativas para minimizar a dependência de um único fornecedor.

Fonte: Adaptado de Porter, M. E. 1985. *Competitive Advantage: Creating and Sustaining Superior Performance*. Nova York: Free Press.

A Microsoft aprimorou seu processo de compras (e a qualidade de seus fornecedores) ao estabelecer revisões formais de seus fornecedores. Uma das divisões da Microsoft estendeu o processo de avaliação proporcionado por seus empregados levando-o à apreciação de seus fornecedores externos.[17] Esse grupo de empregados, que é responsável por tudo, desde viagens ao fundo de pensão e programas da biblioteca online, terceiriza mais de 60% de sua prestação de serviços. Infelizmente, o grupo não estava fornecendo feedback suficiente. Esse feedback era o que os fornecedores queriam receber e o que a Microsoft queria dar.

O sistema de avaliação que a Microsoft desenvolveu ajudou a esclarecer suas expectativas com relação aos fornecedores. Um executivo disse: "Tínhamos um fornecedor — isso foi antes do novo sistema — que teria obtido uma nota de 1,2 para um máximo de 5. Depois que passamos a fornecer informações relevantes, o fornecedor passou a entender nossas expectativas, e seu desempenho aumentou drasticamente. Em seis meses, sua nota passou para 4. Se alguém me perguntasse antes que iniciássemos o sistema, eu diria que isso seria impossível".

Os Destaques de Estratégia 3.3 discorrem sobre as práticas exemplares de aquisição da LG Electronics.

desenvolvimento de tecnologia
atividades associadas ao desenvolvimento de novos conhecimentos aplicados nas operações da empresa.

Desenvolvimento de Tecnologia Cada atividade de valor embute tecnologia.[18] A quantidade de tecnologias empregadas na maioria das empresas é muito grande, variando das empregadas na preparação de documentos e transporte de mercadorias, àquelas incorporadas nos processos e equipamentos ou no próprio produto.[19] O desenvolvimento de tecnologia relacionada ao produto e suas características sustenta toda a cadeia de valor, enquanto que outros desenvolvimentos tecnológicos estão associados com certas atividades primárias ou de apoio.

A fusão da Allied Signal com a Honeywell resultou em um conjunto de 13 mil cientistas e um orçamento do departamento de P&D de $870 milhões que deverão resultar em alguns produtos e serviços inovadores em duas áreas principais: desempenho dos materiais e sistemas de controle. Algumas das possíveis inovações incluem:

- *Desempenho de materiais.* O desenvolvimento de fibras exclusivas com grande capacidade de absorção. Quando aplicadas nos filtros de óleo Fram da companhia, conseguiram capturar 50% mais partículas do que os filtros comuns. Isso significa que os carros poderão rodar mais com menos trocas de óleo.
- *Sistemas de controle.* Em conjunto com seis grandes companhias de petróleo, a Honeywell desenvolveu um software que usa algoritmos que se autoaprimoram capazes de predizer quando alguma coisa pode dar errado na refinaria de petróleo antes que isso realmente aconteça. Exemplos disso incluem uma válvula de gás defeituosa ou risco de derramamento.[20]

gestão de recursos humanos
atividades envolvidas com o recrutamento, contratação, treinamento, desenvolvimento e remuneração de todos os tipos de pessoal.

Gestão de Recursos Humanos A gestão de recursos humanos consiste nas atividades envolvidas no recrutamento, contratação, treinamento, desenvolvimento e remuneração de todos os tipos de pessoal.[21] Ela dá sustentação às atividades primárias e individuais (p. ex., a contratação de engenheiros e cientistas) e a toda a cadeia de valor (p. ex., as negociações com sindicatos).[22]

Como todas as grandes companhias prestadoras de serviço, a JetBlue Airways Corporation é obcecada pela contratação dos melhores profissionais.[23] Mas ela acha difícil convencer pessoas com ensino superior a se empenhar em uma carreira de comissário de bordo. A empresa elaborou um programa inovador de recrutamento para essa função: um contrato de um ano que dá ao empregado a oportunidade de viajar, conhecer muita gente e, então, decidir o que mais gostaria de fazer. Há, também, a oportunidade de treinar um amigo e compartilhar o trabalho com ele. Com tais iniciativas que chamam a atenção dos empregados, a JetBlue tem conseguido atrair novos talentos.

Jeffrey Immelt, o presidente da GE, fala sobre a importância de uma gestão eficaz de recursos humanos:[24]

> Recursos humanos deve ser mais do que um departamento. A GE reconheceu mais cedo — há 50 ou 60 anos — que em uma companhia operando uma multiplicidade de negócios, os denominadores comuns são as pessoas e sua cultura. Desde o primeiro dia, uma funcionária da GE descobre que está em um negócio ligado ao desenvolvimento de pessoal tanto quanto em qualquer outra coisa. Se observarmos bem, a maioria das boas companhias têm os mesmos processos de RH básicos que temos, mas veremos que eles são mais discretos. O RH na GE não é um item da agenda; ele é a agenda.

DESTAQUES DE ESTRATÉGIA 3.3

CRIATIVIDADE OCULTA: AS COMPRAS NA LG ELECTRONICS

Embora a LG Electronics tenha gasto $1,2 bilhão para comercializar seus muitos produtos inovadores em 2009, uma de suas ações verdadeiramente pioneiras foi a criação de uma cadeia de fornecimento melhor. Embora os clientes não deem atenção a tais investimentos, importam-se com o preço de um dos modelos de celular da companhia, o LG Cookie, 30% menor em comparação a seus concorrentes diretos. Essa redução de preço resultou, em parte, da diminuição de custos e inovação nos métodos de entrega da companhia. O Cookie ajudou a estabelecer o status da LG como a terceira maior fabricante de celulares.

Anteriormente, cada uma das divisões da LG fazia seus próprios negócios. Assim, mesmo que comprassem de um mesmo fornecedor, essas várias divisões arcariam com preços diferentes. Ao centralizar as compras, a LG economizou mais de $2 bilhões de seus gastos anuais de $30 bilhões com compras. Thomas Linton, o encarregado desde sempre das compras da LG, unificou vários processos das 115 fábricas e subsidiárias em um só manual de compras de 50 páginas e passou a trabalhar mais próximo dos fornecedores, como a TSMC de Taiwan. No início de 2009, a companhia projetava uma grande demanda da China por wafers, os discos de silício usados para fazer chips. Linton não demorou para procurar os fornecedores, resultando em uma economia de $1 bilhão, de acordo com a companhia. Outras economias foram o resultado da utilização do alumínio, mais barato que o cobre, na fabricação de equipamentos elétricos, como os aparelhos domésticos, resultando na economia de $25 milhões em 2009. Além disso, Linton conhecia profundamente os meandros da cadeia de fornecimento da LG e descobriu economias de custo significativas em outras companhias, que terceirizavam sua cadeia de fornecimento em empresas difíceis de serem encontradas pelas grandes fornecedoras. Por exemplo, a LG, em conjunto com seus fornecedores, comparou seus cabos de alimentação com os dos concorrentes e notou algo interessante: eles eram muito maiores! Diminuir o tamanho dos cabos e padronizar suas cores para o preto resultou em uma economia anual de $10 milhões.

Como resultado da implementação de métodos enxutos de compras, a companhia saiu da renitente crise econômica em melhores condições do que seus concorrentes. E, em 2010, ganhou o prêmio do Institute for Supply Management pela liderança e inovação em compras.

Fontes: Ihlwan, M. 2010. Creative when no one's looking: LG's re-engineering its supply chain so its innovative products will cost less. *Bloomberg BusinessWeek*, 25 de abril: 37; Choi, T. & Linton, T. 2011. Don't let your supply chain control your business. *Harvard Business Review*, 89(12): 112–117.

Administração Geral A administração geral consiste em várias atividades, incluindo a administração geral, planejamento, finanças, contabilidade, assuntos governamentais e legais, gestão da qualidade e sistemas de informação. A administração (diferentemente de outras atividades de apoio) costuma sustentar toda a cadeia de valor, e não as atividades individuais.[25]

Embora a administração geral seja vista, às vezes, como genérica, ela pode ser uma fonte poderosa de vantagem competitiva. Em uma companhia operadora de telefonia, por exemplo, a negociação e a manutenção de relações contínuas com órgãos reguladores podem estar entre as atividades mais importantes para a vantagem competitiva. Também, em alguns setores de atividade, a alta administração tem papel muito importante na relação com clientes-chave.[26]

A liderança forte e eficaz de executivos de primeira linha também pode contribuir bastante para o sucesso de uma organização. Como abordado no Capítulo 1, CEOs como Herb Kelleher, Adrew Grove e Jack Welch foram mencionados como parte importante no sucesso da Southwest Airlines, Intel e General Electric.

Os sistemas de informação também tem um papel vital no aumento da eficácia de várias atividades da cadeia de valor e na melhoria do desempenho da empresa. Os Destaques de Estratégia 3.4 falam sobre como a CarMax usou seu sistema de informações exclusivas para melhorar sua vantagem competitiva.

Inter-relações entre as Atividades da Cadeia de Valor dentro e através das Organizações

Definimos cada uma das atividades da cadeia de valor individualmente para clareza da apresentação. Os administradores não devem ignorar, porém, a importância das relações entre as atividades da cadeia de valor.[27] Existem dois níveis: (1) as **inter-relações** entre as atividades dentro da empresa e (2) as relações entre as atividades dentro da empresa e com outros stakeholders (p. ex., clientes e fornecedores) que são parte da cadeia de valor expandida da empresa.[28]

PA3.3
Como a análise da cadeia de valor pode ajudar os administradores a gerar valor investigando as relações entre as atividades internas da firma e entre esta e seus clientes e fornecedores.

administração geral
administração geral, planejamento, finanças, contabilidade, assuntos governamentais e legais, administração de qualidade e sistemas de informação; atividades que sustentam toda a cadeia de valores, e não as atividades individuais.

DESTAQUES DE ESTRATÉGIA 3.4

ANÁLISE COMPETITIVA NA CARMAX

As organizações estão enfrentando cada vez mais o desafio de entender a enorme quantidade de informação disponível para análise. Embora não faça muito tempo que a análise de dados era utilizada quase que exclusivamente para realizar previsões financeiras e administrar a cadeia de valor, as empresas passaram a exigir que seus sistemas de informação gerassem vantagem competitiva. Esse desenvolvimento resultou no surgimento de um novo tipo de sistemas de informação, também conhecidos como sistemas de análise competitiva.

Vejamos o exemplo da CarMax, a maior varejista de carros usados dos Estados Unidos, para saber como a análise competitiva funciona na prática. Com um faturamento de $9 bilhões em 2011, o êxito da CarMax tem muitos motivos, tais como sua atraente oferta de serviços, o fato de ela não pechinchar e garantia de qualidade em seus 125 pontos de avaliação. Além dessas fontes de vantagem competitiva mais tradicionais, a CarMax também usa um sistema de informações exclusivas que coleta, analisa, interpreta e dissemina dados sobre todos os carros que possui. A análise de dados da CarMax, de acordo com Katharine W. Kenny, vice-presidente de relações com os investidores, a ajuda a rastrear "cada compra, quantidade de test drives, compras a prazo de cada veículo e preferências de cor em cada região". A habilidade de integrar várias atividades da cadeia de valor nesse sistema exclusivo permite à CarMax obter vantagem competitiva.

Os atributos principais desse sistema permitem que a CarMax administre, em tempo real, insights de negócios em várias operações da loja, como na administração de estoque, estabelecimento de preços e produtividade da consulta de vendas. Esse avançado sistema de informação permite que a CarMax diminua as incertezas em áreas cujas projeções são difíceis de fazer, como na administração de estoques, o que leva a administração a melhorar os níveis de eficiência operacional e a antecipar tendências futuras. Além disso, a CarMax também investe pesado na tecnologia das lojas, equipando algumas delas com iPads da Apple para auxiliar os clientes, a cada dia mais envolvidos com os avanços da tecnologia. De acordo com o CEO da empresa, Tom Folliard, todas as iniciativas de TI têm como objetivo proporcionar aos clientes "uma experiência melhor desde o instante em que pisam na loja até que a deixem, de modo que fiquem mais propensos a comprar um carro e comentar sobre isso com os amigos".

Fontes: Kiron, D. & Shockley, R. 2011. Creating business value with analytics. *MIT Sloan Managemente Review*, 51(1): 57–63; Felberbaum, M. 2012. CEO: CarMax focused on customer experience. *Bloomberg BusinessWeek*, 25 de junho: np.

---

inter-relações
relações colaborativas e de intercâmbio estratégico entre as atividades da cadeia de valor, quer ocorram (a) dentro da empresa ou (b) entre empresas. A relação de intercâmbio estratégico envolve a troca de recursos, tais como informações, pessoal, tecnologia ou dinheiro que contribuam para o sucesso da empresa.

No que se refere ao primeiro nível, considere o sistema de informação exclusivo da CarMax. Ele permite a administração em tempo real de informações sobre vários aspectos das operações da loja, incluindo o estabelecimento de preços, a produtividade dos vendedores e a administração do estoque.

Quanto ao segundo nível, a Campbell Soup usa redes eletrônicas que permitem que ela aprimore a eficiência da logística de distribuição.[29] A informática também auxiliou a Campbell a gerenciar mais eficazmente o pedido de matérias-primas, a melhorar sua programação de produção e a ajudar seus clientes a melhor administrar suas operações de logística de entrada.

O Conceito "Prosumer": A Integração dos Clientes na Cadeia de Valor

Ao falar sobre o conceito da cadeia de valor, é importante nos concentrarmos na inter-relação entre a organização e seus stakeholders mais importantes — os clientes.[30] A chave para o sucesso de algumas das melhores empresas é o fato de elas trabalharem junto com os clientes para satisfazer sua(s) necessidade(s) particular(es). Como observado em um recente estudo da IBM:

> No futuro, falaremos mais e mais sobre o "prosumer" — um cliente/produtor que está integrado de maneira ainda mais extensiva na cadeia de valor. Como consequência, os processos de produção serão personalizados com mais precisão e individualidade.[31]

A inclusão dos clientes no atual processo de produção pode gerar mais satisfação entre eles. Tem também o potencial de resultar em significativas economias de custo e na geração de ideias inovadoras para a empresa, o que pode beneficiar o cliente em termos de preços menores e maior qualidade de produtos e serviços.

Em termos de como uma empresa vê seus clientes, a ação de criar o prosumer contrasta significativamente com a abordagem convencional do marketing, na qual o cliente apenas consome os produtos fabricados pela companhia. Outra área em que esse método difere do pensamento tradicional é a noção de vincular o cliente à companhia, por exemplo, por meio de programas de fidelidade e relações de marketing individualizadas.

Como a Procter & Gamble Adotou o Conceito Prosumer No início do ano 2000, os funcionários da P&G não estavam voltados a um objetivo comum. A missão da corporação era: "Melhorar significativamente o dia a dia dos clientes". Essa ideia não foi explicitada nem estava inspirando os empregados. Para concentrar melhor os esforços de todos, a P&G ampliou a missão incluindo o conceito de que "o cliente é o chefe". Esta filosofia transmitia a ideia de que as pessoas que compravam e usavam os produtos da P&G eram valiosas não apenas por causa de seu dinheiro, mas também por se constituir em uma *rica fonte de informação e orientação*. "O cliente é o chefe" foi mais do que um slogan na P&G: tornou-se prioridade cultural clara, simples e inclusiva, para os empregados e os stakeholders externos, tais como os fornecedores.

Os esforços da P&G no segmento de fragrâncias é um exemplo disso. A P&G transformou um pequeno setor de baixo desempenho na maior companhia de perfumes finos do mundo. Isso foi possível em virtude da definição clara e precisa do consumidor-alvo de cada marca de fragrância, e da identificação de alguns nichos de mercado. A P&G mantém parcerias com conceituadas empresas de moda, como Dolce & Gabbana, Gucci e Lacoste. No entanto, o ponto principal é fazer do cliente o chefe, concentrando-se em inovações significativas para os consumidores envolvendo, por exemplo, novas fragrâncias, embalagens diferenciadas e marketing proativo. Além disso, a P&G simplificou a cadeia de fornecimento para reduzir a complexidade e o custo estrutural.

A filosofia "o cliente é o chefe" vai além. Significa, também, que a P&G está tentando estabelecer conexões sociais por meio da mídia digital e de outras formas de interação (incorporando, por conseguinte, o conceito de crowdsourcing apresentado no Capítulo 2). Fraldas para bebês são um exemplo disso. A P&G costumava usar fraldas feitas à mão para os testes do produto. Hoje em dia, porém, esse produto é apresentado digitalmente em um leque de alternativas na tela de um mundo virtual. As alterações podem ser feitas imediatamente, à medida que as ideias surgem, e a nova configuração é reprojetada na tela. Em outras palavras, a P&G está criando um sistema social com os compradores (e potenciais clientes) que permite a realização conjunta, entre fabricante e consumidor, de novos projetos. Na P&G, a filosofia de que "o cliente é o chefe" estabeleceu um novo padrão.

Aplicação da Cadeia de Valor em Organizações de Serviços

Os conceitos de logística de entrada, operações e logística de distribuição sugerem a administração de matérias-primas que podem ser usadas para criar produtos acabados que serão entregues aos clientes. No entanto, esses três passos não se aplicam apenas na fabricação. Eles podem ser aplicados em quaisquer processos de transformação de recursos que gerem valor agregado. Por exemplo, a contabilidade é uma espécie de processo de transformação que converte registros diários de transações individuais em relatórios financeiros mensais. Nesse exemplo, os registros de transações são os materiais de entrada, a contabilidade é a operação que gera valor, e as declarações financeiras são os produtos acabados.

Quais são as "operações", ou processos de transformação, das organizações de serviços? Às vezes, a diferença entre fabricação e serviço está no fornecimento de uma solução personalizada, em contraste com a produção em massa, comum na fabricação. Por exemplo, um agente de viagens agrega valor quando elabora um itinerário que inclui transporte, acomodações e atividades personalizadas ao orçamento e datas de viagem do cliente. Uma empresa de assistência jurídica fornece um serviço específico para as circunstâncias e necessidades do cliente. Em ambos os casos, o processo de trabalho (a operação) envolve a aplicação de conhecimento especializado baseado nas particularidades de cada situação (materiais de entrada) e o resultado que o cliente deseja (os produtos acabados).

A aplicação da cadeia de valor nas organizações de serviço sugere que o processo de criação de valor pode ser configurado de maneira diferente dependendo do tipo de negócio que uma empresa realiza. Como a análise anterior sobre as atividades de apoio sugere, atividades como compras e serviços jurídicos são fundamentais para a criação de valor. De fato, as atividades secundárias de apoio, em uma companhia, podem ser fundamentais para a atividade primária de gerar valor, em outra empresa.

A Figura 3.4 mostra dois modelos de como a cadeia de valor pode se apresentar no segmento de serviços. No setor varejista não há atividades de fabricação. Uma empresa como a

FIGURA 3.4 Alguns Exemplos de Cadeias de Valor no Setor de Serviços

Varejo: Atividades Primárias da Cadeia de Valor

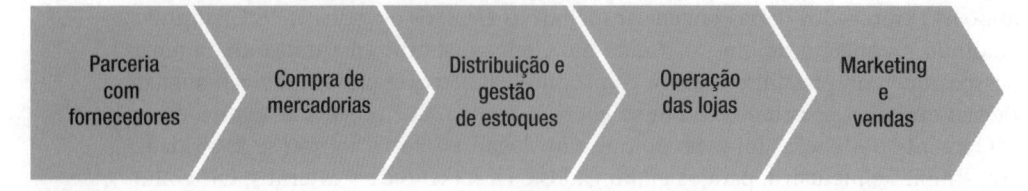

Parceria com fornecedores → Compra de mercadorias → Distribuição e gestão de estoques → Operação das lojas → Marketing e vendas

Serviços de Engenharia: Atividades Primárias da Cadeia de Valor

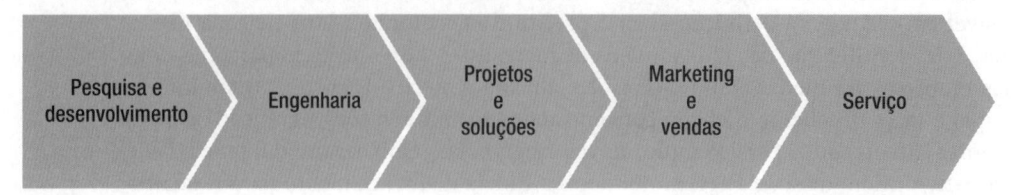

Pesquisa e desenvolvimento → Engenharia → Projetos e soluções → Marketing e vendas → Serviço

Nordstrom agrega valor ao ganhar experiência na aquisição de produtos finais e exibi-los em suas lojas de uma maneira que aumente as vendas. Assim, a cadeia de valor realiza atividades de compras (i.e., uma parceria com os fornecedores e com a compra de mercadorias), que é uma atividade primária, e não de apoio. As operações correspondem à tarefa de fazer as lojas da Nordstrom funcionar.

Para empresas de serviços de engenharia, pesquisa e desenvolvimento geram os materiais de entrada, o processo de transformação é a própria engenharia, e os projetos inovadores e soluções práticas são os produtos finais. O Beca Group, por exemplo, é uma grande empresa de consultoria com mais de 2.500 empregados, estabelecida na região da Ásia-Pacífico. Em suas práticas administrativas de tecnologia e inovação, a Beca procura usar a ciência, a tecnologia e seu conhecimento da melhor maneira possível para criar valor para vários setores de atividade e para os clientes. Isso envolve atividades associadas a pesquisa e desenvolvimento, engenharia e criação de soluções, bem como com a simplificação de atividades como marketing, vendas e serviços. A maneira pela qual as atividades primárias e de apoio de determinada empresa são configuradas e executadas costuma depender das condições do setor e da área de atuação da companhia (fabricação ou prestação de serviços).

Visão Baseada em Recursos da Empresa

> **visão baseada em recursos da empresa**
> a perspectiva que as vantagens competitivas das empresas deve gerar em função de seus recursos estratégicos endógenos, que são valiosos, raros, difíceis de imitar e de substituir.

> **PA3.4**
> A visão baseada nos recursos de uma empresa e os diferentes tipos de recursos, tangíveis e intangíveis, bem como as habilidades organizacionais.

A **visão baseada em recursos (VBR) da empresa** combina duas perspectivas: (1) a análise interna de fenômenos inerentes à companhia e (2) uma análise externa do setor de atividade e seu ambiente competitivo.[32] Ela vai além da tradicional análise SWOT (pontos fortes, pontos fracos, oportunidades e ameaças) por juntar as perspectivas internas e externas. A capacidade dos recursos de uma empresa de gerar vantagem(ns) competitiva(s) não pode ser determinada sem se levar em consideração o contexto competitivo mais amplo. Os recursos de uma empresa devem ser avaliados em termos de quão valiosos, raros e difíceis são para os concorrentes os replicarem. De outra forma, a empresa teria apenas uma paridade competitiva.

Como observado anteriormente (nos Destaques de Estratégia 3.1), forças e capacidades — independentemente de quão únicas ou impressionantes — não necessariamente resultam em vantagens competitivas no mercado. O critério para definir se as vantagens são criadas e se podem ser sustentadas ou não com o passar do tempo será analisado mais à frente nesta seção. Assim, a VBR é muito útil na obtenção de entendimento da razão pela qual alguns competidores são mais rentáveis do que outros. Como veremos mais adiante neste livro, a VBR também pode ser utilizada para desenvolver estratégias de negócios individuais e empresas diversificadas por revelar como as competências centrais de uma empresa podem ajudá-la a aproveitar um novo produto e as oportunidades do mercado.

Nas duas seções a seguir falaremos sobre os três tipos de recursos de que as empresas dispõem (resumidos na Figura 3.5): recursos tangíveis, recursos intangíveis e capacidades organizacionais. Então veremos sob que condições tais recursos e capacidades permitem que uma empresa obtenha uma vantagem competitiva sustentável.[33]

Tipos de Recursos de uma Empresa

Os recursos de uma empresa são todos os seus ativos, competências, processos organizacionais, informações, conhecimento e assim por diante, e que são controlados por uma empresa que lhe permite desenvolver e implementar estratégias de criação de valor.

Recursos Tangíveis   São os ativos relativamente fáceis de identificar. Incluem os ativos físicos e financeiros que uma organização usa para criar valor para seus clientes. Entre eles encontram-se os recursos financeiros (p. ex., disponibilidades monetárias, recebíveis e

recursos tangíveis ativos organizacionais que são relativamente fáceis de identificar, incluindo os ativos físicos e os recursos financeiros, organizacionais e tecnológicos.

FIGURA 3.5
Visão Baseada nos Recursos da Empresa: Recursos e Competências

Recursos Tangíveis

Financeiros	• Disponibilidades e recebíveis. • Capacidade de gerar patrimônio. • Capacidade de endividamento.
Físicos	• Fábricas e instalações modernas. • Locais de fabricação favoráveis. • Equipamento e maquinário de última geração.
Tecnológicos	• Segredos comerciais. • Processos de produção inovadores. • Patentes, direitos autorais e marcas comerciais.
Organizacionais	• Processos eficazes de planejamento estratégico. • Excelência na avaliação e sistemas de controle.

Recursos Intangíveis

Humanos	• Experiência e especialização dos empregados. • Confiança. • Habilidades de administração. • Práticas e procedimentos específicos.
Inovação e criatividade	• Habilidades técnicas e científicas. • Capacidade de inovação.
Reputação	• Prestígio da marca. • Reputação de qualidade e confiabilidade junto aos clientes. • Reputação de relacionamento justo com os fornecedores.

Habilidades Organizacionais

- Habilidades ou competências que a empresa utiliza nas operações de entrada e saída.
- Capacidade de combinar recursos tangíveis e intangíveis usando os processos organizacionais para atingir um fim desejado.

   EXEMPLOS
- Excepcional prestação de serviços ao cliente.
- Excelência na capacidade de desenvolvimento de produtos.
- Inovação de produtos e serviços.
- Habilidade de contratar, motivar e reter o capital humano.

Fonte: Adaptado de Barney, J. B. 1991. Firm Resources and Sustained Competitive advantage. *Journal of Management*: 17: 101; Grant, R. M. 1991. *Contemporary Strategy Analysis*: 100–102. Cambridge England: Blackwell Business and Hitt, M. A., Ireland, R. D., & Hoskisson, R. E. 2001. *Strategic Management: Competitiveness and Globalization* (4ª ed.). Cincinnati: South-Western College Publishing.

capacidade de endividamento); os recursos físicos (p. ex., as instalações fabris, equipamentos, maquinário e proximidade com seus clientes e fornecedores); os recursos organizacionais (p. ex., o processo de planejamento estratégico e o sistema de desenvolvimento, avaliação e recompensas aos empregados); e os recursos tecnológicos (p. ex., segredos comerciais, patentes e direitos autorais).

Muitas empresas estão descobrindo que um treinamento de alta tecnologia, computadorizado, tem um benefício duplo: ele desenvolve empregados mais eficazes e reduz os custos, ao mesmo tempo. Os funcionários da FedEx passam por um teste eletrônico de competência para o trabalho a cada seis a doze meses.[34] O teste, de 90 minutos, identifica os pontos fracos do indivíduo e registra os dados de suas habilidades no banco de dados do computador — dados esses que a empresa usa nas decisões de promoção.

recursos intangíveis
ativos organizacionais que são difíceis de identificar e levar em conta e costumam estar incorporados em rotinas e práticas únicas, incluindo os recursos humanos, de inovação e de reputação.

Recursos Intangíveis Os **recursos intangíveis** são muito mais difíceis de serem acessados ou imitados pelos concorrentes (e, a propósito, também para os próprios administradores da empresa). Costumam estar incorporados em rotinas e práticas únicas que se desenvolveram com o passar do tempo. Eles incluem os recursos humanos (p. ex., a experiência e especialização dos empregados, a confiança e eficácia de grupos de trabalho, habilidades administrativas), os recursos de inovação (p. ex., a perícia técnica e científica, ideias) e os recursos de reputação (p. ex., o prestígio da marca, a reputação com seus fornecedores quanto a uma postura justa, e com os clientes quanto à confiabilidade e qualidade do produto).[35] A cultura de uma empresa também pode ser um recurso que gera vantagem competitiva.[36]

Por exemplo, podemos imaginar que motocicletas, roupas, brinquedos e restaurantes não têm muita coisa em comum. Não obstante, a Harley-Davidson se envolveu com todos esses produtos e serviços, capitalizando sua marcante imagem — um valioso recurso intangível.[37] Ela usou o poder de sua marca para vender acessórios, roupas e brinquedos, e licenciou o Harley-Davidson Café na Cidade de Nova York para expôr ainda mais sua marca e seus produtos.

As redes sociais têm o potencial de destruir a reputação de uma empresa. Consideremos a infeliz situação da Comcast quando um de seus técnicos de reparos dormiu no serviço — o que se espalhou como fogo na palha:

> Ben Finkelstein, um estudante de direito, teve algumas dificuldades com o cabo do modem de sua casa. Um técnico da Comcast chegou para resolver o problema. No entanto, quando o técnico precisou ligar para o escritório central para pedir uma informação, foi colocado em espera por tanto tempo que dormiu no sofá da residência. Indignado, Finkelstein filmou o técnico dormindo e postou o filme no YouTube. O vídeo fez sucesso viral — mais de 1 milhão de visualizações. E, por um bom tempo, isso minou os esforços da Comcast de melhorar sua reputação quanto ao serviço prestado ao cliente.[38]

habilidades organizacionais
habilidades ou competências que a empresa utiliza nas operações de entrada e saída.

Habilidades Organizacionais As **habilidades organizacionais** não são ativos tangíveis ou intangíveis específicos, mas sim competências ou habilidades que uma empresa usa para transformar entradas (materiais ou recursos) em produtos finais.[39] Em resumo, se referem à capacidade de uma organização de usar os recursos tangíveis e intangíveis ao longo do tempo e, em geral, combinados, para alavancar tais habilidades na consecução de um determinado objetivo.[40] Exemplos de habilidades organizacionais são um serviço ao cliente excepcional, excelência no desenvolvimento de produtos, processos de inovação magníficos e flexibilidade nos métodos de fabricação.[41]

No caso da Apple, a maioria dos componentes usados em seus produtos podia ser caracterizada como sendo de tecnologia já comprovada, tal como as funcionalidades do touch screen e do MP3 player.[42] Entretanto, a Apple as combina de uma maneira nova e inovadora integrando-as na cadeia de valor. Esse é o caso do iTunes, por exemplo, no qual os fornecedores das músicas para download são um componente vital do sucesso da Apple com sua série iPod de MP3 players. Assim, a Apple se baseou em tecnologias já comprovadas e em sua habilidade de oferecer combinações inovadoras.

Os Recursos da Empresa e as Vantagens Competitivas Sustentáveis

Como já mencionado, os recursos em si não são a base da vantagem competitiva nem a sustentam com o passar do tempo.[43] Em alguns casos, um recurso ou habilidade ajuda uma empresa a aumentar sua receita ou a diminuir os custos, mas a vantagem é temporária, porque os concorrentes não demoram a imitar ou substituir.[44]

Para que um recurso faça com que uma empresa tenha o potencial de ter uma vantagem competitiva sustentável, deve possuir quatro atributos.[45] Primeiro: o recurso deve ser valioso no sentido de que ele aproveita as oportunidades e/ou neutraliza as ameaças do ambiente a uma empresa. Segundo: ele deve ser raro entre os atuais e possíveis concorrentes de uma empresa. Terceiro: deve ser difícil de imitar. Quarto: não podem existir substitutos estratégicos equivalentes. Esses critérios são resumidos na Figura 3.6. Agora analisaremos cada um deles. A seguir examinaremos como a vantagem competitiva da Dell, que parecia assegurada ao final de 2006, se desgastou depois.

PA3.5
Os quatro critérios que os recursos de uma empresa devem possuir para manter uma vantagem sustentável e como a criação de valor pode ser realizada por empregados e gerentes.

O Recurso É Valioso? Recursos organizacionais são uma fonte de vantagem competitiva apenas enquanto são valiosos. E são valiosos quando possibilitam que uma empresa formule e implemente estratégias que melhorem sua eficiência ou eficácia. Os princípios da abordagem SWOT sugerem que as empresas melhoram seu desempenho apenas quando aproveitam oportunidades ou neutralizam (ou minimizam) ameaças.

O fato de que as características de uma empresa devem ser valiosas para serem consideradas como recursos (bem como possíveis fontes de vantagem competitiva) revela uma importante relação complementar entre os modelos ambientais (p. ex., as análises SWOT e das cinco forças) e o modelo baseado nos recursos. Os modelos ambientais isolam as características que aproveitam as oportunidades e/ou neutralizam as ameaças. Assim, eles especificam quais características da empresa podem ser consideradas como recursos. Consequentemente, o modelo baseado nos recursos sugere quais características adicionais tais recursos devem ter caso se deseje desenvolver vantagens competitivas.

O Recurso É Raro Se os concorrentes ou os possíveis concorrentes possuem os mesmos recursos valiosos, não se constituem em uma fonte de vantagem competitiva, pois, afinal de contas, todas as empresas têm a capacidade de explorá-los do mesmo jeito. Estratégias comuns baseadas em tais recursos não dariam vantagem a qualquer empresa. Para que um recurso gere vantagens competitivas, deve ser incomum, ou seja, raro em relação aos concorrentes.

Esse argumento pode ser aplicado a vários recursos da empresa que são usados para formular e desenvolver estratégias. Algumas estratégias exigem uma mistura de vários recursos — recursos tangíveis, intangíveis e habilidades organizacionais. Se um conjunto de recursos de uma empresa não é raro, várias outras empresas também poderão criar e implementar as estratégias em questão. Assim, tais estratégias não serão uma fonte de vantagens competitivas, mesmo se o recurso em questão for valioso.

O Recurso ou Habilidade É...	Consequências
Valioso?	• Neutralizará ameaças e aproveitará oportunidades
Raro?	• Não serão muitas as empresas que o(a) possuirão
Difícil de imitar?	• Singularidade física • Dependência de processos (como se desenvolveu ao longo do tempo) • Ambiguidade causal (difícil de entender o que é ou como pode ser recriado) • Complexidade social (confiança, relações interpessoais, cultura, reputação)
Difícil de substituir?	• Não haverá recursos ou habilidades estratégicas equivalentes

FIGURA 3.6
Os Quatro Critérios para Avaliar a Sustentabilidade dos Recursos e Competências

O Recurso Pode Ser Imitado com Facilidade? A dificuldade de imitar é a chave para a criação de valor, porque ela limita a concorrência.[46] Se um recurso não pode ser replicado, será mais provável que os lucros gerados sejam sustentáveis.[47] Ter recursos que os concorrentes conseguem imitar com facilidade gera apenas valor temporário.[48] Isso tem implicações importantes. Visto que costumam não realizar esse teste, os administradores tendem a basear suas estratégias de longo prazo em recursos que são imitáveis. A IBP (Iowa Beef Processors) se tornou a primeira companhia frigorífica nos Estados Unidos a se modernizar ao criar um conjunto de recursos (fábricas automatizadas localizadas em estados onde há criação de gado) e habilidades (uma "desmontagem" de baixo custo das carcaças) que gerou um retorno patrimonial de 1,3% na década de 1970. Até fins de 1980, porém, a ConAgra e a Cargill imitaram esses recursos, resultando na queda da rentabilidade da IBP de quase 70% para 0,4%.

A Groupon é um exemplo mais recente de uma empresa que sofreu porque os concorrentes conseguiram imitar sua estratégia com muita facilidade:

> A Groupon, que oferece cupons online para descontos em lojas e restaurantes locais, criou um novo mercado.[49] Embora tenha, inicialmente, alcançado grande sucesso junto aos consumidores, ela não dispunha de nenhuma vantagem duradoura em ser "a pioneira". Seu modelo de negócios não era patenteável e era muito fácil de reproduzir. Não surpreende, portanto, que houve muitos imitadores. Ela parecia representar um meio de popularizar pequenos negócios com um fluxo interminável de clientes entusiasmados. No entanto, ficou provado que era difícil gerar lucros. Por exemplo, a Groupon perdeu $256,7 milhões em um faturamento de $1,6 bilhão em 2011 — e, ao final de 2012, suas ações estavam valendo $3 cada, o que representa uma queda de 80% em comparação ao que valia quando iniciou suas atividades. A empresa LivingSocial, da qual a Amazon possui 31%, perdeu $558 milhões com uma receita de apenas $245 milhões. E embora a Google e a PayPal tenham aumentado suas ofertas de cupons, o mercado estava agitado em 2012. De acordo com a Daily Deal Media, que analisa esse setor, a quantidade de sites de descontos nos Estados Unidos aumentou em quase 8% (142 sites). Enquanto isso, no mundo inteiro, 560 sites de ofertas fecharam no mesmo período!
>
> Quais são alguns dos principais desafios da Groupon? Se eles diminuírem sua enorme quantidade de gastos com marketing, seu crescimento pode diminuir e seus concorrentes se fortaleceriam. Mas se aumentarem seus gastos, eles terão dificuldades em se tornar uma companhia rentável e sustentável, e a sua principal rival, a LivingSocial, poderá dar descontos nos produtos da Amazon e cartões de presente por causa do investimento da Amazon nela.

Obviamente, uma vantagem que é baseada na inimitabilidade não dura para sempre. Os concorrentes fatalmente descobrirão um jeito de copiar a maioria dos recursos valiosos. Contudo, os administradores podem se prevenir e sustentar os lucros por um tempo desenvolvendo estratégias baseadas nos recursos que possuem ao menos uma das quatro características a seguir.[50]

Singularidade Física A primeira fonte de inimitabilidade é a singularidade física, a qual, por definição, é difícil de copiar. A bela localização de um resort, direitos sobre minerais, ou as patentes farmacêuticas da Pfizer não podem ser simplesmente imitadas. Muitos administradores acreditam que vários de seus recursos entram nessa categoria, mas, se olhados bem de perto, são poucos os que realmente se enquadram nela.

dependência de processos
uma característica de recursos que é desenvolvida e/ou acumulada através de uma sequência única de eventos.

Dependência de Processos Vários recursos não podem ser imitados por causa do que os economistas chamam de **dependência de processos ou dependência de trajetória** (em inglês, "path dependency"). Isso quer dizer, de modo simples, que os recursos são únicos e, consequentemente, escassos porque resultaram de um processo de desenvolvimento e/ou acúmulo de características. Os concorrentes não podem sair e comprar esses recursos de maneira rápida e fácil; eles devem ser criados com o passar do tempo de maneiras que são difíceis de apressar.

A marca Gerber Products Co., de alimentos para bebês, é exemplo de um recurso que é, potencialmente, inimitável. Replicar a fidelidade inerente à marca Gerber seria um processo que consumiria muito tempo, algo que os concorrentes não poderiam abreviar, mesmo com caríssimas campanhas de marketing. De modo similar, a fidelidade e confiança dos empregados da Southwest Airlines no que se refere à empresa e a seu cofundador, Herb Kelleher, são recursos que se estabeleceram após decorrido um longo período. Da mesma forma, um programa de P&D intensivo geralmente não consegue replicar uma tecnologia bem-sucedida quando as descobertas de pesquisa se acumulam. Obviamente, as condições dependentes de processos servem de proteção para o recurso original. Os benefícios da experiência e do aprendizado alcançados através de tentativas e erros não podem ser duplicados da noite para o dia.

Ambiguidade Causal A terceira fonte de inimitabilidade é chamada de **ambiguidade causal**. Isso quer dizer que os que seriam nossos concorrentes veem seus esforços frustrados porque é impossível identificar as causas (ou possíveis explicações) do que é o recurso valioso ou como este pode ser replicado. Qual é a raiz do processo de inovação da 3M? Podemos estudar o assunto e fazer uma lista dos possíveis fatores. Mas essa é uma tarefa complexa, difícil de entender e difícil de imitar.

Em geral, os ambíguos recursos causais são habilidades organizacionais, que envolvem uma complexa rede de interações sociais que podem até depender de indivíduos em particular. Quando a Continental e a United tentaram imitar a bem-sucedida estratégia de baixo custo da Southwest Airlines, os aviões, as rotas e as rápidas trocas de portões de embarque não eram os aspectos mais difíceis de copiar. Esses eram aspectos bem fáceis de observar e, pelo menos de início, simples de duplicar. Entretanto, eles não conseguiram copiar a cultura de diversão, família, simplicidade e foco da Southwest, já que ninguém poderia indicar exatamente o que é essa cultura e como ela se formou.

Os Destaques de Estratégia 3.5 descreve o contínuo sucesso da Amazon como o maior mercado online do mundo. Os concorrentes tentaram há pouco tempo imitar a estratégia de envio gratuito da Amazon, mas com êxito limitado. O motivo disso é que a Amazon desenvolveu um conjunto de elementos inter-relacionados de estratégia que seus rivais descobriram ser muito complicado imitar.

ambiguidade causal uma característica dos recursos de uma empresa difícil de imitar porque o concorrente não consegue determinar o que é o recurso e/ou como ele pode ser recriado.

Complexidade Social Os recursos de uma empresa podem não ser completamente inimitáveis porque eles refletem um alto nível de **complexidade social**. Tais fenômenos costumam estar além da habilidade das empresas de administrar ou influenciar sistematicamente. Quando as vantagens competitivas são baseadas na complexidade social, é difícil que outras empresas as repliquem.

Uma grande variedade dos recursos de uma empresa pode ser considerada como socialmente complexa. Exemplos incluem as relações interpessoais entre os gerentes de uma empresa, sua cultura e reputação entre fornecedores e clientes. Em muitos desses casos, é fácil especificar como esses recursos socialmente complexos agregam valor para uma empresa. Portanto, há pouca ou nenhuma ambiguidade causal que envolve a relação entre eles e a vantagem competitiva.

Consideremos como uma companhia chinesa de bebidas foi bem-sucedida em estabelecer uma parceria estreita com seus distribuidores:[51]

complexidade social uma característica dos recursos de uma empresa que são difíceis de imitar porque a engenharia social exigida está além da capacidade dos concorrentes, incluindo as relações interpessoais entre os administradores, a cultura organizacional e a reputação com os fornecedores e os clientes.

> Quando Wahaha, a maior produtora chinesa de bebidas, decidiu enfrentar a Coca-Cola e a PepsiCo, iniciou o ataque nas áreas rurais da China. Por quê? Eles acreditavam que possuíam uma vantagem competitiva em relação a esses gigantes internacionais por causa das parcerias que tinham estabelecido com os distribuidores nos locais mais remotos da China.
>
> Quatro anos antes do lançamento de seu principal produto, o "Wahaha Future Cola", a empresa desenvolveu uma política de relacionamento a longo prazo com os "componentes do canal" como resposta ao crescente problema de recebíveis e maus pagadores. Essa política incentivava os membros do canal a adiantar um depósito anual para cobrir eventuais futuras perdas e para operar segundo a política de pagamentos da Wahaha.
>
> Isso parece bom, mas o que os distribuidores ganham em troca? Eles ganham uma taxa de juros da Wahaha superior às bancárias. Além disso, a empresa oferecia mais descontos em caso de pagamento antecipado e bônus anuais para os distribuidores que atendessem ao critério de adimplência.

Os Substitutos Estão Disponíveis de Imediato? A quarta exigência para que o recurso de uma empresa seja uma fonte de vantagem competitiva é que não podem existir substitutos estratégicos equivalentes. Dois recursos valiosos de empresas (ou dois conjuntos de recursos) são estrategicamente equivalentes quando ambos podem ser usados separadamente para executar as mesmas estratégias.

A condição de substituição pode assumir pelo menos duas formas. Primeira: embora possa ser impossível uma empresa imitar exatamente o recurso de outra, ela pode utilizar um recurso similar que permite o desenvolvimento e implementação da mesma estratégia. Obviamente, uma empresa que está procurando imitar a alta qualidade da equipe de gerenciamento de outra empresa não poderia fazê-lo de modo idêntico. No entanto, ela pode conseguir desenvolver sua própria equipe de gerenciamento de elevado padrão. Embora as duas equipes sejam diferentes

DESTAQUES DE ESTRATÉGIA 3.5

AMAZON PRIME: MUITO DIFÍCIL DE SER COPIADO

O Amazon Prime, apresentado em 2004, é um serviço de envio gratuito que garante que os produtos serão entregues dentro de dois dias por uma taxa anual de $79. De acordo com a *Bloomberg Businessweek*, esse pode ser o mais engenhoso e eficaz programa de fidelização do cliente em todo o comércio eletrônico, se não do varejo em geral. Ele transforma clientes casuais em viciados na Amazon gratos pela confiança de que suas compras serão entregues no prazo de dois dias após a o pedido. Os analistas descrevem o Prime como um dos principais fatores que fazem com que o preço das ações da Amazon tenham subido 300% de 2008 a 2010. Além disso, é também um dos principais motivos de as vendas da Amazon terem aumentado em 30% durante a recessão, época sofrida para outros varejistas.

Calcula-se que o Amazon Prime tem mais de 5 milhões de membros nos Estados Unidos, uma pequena fatia dos 152 milhões de compradores ativos no mundo inteiro. No entanto, os analistas dizem que os membros do Prime aumentam sua quantidade de compras no site em 150% depois de se inscreverem e podem ser responsáveis por 20% das vendas gerais da Amazon nos Estados Unidos. Esses consumidores são considerados as "baleias" do mercado de comércio eletrônico dos EUA, que, em 2011, chegou a $161 bilhões, uma dos segmentos varejistas que mais cresce nesse país. De acordo com a Hudson Square Research, a Amazon, que detinha expressivos 8% do mercado do comércio eletrônico dos Estados Unidos em 2010, é a maior varejista online dos Estados Unidos.

O Amazon Prime mostrou ser bem difícil de ser copiado pelos rivais. Por quê? Ele permite que a Amazon explore sua ampla variedade de produtos, seus preços baixos, a rede de revendedores e um sistema de distribuição muito bem organizado. Tudo isso ao mesmo tempo em que preenche a vaga e irracional necessidade humana de maximizar os benefícios de um clube ao qual já se pagou para fazer parte. O sucesso da Amazon resultou em aumento da pressão de entidades públicas e privadas nos Estados Unidos. Por um bom tempo, a Amazon conseguiu evitar a tributação local sobre vendas porque não tinha um representante sediado em muitos estados. Essa prática distorce a concorrência e é inócua para arrecadar recursos para os minguados cofres públicos estaduais. Alguns estados americanos usaram uma combinação de legislação e litígio para convencer a Amazon a pagar os impostos de vendas; ela começou a fazer isso no Texas em julho de 2012.

Além disso, os concorrentes — tanto online como não — se deram conta da crescente ameaça que o Prime representava e se apressaram em contra-atacar. Por exemplo, em outubro de 2010, um consórcio constituído de mais de 20 varejistas, incluindo a Barnes & Noble, Sports Authority e Toys 'R' Us ofereceram um programa de entrega em até dois dias por $79, o ShopRunner, que se aplica aos produtos de seus sites. Fiona Dias, a executiva que administra o programa, observou: "À medida que a Amazon ampliava as categorias de mercadorias do Prime, os varejistas começaram a perceber a extensão do problema. Eles finalmente se conscientizaram de que a Amazon é uma ameaça à sua existência e que o Prime é o combustível que faz o motor funcionar". Os varejistas de lojas físicas também estão tentando igualar seus preços aos da Amazon, como ocorreu na temporada de férias de 2012, e estão tentando integrar suas ofertas online e presenciais.

Fontes: Stone, B. 2010. What's in the box? Instant gratification. *Bloomberg Businessweek*, 29 de novembro–5 de dezembro: 39–40; Kaplan, M. 2011. Amazon Prime: 5 million members, 20 percent growth. www.practicalcommerce.com, 16 de setembro: np; Fowler, G. A. 2010. Retailers team up against Amazon. www.wsj.com, 6 de outubro : np; Halkias, M. 2012. Amazon to collect sales tax in Texas. *Dallas Morning News*, 28 de abril: 4A.

---

em tempo de existência, características funcionais, experiência, e assim por diante, elas se constituem em equivalentes estratégicos e, consequentemente, substituem uma a outra.

Segunda: recursos bem diferentes podem se tornar substitutos estratégicos. Por exemplo, as vendedoras de livros da internet, como a Amazon.com, concorrem como substitutas para as livrarias físicas, como a B. Dalton. O resultado é que recursos como a melhor localização da loja se tornam menos valiosos. De modo similar, várias empresas farmacêuticas viram o valor da proteção de patente desaparecer devido a novas drogas que se baseiam em processos de produção diferentes e que atuam de maneiras diferentes, mas que podem ser usadas em tratamentos similares. Nos anos vindouros, é provável que ocorram mudanças ainda mais radicais na indústria farmacêutica, como certos usos da quimioterapia sendo substituídos por terapias genéticas.[52]

Recapitulando, devemos nos lembrar que recursos e habilidades devem ser raros e valiosos, e difíceis de imitar ou substituir para que a empresa obtenha vantagens competitivas que sejam sustentáveis com o passar do tempo.[53] A Figura 3.7 ilustra a relação entre os quatro critérios de sustentabilidade e mostra quais são as consequências competitivas.

Nas empresas representadas pela primeira linha da Figura 3.7, os administradores estão em situação difícil. Quando seus recursos e habilidades não satisfazem nenhum dos quatro critérios, será difícil desenvolver qualquer tipo de vantagem competitiva, a curto ou longo prazo. Os recursos e competências que eles possuem não fazem, no que se refere ao ambien-

FIGURA 3.7 Critérios para Vantagens Competitivas Sustentáveis e as Consequências Estratégicas

\-	\-	O recurso ou habilidade é...			
Valioso?	Raro?	Difícil de Imitar?	Não tem Substitutos?	Quais as Consequências para a Competitividade?	
Não	Não	Não	Não	Desvantagem competitiva	
Sim	Não	Não	Não	Igualdade competitiva	
Sim	Sim	Não	Não	Vantagem competitiva temporária	
Sim	Sim	Sim	Sim	Vantagem competitiva sustentável	

Fonte: Adaptado de Barney, J. B. 1991. Firm Resources and Sustained Competitive Advantage. *Journal of Management*, 17: 99–120.

te, com que a empresa aproveite as oportunidades nem neutralize as ameaças. Na segunda e terceira linhas, as empresas têm recursos e habilidades que são valiosas e raras, respectivamente. No entanto, em ambos os casos, esses recursos e habilidades não são difíceis de imitar ou substituir. Aqui, as empresas podem obter algum tipo de igualdade competitiva. Elas ou teriam um desempenho igual ao dos concorrentes ou uma vantagem competitiva temporária. Mas suas vantagens não seriam difíceis de serem igualadas pela concorrência. É somente na quarta linha, onde todos os quatro critérios são atendidos, que as vantagens competitivas podem ser sustentadas ao longo do tempo. A seguir veremos como a vantagem competitiva da Dell, que parecia ser sustentável por um grande período, se desvaneceu.

O Desgaste da Vantagem Competitiva (Sustentável?) da Dell   Em 1984, Michael Dell fundou a Dell Inc. em um dormitório da University of Texas, com um investimento de $1 mil.[54] Em 2006, a Dell faturava anualmente $56 bilhões e um lucro líquido de $3,6 bilhões — fazendo de Michael Dell um dos homens mais ricos do mundo. A Dell conseguiu esse enorme crescimento ao se diferenciar estabelecendo um método pioneiro de vendas diretas. Seus produtos, que podiam ser configurados pelos usuários, satisfaziam diversas necessidades de sua base de clientes corporativos e institucionais. A Figura 3.8 resume como a Dell conseguiu tal sucesso reunindo seus recursos tangíveis e intangíveis, e suas competências organizacionais.

A Dell manteve sua vantagem competitiva aumentando a força das atividades de sua cadeia de valor e dos inter-relacionamentos, elementos vitais para aproveitar a maior parte das oportunidades do mercado. Ela conseguiu isso por (1) implementar vendas diretas de comércio eletrônico e processos de apoio que levavam em conta os sofisticados hábitos de compra dos maiores mercados e (2) por fazer com que sua gestão de estoque desse conta da extensa rede de fornecedores. A Dell também sustentou tal vantagem ao investir em recursos intangíveis, como métodos próprios de montagem e de configurações de embalagem, que ajudaram na proteção contra a ameaça da imitação.

A Dell sabia que o PC é um produto complexo com componentes oriundos de diferentes tecnologias e fabricantes. Assim, trabalhando a partir dos hábitos de compra dos clientes, a Dell percebeu que poderia fornecer valiosas soluções concentrando seus recursos e habilidades em satisfazer os gostos e especificações dos clientes, flexibilizando as vendas e os processos de integração e repassando gastos para seus fornecedores. Mesmo quando a indústria de PCs se popularizou, a Dell era um dos poucos concorrentes que conseguia manter margens sólidas. Ela conseguiu isso adaptando sua fabricação e habilidades de montagem para satisfazer a tendência do mercado de PCs no que se refere à compatibilidade do usuário.

Por muitos anos, parecia que a vantagem competitiva da Dell sobre seus concorrentes se sustentaria por um largo período de tempo. Todavia, no início de 2007, a Dell começou a perder terreno para seus concorrentes em participação de mercado. Com isso, houve um declínio significativo da cotação de suas ações — seguido por uma completa reformulação de sua equipe de administradores.

FIGURA 3.8 Os Recursos Tangíveis e Intangíveis e as Competências Organizacionais da Dell

	Recurso	Vantagem Competitiva
Recursos Tangíveis	Vendas Diretas/Sistemas de Apoio	Simplificação do processo de compra e o grande apoio encurtam o ciclo de vendas e permitem um volume de pedidos maior.
	Operações Just-In-Time	A administração da fábrica ocupa-se apenas com as operações possíveis de serem realizadas no local, o que protege as margens contra a popularização da produção de PCs.
Recursos Intangíveis	Tecnologia de Montagem Proprietária	A Dell tem várias patentes que se focam especificamente nas tecnologias de montagem flexíveis, o que limita a ameaça de imitação.
Habilidades Organizacionais	Adaptabilidade aos Hábitos de Compra dos Cliente	Na condição de pioneira do comércio eletrônico, o ágil apoio de vendas e a infraestrutura de operações da Dell permitem fácil adaptação às crescentes necessidades dos clientes, pois os custos com as vendas e a administração ainda são bem baixos.
	Processos de Administração dos Fornecedores	Redução das exigências de capital de giro em função da transferência ou compartilhamento com os fornecedores das despesas de transporte e manutenção de estoque.

Inder Sidhu, o autor de *Doing Both* (2010), faz um breve resumo da principal lição da história da Dell:[55]

> A Dell ilustra o que pode acontecer quando uma companhia enfatiza a otimização às custas da reinvenção. A obsessão da Dell com a excelência operacional a inibiu de promover as inovações que o mercado queria, o que manchou sua reputação e prestígio. Quando a *Fortune* anunciou sua lista anual das "Companhias Mais Admiradas" em 2009, a Dell, que era a líder há apenas quatro anos, não foi sequer relacionada entre as 50 melhores.

Não foi surpresa alguma que o desempenho da Dell tenha diminuído muito nos últimos anos. Apesar do aumento de $56 bilhões para $62 bilhões do faturamento entre 2006 e 2012, o lucro líquido permaneceu estável durante esse período — cerca de $3,5 bilhões — e, o que é mais importante, seu valor de mercado caiu cerca de 75%, de $64 bilhões para $16 bilhões.

Geração e Distribuição dos Lucros de uma Empresa: Ampliação da Visão Baseada em Recursos da Empresa

A visão baseada nos recursos de uma empresa é útil para determinar quando as empresas criarão vantagens competitivas e usufruir altos níveis de rentabilidade. No entanto, ela não foi desenvolvida para orientar como os lucros de uma empresa serão distribuídos entre os gerentes, empregados ou quaisquer outros stakeholders.[56] Este é um assunto importante porque as empresas podem ser bem-sucedidas em criar vantagens competitivas sustentáveis por um bom tempo. Contudo, muito do lucro pode ser retido (ou "apropriado", como se costuma dizer) pelos empregados, gerentes ou outros stakeholders em vez de ir para os donos da empresa (i.e., os acionistas).[1]

Consideremos a Viewpoint DataLabs International, uma companhia de Salt Lake City que elabora sofisticados modelos e texturas tridimensionais para a construção de casas, videogames e fabricantes de carros. Esse exemplo nos ajudará a ver como os empregados costumam obter (ou "se apropriar") de grande parte dos lucros de uma empresa:

---

[1] Os economistas conceituam "lucro" como o resultado líquido das operações da empresa necessário para remunerar uma série de fatores além daqueles que se poderia considerar para obter um retorno "normal" ao capital aplicado.

Walter Noot, o chefe de produção, estava tendo dificuldades em manter seus competentes empregados da Geração X felizes com seus salários. Cada vez que um deles ia embora por ter conseguido um salário maior em outro lugar, todos queriam um aumento. "Tínhamos que dar um reajuste a cada seis meses — de 30% a 40%. Então, seis meses depois, eles estavam esperando que isso acontecesse de novo. Foi uma luta para mantê-los satisfeitos".[57]

Nesse caso, boa parte dos lucros estava sendo gerado pelo conjunto de profissionais especializados. Eles tinham condições de continuar a pressionar para obter melhor remuneração. Em parte, a gerência cedeu porque todos se uniram nas reivindicações salariais, e seu trabalho envolvia certo grau de complexidade social e de ambiguidade causal — em razão da complexidade e coordenação funcional que o emprego exigia.

Quatro fatores podem ajudar a explicar a extensão do que os empregados e administradores podem fazer para obter um nível proporcionalmente elevado dos lucros que geram:[58]

- *O Poder de Negociação do Empregado.* Se os empregados são vitais para a formação das habilidades únicas da empresa, eles terão salários desproporcionalmente altos. Por exemplo, os profissionais de marketing podem ter acesso a valiosas informações que os ajudam a entender os meandros das demandas dos consumidores e aspectos técnicos únicos dos produtos e serviços. Além disso, em alguns setores de atividade, como consultorias, publicidade e legislação de impostos, os clientes tendem a ser bem leais aos profissionais que trabalham na empresa, e não a esta, em si mesma. Isso permite que eles "levem os clientes consigo" caso saiam da empresa, o que aumenta seu poder de barganha.
- *O Custo de Substituição do Empregado.* Se as habilidades dos empregados forem idiossincráticas e raras (uma fonte de vantagens baseada nos recursos), eles terão um grande poder de negociação baseado no alto custo exigido da empresa para substituí-los. Por exemplo, Raymond Ozzie, o projetista de software que era fundamental para o desenvolvimento do Lotus Notes, podia ditar os termos sob os quais a IBM adquiriu o Lotus.
- *Os Custos de Saída para o Empregado.* Esse fator pode levar à redução do poder de negociação do empregado. Um indivíduo pode ter grandes custos pessoais ao deixar uma organização. Assim, a ameaça de ele se demitir pode não ter credibilidade. Além disso, a especialização do empregado é tal que pode se aplicar apenas àquela empresa e ter um valor limitado para outras.
- *O Poder de Negociação do Administrador.* O poder do administrador se baseia no quão bem ele cria vantagens baseadas nos recursos. Eles costumam ter a responsabilidade de agregar valor por meio do processo de organizar, coordenar e incentivar os empregados e outras formas de capital, como a fábrica, o equipamento e os recursos financeiros (que abordaremos mais à frente, no Capítulo 4). Tais atividades fornecem fontes de informações aos administradores que podem não estar tão prontamente disponíveis para outros.

O Capítulo 9 discorre sob quais condições os gerentes de alto escalão (como os CEOs) de grandes corporações puderam, às vezes, obter remunerações totais elevadas que pareciam ser significativamente desproporcionais às suas contribuições à geração de lucros em relação a seus pares de organizações semelhantes. Nessa questão, a governança corporativa se torna um instrumento vital de controle. Consideremos, por exemplo, Henry Silverman, o presidente da Cendant.[59] O total de suas compensações salariais no período entre 2000 e 2006 foi de surpreendentes $481 milhões. Como CEO desde há muito tempo da Cendant, uma gigante de serviços imobiliários e de viagens, deixou, certa vez, tão furiosos os investidores com o nível tão elevado de sua remuneração que acabou enfrentando um processo legal interposto pelos acionistas indignados. Os acionistas não acabaram tão bem quanto Silverman — um investimento de $100 nas ações da Cendant em 2000 valia apenas $51 em 2006!

Tal desvio dos lucros dos donos dos negócios por parte da alta diretoria é muito menos provável quando os componentes do conselho de administração são de fato pessoas de fora da empresa e independentes (i.e., não têm um vínculo estreito com a diretoria executiva). Em geral, com a atração exercida pelo mercado externo para grandes talentos, o nível de compensação que os executivos recebem é baseado em fatores, semelhantes aos que acabamos de discutir, que determinam o nível do poder de negociação.[60]

Além dos empregados e gerentes, outros grupos de stakeholders também podem se apropriar de uma parte dos lucros gerados pela empresa. Se, por exemplo, um insumo crítico é controlado por um único fornecedor ou se um único comprador é responsável pela maior parte das vendas da empresa, seu poder de negociação pode comprometer bastante os possíveis lucros de uma empresa. De modo similar, impostos governamentais em demasia também podem reduzir o que fica disponível para os stakeholders de uma empresa.

Avaliação do Desempenho da Empresa: Duas Abordagens

Esta seção fala sobre dois métodos que podemos usar para avaliar o desempenho de uma empresa. O primeiro é a análise dos índices financeiros, que mostra este desempenho de acordo com seu balanço, demonstração de resultado e valor de mercado. Como veremos, ao realizar esse tipo de análise, é necessário verificar a performance da empresa de um ponto de vista histórico (não apenas em um único exercício social) e compará-la com a dos principais concorrentes e com os parâmetros setoriais.[61]

O segundo é mais amplo e aborda a questão do ponto de vista dos stakeholders. As empresas devem satisfazer vários stakeholders, incluindo os empregados, os clientes e os donos, para assegurar sua viabilidade de longo prazo. Central em nossa discussão do tema será um método bem conhecido — o balanced scorecard — que foi popularizado por Robert Kaplan e David Norton.[62]

Análise de Índices Financeiros

análise de índices financeiros
uma técnica de mensuração do desempenho de uma empresa de acordo com seu balanço, sua declaração de renda e seu valor de mercado.

O início da análise da situação financeira de uma empresa compreende cinco diferentes tipos de índices financeiros:

- De solvência ou liquidez de curto prazo
- De solvência ou liquidez de longo prazo
- Administração de ativos (ou turnover)
- Rentabilidade
- Valor de mercado

A Figura 3.9 resume cada um desses cinco índices.

O Apêndice 1 do Capítulo 13 (o capítulo da Análise de Caso) traz definições e análises detalhadas de cada um desses tipos de índices e exemplos de como cada um é calculado. Veja as páginas 437 a 446.

PA3.6
A utilidade da análise de índice financeiros e suas limitações inerentes, e como fazer comparações significativas do desempenho das empresas.

Uma análise de índices financeiros significativa deve ir além do cálculo e da interpretação de indicadores financeiros.[63] Ela deve incluir as alterações dos índices no decorrer do tempo e de que maneira estão inter-relacionados. Por exemplo, uma empresa que contrai muitas dívidas em longo prazo para financiar suas operações terá reflexos imediatos em seus indicadores de alavancagem financeira de longo prazo. A dívida adicional afetará negativamente o índice de liquidez de curto prazo da empresa, uma vez que a empresa deve pagar os juros e amortizar o principal das dívidas adicionais ao longo do tempo. Além disso, as despesas de juros diminuem a lucratividade da empresa.

A posição financeira da empresa não deve ser analisada isoladamente. São necessários importantes pontos de referência. Falaremos sobre algumas questões que devem ser levadas em conta para tornar a análise financeira mais significativa: as comparações históricas e com os principais concorrentes, e a situação em relação aos parâmetros e características setoriais.

Comparações Históricas Quando avaliamos as finanças de uma empresa, é muito útil comparar sua posição financeira ao longo do tempo. Isso nos dá meios de avaliar as tendências. Por exemplo, a Apple Inc. relatou receitas de $157 bilhões e lucro líquido de $42 bilhões em 2012. Praticamente qualquer empresa ficaria feliz com esse notável sucesso financeiro. Esses números representam um fabuloso crescimento anual do faturamento e lucro de 140% e 198%, respectivamente, entre 2010 e 2012. Se a receita e o lucro final da Apple em 2012 tivessem sido de $80 bilhões e de $20 bilhões, respectivamente, ela ainda seria uma empresa enorme e extremamente rentável. No entanto, esse suposto desempenho teria prejudicado demais o valor de mercado e a reputação da Apple, bem como as carreiras de muitos de seus executivos.

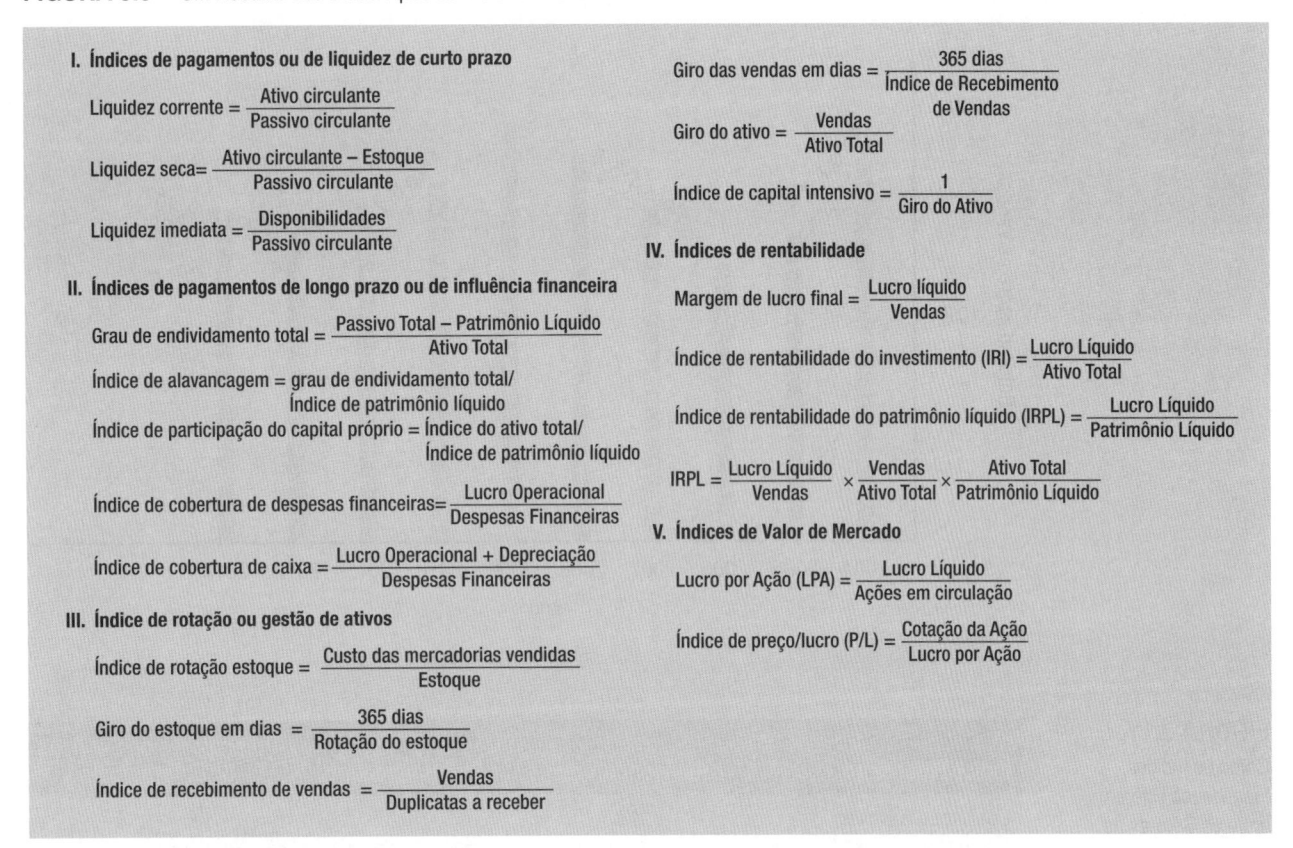

FIGURA 3.9 Um Resumo dos Cinco Tipos de Índices Financeiros Não Presente

I. Índices de pagamentos ou de liquidez de curto prazo

$$\text{Liquidez corrente} = \frac{\text{Ativo circulante}}{\text{Passivo circulante}}$$

$$\text{Liquidez seca} = \frac{\text{Ativo circulante} - \text{Estoque}}{\text{Passivo circulante}}$$

$$\text{Liquidez imediata} = \frac{\text{Disponibilidades}}{\text{Passivo circulante}}$$

II. Índices de pagamentos de longo prazo ou de influência financeira

$$\text{Grau de endividamento total} = \frac{\text{Passivo Total} - \text{Patrimônio Líquido}}{\text{Ativo Total}}$$

Índice de alavancagem = grau de endividamento total/ Índice de patrimônio líquido

Índice de participação do capital próprio = Índice do ativo total/ Índice de patrimônio líquido

$$\text{Índice de cobertura de despesas financeiras} = \frac{\text{Lucro Operacional}}{\text{Despesas Financeiras}}$$

$$\text{Índice de cobertura de caixa} = \frac{\text{Lucro Operacional} + \text{Depreciação}}{\text{Despesas Financeiras}}$$

III. Índice de rotação ou gestão de ativos

$$\text{Índice de rotação estoque} = \frac{\text{Custo das mercadorias vendidas}}{\text{Estoque}}$$

$$\text{Giro do estoque em dias} = \frac{365 \text{ dias}}{\text{Rotação do estoque}}$$

$$\text{Índice de recebimento de vendas} = \frac{\text{Vendas}}{\text{Duplicatas a receber}}$$

$$\text{Giro das vendas em dias} = \frac{365 \text{ dias}}{\text{Índice de Recebimento de Vendas}}$$

$$\text{Giro do ativo} = \frac{\text{Vendas}}{\text{Ativo Total}}$$

$$\text{Índice de capital intensivo} = \frac{1}{\text{Giro do Ativo}}$$

IV. Índices de rentabilidade

$$\text{Margem de lucro final} = \frac{\text{Lucro líquido}}{\text{Vendas}}$$

$$\text{Índice de rentabilidade do investimento (IRI)} = \frac{\text{Lucro Líquido}}{\text{Ativo Total}}$$

$$\text{Índice de rentabilidade do patrimônio líquido (IRPL)} = \frac{\text{Lucro Líquido}}{\text{Patrimônio Líquido}}$$

$$\text{IRPL} = \frac{\text{Lucro Líquido}}{\text{Vendas}} \times \frac{\text{Vendas}}{\text{Ativo Total}} \times \frac{\text{Ativo Total}}{\text{Patrimônio Líquido}}$$

V. Índices de Valor de Mercado

$$\text{Lucro por Ação (LPA)} = \frac{\text{Lucro Líquido}}{\text{Ações em circulação}}$$

$$\text{Índice de preço/lucro (P/L)} = \frac{\text{Cotação da Ação}}{\text{Lucro por Ação}}$$

A Figura 3.10 ilustra um período de dez anos de retorno sobre as vendas (RSV) de uma companhia hipotética. Como indicado pelas linhas pontilhadas de tendências, o índice de crescimento (ou de declínio) difere substancialmente ao longo do tempo.

Comparação com o setor de atividade Quando estamos avaliando o desempenho financeiro de uma empresa, devemos nos lembrar de compará-lo com o do setor de atividade. O índice de liquidez corrente ou a rentabilidade de uma empresa pode parecer impressionante à primeira vista. No entanto, podem ser inferiores aos padrões ou características de mercado setoriais.

Ao comparar nossa empresa com todas as outras empresas do mesmo ramo, avaliamos seu desempenho relativo. Os bancos costumam fazer tais comparações ao avaliar a situação creditícia de uma empresa. A Figura 3.11 traz vários índices financeiros de três setores: semicondutores, supermercados e serviços de enfermagem. Por que existem variações entre os índices financeiros dessas três áreas de atividade? Há vários motivos para isso. No que se refere ao prazo de recebimento, os supermercados operam mais com dinheiro vivo, o que encurta o prazo médio de recebimento. Os fabricantes de semicondutores vendem seus produtos para outros fabricantes (p. ex., fabricantes de computadores) concedendo descontos para pagamentos mais rápidos e cobrando juros para os de liquidação mais demorada. As empresas de enfermagem também embolsam o valor de seus serviços em prazo superior ao dos supermercados, pois costumam depender dos pagamentos das companhias de seguro-saúde.

Há, ainda, outras características que diferem um segmento de mercado do outro. Os supermercados trabalham com margens pequenas e têm um retorno menor sobre as vendas do que as prestadoras de serviços de enfermagem ou os fabricantes de semicondutores. Mas como podemos explicar as diferenças entre estas duas últimas? As instituições de saúde, em geral, são limitadas em suas estruturas de preço pelos regulamentos do sistema público de saúde e pelas faixas de reembolso dos seguros, mas os fabricantes dos semicondutores têm seus preços determinados pelo mercado. Na hipótese de que seus produtos tenham um desempenho superior, os fabricantes de semicondutores podem cobrar mais.

FIGURA 3.10 Tendências Históricas: Retorno sobre as Vendas (RSV) de uma Companhia Hipotética

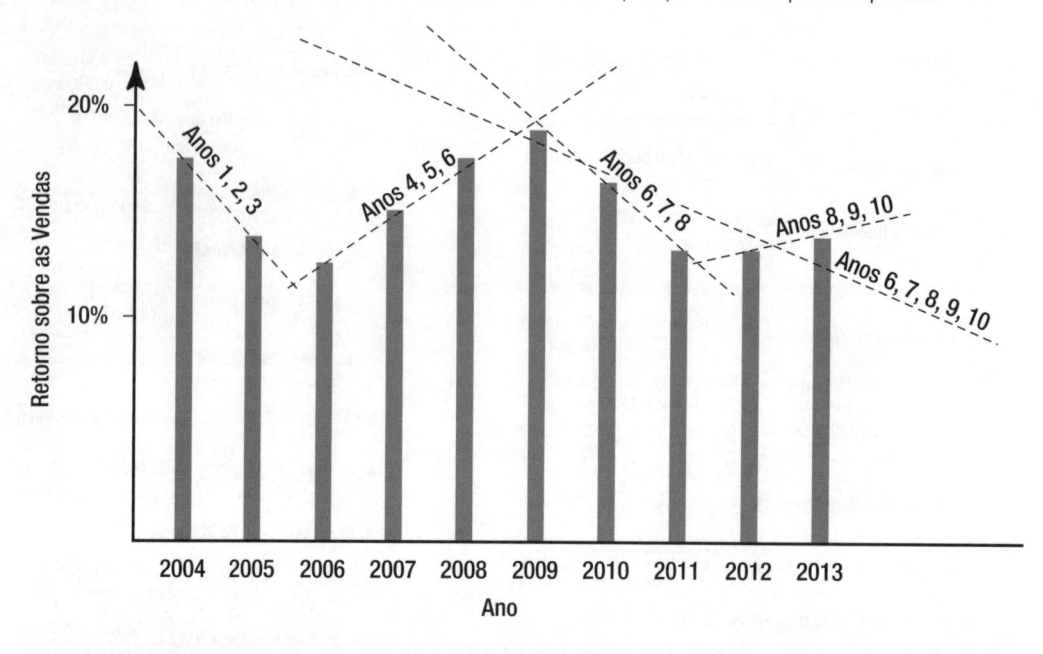

FIGURA 3.11
Como os Índices Financeiros Diferem entre os Setores de Atividade

Índice Financeiro	Semicondutores	Supermercados	Prestadoras de Serviços de Enfermagem
Liquidez seca (vezes)	1,9	0,6	1,3
Liquidez corrente (vezes)	3,6	1,7	1,7
Grau de endividamento (%)	35,1	72,7	82,5
Giro das vendas (dias)	48,6	3,3	36,5
Vendas Ativo Total (%)	131,7	22,1	58,3
Margem de lucro final (%)	24	1,1	3,1

Fonte: Dun& Bradstreet. *Industry Norms and Key Business Ratios, 2010–2011*. One Year Edition, SIC #3600–3699 (Semiconductors); SIC #5400–5499 (Grocery Stores); SIC #8000–8099 (Skilled-Nursing Facilities). Nova York: Dun & Bradstreet Credit Services.

Comparação com os Principais Concorrentes Como vimos no Capítulo 2, as empresas que têm estratégias similares são membros de um grupo estratégico em um setor de atividade. Além disso, a concorrência é maior entre as empresas que fazem parte do mesmo grupo do que entre os grupos. Assim, podemos saber bastante sobre a posição financeira e competitiva de uma empresa ao compará-la com seus principais concorrentes. Consideremos uma empresa que está tentando se diversificar na extremamente rentável indústria farmacêutica. Mesmo que ela esteja disposta a investir centenas de milhões de dólares, seria praticamente impossível competir com eficácia contra os gigantes do setor, como a Pfizer e a Merck. Essas duas empresas fecharam 2012 com receitas de $60 bilhões e $47 bilhões, respectivamente, e ambas têm orçamentos de P&D de $8 bilhões.[64]

Integração da Análise Financeira e das Perspectivas dos Stakeholders: O Balanced Scorecard

É útil analisar o desempenho de uma empresa no decorrer do tempo sob vários índices financeiros e patrimoniais. Entretanto, tais métodos tradicionais podem ser uma faca de dois gumes.[65] Muitas transações importantes — investimentos em pesquisa e desenvolvimento,

PA3.7
O valor do "Balanced Scorecard" no reconhecimento de como os interesses de vários stakeholders podem estar inter-relacionados.

treinamento e desenvolvimento da mão de obra, e publicidade e promoção das principais marcas — podem aumentar bastante o potencial de mercado da empresa e criar significativos valores de longo prazo para os acionistas. Mas esses investimentos vitais não se refletem positivamente nos relatórios financeiros de curto prazo. Relatórios financeiros mensuram os gastos, e não o valor agregado. Assim, os administradores podem ser punidos por investir no curto prazo para melhorar e viabilizar a competitividade da empresa no longo prazo!

Consideremos agora o outro lado da moeda. Um gerente pode destruir o valor futuro da empresa por deixar os clientes insatisfeitos, exaurir os estoques de bons produtos que saem da P&D ou prejudicar a moral de empregados valiosos. Cortes de orçamento, porém, podem resultar em uma excelente condição financeira de curto prazo. O administrador pode construir uma boa imagem de si mesmo a curto prazo e até receber crédito por melhorar o desempenho da empresa. Em resumo, esse gestor é mestre na execução da "administração denominadora", pela qual a diminuição dos investimentos resulta em um índice de retorno sobre os investimentos (ROI, em inglês) maior, mesmo que o retorno verdadeiro permaneça constante ou diminua.

O Balanced Scorecard: Descrição e Benefícios   Para reunir de maneira significativa os muitos pontos relacionados com a avaliação do desempenho de uma empresa, Kaplan e Norton desenvolveram o "**balanced scorecard**".[66] Ele gera para os administradores uma rápida, mas compreensiva, visão do negócio. Em resumo, ele inclui as medidas financeiras que refletem os resultados de ações tomadas, mas complementa tais indicadores com a avaliação da satisfação do cliente, dos processos internos e das atividades de inovação e melhoria da organização — medidas operacionais que balizam o futuro desempenho financeiro.

O balanced scorecard permite que os administradores considerem seus negócios a partir de quatro pontos de vista: do cliente, interno, de inovação e aprendizagem, e financeiro. Veja a Figura 3.12.

balanced scorecard
um método de avaliar o desempenho de uma empresa a partir de elementos como índices financeiros, satisfação dos clientes, análise de processos internos, inovação, aprendizagem e aprimoramento organizacional.

Perspectiva do Cliente   Obviamente, a maneira que a companhia está atuando do ponto de vista do cliente é a principal prioridade da administração. O balanced scorecard requer que os administradores transformem suas declarações de missão gerais sobre o serviço para o cliente em ações que reflitam os fatores que realmente importam para eles. Para que o balanced scorecard funcione, os administradores devem articular seus objetivos em torno de quatro preocupações do cliente: tempo, qualidade, desempenho/serviço, e custo.

perspectiva do cliente
medidas do desempenho de uma empresa que indicam o quão bem ela está satisfazendo as expectativas dos clientes.

Perspectiva Interna do Negócio   As medidas baseadas no cliente são importantes. No entanto, elas devem ser transformadas em indicadores do que a empresa deve fazer internamente para atender às expectativas dos clientes. Um excelente atendimento ao cliente é resultado de processos, decisões e ações que ocorrem por toda a organização de maneira coordenada. Assim, os administradores devem se concentrar nessas operações internas vitais que lhes possibilitam satisfazer às necessidades dos clientes. As medidas internas devem refletir os processos do negócio que têm o maior impacto na satisfação do cliente. Elas incluem fatores que afetam o ciclo de tempo, a qualidade, as habilidades dos empregados e a produtividade.

perspectiva interna do negócio
medidas do desempenho da empresa que indicam o quão bem seus processos, decisões e ações internas estão contribuindo para a satisfação do cliente.

Perspectiva de Inovação e Aprendizagem   Dada a alta taxa de crescimento dos mercados, de mudança tecnológica e da competição global, os critérios de sucesso mudam constantemente. Para sobreviver e prosperar, os administradores devem realizar frequentes mudanças em seus produtos e serviços atuais, além de apresentar produtos completamente novos e mais avançados. A habilidade de uma empresa de ter sucesso a partir de uma visão de inovação e aprendizagem depende mais de seus recursos intangíveis do que dos tangíveis. Há três categorias de recursos intangíveis que têm importância crítica: o capital humano (habilidades, talento e conhecimento), capital de informação (sistemas de informação, redes) e capital de organização (cultura, liderança).

perspectiva de inovação e aprendizagem
medidas do desempenho de uma empresa que indica o quão bem ela está mudando suas ofertas de produtos e serviços para se adaptar às mudanças nos ambientes interno e externo.

- Como os clientes nos veem? (visão do cliente)
- No que devemos ser os melhores? (visão interna do negócio)
- Podemos continuar a melhorar e a criar valor? (visão de inovação e aprendizagem)
- Como encaramos os acionistas? (visão financeira)

FIGURA 3.12
As Quatro Visões do Balanced Scorecard

perspectiva financeira
medidas do desempenho financeiro de uma empresa que indicam o quão bem as estratégias, a implementação e a execução estão contribuindo para a melhoria do resultado líquido final.

Perspectiva Financeira As medidas do desempenho financeiro indicam se a implementação e a execução da estratégia de uma empresa estão de fato contribuindo para a melhoria do resultado líquido final. Os objetivos financeiros básicos incluem a rentabilidade, o crescimento e o valor para os acionistas. As demonstrações financeiras periódicas lembram aos administradores que a melhora da qualidade, tempo de resposta, produtividade e produtos inovadores beneficiam a empresa apenas quando resultam em mais vendas, aumento da participação de mercado, diminuição das despesas operacionais ou maior giro de ativos.[67]

Consideremos como a Sears, uma grande varejista, descobriu uma relação causal entre as atitudes dos empregados e dos clientes, e seus resultados financeiros.[68] Com base em estudos contínuos, a Sears desenvolveu o que ela chama de indicadores de desempenho total, ou IDT — um conjunto de indicadores utilizados para avaliar seu desempenho com clientes, empregados e investidores. O modelo quantitativo da Sears mostrou que 5% de melhoria nas atitudes dos empregados resultava em 1,3% de melhoria na satisfação do cliente, o que, por sua vez, elevava o faturamento em 0,5%. Assim, se uma única loja melhorasse a atitude do empregado em 5%, a Sears poderia predizer com confiança que, se houvesse um crescimento de receitas de 5% do bairro como um todo, o aumento de faturamento dessa loja em particular seria de 5,5%. É interessante que os administradores considerem tais números tão rigorosos como quaisquer outros com os quais eles trabalham durante o ano inteiro. A contabilidade da companhia analisa o gerenciamento tão de perto quanto as demonstrações financeiras.

Uma das principais consequências é que os administradores não precisam enxergar seu emprego como uma busca constante de equilíbrio quanto às exigências dos stakeholders. Eles devem evitar o seguinte modo de pensar: "De quantos pontos de satisfação do empregado preciso abrir mão para conseguir mais pontos de satisfação do cliente ou mais lucro?". Em vez disso, o balanced scorecard apresenta um método em que todos saem ganhando — maior satisfação entre os vários stakeholders organizacionais, incluindo os empregados (de todos os níveis), os clientes e os acionistas.

Limitações e Possíveis Desvantagens do Balanced Scorecard Há um consenso geral de que não há nada inerentemente errado com o conceito do balanced scorecard.[69] Sua principal limitação é que alguns executivos podem vê-lo como uma ferramenta de "conserto rápido" que pode ser executada imediatamente. Se alguns administradores não reconhecem isso desde o início e deixam de se comprometer a ele a longo prazo, a organização se decepcionará. Uma execução ruim é a causa de resultados ruins. A organização e os indivíduos devem estar alinhados para fazer com que os balanced scorecard sejam uma ferramenta poderosa o suficiente para sustentar o desempenho.

Em um estudo recente com 50 organizações canadenses grandes e médias, o número de usuários que expressavam ceticismo sobre o balanced scorecard era muito maior em relação aos que diziam ter resultados positivos. Muitos concordaram com a afirmação de que "Os balanced scorecard não funcionam de verdade". Outros comentaram que "Ele se tornou apenas um exercício de avaliação de números por parte dos contadores depois do primeiro ano"; ou "trata-se apenas da última moda administrativa e já está deixando a lista de prioridades, assim como todos os modismos"; ou ainda "Se os scorecards deveriam ser um instrumento de mensuração, por que é tão difícil medir os resultados?". Há muito o que fazer para que os scorecards venham a se tornar uma ferramenta viável de medir desempenhos estratégicos sustentáveis.

Os problemas costumam ocorrer nos esforços de implementação do balanced scorecard quando não há compromisso de aprendizagem suficiente nem a inclusão das ambições pessoais dos empregados. Sem um conjunto de regras para os funcionários que conduzam a uma contínua melhoria dos processos e ao aprimoramento pessoal dos empregados, não haverá apoio suficiente das pessoas ou mudanças culturais significativas. Assim, muitas melhorias podem ser temporárias e superficiais. Em geral, os scorecards deixam de atingir os objetivos esperados e as melhorias desaparecem logo. Em muitos casos, os esforços dos administradores de incrementar o desempenho foram vistos pelos empregados como beneficiando somente a equipe sênior. Isso estimulou a atitude de "o que ganho com isso?".

QUESTÕES PARA DEBATER

As Iniciativas Mundiais da Triathlon para Divulgar Sua Marca

A World Triathlon Corporation (WTC) é uma companhia da Flórida conhecida por promover a excelência e performance atléticas. Ela realiza eventos, fornece produtos e serviços por meio da marca Ironman e Ironman 70,3[1]. Desde sua origem, a marca *Ironman* evocava indivíduos ambiciosos e corajosos, que não tinham medo de ultrapassar seus limites. Estimular os desejos dos atletas de perseguir o sonho de se tornar um Ironman (Homem de ferro) foi uma estratégia de negócio muito bem-sucedida para a WTC. Devido ao extremo desafio físico, o treinamento disciplinado e a camaradagem com seus clientes, a WTC viu crescer receitas e lucros com o passar dos anos.

Em 2008, a Providence Equity Partners, uma empresa de "private equity", adquiriu a WTC por uma quantia não informada. Os novos donos começaram a divulgar a marca exclusiva Ironman em produtos e eventos que, obviamente, não representavam o "espírito" da marca. Por exemplo, quem concluísse as corridas Ironman 70,3 eram chamados de "Ironman", independentemente da menor distância e do menor grau de dificuldade. Além disso, produtos como colônias, colchões e carrinhos de bebê passaram a exibir a marca "Ironman". Em outubro de 2010, o Ironman Access foi lançado como um programa de parceria no qual as pessoas poderiam adquirir um registro de acesso preferencial aos eventos Ironman por uma taxa anual de $1 mil. A resposta da comunidade do triatlo foi rápida e decisiva — e extremamente negativa. Os atletas sentiram que a WTC estava perdendo seus valores na busca por mais lucro. A companhia estava tentando divulgar a marca, mas isso estava acabando com seus princípios.

Perguntas para Discussão

1. O que a WTC deveria fazer?
2. A World Triathlon Corporation estava agindo muito agressivamente para rentabilzar a marca?
3. Quais são as consequências a longo prazo de suas ações estratégicas mais recentes?

Fontes: Beartini, M. & Gourville, J. T. 2012. Pricing to create share value. *Harvard Business Review*, 90 (6): 96–104; e WTC. 2012. Corporate info. www.ironman.com, 12 de janeiro: np.

[1] A Ironman 70,3 se trata de meio triatlo; esse número se refere à distância total de milhas percorridas na corrida — 1,2 milha (1,92 km) de nado, 56 milhas (89,6 km) de corrida de bicicleta e 13,1 milhas (20,96 km) de corrida a pé.

Refletindo quanto às Implicações sobre a Carreira…

- **A Cadeia de Valor:** É importante compreender a cadeia de valor da nossa empresa. Que atividades são mais vitais para obter uma vantagem competitiva? Devemos pensar em maneiras de agregar valor à cadeia de valor de nossa empresa. Como as atividades de apoio da empresa (p. ex., tecnologia da informação, práticas de recursos humanos) podem nos ajudar a cumprir com as tarefas a nós designadas de maneira mais eficaz? Como podemos chamar a atenção de nossos superiores para uma nossa contribuição de criação de valor?
- **A Cadeia de Valor:** Consideremos as relações mais importantes entre as atividades que realizamos em nossa organização com outras atividades, tanto dentro de nossa empresa como entre a empresa e seus fornecedores, clientes e parceiros. Compreender e fortalecer esses vínculos pode contribuir bastante para o avanço de nossa carreira na organização atual.
- **Visão Baseada em Recursos da Empresa:** Nossas competências e talentos são raros, valiosos, difíceis de imitar e têm poucos substitutos? Se sim, estaremos em melhor posição de acrescentar valor à nossa empresa — e de ganhar mais recompensas e incentivos. Como as nossas habilidades e talentos podem ser aprimorados para nos ajudar a satisfazer melhor esses critérios? Mais treinamento? Com a troca de posição na empresa? Considerando opções de carreira em outras organizações?
- **O Balanced Scorecard:** Conseguiria projetar um "Balanced Scorecard" para sua vida? Quais seriam as visões que incluiria nele? De que modo o "balanced scorecard" o ajudaria a ser bem-sucedido na vida?

resumo

Nas abordagens tradicionais de avaliar o ambiente interno de uma empresa, o objetivo principal dos administradores deveria ser determinar os pontos fortes e fracos da empresa. É esse o papel da análise SWOT, na qual os gerentes analisam forças e fraquezas da empresa, as oportunidades e as ameaças do ambiente externo. Neste capítulo vimos por que este pode ser um bom ponto de partida, mas dificilmente seria o melhor método para realizar uma boa análise. Há muitas limitações na análise SWOT, incluindo sua perspectiva estática, seu potencial para supervalorizar uma única dimensão da estratégia da empresa e a probabilidade de que os pontos fortes da empresa não necessariamente ajudarão a criar valor ou vantagens competitivas.

Identificamos os dois princípios que servem de complemento para a análise SWOT na avaliação do ambiente interno da empresa: a análise da cadeia de valor e a visão baseada em recursos da organização. Ao realizar a análise da cadeia de valor, devemos primeiro dividir a empresa em uma série de atividades de geração de valor. Nelas se incluem atividades primárias, como a logística de entrada, operações e prestação de serviços, bem como atividades de apoio, como a aquisição e a gestão de recursos humanos. Depois, é preciso analisar como cada atividade acrescenta valor e como as *inter-relações* entre as atividades de valor da empresa e entre a empresa e seus clientes e fornecedores agregam valor. Assim, em vez de apenas determinar os pontos fortes e fracos em si, os analisamos no contexto geral da empresa e suas relações com os clientes e fornecedores — o sistema de valor.

A visão baseada em recursos da empresa considera a empresa como um conjunto de recursos: recursos tangíveis, recursos intangíveis e habilidades organizacionais. As vantagens competitivas que são sustentáveis no decorrer do tempo costumam surgir da criação de conjuntos de recursos e competências. Para que as vantagens sejam sustentáveis, é necessário satisfazer quatro critérios: valor, raridade, dificuldade de ser imitado e dificuldade de ser substituído. Tal avaliação exige um bom conhecimento do contexto competitivo no qual a empresa se insere. Os donos de um negócio podem não se apropriar de todo o valor criado pela empresa. A distribuição do valor criado pela empresa entre os donos e os empregados é determinado por quatro fatores: o poder de negociação do empregado, o custo de substituição, o custo de saída do empregado e o poder de negociação do administrador.

Uma análise interna da empresa não seria completa caso não avaliássemos seu desempenho e fizéssemos comparações apropriadas. Determinar o desempenho de uma empresa exige uma análise de sua situação financeira e uma revisão de quão bem ela está satisfazendo todo um conjunto de stakeholders, incluindo os clientes, os empregados e os acionistas. Discutimos o conceito do balanced scorecard, no qual quatro pontos de vista devem ser considerados: o do cliente, o interno do negócio, o da inovação e aprendizagem, e o financeiro. A ideia de que os interesses de vários stakeholders podem estar inter-relacionados é fundamental nesse conceito. Demos exemplos de como os indicativos da satisfação do empregado resultam em níveis maiores de satisfação do cliente, que, por sua vez, resultam em maiores níveis de desempenho financeiro. Assim, melhorar o desempenho da empresa não necessariamente envolve concessões feitas entre diferentes stakeholders. Avaliar o desempenho da empresa é mais útil se for efetuado em termos de como ela muda com o passar do tempo, e ao compará-la com as características do setor de atividade e com os principais concorrentes.

PERGUNTAS DE REVISÃO DO RESUMO

1. A análise SWOT é uma técnica para analisar o ambiente interno e externo de uma empresa. Quais são suas vantagens e desvantagens?
2. Descreva brevemente as atividades primárias e de apoio da cadeia de valor de uma empresa.
3. Como os administradores podem criar valor ao estabelecer relações importantes entre as atividades da cadeia de valor tanto dentro de sua empresa como entre a empresa e seus clientes e fornecedores?
4. Explique brevemente os quatro critérios de sustentabilidade das vantagens competitivas.
5. Sob que condições os empregados e os administradores conseguem se apropriar de parte do valor gerado pela empresa?
6. Quais são as vantagens e desvantagens de realizar uma análise dos índices financeiros de uma empresa?
7. Faça um resumo do conceito do balanced scorecard. Quais são suas principais vantagens?

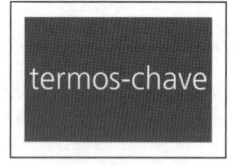

termos-chave

análise da cadeia de valor 72
atividades primárias 72
atividades de apoio 72
logística de entrada 74
operações 75
logística de distribuição 75
marketing e vendas 75
prestação de serviços 76
compras 76
desenvolvimento de tecnologia 78
gestão de recursos humanos 78
administração geral 79
inter-relações 80
visão baseada nos recursos da empresa 82
recursos tangíveis 83
recursos intangíveis 84
competências organizacionais 84
dependência de processos 86
ambiguidade causal 87
complexidade social 87
análise de índices financeiros 92
balanced scorecard 95
perspectiva do cliente 95
perspectiva interna do negócio 95
perspectiva de inovação e aprendizagem 95
perspectiva financeira 96

exercício experimental

A Caterpillar é uma empresa líder da indústria de equipamentos de construção e mineração com extensivas operações mundiais. Ela tem aproximadamente 130 mil empregados e suas receitas foram de $67 bilhões em 2012. Além das operações de fabricação e logística, a Caterpillar é bem conhecida pela excelente prestação de serviços e fornecimento de peças, além de oferecer linhas de financiamento aos clientes varejistas.

A seguir elaboramos várias perguntas referentes às atividades da cadeia de valor da Caterpillar e às inter-relações entre elas, bem como sobre se a empresa pode conseguir vantagem(ns) competitiva(s) sustentável(is).

1. Onde, na cadeia de valor da Caterpillar, estão sendo gerados valores para seus clientes?

Atividade da Cadeia de Valor	Sim/Não	Como a Caterpillar Gera Valor para o Cliente?
Primária		
Logística de entrada		
Operações		
Logística de distribuição		
Marketing e vendas		
Prestação de Serviços		
Apoio		
Procurement		
Desenvolvimento de tecnologia		
Gestão de recursos humanos		
Administração geral		

2. Quais são as relações importantes entre as atividades da cadeia de valor da Caterpillar? Quais são as interdependências importantes? Para cada atividade, identifique as relações e as interdependências.

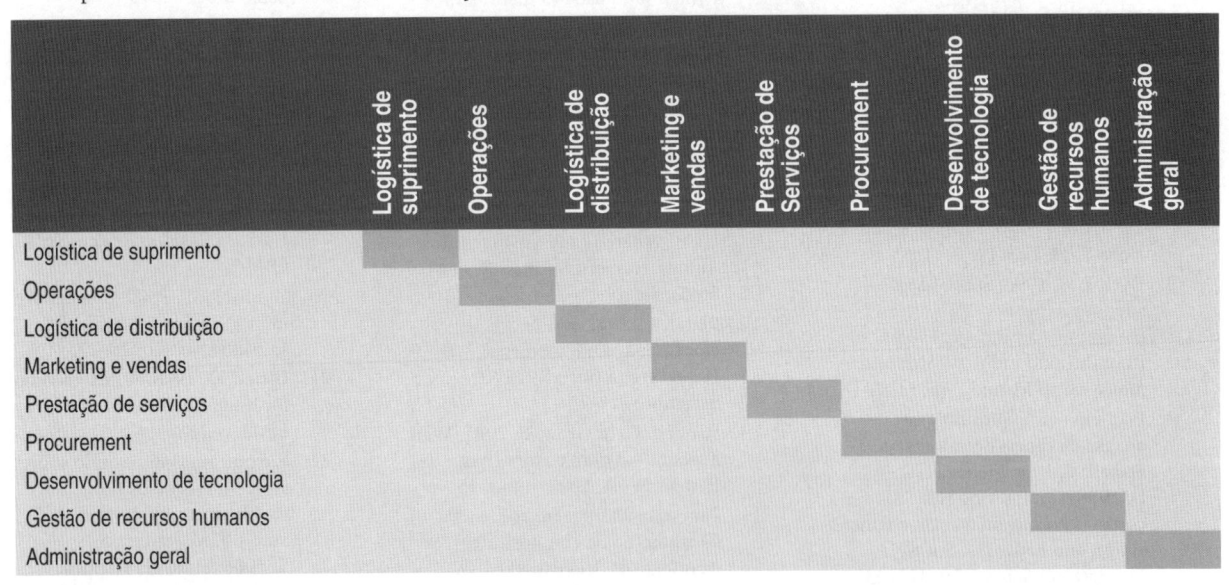

	Logística de suprimento	Operações	Logística de distribuição	Marketing e vendas	Prestação de Serviços	Procurement	Desenvolvimento de tecnologia	Gestão de recursos humanos	Administração geral
Logística de suprimento									
Operações									
Logística de distribuição									
Marketing e vendas									
Prestação de serviços									
Procurement									
Desenvolvimento de tecnologia									
Gestão de recursos humanos									
Administração geral									

3. Quais recursos, atividades e relações permitem que a Caterpillar obtenha uma vantagem competitiva sustentável?

Recursos/Atividade	É Valioso?	É Raro?	Há Poucos Substitutos?	É Difícil de Fazer?
Logística de suprimento				
Operações				
Logística de distribuição				
Marketing e vendas				
Prestação de Serviços				
Aquisição				
Desenvolvimento de tecnologia				
Gestão de recursos humanos				
Administração geral				

questões & exercícios práticos

1. Baseando-se em relatórios publicados, escolha dois CEOs cujas declarações públicas recentes informam grandes mudanças na estratégia de sua empresa. Fale sobre como a implementação bem-sucedida de tais estratégias exige mudanças nas atividades primárias e de apoio da empresa.
2. Selecione uma empresa que compete em um setor no qual esteja interessado. Com base em relatórios financeiros publicados, elabore uma análise de índices financeiros. Considerando as alterações ocorridas ao longo do tempo, e comparando com as características setoriais, avalie os pontos fortes e fracos da empresa em termos de sua posição financeira.
3. Como práticas de recursos humanos exemplares podem aprimorar e fortalecer as atividades da cadeia de valor em uma empresa?
4. Usando a internet, dê uma olhada em sua universidade ou faculdade. Cite algumas das principais atividades de criação de valor dela que geram vantagens competitivas? Por quê?

questões éticas

1. Cite algumas das questões éticas que surgem quando uma empresa decide fazer propaganda de seus produtos com excesso de zelo.
2. Cite algumas das questões éticas que surgem nas atividades de compras de uma empresa. Está familiarizado com alguma dessas questões por experiência pessoal ou de empresas?

referências

1. Reiter, C. 2012. BMW's Mini: Little but she is fierce!, *Bloomberg BusinessWeek*, 6–12 de fevereiro: 24–25. Cain, T. 2012. Smart fortwo sales figures. www.GoodCarBadCar.net, janeiro: np. De Paula, M. 2012. How Smart's CEO plans to get its mojo back. www.Forbes.com, 15 de maio: np. Levin, D. 2011. US sales of Smart cars hit wall. www.money.cnn.com., 18 de fevereiro: np. Smart USA. 2013. About us. www.smartusa.com, janeiro: np.
2. Nossa abordagem da cadeia de valor se baseia em Porter, M. E. 1985. *Competitive advantage:* cap. 2 Nova York: Free Press.
3. Dyer, J. H. 1996. Specialized supplier networks as a source of competitive advantage: Evidence from the auto industry. *Strategic Management Journal*, 17: 271–291.
4. Para uma visão profunda da análise da cadeia de valor, veja Stabell, C. B. & Fjeldstad, O. D. 1998. Configuring value for competitive advantage: On chains, shops, and networks. *Strategic Management Journal*, 19: 413–437. Os autores desenvolvem conceitos de cadeias de valor, valor de compra e de redes de valor para ampliar a lógica de criação de valor em âmbito setorial. Seu trabalho se baseia nas importantes contribuições de Porter, 1985, op. Cit., e outros que falaram sobre como as empresas geram valor por meio de inter-relacionamentos-chaves entre as atividades de criação de valor.
5. Ibid.
6. Maynard, M. 1999. Toyota promises custom order in 5 days. *USA Today*, 6 de agosto: B1.
7. Shaw Industries. 1999. Relatório anual: 14–15.
8. Fisher, M. L. 1997. What is the right supply chain for your product? *Harvard Business Review*, 75(2): 105–116.
9. Jackson, M. 2001. Bringing a dying brand back to life. *Harvard Business Review*, 79(5): 53–61.
10. Anderson, J. C. & Nmarus, J. A. 2003. Selectively pursuing more of your costumer's business. *MIT Sloan Management Review*, 44(3): 42–50.
11. Encontramos reflexões sobre publicidade em: Rayport, J. F. 2008. Where is advertising? Into 'stitials. *Harvard Business Review*, 66(5): 18–20.
12. Reiter, C. 2011. BMW gets its close-up, at Audi's expense. *Bloomberg BusinessWeek,* 19–25 de dezembro: 24–25.
13. Haddad, C. & Grow, B. 2001. Wait a second—I didn't order that! *BusinessWeek*, 16 de julho: 45.
14. Para uma abordagem acadêmica da aquisição de componentes tecnológicos, leia: Hoetker, G. 2005. How much you know versus how well I know you: Selecting a supplier for a technically innovative component. *Strategic Management Journal*, 26(1): 75–96.
15. Para uma discussão de qual critério usar ao analisar os fornecedores para funções adminstrativas de retaguarda, leia: Feeny, D., Lacity, M. & Willcocks, L. P. 2005. Taking the measure of outsourcing providers. *MIT Sloan Management Review*, 46(3): 41–48.
16. Para um estudo que investiga práticas de atuação administrativa, veja: Safizadeh, M. H., Field, J. M., & Ritzman, L. P. 2008. Sourcing practices and boundaries of the firm in the financial services industry. *Strategic Management Journal*, 29(1): 79–92.
17. Imperato, G. 1998. How to give good feedback. *Fast Company*, setembro: 144–156.
18. Bensaou, B. M. & Eark M. 1998. The right mindset for managing information technology. *Harvard Businesses Review*, 96(5): 118–128.
19. Encontramos uma discussão da P&D na indústria farmacêutica em: Garnier, J-P. 2008. Rebuilding the R&D engine in big pharma. *Harvard Business Review*, 66(5): 68–76.
20. Donlon, J. P. 2000. Bonsignore's bid for the big time. *Chief Executive*, março: 28–37.
21. Ulrich, D. 1998. A new mandate for human resources. *Harvard Business Review*, 96(1): 124–134.
22. Encontramos um estudo sobre gestão de recursos humanos na China em: Li, J., Lam, K., Sun, J. J. M., & Liu, S. X. Y. 2008. Strategic resource management, institutionalization, and employment modes: An empirical study in China. *Strategic Management Journal*, 29(3): 337–342.
23. Wood, J. 2003. Sharing jobs and working from home: The new Face of the airline industry. AviationCareer.net, 21 de fevereiro.
24. Green, S., Hasan, F., Immelt, J., Marks, M., & Meiland, D. 2003. In search of global leaders. *Harvard Business Review*, 81(8): 38–45.
25. Para reflexões do papel da integração dos sistemas de

informação para incentivar a inovação, veja: Cash, J. I. Jr., Earl, M. J., & Morison, R. 2008. Teaming up to crack innovation and enterprise integration. *Harvard Business Review*, 66(11): 90–100.

26. Para cautela no uso da TI, veja: McAfee, A. 2003. When too much IT knowledge is a dangerous thing. *MIT Sloan Management Review*, 44(2): 83–90.

27. Para uma perspectiva interessante de algumas das desvantagens de relações muito próximas com os clientes e fornecedores, veja: Anderson, E. & Jap, S. D. 2005. The dark side of close relationships. *MIT Sloan Management Review*, 46(3): 75–82.

28. Day, G. S. 2003. Creating a superior customer-relating capability. *MIT Sloan Management Review*, 44(3): 77–82.

29. Para refletir sobre o papel das tecnologias eletrônicas na aprimoração das conexões da empresa com os clientes e fornecedores, veja: Lawrence, T. B., Morse, E. A., & Fowler, S. W. 2005. Managing your portfolio of connections. *MIT Sloan Management Review*, 46(2): 59–66.

30. Esta seção se baseia em Andersen, M. M., Froholdt, M. & Poulfelt, F. 2010. *Return on strategy*. Nova York: Routledge: 96–100.

31. Citação de Hartmut Jenner, Presidente Executivo, Alfred Karcher GmbH, IBM Global CEO Study, P. 27.

32. Collis, D. J. & Montgomery, C. A. 1995. Competing on resources: Strategy in the 1990's. *Harvard Business Review*, 73(4): 119–128; e Barney, J. 1991. Firm resources and sustained competitive advantage. *Journal of Management*, 17(1): 99–120.

33. Para críticas recentes da visão baseada em recursos da empresa, veja: Sirmon, D. G., Hitt, M. A., & Ireland, R. D. 2007. Managing firm resources in dynamic environments to create value: Looking inside the black box. *Academy of Management Review*, 32(1): 273–292; e Newbert, S. L. Empirical research on the resource-based view of the firm: An assessment and suggestions for future research. *Strategic Management Journal*, 28(2): 121–146

34. Henkoff, R. 1993. Companies that train the best. *Fortune*, 22 de março: 83; e Dess & Picke, *Beyond productivity*, p. 98.

35. Gaines-Ross, L. 2010. Reputation warfare. *Harvard Business Review*, 88(12): 70–76.

36. Barney, J. B. 1986. Types of competition and the theory of strategy: Towards an integrative framework. *Academy of Management Review*, 11(4): 791–800.

37. Harley-Davidson. 1993. Relatório anual.

38. Stetler, B. 2008. Griping online? Comcast hears and talks back; nytimes.com, 25 de julho: np.

39. Para um tratamento rigoroso e acadêmico da origem das habilidades, veja: Ethiraj, S. K., Kale, P., Krishnan, M. S., & Singh, J. V. 2005. Where do capabilities come from and how do they matter? A study of the software services industry. *Strategic Management Journal*, 26(1): 25–46.

40. Para uma discussão acadêmica sobre métodos associados com as competências organizacionais, veja: Dutta, S., Narasimhan, O., & Rajiv, S. 2005. Conceptualizing and measuring capabilities: Methodology and empirical application. *Strategic Management Journal*, 26(3): 277–286.

41. Lorenzoni, G. & Lipparini, A. 1999. The leveraging of interfirm relationships as a distinctive organizational capability: A longitudinal study. *Strategic Management Journal*, 20: 317–338.

42. Andersen, M. M. op. cit. 209.

43. Um estudo que investiga a sustentabilidade da vantagem competitiva: Newbert, S. L. 2008. Value, rareness, competitive advantages, and performance: A conceptual-level empirical investigation of the resource-based view of the firm. *Strategic Management Journal*, 29(7): 745–768.

44. Arikan, A. M. & McGahan, A. M. 2010. The development of capabilities in new firms. *Strategic Management Journal*, 31(1): 1–18.

45. Barney, J. 1991. Firm resources and sustained competitive advantage. *Journal of Management*, 17(1): 99–120.

46. Barney, 1986, op. cit. Nossa análise da inimitabilidade e da substituição é baseada nessa obra.

47. Um estudo que investiga as consequências do desempenho da imitação está em: Ethiraj, S. K. & Zhu, D. H. 2008. Performance effects of imitative entry. *Strategic Management Journal*, 29(8): 797–818.

48. Sirmon, D. G., Hitt, M. A., Arregale, J.,-L. & Campbell, J. T. 2010. The dynamic interplay of capability strengths and weaknesses: Investigating the bases of temporary competitive advantage. *Strategic Management Journal*, 31(13): 1386–1409.

49. Scherzer, K. 2012. Groupon and deal sites see skepticism replacing promise. finance.yahoo.com, 30 de novembro: np; The dismal scoop on Groupon. 2011. *The Economist*, 22 de outubro: 81; Slater, D. 2012. Are Daily deals done? *Fast Company*; e Danna, D. 2012. Groupon & daily deals competition. beta.fool.com, 15 de junho: np.

50. Deephouse, D. L. 1999. To be different, or to be the same? It's a question (and theory) of strategic balance. *Strategic Management Journal*, 20: 147–166.

51. 2010. Wahaha... China's leading beverage producer. www.chinabevnews.com, 11 de abril: np; e Anderson, M. M., Froholdt, M. & Pouflet, F. 2010. *Return to strategy*. Nova York: Reoutledge.

52. Yeoh, P. L. & Roth, K. 1999. An empirical analysis of sustained advantage in the U.S. Pharmaceutical industry: Impact of firm resources and capabilities. *Strategic Management Journal*, 20: 637–653.

53. Robins, J. A. & Wiersema, M. F. 2000. Strategies for unstructured competitive environments: Using Scarce resources to create new markets. Em Bresser, R. F., et al., (Eds.), *Winning strategies in a deconstructing world*: 201–220. Nova York: John Wiley.

54. Para um interessante caso de como a Dell conseguiu estabelecer sua aparente vantagem competitiva sustentável no mercado, leia: "Matching Dell" de Jan W. Rivkin e Michael E. Porter, Caso 9-799-158 da Harvard Business School (6 de junho de 1999).

55. Sidhu, I. op. cit., 61.

56. Amit, R. & Schoemaker, J. H. 1993. Strategic assets and organizational rent. *Strategic Management Journal*, 14(1): 33–46; Collis, D. J. & Montgomery, C. A. 1995. Competing on resources: Strategy in the 1990's. *Harvard Business Review*, 73(4): 118–128; Coff, R. W. 1999. When competitive advantage doesn't lead to performance: The resource-based view and stakeholder bargaining power. *Organization Science*, 10(2): 119–133; e Blyler,

M. & Coff, R. W. 2003. Dynamic capabilities, social capital, and rent appropriation: Ties that split pies. *Strategic Management Journal*, 24: 677–686.

57. Munk, N. 1998. The new organization man. *Fortune*, 16 de março: 62–74.
58. Coff, op. cit.
59. Adams, R. 2012. The decade's 10 best-paid CEO's. Newsoxy.com, 7 de junho: np.
60. Concentramos nossa abordagem em como os stakeholders internos (p. ex., os empregados, os gerentes e os executivos de alto escalão) podem se apropriar dos lucros (ou rendas) da empresa. Para uma análise interessante de como as inovações de uma empresa podem ser apropriadas pelos stakeholders externos (p. ex., os clientes, os fornecedores) e pelos concorrentes, veja: Grant, R. M. 2002. *Contemporary strategy analyses* (4a. ed.): 335–340. Malden, MA: Blackwell.
61. Luehrman, T. A. 1997. What's it worth? A general manager's guide to valuation, *Harvard Business Review*, 45(3): 132–142.
62. Veja, por exemplo, Kaplan, R. S. & Norton, D. P. 1992. The balanced scorecard: Measures that drive performance, *Harvard Business Review*, 69(1): 71–79.
63. Hitt, M. A., Ireland, R. D., & Stadter, G. 1982. Functional importance of company performance: Moderating effects of grand strategy and industry type. *Strategic Management Journal*, 3: 315–330.
64. finance.yahoo.com.
65. Kaplan & Norton, op. cit.
66. Ibid.
67. Para uma discussão do valor relativo do crescimento em comparação com as margens crescentes, leia: Mass, N. J. 2005. The relative value of growth. *Harvard Business Review*, 83(4): 102–112.
68. Rucci, A. J., Kirn, S. P., & Quinn, R. T. 1998. The employee-customer-profit chain at Sears. *Harvard Business Review*, 76(1): 82–97.
69. Nossa abordagem se baseia em: Angel, R. & Rampersad, H. 2005. Do scorecards add up? camagazine.com, maio: np.; e Niven, P. 2002. *Balanced scorecard step by step: Maximizing performance and maintaining results*. Nova York: John Wiley & Sons.

PARTE 1: ANÁLISE ESTRATÉGICA

capítulo 4

O Reconhecimento dos Recursos Intelectuais de Uma Empresa

Indo além dos Recursos Tangíveis

Depois da leitura deste capítulo você deverá obter uma boa compreensão dos seguintes pontos a aprender:

PA4.1 Por que a administração de profissionais do conhecimento e o conhecimento em si são tão importantes nas organizações de hoje.

PA4.2 A importância de reconhecer a interdependência entre atrair, desenvolver e reter o capital humano.

PA4.3 O papel vital do capital social em alavancar o capital humano dentro e através de uma empresa.

PA4.4 A importância das redes sociais na administração do conhecimento e na promoção do sucesso da carreira.

PA4.5 O importante papel da tecnologia para estimular o conhecimento e o capital humano.

PA4.6 Por que equipes "eletrônicas" ou "virtuais" são importantes para combinar e alavancar o conhecimento nas organizações e como elas podem ser mais eficazes.

PA4.7 O desafio de proteger a propriedade intelectual e a importância das capacidades dinâmicas de uma empresa.

Aprenda com os Erros

Em setembro de 2008, o Bank of America comprou a Merrill Lynch (ML), no auge da sua crise financeira, por $50 bilhões. Parecia um bom negócio. No entanto, seis meses depois, o Bank of America relatou uma perda de $15 milhões devido à exposição da ML a empréstimos hipotecários "podres". Isso resultou em uma ação judicial, com $2,43 bilhões indo para os acionistas e $150 milhões para a Securities Exchange Commission.[1] Apesar dessas perdas financeiras, a ML ajudou a reforçar o Bank of America ao contribuir com cerca de metade das receitas do banco e com grande parte dos lucros desde 2009, de acordo com os analistas. Entre 2009 e 2011, a Merrill Lynch auferiu receitas de $164,4 bilhões e $31,9 bilhões de lucro. Durante esse período, o Bank of America obteve em seu todo, como entidade, $326,8 bilhões de receitas e $5,5 bilhões de lucro. Assim, embora o Bank of America estivesse perdendo dinheiro e enfrentando uma economia instável, a ML estava forte e sustentava o banco com um exército de 16 mil corretores.

Os banqueiros de investimento, os executivos sênior e os corretores receberam ações do Bank of America como uma parte significativa de sua remuneração para alinhar seus interesses com os do Bank of America. Ainda assim, centenas de excelentes corretores e consultores financeiros da Merrill Lynch deixaram a empresa recentemente. O que aconteceu?

O Bank of America deixou de administrar bem seu recurso mais valioso — o capital humano. Simultaneamente à iniciativa corporativa de venda de seus produtos e serviços para os clientes da ML, o Bank of America perdeu vários de seus melhores empregados e, com isso, sua rede de clientes valiosos.

Alavancar a força de vendas da ML era o foco de Brian Moynihan, o presidente. Ele citou aquela ação como a principal oportunidade de crescimento, ou seja, transformar os clientes dos corretores em clientes bancários e vice-versa. No entanto, como disse Brad Hintz, analista da Sanford C. Bernstein: "a comissão proveniente dos produtos bancários era menor para os corretores, que solicitavam compartilhar o relacionamento com seus clientes com o Bank of America. Isso nunca é algo bom para um corretor". O Bank of America não soube organizar bem sua estratégia nessa questão. Isso fez com que clientes e corretores exigissem maior qualidade de serviço e passassem a se perguntar por que chegaram sequer a se associar ao Bank of America. Os corretores administravam mais de $1 bilhão de recursos de clientes e recebiam ligações de seus clientes sobre assuntos bancários elementares. Por exemplo, um dos grandes corretores recebeu uma ligação de um cliente que estava reclamando que haviam impresso seus cheques errado! Além disso, o serviço especial que os corretores da ML estavam acostumados a prestar a seus grandes clientes não era mais o mesmo: as hipotecas de indivíduos de altíssimos níveis de renda estavam demorando nove meses para serem finalizadas, e a prática padrão de cobrança de taxas de manutenção para cobrir as despesas quando as contas ficavam abaixo de um certo mínimo não podiam ser perdoadas a critério do corretor.

O Bank of America também adotava algumas práticas de recursos humanos inflexíveis que desagradavam os corretores. Por exemplo, Patrick Rush lecionava em cursos de educação continuada sobre planejamento da aposentadoria em faculdades locais. Embora a Merrill tenha compreendido o valor da matéria e do envolvimento da comunidade, o Bank of America quis impedi-lo de exercer essa atividade. Rush se demitiu em 2011 e abriu sua própria empresa de administração financeira.

Obviamente, o Bank of America não percebeu que seus corretores eram recursos de grande valor (em conjunto com seus valiosos clientes). E pagou o preço por não cuidar do meio ambiente desses empregados.

Perguntas para Discussão

1. Que ações o Bank of America deveria realizar para reter seus consultores de investimento?
2. O banco poderia fazer isso enquanto criava valor?
3. A ação de aumentar as vendas de produtos bancários deveria, ainda, continuar a ser realizada?

Os administradores estão sempre procurando excelentes profissionais que possam levar suas organizações a um nível mais elevado. No entanto, atrair talentos é condição necessária, mas *não* suficiente para o sucesso. Na economia do conhecimento de hoje em dia, não importa quão grandes são nossos estoques de recursos — sejam eles talentos, recursos físicos ou capital financeiro. Em vez disso, a pergunta é: o quanto a organização é boa em atrair grandes talentos e em incentivar esses talentos a produzir produtos e serviços valiosos para o mercado?

Os problemas do Bank of America com a Merrill Lynch, sua divisão de corretagem, é um exemplo de assuntos relacionados com a eficácia de desenvolver e treinar talentos. Devido à pressão de repassar os produtos do Bank of America aos seus clientes de alta renda, muitos dos corretores da Merrill decidiram se demitir e, obviamente, levar sua carteira de clientes com eles. Políticas de pessoal restritivas, tais como impedi-los de lecionar em cursos de educação continuada, também não ajudaram. Um artigo recente comentou: "Os melhores recursos da Merrill têm pernas. Uma mão corporativa pesada poderia fazê-los correr".

Neste capítulo veremos como o capital humano pode ser potencializado em uma organização. Mostraremos os importantes papéis do capital social e da tecnologia.

PA4.1
Por que a administração de profissionais do conhecimento e do conhecimento em si são tão importantes nas organizações de hoje.

O Papel Central do Conhecimento na Economia Atual

Um ponto central de nossa discussão está na grande mudança que se acelerou nas últimas décadas e suas consequências quanto à administração estratégica das organizações.[2] Na maior parte do século XX, os administradores se concentraram nos recursos tangíveis, como terra, equipamento e dinheiro, e também nos intangíveis, como marcas, imagem e fidelidade do cliente. Os esforços eram direcionados na alocação eficiente entre trabalho e capital — os dois tradicionais fatores de produção.

Como os tempos mudaram! Hoje, mais de 50% do produto interno bruto (PIB) nas economias desenvolvidas deriva do conhecimento; baseia-se nos recursos intelectuais e nas habilidades pessoais intangíveis.[3] Nos EUA, os processos intelectuais e de informação geram a maior parte do valor para as empresas nas organizações que prestam serviços fundamentais (p. ex., software, sistema de saúde, comunicações e educação), os quais representam 77% do PIB dos EUA. No setor industrial, atividades intelectuais como P&D, design de processos e produtos, logística, marketing e inovação tecnológica geram a maior parte do valor agregado.[4] Para destacar a questão, Gary Hamel e o falecido C. K. Prahalad, dois grandes escritores de administração estratégica, dizem:

> A era da máquina foi um mundo físico. Ela consistia de coisas. As companhias faziam e distribuíam coisas (produtos físicos). A administração alocava coisas (orçamentos de capital); e investia em coisas (fábricas e equipamentos).
>
> Na era da máquina, as pessoas eram auxiliares e as coisas eram o principal. Na era da informação, as coisas são auxiliares, e o conhecimento o principal. O valor da companhia provém não das coisas, mas do conhecimento, do saber, dos recursos intelectuais, das habilidades — tudo o que vem com as pessoas.[5]

Na **economia do conhecimento**, a riqueza é gerada cada vez mais através da administração eficaz de trabalhadores experientes, em vez do controle eficiente dos recursos físicos e financeiros. A crescente importância do conhecimento, em conjunto com o movimento do mercado de mão de obra para recompensar o trabalho baseado no conhecimento, nos mostra que investir em uma companhia significa, em essência, comprar um conjunto de talentos, capacidades, habilidades e ideias — o capital intelectual —, e não os recursos físicos ou financeiros.[6]

Vejamos alguns exemplos. As pessoas não compram ações da Microsoft em razão de suas fábricas de software; ela não tem nenhuma. Em vez disso, o valor da Microsoft sobe porque ela estabelece padrões para o software usado em PCs, explora o valor de seu nome e forja alianças com outras companhias. De modo similar, a Merck não se tornou a companhia "Mais Admirada" por sete anos consecutivos na pesquisa anual da *Fortune* porque fabrica comprimidos, mas porque seus cientistas criam medicamentos. P. Roy Vagelos, ex-presidente da Merck, uma gigante farmacêutica de $47 bilhões, durante o longo período de "Mais Admirada", disse: "Um produto de pouco valor pode ser feito por qualquer um em qualquer lugar. Porém, quando temos um conhecimento que ninguém mais tem — isso é o que faz a diferença. Protegemos nossa pesquisa com mais cuidado do que com nossos recursos financeiros".[7]

Usando alguns números para apoiar nosso argumento, perguntemo-nos: qual o valor de uma companhia?[8] Comecemos com a "o grande tripé" das demonstrações financeiras: demonstração de resultados, balanço patrimonial e demonstração de origens e aplicação de recursos. Se eles podem dizer algo útil para os investidores, então o valor de mercado da companhia* deverá ser quase o mesmo (mas não exatamente o mesmo, porque o mercado olha para a frente e os livros olham para trás) valor que os contadores atribuem a ela — o valor contábil da empresa. Entretanto, isso não acontece. Um estudo comparou o valor de mercado com o valor contábil de 3.500 companhias norte-americanas em um período de mais de duas décadas. Em 1978 os dois eram semelhantes: o valor contábil era 95% do valor de mercado. Os valores de mercado e os valores contábeis não divergiam significativamente. Depois de 20 anos, a cotação das ações na S&P Industrials (Bolsa de Valores americana) era — em média — 2,2 vezes maior que o valor contábil.[9] Robert A. Howell, um perito na mudança do papel das finanças e da contabilidade, brincou: "O grande tripé das demonstrações financeiras [...] é tão útil quanto um mapa das ruas de Los Angeles de 80 anos atrás".

A lacuna entre o valor de mercado de uma empresa e o valor contábil é ainda maior no caso de corporações de conhecimento intensivo comparativamente às empresas com estratégias que se baseiam primariamente nos recursos tangíveis.[10] A Figura 4.1 traz o índice do valor de mercado em relação ao contábil de algumas companhias bem conhecidas. No caso das empresas em que o conhecimento e a gestão dos trabalhadores experientes têm um papel relativamente importante na contribuição ao desenvolvimento de produtos e serviços — e onde os recursos físicos são menos importantes —, o índice do valor de mercado em confronto com o contábil tende a ser muito maior.

Como a Figura 4.1 mostra, empresas como Apple, Google, Microsoft e Oracle têm valores de mercado muito superiores aos contábeis em virtude de seu grande investimento nos recursos de conhecimento e na expertise tecnológica. Em contraste, as empresas em setores mais tradicionais, como Nucor e Southwest Airlines, têm relativamente menor descompasso entre o valor contábil e o de mercado. Isso reflete seus grandes investimentos em recursos físicos e menores investimentos nos recursos de conhecimento. Uma empresa como a Intel, com respeito à diferença entre ambos os critérios de determinação, fica entre os dois grupos citados. Isso acontece porque seu grande nível de investimento nos recursos de conhecimento corresponde a um grande investimento em fábricas e equipamentos. Por exemplo, há pouco tempo, a Intel investiu $3 bilhões para construir uma fábrica em Chandler, Arizona.[11]

Muitos escritores definem o **capital intelectual** como a diferença entre o valor de mercado e o valor contábil da empresa — ou seja, a medida do valor dos recursos intangíveis da empresa.[12] Essa definição ampla reúne recursos como reputação, fidelidade e compromisso

economia do conhecimento
uma economia em que a riqueza é criada por meio da administração eficaz de trabalhadores experientes, em vez de no controle eficiente dos recursos físicos e financeiros.

capital intelectual
a diferença entre o valor de mercado e o valor contábil da empresa, incluindo seus recursos: reputação, fidelidade e compromisso do empregado, relacionamento com os consumidores, valores da companhia, prestígio das marcas e experiência e habilidades dos empregados.

---

* O valor de mercado de uma empresa é igual ao valor de uma ação ordinária multiplicado pelo número de ações em circulação. O valor contábil de uma empresa é, antes de mais nada, uma medida do valor de seus recursos tangíveis. Ele pode ser calculado pela seguinte fórmula: total de ativos – total de dívidas.

FIGURA 4.1
Relação entre Valor de Mercado e Valor Contábil de Determinadas Companhias

Companhia	Vendas Anuais ($ bilhões)	Valor de Mercado ($ bilhões)	Valor Contábil ($ bilhões)	Índice de Valor de Mercado/Contábil
Apple	157	510	117,2	4,4
Google	47,3	237,8	58,1	4,1
Oracle	37,1	162,4	44,1	3,7
Microsoft	73,7	229,4	66,4	3,5
Intel	53,8	106,1	45,9	2,3
Nucor	19,8	14,2	7,5	1,9
Southwest Airlines	17	7,9	6,9	1,1

Nota: Os dados sobre valor de mercado são de 4 de janeiro de 2013. Todas as outras informações financeiras são baseadas nos balanços patrimoniais e demonstração de resultados mais recentes.

Fonte: *finance.yahoo.com*.

do empregado, relacionamento com os consumidores, valores da companhia, prestígio das marcas e experiência e habilidades dos empregados.[13] Assim, simplificando, temos:

Capital intelectual = Valor de mercado da empresa – Valor contábil da empresa

Como as companhias geram valor na economia de conhecimento intensivo? A resposta geral está em atrair e potencializar o capital humano de maneira eficaz por meio de instrumentos que criam produtos e serviços de valor recorrentemente.

Primeiro: o **capital humano** consiste na "competências, conhecimento, habilidade e experiência *individual* dos empregados e administradores de uma companhia".[14] Esse recurso é relevante nas tarefas a serem realizadas e na capacidade de agregar conhecimento, habilidades e experiência através do aprendizado.[15]

Segundo: o **capital social** consiste na "rede de relacionamentos que os indivíduos têm na organização". As relações são vitais no compartilhamento e potencialização de conhecimento e na aquisição de recursos.[16] O capital social pode extrapolar os limites organizacionais, incluindo relações entre a empresa e seus fornecedores, clientes e parceiros.[17]

Terceiro: o conceito de "conhecimento", que vem em duas formas diferentes. A primeira é o **conhecimento explícito**, que é codificado, documentado, reproduzido com facilidade e amplamente distribuído, tais como projetos de engenharia, códigos de software e patentes.[18] O outro tipo de conhecimento é o **conhecimento tácito**. Ele se encontra na mente dos empregados e é baseado em suas experiências e bagagem pessoal.[19] O conhecimento tácito é compartilhado somente se houver o consentimento e participação do indivíduo.

Novos conhecimentos são criados constantemente por meio de interação contínua entre conhecimento explícito e tácito. Consideremos dois engenheiros de software que trabalham juntos em um código de computador, que é um conhecimento explícito. Compartilhando ideias baseadas na experiência pessoal de cada — ou seja, seu conhecimento tácito —, eles desenvolvem um novo conhecimento ao modificar o código. Outro assunto importante é o papel dos "processos socialmente complexos", que incluem a liderança, a cultura e a confiança.[20] Esses processos têm um papel fundamental na criação de conhecimento.[21] Eles representam a "cola" que mantém a organização unida e ajuda a criar um ambiente de trabalho no qual os indivíduos estão mais motivados a compartilhar suas ideias, trabalhar em equipe e, no fim, criar produtos e serviços de valor.[22]

Vários livros foram escritos sobre como administrar o conhecimento e o papel central dele na criação de riqueza nas organizações e nos países desenvolvidos.[23] Aqui nos concentraremos em alguns pontos-chave que as organizações devem levar em conta para competir com base no conhecimento.

Agora vamos voltar a falar sobre o recurso principal em si — o capital humano — fornecendo algumas orientações de como ele pode ser atraído/escolhido, desenvolvido e retido.[24] Tom Stewart, ex-editor da *Harvard Business Review*, percebeu que as organizações devem

capital humano
as competências, conhecimento, habilidade e experiência individual dos empregados e administradores de uma companhia.

capital social
a rede de amizades e de relacionamento profissional entre pessoas talentosas dentro e fora da organização.

conhecimento explícito
o conhecimento que é codificado, documentado, reproduzido com facilidade e amplamente distribuído.

conhecimento tácito
o conhecimento que está na mente dos empregados e é baseado em suas experiências e bagagem pessoal.

realizar esforços significativos para proteger seu capital humano. Uma empresa pode "diversificar a posse de conhecimento vital enfatizando o trabalho em equipe, se proteger contra a obsolência desenvolvendo programas de aprendizagem e retendo os profissionais-chave com algemas de ouro".[25] Além disso, as pessoas tendem a ser menos propensas a deixar uma organização se houver estruturas eficazes que promovam o trabalho em equipe e o compartilhamento de informações, uma liderança forte que incentive a inovação e culturas que exijam excelência e comportamento ético. Tais questões são centrais neste capítulo. Não nos aprofundamos muito nas considerações a respeito deles, mas daremos mais detalhes nos capítulos seguintes. Falaremos sobre os controles organizacionais (cultura, recompensas e limites) no Capítulo 9, sobre a estrutura e projetos organizacionais no Capítulo 10, e sobre vários tipos de liderança e empreendedorismo nos capítulos 11 e 12.

O Capital Humano: A Fundação do Capital Intelectual

> **PA4.2**
> A importância de reconhecer a interdependência entre atrair, desenvolver e reter o capital humano.

As organizações devem recrutar pessoas talentosas — empregados de todos os níveis com o conjunto certo de habilidades e capacidades utilizadas em conjunto com os valores e atitudes certos. Tais habilidades e atitudes devem ser continuamente desenvolvidas, fortalecidas e reforçadas. Cada empregado deve ser motivado, tendo seus esforços focalizados nos alvos e objetivos da organização.[26]

O aumento da proeminência dos trabalhadores do conhecimento como uma fonte vital da vantagem competitiva resulta na mudança do equilíbrio do poder das organizações atuais.[27] Os trabalhadores do conhecimento colocam o desenvolvimento profissional e o enriquecimento pessoal (financeiro e outros) acima da fidelidade à companhia. Atrair, recrutar e contratar "o melhor de todos" é o primeiro passo vital no processo de estabelecer o capital intelectual. Em um simpósio para presidentes executivos, Bill Gates disse: "O que está comprometendo o desempenho da Microsoft [...] é o quão difícil achamos sair e recrutar o tipo de pessoa que queremos para fazer nossa equipe de pesquisas crescer".[28]

Contratar é apenas o primeiro de três processos nos quais todas as organizações de sucesso devem se empenhar para estabelecer e alavancar o capital humano. As empresas também devem *desenvolver* os empregados para que consigam usar todo seu potencial no sentido de maximizar suas contribuições conjuntas.[29] Por fim, os dois primeiros processos não servem para nada se as empresas não fornecerem um ambiente de trabalho e recompensas intrínsecas e extrínsecas capazes de *reter* os melhores de todos.[30]

Essas atividades estão extremamente inter-relacionadas. Gostaríamos de sugerir a imagem de uma cadeira de três pernas (veja a Figura 4.2).[31] Se uma delas for fraca ou quebrar, a cadeira não se sustentará em pé.

Para ilustrar tal interdependência, más contratações impedem a eficácia dos processos de desenvolvimento e retenção. De modo similar, esforços de retenção ineficazes resultam em

FIGURA 4.2 O Capital Humano: Três Atividades Interdependentes

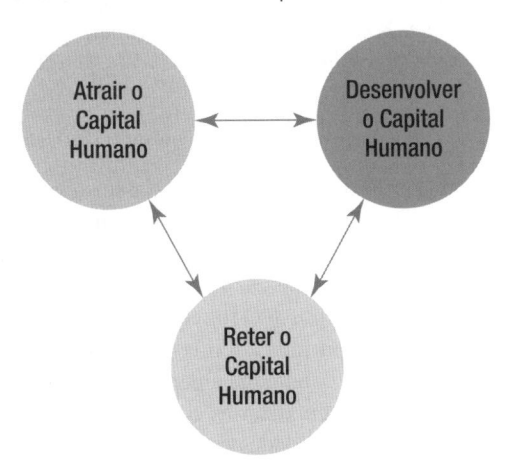

| DESTAQUES DE **ESTRATÉGIA** | 4.1 | | **SUSTENTABILIDADE AMBIENTAL** |

SER "VERDE" AJUDA A ATRAIR TALENTOS

Quando as companhias passam a ser "verdes", acabam descobrindo que os benefícios vão além do meio ambiente. As estratégias que beneficiam o meio ambiente também podem atrair jovens talentos e reduzir custos. De acordo com Lindsey Pollack, autor de *Getting from College to Career*:

> Os estudantes estão buscando emprego em companhias que se importam com o meio ambiente. Eles esperam essa atitude assim como esperam o equilíbrio da vida pessoal e profissional, a diversidade étnica e a globalização.

Em recente pesquisa sobre contratações "verdes" feita pelo MonsterTRAK.com, um site de serviços voltado para estudantes ou formandos recém-contratados, descobriu-se que 80% dos jovens profissionais estão interessados em assegurar um emprego que tenha um impacto positivo no meio ambiente, e que 92% estariam mais inclinados a trabalhar para uma companhia que se preocupa com o meio ambiente. Em uma outra pesquisa, 45% da geração do milênio aceitaria um corte de 15% no salário se isso resultasse em algum benefício social e ambiental.

A título de resposta, a NewPage Corp., uma fabricante de papel, passou a distribuir uma apostila na qual destaca o compromisso da empresa com a responsabilidade ambiental ao contratar alunos dos *campi*. Ela mostra as novas instalações da companhia em Miamisburg, Ohio, que usa de 28% a 39% menos energia do que um prédio padrão e são mobiliadas com materiais que não causam dano ao meio ambiente. Mark Sunwyn, presidente da NewPage, diz: "No fim das contas, estamos competindo com todos pelos melhores talentos e esta é uma geração que se preocupa bastante com o meio ambiente".

Fontes: Weinreb, E. 2012. Proof: A strong CSR program can attract, retain talent for less. greenbiz.com, 6 de junho: np; Luhby, T. 2008. How to Lure Gen Y Workers? CNNMoney.com, 17 de agosto: np; Mattioli. 2007. How Going Green Draws Talent, Cut Costs. *Wall Street Journal*, 13 de novembro: B10; e Odell, A. M. 2007. Working for the Earth: Green Companies and Green Jobs Attract Employees. www.socialfunds.com, 9 de outubro: np.

---

mais dificuldades para contratar e desenvolver. Consideremos a interessante história a seguir, contada por Jeffrey Pfeffer, da Stanford University Business School:

> Não faz muito tempo, fui para uma empresa jurídica grande e chique em São Francisco — que trata seus associados como titica de cachorro e onde a rotatividade era muito alta. Perguntei ao administrador sobre o índice de rotatividade. Ele disse: "Há alguns anos, era de 25%; hoje, está em 30%". Perguntei como a empresa respondeu a essa tendência. Sua resposta: "Aumentamos as contratações". Então perguntei: "Que tipo de médico você seria se seu paciente estivesse sangrando cada vez mais rápido e sua única resposta fosse aumentar a velocidade da transfusão?".[32]

É óbvio que aumentar o índice de contratação é um substituto muito ruim para uma fraca retenção.[33] Embora não haja respostas simples, fáceis de aplicar, podemos aprender das melhores empresas observando o que elas estão fazendo para atrair, desenvolver e reter o capital humano no mercado extremamente competitivo de hoje em dia.[34] Antes de continuar, os Destaques de Estratégia 4.1 falam sobre a importância de se ter uma empresa "verde" ou que tenha uma estratégia de sustentabilidade ambiental para atrair novos talentos.

Atraindo o Capital Humano

> *No mundo de hoje, o talento é tão crítico para o êxito daquilo que estamos fazendo — suas competências principais e quão bem elas se enquadram na cultura do nosso ambiente de trabalho. A combinação pode ser, eu diria, extraordinária. Isso, porém, só se trouxermos as pessoas certas.*[35]
>
> Mindy Grossman, presidente da HSN (Home Shopping Network)

O primeiro passo para se formar um capital humano de classe superior é o controle de entrada: atrair e escolher a pessoa certa.[36] Os profissionais de recursos humanos costumam usar um método de seleção conhecido por "chave e fechadura" — ou seja, encaixar uma chave (um candidato para o trabalho) em uma fechadura (o trabalho). Tal método envolve uma análise completa da pessoa e do trabalho. Somente assim será possível tomar a decisão correta sobre se um se ajustará ao outro. Não há a hipótese de falhar, continua a teoria, se conseguirmos exatamente o que queremos no que se refere a conhecimento, habilidade e perfil profissional. Frequentemente, porém, esse método de correspondência precisa enfatizar as competências específicas para determinado serviço (p. ex., habilidades motoras, capacidades específicas de processamento de informações e habilidades de comunicação) e dá menos importância aos mais amplos conhecimentos gerais, experiência, habilidades sociais, valores, crenças e atitudes dos empregados.[37]

Muitos questionam o método de correspondência precisa. Argumentam que as empresas podem identificar os melhores caso se concentrem nos principais modos de pensar, atitudes, habilidades sociais e orientações gerais do empregado. Se eles tiverem esses elementos certos, as competências específicas de certa tarefa podem ser aprendidas rapidamente. (Isso não quer dizer, porém, que as habilidades para realizar certa tarefa específica não sejam importantes; em vez disso, sugere que o conjunto de habilidades necessárias deve ser visto como uma condição necessária, mas não suficiente.) Isso nos leva a um dito popular atual que serve como título da próxima seção.

"Contrate pela Atitude, Treine a Habilidade" As organizações estão enfatizando cada vez mais o conhecimento geral e a experiência, as habilidades sociais, os valores, as crenças e as atitudes dos empregados.[38] Considere as práticas de contratação da Southwest Airlines, que se concentra nos valores e nas atitudes dos empregados. Devido à grande ênfase na equipe, a Southwest usa um método "indireto". Por exemplo, a equipe de entrevista pede a um grupo de empregados para preparar uma apresentação de cinco minutos sobre eles mesmos. Durante as apresentações, os entrevistadores observam quais candidatos apoiam seus colegas com entusiasmo e quais se concentram em retocar suas próprias apresentações enquanto outros estão fazendo suas apresentações.[39] Os primeiros são, obviamente, favorecidos.

Alan Cooper, presidente da Cooper Software, Inc., em Palo Alto, Califórnia, vai além. Ele inteligentemente *usa a tecnologia* para avaliar a habilidade de resolver problemas e as atitudes dos candidatos antes mesmo de serem entrevistados. Ele criou um "filtro de bobos" (no original, "Bozo Filter"), um teste online que pode ser usado em qualquer ramo de atividade. Antes de gastar seu tempo pensando em quais candidatos poderão servir para sua empresa, ele procura descobrir como a mente deles funciona. Cooper aconselha: "Contratar é um buraco negro. Não falo mais com 'bobos' porque 90% deles desistem quando veem nosso teste. Trata-se de um filtro autoadministrado".[40] Como ele funciona?

> O teste online faz perguntas elaboradas para ver como os pretendentes ao emprego realizam tarefas de resolução de problemas. Por exemplo, uma das principais perguntas pede que os candidatos a projetistas de software escrevam um programa de criação de tabelas para o Microsoft Word. Os candidatos fazem rascunhos a lápis e uma descrição da nova interface de usuário. Outra pergunta usada para comunicadores de projetos pede que desenvolvam uma estratégia de marketing para um novo telefone de teclas — dirigido aos clientes do ano de 1850. Os candidatos enviam suas respostas por e-mail para a companhia e as respostas circulam pela empresa solicitando opiniões e comentários. Apenas os melhores candidatos fazem entrevistas.

Boas Abordagens de Recrutamento e de Utilização das Redes Sociais As companhias que encaram a contratação como algo sério devem considerar o recrutamento como algo sério também. A quantidade de postos de trabalho que as companhias de conhecimento intensivo bem-sucedidas devem preencher é imensa. É irônico, porém, que muitas delas ainda tenham poucos candidatos. Por exemplo, a Google, que ocupou o primeiro lugar na lista dos "100 Melhores Companhias para Trabalhar" de 2012 e 2013 da *Fortune*, está planejando contratar milhares de empregados — embora seu índice de contratação tenha diminuído.[41] O desafio é conseguir os candidatos certos para o trabalho, e não uma grande quantidade deles.

A GE Medical Systems, fabricante de tomógrafos e sistemas de ressonância magnética, depende bastante das redes sociais. Descobriu que os atuais empregados são a melhor maneira para encontrar novos. Recentemente, Steven Patscot, chefe do pessoal e do desenvolvimento da liderança, fez algumas mudanças simples para dobrar a quantidade de indicações para as vagas. Primeiro, ele simplificou o processo — nada mais de formulários complexos, burocracia e assim por diante. Segundo, aumentou os incentivos. Todos os que indicassem um candidato qualificado receberiam um vale-presente da Sears. Se a pessoa fosse admitida, a "recompensa" aumentava para $2 mil. Embora isso possa parecer muito dinheiro, não é nada em comparação com as taxas de $15 mil a $20 mil que a GE costuma pagar aos headhunters para cada pessoa contratada.[42] Além disso, quando alguém indica um antigo colega ou amigo para o serviço, sua credibilidade está em risco. Assim, os empregados serão cuidadosos ao recomendar pessoas para o emprego, pois estarão razoavelmente confiantes de que essas pessoas sejam bons candidatos.

Atrair a Geração do Milênio Esta geração, também chamada de "Geração Y" ou "Echo Boom", inclui pessoas que nasceram depois de 1982. Muitos dizem que elas são impacientes, exigentes ou que supõem ter todos os direitos do mundo. No entanto, se alguns empregadores não oferecerem incentivos para atrair e reter os trabalhadores mais jovens, outros o farão. Assim, aqueles estarão sob desvantagem competitiva.[43]

Por quê? A demografia está do lado deles — dentro de alguns anos, serão em maior número do que qualquer outra geração. De acordo com o U. S. Bureau of Labor Statistic, até 2020 a Geração do Milênio representará 40% da força de trabalho. Enquanto os baby boomers (pessoas nascidas entre 1945 e 1964) estão se aposentando, a Geração do Milênio trabalhará nas próximas décadas. Além disso, eles têm muitas das habilidades necessárias para serem bem-sucedidos no ambiente de trabalho futuro — conhecimento de tecnologia e habilidade de inovar — e apresentam uma diversificação racial maior do que as gerações anteriores. Assim, têm melhores condições de se identificar mais rapidamente com os diferentes costumes e culturas.

Quais são algumas das "melhores práticas" para atrair a Geração do Milênio e mantê-los comprometidos?

- **Seja sincero e verdadeiro.** As apresentações de vendas de alta tecnologia e a atenção pessoal podem atrair os estudantes universitários. No entanto, a imagem deve corresponder à experiência. Deve-se levar em consideração a conectividade digital dos estudantes da atualidade, que podem saber tudo sobre uma companhia gastando cinco minutos nas redes sociais.
- **Deixe-os ter vida própria.** Em geral, eles não se entusiasmam tanto com semanas de trabalho de 70 ou 80 horas. A Geração do Milênio busca um equilíbrio entre seu trabalho e sua vida. Assim, férias liberais são muito importantes para eles. Também querem garantias de que poderão usufruir delas. Na KPMG, 80% dos empregados usam 40 horas de sua folga remunerada nos primeiros seis meses dos últimos anos.
- **Nada de carga horária, por favor.** Os recém-formados não gostam de longas horas de trabalho — caso possam fazer sua própria programação. A Lockheed Martin permite que seus empregados trabalhem nove horas diárias com as sextas-feiras de folga. A Chegg, um serviço de apostilas online, introduziu recentemente uma política de férias ilimitadas — os índices de rotatividade entre os jovens caiu 50%. Como observado pelo seu CEO, Dan Rosensweig: "Se dermos o ambiente adequado, eles trabalharão para sempre".
- **Dê responsabilidade a eles.** Uma oportunidade de trabalhar em serviços realizadores e de desenvolver novos por conta própria é importante. A Google pede que seus recém-contratados usem 20% de seu tempo para desenvolver novas ideias. A PepsiCo permite que jovens empregados promissores gerenciem pequenas equipes em seis meses.
- **Feedback atrás de feedback.** Conselhos de planejamento de carreiras e avaliações de desempenho frequentes são essenciais para manter seus jovens empregados. Várias empresas alocam dois mentores aos novos contratados — um ligeiramente mais velho, que os ajuda a se estabelecer, e um sênior, que lhes dá orientações de longo prazo.
- **Retribuição social é importante.** Os jovens formandos altruístas de hoje esperam ter oportunidades de realizar serviços para a comunidade. A Wells Fargo encoraja seus empregados a dar aulas de educação financeira para a comunidade. A Accenture e a Bain permitem que seus empregados deem consultoria a organizações sem fins lucrativos.

Um estudo do Center for Work-Life Policy (Centro de Política para o Trabalho e para a Vida) resume esse assunto muito bem: em lugar das tradicionais concessões de títulos prestigiosos, de uma posição de poder e concomitantes compensações financeiras, a Geração do Milênio valoriza o desafio e a variação das oportunidades de trabalho, o companheirismo estimulante, um espaço de trabalho em comum bem projetado e opções de trabalho flexíveis. De fato, 89% da Geração do Milênio dizem que as opções de trabalho flexíveis são importantes na hora de escolher um empregador.

Desenvolvendo o Capital Humano

Não basta contratar grandes talentos e esperar que as habilidades e capacidades dos empregados continuem as mesmas durante todo o tempo que permanecerem no emprego. Em vez disso, todos os níveis da organização devem passar por treinamento e desenvolvimento.[44] Por exemplo, a Solectron monta placas de circuitos e outros componentes para seus clientes do Vale do Silício.[45] Seus empregados costumam receber uma média de 95 horas por ano de treinamento providenciado pela companhia. O presidente Winston Chen observa: "A tecnologia muda tão rápido que concluímos que 20% do conhecimento dos engenheiros se torna obsoleto a cada ano que passa. Treinamento é algo que devemos aos nossos empregados. Se desejamos um grande crescimento e alta qualidade, o treinamento passa a ser uma parte importante da equação".

Líderes comprometidos com o desenvolvimento das pessoas que trabalham para eles, lhes dando oportunidades para exibir seus pontos fortes e melhorar suas carreiras, terão fiéis seguidores. De acordo com James Rogers, presidente da Duke Energy: "Uma das maiores coisas que encontro nas organizações é que as pessoas tendem a limitar a percepção de si mesmos e de suas habilidades, e um de meus desafios é abrir sua mente às possibilidades. Acredito que todos podem fazer qualquer coisa em um contexto apropriado".[46]

Além do treinamento e desenvolvimento do capital humano, as empresas devem encorajar um amplo envolvimento, monitorar e acompanhar o desenvolvimento do empregado, e avaliar o capital humano.[47]

Encorajando um Amplo Envolvimento Desenvolver capital humano exige o envolvimento ativo dos líderes de todos os níveis. Isso não será possível se essa função for vista apenas como responsabilidade do departamento de recursos humanos. A cada ano, na General Electric, 200 facilitadores, 30 diretores, 30 executivos de recursos humanos e muitos jovens gerentes participam ativamente do programa de orientação da GE em Crotonville, seu centro de treinamento fora da Cidade de Nova York. Os tópicos incluem competição global, vencer no ambiente competitivo mundial e exame individual da convergência entre os valores centrais dos novos empregados e os da GE. Um gerente sênior comentou certa vez: "Nada como lecionar na escola dominical para obrigar alguém a avaliar seus próprios valores".

De modo similar, A. G. Lafley, ex-presidente da Procter & Gamble, disse que gastava 40% de seu tempo com o pessoal.[48] Andy Grove, ex-presidente da Intel, exigia que todo seu pessoal sênior, ele incluso, gastasse pelo menos uma semana por ano ensinando como alçar grandes voos na carreira. Nitin Paranjpe, CEO da Hindustan Unilever, recruta seu pessoal nos *campi* e costuma visitar empregados de grande potencial em seus locais de trabalho.

Orientação e Patrocínio A orientação de um mentor, conhecida por "mentoring", costuma ser uma relação formal ou informal entre duas pessoas — um mentor sênior e um protegido júnior.[49] O mentoring pode ser uma valiosa influência no desenvolvimento profissional, tanto no setor público como no privado. A guerra por talentos está criando desafios dentro das organizações para recrutar e reter novos profissionais qualificados.

O mentoring pode trazer muitos benefícios — para a organização e para o indivíduo.[50] Para a organização, auxilia a recrutar administradores qualificados, diminui a rotatividade, preenche posições de nível sênior com profissionais qualificados, aumenta as iniciativas de diversidade nas posições de alto escalão e facilita os esforços de mudanças organizacionais. Os indivíduos também se beneficiam de programas de orientação eficazes. Estes incluem ajudar os novos empregados a realizar a transição para a nova organização, ajudar aqueles que não têm acesso a relações de orientação informais a encontrar um mentor, e apoiar e desafiar as pessoas que estão progredindo rapidamente na organização a assumir posições de maior responsabilidade.

O mentoring costuma ser visto como um programa para transmitir conhecimento e experiência dos administradores sênior para os recém-chegados. No entanto, muitas organizações o reinventaram para preencher as necessidades atuais de setores altamente competitivos e de conhecimento intensivo. Consideremos, por exemplo, a Intel:

> A Intel designa alguém para um trabalho não pelo nome da função ou anos de experiência, mas por habilidades específicas de que necessita. Lory Lanese, mentora campeã da Intel em sua grande fábrica do Novo México (com 5.500 empregados) diz: "Definitivamente, este não é um programa especial para pessoas especiais". Ao contrário, o programa da Intel usa a intranet e o e-mail para fazer as correspondências de pessoas com cargos, criando relações que se estreitam independentemente das fronteiras estaduais e nacionais. Tal método permite que a Intel compartilhe as melhores práticas rapidamente até a organização mais distante. Em resumo, a Intel depende de contratos escritos e prazos apertados para se certificar de que seu programa de orientação apresente resultados — e rápido.[51]

A Intel também começou um programa de orientação que envolve um trabalho intitulado de assistentes técnicos (ATs), que trabalha com executivos seniores. Esse conceito é chamado, às vezes, de "mentoring reverso", porque os executivos seniores se beneficiam das ideias de profissionais que têm habilidades técnicas mais atualizadas — mas cuja posição na hierarquia da organização é inferior. Não é de surpreender que os ATs se beneficiem também. Eis como pensa Andy Grove, ex-presidente da Intel:[52]

> Na década de 1980, tínhamos um gerente de marketing chamado Dennis Carter. Eu provavelmente aprendi mais com ele do que com qualquer outro durante minha carreira. Ele é um gênio. Ele me ensinou o que são marcas. Eu não fazia ideia — imaginava que uma marca era o nome que estava na embalagem. Ele me mostrou a relação entre marcas e estratégias. Dennis se tornou o presidente de marketing. Foi o responsável pelo nome do Pentium, "Intel Inside". Dele vieram todas minhas boas ideias.

É claro que nem todos terão a oportunidade de se tornar gerentes de marketing na Intel e trabalhar diretamente com Andy Grove! Assim, no que se refere a ser promovido, devemos nos perguntar: em que os patrocinadores pessoais (ou "sponsors", em inglês) diferem dos mentores?[53] Alguns argumentam que, devido à grande competição entre os profissionais de hoje para progredir em uma organização, ter um mentor pode ser um grande trunfo — mas são os patrocinadores os que nos ajudam a ser promovidos. Por quê? Um mentor pode treinar, aconselhar e preparar alguém para uma posição superior. Um patrocinador, por outro lado, é uma pessoa em uma função sênior que está disposta a nos defender, facilitar e aproveitar oportunidades de carreira, nos apresentar para as pessoas certas, explicar e ensinar a linguagem secreta do sucesso e, o mais importante, "fazer propaganda" do seu protegido. Heather Forest-Cumming, diretora sênior de pesquisas da Catalyst, diz: "Um mentor sempre fala *conosco*, mas um patrocinador fala *de nós*".

A ideia do patrocínio ganhou força mais recentemente, à medida que mais companhias passaram a levar mais mulheres à liderança corporativa. Um estudo recente entre 4 mil empregados de alto nível descobriu que 19% dos homens tinham um patrocinador, contra 13% das mulheres. Todavia, as mulheres que tiveram patrocinadores eram mais propensas a negociar aumentos, buscar promoções e salários maiores, obter mais satisfação na carreira — e a chegar ao topo. Uma das coautoras do estudo, Sylvia Ann Hewlett, presidente do Center for Talent Innovation (Centro de Inovação de Talento), disse com convicção: "O patrocínio é o único jeito de conseguir esses grandes cargos".

O patrocínio, obviamente, é uma pista de mão dupla. A seguir temos alguns conselhos para aqueles que estão procurando patrocinadores, e suas responsabilidades e obrigações para com eles depois que se comprometem um com o outro.

- Seu trabalho deve ser de alto nível. Os executivos precisam ser convencidos de que os protegidos são leais, fiéis e confiáveis. Afinal, os patrocinadores estão apostando suas reputações nas carreiras deles.
- Você não deve simplesmente abaixar a cabeça e trabalhar duro. É preciso ser notado e se tornar conhecido. Procure ser ativo em seu setor de atividade, ofereça-se como voluntário para trabalhos mais importantes e compareça às reuniões.
- Tenha em mente que os relacionamentos evoluem naturalmente. Não procure, simplesmente, alguém e lhe peça para que ele seja seu patrocinador. Assegure-se de não apostar todas as fichas em uma pessoa só. Afinal de contas, seu patrocinador pode deixar a organização. Assim, certifique-se de alimentar relacionamentos com várias pessoas.
- Os patrocinadores esperam reciprocidade de seus protegidos por seu apoio leal. Eles também se beneficiam do "poder de grupo" para avançarem na própria carreira. Afinal, ninguém alcança o topo de uma organização por conta própria.

Monitoramento do Progresso e Acompanhamento do Desenvolvimento Quer a empresa tenha um treinamento formal local, quer em outro lugar (p. ex., em universidades), ou um treinamento realizado durante o trabalho, o acompanhamento do progresso individual — e o compartilhamento desse conhecimento com o empregado e com os principais administradores — é essencial. Tal como muitas grandes empresas, a GlaxoSmithKline (GSK) enfatiza bastante experiências amplas durante longos períodos. Dan Phelan, vice-presidente sênior e diretor de recursos humanos, explica: "O ideal é seguirmos uma fórmula de 2+2+2 no desenvolvimento pessoal para as grandes posições de administração". Isso reflete a crença de que os melhores da GSK ganham experiência em duas unidades de negócios, duas unidades funcionais (como finanças e marketing) e em dois países.

Avaliação do Capital Humano No ambiente competitivo de hoje, colaboração e interdependência são vitais para o sucesso de uma organização. Os indivíduos devem compartilhar seu conhecimento e trabalhar de maneira construtiva para alcançar os objetivos coletivos e não apenas os individuais. No entanto, os sistemas tradicionais avaliam o desempenho de um único ponto de vista (i.e., "de cima para baixo") e, em geral, não tratam das dimensões mais "suaves" de comunicação e habilidades sociais, valores, crenças e atitudes.[54]

Para falar sobre as limitações do método tradicional, muitas organizações usam a **avaliação de 360° e o sistema de respostas**.[55] Nele, os superiores imediatos, relatórios diretos, colegas, e até os clientes internos e externos avaliam o desempenho de uma pessoa.[56] Os gerentes avaliam a si mesmos para terem um benchmark (parâmetro de referência) pessoal. O sistema de resposta de 360° complementa o trabalho em equipe, o envolvimento do empregado e a simplificação organizacional. À medida que as organizações continuam a delegar cada vez mais responsabilidades para os níveis hierárquicos inferiores, os sistemas de avaliação tradicional de cima para baixo provam ser insuficientes.[57] Por exemplo, um administrador que antes havia gerenciado o desempenho de três supervisores pode hoje ser responsável por dez, e é menos provável que ele tenha um conhecimento mais profundo necessário para avaliar e orientar esses profissionais adequadamente. A Figura 4.3 nos mostra uma parte do sistema de 360° da GE.

Os sistemas de avaliação também devem assegurar que o sucesso do administrador seja obtido às custas de seu comprometimento com os valores primordiais da organização. Tal comportamento costuma resultar apenas em vantagens de curto prazo, tanto para o administrador como para a organização. Esta costuma passar por perdas de longo prazo no que se refere à moral, rotatividade, produtividade, e assim por diante. O ex-presidente da Merck, Ray Gilmartin, disse o seguinte a seus empregados: "Se alguém está obtendo bons resultados, mas não demonstra se afinar com os valores centrais da organização, às custas de nosso pessoal, trata-se de um administrador que não fará carreira aqui".

avaliação de 360° e o sistema de respostas superiores imediatos, relatórios diretos, colegas, e até clientes internos e externos avaliam o desempenho de uma pessoa.

FIGURA 4.3
Um Excerto da Tabela de Avaliação de 360° da Liderança da General Electric

Visão	• Desenvolveu e transmitiu para a organização uma visão/direção clara, simples, voltada para o cliente.
	• Pensa à frente, amplia seus horizontes, estimula a imaginação.
	• Inspira e energiza outros a se comprometer com a Visão. Conquista mentes. Lidera pelo exemplo.
	• Quanto apropriado, atualiza a Visão para refletir as mudanças constantes e crescentes que afetam o negócio.
Foco no Cliente/Qualidade	
Integridade	
Confiabilidade/Compromisso	
Comunicação/Influência	
Compartilha Conhecimento/Aberto a Todos	
Cria Equipes/Delega Autoridade	
Conhecimento/Expertise/Inteligência	
Iniciativa/Agilidade	
Visão de Conjunto	

Nota: Este sistema de avaliação consiste de dez "características" — Visão, Foco no Cliente/Qualidade, Integridade, e assim por diante. Cada uma dessas características tem quatro "critérios de desempenho". Para ilustrar, os quatro critérios de desempenho da "Visão" foram incluídos.

Fonte: Adaptado de Slater, R. 1994. *Get Better or Get Beaten*: 152–155. Burr Ridge, IL: Irwin Professional Publishing.

DESTAQUES DE ESTRATÉGIA | 4.2

O EFICAZ SISTEMA DE AVALIAÇÃO DE 360° DA HCL

Para incentivar a inovação e encorajar oportunidades colaborativas, os líderes devem ser aconselhados a serem eles mesmos bons colaboradores. Os líderes colaborativos podem inspirar outros na organização a trabalhar com indivíduos fora de seu círculo formal de trabalho e a despolitizar as interações. Um método de encorajar a colaboração a partir de cima é aumentar a transparência.

Tomemos a HCL, uma empresa de TI indiana estabelecida em 31 países, como exemplo. Seu presidente, Vineet Nayar, mostrou seu comprometimento com a postura de colaboração ao adotar uma peculiar avaliação de 360° de seus gerentes de alto escalão — ele pediu que os empregados de níveis hierárquicos mais baixos avaliassem esses altos executivos. A HCL fazia, anteriormente, uma avaliação de 360° mais tradicional, na qual cada administrador era avaliado por um pequeno número de pessoas que formavam seu círculo funcional. Nayar afirma: "A maioria dos que responderam trabalhava na mesma área que a pessoa que estavam avaliando. Isso reforçava as barreiras entre as partes da pirâmide. Mas estávamos tentando mudar isso. Queríamos encorajar as pessoas a trabalhar além dessas barreiras". Para criar um ambiente mais colaborativo, o sr. Nayar tomou a iniciativa de se tornar mais transparente, postando sua própria avaliação de 360° na internet. Assim que a nova postura de transparência se tornou parte da cultura da organização, outros gerentes foram incluídos. Mais recentemente, a HCL apresentou uma iniciativa chamada "Happy Feet", que permitia aos empregados avaliar os gerentes que poderiam afetá-los ou influenciá-los.

O aumento da transparência também parecia ganhar aceitação em outras companhias e contextos. Um terço dos executivos dos EUA, de acordo com a Aon Hewitt Associates, reconhece o valor em potencial de mais transparência, e compartilha seus resultados do 360° por meio de relatórios diretos, em comparação com apenas 20% de alguns anos atrás. Por exemplo, a Dell Inc. é uma das companhias dos EUA que encoraja ativamente a transparência das avaliações de 360° e considera essa uma boa prática de administração. Como no caso da HCL, o presidente da Dell, Michael Dell, liderou pelo exemplo e compartilhou sua avaliação de 360° com outros membros da organização — enfatizando a necessidade de os CEOs liderarem pelo exemplo.

Fontes: Ibarra, H. & Hansen, M. T. 2011. Are you a collaborative leader? *Harvard Business Review*, 89(7/8): 68–75; Lublin, J. S. 2011. Transparency pays off 360-degree reviews. *Wall Street Journal*, online.wsj.com, 8 de dezembro: np

---

Destaques de Estratégia 4.2 fala sobre o método único da HCL no que se refere às avaliações de 360°.

Retendo o Capital Humano

Dizem que os empregados talentosos são como "sapos num carrinho de mão".[58] Eles podem pular para fora a qualquer momento! De acordo com essa ilustração, a organização pode tentar forçar o empregado a ficar na empresa ou tentar evitar que saia criando incentivos.[59] Em outras palavras, os líderes de hoje podem providenciar um bom ambiente de trabalho e incentivos para evitar que os empregados e administradores produtivos queiram abandonar o navio, ou podem utilizar motivos legais, como contratos de trabalho com cláusulas, como as de não concorrência.[60] As empresas devem evitar a transferência de informações valiosas e sensíveis para fora da organização. Deixar de fazer isso seria negligenciar a responsabilidade de ser confiável que o líder tem para com os acionistas. Contudo, devem-se fazer esforços para oferecer a primeira opção (p. ex., um bom ambiente de trabalho e incentivos), mas, como sabemos, a segunda opção (p. ex., contratos de trabalho com cláusulas de não concorrência) também tem seu lugar.[61]

Identificação com a Missão e os Valores da Organização As pessoas que se identificam e estão mais comprometidas com a missão e valores centrais da organização tendem a não deixar a organização e se juntar à concorrência. Por exemplo, vejamos a perspectiva do falecido Steve Jobs, o extremamente admirado ex-presidente da Apple:[62]

> Quando contrato alguém realmente sênior, a competência é o que importa. Eles devem ser bem inteligentes. Mas o ponto principal para mim é: eles vão se apaixonar pela Apple? Porque se isso ocorrer, desejarão fazer o que é melhor para a Apple, e não o que é melhor para eles, ou para o Steve, ou para quem quer que seja.

"Vestir a camisa" é outro fator-chave que liga as pessoas a uma organização.[63] A metáfora visa projetar a organização como um todo, integrando equipes, comunidades internas afins e outros grupos dentro da empresa.

Brian Hall, presidente da Values Technology, de Santa Cruz, Califórnia, relatou uma mudança nas expectativas emocionais das pessoas quanto ao trabalho. De 1950 em diante, o conceito de "o serviço primeiro" — "me diga qual é o serviço e vamos fazê-lo" — dominava a atitude dos empregados. As emoções e a vida pessoal eram deixados de lado ao se entrar na empresa. Atualmente, um conjunto de valores de "o relacionamento primeiro" tem desafiado aquela orientação tradicional. Hall acredita que isso se tornará dominante. Os empregados vão querer compartilhar atitudes, crenças e espaço de trabalho.

Trabalho Desafiador e Ambiente Estimulante Perguntaram a Arthur Schawlow, vencedor do prêmio Nobel de física em 1981, qual era a diferença entre os cientistas extremamente criativos e os menos criativos. Ele respondeu: "O aspecto de amor ao trabalho é muito importante. Em geral, os cientistas mais bem-sucedidos não são os mais talentosos.[64] São aqueles impelidos pela curiosidade. Eles têm que saber qual é a resposta".[65] Tal pensamento destaca a importância da motivação intrínseca: a motivação de trabalhar em algo porque é interessante, satisfatório ou porque representa um desafio pessoal.[66]

Um modo de as empresas manterem bons empregados motivados e se sentindo desafiados é fazê-lo mediante oportunidades que diminuam os obstáculos para sua mobilidade dentro da companhia. Por exemplo, a Shell Oil Company criou um modelo de "código aberto" para talento. As vagas disponíveis são listadas na intranet, e, com um aviso prévio de dois meses de antecedência, os empregados são liberados para trabalhar em qualquer coisa que lhes interesse.

Incentivos e Recompensas Financeiras e Não Financeiras As recompensas financeiras são vitais para o mecanismo de controle de uma organização (como veremos no Capítulo 9). O dinheiro — quer na forma de salário, bônus, opções de ações, e assim por diante — pode representar coisas diferentes dependendo da pessoa. Ele pode representar segurança, reconhecimento, ou um senso de liberdade e independência.

Maior remuneração costuma não ser o fator mais importante para atrair e reter o capital humano.[67] Muitas pesquisas mostram que o dinheiro não é o motivo mais importante pelo qual as pessoas aceitam ou rejeitam um emprego, e em algumas delas o dinheiro nem sequer está entre os 10 motivos principais. Consistente com esses resultados, a Tandem Computers (parte da Hewlett-Packard) costuma não dizer às pessoas que estão sendo contratadas qual será seu salário. Aos que perguntam, diz que seu salário é competitivo. Se insistem, não são admitidos. Por quê? A Tandem percebeu algo muito simples: os que vieram por causa de dinheiro sairão por causa de dinheiro.

Acomodar a questão da vida profissional de famílias com filhos é outra recompensa não financeira. Equilibrar as exigências da família com o trabalho é, em certo sentido, um problema para praticamente todos os empregados.

A seguir, abordamos como a Google atrai e retém seus talentos proporcionando incentivos financeiros e não financeiros. A "cultura Google", sem paralelo, que serve como grande atrativo para empregados em potencial, transforma um espaço de trabalho tradicional num lugar divertido, confortável e flexível de trabalhar.[68]

> Os que trabalham na Google não apenas trabalham, mas se divertem trabalhando. O escritório de Mountain View, Califórnia, tem instalações médicas, dentárias, de troca de óleo, conserto de bicicletas, pebolim, mesas de bilhar, quadras de vólei, café da manhã, almoço e jantar grátis, todos os dias, em onze restaurantes gourmet. Os googlers (funcionários da empresa) têm acesso a programas de treinamento e são reembolsados quando tiram uma licença para obter educação superior. A Google diz, em seu site: "Embora a Google tenha crescido bastante desde sua fundação em 1998, ainda mantemos o ambiente de uma companhia pequena".

Aprimorando o Capital Humano: O Papel da Diversidade na Força de Trabalho

Uma combinação de tendências demográficas com a aceleração da globalização dos negócios fez com que a administração das diferenças culturais se tornasse um assunto vital.[69] A força de trabalho, que reflete as mudanças demográficas na população geral, será cada vez mais heterogênea em termos de gênero, raça, etnia e nacionalidade.[70] As tendências demográficas nos Estados Unidos indicam um crescimento dos hispano-americanos de 6,9 milhões em 1960 para mais de 35 milhões em 2000, esperando-se que cheguem a mais de 59 milhões até 2020 e 102 milhões até 2050. De modo similar, a população americana de origem asiática deve alcançar 20 milhões em 2020 (contra 12 milhões em 2000 e apenas 1,5 milhão em 1970). Estima-se que a população afro-americana passe de 12,8% da população dos EUA em 2000 para 14,2% até 2025.[71]

Tais mudanças demográficas têm consequências sobre a força de trabalho e sobre os consumidores, que estão se tornando mais diversificados.[72] Isso gera importantes desafios e oportunidades organizacionais.

A administração eficaz da diversidade pode aprimorar os objetivos de responsabilidade social de uma organização.[73] Entretanto, há muitos outros benefícios também. Outras seis áreas em que a boa administração de diferentes forças de trabalho pode melhorar a eficácia e as vantagens competitivas de uma organização são: (1) custo, (2) aquisição de recursos, (3) marketing, (4) criatividade, (5) resolução de problemas e (6) flexibilidade organizacional.

- *Custo.* À medida que as organizações vão se diversificando, as empresas que são eficazes em lidar com a diversidade terão uma vantagem de custo sobre as que não são.
- *Aquisição de Recursos.* As empresas que têm boa reputação quanto a empregar mulheres e minorias étnicas terão uma vantagem na competição por grandes talentos. Conforme a força de trabalho diminui e muda sua composição, tais vantagens se tornarão cada vez mais importantes.
- *Marketing.* No caso de empresas multinacionais, os insights e bagagem cultural que os membros que descendem de outros países trazem aos esforços de marketing serão muito úteis. O mesmo raciocínio se aplica aos subgrupos populacionais nas operações internas.
- *Criatividade.* Uma ênfase menor para agir em conformidade com as normas do passado e a diversidade de pontos de vista aumentarão os níveis de criatividade.
- *Resolução de Problemas.* Os grupos de tomada de decisão e de resolução de problemas heterogêneos costumam resultar em melhores decisões graças à maior variedade de pontos de vista e análises mais abrangentes. Jim Schiro, ex-presidente da PriceWaterhouse Coopers, explica: "Quando nos comprometemos genuinamente com a diversidade, trazemos mais ideias, métodos, experiências e habilidades que podem ser usados para resolver os problemas dos clientes. Afinal de contas, seis pessoas com pontos de vista diferentes têm mais chances de resolver problemas complexos do que 60 pessoas que pensam do mesmo jeito".[74]
- *Flexibilidade Organizacional.* Com programas eficazes para aumentar a diversidade do local de trabalho, os sistemas se tornam menos impositivos, menos padronizados e, consequentemente, mais fluidos. Tal condição deve resultar em maior flexibilidade para reagir a mudanças do ambiente. As reações serão mais rápidas e menos onerosas.

Destaques de Estratégia 4.3 discorre sobre o método da Reckitt Benckiser para diversificar, que utiliza muitos aspectos diferentes da diversidade.

O Papel Vital do Capital Social

> **PA4.3**
> O papel vital do capital social em alavancar o capital humano dentro e através de uma empresa.

As empresas bem-sucedidas sabem que atração, desenvolvimento e retenção dos talentos *é uma condição necessária, mas não suficiente* para criar vantagens competitivas.[75] Na economia do conhecimento, não é o acúmulo de capital humano que é importante, mas o quanto ele pode ser combinado e alavancado.[76] Em certo sentido, desenvolver e reter o capital humano se torna menos importante à medida que os agentes principais (os profissionais talentosos, em especial) assumem o papel de "agentes livres" e trazem consigo as habilidades requeridas em muitos casos. O desenvolvimento do capital social (ou seja, as amizades e as relações de trabalho entre indivíduos talentosos) ganha importância, uma vez que auxilia a vincular os

DESTAQUES DE ESTRATÉGIA 4.3

DIVERSIDADE NO TRABALHO: A RECKITT BENCKISER

Na Reckitt Benckiser, uma fabricante de produtos domésticos, de saúde e de cuidados pessoais do Reino Unido, a diversidade de força de trabalho é considerada como uma vantagem competitiva e um dos principais motivos do crescimento médio da receita líquida anual em 17%, de 1999 a 2010. Em termos de medidas tradicionais de diversidade, como nacionalidade, a equipe sênior da Reckitt Benckiser não tem entre seus membros predominância de nenhuma. Dois executivos são holandeses, um é alemão, dois são ingleses, um é sul-africano, dois são italianos e um é indiano. De acordo com seu presidente, Bart Becht: "Não importa se tenho um paquistanês e um chinês, um britânico ou um turco, um homem ou uma mulher sentados na mesma sala, ou se tenho algumas pessoas de vendas ou qualquer outra coisa, desde que eu tenha pessoas com experiências diferentes — isso porque a chance de surgirem novas ideias é muito maior se houver pessoas com diferentes bagagens pessoais. As chances de conflitos também são maiores — algo bom em si, desde que seja construtivo e resulte na melhor ideia".

Embora a nacionalidade seja uma medida importante da diversidade, há outras, menos discutidas, que vêm se tornando mais importantes para os negócios. Por exemplo, colaborações bem-sucedidas entre divisões e pessoas (quer sejam medidas em termos de solicitação de patentes, críticas elogiosas ou retorno financeiro) costumam envolver uma mistura saudável de empregados experientes e recém-chegados, e também envolvem pessoas que não têm histórico de serviço em comum. O desafio para os líderes é fazer um esforço conjunto para promover essa mistura.

Quando têm essa oportunidade, as pessoas costumam colaborar com outros que já conhecem ou que têm um histórico similar. No entanto, grupos estáticos não são expansivos e podem sufocar a inovação. Tomemos a antiga equipe executiva da Nokia como exemplo, que era 100% finlandesa e que trabalhou junto por mais de uma década. Muitos acreditam que essa homogeneidade explica por que a Nokia deixou de enxergar a ameaça emergente dos smartphones do Vale do Silício. Além disso, a diversidade nas salas de reuniões corporativas tem se tornado cada vez mais importante. Julie Causey, diretora do Federal Reserve Bank de Minneapolis, destaca a importância da diversidade de idade, visto que "os diretores entre 30 e 40 anos podem contribuir com conhecimento técnico, apetite pela inovação e nova maneira de pensar".

Fontes: Ibarra, H. & Hansen, M. T. 2011. Are you a collaborative leader? *Harvard Business Review*, 89(7/8): 68–75; Chase, S. 2012. Directors to watch 2012. *Directors & Boards*, 36(4): 53–58.

---

trabalhadores do conhecimento em uma determinada empresa.[77] Os trabalhadores do conhecimento costumam ser mais leais aos colegas e à profissão do que à organização que os contratou, que pode ser "uma entidade amorfa, distante e, às vezes, ameaçadora".[78] Assim, uma empresa deve descobrir maneiras de criar "vínculos" entre seus trabalhadores do conhecimento.

Analisemos um exemplo hipotético. Duas empresas farmacêuticas têm a sorte de contratar cientistas ganhadores do prêmio Nobel.[79] Em um caso, é oferecido ao cientista um salário atraente, excelentes instalações e equipamento, e um "vamos lá, ao trabalho!". No segundo caso, o cientista recebe aproximadamente o mesmo salário, instalações e equipamento, mais um ingrediente adicional: o de trabalhar num laboratório com outros dez cientistas entusiasmados e capazes. Parte do serviço é colaborar com seus colegas e desenvolver, em conjunto, componentes promissores de uma nova droga. Há poucas dúvidas de qual cenário terá mais probabilidade de reter o cientista. A interação, o compartilhamento e a colaboração criarão uma situação em que o cientista desenvolverá vínculos específicos com essa empresa e será menos provável que venha a deixá-la se receber uma oferta maior de salário. Tais vínculos são essenciais porque os recursos baseados no conhecimento tendem a ser mais tácitos por natureza, como mencionado antes neste capítulo. Portanto, são muito mais difíceis de proteger contra perdas (i.e., a saída individual da organização) do que outros tipos de capital, como equipamento e maquinário.

Outro modo de ver essa situação é em termos da visão baseada em recursos da empresa, conforme vimos no Capítulo 3. Ou seja, as vantagens competitivas tendem a ser mais difíceis de serem copiadas pela concorrência se elas forem vinculadas a um "maço" exclusivo de recursos.[80] Assim, se os empregados estão trabalhando de modo eficaz em equipes e estão compartilhando seu conhecimento e aprendendo uns com os outros, é muito provável que venham a gerar valor para a empresa e tenham menor probabilidade de deixar a organização em virtude dos laços sociais e de fidelidade desenvolvidos com o tempo.

Como o Capital Social Ajuda a Atrair e Reter Talentos

A importância dos vínculos sociais entre os profissionais de talento cria um desafio (e uma oportunidade) significativo para as organizações. No *The Wall Street Journal*, Bernard Wysocki descreveu o aumento de um tipo de "Efeito do Flautista Mágico" (referência à lenda de Hamelin, que ao tocar sua flauta atraía quem a escutasse) pelo qual equipes ou grupos de pessoas estavam trocando uma companhia por outra.[81] A tendência é recrutar candidatos a emprego com excelentes relações sociais nas organizações, em especial se têm o potencial de arrastar consigo colegas.[82] Este é um processo chamado de "contratar por meio de redes de relacionamento pessoal". Vejamos um exemplo dessa prática.

> Gerald Eickhoff, fundador de uma companhia de comércio eletrônico chamada Third Millennium Communication, passou quinze anos tentando contratar Michael Reene. Por quê? O sr. Eickhoff diz que ele tem "as habilidades do Flautista Mágico". O sr. Reene era famoso na Andersen Consulting na década de 1980 e na IBM nos anos 1990. Ele criou seus próprios negócios e continuou a recusar propostas do sr. Eickhoff.
>
> No entanto, no início do ano 2000, ele se juntou à Third Millennium como presidente-executivo, com um salário de apenas $120 mil, mas com a posse de 20% das ações da empresa. Desde então, atraiu vários ex-colegas da IBM e empregados da Andersen. Uma protegida de seu tempo na Andersen, Mary Goode, juntou-se a ele como vice-presidente executiva. Ela não demorou para analisar sua própria rede de relacionamento e trazer alguns de seus ex-colegas para trabalhar com ela.
>
> Wysocki considera o Efeito do Flautista Mágico um fator subestimado na guerra atual por talentos. Isso se deve a um dos mitos da Nova Economia, que reza haver um excessivo individualismo, no qual os indivíduos procuram empregos em sites da internet e trabalham para completos estranhos. Talvez, em vez de Eu Ltda., a verdade esteja mais perto de Nós S/A.[83]

Outro exemplo de relações sociais resultando na mobilidade de capital humano é a emigração de talentos de uma organização para as startups. A Microsoft talvez seja o melhor exemplo desse fenômeno.[84] Vários profissionais, em massa, deixam a Microsoft para investir capital e tecnologia em startups de tecnologia chamadas jocosamente de "Baby Bills" (alusão a Bill Gates, fundador da Microsoft), constituídas de equipes de desenvolvedores de software. Por exemplo, a Ignition Corporation, de Bellevue, Washington, era formada por Brad Silverberg, um ex-vice-presidente sênior da Microsoft. Oito ex-executivos da Microsoft, entre outros, fundaram a companhia.

Redes Sociais: Consequências sobre a Gestão de Conhecimento e sobre o Sucesso da Carreira

> **PA4.4**
> A importância das redes sociais na administração do conhecimento e na promoção do sucesso da carreira.

Os gestores enfrentam muitos desafios resultantes de fatores como as rápidas mudanças na globalização e na tecnologia. Liderar uma companhia de sucesso é um trabalho para mais de uma pessoa. A respeito disso, Tom Malone disse, em seu livro *The Future of Work*: "Como administradores, precisamos mudar nosso modo de pensar, substituindo comandar e controlar por coordenar e cultivar — a melhor maneira de ganhar poder é, às vezes, dá-lo."[85] O abandono do controle burocrático de cima para baixo trocando-o por modelos de redes mais abertas e descentralizadas torna mais difícil para os administradores entender como o trabalho está sendo feito, quem está interagindo com quem, tanto dentro como fora da organização, e as consequências dessas interações sobre a saúde a longo prazo da organização.[86]

Malcolm Gladwell, em seu best-seller o Ponto da Virada — *The Tipping Point*, usa o termo *conector* para descrever pessoas que *utilizaram* muitos vínculos em diferentes ambientes sociais.[87] Não se trata do número de pessoas que os conectores conhecem o que os torna significativos. Trata-se da habilidade de relacionar pessoas, ideias e recursos que normalmente não se encontrariam. Nos negócios, os conectores são facilitadores vitais para a colaboração e união. David Kenny, presidente da Akamai Technologies, acredita que ser um conector é um dos modos mais importantes de se gerar valor:

> Kenny gasta muito de seu tempo viajando ao redor do mundo para conhecer empregados, parceiros e clientes. Ele diz: "Invisto tempo com donos de mídias para ouvir o que eles acham das plataformas digitais, do Facebook e de novos modelos de precificação, e com os líderes

da Microsoft para saber o que acham da computação em nuvem. Estou interessado em ouvir o que nossos clientes pensam das questões macroeconômicas, do G20 e como as dívidas afetarão as gerações futuras". Tais conversas resultam em novas ideias e relações estratégicas e ajudam Akamai a desenvolver parcerias externas vitais.

A **análise de rede social** apresenta o padrão das interações entre indivíduos e nos ajuda a diagnosticar padrões eficazes e ineficazes.[88] Auxilia na identificação de grupos ou conjuntos de indivíduos que formam uma rede de relacionamento, indivíduos que conectam grupos. Ajuda a diagnosticar padrões de comunicação e, consequentemente, sua eficácia.[89] A análise dos padrões de comunicação é útil porque a configuração dos vínculos sociais dos membros do grupo, dentro e fora dele, afeta o quanto os membros vinculam-se a pessoas que:

| **análise de rede social**
a análise do padrão das interações sociais entre indivíduos.

- fornecem os recursos necessários;
- têm a oportunidade de trocar informações e apoio;
- têm a motivação de tratar uns aos outros de maneiras positiva; e
- têm tempo para desenvolver relações de confiança que podem melhorar a eficácia dos grupos.

No entanto, tais relações não "surgem do nada".[90] Desenvolver capital social exige interdependência entre os componentes do grupo. O capital social se desgasta quando as pessoas da rede de relacionamento se tornam independentes. Por outro lado, o aumento da interação entre seus membros colabora no desenvolvimento e na manutenção das obrigações mútuas em uma rede social.[91] Redes sociais, como o Facebook, podem facilitar as interações entre os participantes de uma rede social por meio da internet.

Vejamos uma análise de rede simplificada para entender suas ideias principais. Na Figura 4.4, as conexões representam relações informais entre indivíduos, como fluxos de comunicações, apoio pessoal e redes de aconselhamento. Pode haver pessoas que, literalmente, não têm relações, como é o caso de Fred. Esses indivíduos costumam ser chamados de "isolados". Contudo, a maioria das pessoas relaciona-se umas com as outras.

Para simplificar, há dois tipos de instrumentos primários por meio dos quais o capital social flui: *relações de proximidade* (como ilustrado por Bill, Frank, George e Susan) e *relações de ligação* (como é o caso de Mary). Como podemos ver, no primeiro grupo, um membro é fundamental para o fluxo de comunicação. Em contraste, no outro caso, uma pessoa "forma uma ponte" ou aproxima dois grupos que, de outra forma, não entrariam em contato.

Tanto as relações de proximidade como as de ligação têm grande importância para o fluxo eficaz de informações nas organizações e na gestão de conhecimento. Analisaremos agora esses dois tipos de relações. Também veremos o quão importante é compreendermos as redes sociais para ter uma carreira bem-sucedida.

Aproximação Com a **aproximação**, muitos membros têm relacionamentos (ou vínculos) com outros membros do grupo. Como indicado na Figura 4.4, o grupo de Bill teria um grau de aproximação maior do que os grupos de Frank, Susan ou George, porque há mais membros do grupo que se relacionam uns com os outros. Por meio da proximidade, os membros do grupo desenvolvem fortes relações uns com os outros, têm maiores níveis de confiança e maior solidariedade. Níveis de confiança elevados ajudam a assegurar que as normas informais do grupo serão seguidas e haverá menos "voos solos". A pressão social evitará que as pessoas não se esforcem ou que evitem responsabilidades. Além disso, as pessoas da rede estão mais dispostas a fazer favores e ir um pouco mais além por causa de um colega porque têm confiança que seus esforços serão recompensados por outro membro do grupo. Outro benefício de uma rede com proximidade é o grande nível de apoio emocional. Isso se torna especialmente valioso quando acontecem contratempos capazes de abalar o moral ou quando acontece uma tragédia inesperada que pode fazer o grupo perder o foco. O apoio social auxiliará o grupo a se recuperar do choque e voltar à condição anterior.

aproximação
o grau das relações (ou vínculos) que todos os membros de uma rede social têm entre si.

FIGURA 4.4 Uma Rede Social Simplificada

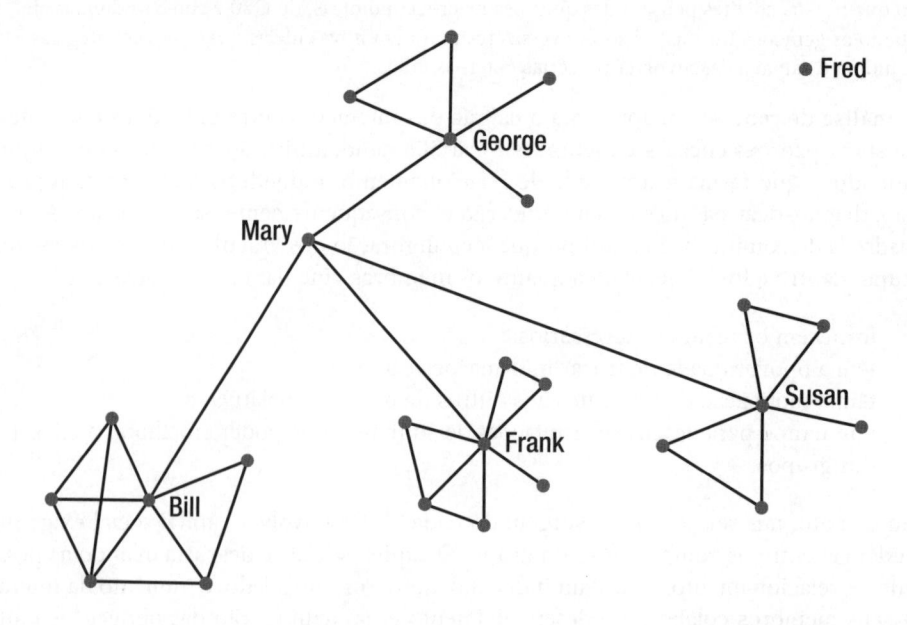

Um grande nível de proximidade, porém, tem um preço. Os grupos que são íntimos demais podem se fechar a outros grupos. Eles se afastam do restante da organização e deixam de compartilhar o que estão aprendendo com as pessoas que não fazem parte do grupo. As pesquisas mostram que, embora os administradores precisem encorajar a proximidade até certo ponto, se houver proximidade demais devem persuadir as pessoas a abrir seus grupos e transmitir novas ideias por meio das relações de ligação.[92]

relações de ligação
relações numa rede social que conectam pessoas que não se conectariam de outra forma.

Relações de ligação A visão da proximidade se baseia na suposição de que há um alto nível de similaridade entre os membros do grupo. Entretanto, os membros podem ser bem heterogêneos no que se refere à sua posição nas estruturas formais ou informais do grupo ou da organização. Tal condição existe, por exemplo, em virtude dos obstáculos verticais (níveis diferentes na hierarquia) e horizontais (áreas funcionais diferentes).

As **relações de ligação**, em contraste com as de proximidade, enfatizam a importância dos vínculos que conectam as pessoas. Os empregados que vinculam pessoas antes desconectadas tendem a receber informações oportunas e diversas em razão do acesso a um grande fluxo de informações heterogêneas. Tais relações de ligação conectam vários tipos diferentes de redes de relacionamento.

lacunas estruturais
lacunas sociais entre grupos de uma rede social em que há poucas relações de ligação entre os grupos.

Ron Burt, da University of Chicago, cunhou o termo "**lacunas estruturais**" para indicar um distanciamento ou isolamento social entre dois grupos. As lacunas estruturais são comuns nas organizações. Vendas e engenharia são exemplos clássicos de dois grupos cujos membros têm a tradição de interagir entre si, mas não entre grupos.

Um estudo que Burt conduziu na Raytheon, uma companhia de aparelhos eletrônicos dos EUA que tem contratos militares de $25 bilhões, nos ajuda a entender melhor os benefícios das relações de ligação.[93]

> Burt estudou centenas de gerentes de um grupo de cadeias de fornecimento da Raytheon e pediu que eles dessem ideias para melhorar a administração da cadeia de fornecimento da companhia. Depois encarregou dois executivos da Raytheon para classificá-las. O resultado: *As melhores sugestões vieram de gerentes que discutiram suas ideias com pessoas que não faziam parte de seu grupo costumeiro.*
>
> Burt descobriu que os gerentes da Raytheon eram bons para ter ideias, mas ruins para desenvolvê-las. Burt diz que os gerentes tinham o costume de discutir suas ideias com outros colegas que já eram de sua rede de discussão informal. Então sugeriu que eles deveriam discutir suas ideias com outras pessoas fora de seu círculo normal de contatos, em especial com um encarregado informal, ou alguém com poder suficiente para se tornar um aliado, mas não um supervisor de fato.

Desenvolvimento do Capital Social: Superando os Obstáculos para a Colaboração O capital social de um grupo ou organização é desenvolvido por meio de repetidas interações entre seus membros, e o resultado é a colaboração.[94] No entanto, a colaboração não "surge do nada". As pessoas deixam de colaborar por vários motivos. A colaboração eficaz exige a superação de quatro obstáculos:

- O obstáculo do "não foi inventado aqui" (as pessoas não estão dispostas a ajudar)
- O obstáculo do acúmulo de tarefas (as pessoas não estão dispostas a ajudar)
- O obstáculo da procura (as pessoas não conseguem achar o que estão procurando)
- O obstáculo da transferência (as pessoas não conseguem trabalhar com pessoas que não conhecem)

Esses quatro obstáculos devem ser transponíveis para que haja uma colaboração eficaz. Cada um deles basta para evitar que as pessoas colaborem entre si. A chave é identificar quais obstáculos existem em uma organização e pensar em um meio apropriado para superá-los.

Obstáculos diferentes podem exigir soluções diferentes. Os obstáculos motivacionais exigem líderes que possam estimular as pessoas a se tornarem dispostas a colaborar. Os obstáculos de habilidades indicam que os líderes devem usar métodos que motivem as pessoas a colaborar com a organização.

Para que sejam eficazes, os líderes devem escolher entre três estímulos. Primeiro: quando a motivação é o problema, eles podem usar a **estímulo unificador**, no qual eles determinam objetivos em comum atraentes, uma forte coesão nas equipes de trabalho da empresa e encorajem as pessoas a enxergar além de seus próprios e limitados interesses e ir atrás de um mesmo objetivo

Segundo: com o **estímulo de pessoas**, a ênfase não está em fazer as pessoas colaborarem mais. Está em colocar as pessoas certas nos projetos certos. Isso significa cultivar o que é chamado de **administração em "T"**: pessoas que se concentram, ao mesmo tempo, no desempenho de sua unidade (a parte vertical do T) e além das fronteiras (a parte horizontal do T). As pessoas costumam colaborar quando é preciso, mas têm disciplina o suficiente para dizer "não" quando necessário.

Terceiro: utilizando o **estímulo da rede de relacionamento**, os líderes podem construir redes ágeis e interpessoais na companhia para que os empregados estejam mais habilitados para colaborar. As redes interpessoais são mais eficazes do que as hierarquias formais. Todavia, há um lado negro nas redes: quando as pessoas gastam mais tempo se relacionando do que trabalhando, a colaboração pode ter efeitos adversos sobre os resultados.

Consequências sobre a Carreira Voltemos no tempo para ilustrar o valor das redes sociais sobre a carreira de alguém. Consideremos dois dos maiores artistas de todos os tempos: Vincent van Gogh e Pablo Picasso. Destaques de Estratégia 4.4 mostra as razões pelas quais esses dois artistas tiveram níveis contrastantes de sucesso durante a época em que viveram.

Redes sociais eficazes representam muita vantagem para a empresa.[95] Elas podem ter um papel fundamental no avanço e no sucesso da carreira de um indivíduo. A rede social de uma pessoa pode gerar três vantagens únicas: informação privada, acesso a diversos conjuntos de habilidades e poder.[96] Os administradores deparam com tais vantagens no trabalho todos os dias, mas podem não considerar como suas redes os regulam.

Informação Privada Julgamos usando informações públicas e privadas. Hoje em dia, a informação pública provém de diversas fontes, incluindo a internet. No entanto, em decorrência de ser facilmente acessível, a informação pública oferece menos vantagem competitiva do que antes.

Já a informação privada, advinda de contatos pessoais, pode oferecer algo não encontrado em fontes públicas, tais como a data de lançamento de um novo produto ou o conhecimento de que certo entrevistador está procurando por candidatos. A informação privada pode dar uma vantagem aos administradores, embora ela seja mais subjetiva do que a informação pública, pois não pode ser verificada com facilidade por fontes independentes, como a Dunn &

---

estímulo unificador
método usado para tornar as pessoas mais dispostas a colaborar, criando objetivos em comum atraentes que ocasionem forte coesão nas equipes de trabalho da companhia, e encorajem as pessoas a enxergar além de seus próprios e limitados interesses e ir atrás de um mesmo objetivo.

estímulo de pessoas
método usado para fazer as pessoas se tornarem mais dispostas a colaborar colocando as pessoas certas para trabalhar nos projetos certos.

administração em "T"
o foco duplo das pessoas no desempenho de sua unidade (a parte vertical do T) e entre as fronteiras (a parte horizontal do T).

estímulo da rede de relacionamento
método usado para fazer as pessoas estarem dispostas a colaborar construindo redes de relacionamento ágeis e interpessoais na companhia.

DESTAQUES DE ESTRATÉGIA 4.4

PICASSO OU VAN GOGH: QUEM FOI MAIS BEM-SUCEDIDO E POR QUÊ?

Vincent van Gogh e Pablo Picasso são dois dos mais famosos artistas — verdadeiros ícones – dos tempos modernos. As pinturas de ambos chegam a valer mais de $100 milhões. São responsáveis por algumas das obras mais representativas do mundo da arte: o *Autorretrato* (aquele sem a orelha) e a *Noite Estrelada,* de van Gogh, e *O Velho Guitarrista Cego* e *Guernica,* de Picasso. No entanto, há uma diferença importante entre eles. Van Gogh morreu pobre. Já o patrimônio de Picasso foi estimado em $750 milhões quando ele morreu, em 1973. Qual foi a diferença?

A primeira conexão de Van Gogh com o mundo da arte foi através de seu irmão. Infelizmente, essa conexão não o levou ao dinheiro que poderia tê-lo feito se tornar um sucesso enquanto vivo. Em contraste, as muitas conexões de Picasso lhe deram acesso às benesses comerciais. Gregory Berns, em seu livro *Iconoclast: A Neuroscientist Reveals How to Think Differently,* observou: "A rede social de grande alcance de Picasso, que incluía artistas, escritores e políticos, significava que ele estava a apenas algumas pessoas de distância de quaisquer outras figuras importantes do mundo".

Van Gogh, de fato, era solitário, enquanto o carismático Picasso era um membro ativo de vários círculos sociais. Em termos de relacionamento social, van Gogh era um "nódulo" solitário, com poucas conexões. Picasso, por outro lado, era um "eixo" que o envolvia em uma vasta rede que se espalhava através de várias linhas sociais. Enquanto Picasso flanava descontraidamente pelos vários círculos sociais, van Gogh tinha que lutar apenas para manter suas conexões, até mesmo com os que eram próximos a ele. van Gogh vivia num mundo alienado, e Picasso era um imã social. E, como ele conhecia tantas pessoas, tinha o mundo nas mãos. Do seu ponto de vista, o mundo era menor.

Fontes: Hayashi, A. M. 2008. Why Picasso Out Earned van Gogh. *MIT Sloan Management Review,* 50(1): 11–12; e Berns, G. 2008. *A Neuroscientist Reveals How to Think Differently.* Boston, MA: Harvard Business Press.

Bradstreet. Assim, o valor de nossa informação privada para outros — e vice-versa — dependerá de quanta confiança existe na rede de relacionamento.

Acesso a Diversos Conjuntos de Habilidades Linus Pauling, um dos dois únicos ganhadores do prêmio Nobel em duas áreas diferentes, e considerado como um dos grandes gênios do século XX, atribuiu seu sucesso criativo não à sua imensa capacidade mental ou à sorte, mas a seus muitos contatos. Ele disse: "A melhor maneira de ter boas ideias é ter muitas ideias".

Embora o conhecimento tenha se especializado durante as últimas décadas, as questões organizacionais, de produção e marketing têm se tornado mais interdisciplinares. Isso quer dizer que o sucesso está relacionado com a habilidade de transcender as limitações de nossas habilidades naturais através de outras pessoas. Relações bem diversificadas, portanto, podem nos ajudar a desenvolver pontos de vista mais completos, criativos e imparciais. A troca de informações ou habilidades com pessoas cuja experiência difere da nossa, nos fornece recursos únicos e extremamente valiosos. É comum que pessoas, ao se relacionar, compartilhem seus problemas. Conhecendo várias pessoas, começaremos a ver como os problemas com que elas lidam podem ser resolvidos por meio de soluções desenvolvidas por outrem. Essa ação conjunta de problemas e soluções pode beneficiar, e muito, nossa carreira.

Poder Tradicionalmente, o poder do administrador está incorporado na hierarquia da empresa. Mas, à medida que as estruturas organizacionais se achatam, mais se assemelhando a panquecas do que a pirâmides, esse poder foi reposicionado entre as pessoas que ligavam várias redes entre si, conhecidas como "corretores de relacionamento", capazes de se adaptar às mudanças na organização, desenvolver clientes e sintetizar perspectivas opostas. Tais indivíduos não necessariamente se localizavam no topo da hierarquia ou eram experts em sua área, mas sabem conectar os especialistas da empresa mediante relações confiáveis e informativas.[97]

A maioria das redes de relacionamento pessoal é formada por agrupamentos; ou seja, os amigos de alguém provavelmente se tornarão amigos um do outro. A maioria das redes corporativas é constituída de vários grupos que têm poucas ligações entre si. Os corretores são especialmente poderosos porque conseguem conectar grupos separados, estimulando, assim, a colaboração entre especialistas que, de outra forma, seriam independentes.

Um Alerta: Três Tipos de Armadilhas de Redes de Relacionamento Um estudo recente entre mais de 300 empresas examinou como as equipes de administradores podem entender e capitalizar as redes sociais formais e informais de seus empregados.[98] Há seis tipos comuns de administradores que se deparam com três tipos de armadilhas de redes que foram identificadas. Tais descobertas têm importantes consequências sobre a carreira:

- **A estrutura errada.** O "formalista" confia demais na hierarquia oficial de sua empresa, deixando de perceber eficiências e oportunidades que surgem em função de conexões informais. O "administrador sobrecarregado" tem tanto contato com seus colegas e com vínculos externos que se torna o gargalo do progresso, e se desgasta.
- **As relações erradas.** O "expert desconectado" prende-se em pessoas que o mantêm focado nas competências já existentes e seguras, em vez de com aquelas que o incentivam a desenvolver novas habilidades. O "líder enviesado" confia em conselheiros (que têm a mesma experiência de vida, moram na mesma região ou compartilham dos mesmos valores) que reforçam seus vieses, quando, na verdade, ele deveria estar à procura de outros, fora de seu grupo habitual, que o incentivassem a tomar decisões mais bem informadas.
- **O comportamento errado.** O "participante superficial" realiza uma interação ligeira e nada substancial com o máximo de pessoas possível, acreditando, erroneamente, que quanto maior a rede, melhor ela é. O "camaleão" muda de interesses, valores e personalidade para agradar os subgrupos de seu público, e acaba por ser desconectado de todos eles.

Limitações da Abordagem do Capital Social

Gostaríamos de encerrar nossa discussão sobre capital social falando sobre algumas de suas limitações. Primeiro: algumas empresas têm sido adversamente afetadas por níveis muito altos de capital social porque incentivam o "**pensamento de grupo**" — uma tendência de não questionar crenças compartilhadas.[99] Tal fenômeno pode ocorrer em redes com alto nível de aproximação, nas quais há poucas ideias vindas de pessoas de fora da rede. De fato, sentimentos calorosos e aconchegantes em demasia entre os componentes do grupo podem ser um impeditivo para que as pessoas desafiem-se umas às outras. As pessoas são desencorajadas a entrar em "atrito criativo", que Dorothy Leonard, da Harvard University, descreve como a principal fonte de inovação.[100] Duas empresas bem conhecidas por seu espírito de colegiado, forte senso de pertença por parte dos empregados e tratamento humano — a Digital Equipment (que agora faz parte da Hewlett-Packard) e a Polaroid — sofreram muito devido a erros de mercado e estratégicos. Os aspectos mencionados antes a respeito de sua cultura contribuíram para esses problemas.

pensamento de grupo tendência em uma organização de indivíduos não questionarem crenças compartilhadas.

Segundo: se houver padrões de pensamentos enraizados, haverá a tendência do desenvolvimento disfuncional das práticas de recursos humanos. Ou seja, a organização (ou grupo) continuaria a contratar, recompensar e promover pessoas com a mesma maneira de pensar, um processo que intensificaria ainda mais a inércia organizacional e prejudicaria a inovação. Tal homogeneidade aumentaria com o tempo e diminuiria a eficácia dos métodos de tomada de decisão.

Terceiro: os procedimentos de socialização (orientação, treinamento etc.) podem ser onerosos em termos de recursos financeiros e de comprometimento administrativo. Esses investimentos podem representar um custo de oportunidade significativo que deveria ser avaliado quanto aos benefícios pretendidos. Se tais gastos se tornarem excessivos, a rentabilidade seria negativamente afetada.

Por último: os indivíduos podem usar os contatos que desenvolveram para perseguir seus próprios interesses e objetivos, que podem ser inconsistentes com os alvos e objetivos da organização. Assim, eles podem distorcer ou usar as informações de modo seletivo para favorecer o curso preferido de suas ações ou reter informações por interesse próprio, aumentando seu poder particular às custas do bem comum. Baseando-nos em nossa discussão das redes sociais, isso é verdadeiro principalmente em uma organização que tem muitas relações de ligação, mas não tem muitas relações de proximidade. Nestas últimas, é mais fácil vigiar uns aos outros para nos assegurarmos que ninguém realizará nenhum ato ilegal ou antiético. Por outro lado, nas relações de ligação é mais fácil jogar um grupo ou indivíduo contra o outro, sem que ninguém se sobressaia.[101] Falaremos mais sobre os instrumentos de controle comportamental no Capítulo 9 (recompensas, controle, limites), que diminuem tais comportamentos e ações disfuncionais.[102]

> **PA4.5**
> O importante papel da tecnologia para estimular o conhecimento e o capital humano.

O Uso da Tecnologia para Alavancar o Capital Humano e o Conhecimento

Compartilhar conhecimento e informação na organização pode ser uma maneira de conservar recursos, desenvolver produtos e serviços e gerar novas oportunidades. Nesta seção veremos como a tecnologia pode ser aplicada para alavancar o capital humano e o conhecimento nas organizações, bem como clientes e fornecedores.

Utilização das Redes Sociais para Compartilhar Informações

Como sabemos, o e-mail é um meio eficaz de transmitir uma ampla variedade de informações. É rápido, fácil e quase isento de custo. Certamente, pode se tornar um problema quando os empregados o usam demais por motivos particulares. E todos sabemos quão rapidamente piadas e boatos podem se espalhar em uma organização!

A seguir, um exemplo de como um CEO lidou com o que achava ser tempo demais gasto com e-mails.

> Brian Scudamore, CEO da 1-800-GOT-Junk, um serviço de remoção de entulho com valor de mercado de $100 milhões, descobriu que estava gastando tempo demais com sua caixa de entrada.[103] Então pediu a um assistente para cuidar de seus e-mails. Ele diz que ao se livrar desse "assassino de negócios" sua produtividade aumentaria e isso o tornaria um administrador melhor. Ficou, também, liberado para encorajar e inspirar sua equipe. "Ganhei tempo para andar por aí e falar com as pessoas", disse ele. Pense nisso!

E-mails também podem resultar em situações embaraçosas, ou pior, se a pessoa não tomar cuidado. Eis os apuros pelos quais passou um CEO em potencial — como recorda Marshall Goldsmith, um bem conhecido coach de executivos:[104]

> Fui testemunha de uma série de e-mails trocados entre um CEO em potencial e um amigo, dentro de uma determinada empresa. O primeiro e-mail para o amigo trazia uma elaborada descrição de "por que o atual presidente é um idiota". O amigo mandou uma resposta. Vários e-mail foram trocados depois disso. Então o amigo lhe enviou um e-mail contendo uma piada bem engraçada. O presidente em potencial achou que o presidente atual gostaria dessa piada e a encaminhou para ele. Podemos adivinhar o que aconteceu depois disso. O atual presidente continuou vendo a sequência de e-mails e viu a mensagem sobre o "idiota". O provável "herdeiro" deixou a empresa uma semana depois.

E-mails, porém, podem ser uma maneira eficiente de os executivos de alto escalão transmitirem informações. Por exemplo, Martin Sorrell, presidente da WPP Group PLC, uma enorme empresa de publicidade e relações-públicas de $17 bilhões, é um grande defensor do uso dos e-mails.[105] Ele os envia para todos os empregados uma vez por mês para discutir como a companhia está se saindo, encaminhar assuntos específicos e dar sua opinião sobre questões importantes, tais como novos modelos de negócios pela internet. Ele acredita que isso mantém as pessoas a par do que está acontecendo.

A tecnologia também permite formas muito mais sofisticadas de comunicação além do compartilhamento de conhecimento. A Cisco, por exemplo, lançou a Integrated Workforce Experience (IWE) em 2010.[106] Trata-se de uma plataforma social de negócios projetada para facilitar a colaboração interna e externa e descentralizar as tomadas de decisão. O funcionamento assemelha-se ao da página de entrada do Facebook: um fluxo de notícias em tempo real atualiza o status e as atividades dos empregados, bem como as informações sobre comunidades relevantes, projetos de negócios e interações de clientes e parceiros. Um administrador o compara com a Amazon. "Há recomendações baseadas no que estamos fazendo, no papel que desempenhamos e nas escolhas de outras pessoas como nós. Usamos esse método no nível empresarial e, basicamente, deixamos que as informações certas nos encontrem", diz ele.

Equipes Eletrônicas: O Uso da Tecnologia para Incrementar a Colaboração

A tecnologia permite que os profissionais trabalhem como parte de equipes eletrônicas, ou virtuais, para aumentar a velocidade e a eficácia com que os produtos são desenvolvidos. Por exemplo, a Microsoft concentrou muito do desenvolvimento em **equipes eletrônicas** (ou e-teams, em inglês) que trabalham juntos em rede.[107] Isso ajudou a acelerar o projeto e o teste de novos módulos de software que usam a estrutura do Windows como arquitetura central. A Microsoft consegue aprimorar a expertise técnica especializada ao disseminar conhecimento rapidamente na empresa. Isso ajuda a empresa a aprender como suas novas tecnologias podem ser aplicadas rapidamente em novos empreendimentos, como televisão a cabo, transmissões, serviços de viagem e serviços financeiros.

O que são equipes eletrônicas (ou e-teams)? Há duas diferenças básicas entre elas e as equipes mais tradicionais:[108]

- Os membros de e-teams trabalham em locais geograficamente separados ou podem usar o mesmo local de trabalho, mas em horários diferentes. E-teams podem ter participantes trabalhando em diferentes espaços e fusos horários, como ocorre em muitas equipes multinacionais.
- A maior parte das interações entre os membros de e-teams acontece por meio de canais de comunicação eletrônicos, como fax e softwares colaborativos que permitem troca de e-mails, intercâmbio de dados e voz, chats e videoconferências.

As e-teams expandiram-se cada vez mais em anos recentes.[109] As organizações enfrentam níveis cada vez maiores de mudanças complexas e dinâmicas. As e-teams se constituem em um instrumento eficaz, que auxilia as empresas a lidar com os desafios globais. A maioria delas realiza tarefas muito complexas, e aquelas baseadas no conhecimento são encarregadas de desenvolver novos produtos, aprimorar processos organizacionais e resolver os desafiadores problemas dos clientes. Por exemplo, as e-teams da Hewlett-Packard resolvem as dificuldades de computação dos clientes, e suas congêneres da Sun Microsystems (parte da Oracle) criam novos modelos de negócios.

Vantagens E-teams oferecem múltiplas vantagens.[110] Além do óbvio uso de tecnologia para facilitar as comunicações, os benefícios potenciais estão em paralelo com os das outras duas maiores seções deste capítulo — o capital humano e o capital social.

Primeiro: as e-teams são menos sujeitas às restrições impostas às equipes presenciais. Assim, as e-teams podem alcançar um maior "capital humano" ou as habilidades e competências necessárias para realizar tarefas complexas. Desse modo, os líderes das e-teams contam com um conjunto de talentos maior para lidar com uma quantidade maior de problemas, uma vez que não há a restrição geográfica. Após serem formadas, as e-teams têm flexibilidade para responder a desafios de trabalho e oportunidades inesperadas, visto que seus membros podem fazer um rodízio de projetos quando as demandas e contingências mudam os objetivos da equipe.

Segundo: as e-teams conseguem ser bem eficazes na geração de "capital social" — a qualidade das relações e redes sociais que elas formam. Tal capital é o lubrificante-chave nas transações e operações de trabalho. Devido à ampliação da área de atuação associada às e-teams, seus membros e líderes costumam ter acesso a um maior número de contatos sociais em relação aos que estariam disponíveis para equipes presenciais. Tais contatos costumam estar ligados a uma quantidade maior de clientes, consumidores e outros stakeholders principais.

Desafios Contudo, há desafios associados à constituição de e-teams eficazes. Ações bem-sucedidas tanto de equipes tradicionais como de e-teams exigem que:

- Os membros *identifiquem* quem entre eles pode prover conhecimento e recursos apropriados; e
- Os líderes de e-teams e membros-chave saibam como *combinar* contribuições individuais da maneira mais eficaz para obter uma resposta coordenada e apropriada.

PA4.6

Por que as equipes "eletrônicas" ou "virtuais" são importantes para combinar e alavancar o conhecimento nas organizações e como elas podem ser mais eficazes.

equipes eletrônicas
uma equipe de indivíduos que desempenha tarefas primeiramente através da comunicação por e-mail.

Alguns grupos de psicólogos denominaram essas atividades de "identificação e combinação"; as equipes que deixam de realizá-las passam por um "perda de processo".[111] Essas perdas impossibilitam as equipes de atingir altos níveis de desempenho em razão de dinâmicas de interação ineficientes entre seus membros. A dinâmica ruim implica em desviar parte da energia, tempo e esforços coletivos para lidar com as ineficiências, afastando a equipe de seus objetivos. Por exemplo, se um dos participantes da equipe deixa de transmitir informações importantes em fases críticas de um projeto, os outros podem perder tempo e energia. Isso pode resultar em conflitos e ressentimento, bem como na diminuição da motivação para trabalhar bastante para completar as tarefas.

A probabilidade de incorrer em perdas de processos tende a ser maior nas e-teams do que nas equipes tradicionais, porque a dispersão geográfica dos membros aumenta a complexidade do estabelecimento eficaz de interação e mudanças. Em geral, as equipes sofrem com perdas de processos devido à baixa coesão, falta de confiança entre os membros, ausência de normas apropriadas ou procedimentos de operações padrão, ou carência de entendimento compartilhado entre os membros da equipe quanto a suas tarefas. No caso das e-teams, seus componentes estão mais dispersos geograficamente ou em função do fuso horário, e a equipe se torna mais suscetível a fatores de risco que podem resultar em perdas de processo. Tais problemas podem ser exacerbados quando os participantes das equipes não têm as competências e habilidades sociais ideais. Nessa condição, há um desgaste da capacidade de resolução de problemas e do funcionamento eficaz do grupo como uma unidade social.

Uma variedade de tecnologias, desde o e-mail e grupos da internet ao Skype e o Umi TelePresence da Cisco, facilitam a formação e o funcionamento eficaz das e-teams e uma série de ações colaborativas nas companhias. Tecnologias como essas aprimoram a capacidade de colaboração dos empregados e dos gerentes, em uma empresa, a um custo razoável — apesar das distâncias que os separam.

Codificação do Conhecimento para a Vantagem Competitiva

Existem dois diferentes tipos de conhecimento. O conhecimento tácito está inserido na experiência pessoal e é compartilhado apenas com o consentimento e participação do indivíduo. O conhecimento explícito (ou codificado), por outro lado, pode ser documentado, amplamente distribuído e replicado com facilidade. Um dos desafios das organizações de conhecimento intensivo é capturar e codificar o conhecimento e a experiência que, na verdade, estão nas mentes dos empregados. De outra forma, vão precisar "reinventar a roda" constantemente, o que é caro e ineficiente. Além disso, a "nova roda" não necessariamente será melhor do que a "roda antiga".[112]

Uma vez que um recurso de conhecimento (p. ex., um código de software ou um processo) é desenvolvido e pago, pode ser reutilizado várias vezes a um custo muito baixo, desde que não haja substanciais mudanças a cada vez. Vejamos o caso de uma empresa de consultoria, como a Accenture (antiga Andersen Consulting).[113]

> Considerando que o conhecimento de seus consultores foi codificado e armazenado eletronicamente, poderia se utilizado por qualquer um deles em seus projetos. Além disso, devido ao elevado grau de padronização (i.e., havia grandes similaridades entre os vários serviços dos clientes), havia um índice maior de consultores para cada sócio. Por exemplo, o índice de consultores por sócio é de cerca de 30:1, o que é bem alto. Como era de se esperar, os consultores recém-empregados passam por um treinamento extensivo para aprenderem o método de trabalho. Os novatos são treinados no Accenture's Center for Professional Education, um *campus* de quase 61 hectares em St. Charles, Illinois. Usando o banco de dados da organização, os consultores lidam com vários cenários projetados para melhorar os processos de negócios. Na verdade, as tecnologias de informação habilitam os consultores a serem "executores, não inventores".

A Access Health, uma central médica por telefonia, também usa a tecnologia para obter e compartilhar conhecimento. Quando alguém liga para o centro, uma enfermeira registrada usa a "arquitetura de decisões clínicas" da companhia para analisar os sintomas de quem está ligando, descartar certas condições e recomendar uma medicação caseira, uma visita ao médico ou uma ida ao hospital. O banco de dados da empresa contém algoritmos de sintomas

DESTAQUES DE ESTRATÉGIA 4.5 — CROWDSOURCING**

COMO A SAP ADQUIRE CONHECIMENTO BEM ALÉM DE SEUS LIMITES

Tradicionalmente, as organizações criam e protegem seu estoque de conhecimento — recursos proprietários aos quais ninguém mais tem acesso. No entanto, quanto mais o ambiente dos negócios muda, mais rapidamente o valor do que sabemos, em qualquer momento, diminui. No mundo de hoje, o sucesso depende da habilidade de dispor de uma variedade cada vez maior de fluxo de conhecimento para repôr com rapidez o estoque de conhecimento da empresa. Por exemplo, quando uma organização tenta melhorar o ciclo de tempo de um processo de fabricação, encontra mais valor na resolução de problemas proveniente das diversas experiências, perspectivas e aprendizados de uma equipe bem unida (compartilhados por meio dos fluxos de conhecimento) do que apenas de um manual de treinamento (estoque de conhecimento).

Os fluxos de conhecimento podem ajudar as companhias a ganhar vantagens competitivas nessa era de disrupções quase constantes. Por exemplo, a companhia de software SAP tem como costume consultar cerca de 3 milhões de participantes de sua Rede Comunitária, que se estende bem além dos limites da empresa. Ao prover uma plataforma virtual para criação e troca de conhecimento a seus clientes, desenvolvedores, integradores de sistemas e vendedores de serviço, a SAP aumentou significativamente a produtividade de todos os participantes de seu ecossistema.

De acordo com Mark Yolton, vice-presidente sênior da SAP Communications and Social Media, "trata-se de uma comunidade bem robusta, com muita atividade. Temos cerca de 1,2 milhão de visitantes individuais a cada mês. Centenas de milhões de páginas são acessadas a cada ano. Há 4 mil postagens diárias nos fóruns de discussão, 365 dias por ano, e cerca de 115 blogs por dia, 365 dias por ano, de qualquer um dos cerca de 3 milhões de membros".

O site está aberto para todos, independentemente de ser ou não cliente, parceiro ou recém-chegado à SAP que precisam usar sua tecnologia. O site oferece artigos técnicos, treinamento online, exemplos de códigos, sistemas de avaliação, fóruns de discussão e excelentes blogs para especialistas da comunidade.

Fonte: Yolton, M. 2012. SAP: Using social media for building, selling and supporting. sloanreview.mit.edu, 7 de agosto: np; Hagel, J., III., Brown, J. S., & Davison, L. 2009. The Big Shift: Measuring the Forces of Change. *Harvard Business Review*, 87(4): 87; e Anônimo. sem data. SAP Developer Network. sap.sys-con.com. np.

---

de mais de 500 doenças. O presidente da empresa, Joseph Tallman, diz: "Não inventamos um novo jeito de curar as doenças. Estamos usando o conhecimento disponível e inventando processos para usá-lo melhor". Os algoritmos de software eram caros demais para desenvolver, mas o investimento compensou várias e várias vezes. Os primeiros 300 algoritmos da Access Health têm sido usados, em média, cerca de 8 mil vezes por ano. Além disso, os clientes pagantes da empresa — companhias de seguros e grupos de fornecedores — economizaram dinheiro porque muitos dos clientes que ligam teriam feito dispendiosas visitas ao pronto-socorro ou ao médico caso não tivessem sido diagnosticados por telefone.

A comunidade de usuários pode ser uma grande fonte de criação de conhecimento para uma empresa. Destaques de Estratégia 4.5 mostra como a SAP, em um exemplo de crowdsourcing eficaz, é capaz de alavancar a expertise e o envolvimento de seus usuários no desenvolvimento de novos conhecimentos e a transmiti-los a toda a comunidade de usuários.

Encerramos esta seção com uma série de perguntas que os administradores deveriam considerar ao determinarem (1) quão eficaz sua organização é em atrair, desenvolver e reter o capital humano, e (2) quão eficazes eles são ao estimular o capital humano por meio do capital social e da tecnologia. Essas perguntas, relacionadas na Figura 4.5, resumem alguns dos principais assuntos abordados neste capítulo.

Protegendo os Ativos Intelectuais da Organização: A Propriedade Intelectual e as Habilidades Dinâmicas

> **PA4.7**
> O desafio de proteger a propriedade intelectual e a importância das habilidades dinâmicas de uma empresa.

No mundo dinâmico e turbulento de hoje, mudanças rápidas e imprevisíveis dominam o ambiente dos negócios. As empresas podem usar a tecnologia, atrair capital humano ou acessar redes de pesquisa e projetos para obter praticamente a mesma informação que a concorrência. Então, o que dará às empresas uma vantagem competitiva sustentável?[114] Proteger a propriedade intelectual de uma empresa exige um esforço conjunto por parte da companhia.

** Crowdsourcing: é o processo de obtenção de serviços, idéias ou conteúdo necessários solicitando contribuições de um grupo variado de pessoas e, especialmente, a partir de uma comunidade online, em vez de usar fornecedores tradicionais como uma equipe de funcionários contratados.

FIGURA 4.5 Questões a Considerar na Criação de Valor por meio do Capital Humano, do Capital Social e da Tecnologia

Capital Humano

Para Recrutar Capital Humano "Topo de Linha"

- A organização avalia a atitude e o "aspecto geral", em vez de se concentrar primariamente nas habilidades ou no histórico ao escolher funcionários para todos os níveis?
- Quão importante é a criatividade e a habilidade de resolver problemas? Estas estão sendo consideradas adequadamente nas decisões de contratação?
- As pessoas na organização se empenham em atividades eficazes de rede social para localizar um grande conjunto de empregados valiosos em potencial? A organização é criativa em tais empreendimentos?

Para Aprimorar o Capital Humano através do Desenvolvimento do Empregado

- Os processos de desenvolvimento e treinamento instilam uma perspectiva "global da organização"?
- Há um envolvimento geral, inclusive dos grandes executivos, na preparação e execução dos programas de treinamento e desenvolvimento?
- O desenvolvimento do capital humano é acompanhado e monitorado de modo eficaz?
- Existem programas eficazes para a sucessão em todos os níveis da organização, em especial nos mais elevados?
- A empresa avalia seu capital humano de modo eficaz? A avaliação de 360° é usada? Por quê? Por que não?
- Existem instrumentos que asseguram que o sucesso do gerente não seja obtido às custas dos valores principais da organização?

Para Reter os Melhores Empregados

- Existem recompensas financeiras apropriadas para motivar os empregados de todos os níveis?
- Os empregados se identificam mesmo com a missão da organização?
- Os empregados trabalham em um ambiente estimulante e desafiador que promove o crescimento profissional?
- São proporcionadas amenidades valiosas para os profissionais (p. ex., horário flexível, instalações de cuidados infantis, teleconferência) que estão em harmonia com a missão, estratégia e modo de trabalhar da organização?
- A empresa está sempre pensando em estratégias e mecanismos de retenção dos melhores gerentes e funcionários?

Capital Social

- Há relações pessoais e profissionais positivas entre os empregados?
- A organização está se beneficiando (ou se prejudicando) por contratar (ou por promover voluntariamente a rotatividade) em massa?
- Um ambiente de proteção e de encorajamento, em vez de um de concorrência, melhora o desempenho da equipe?
- As redes socais da organização têm níveis apropriados de relações de proximidade e ligação?
- A organização minimiza os efeitos negativos do excesso de capital social, tal como custos demasiados e o "pensamento de grupo"?

Tecnologia

- A organização utiliza tecnologias, como o e-mail e redes, para desenvolver produtos e serviços?
- A organização estabelece melhores práticas mediante o uso eficaz de tecnologia?
- A organização usa a tecnologia para alavancar o capital humano e o conhecimento tanto nos limites da organização como entre seus fornecedores e clientes?
- A organização se vale da tecnologia para codificar o conhecimento e obter vantagem competitiva?
- A organização procura reter parcela do conhecimento dos empregados quando eles decidem deixar a empresa?

Fonte: Adaptado de Dess, G. G., & Picken, J. C. 1999. *Beyond Productivity*: 63–64. Nova York: AMACON.

Afinal, os empregados ficam insatisfeitos e as patentes expiram. A administração da propriedade intelectual (PI) envolve, além de patentes, contratos de confidencialidade e cláusulas de não concorrência, direitos autorais e o desenvolvimento de marcas registradas. Além disso, o desenvolvimento de capacidades dinâmicas é a única solução para as empresas que têm a capacidade de reconfigurar seu conhecimento e suas atividades para obter uma vantagem competitiva sustentável.

Direitos de Propriedade Intelectual

Os direitos de propriedade intelectual são mais difíceis de definir e proteger do que os direitos de propriedade para os recursos físicos (p. ex., fábricas, equipamentos e terra). No entanto, se não forem protegidos adequadamente pelo Estado, não haverá incentivo para desenvolver novos produtos e serviços. Os direitos de propriedade têm sido consagrados nas constituições e legislação de muitos países. Na era da informação, porém, precisam ser feitos alguns ajustes para que eles sejam adaptados às novas realidades do conhecimento. Conhecimento e informação são recursos fundamentalmente diferentes dos físicos, cuja proteção inspirou o estabelecimento dos direitos de propriedade.

A proteção e direitos intelectuais levantam questões únicas, em comparação com os direitos de propriedades físicas. A propriedade intelectual (PI) é caracterizada por expressivos custos de desenvolvimento e baixos custos marginais. Realmente, o desenvolvimento de um programa de software, uma ideia ou uma música digital pode exigir um investimento substancial. Uma vez desenvolvido, porém, seu custo de reprodução e distribuição pode ser de quase zero, em especial se usarmos a internet. São necessárias proteções eficazes de propriedade intelectual antes de algum investidor financiar tal empreendimento. A apropriação dos retornos é mais difícil, uma vez que a posse e a distribuição não são facilmente monitoráveis. Diferentemente dos recursos físicos, a propriedade intelectual pode ser roubada simplesmente ao ser transmitida. Isso nos lembra do Napster, do MP3 e dos debates sobre software, CDs de música e DVDs falsificados que vinham de países em desenvolvimento, como a China. Parte do problema é que usar uma ideia não evita que outros a usem também para seu benefício próprio, o que costuma não ser possível no caso de recursos físicos. Além disso, as novas ideias costumam ser baseadas em velhas ideias, não sendo rastreadas com facilidade.

Em face desses desafios únicos para proteger a PI, não é nenhuma surpresa que as batalhas legais no que se refere a patentes tenham se tornado comuns em setores intensivos de PI, como a de telecomunicações. Basta lembrar as recentes batalhas por patentes da Apple, que está lutando contra os fabricantes de smartphones que usam o Android, o sistema operacional de celulares do Google.[115]

> Em 2012, a Apple e a HTC, uma fabricante de celulares de Taiwan, concordaram em cancelar uma série de processos mútuos depois que a Apple acusou a HTC de copiar o iPhone. Embora o acordo possa sugerir que o novo presidente da Apple, Timothy Cook, esteja ansioso para se livrar das distrações dos litígios relacionados com a PI, existem outras batalhas vinculadas a patentes, incluindo uma entre a Apple e a Samsung, a maior fabricante de celulares Android. Essa é uma disputa legal que envolve riscos maiores porque a Samsung comercializou quase oito vezes mais smartphones Android do que a HTC no terceiro trimestre de 2012. Resta ver como esses confrontos legais relacionados com PI vão terminar, mas a nova liderança da Apple parece ser mais pragmática nessa questão. Nas palavras do sr. Cook: "É vergonhoso. Odeio litígios. Odeio mesmo", o que sugere que ele não é um combatente tão entusiástico nas guerras de patentes como seu antecessor, Steve Jobs, que fez a famosa promessa de "destruir o Android porque se trata de um produto roubado".

Há países tentando aprovar uma nova lei para lidar com o desenvolvimento de novos produtos farmacêuticos, das pesquisas com células-tronco e biotecnologia. Entretanto, uma empresa que enfrenta esse desafio hoje não pode aguardar a legislação. Os novos desenvolvimentos tecnológicos, as soluções de software, os jogos eletrônicos, os serviços online e outros produtos e serviços contribuem para a geração de prosperidade econômica de forma geral e criação de riqueza para os empresários que são pioneiros e se arriscam a trazer suas ideias para o mercado.

Capacidades Dinâmicas

As **capacidades dinâmicas** envolvem a habilidade de uma empresa em criar e proteger uma vantagem competitiva.[116] Esta depende de conhecimento, recursos, competências, recursos complementares e tecnologias, bem como da habilidade de identificar e aproveitar novas oportunidades, gerar novos conhecimentos e reconfigurar os recursos e habilidades já existentes.[117] De acordo com David Teece, um economista da University of California, em Berke-

---

direitos de propriedade intelectual
propriedade intangível da empresa na forma de patentes, direitos autorais, marcas registradas ou segredos comerciais.

capacidades dinâmicas
a habilidade de uma empresa em criar e proteger uma vantagem competitiva depende de conhecimento, recursos, competências, recursos complementares e tecnologias. As habilidades dinâmicas incluem a habilidade de identificar e aproveitar novas oportunidades, gerar novos conhecimentos, e reconfigurar recursos e habilidades já existentes.

> ## QUESTÕES PARA DEBATER
>
> ### A Microchip Technologies Elimina as Comissões sobre Vendas
>
> Mitch Little começou a questionar a sabedoria convencional das comissões sobre vendas no fim da década de 1990, logo depois de se tornar o vice-presidente mundial de vendas da Microchip Technologies, uma grande empresa de semicondutores que fica perto de Phoenix, Arizona. Ele gerenciava 400 vendedores cuja remuneração era baseada no padrão da indústria — 60% de salário, 40% de comissões.
>
> No que poderia ser considerado como um sacrilégio, Little descontinuou as comissões! De acordo com uma nova sistemática, o vendedor recebia 90% de sua remuneração em uma base salarial elevada e os outros 10% submetidos a medidas corporativas (em vez de individuais), como receitas totais, lucros e ganhos por ação da Microchip.
>
> O resultado? As vendas totais aumentaram bastante — e o custo das vendas permaneceu o mesmo. O atrito diminuiu e a retenção aumentou. Hoje, a Microchip é uma companhia de capital aberto com um valor de mercado que atinge $6,5 bilhões, e cujo faturamento cresceu 46% nos últimos dois anos. Ela ainda mantém seu sistema 90/10 sem comissões — não apenas para a força de vendas, mas, praticamente, para todos os que não trabalham por hora, incluindo o CEO e o próprio Little. Seu esquema de remuneração alternativo é um dos motivos pelos quais a Microchip tem sido uma das empresas de melhor desempenho na indústria de semicondutores, obtendo lucros em 86 trimestres consecutivos.
>
> **Perguntas para Discussão**
>
> 1. Por que você acha que o sistema de remuneração funcionou tão bem na Microchip Technologies?
> 2. Esse sistema de remuneração funcionaria em todas os setores de atividade? Por quê? Por que não?
>
> Fontes: Pink, D. H. 2012. A radical prescription for sales. *Harvard Business Review*, 90 (7/8): 76–77; e finance.yahoo.com.

ley, as capacidades dinâmicas relacionam-se ao lado empreendedor da empresa e estão incorporadas nela por meio de seu dispositivo "de percepção" ambiental e tecnológico, de suas escolhas organizacionais e de suas habilidades coletivas no desenvolvimento de estratégias. Por capacidades dinâmicas entende-se a capacidade inerente à organização de desafiar a sabedoria convencional do setor e do mercado, de aprender e inovar, de se adaptar às mudanças do mundo e de continuar a adotar novos meios de atender às necessidades do mercado, que estão sempre evoluindo.[118]

Exemplos de capacidades dinâmicas incluem o desenvolvimento do produto, a tomada de decisões estratégicas, as alianças e as aquisições.[119] Algumas empresas desenvolveram processos e rotinas internas que, nitidamente, as tornam superiores em tais atividades. Por exemplo, a 3M e a Apple estão à frente de seus concorrentes em desenvolvimento do produto. A Cisco Systems fez várias aquisições ao longo dos anos. Elas parecem ter desenvolvido a capacidade de identificar e avaliar as empresas candidatas a serem adquiridas e de integrá-las com perfeição depois que a aquisição é realizada. Outras organizações podem tentar copiar as práticas da Cisco. Entretanto, a combinação de recursos das companhias já incorporadas e a reconfiguração da Cisco colocaram-na bem à frente dos concorrentes. À medida que os mercados se tornam cada vez mais dinâmicos, as fontes tradicionais de vantagens competitivas de longo prazo se tornam menos relevantes. Em tais mercados, tudo o que uma empresa pode conseguir é um conjunto de vantagens temporárias. As capacidades dinâmicas possibilitam que uma empresa crie uma série de vantagens temporárias por meio de novas configurações de recursos.[120]

Refletindo quanto às Implicações sobre a Carreira...

- **O Capital Humano:** Identifique passos específicos tomados por sua organização para atrair, desenvolver e reter talentos de modo eficaz. Se não conseguir identificar tais passos em sua organização, talvez haja menos oportunidades de carreira nela para desenvolver o capital humano. Você aproveita os programas de recursos humanos de sua organização, como reembolso educacional, mentoring e assim por diante?

- **O Capital Humano:** À medida que os locais de trabalho se tornam cada vez mais diversificados, é importante analisar se a organização valoriza a diversividade. Que tipo de diversividade tem sido encorajado (p. ex., baseados na idade ou na etnia)? Em que seus colegas são diferentes ou parecidos com você? Se a empresa tem uma força de trabalho homogênea, pode haver poucas perspectivas sobre assuntos estratégicos e operacionais, e uma carreira em tal organização pode não parecer tão atraente.

- **O Capital Social:** Sua companhia tem um capital social forte? Em que se fundamenta sua conclusão de que capital social é forte ou fraco? Que programas específicos existem para criar e desenvolver o capital social? Qual é o impacto do capital social na rotatividade dos empregados em sua organização? Ou será que o capital social é tão forte que presenciamos efeitos tais como o "pensamento de grupo"? Do seu ponto de vista, como se pode estimular melhor o capital social a buscar outras oportunidades de carreira?

- **O Capital Social:** Você trabalha ativamente para criar uma rede social forte na empresa em que trabalha? Para fazer a carreira avançar, é necessário construir uma rede ampla de relacionamento que dê acesso a várias informações.

- **A Tecnologia:** A organização provê e usa a tecnologia de modo eficaz (p. ex., softwares de comunicação a distância, sistemas de administração de conhecimento) que auxiliem a aprimorar seus talentos e aumentar sua base de conhecimento? Caso sua empresa não faça isso direito, o que você pode fazer por conta própria para expandir sua base de conhecimento usando a tecnologia disponível fora da organização?

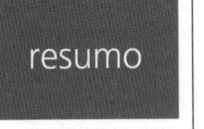

resumo

As empresas de todo o mundo estão reconhecendo que o trabalhador do conhecimento é a chave para o sucesso no mercado. No entanto, também reconhecemos que o capital humano, embora vital, ainda é apenas uma condição necessária, mas não suficiente, para criar valor. Começamos a primeira seção do capítulo falando da importância do capital humano e sobre como ele pode ser atraído, desenvolvido e retido. Em seguida discorremos sobre o papel do capital social e da tecnologia em estimular o capital humano para o sucesso competitivo. Destacamos que o capital intelectual — a diferença entre o valor de mercado e o valor contábil de uma empresa — aumentou significativamente nas últimas décadas. Isso é verdade em especial no caso de empresas de conhecimento intensivo, principalmente onde há relativamente poucos recursos tangíveis, como no desenvolvimento de software.

A segunda seção do capítulo foi dedicada ao estudo da atração, desenvolvimento e retenção do capital humano. Encaramos essas três atividades como uma "cadeira de três pernas" — ou seja, é difícil que as empresas sejam bem-sucedidas se ignorarem ou não conseguirem realizar direito uma dessas atividades. Entre os assuntos que discutimos sobre a *atração* do capital humano estavam o "contrate pela atitude, treine a habilidade" e o valor de usar redes sociais para atrair o capital humano. Em especial, é importante atrair empregados que consigam colaborar com outros, devido à importância dos esforços coletivos, como as equipes e as forças-tarefa. No que se refere a *desenvolver* o capital humano, discutimos a necessidade de encorajar um envolvimento conjunto na organização, monitorar o progresso e acompanhar e avaliar o desenvolvimento do capital humano. Entre os métodos que são amplamente utilizados para aferi-lo está o sistema de avaliação de 360°. Os empregados são avaliados pelos superiores imediatos, colegas, por meio de relatórios diretos e até por clientes internos e externos. Também falamos sobre o valor de manter uma força de trabalho diversificada. Por fim, citamos alguns instrumentos de retenção do capital humano: identificar os empregados com a missão e os valores da organização, proporcionar um trabalho desafiador e um ambiente estimulante, a importância das recompensas e incentivos financeiros e não financeiros, e oferecer flexibilidade e comodidades. Uma das principais questões aqui é se uma empresa não deve supervalorizar as recompensas financeiras. Afinal, se os indivíduos ingressam em uma organização movidos por dinheiro, também podem deixá-la por causa de dinheiro. Se o dinheiro for o motivador principal, as chances de que os empregados venham a desenvolver vínculos específicos com certa empresa que os mantenham na organização são mínimas.

A terceira seção do capítulo trata da importância do capital social para estimular o capital humano. O capital social se refere à rede de relações que os indivíduos mantêm em uma organização, bem como com clientes e fornecedores. Tais vínculos podem ser vitais para obter informações e recursos. No que se refere a recrutar, por exemplo, vimos como algumas empresas conseguem contratar grupos de indivíduos que participam de redes sociais. As relações sociais também podem ser muito importantes no funcionamento eficaz dos grupos. Por fim, vimos algumas das possíveis desvantagens do capital social. Nelas se incluem os gastos que as empresas podem ter ao promover as relações sociais e de trabalho entre indivíduos, e o possível "pensamento de grupo", caracterizado pela hesitação dos indivíduos em expressar visões diferentes (ou opostas) sobre uma questão, graças à pressão social de agir de conformidade com o grupo. Também apresentamos o conceito de redes sociais. Falamos sobre as vantagens de ser o centro de uma rede em comparação com as de criação de várias redes. E discorremos sobre o papel principal que as redes sociais podem ter em aprimorar a administração do conhecimento e em promover o sucesso da carreira.

A quarta seção ocupou-se em examinar o papel da tecnologia no estímulo ao capital humano. Falamos sobre meios relativamente simples do uso da tecnologia, como o e-mail e redes sociais, em que os indivíduos podem colaborar por meio de computadores pessoais. Demos sugestões e orientações de como as equipes eletrônicas podem ser administradas de maneira eficaz. Também comentamos sobre aplicações mais avançadas da tecnologia, como sistemas sofisticados de gestão empresarial. Nesses casos, o conhecimento pode ser codificado e reutilizado a custos muito baixos, como vimos em exemplos de empresas de consultoria, assistência médica e de alta tecnologia.

Na última seção, vimos a crescente importância de se proteger a propriedade intelectual de uma empresa. Embora os métodos tradicionais, como patentes, direitos autorais e registro de marcas, sejam importantes em longo prazo, o desenvolvimento das habilidades dinâmicas pode se constituir na melhor proteção.

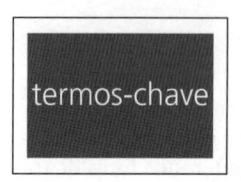

termos-chave

economia do conhecimento 107
capital intelectual 107
capital humano 108
capital social 108
conhecimento explícito 108
conhecimento tácito 108
avaliação de 360° e o sistema de respostas 115
análise de rede social 121
aproximação 121
relações de ligação 122
lacunas estruturais 122
estímulo unificador 123
estímulo de pessoas 123
administração em "T" 123
estímulo da rede de relacionamento 123
pensamento de grupo 125
equipes eletrônicas 127
direitos de propriedade intelectual 131
capacidades dinâmicas 131

PERGUNTAS DE REVISÃO DO RESUMO

1. Explique o papel do conhecimento no ambiente competitivo de hoje.
2. Por que é importante que os administradores reconheçam a interdependência entre atração, desenvolvimento e retenção de profissionais de talento?
3. Quais são algumas das possíveis desvantagens para as empresas que se empenham em uma "guerra por talentos"?
4. Fale sobre a necessidade dos administradores de usar o capital social para estimular seu capital humano dentro e através de sua empresa.
5. Fale sobre o papel da tecnologia em estimular o conhecimento e o capital humano.

exercício experimental

A Pfizer, uma empresa farmacêutica com faturamento de $59 bilhões, costuma ser alistada como uma das "Empresas Mais Admiradas" da *Fortune*. Ela também é considerada como um excelente lugar para trabalhar e gera elevado retorno aos acionistas. É óbvio que ela valoriza seu capital humano. Usando a internet e/ou os recursos de uma biblioteca, identifique algumas das ações/estratégias da Pfizer para atrair, desenvolver e reter capital humano. Quais são as implicações?

questões & exercícios práticos

1. Procure por empresas bem-sucedidas na área de alta tecnologia e por duas empresas bem-sucedidas em setores mais tradicionais, como fabricação de automóveis e varejo. Compare seus respectivos valor de mercado e contábil. Cite algumas consequências dessas diferenças.
2. Selecione uma empresa na qual acredite que seu capital social — tanto interno como entre seus fornecedores e clientes — seja vital para sua vantagem competitiva. Justifique seus argumentos.
3. Escolha uma companhia com a qual esteja familiarizado. Cite algumas das maneiras que ela usa a tecnologia para estimular seu capital humano.
4. Usando a internet, procure por uma organização com a qual esteja familiarizado. Cite algumas das políticas e procedimentos de que ela se vale para aprimorar o capital humano e social da empresa?

questões éticas

1. Lembre-se de um exemplo de uma empresa que tenha passado por uma crise ética há pouco tempo. Como acha que a crise e o modo como a empresa lidou com ela afetou seu capital humano e social?
2. Baseando-se em suas experiências ou no que aprendeu nas aulas anteriores, você tem conhecimento de alguma companhia que praticou ações antiéticas para atrair profissionais talentosos? Quais sua opinião sobre as consequências de curto e de longo prazo dessas práticas?

Atividade	Ações/Estratégias	Consequências
Atrair capital humano		
Desenvolver capital humano		
Reter capital humano		

referências

1. Touryalai, H. 2011. Meddling with Merrill: Merrill Lynch's profits are bolstering BofA. What is Merrill getting in return? *Forbes*, 26 de setembro: 45–47; Benoit, D. 2012. BofA-Merrill: Still a bottom-line success. www.wsj.com, 28 de setembro: np; Silver-Greenberg, J. & Craig, S. 2012. Bank of America settles suit over Merrill for $2.43 billion. www.nytimes.com, 28 de setembro: np.
2. Partes deste capítulo foram baseadas em algumas ideias e exemplos de Dess, G. G. & Picken, J. C. 1999. *Beyond productivity*. Nova York: AMACOM.
3. An acknowledged trend: The world economic survey. 1996. *The Economist*, 2 de setembro (8): 25–28.
4. Quinn, J. B., Anderson, P., & Finkelstein, S. 1996. Leveraging intellect. *Academy of Management Executive*, 10(3): 7–27; e https://www.cia.gov/library/publications/the=world=factbook/geos/us.html.
5. Hamel, G. & Prahalad, C. K. 1996. Competing in the new economy: Managing our of bounds. *Strategic Management Journal*, 17: 238.
6. Stewart, T. A. 1997. *Intellectual capital: The new wealth of organizations*. Nova York: Doubleday/Currency.
7. Leif Edvisson e Michael S. Malone fazem uma definição similar, mas mais detalhada, de *capital intelectual*: "o conhecimento, habilidade, inovação e capacidade, combinados para realizar a tarefa em mãos". Eles consideram o capital intelectual como igual ao capital humano em adição ao capital estrutural. O *capital estrutural* é definido como "o hardware, o software, os bancos de dados, a estrutura organizacional, as patentes, as marcas registradas e tudo o mais das habilidades organizacionais que apoiam a produtividade desses empregados — em uma palavra, tudo o que fica no escritório quando os empregados vão embora para casa". Edvisson, L. & Malone, M. S. 1997. *Intellectual capital: Realizing your company's true value by finding its hidden brainpower*: 10–14. Nova York: HarperBusiness.
8. Stewart, T. A. 2001. Accounting gets radical. *Fortune*, 16 de abril: 184–194.
9. Adams, S. & Kichen, S. 2008. Ben Graham then and now. *Forbes*, 10 de novembro: 56.
10. Encontramos uma interessante análise do impacto de Steve Jobs na valorização da Apple em: Lashinsku, A. 2009. Steve's leave—what does it really mean? *Fortune*, 2 de fevereiro: 96–102.
11. Anônimo. 2007. Intel opens first high volume 45 nm microprocessor manufacturing factory. www.intel.com, 25 de outubro: np.
12. Thomas Stewart sugeriu essa fórmula em seu livro *Intellectual capital*. Ele faz uma abordagem interessante nas páginas 224–225, que inclui algumas das limitações desse método para medir o capital intelectual. Reconhecemos, obviamente, que durante o fim da década de 1990 e no início de 2000, houve uma valorização de mercado excessiva das empresas de alta tecnologia e da internet. Para uma discussão interessante da valorização de mercado extraordinária do Yahoo!, uma companhia da internet, veja: Perkins, A. B. 2001. The internet bubble encapsulated: Yahoo! *Red Herring*, 15 de abril: 17–18.
13. Roberts, P. W. & Dowling, G. R. 2002. Corporate reputation and sustained superior financial performance. *Strategic Management Journal*, 23(12): 1077–1095.
14. Para um estudo recente das relações entre capital humano, aprendizagem e vantagem competitiva sustentável, leia: Hatch, N. W. & Dyer, J. H. 2005. Human capital and learning as a source os sustainable competitive advantage. *Strategic Management Journal*, 25: 1155–1178.
15. Uma das grandes contribuições para a administração de conhecimento é encontrada em: Becker, G. S. 1993. *Human capital: A theoretical and empirical analysis with special reference to education* (3ª ed.). Chicago: University of Chicago Press.
16. Para um excelente resumo do tópico capital social, leia: Baron, R. A. 2005. Social capital. Em Hitt, M. A. & Ireland, R. D. (Eds.), *The Blackwell encyclopedia of management* (2ª ed.): 224–226. Malden, MA: Blackwell.
17. Para uma excelente discussão sobre capital social e seu impacto no desempenho da organização, veja: Nahapiet, J. & Ghoshal, S. 1998. Social capital, intellectual capital and the organizational advantage. *Academy of Management Review*, 23: 242–266.
18. Uma discussão interessante de como a administração de conhecimento (patentes) pode melhorar o desempenho da organização pode ser encontrada em: Bogner, W. C. & Bansal, P. 2007. Knowledge management as the basis of sustained high performance. *Journal of Management Studies*, 44(1): 165–188.
19. Polanyi, M. 1967. *The tacit dimension*. Garden City, NY: Anchor Publishing.
20. Barney, J. B. 1991. Firm resources and sustained competitive advantage. *Journal of Management*, 17: 99–120.
21. Para uma perspectiva interessante da pesquisa empírica de como o conhecimento pode ter um efeito negativo no desempenho, leia: Haas, M. R. & Hansen, M. T. 2005. When using knowledge can hurt performance: The value of organizational capabilities in a management consulting company. *Strategic Management Journal*, 26(1): 1–24.
22. Novas percepções de talento administrativo são fornecidas em: Cappelli, O. 2008. Talent management for the twenty-first century. *Harvard Business Review*, 66(3): 74–81.
23. Alguns livros fantásticos sobre esse assunto são: Edvisson & Malone, op. cit.; e Nonaka, I. & Takeuchi, I. 1995. *The knowledge creating company*. Nova York: Oxford University Press.
24. Segalla, M. & Felton, N. 2010. Find the real power in your organization. *Harvard Business Review*, 88(5): 34–35.
25. Stewart, T. A. 2000. Taking risk to the marketplace. *Fortune*, 6 de março: 424.
26. Encontramos ideias sobre a perspectiva da Geração X sobre o local de trabalho em: Erickson, T. J. 2008. Task, not time: Profile of a Gen Y job. *Harvard Business Review*, 86(2): 19.
27. Pfeffer, J. 2010. Building sustainable organizations: The human factor. *The Academy of Management Perspectives*, 24(1): 34–45.
28. Dutton, G. 1997. Are you technologically competent? *Management Review*, novembro: 54–58.
29. Algumas consequências do local de trabalho sobre uma força de trabalho que está envelhecendo são abordadas em: Strack, R.,

Baier, J., & Fahlander, A. 2008. Managing demographic risk. *Harvard Business Review*, 66(2): 199–128.
30. Para uma análise sobre como atrair, desenvolver e reter grandes talentos, veja: Goffee, R. & Jones, G. 2007. Leading clever people. *Harvard Business Review*, 85(3): 72–89.
31. Dess & Picken, op. cit.: 34.
32. Webber, A. M. 1998. Danger: Toxic company. *Fast Company*, novembro: 152–161.
33. Martin, J. & Schmidt, C. 2010. How to keep your top talent. *Harvard Business Review*, 88(5): 54–61.
34. Algumas visões interessantes sobre as razões pelas quais alguns talentos criados nos Estados Unidos estão indo para o exterior encontram-se em: Saffo, P. 2009. A looming American diaspora. *Harvard Business Review*, 87(2): 27.
35. Grossman, M. 2012. The best advice I ever got. *Fortune*, 12 de maio: 119.
36. Davenport, T. H., Harris, J. & Shapiro, J. 2010. Competing on talent analytics. *Harvard Business Review*, 88(10): 62–69.
37. Ployhart, R. E. & Moliterno, T. P. 2011. Emergence of the human capital resource: A multilevel model, *Academy of Management Review*, 36(1): 127–150.
38. Para saber mais sobre o desenvolvimento da administração e sobre o desempenho de empresas em vários países, veja: Mabey, C. 2008. Management development and form performance in Germany, Norway, Spain, and the UK. *Journal of International Business Studies*, 39(8): 1327–1342.
39. Martin, J. 1998. So, you want to work for the best… *Fortune*, 12 de janeiro: 77.
40. Cardin, R. 1997. Make your own Bozo Filter. *Fast Company*, outubro–novembro: 56.
41. Anônimo, 100 best companies to work for money.cnn.com. Sem data: np.
42. Martin, op. cit.; Henkoff, R. 1993. Companies that train best. *Fortune*, 22 de março: 53–60.
43. Esta seção se baseia em: Garg, V. 2012. Here's why companies should give Millennial workers everything they ask for. businessinsider.com, 23 de agosto: np; worklifepolicy.com; e Gerdes, L. 2006. The top 50 employers for new college grads. *BussinessWeek*, 18 de setembro: 64–81.
44. Encontramos um ponto de vista interessante sobre o rápido desenvolvimento de novos talentos ao se juntarem a uma nova organização em: Rollag, K., Parise, S., & Cross, R. 2005. Getting new hires yp to speed quickly. *MIT Sloan Management Review*, 46(2): 35–41.
45. Stewart, T. A. 1998. Gray flannel suit? moi? *Fortune*, 18 de março: 80–82.
46. Bryant, A. 2011. *The corner office*, St. Martin's Griffin: Nova York: 227.
47. Encontramos um ponto de vista interessante sobre como a Cisco Systems desenvolve seu talento em: Chatman, J., O'Reilly, C., & Chang, V. 2005. Cisco Systems: Developing a human capital strategy. *California Management Review*, 47(2): 137–166.
48. Anônimo. 2011. Schumpeter: The tussle for talent. *The Economist*. 8 de janeiro: 68.
49. Training and development policy: Mentoring, nd. opm.gov: np.
50. Douglas, C. A. 1997. Formal mentoring programs in organizations. centerforcreativeleadership.org: np.
51. Warner, F. 2002. Inside Intel's mentoring movement. fastcompany.com, 31 de março: np.
52. Grove, A. 2011. Be a mentor. *Bloomberg BusinessWeek*, 21 de setembro: 80.
53. Nossa abordagem do patrocínio se baseia em: Alsever, J. 2012. Want to move up? Get a sponsor. *Fortune*, 21 de maio: 53–54; e Aguirre, D. 2010. When female networks aren't enough. blogs.org/hbr/hewlett, 12 de maio: np.
54. Para uma visão inovadora sobre o quão apropriados são os métodos alternativos de avaliação e de recompensas, veja: Seijts, G. H. & Lathan, G. P. 2005. Learning versus performance goals: When should each be used? *Academy of Management Executive*, 19(1): 124–132.
55. A análise do sistema de respostas de 360° se baseia no artigo UPS. 1997. 360-degree feedback: Coming from all sides. *Vision* (a UPS Corporation internal company publication), março: 3; Slater, R. 1994. *Get better or get beaten: Thirty-one leadership secrets from Jack Welch*. Burr Ridge, IL: Irwin; Nexton, M. 1997. General Electric: The secrets of the finest company in the world. *L'Expansion*, 23 de julho: 18–30; e Smith, D. 1996. Bold new directions for human resources. *Merck World* (internal company publication), outubro: 8.
56. Encontramos ideias interessantes sobre os sistemas de avaliação de 360° em: Barwise, O. & Meehan, Sean. 2008. So you think you're a good listener. *Harvard Business Review*, 66(4): 22–23.
57. Encontramos ideias sobre como usar a avaliação de 360° em: Kaplan, R. E. & Kaiser, R. B. 2009. Stop overdoing your strengths. *Harvard Business Review*, 87(2): 100–103.
58. Kets de Vries, M. F. R. 1998. Charisma in action: The transformational abilities of Virgin's Richard Branson and ABB's Percy Barnevik. *Organizational Dynamics*, inverno: 20.
59. Para uma discussão interessante sobre como a cultura organizacional ajudou a Zappos a se tornar a número um na pesquisa da *Fortune* de melhores companhias para se trabalhar, de 2009, veja: O'Brien, J. M. n 2009. Zappos knows how to kick it. *Fortune*, 2 de fevereiro: 54–58.
60. Só precisamos considerar o caso mais famoso de espionagem industrial dos últimos anos, em que José Ignacio Lopez foi processado por um tribunal alemão por roubar documentos sensíveis de planejamento de produtos de seu antigo patrão, a General Motors, e compartilhá-los com seus colegas executivos da Volkswagen. O processo foi ignorado pelos tribunais alemães, mas Lopez e seus colegas foram investigados pelo Departamento de Justiça dos EUA. Consideremos também um litígio recente envolvendo contratos de emprego de não concorrência e cláusulas de confidencialidade da *Internatinal Paper v. Louisiana-Pacific, Campbell Soup v. H. J. Heinz Co., e PepsiCo v. Quaker Oats's Gatorade*. Além de reterem valiosos recursos humanos e, em geral, sua valiosa rede de clientes, as empresas também devem proteger sua informação e conhecimento proprietários. Para perspectivas interessantes sobre isso, veja: Carley, W. M. 1998. CEO gets hard lesson in how not to keep his lieutenants. *The Wall Street Journal*, 11 de fevereiro: A1, A10; e Lenzner, R. & Shook, C. 1998. Whose Rolodex is it, anyway? *Forbes*, 23 de fevereiro: 100–103.
61. Para uma interessante discussão sobre a retenção de trabalhadores do conhecimento na economia de hoje, leia: Davenport, T. H. 2005. *The care and feeding of the*

62. Fisher, A. 2008. America's most admired companies. *Fortune*, 17 de março: 74.
63. Stewart, T. A. 2001. *The wealth of knowledge*. Nova York: Currency.
64. Para ideias de como atingir todo nosso potencial, veja: Kaplan, R. S. 2008. Reaching your potential. *Harvard Business Review*, 66(7/8): 45–57.
65. Amabile, T. M. 1997. Motivating creativity in organizations: On doing what you love and loving what you do. *California Management Review*, outono: 39–58.
66. Para um ponto de vista interessante sobre tipos alternativos de relações entre empregados e empregadores, veja: Erickson, T. J. & Gratton, L. 2007. What it means to work here. *Harvard Business Review*, 85(3): 104–112.
67. Pfeffer, J. 2001. Fighting the war for talent is hazardous to your organization's health. *Organizational Synamics*, 29(4): 248–259.
68. Best companies to work for 2011. 2011. finance.yahoo.com, 20 de janeiro: np.
69. Cox, T. L. 1991. The multinational organization. *Academy of Management Executive*, 5(2): 34–47. Não há dúvidas de que muita coisa foi escrita sobre criar e manter uma força de trabalho diversa e eficaz. Alguns dos excelentes livros mais recentes são: Harvey, C. P. & Allard, M. J. 2005. *Understanding and managing diversity: Readings, cases, and exercises*. (3ª ed.). Upper Saddle River, NJ: Pearson Prentice-Hall; Miller, F. A. & Katz, J. H. 2002. *The inclusion breakthrough: Unleashing the real power of diversity*. São Francisco: Berrett Koehler; e Williams, M. A. 2001. *The 10 lenses: Your guide to living and working in a multicultural world*. Sterling, VA: Capital Books.
70. Para um ponto de vista interessante sobre os benefícios e desvantagens da diversidade em empresas de consultoria globais, veja: Mors, M. L. 2010. Innovation in a global consulting firm: When the problem is too much diversity. *Strategic Management Journal*, 31(8): 841–872.
71. Day, J. C., sem data. National population projections. cps.ipums.org: np.
72. Hewlett, S. A. & Rashid, R. 2010. The battle for female talent in emerging markets. *Harvard Business Review*, 88(5): 101–107.
73. Esta seção, incluindo os seis possíveis benefícios de uma força de trabalho diversificada, se baseia em: Cox, T. H. & Blake, S. 1991. Managing cultural diversity: Implications for organizational competitiveness. *Academy of Management Executive*, 5(3): 45–56.
74. www.pwcglobal.com/us/eng/careers/diversity/index.html.
75. Esta análise se baseia em Dess, G. G. & Lumpkin, G. T. 2001. Emerging issues in strategy process research. Em Hitt, M. A., Freeman, R. E. & Harrison, J. S. (Eds.). *Handbook of strategic management*: 3–34, Malden, MA: Blackwell.
76. Wong, S.-S. & Boh, W. F. 2010. Leveraging the ties of others to build a reputation for trustworthiness among peers. *Academy of Management Journal*, 53(1): 129–148.
77. Adler, P. S. & Know, S. W. 2002. Social capital: Prospects for a new concept. *Academy of Management Review*, 27(1): 17–40.
78. Capelli, P. 2000. A market-driven approach to retaining talent. *Harvard Business Review*, 78(1): 103–113.
79. Este exemplo hipotético é baseado em Peteraf, M. 1993. The cornerstones of competitive advantage. *Strategic Management Journal*, 14: 179–191.
80. Wenerfelt, B. 1984. A resource-based view of the firm. *Strategic Management Journal*, 5: 171–180.
81. Wysocki, B., Jr. 2000. Yet another hazard of the new economy: The Pied Piper Effect. *The Wall Street Journal*, 20 de março: A1–A16.
82. Encontramos ideias sobre como os administradores podem usar suas redes sociais de modo mais eficaz em: McGrath, C. & Zell, D. 2009. Profiles of trust: Who to turn to, and for what. *MIT Sloan Management Review*, 50(2): 75–80.
83. Ibid.
84. Buckman, R. C. 2000. Tech defectors from Microsoft resettle together. *The Wall Street Journal*, outubro: B1–B6.
85. Encontramos um estudo da relação entre as redes socais e o desempenho na China em: Li, J. J., Poppo, K., & Zhou, K. Z. 2008. Do managerial ties in China always produce value? Competition uncertainty, and domestic vs. foreign firms. *Strategic Management Journal*, 29(4): 383–400.
86. Aime, F., Johnson, S., Ridge, J. W. & Hill, A. D. 2010. The routine may be stable but the advantage is not: Competitive implications of key employee mobility. *Strategic Management Journal*, 31(1): 75–87.
87. Ibarra, H. & Hansen, M. T. 2011. Are you a collaborative leader? *Harvard Business Review*, 89 (7/8): 68–74.
88. Houve uma quantidade enorme de criação de teorias e pesquisa empírica nos anos recentes na área da análise de redes sociais. Não há dúvida de que os dois maiores colaboradores desse assunto têm sido Ronald Burt e J. S. Coleman. Para excelentes análises de base, veja: Burt, R. S. 1992. *Structural holes: The social structure of competition*. Cambridge, MA: Harvard University Press; e Coleman, J. S. 1988. Social capital in the creation of human capital, *American Journal of Sociology*, 94: S95–S120. Para uma revisão mais recente e para uma integração do pensamento atual sobre a teoria das redes sociais, considere: Burt, R. S. 2005. *Brokerage & closure: An introduction to social capital*. Oxford Press: Nova York.
89. Nossa abordagem se baseia nos conceitos desenvolvidos por Burt, 1992, op. cit.; Coleman, 1990, op. cit.; Cikenabm 1988, op. cit.; e Oh, H., Chung, M. & Labianca, G. 2004. Group social capital and group effectiveness: The role of informal socializing ties. *Academy of Management Journal*, 47(6): 860–875. Gostaríamos de agradecer a Joe Labianca (University of Kentucky) por seus argumentos e ideias úteis para nossa discussão sobre redes sociais.
90. Arregle, J. L., Hitt, M. A., Sirmon, D. G., & Very, P. 2007. The development of organizational social capital: Attributes of family firms. *Journal of Management Studies*, 44(1): 73–95.
91. Encontramos uma nova perspectiva sobre redes sociais em: Pentland, A. 2009. How social networks network best. *Harvard Business Review*, 87(2): 37.
92. Oh et al., op. cit.
93. Hoppe, op. cit.
94. Esta seção se baseia em: Hansen, M. T. 2009. *Collaboration: How leaders avoid the traps, create unity, and reap big results*. Boston, MA: Harvard Business Press.
95. Encontramos perspectivas sobre como usar e desenvolver redes de decisões em: Cross, R., Thomas, R. J., & Light, D. A. 2009. How

96. Nossa discussão sobre as três vantagens das redes sociais se baseiam em Uzzi, B. & Dunlap, S. 2005. How to build your network. *Harvard Business Review*, 83(12): 53–60. Para uma revisão excelente e recente sobre a pesquisa da relação entre o capital social e o desempenho administrativo, leia: Moran, P. 2005. Structural vs. relational embeddedness: Social capital and managerial performance. *Strategic Management Journal*, 26(12): 1129–1151.

97. Encontramos uma perspectiva sobre a influência pessoal em: Christakis, N. A. 2009. The dynamics of personal influence. *Harvard Business Review*, 87(2): 31.

98. Cross, R. & Thomas, R. 2011. A smarter way to network. *Harvard Business Review*, 7/8 (89): 149–153.

99. Prusak, L. & Cohen, D. 2001. How to invest in social capital. *Harvard Business Review*, 79(6: 86–93.

100. Leonard, D. & Straus, S. 1997. Putting your company's whole brain to work. *Harvard Business Review*, 75(4): 110–122.

101. Para uma excelente discussão dos benefícios gerais (i.e., a organização) em comparação com os específicos (i.e., o administrador individual) do capital social, veja: Leana, C. R. & Van Buren, H. J. 1999. Organizational social capital and employment practices. *Academy of Management Review*, 24(3): 538–555.

102. Os autores gostariam de agradecer a Joe Labianca, University of Kentucky, e John Lin, University of Texas, em Dallas, por suas ideias tão úteis em nossa abordagem sobre a teoria da rede social e suas consequências práticas.

103. Harnish, V. 2010. Stop doing these five business killers now. *Fortune*, 6 de dezembro: 71.

104. Goldsmith, M. 2009. How not to lose the top job. *Harvard Business Review*, 87(1): 74.

105. Taylor, W. C. 1999. Whatever happened to globalization? *Fast Company*, dezembro: 228–236.

106. Wilson, H. J., Guinan, P. J., Paris, S., & Weinberg, D. 2011. What's your social media strategy? *Harvard Business Review*, 7/8 (89): 23–25.

107. Lei, D., Slocum, J., & Pitts, R. A. 1999. Designing organizations for competitive advantage: The power of unlearning and learning. *Organizational Dynamics*, inverno: 24–38.

108. Esta seção se baseia em Zaccaro, S. J. & Bader, O. 2002. E-Leadership and the challenges of leading e-teams: Minimizing the bad and maximizing the good. *Organizational Dynamics*, 31(4): 377–387.

109. Kirkman, B. L., Rosen, B., Tesluk, P. E., & Gibson, C. B. 2004. The impact of team empowerment on virtual team performance: The moderating role of face-to-face interaction. *Academy of Management Journal*, 47(2): 175–192.

110. A discussão sobre as vantagens e desafios associados com as e-teams se baseia em Zacarro & Bader, op. cit.

111. Para um estudo recente que explore a relação entre a delegação de poder para equipes, a interação face a face e o desempenho em equipes virtuais, leia: Kirkman, Rosen, Tesluk & Gibson, op. cit.

112. Para um estudo inovador sobre como as empresas compartilham conhecimento com concorrentes e sobre suas consequências no desempenho, leia: Spencer, J. W. 2003. Firms' knowledge sharing strategies in the global innovation system: Empirical evidence from the flat panel display industry. *Strategic Management Journal*, 24(3): 217–235.

113. Os exemplos da Andersen Consulting e da Access Health se baseiam em: Hansen, M. T., Nohria, N., & Tierney, T. 1999. What's your strategy for managing knowledge? *Harvard Business Review*, 77(2): 106–118.

114. Esta abordagem se baseia em: Conley, J. G. 2005. *Intellectual capital management*, Kellogg School of Management e Schulich School of Business, York University, Toronto, KS 2003; Conley, J. G. & Szobocsan, J. 2001. Snow White shows the way. *Managing Intellectual Property*, junho: 15–25; Greenspan, A. 2004. Intellectual property rights, The federal Reserve Board, Comentários do presidente, 27 de fevereiro; e Teece, D. J. 1998. Capturing value from knowledge assets, *California Management Review*, 40(3): 54–79. Os autores gostariam de agradecer ao professor Universitário Theo Peridis, York University, por sua contribuição para essa seção.

115. Wingfild, N. 2012. As Apple and HTC end lawsuits, smartphone patent battles continue. *New York Times*. www.nytimes.com. 11 de novembro: 57–63; e Turangiel, J. 2012. Tim Cook's freshman year: The Apple CEO speaks. *Bloomberg BusinessWeek*, 6 de dezembro: 62–76.

116. E. Danneels. 2011. Trying to become a different type of company: Dynamic capability at Smith Corona. *Strategic Management Journal*, 32(1): 1–31.

117. Encontramos um estudo sobre a relação entre as capacidades dinâmicas e a diversificação relacionada em: Doving, E. & Gooderham, P. N. 2008. *Strategic Management Journal*, 29(8): 841–858.

118. Encontramos uma perspectiva sobre a estratégia em mercados turbulentos em: Sull, D. 2009. How to thrive in turbulent markets. *Harvard Business Review*, 87(2): 78–88.

119. Lee, G. K. 2008. Relevance of organizational capabilities and its dynamics: What to learn from entrants' product portfolios about the determinants of entry timing. *Strategic Management Journal*, 29(12): 1257–1280.

120. Eisenhardt, K. M. & Martin, J. E. 2000. Dynamic capabilities: What are thay? *Strategic Management Journal*, 21: 1105–1121.

PARTE 2: FORMULAÇÃO DA ESTRATÉGIA

capítulo 5

Estratégia no Nível de Negócio:

Criar e Sustentar Vantagens Competitivas

Depois da leitura deste capítulo você deverá obter uma boa compreensão dos seguintes pontos a aprender:

PA5.1 O papel central da vantagem competitiva no estudo da administração estratégica e as três estratégias genéricas: liderança de custo geral, diferenciação e foco.

PA5.2 Como o sucesso na implementação das estratégias genéricas pode melhorar o poder relativo da empresa em comparação com as cinco forças que determinam a rentabilidade média de um setor de atividade.

PA5.3 As armadilhas que os administradores devem evitar na tentativa de obter estratégias genéricas.

PA5.4 Como as empresas podem combinar de modo eficaz as estratégias genéricas de liderança de custo geral e de diferenciação.

PA5.5 Quais fatores determinam a sustentabilidade da vantagem competitiva de uma empresa.

PA5.6 Como os modelos de negócios online estão sendo usados para melhorar o posicionamento estratégico.

PA5.7 A importância de se considerar o ciclo de vida setorial para determinar a estratégia de nível empresarial de uma empresa e sua ênfase relativa quanto às estratégias de áreas funcionais e quanto às atividades de criação de valor.

PA5.8 A necessidade de estratégias de turnaround que permitam a uma empresa repôr sua posição competitiva em um setor de atividade.

Aprenda com os Erros

Algumas das marcas mais conhecidas do ramo de pães e petiscos pertenceram à Hostess Corporation.[1] Desde a década de 1930, a Hostess Brands (originalmente fundada como Interstate Bakeries) produziu vários itens de padaria, incluindo o Wonder Bread, o Twinkies, o Ring Dings, o Yodels, o Zingers e muitos outros. Mesmo com essas marcas icônicas e com vendas anuais de $2,5 bilhões, a Hostess Brands passou por grandes dificuldades e faliu em 2012. Não conseguindo encontrar uma solução prática para continuar no negócio, a Hostess fechou todas suas padarias em novembro de 2012 e foi obrigada a liquidar e vender suas marcas. Com a força de suas marcas e sua posição de mercado de longa data, foi uma surpresa ver a empresa falir. O que deu errado?

> A viabilidade de uma estratégia corporativa de uma empresa depende das suas operações internas e dos desejos e preferências do mercado. As empresas bem-sucedidas possuíam os recursos apropriados e a estrutura de custo para atender às necessidades do ambiente de negócios. A Hostess havia se diferenciado há muito tempo no segmento de produtos de padaria produzindo alimentos simples, mas saborosos, que estavam presentes nas lancheiras das crianças por gerações. Sua forte presença no mercado consumidor foi prejudicada por uma combinação de forças.

O fator decisivo no declínio da Hostess foi a mudança das preferências dos clientes à qual ela não soube responder com eficácia. Desde a década de 1950 até a de 1970, o ápice da

Hostess, havia uma forte demanda por lanches saborosos processados. Porém, em anos recentes, houve uma tendência crescente por lanches mais naturais e saudáveis. A Hostess não conseguiu expandir significativamente sua lista de produtos para atender a essa alteração de gostos. Como resultado, caiu a procura por seus produtos, e suas vendas caíram 28% entre 2004 e 2011. Além disso, como seus produtos eram simples, ficou difícil diferenciá-los de outros produtos de outras padarias, que a estavam imitando. Isso diminuiu a possibilidade de aumentar seus preços e gerar lucro.

Além da redução da demanda e da diferenciação de seus produtos, a Hostess tinha uma estrutura de custos que causava grandes impedimentos à sua habilidade de reestabelecer sua posição de mercado. Seus 19 mil funcionários eram sindicalizados, e os contratos de trabalho tornavam difícil para a Hostess controlar sua estrutura de custos e operações para atender às condições de demanda com que se deparava. Em vez de uma única relação com sua força de trabalho, havia 372 contratos com vários sindicatos diferentes. Tais acordos limitavam sua condição de fechar qualquer uma de suas 36 padarias ou mais de 500 centros de distribuição para se adaptar à menor demanda. Eles também limitavam a capacidade da empresa de simplificar seu sistema de distribuição. Como resultado, em vez de ter apenas um caminhão de entregas por loja, costumava haver vários caminhões fazendo a entrega de marcas diferentes para a mesma loja.

A Hostess passou a ter uma estrutura de operações de alto custo em um mercado em que seus produtos não tinham mais uma grande diferenciação e estava passando por uma diminuição de demanda. Essa não era uma boa condição. Não foi nenhuma surpresa que a Hostess tenha perdido $342 milhões em 2011 e não conseguiu honrar suas dívidas em 2012. Suas marcas sobreviverão com um novo dono, mas este precisará descobrir como diferenciar melhor seu produto no mercado exigente de hoje ou como produzi-los a um custo menor.

Perguntas para Discussão

1. Quão difícil é diferenciar os produtos da Hostess no mercado atual, que se preocupa com a saúde?
2. Os novos donos das marcas da Hostess deveriam tentar produzir petiscos mais saudáveis ou ignorar as questões de saúde e oferecer produtos ainda mais saborosos?

estratégia de negócio
uma estratégia projetada para uma empresa ou divisão de uma empresa que compete em um único negócio.

PA5.1
O papel central da vantagem competitiva no estudo da administração estratégica, e as três estratégias genéricas: liderança de custo geral, diferenciação e foco.

estratégias genéricas
tipos básicos de estratégias de nível empresarial, baseadas no alcance do mercado-alvo (mercado inteiro ou segmentos de mercado) e o tipo de vantagem competitiva (de baixo custo *versus* exclusividade).

Para criar e sustentar uma vantagem competitiva, companhias como a Hostess precisam analisar as necessidades e preferências de seus clientes e trabalhar para reforçar o valor de seus produtos junto a eles. Concentrar-se apenas em suas operações internas não é uma boa opção. Não escutar seus clientes e não responder às mudanças de suas necessidades, é o tipo de procedimento que levou a Hostess e muitas outras empresas a comprometerem seu desempenho e até mesmo a própria existência.

Tipos de Vantagem Competitiva e de Sustentabilidade

Michael Porter apresentou três **estratégias genéricas** que uma empresa pode usar para superar as cinco forças e obter vantagens competitivas.[2] Cada uma das estratégias genéricas tem o potencial de permitir que uma empresa supere seus concorrentes em um setor de atividade. A primeira, *liderança no custo total*, se baseia na criação de uma posição de baixo custo. A empresa deve administrar as relações e os custos baixos na cadeia de valor inteira. A segunda, a *diferenciação*, exige que uma empresa crie produtos e/ou serviços que são únicos e valiosos. Nesse caso, a ênfase está no chamado "não preço" (que os economistas denominam "inelasticidade-preço", ou seja, a demanda não se altera significativamente com alterações de preço do produto), com os consumidores aceitando de bom grado o preço cobrado para usufruir de produtos premium.[3] A terceira, uma estratégia de *foco*, direciona a atenção (ou o "foco") a linhas reduzidas de produtos, segmentos de compradores, ou certos mercados geográficos, e as vantagens serão obtidas em virtude da diferenciação ou através da liderança no custo.[4] Embora, em geral, a liderança no custo e as estratégias de diferenciação procurem auferir vantagens no mercado de atuação como um todo, a estratégia de foco tem, como alvo, mercados mais estreitos. A Figura 5.1 ilustra estas três estratégias em duas dimensões: a vantagem competitiva e o alvo estratégico.

Tanto a observação casual como as pesquisas apoiam a noção de que as empresas que se identificam com uma ou mais formas de vantagem competitiva superam as que não o fazem.[5] Existe uma rica história de pesquisa de administração estratégica relacionada com esse tópico. Um estudo analisou 1.789 unidades de negócios estratégicos e descobriu que os negócios que combinavam várias formas de vantagem competitiva (diferenciação e liderança de custo geral) superavam os que usavam apenas uma forma. Aqueles com menor desempenho não se identificavam com nenhum tipo de vantagem. Estes eram classificados como "atolados no meio do caminho". Os resultados desse estudo são apresentados na Figura 5.2.[6]

Para exemplificar os perigos de se estar "atolado no meio do caminho", consideremos o supermercado tradicional.[7] As maiores cadeias de supermercados, como Kroger, Ralphs e Albertsons, costumavam ser a principal fonte de provisões de consumo diário para os clientes. No entanto, a situação mudou; hoje, alguns de seus clientes elevaram o padrão de vida e

FIGURA 5.1 As Três Estratégias Genéricas

	Vantagem Competitiva	
Alvo Estratégico	Exclusividade Percebida pelo Cliente	Posição de Custo Baixo
Mercado como um Todo	Diferenciação	Liderança de Custo Geral
Somente Segmento de Mercado	Foco	Foco

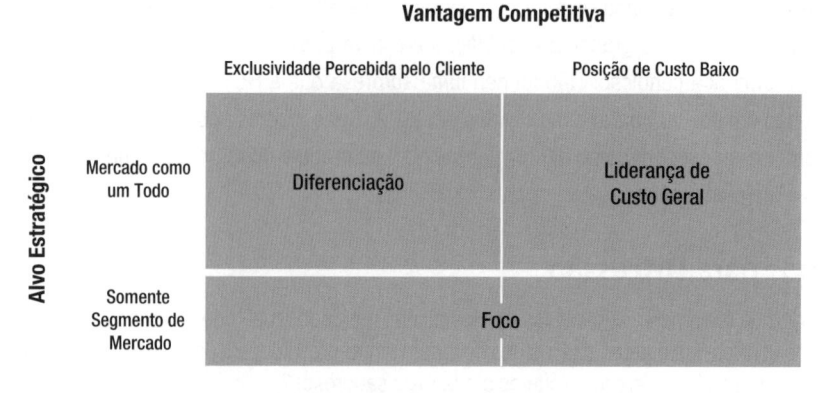

Fonte: Adaptado e reimpresso com a permissão da The Free Press, uma divisão da Simon & Schuster Inc. de *Competitive Strategy: Techniques for Analyzing Industries and Competitors* Michael E. Porter. Direitos autorais © 1980, 1998 pela The Free Press. Todos os direitos reservados.

FIGURA 5.2 Vantagem Competitiva e Desempenho nos Negócios

	Vantagem Competitiva					
	Diferenciação e Custo	Diferenciação	Custo	Diferenciação e Foco	Custo e Foco	Atolado no Meio do Caminho
Desempenho						
Retorno do investimento (%)	35,5	32,9	30,2	17	23,7	17,8
Crescimento das vendas (%)	15,1	13,5	13,5	16,4	17,5	12,2
Aumento na participação de mercado (%)	5,3	5,3	5,5	6,1	6,3	4,4
Tamanho da amostra	123	160	100	141	86	105

estão se abastecendo de alimentos orgânicos e gourmet em varejistas como o Whole Foods Market, enquanto outros, mais disciplinados financeiramente, querem economizar e vão atrás de grandes lojas de desconto, como Walmart, Aldi e Dollar General.

Liderança no Custo Total

A primeira estratégia genérica é a liderança no custo total. Ela requer um conjunto estreito de táticas inter-relacionadas que incluem:

- Agressividade na construção de instalações que permitam eficazes aumentos de escala.
- Empenho vigoroso pela redução de custos a partir da experiência.
- Controle rígido de custos e despesas gerais.
- Evitar clientes de alto risco.
- Minimização de custos em todas as atividades da cadeia de valor da empresa, como P&D, prestação de serviços, força de vendas e publicidade.

liderança no custo total
estratégia genérica de uma empresa que dá ênfase ao mercado como um todo usando uma vantagem competitiva baseada no baixo custo.

A Figura 5.3 se baseia no conceito da cadeia de valor (veja o Capítulo 3) para dar exemplos de como uma empresa pode obter uma estratégia de liderança no custo total em suas atividades primárias e de apoio.

Um fator que costuma ser central em uma estratégia de liderança no custo total é a **curva de experiência**, que se refere a como os negócios "aprendem" a diminuir os custos à medida que ganham experiência no processo de produção. Com a experiência, na maioria dos setores de atividade, o custo unitário total do produto diminui conforme a produção aumenta. A curva de experiência, desenvolvida pelo Boston Consulting Group em 1968, é uma maneira de observar os ganhos de eficiência que vêm com a experiência. No caso de vários produtos, uma vez que a experiência cumulativa dobra, os custos e horas de serviço necessários para produzir uma unidade de produto diminuem entre 10% e 30%. Há vários motivos pelos quais esse efeito ocorre. Entre os fatores mais comuns estão a melhoria na qualidade do trabalho da mão de obra, a simplificação dos designs dos projetos proveniente da maturação dos produtos, e o processo de produção é automatizado e racionalizado. Todavia, os ganhos resultantes da curva de experiência só se converterão no fundamento de uma vantagem de custo se a empresa conhecer bem a fonte das reduções de custo e se puder manter esses ganhos sob seu poder.

curva de experiência
o declínio dos custos totais das unidades de produção à medida que o crescimento vai aumentando.

Para obter um desempenho acima da média, uma empresa que quer ter uma posição de liderança no custo total deve obter uma **paridade competitiva** com a diferenciação relativa apresentada pelos concorrentes.[8] Em outras palavras, uma empresa que atinge a paridade "está em pé de igualdade" com eles no que se refere a produtos diferenciados.[9] A paridade competitiva fundada na diferenciação permite que um líder de custo transforme vantagens de custo diretamente em uma rentabilidade maior que a dos concorrentes. Assim, o líder de custo recebe retornos acima da média.[10]

paridade competitiva
a condição de similaridade de uma empresa, ou "estar em pé de igualdade", com seus concorrentes com respeito a custos baixos, diferenciação ou qualquer outra característica estratégica de produto.

FIGURA 5.3
Atividades da Cadeia de Valor: Exemplos da Liderança de Custo Total

Atividades de Apoio

Infraestrutura da Empresa
- Poucos níveis hierárquicos para diminuir os custos totais.
- Padronização das práticas contábeis para minimizar a quantidade de pessoal envolvido.

Gestão de Recursos Humanos
- Minimização dos custos associados à rotatividade da mão de obra por intermédio de políticas eficazes.
- Orientação e programas de treinamento eficazes para maximizar a produtividade dos empregados.

Desenvolvimento de Tecnologia
- Utilização eficaz de automação para diminuir os índices de obsolescência e sucateamento de equipamentos.
- Expertise em engenharia de processos para diminuir os custos de fabricação.

"Procurement"
- Política de procedimentos eficaz para assegurar matérias-primas de baixo custo (com níveis aceitáveis de qualidade).
- Operações de compras conjuntas com outras unidades de negócios.

Atividades Primárias

Logística de Suprimento
- Layout eficaz das operações de recebimento físico.

Operações
- Uso eficaz das inspeções de controle de qualidade para minimizar a quantidade de retrabalho.

Logística de Distribuição
- Utilização eficaz das frotas de veículos de entrega.

Marketing e Vendas
- Compra de mídia em grandes blocos.
- Maximização da utilização da força de vendas através da administração do território.

Prestação de Serviço
- Orientações para reparação integral definitiva a fim de minimizar solicitações de manutenção repetitivas.
- Uso de um único modelo de veículo para minimizar os custos de manutenção.

Fonte: Adaptado de: Porter, M. E. 1985. *Competitive Advantage: Creating and Sustaining Superior Performance*. Nova York: Free Press.

Falhar na obtenção de paridade com base na diferenciação pode ser ilustrado com um exemplo da indústria automobilística — o malsucedido Yugo. A seguir encontramos trecho de um discurso de J. W. Marriott, Jr., Presidente da Marriott Corporation:[11]

> [...] dinheiro é coisa importante. Mas não é a única coisa. Na década de 1980, estreou no mercado norte-americano um novo automóvel produzido atrás da Cortina de Ferro. Seu nome era Yugo, e seu principal atrativo era o preço. Custava cerca de $3 mil cada. Mas eles só se popularizaram à base de piadas. Todos se lembram do cara que disse a seu mecânico: "Quero uma tampa de combustível do Yugo". O mecânico respondia: "Está bem, me parece uma troca justa".

A proposta de valor do Yugo era muito ruim. Os carros literalmente caíam aos pedaços na nossa frente. E a lição era simples. O preço é apenas um dos componentes do valor. Não importa quão bom for o preço, os clientes, por mais sensíveis que forem ao fator preço, não comprarão um mau produto.

Gordon Bethune, ex-presidente da Continental Airlines, resumiu da seguinte forma a necessidade de oferecer bons produtos ou serviços ao empregar uma estratégia de baixo custo: "Podemos fazer uma pizza tão barata que ninguém vai comprar".[12]

A seguir veremos alguns exemplos de como as empresas aprimoram sua posição de liderança no custo.

O Aldi, um supermercado de descontos, cresceu e se expandiu de sua base na Alemanha para o resto da Europa, Austrália e Estados Unidos reproduzindo um formato simples de negócios. Ele limita a variedade de produtos ofertados de cada categoria para assegurar giro rápido das mercadorias, facilitar a reposição nas prateleiras e aumentar seu poder junto aos fornecedores. Ele também comercializa produtos de marcas próprias para minimizar custos. As lojas são pequenas, eficientes e de projeto simples. Oferecem serviços limitados e induzem os clientes a trazer suas próprias sacolas para embalar as compras. Como resultado, o Aldi pode oferecer produtos com preços 40% menores do que os supermercados concorrentes.[13]

A Tesco, maior loja varejista da Grã-Bretanha, mudou o modo de encarar desperdícios para se tornar mais eficiente. Para diminuir os custos, começou a enviar restos de comida para estações de bioenergia e convertê-los em eletricidade. Isso fez com que a Tesco evitasse taxas de aterro de $98 por tonelada e, ao mesmo tempo, diminuiu seus gastos com eletricidade providenciando o combustível para as usinas de produção de energia. A Tesco está economizando $3 milhões por ano apenas com as taxas de aterro por simplesmente enviar o óleo de cozinha usado e gordura de galinha para uso na geração de bioenergia, em vez de mandá-los para o aterro. Em geral, a Tesco calcula que seus esforços de economia com energia estão economizando de mais de $300 milhões por ano.[14]

A Harley Davidson também procurou racionalizar suas operações, melhorando significativamente seu nível de custo. Na fábrica em York, Pennsylvania, foi adotado um sistema de produção mais flexível, que exigia apenas cinco classificações de emprego (descrição das atividades funcionais de um determinado posto de trabalho), em vez das 62 que eram necessárias antes. Os trabalhadores têm, agora, uma variedade maior de habilidades e podem ser deslocados para onde forem necessários na fábrica. Houve, também, automatização do processo de produção, que reduziu à metade a mão de obra voltada à produção (de 1 mil trabalhadores para cerca de 500). Mudanças similares foram realizadas em outras de suas fábricas. Isso permitiu que mantivessem sua produção nos Estados Unidos e diminuíssem os custos de produção em pelo menos $275 milhões. Como resultado, a margem de lucro operacional da Harley aumentou de 12,5% em 2009 para 16% em 2012.[15]

Uma empresa que procura uma vantagem de baixo custo precisa obter uma vantagem de custo absoluta em relação à concorrência.[16] Isso costuma acontecer quando se oferecem produtos ou serviços básicos a um mercado-alvo mais amplo usando a padronização para obter os maiores benefícios da economia de escala e da experiência. No entanto, tal estratégia pode não dar certo se uma empresa não conseguir alcançar um estado de paridade em importantes questões de diferenciação, do tipo pronto atendimento a solicitações do cliente no que se refere a serviços ou mudanças de design. Destaques de Estratégia 5.1 fala sobre como a Renault está alavancando uma estratégia de baixo custo para atrair os compradores de carros na Europa.

A Liderança no Custo Total: Melhorando a Posição Competitiva em Relação às Cinco Forças Uma condição de baixo custo total permite que uma empresa consiga retornos acima da média, apesar de enfrentar forte competição. Ela protege uma empresa contra os rivais porque custos menores fazem com que uma empresa obtenha retornos mesmo que seus concorrentes tenham comprometido os próprios lucros em razão da intensa concorrência. Uma posição de baixo custo também protege as empresas contra compradores poderosos. Eles podem adotar uma política de preços baixos que pode até chegar ao nível do produtor mais eficiente. Além disso, operar com custos baixos proporciona mais flexibilidade para lidar com as demandas de aumento de preços de fornecedores poderosos. Os fatores que levam a uma condição de baixo custo também criam obstáculos de entrada substanciais no que se refere a produtos substitutos apresentados por novos ou já existentes competidores.[17]

Alguns exemplos ilustram a questão. A grande atenção da Harley Davidson aos custos ajuda a protegê-la do poder do comprador e da intensa rivalidade dos concorrentes. Assim, ela consegue diminuir custos e obter grande ascendência sobre seus clientes. Ao aumentar sua produtividade e diminuir o custo por unidade, a Renault diminui o grau de rivalidade e aumenta os obstáculos de entrada de novos concorrentes. E o enfoque da Aldi na minimização dos custos operacionais a torna menos vulnerável à ação de varejistas de desconto como o Walmart e lojas de $1,99.

> **PA5.2**
> Como o sucesso na implementação das estratégias genéricas pode melhorar o poder relativo da empresa em comparação com as cinco forças que determinam a rentabilidade média de um setor de atividade.

DESTAQUES DE ESTRATÉGIA 5.1

A RENAULT DESCOBRE QUE TRABALHAR COM CUSTOS BAIXOS DÁ CERTO NA NOVA EUROPA

A crise econômica europeia mudou a forma como a Renault, fabricante de carros francesa, projeta e produz carros para o consumidor europeu. Tradicionalmente, os compradores europeus se mostraram sofisticados, exigindo dos fabricantes automóveis bem projetados e repletos de funcionalidades. Quando a crise econômica se abateu sobre a Europa em 2007, a indústria automobilística presenciou drásticas mudanças nesse mercado. A demanda geral caiu; os clientes interessados em comprar tinham uma consciência de custo muito maior.

Sob tais condições difíceis, a Renault foi capaz de criar para si um mercado lucrativo vendendo carros baratos e básicos. Sua resposta às mudanças foi constituir um grupo de trabalho encarregado de projetar e produzir modelos de entrada para esse tipo de clientes. Por exemplo, pegaram um carro extremamente barato, o Logan, projetado originalmente para mercados emergentes, e o reprojetaram para atender às necessidades do mercado europeu. O sedã quadrado, que é vendido por cerca de $10 mil, é agora um dos modelos mais vendidos da Renault. Os modelos de entrada representaram 30% das unidades vendidas pela Renault em 2011 e geraram margens de lucros operacionais duas vezes maiores do que as dos carros mais caros de sua linha de produtos.

Qual foi a receita do sucesso da Renault para gerar lucros elevados a partir de carros baratos? Ela se valeu de um projeto simples que incorporava componentes dos projetos de seus carros mais antigos e usava uma política de varejo de não concessão de descontos. O ponto principal na elaboração do projeto reside na adoção de uma filosofia de "design para custo". Nesse processo, os projetistas e os engenheiros não se concentravam mais na tecnologia de ponta. Antes, enfatizavam a escolha de peças e materiais para promover simplicidade, facilidade de fabricação e de pronta disponibilidade. Isso costuma envolver o uso de componentes que foram projetados para modelos mais antigos. Quando precisa de um componente novo, a Renault começa avaliando quantos clientes estariam dispostos a pagar por certas características, como ar-condicionado ou travas elétricas, e, então, pergunta aos fornecedores se eles podem propor uma maneira de oferecer esses itens a um custo que se enquadre naquilo que os clientes estão dispostos a pagar.

Ao constatar que a Volkswagen e a Toyota passaram a imitar essa estratégia, a Renault não ficou parada. Carlos Ghosn, presidente da Renault, diz: "Nossa oferta de modelos de baixo custo não é baixa o suficiente. Assim, estamos trabalhando em uma nova plataforma de custo ultrabaixo".

Fontes: Pearson, D. 2012. Renault takes low-cost lead. wsj.com, 16 de abril, np.; and Ciferri, L. How Renault's low-cost Dacia has become a "cash cow." *Automotive News Europe*, 3 de janeiro: np.

PA5.3
As armadilhas que os administradores devem evitar na tentativa de obter estratégias genéricas.

Possíveis Armadilhas das Estratégias na Liderança de Custo Total As possíveis armadilhas das estratégias de liderança de custo total incluem:

- *Ênfase demais em uma ou poucas atividades da cadeia de valor.* Você consideraria uma pessoa como astuta se ela cancelasse sua assinatura do jornal e deixasse de comer fora para economizar dinheiro, mas "estourasse" vários cartões de crédito, sendo obrigada a pagar os juros decorrentes? Claro que não. De modo similar, as empresas precisam prestar atenção a todas as atividades da cadeia de valor.[18] Não é raro os gerentes cortarem fundo os custos operacionais, mas não questionarem os gastos anuais no que se refere a seus principais projetos. Ou, talvez, os gerentes decidam cortar os gastos com vendas e marketing, mas ignorem as despesas de fabricação. Os administradores devem explorar *todas* as atividades da cadeia de valor, incluindo as relações entre elas, como candidatos para a redução de custos.

- *Aumento no custo de insumos nos quais a vantagem se baseia.* As empresas podem se tornar vulneráveis a aumentos de preço dos fatores de produção. Por exemplo, consideremos as indústrias localizadas na China, que dependem de custos de mão de obra baixos. Devido a fatores demográficos, a disponibilidade de trabalhadores entre 16 e 24 anos atingiu o pico e cairá para 1/3 nos próximos doze anos, graças às políticas rigorosas de planejamento familiar que diminuíram bastante o crescimento da população da China.[19] Isso está resultando em pressão crescente dos custos do trabalho nas fábricas chinesas, reduzindo a vantagem de custo das empresas que produzem nesse país.

- *A estratégia é muito fácil de imitar.* Uma das armadilhas mais comuns da estratégia da liderança de custo é que as estratégias da empresa podem consistir de atividades de criação de valor que são fáceis de imitar.[20] Esse tem sido o caso dos corretores financeiros online de anos recentes.[21] No início de 2013, havia mais de 200 desses profissionais alistados no allstocks.com, o que dificilmente pode ser considerado como um símbolo em um setor no qual a imitação é extremamente difícil. Henry McVey, analista de serviços financeiros da Morgan Stanley, diz: "Acreditamos que os clientes precisam de cinco a dez" corretores online.

- *Ausência de paridade ou diferenciação.* Como vimos antes, as empresas que procuram obter vantagens de liderança de custo devem ter um nível de paridade ou de diferenciação.[22] As empresas do setor educacional que oferecem cursos a distância (online) têm condições de oferecer preços baixos. Entretanto, não serão bem-sucedidas a menos que a qualidade da instrução comparável ao das instituições tradicionais. Nesse caso, a paridade pode ser obtida por meio de características diferenciadas, como reputação, qualidade e concessão de certificados avalizados pelos órgãos reguladores oficiais.
- *Flexibilidade reduzida.* Criar a vantagem do baixo custo costuma exigir investimentos significativos em fábricas e equipamentos, um sistema de distribuição e operações econômicas em grande escala. Como resultado, as empresas passam a descobrir que tais investimentos limitam sua flexibilidade, levando a muita dificuldade de adaptação às mudanças no ambiente. Por exemplo, Coors Brewing desenvolveu uma cervejaria de alto padrão e grande porte em Golden, Colorado. Coors era um dos cervejeiros mais eficientes do mundo, mas sua fábrica foi projetada para massificar a produção de um ou dois tipos de cerveja. Quando surgiu a moda da cerveja artesanal, sua fábrica não estava bem equipada para produzir lotes menores de cerveja artesanal, e ficou difícil acompanhar essa oportunidade. Por fim, ele teve que pagar para entrar nesse negócio, comprando cervejarias menores.[23]
- *Obsolência da base da vantagem de custo.* Por último, o fundamento da vantagem de custo de uma empresa pode se tornar obsoleto. Nessas circunstâncias, outras empresas podem desenvolver novos meios de eliminar custos, deixando os antigos líderes de custo em significativa desvantagem. Os líderes de custo mais antigos costumam prender-se a seu jeito de competir e não conseguem responder aos novos métodos, de baixo custo. Foi o que aconteceu com a indústria de automóveis dos EUA na década de 1970. Ford, GM e Chrysler haviam desenvolvido eficientes instalações de fabricação em massa de veículos. Contudo, quando a Toyota e outras fabricantes japonesas se instalaram no mercado de produção norte-americano, com fábricas enxutas e métodos mais eficientes, as empresas locais se viram às voltas com uma desvantagem de custo expressiva. Foram necessários mais de 30 anos para que as empresas americanas reprojetassem e reequipassem suas fábricas, e reestruturassem as responsabilidades dos operários das linhas de produção para colocá-los novamente em condição de custo paritária com as empresas japonesas.

Diferenciação

Como o nome já diz, uma **estratégia de diferenciação** consiste na criação de diferenças na oferta de um bem ou serviço de uma empresa que sejam percebidas em todo o setor de atuação como único e valioso para os clientes.[24] A diferenciação pode assumir várias formas:

- Prestígio ou imagem de marca (os hotéis Adam's Mark, os automóveis da BMW).[25]
- Tecnologia (as guitarras da Martin, os componentes de áudio estéreo da Marantz, os equipamentos para camping da North Face).
- Inovação (os equipamentos médicos da Medtronic, os iPhones e iPads da Apple).
- Características (as mountain bikes da Cannondale, as motocicletas Goldwing da Honda).
- Serviço ao consumidor (as lojas de departamento da Nordstrom, o setor de equipamentos de jardinagem da Sears).
- Rede de concessionárias (dos automóveis Lexus, dos equipamentos de terraplenagem da Caterpillar).

estratégia de diferenciação uma estratégia genérica de uma empresa baseada nas diferenças na oferta de um produto ou serviço através da criação de algo que seja percebido em todo o setor de atuação como único e valioso para os clientes.

A Figura 5.4 se baseia no conceito da cadeia de valor como um exemplo de como as empresas podem se diferenciar nas atividades primárias de apoio.

As empresas podem se distinguir em várias características simultaneamente.[26] Por exemplo, a Cheesecake Factory, um sofisticado restaurante da linha "casual", se diferencia por

FIGURA 5.4
Atividades da Cadeia de Valor: Exemplos de Diferenciação

Atividades de Apoio

Infraestrutura da Empresa
- Ótimos sistemas de gestão da informação — Para unificar as atividades de criação de valor objetivando aprimorar a qualidade.
- Instalações que promovem a imagem da empresa.
- Um CEO amplamente respeitado melhora a reputação da empresa.

Gestão de Recursos Humanos
- Programas para atrair engenheiros e cientistas de talento.
- Oferecer treinamento e incentivos para assegurar uma forte prestação de serviço ao consumidor.

Desenvolvimento de Tecnologia
- Manuseio superior de materiais e de tecnologia de seleção e triagem.
- Excelente apoio à engenharia de aplicações.

Procurement
- Compra de componentes de alta qualidade para aprimorar a imagem do produto.
- Uso dos canais de suprimento mais prestigiosos.

Atividades Primárias

Logística de Suprimento
- Operações superiores de manuseio de materiais para minimizar danos.
- Rápida transferência de insumos para os processos de fabricação.

Operações
- Flexibilidade e velocidade ao responder às mudanças das especificações de fabricação.
- Baixo índice de defeitos para melhorar a qualidade.

Logística de Distribuição
- Processamento de pedidos preciso e ágil.
- Reposição eficaz de produtos para reduzir o estoque do cliente.

Marketing e Vendas
- Programas criativos e inovadores de publicidade.
- Estímulo ao relacionamento pessoal com os principais clientes.

Prestação de Serviços
- Pronta resposta às necessidades e urgências dos clientes.
- Estoque completo para substituição de peças e suprimentos.

Fonte: Adaptado de Porter, M. E. 1985. *Competitive Advantage: Creating and Sustaining Superior Performance.* Nova York: Free Press.

oferecer refeições de alta qualidade, menu mais amplo e caprichado que o usual desse tipo de restaurante e por ótima localização de suas lojas.[27]

As empresas obtêm e sustentam as vantagens de diferenciação e atingem um desempenho acima da média quando os preços premium ultrapassam os custos adicionais resultantes da exclusividade.[28] Por exemplo, a Cheesecake Factory precisa aumentar os preços ao consumidor para compensar os custos maiores da excelente localização e preparação de um menu tão grande. Assim, um diferenciador sempre procurará meios de se distinguir de concorrentes similares para justificar seus preços maiores do que os custos relacionados com a diferenciação em si.[29] É claro que um diferenciador não pode ignorar os custos. Afinal, os preços de seus produtos premium serão prejudicados por uma posição de custo notavelmente inferior. Portanto, ele deve manter uma *paridade* de custo em relação aos concorrentes. Os diferenciadores podem fazer isso diminuindo custos em todas as áreas que não afetam sua diferenciação. A Porsche, por exemplo, investe pesado em design de motores — uma área em que seus clientes exigem excelência —, mas não se preocupa tanto e gasta menos recursos nos projetos do painel de instrumentos ou na disposição dos botões do rádio.[30]

Muitas companhias adotam com sucesso uma estratégia de diferenciação. Por exemplo, a Zappos pode vender sapatos, mas acha que o principal elemento de sua vantagem de diferenciação é o serviço. O presidente da Zappos, Tony Hsieh, diz o seguinte:[31]

> "Esperamos que daqui a dez anos as pessoas nem perceberão que começamos a vender sapatos online, e que quando alguém disser 'Zappos', as pessoas pensarão: 'Ah, é aquele lugar com o melhor atendimento ao consumidor do mundo'. E isso nem sequer precisa se limitar à experiência online. Temos clientes que nos mandam e-mails pedindo para fundarmos uma linha aérea ou administrar a receita federal".

Essa ênfase no serviço resultou em grande sucesso. Ter evoluído de apenas uma ideia para uma companhia de um bilhão de dólares em apenas doze anos fez a Zappos sentir o benefício de prestar um serviço exemplar.

A Lexus, uma divisão da Toyota, dá o exemplo de como uma empresa pode fortalecer sua estratégia de diferenciação *integrando vários pontos da cadeia de valor*.[32] Embora a linha de carros de luxo não tenha sido introduzida até fins da década de 1980, no início dos anos 1990 os carros já tinham alcançado o topo do índice de satisfação dos clientes na classificação da J. D. Power & Associates.

> A fim de obter uma referência, um dos concorrentes da Lexus contratou a Custom Research Inc. (CRI), uma empresa de pesquisa de marketing, para descobrir por que os donos da Lexus estavam tão satisfeitos. A CRI formou vários grupos focais nos quais os motoristas dos Lexus se mostraram encantados com os cuidados especiais que receberam das concessionárias. Tornou-se evidente que, embora a Lexus estivesse fabricando carros com poucos defeitos mecânicos, eram as atenções extras mostradas pelas equipes de vendas e serviços que resultaram na satisfação dos clientes. Esse atendimento especial é refletido nas respostas de uma cliente afirmando, inicialmente, que nunca teve um problema com seu Lexus. No entanto, depois de uma sondagem mais aprofundada, ela disse: "Bem, suponho que poderíamos chamar as quatro vezes que tiveram que trocar o para-brisas de 'problema'. Mas, francamente, eles cuidaram tão bem disso e sempre me emprestavam um outro carro até que o serviço fosse efetuado, que nunca havia encarado isso como um problema até agora". O resultado da pesquisa da CRI é que a percepção da qualidade do produto (projeto, engenharia e fabricação) pode ser afetado grandemente pelas atividades da camada paralela da cadeia de valor (marketing e vendas, serviço).

Destaques de Estratégia 5.2 relata sobre como a Unilever, uma empresa de produtos de consumo mundial, usa o crowdsourcing para se diferenciar através de uma sustentabilidade maior.

Diferenciação: Melhorando a Posição Competitiva em Relação às Cinco Forças A diferenciação nos protege contra a concorrência, visto que aumenta a fidelidade do cliente a uma marca, diminuindo sua sensibilidade em relação ao preço e aumentando seus custos de substituição.[33] Ao aumentar as margens da empresa, a diferenciação também evita a necessidade de uma posição de baixo custo. Isso resulta em obstáculos de entrada maiores por causa da fidelidade do cliente e devido à habilidade da empresa de prover singularidade a seus produtos ou serviços.[34] A diferenciação também proporciona margens maiores que permitem a uma empresa lidar com o poder do fornecedor. Ela reduz o poder do comprador, porque eles não terão alternativas comparáveis e, portanto, serão menos sensíveis ao preço.[35] O poder do fornecedor também diminui, uma vez que haverá certa quantidade de prestígio associado com ser o fornecedor da produção de bens e serviços de grande diferenciação. Por fim, a diferenciação aumenta a fidelização do cliente, o que reduz a ameaça de substitutos.[36]

Nossos exemplos ilustram esses pontos. A Lexus obtém maior poder sobre seus compradores em virtude de sua excelente posição no ranking da J. D. Power, que torna seus compradores mais dispostos a pagar um preço maior. Isso diminui a rivalidade, pois os clientes se tornam menos sensíveis ao fator preço. O prestígio vinculado à marca também diminui o poder do fornecedor, visto que as margens são altas. Os fornecedores provavelmente

DESTAQUES DE ESTRATÉGIA 5.2

SUSTENTABILIDADE AMBIENTAL / CROWDSOURCING

CROWDSOURCING PARA IDEIAS DE DIFERENCIAÇÃO: OS ESFORÇOS DA UNILEVER PARA PÔR SUAS INICIATIVAS DE SUSTENTABILIDADE EM PRÁTICA

A Unilever, uma fabricante mundial de produtos de consumo, como o sabonete Dove, o sorvete Ben and Jerry's, o chá gelado Lipton, os desodorantes Axe e muitos outros produtos usados por várias pessoas, está tentando liderar o mercado através de sua habilidade de gerenciar um empreendimento de negócios sustentável. Como parte dos esforços nesse sentido, publicou o que o que chamou de Sustainable Living Plan em novembro de 2010. Esse plano inclui metas ambiciosas: até 2020, reduzir as repercussões danosas ao meio ambiente em 50% e obter integralmente seus insumos agrícolas de produtores agrícolas comprometidos com a sustentabilidade.

Por saber que esses alvos são difíceis de atingir, a Unilever recorreu ao "poder da multidão" para desenvolver iniciativas de alcançar tais obetivos. Em abril de 2012, realizaram um evento de crowdsourcing mundial de 24 horas, denominado Sustaineable Living Lab, para obter ideias criativas sobre como melhorar sua sustentabilidade. Falando sobre os desafios enfrentados pela Unilever à medida que tentam liderar o mercado no que se refere à sustentabilidade, Miguel Pestana, vice-presidente de Global External Affairs da Unilever, disse: "Não podemos resolver essas questões sozinhos. Precisamos nos envolver com a sociedade civil, com companhias, governos e outros dos principais stakeholders". A Unilever organizou esse evento com participação apenas de convidados e no qual receberiam informações e ideias de líderes e experts em sustentabilidade. A resposta obtida foi muito positiva, com mais de 2.200 pessoas, incluindo mais de 100 administradores da Unilever, todos envolvidos na criação de ideias e soluções em conjunto a fim de fazer algo para alcançar os objetivos da Unilever de aumentar a sustentabilidade do seu negócio e de sua linha de produtos. Eles organizaram grupos de discussão sobre quatro tópicos amplos, que envolviam atividades por toda a cadeia de valor da Unilever. Os tópicos discutidos foram: fontes sustentáveis, produção e distribuição sustentáveis, mudança no comportamento dos consumidores, e reciclagem e desperdício.

As equipes geraram intensos e numerosos debates e iniciaram uma pesquisa logo a seguir sobre mais de 400 participantes. A Unilever considera esse evento como um ponto de partida, realçando a necessidade de permanecer comprometida com o desenvolvimento posterior das ideias geradas no evento. Em especial, a companhia planeja usar as discussões como base para ampliar a corrente e desenvolver novas parcerias com as empresas e organizações participantes para ajudá-los a atingir seus alvos de sustentabilidade. Um participante observou: "Este foi um grande passo para permitir que especialistas externos colaborem com os especialistas internos da Unilever em assuntos importantes. Isso, em si, foi um passo significativo. O próximo passo é ver como isso pode resultar em uma colaboração que auxilie a Unilever a gerar mais mudanças para criar um setor mais sustentável".

Fontes: Holme, C. 2012. How Unilever crowdsourced creativity to meet its sustainability goals. Greenbiz.com, 7 de junho, np; e Peluso, M. 2012. Unilever to crowdsource sustainability. *MarketingWeek*, 10 de abril, np.

---

gostariam de estar associados com marcas de renome, o que diminui sua propensão a aumentar os preços. Por fim, a fidelidade e a "paz de espírito" associados com um provedor de serviços, tal como a FedEx, tornam tais empresas menos vulneráveis à concorrência ou a produtos e serviços substitutos.

Possíveis Armadilhas das Estratégias de Diferenciação As possíveis armadilhas de uma estratégia de diferenciação incluem:

- *A exclusividade não é valiosa.* Uma estratégia de diferenciação deve prover conjuntos únicos de produtos e/ou serviços que os clientes encarem como muito valiosos. Não é o suficiente ser apenas "diferente". Um exemplo é o contrabaixo Dobro da Gibson. A Gibson teve uma ideia única: projetar e construir um contrabaixo com um volume alto o suficiente para não precisar de amplificadores. O problema com outros contrabaixos acústicos é que eles não foram projetados para que emitam volume suficiente em razão da baixa frequência de suas notas musicais. Ao acrescentar uma placa de ressonância na estrutura desse instrumento acústico construído da maneira tradicional, a Gibson aumentou seu volume. Ela acreditava que esse produto atenderia um nicho de mercado — os artistas de bluegrass e folk que tocavam em pequenos grupos de improviso com outros músicos em sessões acústicas. Infelizmente, a Gibson não demorou para descobrir que seu mercado-alvo estava feliz com as opções já existentes: um contrabaixo amplificado por um microfone ou uma guitarra elétrica acústica. Assim, a Gibson desenvolveu um produto exclusivo, mas que não foi encarado como valioso pelos clientes em potencial.[37]
- *Diferenciação demais.* As empresas podem tentar atingir uma qualidade ou serviço que vai além do desejo dos clientes.[38] Assim, eles se tornam vulneráveis aos

concorrentes que fornecem um nível de qualidade apropriado a um preço menor. Por exemplo, considere o caro Mercedes-Benz S-Class, cujo preço variava de $93.650 a $138 mil nos modelos de 2011.[39] A *Consumer Reports* o descreveu como "suntuoso", "silencioso e luxuoso" e uma "delícia de dirigir". A revista também o considerou o sedã menos confiável disponível nos Estados Unidos. De acordo com David Champion, que executou os programas de testes, os problemas eram eletrônicos. Ele diz: "Os engenheiros se entusiasmaram demais. Colocaram todos os barulhinhos de alerta possíveis e, por vezes, não deram atenção aos detalhes para fazer esses sistemas funcionarem direito". Alguns dos seus recursos são: suspensão computadorizada que reduz a instabilidade da carroceria nas curvas; um piloto automático que diminui a velocidade do automóvel caso ele se aproxime demais de outro veículo; e assentos que podem ser ajustados de 14 maneiras diferentes e um sistema de ventilação que dispõe de oito ventoinhas.

- *Preço de produtos premium alto demais.* Essa armadilha é muito semelhante à da diferenciação demais. Os clientes podem desejar o produto, mas são repelidos pelo preço exagerado. Por exemplo, a Duracell (uma divisão da Gillette) recentemente cobrou demais por suas baterias.[40] A empresa tentou convencer os clientes a adquirir esses produtos em função da qualidade superior deles, mas o mercado não se convenceu. Por quê? O preço da diferenciação é simplesmente elevado demais. Em uma farmácia CVS, a apenas uma quadra de distância da sede da Gillette, um pacote de quatro pilhas AA Energizer custava $2,99, enquanto o da Duracell custava $4,59. A participação de mercado da Duracell caiu 2% nos últimos dois anos, e seus lucros diminuíram mais de 30%. Obviamente, a proposta de preço/desempenho oferecida pela Duracell a seus clientes não deu certo.

- *A diferenciação é fácil de imitar.* Como vimos no Capítulo 3, os recursos que são fáceis de imitar não resultam em vantagens sustentáveis. Analogamente, as empresas podem se empenhar, e até obter uma estratégia de diferenciação que seja bem-sucedida por algum tempo. Todavia, tais vantagens são anuladas pela imitação. Consideremos a inovadora estratégia de diferenciação da Cereality, com lojas que oferecem vários tipos de cereais e coberturas por cerca de $4,00.[41] Como era de se esperar, uma vez que a ideia deu certo, os concorrentes fariam o mesmo, porque muito do risco inicial já havia sido tomado. Esses concorrentes incluem um restaurante de Iowa City chamado Cereal Cabinet, o Cereal Bowl de Miami, e Bowls: A Cereal Joint em Gainesville, Flórida. David Roth, um dos fundadores da Cereality, diz: "Sempre que surge uma boa ideia de negócio, lida-se com pessoas que veem que a cosia funciona e investirão nela".

- *A diluição da identificação da marca nas extensões da linha de produtos.* As empresas podem prejudicar a qualidade da imagem de sua marca pelo acréscimo de produtos ou serviços de menor preço e qualidade. Embora possa aumentar as receitas no curto prazo, essa prática também pode revelar-se danosa a longo prazo. Consideremos a Gucci.[42] Na década de 1980, a Gucci queria capitalizar sua marca de prestígio e iniciou uma estratégia agressiva de crescimento das receitas. Ela acrescentou uma série de itens confeccionados com lona, baratos, à sua linha de produtos. Também forçou a entrada deles nas lojas de departamento e "duty frees" dos aeroportos e licenciou a marca para uso em várias mercadorias, como carteiras, óculos e perfumes. A curto prazo, a estratégia funcionou. As vendas aumentaram. Porém, houve um preço a pagar. O método indiscriminado da Gucci de expandir seus produtos e canais ofuscou o brilho de sua valiosa marca. As vendas dos produtos de luxo (com margens de lucro maiores) caíram, resultando na diminuição dos lucros.

- *As percepções de diferenciação podem variar entre compradores e vendedores.* A questão aqui é que "a beleza está nos olhos de quem vê". As companhias devem entender que, embora possam enxergar seus produtos e serviços como diferenciados, seus clientes podem vê-los como simples mercadorias. Na verdade, no mercado atual, muitos produtos e serviços passaram para essa categoria.[43] Assim, uma empresa pode estabelecer preços elevados demais pelos produtos que oferece e sacrificar a margem de venda caso tenha que baixar os preços para refletir a realidade do mercado.

Liderança no Custo Total:

- Ênfase demais em uma ou poucas atividades da cadeia de valor.
- Aumento no custo dos insumos nos quais a vantagem se baseia.
- A estratégia é muito fácil de imitar.
- Ausência de paridade de diferenciação.
- Flexibilidade reduzida.
- Obsolência da base da vantagem de custo.

Diferenciação:

- A singularidade não é valiosa.
- Diferenciação demais.
- Preço dos produtos premium alto demais.
- A diferenciação é fácil de imitar.
- A diluição da identificação da marca nas extensões da linha de produtos.
- As percepções de diferenciação podem variar entre compradores e vendedores.

FIGURA 5.5
Possíveis Armadilhas da Liderança no Custo Total e das Estratégias de Diferenciação

estratégia de foco
estratégia genérica de uma empresa que se baseia no apelo a um nicho de mercado em um setor de atividade.

A Figura 5.5 resume as armadilhas da liderança no custo total e das estratégias de diferenciação. Ao falar sobre as armadilhas associadas com essas duas estratégias genéricas, existe um tema comum, subjacente. Os administradores devem estar alertas quanto aos perigos associados em concentrar-se demasiadamente em uma única estratégia e esquecer de obter paridade em outra.

Foco

Uma **estratégia de foco** se baseia na escolha de um escopo competitivo estreito de um setor de atividade. Uma empresa que adota essa estratégia escolhe um segmento ou um grupo de segmentos e elabora sua forma de atuação. A essência do foco é a exploração de um nicho de mercado. Como era de se esperar, o foco estreito, em si, (isto é, considerar que simplesmente "ser diferente" seja um diferenciador) não é suficiente para um desempenho acima da média.

A estratégia de foco, como indicado na Figura 5.1, tem duas variáveis. Em um foco de custo, a empresa tenta criar uma vantagem de custo no segmento-alvo. Já em um foco de diferenciação, uma empresa tenta se diferenciar quanto ao mercado-alvo. Ambas as variáveis da estratégia de foco dependem de oferecer melhor serviço ao consumidor do que os concorrentes atendendo a um leque mais amplo de mercados, incluindo o segmento-alvo da empresa de foco. O foco de custo explora as diferenças na sensibilidade ao custo em alguns segmentos, enquanto que o foco da diferenciação explora necessidades específicas dos compradores em outros segmentos.

Vejamos o exemplo de duas empresas que conseguiram usar bem as estratégias de foco. O LinkedIn estabeleceu-se como um site de mídia social de negócios. Em vez de competir com o Facebook diretamente, o LinkedIn criou uma estratégia que se concentra em indivíduos que desejam compartilhar sua experiência de negócios e estabelecer conexões com pessoas com quem compartilham ou poderiam compartilhar vínculos de negócios. Ao fazer isso, configuraram um modelo de negócios extremamente forte. O LinkedIn capitaliza suas informações do usuário de três maneiras: taxas de inscrição de alguns usuários, de publicidade e de recrutamento. Os dois primeiros são comuns em sites de mídia social, mas as taxas de publicidade são maiores no LinkedIn, visto que tais anúncios podem ser mais específicos, com base no foco. A terceira fonte de renda é única do LinkedIn. Os headhunters e os departamentos de recursos humanos pagam taxas de usuário significativas, de mais de $8.200 por ano, para acessar o instrumento de busca do LinkedIn, que pode analisar os perfis de indivíduos com as habilidades e experiências desejadas. O poder desse modelo de negócio pode ser visto na diferença do valor de usuário do LinkedIn em comparação com o Facebook. Cada hora que um usuário passa no site gera para o LinkedIn uma receita de $1,30. No caso do Facebook, meros 6,2 centavos.[44]

A Marlin Steel Wire Products, uma indústria de Baltimore, também obteve grandes benefícios desenvolvendo uma estratégia de diferenciação de nicho. A Marlin, que fabrica cabos, teve de enfrentar uma competição intensa e crescente dos concorrentes chineses e de outros mercados emergentes. Esses competidores tinham vantagens de custo baseadas na mão de obra que a Marlin achava difícil de combater. A Marlin reagiu mudando o jogo. Drew Greenblatt, o presidente da Marlin, decidiu subir de nível, automatizando sua produção e se especializando em produtos de ponta. Por exemplo, a Marlin produz cestas de arame antibacterianas para cozinhas de restaurantes e exporta seus produtos para o mundo todo. Suas vendas cresceram de $800 mil em 1998 para $3 milhões em 2007.[45]

Destaques de Estratégia 5.3 mostra como a BMW conseguiu estabelecer um nicho de mercado importante com sua linha de carros Mini.

DESTAQUES DE ESTRATÉGIA 5.3

MINI: O BEM-SUCEDIDO NICHO DOS CARROS COMPACTOS

A BMW tinha uma visão clara quando ressuscitou a tradicional marca britânica de automóveis em 2001. A intenção era ser a primeira marca de luxo na linha de carros compactos. Ela foi bem-sucedida? Hoje em dia, os Minis vendem cerca de 300 mil carros por ano, com um crescimento de mais de 20% entre 2011 e 2012. Hoje, suas vendas representam quase três vezes mais as de seu concorrente mais direto, o Smart. A BMW também conseguiu estabelecer um preço similar ao de seus principais concorrentes, com o Mini sendo vendido entre $20 mil e $25 mil. De acordo com Jurgen Pieper, um analista do Bankhaus Metzler, a marca Mini é muito rentável, gerando cerca de $250 milhões por ano em um mercado automotivo bastante difícil.

A BMW conseguiu criar esse carro compacto premium valendo-se de um modelo de negócio composto de um conjunto de atributos que se reforçam mutuamente. Primeiro: ela projetou o veículo para oferecer uma combinação única de recursos e características modernas com um design clássico. O nome Mini, originalmente, batizava um pequeno carro britânico de 1959. Embora o modelo lançado pela BMW em 2001 não tivesse muito a ver com o original, o estilo básico do carro refletia a aparência dele, destacando-o entre os SUVs modernos e sedãs que dominam o atual mercado de automóveis. Assim, a aparência era um dos principais atributos de venda. Segundo: a diferenciação foi alcançada utilizando, na divulgação do produto, uma publicidade de baixo custo e focalizada em eventos. Por exemplo, no lugar de fazer propagandas na TV durante eventos esportivos, a BMW colocou um modelo em cartolina nos estádios de futebol americano, simulando um fã assistindo ao jogo. A BMW foi, também, beneficiada com a exposição do carro como elemento central de filmes de Hollywood, como em *Austin Powers em O Homem do Membro de Ouro,* de 2002, e em *Uma Saída de Mestre,* de 2003. Hoje em dia, o Mini continua a usar métodos de publicidade diferentes, gastando metade do orçamento de publicidade em mídias digitais, como redes sociais, vídeos online e anúncios em dispositivos móveis. Terceiro: ela tem aumentado regularmente a linha de produtos do Mini ao mesmo tempo em que mantém aparência e estilo consistentes. Além do modelo básico, há agora sete modelos diferentes, que podem chegar a dez, mas todos são reconhecidos como Minis.

O desafio enfrentado pelos idealizadores do Mini é comum entre os diferenciadores de nichos. É necessário promover inovações recorrentes da linha de produto e procurar novas oportunidades de crescimento do negócio sem perder o foco no que torna um Mini diferente.

Fontes: Edmonson, G. & Eidam, M. 2004. BMW's Mini just keeps getting mightier. businessweek.com, 4 de abril: np; Reiter, C. 2012. BMW's Mini: Little, but she is fierce! *Bloomberg BusinessWeek*, 6 de fevereiro: 24–25; e Foley, A. 2012. Online connections key to Mini's success, marketing chief says. wardsauto.com, 24 de outubro: np.

Foco: A Melhoria da Posição Competitiva em Relação às Cinco Forças O foco exige que uma empresa tenha uma posição de baixo custo em relação a seu alvo estratégico, alta diferenciação, ou ambos. Como vimos, no que se refere ao custo e às estratégias de diferenciação, essas posições fornecem defesas contra cada poder competitivo. O foco também é usado para determinar quais áreas são menos vulneráveis a substitutos ou onde os concorrentes são mais fracos.

Vejamos nossos exemplos para ilustrar esses pontos. Primeiro: ao estabelecer uma plataforma para um grupo de consumidores-alvo, no caso, profissionais, para compartilhar importantes informações funcionais, o LinkedIn se protegeu da pressão das redes sociais existentes, como o Facebook. Não foi, também, muito pressionado pelas novas redes de relacionamentos sociais gerais, como o Google +. De modo similar, o novo foco da Marlin Steel diminuiu o poder dos compradores, visto que ela oferecia produtos especializados. Ela também se protegeu dos concorrentes, que fabricam as mesmas mercadorias comuns que a Marlin costumava fabricar.

Possíveis Armadilhas das Estratégias de Foco As possíveis armadilhas das estratégias de foco incluem:

- *Desgaste das vantagens de custo de um segmento estreito de mercado.* As vantagens de uma estratégia de custo podem diminuir se as vantagens de custo desaparecerem com o tempo. Por exemplo, o modelo pioneiro de vendas diretas da Dell na indústria de computadores pessoais foi prejudicado por concorrentes como a Hewlett-Packard, à medida que ganhavam experiência com o método de distribuição da Dell. De modo similar, outras empresas viram suas margens de lucro diminuir com a entrada de concorrentes em seu segmento de produtos.
- *Até mesmo os produtos e serviços extremamente focados estão sujeitos à competição de novos concorrentes e à imitação.* Algumas empresas que adotam uma estratégia de foco obtêm vantagens temporárias por escolher um pequeno segmento com

menos concorrentes. No entanto, essa vantagem pode ter vida curta. Um exemplo marcante disso é a multiplicidade das empresas "ponto.com", especializadas em nichos como suprimentos para animais de estimação, comidas étnicas e acessórios para carros antigos. Os obstáculos de entrada tendem a ser baixos, há pouca fidelização de clientes e a concorrência se torna intensa. E em virtude de que as estratégias de marketing e as tecnologias empregadas pela maioria dos concorrentes não são proprietárias, não é difícil que um imite o negócio do outro. Com o tempo, as receitas caem, as margens de lucro diminuem e apenas os mais fortes sobrevivem ao choque.

- *O perigo de se tornar focalizado demais para satisfazer as necessidades dos compradores.* Algumas empresas tentam obter vantagens por meio de uma estratégia de foco que pode estreitar demais um produto ou serviço. Consideremos as empresas de varejo. Cadeias de lojas de hardware como a Ace e a True Value estão perdendo participação de mercado para concorrentes como Lowe's e Home Depot, que oferecem uma linha completa de equipamentos e acessórios domésticos e de jardinagem. E tendo em vista o enorme poder de compra das cadeias nacionais, fica difícil para os varejistas especializados obter paridade de custos.

PA5.4
Como as empresas podem combinar de modo eficaz as estratégias genéricas de liderança de custo total e diferenciação.

estratégias de combinação
a união de várias estratégias da empresa para gerar vários tipos de valor para os clientes.

customização em massa
a habilidade de uma empresa de fabricar produtos únicos em pequenas quantidades a baixo custo.

Estratégias de Combinação: Integrando Baixos Custos Totais e Diferenciação

Talvez o primeiro benefício de empresas que unem as estratégias de baixo custo e a de diferenciação seja a dificuldade de os concorrentes as duplicarem ou imitarem.[46] Essa combinação estratégica permite que uma empresa gere dois tipos de valor para seus clientes: atributos diferenciados (p. ex., alta qualidade, identificação de marca, reputação) e preços baixos (associados aos custos mais baixos das atividades de criação de valor). O objetivo é prover um valor único para os clientes de modo eficiente.[47] Algumas empresas conseguem obter os dois tipos de vantagens simultaneamente.[48] Por exemplo, a qualidade superior pode resultar em custos menores por causa da menor necessidade de retrabalhar a fabricação, de menos queixas de garantia, de uma necessidade menor de serviço personalizado ao cliente para atender às reclamações, e assim por diante. Assim, os benefícios de combinar vantagens podem ser somados, em vez de se constituírem em meras permutas de um pelo outro. A seguir consideraremos três métodos para combinar o baixo custo e a diferenciação.

Sistemas de Fabricação Automatizados e Flexíveis Devido aos avanços das tecnologias de fabricação, como o CAD/CAM (projetos auxiliados por computador e fabricação auxiliada por computador), e das tecnologias da informação, muitas empresas conseguem fabricar produtos únicos em quantidades relativamente pequenas a custos menores — um conceito conhecido como **customização em massa**.[49]

Consideremos a Andersen Windows de Bayport, Minnesota — uma fabricante de janelas para construções industriais com valor de mercado de $3 bilhões.[50] Há 20 anos, a Andersen era uma produtora em massa, de pequenos lotes, de vários padrões de janelas. Entretanto, para atender às necessidades dos clientes, a Andersen continuava a acrescentar modelos à sua linha de produtos. O resultado foram catálogos imensos de um conjunto inacreditável de opções, tanto para os donos das casas como para os construtores. Em um período de seis anos, o número de produtos triplicou, levava-se horas para se fazer um orçamento, e o índice de erros aumentou. Isso não apenas manchou o nome da empresa, como aumentou seus custos de fabricação.

Disposta a fazer uma grande mudança, a Andersen desenvolveu uma versão computadorizada interativa dos catálogos de papel, que era vendida a seus distribuidores e varejistas. Com isso, os vendedores podiam personalizar cada modelo de janela para atender às necessidades dos clientes, verificar a estrutura de cada projeto e elaborar um orçamento. O sistema era, teoricamente, livre de erros; os clientes podiam conseguir exatamente o que desejavam, e o tempo necessário para projetar o produto e fazer um orçamento caiu em 75%. Cada computador do showroom estava conectado com a fábrica, e os clientes recebiam um código que lhes permitia rastrear o pedido. O sistema de produção foi desenvolvido para usar peças comuns pré-fabricadas, mas também dava espaço a uma variação considerável nos produtos finais.

FIGURA 5.6
Usos Eficazes de Sistemas Flexíveis de Produção

- No Nikeid.com, os clientes podem projetar um sapato casual ou para a prática de esportes online de acordo com suas especificações, e escolher quase todas as características do sapato, do material da sola à cor do cadarço.
- A Eleuria vende perfumes personalizados. Cada produto é criado conforme o perfil do usuário, elaborado a partir das respostas a uma pesquisa sobre hábitos e preferências. A Eleuria fornece uma amostra a um preço modesto para que o cliente possa verificar e decidir-se ou não pela compra.
- A Lands' End oferece camisetas e calças personalizadas. Os clientes especificam os parâmetros de estilo, as medidas e os tecidos no site da empresa. As especificações são salvas para que os usuários que acessam o site novamente possam pedir outro item sem dificuldade.
- A Cannondale permite que os clientes especifiquem os parâmetros que definem o quadro de uma bicicleta, incluindo cores e inscrições personalizadas. Para isso, o usuário utiliza o site da empresa e agenda a entrega por meio de um intermediário.

Fonte: Randall, T., Terwiesch, C. & Ulrich, K. T. 2005. Principles for User Design of Custom Products. *California Management Review*, 47(4): 68–85.

Apesar desse grande investimento, a Andersen pode diminuir os custos, aumentar a qualidade e a variedade, e aprimorar seu tempo de resposta aos clientes.

A Figura 5.6 traz outros exemplos de como sistemas flexíveis de produção permitem que as empresas consigam realizar a customização em massa para seus clientes:[51]

A Exploração do Conceito de Profit Pool* para a Vantagem Competitiva Profit pool é definido como o total de lucros de um setor de atividade em todos os elos de sua cadeia de valor.[52] Embora o conceito seja relativamente simples, a estrutura do profit pool pode ser complexa.[53] Um possível profit pool será maior em alguns segmentos da cadeia de valor do que em outros, sendo que sua relevância varia em um determinado segmento. A rentabilidade do segmento pode variar bastante dependendo do grupo de clientes, categoria do produto, mercado geográfico ou canal de distribuição. Além disso, o padrão da concentração dos lucros em uma área de mercado costuma ser muito diferente do padrão da geração de receita. Destaques de Estratégia 5.4 resume como os maiores varejistas de aparelhos eletrônicos estão aumentando seus profit pools no mercado com o conceito de garantia de recompra.

profit pool
o total de lucros de um setor de atividade em todos os elos de sua cadeia de valor.

Coordenando a Cadeia de Valor "Estendida" através da Tecnologia da Informação Muitas empresas atingem o sucesso ao juntar atividades da "cadeia de valor estendida", que usa a tecnologia da informação para ligar sua própria cadeia de valor com as de seus clientes e fornecedores. Como vimos no Capítulo 3, esse método permite que uma empresa gere valor em função de suas atividades de criação de valor e por intermédio de seus clientes e fornecedores.

Essa estratégia costuma exigir a redefinição da cadeia de valor do setor de atividade. Vários anos atrás, o Walmart analisou de perto a cadeia de valor de sua área de atuação e decidiu reenquadrar o desafio competitivo.[54] Embora seus concorrentes se concentrassem primariamente no varejo — na publicidade e na promoção —, o Walmart determinou que não era, propriamente, uma questão só de varejo, mas de logística de transporte e comunicação. Nesse caso, as ligações na cadeia de valor estendida eram fundamentais. Foi esse o campo de batalha escolhido pelo Walmart. Ao redefinir as regras de concorrência, o Walmart obteve vantagens competitivas e dominou o setor.

Estratégias de Baixo Custo Total e de Diferenciação Integradas: A Melhora da Posição Competitiva em Relação às Cinco Forças As empresas que conseguem unir a diferenciação e as vantagens de custo criam uma posição invejável. Por exemplo, a união dos sistemas de informação, logística e transporte do Walmart ajudaram a empresa a diminuir os custos e resultaram em uma variedade de produtos sensacional. Essa posição competitiva dominante serve para criar obstáculos de entrada para possíveis novos concorrentes que não têm nem recursos financeiros, nem físicos, para competir diretamente. O tamanho do Walmart — com cerca de $450 bilhões de vendas em 2012 — lhe dá um enorme poder de negociação sobre seus fornecedores. Os preços baixos e a grande variedade de mercadorias reduzem o poder dos compradores (seus clientes), porque há relativamente poucos concorrentes que podem oferecer uma proposta com custo-benefício comparável. Isso diminui a possibilidade de uma

---
* N.E.: Não há tradução condensada da expressão. Uma alternativa é denominar agregado de lucros.

DESTAQUES DE ESTRATÉGIA 5.4

EXPANDINDO O PROFIT POOL DO VAREJO DE EQUIPAMENTOS ELETRÔNICOS ATRAVÉS DA GARANTIA DE RECOMPRA

Os varejistas de equipamentos eletrônicos de consumo encontram-se em um mercado muito competitivo, têm muitos concorrentes, incluindo outros varejistas de equipamentos eletrônicos tradicionais, varejistas de desconto e vendedores online. Como resultado, as margens de lucro da venda desses produtos diminuiu. Os grandes varejistas, incluindo Best Buy, Radio Shack e Office Depot, encontraram uma nova fonte de lucros que atende ao desejo dos clientes de se manter na vanguarda da tecnologia.

Muitos clientes querem se manter atualizados com os novos aparelhos eletrônicos, mas isso pode ficar muito caro e resultar em gavetas ou guarda-roupas atulhados de aparelhos "velhos". Os grandes varejistas encontraram uma solução para esse problema: a garantia de recompra. Cada varejista tem seu próprio plano, mas seguem um mesmo padrão básico. Os clientes pagam uma taxa adiantada quando compram novos aparelhos eletrônicos e, em troca, a loja concorda em comprá-lo de volta pela metade do preço original se o cliente o trouxer de volta dentro de um período de tempo especificado — em geral, dois ou três anos. O preço de recompra diminui à medida que o cliente continua com o produto. Por exemplo, se um cliente traz um celular de volta em seis meses, pode receber 50% do preço de volta, mas o valor diminui 20% após 18 meses.

Para os clientes, isso é conveniente, pois assegura que poderão se atualizar sempre que desejarem. Os varejistas afirmam que o programa fomenta a sustentabilidade, uma vez que eles podem revender o produto ou reciclar os que não têm mais valor de revenda.

Para os varejistas, esses programas compensam bastante. As taxas associadas aos planos podem ser altas — $60 por um smartphone ou $180 por uma HDTV. Os clientes participantes são compelidos a adquirir os novos produtos mais rapidamente para não desperdiçar sua inscrição. Além disso, os varejistas costumam revender os produtos por um preço maior do que o da recompra. No entanto, os clientes que escolhem comprar planos de recompra costumam não usá-los. Uma pessoa do ramo calcula que menos de 10% dos clientes inscritos nesses planos efetivamente chegam a usá-los. Ou seja, as taxas de recompra se tornam dinheiro sem contrapartida, simplesmente doado aos varejistas.

Fontes: Kharif, O. 2011. Buyback insurance on an iPad is $50 and pays out half the cost of the device if you return it within six months. Sound like a deal? *Bloomberg BusinessWeek*, 1º de agosto: 35–36; e Canning, A. 2011. Best Buy "buy back" insurance hopes to lure early-adopters for tech trade-ins. absnews.go.com, 10 de fevereiro: np.

---

rivalidade intensa e direta, bem como de intermináveis guerras de preços. Por fim, a proposta de valor geral do Walmart faz com que os possíveis produtos substitutos (p. ex., os concorrentes da internet) se tornem uma ameaça menos viável.

Armadilhas da Integração das Estratégias de Liderança de Custo Total e de Diferenciação
As armadilhas da união das estratégias de liderança de custo geral e da diferenciação incluem:

- *Empresas que deixam de dar atenção a ambas as estratégias podem acabar com nenhuma e ficar "atoladas no meio do caminho".* Um dos principais assuntos da administração estratégica é a criação de vantagens competitivas que possibilitam a uma empresa auferir retornos acima da média. Algumas empresas podem ficar "atoladas no meio do caminho" se tentarem obter tanto as vantagens de custo como de diferenciação. Como mencionado antes neste capítulo, as principais cadeias de supermercados encontram-se atoladas no meio do caminho quando sua estrutura de custo das mercadorias de uso diário é maior do que a dos varejistas de descontos, e seus produtos e serviços não são encarados pelos clientes como tão valiosos quanto o das cadeias de supermercados de ponta, como o Whole Foods.
- *Subestimar desafios e gastos associados com a coordenação das atividades de criação de valor na cadeia de valores estendida.* Juntar atividades da cadeia de valor de uma empresa com a dos fornecedores e clientes envolve um investimento significativo de recursos financeiros e humanos. As empresas devem analisar os gastos relacionados com o investimento em tecnologia, administração e compromissos, e com o envolvimento e investimento exigidos pelos clientes e fornecedores da empresa. A empresa precisa estar confiante de que pode gerar uma escala de operações suficiente e receitas que justificarão todas as despesas associadas.

- *Errar no cálculo das fontes de receita e do profit pool do setor em que a empresa atua.*
  As empresas podem não fazer uma avaliação correta das fontes de receita e lucros de sua cadeia de valor. Isso pode acontecer por vários motivos. Por exemplo, um administrador pode ter um viés funcional em razão de sua bagagem e experiência profissional e/ou de sua formação escolar. Se o histórico do administrador for a engenharia, ele tem uma percepção proporcionalmente maior de que receita e margens derivam do projeto e processo de fabricação do produto, em comparação a alguém inserido historicamente em uma atividade de distribuição da cadeia de valor, como marketing e vendas. Ou o aspecto político levar o gestor a "interpretar" os números favoravelmente a sua área operacional. Isso os tornaria responsáveis por uma proporção maior dos lucros da empresa, aumentando seu poder de negociação.

Um problema relacionado é o desvio de grandes quantidades de tempo, atenção e recursos administrativos às atividades de criação de valor que geram as maiores margens — às custas de outras atividades importantes, mas menos rentáveis. Por exemplo, um fabricante de carros pode enfatizar demais as atividades de distribuição, como o cumprimento de garantias e as operações de financiamento, às expensas da diferenciação e do custo dos veículos.

Estratégias Competitivas Podem Ser Sustentáveis? Integrando e Aplicando os Conceitos de Administração Estratégica

> **PA5.5**
> Quais fatores determinam a sustentabilidade da vantagem competitiva de uma empresa.

Até agora, neste capítulo, falou-se sobre como as empresas podem obter vantagens competitivas no mercado. Falamos das três estratégias genéricas — liderança de custo total, diferenciação e foco — e das estratégias de combinação. A seguir destacaremos a importância de unir as atividades da cadeia de valor (as de dentro da empresa e as relações entre seus fornecedores e clientes) para obter tais vantagens. Também vimos como as estratégias competitivas possibilitam que uma empresa fortaleça sua posição em relação às cinco forças da competição setorial e como evitar as armadilhas associadas às estratégias.

Porém, vantagens competitivas têm vida curta. Como vimos no início do Capítulo 1, o conjunto de empresas que constituem a lista da *Fortune 500* passou por uma significativa rotatividade de componentes com o passar dos anos — refletindo a natureza temporária das vantagens competitivas. Consideremos a queda da Dell. Ela parecia se tratar de uma empresa cujas vantagens no mercado pareciam inatacáveis no início dos anos 2000, tanto que foi considerada a "Empresa Mais Admirada" da *Fortune* em 2005. No entanto, os problemas começaram a surgir em 2007. Mais recentemente, sua posição competitiva foi severamente prejudicada por seus concorrentes tradicionais e pelo ataque das várias empresas que vendem tablets e outros dispositivos móveis. O resultado foi que o preço das ações da Dell desabou 56% no fim de um período de cinco anos que terminou no início de 2013. Em resumo, a Dell se concentrou demais em sua eficiência operacional e em aperfeiçoar seu "modelo direto", e deixou de entregar as inovações que um mercado cada vez mais sofisticado exige.[55]

Claramente, "nada é para sempre" no que se refere a vantagens competitivas. As rápidas mudanças na tecnologia, globalização e ações dos concorrentes de dentro — e de fora — do setor podem comprometer rapidamente as vantagens que uma empresa possui. É imperioso reconhecer que a duração das vantagens competitivas está diminuindo, em especial em indústrias de tecnologia intensiva.[56] Mesmo em setores normalmente encarados como de "baixa tecnologia", o aumento do uso da tecnologia tornou as vantagens competitivas menos sustentáveis de uma hora para outra.[57] O sucesso das vendas de livros da Amazon às custas da Barnes & Noble, o antigo líder desse ramo, bem como a luta da Blockbuster contra o Netflix e, por sua vez, a dificuldade do Netflix de reagir à atuação da locadora de vídeo Redbox ilustram o quão difícil se tornou para os líderes setoriais sustentarem as vantagens competitivas que, uma vez, se pensou que durariam para sempre.

Nesta seção analisaremos alguns fatores que nos ajudam a determinar se uma estratégia é sustentável por um longo período de tempo. Nós nos basearemos em alguns conceitos da administração estratégica dos primeiros cinco capítulos. Para ilustrar nossas colocações, analisaremos uma companhia, a Atlas Door, que criou uma estratégia inovadora em seu setor de atividade e teve um desempenho superior por vários anos. A discussão a propósito da Atlas

Door se apoia em um artigo da *Harvard Business Review* escrito por George Stalk, Jr.[58] Ele foi publicado há algum tempo (1988), o que nos dá o benefício da retrospectiva para provar nossos pontos sobre a sustentabilidade das vantagens competitivas. Afinal, os conceitos sobre a administração estratégica que temos analisado neste livro praticamente não têm prazo de validade quanto à sua relevância e praticidade. A seguir, um breve resumo:

Atlas Door: Um Exemplo de Caso

A Atlas Door, uma companhia americana, usufruiu de considerável sucesso. Ela cresceu a uma média anual de 15% em um segmento de mercado cujo índice de crescimento anual médio era de menos de 5%. Mais recentemente, o lucro líquido antes da dedução dos impostos era de 20% em relação às vendas — cerca de cinco vezes a média setorial. A Atlas não tem dívidas, e no 10º ano de existência alcançou a primeira posição em seu setor de atividade quanto à competitividade.

A Atlas fabrica portas industriais — um produto de uma variedade quase infinita, que envolve escolhas sem fim de altura, largura e material. Dada a importância da variedade do produto, manter estoques é praticamente inútil para atender aos pedidos dos clientes. Em vez disso, a maioria das portas só podia ser produzida depois que o pedido fosse feito.

Como a Atlas Door Criou Sua Vantagem Competitiva no Mercado? *Primeiro*: ela construiu fábricas just-in-time. Embora conceitualmente simples, esse sistema requer ferramentas extras e maquinário para diminuir o tempo de adaptação da linha de produção aos pedidos dos clientes. Além disso, o processo de fabricação deve ser organizado por produto e programado para começar e terminar com todas as peças disponíveis ao mesmo tempo.

Segundo: a Atlas reduziu o tempo para receber e processar um pedido. Tradicionalmente, quando os clientes, distribuidores ou vendedores ligavam para um fabricante de portas para pedir um orçamento, precisavam aguardar mais de uma semana pela resposta. Em contraste, a Atlas primeiro simplificou e em seguida automatizou todo o processo de entrada de pedidos, engenharia, precificação e programação. Ela podia precificar e programar 95% dos pedidos que entravam enquanto os clientes ainda estavam no telefone. Podia projetar novos pedidos especiais rapidamente porque já tinha em seu banco de dados todas as informações de design e produção de todas os pedidos especiais anteriores — o que diminuiu dramaticamente a quantidade de reengenharia necessária.

Terceiro: a Atlas controlava a logística de perto para que apenas as ordens de serviço definitivas fossem enviadas aos locais de fabricação. Os pedidos exigiam muitos componentes, e reuni-los e certificar-se de que estão sendo enviados com o pedido correto pode demorar muito. Obviamente, a demora é ainda maior se houver a necessidade de mandar as peças certas para o local de trabalho depois que o pedido foi enviado! A Atlas desenvolveu um sistema para rastrear as peças em produção e as peças compradas de cada pedido. Isso ajudou a assegurar a chegada de todas as peças necessárias no local de envio no tempo certo — uma operação de logística just-in-time.

O Resultado? Quando a Atlas começou a operar, os distribuidores tinham pouco interesse em seu produto. Os distribuidores já estabelecidos comercializavam com um concorrente muito maior e viam poucos ou nenhum motivo para trocar de fornecedor, com exceção, talvez, de uma maior concessão no preço. Novata, a Atlas era pequena demais para competir apenas em preço. Em vez disso, posicionou-se como um fornecedor alternativo, a quem se recorria como último recurso — ela entraria em ação se o fornecedor já estabelecido não pudesse fazer o serviço ou se não entregasse na data certa.

Obviamente, com uma média de realização do serviço de quase quatro meses, algumas ligações para a Atlas eram inevitáveis. E quando recebia um telefonema, ela cobrava mais por conta de sua entrega mais rápida. Além de receber mais, integrando eficazmente as atividades de criação de valor, economizava tempo e diminuía os custos. Desse modo, a empresa vivia o melhor de dois mundos.

Em apenas dez anos, a companhia tomou o lugar dos antigos líderes em fornecimento de portas industriais em 80% dos distribuidores dos Estados Unidos. Com sua vantagem estratégica, a companhia podia ser seletiva — e se tornar a fornecedora apenas dos distribuidores mais fortes.

As Vantagens Competitivas da Atlas Door São Sustentáveis?

Analisaremos agora os "prós" e "contras" das vantagens competitivas da Atlas Door serem ou não sustentáveis por um grande período. Obviamente, é importante assumir que a estratégia da Atlas Door é única no setor, e a questão central está na capacidade ou não dos concorrentes em imitar sua estratégia com facilidade ou criar uma estratégia de substituição viável.

A Posição "Pró": A Estratégia É Extremamente Sustentável   Baseando-nos no Capítulo 2, fica claro que a Atlas Door conseguiu uma posição muito favorável em relação às cinco forças da competição setorial. Por exemplo, ela pode exercer poder sobre seus clientes (os distribuidores) graças à sua habilidade de entregar um produto de qualidade em um curto período de tempo. Além disso, seu domínio no segmento cria grandes obstáculos de entrada para novos concorrentes. Também fica bem evidente que a Atlas Door foi bem-sucedida em combinar muitas atividades da cadeia de valor da empresa — um fato essencial para sua estratégia just-in-time. Como vimos no Capítulo 3, tal união de atividades constitui-se em uma base sólida para a sustentabilidade, porque os concorrentes terão dificuldades de imitar essa estratégia devido à ambiguidade causal e em função da dependência de processo (i.e., seria difícil obter, em um curto período, os recursos que a Atlas Door acumulou e desenvolveu, bem como deslindar os motivos pelos quais os recursos são valiosos ou como estes podem ser recriados). Ademais, como vimos no Capítulo 4, a Atlas Door se beneficia do capital social que produziu em uma grande quantidade de stakeholders (Capítulo 1). Estes incluem os clientes, empregados e gestores (uma conclusão razoável, tendo em vista o quão bem as operações internas fluem e o seu relacionamento de longo prazo com os distribuidores). Seria muito difícil para um concorrente substituir a Atlas Door como fornecedor de último recurso — devido à reputação que ela formou, ao longo do tempo, de satisfazer os clientes cujos pedidos precisavam ser entregues dentro do prazo. Por fim, podemos concluir que a Atlas Door criou vantagens competitivas de baixo custo total e de diferenciação (Capítulo 5). Suas fortes relações entre as atividades da cadeia de valor — uma exigência de suas operações just-in-time — diminuem os custos e permitem que a companhia atenda rapidamente aos pedidos de seus clientes. Como vemos na Figura 5.4, muitas das atividades da cadeia de valor, associadas com uma estratégia de diferenciação, refletem o elemento da velocidade ou resposta rápida.

A Posição "Contra": A Estratégia Pode ser Imitada ou Substituída com Facilidade   Pode-se usar o argumento de que boa parte da estratégia da Atlas Door se baseia em uma tecnologia bem conhecida que é não proprietária. Com o tempo, um concorrente com boa condição financeira poderia imitar sua estratégia (via tentativa e erro), obter uma união estreita entre suas atividades de criação de valor e implementar um processo de fabricação just-in-time. Visto que o capital humano é móvel (Capítulo 4), um concorrente poderia atrair talentos da Atlas Door, e essas pessoas poderiam auxiliar na transferência das melhores práticas da Atlas Door. Um novo concorrente também poderia entrar no setor dispondo de grande condição financeira, permitindo-lhe estabelecer um preço muito inferior ao da Atlas Door para ganhar participação de mercado (mas isso provavelmente envolveria estabelecer preços muito abaixo do custo, assumir um grande risco e seria uma estratégia não sustentável). Por fim, um concorrente poderia ultrapassar o nível tecnológico e processos da Atlas Door e obter superioridade competitiva. Com o benefício do retrospecto, eles poderiam usar a internet para acelerar seu processo de estabelecimento de relações entre suas atividades de criação de valor e ordenar os processos de entrada com seus clientes e fornecedores. (Mas até mesmo isso poderia se mostrar uma vantagem temporária, visto que os concorrentes poderiam fazer o mesmo.)

Qual é o Veredito?   Ambas as posições têm méritos. Com o tempo, seria fácil ver como um novo concorrente poderia ser semelhante à Atlas Door — ou até mesmo estabelecer uma posição competitiva superior com novas tecnologias ou processos inovadores. Contudo, dois fatores dificultam um concorrente a desafiar a Atlas Door a curto prazo: (1) o êxito considerável que ela tem tido com seus sistemas de programação e produção just-in-time — os quais envolvem a integração sucessiva de muitas atividades da criação de valor — auxiliaram a diminuir os custos e a responder rapidamente às necessidades dos clientes, e (2) os poderosos reflexos positivos da reputação que ela alcançou junto a seus muitos stakeholders — em especial, seus clientes.

Por fim, também é importante entender que a habilidade da Atlas Door de se apropriar da maior parte dos lucros gerados por suas vantagens competitivas a tornam uma companhia muito bem-sucedida. Como vimos no Capítulo 3, os lucros gerados pelos recursos podem ser apropriados por vários stakeholders, tais como fornecedores, clientes, empregados e concorrentes. A estrutura da indústria de portas industriais dificulta essa dispersão de lucros: os fornecedores comercializam peças comuns, nenhum comprador é grande o suficiente para ditar os preços, a natureza tácita do conhecimento dificulta a imitação e os empregados podem ser substituídos individualmente com facilidade. Ainda assim, mesmo com as vantagens que tem, a Atlas Door precisa evitar se tornar complacente, ou terá o mesmo destino da empresa outrora dominante que substituiu.

Como a Internet e as Tecnologias Digitais Afetam as Estratégias Competitivas

> **PA5.6**
> Como os modelos de negócios online estão sendo usados para melhorar o posicionamento estratégico.

A internet e as tecnologias digitais invadiram a economia e agora têm um impacto na maneira como quase todas as companhias conduzem seu negócio. Essas mudanças criaram novas eficiências de custo e meios de diferenciação. Porém, a presença de tais tecnologias é tão ampla que é questionável como uma empresa pode usá-las de modo eficaz para destacá-la realmente de seus concorrentes. Assim, para permanecerem competitivas, as empresas devem atualizar suas estratégias para refletir as novas possibilidades e restrições que esse fenômeno representa. Nesta seção falaremos sobre as oportunidades e armadilhas que a internet e as tecnologias digitais oferecem às empresas que aplicam as estratégias de liderança de custo geral, de diferenciação e de foco. Também consideraremos, brevemente, dois dos grandes impactos da internet sobre os negócios: a diminuição dos custos de transações e a possibilidade da customização em massa.

Liderança no Custo Total

tecnologias digitais informações em forma numérica, o que facilita seu armazenamento, transmissão, análise e manipulação.

A internet e as tecnologias digitais abriram novas oportunidades para as empresas obterem vantagens de baixo custo por lhes permitir administrar os custos e obter maior eficiência. Gerir os custos, e até mesmo reformular a estruturas de custos de certos segmentos de mercado, são a principal característica da economia digital. Grande parte dos analistas concorda que a habilidade da internet em diminuir os custos de transação transformou os negócios. Falando de modo geral, os *custos de transação* se referem a todas as muitas despesas associadas à realização de um negócio. Eles são inerentes não apenas às transações de compra/venda, mas também aos custos de interação entre os elementos da cadeia de valor de uma empresa, dentro e fora dela. Pense nisso. Contratar novos empregados, conhecer clientes, pedir suprimentos, atender aos regulamentos do governo — todas essas trocas têm custos associados a eles. Visto que os negócios podem ser conduzidos de maneira diferente na nternet, essas novas formas de economizar dinheiro estão mudando o cenário competitivo.

Outros fatores também ajudam a reduzir os custos de transação. O processo de desintermediação (no Capítulo 2) tem efeito semelhante. Cada vez que intermediários interpõem-se no processo da transação, há acréscimo de custos. A remoção dos intermediários diminui os custos de transação. A internet reduz os custos de busca por um produto ou serviço, quer se trate de um varejista (como no caso dos consumidores) ou de uma feira de negócios (como no caso de transações entre empresas). Não apenas se elimina a necessidade de viagens, mas também a de se ter um endereço físico, quer se trate de uma localização de varejo permanente ou da presença temporária em uma feira empresarial.

Possíveis Armadilhas Relacionadas com a Internet para Líderes de Baixo Custo Uma das maiores ameaças aos líderes de baixo custo é a imitação. Trata-se de um problema que se intensifica no caso de negócios realizados pela internet. Muitas das vantagens associadas ao contato direto com os clientes, e mesmo das facilidades fornecidas por softwares (p. ex., sistemas de pedidos personalizados ou acesso em tempo real à condição do trabalho em progresso), podem ser duplicadas rapidamente e sem a ameaça de infração de propriedade intelectual. Outra armadilha se relaciona com companhias que se apaixonam desesperadamente pelo uso da internet devido à diminuição de custos e, assim, prejudicam suas relações com o cliente ou negligenciam outros centros de custo.

Diferenciação

Para muitas companhias, a internet e as tecnologias digitais aumentaram sua capacidade de construir uma marca, oferecer produtos e serviços de qualidade e obter outras vantagens de diferenciação.[59] Entre as tendências mais marcantes estão os novos meios de interagir com os clientes. Em particular, a internet possibilita a criação de novos meios de diferenciação ao viabilizar a *customização em massa*, que vai ao encontro dos desejos dos clientes.

A customização mudou o modo como as companhias se comportam no mercado e desafiou algumas das técnicas já testadas de diferenciação. Tradicionalmente, as companhias dirigem-se aos clientes via catálogos luxuosos, showrooms, vendas por telefone, embalagens com design caprichado, testemunho de celebridades e patrocínios filantrópicos. Todos eles ainda estão disponíveis e podem ser eficazes, dependendo do ambiente competitivo da empresa. Mas muitos clientes passaram a julgar a qualidade e a singularidade de um produto ou serviço pela sua habilidade de envolvê-los em seu planejamento e design, em combinação com a agilidade de entrega e resultados confiáveis. Assim, a internet e as habilidades digitais estão mudando o modo como os diferenciadores oferecem produtos excepcionais e realizam serviços superiores. Tais melhorias estão disponíveis a um custo razoável, dando condições às empresas de obter paridade com base na liderança de custo total.

Possíveis Armadilhas para os Diferenciadores Relacionadas com a Internet As estratégias de diferenciação tradicionais, como o estabelecimento de uma forte identidade de marca e preços em função do prestígio, foram prejudicadas pelas habilidades tornadas possíveis pela internet, tais como a comparação de características de produtos lado a lado, ou de fazer lances online por serviços que competem entre si. A sustentabilidade dos ganhos da diferenciação baseados na internet se desvanecerá se as companhias passarem a oferecer características diferenciadoras que os clientes não querem ou se criarem um tipo de singularidade que os clientes não valorizem. O resultado pode ser uma proposta de valor falha — o valor que as companhias achavam que estavam oferecendo pode não resultar em vendas.

Foco

Uma estratégia de foco se concentra em um segmento estreito do mercado com bens e/ou serviços personalizados. Com as estratégias de foco, a internet oferece novos meios para competir, porque torna possível acessar mercados de forma mais barata (de baixo custo) e que oferecem mais serviços e recursos (diferenciação). Alguns dizem que a internet abriu um novo mundo de oportunidades para os que atuam em nichos e procuram explorá-lo de uma maneira bem especializada.[60] Empresas de nicho estão entre os usuários mais ativos das tecnologias digitais e das soluções de e-business, que se valem delas para criar e viabilizar estratégias de foco.

Muitos aspectos da economia da internet favorecem as estratégias de foco porque os exploradores de nichos de mercado e as pequenas empresas conseguiram ampliar seu alcance e competir de maneira eficaz com concorrentes maiores. Por exemplo, as empresas de nicho podem usar o Twitter e outras mídias sociais com mais agilidade para se conectar de maneira mais personalizada com seus grupos de clientes desejados. Com tais instrumentos de mídia social, podem pedir informações, responder rapidamente às demandas dos clientes e aperfeiçoar o atendimento ao consumidor. Assim, a internet disponibiliza novas ferramentas às empresas que usam estratégias de foco para criar vantagens competitivas.

Possíveis Armadilhas para quem Usa o Foco Relacionadas com a Internet Um perigo dos mais importantes desse método ao usar a internet está na avaliação correta do tamanho do mercado online. Os que usam o foco podem interpretar erroneamente o escopo e interesse dos mercados-alvo. O equívoco consiste em se concentrar em segmentos que são estreitos demais para serem rentáveis, ou perder a singularidade do produto ou serviço em áreas maiores, tornando-a vulnerável a imitadores ou a nova concorrência.

O que acontece quando alguém que usa o foco tenta ampliar seu nicho? Os esforços de chamar a atenção de um público maior podem levar a estoques adicionais, desenvolver mais conteúdo ou oferecer serviços extras, aumentando o risco de perda de suas vantagens de custo associadas à limitada oferta de produto ou serviço.

Estratégias de Combinação São a Chave para o Sucesso do e-Business?

Em face das mudanças dinâmicas apresentadas pelas tecnologias digitais e a internet, as novas combinações estratégicas que fazem o melhor uso das estratégias competitivas podem ser a melhor promessa.[61] Muitos peritos concordam que o efeito líquido da economia digital é *menor* do que muitas oportunidades das vantagens sustentáveis.[62] Isso significa que o pensamento estratégico se torna mais importante.

Mais especificamente, a internet fornece melhores ferramentas a todas as companhias para administrar os custos. Então pode ser que essa administração e controle de custo se torne uma ferramenta de administração das mais relevantes. Em geral, isso pode ser bom se resultar em uma economia que faz um uso mais eficiente de seus recursos escassos. Todavia, no caso de companhias individuais, ela pode tirar pontos de porcentagem críticos das margens de lucro e criar um clima que torna impossível sobreviver, muito menos atingir lucros sustentáveis acima da média.

Muitas vantagens de diferenciação também perdem seu valor por causa da internet. A habilidade de fazer comparações ao comprar — consultar críticas dos produtos e inspecionar outras opções com apenas alguns cliques no mouse — está retirando de algumas empresas, tais como concessionárias, vantagens únicas que eram a marca de seu sucesso. A diferenciação ainda é uma estratégia importante, obviamente. Porém, a maneira de as empresas obtê-las pode mudar, e o melhor método pode combinar a diferenciação com outras estratégias competitivas.

Talvez os grandes beneficiários sejam, entre os que adotam o foco, aqueles que podem usar a internet para capturar nicho anteriormente inacessível. No entanto, os fatores que atraem os pequenos participantes são os mesmos que podem chamar a atenção de uma grande companhia. Ou seja, uma empresa que antes havia pensado que determinado nicho de mercado não valia a pena, pode usar as tecnologias da internet para entrar nesse segmento com custos menores que no passado. A empresa maior pode então trazer seu poder de mercado e recursos para agir de uma maneira impeditiva para o concorrente menor.

Uma estratégia de combinação desafia uma companhia a misturar cuidadosamente métodos estratégicos alternativos e a permanecer ciente do impacto de suas decisões diferentes sobre os processos de criação de valor da empresa e suas atividades estendidas de criação de valor. Uma liderança forte é necessária para manter uma perspectiva focada no método e coordenar as múltiplas dimensões de uma estratégia de combinação.

Destaques de Estratégia 5.5 descreve como duas empresas de prestação de serviços jurídicos estão usando a internet e as tecnologias digitais para combinar a diferenciação e as vantagens de baixo custo.

ciclo de vida setorial
os estágios de introdução, crescimento, maturidade e declínio que costumam acontecer em um setor de atividade econômica.

PA5.7
A importância de se considerar o ciclo de vida setorial para determinar a estratégia de nível empresarial de uma empresa e sua ênfase relativa quanto às estratégias de áreas funcionais e quanto às atividades de criação de valor.

Estágios do Ciclo de Vida Setorial: Consequências Estratégicas

O **ciclo de vida setorial** se refere aos estágios de introdução, crescimento, maturidade e declínio que ocorrem na vida de setor de atividade econômica. Ao considerar o ciclo de vida setorial, é útil pensar em termos de amplas linhas de produto, como PCs, fotocopiadoras ou serviços de telefonia de longa distância. Ainda assim, o conceito de ciclo de vida setorial pode ser explorado em vários níveis, do ciclo de todo um segmento de mercado a uma única variação ou modelo de um produto ou serviço específico.

Por que os ciclos de vida setoriais são importantes?[63] A ênfase em várias estratégias genéricas, áreas funcionais, atividades de criação de valor e objetivos gerais variam no curso do ciclo de vida de setor de atividade econômica. Os administradores devem estar ainda mais cientes dos pontos fortes e fracos de uma empresa em várias áreas para obter vantagens competitivas. Por exemplo, as empresas dependem das atividades do departamento de pesquisa e desenvolvimento (P&D) no estágio introdutório. O P&D é a fonte de novos produtos e características

DESTAQUES DE ESTRATÉGIA | 5.5

COMO A INTERNET MUDOU A PRESTAÇÃO DE SERVIÇOS JURÍDICOS: INTEGRAÇÃO DAS ESTRATÉGIAS DE BAIXO CUSTO E DE DIFERENCIAÇÃO

A internet teve um profundo impacto em muitas atividades econômicas. Como salientado em Destaques de Estratégia 2.7, a profissão jurídica passou por mudanças drásticas que aumentaram o poder de negociação dos clientes de serviços legais. No entanto, a internet e a tecnologia da informação (TI) também repercutem profundamente sobre as estratégias de nível empresarial das empresas de prestação de serviços jurídicos. Enquanto as empresas convencionais do ramo cobram por hora, estão em locais de prestígio e requerem interações presenciais, uma nova safra de empresa desse tipo usa a tecnologia para diminuir custos e fornecer serviços únicos a seus clientes.

O aumento do uso de sistemas de TI teve um grande impacto nas questões legais no quesito padronização, mas exigem grande atenção aos detalhes. Anteriormente, os novos advogados gastavam muito tempo em tarefas rotineiras, como revisar documentos. Hoje os sistemas de TI ajudam as empresas jurídicas a se tornarem mais eficientes em custo. Por exemplo, a Clearwell Systems Inc. oferece um software que automatiza a revisão de documentos em processos litigiosos e diminui o tempo de processamento dessas tarefas padronizadas em até 50%.

Outro exemplo é do Clearspire.com. Ele oferece serviços legais para clientes empreendedores em um tipo radicalmente novo de negócio. Seus advogados trabalham mais em casa, em um "escritório virtual". Esse sistema de TI diminui os custos para os clientes e para o Clearspire. Além de se tornar mais eficiente quanto aos custos, o Clearspire agrega valor a seus clientes. O sistema fornece acesso aos documentos importantes 24 horas, sete dias por semana, e acompanha todos os passos do processo legal. O acréscimo de valor vem, por exemplo, do aumento de transparência do progresso em tempo real dos relatórios e da conta online. O modelo de negócio online do Clearspire é um grande exemplo do uso de TI para alcançar maior eficiência, enquanto, ao mesmo tempo, se diferencia das empresas jurídicas tradicionais em características que os clientes valorizam.

Fontes: Automating law. 2011. www.diligenceengine.com, 12 de julho: np; Computer use in legal work: How automation software is changing law. 2011. *www.lawvibe.com*: np; e Alternative law firms: Bargain briefs. 2011. *The Economist*, 13 de agosto: 64.

---

que todos esperam que agradarão aos clientes. As empresas desenvolvem produtos e serviços para estimular o consumo. Mais tarde, na fase de maturidade, as funções do produto foram definidas, mais concorrentes entraram no mercado e a competição é intensa. Os gerentes passam a enfatizar as eficiências de produção e da engenharia de processos (em oposição ao produto em si) para diminuir os custos de fabricação. Isso ajuda a proteger a posição de mercado da empresa e a estender o clico de vida do produto porque os custos menores da empresa podem ser repassados aos clientes na forma de preços menores, e os clientes sensíveis ao fator preço acharão o produto mais atraente.

A Figura 5.7 ilustra os quatro estágios do ciclo de vida setorial e como fatores como estratégias genéricas, índice de crescimento do mercado, intensidade da competição e objetivos gerais mudam com o tempo. Os gerentes devem enfatizar as principais áreas funcionais durante cada um dos quatro estágios e obter um nível de paridade frente aos concorrentes em todas as áreas funcionais e em todas as atividades de criação de valor. Por exemplo, embora o controle dos custos de produção possa ser uma preocupação primária durante o estágio de amadurecimento, os administradores não devem ignorar totalmente outras funções, como o marketing e o P&D. Se isso acontecer, eles poderão dar tanta ênfase à diminuição de custos que deixarão de captar tendências de mercado ou ignorar produtos importantes ou designs de processos. Assim, a empresa pode fixar-se em produtos de baixo custo que têm limitado apelo de mercado.

É importante, porém, fazer um alerta. Embora a ideia de ciclo de vida seja análoga à aplicada a um organismo vivo (i.e., nascimento, crescimento, maturidade e morte), a comparação tem seus limites.[64] Os produtos e serviços passam por muitos ciclos de inovação e renovação. Tipicamente, apenas os produtos de moda têm um único ciclo de vida. Os estágios de maturidade de um segmento de mercado podem ser "transformados" ou seguidos por um estágio de crescimento rápido se os gostos dos consumidores mudarem, se houver uma inovação tecnológica ou se houver novos desenvolvimentos. O ramo de cereais é um bom exemplo. Quando uma pesquisa médica indicou que o consumo de aveia diminuía o colesterol das pessoas, as vendas de Quaker Oats aumentaram drasticamente.[65]

FIGURA 5.7 Estágios do Ciclo de Vida Setorial

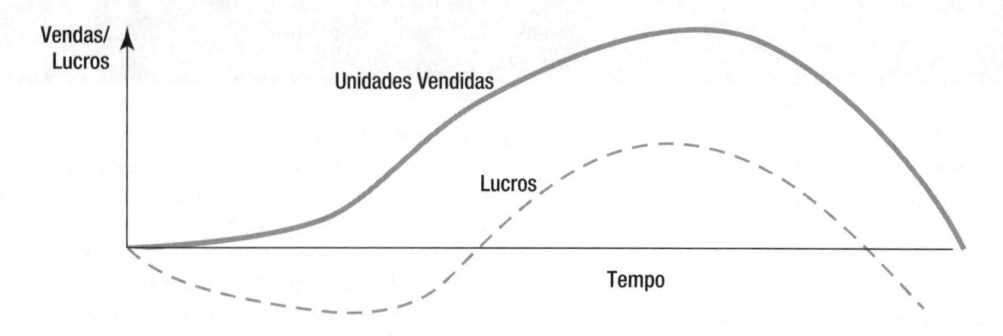

Estágio / Fator	Introdução	Crescimento	Maturidade	Declínio
Estratégias genéricas	Diferenciação	Diferenciação	Diferenciação Liderança no custo total	Liderança no custo total Foco
Índice de crescimento do mercado	Baixo	Muito grande	Baixo a moderado	Negativo
Números de segmentos	Muito poucos	Alguns	Muitos	Poucos
Intensidade da competição	Baixa	Aumentando	Muito intensa	Mudando
Ênfase no design do produto	Muito alta	Alta	Baixa a moderada	Baixa
Ênfase no design do processo	Baixa	Baixa a moderada	Alta	Baixa
Maior(es) área(s) funcional(is) de preocupação	Pesquisa e desenvolvimento	Vendas e marketing	Produção	Administração geral e finanças
Objetivo geral	Aumento da percepção do mercado	Criação de demanda do consumidor	Defesa da participação de mercado e aumento dos ciclos de vida do produto	Consolidar, manter, colher ou sair

estágio de introdução
o primeiro estágio do ciclo de vida setorial, caracterizado por (1) novos produtos que os clientes não conhecem, (2) segmentos de mercado mal definidos, (3) características do produto não especificadas, (4) baixo crescimento das vendas, (5) rápidas mudanças tecnológicas, (6) perdas operacionais e (7) necessidade de suporte financeiro.

Estratégias no Estágio de Introdução

No **estágio de introdução**, os clientes não conhecem bem os produtos.[66] Os segmentos do mercado não estão bem definidos e as características do produto não foram especificadas com clareza. O desenvolvimento inicial de um segmento econômico costuma envolver um baixo crescimento das vendas, rápidas mudanças tecnológicas, perdas operacionais e necessidade de muito dinheiro para financiar as operações. Visto que há poucos agentes e não muito crescimento, a concorrência tende a ser limitada.

O sucesso requer ênfase em pesquisa e desenvolvimento e nas atividades de marketing para aumentar a percepção dos consumidores em relação ao produto ou serviço. Os desafios podem ser (1) o desenvolvimento do produto e encontrar um modo de fazer os usuários o utilizarem, e (2) a geração de exposição suficiente para que o produto surja como um "padrão" pelo qual os produtos dos outros concorrentes são avaliados.

Há uma vantagem em ser o "pioneiro" em um mercado.[67] Isso resultou no sucesso da Coca-Cola por ser a primeira companhia de refrigerantes a criar uma marca de reconhecimento global, e permitiu à Caterpillar se concentrar nos canais de vendas para o exterior e no bom atendimento ao consumidor.

No entanto, também pode haver um benefício em ser o "último a entrar". A Target considerou cuidadosamente sua decisão de postergar sua estratégia de uso da internet. Em comparação com seus concorrentes, o Walmar e o Kmart, a Target foi, definitivamente, um retardatário. Mas as coisas, com certeza, deram certo.[68]

> Ao esperar, a Target obteve a vantagem de ser o último a entrar. A loja podia usar os erros de seus concorrentes como sua própria curva de aprendizagem. Isso lhe economizou dinheiro, e os clientes não pareciam se importar com a demora: quando a empresa finalmente inaugurou seu site, rapidamente abocanhou uma fatia de mercado dos compradores online do Kmart e do Walmart. O analista da internet da Forrester Research, Stephen Zrike, comentou: "Não há dúvidas, em nossa mente, de que a Target tinha uma compreensão melhor de como os clientes compram online".

Exemplos de produtos que estão nos estágios introdutórios do ciclo de vida setorial incluem os veículos elétricos e as TVs em 3D.

Estratégias no Estágio de Crescimento

O **estágio de crescimento** é caracterizado pelo grande aumento das vendas. Tal potencial atrai outros concorrentes. No estágio de crescimento, a principal coisa com que se preocupar é o crescimento da preferência de consumo por marcas específicas. Isso exige um grande reconhecimento de marca, produtos diferenciados e recursos financeiros para apoiar várias atividades da cadeia de valor, tais como marketing e vendas, e pesquisa e desenvolvimento. Enquanto as iniciativas de marketing e as vendas são direcionadas em especial ao objetivo de incentivar a demanda *agregada* — ou seja, demanda para todos os produtos do estágio de introdução —, os esforços no estágio de crescimento visam estimular a demanda *seletiva*, na qual as escolhas recaem nas ofertas dos produtos de uma empresa em detrimento dos concorrentes.

A receita aumenta em índices cada vez maiores por causa de (1) novos clientes que estão experimentando o produto e (2) uma proporção crescente de clientes satisfeitos que estão comprando novamente.[69] Em geral, à medida que um produto avança em seu ciclo de vida, a proporção de compras recorrentes de novos clientes aumenta. Por outro lado, novos produtos e serviços costumam não dar certo se houver relativamente poucas compras recorrentes. Por exemplo, Alberto-Culver criou o Mr. Culver's Sparklers, que se tratava de um purificador de ar sólido que se parecia com vidro colorido. Embora o produto não tenha demorado para passar do nível introdutório para o estágio de crescimento, as vendas não emplacaram. Por quê? Infelizmente, houve poucas repetições de compra porque os consumidores os encararam como decorações de janelas caras; deixaram-nos lá, e sentiram pouca necessidade de voltar a comprá-los. Alguns exemplos de produtos que estão em estágio de crescimento incluem os serviços de armazenamento de informações digitais na nuvem e as televisões de alta definição (HDTV).

Estratégias no Estágio de Maturidade

No **estágio de maturidade** há um abrandamento da demanda setorial agregada. À medida que os mercados se tornam saturados, há muitos poucos novos participantes. Não é mais possível "crescer em volta" da competição, de modo que a concorrência direta se torna predominante.[70] Com algumas perspectivas pouco atraentes, os participantes marginais deixam o mercado. Ao mesmo tempo, a rivalidade entre os concorrentes existentes se intensifica em decorrência da intensa competição de preços, enquanto que os gastos associados com a atração de novos compradores aumenta. As vantagens baseadas em operações de fabricação e em engenharia de processos eficientes se tornam mais importantes para manter os custos baixos à medida que os clientes se tornam mais sensíveis ao fator preço. Também se torna mais difícil para as empresas diferenciar suas ofertas porque os usuários têm uma compreensão maior dos produtos e serviços.

Um artigo da revista *Fortune* sobre a intensidade da rivalidade em mercados maduros foi corretamente intitulado como "Um Jogo de Centímetros". Ele dizia: "Brigar por uma quota

---

estágio de crescimento
o segundo estágio do ciclo de vida do produto, caracterizado por (1) grande aumento das vendas; (2) crescimento da competição; (3) desenvolvimento do reconhecimento da marca; e (4) necessidade de financiamento complementar das atividades da cadeia de valor: marketing, vendas, serviço ao cliente e pesquisa e desenvolvimento.

estágio de maturidade
o terceiro estágio do ciclo de vida do produto, caracterizado por (1) diminuição do crescimento da demanda, (2) mercados saturados, (3) competição direta, (4) competição de preço e (5) ênfase estratégica nas operações eficientes.

de mercado em um segmento que está diminuindo o ritmo pode ser bem complicado. Basta perguntar para os arqui-inimigos da indústria de sabões em pó Unilever e Procter & Gamble".[71] As duas empresas estão brigando por quotas de mercado desde 1965. Por que a competição é tão intensa? Não há muito território para ganhar, e as vendas setoriais estavam estabilizadas. Um analista disse: "As pessoas não estão ficando mais sujas". Assim, o único jeito de vencer é tomar a quota de mercado do concorrente. Para aumentar a sua, a Procter & Gamble (P&G) gasta $100 milhões por ano em televisão, outdoors, ônibus, revistas e na internet para promover sua marca Tide. Mas a Unilever não ficou de braços cruzados. Usando um orçamento de $80 milhões, lançou um sabonete chamado Wisk Dual Action Tablets. Enviou amostras grátis desse produto a 24 milhões de casas nos EUA utilizando os jornais de domingo, seguidos por propagandas durante uma série de TV. A P&G contra-atacou com seus comerciais de Tide Rapid Action Tablets, que comparava os dois produtos ao caírem em um recipiente cheio de água. Em uma promoção, a P&G dizia que seu produto é melhor porque se dissolve mais rápido do que o produto da Unilever.

Embora esse seja apenas um exemplo, muitos tipos de produtos e de mercados, incluindo bens de consumo como cervejas, automóveis e calçados esportivos, estão em plena maturidade.

As empresas não precisam se tornar "reféns" da curva do ciclo de vida. Ao posicionar ou reposicionar seus produtos de maneiras inesperadas, as empresas podem mudar a categoria em que seus clientes os colocam mentalmente. Assim, elas podem resgatar produtos que estão mofando na fase da maturidade de seus ciclos de vida e fazê-los voltar a uma fase de crescimento.

Duas estratégias de posicionamento que os gerentes podem usar para influenciar a percepção mental dos clientes são o **posicionamento reverso**, que elimina atributos "sagrados" dos produtos à medida que acrescenta novos, e o **posicionamento em outra categoria**, que associa o produto com uma categoria radicalmente diferente.[72] Falaremos sobre essas estratégias de posicionamento a seguir e veremos um exemplo de cada em Destaques de Estratégia 5.6.

posicionamento reverso
uma quebra na tendência do segmento econômico de aumentar continuamente produtos, características do ciclo de vida do produto, oferecendo produtos com menos atributos e preços menores.

Posicionamento Reverso A ideia subjacente é que, embora os clientes talvez desejem mais do que o produto básico, eles não necessariamente desejam uma lista sem fim de recursos. As companhias que adotam essa estratégia tomam a decisão criativa de diminuir o acúmulo contínuo de características e eliminar os atributos do produto que o restante do mercado considera sagrados. Então, uma vez que o produto volta à sua configuração básica, são acrescentados atributos escolhidos com cuidado que, em geral, seriam encontrados em produtos altamente desenvolvidos. Tal combinação não convencional de características faz com que o produto tenha uma nova posição competitiva na categoria e se transfira da maturidade para a posição de crescimento na curva do ciclo de vida.

posicionamento diferenciado
uma quebra na tendência do setor de aprimorar os produtos em incrementos subsequentes, uma característica do ciclo de vida do produto, oferecendo produtos que ainda estão nesse segmento econômico, mas que são vistos pelos clientes como diferentes.

Posicionamento em Outra Categoria Como observado antes, no caso do posicionamento reverso, um produto estabelece uma posição única em sua categoria, mas retém sua condição de filiado a ela. Já no posicionamento em outra categoria, o produto abandona a categoria ao deliberadamente associar-se a outra. Dessa maneira, os administradores formulam as convenções de uma nova categoria para mudar o modo como os produtos serão consumidos e com quem vão competir. A ideia é que os consumidores não enxerguem o produto diferenciado com uma simples alternativa a outros dessa categoria, mas que o encarem como algo completamente diferente.

Quando um produto consegue deixar sua categoria e se juntar a uma nova, ele redefine a competição. De maneira similar ao posicionamento reverso, essa estratégia permite que o produto retroceda na curva do ciclo de vida, passando de uma fase de maturidade sem brilho para uma excelente oportunidade de crescimento.

Destaques de Estratégia 5.6 traz exemplos de posicionamentos reverso e em outra categoria.

Estratégias no Estágio de Declínio

estágio de declínio
o quarto estágio do ciclo de vida do produto, caracterizado por (1) queda de vendas e lucros, (2) aumento de preço e competição, e (3) consolidação setorial.

Não obstante todas as decisões nas fases do ciclo de vida setorial sejam importantes, elas se tornam particularmente difíceis no **estágio de declínio**. As empresas devem encarar as estratégias fundamentais de sair ou ficar e tentar consolidar sua posição no mercado.[73]

O estágio de declínio ocorre quando as vendas e os lucros da indústria começam a cair. As mudanças que costumam ocorrer no ambiente de negócios estão na raiz de um segmento ou grupo de produtos que estão entrando nesse estágio.[74] Mudanças nos gostos dos clientes

DESTAQUES DE ESTRATÉGIA 5.6

POSICIONAMENTOS REVERSO E EM OUTRA CATEGORIA: COMO EVITAR SE TORNAR REFÉM DA CURVA DO CICLO DE VIDA

Quando as empresas adotam uma estratégia de posicionamento reverso ou em outra categoria, costumam não camuflar o que estão tentando realizar. Em essência, elas subvertem o convencional mediante promoções, preços e atributos. É isso o que mais atrai os clientes — um inteligente posicionamento da oferta do produto. A seguir veremos o posicionamento reverso do Commerce Bank e o posicionamento em outra categoria da Swatch.

Commerce Bank

Enquanto muitos bancos oferecem contas-correntes e poupanças, e competem nas taxas de juros, o Commerce Bank, um banco regional da Costa Leste dos EUA, usou um método completamente diferente. E que foi mais compensador que as menores taxas do mercado. O banco oferecia uma limitada linha de produtos — apenas quatro tipos de contas-correntes, por exemplo. Seria fácil pensar que essa abordagem minimalista assustaria os clientes. No entanto, o Commerce Bank foi muito bem-sucedido. Entre 1999 e 2007, o número de agências cresceu de 120 para 435. Tinha uma única agência em 1973. Em 2007, foi adquirido pelo TD Bank por $8,5 bilhões.

Qual a razão de tanto sucesso? Ele se livrou de tudo o que os clientes esperavam — muitas opções e elevadas taxas de juros. A *reversão* de expectativas o posicionou como "o banco mais conveniente da América". Estava aberto sete dias por semana até as 20 horas. Você podia conseguir um cartão de débito enquanto esperava. E quando chovia, um acompanhante com guarda-chuva levava o cliente até o carro. Além disso, o banco oferecia gratuitamente café e jornais aos clientes. Não foi muito surpreendente, apesar das taxas menores e de menos escolhas, que os clientes fossem regularmente ao banco, tornando-o um alvo atraente para um banco maior comprar.

Swatch

É interessante que o nome "Swatch" é confundido erroneamente como a contração das palavras *Swiss e watch*. No entanto, Nicholas Hayek, o presidente, diz que a contração original era *second watch* — o novo relógio foi produzido como um novo conceito de relógios casuais, divertidos e relativamente descartáveis. E aí está o *posicionamento em outra categoria* da Swatch.

Quando o Swatch foi lançado em 1983, foi comerciado como uma joia. Eles eram sérios, caros, duradouros e discretamente promovidos. Uma vez adquirido, durava por toda uma vida. A Swacth mudou integralmente esse conceito: seus relógios agora eram vistos como objetos lúdicos e ostensivamente promovidos. Eles incentivavam a compra por impulso — os clientes costumavam comprar meia dúzia de designs diferentes. O preço — $40 quando a marca foi apresentada — expandiu a penetração de mercado da Swatch além do costumeiro padrão (relógios como joias de luxo), transformando o produto em acessório de moda, um segmento de diferentes clientes e concorrentes. O Swatch se tornou o marcador de tempo oficial das Olimpíadas de Verão de 1996, continuou a apoiar as Olimpíadas desde então e já se inscreveu como grande patrocinador dos Jogos Olímpicos do Rio de Janeiro em 2016.

Hoje, The Swatch Group é a maior companhia de relógios do mundo. Já comprou muitas marcas ao longo do tempo, incluindo o Omega, Longines, Harry Winston, Calvin Klein e Hamilton. O faturamento cresceu para $7,2 bilhões em 2011 e o resultado líquido aumentou para $1,4 bilhão. Tais números representam um acréscimo de 44% e de 85%, respectivamente, com relação a 2009.

Fontes: Moon, Y. 2005. Break free from the product life cycle. *Harvard Business Review*, 83(5): 87–94; www.hoovers.com; e http://rio2016.com/en/sponsors/omega.

---

ou inovação tecnológica podem resultar no declínio de um produto. Os CDs levaram as fitas cassetes ao declínio na década de 1980, e agora os dispositivos digitais fizeram o mesmo com os CDs.

Os produtos no estágio de declínio costumam consumir uma grande parte do tempo dos administradores e dos recursos financeiros relacionados com seu valor em potencial. As vendas e os lucros declinam. Os concorrentes também podem começar a cortar drasticamente seus preços para se capitalizar e permanecer em uma boa posição financeira. A situação pode agravar-se em função da liquidação de estoques de alguns concorrentes em má situação. Com isso, a competição de preço se intensifica.

No estágio de declínio, as opções estratégicas de uma empresa se tornam dependentes das ações dos concorrentes. Se muitos concorrentes deixarem o mercado, as oportunidades de vendas e de lucros aumentam. Por outro lado, as perspectivas se limitam caso todos os concorrentes permaneçam.[75] Na hipótese de alguns concorrentes se fundirem, ganham maior poder de mercado, o que pode prejudicar as oportunidades dos participantes remanescentes. Os administradores devem monitorar cuidadosamente as ações e intenções dos rivais antes de optarem por um determinado curso de ação.

Existem quatro estratégias básicas disponíveis na fase de declínio: *manter, colher, sair* ou *consolidar*.[76]

- *Manter* se refere a fazer com que um produto continue no mercado sem reduzir significativamente as ações de marketing, desenvolvimento tecnológico ou outros investimentos, na esperança de que os outros concorrentes sairão do mercado. Muitas empresas, por exemplo, ainda usam máquinas de escrever para preencher formulários e para outros propósitos que não podem ser realizados por meio de PCs. Em algumas áreas rurais, nos Estados Unidos, ainda existem telefones antigos em razão da tecnologia precedente usada em centrais telefônicas. Assim, ainda pode haver receitas e lucros em potencial.

> **estratégia de colheita**
> uma estratégia para conseguir, em curto a médio prazo, o máximo de lucro possível de um negócio através da redução dos custos.

- **Colher** envolve obter o máximo de lucro possível e exige que os custos sejam reduzidos rapidamente. Os administradores devem considerar as atividades de criação de valor da empresa e o corte de orçamentos associados. As atividades de criação de valor a considerar são as primárias (p. ex., operações, vendas e marketing) e de apoio (p. ex., aquisição e desenvolvimento de tecnologia). O objetivo é auferir o máximo de lucro possível.

- *Sair do mercado* envolve retirar o produto do portfólio de uma empresa. Como existe um grupo residual de clientes, a eliminação deve ser cuidadosamente considerada. Se a retirada envolve mercados de produtos que afetam relações importantes com outros mercados relacionados à corporação, uma saída pode repercutir nela toda. Por exemplo, pode envolver a perda de marcas, ou capital humano valioso por sua expertise em muitas atividades de criação de valor, tais como marketing, tecnologia e operações.

> **estratégia de consolidação**
> a aquisição ou fusão de uma empresa com outras do segmento econômico para aumentar o poder de mercado e ganhar recursos valiosos.

- **Consolidar** envolve a aquisição de uma empresa, a um preço razoável, das melhores empresas sobreviventes no setor. Isso permite que as empresas melhorem o poder de mercado e adquiram recursos valiosos. Um exemplo de uma estratégia de consolidação aconteceu na indústria de defesa no início da década de 1990. Como o clichê sugere, "a paz irrompeu" no fim da Guerra Fria e os gastos totais de defesa dos Estados Unidos caíram.[77] Muitas das companhias que compunham a indústria de defesa viram mais da metade de seu mercado desaparecer. Apenas ¼ das 120 mil empresas que apoiavam o Departamento de Defesa continuam a fazê-lo; as demais descontinuaram essa atividade ou foram dissolvidas. Mas uma das principais empresas, a Lockheed Martin, se tornou um competidor dominante valendo-se de uma estratégia agressiva de consolidação. No decorrer da década de 1990, ela incorporou dezessete empresas independentes, inclusive as divisões de aeronaves táticas e sistemas espaciais da General Dynamics, a GE Aerospace, e também a Goodyear Aerospace e a Honeywell ElectroOptics. Essas combinações fizeram com que a Lockheed Martin surgisse como a grande fornecedora de três clientes governamentais: o Departamento de Defesa, o Departamento de Energia e a NASA.

Alguns exemplos de produtos que estão no estágio de declínio do ciclo de vida setorial incluem o mercado de locação de vídeo (substituído pelos vídeos on demand), drives de disco rígido (substituídos por HDs portáteis e armazenamento na nuvem) e computadores desktop (substituídos por notebooks e tablets).

A introdução de novas tecnologias e produtos associados nem sempre significa que as velhas tecnologias desapareçam rapidamente. As pesquisas mostram que, em muitos casos, as velhas tecnologias passam hoje por um "último suspiro" muito lucrativo.[78] Alguns exemplos incluem computadores mainframe (em comparação com os microcomputadores e PCs), cirurgia de revascularização do miocárdio (em comparação com a angioplastia) e arquitetura CISC (Complex Instruction Set Computing) em processadores de computadores, em comparação com o RISC (Reduced Instruction Set Computing). O advento de nova tecnologia prontamente levou a predições de desaparecimento da tecnologia antiga, mas cada um daqueles casos provou que há sobreviventes resilientes. O que causou esse fenômeno?

O recuo para uma posição mais defensiva é uma estratégia adotada por empresas que se especializaram em determinadas tecnologias e que sofrem a ameaça da obsolência. Por exemplo, a angioplastia pode ser apropriada para pacientes mais saudáveis com artérias bloqueadas, contudo, os enfermos e os pacientes de maior risco parecem se beneficiar mais da cirurgia de revascularização do miocárdio. Isso fez com que os cirurgiões se concentrassem nos casos mais difíceis e aprimorassem a tecnologia em si. O surgimento da televisão aposentou o rádio como a maior fonte de entretenimento nas casas dos norte-americanos. No entanto, o rádio sobreviveu e prosperou em locais onde as pessoas se envolviam em outras atividades, como dirigir.

Usar o novo para melhorar o antigo é um segundo método. Os fabricantes de carburadores melhoraram a eficiência do produto ao acrescentar controles eletrônicos originalmente desenvolvidos para os sistemas de injeção eletrônica. De modo similar, os fabricantes de chips de computadores CISC adotaram muitas das características dos chips RISC.

A melhora do equilíbrio entre preço e desempenho é o terceiro método. A IBM continuou a ganhar dinheiro fabricando mainframes muito tempo depois de o obituário deles haver sido escrito. Ela readaptou sua tecnologia usando microprocessadores de baixo custo e diminuindo bastante o preço. Além disso, investiu e atualizou o software, dando-lhe condições de oferecer a certos clientes, como bancos, um melhor desempenho com custos menores.

Obviamente, os "últimos suspiros" podem não necessariamente significar ganhos de longo prazo, como a experiência da integração das usinas siderúrgicas sugere. Quando as primeiras pequenas siderúrgicas surgiram, as integradas passaram a operar no segmento que oferecia altas margens de lucro, mas as pequenas siderúrgicas acabaram invadindo até mesmo essa última fortaleza das siderúrgicas integradas.

Estratégias de Reestruturação

Uma **estratégia de reestruturação** envolve reverter o declínio no desempenho e revigorar o crescimento e rentabilidade.[79] A necessidade de adotar essa estratégia pode surgir em qualquer estágio do ciclo de vida, mas é mais provável que ocorra durante a maturidade ou declínio.

Esse tipo de manobra exige que uma empresa analise cuidadosamente os ambientes interno e externo.[80] A análise externa leva à identificação dos segmentos de mercado ou grupos de clientes que ainda podem achar o produto atraente.[81] A análise interna resulta em ações voltadas à redução dos custos e maior eficiência. Uma empresa precisa tomar atitudes que tenham efeitos internos e externos para realizar um turnaround.[82] De fato, o clichê "dar a volta por cima" se aplica.

Um estudo entre 260 negócios maduros necessitados de um processo de reestruturação identifica três estratégias usadas por empresas que tiveram êxito nesse procedimento.[83]

- *Corte de custos e alienação de ativos.* É comum que empresas maduras tenham ativos que não geram qualquer retorno. Entre eles, terrenos, prédios etc. Alienações definitivas ou leaseback das instalações (transação financeira na qual o imóvel é alienado e simultaneamente arrendado por um longo prazo pela própria empresa) liberam uma quantidade de dinheiro considerável e melhoram os retornos. Investimentos em novas fábricas e equipamentos podem ser adiados. As empresas em situações de reestruturação tentam diminuir de todo jeito os gastos administrativos e o volume de estoques, e aumentar as fontes de receita. Os custos também podem ser reduzidos terceirizando a produção de componentes cujos preços de mercado podem ser bem inferiores aos custos de produção interna.
- *Produtos seletos e poda de mercado.* A maioria das empresas maduras ou em declínio tem muitas linhas de produtos deficitários ou com lucros apenas marginais. Pode-se descontinuar tais linhas de produto e concentrar todos os recursos nas áreas mais rentáveis. Por exemplo, no início da década de 1980, quando teve de enfrentar uma possível falência, a Chrysler Corporation vendeu todos seus bens não automotivos e todas as fábricas localizadas no exterior. O foco no mercado norte-americano e a identificação de um nicho lucrativo — o das minivans — foram a chave para uma eventual reestruturação de sucesso.
- *Melhora gradual da produtividade.* Há muitos modos de uma empresa eliminar custos e melhorar a produtividade. Embora, no aspecto individual, possam ser de pequena monta, o acúmulo incessante ao longo do tempo resulta em ganhos substanciais. A melhoria dos processos de negócios por meio da reengenharia; trabalhar espelhando-se em certas atividades específicas das empresas líderes no setor; encorajar a participação dos empregados na identificação de custos excessivos, elevar a utilização da capacidade produtiva e melhorar a produtividade dos empregados resultam em ganhos gerais significativos.

A Intuit, fabricante de softwares, é exemplo de uma estratégia de reestruturação rápida e bem executada. Depois de um período de dificuldades e estagnação na fase de crescimento das empresas "ponto.com", a Intuit, que é conhecida pelos programas QuickBook e TurboTax, contratou Stephen M. Bennett, um veterano de 22 anos de GE, em 1999. Ele, imediatamente,

---

estratégia de reestruturação
uma estratégia que reverte o processo de declínio do desempenho de uma empresa e a faz retomar o crescimento e a lucratividade.

PA5.8
A necessidade de estratégias de reestruturação que permitam a uma empresa repor sua posição competitiva em um setor de atividade.

DESTAQUES DE ESTRATÉGIA 5.7

ALAN MULALLY E A EXTRAORDINÁRIA REESTRUTURAÇÃO DA FORD

Pouco depois de se tornar o CEO da Ford em 2006, Alan Mulally organizou uma reunião semanal com seus executivos sênior e perguntou como iam as coisas. Todos disseram que as coisas estavam indo bem. Ouvindo isso, um incrédulo Mulally exclamou: "Estamos estimando uma perda de $17 bilhões e ninguém vê nenhum problema?!". Obviamente, havia questões culturais em jogo (como negação e rivalidade pessoal entre eles), mas também alguns sérios problemas estratégicos e financeiros.

Que mudança alguns anos podem fazer! Os lucros da Ford em 2011 foram de $20 bilhões. Um enorme contraste com a perda de $14,7 bilhões em 2008 — uma época em que os altos preços da gasolina, as operações superdimensionadas e custo de mão de obra não competitivos, combinados com uma grande recessão, indicavam uma grande tempestade pela frente.

Como Mulally conseguiu essa reviravolta? Foram necessárias decisões estratégicas corajosas — que diziam respeito não apenas aos executivos da empresa, mas a toda sua força de trabalho sindicalizada representada pela United Auto Workers (UAW). Medidas imprescindíveis foram tomadas, envolvendo downsizing (racionalização e enxugamento da estrutura organizacional), criação de maior eficiência, melhora da qualidade, vender as marcas europeias de luxo e hipotecar bens imóveis para levantar dinheiro. Os representantes da Ford e do UAW também fizeram mudanças transformacionais para diminuir a estrutura de custo da companhia — um componente vital para a competitividade de longo prazo da companhia.

Vamos dar uma olhada mais de perto nas ações estratégicas de Mulally. Ele colocou em prática um processo de refinanciamento drástico do negócio levantando empréstimos bancários garantidos pelos ativos da companhia. Uma das primeiras tarefas, para isso, foi formatar o plano de recuperação da Ford e convencer os bancos de sua viabilidade e consistência. O financiamento fez com que a Ford se tornasse a única fabricante de automóveis norte-americana que não precisou da ajuda da lei de falências do governo. E, como observado por Mulally, "o resultado que tivemos por não ter pedido o precioso dinheiro do contribuinte foi fantástico". De fato, Jim Farley, chefe de marketing mundial da Ford, calcula que o fato de a Ford ter se mantido por sua própria conta representou $1 bilhão em publicidade favorável para a companhia e atraiu norte-americanos bem impressionados aos showrooms das concessionárias.

Segundo: ele decidiu que a empresa concentraria seus recursos na marca Ford e que se desfaria das empresas do Premier Automotive Group (PAG), uma divisão responsável pela gestão de marcas de luxo — mesmo que isso significasse perder dinheiro. Mulally ridicularizou a ideia de que os grandes executivos poderiam se concentrar no Jaguar antes do café da manhã, dar atenção ao Volvo ou ao Land Rover antes do almoço e à tarde considerar a Ford e seu modelo Lincoln na América do Norte. Em 2007, o Aston Martin foi vendido para investidores privados; o Jaguar e o Land Rover, repassados para o Tata Group da Índia em 2008; e uma fabricante de carros chinesa, a Geely, comprou o Volvo em 2010. Em seguida, a marca Mercury foi descontinuada.

Terceiro: Mulally percebeu que, além de menos marcas, a Ford precisava de um leque menor de modelos, mas com mais qualidade, para disseminar seu familiar logotipo oval azulado em todos os segmentos do mercado. A certa altura, os projetistas da Ford tiveram que lidar com 97 modelos diferentes — que foram reduzidos a 36 e podem continuar a diminuir.

Quarto: junto com a racionalização do número de modelos, Mulally insistiu em aumentar o nível de ambição no que se refere à qualidade. Embora a Ford alegasse paridade em relação ao Camry da Toyota, Mulally passou a dar ênfase à ideia de tornar cada carro que a Ford vende "no melhor em sua classe". Vários dos novos carros que são criados sob essa ótica vêm da Europa. A qualidade aumentou dramaticamente de acordo observadores fora da indústria, como a J. D. Power.

Quinto: para assegurar que êxitos regionais, como o Focus, se tornassem sucessos mundiais, oito das dez plataformas da Ford (chassis e pisos) são, agora, plataformas mundiais. Mais plataformas compartilhadas permitem que a Ford construa modelos diferentes de modo mais rápido e econômico, levando em conta os gostos e regulamentações regionais. Por exemplo, os vários produtos derivados do Fiesta podem parecer diferentes, mas compartilham 2/3 das peças usadas. Tais ações são especialmente importantes à medida que a Ford concentra seus esforços em automóveis menores e que consomem menos combustível, que, tradicionalmente, têm margens menores. Lewis Booth, diretor financeiro da Ford, observa: "Os gostos dos clientes estão convergindo. A eficiência no consumo de combustível é importante em toda a parte".

Sexto: Mulally teve que tomar dolorosas decisões de reestruturação para adequar a produção ao número de carros que a Ford podia vender. De 2006 em diante, a Ford se desfez da metade dos empregados nas linhas de produção na América do Norte e 1/3 dos funcionários administrativos. Até o fim de 2011, um total de dezessete fábricas haviam fechado, e o total de trabalhadores da Ford caiu de 128 mil para 75 mil. Além disso, 1/5 das concessionárias fecharam as portas. Com a ajuda das concessões dos sindicatos, a Ford reduziu em $14 bilhões os custos operacionais anuais e pode, agora, competir com as fábricas japonesas "transplantadas" para os Estados Unidos.

A propósito da bem-sucedida transformação da Ford, Mulally diz: "Ganhamos o direito de constituir uma família completa dos melhores carros em sua classe, aqui mesmo, nos Estados Unidos, com trabalhadores norte-americanos, e de competir com os melhores do mundo. Isso não é bom apenas para a Ford, nossos clientes e stakeholders, mas também para os Estados Unidos da América". Sem dúvida, essa declaração teria sido descartada, há alguns anos, como uma hipérbole retórica.

Fontes: Linn, A. 2010. For Ford's Mulally, big bets are paying off. www.msnbc.com. 26 de outubro: nd; Anônimo. 2010. Epiphany in Dearborn. *The Economist*. 11 de dezembro: 83–85; Reagan, J. Ford Motor's extraordinary turnaround. 10 de dezembro: np; e www.finance.yahoo.com.

descontinuou as operações de financiamento online, seguro e pagamento de contas da empresa, operações que estavam desperdiçando dinheiro. Em vez disso, se concentrou em softwares para empresas pequenas, menos de 250 pessoas. Ele também instituiu um sistema de recompensas baseado no desempenho que aumentou bastante a produtividade dos empregados. Em poucos anos, a Intuit estava novamente obtendo lucros substanciais, e suas ações subiram 42%.[84]

Mesmo quando uma indústria está em declínio total, bolsões de rentabilidade permanecem. São segmentos com clientes relativamente insensíveis ao fator preço. Por exemplo, a demanda de substituição de tubos a vácuo dá a seus fabricantes a oportunidade de ganhar retornos acima da média, embora o produto em si seja obsoleto. Surpreendentemente, nos mercados em declínio, ainda há segmentos que são estáveis ou crescentes. Embora as canetas-tinteiro tenham deixado, há muito tempo, de ser uma opção de escrita para a maioria das pessoas, os fabricantes conseguiram revestir esse produto com uma aura de luxo e elegância que transmite realização e sucesso. Todo negócio tem o potencial de rejuvenescimento. Mas isso requer criatividade, persistência e, acima de tudo, uma estratégia bem clara de transformação do potencial em realidade.

Destaques de Estratégia 5.7 fala sobre a incrível reviravolta da Ford sob a direção do CEO Alan Mulally.

QUESTÕES PARA DEBATER

A Porsche é uma marca de carro com história e identidade clara. No fim da década de 1940, a Porsche começou a projetar e produzir carros esporte de luxo. Iniciando com o Porsche 356, depois o Porsche 550, e, por fim, fabricando o icônico Porsche 911, ela se firmou no negócio automobilístico como um dos grandes nomes de carros esportivos, ao lado da Ferrari, Mercedes Benz e Lamborghini. A Porsche consolidou sua reputação como um carro esportivo líder, com 16 vitórias nas 24 Horas de Le Mans e 20 vitórias nas 24 Horas de Daytona. Hoje ela produz um dos carros esportivos mais caros e exclusivos do mundo — com a edição limitada do Porsche 918 Spyder supercarro, de $845 mil, no topo da lista. Este veículo tem um motor de 570 cavalos, carroceria de fibra de carbono e acelera de 0 a 96 km/h em três segundos.

Com todo esse histórico como produtora líder mundial no segmento de carros esportivos, pode ser surpreendente para muitos saber que mais de 50% dos lucros da Porsche, atualmente, vêm de um SUV, o Porsche Cayenne, um automóvel que tem a mesma plataforma básica que o VW Touareg e o Audi Q7. Além dos modelos esportivos, o 911, 918, 998, o Cayman e o Boxter, a Porsche produz o Cayenne e o Panamera, um cruiser quatro portas.

A mudança em seu portfólio de produtos levanta uma questão importante para a Porsche. Com o foco dos seus carros esportivos em deslocamento crescente para o exterior abre-se, para ela, a oportunidade de vender mais veículos. No entanto, isso vem acompanhado de um risco significativo. O preço extremamente elevado que a Porsche tem condições de cobrar resulta de ser encarada como uma fabricante de carros exclusivos, de alto desempenho. Stefan Batzel, diretor do Center of Automotive Management, da University of Applied Sciences, diz: "A Porsche precisa se certificar de que sua marca não está se massificando demais e que sua imagem de carros esportivos prevaleça". Porém, alguns clientes já notaram que a Porsche está se afastando muito de suas origens. Rick Ratliff, que costumava dirigir um Porsche e publicava um blog chamado "Porscheophile", resume essa visão, dizendo: "A Porsche era a mais pura das marcas", mas ela "meio que perdeu seu brilho".

Perguntas para Discussão

1. Foi uma atitude inteligente a Porsche continuar a aumentar seu portfólio de produtos além do mercado de carros esportivos, incluindo modelos mais práticos?
2. Como ela poderia equilibrar a necessidade de manter a imagem com o desejo de aumentar as vendas?

Fontes: Reiter, C. & Wuestner, C. 2012. Porsche's identity crisis. *Bloomberg BusinessWeek*, 9 de julho: 22–23; Elliott, H. 2013. Porsche head: Most important thing is a sexy brand. *Forbes.com*, 14 de janeiro: np; e www.porsche.com/usa.

> **Refletindo quanto às Implicações sobre a Carreira...**
>
> - **Tipos de Vantagem Competitiva:** Você conhece a estratégia de nível empresarial de sua organização? O que fazer para ajudar nossa empresa a aumentar a diferenciação ou diminuir os custos? É possível mostrar a seus superiores como você contribui para a estratégia de nível empresarial escolhida pela empresa?
> - **Tipos de Vantagem Competitiva:** Qual é sua própria vantagem competitiva? Quais são as oportunidades que seu trabalho atual lhe dá para melhorar sua vantagem competitiva? Você está usando sua vantagem competitiva da melhor maneira possível? Se não, que organizações poderiam proporcionar melhores oportunidades de fazer isso? Seu currículo reflete de modo claro sua vantagem competitiva? Ou você está "atolado no meio do caminho"?
> - **Compreendendo *sua* Diferenciação:** Ao procurar por um novo emprego ou por um avanço na empresa atual, pode-se identificar o que nos diferencia de outros candidatos. Considere os itens da Figura 5.4 para fazer isso.
> - **O Ciclo de Vida Setorial:** Antes de comparecer a uma entrevista de emprego, deve-se identificar em que estágio do ciclo de vida da indústria essa empresa está. Pode-se ter mais oportunidades de avanço da carreira em um setor de atividade que está no estágio de crescimento e não no de declínio.
> - **O Ciclo de Setorial:** Caso sinta que sua carreira está amadurecendo (ou declinando!), que ações se pode tomar para restaurar seu crescimento e impulso (p. ex., treinamento, orientação, redes profissionais)? Deve-se considerar ativamente oportunidades profissionais em outras segmentos?

resumo

Como e por que algumas empresas têm um melhor desempenho que outras é o assunto principal da administração estratégica. Neste capítulo identificamos as três estratégias genéricas e vimos como as empresas podem obter vantagens sobre seus concorrentes e como sustentar essa condição com o passar do tempo. Por que algumas vantagens são duradouras enquanto outras não demoram para ser imitadas pelos concorrentes?

As três estratégias genéricas — liderança no custo total, diferenciação e foco — são as questões principais deste capítulo. Iniciamos fazendo uma breve descrição de cada estratégia genérica (ou vantagem competitiva) e demos exemplos de empresas que tiveram êxito na execução dessas estratégias. Estratégias genéricas bem-sucedidas melhoram invariavelmente a posição da empresa com relação às cinco forças da indústria — um ponto que enfatizamos e exemplificamos. No entanto, como salientado, cada uma dessas estratégias tem armadilhas. Assim, a sustentabilidade da vantagem de uma empresa está sempre sob risco por causa da imitação ou da substituição por concorrentes novos ou já existentes. Tais ações prejudicam a vantagem da empresa com o tempo.

Também discorremos sobre a viabilidade de se combinar (ou integrar) a liderança no custo total e as estratégias de diferenciação genéricas. Se bem-sucedida, tal integração pode fazer uma empresa apresentar um desempenho superior e melhorar sua posição competitiva. Contudo, trata-se de algo desafiador, e os administradores devem estar cientes da possível desvantagem de riscos associados com tais iniciativas.

Falamos sobre os desafios inerentes na determinação da sustentabilidade das vantagens competitivas. Baseando-nos em um exemplo da indústria manufatureira, falamos sobre "prós" e "contras" da sustentabilidade das vantagens competitivas durante um bom período de tempo.

O jeito que as companhias formulam e executam as estratégias está mudando por causa do impacto da internet e das tecnologias digitais em muitos segmentos de mercados. Além disso, as tecnologias da internet estão viabilizando a customização em massa de muitos concorrentes. As estratégias de foco provavelmente aumentarão de importância porque a internet proporciona grande especificação e acesso de baixo custo a mercados estreitos ou especializados. Tais estratégias não deixam de ter suas armadilhas, porém, e as empresas precisam entender os perigos e os possíveis benefícios dos métodos baseados na internet.

O conceito do ciclo de vida setorial é uma contingência crítica que os administradores devem levar em conta ao criar e sustentar vantagens competitivas. Identificamos quatro estágios no ciclo de vida setorial — introdução, crescimento, maturidade e declínio — e sugerimos como esses estágios têm papel importante nas decisões que os gestores devem tomar em nível empresarial. Estas incluem as estratégias gerais e a ênfase relativa em áreas funcionais e no valor — a criação de atividades.

Quando o desempenho de uma empresa é severamente prejudicado, as estratégias de turnaround são necessárias para inverter a situação e melhorar a posição de vantagem competitiva. Falamos sobre três métodos — ativos e corte de custos, produtos seletos e poda de mercado, e melhora gradual da produtividade.

Perguntas de Revisão do Resumo

1. Explique por que o conceito de vantagem competitiva é vital no estudo da administração estratégica.
2. Descreva brevemente as três estratégias genéricas — liderança no custo total, diferenciação e foco.
3. Explique a relação entre as três estratégias genéricas e as cinco forças para determinar a rentabilidade média em um segmento econômico.
4. Cite algumas maneiras de uma empresa realizar uma estratégia de turnaround bem-sucedida.
5. Descreva algumas das armadilhas associadas a cada uma das três estratégias genéricas.

6. As empresas podem combinar as estratégias genéricas de liderança de custo total e diferenciação? Por quê? Ou por que não?
7. Explique por que o conceito de ciclo de vida de um setor de atividade é um fator importante para determinar a estratégia de nível empresarial de uma empresa.

termos-chave

estratégia de nível empresarial 142
estratégias genéricas 142
liderança de custo total 143
curva de experiência 143
paridade competitiva 143
estratégia de diferenciação 147
estratégia de foco 152
estratégias de combinação 154
customização em massa 154
conjunto de lucros 155
tecnologias digitais 160
ciclo de vida setorial 162
estágio de introdução 164
estágio de crescimento 165
estágio de maturidade 165
posicionamento reverso 166
posicionamento diferenciado 166
estágio de declínio 166
estratégia de colheita 168
estratégia de consolidação 168
estratégia de turnaround 169

exercício experimental

Cite alguns exemplos de atividades primárias e de apoio que fazem com que a Nucor, uma fabricante de aço cujo valor de mercado é de $19 bilhões, implemente uma estratégia de baixo custo? (Preencha a tabela a seguir.)

questões & exercícios práticos

1. Acesse www.walmart.com. Como essa empresa conseguiu combinar as estratégias de liderança de custo total e de diferenciação?
2. Escolha uma empresa com a qual você esteja familiarizado em sua comunidade de negócios local. Essa empresa é bem-sucedida em seguir uma (ou mais) estratégias genéricas? Por quê? Ou por que não? Cite alguns desafios que você acha que ela enfrenta para implementar essas estratégias de maneira eficaz?
3. Pense em uma empresa que realizou a estratégia de foco de diferenciação ou custo. Suas vantagens são sustentáveis? Por quê? Por que não? (*Dica*: considere sua posição em relação às cinco forças de Porter.)
4. Pense em uma empresa que conseguiu combinar as estratégias de liderança de custo total e de diferenciação. O que podemos aprender com esse exemplo? Tais vantagens são sustentáveis? Por quê? Por que não? (*Dica*: considere sua posição em relação às cinco forças de Porter.)

questões éticas

1. Você consegue pensar em alguma companhia que sofreu consequências éticas como resultado de ênfase exagerada na estratégia de liderança de custo? Quais você acha que foram as consequências financeiras e não financeiras?
2. No estágio introdutório do ciclo de vida de um produto, cite algumas práticas antiéticas que alguns administradores poderiam realizar para fortalecer a posição de mercado da empresa deles? Cite algumas das consequências a longo prazo de tais ações?

Atividade da Cadeia de Valor	Sim/Não	Como a Nucor Gera Valor para o Cliente?
Primária:		
Logística de entrada		
Operações		
Logística de distribuição		
Marketing e vendas		
Prestação de Serviços		
Apoio:		
Compras		
Desenvolvimento de tecnologia		
Gestão de recursos humanos		
Administração geral		

referências

1. Kaplan, D. 2012. Hostess is bankrupt again. *Fortune,* 13 de agosto: 61–70; e Suddaht, C. 2012. Hard choices: Gregory Rayburn on the dimming of Twinkies. *Bloomberg BusinessWeek,* 26 de novembro: 104.
2. Para uma perspectiva recente de Porter sobre estratégias competitivas, veja: Porter, M. E. 1996. What is strategy. *Harvard Business Review,* 74(6): 61–78.
3. Para perspectivas sobre como uma startup utiliza a tecnologia solar, veja: Gimbel, B. 2009. Plastic power. *Fortune,* 2 de fevereiro: 34.
4. Encontramos perspectivas úteis sobre estratégia durante crises econômicas em: Rhodes, D. & Stelter, D. 2009. Seize advantage in a downturn. *Harvard Business Review,* 87(2): 50–58.
5. Encontramos algumas ideias úteis sobre como manter vantagens competitivas em: Ma, H. & Karri, R. 2005. Leaders beware: Some sure ways to lose you competitive advantage. *Organizational Dynamics,* 343(1): 63–76.
6. Miller, A. & Dess, G. G. 1993. Assessing Porter's model in terms of its generalizability, accuracy, and simplicity. *Journal of Management Studies,* 30(4): 553–585.
7. Gasparro, A. & Martin, T. 2012. What's wrong with America's supermarkets? WSJ.com, 12 de julho: np.
8. Para perspectivas sobre como descontos podem prejudicar o desempenho de uma empresa, leia: Stibel, J. M. & Delgrosso, P. 2008. Discounts can be dangerous. *Harvard Business Review,* 66(12): 31.
9. Para uma discussão e análise acadêmica do conceito de paridaded competitiva, veja: Powell, T. C. 2003. Varieties of competitive parity. *Strategic Management Journal,* 24(1): 61–86.
10. Rao, A. R., Bergen, M. E., & Davis, S. 2000. How to fight a price war. *Harvard Business Review,* 78(2): 107–120.
11. Marrior, J. W. Jr. Our competitive strength: Human capital. Palestra no Detroit Economic Club em 2 de outubro de 2000.
12. Burrus, D. 2011. *Flash foresight: How to see the invisible and do the impossible.* Nova York: Harper Collins.
13. Corstjens, M. & Lal, R. 2012. Retail doesn't cross borders. *Harvard Business Review,* abril: 104–110.
14. Downing, L. 2012. Finally, a use for sandwich crusts. *Bloomberg BusinessWeek,* 18 de junho: 18–19.
15. Hagerty, J. 2012. Hog maker Harley gets lean. *Wall Street Journal,* 22 de setembro: B1–B3.
16. Encontramos interessantes perspectivas sobre a eficácia da estratégia de liderança de custo do Walmart em: Palmeri, C. 2008. Wal-Mart is up for this downturn. *BusineesWeek,* 6 de novembro: 34.
17. Encontramos uma perspectiva interessante sobre os perigos dos descontos de preços em: Mohammad, R. 2011. Ditch the discounts. *Harvard Business Review,* 89 (1/2): 23–25.
18. Dholakia, U. M. 2011. Why employees can wreck promotional offers. *Harvard Business Review,* 89(1/2): 28.
19. Jacobs, A. 2010. Workers in China voting with their feet. *International Herald Tribune.* 13 de julho: 1, 14.
20. Para uma perspectiva sobre a sustentabilidade das vantagens competitivas, veja: Barney, J. 1995. Looking inside for competitive advantage. *Academy of Management Executive,* 9(4): 49–61.
21. Thorton, E., 2001. Why e-brokers are broker and broker. *BusineesWeek,* 22 de janeiro: 94.
22. Mohammed, R. 2011. Ditch the discounts. *Harvard Business Review,* 89(1/2):23–25.
23. Wilson, D. 2012. Big Beer dresses up in craft brewers' clothing. Fortune.com, 15 de novembro: np.
24. Para uma análise "definitiva" sobre serviços diferenciados, considere a ação do tempo em automóveis exóticos, tais como Lamborghinis e Bentleys. Veja: Stead, D. 2008. My Lamborghini—today, anyway. *BusineesWeek,* 18 de janeiro: 17
25. Para uma perspectiva interessante sobre o valor de marcas corporativas e sobre como elas podem ser estimuladas, veja: Aaker, D. A. 2004. *California Management Review,* 46(3): 6–18.
26. Uma interessante perspectiva sobre as estratégias de diferenciação em: Austin, R. D. 2008. High margins and the quest for aesthetic coherence. *Harvard Business Review,* 86(1): 18–19.
27. Eng, D. 2011. Cheesecake Factory's winning formula. *Fortune,* 2 de maio: 19–20.
28. Para uma discussão sobre a qualidade em termos de software de uma companhia e sistemas de informação, veja: Prahalad, C. K. & Krishnan, M. S. 1999. The new meaning of quality in the information age. *Harvard Business Review,* 77(5): 109–118.
29. O papel do design na obtenção da diferenciação é abordado em: Brown, T. 2008. Design thinking. *Harvard Business Review,* 86(6): 84–92.
30. Taylor, A., III. 2001. Can you believe Porsche is putting its badge on this car? *Fortune,* 19 de fevereiro: 168–172.
31. Mann, J. 2010. The best service in the world. *Networking Times,* janeiro: np.
32. Markides, C. 1997. Strategic innovation. *Sloan Management Review,* 38(3): 9–23.
33. Bonnabeau, E., Bodick, N., & Armstrong, R. W. 2008. A more rational approach to new-product development. *Harvard Business Review,* 66(3): 96–102.
34. Perspectivas sobre a inovação da Google são encontradas em: Iyer, B. & Davenport, T. H. 2008. Reverse engineering Google's innovation machine. *Harvard Business Review,* 66(4): 58–68.
35. Encontramos uma discussão sobre como uma empresa usou a tecnologia para criar uma diferenciação de produto em: Mehta, S. N. 2009. Under Armor reboots. *Fortune,* 2 de fevereiro: 29–33 (5).
36. Bertini, M. & Wathieu, L. 2010. How to stop customers from fixating on price. *Harvard Business Review,* 88(5): 84–91.
37. Gostaríamos de agradecer a Scott Droege, um membro do corpo docente da Western Kentucky University, por este exemplo.
38. Dixon, M., Freeman, K. & Toman, N. 2010. Stop trying to delight your customers. *Harvard Business Review,* 88(7/8).
39. Flint, J. 2004. Stop the nerds. *Forbes,* 5 de julho: 80; e Fahey, E. 2004. Over-engineering 101. *Forbes,* 13 de dezembro: 62.
40. Symonds, W. C. 2000. Can Gillette regain its voltage? *BusineesWeek,* 16 de outubro: 102–104.
41. Caplan, J. 2006. In a real crunch. *Inside Business,* julho: A37–A38.
42. Gadiesh, O. & Gilbert, J. L. 1998. Profit pools: A fresh look at strategy. *Harvard Business Review,* 76(3): 139–158.
43. Colvin, G. 2000. Beware: You could soon be selling soybeans. *Fortune,* 13 de novembro: 80.

44. Anders, G. 2012. How LinkedIn has turned your resume into a cash machine. Forbes.com, 16 de julho: np.
45. Burrus, D. 2011. *Flash Foresight: How to see the invisible and do the impossible*. Nova York: Harper Collins.
46. Hall, W. K. 1980. Survival strategies in a hostile environment, *Harvard Business Review*, 58: 75–87; sobre a indústria de tintas e produtos relacionados, veja: Dess, G. G. & Davis, P. S. 1984. Porter's (1980) generic strategies as determinants of strategic group membership and organizational performance. *Academy of Management Journal*, 27: 467–488; para a indústria de aparelhos eletrônicos coreanos, veja: Kim, L. & Lim, Y. 1988. Environment, generic strategies, and performance in a rapidly developing contry: A taxonomic approach. *Academy of Management Journal*, 31: 802–827; Wright, P., Hotard, D., Kroll, M., Chan, P., & Tanner, J. 1990. Performance and multiple strategies in a firm: Evidence from the apparel industry. Em Dean, B. V. & Cassidy, J. C. (Eds.), *Strategic management: Methods and studies*: 93–110. Amsterdam: Elsevier-North Holland; e Wright, P., Kroll, M., Tu, H., & Helms, J. 1991. Generic strategies and business performance: An empirical study of the screw machine products industry; *British Journal of Management*, 2: 1–9.
47. Gilmore, J. H. & Pine, B. J., II. 1997. The four faces of customization. *Harvard Business Review*, 75(1): 91–101.
48. Heracleous, L. & Wirtz, J. 2010. Singapore Airlines' balancing act. *Harvard Business Review*, 88(7/8): 145–149.
49. Gilmore & Pine, op. cit. Para interessantes perspectivas sobre a customização em massa, veja: Cattani, K., Dahan, E., & Schmidt, G. 2005. Offshoring versus "spackling." *MIT Sloan Management Review*, 46(3): 6–7.
50. Goodstein, K. D. & Butz, H. E. 1998. Customer value: The linchpin of organizational change. *Organizational Dynamics*, verão: 21–34.
51. Randall, T., Terwiesch, C., & Ulrich, K. T. 2005. Principles for user design of customized products. *California Management Review*, 47(4): 68–85.
52. Gadiesh & Gilbert, op. cit.: 139–158.
53. Insights sobre o conceito de profit pool em: Reinartz, W. & Ulaga, W. 2008. How to sell services more profitably. *Harvard Business Review*, 66(5): 90–96.
54. Este exemplo se baseia em Dess & Picken. 1997. op. cit.
55. Encontramos uma discussão rigorosa e completa sobre as ameaças enfrentadas pelas indústrias devido à banalização de produtos e serviços e quais ações estratégicas uma empresa deve considerar em: D'Aveni, R. A. 2010. *Beating the commodity trap*. Boston: Harvard Business Press.
56. Para uma discussão profunda e recente sobre as dificuldades e desafios associados com a criação de vantagens que são sustentáveis por qualquer período razoável de tempo, e estratégias sugeridas, veja: D'Aveni, R. A., Dagnino, G. B. & Smith, K. G. 2010. The age of temporary advantage. *Strategic Management Journal*, 31(13): 1371–1385. Este é o artigo principal de um assunto especial dessa publicação que dá muitas ideias úteis tanto para acadêmicos como para administradores praticantes. Para um exame adicional sobre o declínio da vantagem em indústrias de tecnologia intensiva, veja: Vaaler, P. M. & McNamara, G. 2010. Are technology-intensive industries more dynamically competitive? No and yes. *Organization Science*, 21: 271–289.
57. Rita McGrath fornece algumas ideias interessantes sobre possíveis estratégias para empresas que enfrentam ambientes competitivos altamente incertos: McGrath, R. G. 2011. When your business model is in trouble. *Harvard Business Review*, 89(1/2): 96–98.
58. O exemplo da Atlas Door se baseia em: Stalk, G., Jr. 1988. Time—the next source of competitive advantage. *Harvard Business Review*, 66(4): 41–51.
59. Edelman, D. C. 2010. Branding in the digital age. *Harvard Business Review*, 88(12): 62–69.
60. Seybold, P. 2000. Niches bring riches. *Business 2.0*, 13 de junho: 135.
61. Encontramos apoio empírico para o uso de estratégias de combinação num contexto de e-business em: Kim, E., Nam, d., & Stimpert, J. L. 2004. The applicability of Porter's generic strategies in the Digital Age: Assumptions, conjectures, and suggestions. *Journal of Management*, 30(5): 569–589.
62. Porter, M. E. 2001. Strategy and the Internet. *Harvard Business Review*, 79: 63–78.
63. Para uma perspectiva interessante sobre a influência do ciclo de vida do produto e o índice da mudança tecnológica na estratégia competitiva, veja: Lei, D. & Slocum, J. W. Jr. 2005. Strategic and organizational requirements for competitive advantage. *Academy of Management Executive*, 19(1): 31–45.
64. Dickson, P. R. 1994. *Marketing management*, 293. Fort Worth, TX: Dryden Press; Day, G. S. 1981. The product life cycle: Analysis and application. *Journal of Marketing Research*, 45: 60–67.
65. Bearden, W. O., Ingram, T. N., & LaForge, R. W. 1995. *Marketing principles and practices*. Burr Ridge, IL: Irwin.
66. MacMillan, L. C. 1985. Preemptive strategies. Em Guth, W. D. (Ed.). *Handbook of business strategy*: 9–1–9–22. Boston: Warren, Gorham & Lamont; Pearce, J. A. & Robinson, R. B. 2000. *Strategic management* (7ª ed.). Nova York: McGraw-Hill; Dickson, op. cit.: 295–296.
67. Bartlett, C. A. & Ghoshal, S. 2000. Going global: Lessons for late movers. *Harvard Business Review*, 78(2): 132–142.
68. Neuborne, E. 2000. E-tailers hit the relaunch key. *BusineesWeek*, 17 de outubro: 62.
69. Berkowitz, E. N., Kerin, R. A., & Hartley, S. W. 2000. *Marketing* (6ª ed.). Nova York: McGraw-Hill.
70. MacMillan, op. cit.
71. Brooker, K. 2001. A game of inches. *Fortune*, 5 de fevereiro: 98–100.
72. Nossa discussão sobre posicionamento reverso e em outra categoria se baseia em Moon, Y. 2005. Break free from the product life cycle. *Harvard Business Review*, 83(5): 87–94. Este artigo também discute o posicionamento camuflado como um meio de superar a resistência do cliente e fazer um produto avançar da fase introdutória para a de crescimento.
73. MacMillan, op. cit.
74. Berkowitz, et al., op. cit.
75. Bearden et al., op. cit.
76. A discussão sobre essas quatro estratégias se baseia em MacMillan, op. cit.; Berkowitz et al., op. cit.; e Bearden et al., op. cit.
77. Augustine, N. R. 1997. Reshaping an industry: Lockheed Martin's survival story. *Harvard Business Review*, 75(3): 83–94.

78. Snow, D. C. 2008. Beware of old technologies' last gasps. *Harvard Business Review*, janeiro: 17–18. Lohr, S. 2008. Why old technologies are still kicking. *New York Times*, 23 de março: np; e McGrath, R. G. 2008. Innovation and the last gasps of dying technologies. ritamcgrath.com, 18 de março: np.
79. Coyne, K. P., Coyne, S. T. & Coune, E. J. Sr. 2010. When you've got to cut costs—now. *Harvard Business Review*, 88(5): 74–83.
80. Um estudo fundamentado na visão baseada em recursos da empresa para investigar as estratégias de meia-volta bem-sucedidas é: Morrow, J. S., Sirmon, D. G., Hitt, M. A., & Holcomb, T. R. 2007. *Strategic Management Journal*, 28(3): 271–284.
81. Para um estudo que investiga a relação entre reestruturação organizacional e o desempenho de aquisição, veja: Barkema, H. G. & Schijven, M. Toward unlocking the full potential of acquisitions: The role of organizational restructuring. *Academy of Management Journal*, 51(4): 696–722.
82. Para algumas ideias úteis sobre turnaround eficaz e sobre como lidar com crises, veja: Marks, M. S. & De Meuse, K. P. 2005. Resizing the organization: Maximizing the gain while minimizing the pain of layoffs, divestitures and closing. *Organizational Dynamics*, 34(1): 19–36.
83. Hambrick, D. C. & Schecter, S. M. 1983. Turnaround strategies for mature industrial product business units. *Academy of Management Journal*, 26(2): 231–248.
84. Mullaney, T. J. 2002. The wizard of Intuit. *BusineesWeek*, 28 de outubro: 60–63.

PARTE 2: FORMULAÇÃO DA ESTRATÉGIA

capítulo 6

Estratégia Corporativa:

Criar Valor Através da Diversificação

Depois da leitura deste capítulo você deverá obter uma boa compreensão dos seguintes pontos a aprender:

PA6.1 Os motivos das falhas de muitos esforços de diversificação.

PA6.2 Como os administradores podem criar valor por meio de iniciativas de diversificação.

PA6.3 Como as corporações podem usar a diversificação relacionada para obter benefícios sinérgicos mediante economias de escopo e poder de mercado.

PA6.4 Como as corporações podem usar a diversificação não relacionada para obter benefícios sinérgicos em função da reestruturação e cuidados corporativos, e através da análise do portfólio.

PA6.5 Os vários meios de se empenhar pela diversificação — fusões e aquisições, joint ventures/alianças estratégicas e desenvolvimento interno.

PA6.6 Comportamentos administrativos que podem prejudicar a criação de valor.

Aprenda com os Erros

A câmera de vídeo Flip surgiu em 2007 e fez sucesso, vendendo mais de 2 milhões de pequenas câmeras, simples e fáceis de usar, em dois anos. Notando uma oportunidade no mercado de vídeo digital, a Cisco Systems comprou a Pure Digital Technologies, a matriz da Flip, em 2009, por $590 milhões.[1] Apenas dois anos mais tarde, a Cisco anunciou que estava encerrando a produção das câmeras de vídeo Flip e fechando sua divisão. Por que a Cisco, uma empresa experiente em aquisições, tropeçou nesse caso?

A Cisco, uma gigante em redes de computadores, foi muito bem-sucedida durante os últimos anos, realizando mais de $46 bilhões em vendas e $8 bilhões de resultado líquido em 2012. Como parte do modelo de negócios, a Cisco costuma realizar aquisições para ampliar a base tecnológica e a lista de produtos. Na última década, a Cisco comprou mais de 80 empresas, ampliando seu portfólio.

Mesmo sendo experiente com aquisições, a Cisco não foi bem-sucedida com a Flip por dois motivos. Primeiro: as operações principais da companhia envolvem equipamentos e programas de rede. Já a Flip vendia câmeras de vídeo para clientes individuais. São negócios muito diferentes, e o conhecimento e outras competências da Cisco não eram de muito valor nesse caso. Embora a Cisco tivesse certo sucesso em ampliar seu mercado de consumo, como no caso da aquisição da Linksys, o êxito vinculou-se à semelhança entre os tipos de negócio.

Segundo: nas empresas grandes e muito diversificadas, as tomadas de decisão podem ser lentas e distantes das condições do mercado. A Cisco competia em mercados muito amplos e uma estrutura composta por cerca de 60 grupos decisórios, com vários níveis separando John Chambers, o presidente da Cisco, dos mercados individuais. Nessas condições, as tomadas de decisão em relação a uma divisão tão pequena, de apenas $400 milhões de vendas, 1% das vendas gerais da Cisco, não eram prioritárias. Stephen Baker, um analista do NPD Group, percebeu isso e disse que "a Cisco nunca esteve comprometida com o produto". Como resultado, a Flip perdeu agilidade e capacidade de resposta às pressões do mercado, um posicionamento bem diferente de quando era uma empresa empreendedora.

Esses dois fatores fizeram com que a Flip não conseguisse reagir às rápidas mudanças ocorrendo no mercado doméstico. A Flip experimentou um crescimento astronômico de 2007 a 2009, mas isso simplesmente detonou uma investida de câmeras concorrentes. A Flip também enfrentou uma crescente ameaça das câmeras de vídeo embutidas em smartphones e tablets. Houve também, nesse período, alterações no modo como os clientes lidavam com os dispositivos de vídeo. Os usuários desejavam cada vez mais poder compartilhar vídeos em tempo real e carregá-los no YouTube, Flickr e outros sites de mídia social. A Cisco não se deu conta e não acrescentou tecnologias de transmissão sem fio em suas câmeras. John Chambers, presidente da Cisco, admitiu o erro. "Com a Flip, perdemos a transição [...] tratava-se de um software que acessava a nuvem — o modo como transmitiremos informações no futuro. Deveríamos estar desenvolvendo nosso software para a nuvem, o que não estávamos fazendo com esse aparelho. E perdemos essa oportunidade".

Ou seja, a Cisco não tinha a visão necessária para ser bem-sucedida nesse mercado ou a habilidade de responder com a rapidez suficiente às mudanças dinâmicas dos desejos dos clientes.

Perguntas para Discussão

1. A Flip teria mais chances de ser bem-sucedida sozinha do que como parte da Cisco? Por quê? Ou, por que não?
2. A Cisco não tinha o foco de mercado apropriado ou as competências para ser bem-sucedida com a Flip. Quais empresas poderiam ter êxito adquirindo a Flip?

PA6.1
Os motivos das falhas de muitos esforços de diversificação.

estratégia corporativa
uma estratégia que se concentra em aumentar receitas, lucros e valor de mercado no longo prazo através da gestão operacional de vários negócios.

A experiência da Cisco com a Flip é mais a regra do que a exceção. A pesquisa mostra que a imensa maioria das aquisições resulta na destruição, e não na criação de valor. Muitas grandes multinacionais também deixaram de ser eficazes em integrar suas aquisições, pagaram um preço muito elevado pelas ações ordinárias delas, ou não entenderam como os recursos da empresa adquirida se encaixariam em suas próprias linhas de negócios.[2] E, às vezes, os grandes executivos podem não ter agido no melhor interesse dos acionistas. Ou seja, o motivo da aquisição pode ter sido aumentar o poder e prestígio dos executivos, em vez de aumentar o retorno dos acionistas. Às vezes, os únicos que podem ter se beneficiado foram os acionistas das empresas *adquiridas* — ou os bancos de investimento que recomendam o negócio, uma vez que recebem gordas comissões antecipadamente, não importando o que aconteça depois.[3]

Foram realizados vários estudos, em diversos momentos no tempo, que mostraram no que aquisições decepcionantes costumam resultar. Por exemplo:

- Um estudo avaliou a reação do mercado de ações a 600 aquisições no período entre 1975 e 1991. Os resultados indicaram que as empresas adquirentes sofreram uma média de 4% de queda no valor de mercado (depois do período inicial de ajuste aos movimentos do mercado) após três meses do anúncio das aquisições.[4]
- Em um estudo feito pela Solomon Smith Barney das companhias dos EUA adquiridas desde 1997 em acordos de $15 bilhões ou mais, as ações das empresas adquiridas tiveram, em média, um desempenho menor em quatorze pontos porcentuais, segundo o índice da S&P, e quatro pontos porcentuais a menos em relação a seus pares depois do anúncio dos acordos.[5]
- Outro estudo investigou 270 fusões ocorridas entre 2000 e 2003 em vários países e regiões. Descobriu-se que, depois de uma fusão, o crescimento das vendas diminuiu 6%, o crescimento da receita caiu 9,4%, e as avaliações de mercado declinaram 2,5% (esses números são ajustados para as tendências setoriais e se referem aos três anos pré ou pós-fusão).[6]
- Um estudo que investigou 86 ofertas de controle societário que aconteceram entre 1993 e 2008 revelou um retorno negativo de 2% ao mês em desempenhos de longo prazo para um período de três anos pós-aquisição.[7]

A Figura 6.1 lista alguns exemplos bem conhecidos de aquisições e fusões mal sucedidas.

FIGURA 6.1 Alguns Erros Graves de Fusões e Aquisições Bem Conhecidas

Exemplos de Alguns Erros Extremamente Caros

- A Sprint e a Nextel se fundiram em 2005. Em 31 de janeiro de 2008, a empresa anunciou que os encargos relacionados à fusão alcançavam $31 bilhões. Suas ações haviam perdido 76% do valor até fins de 2012, quando foi informado que a Sprint Nextel seria comprada pela Softbank, uma empresa japonesa de telecomunicações e internet. O preço das ações da Softbank caiu 20% na semana seguinte ao anúncio.
- A AOL pagou $114 bilhões para adquirir a Time Warner em 2001. Dois anos após, a AOL Time Warner havia perdido $150 bilhões em valor de mercado.
- Em 1998, a Conseco investiu $5,8 bilhões na compra da Green Tree, que fazia empréstimos hipotecários de trailers, embora o valor líquido da companhia não chegasse a $1 bilhão. Nos dois anos seguintes, a Conseco perdeu 90% de seu valor de mercado!
- A Daimler Benz gastou $36 bilhões para adquirir a Chrysler em 1998. Depois de anos de perdas, alienou 80,1% da unidade à Cerberus Capital Management por $7,4 bilhões em 2007. Ser o acionista majoritário não serviu de nada para a Cerberus, visto que a Crysler acabou declarando falência e pedindo auxílio do governo em 2009.
- Em 2012, a Hewlett-Packard perdeu $9 bilhões dos $11 bilhões que pagou pela Autonomy, uma companhia de software adquirida no ano anterior. Depois da compra, a HP descobriu que os balanços contábeis da Autonomy não representavam a realidade da situação econômica da empresa, resultando em uma queda de 80% do valor da Autonomy depois que as irregularidades na contabilidade foram corrigidas.
- De modo similar, em 2012, a Microsoft admitiu ter cometido um grande erro ao adquirir a aQuantive, uma empresa de publicidade digital, que lhe custou a perda quase integral dos $6,2 bilhões pagos por ela em 2007.

Fontes: Ante, S. E. 208. Sprint's wake-up call. businessweek.com, 21 de fevereiro: np; Gupta, P. 2008. Daimler may sell remaining Chrysler stake. www.reuters.com, 24 de setembro: np; Tully, S. 2006. The (second) worst deal ever. *Fortune*, 16 de outubro: 102–119; e Wakabayashi, D., Troianovski, A. & Ante, S. 2012. Bravado behind Softbank's Sprint deal. 16 de outubro, wsj.com: np.

Muitas aquisições acabam resultando em desinvestimento — uma admissão de que as coisas não saíram como planejado. De fato, há alguns anos, um escritor da revista *Fortune* lamentou: "Estudos mostram que de 33% a 50% das aquisições resultam em fracasso total, fazendo com que esses casamentos corporativos tenham um índice de divórcio similar aos de homens e mulheres".[8]

Devemos reconhecer, porém, que estivemos um tanto pessimistas até agora.[9] Obviamente, muitos esforços de diversificação funcionaram muito bem — quer por meio de fusões e aquisições, alianças estratégicas e joint ventures, ou desenvolvimento interno. Contaremos muitas histórias de sucesso neste capítulo. A seguir abordaremos os principais motivos da diversificação.

Fazendo a Diversificação Funcionar: Uma Visão Geral

> **PA6.2**
> Como os administradores podem criar valor por meio de iniciativas de diversificação.

Certamente, nem todos os movimentos de diversificação, incluindo os que envolvem fusões e aquisições, prejudicam o desempenho. Por exemplo, as aquisições na indústria de petróleo, como as compras da Amoco e da Arco pela British Petroleum, estão apresentando um bom desempenho, assim como a fusão Exxon-Mobil. A MetLide ampliou drasticamente sua marca mundial ao comprar, em 2010, a Alico, um agente global no negócio de seguros da AIG, que na época passava por uma crise financeira. Visto que a AIG estava desesperada para vender ativos, a MetLife pôde fechar o negócio a um preço atraente. Com a aquisição, a MetLife estendeu seu alcance global de 17 para 64 países e aumentou sua receita não norte-americana de 15% para 40%.[10] Muitas empresas de alta tecnologia, como a Google, Apple e Intel, incrementaram dramaticamente suas receitas, lucros e valor de mercado mediante uma série de iniciativas de diversificação, incluindo aquisições, alianças estratégicas e joint ventures, bem como através de desenvolvimento interno.

diversificação
o processo das empresas expandirem suas operações entrando em novos negócios.

Assim, a questão é: por que alguns esforços de diversificação têm bom resultado enquanto outros não? Este capítulo aborda dois pontos relacionados com isso: (1) Em quais negócios uma corporação deve competir?; e (2) Como estes negócios devem ser administrados para criar mais valor em conjunto do que se estivessem por conta própria?

Iniciativas de diversificação — quer por meio de fusões e aquisições, alianças estratégicas e joint ventures, ou desenvolvimento interno — devem ser justificadas pela criação de valor para os acionistas.[11] Mas nem sempre é o caso.[12] As empresas adquirentes costumam pagar um mundo de dinheiro ao comprar uma empresa-alvo. Por exemplo, em 2006 a Freeport-McMoran pagou 30% a mais do valor real para adquirir a Phelps Dodge no intuito de criar a maior empresa de metais e mineração nos EUA. Em contraste, nós, como investidores privados, podemos diversificar nossa carteira de ações sem pagar muito. Em face da intensa competição reinante entre as corretoras online, é possível adquirir centenas (ou milhares) de ações por uma taxa de corretagem de cerca de $10 ou menos — uma grande diferença de 30% ou 40% (ou mais) além do preço extra que as corporações costumam pagar para adquirir companhias.

Devido aos aparentemente elevados riscos e incertezas, poderíamos nos perguntar: por que as companhias haveriam de sequer considerar iniciativas de diversificação? A resposta, em uma palavra, é *sinergia* (que vem da palavra grega *synergos*, que significa "trabalhar junto"). Isso pode ter dois significados diferentes, mas não mutuamente exclusivos.

Primeiro: uma empresa pode diversificar em negócios *relacionados*. Nesse caso, os possíveis benefícios primários resultantes vêm de *relações horizontais*, ou seja, negócios que compartilham recursos intangíveis (p. ex., competências principais, como o marketing) e tangíveis (p. ex., instalações de produção, canais de distribuição).[13] As empresas também podem aumentar seu poder de mercado valendo-se do poder de negociação conjunto e integração vertical. Por exemplo, a Procter & Gamble tem muitas sinergias por ter negócios que compartilham recursos de distribuição.

Segundo: uma corporação pode se diversificar por entrar em negócios *não relacionados*.[14] Aqui, os possíveis benefícios primários resultantes vêm de *relações hierárquicas*, ou seja, criação de valor resultante da junção dos escritórios corporativos. Exemplos deste último incluiriam alavancar algumas das atividades de apoio na cadeia de valores, conforme analisado no Capítulo 3, como sistemas de informação ou práticas de recursos humanos. A Cooper Industries seguiu uma estratégia de sucesso de diversificação não relacionada. Há pouca

FIGURA 6.2
A Criação de Valor Através de Diversificação Relacionada e Não Relacionada

Diversificação Relacionada: Economias de Escopo

Alavancagem das competências principais
- A 3M alavanca competências por meio de tecnologias aderentes de muitas indústrias, incluindo a automotiva, de construção e de telecomunicações.

Compartilhamento de atividades
- A McKesson, uma grande companhia de distribuição, comercializa muitas linhas de produto, como da indústria farmacêutica e de bebidas, estocando-os em enormes depósitos.

Diversificação Relacionada: Poder de Mercado

Poder de negociação conjunta
- A ConAgra, uma produtora de alimentos diversificados, aumenta seu poder em relação aos fornecedores comprando em grandes lotes as embalagens utilizadas no empacotamento em todas as divisões alimentícias.

Integração vertical
- A Shaw Industries, uma grande fabricante de tapetes, aumenta seu controle sobre a matéria-prima produzindo grande parte da fibra de polipropileno, um dos materiais mais importantes de seu processo de fabricação.

Diversificação Não Relacionada: Sinergia de Cuidados Corporativos, Reestruturação e Financeira

Reestruturação e cuidados corporativos
- O escritório corporativo da Cooper Industries agrega valor nas empresas adquiridas ao realizar atividades tais como auditoria das operações de fabricação, melhoria dos procedimentos contábeis e centralização das negociações com os sindicatos de trabalhadores.

Administração do Portfólio
- A Novartis, anteriormente Ciba-Geigy, gere o portfólio para melhorar muitas de suas atividades principais, incluindo a localização de recursos e os sistemas de recompensa e avaliação.

---

diversificação relacionada
uma empresa que entra em um negócio diferente no qual ela pode se beneficiar alavancando suas competências principais pelo compartilhamento de atividades ou por meio da criação de poder de mercado.

economias de escopo
economia de custos resultante da alavancagem das competências principais ou do compartilhamento de atividades relacionadas entre os negócios em uma corporação.

PA6.3
Como as corporações podem usar a diversificação relacionada para obter benefícios sinérgicos mediante economias de escopo e poder de mercado.

---

semelhança entre seus produtos e os dos setores nos quais compete. No entanto, os escritórios corporativos acrescentam valor promovendo atividades como excelentes práticas de recursos humanos e sistemas de orçamento.

Note, porém, que tais benefícios derivados das relações horizontais (diversificação relacionada) e hierárquicas (diversificação não relacionada) não são mutuamente exclusivos. Muitas empresas que diversificam em áreas relacionadas se beneficiam da experiência da tecnologia da informação do escritório corporativo. De modo similar, a diversificação não relacionada costuma tirar proveito das "melhores práticas" de negócios de um mesmo grupo empresarial, embora seus produtos, mercados e tecnologias possam ser muito diferentes.

A Figura 6.2 fornece uma visão geral de como abordaremos os muitos meios pelos quais as empresas geram valor através de diversificações relacionadas e não relacionadas. Incluímos, também, um resumo de alguns exemplos que usaremos neste capítulo.[15]

Diversificação Relacionada: Economias de Escopo e Aumento de Receitas

A **diversificação relacionada** permite que uma empresa se beneficie das relações horizontais entre negócios diferentes de uma corporação diversificada alavancando as competências principais e através do compartilhamento de atividades (p. ex., instalações de produção e distribuição). Isso possibilita a uma corporação tirar proveito das economias de escopo. **Economias de escopo** se referem às economias de custos resultantes da alavancagem das competências principais ou do compartilhamento de atividades relacionadas entre os negócios de uma corporação. Uma empresa pode auferir grandes receitas quando dois negócios atuam juntos para obter níveis maiores de acréscimo do faturamento em relação ao que cada um poderia alcançar isoladamente.

Alavancando as Competências Centrais

O conceito de competências centrais pode ser ilustrado imaginando a corporação diversificada como uma árvore.[16] O tronco e os galhos maiores representam seus produtos principais; os galhos menores são as unidades de negócios; e as folhas, flores e frutos são os produtos finais. As competências centrais são representadas pelas raízes, que a nutrem, sustentam e estabilizam. Os administradores costumam interpretar erroneamente o poder dos concorrentes estudando apenas seus produtos finais, assim como podemos deixar de compreender toda a força de uma árvore observando somente suas folhas. As competências centrais podem ser vistas como a "cola" que mantém os negócios existentes unidos, ou como o motor que faz os novos negócios crescerem.

As **competências centrais** refletem o aprendizado coletivo das organizações — como coordenar diversas habilidades de produção, integrar múltiplos fluxos de tecnologias e colocar diversos produtos e serviços no mercado.[17] A Casio, uma grande produtora de aparelhos eletrônicos, sintetiza suas habilidades em miniaturização, design de microprocessadores, ciência dos materiais e peças ultrafinas de precisão na produção de relógios digitais. Essas são as mesmas habilidades aplicadas no design e produção de minicalculadoras, câmeras digitais, dicionários eletrônicos portáteis e outros pequenos aparelhos eletrônicos.

competências centrais
os recursos estratégicos de uma empresa que refletem o aprendizado coletivo de uma organização.

Para que uma competência central agregue valor e crie uma base viável para sinergia entre os negócios de uma corporação, deve atender a três critérios.[18]

- *As competências centrais devem aprimorar a(s) vantagem(ns) competitiva(s) pela criação de valor superior para o cliente.* Toda atividade da cadeia de valor tem o potencial de gerar uma base viável para a criação de uma competência central.[19] Na Gillette, por exemplo, os cientistas desenvolveram o Fusion e o Mach 3 depois da criação do extremamente bem-sucedido Sensor System devido à plena compreensão de vários fenômenos relacionados ao barbear. Isso inclui a fisiologia dos pelos da face e da pele, a metalurgia da resistência e da afiação da lâmina, a dinâmica do cartucho se movendo sobre a pele e a física da lâmina ao cortar os fios de barba. Tais inovações só foram possíveis com o entendimento de tais fenômenos e com a habilidade de combinar as tecnologias em produtos inovadores. Os clientes estão dispostos a pagar mais por tais produtos tecnologicamente diferenciados.
- *Os diferentes negócios de uma corporação devem ser semelhantes em, pelo menos, uma questão relacionada com a competência central.* Não é essencial que os produtos e serviços em si sejam semelhantes. Em vez disso, pelos menos um elemento da cadeia de valor deve exigir habilidades semelhantes na criação de vantagens competitivas se a corporação quiser capitalizar sua competência principal. À primeira vista, poderíamos pensar que os computadores e os sistemas de saúde têm pouca coisa em comum. No entanto, Destaques de Estratégia 6.1 fala sobre como a IBM está estimulando suas competências na tecnologia da informática para prover serviços de saúde.
- *As competências centrais devem ser difíceis de ser imitadas pelos concorrentes ou de se encontrar substitutos para elas.* Como vimos no Capítulo 5, as vantagens competitivas não serão sustentáveis se a concorrência puder imitá-las ou substituí-las com facilidade. De modo similar, se as habilidades associadas com as competências principais de uma empresa forem imitadas ou replicadas com facilidade, não haverá uma boa base para vantagens sustentáveis.

> Consideremos as operações de varejo da Amazon. Ela desenvolveu fortes competências de varejo na internet, na infraestrutura do site, no armazenamento e no atendimento de pedidos para dominar o ramo de vendas de livros online. Usou essas competências e o apelo de sua marca para abraçar o negócio de varejo online. Os concorrentes nesse mercado tiveram muita dificuldade de imitar as competências da Amazon, e muitos simplesmente deixaram de tentar. Em vez disso, estabeleceram parcerias com a Amazon e a contrataram para lhes fornecer serviços.[20]

Steve Jobs falou sobre a importância das competências centrais de uma empresa. O presidente da Apple era considerado um dos líderes de negócios mais competentes do mundo:[21]

> Uma de nossas melhores sacadas (há muitos anos) foi de que não iríamos querer entrar em qualquer negócio no qual não possuíssemos ou controlássemos a tecnologia primária, porque sairíamos perdendo. Percebemos que, para quase todos os equipamentos eletrônicos de consumo futuros, a tecnologia primária seria o software. O nosso software era muito bom. Poderíamos fazer o sistema operacional. Poderíamos escrever programas como o iTunes no

DESTAQUES DE ESTRATÉGIA 6.1

IBM: A NOVA PERITA EM SISTEMAS DE SAÚDE

Watson, o supercomputador que a IBM usou para vencer uma competição contra os melhores jogadores no programa *Jeopardy!* está trabalhando para se tornar o Dr. Watson. Com o passar das décadas, a IBM desenvolveu fortes competências no poder bruto de computação. Com Watson, um computador que recebeu o nome do fundador da IBM, Thomas J. Watson, os cientistas e engenheiros da IBM começaram a estender suas competências desenvolvendo um sistema computadorizado que pudesse processar a linguagem natural. O objetivo era criar um sistema que pudesse rivalizar com a habilidade humana de responder a perguntas feitas em linguagem natural com velocidade, precisão e confiança. Foram necessários quatro anos para desenvolver esse sistema, que demonstrou suas habilidades ao vencer dois dos maiores campeões do *Jeopardy!* em 2011.

Agora a IBM está tentando alavancar suas competências na área dos sistemas de saúde. Começou fazendo uma aliança com a WellPoint, a segunda maior seguradora de saúde, para proporcionar aconselhamento médico usando o Watson. Ela escolheu trabalhar primeiro no tratamento de câncer, visto que o volume da pesquisa dessa doença dobra a cada cinco anos. Como resultado, fica muito difícil para os oncologistas, os médicos que tratam do câncer, estarem a par de todos os avanços médicos. O que não se constitui em problema algum para o Watson. A IBM transmite várias informações de centenas de milhares de estudos médicos para o Watson e atualiza o banco de dados à medida que novas pesquisas se tornam disponíveis. Esse computador, que pode analisar 66 milhões de páginas de informações por segundo, não tem dificuldades em se manter atualizado. Portanto, a IBM insere o histórico de saúde individual do paciente e os sintomas atuais no sistema. Com sua capacidade de se expressar em linguagem natural, o Watson pode facilmente processar e codificar toda a informação fornecida e, em três segundos, fazer um diagnóstico pessoal e um prescrever um plano de tratamento. O Watson pode aprender durante esse procedimento. Na fase de treinamento, os médicos avaliam as respostas do Watson e indicam se as consideram corretas. Com isso, o Watson aprimora suas tomadas de decisão.

Embora a oncologia seja a primeira especialidade médica do Watson, a IBM está tentando usar o mesmo método para dar orientação no tratamento de diabetes, doenças relacionadas com os rins, coração e muitas outras áreas da medicina. No futuro, a IBM espera estender esse sistema ao tratamento médico remoto. Imaginemos um agricultor pobre, numa vila no Quênia, que vai ao médico reclamando de uma dor no peito. O médico simplesmente faria uma ligação, explicaria os sintomas e ligaria sensores portáteis para transmitir dados do eletrocardiograma para o sistema. O Watson poderia comparar essa informação com o histórico médico do paciente e as pesquisas mais atuais para dar a melhor orientação médica para o tratamento daquela pessoa.

Com o Watson, a IBM tenciona alavancar sua expertise informática para se tornar uma perita em medicina.

Fontes: Frier, S. 2012. IBM wants to put a Watson in your pocket.*Bloomber Businessweek*, 17 de setembro: 41–42; Groenfeldt, T. 2012. IBM's Watson, Cedars-Sinai and Wellpoint take on cancer. *Forbers.com*, 1º de fevereiro: np; e ibm.com.

Mac ou até mesmo no PC. Poderíamos escrever programas back-end (programas secundários, de apoio, que os usuários não operam diretamente) que funcionassem na nuvem, como o iTunes. Assim poderíamos escrever todos esses diferentes tipos de programas e reuni-los para fazê-los trabalhar juntos. Talvez você se pergunte: que outras companhias podem fazer isso? A lista é muito pequena.

Compartilhamento de Atividades

Como vimos antes, a alavancagem de competências principais envolve transferir as habilidades e expertise acumuladas às unidades de uma corporação. As corporações também podem obter sinergia por meio do **compartilhamento de atividades** entre suas unidades de negócios. Elas incluem atividades de criação de valor como instalações de fabricação, canais de distribuição e força de vendas em comum. Como veremos, o compartilhamento de atividades pode proporcionar dois benefícios: economia de custos e melhorias de receitas.

compartilhamento de atividades
atividades de duas ou mais cadeias de valor da corporação que são realizadas por uma das unidades de negócio.

Economia de Custos Este costuma ser o tipo mais comum de sinergia e é o mais fácil de calcular. Peter Shaw, diretor de fusões e aquisições da companhia química e farmacêutica britânica ICI, se refere às economias de custo como "sinergias certas" e diz que o nível de certeza de sucesso é bem alto. A economia de custos tem várias fontes, incluindo eliminação de empregos, instalações e despesas relacionadas que não são mais necessárias quando as funções são consolidadas, ou no caso de economias de escala na compra. As economias de custo costumam ser as mais altas quando uma companhia adquire outra do mesmo setor no mesmo país. A Shaw Industries, uma divisão da Berkshire Hathaway, é a maior produtora americana de tapetes. Ao longo dos anos, ela dominou a concorrência por meio de uma estratégia de aquisição que fez com que, entre outras coisas, consolidasse suas operações de fabricação em poucas instalações de grande eficiência e diminuísse os custos em função de uma capacidade maior de utilização.

O compartilhamento de atividades acaba envolvendo custos, tais como a maior coordenação exigida para administrar uma atividade compartilhada, que precisam ser compensados pelos benefícios derivados. Mais importante ainda é a necessidade de comprometimento, no que se refere ao design ou desempenho de uma atividade, para que esta possa ser compartilhada. Por exemplo, um vendedor que lida com os produtos de duas unidades de negócios deve trabalhar de um modo que não seja o escolhido por nenhuma das duas unidades, caso elas sejam independentes. Se a escolha prejudica a eficácia da unidade, então o compartilhamento reduz, em vez de melhorar a vantagem competitiva.

Aumentando a Receita e Diferenciação

Uma empresa adquirente e seu alvo costumam atingir um alto nível de vendas juntos, o que não fariam por conta própria. Por exemplo, a Starbucks adquiriu uma pequena rede de padarias, a La Boulange, e tenciona vender seus produtos nos cafés do Starbucks em escala nacional nos EUA. Ao se alavancar utilizando a cadeia de varejo nacional da Starbucks, a La Boulange poderá expandir drasticamente sua exposição de mercado e vendas muito além de suas dezenove lojas do mercado da Costa Oeste.[22]

As empresas também podem melhorar a eficácia de suas estratégias de diferenciação mediante o compartilhamento de atividades entre as unidades de negócios. Um sistema de processamento de pedidos compartilhado, por exemplo, pode resultar em novos recursos e serviços que o cliente pode valorizar. Em outro exemplo, os prestadores de serviços financeiros tentam prover conjuntos de serviços diferenciados a seus clientes. Ao centralizar em um único ponto a realização das atividades dos clientes — administração de suas contas-correntes, contas de investimento, políticas de seguros, pagamentos de contas, hipotecas e muitos outros serviços —, criaram valor para seus clientes.

Um pequeno aviso, porém: os administradores devem estar cientes de que o compartilhamento de atividades entre os negócios de uma corporação pode ter efeitos negativos. Por exemplo, quando a Ford era dona da Jaguar, descobriu que os clientes tinham uma menor percepção de valor desse automóvel quando constataram que o modelo de entrada do Jaguar tinha o mesmo design básico e era fabricado na mesma linha de montagem onde se fabricava o Ford Mondeo, um carro europeu médio. Talvez não tenha sido muito surpreendente que a Ford se desfez do Jaguar em 2008.

Diversificação Relacionada: O Poder de Mercado

Agora falaremos sobre como as companhias obtêm a diversificação relacionada por intermédio do **poder de mercado**. Também veremos dois dos principais meios pelos quais as empresas obtêm a sinergia com base no poder de mercado: o *poder de negociação conjunta* e a *integração vertical*. Os administradores, porém, têm limites quanto à capacidade de usar o poder de mercado para a diversificação porque certos regulamentos governamentais podem, às vezes, restringir a obtenção de grandes parcelas do mercado por parte das empresas. Por exemplo, em 2011, a AT&T tentou adquirir a T-Mobile, uma provedora de serviços sem fio, mas foi impedida pela legislação federal, que temia que a combinação dessas empresas resultaria em muito poder de mercado na indústria de telecomunicações.

poder de mercado
a habilidade da empresa em lucrar restringindo ou controlando o suprimento de um mercado ou reduzir o investimento coordenando-se com outras empresas.

Poder de Negociação Conjunta

Empresas semelhantes trabalhando juntas ou a afiliação de um negócio a uma matriz forte pode aumentar o poder de negociação em relação aos fornecedores e clientes e melhorar sua posição em relação aos concorrentes. Comparemos, por exemplo, a situação de um produtor independente de alimentos com o mesmo negócio dentro da Nestlé. Ser parte da Nestlé constitui-se em um grande trunfo para o negócio — um poder de negociação maior sobre

poder de negociação conjunta
a melhora da posição de negociação em relação aos fornecedores e clientes.

seus fornecedores e clientes — em razão do enorme volume de compras e grande variedade de produtos daquela corporação. O acesso ao dinheiro da matriz aumenta a força do negócio, e a unidade da Nestlé se protege mais contra substitutos e novos concorrentes. Além de ser encarada como um oponente de respeito, a associação com a Nestlé também garante maior visibilidade e melhor imagem.

No processo de aquisição de negócios relacionados, o potencial de uma empresa para obter poder de negociação conjunta no que se refere aos clientes e fornecedores pode ser muito sedutor. Entretanto, os administradores devem avaliar com cuidado como os negócios combinados podem afetar as relações com seus clientes, fornecedores e concorrentes atuais e em potencial. Por exemplo, quando a PepsiCo diversificou sua atuação empresarial entrando no segmento de fast-food com as compras da Kentucky Fried Chicken, Taco Bell e Pizza Hut (agora parte das marcas Yum!), ela obviamente se beneficiou de sua posição com essas unidades que serviam como um mercado cativo para seus refrigerantes. Porém, muitos concorrentes, como o McDonald's, se recusaram a considerar a PepsiCo como fornecedora de refrigerantes devido à competição com as divisões de fast-food da Pepsi. Em termos simples, o McDonald's não queria apoiar o inimigo! Assim, embora adquirir negócios relacionados possa melhorar o poder de negociação de uma corporação, ela deve estar ciente de possíveis retaliações.

Integração Vertical

> **integração vertical**
> uma expansão ou extensão de uma empresa pela integração de processos de produção precedentes ou posteriores.

A **integração vertical** acontece quando uma empresa se torna seu próprio fornecedor ou distribuidor. Ou seja, ela representa uma expansão ou extensão de uma empresa pela integração de processos de produção precedentes ou posteriores.[23] A empresa incorpora processos em direção à fonte de matérias-primas (integração para trás) ou em direção ao consumidor (integração para frente). Por exemplo, um fabricante de carros pode fornecer suas próprias peças ou fabricar seus próprios motores para ter segurança quanto às fontes de fornecimento ou controlar seu próprio sistema de concessionárias para assegurar as vendas no varejo de seus produtos. De modo similar, nos Estados Unidos, uma refinaria de petróleo pode garantir o arrendamento da terra e desenvolver sua própria capacidade de perfuração de poços para assegurar um suprimento constante de petróleo bruto. Ou ela poderia expandir para as operações de varejo licenciando ou sendo proprietária de postos de gasolina para garantir clientes para seus produtos.

A integração vertical pode ser uma estratégia viável para muitas empresas. Destaques de Estratégia 6.2 mostra o caso da Shaw Industries, uma fabricante de tapetes que obteve uma posição dominante na indústria por meio de uma estratégia de integração vertical. A Shaw foi bem-sucedida em executar estratégias de integração tanto para frente quanto para trás. A Figura 6.3 mostra os estágios da integração vertical da Shaw.

Benefícios e Riscos da Integração Vertical A integração vertical é um meio de uma organização reduzir sua dependência de fornecedores ou de canais de distribuição aos usuários finais. Todavia, os benefícios associados com a integração vertical — tanto para frente quanto para trás — devem ser comparados com os riscos.[24] Os principais benefícios e riscos da integração vertical são listados na Figura 6.4.

A Winnebago, líder no mercado de motorhomes, ônibus de turismo e vans com 20,4% de participação de mercado, ilustra alguns dos benefícios da integração vertical.[25] Para grande parte dos norte-americanos, a palavra *Winnebago* é, em si, sinônimo dessa linha de produtos. A empresa tem uma reputação excelente com respeito à qualidade. Suas grandes fábricas, mais para o norte, em Iowa, fazem de tudo, desde extrair alumínio para as carrocerias à extrusão do plástico para revestimento de tanques de água e painéis de controle. Tal integração vertical na fábrica pode parecer antiquada e cara, mas ela garante uma excelente qualidade. A Recreational Vehicle Dealer Association começou a outorgar prêmios pela qualidade em 1996, e a Winnebago venceu em todos os anos.

Ao tomar decisões de integração, devemos considerar cinco pontos.[26]

1. *A companhia está satisfeita com a qualidade e o valor de seus fornecedores e distribuidores atuais?* Se o desempenho das organizações na cadeia vertical — fornecedores e distribuidores — for satisfatório, pode não ser apropriado, em geral, que uma companhia realize essas atividades ela mesma. A Nike e a Reebok terceirizaram a fabricação de

DESTAQUES DE ESTRATÉGIA 6.2

A INTEGRAÇÃO VERTICAL NA SHAW INDUSTRIES

A Shaw Industries (agora parte da Berkshire Hathaway) é um exemplo de empresa que seguiu uma estratégia muito bem-sucedida de integração vertical. Em sua busca incansável, tanto da integração dianteira quanto da reversa, a Shaw se tornou a maior fabricante de tapetes e carpetes dos Estados Unidos. De acordo com seu presidente, Robert Shaw, "queremos estar envolvidos com a maior parte possível do processo de fabricar e vender tapetes. Assim, controlamos os custos". Por exemplo, a Shaw adquiriu as fábricas de fibras de polipropileno da Amoco no Alabama e na Georgia. Essas novas instalações fornecem fibras para uso interno e para suprir outros fabricantes. Com essa integração reversa, ¼ das necessidades desse insumo da Shaw são atendidas internamente. No início de 1996, a Shaw iniciou uma integração dianteira, adquirindo sete varejistas de cobertura de pisos em uma ação que sugeriu uma estratégia de consolidar esse fragmentado segmento e aumentar sua influência sobre os preços de varejo. A Figura 6.3 traz uma ilustração simplificada dos estágios da integração vertical da Shaw Industries.

Fontes: White, J. 2003. Shaw to home in on more with Georgia Tufters deal. *HFN: The Weekly Newspaper for the Home Furnishing Network*, 5 de maio: 32; Shaw Industries. 1993, 2000. Relatórios anuais; e Server, A. 1994. How to escape a price war. *Fortune*, 13 de junho: 88.

FIGURA 6.3 Estágios Simplificados da Integração Vertical: Shaw Industries

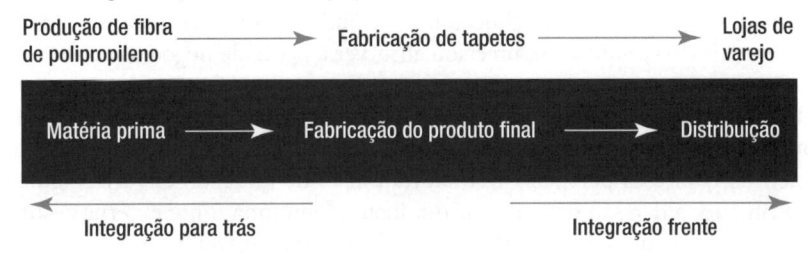

Produção de fibra de polipropileno → Fabricação de tapetes → Lojas de varejo

Matéria prima → Fabricação do produto final → Distribuição

← Integração para trás   Integração frente →

FIGURA 6.4 Benefícios e Riscos da Integração Vertical

Benefícios
- Uma fonte segura de matérias-primas ou canais de distribuição.
- Proteção e controle de recursos valiosos.
- Acesso proprietário às novas tecnologias desenvolvidas pela unidade.
- Compras e processos administrativos simplificados.

Riscos
- Custos e despesas associadas com o aumento de gastos gerais e de capital.
- Perda de flexibilidade resultante de grandes investimentos.
- Problemas associados com capacidades desequilibradas na cadeia de valor. (Por exemplo, o fornecedor interno deve ser maior do que nossas necessidades para haver benefício das economias de escala nesse mercado.)
- Custos administrativos adicionais associados com a gestão de um conjunto mais complexo de atividades.

seus tênis há anos porque descobriram fornecedores independentes que podiam produzir com baixo custo e qualidade aceitável.

2. *Há atividades na cadeia de valor do setor de atividade, terceirizadas ou realizadas de forma independente por outros, que são uma fonte viável de lucros futuros?* Mesmo se uma empresa está terceirizando atividades da cadeia de valor para companhias que estão realizando um bom trabalho, ela pode estar ignorando oportunidades de lucro substanciais. Consideremos a Best Buy. Quando essa empresa percebeu que o lucro em potencial de se providenciar instalações e serviços era substancial, realizou uma integração dianteira nessa área adquirindo o Geek Squad.

3. *Há um nível maior de estabilidade na demanda pelos produtos da organização?* Uma grande demanda ou a volatilidade das vendas não conduzem à integração vertical. Com o grande nível de custos fixos de fabricação e equipamentos, e considerando os custos operacionais que acompanham os esforços em prol da integração vertical, uma demanda altamente volátil de vendas pode exigir muitos recursos (em épocas de alta demanda) ou resultar em capacidade não utilizada (em tempos de baixa demanda). Os ciclos de "crescimento e queda" na indústria automobilística são um dos principais motivos de os fabricantes terem aumentado a quantidade de componentes terceirizados.
4. *A companhia tem as competências necessárias para executar as estratégias de integração vertical?* Como muitas companhias podem atestar, a execução bem-sucedida das estratégias de integração vertical pode ser muito difícil. Por exemplo, a Boise Cascade, uma empresa madeireira, realizou, certa vez, uma integração dianteira na indústria de construção de casas, mas descobriu que não tinha as competências de design e marketing necessários para competir nesse mercado.
5. *A iniciativa de integração vertical terá possíveis impactos negativos sobre os stakeholders da empresa?* Os administradores devem considerar cuidadosamente o impacto que a integração vertical pode ter sobre os clientes, fornecedores e concorrentes existentes e futuros. Depois que a Lockheed Martin, líder no mercado de equipamentos militares, adquiriu a Loral Corporation, um fornecedor de equipamentos eletrônicos, por $9,1 bilhões, teve uma desagradável surpresa. A Loral, na condição de fornecedora cativa da Lockheed, passou a ser vista como uma concorrente por muitos de seus clientes anteriores. Assim, antes que a Lockheed Martin pudesse enxergar qualquer sinergia líquida proveniente dessa aquisição, precisou absorver a perda de negócios substanciais.

perspectiva de custo de transação
a perspectiva que a escolha de uma estrutura de governança de uma transação, na integração vertical ou transação de mercado, é influenciada pelos custos da transação, incluindo custos de pesquisa, negociação, contratação, monitoramento e de obrigação, associados a cada escolha.

Analisando a Integração Vertical: A Perspectiva de Custo de Transação Outro método que se mostrou muito útil para entender a integração vertical é a **perspectiva de custo de transação**.[27] De acordo com essa perspectiva, toda transação de mercado envolve alguns *custos de transação*. Primeiro: a decisão de comprar um insumo em uma fonte externa resulta em custos de *pesquisa* (i.e., o custo de encontrar onde ele está disponível, o nível de qualidade etc.) Segundo: há custos associados com a *negociação*. Terceiro: um *contrato*, expondo as eventuais contingências futuras, precisa ser assinado. Quarto: as partes contratantes devem *monitorar* uma a outra. E, por fim, se uma parte não cumpre com os termos pactuados, existem os custos de *não cumprimento das obrigações*. Os custos de transação são, assim, a soma dos custos de pesquisa, negociação, contratação, monitoramento e de não cumprimento das obrigações. Eles podem ser evitados internalizando a atividade, ou seja, produzindo os componentes internamente.

Um problema relacionado com a compra de um componente especializado por parte de terceiros é a questão dos *investimentos de transações específicas*. Por exemplo, quando uma companhia automobilística precisa de um componente projetado especificamente para certo modelo de carro, o fornecedor pode não estar disposto a fazer investimentos em uma fábrica e no maquinário necessário para produzir esse componente por dois motivos. Primeiro: podem ser necessários muitos anos para recuperar o investimento, e não há nenhuma garantia de que a companhia automobilística continuará a comprar deles depois o contrato expire, em geral, dentro de um ano. Segundo: uma vez que o investimento é realizado, o fornecedor não tem poder de negociação. Ou seja, o comprador sabe que o fornecedor não tem opção senão fornecer a preços cada vez menores, porque os investimentos foram tão específicos que não há um mercado alternativo. Em tais circunstâncias, novamente, a integração vertical pode ser a única opção.

A integração vertical, porém, aumenta um conjunto diferente de custos. Tais custos são chamados de *custos administrativos*. A coordenação dos diferentes estágios da cadeia de valor, que agora é internalizada na empresa, faz com que os custos administrativos subam. As decisões sobre a integração vertical são, portanto, lastreadas na comparação entre os custos de transação e os administrativos. Se os custos de transação são menores do que os administrativos, é melhor recorrer às transações de mercado e evitar a integração vertical. Por exemplo, o McDonald's pode ser o maior comprador de carne, mas não cria gado. O mercado de carne tem baixos custos de transação e exige investimentos de transação não específicos. Por outro lado, se os custos de transação forem maiores do que os custos administrativos, a integração vertical se torna uma estratégia atraente. A maioria dos fabricantes de automóveis produz seus próprios motores porque o mercado de motores envolve altos custos de transação e de investimentos de transação específica.

Diversificação Não Relacionada: Sinergia Financeira e Suporte Corporativos

PA6.4 Como as corporações podem usar a diversificação não relacionada para obter benefícios sinérgicos em função da reestruturação e cuidados corporativos, e através da análise do portfólio.

Com a diversificação não relacionada, diferentemente da diversificação relacionada, há poucos benefícios resultantes das *relações horizontais* — ou seja, a alavancagem das competências principais ou o compartilhamento das atividades entre as unidades de negócios dentro de uma corporação. Em vez disso, os possíveis benefícios podem ser obtidos por meio das *relações verticais (ou hierárquicas)* — a criação de sinergias da interação dos escritórios corporativos com as unidades de negócios individuais. Existem duas fontes principais de sinergias. Primeira: a sede corporativa pode contribuir para "cuidar" e reestruturar os negócios (geralmente adquiridos). Segunda: os escritórios corporativos podem gerar valor enxergando todas as empresas participantes da corporação como uma família ou "portfólio" de negócios e alocar recursos para otimizar os objetivos corporativos de rentabilidade, recursos monetários e crescimento. Além disso, a sede da corporação acrescenta valor ao estabelecer práticas apropriadas de recursos humanos e controles financeiros para cada uma das unidades de negócios.

Suportes Corporativos e Reestruturação

Discutimos como as empresas podem acrescentar valor por meio da diversificação relacionada explorando fontes de sinergia *entre* unidades de negócios. Agora abordaremos como o valor pode ser criado *dentro* de unidades de negócios como um resultado da expertise e apoio proporcionados pelos escritórios corporativos.

diversificação não relacionada uma empresa que está entrando em um negócio diferente que tem pouca interação horizontal com outros negócios da empresa.

Cuidados Corporativos As contribuições positivas dos escritórios corporativos são chamadas de "**vantagens dos cuidados corporativos**", ou "**vantagens da parentalidade**".[28] Muitas empresas foram bem-sucedidas em diversificar sem uma forte evidência de fontes mais tradicionais de sinergia (i.e., unidades de negócios horizontais). Corporações de capital aberto, tais como a Berkshire Hathaway e o Virgin Group, e empresas de aquisição alavancada (conhecidas como "leveraged buyout firms", essas empresas adquirem negócios combinando recursos próprios e de terceiros), como a KKR, Clayton, Dublilier & Rice, são alguns exemplos.[29] Essas companhias matrizes agregam valor por meio de expertise administrativa. Como? Elas aprimoram planos e orçamentos e fornecem funcionalidades de competência especial, como serviços jurídicos, financeiros, administração de recursos humanos, compras e similares. Também auxiliam as subsidiárias a tomar decisões sábias nas aquisições, alienações e novas decisões de desenvolvimento interno. Tais contribuições costumam ajudar as unidades de negócios a aumentar suas receitas e lucros substancialmente. Por exemplo, a KKR, uma empresa de "private equity" (empresas financeiras que compram participações em outras empresas), tem uma equipe de experts em parentalidade chamada de KKR Capstone, que trabalha novas empresas recém-adquiridas por 12 a 24 meses para aumentar-lhes o valor de mercado. Faz isso aprimorando várias atividades operacionais, como processos de desenvolvimento de novos produtos, atividades de forças de vendas, melhoria da qualidade e administração da cadeia de fornecimento.

vantagens dos cuidados corporativos as contribuições positivas do escritório sede da corporação a um novo negócio como resultado da expertise e apoio proporcionados, e não como resultado de mudanças substanciais nos recursos, estrutura capital ou administração.

Reestruturação A reestruturação é outro meio pelo qual o escritório corporativo pode agregar valor a um negócio.[30] A ideia principal pode ser entendida pela recomendação em voga no mercado de ações: "compre na baixa, venda na alta". No caso, o escritório corporativo procura por empresas com fraco desempenho e potencial ainda não explorado, ou empresas em setores à beira de uma mudança positiva e significativa. A matriz intervém, em geral, vendendo partes do negócio; trocando a administração; reduzindo o pessoal e fontes desnecessárias de despesas; mudando estratégias; e introduzindo novas tecnologias, processos, sistemas de recompensa, e assim por diante. Uma vez que a reestruturação esteja completa, a empresa pode tanto "vender na alta" e obter o valor gerado quanto manter o negócio e se aproveitar dos benefícios financeiros e competitivos.[31]

reestruturação a intervenção do escritório sede corporativo em um novo negócio que altera os recursos, a estrutura capital e/ou a administração substancialmente, incluindo a venda de partes do negócio, troca da administração, redução do pessoal e de fontes desnecessárias de despesas, mudança de estratégias e introdução de novas tecnologias, processos e sistemas de recompensas nos novos negócios.

A Loews Corporation, um conglomerado que fatura $16 bilhões, compete em diversos setores: indústria petrolífera, tabaco, relógios, seguros e hotéis. Trata-se de um exemplo notável de como as empresas podem ser bem-sucedidas em "comprar na baixa e vender na alta" como parte de sua estratégia corporativa.[32]

> A energia representa 33% do ativo total de $30 bilhões da Loews. Na década de 1980, ela comprou seis petroleiros por apenas $5 milhões cada em um período de grande declínio no preço do petróleo. A desvantagem foi grande, mas transitória. No fim das contas, os equipamentos, que poderiam ter sido vendidos como ferro-velho, foram alienados, oito anos depois, por $50 milhões cada.
>
> A Loews também se mostrou muito bem-sucedida no lance seguinte na área de energia — equipamentos de perfuração. Embora a prospecção de petróleo por empresas particulares, nos Estados Unidos, seja de alto risco, prestar serviços para os que trabalham no ramo não é, em especial se os ativos tenham sido comprados durante um período de baixa. A Loews fez isso. Comprou dez plataformas de perfuração por $50 milhões em 1989 e criou a Diamond Offshore Drilling. Em 1995, a Loews recebeu $338 milhões depois de ficar com 30% dessa operação pública!

Para que o trabalho de reestruturação funcione, a administração corporativa deve ter a perspicácia de detectar companhias subvalorizadas (de outra forma o custo de aquisição seria grande demais) ou negócios que estejam competindo em mercados com um alto potencial de transformação.[33] Além disso, obviamente, eles devem ter os requisitos e recursos necessários para melhorar o negócio, mesmo que sejam novos ou não familiarizados com o setor de atividade.

A reestruturação pode envolver mudanças nos ativos, na estrutura de capital ou na administração.

- A *reestruturação de ativos* envolve a venda de ativos improdutivos ou, até mesmo, linhas de negócios inteiras que são periféricas. Em alguns casos, isso pode até envolver aquisições que fortalecem o negócio principal.
- A *reestruturação de capital* envolve alterar o mix entre capital próprio e de terceiros ou do tipo de dívidas ou de capital. Embora a substituição do capital próprio seja mais comum em situações de aquisição, ocasionalmente a matriz pode injetar mais dinheiro.
- A *reestruturação administrativa* costuma envolver mudanças na composição da equipe de altos executivos, estrutura organizacional e relações de comando. Controle financeiro restrito, recompensas baseadas estritamente no cumprimento de objetivos de curto e médio prazo e redução do número de gerentes de médio escalão são passos comuns na reestruturação da administração. Em alguns casos, a intervenção da matriz pode até resultar na mudança das estratégias e na introdução de novas tecnologias e processos.

Administração de Portfólio

administração de portfólio
um método de (a) avaliar a posição competitiva da carteira de negócios de uma corporação, (b) sugerir alternativas estratégicas para cada negócio e (c) identificar prioridades para a alocação de recursos nos negócios.

Durante a década de 1970 e no início da década de 1980, várias empresas de consultaria líderes desenvolveram o conceito de **administração de portfólio** para entender melhor a posição competitiva de uma carteira (ou família) geral de negócios, para sugerir alternativas estratégicas para cada negócio e para identificar prioridades para a alocação de recursos. Vários estudos relataram um grande uso dessas técnicas entre as empresas norte-americanas.[34]

Descrição e Possíveis Benefícios O principal objetivo dos modelos de portfólio é ajudar uma empresa a obter uma carteira equilibrada de negócios.[35] Esta consiste de negócios cujas características de rentabilidade, crescimento e fluxo de caixa complementavam-se uns com os outros e contribuíam para um desempenho corporativo geral satisfatório. Desequilíbrio, por exemplo, poderia ser causado ou por excessiva geração de caixa com poucas oportunidades de crescimento, ou por insuficiente geração de caixa para financiar as exigências de crescimento no portfólio.

Nessa abordagem, a matriz de crescimento/participação do Boston Consulting Group (BCG) está entre os melhores instrumentos conhecidos.[36] No método do BCG, cada uma das unidades estratégicas de negócios (UENs) da empresa é representada em uma matriz de duas dimensões na qual os eixos indicam a participação de mercado relativa e o índice de

FIGURA 6.5 A Matriz de Portfólio do Boston Consulting Group (BCG)

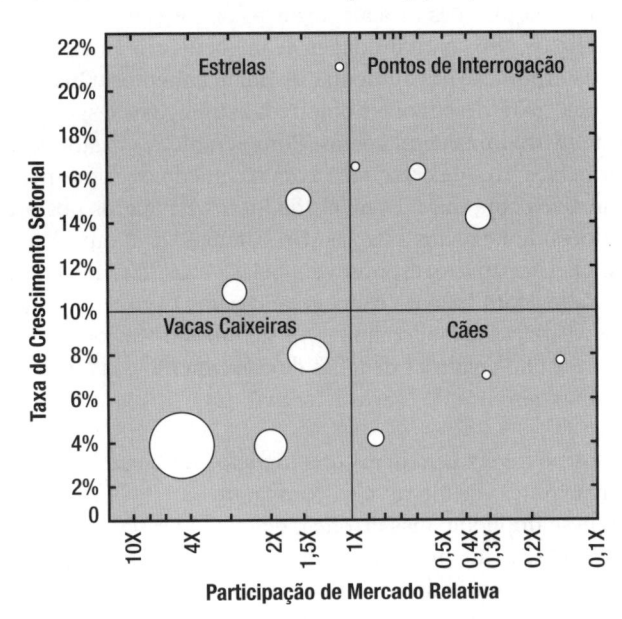

crescimento da indústria. A matriz é dividida em quatro quadrantes. A Figura 6.5 ilustra a matriz do BCG. A seguir, alguns esclarecimentos:

1. Cada círculo representa uma das unidades de negócios da corporação. O diâmetro do círculo representa o tamanho relativo da unidade de negócio em termos de renda.
2. A participação relativa de mercado é medida pela proporção do tamanho da unidade de negócio relativamente a seu maior concorrente, sendo representada no eixo horizontal.
3. A participação de mercado é fundamental na matriz do BCG. Isso acontece porque grandes parcelas de mercado relativas resultam em redução do custo unitário total devido à experiência e aos efeitos da curva de aprendizagem e, consequentemente, a uma posição competitiva superior.

Cada um dos quatro quadrantes da matriz tem diferentes consequências sobre as UENs que entram nas seguintes categorias:

- *Estrelas* são UENs que competem em setores de grande crescimento com relativamente grande participação de mercado. Essas empresas têm um potencial de crescimento de longo prazo e devem continuar a receber financiamentos substanciais.
- *Pontos de Interrogação*[*] tratam-se de UENs que competem em setores de grande crescimento, mas cuja participação de mercado é relativamente baixa. Exigem investimentos para melhorar sua posição competitiva.
- *Vacas Leiteiras* são UENs com grande participação de mercado em setores de baixo crescimento. Essas unidades têm potencial de longo prazo limitado, mas seu fluxo de caixa representa uma fonte de recursos para o financiamento das "estrelas" e dos "pontos de interrogação".
- *Cães*[**] são UENs com baixa participação de mercado em setores de baixo crescimento. Devido à fraca posição e potencial limitado, a maioria dos analistas recomenda que elas sejam alienadas.

Ao usar os métodos de estratégia de portfólio, uma corporação tenta gerar valor para seus acionistas de vários modos.[37] Primeiro: a análise de portfólio dá uma visão de um determinado negócio entre os demais de uma corporação. Portanto, a corporação fica mais bem posicionada para alocar recursos entre as unidades de negócios de acordo com os critérios prescritos (p. ex., o uso dos recursos monetários das "vacas leiteiras" para financiar "estrelas" promissoras).

---
[*] N.E.: Eventualmente denominadas "crianças problema" por não se saber antecipadamente qual será seu destino-sucesso (vacas leiteiras) ou fracassos (cães).
[**] N.E.: Eventualmente denominados "abacaxis" – quando a taxa de crescimento setorial cai abaixo de certo patamar, as empresas podem ser obrigadas a manter o negócio, ou seus ativos, por não haver interessados em adquiri-los.

Segundo: a expertise e os recursos analíticos do escritório corporativo podem determinar quais empresas podem ser aquisições atraentes (ou não). Terceiro: o escritório corporativo pode fornecer recursos financeiros para unidades de negócios em termos favoráveis, refletindo a habilidade geral da corporação em aumentar os financiamentos. Quarto: o escritório corporativo fornece uma base para desenvolver objetivos estratégicos e sistemas de recompensa e/avaliação para os administradores de negócios. Por exemplo, os gestores das vacas leiteiras teriam alvos de menor perspectiva de crescimento da receita do que administradores de estrelas, mas aqueles teriam alvos com maiores níveis de lucros esperados nos projetos propostos do que os administradores de negócios estrelas. Os sistemas de compensação também refletiriam tais realidades. Os executivos responsáveis pelas vacas leiteiras compreensivelmente seriam mais recompensados com base no caixa gerado pelos negócios que gerenciam do que os gerentes de negócios estrela. De modo similar, os gerentes de negócios "estrela" seriam recompensados com base em altos padrões de taxas de crescimento das receitas, diferentemente do que aconteceria com os gerentes de "vacas leiteiras".

Limitações Apesar dos possíveis benefícios dos modelos de portfólio, também existem algumas desvantagens marcantes. Primeira: eles comparam as UENs em apenas duas dimensões, assumindo a hipótese implícita, mas errônea, de que (1) esses são os únicos fatores que realmente importam e que (2) cada unidade pode ser comparada corretamente baseando-se nisso. Segunda: o método enxerga cada UEN como uma entidade isolada, ignorando as práticas de negócios principais mais comuns e as atividades da cadeia de valor que podem prometer sinergias entre as unidades dos negócios. Terceira: a menos que tomemos cuidado, o processo se tornará mecânico, tornado-se um modelo de gráfico extremamente simplificado, substituindo as importantes contribuições da experiência e critério do presidente (e de outros diretores corporativos). Quarta: a dependência de "regras rígidas" referente à alocação de recursos entre as UENs pode ser prejudicial à viabilidade de longo prazo da empresa. E, por último: embora seja fácil e simples de compreender, a ideia da matriz do BCG pode resultar em algumas prescrições problemáticas e simplistas demais. Por exemplo, os gerentes das divisões podem querer "abandonar o navio" assim que sua divisão é classificada como um "cão".

Para ver o que pode dar errado, consideremos a Cabot Corporation.

> A Cabot Corporation fornece negro de fumo ou fuligem (carbono em pó extremamente fino) para as indústrias de borracha, aparelhos eletrônicos e de plástico. Agindo de acordo com a matriz do BCG, a Cabot se distanciou de sua vaca leiteira, o negro de fumo, e se diversificou em estrelas, como a cerâmica e semicondutores em um aparentemente superagressivo esforço de crescimento de receita para a corporação. Como era previsível, o retorno da Cabot sobre os ativos declinou quando a empresa se deslocou de sua competência principal para áreas não relacionadas. O modelo de portfólio falhou ao colocar a companhia na direção errada no esforço de estimular o crescimento — fora de seu negócio principal. Ao reconhecer o erro, a Cabot Corporation voltou à sua atividade principal de fabricar negro de fumo e desinvestiu nos negócios não relacionados. Hoje, a companhia é líder no ramo, com $3,3 bilhões de faturamento em 2012.[38]

Uma Advertência: A Redução de Risco É um Objetivo Viável de Diversificação?

Um dos objetivos da diversificação é reduzir o risco inerente na variabilidade de receitas e lucros de uma empresa com o tempo. Ou seja, se uma empresa ingressa em novos mercados ou apresenta novos produtos que são afetados de maneira oposta em relação aos produtos e mercados em que costuma atuar, por ciclos sazonais ou econômicos, seu desempenho será mais estável com o tempo. Por exemplo, uma empresa que produz cortadores de grama pode se diversificar em limpadores de neve para compensar suas vendas anuais. Ou uma empresa que fabrica móveis domésticos de luxo pode introduzir produtos de segunda linha, mais baratos, uma vez que os consumidores de renda mais elevada e os que têm uma renda menor são afetados de maneira diferente pelos ciclos econômicos.

À primeira vista, o raciocínio acima pode fazer sentido, mas há alguns problemas com ele. Primeiro: os acionistas de uma empresa podem diversificar seu portfólio a um custo muito menor do que uma corporação diversifica seus negócios, e não têm que se preocupar com a integração da aquisição no portfólio. Segundo: os ciclos econômicos e seu impacto em certo setor (ou empresa) são difíceis de prever com qualquer grau de precisão.

Não obstante, algumas empresas se beneficiaram da diversificação diminuindo a variabilidade (ou risco) em seu desempenho ao longo do tempo. Consideremos a GE, uma empresa com vários produtos, incluindo motores de aviões, equipamentos de geração de energia, locomotivas e grandes aparelhos. Além da fabricação desses produtos, a GE financia a compra deles. O alcance da diversificação da GE resultou em receitas estáveis no tempo e um perfil de baixo risco. Isso lhe possibilita tomar empréstimos a taxas favoráveis, dinheiro que ela, por sua vez, usa para financiar os compradores de seus produtos.

A redução de risco em si mesma é dificilmente um meio viável de gerar valor para os acionistas. Ela deve ser empreendida como um elemento da estratégia de diversificação geral de uma empresa.

Os Meios de Diversificar

Falamos sobre os tipos de diversificação (p. ex., a relacionada e a não relacionada) que uma empresa pode realizar para obter sinergias e criar valor para seus acionistas. Agora falaremos sobre os meios pelos quais uma empresa pode obter esses benefícios desejados.

Existem três meios principais. Primeiro: por meio de aquisições e fusões, as corporações podem adquirir diretamente os ativos e competências de uma empresa. Embora os termos *fusões* e *aquisições* sejam usados de modo intercambiável, existem algumas diferenças entre eles. Com as **aquisições**, uma empresa compra outra por meio da compra de ações, em dinheiro, ou para saldar uma dívida.[39] As **fusões**, por outro lado, envolvem uma combinação ou consolidação de duas empresas para formar uma nova entidade legal. As fusões são relativamente raras e envolvem uma transação entre duas empresas relativamente iguais. Apesar de tais diferenças, achamos que fusões e aquisições são bem parecidas no que se refere às suas consequências na estratégia de nível corporativo de uma empresa.[40]

Segundo: as corporações podem concordar em unir seus recursos com outras, o que costuma ser chamado de joint venture ou aliança estratégica. Embora esses dois tipos de parceria sejam parecidos de várias maneiras, há uma distinção importante. Uma joint venture envolve a formação de uma terceira entidade legal, onde ambas (ou um conjunto) as empresas contribuem com o capital da nova empresa, o que não é o caso das alianças estratégicas.

Terceiro: as corporações podem se diversificar em novos produtos, mercados e tecnologias por meio do desenvolvimento interno. Chamado de empreendedorismo corporativo, ele envolve a alavancagem e a combinação dos próprios recursos e competências da empresa para criar sinergias e aumentar o valor para os acionistas. Falaremos mais sobre esse assunto no Capítulo 12.

Fusões e Aquisições

O meio mais visível e, em geral, mais caro de diversificar é por meio das aquisições. Nos últimos anos, foram anunciadas muitas grandes aquisições. Entre elas, a aquisição da:[41]

- Anheuser-Busch pela InBev por $52 bilhões.
- Wyeth pela Pfizer por $68 bilhões.
- Arcelor pela Mittal Steel por $33 bilhões.
- Guidant, fabricante de equipamentos médicos, pela Boston Scientific por $27 bilhões.
- Skype pela Microsoft por $8,5 bilhões.
- Progress Energy pela Duke Energy por $25,5 bilhões.
- Sprint pelo Softbank por $20 bilhões.

A Figura 6.6 ilustra o fenômeno da intensa atividade mundial de fusões e aquisições (M&A, em inglês) nos últimos anos. Existem vários fatores que influenciam a atividade das M&A. Julia Coronado, economista-chefe do banco de investimentos BNP Paribas, salienta dois dos principais determinantes, dizendo: "Quando as fusões e aquisições começam, é um bom sinal de que os negócios estão se sentindo confiantes o suficiente sobre o futuro, de modo que estão dispostos a se tornar mais agressivos, fazer acordos, procurar novas maneiras de crescer e fazer suas operações se expandirem. Elas também indicam que os mercados estão dispostos a financiar essas transações. Assim, trata-se do otimismo dos próprios mercados e negócios".[42] Assim, as condições econômicas gerais e o nível de otimismo quanto ao futuro influenciam a disposição dos executivos de assumir os riscos relacionados com as aquisições.

> **PA6.5**
> Os vários meios de se empenhar pela diversificação — fusões e aquisições, joint ventures/alianças estratégicas e desenvolvimento interno.
>
> **aquisições**
> a incorporação de uma empresa em outra por meio de compra.
>
> **fusões**
> a combinação de duas ou mais empresas em uma nova entidade legal.

FIGURA 6.6 Valor Mundial das Fusões e Aquisições

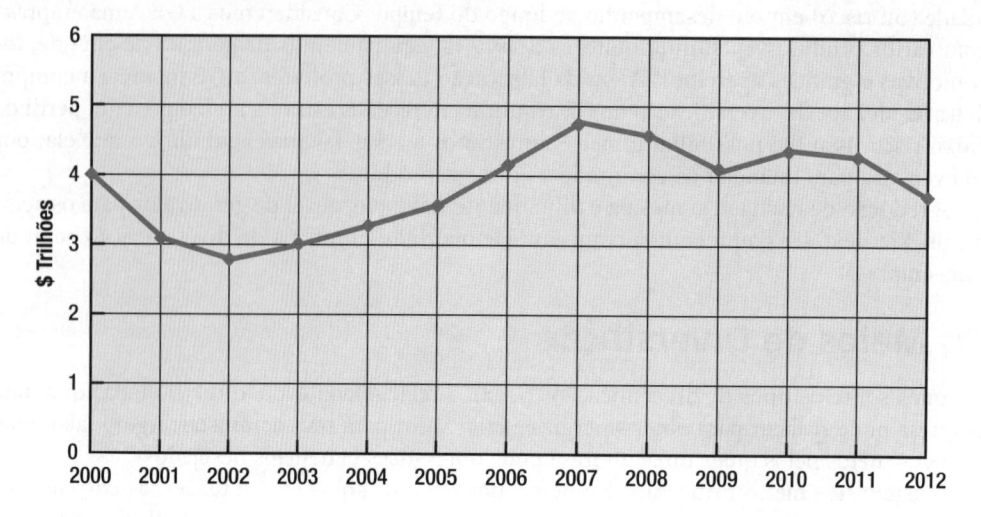

Fonte: Análise da Thomson Financial, Institute of Mergers, Acquisitions, and Alliances (IMAA).

Além disso, a disponibilidade do financiamento pode influenciar a atividade de aquisição. Durante os períodos de crescimento, o financiamento costuma estar disponível. Em contraste com isso, durante fases de recessão, os possíveis adquirentes costumam achar difícil tomar empréstimos e financiar aquisições.

As políticas governamentais, como ações reguladoras e políticas de impostos, podem tornar o ambiente para M&A mais ou menos favorável. Por exemplo, as ações antitruste diminuirão a habilidade das empresas de adquirir seus concorrentes ou, possivelmente, empresas em mercados relacionados. Por outro lado, o aumento das pressões regulatórias para uma boa governança corporativa pode tornar a diretoria mais aberta a ofertas de aquisições.

Por fim, as flutuações da moeda podem influenciar o índice de aquisições internacionais, com empresas em países de moedas mais forte obtendo uma posição vantajosa para adquirir. Por exemplo, o dólar canadense valorizou-se em relação ao dólar norte-americano, passando de $0,80 para cerca de $1 desde 2009, tornando mais baratas as aquisições de empresas norte-americanas por parte das canadenses.

Motivos e Benefícios O crescimento resultante das fusões e aquisições tem um papel fundamental no sucesso de muitas corporações em vários segmentos de alta tecnologia e de conhecimento intensivo. Nesse caso, as mudanças de mercado e de tecnologia podem ocorrer muito rapidamente e de modo inesperado.[43] A velocidade — de comercializar, se posicionar e se tornar uma companhia viável — é fundamental em tais setores. Por exemplo, em 2010, a Apple adquiriu a Siri Inc. no intuito de integrar rapidamente o software de reconhecimento de voz natural no iOS, o sistema operacional da Apple.

Fusões e aquisições também podem ser um meio de *obter recursos valiosos que podem ajudar uma organização a expandir suas ofertas de produtos e serviços*. Como vimos antes neste capítulo, a Cisco Systems, uma empresa de redes de computadores, realizou mais de 80 aquisições na última década. Ela usa tais aquisições para incorporar rapidamente novas tecnologias às suas ofertas de produtos a fim de atender às mudanças das necessidades dos clientes. Ela usa sua excelente força de venda para comercializar a nova tecnologia junto aos clientes corporativos. A companhia também incentiva o pessoal das companhias adquiridas a permanecer com ela. Para tirar o máximo de valor das suas aquisições, a Cisco também aprendeu a integrar as companhias adquiridas de modo eficaz e eficiente.[44]

Fusões e aquisições também podem *dar a oportunidade às empresas de obterem as três bases da sinergia — o estímulo das competências centrais, o compartilhamento das atividades e a criação de poder de mercado*. Consideremos algumas das aquisições do eBay. Ele comprou vários negócios em mercados de produtos relacionados, como a GSI Commerce, uma companhia que constrói e gerencia sites de compra online para varejistas físicos, e o StubHub, um vendedor de ingressos online. Além disso, adquiriu uma companhia de leilões online, o Gmarket, para expandir seu alcance geográfico. Por último, incorporou empresas que forneciam serviços relacionados, como o PayPal, o sistema de pagamento online, e o Zong, um provedor de um sistema de pagamento móvel.

Essas aquisições oferecem a oportunidade de alavancar as competências do eBay.[45] Por exemplo, com a aquisição da GSI, o eBay viu a oportunidade de incrementar suas competências principais em sistemas online, bem como se valeu de sua reputação para fortalecer a GSI, ao mesmo tempo em que aumentava sua habilidade de trabalhar com mercados e marcas médias e grandes. O eBay também se beneficia dessas aquisições ao compartilhar atividades. Ao adquirir firmas em mercados de produtos relacionados e em novos mercados geográficos, o eBay estabeleceu um conjunto de negócios que podem compartilhar do desenvolvimento do comércio eletrônico. Por último, ao comprar empresas de pagamento móvel e online, como o PayPal e o Zong, o eBay pode integrar sites de varejo fáceis de usar com sistemas de pagamento flexíveis e seguros. Ao fazer isso, eles criam poder de mercado com relação aos clientes e varejistas, assim como o eBay se destaca como um provedor completo de serviços de sistemas de varejo online.[46]

A atividade de fusões e aquisições também pode levar à *consolidação setorial e pode forçar outros participantes a se fundirem*.[47] O segmento de linhas aéreas passou por várias consolidações nos últimos anos. Por exemplo, a Delta se tornou a maior linha aérea do mundo depois de adquirir a Northwest, em 2008, apenas para perder a posição quando a United comprou a Continental Airlines, em 2010. Além dessas duas aquisições, houve muitas outras nesse segmento desde 2000. Ao unir esforços, essas linhas aéreas estão procurando maior eficiência combinando suas redes, e esperam que a consolidação ajude a diminuir a rivalidade existente no setor.[48]

As corporações também podem *entrar em novos segmentos de mercado por meio das aquisições*. Como mencionado antes, o eBay, uma empresa que se especializou em prover serviços a indivíduos e pequenos negócios, passou a atender sistemas de varejo online para grandes comerciantes com a aquisição do GSI Commerce. De modo similar, uma das razões de a Fiat ter adquirido a Chrysler foi para obter acesso ao mercado de automóveis norte-americano. A Figura 6.7 resume os benefícios das fusões e aquisições.

Possíveis Limitações   Como vimos na seção anterior, as fusões e aquisições podem trazer muitos benefícios às empresas. No entanto, ao mesmo tempo, há muitas possíveis desvantagens ou limitações para tal atividade corporativa.[49]

Primeiro: *o preço pago por uma aquisição costuma ser muito alto*. Em duas a cada três vezes, o preço das ações da companhia adquirente cai depois que o negócio é anunciado ao público. Visto que a empresa adquirente costuma pagar 30% de ágio em relação ao preço real da companhia-alvo, o adquirente deve criar sinergias e economias de escala que resultem em vendas e em ganhos de marketing que compensem o desembolso. As empresas que aceitam ágio ainda maior pela compra tornam isso ainda mais difícil. Por exemplo, a Household International pagou 82% a mais que o preço real para adquirir a Beneficial, e a Conseco, 83% a mais para incorporar a Green Tree Financial. Historicamente, pagar um preço muito acima do preço das ações tem sido uma má estratégia.

FIGURA 6.7
Os Benefícios das Fusões e Aquisições

- Obtêm recursos valiosos que podem ajudar uma organização a expandir suas ofertas de produtos.
- Abrem a oportunidade de as empresas obterem os três fundamentos da sinergia: o estímulo das competências centrais, o compartilhamento das atividades e a criação do poder de mercado.
- Resultam na consolidação setorial e obrigam outros agentes a se fundirem.
- Entram em novos segmentos de mercado.

Segundo: *as empresas concorrentes costumam poder imitar quaisquer vantagens realizadas ou copiar as sinergias resultantes de M&A.*[50] Assim, uma empresa pode ver suas vantagens desaparecerem rapidamente. A menos que essas vantagens sejam sustentáveis e difíceis de copiar, os investidores não estarão dispostos a pagar preços muito acima do valor real das ações. De modo similar, uma análise do valor presente do dinheiro deve ser levada em conta no preço das ações. Os custos de M&A são pagos adiantados. Por outro lado, as empresas pagam pela P&D, pelo mercado em contínuo desenvolvimento e pela capacidade de expansão ao longo do tempo. Isso aumenta os pagamentos necessários para ganhar novas competências. O argumento de M&A é que o grande investimento inicial vale a pena porque ele cria vantagens de longo prazo. Contudo, os analistas de ações querem ver resultados imediatos de um investimento tão elevado. Se a empresa adquirida não produzir resultados rapidamente, os investidores costumam se desfazer das ações, cujas cotações baixam.

Terceiro: *a credibilidade e o ego dos administradores podem, às vezes, atrapalhar boas decisões de negócios.* Se a M&A não for realizada como planejado, os administradores que a incentivaram podem ter sua reputação manchada. Isso pode fazer com que eles queiram proteger sua credibilidade aumentando a oferta de dinheiro ou dos compromissos para uma operação que não dará certo. Ademais, quando uma fusão falha e uma empresa tenta se livrar da aquisição, a venda costuma ser feita com grande deságio. Esses problemas aumentam os custos e interferem negativamente na cotação das ações.

Quarto: *pode haver muitas questões culturais capazes de arruinar os pretensos benefícios provenientes de M&A.* Consideremos os pensamentos de Joanne Lawrence, que teve um papel importante na fusão entre a SmithKline e o Beecham Group.[51]

> O ponto-chave de uma fusão estratégica é formar uma nova cultura. Isso foi o grande desafio durante a fusão da SmithKline e Beecham. Estávamos trabalhando em tantos níveis culturais que ficávamos perdidos. Tínhamos duas culturas nacionais para mesclar — a norte-americana e a britânica —, que compunham o desafio de vender a fusão em dois mercados diferentes com duas bases de acionistas diferentes. Havia também duas culturas de negócios diferentes: uma era muito forte, científica e acadêmica; a outra tinha uma orientação muito mais comercial. E tínhamos que considerar os negócios individuais de ambas as culturas, cada uma tendo sua própria cultura.

A Figura 6.8 resume as limitações das fusões e aquisições.

Destaques de Estratégia 6.3 discorre sobre as características das aquisições que fizeram os investidores enxergar um valor maior nas combinações.

Desinvestimento: O Outro Lado da "Moeda da M&A" Quando as empresas adquirem outros negócios, isso costuma ser "notícia" em publicações de negócios, como *The Wall Street Journal*, *Bloomberg BusinessWeek* e *Fortune*. É algo excitante, e uma coisa é certa — as grandes empresas adquirentes melhoram automaticamente sua posição no ranking da *Fortune 500* (visto que a classificação se baseia apenas nas receitas). No entanto, os administradores devem também considerar com cuidado as consequências estratégicas de se retirar do negócio.

Os **desinvestimentos** — a saída de um negócio do portfólio de uma empresa — são bem comuns. Um estudo revelou que grandes e prestigiosas companhias dos EUA alienam mais do que mantêm as aquisições efetuadas.[52] Alguns desinvestimentos famosos na história dos negócios incluem: (1) a compra da WordPerfect pela Novell por $1,4 bilhão, que a revendeu mais tarde para a Corel por $124 milhões, e (2) a Quaker Oats vendeu a Snapple Beverage Company para a Triarc por apenas $300 milhões em 1997 — três anos depois de a ter comprado por $1,8 bilhão!

desinvestimento
a saída de um negócio portfólio de uma empresa.

FIGURA 6.8
Limitações das Fusões e Aquisições

- Os ágios pagos pelas aquisições costumam ser altos demais.
- Em geral, as empresas concorrentes conseguem imitar quaisquer vantagens ou copiar as sinergias resultantes da fusão ou aquisição.
- O ego dos administradores atrapalham, às vezes, boas decisões de negócios.
- Algumas questões culturais podem eliminar os benefícios pretendidos com os esforços de M&A.

DESTAQUES DE ESTRATÉGIA 6.3

A SABEDORIA DAS MULTIDÕES: QUANDO A PERCEPÇÃO DOS INVESTIDORES INDICA VALOR NAS AQUISIÇÕES?

Algumas estimativas dizem que de 70% a 90% das aquisições resultam em enormes perdas de valor para os acionistas. Mas os investidores agregam valor em algumas aquisições. A questão é: quando a percepção pública indica que há valor nas aquisições? Pesquisas recentes sugerem que a resposta se encontra tanto na disposição de vender como na motivação de se adquirir uma empresa.

As Características da Oferta de Venda

As pesquisas identificaram várias características das oportunidades de aquisição que resultam em reações positivas dos investidores. Não é surpreendente que os investidores veem mais valor nelas quando a empresa adquirente e adquirida (alvo) estão no mesmo ramo ou setor relacionado. Esse pensamento é coerente com o fato de haver maior potencial para sinergias quando as empresas estão em mercados similares. Segundo: os investidores são propensos a aplicar seus recursos quando projetam um grande potencial de mercado em virtude da percepção de que os gerentes adquirentes respondem rapidamente a novas oportunidades, como as provenientes do surgimento de novas tecnologias ou de desregulamentação do mercado. Terceiro: os investidores reagem positivamente quando a empresa adquirente oferece dinheiro vivo para fechar a compra, em vez de envolver ações. As empresas costumam usar ações para financiar aquisições quando acham que suas ações são supervalorizadas. Assim, pagar em dinheiro indica que os gestores da empresa adquirente têm confiança no valor do acordo. Quarto: quanto menos as empresas adquirentes dependem de consultores externos, como bancos de investimento, mais os investidores valorizarão a negociação. Ao oferecer dinheiro para realizar a compra, os gerentes demonstram acreditar em sua habilidade e conhecimento e são vistos como mais confiáveis. Por último, quando a empresa-alvo tenta evitar a aquisição, os investidores veem menos valor potencial. Ações de defesa por parte dos alvos são vistos como sinais de que a empresa-alvo não estará disposta tão facilmente a se integrar com a empresa adquirente. Nesses casos, pode ser difícil gerar sinergias.

A Motivação do Adquirente

Quanto valor os investidores enxergam em uma compra também é afetado pela motivação do adquirente. É interessante que, se a empresa adquirente for muito rentável, os investidores verão menos valor na aquisição. A preocupação aqui é que um grande desempenho pode fazer com que os gerentes se tornem superconfiantes e mais propensos a realizar aquisições de "edificações de império", e não aquisições que gerem valor para os acionistas. Segundo: se a empresa adquirente estiver fortemente alavancada, por ter um alto índice de endividamento, os investidores verão mais valor nessa aquisição. O raciocínio é que, como a empresa adquirente tem um risco maior de falência, os seus administradores provavelmente só realizarão aquisições se elas forem de baixo risco e capazes de gerar benefícios sinérgicos.

De uma forma geral, os investidores em ações procuram por pistas lógicas do possível valor de um acordo e os motivos dos gestores das empresas adquirentes. Assim, parece haver uma sabedoria simples, porém, lógica, na multidão.

Fontes: McNamara, G., Haleblian, J., & Dykes, B. 2008. Performance implications of participating in an acquisition wave: Early mover advantages, bandwagon effects, and the moderating influence of industry characteristics and acquirer tactics. *Academy of Management Journal*, 51: 113–130; e Schijven, M. & Hitt, M. 2012. The vicarious wisdom of the crowds: Toward a behavioral perspective on investor reactions to acquisition announcements. *Strategic Management Journal*, 33: 1274–1268.

Alienar um negócio pode cumprir vários objetivos diferentes.*** Como os exemplos da página anterior mostram, ela pode ser usada para reverter uma aquisição anterior que não funcionou como planejado. Em geral, isso é feito simplesmente para "diminuir a perda". Outros objetivos incluem: (1) permitir que os gerentes concentrem seus esforços mais diretamente sobre os negócios principais da empresa,[53] (2) dar à empresa mais recursos para usar em alternativas atraentes e (3) levantar fundos para ajudar a financiar os negócios existentes. Por exemplo, a Pfizer realizou um esforço de troca de foco em 2011, quando decidiu enfatizar cinco áreas terapêuticas. Em Destaques de Estratégia 6.4 fala-se sobre mais outro motivo para realizar um desinvestimento. Nesse caso, a Tyco International vendeu parte de seu próprio negócio para levantar fundos para uma recompra de ações.

*** As empresas podem alienar seus negócios de vários modos. Sell-offs, spin-offs, equity carve-outs, venda/dissolução de ativos e split-ups são alguns tipos de desinvestimentos. Em um sell-off, a empresa desinvestidora faz uma negociação privada com uma terceira parte para alienar uma unidade/subsidiária por dinheiro/ações. Em um spin-off, uma companhia matriz distribui ações da unidade/subsidiária sendo alienada proporcionalmente a seus acionistas existentes e uma nova companhia é formada. Equity carve-outs são parecidos com os spin-offs, com a exceção de que as ações da unidade/subsidiária sendo desinvestida são oferecidas a novos acionistas. A dissolução envolve a venda de ativos redundantes, não necessariamente uma unidade/subsidiária inteira, como em sell-offs, mas em partes, de tempos em tempos. Split-ups, por outro lado, são um tipo de desinvestimento em que a companhia matriz é dividida em duas ou mais companhias novas, e a matriz deixa de existir. As ações da companhia matriz são trocadas por ações em novas companhias, e a distribuição exata varia caso a caso.

DESTAQUES DE ESTRATÉGIA | 6.4

POR QUE A TYCO INTERNATIONAL VENDEU SUA PARTE MAJORITÁRIA DE UMA DE SUAS EMPRESAS?

A Tyco International, com $17 bilhões de faturamento, é a maior fabricante de sistemas de segurança do mundo. Em 9 de novembro de 2010, ela anunciou que estava vendendo sua participação majoritária na unidade de produtos elétricos e de metal para comprar a Clayton Dubilier & Rice (CD&R) por $720 milhões. Ao fazer isso, abandonou os planos de realizar um spin-off da divisão.

Os recursos da venda dos 51% das ações da Tyco ajudarão a corporação a acelerar seu programa de recompra de ações, anunciado dois meses antes. A unidade, que tinha $1,4 bilhão de receitas em 2009, funcionará como uma entidade independente denominada Atkore International. Ela fabrica produtos como cabos elétricos com revestimento metálico e cercas de arames farpado. A Tyco sentiu que poderia lucrar mais vendendo os 49% restantes quando o mercado melhorasse.

A aquisição foi muito interessante para a CD&R. Nathan K. Sleeper, um parceiro da CD&R, diz: "Na condição de fabricante e distribuidor de produtos industriais, a Atkore é líder em um mercado que a CD&R conhece bem. Esperamos trabalhar com a equipe administrativa da Atkore para desenvolver os pontos fortes principais do negócio — incluindo uma excelente reputação, marcas facilmente reconhecidas, relações de longo prazo com os clientes e vantagens de escala significativas — para criar uma empresa independente ainda mais bem-sucedida".

Fontes: Winter, C. 2010. Tyco International: Biding Time in Hope of Better Markets, *Bloomberg BusinessWeek*, 15–22 de novembro: 34; e Franco, T. C. 2010. Clayton, Dubilier & Rice to Acquire Tyco International's Electrical and Metal Products Business to Be Renamed Atkore International. www.prnewswire.com. 9 de novembro: np.

Desinvestir pode melhorar a posição competitiva apenas na extensão da diminuição dos custos tangíveis (p. ex., manutenção, investimentos etc.) ou intangíveis (p. ex., custos de oportunidade, atenção administrativa) sem sacrificar a vantagem competitiva atual ou as virtuais vantagens futuras.[54] Para ser eficiente, o desinvestimento exige uma compreensão plena da habilidade atual de uma unidade de negócio e do futuro potencial de contribuir para a criação de valor da empresa. Porém, considerando a grande quantidade de incerteza envolvida, torna-se muito difícil fazer tais avaliações. Além disso, devido aos interesses pessoais da administração e da inércia organizacional, as empresas costumam atrasar os desinvestimentos de negócios de baixo desempenho.

O Boston Consulting Group identificou sete princípios para um desinvestimento bem-sucedido.[55]

1. **Eliminar a emoção da decisão.** Os administradores devem considerar de modo objetivo as perspectivas de cada unidade da empresa e como essa unidade se encaixa na estratégia geral da empresa. As questões vinculadas às relações pessoais com os gerentes de cada unidade, o tempo em que a unidade fez parte da companhia e outros elementos emocionais não devem ser descartados na decisão.[56]
2. **Conhecer o valor do negócio a ser alienado.** As empresas que estão desinvestindo podem obter ágios maiores e conseguir ofertas mais vantajosas pelas unidades que estão sendo alienadas se mensurarem corretamente o valor estratégico de cada unidade.
3. **Fazer o acordo na hora certa.** Isso envolve agir no tempo certo internamente, com a empresa tendo avaliado regularmente todas as unidades para poder repassá-las quando não tiverem mais um alto valor na empresa, mas ainda consideradas valiosas no mercado externo. Envolve, também, agir no tempo certo externamente, estando pronto para vender assim que as condições do mercado forem favoráveis.
4. **Manter um bom conjunto de possíveis compradores.** As empresas desinvestidoras não devem se concentrar em apenas um comprador. Em vez disso, devem discutir possíveis acordos com uma seleção de vários interessados em potencial.
5. **Contar uma história sobre o acordo.** Para cada interessado em potencial com quem conversar, a empresa desinvestidora deve desenvolver uma narrativa sobre como a unidade que ela está interessada em vender criará valor para o comprador.
6. **Realizar desinvestimentos sistematicamente estruturando-se para isso.** As empresas devem procurar desenvolver a habilidade de desinvestir unidades como uma forma distinta das competências corporativas. Embora muitas empresas tenham unidades de aquisição, elas costumam não ter unidades de desinvestimento, embora haja um significativo valor em potencial nas alienações.

DESTAQUES DE ESTRATÉGIA 6.5 — CROWDSOURCING

CROWDSOURCING: COMO UMA ALIANÇA ESTRATÉGICA BENEFICIA AMBAS AS PARTES

A MRM Worldwide, uma empresa de publicidade de Nova York, aliou-se estrategicamente com a Aniboom, uma companhia de animação "virtual". A aliança foi feita para fornecer serviços de animações mais rápido e com maior eficiência de custo aos clientes da MRM.

A Aniboom, uma companhia israelense de mídia de animação com escritórios em Nova York e São Francisco, foi fundada em 2006 por Uri Shinar, ex-presidente da emissora israelense de televisão Kesheet. Trata-se de uma plataforma online que conecta 8 mil animadores em 70 países de todo o mundo com clientes dos setores de TV, filme, música e videogame. Possíveis clientes enviam suas propostas por meio da plataforma, e os profissionais em animação de todo o mundo podem responder. Oren Frank, diretor executivo de criação da MRM, acredita que as agências estarão mais dispostas, no futuro, a confiar no crowdsourcing à medida que os clientes procurarem métodos mais eficientes de fazer negócios.

Os planos da MRM consistem em fazer os animadores competir por trabalho: "Os clientes da MRM podem fazer uma competição de criação de conteúdo na comunidade Aniboom para soluções de publicidade e pedir para que a comunidade em geral ou para que um painel de examinadores selecionem os grandes finalistas e o grande vencedor da tarefa. Ou a competição pode ser privada, tendo apenas os resultados finais expostos ao público".

Tais competições são parte de um grupo de tendências altamente voláteis que se tornaram muito populares. Elas estimulam a competição e reforçam a ideia de que o capitalismo elimina os elos mais fracos. Também faz com que se torne mais difícil (ou menos atraente) para as empresas já estabelecidas se interessarem em negócios procurados por esses métodos, visto que os custos ultrapassam os lucros. Todavia, ela tem feito uma coisa: o caminho foi aplainado para os novos agentes. Que vença o melhor!

Fontes: Van Hoven, M. 2009. Strategic Alliances: MRM and Aniboom Team Up, Crowdsource. www.mediabistro.com. 31 de agosto: np; e McClellan, S. 2009. MRM, Aniboom Team Up. www.adweek.com. 31 de agosto: np.

---

7. **Comunicar-se de modo claro e com frequência.** Os administradores corporativos devem comunicar, com clareza, aos stakeholders internos, tais como empregados, e aos externos, como clientes e acionistas, quais são seus objetivos com a atividade de desinvestimento, como ela criará valor e como a empresa está evoluindo estrategicamente com essas decisões.

Alianças Estratégicas e Joint Ventures

Uma **aliança estratégica** se trata da relação cooperativa entre duas (ou mais) empresas.[57] Essas alianças podem ser formais ou informais — ou seja, envolvendo um contrato escrito. As **joint ventures** representam um caso especial de alianças, no qual duas (ou mais) empresas contribuem com capital para formar uma nova entidade legal.

As alianças estratégicas e as joint ventures estão assumindo um papel cada vez maior na estratégia de liderança das empresas, tanto grandes como pequenas.[58] Tais relações cooperativas têm muitas vantagens em potencial.[59] Entre elas estão entrar em um novo mercado, reduzir os custos de fabricação (ou outros) na cadeia de valor, e o desenvolvimento e difusão de novas tecnologias.[60]

Entrar em Novos Mercados Com frequência, uma companhia que costuma ter um produto ou serviço bem-sucedido deseja introduzi-lo em um novo mercado. Entretanto, ela pode não ter os recursos financeiros ou a expertise de marketing necessária em razão de não entender as necessidades dos clientes, não saber como promover o produto ou por não ter acesso aos canais de distribuição adequados.[61]

A Zara, uma empresa de vestuário espanhola, tem lojas em mais de 70 países. Ainda assim, ao entrar em mercados muito distantes, a Zara costuma firmar alianças com parceiros locais para auxiliá-la a negociar em diferentes ambientes culturais e regulatórios. Por exemplo, quando se expandiu para a Índia em 2010, ela o fez em cooperação com a Tata, um conglomerado indiano.[62]

Destaques de Estratégia 6.5 mostra como uma aliança estratégica entre duas empresas as ajudará a usar o crowdsourcing para obter conceitos criativos.

Reduzir os Custos de Fabricação (ou Outros) na Cadeia de Valor As alianças estratégicas (ou os investimentos conjuntos) costumam permitir que as empresas compartilhem capital, atividades da cadeia de valor ou instalações para reduzir os custos. Por exemplo, a SABMiller e a Molson Coors, as cervejarias números 2 e 3 dos EUA, constituíram uma joint venture para

> **aliança estratégica**
> uma relação cooperativa entre duas ou mais empresas.
>
> **joint ventures**
> novas entidades criadas dentro de uma aliança estratégica nas quais duas ou mais empresas contribuem igualmente para formar uma nova entidade legal.

combinar suas operações de fabricação e distribuição de cerveja nesse país em 2007. Ao fazê-lo, se beneficiariam das economias de escala e da melhor utilização das instalações. Ambas calcularam uma economia anual de custos de $500 milhões em resultado da integração de suas operações.[63]

Desenvolvimento e Difusão de Novas Tecnologias As alianças estratégicas também podem ser usadas para mesclar a expertise tecnológica de duas ou mais companhias. Isso pode resultar no desenvolvimento tecnológico além da capacidade de cada uma delas caso estivessem atuando de maneira independente.[64]

A Verizon Wireless e a ILS Technology anunciaram uma aliança estratégica em 2011 na qual a Verizon integraria a tecnologia desenvolvida pela ILS para aprimorar seus sistemas de transmissão de informações de máquina para máquina (M2M). Esses sistemas permitem que as empresas enviem e recebam informações de vários aparelhos com segurança, incluindo celulares e principais operações administrativas.[65]

Possíveis Desvantagens Muitas alianças e joint ventures deixam de atender às expectativas que suscitam por vários motivos.[66] Primeiro: sem a parceria adequada, uma empresa nunca deveria considerar fazer uma aliança, mesmo pelos melhores motivos.[67] Cada parceiro deve trazer os desejados pontos fortes complementares para a parceria. O ideal é que os pontos fortes com os quais cada um contribui sejam únicos; assim, a sinergia criada pode ser sustentada com mais facilidade e defendida ao longo do tempo. O objetivo deve ser desenvolver sinergias entre as contribuições dos parceiros, resultando em uma situação de ganhos mútuos. Além disso, os dois lados devem ser compatíveis e estarem dispostos a confiar um no outro.[68] Infelizmente, costuma-se dar pouca atenção às relações de trabalho envolvidas e às conexões interpessoais entre as organizações parceiras.[69]

Desenvolvimento Interno

As empresas também podem diversificar através do empreendedorismo corporativo e do desenvolvimento de novos investimentos. **Na economia atual, o desenvolvimento interno é um meio tão importante pelo qual as companhias expandem seus negócios, que separamos um capítulo inteiro para falar dele (veja o Capítulo 12).** A Sony e a Minnesota Mining & Manufactuing Co. (3M), por exemplo, são conhecidas por sua dedicação à inovação, P&D e tecnologias de ponta. A 3M desenvolveu toda uma cultura corporativa para apoiar sua política em curso de gerar pelo menos 25% das vendas totais a partir de produtos criados em períodos não superiores aos quatro anos mais recentes. Embora tenha excedido essa determinação por muitas décadas, o estímulo por maior eficiência, que começou nos anos 2000, resultou em uma queda, contabilizando-se apenas 21% das vendas originadas em produtos mais novos em 2005. Ao refocar na inovação, a 3M aumentou essa participação para 30% em 2011.

A Biocon, a maior empresa de biotecnologia indiana, é um exemplo do poder do desenvolvimento interno. Kiran Mazumdar-Shaw, a fundadora da empresa, usou o conhecimento que adquiriu enquanto estudava o processo de malteamento e fabricação de cerveja na faculdade para fundar uma pequena empresa que produzisse enzimas para a indústria de cerveja em sua garagem em Bangalore, em 1978. A empresa atuaria inicialmente no fornecimento de enzimas para outras indústrias: as de alimentação e têxteis. A partir daí, a Biocon expandiu as atividades, produzindo medicamentos genéricos, e agora é a maior produtora de insulina da Ásia.[70]

Em comparação com as fusões e aquisições, as empresas que procuram realizar o desenvolvimento interno capturam o valor criado por suas próprias atividades de inovação sem ter que "compartilhar riquezas" com parceiros de aliança, enfrentar as dificuldades associadas com a combinação de atividades entre as cadeias de valor de várias empresas ou com a fusão de culturas corporativas.[71] Além disso, as empresas também podem desenvolver novos produtos ou serviços a um custo relativamente menor e, assim, depender apenas de seus recursos, em vez de ter que recorrer a financiamento externo.[72]

Também existem possíveis desvantagens. Ele pode consumir muito tempo; com isso, as empresas podem perder os benefícios da maior rapidez de crescimento proporcionada pelas fusões e aquisições. Isso é algo de suma importância para as organizações de alta tecnologia ou baseadas no conhecimento em ambientes dinâmicos, nos quais ser o primeiro a investir é fator crítico. Assim, as empresas que escolhem diversificar por meio do desenvolvimento interno devem desenvolver habilidades que lhes permitam agir com rapidez no reconhecimento de uma oportunidade para a entrada em um determinado mercado.

---

desenvolvimento interno
a entrada em um novo negócio por meio do investimento em novas instalações, o que geralmente é chamado de empreendedorismo corporativo e desenvolvimento de novos investimentos.

Como Questões Gerenciais Podem Prejudicar a Criação de Valor

PA6.6 Comportamentos administrativos que podem prejudicar a criação de valor.

Até agora, neste capítulo, presumimos implicitamente que presidentes e grandes executivos são "seres racionais"; ou seja, eles agem nos melhores interesses dos acionistas para maximizar o valor destes em longo prazo. No mundo real, porém, eles podem agir em prol de seus próprios interesses. Abordaremos agora alguns dos motivos que podem prejudicar, em vez de aumentar, a criação de valor. Entre eles, o "crescer por crescer", o egocentrismo excessivo e a criação de várias táticas de salvaguarda contra aquisições.

Crescer por Crescer

Há fortes incentivos para que os executivos façam sua empresa aumentar de tamanho. No entanto, esses não são consistentes com o aumento da riqueza dos acionistas. Os executivos de alto escalão, incluindo o CEO, de grandes empresas costumam apreciar ter mais prestígio, ver o nome de sua empresa em boa posição na lista *Fortune 500* (baseada na receita, *não* nos lucros), rendas maiores, mais segurança no trabalho, e assim por diante. Há também a excitação e o reconhecimento associados com a realização de uma grande aquisição. Sobre isso, Michael Porter, de Harvard, observa: "As fusões e aquisições são muito atraentes. É a grande jogada, o gesto dramático. Com apenas uma assinatura pode-se ganhar bilhões, sair na primeira página de periódicos e gerar agitação nos mercados".[73]

Em anos recentes, muitas empresas de alta tecnologia sofreram o impacto negativo de seu crescimento descontrolado. Consideremos, por exemplo, o mal investimento do Priceline.com em um serviço online que oferecia mercadorias alimentícias e gasolina.[74] Uma grande quantidade de problemas — talvez o mais importante: a não participação dos fabricantes — fez com que a empresa perdesse mais de $5 milhões uma *semana* antes de desistir desses investimentos. Tais iniciativas costumam não ser nada mais do que ações desesperadas dos altos executivos para satisfazer as demandas dos investidores para aumentar as receitas. Infelizmente, elevação de faturamento costuma deixar de resultar em um crescimento correspondente de lucros.

Às vezes, a grande ênfase que os executivos dão ao crescimento resulta em uma infinidade de equívocos éticos, que podem resultar em desastre para suas companhias. Um bom exemplo (de uma prática ruim) é a liderança de Joseph Bernardino da Andersen Worldwide. No início, ele teve a chance de se ater à ética e à qualidade quando irromperam escândalos relacionados com clientes como a Waste Management e a Sunbeam. Em vez disso, de acordo com ex-executivos, ele enfatizou demais o crescimento da receita. Consequentemente, a reputação da empresa foi se deteriorando depois de auditar e desconsiderar as extremamente falhas demonstrações financeiras de empresas tristemente famosas como Enron, Global Crossing e WorldCom. Bernardino acabou caindo em desgraça e se demitindo em março de 2002; sua empresa foi dissolvida mais tarde, naquele mesmo ano.[75]

Egocentrismo

Um ego saudável ajuda o líder a ser confiante, manter a mente limpa e ser ágil ao lidar com mudanças. Os presidentes-executivos, por sua própria natureza, são pessoas intensamente competitivas em seu escritório, bem como na quadra de tênis ou no campo de golfe. Mas, às vezes, quando o orgulho está em jogo, os indivíduos podem ir longe demais para vencer.

Egos podem atrapalhar uma aliança corporativa "sinérgica". Poucos executivos (ou gerentes de níveis menores) são isentos das possíveis desvantagens relacionadas com os egos superdimensionados. Consideremos, por exemplo, os pensamentos do ex-presidente da General Electric, Jack Welch, considerado por muitos como o executivo mais admirado do mundo. Ele admitiu que havia tomado uma decisão ruim: "Minha arrogância atrapalhou no acordo com a Kidder Peabody. [Ele estava falando da compra pela GE de 'uma daquelas firmas da Wall Street que logo estaria com problemas'.] Eu recebi conselhos de Walter Wriston e de outros diretores que disseram: 'Jack, não faça isso'. Mas eu dei uma de valentão e fui em frente. O resultado foi uma pancada na cabeça".[76] Além do mau resultado financeiro, a Kidder Peabody havia sido alvo de acusações em um escândalo comercial amplamente conhecido que manchou a reputação tanto da GE como da Kidder Peabody. Welch acabou vendendo a Kidder.

motivos administrativos administradores que agem em prol de seus próprios interesses, em vez de maximizar o valor de longo prazo dos acionistas.

crescer por crescer as ações dos administradores para fazer suas empresas aumentarem de tamanho, não para aumentar a rentabilidade de longo prazo, mas em prol de interesses pessoais do administrador.

egoísmo as ações dos administradores para moldar as estratégias de suas empresas para servir a seus interesses pessoais, em vez de maximizar o valor de longo prazo dos acionistas.

A imprensa especializada em negócios publicou várias histórias de como o egoísmo e a ganância se infiltraram nas organizações.[77] Alguns incidentes são considerados como surpreendentes, como os gastos do ex-presidente (e agora condenado) da Tyco, Dennis Kozlowski: uma cortina de banho de $6 mil, grande consumo de vodca e uma réplica de tamanho real do David de Michelangelo.[78] Outros exemplos famosos de abuso de poder e de gastos de consumo extraordinários e extravagantes incluem os executivos da Enron, a família Rigas, condenada por fraudar a Adelphia em cerca de $1 bilhão, o empréstimo de $408 milhões da WorldCom para o ex-presidente Bernie Ebbers, e assim por diante.

Um exemplo mais recente de excesso e ganância foi exibido por John Thain.[79] Em 22 de janeiro de 2009, ele foi destituído de sua posição de alta chefia na Merrill Lynch pelo presidente do Bank of America, Ken Lewis:

> Thain vergonhosamente distribuiu $4 bilhões de bônus de fim de ano para empregados favorecidos logo antes de o Bank of America comprar a Merrill e evitar sua falência. Os bônus somaram cerca de 10% das perdas de 2008 da Merrill.
>
> Obviamente, John Thain acreditava que tinha o direito de fazer isso. Quando viu a condição lastimável da Merrill no início de 2008, ele começou a planejar grandes demissões, mas também mandou que seu escritório fosse redecorado. Gastou $1,22 milhão dos recursos da companhia em seu escritório para deixá-lo "habitável", o que, em parte, significou $87 mil por um tapete, $87 mil por um par de poltronas para convidados, $68 mil por um aparador do século XIX e (o que realmente chamou a atenção da imprensa) $35 mil por uma "cômoda com pernas".
>
> Ele concordou, posteriormente, em pagar pelas despesas de decoração. Entretanto, ainda podemos nos perguntar: "que tipo de pessoa trata o dinheiro dos outros assim?" e "quem precisa de uma cômoda que custa quase o mesmo que o novo Lexus?". O comentário de Bob O'Brien, editor de ações da Barrons.com, obviamente se aplica a esse caso: "O sentimento de direito que foi insuflado nesse tipo de pessoas não foi, obviamente, removido depois do desempenho brutal do setor financeiro durante o último ano".

Táticas de Salvaguarda

táticas de salvaguarda
as ações dos administradores para evitar perder riqueza ou poder resultante de uma oferta hostil.

greenmail
um pagamento efetuado pela empresa-alvo a uma empresa hostil pelas ações que esta possui, a um preço premium (isto é, com ágio em relação ao de mercado), feito quando a administração sente que a empresa hostil está para fazer uma oferta pública.

paraquedas dourado
um contrato preexistente especificando que, no caso de uma oferta hostil, os administradores da empresa-alvo receberão um significativo pacote de indenização.

pílula de veneno
uma companhia dá a seus acionistas certos direitos em caso de oferta hostil por parte de outra empresa.

Ofertas hostis ou não amigáveis podem acontecer quando as ações de uma companhia se tornam subvalorizadas. Uma organização concorrente pode comprar as ações em circulação de um acionista interessado cuja quantidade é suficiente para torná-la acionista majoritário. Então ela faz uma oferta pública para obter o controle completo da companhia. Se os acionistas aceitarem a oferta, a empresa hostil compra a companhia-alvo e pode demitir sua equipe administradora ou alijá-los do poder. Assim, as táticas de salvaguarda são comuns, se incluem o greenmail, o paraquedas dourado e as pílulas de veneno.[80]

A primeira, o **greenmail**, é um esforço da empresa-alvo de evitar uma oferta hostil iminente. Quando uma empresa hostil compra uma grande quantidade das ações em circulação da empresa-alvo e os gestores da empresa-alvo sentem que uma oferta pública é iminente, eles oferecem comprar de volta as ações a um preço maior do que a companhia hostil havia pago por elas. Embora isso evite, em geral, uma oferta hostil, o mesmo preço não é oferecido aos acionistas preexistentes. Contudo, ela protege os empregos dos administradores da empresa-alvo.

Segunda: um **paraquedas dourado** constitui-se de um contrato preexistente especificando que, no caso de uma oferta hostil, os administradores da empresa-alvo receberão um significativo pacote de indenização. Embora os altos executivos percam seu emprego, as provisões do paraquedas dourado protegem sua renda.

Terceira: as **pílulas de veneno** são certos direitos concedidos por uma companhia a seus acionistas em caso de oferta hostil por parte de outra empresa. Elas também são conhecidas como planos de direitos dos acionistas.

Obviamente, as táticas de salvaguarda contra aquisições costumam levantar algumas interessantes questões éticas — e legais. Destaques de Estratégia 6.6 discorre sobre como as táticas de salvaguarda podem beneficiar vários stakeholders — e não apenas os administradores.

DESTAQUES DE ESTRATÉGIA 6.6

COMO AS TÁTICAS DE SALVAGUARDA PODEM BENEFICIAR VÁRIOS STAKEHOLDERS, E NÃO APENAS OS ADMINISTRADORES

As defesas contra as ofertas hostis representam uma área cinzenta porque os gestores podem dizer legitimamente que tais ações não são tomadas apenas para beneficiá-los. Em vez disso, elas podem beneficiar outros stakeholders, tais como os empregados, os clientes e a comunidade.

No fim da década de 1980, as ofertas não amigáveis se tornaram muito populares. A Dayton Hudson Corporation (agora Target) até solicitou ao estado de Minnesota que aprovasse uma lei de defesa contra ofertas hostis para ajudá-la em sua luta com a Hafts — a antiga dona da Dart, uma cadeia de drogarias da Costa Leste. A história mostrou que a administração da Dayton Hudson da época estava muito bem preparada para cuidar da empresa a longo prazo. Além de Minnesota, muitos estados têm, agora, leis que permitem às empresas levar os interesses de todos os stakeholders em consideração ao analisar uma oferta de tomada.

No verão de 2003, a Oracle fez uma oferta hostil pela PeopleSoft. Muitos acusaram as táticas do presidente da Oracle, Larry Ellison, de serem injustas, e muitos dos clientes da PeopleSoft ficaram ao lado dela, indicando que a posse da Oracle não os beneficiaria. A PeopleSoft estava preocupada que a Oracle a estava comprando meramente para ampliar o alcance de seus lucrativos softwares aplicativos, e não estava interessada em apoiar os produtos da companhia. A Oracle, por sua vez, processou a PeopleSoft acusando-a de defender-se com salvaguardas do tipo pílula de veneno.

Em dezembro de 2004, a Oracle fez um acordo com a PeopleSoft — encerrando uma amarga batalha de dezoito meses. A aquisição pela Oracle, no valor de $10,3 bilhões, representou $26,50 por ação — um aumento de 66% sobre a oferta inicial de $16 por ação. O analista John DiFucci observou: "Esta foi uma aquisição financeira acima de tudo. A Oracle está comprando a PeopleSoft pelo seu fluxo de manutenção". E vale a pena salientar que os executivos da PeopleSoft, incluindo seu presidente e fundador, David Duffield, não estavam presentes durante o anúncio da aquisição pela Oracle. A Oracle abandonou seu processo contra a PeopleSoft no qual queria que a defesa "pílula de veneno" fosse desqualificada.

Em termos morais, algumas táticas de salvaguarda não são realizadas para proteger a administração, mas, em geral, é esse o caso. Quando tais defesas são usadas apenas para manter os gestores no poder, elas são erradas. No entanto, quando visam defender a saúde financeira de longo prazo da companhia e proteger os interesses mais amplos dos stakeholders, elas são moralmente válidas.

Fontes: Bowie, N. E. & Werhane, P. H. 2005. *Management Ethics*. Malden, MA: Blackwell Publishing; e La Monica, P. R. 2004. Finally, Oracle to Buy PeopleSoft, *CNNMoney.com*, 13 de dezembro: np.

QUESTÕES PARA DEBATER

A Delta Airlines diversificou recentemente suas operações nos negócios de petróleo ao comprar uma refinaria fora da Filadélfia. Esse tipo de negócio pode parecer muito distante da indústria aérea, mas trata-se, claramente, de uma ação de integração reversa por parte da Delta Airlines. As despesas da companhia com combustível para seus aviões são muito elevadas, representando 36% dos gastos operacionais, ou $12 bilhões em 2011. A Delta acredita que pode diminuir esses custos adquirindo uma refinaria. No entanto, trata-se de uma iniciativa audaciosa, que a fez se tornar a primeira companhia aérea do país a possuir uma refinaria, o que gera várias perguntas.

Em 30 de abril de 2012, ela comprou a Trainer Refinery da ConocoPhillips por $150 milhões. É uma refinaria antiga que a ConocoPhillips fechou em 2011 que processava petróleo bruto dos campos do Mar do Norte, o petróleo bruto mais caro do mundo, e operava com altos custos operacionais. A Delta planeja investir entre $100 milhões e $200 milhões para atualizá-la e otimizar as instalações.

A Delta acredita no aprimoramento da eficiência operacional da refinaria em menos de dois anos. Primeiro, planeja ajustar as instalações para produzir uma quantidade maior de querosene de aviação, em comparação com a maioria das refinarias. Antes da compra, as operações de craqueamento da refinaria transformavam cerca de 14% de um barril de petróleo bruto em querosene de aviação, mas a Delta quer aumentar a eficiência até atingir a marca de 32%. Segundo, a Delta acredita que se beneficiará com o negócio, contando que deixará de arcar com a margem de lucro que as refinarias estabelecem na

(continua)

(continuação)

comercialização desse combustível. Conforme os cálculos da Delta, os gastos com petróleo bruto usado na produção do querosene de aviação em 2011 somaram $9,8 bilhões, enquanto desembolsou $12 bilhões pelo combustível em si. A diferença de $2,2 bilhões de dólares é chamada de "taxa de craqueamento" na indústria.

Além da economia de custos, a Delta acredita que essa ação lhe fornecerá maior controle sobre seu suprimento de combustível. Ela usará o combustível refinado nessa instalação para abastecer seus aviões nos principais aeroportos em Nova York e na Filadélfia. A Delta assinou um contrato de três anos com a ConocoPhillips e a BP para permutar a gasolina e outros derivados produzidos nessa refinaria por querosene de aviação das refinarias de petróleo dessas empresas em outras partes do país. No total, a Delta acredita que produzirá ou adquirirá por permuta 80% do combustível que precisa.

Ainda assim, há muitos que criticam esse acordo. Elas argumentam que a Delta não tem experiência no negócio de petróleo e que encontraria dificuldades em operar a refinaria de modo eficiente. Dizem, também, que a Delta passou a estar vulnerável a descontinuidades no fornecimento que poderiam ocorrer se houver algum problema com os campos de petróleo do Mar do Norte. Há, ainda, o risco de problemas daqui a três anos, quando seu contrato com a ConocoPhillips e com a BP expirar. Pode não ser possível conseguir um acordo tão bom para trocar a gasolina que produzem na Filadélfia por querosene de aviação em outras regiões do país. Por último, os críticos questionam o benefício financeiro de trazer a "taxa de craqueamento" para a empresa. Refinarias não têm sido uma atividade muito lucrativa nos últimos anos, com duas das maiores refinarias, a Tesoro e a Valero, reportando um retorno de menos de 2% em 2011. Assim, o grosso da "taxa de craqueamento" foi o custo do refino, não o lucro dele. Como resultado, a Delta pode ter diversificado de uma indústria de baixo lucro para outra.

Perguntas para Discussão

1. Faz sentido para a Delta comprar uma refinaria?
2. Quais são os riscos e os benefícios dessa ação de integração vertical?
3. Poderia haver outra opção para a Delta resolver seu problema de combustível a um custo mais favorável?

Fonte: Hargreaves, S. 2012. Delta's risky oil refinery bet. CNNMoney.com, 2 de maio: np; Ordonez, I., Carey, S., & Fowler, T. 2012. Crude or refined? Delta's fuel gambit. *WSJ.com*, 5 de abril: n; e Loyd, L. 2012. Questions linger in Delta's purchase of Trainer refinery. Philly.com, 16 de julho: np.

Refletindo quanto às Implicações sobre a Carreira...

- **Estratégia Corporativa:** Seu empregador atual é uma empresa de um único negócio ou diversificada? Se for diversificada, ela busca diversificações relacionadas ou não relacionadas? Essa diversificação lhe proporciona oportunidades de carreira, em especial movimentos laterais? Que políticas organizacionais existem para o motivar ou desmotivar a ir de uma unidade de negócio para outra?
- **Competências Centrais:** Quais são suas competências centrais? Como pode alavancá-las tanto dentro da unidade de negócio como entre outras unidades de negócios?
- **Compartilhamento de Infraestrutura:** Identifique quais atividades e recursos de infraestrutura (p. ex., sistemas de informação, jurídicos) estão disponíveis no escritório corporativo que são compartilhados por várias unidades de negócios na empresa. Com que frequência você se aproveita desses recursos compartilhados? Identifique meios pelos quais pode aprimorar seu desempenho aproveitando esses recursos de compartilhamento de infraestrutura.
- **Diversificação:** Do ponto de vista de sua carreira, quais ações são possíveis para diversificar o risco de emprego (p. ex., cursos em uma universidade local, obtenção de certificados profissionais, o estabelecimento de redes sociais por meio de filiação profissional etc.)? Em épocas de crise, tais ações proporcionarão um número maior de opções de carreira.

resumo

Um dos principais desafios para os administradores atuais é criar "sinergia" ao se empenhar em atividades de diversificação. Como vimos neste capítulo, os gerentes corporativos não têm, em geral, um bom histórico na criação de valor no que se refere a fusões e aquisições. Entre os fatores que prejudicam o valor para os acionistas estão o de pagar um preço com ágio alto demais por uma empresa-alvo, deixar de integrar as atividades dos negócios recém-adquiridos na família corporativa e realizar iniciativas de diversificação que são fáceis de serem imitadas pela concorrência.

Falamos sobre os dois maiores tipos de estratégias corporativas: a diversificação relacionada e a não relacionada. Com a *diversificação relacionada*, a corporação tenta entrar em áreas cujos principais recursos e habilidades podem ser compartilhados ou alavancados. As sinergias provêm das relações horizontais entre as unidades de negócios. Economias de custo e aumentos de receita podem vir de duas grandes fontes. Primeira: as economias de escopo podem ser obtidas alavancando as competências principais e compartilhando atividades. Segunda: o poder de mercado pode ser obtido através de um poder de negociação maior ou conjunto, e pela integração vertical.

Quando as empresas realizam uma *diversificação não relacionada*, elas entram em mercados de produtos que não são parecidos com seus negócios atuais. Assim, há, em geral, pouca oportunidade para alavancar as competências centrais ou compartilhar as atividades entre as unidades de negócios. Nesse caso, as sinergias são criadas a partir das relações verticais entre a sede corporativa e as unidades de negócios individuais. Na diversificação não relacionada, os principais elementos de criação de valor são a reestruturação e os cuidados corporativos, bem como o uso de técnicas de análise de portfólio.

As corporações têm três maneiras principais de diversificar seus mercados de produtos — fusões e aquisições, joint ventures/alianças estratégicas e desenvolvimento interno. Há concessões que devem ser feitas em cada uma delas. Por exemplo, fusões e aquisições costumam ser o jeito mais rápido de entrar em novos mercados e fazer com que uma corporação tenha o maior nível de controle sobre o negócio adquirido. Porém, devido aos altos preços que costumam ser pagos para os acionistas da empresa-alvo e aos desafios associados com a integração de aquisições, estas podem sair muito caras. Não surpreende, portanto, que muitas aquisições de baixo desempenho tenham sido desinvestidas. Às vezes, porém, os desinvestimentos podem ajudar as empresas a refocar seus esforços e gerar recursos. Alianças estratégicas e joint ventures entre duas ou mais empresas, entretanto, podem ser um meio de diminuir riscos, visto que elas envolvem o compartilhamento e a combinação de recursos. Mas as joint ventures também diminuem o controle da empresa (que ela teria com uma aquisição), visto que a governança é compartilhada entre duas entidades diferentes. Há, também, um limite menor para o potencial salto qualitativo de cada parceiro, porque as receitas também devem ser divididas. Por último, com o desenvolvimento interno, uma empresa pode obter todo o valor de suas iniciativas (ao contrário do compartilhamento com uma fusão ou com um parceiro de aliança). Todavia, a diversificação por meio do desenvolvimento interno pode consumir muito tempo — uma desvantagem que se torna ainda mais importante nos ambientes competitivos dinâmicos.

Por fim, alguns comportamentos administrativos podem prejudicar os retornos dos acionistas. Entre esses estão o "crescer por crescer", o egocentrismo e as táticas de salvaguarda contra as aquisições. Como vimos, algumas dessas ações — em especial as táticas de salvaguarda — levantam questões éticas, porque os administradores da empresa podem não agir nos melhores interesses dos acionistas.

Perguntas de Revisão do Resumo

1. Fale sobre como os administradores podem criar valor para sua empresa por meio de esforços de diversificação.
2. Cite alguns dos motivos pelos quais muitos esforços de diversificação não conseguem atingir os objetivos desejados?
3. Como as companhias se beneficiam das diversificações relacionadas? E das diversificações não relacionadas? Cite alguns dos conceitos principais que podem explicar esse sucesso.
4. Cite algumas das maneiras mais importantes pelas quais uma empresa pode reestruturar seu negócio?
5. Fale sobre alguns dos vários meios aos quais as empresas recorrem para se diversificar. Cite os prós e contras associados a cada um deles.
6. Fale sobre algumas ações dos gerentes que podem ser prejudiciais aos acionistas em termos de valor.

termos-chave

estratégia corporativa 180
diversificação 181
diversificação relacionada 182
economias de escopo 182
competências centrais 183
compartilhamento de atividades 184
poder de mercado 185
poder de negociação conjunta 185
integração vertical 186
perspectiva de custo de transação 188
diversificação não relacionada 189
vantagens dos cuidados corporativos 189
reestruturação 189
administração de portfólio 190
aquisições 193
fusões 193
desinvestimento 196
aliança estratégica 199
joint ventures 199
desenvolvimento interno 200
motivos administrativos 201
crescer por crescer 201
egoísmo 201
táticas de salvaguarda 202
greenmail 202
paraquedas dourado 202
pílula de veneno 202

questões & exercícios práticos

1. Cite algumas das maiores fusões e aquisições dos últimos dois anos. Quais foram os motivos dessas ações? Acha que elas serão bem-sucedidas? Explique.
2. Fale sobre alguns exemplos da prática de negócios nos quais as ações de um executivo podem parecer ser em prol do seu interesse pessoal, em vez de em benefício da corporação.
3. Fale sobre alguns dos desafios que os administradores devem superar para fazer com que as alianças estratégicas sejam bem-sucedidas. Quais são algumas das alianças estratégicas com que está familiarizado? Elas foram bem-sucedidas ou não? Explique.
4. Use a internet e escolha uma companhia que realizou uma diversificação em novos mercados de produtos.

Na sua opinião, quais acha que foram alguns dos motivos para essa diversificação (p. ex., o estímulo de competências centrais, o compartilhamento de infraestruturas)?

questões éticas

1. Nos anos recentes, houve um surto de downsizing das corporações e renegociações de contratos de trabalho. Em sua opinião, tais ações levantam questões éticas? Por quê? Ou, por que não?
2. Cite algumas das questões éticas que surgem quando os administradores agem de um modo contrário aos melhores interesses de sua empresa. Quais são as consequências de longo prazo para as empresas e para os administradores?

exercício experimental

A Coca-Cola é uma empresa que segue uma estratégia de diversificação relacionada. Avalie seu sucesso (ou a falta dele) no que se refere a quão bem ela (1) trabalhou suas competências principais, (2) compartilhou as infraestruturas e (3) aumentou seu poder de mercado. (Escreva as respostas na tabela a seguir.)

Motivo para a Diversificação Relacionada	Bem-Sucedida/malsucedida?	Por Quê?
1. Trabalhou suas competências principais		
2. Compartilhou as infraestruturas		
3. Aumentou seu poder de mercado		

referências

1. Grobart, S. & Rusili, E. 2011. For Flip video camera, four years from hot start-up to obsolete. NYTimes.com, 4 de abril: np; Chen, B. 2011. Why Cisco's Flip flopped in the camera business. Wired.com, 11 de abril: np. Rose, C. 2012. Charlie Rose talks to Cisco's John Chambers. *Bloomberg BusinessWeek.*, 24 de abril: 41; e www.cisco.com.
2. Insights sobre a avaliação de F&A em: Zollo, M. & Meier, D. 2008. What is F&A performance? *BusinessWeek*, 22(3): 55–77.
3. Insights sobre como e por que as empresa podem pagar ágios nas aquisições em: Malgotra, D., Ku, G., & Murnighan, J. K. 2008. When winning is everything. *Harvard Business Review*, 66(5): 78–86.
4. Dr. G. William Schwert, estudo da University of Rochester citado em Pare, T. P. 1994. The new merger boom. *Fortune*. 28 de novembro: 96.
5. Lipin, S. & Deogun, N. 2000. Big mergers of the 1990's prove disappointing to shareholders. *The Wall Street Journal*, 30 de outubro: C1.
6. Rothenbuecher, J. & Schrottke, J. 2008. To get value from a merger, grow slaes. *Harvard Business Review*, 86(5): 24–25; e Rothenbuecher, J. 2008. Personal communication, 1º de outubro.
7. Kyriazis, D. 2010. The long-term post acquisition performance of Greek acquiring firms. *International Research Journal of Finance and Economics*. 43: 69–79.
8. Pare, T. P. 1994. The new merger boom. *Fortune*, 28 de novembro: 96.
9. Encontramos uma análise dos efeitos da experiência do diretor e do desempenho da aquisição em: McDonald, M. L. & Westphal, J. D. 2008. What do they know? The effects of outside director acquisition experience on firm acquisition performance. *Strategic Management Journal*, 29(11): 1155–1177.
10. Finance and economics: Snoopy sniffs an opportunity; MetLife buys Alico. 2010. Economist.com, 13 de março: np.
11. Para um estudo que investiga vários sinais da diversificação corporativa, leia: Wiersema, M. F. & Bowen, H. P. 2008. Corporate diversification: The impact of foreign competition, industry globalization, and product diversification. *Strategic Management Journal*, 29(2): 114–132.
12. Kumar, M. V. S. 2011. Are joint ventures positive sum games? The relative effects of cooperative and non-cooperative behavior. *Strategic Management Journal*, 32(1): 32–54.
13. Makri, M., Hitt, M. A., & Lane, P. J. 2010. Complementary technologies, knowledge relatedness, and invention outcomes in high technology mergers and acquisitions. *Strategic Management Journal*, 31(6): 602–628.
14. Encontramos uma análise da estratégia de diversificação não relacionada da Tyco em: Hindo, B. 2008. Solving Tyco's indentity crisis. *BusinessWeek*, 18 de fevereiro: 62.
15. Nossa análise se baseia em várias fontes, incluindo Goold, M. & Campbell, A. 1998. Desperately seeking synergy. *Harvard Business Review*, 76(5): 131–143; Porter, M. E. 1987. From advantage to corporate strategy. *Harvard Business Review*, 65(3): 43–59; e Hitt, M. A., Ireland, R. D., & Hoskisson, R. E. 2001. *Strategic management: competitiveness and globalization* (4ª ed.). Cincinnati, OH: South-Western.
16. Esta imagem da corporação como uma árvore e a análise relacionada se baseiam em: Prahalad, C. K. & Hamel, G. 1990. The core competence of the corporation. *Harvard Business Review*, 68(3): 79–91. Partes dessa seção também se baseiam em: Picken, J. C. & Dess, G. G. 1997. *Mission critical*: cap. 5. Burr Ridge, IL: Irwin Professional Publishing.

17. Graebner, M. E., Eisenhardt, K. M. & Roundy, P. T. 2010. Success and failure in technology acquisitions: Lessons for buyers and sellers. *The Academy of Management Perspectives*, 24(3): 73–92.
18. Essa seção se baseia em: Prahalad & Hamel, op. cit.; e Porter, op. cit.
19. Encontramos um estudo recente que investiga a relação entre recursos tecnológicos, diversificação e o desempenho de uma empresa em: Miller, D. J. 2004. Firms' technological resources and the performance effects of diversification. A longitudinal study. *Strategic Management Journal*, 25: 1097–1119.
20. Chesbrough, H. 2011. Bringing open innovation to services. *MIT Sloan Management Review*, 52(2): 85–90.
21. Fisher, A. 2008. America's most admired companies. *Fortune*, 17 de março: 74.
22. Choi, C. Starbucks buys bakery to improve food offerings. Finance.yahoo.com, 4 de junho: np.
23. Essa seção se baseia em: Hrebiniak, L. G. & Joyce, W. F. 1984. *Implementing strategy*, Nova York: MacMillan; e Oster, S. M. 1994. *Modern competitive analysis*. Nova York: Oxford University Press.
24. A análise dos benefícios e custos da integração vertical se baseia em: Hax, A. C. & Majluf, N. S. 1991. *The strategy concept and process: A pragmatic approach*: 139. Engkewood Cliffs, NJ: Prentice Hall.
25. Fahey, J. 2005. Gray winds. *Forbes*. 10 de janeiro: 143.
26. Essa análise se baseia em: Oster, op. cit.; e Harrigan, K. 1986. Matching vertical integration strategies to competitive conditions. *Strategic Management Journal*, 7(6): 535–556.
27. Para uma explicação profunda de como os custos de transação determinam os limites de uma empresa, veja os livros pioneiros de Oliver E. Williamson *Markets and Hierarchies: Analysis and Antitrust Implications* (Nova York: Free Press, 1975) e *The Economic Institutions of Capitalism* (Nova York: Free Press, 1985).
28. Campbell, A., Goold, M., & Alexander, M. 1995. Corporate strategy: The quest for parenting advantage. *Harvard Business Review*, 73(2): 120–132; e Picken & Dess, op. cit.
29. Anslinger, P. A. & Copeland, T. E. 1996. Growth through acquisition: A fresh look. *Harvard Business Review*, 74(1): 126–135.
30. Esta seção se baseia em: Porter, op. cit.; e Hambrick, D. C. 1985. Turnaround strategies. Em Guth, W. D. (Ed.). *Handbook of business strategy*: 10-1–10-32. Boston: Warren, Gorham & Lamont.
31. Há uma diferença importante entre empresas que funcionam tendo em vista um lucro de longo prazo e aquelas que são compradas e vendidas objetivando ganhos de curto prazo. As últimas são, às vezes, chamadas de "holdings" e, em geral, se preocupam mais com questões financeiras, em vez de estratégicas.
32. Lenzner, R. 2007. High on Loews. *Forbes*, 26 de fevereiro: 98–102.
33. Casico, W. F. 2002. Strategies for responsible restructuring. *Academy of Management Executive*, 16(3): 80–91; e Singh, H. 1993. Challenges in researching corporate restructuring. *Journal of Management Studies*, 30(1): 147–172.
34. Hax & Majluf, op. cit. Até 1979, 45% das companhias alistadas na *Fortune 500* usaram alguma forma de análise de portfólio, de acordo com Haspelagh, P. 1982. Portfolio planning: Uses and limits. *Harvard Business Review*, 60: 58–73. Um estudo posterior conduzido em 1993 descobriu que mais de 40% dos entrevistados usaram técnicas de análise de portfólio, mas esperava-se que o nível de uso aumentasse em mais de 60% no futuro próximo: Rigby, D. K. 1994. Managing the management tools. *Planning Review*, setembro–outubro: 20–24.
35. Goold, M. & Luchs, K. 1993. Why diversify? Four decades of management thinking. *Academy of Management Executive*, 7(3): 7–25.
36. Outros métodos incluem a matriz atratividade-força do negócio desenvolvida em conjunto entre a General Electric e a McKinsey e Company, a matriz de ciclo de vida desenvolvida por Arthur D. Little, e a matriz de rentabilidade proposta por Marakon. Para uma revisão intensiva, veja: Hax & Majluf, op.cit.: 182–194.
37. Porter, op. cit.: 49–52.
38. Picken & Dess, op. cit.; Cabot Corporation, 2001. Arquivo 10-Q, Securities and Exchange Commission, 14 de maio.
39. Insights sobre o desempenho de adquirentes em série em: Laamanen, T. & Keil, T. 2008. Performance of serial acquirers: Toward an acquisition program perspective. *Strategic Management Journal*, 29(6): 663–672.
40. Alguns insights do presidente-executivo da Lazard sobre fusões e aquisições em: Stewart, T. A. & Morse, G. 2008. Giving great advice. *Harvard Business Review*, 66(1): 106–113.
41. Coy, P., Thornton, E., Arndt, M., & Grow, B. 2005. Shake, rattle, and merge. *BusinessWeek*, 10 de janeiro: 32–35; e Anônimo. 2005. Love is in the air. *Economist*, 5 de fevereiro: 9.
42. Hill, A. 2011. Mergers indicate market optimism. www.marketplace.org, 21 de março: np.
43. Para um estudo interessante da relação entre fusões e as estratégias de produto-mercado de uma empresa, veja: Krisnan, R. A., Joshi, S., & Krishnan, H. 2004. The influence of mergers on firms' product-mix strategies. *Strategic Management Journal*, 25: 587–611.
44. Como muitas outras empresas de alta tecnologia durante a crise econômica que começou no meio de 2000, a Cisco Systems sofreu uma queda de desempenho. Em 16 de abril de 2001, ela anunciou que suas receitas para o trimestre que terminaria em 30 de abril cairiam 5% em relação ao ano anterior — e surpreendentes 30% em relação ao trimestre anterior — para cerca de $4,7 bilhões. Além do mais a Cisco anunciou que demitiria 8.500 empregados e arcaria com enormes $2,5 bilhões para baixas de estoque. Até fins de outubro de 2002, suas ações estavam valendo $10, uma baixa significativa em relação às cotações acima de $70 durante 52 semanas. Elstrom, op.cit.: 39.
45. Ignatius, A. 2011. How eBay developed a culture of experimentation. *Harvard Business Review*, 89(3): 92–97.
46. Martinez, J. 2011. eBay's recent acquisitions drive ridiculous m-commerce numbers. Dmnews.com, 6 de dezembro: np.
47. Para uma análise da tendência para a consolidação da indústria de aço e como a Lakshmi Mittal está se tornando uma entidade dominante, leia: Reed, S. & Arndt, M. 2004. The Raja of steel. *BusinessWeek*, 20 de dezembro: 50–52.
48. Colvin, G. 2011. Airline king. *Fortune*, 2 de maio: 50–57.
49. Essa análise se baseia em: Rappaport, A. & Sirower, M. L. 1999. Stock or cash? The trade-offs for buyers and seelers

in mergers and acquisitions. *Harvard Business Review*, 77(6): 147–158; e Lipin, S. & Deogun, N. 2000. Big mergers of 90s prove disappointing to shareholders. *The Wall Street Journal*, 30 de outubro: C1.

50. Podemos ler sobre as desvantagens das fusões na indústria de linhas aéreas em: Gimbel, B. 2008. Why airline mergers don't fly. *BusinessWeek*, 17 de março: 26.

51. Mouio, A. (Ed.). 1998. Unit of one. *Fast Company*, setembro: 82.

52. Porter, M. E. 1987. From competitive advantage to corporate strategy. *Harvard Business Review*, 65(3): 43.

53. O desinvestimento de um negócio que é realizado para permitir que os gerentes se concentrem melhor em seus negócios principais foi chamado de "downscoping". Veja: Hitt, M. A., Harrison, J. S., & Ireland, R. D. 2001. *Mergers and acquisitions: A guide to creating value for stakeholders*. Oxford Press: Nova York.

54. Sirmon, D. G., Hitt, M. A., & Ireland, R. D. 2007. Managing firm resources in dynamic environments to create value: Looking inside the black box. *Academy of Management Review*, 32(1): 273–292.

55. Kengelchach, J., Klemmer, D., & Roos, A. 2012. Plant and prune: How M&A can grow portfolio value. *BCG Report*, setembro: 1–38.

56. Berry, J., Brigham, B., Bynum, A., Leu, C., & McLaughlin, R. 2012. Creating value through divestitures—Deans Foods: Theory in practice. *Unpublished manuscript*.

57. Um estudo que investiga o desempenho de alianças é: Lunnan, R. & Haugland, S. A. 2008. Predicting and measuring alliance performance: A multidimensional analysis. *Strategic Management Journal*, 29(5): 545–556.

58. Para ideias profundas sobre o papel do aprendizado na criação de valor em alianças estratégicas, veja: Anard, B. N. & Khanna, T. 2000. Do firms learn to create value? *Strategic Management Journal*, 12(3): 295–317; e Vermeulen, F. & Barkema, H. P. 2001. Learning through acquisitions. *Academy of Management Journal*, 44(3): 457–476.

59. Para uma análise detalhada do custo de transação econômica nas alianças estratégicas, leia: Reuer, J. J. & Arno, A. 2007. Strategic alliance contracts: Dimensions and determinants of contractual complexity. *Strategic Management Journal*, 28(3): 313–330.

60. Essa seção se baseia em: Hutt, M. D., Stafford, E. R., Walker, B. A., & Reingen, P. H. 2000. Case study: Defining the strategic alliance. *Sloan Management Review*, 41(2): 51–62; e Walters, B. A., Peters, S., & Dess, G. G. 1994. Strategic alliances and joint ventures: Making them work. *Business Horizons*, 4: 5–10.

61. Um estudo que investiga as alianças estratégicas e as redes é: Tiwana, A. 2008. Do bridging ties complement strong ties? An empirical examination of alliance ambidexterity. *Strategic Management Journal*, 29(3): 251–272.

62. Fashion chain Zara opens its first Indian store. 2010. bbc.co.uk/news/, 31 de maio: np.

63. Martin, A. 2007. Merger for SABMiller and Molson Coors. nytimes.com, 10 de outubro: np.

64. Phelps, C. 2010. A longitudinal study of the influence of alliance network structure and composition on firm exploratory innovation. *Academy of Management Journal*, 53(4): 890–913.

65. ILS Technology supplies device WISE M2M to Verizon Wireless. 2011. automation.com, 23 de março: np.

66. Para uma perspectiva de teoria institucional de alianças estratégicas, leia: Dacin, M. T., Oliver, C., & Roy, J. P. 2007. The legitimacy of strategic alliances: An institutional perspective. *Strategic Management Journal*, 28(2): 169–187.

67. Um estudo que investiga os fatores que determinam a seleção de parceiros em alianças estratégicas é encontrado em: Shah, R. H. & Swaminathan, V. 2008. *Strategic Management Journal*, 29(5): 471–494.

68. Arino, A. & Ring, P. S. 2010. The role of fairness in alliance formation. *Strategic Management Journal*, 31(6): 1054–1087.

69. Greve, H. R., Baum, J. A. C., Mitsuhashi, H. & Rowley, T. J. 2010. Built to last but falling apart: Cohesion, friction, and withdrawal from interfirm alliances. *Academy of Management Journal*, 53(4): 302–322.

70. Narayan, A. 2011. From brewing, an Indian biotech is born. *Bloomberg Businessweek*, 28 de fevereiro: 19–20.

71. Para uma perspectiva profunda de como administrar conflitos entre a inovação e as operações contínuas em uma organização, leia: Govindarajan, V. & Trimble, C. 2010. *The other side of innovation: Solving the excution challenge*. Boston, MA: Harvard Business School Press.

72. Dunlap-Hinkler, D., Kotabe, M. & Mudambi, R. 2010. A story of breakthrough versus incremental innovation: Corporate entrepreneurship in the global pharmaceutical industry. *Strategic Entrepreneurship Journal*, 4(2): 106–127.

73. Porter, op. cit.: 43–59.

74. Angwin, J. S. & Wingfield, N. 2000. How Jay Walker built WebHouse on a theory that he couldn't prove. *The Wall Street Journal*, 16 de outubro: A1, A8.

75. The fallen. 2003. *BusinessWeek*, 13 de janeiro: 80–82.

76. O exemplo de Jack Welch se baseia em Sellers, P. 2001. Get over yourself. *Fortune*, 30 de abril: 76–88.

77. Li, J. & Tang, Y. 2010. CEO hubris and firm risk taking in China: The moderating role of managerial discretion. *Academy of Management Journal*, 53(1): 45–68.

78. Polek, D. 2002. The rise and fall of Dennis Kozlowski. *BusinessWeek*, 23 de dezembro: 64–77.

79. John Thain and his golden commode. 2009. Editorial. Dallasnews.com, 26 de janeiro: np; Task, A. 2009. Wall Street's $18.4B bonus: The sense of entitlement has not been beaten out. finance.yahoo.com, 29 de janeiro: np; e Exit Thain. 2009. Newsfinancialcareers.com, 22 de janeiro: np.

80. Essa seção se baseia em: Weston, J. F., Besley, S., & Brigham, E. F. 1996. *Essentials of managerial finance* (11ª ed.): 18–20. Fort Worth, TX: Dryden Press, Harcourt Brace.

PARTE 2: FORMULAÇÃO DA ESTRATÉGIA

capítulo 7

Estratégia Internacional:

Criar Valor nos Mercados Mundiais

Depois da leitura deste capítulo você deverá obter uma boa compreensão dos seguintes pontos a aprender:

PA7.1 A importância da expansão internacional como uma estratégia viável de diversificação.

PA7.2 As fontes de vantagens nacionais; ou seja, por que um setor econômico é mais (ou menos) bem-sucedido em certo país do que em outro.

PA7.3 As motivações (ou benefícios) e os riscos associados com a expansão internacional, incluindo a tendência emergente para maior atividade de offshoring e terceirização.

PA7.4 As duas forças opostas — a redução de custo e a adaptação a mercados locais — que as empresas enfrentam ao entrar em mercados internacionais.

PA7.5 As vantagens e desvantagens associadas a cada uma das quatro estratégias básicas: a internacional, a global, a multidoméstica e a transnacional.

PA7.6 A diferença entre as companhias regionais e as verdadeiramente mundiais.

PA7.7 Os quatro tipos básicos de estratégias de entrada e os benefícios e riscos relativos associados a cada um deles.

Aprenda com os Erros

A SAIC, maior fabricante chinesa de carros, queria se estender além de seu mercado nacional. Como primeiro passo, adquiriu o controle da SsangYong, uma problemática fabricante coreana de veículos, em 2004.[1] No entanto, o resultado desse investimento não foi o esperado. Após cinco tumultuados anos, e depois de $618 milhões de investimento, a SAIC decidiu não mais realizar quaisquer investimentos na SsangYong. Em 2009, a SsangYong faliu. Por que a aquisição teve um resultado tão ruim?

A SAIC, antigamente conhecida como Shanghai Automotive Industry Corporation, uma pequena empresa na década de 1970, tornou-se a maior fabricante chinesa de automóveis em 2010. Seu estreito relacionamento com os maiores fabricantes mundiais do setor automobilístico, incluindo a Volkswagen e a GM, deu-lhe condições de projetar e construir carros de classe mundial. Baseando-se em seu êxito no mercado interno, quis expandir sua marca para o mundo inteiro.

O primeiro passo nessa direção foi a compra de uma empresa não chinesa. Em 2004, desembolsou $500 milhões para adquirir 49% da SsangYong, a quarta maior fabricante de carros da Coreia do Sul. Essa empresa tinha uma participação de 10% do mercado coreano de carros e era especialmente forte no segmento de utilitários de pequeno porte. E, na época, estava implementando seus negócios de exportação.

Os analistas viram essa aquisição como algo promissor. A SAIC obteria acesso a seus primeiros mercados estrangeiros e às tecnologias avançadas da SsangYong. Um dos pontos de grande potencial era a tecnologia de veículos híbridos da SsangYong. Esta, por sua vez, atolada em dívidas, seria recapitalizada pela SAIC. Além disso, a SAIC, que tinha operações de fábrica muito eficientes, poderia ajudar a SsangYong a melhorar a eficiência de sua produção.

Apesar de todo esse potencial, os problemas não demoraram a surgir. As diferenças culturais entre os gerentes chineses e coreanos dificultavam um consenso de como reestruturar a SsangYong. A SAIC teve ainda maiores dificuldades de negociar com os sindicatos locais. A Coreia do Sul tinha uma tradição de sindicatos fortes e atuantes, e de difíceis relações trabalhistas, algo completamente novo para a SAIC.

Essas diferenças se exacerbaram em função do acentuado recuo da demanda pelos carros da SsangYong. Quando os preços da gasolina aumentaram, em 2006, as vendas de utilitários caíram dramaticamente. Além disso, em face da recessão mundial em fins de 2007, as vendas de carros despencaram no mundo inteiro. As vendas da SsangYong caíram pela metade no final de 2008.

A SAIC propôs uma profunda e completa revisão de métodos e procedimentos da SsangYong, com grandes mudanças nas práticas da área de vendas para melhorar sua eficiência e uma redução de 36% da força de trabalho. Os sindicatos de trabalhadores se rebelaram e acusaram a SAIC de transferir designs e tecnologia de forma ilegal para a China. Quando a SAIC deixou de colocar dinheiro na SsangYong, ela decretou falência em janeiro de 2009. Os sindicatos entraram em greve e ocuparam as fábricas da SsangYong por 77 dias. A SAIC deixou de investir na SsangYong, imputando a essa situação a queda de 26% de lucros na primeira metade de 2009.

Perguntas para Discussão

1. Que lições a SAIC deveria aprender de sua aquisição da SsangYong?
2. Ao comprar uma empresa de outro país, em quais questões a empresa adquirente deve refletir para limitar os eventuais riscos da aquisição?
3. Como uma empresa pode superar as diferenças culturais entre seu mercado nacional e o país ao qual estão indo?

Neste capítulo veremos como as empresas podem criar valor e obter vantagens competitivas no mercado mundial. As empresas multinacionais enfrentam o constante dilema de escolher entre a adaptação local — em ofertas de produtos, localidades, publicidade e estabelecimento de preços — e a integração mundial. Falaremos sobre como as empresas podem evitar armadilhas, como foi o caso da SAIC, uma grande fabricante de carros chinesa. Além disso, veremos fatores que podem influenciar o sucesso de uma nação em determinado setor de atividade. Na nossa visão, esse é um contexto importante para determinar quão bem-sucedidas as empresas podem ser ao competir além das fronteiras de sua nação.

Economia Global: Um Breve Resumo

> **PA7.1**
> A importância da expansão internacional como uma estratégia viável de diversificação.

Os administradores se deparam com muitas oportunidades e riscos ao diversificarem no exterior.[2] O comércio entre nações aumentou drasticamente nos últimos anos, e estima-se que, até 2015, o comércio *entre* nações será maior que dentro das nações. Em vários setores, como semicondutores, automóveis, aeronaves comerciais, telecomunicações, computadores e aparelhos eletrônicos de consumo, é quase impossível sobreviver a menos que as empresas procurem por concorrentes, clientes, recursos humanos, fornecedores e tecnologia no mundo inteiro.[3]

O negócio de energia eólica da GE se beneficia ao procurar talentos ao redor do mundo. A empresa construiu centros de pesquisa na China, Alemanha, Índia e nos EUA. Seu presidente, Jeffrey Immelt, diz: "Conseguimos acessar os melhores cérebros do mundo". Esses quatro centros tiveram um papel fundamental no desenvolvimento pela GE de enormes turbinas de 92 toneladas:[4]

- Pesquisadores chineses, de Xangai, projetaram os microprocessadores que controlam o ritmo da hélice.
- Engenheiros mecânicos da Índia (Bangalore) elaboraram os modelos matemáticos que permitem maximizar a eficiência dos materiais das turbinas.
- Peritos em sistemas de energia nos EUA (Niskayuna, Nova York), com pesquisadores provenientes de 55 países, são os responsáveis pelo design.
- Técnicos em Munique, Alemanha, criaram uma turbina "inteligente" que consegue calcular a velocidade do vento e ativar os sensores de outras turbinas para produzir um máximo de eletricidade.

> **globalização**
> tem dois significados. Um é o aumento do intercâmbio internacional, incluindo o comércio de bens e serviços, câmbio, ideias e informação. O outro é o aumento da similaridade de leis, regras, normas, valores e ideias entre os países.

O surgimento do fenômeno da **globalização** — ou seja, do capitalismo de mercado em todo o mundo — criou, sem sombra de dúvida, tremendas oportunidades de negócios para as corporações multinacionais. Por exemplo, os fabricantes de celulares venderam mais de 700 milhões de unidades em mercados emergentes em 2012.[5]

A rápida disseminação do capitalismo global teve efeitos dramáticos nas diferentes zonas econômicas. Como mostra a Figura 7.1, o crescimento experimentado pelas economias desenvolvidas na primeira década de 2000 foi anêmico, enquanto que o de economias subdesenvolvidas foi robusto.[6] Essa tendência permanece, com os mercados emergentes crescendo 4% mais rápido do que os mercados desenvolvidos em 2011 e 2012. Isso aconteceu devido a uma mudança drástica na estrutura da economia mundial. Em 2013, mais da metade dos produtos mundiais virá de mercados emergentes. Tal fenômeno está levando a uma convergência no padrão de vida mundial e está mudando a cara dos negócios. Um exemplo disso é o mercado mundial de automóveis. A China ultrapassou os Estados Unidos como o maior mercado de automóveis em 2009.

Um dos desafios da globalização é determinar como atender às necessidades dos clientes com níveis muito diferentes de renda. Em diversas economias em desenvolvimento, a desigualdade na distribuição da renda continua muito mais ampla do que a vigente nos países desenvolvidos, mesmo com a economia crescendo. Destaques de Estratégia 7.1 traz um interessante ponto de vista sobre o comércio mundial — o marketing para a "base da pirâmide".[7] Isso se refere às ações de uma empresa multinacional direcionando seus bens e serviços para cerca de 5 bilhões de pessoas pobres no mundo, que habitam países em desenvolvimento. Em conjunto, isso representa um mercado muito grande, com $14 trilhões em poder de compra.

DESTAQUES DE ESTRATÉGIA 7.1

INDO AO ENCONTRO DAS NECESSIDADES DA "BASE DA PIRÂMIDE"

A Unilever, a fabricante anglo-holandesa de marcas como Dove, Lipton e Vaseline, descobriu um grande mercado vendendo para clientes pobres em mercados emergentes ao revolucionar algumas das regras básicas de marketing. Seus esforços permitiram explorar várias oportunidades existentes na "base da pirâmide".

A estratégia da Unilever foi criada há cerca de 25 anos, quando sua subsidiária indiana, a Hindustan Lever (HL), descobriu que seus produtos estavam fora do alcance de milhões de indianos. A HL criou uma estratégia na qual ela diminuía o preço e, ainda assim, lucrava: embalagens com quantidade suficiente para apenas uma utilização em todos os seus produtos, de shampoo a sabão em pó, a um preço unitário muito baixo. Uma pechincha? Talvez, mas isso aumentou o alcance da marca. Em vez de se concentrar no preço, ela diminuiu os pacotes para estabelecer um preço que até mesmo os clientes que viviam com $2,50 por dia podiam comprar. A HL também treinou mulheres que viviam em áreas rurais para vender seus produtos aos vizinhos. "O que a Unilever faz muito bem é entrar nessas comunidades, entender suas necessidades e adaptar seu modelo de negócios de acordo com isso", diz um professor da IESE Business School, de Barcelona. "Não se trata de fazer direito, mas de penetrar em novos mercados", diz o presidente-executivo Patrick Cescau.

O potencial vai além dos produtos de uso pessoal, como shampoo e sabonetes. As empresas integrantes de vários setores estão vendo potencial no mercado BP (base da pirâmide; no caso, de renda). Por exemplo, a DataWind, uma empresa britânica, desenvolveu um tablet em parceria com o governo indiano cujo custo é de apenas $35. De modo similar, a Vodafone oferece um celular na Índia por $15. Essas empresas veem os pobres como uma audaciosa fronteira de oportunidade para aqueles que conseguem atender às suas necessidades.

As empresas precisam administrar ativamente os riscos inerentes às estratégias BP. Neles incluem-se as preocupações com a imagem da empresa, se houver a percepção de que está explorando os clientes menos privilegiados oferecendo-lhes produtos de padrão inferior ou vendendo algo de que não precisam ou não podem pagar. Segundo: pode acontecer que uma versão inferior de uma marca prejudique a atratividade dessa marca. Terceiro: os produtos mais baratos podem instaurar um processo de canibalização (em marketing, quando as vendas de um produto novo substituem as de outro da mesma empresa) em relação a seus produtos principais. Por último: as empresas que utilizam a estratégia BP devem estar cientes dos concorrentes entrincheirados que podem surgir. Por exemplo, mais de 90% do mercado de sucos da Índia são controlados por empresas pequenas, muitos delas operando aquém dos padrões de qualidade e de segurança.

Fontes: Karamchandani, A., Kubzansky, M. & Lalwani, N. 2011. Is the bottom of the pyramid really for you? *Harvard Business Review*, 89(3): 107; Now for some good news. 2012. *Economist*, 3 de março: 80; McGregor, J. 2008. The world's most influential companies. *BusinessWeek*, 22 de dezembro: 43–53; e Prahalad, C. K. 2005. *The Fortune at the Bottom of the Pyramid: Eradicating Poverty through Profits*. Filadélfia: Wharton School Publishing.

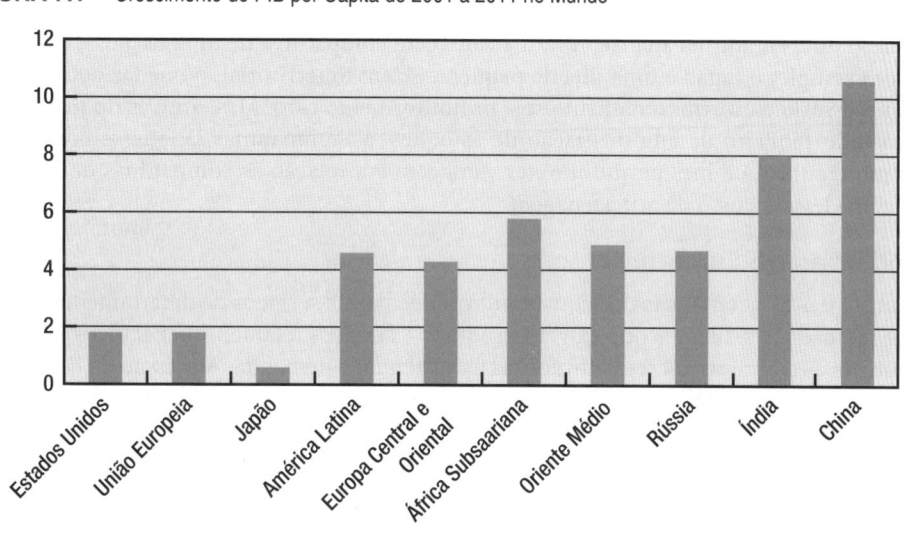

FIGURA 7.1 Crescimento do PIB per Capita de 2001 a 2011 no Mundo

Fonte: A game of catch-up. 2011. *The Economist*, 24 de setembro: 3–6.

A seguir falaremos em mais detalhes sobre a razão de algumas nações e seus mercados serem mais competitivos.[8] Isso estabelece um importante contexto, ou cenário, para a revisão do capítulo. Depois falaremos sobre por que algumas *nações e seus mercados* têm um desempenho melhor do que outras, e então estaremos mais preparados para discorrer sobre as várias estratégias que as *empresas* podem adotar para criar vantagens competitivas quando se expandem internacionalmente.

Fatores que Afetam a Competitividade de uma Nação

Michael Porter, da Harvard University, conduziu um estudo de quatro anos no qual ele e uma equipe de 30 pesquisadores examinaram os padrões do sucesso competitivo em dez das nações comerciais líderes. Ele concluiu que havia quatro atributos amplos das nações que, individualmente e como um sistema, constituem o que ele chama de **diamante de vantagem nacional**. De fato, a conjugação desses atributos determina o campo de atuação de cada nação. Esses fatores são:

- *Dotação de recursos.* A posição da nação quanto aos fatores de produção, como infraestrutura ou mão de obra habilitada, necessários para competir em determinada indústria.
- *Condições de demanda.* A natureza da demanda do mercado setorial interno para o produto ou serviço.
- *Setores relacionados e de apoio.* A presença ou ausência na nação de grupos de fornecedores e outros setores relacionados que são internacionalmente competitivos.
- *Estratégia, estrutura e concorrência da empresa.* As condições na nação que ditam como as companhias são criadas, organizadas e administradas, bem como a natureza da concorrência interna.

Dotação de Recursos[9, 10]

De acordo com a economia clássica solo, mão de obra e capital são os fatores de produção de bens de consumo e serviços utilizáveis.[11] Entretanto, companhias em nações avançadas procurando vantagens competitivas em empresas de outras nações *criam* muitos dos fatores de produção. Por exemplo, um país ou indústria dependente de inovação científica deve dispor de um conjunto habilidoso de recursos humanos para trabalhar. Trata-se de algo não herdado: ele é criado por meio de investimento no conhecimento e talento específicos de determinado setor de atividade. A infraestrutura de apoio de um país — ou seja, seus sistemas de transporte e de comunicação, bem como seu sistema bancário — também é vital.

Os fatores de produção a serem desenvolvidos devem ser específicos para a empresa ou setor. Além disso, o conjunto de recursos é menos importante do que a velocidade e a eficiência com que são usados. Assim, o conhecimento e habilidades específicos de empresas criadas no país e que são raras, valiosas, difíceis de imitar e utilizadas ágil e eficientemente são fatores de produção que, em última análise, levam à vantagem competitiva de uma nação.

Por exemplo, o Japão é uma ilha de pequena extensão territorial, o que faz com que o espaço necessário para armazenamento seja proibitivamente caro. Mas, através do just-in-time, um método pioneiro de administração de estoques, as companhias japonesas conseguiram criar um recurso que lhes permitiu obter vantagem em relação às companhias de outras nações com elevado custo de armazenagem.

Condições de Demanda

Tratam-se das características dos consumidores dos bens e serviços de determinados segmentos de mercado. Os clientes que exigem produtos e serviços altamente específicos e sofisticados forçam as empresas a serem inovadoras para atender à demanda. A pressão do consumidor se constitui em um desafio para as indústrias e prestadoras de serviço de um país. Em resposta a esse desafio, o aprimoramento dos bens e serviços existentes costumam ocorrer, criando as condições necessárias para a vantagem competitiva em relação às empresas de outros países.

Países com clientes exigentes fazem com que suas empresas atinjam elevados padrões, atualizem a oferta já existente e lancem produtos e serviços inovadores. As condições da demanda dos consumidores influenciam a maneira como as empresas enxergam o mercado. Isso, por sua vez, ajuda empresas e setores econômicos de uma nação a antecipar melhor as futuras condições de demanda mundial e responder de maneira proativa às exigências de produtos e serviços.

---

diamante de vantagem nacional
uma base para explicar por que certos países conseguem fazer suas corporações multinacionais crescerem. Consiste de quatro fatores — dotação de recursos; condições de demanda; setores relacionados e de apoio; e estratégia, estrutura e concorrência da empresa.

dotação de recursos (vantagem nacional)
a posição de uma nação quanto aos fatores de produção.

condições de demanda (vantagem nacional)
a natureza da demanda do mercado setorial interno para o produto ou serviço.

PA7.2
As fontes de vantagens nacionais; ou seja, por que um segmento econômico é mais (ou menos) bem-sucedido em certo país do que em outro.

A Dinamarca, por exemplo, é conhecida pela preocupação com o meio ambiente. A demanda dos consumidores por produtos ambientalmente seguros fez com que os fabricantes dinamarqueses se tornassem líderes em equipamentos de controle de poluição da água — produtos que eles exportam com sucesso.

Fornecedores e Empresas Similares

Setores de atividade relacionados e de apoio permitem que as empresas administrem os insumos de maneira mais eficiente. Por exemplo, os países que têm uma base de suprimento mais forte se beneficiam por acrescentar eficiência nas atividades de fornecimento. Um conjunto de fornecedores competitivos ajuda uma empresa a obter os materiais e insumos de que precisa, pois permite a adoção de métodos de custo eficientes e pontuais, reduzindo, assim, os custos de fabricação. E, também, os relacionamentos funcionais mais estreitos com os fornecedores proporcionam o desenvolvimento de vantagens competitivas por meio de pesquisa e desenvolvimento conjuntos, bem como a troca constante de conhecimento.

Os setores relacionados oferecem oportunidades similares por meio de esforços em comum das empresas. Além disso, criam a probabilidade de novas companhias entrarem no mercado, aumentando a competição e forçando as empresas existentes a se tornarem mais competitivas mediante uma série de esforços no tocante ao controle de custos, inovação de produtos e novos métodos de distribuição. Combinados, esses esforços representam uma fonte de vantagem competitiva para a economia do país.

Na indústria italiana de calçados, os setores de apoio aumentam a vantagem competitiva nacional. Na Itália, os fabricantes de calçados estão geograficamente localizados próximos a seus fornecedores. Sua permanente interação com os fornecedores de couro lhes possibilita aprender sobre novas texturas, cores e técnicas de fabricação enquanto um sapato ainda está no estágio de protótipo. Os fabricantes conseguem calcular a demanda futura e equipar suas fábricas para os novos produtos muito antes de as companhias de outras nações estarem cientes dos novos estilos.

Estratégia, Estrutura e Concorrência da Empresa

A concorrência é especialmente intensa em nações com condições de forte demanda de consumidores, sólidas bases de suprimento e potencial elevado de entrada de novos concorrentes setoriais. Essa rivalidade, por sua vez, aumenta a eficiência com que a empresa desenvolve, promove e distribui produtos e serviços em seu país. Dessa forma, a rivalidade doméstica fomenta a ação inovadora das empresas e as estimula a procurar novas formas de vantagens competitivas.

A intensa concorrência força as empresas a procurar por novos mercados além do âmbito interno, o que estabelece as condições necessárias para a competitividade mundial. Entre todos os pontos do diamante de vantagem nacional de Porter, a concorrência nacional é, talvez, o maior indicador de sucesso da competitividade mundial. As empresas envolvidas em acirrada competição nacional provavelmente já desenvolveram estratégias e estruturas que lhes permitem participar com sucesso nos mercados mundiais.

No setor de varejo de alimentos (supermercadista), a concorrência agressiva fez com que empresas como a Aldi e a Tesco aprimorassem suas cadeias de fornecimento e a eficiência de suas lojas. Assim, não é nenhuma surpresa que essas empresas sejam os mais poderosos agentes globais.

A indústria de software indiano fornece um exemplo claro de como os atributos do "diamante" de Porter interagem para levar às condições necessárias a um expressivo crescimento setorial. A Figura 7.2 ilustra o "diamante de software" da Índia, e Destaques de Estratégia 7.2 fala mais sobre os elementos fortalecedores que estão ativos nesse mercado.

> **estratégia, estrutura e concorrência da empresa (vantagem nacional)**
> as condições na nação que ditam como as companhias são criadas, organizadas e administradas, bem como a natureza da concorrência interna.

Comentários Finais sobre os Fatores que Afetam a Competitividade de uma Nação

Porter baseou suas conclusões em casos de empresas distribuídas em mais de 100 setores de atividade distintos. Apesar das diferentes estratégias usadas pelos concorrentes mundiais bem-sucedidos, havia uma característica em comum: as empresas que foram bem-sucedidas em mercados mundiais se tornaram bem-sucedidas, antes, nos respectivos e fortemente competitivos mercados domésticos. Podemos concluir que as vantagens competitivas para as empresas mundiais costumam surgir das melhorias e inovações constantes e contínuas.[12]

DESTAQUES DE ESTRATÉGIA 7.2

A ÍNDIA E O DIAMANTE DE VANTAGEM NACIONAL

A indústria de software indiana se tornou uma das líderes mundiais nesse mercado. O setor cresceu para mais de $60 bilhões, e as empresas de TI (tecnologia da informação) indiana fornecem softwares e serviços para mais da metade das empresas da *Fortune 500*. Que fatores resultaram nesse sucesso? O diamante de vantagem nacional de Porter nos ajuda a responder a essa pergunta. Veja a Figura 7.2.

Primeiro: a *dotação de recursos* conduziu o crescimento da indústria de software da Índia. Por meio do investimento no desenvolvimento dos recursos humanos com foco no conhecimento específico da indústria, as universidades e empresas de software indianos literalmente criaram esse fator de produção essencial. Por exemplo, a Índia forma, anualmente, o segundo maior grupo de cientistas e engenheiros do mundo, estando atrás somente dos Estados Unidos. Em uma indústria de conhecimento intensivo, como a de software, o desenvolvimento dos recursos humanos é fundamental, tanto para o sucesso nacional como mundial.

Segundo: as *condições de demanda* exigem que as empresas de software estejam atualizadas com a inovação tecnológica de ponta. A Índia já entrou no ritmo da globalização no que se refere à sua indústria de software; as condições de demanda em nações desenvolvidas, como Alemanha, Dinamarca, partes do sudoeste da Ásia e Estados Unidos, criaram o volume de consumo necessário para levar os fabricantes de software da Índia a oferecerem soluções de software sofisticadas.*

Terceiro: a Índia tem a *base de suprimento bem como os setores relacionados* necessários para gerar a concorrência e aumentar a competitividade. Em especial, os preços dos hardwares da tecnologia da informação (TI) diminuíram rapidamente na década de 1990. Além disso, as rápidas mudanças tecnológicas nos hardwares da TI demonstraram que retardatários como a Índia não estavam travados em tecnologias ultrapassadas. Assim, tanto as indústrias de hardware e de software da TI podiam ignorar as tecnologias mais antigas. Além disso, as relações entre os trabalhadores de conhecimento nessas indústrias de hardware e software de TI teciam o contexto social adequado ao intercâmbio continuado de conhecimento, promovendo um avanço extra dos produtos existentes. As melhorias adicionais de infraestrutura estão acontecendo rapidamente.

Quarto: com mais de 800 empresas na indústria de software na Índia, a *intensa rivalidade faz com que as empresas desenvolvam estratégias e estruturas competitivas*. Embora empresas como a TCS, a Infosys e a Wipro tenham se tornado grandes, elas ainda enfrentam uma forte competição de dezenas de companhias pequenas e médias que desejam chegar ao mesmo estágio. Essa rivalidade intensa é um dos fatores primários que levam as empresas de software indianos a desenvolver canais de distribuição para o exterior, como previsto pelo diamante de vantagem nacional de Porter.

É interessante notar que a vantagem de custo das empresas indianas podem estar com os dias contados. Por exemplo, o salário dos engenheiros da TCS aumentou 13% em 2010. Além disso, a IBM e a

FIGURA 7.2 O Diamante da Índia no Software

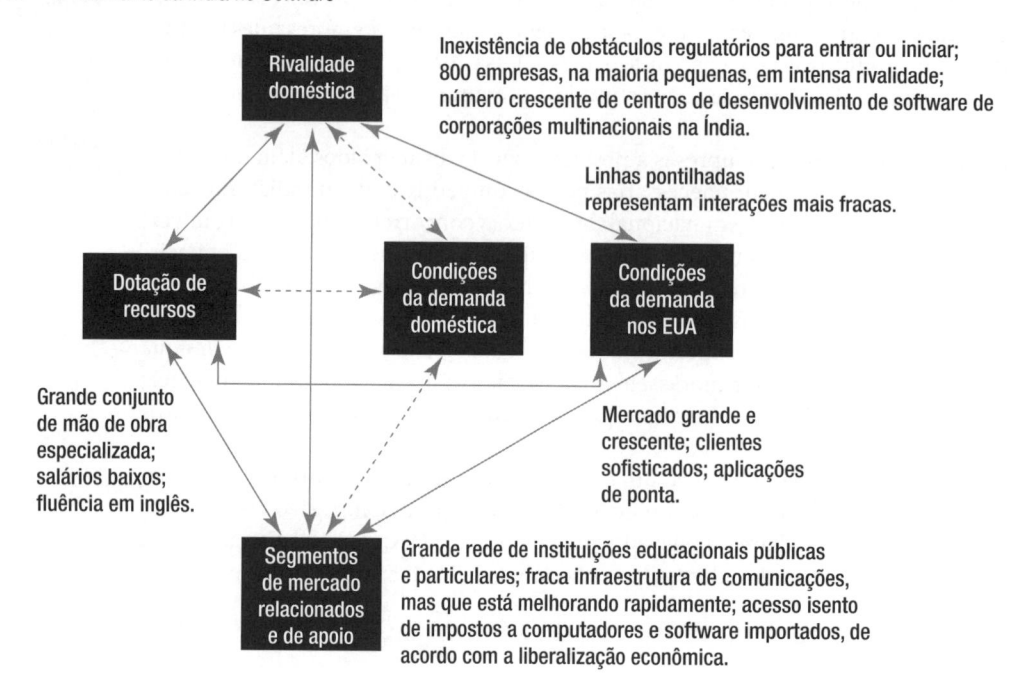

- **Rivalidade doméstica**: Inexistência de obstáculos regulatórios para entrar ou iniciar; 800 empresas, na maioria pequenas, em intensa rivalidade; número crescente de centros de desenvolvimento de software de corporações multinacionais na Índia.
- Linhas pontilhadas representam interações mais fracas.
- **Dotação de recursos**: Grande conjunto de mão de obra especializada; salários baixos; fluência em inglês.
- **Condições da demanda doméstica**
- **Condições da demanda nos EUA**: Mercado grande e crescente; clientes sofisticados; aplicações de ponta.
- **Segmentos de mercado relacionados e de apoio**: Grande rede de instituições educacionais públicas e particulares; fraca infraestrutura de comunicações, mas que está melhorando rapidamente; acesso isento de impostos a computadores e software importados, de acordo com a liberalização econômica.

Fonte: De Kampur, D. e Ramamurti R., "India's Emerging Competition Advantage in Services", *Academy of Management Executive: The Thinking Manager's Source*. Direitos Autorais © 2001 pela Academy of Management. Reproduzido com a permissão da Academy of Management via Copyright Clearance Center.

---

*Embora o sucesso da Índia não possa ser explicado em termos de sua demanda de mercado doméstico (de acordo com o modelo de Porter), a natureza da indústria permite que o software seja transferido entre diferentes locais simultaneamente por meio de links de comunicação. Assim, a competitividade dos mercados fora da Índia pode ser aumentada dispensando a presença física.

Accenture estão operando agressivamente na Índia, contratando dezenas de milhares de indianos muito requisitados no mercado oferecendo salários maiores, diminuindo, assim, seus custos ao mesmo tempo que aumenta os da TCS. Por último: muitos países com custo de mão de obra barata, como China, Filipinas e Vietnã, estão se estabelecendo como ameaças aos concorrentes indianos.

Fontes: Sachitanand, R. 2010. The New Face of IT. *Business Today*, 19: 62; Anônimo. 2010. Training to Lead. www.Dqindia.com. 5 de outubro: np. Nagaraju, B. 2011. India's Software Exports Seen Up 16–18 pct.in Fy12. www.reuters.com. 2 de fevereiro: np; Ghemawat, P. & Hout, T. 2008. Tomorrow's Global Giants. *Harvard Business Review*, 86(11): 80–88; Mathur, S. K. 2007. Indian IT Industry: A Performance Analysis and a Model for Possible Adoption. ideas.repec.org, 1º de janeiro: np; Kripalani, M. 2002. Calling Bangalore: Multinationals Are Making It a Hub for High-Tech Research. *BusinessWeek*, 25 de novembro: 52–54; Kapur, D. & Ramamurti, R. 2001. India's Emerging Competitive advantage in Services. 2001. *Academy of Management Executive*, 15(2): 20–33; World Bank. *World Development Report*: 6, Nova York: Oxford University Press. Reuters. 2001. Oracle in India Push, Taps Software Talent. *Washington Post Online*, 3 de julho.

Internacionalização: Os Motivadores e Riscos de uma Companhia

PA7.3
As motivações (ou benefícios) e os riscos associados com a expansão internacional, incluindo a tendência emergente para maior atividade de offshoring e terceirização.

Motivações para a Expansão Internacional

Aumentar o Tamanho do Mercado Há muitos motivos para uma companhia desejar a expansão internacional. A mais óbvia é *aumentar o tamanho dos mercados em potencial* para os bens e serviços de uma empresa.[13] A população mundial ultrapassou os 7 bilhões no início de 2013, com os EUA representando menos de 5%.

Muitas **empresas multinacionais** estão intensificando seus esforços para promover seus bens e serviços em países como a Índia e a China, tendo em vista que a classe média desses países cresceu na década passada. O potencial é grande. Um estudo da OECD (sigla em inglês para Organização para a Cooperação e Desenvolvimento Econômico) prevê que o consumo do público de classe média nos mercados asiáticos crescerá de $4,9 trilhões para $30 trilhões até 2020. Isso significa que a Ásia representará 60% do consumo da classe média, em termos mundiais, em comparação com os 20% de 2009.[14]

empresas multinacionais
empresas que operam em mais de um país.

Expandir a presença mundial de uma empresa corresponde a aumentar sua escala de operações, resultando em maior receita e ativos.[15] Como vimos no Capítulo 5, ao falar sobre as estratégias de liderança no custo total, tal incremento de receitas e ativos pode fazer com que uma empresa *obtenha economias de escala*. Daí resultam vários benefícios. Uma vantagem é a distribuição dos custos fixos, como o de P&D, sobre um volume maior de produção. Exemplos disso incluem a venda de aeronaves comerciais da Boeing e dos sistemas operacionais da Microsoft em muitos países estrangeiros.

A indústria cinematográfica é outro setor no qual as vendas internacionais podem ajudar a cobrir os grandes custos de produção de filmes.[16] Por exemplo, 71% da bilheteria (cujo total alcançou $1 bilhão) do filme do James Bond *Skyfall* foram obtidos em salas de exibição internacionais. De modo similar, o mercado para os filmes infantis é, em grande parte, voltado para fora dos EUA, com 82% dos ingressos para a *Era do Gelo 4* sendo vendidos no exterior.

Tirar Vantagem da Arbitragem *Tirar vantagem das oportunidades de arbitragem* é a segunda motivação para a expansão internacional. Em termos simples, a arbitragem envolve comprar uma coisa onde ela é barata e vendê-la onde tem um preço maior. Grande parte do sucesso do Walmart pode ser atribuído à sua expertise em arbitragem. As possibilidades derivadas da arbitragem não necessariamente precisam ser restritas a simples oportunidades comerciais. Ela pode ser aplicada, teoricamente, a qualquer fator de produção e a cada estágio da cadeia de valor. Por exemplo, uma empresa pode estabelecer call centers na Índia, fábricas na China e P&D na Europa, locais nos quais os profissionais com a qualificação especializada desejada podem estar disponíveis ao preço mais baixo possível. Nos mercados financeiros mundiais integrados de hoje, uma empresa pode usar os recursos de qualquer lugar do mundo onde o capital é barato e usá-lo para financiar um projeto em um país onde o capital é caro. Tais oportunidades de arbitragem são ainda mais atraentes para as corporações mundiais, porque seu grande porte lhes confere enorme poder de negociação com os fornecedores.

oportunidades de arbitragem
uma oportunidade de lucrar por comprar e vender o mesmo produto em mercados diferentes.

Aumentar o Potencial de Crescimento de um Produto *Aumentar o potencial de crescimento de um produto* que está na fase de maturidade no país da empresa, mas que tem um grande potencial de demanda em algum outro lugar, é mais uma forma de se beneficiar da expansão internacional. Como vimos no Capítulo 5, os produtos (e os setores de atividade) costumam passar por um ciclo de vida de quatro estágios: introdução, crescimento, maturidade e declínio. Nas últimas décadas, os produtores de refrigerantes dos EUA, como a Coca-Cola e a PepsiCo, buscaram agressivamente os mercados internacionais para atingir níveis de crescimento que simplesmente não seriam possíveis nos Estados Unidos. As diferenças no potencial de crescimento no mercado levou até mesmo algumas empresas a reestruturar suas operações. Por exemplo, a Procter & Gamble realocou sua sede mundial de produtos para a pele, cuidados pessoais e cosméticos de Cincinnati para Singapura, para ficar próxima do mercado asiático, que está em rápido crescimento.[17]

Otimizar a Localização das Atividades da Cadeia de Valor *Otimizar a localização física de cada atividade de sua cadeia de valor* é outro benefício. Lembre-se de nossa análise nos capítulos 3 e 5, que mostram que a cadeia de valor representa as várias atividades nas quais todas as empresas devem se envolver para gerar bens e serviços. Elas incluem as atividades primárias, como logística de suprimento, operações, marketing e de apoio, como compras, P&D e gestão de recursos humanos. Todas as empresas devem tomar decisões importantes sobre onde cada atividade será realizada.[18] Otimizar a localização de cada atividade da cadeia de valor pode resultar em um ou mais de três vantagens estratégicas: melhor desempenho, redução de custo e de risco. Falaremos agora sobre cada uma destas.

Melhor Desempenho A decisão da Microsoft de estabelecer um laboratório de pesquisa em Cambridge, na Inglaterra, é um exemplo de uma decisão de localização que foi orientada, principalmente, pelo objetivo de estabelecer uma excelência mundial sustentável em determinadas atividades de criação de valor.[19] Essa decisão fez com que a Microsoft tivesse acesso a técnicas e talentos profissionais extraordinários. As decisões de localização podem afetar a qualidade com que qualquer atividade é realizada em termos de disponibilidade dos talentos necessários, da velocidade de aprendizado e da qualidade de coordenação externa e interna.

Redução de Custo Duas decisões de localização baseadas principalmente nas considerações de redução de custo são: (1) a decisão da Nike de terceirizar a fabricação de tênis para atletas, em países asiáticos como China, Vietnã e Indonésia, e (2) a decisão da Volkswagen de instalar uma nova fábrica em Chattanooga, Tennessee, para se aproveitar dos custos mais baratos do local, tanto da mão de obra quanto do transporte ferroviário e fluvial. Tais decisões de localização podem afetar a estrutura de custo em termos de mão de obra, transporte, logística e incentivos tributários locais.

A melhoria no desempenho e a redução de custo encontram um paralelo nas estratégias de negócio (analisadas no Capítulo 5) de diferenciação e de liderança no custo total. Ambas podem, às vezes, ser obtidas simultaneamente. Consideremos nosso exemplo da seção anterior sobre a indústria de software indiano. Quando a Oracle estabeleceu uma operação de desenvolvimento desse produto nesse país, a companhia se beneficiou dos baixos custos de mão de obra e despesas operacionais, bem como das melhorias de desempenho alcançadas com a contratação de profissionais extremamente talentosos.

Redução de Risco Considerando as erráticas mudanças das taxas de câmbio envolvendo o dólar americano e o iene japonês (em relação um ao outro e à maioria das moedas), um ponto importante na competição de custo entre a Ford e a Toyota foi a relativa engenhosidade de ambas quanto ao risco cambial. Uma das maneiras de esses rivais lidarem com os riscos relacionados com a moeda foi distribuir os elementos de alto custo de suas operações de fabricação em alguns poucos locais cuidadosamente escolhidos ao redor do mundo. Decisões de localização como essas podem afetar o perfil de risco geral da empresa no que se refere à moeda, à economia e aos riscos políticos.[20]

Explorar a Inovação Reversa Por fim, *a exploração das possibilidades da inovação reversa* tem se tornado um grande motivo para a expansão internacional. Muitas companhias líderes estão descobrindo que desenvolver produtos especificamente para os mercados emergentes pode compensar bastante. No passado, as companhias multinacionais costumavam desen-

---

inovação reversa
novos produtos desenvolvidos por empresas multinacionais de países desenvolvidos para mercados emergentes que têm funcionalidades adequadas a um custo baixo.

DESTAQUES DE ESTRATÉGIA 7.3

INOVAÇÃO REVERSA: COMO OS PAÍSES EM DESENVOLVIMENTO ESTÃO SE TORNANDO O BERÇO DA INOVAÇÃO

Várias empresas perceberam a necessidade de desenvolver tecnologias e produtos que sejam apropriados para os países em desenvolvimento, apenas para descobrir que essas inovações também são valiosas em seus mercados domésticos. Eis alguns exemplos de empresas que realizaram ou estão tentando realizar a "inovação reversa":

- A GE Healthcare desenvolveu um ultrassom portátil e barato, conhecido como Vscan, na China. O aparelho custa apenas 1/10 do preço do aparelho de ultrassom de tamanho normal nos Estados Unidos. O produto fez sucesso na China e em outros mercados emergentes. A GE também vê um grande potencial do produto em mercados desenvolvidos. A unidade principal do aparelho é pequena e barata o suficiente para caber no bolso dos médicos, paramédicos e enfermeiros de prontos-socorros. A visão da GE é fazer o Vscan se tornar uma ferramenta de diagnóstico indispensável, assim como o estetoscópio.

- A Deere & Co. de Moline, Illinois, abriu uma central em Pune, Índia, há quase uma década com a intenção de penetrar no mercado indiano. Ela é conhecida por seus implementos agrícolas pesados e grandes equipamentos de construção, e usou sua fábrica em Pune para projetar quatro modelos mais simples. Embora dispensando recursos de primeira linha, como GPS e ar-condicionado, eles eram fortes o suficiente para lidar com os rigores do trabalho das fazendas. Os tratores custavam só $7 mil, em comparação com os $300 mil pagos por um trator 8360R completo, nos Estados Unidos. Consequentemente, a Deere passou a dar atenção a segmentos do mercado doméstico antes amplamente ignorados: — compradores que desejavam praticidade e não se importavam com características avançadas, e aqueles que os queriam como hobbie. Hoje, metade dos modelos simplificados que a Deere produz na Índia é exportada para outros países.

- Esse potencial também existe nas atividades de prestação de serviços. O Walmart desenvolveu o conceito de "mercados de bairro", lojas pequenas voltadas às necessidades de clientes na Argentina, Brasil e México, mas agora está implantando essa ideia nos Estados Unidos para competir em áreas de mercados urbanos nas quais um Walmart completo não é viável.

- A Pepsi passou a notar o potencial desse modelo. Ela construiu um centro de inovação mundial na Índia em 2010, e espera desenvolver produtos e empacotá-los de modo a atender às necessidades do mercado indiano e de outros mercados também.

Fontes: Frugal ideas are spreading from East to West. 2012 *The Economist*, 24 de março: 68; e Singh, S. & Nagarajan, G. 2011. Small is beautiful for John Deere. *Bloomberg Businessweek*, 26 de setembro: 33–34.

---

volver produtos para seus ricos mercados nacionais e depois tentavam vendê-los aos países em desenvolvimento com pequenas adaptações. Porém, como o crescimento é mais lento em nações desenvolvidas e a demanda cresce rapidamente nos países em desenvolvimento, como Índia e China, esse método tem se tornado cada vez mais inadequado. Em vez disso, companhias como a GE utilizaram recursos significativos para desenvolver produtos que atendessem às necessidades das nações em desenvolvimento, produtos capazes de fornecer uma funcionalidade adequada a uma fração do custo. É interessante que, posteriormente, esses produtos também obtiveram sucesso considerável em valiosos segmentos de mercado dos países desenvolvidos. Daí porque esse processo é chamado de inovação reversa, um novo motivo para a expansão internacional.

À medida que carros de $3 mil, computadores de $300 e celulares de $30 colocam ao alcance da classe média de mercados emergentes produtos antes considerados como luxo, é importante entender os motivos e as consequências da inovação reversa. *Primeiro*: é impossível vender versões de primeiro mundo de produtos com pequenas adaptações em países cuja renda média se situa entre $1 mil e $4 mil, como é o caso da maioria dos países em desenvolvimento. Para vender nesses mercados, os profissionais locais devem projetar e desenvolver produtos inteiramente novos utilizando componentes locais. *Segundo*: embora esses países sejam relativamente pobres, estão crescendo rapidamente. *Terceiro*: se as inovações não vêm de multinacionais de primeiro mundo, as empresas locais tomarão conta do mercado com produtos de baixo custo. *Quarto*: à medida que os clientes e os governos de muitos países de primeiro mundo estão redescobrindo as virtudes da frugalidade e tentam diminuir as despesas, os produtos e serviços originalmente desenvolvidos para o primeiro mundo podem ganhar significativa participação de mercado também nos países em desenvolvimento.

Destaques de Estratégia 7.3 traz alguns exemplos da inovação reversa.

Possíveis Riscos da Expansão Internacional

Quando uma companhia expande suas operações internacionais, pretende aumentar lucros ou receitas. Como no caso de qualquer outro investimento, porém, ela está sujeita a riscos em potencial.[21] Para ajudar as companhias a avaliar o risco de entrar em mercados estrangeiros, foram desenvolvidos sistemas de avaliação dos riscos políticos, econômicos, financeiros e de crédito.[22] A revista *Euromoney* publica, semestralmente, um "Índice de Risco País" que classifica os riscos políticos, econômicos e outros que os novos investidores podem enfrentar.[23] A Figura 7.3 apresenta uma amostra dos índices de risco país, publicados pelo World Bank, envolvendo 178 países analisados pela *Euromoney*. Perceba que, quanto mais baixo o número, maior é o risco esperado.[24]

A seguir falaremos sobre os quatro tipos principais de risco: político, econômico, cambial e administrativo.

risco político
a possível ameaça às operações de uma empresa em um país devido à ineficácia do sistema político nacional.

Risco Político e Econômico De modo geral, o clima dos negócios nos Estados Unidos é muito favorável. Contudo, alguns países ao redor do globo podem ser danosos às iniciativas corporativas devido ao **risco político**.[25] Tumultos sociais e militares, protestos e até conflitos violentos ou terrorismo podem representar grandes ameaças.[26] Consideremos, por exemplo, a tensão e violência vigentes no Oriente Médio associadas a revoluções e guerras civis no Egito, Líbia, Síria e outros países. Tais condições aumentam a probabilidade de destruição de propriedade e interrupção de operações, bem como do não pagamento de bens e serviços. Assim, os países que são vistos como de alto risco são menos atraentes para a maioria dos negócios.[27]

estado de direito
uma característica de sistemas legais em que o comportamento é governado por regras uniformemente aplicadas.

Outra fonte de risco político em muitos países é a ausência do **estado de direito**. A ausência de regras ou a falta de uniformidade da imposição de certas regras resultam, com frequência, em decisões arbitrárias e inconsistentes dos governantes. Isso dificulta a realização de negócios por parte de empresas estrangeiras.

Consideremos, por exemplo, a experiência da Renault na Rússia. A Renault pagou $1 bilhão para adquirir 25% das ações da fabricante de carros russa AutoVAZ em 2008. Apenas um ano mais tarde, o primeiro-ministro russo Vladimir Putin ameaçou diminuir a participação acionária da Renault, a menos que ampliasse os investimentos na AutoVAZ, que estava passando por uma queda significativa de vendas. A Renault deu-se conta de que um processo legal teria poucas chances de êxito no corrupto sistema judiciário da Rússia. Assim, foi obrigada a negociar e acabou concordando em transferir $300 milhões em tecnologia e expertise para a empresa russa para assegurar que sua participação acionária continuaria em 25%.[28]

Destaques de Estratégia 7.4 fala sobre como as empresas podem diminuir o risco político que enfrentam em países nos quais não vigora o estado de direito.

risco econômico
uma possível ameaça às operações de uma empresa em um país devido às políticas e condições econômicas, incluindo as leis do direito à propriedade intelectual e sua aplicação.

As leis, e sua aplicação, associadas à proteção dos direitos de propriedade intelectual, podem ser um grande **risco econômico** em potencial para entrar em novos países.[29] A Microsoft, por exemplo, perdeu bilhões de dólares em receitas potenciais graças à pirataria de seus programas em muitos países, incluindo a China. Outras áreas do mundo, como na antiga União Soviética e em algumas nações do leste europeu, a companhia também enfrenta problemas com a pirataria.[30] As empresas que são ricas em propriedade intelectual tiveram perdas financeiras à medida que imitações de seus produtos cresceram em função da ausência de leis que protegessem os direitos de propriedade intelectual.[31]

falsificação
venda de bens protegidos pelos direitos de propriedade intelectual sem o consentimento do seu dono.

A **falsificação**, uma forma direta de roubo dos direitos de propriedade intelectual, é um problema significativo e crescente. A Câmara Internacional do Comércio calcula que o valor de bens falsificados ultrapassará $1,7 trilhão até 2015. Jeffrey Hardy, chefe do programa antifalsificação da CIC, diz: "O negócio todo explodiu. Vai além de músicas e bolsas da Gucci". A falsificação foi muito além de bolsas e tênis para incluir produtos químicos, farmacêuticos e peças de aeronaves. De acordo com um estudo da University of Florida, 25% do mercado de pesticidas em algumas partes da Europa é tido como sendo falsificado. Isso é especialmente preocupante, visto que esses produtos químicos costumam ser tóxicos.[32] Destaques de Estratégia 7.5 discorre sobre o desafio de combater a falsificação em negócios farmacêuticos e como a Pfizer está tentando lidar com essa ameaça.

DESTAQUES DE ESTRATÉGIA 7.4

COMO LIDAR COM O RISCO POLÍTICO

A instabilidade política e as ações adversas dos governos são dois dos maiores riscos que as empresas enfrentam nos mercados de países em desenvolvimento. Entretanto, há várias coisas que se podem fazer para diminuir esses riscos.

- **Diversificação do mercado.** Competir em vários mercados geográficos diminui os riscos das ações de um único governo ou de distúrbios de uma única nação. Por exemplo, a BP tem atividades de exploração e perfuração de petróleo e gás natural em 30 países. Como resultado, quando houve uma instabilidade política na Argélia, sua produção mundial de combustível não foi prejudicada significativamente.

- **Desenvolvimento de coalizões de stakeholders.** As empresas que estão preocupadas com os riscos que enfrentam podem desenvolver coalizões de stakeholders. As empresas podem desenvolver coalizões com outras multinacionais que estão investindo no país, empresas locais de fornecimento e distribuição, e organizações governamentais e não governamentais para ajudar a reduzir o risco. Essas parcerias podem auxiliar a empresa a detectar possíveis problemas com antecedência, de modo a poder lidar com eles e criar planos de contingência. Essas coalizões também podem ajudar as empresas a lidar com os aspectos burocráticos e a estabelecer relações com autoridades.

- **Rede de influência.** As empresas inteligentes localizam os agentes de maior influência, como líderes legislativos, diretores de órgãos reguladores e principais autoridades locais, como prefeitos ou líderes de grupos sociais. Posteriormente, esforçam-se para identificar os agentes que as apoiam, os indiferentes mas que poderiam ser influenciados a apoiar sua causa, e os antagônicos. Então cultivam os primeiros dois grupos e trabalham em torno do terceiro.

- **Colocar os stakeholders principais na diretoria.** Convidar os stakeholders dos setores públicos e privados para fazer parte da diretoria do país alinha seus incentivos com o da companhia. Isso faz com que os locais torçam pelo sucesso da companhia.

Fonte: Chironga, M., Leke, A., Lund, S. & van Wamelen, A. 2011. Craking the next growth market: Africa. *Harvard Business Review*, maio: 117–122.

FIGURA 7.3 Uma Amostra dos Índices de Risco País, Janeiro de 2013

Posição	País	Pontuação Geral	Risco Econômico	Risco Político	Risco Estrutural	Indicadores de Dívida	Acesso ao Capital
1	Noruega	89,87	86,82	91,50	81,64	85,00	97,00
2	Luxemburgo	87,29	78,71	91,05	84,11	84,50	95,00
3	Singapura	86,84	77,73	89,32	84,32	94,20	88,80
4	Suécia	86,81	79,20	90,27	82,33	81,80	95,50
5	Suíça	86,78	83,01	89,12	86,39	69,00	96,00
10	Canadá	81,82	73,93	87,15	78,70	60,60	95,60
12	Alemanha	80,88	71,75	83,75	77,49	67,63	97,50
15	Estados Unidos	74,68	56,64	81,19	78,55	60,00	97,10
32	Japão	65,69	50,56	72,76	66,34	62,30	79,20
39	China	59,88	64,08	49,26	54,63	54,90	70,00
60	Rússia	52,68	58,32	42,34	45,96	45,00	81,70
90	Vietnã	38,89	45,14	37,43	47,50	45,50	27,50
112	Argentina	33,72	39,97	29,71	50,38	45,20	22,50
138	Líbia	28,11	44,00	27,07	38,00	0,00	30,00
175	Coreia do Norte	12,38	13,25	13,24	14,31	0,00	30,00

Fonte: euromoneycountryrisk.com.

DESTAQUES DE ESTRATÉGIA 7.5 — ÉTICA

MEDICAMENTOS FALSIFICADOS: UM PROBLEMA PERIGOSO E CRESCENTE

Brian Donnelly tem um histórico interessante. Ele é tanto um policial como um farmacêutico. Agente especial do FBI por 21 anos, também tem um doutorado em farmacologia. Agora encontra-se na linha de frente de uma luta importante: livrar o mercado dos remédios falsificados. A Pfizer, uma das maiores companhias farmacêuticas do mundo, contratou seus serviços, utilizando simultaneamente suas habilidades em farmacologia e de agente da lei para eliminar o fluxo crescente de medicamentos adulterados. Connely é um do pequeno exército de antigos agentes da lei trabalhando para companhias farmacêuticas e empenhados no mesmo objetivo.

Essa luta é importante por dois motivos. Primeiro: pelo prejuízo econômico gerado para as companhias farmacêuticas. Remédios falsificados são um grande negócio. Apenas nos Estados Unidos, essas drogas geraram cerca de $75 bilhões em receitas em 2010. Elas seduzem os consumidores. Por exemplo, enquanto a pílula de disfunção erétil da Pfizer, o Viagra, é vendida a $15 por cartela, as versões falsificadas vendidas pela internet podem ser obtidas por apenas $1 por comprimido. As vendas de medicamentos adulterados afetam as vendas e os lucros da Pfizer e de outras empresas farmacêuticas. Segundo, e mais importante: essas drogas são potencialmente perigosas. O perigo reside não só no que contêm como no que não contêm. Foram encontradas pílulas falsas contendo crack, pó de tijolo, tinta e até pesticidas. Ou seja, podem ser tóxicas, e ingeri-las pode significar problemas de saúde. Por outro lado, há a possibilidade de não conter a dose certa ou até mesmo da inexistência do ingrediente ativo, com sérias consequências sobre a saúde. Por exemplo, o Zithromax falso, um antibiótico, pode não ter nenhum dos componentes químicos necessários, impossibilitando o paciente de lutar contra uma infecção. Estima-se que as drogas falsificadas contribuem para a morte de mais de 100 mil pessoas por ano no mundo inteiro.

As empresas farmacêuticas estão lutando junto com Donnelly e seus colegas. Eles usam as técnicas comuns dos agentes da lei. Os remédios falsos são comercializados por revendedores locais nos Estados Unidos por intermédio de sites como o hardtofindrx.com e até na Craiglist. Esses revendedores ("drop dealers", como são conhecidos nos Estados Unidos) são os mais fáceis de serem apanhados. A partir daí, os investigadores tentam obter informações sobre os distribuidores maiores, de quem os drop dealers fazem seus pedidos. Caso consigam chegar até essa gente, tentam pôr as mãos nos criminosos que fabricam essas drogas. A investigação costuma levá-los a várias agências policiais de vários países, com mais frequência a locais de fabricação na China e Índia. Para encontrar a fonte, as companhias farmacêuticas também usam tecnologia avançada. Elas determinam a composição química das drogas falsas que confiscam para procurar por padrões químicos que apontem para uma possível fonte.

A luta da Pfizer também acontece com outra abordagem. Ela está etiquetando cada frasco de Viagra e de outros remédios com rótulos de identificação por radiofrequência (RFID). As farmácias podem ler esses rótulos e transmitir a informação para o sistema da Pfizer para confirmar que os frascos são legítimos. Isso não vai impedir que sites obscuros vendam remédios falsificados, mas ajudará a mantê-los longe de farmácias conscientes.

Fontes: O'Connor, M. 2006. Pfizer using RFID to fight fake Viagra. *RFIDjournal.com*, 6 de janeiro: np; e Gillette, F. 2013. Inside Pfizer's fight against couterfeit drugs. *Bloomberg Businessweek*, 17 de janeiro: np.

---

risco de câmbio
a possível ameaça às operações de uma empresa em um país devido às flutuações da taxa de câmbio da moeda local.

Risco de Câmbio As flutuações da cotação da moeda podem representar um risco significativo. Uma companhia com operações em vários países deve monitorar constantemente as taxas de câmbio entre sua própria moeda e a do país hospedeiro para minimizar o **risco de câmbio**. Até mesmo uma pequena mudança na taxa de câmbio pode representar uma diferença significativa no custo de produção ou no lucro líquido quando se realizam negócios no exterior. Quando o dólar americano sobe, em comparação com outras moedas, por exemplo, os bens norte-americanos podem ser mais caros para os consumidores de países estrangeiros. Ao mesmo tempo, porém, a valorização do dólar americano pode ter efeitos negativos para as companhias norte-americanas que têm operações no exterior. O motivo disso é que os lucros internalizados devem ser trocados por dólares a uma taxa de câmbio mais cara, reduzindo, assim, a quantidade em dólares. Por exemplo, consideremos uma empresa americana que faz negócios na Itália. Admitindo-se que essa empresa obtenha um lucro de 20% em euro em suas operações nesse país, o mesmo seria neutralizado quando convertido em dólares americanos caso o euro caísse 20% em comparação com o dólar americano. As multinacionais norte-americanas costumam realizar sofisticadas "estratégias de proteção" (no mercado financeiro, esse instrumento é conhecido por "hedge") para minimizar o risco de moeda. Uma análise a respeito foge ao tema desta seção.

A seguir mostraremos como a forte moeda do Israel — o shekel — obrigou uma empresa a reavaliar sua estratégia.

> Por anos a O.R.T. Technologies não queria estender suas operações para fora de Israel. No entanto, quando o shekel subiu bastante, essa fabricante especializada em software de admi-

nistração de postos de combustível congelou todas as contratações locais e decidiu transferir parte do serviço de desenvolvimento para o Leste Europeu. Seu presidente-executivo, Alex Milner, lamenta: "Nunca pensei que veria o dia em que teríamos de transferir nossa P&D para fora de Israel, mas o câmbio nos obrigou a isso".[33]

Riscos Administrativos Os **riscos administrativos** podem ser considerados como os desafios e riscos que os gerentes enfrentam quando devem responder às inevitáveis diferenças que encontram nos mercados estrangeiros. Eles assumem várias formas: cultura, costumes, idioma, níveis de renda, preferências dos clientes, sistemas de distribuição e assim por diante.[34] Como veremos mais à frente neste capítulo, até mesmo no caso de produtos padronizados será necessário certo nível de adaptação local.[35]

Diferenças de cultura entre os países também podem impor desafios únicos para os gerentes.[36] Símbolos culturais podem evocar sentimentos profundos.[37] Por exemplo, em várias propagandas que visavam italianos em férias, os executivos da Coca-Cola estamparam a Torre Eiffel, o Empire State e a Torre de Pisa nas familiares garrafas do refrigerante. Até aí, tudo bem. No entanto, quando as colunas brancas de mármore do Parthenon, que enfeitam a Acrópole, em Atenas, surgiram nas garrafas de Coca, os gregos sentiram-se ultrajados. Por quê? Os gregos se referem ao Acrópoles como a "pedra sagrada", e um representante do governo disse que o Parthenon é um "símbolo internacional de excelência" e que "quem insulta o Parthenon insulta a cultura internacional". A Coca-Cola se desculpou. Abaixo estão algumas dicas culturais para realizar negócios em Hong Kong:

risco administrativo uma possível ameaça às operações de uma empresa em um país devido a problemas que podem sobrevir decorrentes das tomadas de decisão dos gestores em meio ao contexto dos mercados estrangeiros.

- Apertos de mão ao se apresentar e antes de ir embora são costumeiros.
- Depois de um aperto de mão inicial, apresentam-se cartões de negócios com ambas as mãos no cartão. Deve-se ler o cartão com atenção antes de guardá-lo.
- Em Hong Kong, os chineses devem ser tratados formalmente (sr., sra. ou srta., seguido pelo seu sobrenome).
- Compromissos devem ser agendados o mais cedo possível.
- Pontualidade é muito importante e demonstra respeito.
- As negociações em Hong Kong costumam ser bem lentas, com muita atenção aos detalhes. A mesma equipe de negociação deve ser mantida durante todo o procedimento.
- Será servido chá durante as negociações. Sempre devemos aceitá-lo e esperar que o hóspede comece a beber antes.
- Devemos estar cientes de que "sim" pode ser apenas uma indicação de que a pessoa nos ouviu, em vez de indicar que concordou. Um homem ou mulher de negócios chinês de Hong Kong terá dificuldades de dizer "não" diretamente.

A seguir falamos sobre um curioso exemplo de como um costume local pode afetar as operações em uma fábrica em Singapura.

Larry Henderson, gerente de produção, e John Lichthental, gerente de recursos humanos, tiveram de enfrentar um problema único. Eles foram escolhidos pela Celanese Chemical Corp. para construir uma fábrica em Singapura, a qual deveria estar pronta em julho. Porém, de acordo com um costume local, uma fábrica só deveria ser inaugurada em dias de "sorte". Infelizmente, o próximo desses dias só ocorreria em 3 de setembro.

Os gerentes tinham de convencer os executivos da Celanese na sede em Dallas a adiar a inauguração da fábrica. Como era de se esperar, isso não foi fácil. Mas depois de muitas acaloradas conversas por telefone e por e-mails, o presidente concordou em inaugurar a nova fábrica em um dia de sorte — 3 de setembro.[38]

Dispersão Mundial das Cadeias de Valor: Terceirização e Offshoring

Uma grande tendência recente tem sido a dispersão das cadeias de valor de corporações multinacionais entre países diferentes; ou seja, as várias atividades que compõem a cadeia de valor de uma empresa são, agora, espalhadas entre vários países e continentes. Tal dispersão de valor ocorre principalmente por meio de operações cada vez maiores de terceirização e offshoring.

Um relatório emitido pela World Trade Organization descreve a produção de certo carro norte-americano da seguinte forma: "30% do valor do carro vão para a Coreia para montagem, 17,5% para o Japão pelos componentes e pela tecnologia avançada, 7,5% vão para a Alemanha pelo projeto, 4% vão para Taiwan e Singapura pelas peças pequenas, 2,5% para o Reino Unido pela publicidade e serviços de marketing, e 1,5% para a Irlanda e Barbados pelo processamento de informações. Isso quer dizer que apenas 37% do valor da produção é gerado nos EUA".[39] Na economia de hoje, estamos testemunhando o aumento de duas tendências inter-relacionadas: a terceirização e o offshoring.

> **terceirização**
> o uso de outras empresas para realizar atividades de criação de valor que antes eram realizadas internamente.

A **terceirização** acontece quando uma empresa decide utilizar outras empresas para realizar atividades de criação de valor que antes eram realizadas internamente.[40] Pode se tratar de uma nova atividade que a empresa poderia muito bem realizar, mas ela decide deixar que outra empresa a realize por motivos de custo ou qualidade. A terceirização pode ser nacional ou estrangeira.

> **offshoring**
> a transferência de uma atividade de criação de valor de um local nacional para um no exterior.

O **offshoring** acontece quando uma empresa decide transferir uma atividade antes realizada internamente para um local no exterior.[41] Por exemplo, tanto a Microsoft quanto a Intel têm instalações de P&D na Índia, empregando vários cientistas e engenheiros indianos. Com frequência, o offshoring e a terceirização trabalham juntas; ou seja, uma empresa terceiriza uma atividade para um fornecedor estrangeiro, fazendo com que o trabalho seja uma operação de offshoring também.[42]

A recente explosão na quantidade de terceirizações e offshoring é o resultado de um conjunto de fatores. Até a década de 1960, no caso da maioria das companhias, toda a cadeia de valor estava em apenas um lugar. Ademais, a produção era realizada perto dos clientes para manter os custos com transporte sob controle. No caso do setor de serviços, costumava-se acreditar que o offshoring não era possível porque o produtor e o consumidor precisavam estar no mesmo lugar ao mesmo tempo. Afinal, um corte de cabelo não poderia ser feito se o barbeiro e o cliente estivessem separados!

Quanto às indústrias manufatureiras, a rápida queda dos custos de transporte e coordenação levaram as empresas a dispersar suas cadeias de valor em diferentes locais. Por exemplo, a P&D da Nike acontece nos EUA, as matérias-primas são adquiridas de vários países, a fabricação em si acontece na China, Indonésia ou Vietnã, a publicidade, nos EUA e as vendas e serviços, em praticamente todos os países. Cada atividade de criação de valor realiza-se no local onde os custos são mais baixos ou a qualidade é maior. Caso não encontrasse os locais ótimos para cada atividade, a Nike poderia não ter atingido sua posição de maior fabricante de tênis do mundo.

A experiência do setor de fabricação também foi aplicada ao setor de serviço no meio da década de 1990. Uma tendência iniciada com a terceirização de programação de baixo nível e registro de informações para países como Índia e Irlanda, que cresceu bastante de repente, compreendendo várias atividades técnicas e administrativas, de call-centers a P&D. O custo de uma ligação de longa distância dos EUA para a Índia caiu de $3 para $0,03 nos últimos 25 anos, o que tornou possível o estabelecimento de call-centers em países como a Índia, nos quais a combinação de mão de obra barata e fluência em inglês revela-se uma combinação perfeita.

Em anos recentes, Bangalore, na Índia, surgiu como um local onde cada vez mais declarações de imposto de renda de norte-americanos são preparadas. Na Índia, radiologistas treinados e licenciados nos EUA interpretam radiografias e tomografias dos hospitais norte-americanos pela metade do preço. As vantagens do offshoring vão além da economia de preço. Em muitas ocupações especializadas na ciência e na engenharia há carência de profissionais qualificados em países desenvolvidos, enquanto que em países como Índia, China e Singapura parece haver um suprimento inesgotável deles.[43]

Embora o offshoring ofereça o potencial de cortar custos em corporações de vários setores de atividade, muitas empresas estão descobrindo que seus benefícios são ilusórios, e os custos, maiores do que esperavam.[44] Um estudo da AMR descobriu que 56% das companhias que transferem sua produção para o exterior tiveram um aumento dos custos totais, ao contrário das expectativas de economizar custos. Em um estudo ainda mais focado, 70% dos gerentes disseram que realizar negócios na China é mais caro do que esperavam inicialmente.

O motivo da decepção não é realmente surpreendente. As economias típicas obtidas com o offshoring, tais como preços, salários, custos com energia e impostos menores, são todas facilmente visíveis e imediatas. Em contraste com isso, há muitos custos ocultos que surgem com o tempo e costumam ultrapassar as economias do offshoring. Eles incluem:

- *Custo total dos salários.* O custo de mão de obra por hora pode ser significativamente menor nos mercados de países em desenvolvimento, mas isso não quer dizer que os custos gerais também serão menores. Se os trabalhadores desses mercados forem menos produtivos ou menos qualificados, as empresas podem precisar de mais horas para produzir a mesma quantidade do produto. Isso pode exigir mais trabalhadores e mais horas de trabalho.
- *Custos indiretos.* Além de custos com mão de obra mais elevados, surgem também vários custos indiretos. Se houver problemas com o nível de qualificação dos trabalhadores, a empresa sofrerá com o aumento de perdas e retrabalho, e vai precisar de mais treinamento e supervisão dos trabalhadores. Ela também pode necessitar ampliar o pessoal da segurança em suas instalações.
- *Estoque maior.* Em decorrência do maior tempo de entrega, as empresas costumam precisar investir mais capital no trabalho que está sendo realizado e no volume de estoques.
- *Redução na capacidade de resposta às necessidades do mercado.* As longas linhas de suprimento dos países de baixo custo podem tornar as empresas menos ágeis quanto à capacidade de reagir às mudanças de demanda dos clientes. Isso pode prejudicar a imagem da marca e aumentar os custos de obsolescência do produto em virtude do descarte ou venda a um preço bem menor dos produtos que deixam de acompanhar as rápidas mudanças de padrões tecnológicos ou gostos dos clientes.
- *Custos de coordenação.* Coordenar o desenvolvimento e a fabricação dos produtos pode ser difícil no caso de operações que exigem diferentes tarefas realizadas em diferentes países. É algo danoso à inovação. Isso também pode resultar em custos inesperados, como o pagamento de horas extras em mercados cujos horários de expediente obedecem a distintos fusos horários.
- *Direitos de propriedade intelectual.* As empresas que funcionam em países com insuficiente proteção à propriedade intelectual podem perder segredos comerciais ou serem obrigadas a tomar medidas onerosas para protegê-los.
- *Inflação salarial.* Ao ir para o exterior, as empresas presumem, com frequência, certa estabilidade no nível salarial, mas os salários dos mercados em desenvolvimento podem subir inesperadamente. Por exemplo, o salário típico de um trabalhador de linha de produção em Xangai aumentou 125% entre 2006 e 2011. Sobre isso, Roger Meiners, responsável pelo Departamento de Economia da University of Texas, em Arlington, diz: "Os EUA são mais competitivos quanto ao custo da mão de obra porque as médias salariais diminuíram, em especial para trabalhadores iniciantes, ao passo que os salários na China vêm crescendo".

As empresas devem levar todos esses pontos em consideração ao determinar se vão ou não transferir suas operações para o exterior. Destaques de Estratégia 7.6 fala sobre a experiência de uma pequena empresa envolvida com esse assunto que decidiu "voltar para casa", ou seja, realizar uma operação denominada reshoring.

Como Obter Vantagens Competitivas nos Mercados Globais

> **PA7.4**
> As duas forças opostas — redução de custo e adaptação a mercados locais — que as empresas enfrentam ao entrar em mercados internacionais.

Agora falaremos sobre duas forças de oposição que as empresas enfrentam ao expandir em negócios mundiais: a redução de custo e a adaptação aos mercados locais. Depois discorreremos sobre os quatro tipos básicos de estratégias internacionais que elas podem usar: internacional, global, multidoméstica e transnacional. A escolha de um desses quatro tipos de estratégia varia relativamente à pressão da empresa para lidar com cada uma daquelas duas forças.

Duas Pressões Opostas: Redução de Custos e Adaptação aos Mercados Locais

Muitos anos atrás, o famoso estrategista de mercado Theodore Levitt defendeu estratégias que favoreciam os produtos e marcas mundiais. Ele sugeriu que as empresas deveriam padronizar

DESTAQUES DE ESTRATÉGIA 7.6

OPERAÇÕES DE RESHORING: A EXPERIÊNCIA DA LIGHTSAVER

A LightSaver Technologies é uma pequena empresa que fabrica luzes de emergência para residências. Assim como as luzes de emergência dos aviões, seus produtos sinalizam as saídas em caso da necessidade de abandono abrupto; elas, porém, podem não ser visíveis em caso de incêndio, blecaute ou outras emergências. Quando inauguraram a empresa em 2009, Sonja Zozula e Jerry Anderson decidiram terceirizar a fabricação para empresas chinesas para minimizar os custos. Mudaram de ideia em 2011, trazendo a fabricação de volta para seu país, em Carlsbad, Califórnia, a apenas 50 km de sua sede em San Clemente.

Por que transferiram a fabricação para os Estados Unidos? No caso da LightSaver, a decisão foi simples. Eles acharam que o tempo, o idioma e as diferenças culturais dificultavam a comunicação com os fornecedores chineses. Havia, também, grandes desafios logísticos, com componentes enviados dos EUA para a China que ficavam presos na alfândega por semanas. Ajustes de design exigiam horas de conversas ao telefone com as fábricas. Anderson resumiu o assunto da seguinte forma: "Provavelmente, é 30% mais barato fabricar na China, mas isso não compensa o transporte e todas as outras dificuldades que temos de suportar". Depois de fazer os cálculos, Anderson viu que ficava 2% a 5% mais barato fabricar nos EUA do que na China.

Muitas outras empresas estão chegando à mesma conclusão. A Unilife, uma fabricante de equipamentos médicos, trouxe suas operações de fabricação de volta para os Estados Unidos para agilizar a aprovação dos produtos por parte da FDA (Food and Drug Administration, órgão americano responsável pela fiscalização e controle de alimentos para consumo humano e animal). A Pigtronix, uma fabricante de pedais criadores dos efeitos sonoros de guitarras elétricas, transferiu sua produção para Nova York para aumentar a qualidade e diminuir os níveis de estoque. Bruce Chochrane trouxe sua produção de volta da China para uma fábrica na Carolina do Norte abandonada pela família há mais de 15 anos. Em uma pesquisa de Tobias Shoenherr, um professor universitário na Michigan State University, 40% dos gerentes de empresas manufatureiras acreditam que há um aumento do reshoring de fabricação nos Estados Unidos. Atualmente, esses números são bem modestos. Do seu ponto mais baixo, em 2010, até fins de 2012, houve, nos Estados Unidos, um aumento de pouco mais de 500 mil postos de trabalho, mas o Boston Consulting Group acha que o reshoring poderia resultar na criação de 2,5 a 5 milhões de empregos.

Fontes: Rocks, D. & Leiber, N. 2012. Made in China? Not worth the trouble. *Bloomberg Businessweek*, 25 de junho: 49–50; Cohen, S. 2012. Some industries ripe for reshoring. *Dallas Morning News*, 8 de abril: 1D–5D; Minter, S. 2012. Evidence for U.S. manufacturing reshoring builds. Industryweek.com, 8 de outubro: np; e Jean, S. & Alcott, K. 2013. Manufacturing jobs have slid steadily as work has moved offshore. *Dallas Morning News*, 14 de janeiro: 1D.

---

todos os seus produtos e serviços para todos os seus mercados mundiais. Esse método ajudaria uma empresa a diminuir seus custos gerais distribuindo seus investimentos na maior quantidade possível de mercados. O método de Levitt se baseava em três suposições básicas:

1. As necessidades e interesses dos clientes estão se tornando cada vez mais homogêneas no mundo todo.
2. As pessoas ao redor do mundo estão dispostas a sacrificar suas preferências em características, funções, design do produto, e assim por diante, em troca de preços menores e maior qualidade.
3. Substanciais economias de escala na produção e marketing podem ser obtidas fornecendo produtos para o mundo todo.[45]

Todavia, há muitas evidências que refutam esses pressupostos.[46] No que se refere à primeira suposição — a crescente homogeneidade das necessidades e interesses dos clientes —, é preciso considerar a quantidade de mercados de produtos, que vão desde relógios e bolsas a refrigerantes e fast foods. As companhias identificaram segmentos de clientes mundiais, desenvolveram produtos mundiais e as marcas se concentraram nesses segmentos. Além disso, muitas outras companhias adaptam suas linhas às preferências idiossincráticas dos países e desenvolvem marcas locais que se concentram nos segmentos de mercados locais. Por exemplo, a linha de pizzas prontas da Nestlé voltada para o Reino Unido inclui recheios de queijo com presunto e abacaxi em uma massa de pão francês. De modo similar, a Coca-Cola do Japão comercializa a Georgia (uma água tônica), bem como a Coca Clássica e o Hi-C.

Consideremos a segunda suposição — o sacrifício dos atributos do produto em prol de preços menores. Embora haja um segmento sensível ao preço em muitos mercados de produtos, não há a menor evidência de que esteja aumentando. Na verdade, em muitos mercados de produtos e serviços — que vão de relógios, PCs e aparelhos domésticos, a serviços de banco e seguros — há um interesse crescente por atributos variados, qualidade e serviço.

Por último, a terceira suposição é a de que podemos obter economias de escala significativas por meio de bens e serviços mundiais. Embora a padronização possa diminuir os custos de fabricação, tal perspectiva não considera três pontos críticos e inter-relacionados. Primeiro: como vimos no Capítulo 5, os desenvolvimentos tecnológicos em uma fábrica de automação flexível permitem que as economias de escala sejam obtidas com volumes menores de produtos acabados e não exigem a produção de apenas um produto padronizado. Segundo: o custo de produção é apenas um componente (que costuma não ser vital) na determinação do custo total de um produto. Terceiro: a estratégia de uma empresa não deve ser orientada pelo produto. Ela também deve considerar outras atividades da cadeia de valor, como marketing, vendas e distribuição.

Baseados nos pontos citados, podemos ter dificuldades em afirmar que seria sábio desenvolver o mesmo bem ou serviço para os mercados do mundo todo. Embora haja exceções, como os aviões da Boeing e alguns dos refrigerantes da Coca-Cola, os gestores também devem procurar adaptar seus produtos à cultura dos países onde estão tentando fazer negócios. Poucos diriam que "um só está bom" nesse caso.

As pressões que se opõem aos administradores geram demandas conflitantes nas empresas à medida que tentam se manter competitivas.[47] Por um lado, as pressões competitivas exigem que as empresas façam o possível para *diminuir os custos por unidade* para que os clientes não encarem suas ofertas de bens e serviços como caras demais. Isso poderia levá-los a pensar em encontrar fábricas nas quais os custos de mão de obra e de desenvolvimento dos produtos são altamente padronizados em vários países.

Além de responder às pressões por custos menores, os administradores também devem tentar ser *receptivos às pressões locais* para adaptar seus produtos à demanda dos mercados locais em que atuam. Isso exige diferenciação de ofertas e estratégias de país para país, refletindo os gostos e preferências do cliente e, também, as diferenças dos canais de distribuição, das práticas de recursos humanos e dos regulamentos governamentais. Entretanto, visto que as estratégias e táticas para diferenciar os produtos e serviços nos mercados locais podem envolver despesas adicionais, os custos da empresa tendem a aumentar.

As duas pressões opostas resultam em quatro estratégias básicas diferentes que as companhias podem usar para competir no mercado mundial: a internacional, a global, a multidoméstica e a transnacional. A estratégia que a empresa escolhe depende do grau de pressão que ela está enfrentando para reduzir custos e se adaptar aos mercados locais. A Figura 7.4 mostra as condições pelas quais uma dessas estratégias seria a mais apropriada.

É importante perceber que consideramos essas quatro estratégias como "básicas" ou "puras"; ou seja, na prática, todas as empresas tendem a ter alguns elementos de cada estratégia.

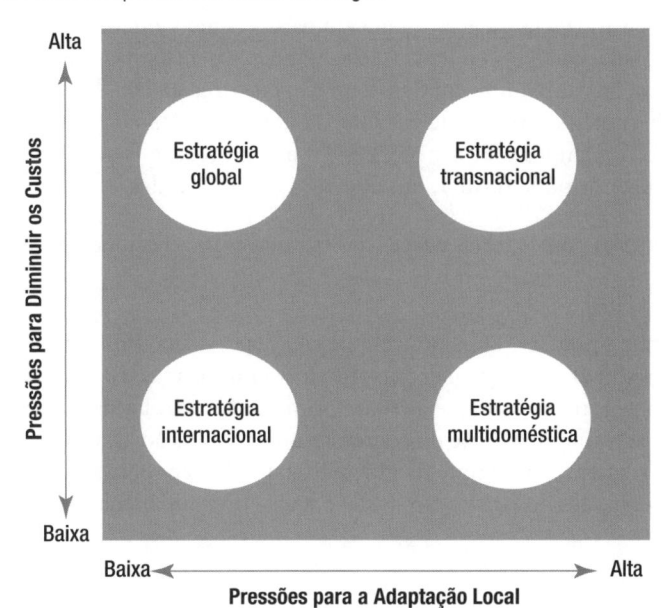

FIGURA 7.4   As Pressões Opostas e as Quatro Estratégias

PA7.5

As vantagens e desvantagens associadas a cada uma das quatro estratégias básicas: a internacional, a global, a multidoméstica e a transnacional.

estratégia internacional

uma estratégia baseada na difusão e adaptação das empresas cujas matrizes dispõem do conhecimento e expertise em mercados estrangeiros, utilizada em setores de mercado nos quais as pressões de adaptação local e de diminuição de custos são baixas.

Estratégia Internacional

Há poucos setores de atividade nos quais as pressões por adaptação local e diminuição de custo são bem baixas. Um exemplo extremo é a indústria de medicamentos "órfã". Ela produz remédios para doenças graves mas que afetam poucas pessoas. As doenças de Gaucher e de Fabry se encaixam nessa categoria. Empresas como a Genzyme e a Oxford GlycoSciences estão ativas nesse segmento da indústria farmacêutica. Na teoria, não há necessidade alguma de adaptar seus produtos aos mercados locais. E as pressões para reduzir os custos são baixas: mesmo que apenas alguns poucos pacientes sejam afetados, as receitas e margens são significativas, pois os pacientes desembolsam cerca de $100 mil por ano. A legislação tornou essa indústria ainda mais atraente. A lei Orphan Drug de 1983 prevê vários créditos de impostos e direitos de marketing exclusivos para qualquer droga desenvolvida para tratar de uma doença que afeta menos de 200 mil pacientes. Desde 1983, mais de 280 dessas drogas foram licenciadas e usadas para tratar 14 milhões de pacientes.[48]

Uma estratégia internacional é baseada na difusão e adaptação do conhecimento e perícia da companhia matriz nos mercados estrangeiros. As unidades dos países podem fazer algumas adaptações menores nos produtos e ideias vindas da sede, mas têm bem menos independência e autonomia em comparação com as companhias multidomésticas. O objetivo principal da estratégia é a exploração mundial do conhecimento e habilidades da empresa matriz. Todas as fontes de competências principais são centralizadas.

A maioria das grandes multinacionais norte-americanas buscou realizar a estratégia internacional nas décadas seguintes à Segunda Guerra Mundial. Essas companhias centralizaram a P&D e o desenvolvimento do produto, mas estabeleceram as fábricas e as organizações de marketing no exterior. Companhias como o McDonald's e a Kellogg são exemplos de empresas que seguiram tal estratégia. Embora essas companhias fizessem algumas adaptações locais, estas eram de natureza muito limitada. Com as pressões cada vez maiores para reduzir os custos devido à competição mundial, em especial em países de baixo custo, as oportunidades de usar a estratégia internacional com sucesso se tornaram mais limitadas. Tal estratégia é mais apropriada em situações nas quais uma empresa tem competências distintivas, inexistentes nas companhias locais de mercados estrangeiros.

Riscos e Desafios Eis alguns dos riscos e desafios relacionados à estratégia internacional.

- Atividades diferentes na cadeia de valor costumam ter locais ótimos diferentes. Ou seja, a P&D pode estar otimamente localizada em um país com um suprimento abundante de cientistas e engenheiros, enquanto que a montagem pode ser melhor realizada em um local de baixo custo. A Nike, por exemplo, projeta seus tênis nos Estados Unidos, mas toda a fabricação é feita em países como China ou Tailândia. A estratégia internacional, com sua tendência de se concentrar mais nas atividades em um único local, deixa de tirar vantagem dos benefícios de uma cadeia de valor bem distribuída.
- A falta de resposta local pode resultar na alienação dos clientes locais. Pior ainda, a inabilidade da empresa de ser receptiva a novas ideias e inovações das suas subsidiárias estrangeiras pode resultar em oportunidades perdidas.

A Figura 7.5 resume os pontos fortes e facos das estratégias internacionais no mercado mundial.

estratégia global

uma estratégia baseada na centralização e controle das empresas pelo escritório corporativo, com ênfase primária no controle de custos, aplicada em setores nos quais a pressão pela adaptação local é baixa e a de diminuição de custos é alta.

Estratégia Global

Como indicado na Figura 7.4, uma empresa cuja ênfase está na diminuição de custos tende a seguir a estratégia global. A estratégia competitiva é centralizada e controlada em grande parte pelo escritório corporativo. Visto que a ênfase primária é controlar os custos, o escritório corporativo tenta atingir um nível forte de coordenação e integração através de vários negócios.[49] As empresas que seguem uma estratégia global tentam oferecer bens e serviços padronizados, e posicionar as atividades de fabricação, P&D e marketing em apenas alguns locais.[50]

FIGURA 7.5 Pontos Fortes e Limitações das Estratégia Internacionais no Mercado Mundial

Pontos Fortes	Limitações
• Alavancagem e difusão do conhecimento e competências centrais da empresa matriz. • Custos menores devido à menor necessidade de adaptar produtos e serviços.	• Habilidade limitada de se adaptar aos mercados locais. • Inabilidade de tirar vantagem de novas ideias e de inovações ocorrendo nos mercados locais.

Uma estratégia global enfatiza as economias de escala devido à padronização de bens e serviços, e a centralização das operações em alguns poucos locais. Assim, uma vantagem pode ser a maior facilidade de transferência para outros locais das inovações provenientes dos esforços de uma unidade de negócios ou do escritório corporativo. Embora os custos possam ser menores, uma empresa que segue uma estratégia global pode, em geral, ter que renunciar a oportunidades de crescimento de receita, visto que ela não investe recursos intensivos na adaptação de ofertas de produtos de um mercado para outro.

Uma estratégia global é mais apropriada quando há fortes pressões para reduzir custos e, comparativamente, pressões fracas por adaptação aos mercados locais. As economias de escala se tornam um fator importante.[51] As vantagens de aumentar as quantidades podem vir de fábricas maiores ou ser o resultado de operações logísticas ou redes de distribuição mais eficientes. Grandes volumes são especialmente importantes no apoio a elevados níveis de investimentos em pesquisa e desenvolvimento. Como era de se esperar, muitas indústrias que exigem altos níveis de P&D, como as farmacêuticas, de semicondutores e aeronaves a jato, seguem as estratégias globais.

Outra vantagem da estratégia global é que ela permite que uma empresa crie um nível de padronização de qualidade no mundo todo. Vejamos o que Tom Siebel, o ex-presidente da Siebel Systems (agora parte da Oracle), a desenvolvedora de aplicativos de e-business com valor de mercado de $2 bilhões, tem a dizer sobre a padronização mundial.

> Nossos clientes — companhias mundiais como IBM, Zurich Financial Services e Citicorp — esperam o mesmo nível de serviço e qualidade e as mesmas políticas de licenciamento, independentemente de onde fazemos negócios com eles no mundo. Nossos departamentos de recursos humanos e jurídico nos ajudam a criar políticas que respeitem as culturas locais e as exigências mundiais, mantendo, ao mesmo tempo, padrões de excelência. Temos apenas uma marca, uma imagem, um conjunto de cores corporativas e um rol de mensagens em todos os lugares do planeta. Uma organização precisa de um centro de controle de qualidade para evitar surpresas.[52]

Riscos e Desafios Há, obviamente, alguns riscos associados a uma estratégia global.[53]

- Uma empresa só pode obter economias de escala concentrando recursos e atividades sensíveis à escala em um ou poucos locais. Tal concentração, porém, se torna uma "faca de dois gumes". Por exemplo, se uma empresa tem apenas uma fábrica, ela deve exportar seus produtos finais (p. ex., componentes, subsistemas ou produtos finalizados) para outros mercados, alguns dos quais podem estar a uma grande distância da operação. Assim, decisões sobre onde posicionar as instalações pesam nos possíveis benefícios de se concentrar as operações em apenas um local, em comparação com as taxas maiores de transporte e tarifas resultantes dessa concentração.
- A concentração geográfica de qualquer atividade também tende a isolá-la dos mercados-alvo. Tal isolamento pode ser arriscado porque pode prejudicar a habilidade da empresa de responder rapidamente às mudanças das condições e necessidades do mercado.
- Concentrar-se em apenas uma atividade em um único local também faz com que o resto da empresa se torne dependente desse local. Essa situação faz com que, a menos que a localização tenha competências de primeira ordem, a posição competitiva da empresa seja comprometida caso surjam problemas. Um executivo europeu da Ford lamentou ao refletir sobre a concentração de atividades da empresa durante um programa de integração global em meados da década de 1990: "Se interpretarmos mal o mercado, estaremos errados em quinze países, em vez de em apenas um".

Muitas empresas aprenderam, por experiência própria, que produtos que funcionam em um mercado podem não ser bem recebidos em outros. Por exemplo, até mesmo a Apple encontrou problemas para comercializar seus produtos globais em alguns mercados.[54] Dos seus $108 bilhões de vendas em 2011, apenas 12% vieram de vendas na China. A Apple, com seu foco global, não desenvolveu smartphones mais simples para vender nos mercados em desenvolvimento. Como resultado, encontrou dificuldades de competir com a Samsung nesses mercados, visto que a Samsung tem uma lista maior de produtos que atendem de modo eficaz às necessidades de diferentes mercados. Wei Jinping, um cliente em potencial da Apple na China, resumiu o desafio da seguinte forma: "Eu gosto do iPhone. Ele é muito legal. Mas está um pouco além do que posso pagar".

A Figura 7.6 resume os pontos fortes e fracos das estratégias globais.

Estratégia Multidoméstica

estratégia multidoméstica
uma estratégia empresarial baseada na diferenciação de bens e serviços para se adaptar aos mercados locais, aplicada em setores de atividade nos quais a pressão por adaptação local é alta e a pressão pela diminuição dos custos é baixa.

De acordo com a Figura 7.4, uma empresa cuja ênfase está na diferenciação de sua oferta de bens e serviços para se adaptar aos mercados locais segue uma estratégia multidoméstica.[55] As decisões relativas a uma estratégia multidoméstica tendem a ser descentralizadas, permitindo à empresa adaptar seus produtos e responder rapidamente às mudanças de demanda. Isso faz com que uma empresa expanda seu mercado e cobre preços diferentes em mercados diferentes. Para as empresas adeptas dessa estratégia, diferenças de idioma, cultura, níveis de renda, preferências dos clientes e sistemas de distribuição são apenas alguns dos fatores a serem considerados. Mesmo no caso de produtos relativamente padronizados, pelo menos algum nível de adaptação local costuma ser necessário.

Consideremos o exemplo do biscoito Oreo.[56] A Kraft adaptou esse icônico produto para ir ao encontro dos gostos e preferências de diferentes mercados. Por exemplo, ela criou Oreos sabor de chá-verde na China, de chocolate e manteiga de amendoim na Indonésia, e de banana e doce de leite na Argentina. A Kraft também diminuiu o nível de açúcar do biscoito para a China e reduziu o amargor para a Índia. O seu formato também está no quadro de mudanças. A Kraft criou até mesmo Oreos no formato wafer.

A Kraft adaptou outros produtos para atender às necessidades dos mercados locais. Por exemplo, no caso de sua bebida Tang, ela desenvolveu sabores locais, como limão com canela para o México, e de manga para as Filipinas. Também atendeu às necessidades nutricionais de diferentes países. Para permanecer fiel às tradições da marca, teve de manter o tema de que o Tang é uma boa fonte de Vitamina C. Mas no Brasil, onde as crianças têm deficiências de ferro, ela acrescentou não só ferro, como outras vitaminas e minerais. A estratégia de foco local tem funcionado bem, resultando na duplicação das vendas do produto nos últimos cinco anos.

Para atender às necessidades dos mercados locais, as companhias precisam ir além do design de seus produtos. Uma das maneiras mais simples para isso é dar nomes apropriados para seus produtos. Por exemplo, na China, os nomes dos produtos lhes dão significados fortes e podem ser um fator decisivo para seu sucesso. Em razão desse fato, as empresas tomam cuidado com a tradução das marcas. Por exemplo, a Reebok se tornou Rui bu, que significa "passos rápidos". Os salgadinhos da Lay's se tornaram Le shi, que significa "coisas felizes". E o nome chinês da Coca-Cola, Ke Kou Ke Le, é traduzido por "diversão gostosa".

Destaques de Estratégia 7.7 mostra como a Procter & Gamble realizou várias ações em sua cadeia de valor para atender às necessidades do mercado vietnamita.

FIGURA 7.6 Pontos Fortes e Limitações das Estratégias Globais

Pontos Fortes	Limitações
• Forte integração entre vários negócios.	• Habilidade limitada de se adaptar aos mercados locais.
• Padronização, que leva a maiores economias de escala, diminuindo os custos.	• A concentração de atividades pode aumentar a dependência a uma única fábrica.
• Ajuda a criar padrões uniformes de qualidade no mundo todo.	• Locais únicos podem resultar em maiores tarifas e custos com transporte.

DESTAQUES DE ESTRATÉGIA 7.7

A PROCTER & GAMBLE TRABALHA PARA GANHAR CORAÇÕES E MENTES DOS CLIENTES NO VIETNÃ

Tal como muitas outras companhias com linhas de produtos maduros e de menor crescimento nas economias desenvolvidas, a Procter & Gamble está concentrando suas energias nas economias em desenvolvimento. Para, efetivamente, crescer bem nesses mercados, a P&G procura adaptar o design dos produtos e embalagens e ampliar as atividades promocionais para atender às condições locais

No Vietnã, a P&G desencadeou um conjunto de ações para atender às necessidades do mercado e fazer seu negócio crescer. Como realizado pelas empresas há décadas, ela desenvolveu marcas de baixo custo voltadas a clientes de rendas mais modestas, na esperança de que, mais à frente, consumam os produtos de marcas mais sofisticadas da P&G. Ela também descobriu usos específicos de seus produtos para o mercado do Vietnã, como o de seu desodorante Ambi Pur (conhecido como Febreeze nos EUA), para desodorizar capacetes de motocicletas cujo odor tende a não ser muito agradável quando usados no clima quente e úmido do Vietnã. Atualmente, esse é um dos produtos de crescimento mais rápido no país. Ela também modificou as embalagens dos produtos, substituindo frascos grandes e containers por outros, menores, mais baratos e suficientes para uma única utilização, muito populares nas pequenas lojas que a maioria dos clientes frequenta. Fez, também, uma integração para a frente utilizando um barco na área do Delta Mekong para vender para os clientes da área rural ribeirinha. A companhia também envolveu a produção de TV e tem empregados que viajam pelo país numa van coberta de propagandas de seus produtos para recrutar participantes para o *Vietnan's Got Talent*, um programa cujo patrocinador exclusivo é a P&G. Por último, ela incentiva o ativismo social para estabelecer sua presença de mercado. Criou uma unidade prestadora de serviços de saúde, educação e comunitários para as regiões pobres. Tais ações são um meio de promover as marcas da P&G. Por exemplo, seus empregados arrecadaram 80% dos recursos necessários para inaugurar uma nova escola em um vilarejo pobre a 130 km de Hanói. Em cada sala da escola há uma placa com propagandas dos produtos da P&G.

Esses esforços para encontrar novos meios de projetar, promover e distribuir os produtos da P&G, levando em conta o ambiente econômico e social do Vietnã e de outros mercados em desenvolvimento, têm sido eficientes para a P&G. Esses mercados representam 37% das vendas em 2012, em relação aos 27% de cinco anos atrás.

Fonte: Coleman-Lochner, K. 2012. P&G woos the hearts, minds, and schools of Vietnam. *Bloomberg Businessweek*, 5 de junho, 19–21; e Rexrode, C. 2012. As U.S. slows, P&G turns to developing markets. *Associated Press*, 2 de fevereiro: np.

Riscos e Desafios   Há, naturalmente, alguns riscos associados com a estratégia multidoméstica. Entre eles estão os seguintes:

- Em geral, a adaptação local dos bens e serviços aumentará a estrutura de custos de uma companhia. Em muitas setores, a competição é tão intensa que a maioria das empresas não pode se dar ao luxo de ter nenhuma desvantagem competitiva quanto a custos. Um dos principais desafios dos administradores é determinar o equilíbrio entre a adaptação local e sua estrutura de custo. Por exemplo, considerações desse teor fizeram com que a Procter & Gamble padronizasse seu projeto de fraldas em todo o mercado europeu. Isso foi feito apesar de os dados das pesquisas indicarem que as mães italianas, diferentemente dos outros países, prefeririam fraldas que cobrissem o umbigo do bebê. Mais tarde, porém, a P&G reconheceu que essa característica era fundamental para essas mães, de modo que a companhia decidiu acrescentar essa característica no mercado italiano, não obstante os reflexos nos custos.

- Às vezes, adaptações locais, mesmo quando bem-intencionadas, não dão certo. Quando a cadeia de restaurantes norte-americana TGI Fridays entrou no mercado sul-coreano, acrescentou de propósito muitos pratos locais, como o kimchi (repolho quente e picante), no cardápio. Essa medida, porém, não foi bem recebida. A análise da companhia da fraca recepção do mercado indicou que os clientes coreanos consideravam tomar uma refeição no TGI Fridays como uma visita aos Estados Unidos. Assim, encontrar pratos coreanos no cardápio não estava em sintonia com suas expectativas.

- O grau ótimo de adaptação local evolui com o tempo. Em vários segmentos, uma variedade de fatores, como a influência da mídia mundial, maiores viagens internacionais e diminuição das diferenças de renda entre os países, pode resultar em uma padronização mundial crescente. Por outro lado, em outros, em especial naqueles cujo produto ou serviço pode ser fornecido pela internet (como a música), a necessidade de maior personalização e de adaptação local pode aumentar com o passar do tempo.

FIGURA 7.7 Pontos Fortes e Limitações das Estratégias Multidomésticas

Pontos Fortes	Limitações
• A habilidade de adaptar seus bens e serviços às condições do mercado local. • A habilidade de detectar possíveis oportunidades em áreas atraentes em certo mercado, resultando em aumento de receita.	• Menor habilidade de cortar custos por meio de economias de escala. • Maior dificuldade de transferir conhecimento entre países. • Pode resultar na "superadaptação" à medida que as condições mudam.

As empresas precisam recalibrar a necessidade da adaptação local constantemente; adaptações excessivas afetam o preço tanto quanto a subadaptação.

A Figura 7.7 resume os pontos fortes e as limitações das estratégias multidomésticas.

Estratégia Transnacional

> **estratégia transnacional**
> uma estratégia empresarial baseada na otimização do equilíbrio entre a eficiência, adaptação local e aprendizado, utilizada em setores de atividade nos quais as pressões tanto por adaptação local como pela diminuição dos custos são expressivas.

Uma *estratégia transnacional* tenta otimizar o equilíbrio entre eficiência, adaptação local e aprendizado.[57] Ela busca a eficiência não apenas para se beneficiar, mas como um meio de obter competitividade mundial.[58] E reconhece a importância da reação local, mas como uma ferramenta para a flexibilidade nas operações internacionais.[59] As inovações são encaradas como resultado de um processo maior do aprendizado da organização, que inclui as contribuições de todos na empresa.[60] Além disso, um princípio fundamental do modelo transnacional é que os ativos e habilidades da empresa são distribuídos de acordo com o local mais benéfico para cada atividade. Assim, os gestores evitam a tendência de concentrar suas atividades em um só local (uma estratégia global) ou de distribuí-las em vários locais para aumentar a adaptação (uma estratégia multidoméstica). Peter Babeck, ex-presidente da Nestlé, uma gigante da indústria alimentícia, fornece tal perspectiva.

> Acreditamos que não existe o que é chamado de consumidor mundial, pelo menos não quando o assunto é comida e bebida. As pessoas têm gostos locais baseados nas respetivas culturas e tradições — o que é um bom chocolate no Brasil não é o mesmo na China. Portanto, as decisões devem ser amadurecidas tanto quanto possível para adequarem-se às características intrínsecas do mercado-alvo. De outra forma, como seria possível tomar boas decisões de marca? Dito isso, a descentralização tem limites. Se formos descentralizados demais, podemos nos tornar complicados demais — e o resultado serão muitos problemas em nosso sistema de produção. Quanto mais perto estivermos do consumidor, no que se refere ao estabelecimento de marcas, preço, comunicação e adaptação do produto, mais nos descentralizamos. Quanto mais lidamos com produção, logística e administração da cadeia de fornecimento, mais centralizada a tomada de decisão se torna. Afinal, queremos nos beneficiar do tamanho da Nestlé, não ser prejudicados por ele.[61]

O exemplo da Nestlé ilustra um método comum para determinar se devemos ou não centralizar ou descentralizar as atividades da cadeia de valor. Em geral, as atividades primárias "de saída" (p. ex., marketing e vendas, e serviço ao consumidor), ou que estão mais perto dos clientes, tendem a exigir mais descentralização para se adaptar às condições locais do mercado. Por outro lado, as atividades primárias "de entrada" (p. ex., logística e operações), ou mais distantes do cliente, tendem a ser centralizadas. Isso acontece porque há menos necessidade de adaptar essas atividades aos mercados locais, e a empresa pode se beneficiar de economias de escala. Além disso, muitas atividades de apoio, como sistemas de informação e compras, tendem a ser centralizadas para aumentar o potencial das economias de escala.

Uma filosofia central da organização transnacional é o aumento da adaptação de todas as situações competitivas, bem como da flexibilidade na capitalização do fluxo de comunicação e conhecimento através da organização.[62] Uma de suas principais características é a integração de contribuições inerentes a todas as unidades nas operações mundiais. Assim, uma inovação conjunta da sede e uma das unidades externas pode resultar no possível desenvolvimento de produtos e serviços relativamente padronizados, porém flexíveis, próprios para vários mercados.

A Asea Brown Boveri (ABB) é uma empresa que conseguiu aplicar com sucesso a estratégia transnacional. Com suas bases nacionais na Suécia e na Suíça, ela ilustra a tendência para fusões transnacionais, nas quais as empresas passem a considerar o uso de sedes múltiplas no futuro. A ABB é administrada como uma rede flexível de unidades, sendo que uma das principais funções da gerência é a facilitação dos fluxos de informação e conhecimento entre as unidades. Suas subsidiárias têm total responsabilidade pelas categorias de produtos de âmbito mundial. Tal estratégia transnacional permite que a ABB se beneficie do acesso a novos mercados e da oportunidade de usar e desenvolver recursos onde quer que estejam.

Riscos e Desafios   Tal como com outras estratégias, eis alguns dos riscos e desafios únicos associados à estratégia transnacional.

- *A escolha do que parece ser um local ótimo não garante que a qualidade e o custo de insumos de produção (i.e., mão de obra, materiais) serão ótimos.* Os administradores devem se assegurar de que a vantagem relativa de um local seja realmente aproveitada, e não desperdiçada devido a deficientes produtividade e qualidade das operações internas. A Ford Motor Co., por exemplo, se beneficiou de ter algumas de suas operações de manutenção no México. Embora alguns digam que não compensa as empresas pagarem salários menores devido à menor produtividade, nem sempre é esse o caso. Visto que o índice de desemprego é maior no México do que nos Estados Unidos, a Ford pode ser mais seletiva nas práticas de contratação de empregados em suas operações mexicanas. E, em função da menor rotatividade entre os empregados mexicanos, a Ford pode justificar um alto nível de investimento em treinamento e desenvolvimento. Assim, o resultado líquido pode não ser apenas salários menores, mas também uma produtividade maior do que nos Estados Unidos.
- *Embora a transmissão de conhecimento possa ser uma fonte de vantagem competitiva, ela não acontece "automaticamente".* Para que o conhecimento seja transferido de uma subsidiária para outra, é importante que tanto a fonte desse conhecimento como as unidades-alvo e as sedes corporativas reconheçam o valor em potencial de determinado conhecimento. Uma vez que pode haver significativas distâncias geográficas, linguísticas e culturais separando as subsidiárias, como usualmente ocorre, o potencial para que o conhecimento seja transferido se torna muito difícil de calcular. As empresas devem criar instrumentos que descubram, de modo sistemático e rotineiro, oportunidades para transferir conhecimento.

A Figura 7.8 resume as relativas vantagens e desvantagens das estratégias transnacionais.

Global ou Regional? Um Segundo Olhar sobre a Globalização

Até agora, sugerimos quatro possíveis estratégias que uma empresa pode escolher quando decide competir no mercado mundial. Recentemente, muitos escritores disseram que o processo de globalização fez com que as fronteiras nacionais se tornassem cada vez mais irrelevantes.[63] No entanto, alguns eruditos questionam essa afirmação, argumentando que entrar de cabeça em um processo total de globalização não seria uma atitude sábia das empresas.[64]

PA7.6
A diferença entre as companhias regionais e as verdadeiramente mundiais.

Antes de responder perguntas sobre a extensão da globalização das empresas, vamos tentar esclarecer o que significa "globalização". Tradicionalmente, a globalização de uma empresa é medida em termos de suas vendas estrangeiras em relação às vendas totais. Entretanto, essa medição pode ser enganosa. Por exemplo, consideremos uma empresa dos Estados Unidos que expandiu suas atividades para o Canadá. Obviamente, essa iniciativa é quantitativamente diferente de tentar obter o mesmo volume de vendas em um país distante, como a China. De modo similar, se uma empresa malaia expandisse para Singapura ou se uma empresa alemã

FIGURA 7.8   Pontos Fortes e Limitações das Estratégias Transnacionais

Pontos Fortes	Limitações
- A habilidade de obter economias de escala. - A habilidade de se adaptar aos mercados locais. - A habilidade de localizar atividades em locais ótimos. - A habilidade de aumentar os fluxos de conhecimento e a aprendizagem.	- Desafios únicos para determinar locais ótimos de atividades para assegurar o custo e a qualidade. - Desafios administrativos únicos para estimular a transferência de conhecimento.

começasse a vender seus produtos na Áustria, isso representaria uma expansão a um país geograficamente adjacente. Tais países próximos poderiam oferecer muitas características em comum em termos de idioma, cultura, infraestrutura e preferências dos clientes. Em outras palavras, esse seria mais um caso de regionalização do que de globalização.

Analisando a distribuição dos dados de vendas entre diferentes países e regiões, Alan Rugman e Alain Verbeke concluíram que a situação descrita consubstancia mais um caso de **regionalização** do que de globalização. De acordo com seu estudo, uma companhia deveria ter, pelo menos, 20% das vendas em cada uma das três maiores regiões econômicas — a América do Norte, a Europa e a Ásia — para ser considerada como uma empresa mundial. Entretanto, descobriram que apenas nove das 500 maiores empresas do mundo atendiam a esse padrão! Até mesmo quando diminuíram o critério para 20% de vendas em ao menos duas das três regiões, esse número só aumentou para 25%. *Assim, a maioria das empresas são regionais ou, quando muito, birregionais — e não mundiais — mesmo atualmente.*

Em um mundo de comunicação instantânea, transporte rápido e governos cada vez mais dispostos a abrirem seus mercados ao comércio e investimento, por que há tão poucas empresas "mundiais"? A resposta mais óbvia é que a distância ainda importa. Afinal, considerando, tudo o mais constante, é mais fácil fazer negócios em um país vizinho. A distância, em última instância, pode ser vista como um conceito de muitas dimensões, não apenas como uma medida de distância geográfica. Por exemplo, tanto o Canadá como o México estão à mesma distância dos Estados Unidos. Porém, as companhias norte-americanas acham mais fácil expandir suas operações para o Canadá do que para o México. Por quê? O Canadá e os EUA têm muitas coisas em comum em termos de idioma, cultura, desenvolvimento econômico, sistemas político e jurídico e desenvolvimento da infraestrutura. Assim, se encararmos a distância como tendo muitas dimensões, Estados Unidos e Canadá estão muito próximos, enquanto que há uma distância maior entre os EUA e o México. De modo similar, quando analisamos o que podemos chamar de "verdadeira" distância entre os EUA e a China, os efeitos da distância geográfica são multiplicados pela distância em termos de cultura, idioma, religião e sistemas político e jurídico entre os dois países. Por outro lado, embora Estados Unidos e Austrália estejam geograficamente distantes, a "verdadeira" distância é menor ao considerarmos as outras dimensões do conceito de distância.

Outro motivo para a expansão regional é o estabelecimento de **blocos comerciais** e zonas de livre comércio. Foram criados vários acordos regionais para facilitar o crescimento dos negócios entre certas regiões abrandando restrições comerciais, e taxas e tarifas. Exemplos incluem a União Europeia (UE), o Tratado Norte-Americano de Livre Comércio (NAFTA), a Associação de Nações do Sudeste Asiático (ANSEA) e o MERCOSUL (um bloco comercial da América do Sul).

A integração econômica regional progrediu mais rápido do que a integração econômica mundial, e os padrões de comércio e investimento das companhias maiores refletem essa realidade. Afinal, as regiões representam os resultados de séculos de história política e cultural que resultam não apenas em pontos em comum, mas também em afinidade mútua. Por exemplo, estendendo-se da Argélia e Marrocos no oeste ao Omã e Iêmen no leste, mais de 30 países compartilham o idioma árabe e a religião muçulmana, fazendo com que esses países formem um bloco regional natural. De modo similar, os países da América do Sul e Central compartilham o idioma espanhol (com exceção do Brasil), a religião católica e a história compartilhada do colonialismo espanhol. Não é nenhuma surpresa que as empresas achem mais fácil e menos arriscado expandir dentro de sua região do que em outras.

Canais de Entrada na Internacionalização

Uma empresa tem muitas opções disponíveis quando decide expandir-se para o mercado internacional. Devido aos desafios associados com tal entrada, muitas delas decidem começar em pequena escala e, então, ir aumentando seu nível de investimento e risco à medida que ganham mais experiência no mercado exterior em questão.[65]

FIGURA 7.9 Métodos de Entrada na Expansão Internacional

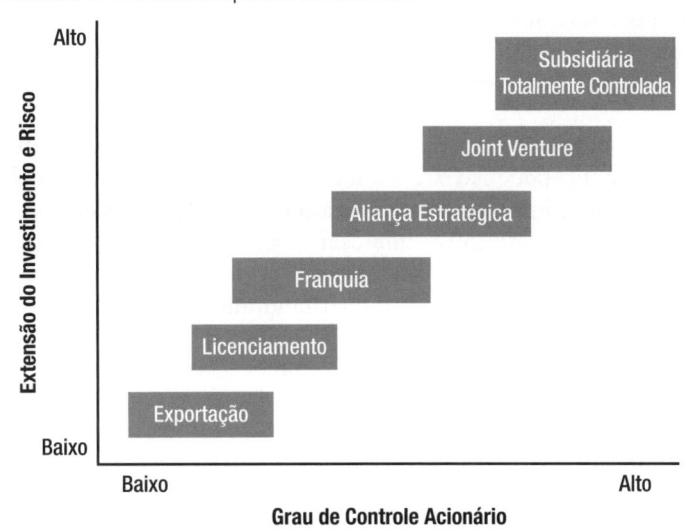

[Gráfico: eixo Y "Extensão do Investimento e Risco" (Baixo a Alto), eixo X "Grau de Controle Acionário" (Baixo a Alto), mostrando em ordem crescente: Exportação, Licenciamento, Franquia, Aliança Estratégica, Joint Venture, Subsidiária Totalmente Controlada]

A Figura 7.9 ilustra a grande variedade de métodos para a entrada no estrangeiro, incluindo exportação, licenciamento, franquia, joint ventures, alianças estratégicas e subsidiárias totalmente controladas.[66] Como a figura mostra, os vários tipos de entrada formam um continuum que parte da exportação (investimento, risco e controle baixos) a subsidiárias totalmente controladas (investimento, risco e controle altos).[67]

Pode haver frustrações e contratempos à medida que a empresa evolui da estratégia de entrada internacional mediante exportações para modalidades mais dispendiosas, incluindo as subsidiárias totalmente controladas. Por exemplo, de acordo com o CEO de uma grande companhia química especializada dos EUA:

> No fim, sempre fazemos um trabalho melhor com nossa própria subsidiária; as vendas melhoram e temos maior controle sobre o negócio. Mas ainda necessitamos dos distribuidores locais para entrar, e ainda procuramos por estratégias que nos permitam percorrer todo o caminho sem que haja a necessidade de brigar por controle ou desempenho.[68]

Exportação

A **exportação** consiste em produzir bens e serviços em um país para vendê-lo aos habitantes de outro país.[69] Essa estratégia de entrada possibilita a uma empresa investir menor quantidade de recursos em termos de produtos, organização e estratégia corporativa geral. Muitos países hospedeiros não são simpáticos a essa estratégia de entrada porque ela gera menos empregos locais do que os outros métodos de entrada.[70]

exportação
produzir bens em um país para vendê-lo aos habitantes de outro país.

As multinacionais acabam descobrindo fortuitamente estratégias graduais de entrada em novos mercados, começando com a exportação. Isso frequentemente resulta em uma série de ações não planejadas para aumentar as vendas. Como esse padrão de entrada é recorrente, essa abordagem é denominada, tomando emprestado o jargão militar, de "cabeça de ponte*" (em inglês, *beachhead*), e costuma se transformar em política oficial.[71]

Benefícios Esse método tem, definitivamente, suas vantagens. Afinal, as empresas começam do nada, na venda e distribuição, quando entram em novos mercados. Visto que os mercados estrangeiros são regulados nacionalmente e dominados por redes de intermediários locais, as empresas precisam criar parcerias com os distribuidores locais para se beneficiar de sua expertise e conhecimento do mercado. Afinal, as multinacionais sabem que não podem dominar as práticas locais dos negócios, atender às exigências regulamentares, contratar e gerenciar empregados locais e obter acesso a clientes em potencial sem algum tipo de parceria.

---
* N.E.: ou, na tradução literal, eventualmente utilizada "cabeça de praia".

As multinacionais também querem minimizar seus próprios riscos. Para isso, contratam distribuidores locais e investem muito pouco no empreendimento. Em essência, a empresa entrega o controle das decisões estratégicas de marketing aos parceiros locais — muito mais controle do que estariam dispostos a ceder em seus mercados domésticos.

Riscos e Limitações Exportar é um método relativamente barato de entrar nos mercados estrangeiros. Contudo, ainda pode haver desvantagens significativas. Em especial, a habilidade de ajustar os produtos da empresa para atender às necessidades dos mercados locais costuma ser muito limitada. No estudo de 250 exemplos nos quais as empresas multinacionais usaram distribuidores locais para implementar suas estratégias de entrada, os resultados foram desanimadores. Na grande maioria dos casos, os distribuidores foram comprados (para aumentar o controle) por uma empresa multinacional, ou demitidos. Em contraste, os distribuidores bem-sucedidos tinham duas características em comum:

- Suas linhas de produtos complementavam os produtos multinacionais, em vez de competir com eles.
- Eles se comportavam como parceiros de negócios das multinacionais. Compartilhavam informações de mercado com as corporações, iniciavam projetos com os distribuidores de países vizinhos e sugeriam iniciativas em seus próprios mercados ou nos mercados vizinhos. Além disso, esses distribuidores assumiam o risco de investir em áreas como treinamento, sistemas de informação e publicidade e promoção, para aumentar os negócios dos parceiros multinacionais.

O ponto principal é a importância de se desenvolver relações colaborativas, onde todos ganham.

Para assegurar maior controle sobre as operações sem ter de correr riscos significativos, muitas empresas licenciam e criam franquias como métodos de entrada. Analisemos esses métodos e suas vantagens e desvantagens relativas.

Licenciamento e Franquia

licenciamento
um arranjo contratual no qual uma companhia recebe royalties (direitos) ou comissões em troca do direito de usar suas marcas comerciais, patentes, segredos comerciais ou outras propriedades intelectuais valiosas.

franquia
um arranjo contratual no qual uma companhia recebe royalties ou comissões em troca do direito de usar sua propriedade intelectual; ela costuma envolver um período mais longo do que o licenciamento e inclui outros fatores, como o monitoramento das operações, treinamento e publicidade.

Licenciamento e franquia são formas de arranjos contratuais. A **licenciamento** permite que uma companhia receba royalties ou comissões em troca do direito de usar suas marcas comerciais, patentes, segredos comerciais ou outras propriedade intelectuais valiosas.[72]

Os contratos de **franquia** costumam incluir uma quantidade maior de fatores em uma operação e têm um período maior de vigência. A franquia continua a ser uma das principais formas de negócios norte-americanos. De acordo com uma pesquisa recente, mais de 400 franqueadores americanos têm exposição internacional.[73] Isso é muito maior do que o total combinado dos outros quatro maiores países nesse tipo de negócio — França, Reino Unido, México e Áustria.

Benefícios Nos mercados internacionais, uma vantagem do licenciamento é que a empresa que fornece a licença corre um risco pequeno, pois não é necessário investir qualquer quantia significativa de recursos no país em si. Por sua vez, a licenciada (a empresa que recebe a licença) obtém acesso à marca comercial, à patente, e assim por diante, e isso pode criar uma vantagem competitiva. Em muitos casos, o país também se beneficia de o produto ser fabricado localmente. Por exemplo, o iogurte Yoplait é licenciado pela General Mills, de Sodima, uma cooperativa francesa, para venda nos Estados Unidos. Os logotipos das equipes de esportes das faculdades e times profissionais dos Estados Unidos são outra fonte de marcas comerciais que geram rendas de royalties significativas, nacional e internacionalmente.

As franquias têm a vantagem de limitar o risco da exposição que uma empresa tem nos mercados exteriores. Ao mesmo tempo, a empresa pode expandir suas fontes de receitas.

Riscos e Limitações A licenciadora abre mão do controle de seu produto e de possíveis receitas e lucros. Além disso, a licenciada pode se familiarizar de tal maneira com a patente e segredos comerciais que pode se tornar uma concorrente; ou seja, a licenciada pode fazer algumas modificações no produto, fabricá-lo e vendê-lo de modo independente da licenciadora, sem a necessidade de pagar royalties. A possibilidade de ocorrência dessa situação é aumentada em países cuja legislação falha em proteger a propriedade intelectual. Ademais, se a licenciada escolhida pela multinacional se revelar uma má escolha, o nome da marca e a reputação do produto podem ser prejudicados.[74]

No caso da franquia, a empresa multinacional recebe apenas uma parte das receitas, na forma de taxas de franquia. Se a empresa tivesse montado a operação por conta própria (p. ex., um restaurante mediante investimento direto), receberia todo o faturamento.

As companhias costumam desejar uma colaboração mais próxima com outras para aumentar receitas, diminuir custos e aprimorar seu aprendizado — em geral por meio da difusão tecnológica. Para atingir tais objetivos, elas criam alianças estratégicas ou joint ventures, dois métodos de entrada que analisaremos agora.

Alianças Estratégicas e Joint Ventures

Joint ventures e alianças estratégicas têm se tornado cada vez mais populares.[75] As duas formas de parceria diferem no sentido de que aquelas envolvem a criação de uma terceira entidade legal, enquanto que estas não. Além disso, as alianças estratégicas costumam se concentrar nas iniciativas que são menores em escopo do que as joint ventures.[76]

Benefícios Como vimos no Capítulo 6, essas estratégias têm sido eficientes em auxiliar as empresas a aumentar receitas e diminuir custos, bem como em aumentar o aprendizado e difundir tecnologias.[77] Essas parcerias fazem com que as empresas compartilhem os riscos e os possíveis lucros e receitas. E também, ao ganhar exposição a novas fontes de conhecimento e tecnologia, podem ajudar as empresas a desenvolver competências centrais que podem resultar em vantagens competitivas no mercado.[78] Por fim, formar uma parceria com empresas de países hospedeiros pode fornecer informações muito úteis sobre os gostos dos mercados locais, as condições competitivas, as questões jurídicas e as nuances culturais.[79]

Riscos e Limitações Os administradores devem estar cientes dos riscos associados às alianças estratégicas e investimentos conjuntos, e como eles podem ser minimizados.[80] Primeiro: é preciso haver uma estratégia bem definida, bem apoiada pelas organizações parceiras. De outra forma, as empresas poderão operar com objetivos dessemelhantes e não atingir nenhum dos objetivos. Segundo, e que tem muito a ver com o primeiro: deve haver um entendimento claro das habilidades e recursos que serão fundamentais na parceria. Sem tal esclarecimento, haverá menos oportunidades para o aprendizado e desenvolvimento das competências que poderiam levar à obtenção de vantagens competitivas. Terceiro: a confiança é um elemento fundamental. A relação entre duas empresas permite que uma conheça melhor a outra e desenvolvam confiança. Não havendo confiança, uma parte poderia tirar vantagem da outra por, por exemplo, esconder seus recursos e obter acesso a informações privilegiadas por meio de métodos antiéticos (ou ilegais). Quarto: questões culturais que podem resultar em conflito e comportamentos disfuncionais devem ser resolvidas. A cultura de uma organização é seu conjunto de valores, crenças e atitudes que influenciam o comportamento e objetivos de seus empregados.[81] Assim, reconhecer as diferenças culturais e tentar desenvolver elementos de uma "cultura em comum" para a parceria é algo fundamental. Sem uma cultura unificadora será difícil combinar e usar os recursos a cada dia mais importantes nas organizações de conhecimento intensivo (conforme vimos no Capítulo 4).[82]

Finalmente: o sucesso da aliança de uma empresa não deve ser deixado nas mãos do destino.[83] Para aumentar suas chances de sucesso, muitas empresas documentaram com cuidado o conhecimento administrativo da parceria elaborando orientações e manuais para ajudá-los a administrar aspectos específicos do inteiro ciclo de vida da parceria (p. ex., a escolha, negociação e contratação do parceiro). Por exemplo, a Lotus Corp. (parte da IBM) criou o que ela chama de "35 regras do polegar" para administrar cada fase da parceria, da formação ao término. A Hewlett-Packard desenvolveu 60 ferramentas e padrões diferentes, impressos em um manual de 300 páginas para orientar as tomadas de decisão. O manual inclui ferramentas tais como um padrão para tornar o negócio atraente para o parceiro, um formulário de avaliação do parceiro, parâmetros de negociação especificando papéis e responsabilidades dos vários departamentos, uma lista de procedimentos para medir o desempenho da aliança e um checklist do término de parceria.

Quando uma empresa deseja o nível mais alto de controle, ela age em função de obter o controle societário total da subsidiária. Embora possam gerar maiores retornos, subsidiárias nessa condição também têm os maiores níveis de investimento e risco. Falaremos delas agora.

Subsidiárias Totalmente Controladas

subsidiária totalmente controlada
um negócio no qual uma companhia multinacional possui 100% das ações.

Uma **subsidiária totalmente controlada** é um negócio no qual uma companhia multinacional possui 100% das ações. Os dois meios pelos quais uma empresa pode estabelecer uma subsidiária nessa condição são: (1) adquirir uma empresa existente em seu próprio país ou (2) desenvolver operações totalmente novas (as quais costumam ser chamadas de "investimento greenfield").

Benefícios Estabelecer uma subsidiária totalmente controlada é o jeito mais caro e arriscado entre os vários métodos de entrada. No entanto, ele também pode resultar em grandes retornos. Além disso, permite o mais alto grau de controle de todas as atividades, incluindo fabricação, marketing, distribuição e desenvolvimento de tecnologia.[84]

Subsidiárias com controle total são mais apropriadas onde uma empresa já tem conhecimento e habilidades apropriadas que podem ser utilizados com facilidade em vários locais. Exemplos disso são restaurantes e fabricantes de semicondutores. Para diminuir os custos, por exemplo, a Intel Corporation constrói fábricas de semicondutores no mundo todo — todas construídas, praticamente, a partir da mesma planta. O conhecimento pode ser ainda mais desenvolvido contratando administradores e profissionais talentosos do próprio país da empresa, muitas vezes desfalcando os concorrentes.

Riscos e Limitações Como vimos, as subsidiárias totalmente controladas costumam ser o método de entrada mais arriscado e caro. Na franquia, joint ventures, ou alianças estratégicas, o risco é compartilhado com os parceiros da empresa. Já nas subsidiárias totalmente controladas, o risco de entrada é assumido pela companhia matriz. Os riscos associados com se fazer negócios em um novo país (p. ex., políticos, culturais e jurídicos) podem ser diminuídos ao se contratar talentos locais.

Por exemplo, a Wendy's evitou cometer dois fiascos na Alemanha contratando profissionais locais para sua equipe de publicidade.[85] Em um caso, a empresa queria promover suas qualidades "à moda antiga". Porém, uma tradução literal teria levado à interpretação de que a empresa desejava promover-se como "desatualizada". Em outra situação, a Wendy's queria enfatizar que seus hambúrgueres podiam ser preparados de 256 maneiras. O problema? A palavra alemã que a Wendy's queria usar para "maneiras" costuma significar "estradas" ou "caminhos". Embora tais erros possam, às vezes, ser divertidos para o público, com certeza é preferível identificá-los antes que confundam os clientes ou envergonhem a companhia.

Falamos sobre as estratégias de entrada como uma progressão, desde a exportação à criação de subsidiárias totalmente controladas. Contudo, devemos salientar que muitas empresas não seguem esse método progressivo. Por exemplo, em virtude de motivos políticos e regulatórios, a Pepsi entrou na Índia através de uma joint venture com duas empresas indianas em 1998. Como abordado nos Destaques de Estratégia 7.8, isso lhe trouxe a vantagem de ser a primeira a investir no mercado indiano, no qual continua muito à frente de sua arquirrival, a Coca-Cola.

| DESTAQUES DE **ESTRATÉGIA** | 7.8 |

A VANTAGEM DA PEPSI DE SER A PRIMEIRA A INVESTIR NA ÍNDIA COMPENSOU

A Pepsi se tornou sinônimo de refrigerantes de cola no idioma mais falado da Índia após ter dominado o mercado no início da década de 1990. A vantagem linguística da PepsiCo traduziu-se em maiores vendas. Embora a Coca, de Atlanta, detenha o maior montante de vendas de bebidas na Índia em razão da variedade de outros produtos com sabores diferentes, os 4,5% de participação de mercado de refrigerantes da Pepsi ultrapassa os 2,6% da Coca, de acordo com o Euromonitor. Trata-se de uma notável exceção em comparação com o resto do mundo, onde a Coca derrota sua rival.

O que explica o sucesso da Pepsi na Índia? A Coca deixou esse mercado em 1977, depois que os regulamentos do governo a obrigaram a formar parceria com uma companhia indiana e compartilhar a fórmula secreta de sua bebida. Em contraste, a Pepsi formou uma joint venture em 1988 com duas companhias indianas e introduziu seus produtos sob a marca Lehar. (A Lehar Pepsi foi criada em 1990.) A Coca retornou em 1993, depois que a legislação da Índia passou a permitir que marcas estrangeiras pudessem ser comercializadas sem parceiros indianos.

A ausência da Coca por todo aquele período custou-lhe caro. Lalita Desai, uma linguista da Jadavpur University que estuda a incorporação de vocabulário em língua inglesa nos idiomas indianos, disse: "A Pepsi chegou aqui primeiro, e fez isso quando a Índia começou a interessar-se por produtos orientais e ocidentais. Sem uma concorrência internacional real, a 'Pepsi' se tornou sinônimo de tudo o que era engarrafado, efervescente e estrangeiro".

A PepsiCo também foi muito bem-sucedida em promover o uso ambientalmente adequado de água na Índia. Sua operação indiana se tornou a primeira de suas unidades mundiais (e provavelmente a única da indústria de bebidas) a conservar e repôr mais água do que consumia, em 2009. A rival Coca-Cola, por outro lado, enfrenta uma situação difícil na Índia, tendo sido multada em $4,7 milhões a título de compensação por poluição e esgotamento de água subterrânea.

A partir de 2012, a PepsiCo cresce a uma taxa de dois dígitos na Índia, destacando-se como a quarta maior companhia de bens de consumo. A empresa também investiu mais de $1 bilhão na Índia, criando empregos diretos e indiretos para mais de 200 mil pessoas, e é dona de treze fábricas de engarrafamento, de acordo com seu site.

Fonte: Srivastava, M. 2010. For India's Consumers, Pepsi Is the Real Thing. *Bloomberg Businessweek*, 20–26 de setembro: 26–27; Bhusahn, R. 2010. Pepsi India Touches Eco Watershed, First Unit to Achieve Positive Water Balance. www.indiatimes.com, 27 de maio: np; e www.pepsicoindia.com.

QUESTÕES PARA DEBATER

Ética

Em toda a Índia e em outros mercados em desenvolvimento, os vendedores locais que trabalham para a Danone, uma multinacional francesa da indústria de produtos alimentícios, viajam pelas cidades e vilarejos poeirentos em mobiletes carregadas com produtos lácteos probióticos que dizem resolver e desenvolver imunidade contra vários mal-estares digestivos, incluindo constipação, diarreia e infecções. Os probióticos são produtos lácteos, como iogurtes, que contêm bilhões de lactobacilos que alguns acreditam que ajudam na digestão. Baseando-se nos panfletos que eles recebem e podem distribuir para os clientes, os vendedores dizem aos clientes que os micróbios cuidarão da "flora intestinal". Os principais clientes desses produtos são mulheres da classe baixa e média, donas de casa, faxineiras e/ou arrumadeiras domésticas. Muitas dessas pessoas têm pouco ou nenhum acesso a tratamento médico para tais doenças. Para elas, a promessa da melhora de saúde vinda dos produtos probióticos é muito atraente.

Entretanto, as afirmações dos vendedores da Danone são muito polêmicas. Por exemplo, um dos principais produtos probióticos vendidos pela Danone é o Actimel, um iogurte. A Danone foi barrada pela European Food Safety Authority (EFSA), que declarou

(continua)

(continuação)

ser duvidoso que o Actimel faça com que micróbios úteis se desenvolvam nos intestinos ou que ele diminua as chances de diarreia. A EFSA determinou que não havia suficiente evidência clínica desses supostos benefícios. A Danone se defendeu, escorando-se em vários estudos, incluindo um publicado no *British Medical Journal* que dizia haver encontrado benefícios no Actimel, mas a EFSA retrucou, alegando que tais estudos continham certos problemas que questionavam a validade dessas conclusões. Em sua decisão, a EFSA também citou vários estudos que não apoiavam nenhum dos benefícios de saúde do Actimel. A FDA dos EUA também concluiu que a evidência clínica dos benefícios dos probióticos é insuficiente e proibiu a Danone de tentar promover seu iogurte Activia nos Estados Unidos. Não obstante, esses mesmos benefícios são citados todos os dias pelas 250 representantes que vendem os produtos fabricados pela Danone e seu parceiro Yakult na Índia.

O desejo de aumentar a posição do mercado probiótico da Danone na Índia e em outros mercados asiáticos é compreensível do ponto de vista dos negócios. O mercado de bebidas fortificadas na Ásia é muito grande, com $18 bilhões de receitas por ano, e crescendo. A aliança entre a Danone e a Yakult está sendo bem-sucedida na Índia quanto aos produtos probióticos, com as vendas crescendo 60% ao ano há algum tempo. Mas se esses produtos são bons para a saúde continua a ser uma questão polêmica e sem provas aos olhos dos reguladores europeus e norte-americanos.

Perguntas para Discussão

1. A Danone está fornecendo um produto que pode ajudar as pessoas que, de outra forma, não têm meios de resolver problemas digestivos, ou simplesmente está enganando seus clientes menos sofisticados para lucrar?
2. É ético usar uma afirmação de marketing que foi considerada como sem base por membros reguladores de países desenvolvidos para vender produtos em mercados em desenvolvimento?
3. Deveria haver padrões consistentes ou variados para o projeto e marketing de um produto em mercados desenvolvidos e em desenvolvimento? Por exemplo, seria de se esperar que as características de segurança em carros indianos fossem as mesmas que na Europa?

Fontes: Danone's Actimel does not alleviate diarrhea – EFSA. 2010. *Independent.co.uk*, 9 de dezembro: np; e Doherty, D., Sharma, M., Narayam, A., & Yamaguchi, Y. 2012. Asia's growing thirst for gut-cleaning drinks. *Bloomberg Businessweek*, 1º de outubro: 28–29.

Refletindo quanto às Implicações sobre a Carreira...

- **Estratégia Internacional:** É preciso conhecer a estratégia internacional da organização na qual se trabalha. Qual é a porcentagem da atividade internacional da empresa em comparação com sua atividade total? Quais habilidades são necessárias para aumentar os esforços internacionais da companhia? Como envolver-se mais na estratégia internacional da organização? Que condições em seu país poderiam levá-lo a procurar por carreiras no exterior?

- **Terceirização e Offshoring:** Atualmente, cada vez mais organizações recorrem à terceirização e ao offshoring. Até que ponto sua organização está envolvida em cada um desses métodos? Que atividades nela podem/deveriam ser terceirizadas ou ir para o exterior? É necessário estar ciente de que se está competindo no mercado mundial por emprego e avanço profissional. Qual é a probabilidade de que seu próprio trabalho seja terceirizado ou enviado para o exterior? De que modo aumentar seus talentos, habilidades e competências para diminuir as probabilidades de que seu trabalho seja terceirizado ou enviado para o exterior?

- **Oportunidades de Carreiras Internacionais:** Assumir tarefas em outros países pode promover uma carreira. Há vários modos pelos quais pode-se aumentar a probabilidade de ser escolhido para uma tarefa no exterior. Estudar lá fora por um semestre ou estagiar no exterior são duas estratégias óbvias. Aprender um idioma estrangeiro também pode ajudar bastante. É preciso antecipar como tais oportunidades promoverão as aspirações de carreira de curto — e longo — prazo.

- **Riscos Administrativos:** Devem-se explorar meios para desenvolver uma sensibilidade cultural. Interagir com pessoas de outras culturas, viajar para outros países, ler sobre outros povos, assistir filmes estrangeiros e coisas parecidas podem aumentar nossa sensibilidade cultural. Devemos identificar meios pelos quais nossas percepções e comportamentos mudaram por causa de maior sensibilidade cultural.

resumo

Vivemos em uma comunidade mundial altamente interconectada, na qual muitas das melhores oportunidades para crescimento e rentabilidade estão além das fronteiras do país de uma empresa. Nessas oportunidades, obviamente, há muitos riscos associados com a diversificação nos mercados mundiais.

A primeira seção deste capítulo ocupa-se com os fatores que determinam a competitividade de uma nação em determinado setor de atividade. Fundamenta-se em um trabalho desenvolvido pelo professor Michael Porter, da Harvard University, baseado em um estudo que explorou o sucesso competitivo de dez nações comerciais líderes em um período de quatro anos. Os quatro fatores, chamados, coletivamente, de "diamante de vantagem nacional", eram a dotação de recursos, as condições de demanda, os setores relacionados e de apoio, e a estratégia, estrutura e concorrência da empresa.

A análise do "diamante" de Porter ajudou, em essência, a estabelecer um contexto mais amplo para explorar a vantagem competitiva no nível da empresa. Na segunda seção falamos sobre os motivos primários e os possíveis riscos associados com a expansão internacional. Os motivos primários incluíam o aumento do tamanho do mercado em potencial para os produtos e serviços da empresa, a obtenção de economias de escala, o aumento do ciclo de vida dos produtos de uma empresa e a otimização do local de cada atividade na cadeia de valor. Por outro lado, os principais riscos incluíam os riscos políticos e econômicos, do câmbio e os administrativos. Estes são desafios associados com a resposta a diferenças inevitáveis existentes entre aos países, envolvendo costumes, cultura, idioma, preferências dos clientes e sistemas de distribuição. Também falamos sobre alguns dos desafios e oportunidades administrativas associadas com o offshoring e a terceirização.

Depois comentamos como as empresas podem obter vantagens competitivas nos mercados mundiais. Começamos falando sobre duas forças opostas — a redução de custos e a adaptação aos mercados locais — com as quais os administradores devem lidar ao entrar nos mercados mundiais. Esses dois fatores influenciam de modo significativo a determinação de qual dos quatro tipos básicos de estratégias escolheremos: a internacional, a global, a multidoméstica ou a transnacional. O capítulo discorre sobre benefícios e riscos associados a cada tipo de estratégia.

A seção final trata dos quatro tipos de estratégia de entrada que os gerentes podem realizar ao entrar em mercados internacionais. A questão central de cada uma dessas estratégias é o nível de investimento ou risco em comparação com o nível de controle. Quanto maiores forem os níveis de investimento/risco e controle, as estratégias evoluem em um continuum: exportação, licenciamento e franquia, alianças estratégicas e joint ventures, e subsidiárias totalmente controladas. Os benefícios relativos e os riscos associados como cada uma dessas estratégias foram devidamente abordados.

Perguntas de Revisão do Resumo

1. Cite algumas das vantagens e desvantagens associadas à expansão de uma empresa nos mercados internacionais.

2. Quais são os quatro fatores descritos no diamante de vantagem nacional de Porter? Como esses quatro fatores explicam o porquê de alguns setores de atividade em certos países serem mais bem-sucedidos do que outros?

3. Explique as duas forças opostas — redução de custo e adaptação aos mercados locais — com as quais as empresas devem lidar quando passam a ser internacionais.

4. Há quatro estratégias básicas — internacional, global, multidoméstica e transnacional. Quais são as vantagens e desvantagens associadas a cada uma delas?

5. Qual é a base do argumento de Alan Rugman de que a maioria das multinacionais ainda são mais regionais do que internacionais? Que fatores inibem as empresas de se tornarem realmente internacionais?

6. Descreva as estratégias básicas de entrada disponíveis às empresas ao entrarem em mercados internacionais. Quais são as vantagens e desvantagem relativas de cada uma delas?

termos-chave

globalização 212
diamante de vantagem nacional 214
dotação de recursos (vantagem nacional) 214
condições de demanda (vantagem nacional) 214
setores de mercado relacionados e de apoio (vantagem nacional) 215
estratégia, estrutura e concorrência da empresa (vantagem nacional) 215
empresas multinacionais 217
oportunidades de arbitragem 217
inovação reversa 218
risco político 220
estado de direito 220
risco econômico 220
falsificação 220
risco de câmbio 222
risco administrativo 223
terceirização 224
offshoring 224
estratégia internacional 228
estratégia global 228
estratégia multidoméstica 230
estratégia transnacional 232
regionalização 234
blocos comerciais 234
exportação 235
licenciamento 236
franquia 236
subsidiária totalmente controlada 238

exercício experimental

Os Estados Unidos são considerados um líder mundial na indústria cinematográfica. Usando a base do diamante de Porter para a competitividade nacional, explique o sucesso dessa indústria.

questões & exercícios práticos

1. Podemos encontrar informações sobre a "competitividade das nações" no site www.imd.org/research/publications/wcy/index.cfm. Esse site fornece um ranking de 329 critérios para 59 países. Como o diamante de vantagem nacional de Porter poderia ajudar a explicar

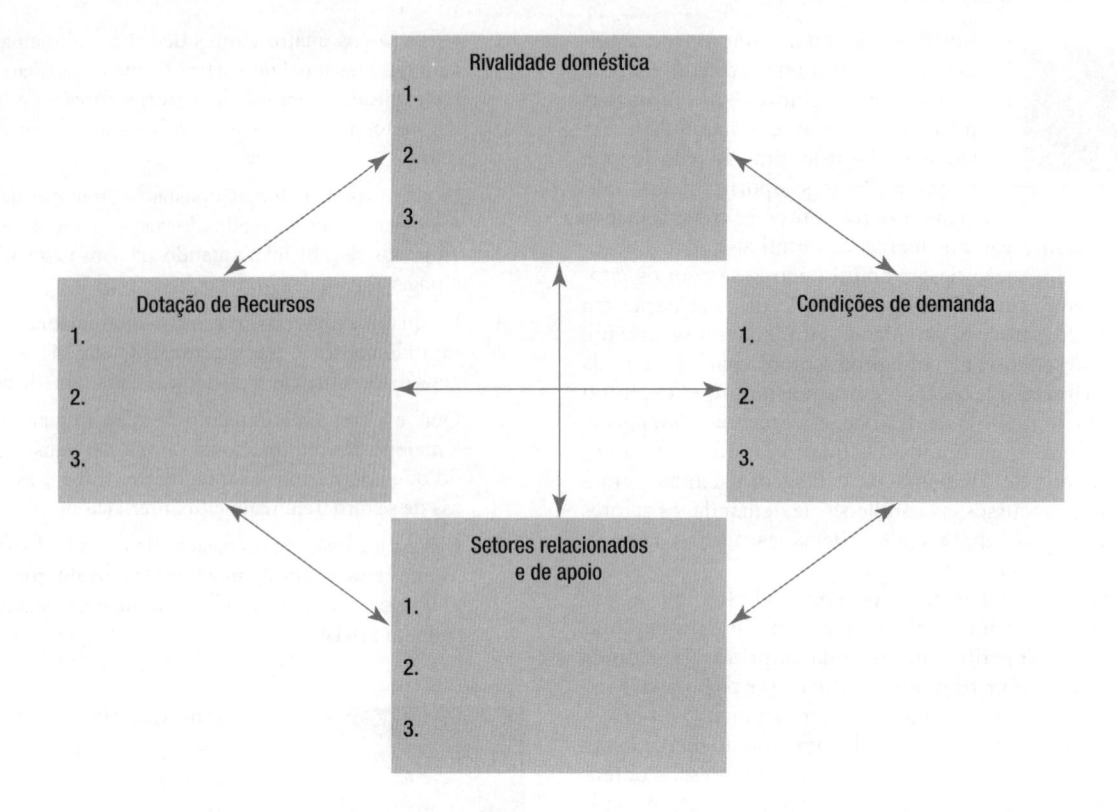

```
                    ┌─────────────────────┐
                    │ Rivalidade doméstica │
                    │  1.                  │
                    │  2.                  │
                    │  3.                  │
                    └─────────────────────┘
   ┌──────────────────┐              ┌──────────────────┐
   │ Dotação de Recursos │          │ Condições de demanda │
   │  1.              │              │  1.              │
   │  2.              │              │  2.              │
   │  3.              │              │  3.              │
   └──────────────────┘              └──────────────────┘
                    ┌─────────────────────┐
                    │ Setores relacionados │
                    │     e de apoio       │
                    │  1.                  │
                    │  2.                  │
                    │  3.                  │
                    └─────────────────────┘
```

as posições de alguns desses países para certos segmentos de mercado que lhes interessam?

2. A internet diminuiu os obstáculos de entrada para empresas menores que desejam diversificar nos mercados internacionais. Por que isso acontece? Dê um exemplo.

3. Muitas empresas não são bem-sucedidas ao formar alianças estratégicas com empresas que se ligam a companhias que estão em outros países. Cite alguns dos motivos disso. Dê um exemplo.

4. Muitas empresas de consultoria administrativa dos EUA, como a McKinsey & Company e o BCG Group, têm sido muito bem-sucedidas no mercado internacional. Como o diamante de Porter explica seu sucesso?

questões éticas

1. Nas últimas décadas, muitas empresas norte-americanas realocaram a maior parte ou todas as operações dos Estados Unidos para países como México e China, onde os salários são menores. Cite algumas das questões éticas que tais ações poderiam suscitar.

2. As práticas de negócios e os costumes variam no mundo todo. Cite algumas das questões éticas referentes aos pagamentos que devem ser feitos em um país estrangeiro para obter oportunidades de negócios.

referências

1. Williamson, P. & Raman, A. 2011. Haw China reset its global acquisition agenda. *Harvard Business Review*, abril: 109–114; e SAIC under pressure to help save SsangYong. 2009. Nytimes.com, 12 de janeiro: np.

2. Para uma análise recente sobre a globalização efetuada por um dos mais respeitados autores sobre negócios internacionais, leia: Ohmae, K.2005. *The next global stage: Challenges and opportunities in our borderless world*. Filadélfia: Wharton School Publishing.

3. Nossa análise sobre a globalização se baseia em: Engardio. O. & Belton, C. 2000. Global capitalism: Can it be made to work better? *BusinessWeek*, 6 de novembro: 72–98.

4. Sellers, P. 2005. Blowing in the wind. *Fortune*, 25 de julho: 63.

5. Worldwide mobile phone growth expected to drop to 1.4% in 2012 despite continued growth of smartphones, according to IDC. 2012 idc.com, 4 de dezembro: np.

6. A game of catch-up. 2011. *The Economist*, 24 de setembro: 3–6.

7. Encontramos uma análise recente sobre a "base da pirâmide" em: Akula, V. 208. Business basics at the bottom of the pyramid. *Harvard Business Review*, 86(6): 53–59.

8. Encontramos algumas ideias sobre como os vencedores estão evoluindo nos mercados emergentes em: Ghemawat, P. & Hout, T. 208. Tomorrow's global giants: Not the ususal suspects. *Harvard Business Review*, 66(11): 80–88.

9. Para outra análise interessante sobre a perspectiva de um país, veja: Makino, S. 1999. MITI Minister Kaora Yosano on reviving Japan's competitive advantages.

Academy of Management Executive, 13(4): 8–28.
10. Essa análise se baseia bastante em: Porter, M. E. 1990. The competitive advantage of nations. *Harvard Business Review*, março–abril: 73–93.
11. Landes, D. S. 1998. *The weath and poverty of nations*. Nova York: W. W. Norton.
12. Um estudo recente que investiga a relação entre a diversificação internacional e o desempenho de uma empresa é: Lu, J. W. & Beamish, P. W. 2004. International diversification and firm performance: The s-curve hypothesis. *Academy of Management Journal*, 47(4): 598–609.
13. Parte de nossa análise sobre os motivos e riscos da expansão internacional se baseia em: Gregg, F. M. 1999. International strategy. Em Helms, M. M. (Ed.). *Encyclopedia of management*: 434–438. Detroit: Gale Group.
14. Anthony, S. 2012. Singapore sessions. *Harvard Business Review*, 90(4): np.
15. Eyring, M. J., Johnson, M. W. & Nair, H. 2011. New business models in emerging markets. *Harvard Business Review*, 89(1/2): 88–89.
16. Cieply, M. & Barnes, B. 2010. After rants, skepticism over Gibson bankability grows in non-U.S. markets. *International Herald Tribune*, 23 de julho: 1.
17. Glazer, E. 2012. P&G unit bids goodbye to Cincinnati, hello to Asia. Wsj.com, 10 de maio: np.
18. Essa análise se baseia em: Gupta, A. K. & Govindarajan, V. 2001. Converting global presence into global competitive advantage. *Academy of Management Executive*, 15(2): 45–56.
19. Stross, R. E. 1997. Mr. Gates builds his brain trust. *Fortune*, 8 de dezembro: 84–98.
20. Para um bom resumo sobre os benefícios e riscos da expansão internacional, veja: Bartlett, C. A. & Ghoshal, S. 1987. Managing across borders: New strategic responses. *Sloan Management Review*, 28(5): 45–53; e Brown, R. H. 1994. *Competing to win in a global economy*. Washinton, DC: U.S. Department of Commerce.
21. Para uma visão interessante sobre a rivalidade nos mercados mundiais, veja: MacMillan, I. C., van Putten, A. B., & McGrath, R. G. 2003. Global gamesmanship. *Harvard Business Review*, 81(5): 62–73.
22. É importante que as empresas distribuam suas operações estrangeiras e relações de terceirização em um mix de regiões e países amplo e bem equilibrado para diminuir o risco e aumentar o potencial de recompensa. Por exemplo, veja: Vestring, T., Rouse, T. & Reinert, U. 2005. Hedge your offshoring bets. *MIT Sloan Management Review*, 46(3): 27–29.
23. Uma análise interessante sobre os riscos enfrentados por Lukoil, a maior empresa de petróleo da Rússia, está em: Gimbel, B. 2009. Russia's king of crude. *Fortune*, 2 de fevereiro: 88–92.
24. Encontramos algumas visões de como a África melhorou como possível fonte de investimento em: Collier, P. & Warenholz, J-L. 2009. Now's the time to invest in Africa. *Harvard Business Review*, 87(2): 23.
25. Para uma análise sobre alguns dos desafios associados com corrupção governamental no que se refere às estratégias de entrada em mercados estrangeiros, leia: Rodriguez, P., Uhlenbruck, K. & Eden, L. 2005. Government corruption and entry strategies of multinationals. *Academy of Management Review*, 30(2): 383–396.
26. Para uma análise sobre os riscos políticos na China para as companhias dos Estados Unidos, veja: Garten, J. E. 1998. Opening the doors for business in China. *Harvard Business Review*, 76(3): 167–175.
27. Encontramos ideias de como as economias forenses podem ser usadas para investigar crimes e transgressões em: Fisman, R. 2009. The rise of forensic economics. *Harvard Business Review*, 87(2): 26.
28. Iosebashvili, I. 2012. Renault-Nissan buy into Russia's aged auto giant. *wsj.com*, 3 de maio: np.
29. Para uma visão interessante sobre a relação entre diversificação e desenvolvimento do ambiente institucional de uma nação, leia: Chakrabarti, A., Singh, K. & Mahmood, I. 2007. Diversification and performance: Evidence from East Asian firms. *Strategic Management Journal*, 28(2): 101–120.
30. Encontramos um estudo da corrupção e do investimento estrangeiro direto em: Brouthers, L. E., Gao, Y. & McNicol, J. P. 2008. *Strategic Management Journal*, 29(6): 673–680.
31. Gikkas, N. S. 1996. International licensing of intellectual property: The promise and the peril. *Journal of Technology Law & Policy*, 1(1): 1–26.
32. Hargreaves, S. 2012. Counterfeit goods becoming more dangerous. Cnnmoney.com, 27 de setembro: np.
33. Sandler, N. 2008. Israel: Attack of the super-shekel. *BusinessWeek*, 25 de fevereiro: 38.
34. Para uma excelente análise teórica sobre como os fatores culturais podem afetar a transferência de conhecimento entre as fronteiras nacionais, veja: Bhagat, R. S., Kedia, B. L., Harveston, O. D. & Triandis, H. C. 2002. Cultural variations in the cross-border transfer of organizational knowledge: An integrative framework. *Academy of Management Review*, 27(2): 204–221.
35. Encontramos uma análise interessante sobre como as companhias locais competem de modo eficaz com grandes multinacionais em: Bhatacharya, A. K. & Michael, D. C. 2008. *Harvard Business Review*, 66(3): 84–95.
36. Para conhecer algumas ideias sobre o papel das culturas nacionais e regionais sobre os modelos e bases de administração de conhecimento, leia: Paullen, D. J. & Murphy, P. 2005. In praise of cultural bias. *MIT Sloan Management Review*, 46(2): 21–22.
37. Berkowitz, E. N. 2000. *Marketing* (6ª ed.). Nova York: McGraw-Hill.
38. Harvey, M. & Buckley, M. R. 2002. Assessing the "conventional wisdoms" of management for the 21st century organization. *Organization Dynamics*, 30 (4): 368–378.
39. World Trade Organization. *Relatório Anual de 1998*. Geneva: World Trade Organization.
40. Lei, D. 2005. Outsourcing. Em Hitt, M. A. & Ireland, R. D. (Eds.). *The Blackwell encyclopedia of management*. Entrepreneurship: 196–199. Malden, MA: Blackwell.
41. Encontramos análises sobre as tendências futuras do offshoring em: Manning, S., Massini, S. & Lewin, A. Y. 2008. A dynamic perspective on next-generation offshoring: The global sourcing of science and engineering talent. *Academy of Management Perspectives*, 22(3): 35–54.
42. Encontramos um ponto de vista interessante sobre a questão controversa referente ao offshoring

da manutenção de aviões em: Smith, G. & Bachman, J. 2008. Flying in for a tune-up overseas. *BusinessWeek*, 21 de abril: 26–27.

43. Essa análise se baseia em Colvin, J. 204. Think your job can't be sent to India? Just watch. *Fortune*, 13 de dezembro: 80; Schwartz, N. D. 2004. Down and out in white collar America. *Fortune*, 23 de junho: 321–325; Hagel, J. 2004. Outsourcing is not just about cost cutting. *The Wall Street Journal*, 18 de março: A3.

44. Porter, M. & Rivkin, J. 2012. Choosing the United States. *Harvard Business Review*, 90(3): 80–93; Bussey, J. 2012. U.S. manufacturing, defying naysayers. wsj.com, 19 de abril: np; e Jean, S. & Alcott, K. 2013. Manufacturing jobs have slid steadily as work has moved offshore. *Dallas Morning News*, 14 de janeiro: 1D.

45. Levitt, T. 1983. The globalization of markets. *Harvard Business Review*, 61(3): 92–102.

46. Nossa análise sobre essas suposições se baseia em: Douglas, S. P. & Wind, Y. 1987. The myth of globalization. *Columbia Journal of World Business*, inverno: 19–29.

47. Ghoshal, S. 1987. Global strategy: An organizing framework. *Strategic Management Journal*, 8: 425–440.

48. Huber, P. 2009. Who pays for a cancer drug? *Forbes*, 12 de janeiro: 72.

49. Para visões sobre marcas mundiais, veja: Aaker, D. A. & Joachimsthaler, E. 1999. The lure of global branding. *Harvard Business Review*, 77(6): 137–146.

50. Para uma ideia interessante sobre como as empresas pequenas podem competir em seus mercados nacionais, veja: Dawar & Frost, op. cit.: 119–129.

51. Hout, T., Porter, M. E. & Rudden, E. 1982. How global companies win out. *Harvard Business Review*, 60(5): 98–107.

52. Fryer, B. 2001. Tom Siebel of Siebel Systems: High tech the old-fashioned way. *Harvard Business Review*, 79(3): 118–130.

53. Os riscos que são analisados para as estratégias global, multidoméstica e transnacional se baseiam em: Gupta & Govindarajan, op. cit.

54. Powell, B. 2012. Can Apple win over China? *Fortune*, 29 de outubro: 107–116.

55. Encontramos uma análise sobre como o McDonald's adapta seus produtos em mercados estrangeiros em: Gumbel, O. 2008. Big Mac's local flavor. *Fortune*, 5 de maio: 115–121.

56. Einhorn, B. & Winter, C. 2012. Want some milk with your green tea Oreos? *Bloomberg Businessweek*, 7 de maio: 25–26; Khosla, S. & Sawhney, M. 2012. Blanck checks: Unleashing the potential of people and business. *Strategy-Business.com*, outono: np; e In China, brands more than symbolic. 2012. *Dallas Morning News*, 27 novembro: 3D.

57. Prahalad, C. K. & Doz, Y. L. 1987. *The multinational mission: Balancing local demands and global vision*. Nova York: Free Press.

58. Para uma análise profunda sobre os fluxos de conhecimento em corporações multinacionais, veja: Yang, Q., Mudambi, R. & Meyer, K. E. 2008. Convential and reverse knowledge flows in multinational corporations. *Journal of Management*, 34(5): 882–902.

59. Kidd, J. B. & Teramoto, Y. 1995. The learning organization: The case of Japanese RHQs in Europe. *Management International Review*, 35 (Número Especial): 39–56.

60. Gupta, A. K. & Govindarajan, V. 2000. Knowledge flows within multinational corporations. *Strategic Management Journal*, 21(4): 473–496.

61. Wetlaufer, S. 2001. The business case against revolution: An interview with Nestlé's Peter Brabeck. *Harvard Business Review*, 79(2): 112–121.

62. Nobel, R. & Birkinshaw, J. 1998. Innovation in multinational corporations: Control and communications patterns in international R&D operations. *Strategic Management Journal*, 19(5): 461–478.

63. Chan, C. M., Makino, S. & Isobe, T. 2010. Does subnational region matter? Foreign affiliate performance in the United States and China. *Strategic Management Journal*, 31(11): 1226–1243.

64. Essa seção se baseia em: Ghemawat, P. 2005. Regional strategies for global leadership. *Harvard Business Review*, 84(12): 98–108; Ghemawat, P; 2006. Apocalypse now? *Harvard Business Review*, 84(12): 32 Ghemawat, P. 2001. Distance still matters: The hard reality of global expansion. *Harvard Business Review*, 79(8): 137–147; Peng, M. W. 2006. *Global strategy*: 387. Mason, OH: Thomson Southwestern; e Rugman, A. M. & Verbeke, A. 2004. A perspective on regional and global strategies of multinational enterprises. *Journal International Business Studies*. 35: 3–18.

65. Para uma análise rigorosa sobre as consequências de desempenho das estratégias de entrada, veja: Zahra, S. A., Ireland, R. D. & Hitt, M. A. 2000. International expansion by new venture firms: International diversity, modes of entry, technological learning, and performance. *Academy of Management Journal*, 43(6): 925–950.

66. Li, J. T. 1995. Foreign entry and survival: The effects of strategic choices on performance in international markets. *Strategic Management Journal*, 16: 333–351.

67. Para uma análise sobre como os ambientes nacionais podem afetar as estratégias de diversificação, veja: Wan, W. P. & Hoskisson, R. E. 2003. Home country environments, corporate diversification strategies, and firm performance. *Academy of Management Journal*, 46(1): 27–45.

68. Arnold, D. 2000. Seven rules of international distribution. *Harvard Business Review*, 78(6): 131–137.

69. Sharma, A. 1998. Mode of entry and ex-post performance. *Strategic Management Journal*, 19(9): 879–900.

70. Essa seção se baseia em: Arnold, op. cit.: 131–137; e Berkowitz, op. cit.

71. Salomon, R. & Jin, B. 2010. Do leading or lagging firms learn more from exporting? *Strategic Management Journal*, 31(6): 1088–1113.

72. Kline, D. 2003. Strategic licensing. *MIT Sloan Management Review*, 44(3): 89–93.

73. Martin, J. 1999. Franshising in the Middle East. *Management Review*, junho: 38–42.

74. Arnold, op. cit.; e Berkowitz, op. cit.

75. Encontramos um estudo de caso profundo sobre as dinâmicas de aliança em: Feams, D., Janssens, M., Madhok, A. & Van Looy, B. 2008. Toward an integrative perspective on alliance governance: Connecting contract design, trust dunamics, and contract application. *Academy of Management Journal*, 51(6): 1053–1078.

76. A transferência de conhecimento em investimentos conjuntos internacionais é abordada em: Inkpen, A. 2008. Knowledge transfer and international joint

ventures. *Strategic Management Journal*, 29(4): 447–453.

77. Wen, S. H. & Chuang, C.-M. 2010. To teach or to compete? A strategic dilemma of knowledge owners in international alliances. *Asia Pacific Journal of Management*, 27(4): 697–726.

78. As relações entre os fabricantes e os fornecedores podem ser muito eficazes nas indústrias mundiais, como na fabricação de automóveis. Veja: Kotabe, M., Martin, X. & Domoto, H. 2003. Gaining from vertical partherships: Knowledge transfer, relationship duration, and supplier performance improvement in the U.S. and Japanese automotive industries. *Strategic Management Journal*, 24(4): 293–316.

79. Para uma boa análise, veja: Merchant, H. & Schendel, D. 2000. How do international joint ventures create shareholder value? *Strategic Management Journal*, 21(7): 723–738.

80. Essa análise se baseia em: Walters, B. A., Peters, S. & Dess, G. G. 1994. Strategic alliances and joint ventures: Making them work. *Business Horizons*, 37(4): 5–11.

81. Algumas visões sobre cuidados corporativos na área mundial são abordadas em: MacCormack, A. & Forbath, T. 2008. *Harvard Business Review*, 66(1): 24, 26.

82. Para uma análise rigorosa sobre a importância do acesso à informação em joint ventures internacionais, veja: Reuer, J. J. & Koza, M. P. 2000. Asymmetric information and joint venture performance: Theory and evidence for domestic and international joint ventures. *Strategic Management Journal*, 21(1): 81–88.

83. Dyer, J. H., Kale, P. & Singh, H. 2001. How to make strategic alliances work. *MIT Sloan Management Review*, 42(4): 37–43.

84. Para uma análise de alguns dos desafios de se administrar subsidiárias, veja: O'Donnell, S. W. 2000. Managing foreign subsidiaries: Agents of headquarters, or an independent network? *Strategic Management Journal*, 21(5): 525–548.

85. Ricks, D. 2006. *Blunders in international business* (4ª ed.). Malden, MA: Blackwell Publishing.

PARTE 2: FORMULAÇÃO DA ESTRATÉGIA

capítulo 8

Estratégia Empreendedora e Dinâmica Competitiva

Depois da leitura deste capítulo você deverá obter uma boa compreensão dos seguintes pontos a aprender:

PA8.1 O papel das oportunidades, dos recursos e dos empreendedores na busca bem-sucedida por novos investimentos.

PA8.2 As três modalidades de estratégias de entrada nos negócios — pioneira, imitativa e adaptativa — que costumam ser usadas para iniciar um novo empreendimento.

PA8.3 Como as estratégias genéricas de liderança no custo total, diferenciação e foco são utilizadas por novos empreendimentos e pequenos negócios.

PA8.4 De que modo as ações competitivas, como a entrada de novos concorrentes no mercado, pode iniciar um ciclo de ações e reações entre os concorrentes mais próximos.

PA8.5 Os componentes da análise das dinâmicas competitivas — nova ação competitiva, análise de ameaças, motivação e capacidade de resposta, tipos de ações competitivas e probabilidade de reação competitiva.

Aprenda com os Erros

A Digg foi uma das redes sociais pioneiras. Em 2004, seu fundador, Kevin Rose, teve uma ideia revolucionária. Em vez de deixar que os grandes serviços de notícias decidissem quais são as grandes histórias do dia, Rose pensou que as pessoas poderiam escolher. Ele fundou a Digg, um site de compartilhamento de notícias, para lhes dar essa escolha.[1] Os usuários postariam artigos de notícias que achassem interessantes. Outros usuários avaliariam a história e fariam comentários sobre o artigo. Os artigos que recebiam uma boa avaliação ganhavam destaque no site. Os que recebiam uma má avaliação acabavam desaparecendo. O negócio deu certo e apareceu na primeira página da *BusinessWeek* em 2006. Grandes nomes dos investimento de risco, como Marc Andreessen, Ron Conway e a Greylock Partners, investiram $45 milhões na Digg. Havia rumores de que a Google estava interessada em comprar a Digg em 2008 por supostos $200 milhões.

Isso, porém, nunca aconteceu, e a Digg caiu no descrédito. Ela teve problemas devido a duas questões — novos concorrentes e más decisões operacionais. Como veremos mais à frente neste capítulo, ideias inovadoras costumam ser imitadas muito rapidamente. A Digg foi alvo de duas formas de imitação. Primeira: o Reddit e outros sites surgiram para desafiar a Digg valendo-se de modelos de negócios similares. Segunda: outros sites de redes sociais, como Facebook e Twitter, corroeram os negócios da Digg ao permitir aos usuários o compartilhamento de artigos de notícias considerados interessantes com amigos e seguidores. Para muitos, isso parecia ser algo personalizado, visto que eles estariam muito mais interessados naquilo que era recomendado por seus amigos do que na avaliação geral dos usuários do Digg.

A Digg também sofreu por não criar o conjunto de recursos necessários para atender seus usuários de modo eficaz. Ela teve problemas em lidar com o tráfego de informações no site, deixando seus usuários frustrados à medida que iam navegando nele. Quando, por fim, foi realizada uma atualização geral em 2010, havia vários bugs técnicos que afastavam os usuários. Ela também falhou em tornar o site amigável em termos de uso como deveria, ou tanto quanto os sites dos concorrentes. O próprio Rose disse: "Eram necessários oito passos para postar um link no Digg".[2]

Quanto custaram os erros da Digg? Embora ainda atraísse 7 milhões de visitantes por mês no início de 2012, ela já não era mais uma marca ou corporação valorizada. A empresa, antes avaliada em $200 milhões, foi vendida à Betaworks em julho de 2012 por apenas $500 mil.

Perguntas para Discussão

1. Que lições podemos aprender com a Digg?
2. Você consegue pensar em outras empresas da internet que falharam e depois se recuperaram? Se sim, que lições a Betaworks poderia tirar dessas experiências para ajudar a Digg a se recuperar?

Ao oferecer um serviço que permitia aos usuários compartilhar e votar em novas histórias, a Digg parecia ter identificado uma oportunidade atraente. Mas seu fracasso demonstra que mesmo quando uma boa oportunidade e uma equipe empresarial habilidosa se juntam, uma oportunidade de negócios pode desaparecer tão rapidamente como surge.

O caso da Digg ilustra quão importante é que os novos empreendedores — experientes ou de primeira viagem — pensem e ajam estrategicamente. Mesmo contando com uma sólida base de recursos, os empreendedores provavelmente não serão bem-sucedidos caso suas ideias de negócios sejam fáceis de imitar ou se a execução da estratégia for mal feita.

Neste capítulo falaremos sobre as estratégias empreendedoras. Os três capítulos anteriores se concentraram principalmente nos níveis empresarial e corporativo e nas estratégias internacionais de empresas experientes. Neste ponto, perguntamos: o que dizer das estratégias daqueles que estão entrando em um mercado ou setor de atividade pela primeira vez? Quer se trate de uma startup de crescimento rápido, como a Digg, ou uma companhia à procura de oportunidades de crescimento, novos concorrentes precisam de estratégias eficazes.

Empresas desejando realizar novos investimentos também precisam estar cientes de que, de acordo com o modelo de cinco forças do Capítulo 2, novos competidores são uma ameaça às empresas já existentes no setor. A entrada na arena de um novo mercado é algo extremamente competitivo do ponto de vista das empresas já estabelecidas nesse espaço. Portanto, os novos participantes podem quase sempre esperar uma resposta competitiva dos rivais. O conhecimento da dinâmica da competição em curso no ambiente de negócios é um aspecto relevante da entrada de novos empreendedores e será objeto de análise mais à frente, neste capítulo.

Antes de continuar, é importante destacar o papel que os iniciantes e os pequenos negócios empreendedores têm na criação de valor empresarial. Os pequenos negócios, definidos como tendo 500 empregados ou menos, geram 65% de todos os novos postos de trabalho nos Estados Unidos e treze vezes mais patentes por empregado que as grandes empresas.[3]

Como Reconhecer Oportunidades de Empreendimento

empreendedorismo
a criação de novos valores por parte de uma organização existente ou de um novo investimento que envolve assumir riscos.

Definido de modo amplo, o **empreendedorismo** se refere à criação original de valor. Embora a atividade empreendedora costume ser associada a startups*, pode estar vinculada em muitos contextos diferentes, incluindo:

- Startups de risco
- Grandes corporações
- Negócios de família
- Organizações sem fins lucrativos
- Instituições já estabelecidas

PA8.1
O papel das oportunidades, recursos e dos empreendedores na busca bem-sucedida por novos investimentos.

Para que um investimento empreendedor crie um valor original, é necessária a presença de três fatores — oportunidade de empreendimento, recursos para aproveitar a oportunidade e um empreendedor ou equipe empreendedora disposta a aproveitar a oportunidade.[4] A estratégia empreendedora de uma organização dependerá desses três fatores. Assim, em vez de simplesmente identificar um conceito de investimento, o processo de reconhecimento de uma oportunidade também envolve a organização das pessoas e recursos fundamentais necessários para seguir em frente. A Figura 8.1 ilustra os três fatores requeridos para isso — oportunidade, recursos e o(s) empreendedor(es). Nas seções seguintes falaremos sobre cada um desses fatores.

Oportunidades de Empreendimento

O ponto de partida para um novo investimento é a presença de uma oportunidade de empreendimento. De onde elas vêm? No caso de startups, as oportunidades vêm de muitas fontes — experiências de trabalho atuais ou passadas, passatempos que viram negócios ou resultam em invenções, sugestões de amigos ou família, ou a percepção casual de uma necessidade não atendida. Terry Tietzen, o fundador e CEO da Edatanetworks, resume o assunto assim: "As ideias vêm da observação do mundo e através do relacionamento. É uma questão de olhar adiante no caminho".[5] No caso de empresas já estabelecidas, as novas oportunidades de negócios derivam das necessidades de consumidores já existentes, de sugestões dos fornecedores ou de desenvolvimentos tecnológicos.[6] Para todas as empresas há um fator mais abrangente por trás de todas as oportunidades viáveis que surgem no cenário dos negócios: a mudança. A mudança gera oportunidades. As empresas empreendedoras realizam a maioria das mudanças trazidas por novas tecnologias, tendências socioculturais e alterações na demanda dos consumidores.

---

* N.E.: Neste livro, os autores utilizam um conceito mais atual de startup: uma empresa formada por um grupo de pessoas à procura de um modelo de negócios repetível e escalável, trabalhando em condições de extrema incerteza.

FIGURA 8.1 Estrutura da Análise de Oportunidades

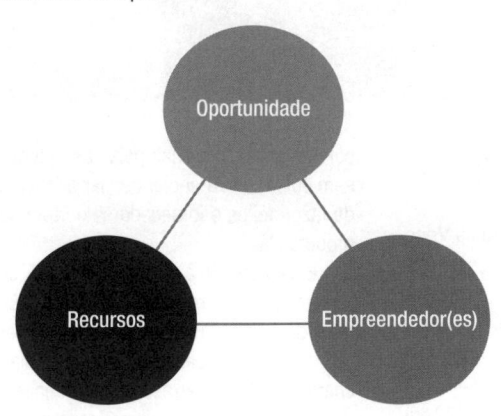

```
        Oportunidade
         /        \
   Recursos —— Empreendedor(es)
```

Fontes: Baseado em Timmons, J. A. & Spinelli, S. 2004. *New Venture Creation* (6ª ed.). Nova York: McGraw-Hill/Irwin; e Bygrave, W. D. 1997. The Entrepreneurial Process. Em W. D. Bygrave (Ed.), *The Portable MBA in Entrepreneurship* (2ª ed.). Nova York: Wiley.

Como as mudanças no ambiente externo resultam na criação de novos negócios? Elas são o cerne das ideias criativas e da inovação. Os empresários costumam ter ideias para investimentos empreendedores. No entanto, nem todas elas são boas — ou seja, oportunidades de negócios viáveis. Para determinar quais ideias são fortes o suficiente para se tornarem novos investimentos, os empreendedores devem passar pelo processo de identificar, selecionar e desenvolver oportunidades em potencial. Esse processo é denominado **reconhecimento de oportunidade**.[7]

O reconhecimento de oportunidade vai além daquele sentimento de "Eureca!" que as pessoas têm às vezes ao identificar novas ideias. Embora tais descobertas sejam importantes, o processo de reconhecimento de oportunidades envolve duas fases — a descoberta e a avaliação — que leva a novas oportunidades de investimento viáveis.[8]

A fase da descoberta se refere ao processo de se tornar ciente de um novo conceito de negócios.[9] Muitos empreendedores dizem que sua ideia de um novo negócio surgiu de repente, meio como uma experiência "ahá!" — ou seja, um momento de epifania, em geral baseado em um conhecimento antigo, lhes deu a ideia para um novo negócio. A descoberta de novas oportunidades costuma ser espontânea e inesperada. Por exemplo, Howard Schultz, presidente da Starbucks, estava em Milão, Ilália, quando percebeu que o modelo de um estabelecimento de "café e bate papo", tão comum na Europa, também funcionaria nos EUA. De acordo com Schultz, não foi preciso pesquisar para saber se os norte-americanos pagariam $3 por uma xícara de café — ele simplesmente *sabia*. Na época, a Starbucks era apenas um pequeno negócio, mas Schultz começou, literalmente, a tremer de excitação com a chance de crescer a ponto de se tornar um grande negócio.[10] Destaques de Estratégia 8.1 nos fala sobre como uma empreendedora combinou sua herança com o desejo de um estilo de vida saudável para construir um negócio bem-sucedido no ramo de alimentação.

A descoberta de oportunidades também pode resultar de uma busca deliberada por novas oportunidades de investimento ou de soluções criativas para os problemas de um negócio. As oportunidades viáveis costumam surgir apenas depois de um esforço concentrado. É muito similar ao processo criativo, que pode ser desestruturado e "caótico" a princípio, mas acaba levando a soluções práticas ou inovações. Para estimular a descoberta de novas oportunidades, as companhias costumam encorajar a criatividade, o pensamento fora do convencional e o brainstorming.

As avaliações de oportunidades, que ocorrem depois que a oportunidade foi identificada, envolvem analisar se ela é viável e forte o suficiente para ser desenvolvida e se tornar um novo investimento funcional. As ideias desenvolvidas por grupos formados para encontrar novos produtos ou em seções de brainstorming são testadas de várias formas, incluindo conversar com os clientes em potencial e discutir as exigências operacionais com os gerentes de produção ou de logística. Uma técnica conhecida como análise de viabilidade é usada para avaliar esses e outros fatores fundamentais para o sucesso. Esse tipo de análise costuma resultar na

> **reconhecimento de oportunidade**
> o processo de descobrir e avaliar as mudanças no ambiente de negócios, tais como novas tecnologias, tendências socioculturais, ou mudanças na demanda dos consumidores, que podem ser exploradas.

DESTAQUES DE ESTRATÉGIA 8.1

COMO A CRIAÇÃO DE UMA EMPREENDEDORA GUIOU SUA VISÃO

Susana Cabrera teve uma rica bagagem de vida. Ela cresceu na Venezuela e aprendeu o que significa dirigir seu próprio negócio observando seu pai empreendedor. Estudou advocacia e mudou-se para os Estados Unidos. Como esposa e mãe, interessada em manter um estilo de vida saudável, inclusive quanto à alimentação, ela se surpreendeu com o nível de sódio, gordura e conservantes nas maiores marcas de alimentos latino-americanas. Por fim, veio-lhe o desejo de voltar ao seu país adotivo.

Seu histórico de vida e interesses fizeram-na lançar a Delicius Bite, uma empresa de petiscos e refeições latino-americanas cuja visão objetivava a liderança no fornecimento de alimentos hispânicos autênticos, fáceis de preparar e saudáveis. Ela enfatizou que os alimentos deveriam ser frescos, sem gorduras trans nos ingredientes nem conservantes. Em suas palavras, queria proporcionar "uma gostosura sem culpa". Para apoiar seu lar adotivo, decidiu comprar os alimentos de fazendeiros e fornecedores norte-americanos e fabricar todos seus produtos lá.

Ela inaugurou a empresa em 2005, com instalações fabris que ocupavam 120 m², área que subiu para 1.580 m² em 2009. Hoje ela tem mais de quinze empregados e vende seus produtos em 700 lojas em 20 estados. O sucesso da Delicious Bite fez com que a CNNMoney a chamasse de "um arraso de empreendedora" em 2012.

A história de Cabrera nos mostra que a visão empreendedora costuma surgir da experiência do indivíduo e que ela tanto pode envolver uma ideia de negócios como ser um meio de gerar um benefício social.

Fontes: Anônimo. 2012. Be a kick butt entrepreneur. Cnnmoney.com, 26 de janeiro: np; http://www.youtube.com/watch?v=zrN2ENqpmTs; e www.delicious-bite.com.

---

decisão de descontinuar um novo projeto de investimento. Se o conceito de um determinado investimento revelar-se viável, pode-se desenvolver um plano formal de negócios.[11]

Entre os fatores mais importantes a avaliar é o potencial do mercado para o produto ou serviço. Empresas já estabelecidas tendem a funcionar em mercados já estabelecidos. Elas, obviamente, precisam se ajustar às tendências do mercado e às mudanças da demanda do consumidor, mas costumam ter uma base de clientes cujas necessidades conseguem contemplar. Novos investimentos, por outro lado, devem determinar se já existe o mercado para o produto ou serviço que estão analisando. Assim, um elemento crítico do reconhecimento de oportunidade é a avaliação de até que ponto a oportunidade é viável *no mercado*.

Para que uma oportunidade seja viável, são requeridas quatro qualidades.[12]

- *Atração*. A oportunidade deve ser atraente para o mercado; ou seja, deve haver uma demanda pelo novo produto ou serviço.
- *Viabilidade*. A oportunidade deve ser prática e fisicamente possível.
- *Durabilidade*. A oportunidade deve ser atraente por um período suficiente para que seu desenvolvimento e realização sejam bem-sucedidos; ou seja, a janela de oportunidade deve ficar aberta por tempo suficiente para valer a pena.
- *Criação de valor*. A oportunidade deve ser potencialmente lucrativa; ou seja, os benefícios devem ultrapassar o custo de desenvolvimento com uma margem significativa.

Se o conceito do novo negócio atender a esses critérios, outros dois fatores devem ser considerados antes de iniciar um negócio: os recursos disponíveis para realizá-lo e as características do(s) empreendedor(es). Na próxima seção falaremos sobre a questão dos recursos para o empreendimento; depois discorreremos sobre a importância dos líderes e das equipes empreendedoras. Mas primeiro consideremos as oportunidades que foram criadas pelas recentes preocupações com a sustentabilidade ambiental. Destaques de Estratégia 8.2 mostra como uma empresa empreendedora está trabalhando para desenvolver e vender uma linha de plásticos biodegradáveis.

DESTAQUES DE ESTRATÉGIA 8.2 — SUSTENTABILIDADE AMBIENTAL

PLÁSTICOS "VERDES"

A despeito da crescente ênfase na reciclagem, apenas 7% dos plásticos utilizados pelos americanos é reciclado. O restante é aterrado ou acaba nos lagos e oceanos, envenenando e degradando a vida lacustre e marinha. Um lugar representativo das consequências do uso do plástico situa-se no meio do oceano, a alguns milhares de quilômetros da costa da Califórnia. Trata-se da Grande Área de Lixo do Pacífico, uma coleção, em sua maior parte, de lixo plástico ocupando uma área estimada em duas vezes o tamanho da França, formado pelas correntes oceânicas, que carregam o plástico das áreas costeiras.

Como podemos diminuir nossa dependência dos plásticos não biodegradáveis que entopem nossos aterros e oceanos? A Metabolix, uma pequena empresa de Cambridge, Massachusetts, apresentou uma solução inovadora — plásticos biodegradáveis que não agridem o meio ambiente. O plástico, em geral, deriva do petróleo, e os produtos feitos à base de plástico de petróleo podem demorar centenas de anos para se decompor nos aterros. A Metabolix desenvolveu um processo para produzir material plástico à base de plantas — o primeiro produto 100% bioplástico, biodegradável e resistente o suficiente para suportar o calor e o uso. As empresas utilizam um micróbio geneticamente modificado que consome o açúcar do milho, produzindo uma molécula plástica chamada de PHA. Os produtos plásticos feitos de PHA se decompõem na água ou no solo após alguns meses.

O desafio da Metabolix é criar uma posição de mercado viável a curto prazo e trabalhar para tornar seu produto economicamente disponível a todos no longo prazo. Por enquanto, a companhia está se concentrando em mercados que se beneficiam de modo especial das propriedades biodegradáveis de seu produto e se dispõem a pagar um preço maior em relação ao plástico oriundo do petróleo. Seu principal foco é como lidar com o lixo orgânico. Em especial, ela está tentando vender seu produto a municípios que separam o lixo orgânico e o enviam a fábricas de adubo. Esse mercado acha que o Mirel, o produto da Metabolix, é valioso por ser tão puro que os clientes podem jogá-lo na pilha de adubo e ainda usar o produto resultante em hortas e em volta de árvores frutíferas.

A longo prazo, a Metabolix visa melhorar a eficiência de custo do produto para competir com outros produtos plásticos através do desenvolvimento de modificações genéticas de vegetais impróprios para consumo humano, como a grama e sementes oleaginosas, capazes de produzir o polímero PHA na planta com menos trabalho do que extraí-lo de plásticos utilizáveis. Se a tentativa for bem-sucedida, reduzirá a necessidade de petróleo e espaço de aterro e, esperamos, começará a diminuir o tamanho da Grande Área de Lixo do Pacífico.

Fontes: Dumaine, B. 2010. Feel-good plastic. *Fortune*, 3 de maio: 36; Ziegler, J. 2009. Metabolix defies skeptics with plastic from plants. *Bloomberg*, 7 de maio: np; Anônimo. 2009. Drowning in plastic: The Great Pacific Garbage Patch is twice the size of France. telegraph.co.uk, 24 de abril: np; Bomgardner, M. 2012. Metabolix: The post-ADM update. Cenblog.org, 10 de julho: np; Verespej, M. 2012. Metabolix finds new partner to make biopolymer Mirel. Plasticnews.com, 27 de julho: np.

Recursos para Empreendimentos

Como a Figura 8.1 mostra, os recursos são um componente essencial de uma iniciativa de empreendimento bem-sucedida. Nas startups, o recurso mais importante costuma ser o dinheiro, visto que uma nova empresa costuma ter que gastar quantias substanciais apenas para começar seu negócio. Porém, os recursos financeiros não são o único tipo de recurso de que um novo investimento precisa. O capital humano e social também são importantes. Muitas empresas também dependem dos recursos do governo para ajudá-las a progredir.[13]

Recursos Financeiros Têm a mesma importância dos mercados (e do marketing) para a criação de um novo investimento. As empresas empreendedoras também precisam de financiamento. De fato, o nível de financiamento disponível costuma determinar como um negócio é lançado e seu eventual sucesso. Os financiamentos em dinheiro são, obviamente, muito importantes. Mas o acesso ao capital, como uma linha de crédito ou termos de pagamento favoráveis com um fornecedor, também pode auxiliar no êxito de um novo investimento.

Os tipos de recursos financeiros necessários dependerão de dois fatores: o estágio do desenvolvimento e o tamanho do investimento.[14] Empresas empreendedoras que estão começando do nada — startups — estão no primeiro estágio do desenvolvimento. A maioria delas começa com uma escala relativamente pequena. O financiamento disponível para jovens e pequenas empresas tende a ser bem limitado. De fato, a maioria delas constitui-se de startups de baixo orçamento, provenientes de economias pessoais e contribuições de familiares e amigos.[15] Entre as empresas incluídas na lista *Entrepreneur* dos 100 negócios de crescimento mais rápido em um ano recente, 61% disseram que os fundos para suas startups vieram de economias pessoais.[16]

investidores anjo
pessoas físicas que fornecem investimentos de capital durante os estágios iniciais do novo investimento.

investidores de risco
companhias organizadas para transformar as ideias inovadoras do empreendedor em oportunidades de negócios lucrativas.

Embora o financiamento bancário, público e capitais de risco sejam fontes importantes dos recursos dos pequenos negócios, com frequência estão disponíveis apenas depois de a empresa ter começado a negociar e vender. Até mesmo os investidores anjo — pessoas físicas que fazem aportes de capital durante os estágios iniciais do novo investimento — só favorecem empresas com um modelo de negócios vencedor e domínio de uma área do mercado.[17] De acordo com Cal Simmons, coautor de *Every Business Needs an Angel*: "eu preferiria falar com um empreendedor que já investiu seu dinheiro e esforço para provar o conceito".[18]

Assim, embora a imprensa tenha o costume de falar sobre o papel dos **investidores de risco** e dos investidores anjo nas startups, a maior parte do financiamento externo para as jovens e pequenas empresas vem de fontes informais, como os familiares e amigos. Baseando-nos numa pesquisa da Kaufmann Foundation de empresas empreendedoras, a Figura 8.2 identifica a fonte do financiamento de startups e empresas que já existem há cinco anos. A pesquisa mostra que a maioria dos financiamentos de startups, cerca de 70%, originou-se de aportes de capital por parte do empreendedor ou de sua família e amigos, ou, ainda, de empréstimos pessoais assumidos pelo empreendedor.

Uma vez que o empreendimento esteja operando em bases contínuas, outras fontes de financiamento se tornam disponíveis. Os bancos, por exemplo, podem fornecer financiamentos no estágio mais avançado para companhias com histórico de vendas ou outra forma de geração de receita. De acordo com um estudo da Kaufmann Foundation, depois de cinco anos de operação, a maior fonte de financiamento está nos empréstimos bancários.

Em ambos os estágios, 5% ou menos do financiamento provêm de investidores externos, como investidores anjo ou investidores de risco. De fato, poucas empresas recebem capital de risco — apenas 7 de 2.606 empresas no estudo da Kaufmann receberam dinheiro de investidores externos. Mas quando isso acontece, os valores são substanciais — mais de $1 milhão em média na pesquisa —, porque as beneficiárias tendem a ser empresas mais inovadoras, cujo potencial de crescimento é maior. Tais startups costumam envolver grandes investimentos de capital ou grandes custos de desenvolvimento — como empresas manufatureiras ou de engenharia tentando comercializar um produto inovador — e requerem muito dinheiro logo depois de serem inauguradas. Visto que esses investimentos estão, com frequência, acima da capacidade do empreendedor ou até mesmo dos bancos menores, os empreendedores dessas firmas se voltam para o mercado de capital de risco. Outras empresas procuram os investidores de risco quando estão prestes a entrar em um processo de crescimento rápido.

FIGURA 8.2
Fontes de Capital para Startups

	Capital Investido no 1º Ano	Porcentagem de Capital Investido no 1º Ano	Capital Investido no 5º Ano	Porcentagem de Capital Investido no 5º Ano
Próprio	$33.034	41,1	$13.914	17,9
Investidor	$4.108	5,1	$3.108	4,0
Dívidas pessoais dos donos	$23.353	29,1	$21.754	28,0
Dívidas do negócio	$19.867	24,7	$39.009	50,1
Média total de capital investido	$80.362		$77.785	

Fonte: De Robb, A., Reedy, E. J., Ballou, J., DesRoches, D., Potter, F. & Zhao, A. 2010. Um Resumo da Pesquisa da Empresa Kauffman. Reproduzido com a permissão da Ewing Marion Kauffman Foundation.

Investimento de risco é uma forma de financiamento de capital privado por meio do qual os empreendedores obtêm dinheiro vendendo ações do novo investimento. Em contraste com investidores anjo, que investem seu próprio dinheiro, as empresas de capital de risco investem os fundos de investidores particulares em oportunidades de negócios lucrativas. Essas organizações quase sempre têm expectativas de alto desempenho das companhias nas quais investem, mas também atuam como seus consultores e as relacionam com importantes contatos no setor de atividade.[19]

Em anos recentes, uma nova fonte de financiamento, o **crowdfunding**, surgiu como meio de as startups se capitalizarem.[20] Nesses sistemas de investimento em parceria, os indivíduos procuram fazer seus negócios crescerem divulgando suas ideias de negócios em um site de crowdfunding. Os investidores em potencial navegam no site, avaliam as diversas propostas listadas e, eventualmente, decidem em qual financiamento participarão. Em geral, ninguém oferece um montante considerável de recursos. A maioria contribui com algumas centenas de dólares para o investimento, mas, neste caso, é o poder da multidão que faz a diferença. Se algumas centenas de investidores se inscreverem em um investimento, isso pode significar milhões de dólares.

crowdfunding
o financiamento de um empreendimento através de um conjunto de pequenos investimentos realizados por um grande número de investidores, frequentemente por intermédio da internet.

O mercado de crowdfunding decolou desde que o termo foi cunhado em 2006. Há mais de 500 sites de crowdfunding, cujo valor total de investimentos chegou a $3 bilhões em 2012. Alguns sites de crowdfunding permitem que os investidores possuam ações da empresa que fundaram. Outros, como o Kickstarter, agem de modo diferente. Em vez disso, eles são recompensados pela empresa empreendedora. Por exemplo, a Mystery Brewing Company presenteou seus investidores com abridores de garrafas logotipados, óculos no formato de tulipas de cerveja, camisetas, pôsteres e receitas de cervejas artesanais.

Para promover o crescimento e obter estabilidade nesse mercado, o Congresso dos Estados Unidos incluiu e regulamentou o crowdfunding no Jumpstart Out Business Startups (JOBS) Act, aprovado em abril de 2012. Essa lei possibilita às startups recorrer ao mercado de crowdfunding sem necessidade de incorrer em gastos com seu registro na Securities and Exchange Commission. Se uma empresa está tentando levantar $100 mil ou menos, tudo o que o empreendedor precisa fazer é atestar a validade das demonstrações financeiras da empresa e apresentar sua declaração de renda. As empresas desejosas de juntar de $100 mil a $500 mil devem ter suas demonstrações financeiras avaliadas por um contador. As demonstrações financeiras devem ser integralmente auditadas caso a empresa queira levantar mais de $500 mil.

Embora o crowdfunding forneça uma nova alternativa para as corporações obterem financiamento, existem algumas possíveis desvantagens. Primeira: os sites de crowdfunding ficam com uma parte dos fundos recebidos — em geral, de 4% a 9%. Segunda: embora o crowdfunding ofereça um mercado no qual há uma fonte de recursos, ele também exerce pressão adicional sobre os empreendedores. Os investidores experientes em tais redes de junção de financiamento são ligeiros em comentar em seus sites de mídia social se a empresa deixa de atender aos prazos ou não conseguem atingir sua projeção de receitas. Por último: os empreendedores podem ter dificuldades em decidir quanta informação devem compartilhar sobre as ideias de seus negócios. Eles desejam compartilhar uma quantidade suficiente de informação sem liberar informações críticas que poderiam beneficiar concorrentes navegando nesses sites. Também é motivo de preocupação a postagem de informações financeiras, pois essas declarações permitem o acesso, de fornecedores e clientes, a dados confidenciais sobre margens e lucros.

Há também certas preocupações sobre regras mais liberais incluídas no JOBS que poderiam resultar em fraude por parte das empresas que estão solicitando investimento. Sobre isso, Stephen Goodman, um advogado da Pryor Cashman LLP diz: "A SEC tem uma posição extremamente cética quanto a esse processo [de crowdfunding]". Outros acreditam na sabedoria da multidão para identificar fraudes. Elas usam a experiência da Little Monster Productions, uma desenvolvedora de videogames, como referência. A Little Monsters se inscreveu para arrecadar fundos no Kickstarter, mas o pedido foi cancelado pelo site quando os possíveis investidores perceberam e comentaram que a Little Monster havia roubado as imagens que estavam usando em seu jogo de outro site de jogos. Destaques de Estratégia 8.3 fornece uma lista de verificação para os investidores que estão considerando participar de um esforço de crowdfunding. Independentemente de sua fonte, os recursos financeiros são essenciais para os empreendimentos de risco.[21]

DESTAQUES DE ESTRATÉGIA 8.3 — CROWDFUNDING

COMO AVALIAR AS OPORTUNIDADES DE CROWDFUNDING

Uma vez que os requisitos para empresas que estão arrecadando fundos por meio do crowdfunding são vagos, os investidores precisam se informar. Aqui estão algumas recomendações simples para evitar sair no prejuízo.

- **Informações financeiras** — Certifique-se de revisar com cuidado as informações fiscais que as empresas devem divulgar. Melhor ainda, peça a seu contador para verificar se não há alguma coisa duvidosa nelas.

- **Licenças e registros** — Deve-se checar se a companhia tem as licenças e registros necessários para trabalhar no setor escolhido. Isso pode ser feito online nos órgãos reguladores e fiscalizadores. Às vezes serão necessários um ou dois telefonemas. Essa simples verificação ajuda a ver se a companhia é legítima.

- **Litígios** — Veja se a companhia foi processada. Podemos verificar isso de graça online, nos Estados Unidos, no site justia.com e nos sites de informações jurídicas Westlaw e Lexis. Certifique-se de fazer a pesquisa com os nomes atuais e antigos da empresa e dos seus administradores (executivos de alto escalão).

- **Better Business Bureau** — Trata-se de uma organização sem fins lucrativos sediada nos EUA que coleta e classifica informações e práticas de negócio. Verifique o relatório do BBB da empresa. Ela parece existir? Qual é a nota que o BBB dá para a empresa? Ela é membro do BBB? Todas essas informações dão uma visão das operações atuais da empresa e de sua relação com os clientes. No Brasil, A Serasa Experian fornece informações sobre protestos e outros dados cadastrais relevantes sobre empresas e pessoas físicas.

- **Histórico de emprego e formação escolar** — Isso é um pouco difícil devido a questões de privacidade, mas podemos contatar colegas citados como referência e perguntar se os administradores da empresa cursaram e se formaram nas instituições informadas. Também podemos procurar por históricos de emprego nos sites das companhias em que os administradores costumavam trabalhar, bem como em sites de redes sociais, como o LinkedIn e o Facebook.

- **Informações obrigatórias** — Leia toda a documentação com cuidado. Isso inclui a declaração de direitos do acionista. Essa declaração fornecerá a informação de quanto da empresa obtemos e como isso será diluído no caso de ofertas futuras. Leia, também, as declarações da área de concorrência da companhia e dos riscos que ela enfrenta.

Fontes: Wasik, J. 2012. The brillance (and madness) of crowdfunding. *Forbes*, 25 de junho: 144–146; Burke, A. 2012. Crowdfunding set to explode with passage of Entrepreneur Access to Capital Act. *Forbes.com*, 29 de fevereiro: np.

Capital Humano Banqueiros, investidores de risco e investidores anjo concordam que o ativo mais importante que uma empresa empreendedora pode ter é uma administração forte e habilidosa.[22] De acordo com Stephen Gaal, membro fundador do Walnut Venture Associates, os investidores de risco não investem no negócio; em vez disso "investimos em pessoas [...], pessoas muito inteligentes e íntegras". Os administradores precisam ter sólida experiência e um extenso domínio do assunto, bem como a habilidade de tomar decisões rápidas e de mudar a direção caso as circunstâncias assim o exijam. No caso de startups, quanto mais, melhor. Os novos investimentos que começam com equipes de três, quatro ou cinco empreendedores provavelmente serão mais bem-sucedidos a longo prazo do aqueles iniciados por empreendedores que são "lobos solitários".[23]

Capital Social Novas empresas fundadas por empreendedores com extensos contatos sociais provavelmente serão mais bem-sucedidos dos que as iniciadas sem o suporte de uma rede social.[24] Mesmo que um empreendimento seja novo, se os fundadores tiverem contatos para apoiá-los, eles ganharão exposição e legitimidade mais rapidamente.[25] O apoio pode vir de várias fontes: trabalhos anteriores, organizações setoriais e de negócios locais, como câmaras de comércio. Todos esses contatos podem contribuir para o crescimento da rede que dará suporte para a empresa empreendedora. Janina Pawlowski, cofundadora da companhia de empréstimos online E-Loan, atribui parte de seu sucesso aos conceituados componentes do conselho de administração de sua companhia, incluindo Tim Koogle, ex-presidente do Yahoo![26]

As alianças estratégicas representam um tipo de capital social que pode ser especialmente importante para empresas jovens e pequenas.[27] As alianças estratégicas podem representar um meio-chave para o crescimento das firmas empreendedoras.[28] Ao formar parceria com outras companhias, as empresas pequenas ou jovens podem expandir ou dar a aparência de entrar em vários mercados ou lidar com várias operações. De acordo com a National Federation of Independent Business (NFIB), cerca de 2/3 dos pequenos negócios têm ou tiveram algum tipo de aliança. Estes são alguns tipos de alianças que têm sido usadas para estender ou fortalecer as empresas empreendedoras:

- **Alianças tecnológicas** — As empresas empreendedoras de conhecimento tecnológico costumam se beneficiar de formar alianças com empresas já estabelecidas. A aliança possibilita, à empresa maior, aprimorar sua capacidade tecnológica, e, à menor, elevar receitas e penetração de mercado.
- **Alianças industriais** — A terceirização e outras alianças industriais levadas a cabo pelas empresas menores cresceram bastante nos últimos anos. Métodos baseados na internet, como a colaboração online quanto às especificações de entrega e de design, simplificaram bastante a realização de negócios, mesmo com fabricantes estrangeiros.
- **Alianças varejistas** — Os acordos de licenciamento permitem que uma companhia venda os produtos e serviços de outra em diferentes mercados, inclusive no exterior. Produtos especiais — dos tipos que, às vezes, são feitos por empresas empreendedoras — costumam parecer mais exóticos quando vendidos em outros países.

Embora essas alianças, com frequência, sejam uma boa ideia, sempre há a possibilidade de armadilhas. Falta de supervisão e controle é um dos perigos das parcerias com empresas estrangeiras. Problemas com a qualidade dos produtos, demora da entrega e inadimplência também podem prejudicar o relacionamento entre os membros da parceria caso ela não for bem administrada. Com as alianças tecnológicas, há o risco de que as empresas grandes queiram apenas tirar vantagem do conhecimento tecnológico de seus parceiros empreendedores. Todavia, mesmo com esses possíveis problemas, as alianças estratégicas são uma boa opção para as empresas empreendedoras se desenvolverem e crescerem.

Recursos do Governo Nos EUA, o governo federal dá apoio para as empresas empreendedoras de duas maneiras principais — financiamento e contratos governamentais. A Small Business Administration (SBA) tem vários programas de garantia de empréstimo feitos para apoiar o crescimento e desenvolvimento das empresas empreendedoras. O governo em si costuma não emprestar dinheiro, mas avalia os empréstimos feitos pelos bancos aos pequenos negócios, reduzindo, assim, o risco associado com o empréstimo a empresas sem históricos operacionais. A SBA também oferece treinamento, orientação e serviços de apoio através de seus escritórios locais e nos chamados Small Business Development Centers.[29] Os governos estaduais e municipais também disponibilizam centenas de programas para prover fundos, contratos e outros tipos de apoio para novos investimentos e pequenos negócios. Esses programas costumam ser projetados no intuito de promover o crescimento regional.

Outra área-chave de apoio são os contratos governamentais. Os programas patrocinados pela SBA e por outras agências do governo asseguram que os pequenos negócios tenham a oportunidade de fazer uma proposta para fechar contratos de fornecimento de bens e serviços para o governo. Embora trabalhar com o governo tenha, às vezes, suas desvantagens em termos de regulação e demoradas tomadas de decisão, os programas que dão apoio aos pequenos negócios e à atividade empreendedora constituem um recurso importante.

Liderança Empreendedora

Quer um investimento de risco seja iniciado por um empreendedor individual ou uma equipe empreendedora, uma liderança eficaz é necessária. Iniciar um investimento exige um tipo especial de liderança.[30] Ela envolve coragem, acreditar nas próprias convicções e energia para trabalhar mesmo em circunstâncias difíceis. Ainda assim, esses são os mesmos desafios que motivam a maioria dos donos de negócios. Os empreendedores testam a si mesmos e obtêm satisfação ao agir de modo independente, superar obstáculos e prosperar financeiramente. Para fazer isso, devem incorporar três características da liderança — visão,

liderança empreendedora
a liderança apropriada para novos investimentos que exige coragem, acreditar nas próprias convicções e energia para trabalhar mesmo em circunstâncias difíceis, além da incorporação da visão, dedicação e determinação, e comprometimento com a excelência.

dedicação e determinação, e o compromisso com a excelência — e transmiti-los a todos os que trabalham com eles:

- *Visão*. Este pode ser o recurso mais importante do empreendedor. Os empreendedores veem realidades que ainda não existem. Sem uma visão, a maioria dos empreendedores nunca faria seus investimentos funcionarem. Com ela, os empreendedores podem exercer um tipo de liderança transformacional que cria algo novo e, de certo modo, mudam o mundo. Simplesmente ter uma visão, porém, não é o suficiente. Para desenvolver os fundamentos, obter apoio financeiro e atrair empregados, os líderes empreendedores devem compartilhar sua visão com outros.
- *Dedicação e determinação*. Dedicação e determinação são refletidos no trabalho duro. A determinação tem a ver com a motivação interna; a dedicação exige um compromisso interno que mantém um empreendedor no caminho, mesmo deparando-se com más notícias ou azares. Ambas exigem paciência, persistência e disposição de trabalhar longas horas. Porém, um negócio construído sob os esforços heroicos de apenas uma pessoa pode baquear a longo prazo. É por isso que o entusiasmo do empreendedor é tão importante — ele é como um ímã, atraindo outros ao negócio para ajudar no trabalho.[31]
- *Compromisso com a excelência*. A excelência exige empreendedores que se comprometem a conhecer o cliente, fornecer bens e serviços de boa qualidade, dar atenção aos detalhes e ser um eterno aprendiz. Os empreendedores que atingem a excelência compreendem que esses fatores trabalham juntos. No entanto, os empreendedores podem se dar mal se pensarem ser os únicos que podem gerar ótimos resultados. Os mais bem-sucedidos entre eles costumam relatar que obtiveram sucesso ao contratar pessoas mais inteligentes do que eles.

Em seu livro *Good to Great* (Empresas Feitas para Vencer), Jim Collins faz uma outra observação importante sobre a liderança empreendedora: os investimentos edificados sobre o carisma de apenas uma pessoa podem encontrar problemas para crescer "do bom para o ótimo" depois que essa pessoa vai embora.[32] Assim, a liderança necessária para se construir uma grande organização costuma ser exercida por uma equipe de pessoas dedicadas que trabalham juntas, em vez de apenas sob um único líder. Outro aspecto desse método de equipe é atrair membros que estejam de acordo com a cultura, alvos e ética de trabalho da companhia. Assim, para que a liderança de um investimento seja um recurso valioso e não apenas uma responsabilidade, deve ser coerente com sua visão, determinação e dedicação, e com o comprometimento com a excelência.

Quando uma oportunidade é reconhecida, e uma vez que uma equipe e os recursos empreendedores tenham sido reunidos, um novo investimento deve elaborar uma estratégia. Os capítulos anteriores falaram sobre as estratégias de empresas já existentes. Na seção a seguir destacaremos os tipos de estratégias e as considerações estratégicas que as novas empresas devem levar em conta.

Estratégia Empreendedora

estratégia empreendedora
uma estratégia que permite que um empreendedor habilidoso e dedicado, com uma oportunidade viável e com acesso a recursos suficientes, lance um novo investimento com sucesso.

A criação bem-sucedida de novos investimentos exige vários ingredientes. Como indicado na Figura 8.1, três fatores são necessários — uma oportunidade viável, recursos suficientes e um empreendedor ou equipe empreendedora habilidosa e dedicada. Uma vez reunidos esses elementos, o novo investimento requer uma estratégia. Nesta seção consideraremos vários fatores estratégicos diferentes, costurados sob medida para os novos investimentos, e também as maneiras pelas quais as estratégias genéricas apresentadas no Capítulo 5 podem ser aplicadas às empresas empreendedoras. Veremos, ainda, como a combinação de estratégias pode beneficiar as empresas empreendedoras e falaremos sobre as possíveis armadilhas associadas às estratégias de lançamento de novos investimentos.

Para obter êxito, os novos investimentos devem avaliar as condições setoriais, o ambiente competitivo e as oportunidades de mercado a fim de se posicionarem estrategicamente. Entretanto, uma análise tradicional de estratégias talvez tenha de ser alterada um pouco para se encaixar na situação empreendedora. Por exemplo, a análise das cinco forças (como vimos no Capítulo 2) costuma ser usada com empresas já estabelecidas. Ela também pode ser aplicada na análise de novos investimentos para avaliar o impacto do mercado e dos poderes competitivos. Mas talvez nos perguntemos: como um novo investimento avalia a ameaça de outros novos concorrentes?

Primeiro: o novo participante precisa examinar os obstáculos de entrada. Se as barreiras forem grandes demais, o novo concorrente em potencial pode decidir não entrar ou juntar mais recursos antes de fazê-lo. Em comparação com uma empresa já estabelecida, de boa reputação e com recursos disponíveis, os obstáculos de entrada podem ser intransponíveis para um empreendedor iniciante. Portanto, entender o poder desses obstáculos é fundamental ao tomar uma decisão de lançamento.

Um segundo fator que pode ser especialmente importante para um novo investimento é a ameaça de retaliação por parte das empresas já existentes. Em muitos casos, os investimentos empreendedores *são* os novos concorrentes que representam uma ameaça às empresas já existentes. Portanto, ao aplicar o modelo das cinco forças aos novos investimentos, a ameaça de retaliação por parte das empresas já existentes deve ser considerada.

Considerar como um novo concorrente realmente entrará num novo mercado integra qualquer decisão sobre que oportunidade seguir. O conceito de estratégias de entrada é um instrumento útil na decisão de como lançar um novo investimento.

Estratégias de Entrada

Um dos aspectos mais desafiadores de iniciar um novo investimento é achar um meio de começar a fazer negócios de uma forma que gere fluxo de caixa, estabeleça credibilidade, atraia bons empregados e supere o peso de ser uma novidade rapidamente. A ideia de uma estratégia de entrada ou "ferramenta de entrada" descreve vários métodos que as empresas podem usar para pegar sua parte do mercado.[33] Vários fatores afetarão essa decisão.

- O produto/serviço é de alta ou baixa tecnologia?
- Quais recursos estão disponíveis para o lançamento?
- Quais são as condições setoriais de mercado e competitivas?
- Qual é o potencial médio do mercado?
- O fundador do investimento prefere controlar o negócio ou fazê-lo crescer?

Em alguns aspectos, qualquer tipo de entrada em um mercado pela primeira vez pode ser considerado como empreendedora. Mas a estratégia de entrada vai variar dependendo do quão arriscado e inovador for o conceito do novo negócio.[34] As estratégias para novas entradas costuma se enquadrar em uma destas três categorias — pioneira, imitativa ou adaptativa.[35]

PA8.2
As três modalidades de estratégias de entrada — pioneira, imitativa e adaptativa — que costumam ser usadas para iniciar um novo investimento.

Nova Entrada Pioneira Novos participantes com um produto radicalmente novo ou um serviço totalmente inovador podem mudar o jeito como o negócio é feito. Esse tipo de inovação — gerar novos meios de resolver velhos problemas ou atender às necessidades de uma nova e inusitada maneira — é chamado de **nova entrada pioneira**. Se o bem ou serviço for bastante original, uma nova entrada pioneira pode acabar tendo menos competição direta. O primeiro computador pessoal foi um produto pioneiro; nunca houve nada parecido com isso e com seu serviço revolucionário. O primeiro navegador da internet forneceu um tipo de serviço pioneiro. Tais avanços criaram setores de mercado completamente inéditos e mudaram o cenário competitivo. Os avanços inovadores continuam a inspirar os esforços empreendedores pioneiros. Destaques de Estratégia 8.4 discorre sobre a Pandora, uma empresa pioneira em uma nova modalidade de transmissão musical.

nova entrada pioneira
a entrada de uma empresa em um determinado setor com um produto radicalmente novo ou um serviço totalmente inovador que muda o jeito como o negócio é feito.

As armadilhas associadas a uma nova entrada pioneira são várias. Por um lado, há grande risco de que o produto ou serviço não seja aceito pelos consumidores. A história do empreendedorismo é repleta de novas ideias que não deram certo. Tomemos como exemplo o Smell-O-Vision, uma invenção que emitia odores nas salas de projeção em momentos preestabelecidos do filme. Ele só foi testado uma vez (para o filme *Scent of a Mystery*) antes de ser considerado um fracasso. Inovadora? Com certeza. Mas não foi uma boa ideia na época.[36]

Uma nova entrada pioneira altera o status quo de um setor de atividade. Provavelmente, ela é baseada em avanços tecnológicos. Se for bem-sucedida, outros concorrentes não demorarão a copiá-la. Isso pode gerar questões de sustentabilidade da posição para uma empresa empreendedora, em especial se uma companhia maior e com mais recursos criar um produto similar.

DESTAQUES DE ESTRATÉGIA 8.4

A PANDORA INOVA O NEGÓCIO DA MÚSICA

Quer a música seja transmitida via sinais de rádio FM, internet ou satélite, as escolhas musicais dos ouvintes de rádio eram bem padronizadas até a chegada da Pandora. As estações de rádio determinavam suas playlists baseando-se na combinação de interesse evidente de vendas de música e em pesquisas realizadas com os ouvintes em relação ao formato das estações. Os ouvintes em um dado mercado poderiam decidir se queriam escutar as 40 melhores músicas, ou escolher o estilo — adulto contemporâneo, country ou rock clássico —, mas não podiam personalizar uma estação para atender a gostos musicais ecléticos.

Tim Westergren mudou completamente o negócio do rádio quando criou a Pandora. Em 1999, ele desenvolveu o Music Genome Project — um sistema que analisa a música por seus traços subjacentes: melodia, ritmo, letra, instrumentação e muitos outros. Cada canção era medida em aproximadamente 400 "genes" musicais, resultando em um vetor ou lista de atributos. Os vetores de várias músicas podiam ser comparados para avaliar a "distância" entre duas canções. Valendo-se do Music Genome Project, Westergren criou a Pandora em 2000. Os usuários escolhiam as bandas ou músicas de que gostavam, e a Pandora criava uma estação personalizada que tocava as canções que se adequavam às preferências dos usuários. Estes podiam, então, ajustar a estação respondendo se gostavam ou não das músicas que a Pandora estava tocando.

A Pandora mudou radicalmente o negócio do rádio de vários modos. Primeiro: os usuários criavam suas próprias estações personalizadas. Segundo: os usuários podiam acessar suas próprias estações de rádio sempre que usassem um aparelho conectado à internet. Terceiro: as músicas que iam ao ar eram orientadas por traços musicais, e não por quão popular era uma banda. Se uma banda de garagem desconhecida tivesse traços similares ao Pearl Jam, sua música tocaria em uma estação Pearl Jam do usuário. Isso oferecia grande exposição a músicos aspirantes não disponíveis nas rádios comerciais. Ela também oferecia um meio para que os álbuns tivessem exposição para novas bandas inscritas sem espaço no sistema de rádio tradicional.

De uma nova ideia audaciosa, a Pandora se tornou, em dez anos, a maior estação de "rádio" do mundo, com 150 milhões de usuários registrados. A Pandora tem muitos concorrentes, como Spotify, Rdio e Songza, mas continua a crescer e a mudar o negócio da música.

Fontes: Copeland, M. V. 2010 Pandora's Founder Rocks the Music Business. *Fortune*, 5 de julho: 27–28; Levy, A. 2010. Pandora's Nest Frontier: Your Wheels, *BusinessWeek.com*, 14 de outubro: np; www.pandora.com; e Kessler, S. 2012. Spitify who? Pandora surges past 150 million registered users. mashable.com, 8 de maio: np.

Para que um novo concorrente sustente sua vantagem pioneira, talvez precise proteger sua propriedade intelectual, fazer muita propaganda para estabelecer um reconhecimento de marca, formar alianças com negócios que adotarão seus produtos ou serviços e oferecer excepcional atendimento ao consumidor.

Nova Entrada Imitativa Enquanto os pioneiros costumam ser inventores ou pensadores com novas tecnologias, os imitadores costumam ter uma forte orientação de marketing. Eles procuram por oportunidades de capitalizar em cima de sucessos de mercado comprovados. Uma estratégia de **nova entrada imitativa** é usada por empreendedores que veem conceitos de produtos ou de negócios que se mostraram bem-sucedidos em um setor de mercado ou um local físico e apresentam o mesmo produto ou serviço básico em outro segmento do mercado.

> **nova entrada imitativa**
> a entrada de uma empresa em um determinado setor com bens ou serviços que capitalizam o sucesso de mercado comprovado de outros bens ou serviços mediante uma forte orientação de marketing.

Às vezes, a chave para o sucesso de uma estratégia imitativa é preencher um espaço de mercado onde a necessidade tenha sido atendida anteriormente de forma inadequada. Os empreendedores também estão prontos a serem imitadores quando percebem que têm os recursos ou habilidades para fazer um serviço melhor do que o concorrente atual. Isso pode ser um grande problema para os empreendedores iniciantes se o imitador é uma companhia já estabelecida. Consideremos o exemplo da Square.[37] Fundada em 2010, a Square fornece uma alternativa para os pequenos negócios processarem vendas de cartões de crédito e de débito, ao largo do esquema tradicional, que geralmente inclui taxas mensais e encargos mínimos. A Square oferecia um pequeno leitor de cartões de crédito que era plugado em um smartphone para usuários inscritos no serviço. Bastava passar o cartão e inserir a quantia. A Square fazia o resto por uma taxa de transação de 2,75%. Até meados de 2012, a Square contava com mais de 2 milhões de usuários. Mas o sucesso resultou na imitação. Várias empresas, tanto novas como já existentes, entraram nesse novo ramo. Embora a Square tenha se estabelecido rapidamente no mercado, ela passou a enfrentar a concorrência de competidores maiores, incluindo a Intuit e o PayPal. Pressentindo que seria difícil encarar esses imitadores maiores, a Square está procurando inovar e agora oferece um aplicativo chamado Pay with Square, que permite que um usuário pague a prazo apenas com o smarthphone, sem nem mesmo ter que pegar o cartão de crédito.

Nova Entrada Adaptativa A maioria dos novos concorrentes usa uma estratégia que está entre a imitação e o pioneirismo "puros". Ou seja, eles oferecem um produto ou serviço que é relativamente novo e diferente o suficiente para criar valor para os clientes e obter uma parcela de mercado. Tais empresas são adaptativas no sentido de que estão cientes das condições do mercado e criam estratégias de entrada para capitalizar a base das tendências atuais.

De acordo com o especialista em criatividade dos negócios Tom Monahan, "toda nova ideia é apenas uma variação de uma velha ideia. [Saber disso] alivia a pressão de pensar que devemos ser totalmente criativos. Isso não é necessário. Às vezes, tudo o que é preciso é fazer um ajuste em uma ideia antiga, o que faz toda a diferença".[38] Um método de **nova entrada adaptativa** não envolve "reinventar a roda" e nem se trata de algo apenas imitativo. Significa pegar uma ideia já existente e adaptá-la a certa situação. A Figura 8.3 traz um exemplo de quatro companhias jovens que foram bem-sucedidas em fazer modificações ou adaptar produtos existentes para gerar novos valores.

Há várias armadilhas que podem limitar o sucesso de uma nova entrada adaptativa. Primeira: a proposta de valor deve ser encarada como única. A menos que os clientes em potencial creiam que um novo produto ou serviço seja superior no atendimento de suas necessidades, terão poucos motivos para experimentá-lo. Segunda: não há nada que possa evitar que um concorrente próximo imite a adaptação da nova empresa como uma maneira de manter seus clientes. Terceira: uma vez que uma entrada adaptativa atinge seu sucesso inicial, o desafio é manter a ideia fresca. Se as características atraentes do novo negócio forem copiadas, a empresa empreendedora deve encontrar novos meios de adaptar e melhorar a oferta do bem ou serviço.

Ao considerar essas escolhas, um empreendedor ou equipe empreendedora poderia perguntar: "qual estratégia de nova entrada é a melhor?" A escolha depende de muitas considerações competitivas, financeiras e de mercado. Entretanto, as pesquisas indicam que as maiores oportunidades podem vir de se estar mais disposto a entrar em novos mercados do que procurar crescimento apenas nos mercados já existentes. Um estudo descobriu que as companhias que se aventuram em áreas que eram novas para o mundo ou para a companhia tiveram lucros

> **nova entrada adaptativa**
> a entrada de uma empresa em um determinado setor pela oferta de um produto ou serviço que é relativamente novo e diferente o bastante para criar valor para os clientes ao capitalizar a base das tendências atuais do mercado.

FIGURA 8.3 Exemplos de Novas Entradas Adaptativas

Nome da Companhia	Produto	Adaptação	Resultado
Under Armour, Inc. Fundada em 1995	Camisetas térmicas e outros equipamentos de atletismo	Usou um tecido de absorção de umidade para criar um equipamento melhor para esportes que fazem suar.	A Under Armour gerou mais de $1,4 bilhão em vendas em 2012 e foi a número 51 na lista da *Fortune Magazine* das empresas de crescimento mais rápido.
Mint.com Fundada em 2005	Administração online de dinheiro abrangente	Criou um software que diz aos usuários o que eles estão gastando ao reunir informações financeiras do banco online e das contas de cartões de crédito.	A Minte tem mais de 10 milhões de usuários e os está ajudando a gerenciar mais de $1 bilhão em ativos.
Plum Organics Fundada em 2005	Alimentos orgânicos para bebês e lanches orgânicos para crianças	Fez uma conveniente linha de alimentos para bebês usando ingredientes orgânicos.	A Plum tem mais de 20 produtos e está alistada como número 63 na lista *Inc* 500 das companhias privadas de crescimento mais rápido.
Spanx Fundada em 2000	Meias-calças sem a parte dos pés e outras roupas íntimas femininas	Combinou o nylon e a Lycra® para fabricar um novo tipo de roupa íntima, confortável e que elimina as marcas da calcinha.	Produz, atualmente, mais de 200 produtos vendidos em 3 mil lojas a mais de 6 milhões de clientes.

Fontes: Bryan, M. 2007. Spanx Me, Baby! www.observer.com, 10 de dezembro: np; Carey, J. 2006. Perspiration Inspiration. *BusinessWeek*, 5 de junho: 64; Palanjian, A. 2008. A Planner Plumbs for a Niche. www.wsj.com, 30 de setembro: np; Worrell, D. 2008. Making Mint. *Entrepreneur*, setembro: 55; www.mint.com; www.spanx.com; www.underarmour.com; Buss, D. 2010. The Mothers of Invention. *Wall Street Journal*, 8 de fevereiro: R7; Crook, J. 2012. Mint.com Tops 10 Million Registered Users, 70% Use Mobile. techcrunch.com, 29 de agosto: np; e www.plumorganics.com.

totais de 61%. Em contraste, nas companhias que só acrescentaram melhorias, como estender uma linha de produtos existente, o crescimento total dos lucros foi de apenas 39%.[39]

Contudo, quer sejamos pioneiros, imitativos ou adaptativos, entrar no mercado é apenas uma das questões que o empreendedor enfrenta. Um novo concorrente também precisa decidir que tipo de posicionamento estratégico funcionará melhor à medida que o negócio avança. Essas escolhas estratégicas podem ser informadas pela orientação sugerida pelas estratégias genéricas. Vamos falar sobre isso agora.

Estratégias Genéricas

PA8.3 Como as estratégias genéricas de liderança de custo geral, diferenciação e foco são utilizadas por novos investidores e pequenos negócios.

Em geral, um novo participante começa com apenas um modelo de negócio, que é equivalente em escopo à estratégia de nível empresarial (Capítulo 5). Nesta seção falaremos sobre como o baixo custo total, a diferenciação e as estratégias de foco podem ser usados para se obter vantagens competitivas.

Liderança no Custo Total Um dos meios pelos quais as empresas empreendedoras obtêm sucesso é fazer mais com menos. Ao manter os custos baixos ou usar seus recursos de modo mais eficiente do que os grandes concorrentes, os novos investimentos podem oferecer preços mais baixos e ainda assim serem rentáveis. Desse modo, sob as circunstâncias certas, uma estratégia líder de baixo custo é uma alternativa viável para alguns investimentos. O modo como a maioria das companhias obtém uma liderança de baixo custo, porém, costuma ser diferente para as jovens e pequenas empresas.

Conforme vimos no Capítulo 5, três das características do método de baixo custo incluem: operar de escala grande o suficiente para distribuir os custos em muitas unidades de produção (economias de escala), fazer investimentos substanciais de capital para aumentar as economias de escala, e usar o conhecimento adquirido por experiência para fazer melhorias que diminuem os custos. Esses elementos de uma estratégia de liderança de custo podem não estar disponíveis para novos investimentos. Visto que os novos investimentos costumam ser pequenos, eles, em geral, não têm grandes economias de escala em relação a seus concorrentes. Dado serem, usualmente, limitados em termos de disponibilidade de dinheiro, não podem fazer grandes investimentos de capital para aumentar suas vantagens de escala. E, como muitos são jovens, não têm o benefício do acúmulo de experiência de onde se basear para realizar reduções de custo.

Devido a essas limitações, como os novos investimentos podem realizar estratégias de liderança de custo com sucesso? Em comparação com as grandes empresas, os novos investimentos costumam ter estruturas organizacionais simples, que tomam decisões mais rapidamente e com mais simplicidade. O menor tamanho também ajuda as empresas mais jovens a mudar mais rapidamente quando surgem atualizações tecnológicas ou quando as informações do mercado indicam que é preciso fazer melhorias. Ao serem fundadas, elas também conseguem tomar decisões que as ajudam a lidar com questões de controle de custos. Por exemplo, podem receber materiais de um fornecedor que lhes cobra mais barato ou podem construir suas fábricas em um país no qual o preço da mão de obra é especialmente menor. Assim, as novas empresas dispõem de vários meios de obter uma liderança de baixo custo. Destaques de Estratégia 8.5 fala do sucesso da Vizio, Inc., uma nova empresa com uma estratégia de liderança no custo total. Independentemente dos métodos que as jovens empresas usem para obter uma vantagem de baixo custo, esta sempre foi uma maneira de as empresas empreendedoras saírem na frente das já existentes — pois oferecem um bem ou serviço similar a um preço menor.

Diferenciação Tanto as estratégias de entrada pioneiras como as adaptativas encerram certo grau de diferenciação. Ou seja, a nova entrada é baseada em poder oferecer uma proposta de diferenciação de valor. No caso dos pioneiros, o novo investimento é tentar fazer algo diferente para causar um impacto, seja pelo uso de nova tecnologia ou por usar os recursos de um modo que altera radicalmente o modo como os negócios são conduzidos. Em geral, os empreendedores fazem as duas coisas.

O fundador da Amazon, Jeff Bezos, usou a tecnologia da internet para revolucionar o jeito como os livros são vendidos. Ele se tornou alvo da ira de outros vendedores de livros e da atenção do público ao dizer que era o "maior vendedor de livros do mundo". Como tal, Bezos não estava fazendo nada que não havia sido feito antes. Mas dois fatores diferenciadores —

DESTAQUES DE ESTRATÉGIA 8.5

VIZIO, INC.: O SUCESSO DA IMITADORA DE BAIXO CUSTO

Quando as TVs de tela plana surgiram no fim da década de 1990, as grandes fabricantes como Samsung, Sony e Matsushita (fabricante da Panasonic) investiram pesado em P&D, competindo pela liderança tecnológica. Como resultado, as primeiras TVs de tela plana eram caras. Mesmo quando os avanços tecnológicos baixaram os preços, as TVs estavam aumentando de tamanho e ficando mais finas, e elas continuaram a comandar os preços premium. Até 2002, as TVs de plasma de 50 polegadas ainda eram vendidas por $8 mil a $10 mil. Nessa época, porém, a tecnologia de tela plana havia se tornado comum. Foi então que William Wang, um ex-comerciante de monitores de computador, percebeu que podia usar as tecnologias existentes para criar uma TV de alta qualidade. Wang descobriu que podia manter as operações mais simples e terceirizar tudo o mais, do suporte tecnológico à P&D, e desse modo fundou a Vizio, Inc.

Em janeiro de 2003, Wang fez um acordo com a Costco Wholesale Corp. para vender uma TV de plasma de tela plana de 46 polegadas por $3.800 — metade do preço da concorrência. Embora os executivos da Costco tivessem rido na cara de Wang quando ele disse que queria se tornar a próxima Sony, decidiram lhe dar uma oportunidade. Até março de 2003, suas TVs estavam sendo oferecidas em mais de 300 lojas da Costco dos EUA. Hoje, a Vizio é uma das maiores fornecedoras de TVs da Costco.

O sucesso da Vizio foi consequência de uma imitação inteligente, operações de baixo custo e do método único de Wang para financiar o crescimento. Embora ele tivesse, de início, hipotecado sua casa e emprestado dinheiro de familiares e amigos, quando precisou de mais dinheiro, concentrou-se nos parceiros de fabricação que lhe estavam fornecendo peças. Em 2004, a fabricante contratada de Taiwan, a AmTran Technology Co., comprou 8% das ações da Vizio por $1 milhão; hoje a AmTran é dona de 23% da Vizio e fornece mais de 80% dos televisores. "Diferentemente de muitas companhias de PCs, que tentam ganhar dinheiro pressionando o fornecedor, nós procuramos trabalhar com ele", diz Wang.

A Vizio foi bem-sucedida por se concentrar em TVs LCD, manter-se enxuta e trabalhar em parceria com seus fornecedores. Isso fez com que ela se transformasse de uma empresa iniciante em líder no mercado. A Vizio fabricou 18,5% das TVs LCD vendidas no primeiro trimestre de 2012, chegando à frente da segunda colocada, a Samsung, com uma participação de mercado de 17,6%. Seus status como a maior empresa de produtos eletrônicos de consumo foi reforçado por sua condição de patrocinadora titular do campeonato de futebol universitário Vizio BCS National Championship de 2014.

Fontes: Lawton, C., Kane, Y. I. & Dean, J. 2008 U.S. upstart takes on TV giants in price war. www.wsj.com, 15 de abril: np; Taub, E. A. 2008. Flat-panel TV prices plummet. www.nytimes.com, 2 dezembro: np; Wilson, S. 2008. Picture it. *Entrepreneur*, julho: 43; www.wikipedia.com; Edwards, C. 2010. How Vizio beat Sony in high-def TV. *Bloomberg Businessweek*, 26 de abril: 51–52; e Morrod, T. 2012. Vizio retakes lead in U.S. LCD TV market; Samsung maintains overall TV dominance. www.isuppli.com, 12 de julho: np.

---

vender pela internet e oferecer um serviço de atendimento ao consumidor extraordinário — fizeram com que a Amazon se diferenciasse como um sucesso.

Há vários fatores que dificultam o sucesso, como diferenciadores, dos novos investimentos. Um dos pontos é que se costuma pensar que a estratégia é onerosa. A diferenciação costuma estar associada com uma forte identidade de marca, e o estabelecimento de uma marca costuma ser considerado como caro devido aos custos de publicidade e promoção, serviços excepcionais de atendimento ao cliente etc. O sucesso da diferenciação origina-se, às vezes, de inovação ou uso de tecnologia superiores. Esses são alguns fatores que podem dificultar as empresas mais jovens a terem um desempenho excelente em relação aos concorrentes já existentes.

Porém, todos esses elementos — inovação, tecnologia, serviço de atendimento ao cliente, marca distintiva — também são áreas em que os novos investimentos fizeram um nome para si mesmos, mesmo tendo de operar com recursos e experiência limitados. Para ser bem-sucedido, de acordo com Garry Ridge, presidente da WD-40 Company, "é preciso ter um excelente produto, fazer com que os clientes estejam cientes de sua existência e facilitar a compra".[40] Isso parece simples, mas é um grande desafio para os novos investimentos com estratégias de diferenciação.

Foco As estratégias de foco são usualmente associadas aos pequenos negócios devido aos pequenos escopo e tamanho da empresa. Uma estratégia de foco pode incluir elementos de diferenciação e de liderança de custo geral, bem como a combinação desses métodos. Mas para ser bem-sucedido em uma área do mercado, a principal exigência estratégica é manter o foco. É por isso que:

Apesar de toda a atenção dada às novas atividades de crescimento rápido, a maioria das startups entra em mercados maduros.[41] Neles, o crescimento da demanda tende a ser lento e há, com frequência, muitos concorrentes. Portanto, se uma startup quer ter uma parte do negócio, deve levar seus negócios para longe de um concorrente já existente. Caso entre em um mercado com uma estratégia ampla ou agressiva, é provável que ele provoque a retaliação de um concorrente mais poderoso. As empresas jovens têm mais chances de êxito se encontrarem uma área do mercado em que podem participar e fazer pequenos avanços que vão prejudicando a posição dos concorrentes já existentes.[42] A partir daí, podem construir um nome para si mesmas e crescer.

Consideremos, por exemplo, a linha de livros "Miniature Editions" lançada pela Running Press, uma pequena editora da Filadélfia. Os livros, do tamanho da palma da mão, eram colocados nos caixas das livrarias como itens de compra por impulso, por cerca de $4,95. Começando com apenas dez títulos em 1993, a Running Press cresceu rapidamente, e após dez anos havia vendido mais de 20 milhões de cópias. Mesmo que esses livros representem apenas uma pequena fração das vendas totais dos $23 bilhões da indústria de publicação, foram o esteio da Running Press.[43] Como esse exemplo mostra, muitos novos investimentos são um sucesso, mesmo quando sua participação de mercado é bem pequena.

Estratégias de Combinação

Uma das melhores maneiras dos jovens e pequenos negócios serem bem-sucedidos é buscar estratégias de combinação. Combinando as melhores características das estratégias de baixo custo, diferenciação e foco, os novos investimentos podem se revelar algo realmente distintivo.

As empresas empreendedoras, costumeiramente, estão em boa posição para implementar uma estratégia de combinação porque têm flexibilidade para lidar com as situações que surgem. Por exemplo, reduzir gastos pode ser difícil para grandes empresas porque há nelas diversos níveis burocráticos que vão agregando custos no processo de realização dos negócios.[44]

Um argumento similar poderia caber, também, com relação às empresas empreendedoras que diferenciam. As grandes empresas, geralmente, consideram difícil oferecer produtos muito especializados ou serviços superiores de atendimento ao consumidor. As pequenas empresas empreendedoras, ao contrário, podem criar produtos e serviços de alto valor por meio de esforços singulares de diferenciação. Destaques de Estratégia 8.6 mostra como dois empreendedores encontraram uma receita para vender óculos estilosos para clientes exigentes ao mesmo tempo em que diminuíam os custos e trabalhavam em uma missão social.

Para quase todos os novos investimentos, um dos maiores perigos é que uma grande empresa com mais recursos copiará o que estão fazendo. Empresas bem estabelecidas, observando o sucesso do produto ou serviço de um novo investidor, poderão copiá-lo e usarão seu poder de mercado para superar as empresas menores. A ameaça pode ser amenizada no caso de empresas que usam estratégias de combinação. Graças à flexibilidade das empresas empreendedoras, elas podem utilizar as estratégias de combinação de um jeito que as grandes empresas não podem copiar. Isso faz com que as estratégias dos novos investimentos sejam muito mais sustentáveis.

Talvez mais ameaçadores do que os grandes concorrentes sejam os concorrentes próximos, com características estruturais similares que os ajudam a se ajustar rapidamente e a ser flexíveis nas tomadas de decisão. Neste caso, novamente, uma estratégia de combinação bem planejada e executada pode ser o melhor modo de uma empresa empreendedora prosperar em um ambiente competitivo. Entretanto, a competição entre rivais é um determinante-chave no sucesso do novo investimento. A propósito, falaremos sobre as dinâmicas competitivas no próximo tópico.

Dinâmicas Competitivas

A entrada de novos concorrentes no mercado, sejam iniciantes ou empresas já existentes, quase sempre se constitui em ameaça aos já participantes. Isso é parcialmente verdadeiro. Exceto em mercados muito novos, quase todas as necessidades dos mercados já foram atendidas, direta ou indiretamente, pelas empresas já existentes. Como resultado, as ações competitivas de uma nova empresa provavelmente provocarão uma resposta competitiva das companhias

---

PA8.4

De que modo as ações competitivas, como a entrada de nova concorrência no mercado, pode iniciar um ciclo de ações e reações entre os concorrentes mais próximos.

DESTAQUES DE ESTRATÉGIA 8.6

A WARBY PARKER VÊ VALOR EM UMA ESTRATÉGIA DE COMBINAÇÃO

Neil Blumenthal e Dave Gilboa, formados na Wharton School of Business, se perguntavam por que um par de armações de óculos, um produto simples, de fabricação em massa, chegava, às vezes, a custar tanto quanto um iPhone. Blumenthal concluiu que sabia o porquê. "A indústria ótica é um oligopólio. Algumas companhias têm margens absurdas que prejudicam a todos nós". Uma das empresas dominantes da indústria de óculos, que movimenta $16 bilhões, é a Luxottica, dona da LensCrafters, Pearle Vision, Sunglass Hut e clínicas de olhos nas lojas da Target e Sears. Ser dona de tantas lojas e produzir mais de 25 marcas de óculos permitiu à Luxottica, segundo Gilboa, "criar a ilusão de escolha" em uma indústria sem competição e de grande lucro.

Blumenthal e Gilboa estão tentando oferecer uma escolha real aos usuários de óculos. Desenvolveram uma fórmula simples para oferecer aos consumidores novas maneiras de compra. Trata-se de um sistema online no qual os clientes podem fazer um upload de uma foto e "experimentar" vários óculos virtualmente. Os clientes podem experimentar até cinco armações por vez em casa.

A Warby Parker mantém seus custos baixos de várias formas. A primeira: terceiriza a fabricantes de baixo custo. Segunda: desenvolve sua própria marca, eliminando o custo de licenciar uma marca de luxo, algo capaz de aumentar o valor de um par de óculos em 15%. Terceira: não trabalha com varejistas, cujas margens de venda podem dobrar o preço dos óculos. E também realiza ações de marketing de baixo custo. Uma delas, por exemplo, é denominada "embaixador da marca", na qual promotores não remunerados ganham um par de óculos gratuito e recebem um código de desconto que a loja pede que compartilhe com familiares e amigos. Como resultado, a empresa pode oferecer óculos a 1/3 ou metade do preço dos concorrentes de marca.

A Warby Parker também tem uma missão social. Para cada par de óculos vendido, ela fornece outro, gratuitamente, para uma pessoa carente. Em 2011, isso significou a distribuição de mais de 100 mil pares de óculos gratuitos. A empresa importa-se com a questão da sustentabilidade e está certificada como um negócio de emissão líquida zero de carbono.

Até agora, o equilíbrio da empresa entre moda, consciência de custo e responsabilidade social resultou em grande sucesso. Ela cresceu de dois fundadores a mais de 100 empregados em dois anos e meio. E também atraiu o interesse de investidores, recebendo $37 milhões em financiamento de investidores de risco em 2012. Com tal modelo de negócio, Blumenthal e Gilboa projetam um futuro brilhante.

Fontes: Berfied, S. 2011. A startup's new prescription for eyewear. *Bloomberg Businessweek*, 4 de julho, 49–51; Mitroff, S. 2012. Whit $37M, Warby Parker sets its sight on more than just eyeglasses. Wired.com, 10 de setembro: np; e Kim, R. 2012. Warby Parker raises $36.8M to expand fashion eyewear brand. Gigaom.com, 10 de setembro: np.

---

que se sentirem ameaçadas. Isso, por sua vez, vai gerar uma reação. Como resultado, uma dinâmica competitiva — ação e reação — se instalará entre as empresas que competem pelos mesmos clientes em um dado mercado.

As **dinâmicas competitivas** — uma intensa rivalidade entre concorrentes parecidos — têm o potencial de alterar a estratégia de uma companhia. Os novos participantes podem ser forçados a mudar suas estratégias ou desenvolverem outras para sobreviver aos desafios competitivos gerados pelos rivais já existentes. A nova concorrência está entre os motivos mais comuns pelos quais um ciclo de ações e reações competitivas se inicia. Isso também pode ocorrer devido a ações ameaçadoras entre os concorrentes existentes, como uma diminuição de custo agressiva. Assim, estudar as dinâmicas competitivas ajuda a explicar por que as estratégias evoluem e revela como, por que e quando responder às ações dos concorrentes mais próximos. A Figura 8.4 identifica os fatores que os competidores precisam considerar ao determinar como responder a um ato competitivo.

Novas Ações Competitivas

A entrada de um novo concorrente no mercado é um bom ponto de partida para começar a descrever o ciclo de ações e reações característico de um processo de dinâmica competitiva.[45] No entanto, a nova entrada é apenas um tipo de ação competitiva. A queda de preços, a imitação de produtos bem-sucedidos ou a expansão da capacidade de produção são outros exemplos de atos competitivos que podem fazer com que os concorrentes reajam.

Por que as companhias promovem novas ações competitivas? Eis algumas das razões:

- Melhorar a posição de mercado
- Capitalizar a demanda crescente

> **dinâmicas competitivas**
> intensa rivalidade, envolvendo ações e reações entre concorrentes parecidos que competem pelos mesmos clientes no mercado.

> **PA8.5**
> Os componentes da análise das dinâmicas competitivas — nova ação competitiva, análise de ameaças, motivação e capacidade de resposta, tipos de ações competitivas e probabilidade de reação competitiva.

FIGURA 8.4 O Modelo das Dinâmicas Competitivas

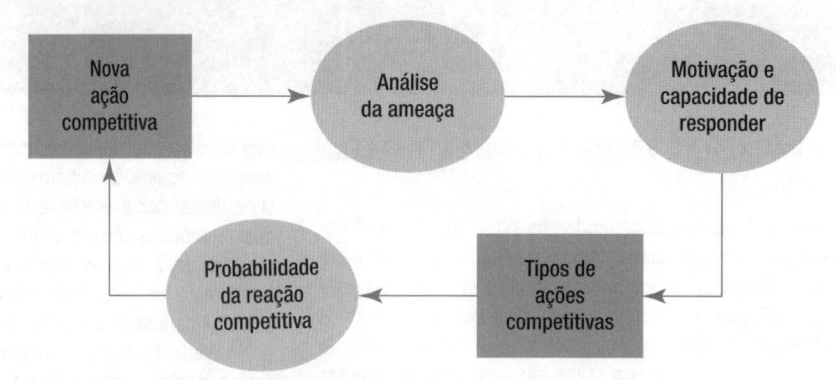

```
Nova ação competitiva → Análise da ameaça → Motivação e capacidade de responder
         ↑                                              ↓
Probabilidade da reação competitiva ← Tipos de ações competitivas
```

Fontes: Adaptado de Chen, M. J. 1996. Competitor Analysis and Interfirm Rivalry: Toward a Theoretical Integration. *Academy of Management Review*, 21(1): 100–134; Ketchen, D. J., Snow, C. C. & Hoover, V. L. 2004. Research on competitive dynamics: Recent Accomplishments and Future Challenges. *Journal of Management*, 30(6): 779–804; e Smith, K. G., Ferrier, W. J. & Grimm, C. M. 2001. King of the Hill: Dethroning the Industry Leader. *Academy of Management Executive*, 15(2): 59–70.

- Expandir a capacidade de produção
- Fornecer uma nova solução inovadora
- Obter as vantagens de se ser o primeiro a investir

Sob todos esses motivos está o desejo de fortalecer resultados financeiros, subtrair parte dos extraordinários lucros que os líderes do mercado auferem e fazer o negócio crescer. Algumas companhias também são motivadas a desencadear desafios competitivos no intuito de fazer sua reputação crescer através da inovação e eficiência. Por exemplo, o sucesso da Toyota com o Prius mostrou aos concorrentes o valor em potencial dos carros com grande economia de combustível, e essas empresas responderam lançando suas próprias marcas de carros híbridos e elétricos, com motores a diesel de grande eficiência e motores a gasolina de eficiência ainda maior. Isso é um indicativo do ciclo da dinâmica competitiva. É como o ex-presidente da Intel, Andy Grove, disse: "O sucesso do negócio contém as sementes de sua própria destruição. Quanto mais bem-sucedidos formos, mais as pessoas vão querer um pedaço do nosso negócio, e depois, mais um pedaço, e outro, e outro, até não sobrar mais nada".[46]

Quando uma companhia entra em um mercado pela primeira vez, o fato representa um ataque às companhias já existentes. Como indicado antes neste capítulo, qualquer uma das estratégias de entrada pode ser usada para realizar uma ação competitiva. Mas os ataques competitivos vêm de outras fontes além dos novos concorrentes. As competições mais intensas acontecem entre rivais já existentes que querem ganhar vantagens estratégicas. De acordo com os autores George Stalk, Jr. e Rob Lachenauer do Boston Consulting Group, em seu livro *Harball: Are You Playing to Play or Playin to Win?*, "os vencedores nos negócios jogam duro e não se desculpam por isso".[47] A Figura 8.5 resume suas cinco estratégias.

A probabilidade de um concorrente atacar depende de muitos fatores.[48] Nas seções restantes falaremos sobre fatores como análise do concorrente, condições do mercado, tipos de ações estratégicas e dotações de recursos e capacidades que as companhias precisam ter para realizar uma ação competitiva.

Análise de Ameaças

Antes de realmente observar uma ação competitiva, as companhias precisam estar cientes das possíveis ameaças competitivas. Ou seja, as companhias precisam ter um senso apurado de quem são seus concorrentes mais próximos e que tipos de ações competitivas eles podem estar planejando.[49] Isso pode exigir certa exploração e monitoração do ambiente, do tipo descrito no Capítulo 2. A percepção das ameaças representadas pelos rivais de mercado permite a uma empresa entender qual tipo de resposta competitiva, se houver, pode ser necessária.

---

nova ação competitiva
atos que podem provocar a reação dos concorrentes, como a entrada de um novo participante no mercado, diminuição de preços, imitação bem-sucedida de produtos e expansão da capacidade de produção.

Análise de ameaças
a percepção de uma empresa com relação aos concorrentes mais próximos e os tipos de ações competitivas que eles podem estar planejando.

FIGURA 8.5 Cinco Estratégias "Jogo Duro"

Estratégia	Descrição	Exemplos
Devastar os santuários de lucro dos concorrentes	Nem todos os segmentos de negócio geram o mesmo nível de lucros para uma companhia. Concentrando os ataques sobre os segmentos mais lucrativos dos concorrentes, a companhia pode alavancar o resultado. É preciso reconhecer, porém, que as companhias guardam com cuidado as informações necessárias para determinar quais são seus santuários de lucros.	Em 2005, o Walmart começou a oferecer garantia estendida de baixo custo para produtos eletrônicos domésticos depois de saber que concorrentes como o Best Buy obtinham a maior parte de seus lucros com esse programa.
Plagiar com orgulho	Um concorrente próximo ter uma ideia primeiro não implica em impossibilidade de imitação. Os imitadores, de fato, podem ver a reação dos clientes, fazer melhorias e lançar uma versão melhor sem todos os custos relacionados com o desenvolvimento de mercado. É mais difícil do que parece fazer uma boa imitação e exige que a empresa que imita fique de olho em seu ego.	Ao projetar seus smartphones, a Samsung copiou a aparência, o jeito e os atributos tecnológicos do iPhone da Apple. Ela perdeu um processo por infração de patente para a Apple, mas, ao copiá-la, a Samsung pôde melhorar sua posição de mercado.
Iludir a concorrência	Um bom jogador manda a concorrência na direção errada. Isso pode fazer com que os concorrentes percam mudanças estratégicas, gastem dinheiro em becos sem saída ou diminuam o tempo de suas respostas. Qualquer um desses resultados colabora para a vantagem competitiva das empresas que blefam. As companhias devem se certificar de não ultrapassar limites éticos ao tomar tais ações.	Max Muir sabia que os fazendeiros australianos gostavam de comprar dos fornecedores de fazendas de famílias, mas também queriam fornecedores eficientes. Para atender a ambas as necessidades, ele comprou, sem estardalhaço, várias fazendas pequenas para gerar economias de escala, mas não consolidou as marcas nem sua força de vendas para que seus clientes e concorrentes ainda achassem que se tratavam de fazendas de famílias independentes.
Liberar uma força massiva e avassaladora	Embora muitas estratégias de jogo duro sejam sutis e indiretas, esta não é. Trata-se de um ataque frontal no qual a empresa empenha recursos significativos em uma grande campanha para enfraquecer as posições dos concorrentes em certos mercados. As empresas devem se certificar de que têm mesmo a força e resistência necessárias para vencer antes de declarar guerra contra um concorrente.	A Unilever obteve uma posição dominante, com 65% de participação do mercado vietnamita de sabão em pó ao investir pesadamente em uma grande campanha de marketing. Ao fazer isso, ela dizimou a posição de mercado dos concorrentes locais já existentes.
Aumentar os custos da concorrência	Se uma companhia tem uma visão superior da complexa estrutura de custo e lucro da indústria, pode competir de um modo que leve a magnitude da relação custo maior/lucro menor de seus concorrentes. Essa estratégia usa a astúcia para fazer seus concorrentes acharem que estão vencendo quando, de fato, não estão. Novamente, as companhias que usam tal estratégia devem estar confiantes de entender o mercado melhor do que seus concorrentes.	A Ecolab, uma companhia que vende produtos de limpeza para empresas, levou uma concorrente líder, a Diversity, a adotar uma estratégia para investir em clientes de menor demanda e de alta margem. A Ecolab sabia que a Diversity não sabia que os grandes custos envolvidos na prestação de serviços relacionados a esse segmento não gerava lucro — uma situação que a Ecolab assegurou fixando preços elevados demais para vencer os contratos, mas baixos o suficiente para garantir que a Diversity, ao ganhar a concorrência, perdesse dinheiro.

Fontes: Berner, R. 2005. Watch Out, Best Buy and Circuit City. *BusinessWeek*, 10 de novembro; Stalk, G. Jr. 2006. Curveball Strategies to Fool the Competition. *Harvard Business Review*, 84(9): 114–121; e Stalk, Jr., G. & Lachenauer, R. 2004. *Hardball: Are You Playing to Play or Playing to Win?* Cambridge, MA: Harvard Business School Press. Reimpresso com a permissão da Harvard Business School Press de G. Stalk, Jr e R. Lachenauer. Direitos autorais 2004 pela Harvard Business School Publishing Corporation; todos os direitos reservados; Lam, Y. 2013. FDI companies dominate Vietnam's detergent market. www.saigon-gpdaily.com.vn, 22 de janeiro: np; Vascellaro, J. 2012. Apple wins big in patent case. www.wsj.com, 25 de agosto: np; e Pech, R. & Stamboulidis, G. 2010. How strategies of deception facilitate business growth. *Journal of Business Strategy*, 31(6): 37–45.

Estar ciente da existência dos concorrentes e de quaisquer ameaças que eles possam representar é o primeiro passo para avaliar o nível de ameaça competitiva. Uma vez que a ação competitiva se torna evidente, as companhias devem determinar quão ameaçadora ela é para seu negócio. As dinâmicas competitivas ocorrem, provavelmente, mais intensamente entre companhias que estão competindo pelos mesmos clientes ou que têm conjuntos de recursos parecidos.[50] Dois fatores que são usados para avaliar se as companhias são ou não próximas são:

uniformização de mercado
o quanto os concorrentes estão competindo pelos mesmos clientes no mesmo mercado.

similaridade de recursos
o quanto os concorrentes se baseiam nos mesmos tipos de recursos estratégicos.

- **Uniformização de mercado** — Se os concorrentes estão competindo pelos mesmos clientes ou não e quantos mercados eles têm em comum. Por exemplo, as fabricantes de aviões Boeing e Airbus operam em um mercado com alto grau de uniformização porque fabricam produtos muito parecidos e têm muitos compradores em comum.
- **Similaridade de recursos** — O grau em que os concorrentes se baseiam nos mesmos tipos de recursos para competir. Por exemplo, as homepages da Google e da Yahoo! podem parecer bem diferentes, mas, nos bastidores, se baseiam no conjunto de talentos de engenheiros de software de alto calibre para criar as inovações de ponta que as ajudam a competir.

Quando duas empresas têm um alto grau de uniformização de mercado e uma grande base de recursos similares, há uma ameaça competitiva mais forte. Tal ameaça, porém, pode não resultar em ação competitiva. Por um lado, um rival de mercado pode estar hesitante em atacar uma companhia com a qual tem um alto grau de uniformização de mercado porque isso pode resultar em uma verdadeira guerra. Por outro lado, se atacados, os rivais em um mercado desse tipo estarão muito mais motivados a iniciar uma resposta competitiva. Isso é verdade, em especial, quando o mercado compartilhado é uma parte importante do conjunto de negócios da companhia.

A intensidade da reação de um rival atacado será determinado por sua dotação de recursos estratégicos. Em geral, as mesmas condições se aplicam em relação à similaridade de recursos. As companhias cujas bases de recursos são similares hesitarão em iniciar um ataque, mas representarão uma séria ameaça se obrigada a reagir competitivamente.[51] Quanto maiores os recursos estratégicos, mais aumenta a capacidade de uma empresa responder.

Motivação e Capacidade de Resposta

Uma vez atacados, os concorrentes enfrentam a questão de como responder. Antes de decidir, porém, precisam avaliar não só se responderão, mas as razões para isso e sua capacidade de fazê-lo. As companhias precisam ser claras sobre quais problemas uma resposta competitiva deve resolver e que tipos de problemas ela pode criar.[52] Há vários fatores a considerar.

Primeiro: quão grave é o impacto do ataque competitivo ao qual é necessário responder? Por exemplo, uma grande companhia com uma forte reputação, desafiada por uma empresa pequena ou desconhecida, pode escolher simplesmente ficar monitorando o novo concorrente, em vez de reagir rapidamente ou de modo exagerado. Parte da história do sucesso precoce da varejista online Amazon é atribuída ao exagero da reação da Barnes & Noble à declaração da Amazon de ser a "maior livraria do mundo". Como a Barnes & Noble já estava usando a expressão "maior livraria do mundo", processou a Amazon, mas perdeu. O confronto chegou à primeira página do *The Wall Street Journal,* e a Amazon estava a caminho de se tornar conhecida em todos os lares.[53]

Companhias planejando responder ao desafio competitivo também devem entender sua motivação para isso. Qual é o objetivo da resposta competitiva? É simplesmente bloquear o ataque do concorrente ou é uma oportunidade para aumentar sua posição competitiva? Às vezes o máximo que uma companhia pode esperar é minimizar os danos causados por uma ação competitiva rival.

Uma empresa que procura melhorar sua vantagem competitiva pode ser motivada a iniciar um ataque, em vez de simplesmente responder a um. Por exemplo, alguns anos atrás, o *Wall Street Journal* (*WSJ*) atacou o *New York Times* ao acrescentar uma seção de notícias locais à edição de Nova York do *WSJ*. Seu objetivo era se tornar um concorrente mais direto do *Times*. Os editores do *WSJ* tomaram essa decisão quando perceberam que o *Times* estava em uma condição financeira enfraquecida e não teria como responder ao ataque.[54] Uma companhia também deve avaliar sua capacidade de reação. Que recursos estratégicos podem ser usados para lidar com um ataque competitivo? A companhia tem um conjunto de forças internas que podem ser usadas ou está operando em uma posição de fraqueza?

Consideremos o papel da idade e do tamanho de uma empresa no cálculo de sua capacidade de resposta. A maioria dos investimentos em novos empreendimentos são pequenos de início. O menor tamanho os torna mais ágeis em comparação com as grandes empresas, de modo que podem responder mais rapidamente aos ataques competitivos. Em razão de não serem bem conhecidas, as firmas iniciantes também têm a vantagem do elemento surpresa de como e quando atacar. Usos inovadores da tecnologia, por exemplo, permitem que as pequenas empresas usem seus recursos de maneiras únicas.

Por serem jovens, porém, as empresas iniciantes podem não ter os recursos financeiros necessários para dar continuidade a uma resposta competitiva.[55] As companhias maiores e mais velhas, ao contrário, podem ter mais recursos e um repertório de técnicas competitivas que pode ser usado para contra-atacar. Elas, porém, tendem a reagir com mais vagar. E costumam ser previsíveis em suas respostas porque perderam o jeito de lidar com o ambiente competitivo e passam a confiar em estratégias e ações que já funcionaram antes.

Outros recursos também podem indicar se uma companhia está equipada para retaliar ou não. Por exemplo, um meio de contra-atacar pode ser fazer melhorias em um produto ou inovações nos produtos/serviços. Para que esse método seja bem-sucedido, é preciso que uma companhia disponha do capital intelectual requerido para realizar inovações viáveis e habilidades de equipe para preparar um novo produto ou serviço e levá-lo ao mercado. Recursos como equipes interdepartamentalizadas e o capital social, que tornam a produção de equipe eficaz e eficiente, representam o tipo de recursos de capital humano que aumentam a capacidade de reação da companhia.

Tipos de Ações Competitivas

Depois que a organização determina se tem a disposição e a capacidade de desencadear uma ação competitiva, ela deve determinar que tipo de ação é apropriada. As ações tomadas serão determinadas pelos recursos disponíveis e pelas motivações para responder. Há também as considerações de mercado. Que tipos de ações provavelmente serão mais eficazes, levando em conta os pontos fortes e fracos internos da companhia, bem como as condições do mercado?

Dois tipos de ações competitivas amplamente conhecidos são as ações estratégicas e táticas. As **ações estratégicas** representam a utilização ampla de recursos específicos e singulares. Exemplos incluem a realização de avanços inovadores, a construção de uma fábrica nova ou a fusão com outra companhia. Tais ações exigem planejamento e recursos significativos e, uma vez iniciadas, são difíceis de reverter.

As **ações táticas** incluem refinamentos ou extensões de estratégias. Exemplos de ações táticas incluem a diminuição de preços, a melhoria de lacunas no serviço ou o fortalecimento dos esforços de marketing. Tais ações costumam se basear nos recursos genéricos e podem ser implementadas rapidamente. A Figura 8.6 identifica vários tipos de ações competitivas estratégicas e táticas, e Destaques de Estratégia 8.7 fala sobre as muitas ações que podem resultar em relações de rivalidade.

Algumas ações competitivas têm a forma de ataques frontais, ou seja, são ações que se concentram em tomar o negócio de outra companhia ou em capitalizar os pontos fracos do setor de atividade. Isso pode ser especialmente eficaz quando as empresas usam estratégias de baixo custo. Na indústria de linhas aéreas há um bom exemplo desse método direto. Quando a Southwest Airlines começou a aplicar sua estratégia de serviços de bordo sem regalias e refeições, no fim da década de 1960, isso representou um ataque direto às grandes empresas da época. Na Europa, a Ryanair fez um desafio similar às outras empresas com uma estratégia de liderança no custo total.

Ações de guerrilha e ataques seletivos fornecem uma alternativa às empresas com menos recursos.[56] A ideia é chamar a atenção para seus produtos e serviços criando um alvoroço ou causando um choque suficiente para obter alguma publicidade gratuita. A fábrica de sapatos TOMS encontrou um jeito de gerar interesse por seus produtos sem a necessidade de um grande orçamento de publicidade como o da Nike. Sua política de doar um par de sapatos para os necessitados para cada par adquirido pelos clientes ocasionou um grande

---

ações estratégicas
utilização ampla de recursos específicos e singulares nas iniciativas estratégicas.

ações táticas
refinamentos ou extensões de estratégias que, geralmente, envolvem a utilização de poucos recursos.

FIGURA 8.6
Ações Competitivas Estratégicas e Táticas

	Ações	Exemplos
Ações Estratégicas	• Entrar em novos mercados	• Expandir geograficamente • Expandir em mercados negligenciados • Concentrar-se nos mercados dos concorrentes • Concentrar-se em novas demografias
	• Introduzir novos produtos	• Imitar os produtos dos concorrentes • Lidar com falhas de qualidade • Alavancar novas tecnologias • Propagar o nome da marca com produtos relacionados • Proteger as inovações com patentes
	• Alterar a capacidade de produção	• Criar uma supercapacidade • Assegurar as fontes de matérias-primas • Assegurar-se de poder contar com os fornecedores e distribuidores preferidos • Estimular a demanda limitando a capacidade
	• Fusões/Alianças	• Adquirir/fazer parcerias com concorrentes para reduzir a competição • Assegurar os principais fornecedores por meio de alianças • Obter novas tecnologias/propriedade intelectual • Facilitar a entrada em novos mercados
Ações Táticas	• Diminuição (ou aumento) de preço	• Manter a condição dominante de oferecer preços baixos • Oferecer descontos e reembolsos • Oferecer incentivos (p. ex., milhas aéreas frequentes) • Melhorar a oferta para subir de nível
	• Melhorias de produto/serviço	• Preencher lacunas no serviço • Aumentar as garantias • Fazer mais melhorias incrementais no produto
	• Aumento dos esforços de marketing	• Usar o marketing de guerrilha • Realizar ataques seletivos • Mudar a embalagem do produto • Usar novos canais de marketing
	• Novos canais de distribuição	• Avaliar os fornecedores diretamente • Avaliar os clientes diretamente • Desenvolver múltiplos pontos de contato com os clientes • Aumentar a presença na internet

Fontes: Chen, M. J. & Hambrick, D. 1995. Speed, Stealth, and Selective Attack: How Small Firms Differ from Large Firms in Competitive Behavior. *Academy of Management Journal*, 38: 453–482; Davies, M. 1992. Sales Promotions as a Competitive Strategy. *Management Decision*, 30(7): 5–10; Ferrier, W., Smith, K. & Grimm, C. 1999. The Role of Competitive Action in Market Share Erosion and Industry Dethronement: A Study of Industry Leaders and Challengers, *Academy of Management Journal*, 42(4): 372–388; e Garda, R. A. 1991. Use Tactical Priceng to Uncover Hidden Profits. *Journal of Business Strategy*, 12(5): 17–23.

alvoroço na internet.[57] Mais de 2 milhões de pessoas clicaram o botão "curtir" na página da TOMS no Facebook. Sua política foi impactante, com mais de 2 milhões de sapatos doados até janeiro de 2013.[58]

DESTAQUES DE ESTRATÉGIA 8.7

AMAZON E APPLE: COLISÃO DE GIGANTES

A Amazon e a Apple têm diferentes históricos. As raízes da Amazon são de varejista online. A Apple é a empresa tecnológica por excelência. Mas agora elas estão lutando uma contra a outra por vários motivos. Essa batalha é intrigante, haja vista os diferentes históricos, mas com a presença de traços similares. Ambas são conhecidas pelo estrito controle em que mantêm seu software, cultura de resguardar segredos, grande quantidade de informação sobre os clientes que coletam, e pelo desejo de vencer. No entanto, seus modelos de negócios são muito diferentes. A Apple gera a maior parte de seu lucro em função das altas margens de venda do hardware que comercializa. Em contraste, a Amazon trabalha com margens no fio da navalha para o hardware, mas aufere a maior parte do lucro levando os compradores a seus negócios de comércio eletrônico.

Hoje elas competem em duas áreas maiores: tablets e download de música e livros eletrônicos. Interessante notar que cada uma delas é líder em um desses mercados, mas ambas afirmam estar dispostas a lutar pelos dois segmentos. A Apple foi a primeira a entrar no mercado de tablets, mas a Amazon atacou agressivamente com seu Kindle Fire. No quarto trimestre de 2012, a Apple detinha 44% do mercado de tablets, e a Amazon, 12%. Na lanterninha desse mercado, a Amazon compara diretamente a utilidade de seu produto com o iPad. Por exemplo, quando ela lançou o Kindle Fire, Jeff Bezos, o presidente da Amazon, falou abertamente da capacidade do produto de transferir mídia para o tablet via wireless, ou seja, sem a necessidade de conectá-lo ao computador — ao contrário do usuário do iPad. Ao fazer isso, a Amazon alavancou sua forte capacidade de armazenamento em nuvem. Embora a Apple não encarasse a Amazon como um concorrente-chave nesse mercado, alguns analistas acreditam que o desenvolvimento do iPad Mini foi uma ação para responder ao Kindle Fire.

Em outra área atual de competição, a Amazon e a Appple vendem e-books. A Amazon domina esse mercado, com 60% de participação em 2012. A Apple, com menos de 10%, é a parte agressiva. Para competir melhor com a Amazon no mercado de e-books, a Apple desenvolveu uma plataforma pela qual os usuários podem fazer e-books interativos.

A Amazon está se posicionando para enfrentar a Apple em algumas outras áreas de mercado. Ela desenvolveu seu próprio smartphone, lançado em 2014. Como parte desse lançamento, vale-se da mesma receita que usou para lançar o Kindle Fire e um esquema de preços agressivo. A Amazon está aumentando sua capacidade na área de software de comunicação móvel. Para dar mais competitividade aos aplicativos disponíveis para seu hardware, ela adquiriu duas empresas de software, a Yap e a UpNext, estruturando-as para desenvolver aplicativos para celular, e softwares de mapas e reconhecimento de voz. Um exemplo é o lançamento do Amazon Cloud Player, um aplicativo que permite aos usuários comprar música e armazená-la na nuvem, podendo ser acessada por um celular ou dispositivo conectado à internet onde e quando o usuário desejar.

Embora compitam de várias formas, elas também se complementam de vários modos. Por exemplo, um dos aplicativos mais baixados para o iPad é o Kindle da Amazon, e alguns dos itens mais populares vendidos no amazon.com são iPads e iPhones.

Em sua batalha competitiva, essas empresas usaram e continuarão a usar ações estratégicas e táticas a fim de tentar melhorar sua própria posição competitiva e desestabilizar a da rival. A concorrência entre elas faz com que continuem a aprimorar produtos e serviços à medida que procuram novos meios de fornecer soluções para seus clientes a preços atraentes.

Fontes: Vascellaro, J. & Bensinger, G. 2012. Apple-Amazon war beats up. Wsj.com, 26 de julho: np; Krause, R. 2013. Amazon.com smartphone with disruptive pricing. Investors.com, 3 de janeiro: np; e Scarpello, L. 2013. Apple vs. Amazon: Amazon opens mobile MP3 store. Popai.com, 21 de janeiro: np.

Algumas companhias limitam sua resposta competitiva a ações defensivas. Tais ações dificilmente melhoram a vantagem competitiva da companhia, mas uma boa ação defensiva pode diminuir o risco de ser atacado e desencoraja o novo concorrente.

Vários dos fatores discutidos neste capítulo, como os tipos de estratégias de entrada e o uso da liderança no custo em comparação com as estratégias de diferenciação, podem orientar a decisão de quais tipos de ações competitivas tomar. Antes de iniciar certa estratégia, porém, avaliar a possível reação do concorrente é um passo vital.[59]

Possibilidade de Reação da Concorrência

O último passo antes de iniciar uma resposta competitiva é avaliar qual será a possível reação do concorrente. A lógica da dinâmica competitiva sugere que quando as ações competitivas começam, é provável que nos deparemos com respostas competitivas.[60] O último passo antes de iniciar um ataque é avaliar como os concorrentes podem reagir. Avaliar as possíveis reações ajuda as companhias a planejar futuros contra-ataques. E também pode levar a procrastinar a decisão — ou seja, não tomar nenhuma ação competitiva em virtude da possibilidade de que uma resposta mal orientada ou mal planejada resulte em uma reação competitiva devastadora.

Como um concorrente pode responder depende de três fatores: sua dependência de mercado, seus recursos e da reputação da empresa que inicia a ação (a reputação do agente). As consequências de cada um são descritas nas seções a seguir.

dependência de mercado
o grau de concentração do negócio de uma empresa em determinado setor de atividade.

Dependência de Mercado Se uma companhia tem uma alta concentração de seu negócio em determinado setor de atividade, ela tem mais a perder porque depende do mercado desse segmento para vender. Empresas atuando em um único setor ou setor dominante são mais propensas a organizar uma resposta competitiva. As empresas mais jovens e pequenas com alto grau de **dependência de mercado** podem ter limitada condição de reagir em face de sua restrição de recursos.

Recursos do Concorrente Anteriormente examinamos as dotações de recursos internos que uma companhia deve avaliar ao verificar sua capacidade de resposta. Neste caso, são os recursos do concorrente que precisam ser considerados. Por exemplo, é mais provável que uma pequena empresa reaja a ações táticas, como o incentivo de preço ou a melhora das ofertas de serviço, porque elas são menos custosas para atacar do que as ações estratégicas de grande escala. Por outro lado, uma empresa com "grandes bolsos" financeiros pode realizar e sustentar um contra-ataque mais custoso.

Reputação do Agente Se uma companhia deve responder a um desafio competitivo dependerá de quem iniciar o ataque contra ele. Em comparação com empresas relativamente menores, com menos poder de mercado, os concorrentes estarão mais dispostos a reagir às ações competitivas dos líderes do mercado. Outra coisa a se considerar é quão bem-sucedidos foram os ataques anteriores. Por exemplo, a diminuição de preços por parte de grandes fabricantes de carros costuma ter o resultado desejado — o aumento das vendas aos clientes sensíveis ao preço — pelo menos a curto prazo. Por esse motivo, quando a GM oferece descontos ou incentivos, concorrentes como Ford e Chrysler não podem se dar ao luxo de ignorar o desafio e rapidamente agem da mesma forma.

Escolher Não Reagir: Tolerância e Coopetição

A análise anterior sugere que podem existir muitas circunstâncias nas quais a melhor reação é não reagir. Essa postura é conhecida como **tolerância** — abster-se de reagir e frear iniciativas de ataque. A decisão entre responder ou mostrar tolerância nem sempre é fácil de ser identificada.

tolerância
a opção de uma empresa de não reagir a uma ação competitiva do novo rival.

coopetição
a estratégia de uma empresa de cooperar e competir com as empresas rivais.

Um conceito relacionado com a tolerância é a **coopetição**. Esse termo foi cunhado por Raymond Noorda, fundador e ex-presidente da companhia de softwares de rede Novell, para sugerir que as companhias podem se beneficiar de uma combinação de competição e cooperação.[61] Concorrentes próximos, que aos olhos dos clientes se diferenciam, podem trabalhar juntos nos bastidores para obter eficiências no setor em que atuam.[62] Por exemplo, as cervejarias na Suécia cooperam na reciclagem de garrafas usadas, mas ainda competem pelos clientes quanto a gosto e variedade. Enquanto os benefícios da cooperação forem sentidos por todos os participantes de um sistema de coopetição, as companhias evitarão a concorrência intensa e prejudicial.[63]

A despeito dos possíveis benefícios da coopetição, as companhias precisam se proteger contra exageros, que podem levar à percepção de que suas ações sejam encaradas como conspiração, uma prática que tem consequências legais nos Estados Unidos. Em Destaques de Estratégia 8.8 vemos um exemplo dessa cooperação ilegal.

Uma vez avaliada a probabilidade de uma companhia responder a um desafio competitivo, a empresa pode decidir que tipo de ação é mais apropriado. As ações competitivas podem assumir muitas formas: a entrada de um novo participante no mercado, um ataque por parte de uma empresa já existente e relativamente menos importante a um líder setorial, ou a ocorrência de uma inovação expressiva capaz de abalar estruturalmente o setor. Tais ações mudam as dinâmicas competitivas do mercado para sempre. Assim, o ciclo de ações e reações que ocorrem em um negócio todos os dias é um aspecto vital da estratégia empreendedora que leva a processos recorrentes de criação de valor e avanço do bem-estar econômico.

DESTAQUES DE ESTRATÉGIA 8.8 — ÉTICA

A LIMPEZA DO NEGÓCIO DE SABÃO

Colgate-Palmolive, Unilever, Procter & Gamble (P&G) e Hankel competem entre si no mundo todo nos negócios relacionados a sabão de limpeza. Mas, após uma longa investigação, descobriu-se que, na França, isso não correspondia à verdade. Ali, as empresas participantes desse mercado, em conluio, ajustaram os preços por cerca de uma década. Nas palavras de um executivo da Henkel, os fabricantes de detergente queriam "limitar a intensidade da competição entre eles e limpar o mercado". A Autorité de la Concurrance, o organismo francês encarregado de verificar a observância da legislação antitruste local, multou aquelas quatro empresas em cerca de $484 milhões depois de completar sua investigação.

As empresas começaram a compartilhar informações de preços nos anos 1980, mas nos anos 1990 essa cooperação se tornou mais ousada, adotando um comportamento digno de um romance de espionagem. Em 1996, quatro diretores das marcas se encontraram secretamente em um restaurante no subúrbio de Paris e concordaram em coordenar os preços de seus produtos de sabão de limpeza. Eles preestabeleceriam os preços pelos quais venderiam aos varejistas e informariam um ao outro caso planejassem ofertas especiais. Atribuíram codinomes para cada empresa: Pierre para a Procter & Gamble, Laurence para a Unilever, Hugues para a Henkel, e Christian para a Colgate-Palmolive. Desse ponto em diante, eles programaram encontros clandestinos quatro vezes por ano. As reuniões, que eles chamavam de "checagem das lojas" em suas agendas para limitar as perguntas que lhes eram feitas, costumavam durar a tarde inteira. Eram estabelecidos complexos esquemas de preços. Por exemplo, a P&G vendia sua marca Ariel como um produto superior e coordenava com a Univeler para manter os preços do Ariel dentro de 3% acima da margem de venda do Skip, da Unilever. Nessas reuniões eles tratariam de eventuais reclamações entre os participantes sobre casos de não cumprimento do que fora previamente combinado.

Essa conspiração durou por quase dez anos, até que foi desfeita em 2004. A Unilever foi a primeira a desistir, lançando a promoção "O Dia D", que oferecia 10% de desconto, sem negociar antecipadamente com as outras três empresas. Os outros concorrentes responderam rapidamente com ações que violavam as normas de preços que haviam sido estabelecidas.

Fontes: Colchester, M. & Passariello, C. 2011. Dirty secrets in soup prices. Wsj.com, 9 de dezembro: np; Smith, H. & White, A. 2011. P&G, Colgate fined by France in $484 million detergent cartel. Blommberg.com, 11 de dezembro: np.

QUESTÕES PARA DEBATER

Quando o Scottsdale Quarter, um shopping em um subúrbio de Phoenix, abriu, em 2009, encontrou um ambiente desafiador. Os consumidores estavam deixando as compras para trás, com o país enfrentando uma recessão. Os próprios hábitos de compras estavam mudando, passando de lojas físicas para sites online em muitos setores. Foram poucas as lojas que alugaram espaços no shopping quando ele abriu as portas.

Michael Glimcher, CEO e administrador do shopping, sabia que tinha de ser empreendedor e desenvolver algumas ideias que virassem o jogo a seu favor. Ele precisava ir além do modelo padrão de acrescentar alguns restaurantes ou expandir a praça de alimentação. Enviou seus representantes pelo país para procurar por opções já testadas que pudessem incorporar ao Scottsdale Quarter de modo a fazer os consumidores largarem seus computadores e frequentarem novamente os shoppings. Nas palavras de Jacqueline Finch, integrante do grupo enviado por Glimcher, o mote de trabalho era "shopping é também uma forma de hospitalidade". Eles visitaram e agregaram muitos varejistas. Entre eles, o Make Meaning, uma espécie de clube no qual os membros têm aulas e realizam vários trabalhos, de artesanato a bolos. Atraíram, também, o Drybar, um salão de beleza que seca e estiliza cabelos sem cortá-los e onde é possível fazer uma festa com muito estilo para os amigos. Há também um novo cinema com um restaurante que entrega as refeições nas poltronas da sala de exibição. E, ainda, o Blissful Yoga, uma loja da Restoration Hardware que oferece flores frescas cortadas e chás de ervas, uma combinação de salão de cabeleireiro para homens e bar, uma loja de produtos frescos e uma Apple Store.

(continua)

O objetivo dessas mudanças é oferecer experiências que os clientes não recebem online e construir lojas que os clientes queiram visitar com mais frequência do que uma ou duas vezes por ano. Por exemplo, no caso do Make Meaning, os clientes aparecem com frequência para experimentar novos produtos artesanais e, em muitos casos, precisam retornar logo em seguida para retirar sua cerâmica ou outro objeto depois que secaram.

Os resultados, até agora, são promissores para a Scottsdale Quarter. As vendas por m² do shopping estão entre as mais altas para a companhia Glimcher, mas ainda resta ver se essa é ou não uma solução de longo prazo para o Scottdale Quarter.

Perguntas para Discussão

1. Os clientes ainda vão achar valioso comprar num shopping como o Scottsdale Quarter a longo prazo ou a novidade desses tipos de compras se esvai com o tempo?
2. O que provavelmente vai acontecer em futuros períodos econômicos difíceis? Lojas como essa poderão sair de uma recessão em melhores condições do que os shoppings comuns?
3. Os operadores de shoppings podem transferir a experiência do Scottsdale Quarter, de um mercado consideravelmente mais refinado, para shoppings em regiões menos sofisticadas?

Fontes: Clifford, S. 2012. U.S. malls try to offer what internet can't. *International Herald Tribune*, 19 de julho: 14; www.makemeaning.com; www.drybar.com; e www.scottsdalequarter.com.

Refletindo quanto às Implicações sobre a Carreira...

- **Reconhecimento de Oportunidade:** Que ideias para novas atividades de negócios são ativamente discutidas em seu ambiente de trabalho? Pode-se aplicar as quatro características de uma oportunidade para determinar se elas são oportunidades viáveis? Se ninguém em sua organização está entusiasmado ou sequer considera novas oportunidades, seria bom você se perguntar se é uma boa ideia continuar na empresa atual.
- **Nova Entrada Empreendedora:** Há oportunidades para lançar novos produtos ou serviços que podem acrescentar valor à organização? Quais são as melhores maneiras de trazer tais oportunidades à atenção dos principais gerentes? Isso poderia se constituir em uma oportunidade para lançar seu próprio investimento empreendedor?
- **Recursos Empreendedores:** Devemos avaliar nossos recursos em termos de recursos financeiros, capital humano e capital social. Eles são suficientes para iniciar um investimento próprio? Se houver alguma deficiência em alguma dessas áreas, há meios para compensá-la? Mesmo se não houver interesse em iniciar um novo investimento, você pode usar os recursos empreendedores que possui para avançar sua carreira na empresa.
- **Dinâmicas Competitivas:** Sempre haverá competição interna nas organizações: entre as unidades de negócios e, às vezes, entre indivíduos da mesma unidade. Que tipos de ações estratégicas e táticas são empregados nessas rivalidades internas? Que passos dar para fortalecer nossa posição tendo em vista as "dinâmicas competitivas" da organização?

resumo

Os novos investimentos e as empresas empreendedoras que capitalizam oportunidades do mercado fazem uma importante contribuição à economia. Eles são líderes em termos de implementação de novas tecnologias e na introdução de bens e serviços inovadores. As empresas empreendedoras, porém, devem enfrentar desafios únicos caso queiram sobreviver e crescer.

Há três fatores que devem estar presentes para iniciar novos investimentos ou implementar novas tecnologias com sucesso: oportunidade de empreendimento, recursos para aproveitar a oportunidade e um empreendedor ou equipe empreendedora disposta e hábil para realizar o investimento. As empresas devem desenvolver uma forte habilidade de reconhecer oportunidades viáveis. O reconhecimento de oportunidades é um processo de determinação de quais ideias de investimento são, de fato, oportunidades de negócios promissoras.

Além das grandes oportunidades, as empresas empreendedoras precisam de recursos e de liderança empreendedora para prosperar. Os recursos para os novos participantes incluem recursos financeiros e capital, humano e social. Muitas empresas se beneficiam de programas do governo que apoiam o desenvolvimento e o crescimento de novos investimentos. Estes prosperam melhor quando são liderados por fundadores ou donos que têm visão, determinação e dedicação, e um compromisso com a excelência.

Uma vez que as oportunidades necessárias, os recursos e as habilidades do empreendedor existem, os novos investimentos ainda enfrentarão vários desafios estratégicos. As decisões sobre o posicionamento estratégico dos novos concorrentes podem se beneficiar da realização de análises estratégicas e da avaliação das exigências de áreas do mercado. As estratégias de entrada usadas pelos novos concorrentes têm várias formas, incluindo a nova entrada pioneira, imitativa e adaptativa. As empresas empreendedoras podem se beneficiar de usar o baixo custo total, a diferenciação e as estratégias de foco, embora cada um desses métodos tenha armadilhas relacionadas às jovens e pequenas empresas. As empresas empreendedoras também estão em uma posição forte para se beneficiar das estratégias de combinação.

A entrada de uma nova companhia na arena competitiva é como um ataque concorrencial às empresas já existentes nesse mercado. Tais ações costumam provocar uma resposta competitiva, que pode, por sua vez, provocar uma contrarresposta. Como resultado, uma dinâmica competitiva — ação e reação — instala-se entre os concorrentes. Ao decidir se devem atacar ou contra-atacar, as companhias devem analisar a seriedade da ameaça competitiva, sua habilidade de dar uma resposta à altura e o tipo de ação — estratégica ou tática — que a situação requer. Às vezes, os concorrentes acham melhor não responder ou encontram meios de cooperar com seus concorrentes mais próximos, em vez de desafiá-los.

PERGUNTAS DE REVISÃO DO RESUMO

1. Explique como a combinação de oportunidades, recursos e empreendedores ajuda a determinar o caráter e a direção estratégica de uma empresa empreendedora.
2. Qual é a diferença entre a descoberta e a avaliação no processo do reconhecimento de oportunidade? Dê um exemplo de cada.
3. Descreva as três características da liderança empreendedora: visão, dedicação e determinação, e o comprometimento com a excelência.
4. Descreva brevemente os três tipos de estratégias de entrada empreendedoras: pioneira, imitativa e adaptativa.
5. Explique por que as empresas empreendedoras geralmente estão em uma posição forte para usar estratégias de combinação.
6. O que o termo *dinâmicas competitivas* significa?
7. Explique a diferença entre ações estratégicas e ações táticas e dê exemplos de cada uma.

termos-chave

empreendedorismo 248
reconhecimento de oportunidade 249
investidores anjo 252
investidores de risco 252
crowdfunding 253
liderança empreendedora 255
estratégia empreendedora 256
nova entrada pioneira 257
nova entrada imitativa 258
nova entrada adaptativa 259
dinâmicas competitivas 263
nova ação competitiva 264
Análise de ameaças 264
uniformização de mercado 266
similaridade de recursos 266
ações estratégicas 267
ações táticas 267
dependência de mercado 270
tolerância 270
coopetição 270

questões & exercícios práticos

1. A Simplic e a "Lendico" são duas empresas empreendedoras que oferecem serviços de empréstimo pela internet. Avalie as características dessas duas companhias e, para cada uma:

    a. Avalie suas características e até que ponto elas são parecidas em termos de uniformização de mercado e similaridade de recursos.

    b. Baseado em sua análise, que estratégia e/ou ações táticas essas empresas poderiam realizar para melhorar sua posição competitiva? A E-Loan e a Lending Tree poderiam melhorar seu desempenho por meio da coopetição, em vez da competição? Explique seu raciocínio.

2. Usando a internet, pesquise o site do Sebrae (www.sebrae.com.br/sites/portalsebrae). Quais são os diferentes tipos de financiamento disponíveis para as pequenas empresas? Além do financiamento, que outros programas estão disponíveis para apoiar o crescimento e o desenvolvimento dos pequenos negócios?

Companhia	Uniformização de Mercado	Similaridade de Recursos
E-Loan		
Lending Tree		

Companhia	Ações Estratégicas	Ações Táticas
E-Loan		
Lending Tree		

3. Pense em uma empresa empreendedora inaugurada com sucesso nos últimos dez anos. Que tipo de estratégia de entrada ela usou — pioneira, imitativa ou adaptativa? Desde a entrada inicial da empresa, como ela usou ou combinou o baixo custo geral, a diferenciação e/ou as estratégias de foco?

4. Selecione uma empresa empreendedora de sua comunidade e com a qual esteja familiarizado. Pesquise a companhia e fale sobre como ela se posicionou com relação aos concorrentes mais próximos. Ela tem uma vantagem/desvantagem estratégica única? Explique.

questões éticas

1. As estratégias de imitação são baseadas na ideia de copiar a de outra empresa e usá-la para seus propósitos pessoais. Isso é antiético ou é simplesmente uma prática de negócios inteligente? Fale sobre as consequências éticas dessa prática (se houver alguma).

2. A competição intensa, como guerras de preço, é uma prática aceitável nos Estados Unidos, mas a cooperação entre as companhias tem consequências jurídicas por causa das leis antitruste. Será que as guerras de preços que tiram as pequenas empresas ou os novos concorrentes dos negócios deveria ser ilegal? Que considerações éticas surgem (se surgem)?

referências

1. Pepitone, J. Digg sold to Betaworks for pocket change. CNNmoney.com, 12 de julho: np.
2. Ante, S. & Walker, J. 2012. Digg admits missteps. Wsj.com, 16 de julho: np.
3. http://web.sba.gov.
4. Timmons, J. A. & Spinelli, S. 2004. *New venture creation* (6ª es.). Nova York: McGraw-Hill/Irwin; e Bygrave, W. D. 1997. The entrepreneurial process. Em W. D. Bygrave (Ed.), *The portable MBA in entrepreneurship*, 2ª ed. Nova York: Wiley.
5. Bryant, A. 2012. Want to innovate? Feed a cookie to the monster. nytimes.com, 24 de março: np.
6. Fromartz, S. 1998. How to get yourfirst great idea. *Inc. Magazine*, 1º de abril: 91–94; e Vesper, K. H. 1990. *New venture strategies*, 2ª ed. Englewood Cliffs, NJ: Prentice-Hall.
7. Para uma visão interessante sobre a natureza do processo de reconhecimento de oportunidades, veja: Baron, R. A. 2006. Opportunity recognitions as pattern recognition: How entrepreneurs "connect the dots" to identify new business opportunities. *Academy of Management Perspectives*, fevereiro: 104–119.
8. Gaglio, C. M. 1997. Opportunity identification: Review, critique and suggested research directions. Em J. A. Katz, ed. *Advances in entrepreneurship, firm emergence and growth*, vol. 3. Greenwich, CT: JAI Press: 139–202; Lumpkin, G. T., Hills, G. E., & Shrader, R. C. 2004. Opportunity recognition. Em Harold L. Welsch, (Ed.), *Entrepreneurship: The road ahead*, pp. 73–90. Londres: Routhledge; e Long, W. & McMullan, W. E. 1984. Mapping the new venture opportunity identification process. *Frontiers of entrepreneurship research, 1984*. Wellesley, MA: Babson College: 567–90.
9. Para uma análise interessante sobre os diferentes aspectos da descoberta de oportunidades, veja: Shepherd, D. A. & De Tienne, D. R. 2005. Prior knowledge, potential financial reward, and opportunity identification. *Entrepreneurship theory & practice*, 29(1): 91–112; e Gaglio, C. M. 2004. The role of mental simulations and counterfactual thinking in the opportunity identification process. *Entrepreneurship theory & practice*, 28(6): 533–552.
10. Stewart, T. A. 2002. How to think with your gut. *Business 2.0*, novembro: 99–104.
11. Para mais sobre o processo de reconhecimento de oportunidades, veja: Smith, B. R., Matthews, C. H. & Schenkel, M. T. 2009. Differences in entrepreneurial opportunities: The role of tacitness and codification in opportunity identification. *Journal of Small Business Management*, 47(1): 38–57.
12. Timmons, J. A. 1997. Opportunity recognition. Em W. D. Bygrave, ed. *The portable MBA in entrepreneurship*, 2ª ed. Nova York: John Wiley: 26–54.
13. As redes sociais estão mostrando ser um tipo cada vez mais importante de recurso empreendedor. Para uma análise interessante sobre isso, veja: Aldrich, H. E. & Kim, P. H. 2007. Small worlds, infinite possibilities? How social networks affect entrepreneurial team formation and search. *Strategic Entrepreneurship Journal*, 1(1): 147–166.
14. Bhide, A. V. 2000. *The origin and evolution of new businesses*. Nova York: Oxford University Press.
15. Small Business 2001: Where are we now? 2001. *Inc. Magazine*, 29 de maio: 18–19; e Zacharakis, A. L., Bygrave, W. D. & Shepherd, D. A. 2000. *Global entrepreneurship monitor—National entrepreneurship assessment: United States of America 2000 Executive Report*. Kansas City, MO: Kauffman Center for Entrepreneurial Leadership.
16. Cooper, S. 2003. Cash cows. *Entrepreneur*, junho: 36.
17. Seglin, J. L. 1998. What angels want, *Inc. Magazine*, 20(7): 43–44.
18. Torres, N. L. 2002. Playing an angel. *Entrepreneur*, maio: 130–138.
19. Para uma análise interessante sobre como as práticas de capital de risco variam entre diferentes setores da economia, veja: Gaba, V. & Meyer, A. D. 2008. Crossing the organizational species barrier: How venture capital practices infiltrated the information technology sector. *Academy of Management Journal*, 51(5): 391–412.
20. Nossa análise do crowdsourcing se baseia em: Wasik, J. 2012. The brillance (and madness) of crowdfunding. *Forbes*, 25 de junho: 144–146; Anônimo. 2012. Why crowdfunding may not be path to riches. Finance.yahoo.com, 23 de outubro: np; e Espinoza, J. 2012. Doing equity crowd funding right. *Wall Street Journal*, 21 de maio: R3.
21. Para saber mais sobre as diferentes formas de organizar empresas empreendedoras, e sobre como os diferentes estágios de crescimento e desenvolvimento afetam o financiamento, veja: Cassar, G. 2004. The financieng of business start-ups. *Journal of Business Venturing*, 19(2): 261–283.
22. Kroll, M., Walters, B. & Wright, P. 2010. The impact of insider control and environment on post-IPO performance. *Academy of Management Journal*, 53: 693–725.
23. Eisenhardt, K. M. & Schoonhoven, C. B. 1990. Organizational growth: Linking founding team, strategy, environment, and growth among U.S. semiconductor ventures, 1978–1988. *Administrative Science Quarterly*, 35: 504–529.

24. Dubini, O. & Aldrich, H. 1991. Personal and extended networks are central to the entrepreneurship process. *Journal of Business Venturing*, 6(5): 305–333.
25. Para saber mais sobre o papel dos contatos sociais no estabelecimento da legitimidade das empresas jovens, veja: Chrisman, J. J. & McMullan, W. E. 2004. Outside assistance as a knowledge resource for new venture survival. *Journal of Small Business Management*, 42(3): 229–244.
26. Vogel, C. 2000. Janina Pawlowski. *Working woman*, junho: 70.
27. Para uma visão recente do empreendedorismo e das alianças estratégicas, veja: Rothaermel, F. T. & Deeds, D. L. 2006. Alliance types, alliance experience and alliance management capability in high-technology ventures. *Journal of Business Venturing*, 21(4): 429–460; e Lu, J. W. & Beamish, P. W. 2006. Partnering strategies and performance of SMEs' international joint ventures. *Journal of Business Venturing*, 21(4): 461–486.
28. Monagan, J. 2005. All Systems Grow. *Entrepreneur*, março: 78–82; Weaver, K. M. & Dickson, O. 2004. Strategic Alliances. Em W. J. Dennis, Jr. (Ed._., *NFIB National Small Business Poll*. Washington, DC: National Federation of Independent Business; e Copeland, M. V. & Tilin, A. 2005. Get Someone to Build It. *Business 2.0*, 6(5): 88.
29. Para mais informações, acesse o site da Small Business Administration: www.sba.gov.
30. Simsek, Z., Heavey, C. & Veiga, J. 2009. The Impact of CEO core self-evaluations on entrepreneurial orientation. *Strategic Management Journal*, 31: 110–119.
31. Para um estudo interessante do papel da paixão no sucesso empreendedor, veja: Chen, X-P., Yao, X. & Kotha, S. 2009. Entrepreneur passion and preparedness in business plan presentations: A persuasion analysis of venture capitalists's funding decisions. *Academy of Management Journal*, 52(1): 101–120.
32. Collins, J. 2001. *Good to great*. Nova York: HarperCollins.
33. A ideia das ferramentas de entrada foi abordada por Vesper, K. 1990. *New venture strategies* (2ª ed.). Englewood Cliffs, NJ: Prentice-Hall; e Drucker, P. F. 1985. *Innovation and entrepreneurship*. Nova York: HarperBusiness.
34. Veja: Dowell, G & Swaminathan, A. 2006. Entry timing, exploration, and firm survival in the early U.S. bicycle industry. *Strategic Management Journal*, 27: 1159–1182, para um estudo recente sobre a escolha do tempo certo para uma nova entrada empreendedora.
35. Dunlap-Hinkler, D., Kotabe, M. & Mudambi, R. 2010. A story of breakthrough vs. incremental innovation: Corporate entrepreneurship in the global pharmaceutical industry. *Strategic Entrepreneurship Journal*, 4: 106–127.
36. Maiello, M. 2002. They almost changed the world. *Forbes*, 22 de dezembro: 217–220.
37. Pogue, D. 2012. Pay by app: No cash or card needed. *International Herald Tribune*, 19 de julho: 18.
38. Williams, G. 2002. Looks like rain. *Entrepreneur*, setembro: 104–11.
39. Pedroza, G. M. 2002. Tech tutors. *Entrepreneur*, setembro: 120.
40. Romanelli, E. 1989. Environments and strategies of organization start-up: Effects on early survival. *Administrative Science Quarterly*, 34(3): 369–87.
41. Wallace, B. 2000. Brothers. *Philadelphia Magazine*, abril: 66–75.
42. Buchanan, L. 2003. The innovation factor: A field guide to innovation. *Forbes*, 21 de abril, www.forbes.com.
43. Kim, W. C. & Mauborgne, R. 2005. *Blue ocean strategy*. Boston: Harvard Business School Press.
44. Para saber mais sobre como as combinações organizacionais únicas podem contribuir para as vantagens competitivas das empresas empreendedoras, veja: Steffens, P., Davidsson, P. & Fitzsimmons, J. Performance configurations over times: Implications for growth- and profit-oriented strategies. *Entrepreneurship Theory & Practice*, 33(1): 125–148.
45. Smith, K. G., Ferrier, W. J. & Grimm, C. M. 2001. King of the hill: Dethroning the industry leader. *Academy of Management Executive*, 15(2): 59–70.
46. Grove, A. 1999. *Only the paranoid survive: How to exploit the crises points that challenge every company*. Nova York: Random House.
47. Stalk, Jr., G. & Lachenauer, R. 2004. *Hardball: are you playing to play or playing to win?* Cambridge, MA: Harvard Business School Press.
48. Chen, M. J., Lin, H. C. & Michel, J. G. 2010. Navigating in a hypercompetitive environment: The roles of action aggressiveness and TMT integration. *Strategic Management Journal*, 31: 1410–1430.
49. Peteraf, M. A. & Bergen, M. A. 2003. Scanning competitive landscapes: A market-based and resource-based framework. *Strategic Management Journal*, 24: 1027–1045.
50. Chen, M. J. 1996. Competitor analysis and interfirm rivalry: Toward a theoretical integration. *Academy of Management Review*, 21(1): 100–134.
51. Chen, 1996, op. cit.
52. Chen, M. J., Su, K. H. & Tsai, W. 2007. Competitive tension: The awareness-motivation-capability perspective. *Academy of Management Journal*, 50(1): 101–118.
53. St. John, W. 1999. Barnes & Noble's Epiphany. *Wired*, www.wired.com, junho.
54. Anônimo. 2010. Is the *Times* ready for a newspaper war? *Bloomberg Businessweek*, 26 de abril: 30–31.
55. Souder, D. & Shaver, J. M. 2010. Constraints and incentives for making long horizon corporate investments. *Strategic Management Journal*, 31: 1316–1336.
56. Chen, M. J. & Hambrick, D. 1995. Speed, stealth, and selective attack: How small firms differ from large firms in competitive behavior. *Academy of Management Journal*, 38: 453–482.
57. Fenner, L. 2009. TOMS shoes donates one pair of shoes for every pair purchased. America.gov, 19 de outubro: np.
58. www.facebook.com/tomshoes.
59. Para uma análise sobre como as ações estratégicas da Apple Computer contribuíram para as mudanças nas dinâmicas competitivas nas indústrias de celulares e música, veja: Burgelman, R. A. & Grove, A. S. 2008. Cross-boundry disruptors: Powerful interindustry entrepreneurial change agents. *Strategic Entrepreneurship Journal*, 1(1): 315–327.
60. Smith, K. G., Ferrier, W. J. & Ndofor, H. 2001. Competitive dynamics research: Critique and future directions. Em M. A. Hitt, R. E. Freeman & J. S. S. Harrison (Eds.). *The Blackwell handbook of strategic management*, pp. 315–361. Oxford, OK: Blackwell.
61. Gee, P. 2000. Co-opetition: The new market milieu. *Journal of Healthcare Management*, 45: 359–363.
62. Ketchen, D. J., Snow, C. C. & Hoover, V. L. 2004. Research on competitive dynamics: Recent accomplishments and future challenges. *Journal of Management*, 30(6): 779–804.
63. Khanna, T., Gulati, R. & Nohria, N. 2000. The economic modeling of strategy process: Clean models and dirty hands. *Strategic Management Journal*, 21: 781–790.

PARTE 3: IMPLEMENTAÇÃO DA ESTRATÉGIA

capítulo 9

Controle Estratégico e Governança Corporativa

Depois da leitura deste capítulo você deverá obter uma boa compreensão dos seguintes pontos a aprender:

PA9.1 O valor dos sistemas de controle estratégico eficazes na implementação estratégica.

PA9.2 A principal diferença entre os sistemas de controle "tradicionais" e "contemporâneos".

PA9.3 A necessidade dos sistemas de controle "contemporâneos" no atual e complexo ambiente geral, competitivo e de rápidas mudanças.

PA9.4 Os benefícios de se ter o equilíbrio certo entre os três níveis de controle comportamental: cultura, recompensas e incentivos, e limites.

PA9.5 Os três participantes-chave da governança corporativa: acionistas, gestores (liderados pelo presidente executivo) e conselho de administração.

PA9.6 O papel dos instrumentos da governança corporativa em assegurar que os interesses dos gestores estejam alinhados com os dos acionistas e com a perspectiva internacional.

Aprenda com os Erros

A Hewlett-Packard (HP) é uma das maiores empresas do mundo e uma das mais disfuncionais. Em 10° lugar na lista *Fortune 500* com $120 bilhões em vendas em 2012, ela é um titã no mercado de hardware de computadores.[1] No entanto, ela é um titã com problemas, tendo perdido $12,6 bilhões em 2012, em contraste com os lucros de quase $9 bilhões de dois anos antes. Mas os problemas da HP começaram muito antes disso. A inabilidade de responder efetivamente às mudanças dramáticas que transformaram a indústria da computação nos últimos anos foi, pelo menos em parte, resultante de sua perniciosa cultura de governança corporativa.

A dinâmica há dez anos em vigor de seu conselho de administração assemelhava-se à das novelas de televisão. Voltando para 2002, a presidente da HP, Carly Fiorina, estava insistindo bastante para que a empresa adquirisse um de seus principais rivais, a Compaq. Walter Hewitt, filho de um dos fundadores da empresa, era contra. Membros do conselho posicionados em lados opostos começaram a vazar segredos corporativos à imprensa para fortalecer seu ponto de vista. A HP acabou adquirindo a Compaq, mas o ambiente no conselho de administração foi contaminado pela discórdia.

Fiorina comandou a HP até o início de 2005, quando foi obrigada a deixar o posto — mas só depois que os conselheiros deixaram certos documentos chegarem até a imprensa prejudicando a imagem dela. Ela foi substituída por Mark Hurd, contudo, os problemas continuaram. A diretora-presidente foi acusada, em 2006, de contratar detetives particulares para obter registros eletrônicos de membros do conselho e repórteres para tentar chegar até a raiz dos vazamentos. O escândalo foi investigado pelo estado da Califórnia e pelo Congresso dos EUA, resultando na destituição de Patricia Dunn, a diretora-presidente. Hurd, o CEO, foi demitido em 2010 quando se descobriu que ele mantinha um caso inapropriado com uma subordinada e que havia feito despesas relacionadas a esse caso por conta da empresa. A saída dele serviu apenas para piorar a tensão na diretoria. Hurt foi dispensado por 6 votos a 4, e a tensão entre as facções a favor e contra Hurd contaminou a procura por um substituto. A situação ficou tão ruim que alguns membros da diretoria se recusaram a estar na mesma sala que outros diretores. O conselho concordou que Leo Apotheker substituísse Hurd, mas só depois de reabilitado por uma pesquisa interna sobre questões associadas à sua demissão do posto de presidente-executivo da SAP, uma empresa de software. Apotheker ficou no cargo durante onze meses, sendo demitido com um pacote de indenização de $13,2 milhões. Ele foi substituído por Meg Whitman, a ex-CEO do eBay, em 2011.

Todo esse dramalhão teve um efeito devastador sobre os negócios da HP. A direção estratégica da empresa tem sido inconsistente, passando de hardware tradicional para celulares, depois para serviços de computação e, por fim, para a computação na nuvem. A HP anunciou que estava planejando colocar seu negócio de PCs em segundo plano apenas para deixar de lado essa intenção rapidamente quando o mercado reagiu a esse anúncio diminuindo a cotação de suas ações. A novela também infectou o resto da companhia. Tanto Apotheker como Whitman tiveram que lidar com empregados que vazavam informações importantes e prejudiciais para a imprensa, como a diretoria fez por anos. Consequentemente, houve pouco compartilhamento de informações dentro da organização, porque ninguém sabia em quem podia confiar e quem vazaria informações importantes para a imprensa.

Perguntas para Discussão

1. Quais são os maiores problemas com a diretoria da HP?
2. Como enxergamos as consequências desses problemas vivenciados pelo conselho de administração da HP em relação à capacidade da empresa para competir nos mercados?

controle estratégico
o processo de monitorar e corrigir a estratégia e o desempenho de uma empresa.

Primeiro exploraremos dois aspectos centrais do **controle estratégico**:[2] (1) o *controle de informação*, que é a habilidade de responder eficientemente às mudanças ambientais, e (2) o *controle comportamental*, que é o equilíbrio apropriado e o alinhamento entre cultura, recompensas e limites de uma empresa. Na seção final deste capítulo nos concentraremos no controle estratégico de uma perspectiva muito mais ampla — que é chamada de *governança corporativa*.[3] Nesse ponto, dirigiremos nossa atenção às necessidades dos acionistas (os donos) e seus representantes eleitos (a diretoria) para assegurar que os executivos da empresa (a equipe administrativa) lute para cumprir com seu dever fiduciário de maximizar o valor de longo prazo dos acionistas. Como acabamos de ver no exemplo da HP, uma governança corporativa ruim pode resultar em perda significativa da atenção administrativa e da habilidade de gerenciar questões estratégicas maiores.

PA9.1
O valor dos sistemas de controle estratégico eficazes na implementação estratégica.

Garantindo o Controle da Informação: Como Responder de Modo Eficaz às Mudanças Ambientais

Vamos analisar dois tipos amplos de sistemas de controle: o "tradicional" e o "contemporâneo". À medida que o ambiente geral e o competitivo se tornam mais imprevisíveis e complexos, a necessidade de melhorias nos sistemas contemporâneos também são necessárias.

Uma Abordagem Tradicional de Controle Estratégico

O **método tradicional de controle estratégico** é sequencial: (1) as estratégias são formuladas e os altos executivos estabelecem alvos, (2) as estratégias são implementadas e (3) o desempenho é medido em comparação com o conjunto predeterminado de alvos, como ilustrado na Figura 9.1.

método tradicional de controle estratégico
um método sequencial de controle organizacional no qual (1) as estratégias são formuladas e os altos executivos estabelecem alvos, (2) as estratégias são implementadas e (3) o desempenho é medido em comparação com o conjunto predeterminado de alvos.

O controle é baseado em um ciclo de envio e retorno contínuo de informações da avaliação do desempenho em relação a formulação estratégica. O processo costuma envolver defasagens temporais relacionadas com o ciclo de planejamento anual da empresa. Tais sistemas de controle tradicionais, conhecidos como "ciclo único" de aprendizagem por Chris Argyris de Harvard, simplesmente comparam o desempenho atual e o objetivado.[4] Eles são muito apropriados quando o ambiente é estável e relativamente simples, quando os alvos e objetivos podem ser medidos com um nível alto de certeza, e quando há pouca necessidade de medidas complexas de desempenho. Quotas de vendas, orçamentos de operações, programações de produção e instrumentos quantitativos similares de controle são típicos. O quão apropriados são as estratégias e os padrões de desempenho é algo dificilmente questionado.[5]

PA9.2
A principal diferença entre os sistemas de controle "tradicionais" e "contemporâneos".

James Brian Quinn, do Dartmouth College, diz que os grandes projetos com planos precisos e cuidadosamente integrados dificilmente funcionam.[6] Na verdade, a maioria das mudanças estratégicas acontece gradualmente — um passo de cada vez. Os líderes devem prover algum senso de direção, alguns passos graduais lógicos.[7] De modo similar, Henry Mintzberg, da McGill University, escreveu sobre líderes que "formulam" uma estratégia.[8] Traçando um paralelo entre o estrategista e um ceramista e sua roda, Mintzberg lembra que o ceramista começa o serviço com uma ideia geral da peça que deseja criar, mas os detalhes do projeto — até mesmo possibilidades para um projeto diferente — surgem à medida que o trabalho progride. As empresas que precisam lidar com ambientes de negócios complexos e turbulentos devem usar o método do ceramista para ajudá-la a lidar com incertezas sobre como um projeto se comportará na prática e abrir espaço para a criatividade.

FIGURA 9.1 Método Tradicional de Controle Estratégico

Formulação de estratégias → Implementação de estratégias → Controle estratégico

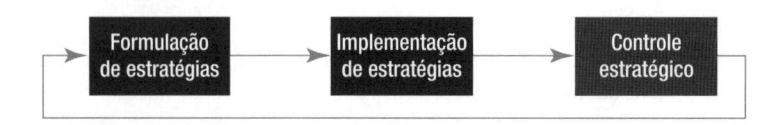

O argumento de Mintzberg, tal como o de Quinn, questiona a validade de rígidos planejamentos e estabelecimentos de alvos. Os alvos estratégicos fixos também se tornam disfuncionais para empresas que competem em ambientes competitivos altamente imprevisíveis. As estratégias precisam mudar com frequência e de acordo com as oportunidades. Um comprometimento inflexível quanto a alvos e marcos predeterminados pode impedir a própria adaptabilidade exigida para uma boa estratégia.

Uma Abordagem Contemporânea de Controle Estratégico

Adaptar-se e se antecipar às mudanças ambientais internas e externas é parte integrante do controle estratégico. As relações entre formulação estratégica, implementação e controle são muito interativas, como sugerido pela Figura 9.2. Ela ilustra também dois tipos diferentes de controle estratégico: o controle de informação e o controle comportamental. O **controle informacional** se preocupa primeiramente em verificar se a organização está ou não "fazendo a coisa certa". O **controle comportamental**, por outro lado, checa se a organização "está fazendo a coisa direito" na execução da estratégia. Tanto os componentes informacionais como os comportamentais do controle estratégico são condições necessárias, mas não suficientes, para o sucesso. Quão boa é uma estratégia bem concebida que não pode ser executada? Ou qual é o proveito de uma força de trabalho energética e comprometida se ela estiver focada no alvo estratégico errado?

John Weston é o ex-presidente da ADP Corporation, a maior processadora de folhas de pagamento e de declarações de impostos do mundo. Ele entendeu a essência dos sistemas de controle contemporâneos.

> Na ADP, 39 + 1 é mais do que 40 + 0. O "empregado 40 + 0" é o empregado preocupado que trabalha 40 horas por semana apenas para se manter em dia com o que está na caixa de entrada [...] Com se mantém de cabeça baixa, não tira nenhum momento para pensar no que está fazendo, por que está fazendo e como está fazendo. [...] Por outro lado, o "empregado 39 + 1" tira, pelo menos, 1 das 40 horas para pensar no que está fazendo e por que está fazendo. É por isso que as outras 39 horas são mais produtivas.[9]

O controle informacional lida com o ambiente interno e com o contexto estratégico externo. E, também, com suposições e premissas que fornecem as bases para uma estratégia da organização. Os alvos e estratégias da organização ainda se "encaixam" no contexto do ambiente estratégico atual? Dependendo do tipo de negócio, tais suposições podem se relacionar com as mudanças na tecnologia, gostos dos clientes, regulamentos do governo e competição setorial.

Isso envolve duas questões fundamentais. Primeira: os gerentes devem explorar e monitorar o ambiente externo, como vimos no Capítulo 2. Além disso, as condições podem mudar no ambiente interno da empresa, como vimos no Capítulo 3, exigindo mudanças na direção estratégica da empresa. Essas podem incluir, por exemplo, a demissão dos principais executivos ou atrasos na realização das fábricas maiores.

No método contemporâneo, o controle informacional é parte do processo contínuo do aprendizado organizacional que atualiza continuamente e desafia as suposições subjacentes na estratégia da organização. Em tal aprendizagem de "ciclo duplo", as suposições, premissas, alvos e estratégias da organização são continuamente monitoradas, testadas e revisadas. Os benefícios do monitoramento contínuo são evidentes — os atrasos diminuem dramaticamente, as mudanças no ambiente competitivo são detectadas mais cedo e a habilidade da organização de responder com velocidade e flexibilidade é aumentada.

PA9.3
A necessidade dos sistemas de controle "contemporâneos" no atual e complexo ambiente geral, competitivo e de rápidas mudanças.

controle informacional
um método de controle organizacional no qual uma empresa reúne e analisa informações do ambiente interno e externo para obter um equilíbrio melhor entre os alvos e as estratégias da organização e o ambiente estratégico.

controle comportamental
um método de controle organizacional no qual uma empresa influencia as ações dos empregados por meio da cultura, recompensas e limites.

FIGURA 9.2 Método Contemporâneo de Controle Estratégico

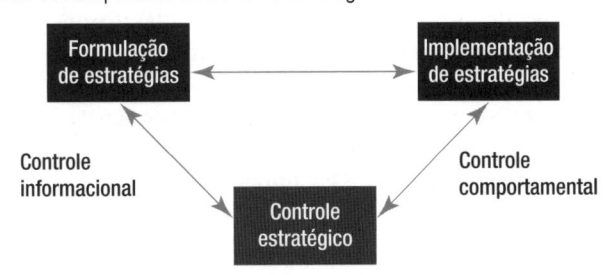

DESTAQUES DE ESTRATÉGIA 9.1

COMO OS GERENTES E OS EMPREGADOS VEEM O SISTEMA DE CONTROLE DE SUA EMPRESA?

Os grandes executivos das organizações geralmente afirmam que estão procurando por sistemas de controle mais contemporâneos. O estabelecimento centralizado e periódico dos objetivos, com as regras sendo implementadas de cima para baixo, é ineficaz para organizações que atuam em ambientes dinâmicos e heterogêneos. Por exemplo, o Walmart percebeu, recentemente, que seu sistema, concebido dessa maneira, era rígido demais para uma empresa que enfatizava a globalização e as mudanças tecnológicas. Tal como muitas outras empresas, o Walmart está passando para um sistema de liderança descentralizado, baseado em valores, no qual os gerentes de médio escalão tomam decisões-chave, mantendo os valores da empresa em mente à medida que fazem isso.

Os gestores veem a necessidade de fazer essa transição, mas será que os gerentes de nível hierárquico menor e os trabalhadores têm a mesma percepção? Para responder a essa pergunta, o Boston Research Goup conduziu um estudo entre 36 mil gerentes e empregados para saber seus pontos de vista sobre os sistemas de controle de sua empresa. Suas descobertas são esclarecedoras. Apenas 3% dos empregados viam a cultura de sua empresa como de "governança própria", no qual a tomada de decisão é feita por um "conjunto de princípios e valores fundamentais". Em contraste, 43% dos empregados viam sua empresa como usando um processo de decisão de cima para baixo, de comando e controle, o que os autores do estudo chamaram de modelo de "obediência cega". Cerca de 53% dos empregados enxergam sua empresa como seguindo um modelo de "aquiescência informada", a qual o estilo geral é de cima para baixo, mas com uma administração habilidosa que utiliza uma mistura de recompensas e regras para obter o comportamento desejado. No total, 97% dos empregados viam a cultura e o estilo de decisão de sua empresa como sendo de cima para baixo.

Já os gerentes têm visões diferentes. Deles, 24% acreditam que suas organizações usavam um modelo de "governança própria" guiado por valores e descentralizado. Assim, era oito vezes mais provável que os gerentes vissem a empresa como um sistema de controle orientado por valores e contemporâneo do que os empregados. De modo similar, enquanto que 41% dos gerentes diziam que sua empresa recompensava o desempenho baseada em valores, e não apenas pelos resultados financeiros, apenas 14% dos empregados enxergavam as coisas assim.

O modo sarcástico como os empregados se referem aos sistemas de controle de suas empresas tem consequências importantes sobre ela. Quase a metade dos empregados que descreveram sua empresa como de "obediência cega" testemunharam comportamentos antiéticos nela durante o último ano. Apenas um em cada quatro empregados nas empresas com os outros dois tipos de controle disseram que testemunharam comportamentos antiéticos. Adicionalmente, apenas ¼ dos empregados nas empresas de "obediência cega" denunciariam comportamentos antiéticos, mas esse índice aumenta para nove entre dez se a empresa utiliza a "governança própria". Por fim, as impressões dos empregados influenciam a habilidade da empresa de ser responsiva e inovadora. Em torno de 90% dos empregados de empresas de "governança própria" e 67% nas empresas de "aquiescência informada" concordam com a declaração de que "boas ideias são prontamente adotadas pela minha companhia". Menos de 20% dos empregados em empresas de "obediência cega" concordam com essa mesma declaração.

Tais descobertas indicam que os gerentes precisam estar cientes de como as ações que realizam para melhorar os sistemas de controle de suas empresas estão repercutindo nos empregados. Se os empregados veem os pronunciamentos dos gerentes no que se refere ao avanço para um sistema de controle descentralizado, de cultura centralizada, como simples propaganda, a empresa, provavelmente, não obterá as mudanças positivas que deseja.

Fontes: Anônimo. 2011. The view from the top and bottom. *Economist*, 24 de setembro: 76; e Levit, A. 2012. Your employees aren't wearing your rose colored glasses. Openforum.com, 12 de novembro: np.

Os sistemas de controle contemporâneos devem ter quatro características para serem eficazes.[10]

1. Foco nas informações em constante mudança que têm o potencial de importância estratégica.
2. A informação é importante o suficiente para exigir atenção regular e frequente de todos os níveis da organização.
3. Os dados e as informações geradas são interpretados e discutidos melhor em reuniões presenciais.
4. O sistema de controle é um catalisador-chave para um debate constante sobre informações subjacentes, suposições e planos de ação.

Uma decisão executiva de usar o sistema de controle interativamente — em outras palavras, investir tempo e atenção para rever e avaliar novas informações — manda um sinal claro para a organização sobre o que é importante. O diálogo e o debate que surgem de tal processo interativo pode, muitas vezes, levar a novas estratégias e inovações. Destaques de Estratégia 9.1 mostra como gerentes e empregados veem os sistemas de controle das suas companhias e discorre sobre algumas consequências dessas impressões.

Obtendo o Controle Comportamental: Equilíbrio entre Cultura, Recompensas e Limites

> **PA9.4**
> Os benefícios de se ter o equilíbrio certo entre os três níveis de controle comportamental: cultura, recompensas e incentivos, e limites.

O controle comportamental se concentra na implementação — em fazer as coisas direito. As estratégias de execução eficazes exigem a manipulação de três fatores de controle: cultura, recompensas e limites (veja a Figura 9.3). Existem duas razões que justificam uma grande ênfase em cultura e recompensas em um sistema de controle comportamental.[11]

Primeira: o ambiente competitivo está cada vez mais complexo e imprevisível, exigindo flexibilidade e respostas rápidas aos desafios. Para empresas que, simultaneamente, estão diminuindo de tamanho e necessitam de maior coordenação entre os limites organizacionais, um sistema de controle baseado primariamente em estratégias, regras e regulamentos rígidos é disfuncional. O uso de recompensas e cultura para alinhar os objetivos individuais e organizacionais se torna cada vez mais importante.

Segunda: o contrato de longo prazo implícito entre a organização e seus empregados-chave foi comprometido.[12] Os administradores jovens de hoje em dia foram condicionados a se enxergarem como "agentes livres" e veem uma carreira como uma série de desafios oportunos. Como os administradores são aconselhados a "se especializar, fazer o marketing de si mesmo e ter um trabalho, e não um emprego", é grande a importância da cultura e das recompensas na edificação da lealdade organizacional.

Cada um dos três fatores — cultura, recompensas e limites — deve operar de modo equilibrado e consistente. Consideremos o papel de cada um.

Edificando uma Cultura Forte e Eficaz

A **cultura organizacional** é um sistema de valores (o que é importante) e crenças (como as coisas funcionam) compartilhadas que molda o pessoal, as estruturas organizacionais e os sistemas de controle de uma companhia de maneira a gerar normas comportamentais (o jeito como fazemos as coisas por aqui).[13] Quão importante é a cultura? Muito. Com o passar dos anos, vários best sellers, como *Theory Z*, *Corporate Cultures*, *In Search of Excellence* e *Good to Great*,[14] enfatizaram a grande influência da cultura sobre o que acontece nas organizações e como isso se dá.

Collins e Porras argumentaram em *Built to Last* que o principal fator em um desempenho excepcional sustentável é a cultura que se assemelha a um culto.[15] Não podemos tocá-la ou colocá-la no papel, mas ela existe em toda organização; sua influência é grande; e pode nos beneficiar ou prejudicar.[16] Líderes eficazes entendem sua importância e tentam moldá-la e usá-la como um dos importantes fatores do controle estratégico.[17]

> **cultura organizacional**
> um sistema de valores e crenças compartilhadas que molda o pessoal, as estruturas organizacionais e os sistemas de controle de uma companhia de maneira a gerar normas comportamentais.

FIGURA 9.3 Elementos Essenciais do Controle Comportamental

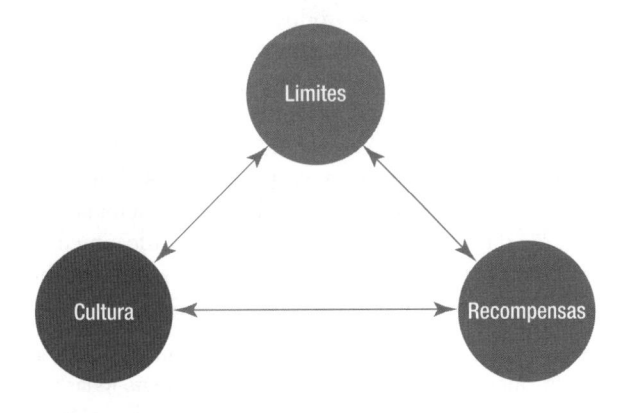

O Papel da Cultura   A cultura tem muitas formas diferentes, cada uma delas resultante dos valores que sustentam a fonte primária da vantagem competitiva da organização. Alguns exemplos são:

- A FedEx e a Amazon se concentram no serviço ao cliente.
- A Lexus (uma divisão da Toyota) e a Apple enfatizam a qualidade do produto.
- A Google e a 3M valorizam bastante a inovação.
- A Nucor (aço) e o Walmart se preocupam, acima de tudo, com a eficiência operacional.

A cultura estabelece limites implícitos — padrões não escritos de comportamentos aceitáveis — na vestimenta, em questões éticas e em como uma organização conduz seus negócios.[18] Ao criar uma base de valores compartilhados, a cultura encoraja a identificação individual com a organização e seus objetivos. A cultura age como um meio de diminuir os custos de monitoração.[19]

Uma cultura forte pode resultar no comprometimento maior do empregado e fornece um propósito e identidade em comum. As empresas que se baseiam em incentivos econômicos para os trabalhadores usam uma combinação de recompensas (cenouras) e regras e ameaças (chicotes) para fazer os empregados agirem do modo correto. Mas esses sistemas se baseiam na suposição de que os indivíduos são, fundamentalmente, egocêntricos, centrados apenas em seus interesses pessoais. Porém, as pesquisas sugerem que essa ideia é superestimada.[20] Quando recebem a oportunidade de agir de modo egoísta ou cooperativo em relação aos outros, mais da metade se comporta de forma cooperativa, enquanto que apenas 30% decidem agir de modo egoísta. Assim, os sistemas culturais formados a partir do comprometimento, comunicação e senso de objetivo e identidade em comum permitem às empresas alavancar a postura dos trabalhadores colaborativos.

Sustentabilidade de uma Cultura Eficaz   Culturas organizacionais sólidas não surgem da noite para o dia, nem são mantidas sem um forte compromisso — em termos de palavras e atos — dos líderes da organização.[21] Uma cultura organizacional viável e produtiva pode ser fortalecida e sustentada. No entanto, ela não pode ser "construída" ou "montada"; em vez disso, deve ser cultivada, encorajada e "fertilizada".[22]

Contar histórias é uma maneira eficaz de manter culturas. Muitos estão familiarizados com a história de como a falha da Art Fry para desenvolver um adesivo forte resultou no enorme sucesso do Post-it da 3M. Talvez o ocorrido com Francis G. Okie seja menos conhecido.[23] Em 1922, Okie teve a ideia de vender lixas de depilação para homens em substituição às lâminas de barbear. A ideia, obviamente, não deu certo, mas Okie continuou na 3M. É interessante que a tecnologia desenvolvida por Okie fez com que a 3M desenvolvesse seu primeiro produto de sucesso: uma lixa à prova d'água que se tornou fundamental na indústria automobilística. Tais histórias incentivam a importância da tomada de risco, da experimentação, da liberdade de falhar e da inovação — todos elementos da cultura da 3M.

Exortações por parte dos altos executivos também servem para reforçar a cultura de uma empresa. O falecido Sam Walton ficou conhecido por tais encorajamentos nas lojas locais do Walmart. Quatro vezes por ano, os fundadores da Home Depot — os ex-presidentes Bernard Marcus e Arthur Blank — costumavam usar aventais laranjas e promoviam o "Café da Manhã com Bernie e Arthur", uma conversa animada e estimulante às 6h30 da manhã, que era transmitida ao vivo pela rede de TV de circuito fechado da empresa a mais de 45 mil empregados.[24]

O "Comitê de Cultura" da Southwest Airlines é um veículo único projetado para perpetuar a cultura altamente bem-sucedida da companhia. O seguinte trecho de uma publicação interna da companhia descreve seus objetivos:

> O objetivo do Comitê é simples — assegurar que nossa exclusiva Cultura Corporativa permaneça viva [...] Os membros do Comitê de Cultura representam todas as regiões e departamentos de nosso sistema e são selecionados graças a seu exemplo de "Serviço Incrivelmente Positivo" que nos garantiu a primeira Tríplice Coroa; sua demonstração contínua do "Espírito Southwest" para com os Clientes e seus colegas de trabalho; e seu grande nível de energia, entusiasmo sem limites, criatividade única e postura constante em prol do trabalho em equipe e amor por seus colegas de trabalho.[25]

Motivando com Recompensas e Incentivos

Os sistemas de recompensa e incentivo representam um meio poderoso de influenciar a cultura da organização, concentrando seus esforços em tarefas de alta prioridade e motivando o desempenho de tarefas individuais e coletivas.[26] Assim, da mesma forma como a cultura lida com a influência das crenças, comportamentos e atitudes das pessoas dentro de uma organização, o **sistema de recompensas** — ao especificar quem é recompensado e por que — é um eficaz motivador e mecanismo de controle.[27] Os gerentes de Not Your Average Joe's, uma cadeia de restaurantes de Massachusetts, mudaram seus procedimentos de administração de pessoal no sentido de que seus atendentes compreendessem a função que desempenhavam e, também, para motivá-los melhor.[28] Essa rede de restaurantes usa um software sofisticado para acompanhar o serviço de atendimento — tanto em vendas por cliente quanto pela satisfação refletida nas gorjetas. Os garçons mais bem classificados recebiam mais mesas e melhores horários. Por transferir mais trabalho e melhores horários para os melhores trabalhadores, a cadeia espera aumentar a rentabilidade e motivar seus empregados.

sistema de recompensas
políticas que especificam quem é recompensado e por quê.

A Possível Desvantagem Embora possam ser grandes motivadores, as políticas de recompensa e incentivos também podem ter resultados indesejados nas organizações. Em nível individual, os incentivos podem não dar certo por vários motivos. Primeiro: se os trabalhadores, individualmente, não veem como suas ações têm relação com a forma como são recompensados, podem se sentir desmotivados. Por exemplo, se as recompensas estiverem relacionadas com a cotação das ações da empresa, os trabalhadores podem sentir que seus esforços têm pouco impacto e não perceberão de que maneira trabalhar mais resultará em algum benefício. Por outro lado, se os incentivos estiverem vinculados em excesso com seu trabalho individual, os resultados podem ser disfuncionais. Por exemplo, se um representante de vendas for recompensado pela quantidade de vendas, será incentivado a vender a todo custo. Isso pode fazer com que ele aceite vender a um preço tão baixo que nem sequer há lucro, ou forçar vendas por meio de canais de distribuição que a empresa preferiria evitar. Assim, a soma coletiva de comportamentos individuais dos empregados de uma organização nem sempre resulta no que é melhor para a organização; o raciocínio individual não é garantia de racionalidade da organização.

Os sistemas de recompensa e incentivos também podem causar problemas entre as unidades da organização. À medida que a corporação cresce e evolui, costuma desenvolver unidades de negócios diferentes com vários sistemas de recompensas. A diferenciação pode ocorrer em função do contexto do mercado, situação dos negócios, estágio do ciclo de vida dos produtos, e assim por diante. As subculturas da organização podem refletir dessemelhanças entre áreas funcionais, produtos, serviços e divisões. Na mesma proporção que os sistemas de recompensa reforçam tais sistemas de normas comportamentais, atitudes e crenças, a coesão diminui, as informações importantes são armazenadas, em vez de serem compartilhadas, e os indivíduos começam a trabalhar com objetivos díspares, deixando os objetivos gerais de lado.

Tais conflitos são comuns em muitas organizações. Por exemplo, o pessoal de vendas e marketing promete tempos de entrega muito rápidos, mas irrealistas, o que desencoraja as operações e a logística; a superengenharia por parte de P&D causa dores de cabeça para a fabricação; e assim por diante. Os conflitos também surgem entre divisões quando a participação de cada uma nos lucros se torna o principal critério de recompensas. À medida que a má vontade e a raiva aumentam, as relações pessoais e o desempenho podem ser prejudicados.

Criação de Programas de Recompensas e Incentivos Eficazes Para ser eficaz, os sistemas de incentivo e recompensas precisam reforçar os valores centrais, aumentar a coesão, o compromisso com metas gerais e alvos específicos, e atender à missão e propósitos da organização.[29]

Na General Mills, para assegurar o interesse da gerência no desempenho geral de sua unidade, metade dos bônus anuais dos gestores está relacionada com os resultados das unidades dos negócios, e metade, aos desempenhos individuais.[30] Por exemplo, se um gerente simplesmente se iguala ao desempenho de uma fábrica rival, seu salário é cerca de 5% menor. No entanto, se a performance o classifica entre os 10% maiores no setor, em crescimento do lucro e retorno de capital, sua remuneração total pode aumentar em cerca de 30% acima do padrão.

Sistemas de recompensa e incentivos eficazes compartilham várias características[31] (veja a Figura 9.4). A percepção de que um plano é "justo e equitativo" é extremamente importante.

FIGURA 9.4
Características dos Sistemas de Recompensas e de Avaliação Eficazes

- Os objetivos são claros, compreensíveis e amplamente aceitos.
- As recompensas são claramente relacionadas com o desempenho e comportamentos desejados.
- As medidas de mensuração do desempenho são claras e facilmente percebidas.
- O feedback é imediato e de interpretação não ambígua.
- O "sistema" de compensações é percebido como justo e equitativo.
- A estrutura é flexível: adapta-se às circunstâncias.

A empresa deve ser flexível, respondendo às mudanças à medida que sua direção e seus objetivos se modificam. Nos anos mais recentes, muitas companhias começaram a dar mais ênfase ao crescimento. Foi o que fez a Emerson Electric, que antes focava sua atenção na diminuição dos custos. Para assegurar maior eficácia, a fórmula de compensações dos administradores deixou de se basear no resultado líquido, passando a fazê-lo no crescimento, novos produtos, aquisições e na expansão internacional. Discussões sobre lucros são administradas separadamente, e uma cultura de assunção de risco é encorajada.[32] Finalmente, os sistemas de incentivo e recompensas nem sempre precisam se restringir a recompensas de ordem financeira. O reconhecimento pode ser um motivador poderoso. Por exemplo, na Mars Central Europe, é realizado, duas vezes por ano, um evento no qual são celebradas as ideias inovadoras vindas de empregados. O evento "Faça a Diferença" é planejado para motivar os vencedores e outros empregados que querem ser reconhecidos por seu trabalho.[33]

O ponto-chave é encontrar um conjunto de incentivos que motiva os empregados. Gordon Bethune, ex-presidente da Continental Airlines, costumava usar a seguinte analogia:[34]

> "Eu tenho um rancho de 1.200 acres, e nele há um lago de 70 acres. É maravilhoso. E sabe que, apesar de tudo isso, eu ainda preciso usar iscas para pescar? Acredita nisso? O ponto é que o peixe deve ganhar alguma coisa, e depende de mim saber o que o peixe gosta. Não depende deles. Assim, se eu aprender sobre o peixe e sobre o que ele gosta, fica mais fácil entrar em um barco e me divertir."

Estabelecendo Limites e Restrições

Em um mundo ideal, uma cultura forte e recompensas eficazes seriam suficientes para assegurar que todos os indivíduos e subunidades trabalhassem em prol dos alvos e objetivos em comum de toda a organização.[35] No entanto, nem sempre é o caso. Comportamentos contraprodutivos podem surgir devido a motivos egoístas, falta de entendimento claro dos objetivos ou condutas inapropriadas. Os **limites e restrições** podem servir para muitos objetivos nas organizações, incluindo:

limites e restrições
regras que especificam os comportamentos aceitáveis e inaceitáveis.

- Concentrar os esforços individuais nas prioridades estratégicas.
- Determinar, para cada área, os objetivos e planos de ação no curto prazo.
- Melhorar a eficiência e eficácia.
- Minimizar condutas impróprias e antiéticas.

Concentrar os Esforços em Prioridades Estratégicas Os limites e restrições têm um papel valioso na concentração das prioridades estratégicas de uma companhia. Por exemplo, vários anos atrás, a IBM vendeu seus negócios de PCs como parte da intenção de concentrar seus negócios em serviços de computação. De modo similar, a Pfizer vendeu seu negócio de leite em pó para dedicar-se aos principais produtos farmacêuticos.[36] A concentração de esforços e recursos fornece à empresa um foco de estratégia maior e o potencial para vantagens competitivas mais expressivas nas áreas selecionadas.

Steve Jobs usava quadros brancos para estabelecer as prioridades de atuação da Apple. Por exemplo, todos os anos, ele levava seus "100 melhores" empregados para um retiro. Em uma dessas ocasiões, perguntou ao grupo da vez quais as dez coisas que a Apple deveria fazer a seguir. Surgiram algumas ideias. Essas ideias iam para o quadro, eram apagadas ou revisadas; novas eram acrescentadas, revisadas e apagadas. O grupo debatia por um certo tempo e, finalmente, identificavam as dez melhores iniciativas. Jobs eliminou as sete últimas, dizendo: "Só podemos fazer três".[37]

Os limites também têm um lugar no setor não lucrativo. Por exemplo uma organização beneficente britânica usa um sistema para monitorar os limites estratégicos ao manter uma lista de companhias cujas contribuições não solicitaria nem aceitaria. Tais limites são essenciais para manter a legitimidade com benfeitores existentes e em potencial.

Determinar Objetivos e Planos de Ação no Curto Prazo No Capítulo 1, falamos sobre a importância de ter uma visão, missão e objetivos estratégicos que sejam internamente consistentes e que forneçam uma direção estratégica. Além disso, os objetivos e planos de ações de curto prazo geram benefícios similares. Ou seja, eles representam limites que ajudam a alocar recursos de uma maneira ótima e a canalizar os esforços dos empregados em todos os níveis da organização.[38] Para serem eficazes, os objetivos de curto prazo devem ter vários atributos. Eles devem:

- Ser específicos e mensuráveis.
- Incluir um horizonte de tempo específico para sua realização.
- Ser viáveis, mas, ainda assim, desafiadores o suficiente para motivar os gerentes encarregados a realizá-los.

As pesquisas revelaram que o desempenho aumenta quando os indivíduos são encorajados a atingir alvos específicos difíceis, porém, realizáveis (em oposição à vaga exortação do conhecido "faça o seu melhor").[39]

Os objetivos de curto prazo devem prover direção adequada e flexibilidade suficiente para a empresa manter-se sintonizada com o que se passa ao redor e ser capaz de antecipar as mudanças no ambiente externo e nos regulamentos do governo, detectar prontamente um concorrente apresentando um produto substituto ou verificar alterações no gosto do consumidor. Eventos inesperados dentro da empresa podem exigir ajustes importantes nos objetivos estratégicos e de curto prazo. O surgimento de novos mercados pode ter um efeito drástico na demanda de produtos e serviços dos mercados mais tradicionais.

Os planos de ação são fundamentais na implementação das estratégias escolhidas. A menos que os planos de ação sejam específicos, pode haver pouca segurança de que os gerentes tenham pensado em todas as exigências de recursos para a execução das estratégias. Se não houver especificidade, os gerentes podem não enxergar necessidades a serem satisfeitas ou se dar conta de que é preciso um período de tempo para sua realização. Isso é essencial para a programação das atividades principais que devem ser implementadas. Por último, os gerentes devem ser individualmente responsabilizados pela implementação. Isso ajuda a fornecer a motivação necessária e o "senso de propriedade" para a implementação dos planos de ação em tempo oportuno. Destaques de Estratégia 9.2 mostra como a Marks and Spencer coloca sua missão de sustentabilidade em ação ao criar alvos claros e mensuráveis.

Melhoria da Eficiência e Eficácia Operacional Os controles baseados em regras combinam mais com organizações com as seguintes características:

- Os ambientes são estáveis e previsíveis.
- A maioria dos empregados não tem muita habilidade e é intercambiável.
- A consistência do produto e serviço é vital.
- O risco de condutas inapropriadas é extremamente elevado (p. ex., em operações de bancos e cassinos).[40]

O McDonald's Corp. regulamenta de forma detalhada as operações de suas franquias.[41] Em seu manual de políticas de alguns anos lia-se: "Os cozinheiros devem girar, não virar, os hambúrgueres. Se não forem comprados, os Big Macs devem ser descartados após dez minutos de cozidos, e as batatas fritas, depois de sete minutos. Os caixas devem fazer contato visual e sorrir para todos os clientes".

As orientações também devem ser eficazes no estabelecimento de limites de custos e da autonomia em questões que envolvem dispêndios financeiros, tal como o limite de $2.500 que os hotéis Ritz-Carlton libera aos empregados para lidar com clientes insatisfeitos. Os regulamentos também podem ser usados para melhorar o uso do tempo de um empregado no trabalho.[42] A CA Technologies restringe o acesso a e-mails das 10h às 12h e 14h às 16h.[43]

DESTAQUES DE ESTRATÉGIA 9.2 — SUSTENTABILIDADE AMBIENTAL

O DESMEMBRAMENTO DA SUSTENTABILIDADE EM ALVOS MENSURÁVEIS

No início de 2010, a Marks & Spencer (M&S) estabeleceu o ambicioso objetivo de se tornar "o varejista mais sustentável do mundo" até 2015. Para atingir essa meta, a M&S precisava mudar, de maneira sustentável, o modo como realizava quase todas as operações de negócios. Para tornar esse processo mais palpável e dar aos gerentes a oportunidade de identificar várias ações que poderiam ser tomadas, a M&S desenvolveu um plano abrangente para seus esforços de sustentabilidade, chamado de Plano A. Ela o chamava de Plano A porque, como os gerentes da M&S disseram, quando o assunto é desenvolver a sustentabilidade ambiental, não existe um Plano B. Todos na empresa precisavam se comprometer com uma visão. Nesse plano, a M&S identificou três amplos temas.

- Procurar fazer com que todos os produtos da M&S tenham pelo menos uma qualidade do Plano A.
- Ajudar os clientes a diferenciar as causas ambientais e sociais que importam para eles.
- Ajudar os clientes a ter uma vida mais sustentável.

Assim, a M&S procurou não apenas melhorar suas próprias operações, mas também mudar a vida dos clientes e as operações dos fornecedores e outros parceiros. Marc Bolland, presidente da M&S, falou concretamente sobre os objetivos do Plano A que compreendiam 180 compromissos ambientais. Todos eles vinculados a prazos para realização, alguns curtos e outros mais longos. Por exemplo, um deles era alcançar a neutralidade na emissão de carbono. Para atingir esse compromisso, a M&S calculou que precisava obter uma redução de 25% no uso de energia em suas lojas até 2012 e aumentou esse número para 35% até 2015. Isso forneceu alvos claros para o trabalho dos gerentes das lojas. De modo similar, a M&S quer melhorar a eficiência do uso de água nas lojas em 25% até o ano de 2015. Além disso, no projeto de novas lojas consta a determinação de um uso 35% menor de água em relação às lojas atuais. Tratam-se de metas claramente definidas, seja para os gerentes das lojas, seja para os arquitetos e projetistas.

Com respeito aos fornecedores, a M&S também estabeleceu vários compromissos baseados em prazos. Por exemplo, ela conduziu uma revisão do relacionamento com os fornecedores com base nas iniciativas do primeiro ano do Plano A. A M&S exigiu que os fornecedores de carne fresca, laticínios e flores iniciassem um programa agrícola sustentável. E todos os fornecedores de roupas deviam instalar métodos eficientes de iluminação e melhoria das técnicas de isolamento térmico até 2015 para obter 10% de redução do consumo de energia. Tipos de esforços como esses se espalharam pela empresa e pela cadeia de fornecimento.

Com seu Plano A, a M&S desmembrou uma grande iniciativa em alvos claros e viáveis de serem alcançados pelos gerentes da empresa e dos parceiros. É interessante que, embora essa iniciativa tenha sido caracterizada, a princípio, como um meio de atingir ganhos de sustentabilidade ambiental, acabou proporcionando um ganho econômico para a M&S. No primeiro ano do plano, a empresa auferiu um lucro de $80 milhões em virtude das ações implementadas. Os lucros resultaram dos ganhos pelo uso eficiente de energia, da redução dos custos de embalagem, do menor volume de resíduos e dos lucros dos negócios de energia sustentável relacionados com a queima de resíduos biológicos para gerar eletricidade.

Fontes: Felsted, A. 2011. Marks and Spencer's green blueprint. Ft.com, 17 de março: np; Anônimo. 2012. Marks & Spencer's ambitious sustainability goals. Sustainablebusiness.com, 3 de março: np; e plana.marksandspencer.com.

Minimizar condutas impróprias e antiéticas Linhas de conduta podem ser úteis para definir as relações adequadas com os clientes e fornecedores de uma companhia.[44] Muitas companhias têm regras explícitas referentes a práticas comerciais, incluindo a proibição de qualquer tipo de pagamento, suborno ou propina. Por exemplo, no manual da Singapure Airlines são dezessete as páginas dedicadas às práticas de combate à corrupção e subornos.[45]

Regulamentos apoiados por punições fortes também podem ajudar uma organização a evitar a condução de um negócio de maneira antiética. Depois da aprovação do Ato Sarbanes-Oxley (que determina punições mais rígidas para delitos financeiros), muitos diretores financeiros tomaram providências para assegurar um comportamento ético na preparação das demonstrações financeiras. Por exemplo, Carol B. Tome, CFO da Home Depot, aperfeiçoou o código de ética da empresa com orientações mais reforçadas. Agora, todos seus 25 subordinados devem atestar, por escrito, que suas declarações financeiras pessoais correspondem à realidade — o mesmo procedimento seguido por ela e pelo CEO da companhia.[46]

Controle Comportamental nas Organizações: Fatores Situacionais

Aqui o foco está em garantir que o comportamento dos indivíduos de todos os níveis de uma organização seja voltado para a realização dos alvos e objetivos estabelecidos. Os três tipos fundamentais de controle são a cultura, as recompensas e incentivos, e os limites e restrições. Uma organização pode centrar-se em um dos tipos, ou em uma combinação deles, em função de vários fatores, internos e externos.

Nem todas as organizações dão a mesma ênfase no mesmo tipo de controle.[47] Em uma empresa de alta tecnologia empenhada em pesquisas básicas, os membros podem trabalhar sob altos níveis de autonomia. O desempenho de um indivíduo é, em geral, bem difícil de medir com precisão por causa dos longos períodos de tempo envolvidos nas atividades de P&D. Assim, as normas e valores internalizados se tornam muito importantes.

Quando a medida do resultado ou do desempenho de um indivíduo se torna consideravelmente simples, o controle depende primariamente de dar ou reter recompensas. Frequentemente as remunerações extras de um gerente de vendas compreendem comissões e bônus relacionados diretamente com a quantidade de vendas, algo relativamente fácil de determinar. Nesse caso, o comportamento é influenciado de maneira mais forte em função do grau de atratividade da compensação, e não em virtude das normas e valores implícitos na cultura da organização. A mensurabilidade do resultado opõe-se à necessidade de um sistema elaborado de regras para controlar o comportamento.[48]

O controle em organizações burocráticas depende de os membros seguirem um conjunto formalizado de regras e regulamentos. A maioria das atividades é rotineira, e o comportamento desejado pode ser especificados de uma maneira detalhada porque, em geral, há pouca necessidade de uma atividade inovadora ou criativa. Administrar uma fábrica de montagem exige uma aderência estrita a muitas regras, bem como de sequências obrigatórias das operações de montagem. No setor público, o Departamento de Trânsito, por exemplo, deve ater-se inteiramente aos procedimentos prescritos ao emitir ou renovar as carteiras de motoristas.

A Figura 9.5 fornece métodos alternativos para o controle comportamental e alguns fatores situacionais associados com eles.

Evoluindo dos Limites para Cultura e Recompensas

Na maioria dos ambientes, as organizações deveriam tentar estabelecer um sistema de recompensas e incentivos, em conjunto com uma cultura forte o suficiente cujos limites se tornassem internalizados. Isso diminuiria a necessidade de controles externos, tais como regras e regulamentos.

Primeiro, a contratação das pessoas certas — indivíduos que já se identificam com os valores dominantes da organização e que têm atributos consistentes com elas. A Kroger, uma cadeia de supermercados, nos testes de pré-contratação procura até que ponto os empregados serão amigáveis e quão bem se comunicarão com os clientes.[49] David Pritchard, da Microsoft, está bem ciente das consequências de deixar de contratar os empregados certos:

> Se eu contratar um bando de incompetentes, isso nos fará mal, porque demora para se livrar deles. Eles começam a se infiltrar na organização e, então, começam a contratar pessoas de qualidade inferior. Na Microsoft, estamos sempre procurando por pessoas que são melhores do que nós.

FIGURA 9.5 Controle Organizacional: Métodos Alternativos

Método	Alguns Fatores Situacionais
Cultura: Um sistema de regras não escritas que têm uma influência interna sobre o comportamento.	• Geralmente encontrado em organizações profissionais. • Associado com alta autonomia. • As normas são a base para o comportamento.
Regras: Orientações escritas e explícitas que restringem o comportamento.	• Associa-se a um resultado padronizado. • As tarefas são, em geral, repetitivas e rotineiras. • Pouca necessidade de inovação ou atividade criativa.
Recompensas: O uso de sistemas de incentivo baseados no desempenho para motivar.	• Medida de resultado e desempenho consideravelmente simples. • Mais apropriado com organizações que buscam estratégias de diversificação não relacionada. • As recompensas podem ser usadas para reforçar outros meios de controle.

Segundo: o treinamento tem um papel fundamental. Por exemplo, nas unidades militares de elite, como os Boinas Verdes e SEALs, o regime de treinamento internaliza a cultura de tal modo que os indivíduos acabam perdendo sua identidade. O grupo se torna a maior preocupação e ponto focal de suas energias. Em empresas como a FedEx, o treinamento não serve apenas para treinar as habilidades, mas tem também um papel significativo no estabelecimento de uma cultura forte com fundamento nos valores dominantes de cada organização.

Terceiro: os modelos de papéis administrativos são vitais. Andy Grove, ex-presidente e cofundador da Intel, não precisou (ou não queria) de muitas regras burocráticas para determinar quem era responsável pelo que, quem deveria falar com quem, e quem viajaria de primeira classe (ninguém). Ele encorajou a transparência dispensando muitos dos penduricalhos do sucesso — ocupava uma estação de trabalho como qualquer outro profissional. Você consegue imaginar algum novo gerente perguntando se pode ou não voar na classe executiva? O exemplo pessoal de Grove eliminou tal necessidade.

Quarto: os sistemas de recompensa devem estar alinhados de modo claro com os objetivos e alvos organizacionais. Por exemplo, como parte de suas ações voltadas a contribuir com os esforços de sustentabilidade de seus fornecedores, a Marks and Spencer os pressiona para desenvolver sistemas de recompensas aos empregados que contemplem um piso salarial e colaboração mútua.

O Papel da Governança Corporativa

PA9.5
Os três participantes-chave da governança corporativa: acionistas, gestores (liderados pelo presidente executivo) e conselho de administração.

governança corporativa
a relação entre os vários participantes para determinar a direção e o desempenho das corporações. Os participantes primários são (1) os acionistas, (2) a diretoria executiva e (3) o conselho de administração.

Agora falaremos sobre a questão do controle estratégico sob uma perspectiva mais ampla, em geral chamada de "governança corporativa". Aqui nos concentraremos na necessidade, tanto dos acionistas (os donos da corporação) quanto de seus representantes eleitos (o conselho de administração), de assegurar ativamente que os gestores satisfaçam o propósito mais importante de aumentar o valor dos acionistas de longo prazo.[50]

Robert Monks e Nell Minow, dois grandes acadêmicos especialistas em **governança corporativa**, a definem como "a relação entre os vários participantes para determinar a direção e o desempenho das corporações. Os participantes primários são (1) os acionistas, (2) a diretoria executiva (liderada pelo CEO) e (3) o conselho de administração"*. Nossa análise se concentrará em como as corporações podem ser bem-sucedidas (ou fracassar) em alinhar as razões de gestão com os interesses dos acionistas e seus representantes eleitos, o conselho de administração.[51] Como podemos nos lembrar do Capítulo 1, já falamos sobre o importante papel desempenhado pelo conselho de administração e demos bons e maus exemplos a respeito.[52]

A boa governança corporativa tem um papel importante nas decisões de investimento das maiores instituições, e uma governança classe especial se reflete no preço dos valores mobiliários das companhias que a praticam. A excelência da governança corporativa é atributo mais frequente em empresas localizadas em países com boas práticas de governança corporativa, em detrimento das nações em situação diversa.[53]

Boas práticas de governança costumam resultar em desempenho financeiro superior. Entretanto, nem sempre acontece. Por exemplo, conclui-se que algumas práticas, como diretores independentes (diretores que não são parte da administração da empresa), e opções de ações resultam, em geral, em desempenho melhor. Mas, em muitos casos, os diretores independentes podem não ter a experiência ou envolvimento necessários, e o fornecimento de opções de ações para o CEO pode resultar em decisões e ações calculadas para aumentar a cotação das ações apenas no curto prazo. Destaques de Estratégia 9.3 apresenta alguma evidência de pesquisa sobre práticas de governança e desempenho das empresas.

---

* A administração não pode ignorar as demandas de outros stakeholders importantes da empresa, como credores, fornecedores, clientes, empregados e órgãos regulamentadores do governo. Em períodos de constrangimentos de ordem financeira, os credores poderosos podem exercer pressões fortes e legítimas sobre as decisões administrativas. Em geral, porém, a atenção a outros stakeholders que não os donos da corporação deve ser encaminhada de um modo que ainda seja consistente com a maximização dos retornos dos acionistas no longo prazo. Para uma excelente análise sobre a administração dos stakeholders, veja Freeman, R. E. 1984. *Strategic Management: A stakeholder Approach*. Boston: Pitman.

DESTAQUES DE ESTRATÉGIA 9.3 — ÉTICA

A RELAÇÃO ENTRE AS PRÁTICAS RECOMENDADAS DE GOVERNANÇA CORPORATIVA E O DESEMPENHO DA EMPRESA

Um grande número de pesquisas tem examinado o efeito da governança corporativa no desempenho da empresa. Algumas delas mostraram que a implementação de uma boa estrutura de governança corporativa resulta em um desempenho financeiro superior. E outras mostraram-se inconclusivas quanto a essa relação positiva. Os resultados de alguns desses estudos são resumidos a seguir.

1. *Uma correlação positiva entre a governança corporativa e as diferentes medidas de desempenho corporativo.* Estudos recentes mostraram que há uma forte relação positiva entre uma governança corporativa eficaz e diferentes indicadores de desempenho corporativo, como crescimento, rentabilidade e satisfação dos clientes. Em um período recente de três anos, o retorno médio de empresas muito capitalizadas e com as melhores práticas de governança era mais de cinco vezes superior ao desempenho das empresas situadas no quartil inferior do nível de governança corporativa.

2. *A conformidade com as melhores práticas internacionais resulta em desempenho superior.* Os estudos de companhias europeias mostram uma observância maior das melhores práticas internacionais da governança corporativa no que concerne à estrutura e função da diretoria terem relações significativas e positivas com o retorno sobre ativos. Em dez de onze mercados asiáticos e latino-americanos, as companhias no topo do quartil da governança corporativa para suas respectivas regiões tiveram um retorno médio 10% maior sobre o capital utilizado (RCU) do que seus pares. Em um estudo de doze mercados emergentes, as companhias com o quartil de menor governança corporativa tiveram um RCU muito menor do que seus pares.

3. *Muitas das práticas recomendadas de governança corporativa não tiveram uma relação positiva com o desempenho da empresa.* Em contraste com aqueles estudos, há também um conjunto de pesquisas que sugere que as práticas de governança corporativa não têm uma influência positiva sobre o desempenho da empresa. Quanto às diretorias corporativas, não há evidência de que a inclusão de mais diretores externos resultou em melhor performance da empresa. Além disso, dar mais opções de ações para os presidentes-executivos para alinhar seus interesses com os dos stakeholders pode resultar em apostas de alto risco desses CEOs em investimentos com baixa probabilidade de melhorar o desempenho da empresa. Em vez de tomar boas decisões, esses executivos podem "apostar tudo" nesses investimentos de alto risco. Ademais, motivá-los com uma grande quantidade de opções de ações parece aumentar a probabilidade de práticas de contabilidade antiéticas por parte da empresa à medida que o presidente tenta aumentar a cotação das ações.

Fontes: Dalton, D. R., Daily, C. M., Ellstrand, A. E. & Johnson, J. L. 1998. Meta-analytic reviews of board composition, leadership structure, and financial performance. *Strategic Management Journal*, 19(3): 269–290; Sanders, W. G. & Hambrick, D. C. 2007; Swinging for the fences: The effects of CEO stock options on company risk-taking and performance. *Academy of Management Journal*, 50(5): 1055–1078; Harris, J. & Bromiley, P. 2007. Incentives to cheat: The influence of executive compensation and firm performance on financial misrepresentation. *Organization Science*, 18(3): 350–367; Bauwhede, H. V. 2009. On the relation between corporate governance compliance and operation performance. *Accounting and Business Research*, 39(5): 497–513; Gill, A. 2001. Credit Lyonnais Securities (Asia). *Corporate governance in emerging markets: Saints and sinners*, abril; e Low, C. K. 2002. *Corporate governance: An Asia-Pacific critique*. Hong Kong: Sweet & Maxwell Asia.

Ao mesmo tempo, poucos tópicos na imprensa de negócios estão gerando tanto interesse (ou desdém!) quanto a governança corporativa.

Alguns notáveis exemplos recentes de fracassos de governança corporativa incluem:[54]

- Em 2012, a Olympus Corporation, fabricante japonesa de câmeras e equipamentos médicos, e três de seus ex-executivos se declararam culpados das acusações de falsificar registros de contabilidade em um período de cinco anos para aumentar artificialmente o desempenho financeiro da empresa. O valor total das irregularidades contábeis chegou a $1,7 bilhão.[55]
- Em outubro de 2010, Angelo Mozilo, cofundador da Contrywide Financial, concordou em pagar $ 67,5 milhões para a Securities and Exchange Commission (SEC) para compensar acusações de fraudes. Ele foi acusado de iludir os investidores da companhia de empréstimos hipotecários para fazer seu "pé de meia". Foi incriminado sob a acusação de ocultar os riscos do portfólio de empréstimos da Contrywide à medida que a condição do mercado de imóveis piorava. O ex-presidente da Contrywide, David Sambol, e o ex-diretor financeiro, Eric Sieracki, também foram acusados de fraude por deixarem de expôr o real estado de deterioração da carteira de hipotecas da Contrywide. A SEC acusou Mozilo de mau uso de informações privilegiadas, alegando que ele havia vendido milhões de dólares em ações da Contrywide depois que soube que a companhia estava condenada.

- Em 2008, o ex-presidente da Brocade, Gregory Reyes, foi sentenciado a 21 meses de prisão e multado em $15 milhões por seu envolvimento nas outorgas de opções de ações pré-datadas. O sr. Reyes foi o primeiro executivo a ser julgado e condenado devido à datação imprópria de recompensas de opções de ações, o que dezenas de companhias reconheceram desde que essa prática foi descoberta.

Não obstante os muitos lapsos na governança corporativa, podemos ver os benefícios associados com práticas eficazes.[56] Por outro lado, os gerentes corporativos podem agir em prol de seus próprios interesses, em geral às custas dos acionistas. A seguir falaremos sobre as implicações da separação entre propriedade e administração nas corporações modernas, e alguns mecanismos que podem ser usados para assegurar a consistência (ou alinhamento) entre os interesses dos acionistas e dos gerentes para minimizar eventuais conflitos.

A Corporação Moderna:
A Separação entre Proprietários (Acionistas) e Gestores

Algumas das definições propostas para uma *corporação* incluem:

- "Uma corporação empresarial é um instrumento pelo qual o capital é reunido para as atividades da produção e distribuição de bens e serviços e para fazer investimentos. De acordo com isso, uma premissa básica da legislação corporativa é que um negócio corporativo deve ter como objetivo conduzir aquelas atividades com o intuito de aumentar o lucro da corporação e os ganhos dos donos da corporação, ou seja, os acionistas". (Melvin Aron Eisenberg, *The Structure of Corporation Law*)
- "Um conjunto de pessoas submetidas a um estatuto legalmente constituído, reconhecido como uma entidade à parte, com direitos, responsabilidades e privilégios próprios, distintos daqueles relativos a seus membros". (*American Heritage Dictionary*)
- "Um dispositivo engenhoso para obter lucro individual sem responsabilidade individual". (Ambrose Bierce, *The Devil's Dictionary*)[57]

Todas essas definições têm certa validade e cada uma reflete uma característica-chave da forma corporativa das organizações empresariais — a habilidade de obter recursos de vários grupos, se estabelecer e manter sua própria persona separada de todos os outros. Sobre isso, Henry Ford reconheceu: "Um grande negócio é grande demais para ser humano".

corporação
um mecanismo criado para permitir que diferentes partes contribuam com capital, expertise e mão de obra em prol do máximo benefício de cada uma.

Dito de modo simples, uma **corporação** é um mecanismo criado para permitir que diferentes partes contribuam com capital, expertise e mão de obra em prol do máximo benefício de cada uma.[58] Os acionistas (os investidores) podem participar dos lucros da empresa sem assumir a responsabilidade direta pelas operações. Os gestores podem administrar a companhia sem a responsabilidade de prover fundos pessoalmente. Os acionistas têm uma responsabilidade limitada, bem como um envolvimento limitado nos assuntos da companhia. Todavia, reservam para si o direito de eleger os diretores que têm a obrigação fiduciária de proteger seus interesses.

Há mais de 75 anos, os professores da Columbia University Adolf Berle e Gardiner C. Means comentaram sobre a divergência entre os interesses dos donos da corporação e o dos administradores profissionais que são contratados para dirigi-la. Eles advertiram que uma dispersão muito acentuada da propriedade da empresa "eliminava a responsabilidade da gerência da exigência mais importante de todas que era a de servir aos acionistas". A separação entre donos e administradores deu origem a um conjunto de ideias denominado "teoria da agência". Fundamental na teoria da agência é a relação entre as duas partes primárias — os *dirigentes*, que são os proprietários da empresa (os acionistas), e os *agentes*, que são as pessoas que recebem, dos dirigentes, procuração para realizar o trabalho em seu benefício (gerentes). Os acionistas elegem e são representados por uma diretoria que tem a responsabilidade fiduciária de garantir que a gerência aja de acordo com os melhores interesses dos acionistas para assegurar retornos financeiros de longo prazo para a empresa.

teoria da agência
uma teoria da relação entre os dirigentes e seus agentes, com ênfase em dois problemas: (1) os objetivos conflitantes dos dirigentes e agentes, junto com a dificuldade dos dirigentes de monitorar os agentes e (2) as diferentes atitudes e preferências em relação ao risco dos dirigentes e agentes.

A **teoria da agência** se concentra na resolução de dois problemas que podem surgir nas relações de agência.[59] *O primeiro é o problema de agência que surge (1) quando os objetivos dos dirigentes e agentes entram em conflito, e (2) quando é difícil ou caro para o dirigente verificar o* *que o agente realmente está fazendo.*[60] O conselho de administração não poderia confirmar se os gestores estão realmente agindo em prol dos interesses dos acionistas porque eles "estão por dentro" do negócio que operam e, assim, são mais bem informados do que os dirigentes. Assim, os administradores podem agir de modo "oportunista" ao buscar seus próprios interesses — às custas da corporação.[61] Podem gastar os recursos monetários corporativos em regalias e mordomias dispendiosas (p. ex., jatos da companhia, objetos de arte), gastar tempo em projetos favoritos (também chamados de estimação, são iniciativas nas quais eles têm um interesse pessoal, mas de limitado potencial de mercado), deflagar lutas pelo poder (tentando obter recursos para sua melhoria pessoal e em detrimento da empresa) e negar (ou sabotar) ofertas de fusões atraentes porque elas poderiam resultar em aumento dos riscos de continuidade no cargo.[62]

A segunda questão é o problema do compartilhamento de risco. Isto acontece quando o dirigente e o agente têm atitudes e preferências diferentes em relação ao risco. Os executivos de uma empresa podem favorecer iniciativas de diversificação adicional porque, devido à sua própria natureza, elas aumentam o tamanho de uma empresa e, assim, o nível da compensação executiva.[63] Ao mesmo tempo, tais iniciativas de diversificação podem desgastar o valor dos acionistas porque elas deixam de realizar algumas das sinergias que discutimos no Capítulo 6 (p. ex., a edificação das competências centrais, o compartilhamento de atividades ou o aumento do poder de mercado). Os agentes (executivos) podem ter uma preferência maior pela diversificação do que os acionistas porque ela diminui seu nível pessoal de risco ante uma eventual perda de emprego. Os executivos que possuem grande quantidade de ações de suas empresas têm mais possibilidade de implementar estratégias de diversificação mais consistentes com os interesses dos acionistas — o aumento dos retornos de longo prazo.[64]

Às vezes, os gerentes de alto nível realizam ações que refletem seus interesses pessoais em vez dos interesses dos acionistas. A seguir, dois exemplos:

- Steve Wynn, CEO da Wynn Resorts, teve um ano excelente em 2011, embora seus acionistas não estivessem vendo a cor do dinheiro. Ele recebeu salários de $3,9 milhões. E dois bônus, um de $2 milhões e outro de $9 milhões. Além do dinheiro, gastou mais de $900 mil em viagens pessoais no jato da corporação e mais de $500 mil hospedando-se na luxuosa casa de campo da empresa.[65]
- John Sperling se aposentou como presidente emérito do Apollo Group no início de 2013. Ele fundou, em 1973, a Apollo, uma instituição educacional de fins lucrativos mais conhecida por sua unidade University of Phoenix. Embora já tivesse algumas ações da Apollo que, juntas, somavam mais de $200 milhões, a diretoria, que incluía seu filho como membro, lhe garantiu um "bônus de aposentadoria especial" de $5 milhões, deu-lhe dois carros e uma renda vitalícia de $71 mil por mês. Ele embolsou todas essas benesses embora as ações da Apollo, na época da sua aposentadoria, estivessem valendo ¼ do valor que tinham no início de 2009.[66]

Instrumentos de Governança: Alinhando os Interesses de Proprietários e Gestores

Como vimos antes, as principais características da corporação moderna é a separação entre propriedade e controle. Para minimizar o potencial mau uso do poder de gestão dos administradores em prol de seus interesses particulares, ou "oportunisticamente", os donos podem implementar alguns instrumentos de governança.[67] Primeiro: há dois meios primários de monitorar o comportamento dos gerentes. São eles: (1) um *conselho de administração* comprometido e envolvido, que age nos melhores interesses dos acionistas para criar valores de longo prazo, e (2) o *ativismo dos acionistas*, no qual estes se veem como *donos* das ações, em vez de como alguém que *tem* algumas ações, e se tornam ativamente envolvidos com a governança da corporação. Segundo: há os incentivos administrativos, às vezes chamado de "resultados baseados em contratos", que consistem em *acordos de recompensa e compensação*. Nesse caso, o objetivo é moldar cuidadosamente os pacotes de incentivo administrativo para alinhar os interesses dos gestores com os dos acionistas.[68]

Concluiremos esta seção com uma breve análise de um dos assuntos mais controversos da governança corporativa — a dualidade. Aqui, a pergunta é: o presidente-executivo também

> **PA9.6**
> O papel dos instrumentos da governança corporativa em assegurar que os interesses dos gestores estejam alinhados com os dos acionistas e com a perspectiva internacional.

deveria presidir o conselho de administração? Em muitas das empresas da *Fortune 500*, os mesmos indivíduos assumem ambos os papéis. Contudo, em anos recentes, temos visto uma tendência de separar as duas posições. A principal questão é quais serão as consequências de tal dualidade sobre a governança e desempenho da empresa.

conselho de administração
um grupo que tem o dever fiduciário de assegurar que a companhia seja dirigida de modo consistente com os interesses de longo prazo dos donos, ou acionistas, de uma corporação e que age como um intermediário entre os acionistas e os gestores.

Um Conselho de Administração Comprometido e Envolvido O conselho de administração funciona como eixo entre os proprietários e os gestores de uma corporação. Ele é o intermediário que fornece o equilíbrio entre um pequeno grupo de gerentes-chave da empresa baseada na sede corporativa e, às vezes, um grande grupo de acionistas.[69] Nos Estados Unidos, a lei obriga que a diretoria tenha um dever fiduciário estrito e absoluto para assegurar que uma companhia seja administrada de acordo com os interesses de longo prazo dos donos — os acionistas. A realidade, como vimos, é um pouco mais ambígua.[70]

A Business Roundtable, que representa as maiores corporações dos EUA, descreve os deveres do conselho de administração (doravante simplesmente Conselho) como segue:

1. Selecionar, avaliar com regularidade e, se preciso, substituir o presidente-executivo. Determinar a remuneração dos gestores. Revisar o planejamento de sucessões.
2. Revisar e, quando apropriado, aprovar os objetivos financeiros, as estratégias de maior amplitude e os planos corporativos.
3. Orientar e fazer recomendações aos executivos de alto escalão.
4. Selecionar e recomendar aos acionistas um conjunto de candidatos apropriados para serem eleitos como membros da diretoria; avaliar os processos e desempenho da diretoria.
5. Revisar a adequação dos sistemas para cumprir com todas as leis/regulamentos aplicáveis.[71]

Dados esses princípios, o que faz com que um conselho seja bom?[72] De acordo com a Business Roundtable, a qualidade mais importante é um conselho que tenha participantes ativos e críticos na determinação das estratégias de uma companhia.[73] Isto não significa que os membros do conselho devem realizar uma microadministração ou desconsiderar o CEO. Em vez disso, devem proceder a uma boa supervisão, indo além de simplesmente aprovar os planos do presidente-executivo. As responsabilidades primárias do conselho são assegurar que os planos estratégicos passem por um escrutínio rigoroso, submeter os gestores a padrões de alto desempenho e controlar o processo de sucessão.[74]

Muito embora, no passado, os Conselhos nada mais fizessem que assinar embaixo as ações do CEO, hoje em dia têm um papel mais proativo, demitindo os presidentes-executivos cujo desempenho é insatisfatório.[75] De acordo com a empresa de consultoria Booz Allen Hamilton, o índice de demissões de CEOs por motivos de performance mais do que triplicaram, passando de 1,3% para 4,2% entre 1995 e 2002.[76] Hoje os CEOs não são imunes à demissão.

- Em setembro de 2010, Jonathan Klein, o presidente do canal a cabo CNN/U.S., foi demitido porque os índices da CNN diminuíram.[77]
- Don Bankenship, CEO de uma gigante de mineração de carvão, a Massey Energy, se demitiu em dezembro de 2010 depois de uma explosão mortal na mina Upper Big Branch da Massey, em West Virginia, uma mina muito citada como exemplo de violações de segurança nos últimos anos. A explosão foi o pior desastre do setor de mineração dos Estados Unidos em 40 anos e resultou em investigações e processos criminais e civis.
- Tony Hayward, presidente da British Petroleum (BP), uma companhia de petróleo e energia, foi forçado a deixar o cargo em outubro de 2010 depois que a plataforma de perfuração Deepwater Horizon derramou petróleo no Golfo do México, ocasionando um desastre gigantesco que a levou a dispender $20 bilhões a título de compensação e recuperação ambiental.
- Carol Bartz foi deposta do cargo de CEO da Yahoo! após dois anos e meio, quando o conselho observou uma limitada melhoria na posição de mercado da empresa, tumultos depois de um corte de postos de trabalho, um certo clima de mistério e troca de segredos durante sua liderança e ausência de reações positivas na cotação das ações. De modo similar, Vikram Pandit foi pressionado a deixar sua posição como presidente do Citigroup depois de cinco anos tumultuados e de aumento da infelicidade dos investidores devido ao desempenho da empresa.

Substituições constantes de presidentes podem, porém, representar um grande problema para muitas organizações. Por quê? Dá a entender que os conselhos não estão empenhados em planejar eficazmente o processo sucessório. Por exemplo, apenas 35% dos 1.318 executivos entrevistados pela Korn/Ferry International, em dezembro de 2010, disseram que suas companhias tinham um planejamento de sucessão. E 61% dos que responderam a uma pesquisa (feita pela Heidrick & Struggles e pelo Rock Center for Corporate Governance da Stanford University) declararam que suas empresas *não* tinham candidatos internos viáveis. Essa é a realidade nas companhias privadas. Apenas 23% das empresas privadas pesquisadas pela National Association of Corporate Directors disseram que haviam desenvolvido planos de sucessão formais.[78]

Outro componente-chave dos Conselhos é a independência de seus membros.[79] Os experts em governança acreditam que a maioria dos componentes do Conselho deveria estar livre de qualquer vínculo com o presidente-executivo ou com a companhia.[80] Isso implica dizer que deve haver o mínimo possível de "pessoal interno" (membros presentes ou passados da diretoria executiva) no Conselho, e que esses diretores e suas empresas não deveriam poder prestar serviços de consultoria, jurídicos ou de qualquer outro tipo para a empresa.[81] Diretorias interligadas — nas quais os CEOs e outros grandes executivos participam nos conselhos um do outro — não são desejáveis. Mas pode ser que a maior garantia de que os diretores estejam agindo em prol dos melhores interesses dos acionistas seja o mais simples: a maior parte das boas companhias está, atualmente, insistindo para que seus diretores tenham uma significativa quantidade de ações da companhia que supervisionam.[82]

Indo um passo além, as pesquisas e a simples observação dos conselhos indicam que prescrições simples, como ser composto em sua maior parte por gente de fora, são insuficientes para resultar em desempenho eficaz desse organismo. As empresas precisam cultivar conselheiros empenhados e comprometidos. Há várias ações que podem exercer uma influência positiva na dinâmica do conselho quanto à supervisão e orientação da diretoria executiva:[83]

1. **Adicionar experiência ao conselho.** Pessoas vindas de fora podem trazer experiências que a diretoria administrativa não tem. Por exemplo, as corporações que estão considerando ingressar em uma nova região do globo podem querer incluir entre os membros do conselho alguém com expertise e conexões naquela região. De modo similar, as pesquisas sugerem que as empresas concentradas no aprimoramento de sua eficiência operacional se beneficiam de "importar" um membro do conselho cuja função de tempo integral está vinculada a atividades operacionais.
2. **Manter um conselho com tamanho administrável.** Conselhos pequenos e focados, em geral de cinco a onze componentes, são preferíveis aos grandes. À medida que o número de conselheiros aumenta, sua condição de funcionar como equipe diminui. Um se sente menos conectado com o outro, e as tomadas de decisão podem se tornar um processo complicado.
3. **Escolher aqueles que possam participar amplamente.** Tem aumentado bastante a demanda do tempo gasto pelos conselheiros para cumprir com suas responsabilidades: supervisionar a administração, verificar as demonstrações financeiras da empresa, determinar a remuneração dos executivos e orientar a direção estratégica da empresa. Como resultado, o número médio de horas por ano gastas nessas atividades supera 350 horas nas grandes companhias. Os membros do Conselho devem dedicar um tempo significativo a seus papéis — não apenas para comparecer às reuniões programadas, mas também para revisar relatórios entre elas e responder a desafios sujeitos a prazos fatais. Assim, as empresas devem tentar incluir conselheiros que não estejam sobrecarregados no momento em sua ocupação principal ou no envolvimento com outros Conselhos.
4. **Equilibrar a necessidade de foco no passado, presente e futuro.** Os Conselhos têm uma função tripartite. Precisam se concentrar no desempenho atual da empresa, no modo como a empresa está cumprindo etapas e atingindo os alvos operacionais, e em qual direção estratégica a empresa caminhará. Da maneira como as coisas funcionam atualmente, requer-se dos Conselhos dispender grande quantidade de tempo no passado, uma vez que examinam a situação das finanças da empresa espelhada em relatórios sobre o que já ocorreu. Contudo, Conselhos eficazes equilibram esse tempo e se asseguram de considerar adequadamente o presente e o futuro.

5. **Considerar o desenvolvimento do talento da administração.** Como parte de seu foco no futuro, os conselhos eficazes desenvolvem planos sucessórios para os presidentes-executivos, mas também se concentram no desenvolvimento de talento em outros escalões maiores da organização. Em uma série de setores de mercado, o capital humano é um elemento cada vez mais importante para o êxito da empresa, e os conselhos devem estar envolvidos na avaliação e desenvolvimento do núcleo administrativo principal.
6. **Ter visão de conjunto.** Para entender melhor a empresa e manter contato mais estreito com os principais gerentes, as reuniões do conselho devem ser realizadas em forma de rodízio entre diferentes unidades e locais da empresa.
7. **Manter normas de transparência e confiança.** Conselhos altamente funcionais mantêm diálogos francos com espírito de equipe, nos quais a informação flui livremente e as perguntas são feitas abertamente. Seus membros respeitam-se mutuamente e confiam que todos trabalham no melhor interesse da corporação.

Em face das crises financeiras e dos escândalos corporativos, os órgãos reguladores e os investidores pressionam por mudanças significativas na estrutura e ações do conselho de administração. A Figura 9.6 destaca algumas das mudanças observadas entre as empresas listadas no S&P 500.

FIGURA 9.6
As Mudanças nos Conselhos de Administração das Empresas no S&P 500

Questão	1987	2011	Explicação
Porcentagem dos conselhos cujos membros têm em média 64 anos ou mais	3	37	Cada vez menos presidentes-executivos atuantes estão dispostos a trabalhar nos conselhos de outras empresas. Como resultado, as companhias estão aumentando a idade para aposentadoria dos conselheiros e atraindo executivos aposentados para seus conselhos de administração.
Remuneração média dos conselheiros	$36.667	$95.262	As funções do conselho passaram a exigir mais tempo e comprometimento. Além disso, a responsabilidade pessoal dos conselheiros aumentou. Consequentemente, a remuneração foi elevada, no intuito de atrair e reter os conselheiros.
Porcentagem de mulheres entre os membros do conselho	9	16,2	Embora o número de mulheres e das minorias nos conselhos tenha aumentado, esses grupos ainda são mal representados. As companhias têm dado ênfase à inclusão de mulheres nas funções-chave. Por exemplo, mais da metade dos comitês de auditoria e remuneração da S&P 500 tem, pelo menos, uma mulher.
Porcentagem de conselhos com doze membros ou menos	22	83	À medida que o papel estratégico e as exigências legais dos conselhos aumentaram, as empresas optaram por restringir seu tamanho, em função da melhoria das tomadas de decisão por grupos mais enxutos.
Porcentagem de conselheiros independentes	68	84	O Sarbanes-Oxley Act e a pressão dos investidores resultaram em um aumento no número de diretores independentes. De fato, mais da metade das empresas da S&P 500 não tem conselheiros vindos de sua administração interna além do CEO.

Fontes: Anônimo. 2011. Corporate boards: Now and then. *Harvard Business Review*, 89(11): 38–39; e Dalton, D. & Dalton, C. 2010. Women and corporate boards of directors: The promise of increased, and substantive participation in the post Sarbanes-Oxley era. *Business Horizons*, 53: 257–268.

Ativismo dos Acionistas Em termos práticos, são tantos os donos das maiores corporações norte-americanas que faz pouco sentido referir-se a eles como "donos" no sentido de indivíduos informados e envolvidos nos assuntos corporativos.[84] No entanto, mesmo um acionista individual tem vários direitos, incluindo (1) o direito de vender a ação, (2) o direito de constituir um procurador (que inclui a eleição de membros do Conselho), (3) o direito de ingressar com um processo por perdas e danos caso os gestores da corporação deixem de cumprir com suas obrigações, (4) o direito a certas informações sobre a companhia e (5) certos direitos residuais em virtude da liquidação da companhia (ou durante o processo de recuperação judicial), dada o direito de preferência de outros credores.[85]

Coletivamente, os acionistas têm o poder de guiar o curso das corporações.[86] Isso pode envolver atos como tomar parte em ações cíveis de acionistas que demandam levantar questões-chave a serem votadas por seus procuradores nas reuniões anuais do conselho.[87] Nos Estados Unidos, o poder dos acionistas se intensificou em anos recentes graças à crescente influência dos grandes investidores institucionais, como fundos mútuos (p. ex., T. Rowe Price e Fidelity Investments) e de pensão, como a TIAA-CREF (para membros do corpo docente e da administração escolar).[88] Os investidores institucionais têm, aproximadamente, 50% de todas as ações corporativas listadas nos Estados Unidos.[89]

O **ativismo dos acionistas** se refere a ações por parte de grandes acionistas, tanto instituições quanto indivíduos, para proteger seus interesses quando sentem que as ações administrativas de uma corporação divergem da maximização do valor para os acionistas.

Muitos investidores institucionais são agressivos na proteção e melhoria de seus investimentos. Estão deixando sua condição de negociantes para assumir a de donos. Eles estão assumindo o papel de acionistas permanentes e analisando questões de governança corporativa. Nesse processo, reinventam os sistemas de monitoração e contabilidade da corporação.[90]

Consideremos o comportamento proativo da CalPERS, a California Public Employees' Retirement System, que, administrando mais de $240 bilhões em ativos, é a terceira maior administradora de fundos de pensão do mundo. A cada ano, a CalPERS revê o desempenho das mil empresas nas quais retém um investimento considerável.[91] Ela analisa a performance de tais companhias em termos de curto e longo prazo, suas características de governança, status financeiro e expectativas de mercado. A CalPERS, então, promove reuniões com as companhias selecionadas para entender melhor sua governança e estratégia de negócios. Se necessário, a CalPERS solicita uma mudança na estrutura de governança da empresa e trabalha para assegurar os direitos dos acionistas. Se a CalPERS acredita que a empresa não dá a devida consideração a suas preocupações, pondera sobre a possibilidade de cancelar a procuração concedida à empresa relativa à próxima reunião de acionistas, e de impetrar ações judiciais. A pesquisa da CalPERS indica que essas ações resultam em um desempenho superior. O portfólio das empresas que foram incluídas em seu programa de revisão proporcionou um retorno cumulativo (em três anos) 11,59% maior que o do respectivo conjunto de empresas tidas como grupo de referência (benchmark). Assim, a CalPERS obtete um benefício real ao agir como uma dona interessada, em vez de como uma investidora passiva.

Talvez nenhuma análise de ativismo dos acionistas estaria completa sem a menção a Carl Icahn, um famoso ativista cujo patrimônio líquido pessoal chega a $13 bilhões:

> O bicho-papão que estou perseguindo hoje é a estrutura das corporações norte-americanas, que permite que gestores e diretores dos conselhos de administração ajam arbitrariamente e, em geral, recebam remunerações absurdas, mesmo depois de terem feitos péssimos trabalhos. Eles ainda permanecem sem prestar contas a ninguém.[92]

O mercado parece valorizar as ações dos investidores ativistas. No dia em que se tornou público que Icahn havia tomado 10% da posse da Netflix, o preço das suas ações aumentou 14%.[93]

Recompensas e Incentivos Administrativos Como vimos antes neste capítulo, os sistemas de incentivos devem ser planejados para ajudar uma companhia a atingir seus objetivos.[94] Do ponto de vista da governança, um dos papéis mais críticos dos Conselhos é criar incentivos que se alinhem com os interesses do CEO e dos grandes executivos com o interesse dos donos da corporação — retornos de longo tempo dos acionistas.[95] Os acionistas confiam nos CEOs para que sejam adotadas políticas e estratégias que maximizem o valor de suas ações.[96] A combinação de três políticas básicas pode criar os incentivos monetários certos para que os presidentes-executivos maximizem o valor de suas companhias:[97]

---

ativismo dos acionistas
ações por parte de grandes acionistas para proteger seus interesses quando sentem que as ações administrativas de uma corporação divergem da maximização do valor para os acionistas.

1. Os conselhos podem exigir que os CEOs tenham uma parcela substancial das ações da companhia.
2. Salários, bônus e opções de ações podem ser estruturados para fornecer recompensas em caso de desempenho superior e penalidades para más performances.
3. Demissão em caso de desempenho ruim deve ser uma ameaça concreta.

Em anos recentes, o fornecimento de opções de ações permitiu que os grandes executivos de corporações de capital aberto recebessem remunerações enormes. Em 2011, os presidentes-executivos das empresas integrantes do Standard & Poor's 500 levaram para casa, em média, 380 vezes o valor médio pago a um trabalhador — mais de 40 vezes superior aos números de 1980. O contra-argumento, de que o índice está abaixo do múltiplo 514 em 2000, não tem lá muita consistência.[98]

Muitos Conselhos ofereceram benefícios desse tipo, apesar dos maus desempenhos, e outros fizeram com que os objetivos se tornassem mais fáceis de alcançar. Entretanto, as opções de ações podem ser um instrumento de governança valioso para alinhar os interesses dos CEOs com os dos acionistas. O nível extraordinário de salários pode, às vezes, ter princípios de governança compreensíveis.[99] As pesquisas de Steven Kaplan da University of Chicago descobriu que as empresas com presidentes-executivos no maior quintil de pagamento gerado por ações obtiveram retornos 60% maiores do que seus concorrentes diretos, enquanto que aquelas cujos CEOs estavam no quintil mais baixo viram suas ações ter um desempenho 20% menor em comparação com seus concorrentes.[100] Por exemplo, David Zaslav, CEO da Discovery Communications, levou $37,8 milhões para casa em 2011, mas a cotação das ações de sua empresa aumentaram 57% no período de 2011 a 2012.[101]

Isso não implica dizer que os salários executivos não podem ou não devem ser aumentados. A Figura 9.7 descreve várias maneiras de estabelecer pacotes de remuneração eficazes para os executivos.[102]

FIGURA 9.7
Seis Políticas Eficazes de Remuneração dos Altos Executivos

Os conselhos de administração precisam ser diligentes no estabelecimento de pacotes de salários executivos que incentivarão esses profissionais a formar valor de longo prazo para os acionistas e a lidar com as preocupações que os órgãos reguladores e o público têm com remunerações excessivas. A chave é ter planos de compensações abertos, justos e consistentes. A seguir apresentamos seis políticas aplicáveis a essa questão.

1. **Aumento de transparência.** Os princípios e as políticas de pagamento devem ser consistentes ao longo do tempo e detalhadamente documentados. Por exemplo, a Novartis enfatiza que suas políticas de salários devem ser completamente transparentes e os critérios de incentivo não devem ser alterados no meio do caminho.

2. **Vinculação entre desempenhos de longo prazo e pagamentos de longo prazo.** O tempo oportuno de compensações pode ser estruturado para forçar os executivos a pensar sobre o sucesso de longo prazo da organização. Por exemplo, a ExxonMobil contingencia 2/3 das compensações de seus executivos sêniores, os quais se apropriam delas ao se aposentarem ou só após dez anos. De modo similar, em 2009, a Goldman Sachs substituiu seus bônus anuais dos grandes executivos por concessões de ações restritivas que impedem a alienação das ações antes de decorridos três a cinco anos.

3. **Recompensas aos executivos relacionadas ao desempenho, e não apenas a mudanças na cotação das ações da companhia.** Para evitar que se concentrem apenas no preço das ações, a Target inclui um componente no plano de remuneração de seus executivos que considera o desempenho das vendas da mesma loja ao longo do tempo.

4. **Fazer com que os executivos invistam na empresa.** As empresas podem criar riscos inconvenientes para os gestores. Depender de ações com liquidez restrita, em vez de opções de ações, pode fazer isso. Mas alguns experts sugerem que os grandes executivos devem comprar montantes consideráveis das ações da empresa com seu próprio dinheiro.

5. **Adotar Métricas de Avaliação Mais Representativas.** Em vez de recompensar por medições do desempenho financeiro no curto prazo, as empresas devem incluir métricas qualitativas de longo prazo para incentivar os gestores a construir o futuro. As companhias devem incluir critérios, como índices de retenção de cliente, inovação e épocas de lançamento de novos produtos, e critérios de desenvolvimentos de liderança. Por exemplo, a IBM oferece bônus adicionais para executivos que evidenciam ações que estimulam a cooperação global.

6. **Equidade entre trabalhadores e executivos.** Os altos executivos, com suas grandes responsabilidades, devem e continuarão a realizar mais do que os empregados de linha de frente, mas as empresas podem sinalizar maior equidade eliminando mordomias, planos e benefícios especiais para os executivos de alto escalão. Além disso, as companhias podem oferecer aos empregados planos de propriedade de ações, dando-lhes a oportunidade de compartilhar do sucesso da empresa.

Fontes: George, B. 2010. Executive pay: Rebuilding trust in an era of rage. *Bloomberg Businessweek*, 13 de setembro: 56; e Barton, D. 2011. Capitalism for the long term. *Harvard Business Review*, 89(3): 85.

Duplo Papel dos CEOs: Bom ou Ruim?

A dualidade dos presidentes-executivos é uma das questões mais controversas na governança corporativa. Trata-se da estrutura de liderança dual, na qual o CEO é, simultaneamente, também o presidente do conselho de administração.[103] Estudiosos, consultores e executivos interessados em determinar o melhor modo de administrar uma corporação dividem-se a respeito dos papéis e responsabilidades de um CEO. Duas escolas de pensamento representam posições alternativas:

Unidade de Comando Os que advogam este ponto de vista acreditam que quando uma pessoa assume ambos os papéis, ele ou ela consegue agir de modo mais eficiente e eficaz. A dualidade da presidência permite focar-se por completo tanto nos objetivos quanto nas operações, bem como eliminar confusão e conflito entre o CEO eu presidente do Conselho. Assim, ela possibilita tomadas de decisão estratégica mais eficazes e destituídas de eventuais atritos. Protagonizar ambos os papéis gera unidade entre gestores e conselheiros e, em última análise, permite à pessoa investida nessa dupla função servir ainda melhor aos acionistas. Fazer com que a liderança se concentre em um único indivíduo também possibilita à empresa aprimorar sua capacidade de resposta e de assegurar os recursos críticos. Essa perspectiva da questão sustenta que a separação das duas funções — a do CEO e a do presidente do Conselho — pode ocasionar todos os tipos de consequências indesejáveis. Os CEOs podem encontrar dificuldade para tomar decisões rápidas. CEOs e presidentes do Conselho egocêntricos podem entrar em conflito sobre quem está realmente no comando. Jovens e talentosos profissionais ocupando cargos importantes em empresas de primeira linha pode significar que os chefes se sintam menosprezados por pessoas que sabem pouco sobre o negócio.[104] Empresas como Coca-Cola, JPMorgan Chase e Time Warner recusaram-se a separar os trabalhos do CEO e do presidente do Conselho, apoiando a unidade de comando.

Teoria da Agência Os apoiadores da teoria da agência dizem que as posições do CEO e a do presidente do conselho devem ser separadas. Essa opinião é baseada no princípio simples da separação de poderes. Como é possível que o conselho cumpra com seu principal dever — monitorar o chefe — se o chefe está presidindo suas reuniões e determinando sua agenda? Como o conselho pode ser uma proteção contra a corrupção ou incompetência quando a possível fonte dessa corrupção ou incompetência senta-se à cabeceira de sua mesa diretora? A dualidade do presidente-executivo pode criar um conflito de interesses que pode afetar negativamente os interesses dos acionistas.

A dualidade também complica a questão da sucessão do CEO. Em alguns casos, um presidente do conselho que é também o CEO pode escolher se aposentar nesta última função, mas manter sua posição no conselho. Embora essa divisão de papéis satisfaça a teoria da agência, coloca, porém, o novo CEO em uma posição difícil. O presidente do conselho questiona algum aspecto de mudanças a serem implementadas, e o conselho como um todo pode se colocar ao lado de alguém em que confia e tem uma história. Esse conflito de interesse pode dificultar que o novo CEO estabeleça quaisquer mudanças enquanto o poder e a influência sejam apanágio do ex-CEO.[105]

A dualidade também serve para reforçar as dúvidas de muitos sobre a legitimidade do sistema como um todo e evocar a imagem muito difundida de chefes elaborando suas próprias avaliações de desempenho e estabelecendo os próprios salários. Uma das primeiras atitudes de alguns bancos em dificuldades dos EUA, incluindo o Citigroup, Washington Mutual, Wachovia e Wells Fargo, quando surgiu a crise financeira entre 2007 e 2008 foi separar as duas funções. Empresas como a Siebel Systems, Disney, Oracle e Microsoft também decidiram fazer o mesmo e eliminar a dupla função. Finalmente, mais de 90% das companhias da *S&P 500* na situação dual designaram diretores de "liderança" ou de "presidência" como um contrapeso.

As pesquisas sugerem que os efeitos de se separar as duas posições funcionais dependem da condição da empresa. Quando isso acontece, há uma clara mudança no desempenho da empresa. Se a empresa está tendo uma boa performance, há uma queda depois da separação. Se o desempenho da empresa estava mal, ocorre uma melhoria. As pesquisas, então, são inconclusivas: parece não haver uma resposta correta sobre a dualidade, mas as empresas devem considerar as tendências de sua posição e desempenho atuais ao decidir se devem manter a posição de CEO e presidente do conselho nas mãos de apenas uma pessoa.[106]

Mecanismos Externos de Controle da Governança

Até agora falamos sobre os instrumentos de governança interna. Os controles internos, porém, nem sempre são suficientes para assegurar uma boa governança. A separação entre propriedade e controle, que discutimos antes, exige vários mecanismos de controle, alguns internos e alguns externos, para assegurar que as ações administrativas resultem em maximização de valor para os acionistas. Além disso, a sociedade em geral quer alguma segurança de que esse objetivo seja atendido sem prejudicar outros grupos de stakeholders. Agora vamos falar sobre os vários **mecanismos externos de controle da governança** que foram desenvolvidos na maioria das economias modernas. Neles se incluem o mercado para controle corporativo, auditores, órgãos regulatórios governamentais, bancos e analistas, mídia e ativistas públicos.

mecanismos externos de controle da governança
métodos que asseguram que as ações administrativas resultem em valor para o acionista e que não prejudiquem outros grupos de stakeholders que estão fora do sistema de controle da governança corporativa.

O Mercado para o Controle Corporativo Vamos presumir por um momento que os instrumentos de controle interno de uma companhia estão deixando a desejar. Isso quer dizer que o conselho de administração é ineficaz na monitoração dos gestores e não está exercendo a necessária supervisão sobre eles, e que os acionistas são passivos e se omitem quanto a monitorar ou disciplinar os gestores. Em tais circunstâncias os administradores podem se comportar de modo oportunista.[107] O oportunismo pode se dar de diversas formas. Primeira: eles podem *negligenciar ou esquivar-se* de suas responsabilidades. Esquivar-se (ou ser negligente) quer dizer que os gerentes deixam de exercer suas responsabilidades por completo, tal como se exige deles. Segunda: eles podem *consumir no emprego*. Exemplos disso incluem jatos particulares, tornar-se membros de clubes, decorar suas salas com objetos de arte dispendiosos, e assim por diante. Isso representa gastos de consumo por parte dos gestores cujo reflexo em valor para os acionistas é nulo. Ao contrário, acabam diminuindo o valor para os acionistas. Terceira: os gestores podem se empenhar em *diversificação excessiva de produtos e mercados*.[108] Como vimos no Capítulo 6, tais diversificações servem apenas para reduzir o risco de os gestores serem demitidos, e não o risco financeiro dos acionistas, que podem fazê-lo de maneira mais barata diversificando seu portfólio de investimentos. Há algum instrumento externo que pode impedir que os gestores se esquivem, consumam no trabalho e pratiquem a diversificação?

mercado para controle corporativo
um instrumento de controle externo no qual os acionistas que estão insatisfeitos com a administração de uma empresa vendem suas ações.

O **mercado para controle corporativo** é um mecanismo externo que fornece, pelo menos, uma solução parcial para os problemas descritos. Se os instrumentos de controle interno não funcionam e se a administração está se comportando de modo oportunista, a resposta mais provável dos acionistas será vender suas ações, em vez de se empenhar em ativismo.[109] À medida que mais acionistas deixam a empresa, o valor das ações começa a cair. Se a queda é contínua, em certo ponto o valor de mercado da empresa se torna menor do que o contábil. Uma oferta hostil pode tomar uma companhia por um preço menor do que o valor contábil dela. A primeira coisa que o novo dono pode fazer para assumir o controle da companhia é demitir os gestores que levaram a empresa a um mau desempenho. O risco de aquisição por um ofertante hostil costuma ser chamado de **ameaça de oferta hostil**. Essa eventualidade desencoraja os gestores de se engajar em um comportamento oportunista.[110]

ameaça de oferta hostil
o risco de a administração da empresa ser adquirida por um ofertante hostil.

Embora, teoricamente, a ameaça de oferta hostil limite o oportunismo administrativo, sua eficácia, em anos recentes, diminuiu em virtude de várias táticas de defesa adotadas pela administração já existente (veja o Capítulo 6). Entre elas estão as pílulas de veneno, o greenmail e o paraquedas dourado. As pílulas de veneno são providências adotadas pela companhia para diminuir seu valor para o comprador. Um exemplo seria o pagamento de dividendo único, em geral, financiado pela dívida. O greenmail envolve comprar as ações de volta do adquirente, em geral, por um preço com ágio atraente. O paraquedas dourado são contratos de trabalho que obrigam a companhia a pagar pacotes de indenização aos grandes executivos que forem demitidos em resultado de uma tomada hostil, que, em geral, chegam a vários milhões de dólares.

Auditorias Mesmo sob rigorosas exigências de divulgação, não há garantias de que a informação divulgada estará correta. Os gestores podem, deliberadamente, divulgar informações falsas ou reter informações financeiras negativas, bem como usar métodos de contabilidade que, baseados em interpretações altamente subjetivas, distorcem os resultados. Portanto, todas as demonstrações contábeis devem ser auditadas e certificadas por auditores externos para serem tidas como exatas. Essas empresas de auditoria são organizações independentes, com pessoal certificado, que verifica os registros contábeis das empresas. Os auditores podem descobrir irregularidades financeiras e assegurar que as demonstrações financeiras da empresa atendem aos padrões das práticas de contabilidade.

Contudo, esses auditores frequentemente deixam de identificar irregularidades na contabilidade. No passado, falhas na auditagem tiveram papel relevante no fracasso de empresas como Enron e WorldCom. Um estudo recente da Public Company Accounting Oversight Board (PCAOB) descobriu que as auditorias realizadas pelas empresas de auditoria das Big 4 (nome dado às quatro maiores auditorias: Deloitte, PwC, KPMG e Ernst & Young) deixavam a desejar. Por exemplo, 20% das auditorias da Ernst & Young examinadas pela PCAOB se mostraram falhas. E essa era a melhor empresa das Big 4! A PCAOB encontrou falhas em 45% das auditorias da Deloitte que ela examinou. Por que essas empresas renomadas deixaram de encontrar todas as questões cabíveis nas auditorias que realizaram? Primeiro: os auditores são escolhidos pela empresa a ser analisada. O desejo de manter essa relação de negócios faz com que eles, às vezes, ignorem irregularidades financeiras. Segundo: a maioria das empresas de auditoria também realiza trabalho de consultoria e costuma receber lucrativos contratos de consultoria das empresas que audita. Compreende-se, portanto, que elas deixem de fazer muitas perguntas difíceis, visto que temem prejudicar seu negócio de consultoria, que costuma ser mais lucrativo do que o trabalho de auditoria.

Bancos e Analistas Os bancos comerciais e de investimento emprestam dinheiro às corporações e, portanto, devem assegurar que as finanças da empresa que pediu o empréstimo estejam em ordem e que as cláusulas dos contratos de empréstimo estejam sendo respeitadas. Os analistas de ações realizam aprofundados e recorrentes estudos das empresas que acompanham e cujas ações recomendam a seus clientes comprar, manter ou vender. Suas recompensas e reputação dependem da qualidade dessas recomendações. Seu acesso à informação, conhecimento do setor de atividade e da empresa, e os insights provenientes das interações com a gerência da companhia lhes habilitam a alertar a comunidade de investidores sobre os desenvolvimentos positivos e negativos relacionados a uma determinada companhia.

Observa-se que as recomendações dos analistas são, com frequência, mais otimistas do que apoiadas por fatos. Recomendações de venda são mais a exceção do que a norma. Muitos analistas deixam de entender a gravidade dos problemas relacionados com companhias fracassadas, como Lehman Brothers e Countrywide, até que seja tarde demais. Parte da explicação pode estar no fato de que a maioria dos analistas trabalha para empresas que também têm relações de investimento bancário com as companhias sob sua atenção. Recomendações negativas por parte dos analistas podem desagradar os gestores, que podem decidir transferir seus negócios de investimento bancário para uma empresa rival. Por outro lado, os analistas independentes e competentes podem ser pressionados a ignorar informações negativas ou diminuir o tom de sua crítica.

Órgãos Reguladores A extensão da regulação governamental costuma estar vinculada ao tipo de atividade econômica. Bancos, prestação de serviços públicos e indústrias farmacêuticas estão sujeitos a uma maior supervisão regulatória em face de sua importância para a sociedade. As corporações de capital aberto estão sujeitas a mais exigências regulatórias do que as de capital fechado.[111]

Todas as corporações de capital aberto devem divulgar uma quantidade substancial de informações financeiras para órgãos como a Securities and Exchange Commission (SEC), nos EUA, ou a Comissão de Valores Mobiliários (CVM), no Brasil. No caso da SEC, estão incluídos relatórios trimestrais e anuais de desempenho financeiro, transações de ações pelo pessoal interno e detalhes dos pacotes salariais dos executivos. Há duas razões principais para tais exigências. Primeira: os mercados podem funcionar de modo eficiente apenas quando o público que está investindo acredita no sistema do mercado. Se não houvesse a exigência dessas divulgações, o investidor médio sairia perdendo devido à falta de informações confiáveis e, portanto, poderia se afastar completamente do mercado de capitais. Isso teria um impacto negativo na capacidade de crescimento da economia. Segunda: a ampla divulgação, evitando a questão das informações privilegiadas, protege o pequeno investidor, até certo ponto, de consequências negativas resultantes da assimetria de informações. Os entendidos nos mercados e os grandes investidores costumam ter mais informações do que os pequenos investidores e podem, portanto, usá-las para comprar ou vender antes de tal informação chegar ao conhecimento público.

A falha de vários instrumentos de controle externo levou o Congresso dos EUA a aprovar o Sarbanes-Oxley Act em 2002. Essa lei impõe medidas estritas que asseguram uma melhor governança das corporações dos EUA. Algumas dessas medidas incluem:[112]

- Os *auditores* são impedidos de exercer certos tipos de trabalho não relacionados com a auditoria. Têm que manter os registros por cinco anos. Parceiros que fazem a auditoria de um cliente devem ser trocados, pelo menos, a cada cinco anos.
- Os *CEOs* e *diretores financeiros* devem revelar sua situação financeira e patrimonial por completo, incluindo o chamado off-balance-sheet (itens "fora do balanço" como arrendamentos operacionais e joint ventures) e garantir a exatidão das informações reveladas.
- Os *executivos* devem revelar imediatamente as vendas das ações das empresas que administram e não podem vender quando outros empregados também não podem.
- Os *advogados corporativos* devem relatar aos gerentes sêniores quaisquer violações da legislação de valores mobiliários.

Mídia e Ativistas Públicos A imprensa não é usualmente reconhecida como instrumento de controle externo na literatura da governança corporativa. Não há como negar que em todas as economias capitalistas desenvolvidas, a imprensa e mídia financeira têm um importante papel indireto no monitoramento da administração das corporações de capital aberto. Nos Estados Unidos, as revistas de negócios, como *Bloomberg Businessweek* e *Fortune*, jornais de finanças, como *The Wall Street Journal* e *Investors Business Daily*, bem como as redes de televisão, como a Fox Business Network e a CNBC, estão constantemente discorrendo sobre companhias. A percepção pública das perspectivas financeiras de uma companhia e da qualidade da sua gestão é grandemente influenciada pela mídia. A reputação da Food Lion foi manchada quando o *Prime Time Live* da ABC, em 1992, acusou a companhia de explorar seus empregados, colocar datas falsas nas suas embalagens e ter práticas de mau controle sanitário da carne. Bethany McLean, da revista *Fortune*, costuma ser creditada como a primeira a levantar questões sobre a viabilidade financeira de longo prazo da Enron.[113]

De modo similar, grupos de consumidores e indivíduos ativistas têm sua parte na campanha de expôr as condutas corporativas ilegais.[114] Exemplos bem conhecidos incluem Ralph Nader e Erin Brockovich, que tiveram papéis importantes na exposição de questões de segurança relacionadas com o Corvair da GM e com a poluição do meio ambiente relacionada com a Pacific Gas and Electric Company, respectivamente. Ralph Nader criou mais de 30 grupos de vigilância, incluindo:[115]

- *Aviation Consumer Action Project*. Trabalha para propôr novas regras para evitar atrasos de voos, impôr penalidades por enganar passageiros sobre problemas e impôr uma compensação maior na perda de bagagens.
- *Center for Auto Safety*. Ajuda os clientes a encontrar advogados e acelerar os recalls de veículos, aumentar os padrões de segurança das estradas e assegurar o cumprimento das cláusulas de garantia de veículos.
- *Center for Study of Responsive Law*. Trata-se do quartel-general de Nader. A sede de um projeto de tecnologia do consumidor, este grupo patrocinou seminários sobre as soluções da Microsoft e fez pressão por regras de privacidade mais rígidas. Ela também lidou com a indústria farmacêutica quanto ao custo.
- *Pension Rights Center*. Este centro ajuda os empregados da IBM, General Electric e outras companhias a se organizar contra os planos de pensão com saldo de caixa.

Como vimos, alguns ativistas públicos e grupos de vigilância podem exercer uma grande pressão sobre as organizações e influenciar suas decisões. Os Destaques de Estratégia 9.4 traz dois exemplos desse fenômeno.

DESTAQUES DE ESTRATÉGIA 9.4

DOIS EXEMPLOS DE PODEROSOS MECANISMOS DE CONTROLE EXTERNO

McDonald's

Depois de anos rechaçando e ignorando as críticas, o McDonald's começou a lidar com elas. Em 1999, a People for the Ethical Treatment of Animals (PETA) iniciou sua campanha da "McCrueldade", pedindo que a companhia fizesse algo para diminuir o sofrimento dos animais que eram mortos para abastecer seus restaurantes. Desde então, a PETA mudou de tática e está cooperando com a cadeia de hambúrgueres para modernizar os padrões do cuidado com os animais e obter mais melhorias. Depois da pressão da PETA, o McDonald's usou sua influência para obrigar os fornecedores de ovos a melhorar as condições de vida das suas galinhas e parar de cortar o bico delas. A PETA elogiou publicamente a companhia pelos seus esforços. Recentemente, o McDonald's também exigiu que seus processadores de carne de vaca e de porco não usassem de crueldade no abate dos animais. A companhia realiza vistorias regulares para verificar se os animais estão recebendo um tratamento humanitário, cortando as compras dos matadouros que não atenderem aos padrões da companhia. A imagem geral da companhia parece ter melhorado. De acordo com a Reputation Institute, uma empresa global de consultoria, a posição da marca mundial do McDonald's subiu de 27ª para 14ª em 2012.

Nike

Em janeiro de 2009, 1.800 trabalhadores perderam seu emprego em Honduras quando duas fábricas locais, que faziam camisetas para a gigante de roupas esportivas Nike, fecharam as portas de repente e não pagaram cerca de $2 milhões a título de indenização e outros benefícios empregatícios aos quais os demitidos tinham direito de acordo com a lei. Cedendo à pressão de grupos de universitários e estudantes norte-americanos, a Nike anunciou que estava criando um "fundo de assistência social" de $1,5 milhão para ajudar os trabalhadores. Ela também concordou em fornecer treinamento vocacional e financiar um plano de saúde para os trabalhadores que foram dispensados pelas subcontratantes.

O fundo de assistência social da Nike surgiu depois que a pressão de grupos como o Worker Rights Consortium, que divulgou para os clientes da Nike o tipo de tratamento para com seus trabalhadores. Esse grupo também convenceu várias universidades, cujos departamentos de esportes e lojas nos *campi* adquiriam tênis e roupas da Nike, a ameaçar cancelar esses contratos lucrativos a menos que a Nike fizesse algo para corrigir a situação dos trabalhadores de Honduras. Outro vigilante trabalhista, o United Students Against Sweatshops, organizou protestos na frente das lojas da Nike, cantando: "Just Pay It" (Apenas Pague), satirizando o slogan comercial da empresa: "Just Do It (Apenas Faça)". A University of Wisconsin cancelou seu contrato de licenciamento com a companhia por causa disso, e outras escolas, incluindo a Cornell University e a University of Washington, indicaram que estavam pensando em seguir o exemplo. Esse é o acordo mais recente envolvendo fábricas de roupas do exterior no qual uma marca consciente da imagem como a Nike respondeu às campanhas lideradas por estudantes universitários, que frequentemente pressionam as universidades a tomar uma posição contra os produtores de roupas que estampam o logotipo da universidade quando os direitos dos trabalhadores são ameaçados.

Fontes: Kiley, D. & Helm, B. 2009. The Great Trust Offensive. *Bloomberg Businessweek*, 28 de setembro: 38–42; Brasher, P. 2010. McDonald's Orders Improvements in Treatment of Hens. abcnews.com, 23 de agosto: np; Glover, K. 2009. peta VS. McDonald's: The Nicest Way to Kill a Chicken. www.bnet.com, 20 de fevereiro: np; www.mccruelty.com; Greenhouse, S. 2010. Pressured, Nike to Help Workers in Honduras. *The New York Times*, 27 de julho: B1; Padgett, T. 2010. Just Pay It: Nike Created Fund for Honduran Workers. www.time.com, 27 de julho: np; e Bustillo, M. 2010. Nike to Pay Some $2 Million to Workers Fired by Subcontractors. www.online.wsj.com, 26 de julho: np; e rankingthebrands.com.

Governança Corporativa: Uma Perspectiva Internacional

O tópico da governança corporativa foi dominado há muito tempo pela teoria da agência e baseada no pressuposto explícito da separação entre propriedade e controle.[116] Os conflitos centrais são do tipo agente-dirigente: acionistas contra gestores. Porém, tal conclusão subjacente dificilmente se aplica fora dos Estados Unidos e do Reino Unido. Isto é particularmente verdadeiro em economias emergentes e na Europa continental. Nesses casos, costuma haver propriedade concentrada, combinada com propriedade e controle familiar, estruturas de grupos de negócios e uma frágil proteção para os acionistas minoritários. Tendem a ocorrer sérios conflitos entre dois tipos de dirigentes: os acionistas controladores e os minoritários. Tais conflitos podem ser chamados de **conflitos entre dirigentes**, o oposto dos conflitos entre *dirigentes e agentes* (veja as figuras 9.8 e 9.9).

Um forte controle de família é um dos principais indicadores da propriedade concentrada. Na Ásia Oriental (exceto a China), cerca de 57% dos CEOs e presidentes dos conselhos de administração das corporações são oriundos das famílias controladoras. Na Europa continental, esse número é de 68%. Uma prática muito comum é escolher membros da família como conselheiros, CEOs e outros altos executivos. Isso acontece porque as famílias são os acionistas controladores (não necessariamente os majoritários). Em 2003, James Murdoch,

conflitos entre dirigentes
conflitos entre dois tipos de shareholders — acionistas controladores e minoritários — dentro do contexto de um sistema de governança corporativa.

FIGURA 9.8
Conflitos Tradicionais entre Dirigentes e Agentes em Comparação com Conflitos entre Dirigentes: Diferenças

	Conflitos entre Dirigentes e Agentes	Conflitos entre Dirigentes
Incongruência de Objetivos	Entre acionistas e gestores profissionais que possuem uma parte relativamente pequena das ações da empresa.	Entre acionistas controladores e minoritários.
Padrão de Propriedade	Dispersa — 5% a 20% é considerado como "propriedade concentrada".	Concentrada — Em geral, mais de 50% das ações pertencem aos acionistas controladores
Manifestações	Estratégias que beneficiam os gestores entrincheirados às custas dos acionistas em geral (p. ex., negligência, projetos de estimação, salário excessivo e construção de império).	Estratégias que beneficiam os acionistas controladores às expensas dos acionistas minoritários (p. ex., expropriação dos acionistas minoritários, nepotismo e favorecimentos).
Proteção Institucional dos Acionistas Minoritários	As restrições formais (p. ex., revisões e tribunais judiciários) criam um obstáculo superior para possíveis expropriações por parte dos acionistas majoritários. Normas informais costumam aderir à maximização da riqueza do acionista.	A proteção de instituições formais costuma deixar a desejar, estar corrompida ou não ser competente. As normas informais costumam favorecer os interesses dos acionistas controladores antes dos investidores minoritários.

Fonte: Adaptado de Young, M., Peng, M. W., Ahlstrom, D. & Bruton, G. 2002. Governing the Corporation in Emerging Economies: A Principal-Principal Perspective. *Academy of Management Best Papers Proceedings*, Denver.

FIGURA 9.9 Conflitos entre Dirigentes e entre Dirigentes e Agentes: Um Diagrama

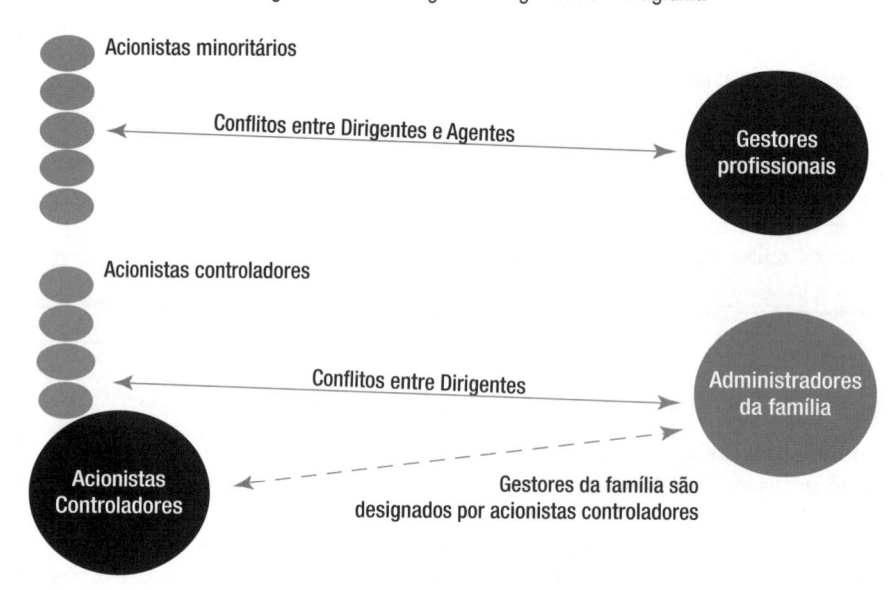

Acionistas minoritários ←— Conflitos entre Dirigentes e Agentes —→ Gestores profissionais

Acionistas controladores ←— Conflitos entre Dirigentes —→ Administradores da família

Acionistas Controladores ⤏ Gestores da família são designados por acionistas controladores

Fonte: Young, M. N., Peng, M. W., Ahstrom, D., Bruton, G. D. & Jiang, 2008. Principal-Principal Conflicts in Corporate governance. *Journal of Management Studies*, 45(1): 196–220; e Peng, M. V. 2006. *Global Strategy*. Cincinnati: Thomson South-Western. Agradecemos pelos valiosos comentários de Mike Young da Hong Kong Baptist University e Mike Peng da University of Texas, de Dallas.

com 30 anos, foi designado como presidente da British Sky Broadcasting (BskyB), a maior transmissora via satélite da Europa. Houve muita resistência verbalizada por parte dos acionistas minoritários. Por que ele foi designado, para começar? Acontece que o pai de James era Rupert Murdoch, que controlava 35% da BskyB e presidia o conselho de administração. Evidentemente, este foi um caso de conflito entre dirigentes.

Em geral, três condições devem ser atendidas para que os conflitos entre dirigentes ocorram:

- Um dono ou grupo dominante de donos que têm interesses diferentes dos acionistas minoritários.
- Motivação para os acionistas controladores exercerem suas posições dominantes para obter vantagem.
- Poucas restrições formais (como leis ou órgãos reguladores) ou informais que desencorajariam ou evitariam que os acionistas controladores explorassem suas posições de vantagem.

O resultado mais frequente é que os gestores provenientes de famílias, que representam (ou que realmente são) os acionistas controladores, realizam uma **expropriação dos acionistas minoritários**, que é definida como atividades que enriquecem os acionistas controladores às custas dos acionistas minoritários. Por que razão? Os acionistas controladores têm todas os motivos para manter o valor da empresa. Mas eles podem realizar ações que diminuem o desempenho conjunto da empresa se o ganho pessoal da expropriação exceder suas perdas pessoais devido ao desempenho menor da empresa.

Outra característica onipresente na vida corporativa fora dos Estados Unidos e do Reino Unido são os *grupos de negócios*, como os keiretsus, no Japão, e os chaebols, da Coreia do Sul. Eles são particularmente dominantes em economias emergentes. Um **grupo de negócios** é "um conjunto de empresas que, embora sejam legalmente independentes, estão unidas por uma constelação de laços formais e informais e acostumadas a realizar ações coordenadas".[117] Os grupos de negócios são especialmente comuns em economias emergentes, e eles diferem de outras formas organizacionais no sentido de que são comunidades de empresas sem limites claramente definidos.

Os grupos de negócios têm muitas vantagens que podem aumentar o valor de uma empresa. Eles facilitam a transferência de tecnologia ou a alocação intergrupal de capital que, de outra forma, seria impossível devido a infraestruturas institucionais não adequadas à sua existência, como um sistema constituído de excelentes empresas financeiras. Por outro lado, os laços informais — como participações cruzadas, interlaçamento de diretorias e ações coordenadas — podem resultar em atividades e transações intragrupais, em geral, em termos muito favoráveis para os membros da empresa. A expropriação pode ser feita legalmente por meio de *transações relacionadas*, que podem acontecer quando os donos controladores vendem, por preço abaixo do mercado, os ativos de uma empresa para outra, ou quando fundem uma divisão ou área mais lucrativa de uma empresa de capital aberto com outra de suas empresas de capital fechado (esta última operação é denominada de "spin off").

expropriação dos acionistas minoritários
atividades que enriquecem os acionistas controladores às custas dos acionistas minoritários.

grupos de negócios
um conjunto de empresas que, embora sejam legalmente independentes, estão unidas por uma constelação de laços formais e informais e acostumadas a realizar ações coordenadas.

QUESTÕES PARA DEBATER

A Remuneração do CEO: Incentivos Apropriados ou Deixá-lo Dar as Cartas

A Alpha Natural Resources teve seu pior desempenho financeiro em 2011. A empresa fechou seis minas, dispensou mais de 1.500 empregados e viu o preço de suas ações cair 66%. Ainda assim, o conselho de administração concedeu um bônus de $528 mil para o CEO da empresa, além da remuneração de mais de $6 milhões pelo seu "tremendo esforço" em melhorar a segurança dos trabalhadores. Histórias como essa deixam os observadores se perguntando se as regras do jogo já não são estabelecidas *a priori*, determinando que CEOs e executivos de alto escalão recebam elevadas compensações independentemente do desempenho da empresa.

As grandes empresas, em sua maioria, estruturam os pacotes de remuneração de seus altos executivos de modo que o salário do CEO e de outros executivos sêniores reflita o desempenho da empresa. Grande parte é baseada em ações. O valor das opções de ações

(continua)

(continuação)

que recebem flutua de acordo com a cotação das ações da empresa. Seus bônus anuais dependem de alcançarem metas de desempenho. No entanto, as diretorias acabam mudando as regras caso a empresa tenha má performance. Se o preço das ações cai, fazendo com que as opções do CEO não valham grande coisa, o preço das opções é diminuído, tornando-as, potencialmente, muito mais valiosas em caso de elevação das cotações. E, como vimos, sempre podem ser encontrados motivos para a concessão de bônus para os CEOs, mesmo quando a empresa não vai bem das pernas.

À primeira vista, isso sugere que os conselhos de administração são ineficazes e existem apenas para atender aos desejos do CEO. Mas existe uma razão lógica pela qual elas mudam o preço das opções e dão bônus quando as empresas vão mal. Esse procedimento é um meio de proteger os CEOs de serem prejudicados por eventos fora de seu âmbito de ação. Por exemplo, se um aumento do preço do combustível prejudica o desempenho de uma linha aérea, ou um terrível furacão resulta em perda para uma empresa de seguros, os Conselhos dessas empresas podem argumentar que o mau desempenho não é culpa do presidente e que ele não deve receber menos por causa disso.

Contudo, os críticos dessa prática dizem que é errado proteger a má fortuna dos CEOs, mas, por outro lado, não reter os benefícios caso a empresa seja alvo de boa sorte. Os conselhos de administração raramente aumentam, se é que isso ocorre em alguma ocasião, os padrões de remuneração do CEO quando a empresa se beneficia de eventos inesperados. Um estudo de pesquisadores da Claremont Graduate School e da Washington University descobriu que é menor o índice de executivos que receberam menos quando a empresa atravessou uma fase de azar, em comparação com os que receberam mais quando a empresa teve boa sorte. Além disso, os críticos apontam que a maioria dos trabalhadores, como os 1.500 que foram dispensados pela Alpha, não receberam a mesma proteção que o presidente recebeu frente aos eventos adversos.

Perguntas para Discussão

1. É apropriada a proteção dada pelas empresas à remuneração dos CEOs em caso de má sorte?
2. Como as empresas podem reestruturar a política de remuneração para garantir que os CEOs não se beneficiem também graças à boa sorte?

Fontes: Mider, Z. & green, J. 2012. Head or tails, some CEOs win the pay game. *Bloomberg Businessweek*, 8 de outubro: 23; e Devers, C., McNamara, G., Wiseman, R & Arrfelt, M. 2008. Moving closer to the action: Examinig compensation design effects on firm risk. *Organization Science*, 19: 548–566.

Refletindo quanto às Implicações sobre a Carreira...

- **Controle Comportamental:** Que tipos de controle comportamental sua organização aplica? Esses controles estão ajudando ou impedindo a realização de um bom trabalho? Alguns indivíduos estão na zona de conforto e até desejam regras e procedimentos para tudo. Outros acham que elas inibem a criatividade e sufocam a iniciativa. É preciso avaliar nosso próprio nível de conforto em relação ao controle comportamental e comparar o resultado com o nível próprio de controle que consideramos ótimo com o nível e o tipo de controle usado pela organização. Se a diferença for significativa, talvez seja bom levar em conta outras oportunidades de carreira.

- **O Estabelecimento de Limites e Restrições:** O sucesso da carreira depende, em grande parte, da monitoração e regulação do comportamento pessoal. Estabelecer limites e restrições próprias pode ajudar em se concentrar em prioridades estratégicas, gerar objetivos e planos de ação de curto prazo, melhorar a eficiência e eficácia e minimizar condutas impróprias. Devemos identificar os limites e restrições que estabelecemos para nós mesmos e avaliar como cada um destes contribui para nosso próprio crescimento pessoal e para o desenvolvimento da nossa carreira. Se ainda não estabelecemos limites e restrições, devemos considerar fazê-lo o quanto antes.

- **Recompensas e Incentivos:** A estrutura de recompensas de sua organização é justa e equitativa? Em quais critérios você fundamenta essas conclusões? Como a empresa define o desempenho acima dos padrões e o recompensa? Essas recompensas são financeiras ou não? A ausência de recompensas que são encaradas como justas e equitativas pode resultar em desgaste da moral a longo prazo, o que pode ter consequências adversas a longo prazo para sua carreira.

- **Cultura:** Tendo em vista seus objetivos de carreira, que tipo de cultura organizacional resultaria no melhor ambiente de trabalho? Como a cultura de sua organização se desvia desse conceito? Sua organização tem uma cultura forte e eficaz? A longo prazo, qual a probabilidade de você internalizar a cultura de sua organização? Se acreditar que há uma grande diferença entre seus valores e a cultura da organização, talvez você queira reconsiderar sua relação com a organização.

resumo

Para que as empresas sejam bem-sucedidas, precisam ter eficazes controle estratégico e governança corporativa. Sem tais elementos, a empresa não conseguirá obter vantagens competitivas e superar seus concorrentes no mercado.

Começamos o capítulo analisando o papel fundamental do controle informacional. Contrastamos dois tipos de sistemas de controle: o que chamamos de sistemas de controle de informação "tradicionais" e os "contemporâneos". Os sistemas de controle tradicionais, que vigem em ambientes competitivos plácidos e simples, perdem espaço na economia de hoje. Em lugar deles, apoiamos o método contemporâneo, no qual o ambiente interno e externo são monitorados constantemente para que, quando surgirem surpresas, a empresa possa modificar suas estratégias, metas e objetivos.

Os controles comportamentais também são uma parte vital dos sistemas de controle eficazes. Argumentamos que as empresas devem desenvolver o equilíbrio adequado entre cultura, recompensas e incentivos, e os limites e restrições. Onde há culturas e recompensas fortes e positivas, os empregados tendem a internalizar as estratégias e objetivos da organização. Isso permite a uma empresa gastar menos recursos na monitoração de comportamento e lhe assegura que os esforços e iniciativas dos empregados sejam mais consistentes com os objetivos gerais da organização.

Na parte final deste capítulo falamos sobre a governança corporativa, definida como a relação entre os vários participantes na determinação da direção e desempenho da corporação. Os principais stakeholders incluem os acionistas, os gestores (liderados pelo presidente-executivo) e o conselho de administração. Apresentamos estudos que indicaram uma relação consistente entre governança corporativa eficaz e bom desempenho financeiro. Há, também, vários instrumentos de controle internos e externos que podem servir para alinhar os interesses administrativos com os dos acionistas. Os mecanismos internos incluem um conselho de administração comprometido e envolvido, o ativismo dos acionistas, e incentivos e recompensas administrativas eficazes. Os instrumentos externos incluem o mercado para o controle corporativo, bancos e analistas, órgãos reguladores, mídia e os ativistas públicos. Também falamos sobre a governança corporativa do ponto de vista dos Estados Unidos e internacional.

PERGUNTAS DE REVISÃO DO RESUMO

1. Por que os sistemas eficazes de controle estratégico são tão importantes na economia atual?
2. Quais são as principais vantagens dos sistemas de controle "contemporâneos" em comparação com os sistemas de controle "tradicionais"? Quais são as principais diferenças entre eles?
3. Por que é tão importante haver equilíbrio entre os três elementos do controle comportamental — cultura, recompensas e incentivos, e limites?
4. Fale sobre a relação entre os tipos de organizações e seus principais meios de controle comportamental.
5. Os limites se tornam menos importantes à medida que a empresa desenvolve uma cultura forte e sistemas de recompensas. Explique.
6. Por que é importante evitar a mentalidade de "um modo melhor" no que se refere a sistemas de controle? Quais são as consequências de aplicar o mesmo tipo de sistema de controle para todos os tipos de ambientes?
7. Qual é o papel de uma governança corporativa eficaz na melhoria do desempenho duma empresa? Cite alguns dos principais instrumentos de governança que são usados para assegurar que os interesses dos gestores e dos acionistas estejam alinhados?
8. Defina "conflitos entre dirigentes". Quais são suas consequências sobre a governança corporativa?

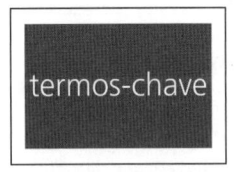

termos-chave

controle estratégico 278
método tradicional de controle estratégico 278
controle informacional 279
controle comportamental 279
cultura organizacional 281
sistema de recompensas 283
limites e restrições 284
governança corporativa 288
corporação 290
teoria da agência 290
conselho de administração 292
ativismo dos acionistas 295
mecanismos externos de controle da governança 298
mercado para controle corporativo 298
ameaça de oferta hostil 298
conflitos entre dirigentes 301
expropriação dos acionistas minoritários 303
grupos de negócios 303

exercício experimental

O McDonald's Corporation, a maior cadeia de restaurantes de fast food do mundo, com receitas de $28 bilhões em 2012, está se mostrando bem-sucedido. Seu valor para os acionistas subiu em mais de 50% de maio de 2010 a maio de 2013. Usando a internet ou fontes de bibliotecas, avalie a qualidade da corporação em termos de administração, conselho de administração e ativismo dos acionistas. Os pontos listados são favoráveis ou desfavoráveis para uma boa governança corporativa?

questões & exercícios práticos

1. Os problemas de muitas empresas podem ser atribuídos a um sistema de controle "tradicional", que deixa de monitorar constantemente o ambiente e fazer mudanças necessárias na estratégia e objetivos. Quais companhias você conhece que respondem

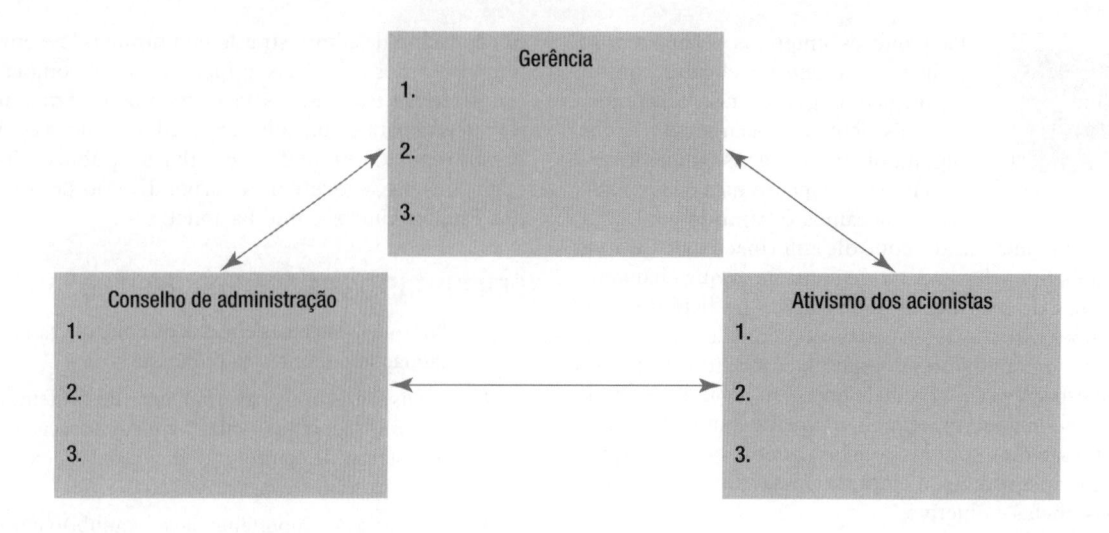

```
                    ┌─────────────────┐
                    │    Gerência     │
                    │  1.             │
                    │  2.             │
                    │  3.             │
                    └─────────────────┘
                    ↗               ↖
┌─────────────────────┐         ┌──────────────────────┐
│ Conselho de         │         │ Ativismo dos         │
│ administração       │         │ acionistas           │
│  1.                 │  ←→     │  1.                  │
│  2.                 │         │  2.                  │
│  3.                 │         │  3.                  │
└─────────────────────┘         └──────────────────────┘
```

apropriadamente (ou inapropriadamente) às mudanças ambientais?

2. Como uma cultura forte e positiva pode aprimorar a vantagem competitiva de uma empresa? Como uma cultura fraca e negativa pode prejudicar as vantagens competitivas? Explique e dê exemplos.

3. Use a internet para pesquisar uma empresa que tenha uma cultura e/ou um sistema de recompensa e incentivos excelentes. Quais são os principais benefícios financeiros e não financeiros da empresa?

4. Usando a internet, visite o site de uma grande corporação de capital aberto na qual esteja interessado. Que evidência vê de uma governança corporativa eficaz (ou ineficaz)?

questões éticas

1. Culturas fortes podem ter efeitos poderosos no comportamento dos empregados. Como isso cria mecanismos de controle inconsistentes? Ou seja, culturas fortes são uma maneira ética de controlar o comportamento?

2. Regras e regulamentos podem ajudar a diminuir o comportamento antiético nas organizações. Para serem eficazes, porém, que outros sistemas, instrumentos e processos são necessários?

referências

1. Bandler, J. 2012. How HP lost its way. *Fortune*, 21 de maio: 147–164; e Task, A. 2010 Another corporate outrage: 'Golden parachutes' for failed CEOs. Finance.yahoo.com, 12 de dezembro: np.

2. Este capítulo se baseia em: Picken, J. C. & Dess, G. G. 1997. *Mission critical*, Burr Ridge, II, IL: Irwin Professional Publishing.

3. Para uma visão singular sobre governança, veja: Carmeli, A. & Markman, G. D. 2011. Capture, governance, and resilience: Strategy implications from the history of Rome. *Strategic Management Journal*, 32(3): 332–341.

4. Argyris, C. 1977. Double-loop lerning in organizations. *Harvard Business Review*, 55: 115–125.

5. Simons, R. 1995. Control in an age of empowerment. *Harvard Business Review*, 73: 80–88. This chapter draws on this source in the discussion of informational control.

6. Goold, M. & Quinn, J. B. 1990. The paradox of strategic controls. *Strategic Management Journal*, 11: 43–57.

7. Quinn, J. B. 1980. *Strategies for change*. Homewood, IL: Richard D. Irwin.

8. Mintzberg, H. 1987. Crafting strategy. *Harvard Business Review*, 65: 66–75.

9. Weston, J. S. 1992. Soft stuff matters. *Financial Executive*, julho–agosto: 52–53.

10. Esta análise de sistemas de controle se baseia em Simons, op. cit.

11. Ryan, M. K., Haslam, S. A. & Renneboog, K. D. R. 2011. Who gets the carrot and who gets the stick? Evidence of gender discrimination in executive remuneration. *Strategic Management Journal*, 32(3): 301–321.

12. Para uma visão interessante sobre este assunto e como uma reviravolta na economia pode reduzir a tendência em direção a uma "agência livre" por gerentes e profissionais, veja: Morris, B. 2001. White collar blues. *Fortune*, 23 de julho: 98–110.

13. Para um interessante exemplo de controle comportamental em uma organização, veja: Beller, P. C. 2009. Acticision's unlikely hero. *Forbes*, 2 de fevereiro: 52–58.

14. Ouchi, W. 1981. *Theory Z*. Reading, MA: Addison-Wesley; Deal, T. E. & Kennedy, A. A. 1982. *Corporate cultures*. Reading, MA: Addison-Wesley; Peters, T. J. & Waterman, R. H. 1982. *In search of excellence*. Nova York: Random House; Collins, J. 2001. *Good to great*. Nova York: HarperCollins.

15. Collins, J. C. & Porras, J. I. 1994. *Built to last: Successful habits of visionary companies*. Nova York: Harper Business.

16. Lee, J. & Miller, D. 1999. People matter: Commitment to employees, strategy, and performance in Korean firms. *Strategic Management Journal*, 6: 579–594.

17. Para uma análise profunda da cultura única da IKEA, veja: Kling, K. & Goteman, I. 2003. IKEA CEO Anders Dahlvig on international growth and IKEA's unique corporate culture and brand identity. *Academy of Management Executive*, 17(1): 31–37.

18. Para uma análise de como os profissionais inculcam valores, veja: Uhl-Bien, M. & Graen, G. B. 1998. Individual self-management: Analysis of professionals' self-managing activities in functional and cross-functional work teams. *Academy of Management Journal*, 41(3): 340–350.
19. Uma visão de como o comportamento antissocial pode corroer a cultura de uma empresa pode ser encontrada em: Robinson, S. L. & O'Leary-Kelly, A. M. 1998. Monkey see, monkey do: The influence of work groups on the antisocial begavior of employees. *Academy of Management Journal*, 41(6): 658–672.
20. Benkler, Y. 2011. The unselfish gene. *Harvard Business Review*, 89(7): 76–85.
21. Encontramos uma visão interessante sobre a cultura organizacional em: Mehta, S. N. 2009. Under Armour reboots. *Fortune*, 2 de fevereiro: 29–33.
22. Para ideias sobre a pressão social como meio de controle, veja: Goldstein, N. J. 2009. Harnessing social pressure. *Harvard Business Review*, 87(2): 25.
23. Mitchell, R. 1989. Masters of innovation. *BusinessWeek*, 10 de abril: 58–63.
24. Sellers, P. 1993. Companies that serve you best. *Fortune*, 31 de maio: 88.
25. Southwest Airlines Culture Committee. 1993. *Luv Lines* (publicação da companhia), março–abril: 17–18; para uma visão interessante da "desvantagem" de fortes culturas organizacionais do "tipo culto", veja: Arnott, D. A. 2000. *Corporate cults*. Nova York: AMACOM.
26. Kerr, J. & Slocum, J. W., Jr. 1987. Managing corporate culture through reward systems. *Academy of Management Executive*, 1(2): 99–107.
27. Para uma perspectiva única sobre os desafios de administrar profissionais ricos, veja: Wetlaufer, S. 2000. Who wants to manage a millionaire? *Harvard Business Review*, 78(4): 53–60.
28. Netessine, D. & Yakubovich, V. 2012. The darwinian workplace. *Harvard Business Review*, 90(5): 25–28.
29. Para uma análise sobre os benefícios de opções de ações como remuneração de executivos, veja: Hall, B. J. 2000. What you need to know about stock options. *Harvard Business Review*, 78(2): 121–129.
30. Tully, S. 1993. your paycheck gets exciting. *Fortune*, 13 de novembro: 89.
31. Carter, N. M. & Silva, C. 2010. Why men still get more promotions than women. *Harvard Business Review*, 88(9): 80–86.
32. Zellner, W., Hof, R. D., Brandt, R., Baker, S. & Greising, D. 1995. Go-go goliaths. *BusinessWeek*, 13 de fevereiro: 64–70.
33. Birkinshaw, J., Bouquer, C. & Barsoux, J. 2011. The 5 myths of innovation. *MIT Sloan Management Review*, inverno: 43–50.
34. Bryant, A. 2011. *The corner office*. Nova York: St. Martin's Griffin: 173.
35. Esta seção se baseia em Dess & Picken, op. cit.: capítulo 5.
36. Anônimo. 2012. Nestle set to buy Pfizer unit. *Dallas Morning News*, 19 de abril: 10D.
37. Isaacson, W, 2012. The real leadership lessons of Steve Jobs. *Harvard Business Review*, 90(4): 93–101.
38. Esta seção se baseia em Dess, G. G. & Miller, A. 1993. *Strategic management*. Nova York: McGraw-Hill.
39. Para uma boa revisão da literatura de estabelecimento de alvos, veja: Locke, E. A. & Latham, G. P. 1990. *A theory of goal setting and task performance*. Englewood Cliffs, NJ: Prentice Hall.
40. Para uma visão interessante sobre o uso das regras e regulamentos que são opostos às normas desta indústria (software), veja: Fryer, B. 2001. Tom Siebel of Diebel Systems: High tech the old ashioned way. *Harvard Business Review*, 79(3): 118–130.
41. Thompson, A. A. Jr. & Strickland, A. J., III. 1998. *Strategic management: Concepts and cases* (10ª ed.): 313. Nova York: McGraw-Hill.
42. Ibid.
43. Teitelbaum, R. 1997. Tough guys finish first. *Fortune*, 21 de julho: 82–84.
44. Weaver, G. R., Trevino, L. K. & Cochran, P. L. 1999. Corporate ethics programs as control systems: Influences of executive commitment and environmental factors. *Academy of Management Journal*, 42(1): 41–57.
45. www.singaporeair.com/pdf/media-centre/anti-corruption-policy-procedures.pdf.
46. Weber, J. 2003. CFOs on the hot seat. *BusinessWeek*, 17 de março: 66–70.
47. William Ouchi escreveu extensivamente sobre o uso do controle do clã (que é visto como uma alternativa para o controle burocrático ou de mercado). Nesse caso, uma cultura poderosa resulta em pessoas alinhando seus interesses individuais com os da empresa. Veja Ouchi, op. cit. Esta seção também se baseia em: Hall, R. H. 2002. *Organizations: Structures, processes, and outcomes* (8ª ed.). Upper Saddle River, NJ: Prentice Hall.
48. Poundstone, W. 2003. *How would you move Mount Duji?* Nova York: Little, Brown: 59.
49. Abby, E. 2012. Woman sues over personality test job rejection. abcnews.go.com, 1º de outubro: np.
50. Encontramos visões interessantes sobre a governança corporativa em: Kroll, M., Walters, B. A. & Weight, P. 2008. Board vigilance, director experience, and corporate outcomes. *Strategic Management Journal*, 29(4): 363–382.
51. Para uma breve revisão de algumas questões principais sobre pesquisas de governança corporativa, veja: Hambrick, D. C., Weder, A. V. & Zajac, R. J. 2008. New directions in corporate governance research. *Organization Science*, 19(3): 381–385.
52. Monks, R. & Minow, N. 2001. *Corporate governance* (2ª ed.). Malden, MA: Blackwell.
53. Pound, J. 1995. The promise of the governed corporation. *Harvard Business Review*, 73(2): 89–98.
54. Maurer, H. & Linblad, C. 2009. Scandal at Satyam. *BusinessWeek*, 19 de janeiro: 8. Scheck, J. & Stecklow, S. 2008. Brocade ex-CEO gets 21 months n prison. *The Wall Street Journal*, 17 de janeiro: A3; Levine, D. & Graybow, M. 2010. Mozilo to pay millions in Contrywide settlement. finance.yahoo.com. 15 de outubro: np; Ellis, B. 2010. Countrywide's Mozilo to pay $67.5 million settlement cnnmoney.com. 15 de outubro: np; Frank, R., Efati, A., Lucchetti, A. & Bray, C. 2009. Madoff jailed after admitting epic scam. *The Wall Street Journal*, 13 de março: A1; e Henriques, D. B. 2009. Madoff is sentenced to 150 years for Ponzi scheme. www.nytimes.com, 29 de junho: np.
55. Anônimo. 2012. Olympus and ex-executives plead guilty in accounting fraud. *nytimes.com*, 25 de setembro: np.
56. A governança corporativa e as redes sociais são analisadas em: McDonald, M. L., Khanna, P. & Westphal, K. D. 2008. *Academy of Management Journal*, 51(3): 453–475.
57. Esta análise se baseia em Monks & Minow, op. cit.
58. Para uma visão interessante sobre a politização da corporação, leia: Pallazzo, H. & Scherer, A. G. 2008. Corporate social responsibility, democracy, and the politicization

of the corporation. *Academy of Management Review*, 33(3): 773–774.
59. Eisenhardt, K. M. 1989. Agency theory: An assessment and review. *Academy of Management Review*, 14(1): 57–74. Some of the seminal contributions to agency theory include Jensen, M. & Meckling, W. 1976. Theory of the firm: Managerial behavior, agency costs, and ownership structure. *Journal of Financial Economics*, 3: 305–360; Fama, E. & Jensen, M. 1983. Separation of ownership and control. *Journal of Law and Economics*, 26: 301, 325; e Fama, E. 1980. Agency problems and the theory of the firm. *Journal of Political Economy*, 88: 288–307.
60. Nyberg, A. J., Fulmer, I. S., Gerhardt, B. & Carpenter, M. 2010. Agency theory revisited: CEO return and shareholder interest alignment. *Academy of Management Journal*, 53(5): 1029–1049.
61. Os gestores também se empenham em "esquivar-se" — ou seja, furtar-se ou reduzir seus esforços. Veja, por exemplo, Kidwell, R. E., Jr. & Bennett, N. 1993. Employee propensity to withhold effort: A conceptual model to intersect three avenues of research. *Academy of Management Review*, 18(3): 429–456.
62. Para uma visão interessante sobre agência, e esclarecimento de muitos conceitos e termos relacionados, acesse www.encycogov.com.
63. A relação entre a estrutura de propriedade corporativa e a intensidade da exportação das empresas chinesas é analisada em: Filatotchev, I., Stephan, J. & Jindra, B. 2008. Ownership structure, strategic controls and export intensity of doreign-invested firms in transition economies. *Journal of International Business*, 39(7): 1133–1148.
64. Argawal, A. & Mandelker, G. 1987. Managerial incentives and corporate investment and financing decisions. *Journal of Finance*, 42: 823–837.
65. Gross, D. 2012. Outrageous CEO compensation: Wynn, Adelson, Dell and Abercrombie shockers. finance.yahoo.com, 7 de junho: np.
66. Anônimo. 2013. Too early for the worst footnote of 2013? *footnoted. com*, 18 de janeiro: np.
67. Para um análise recente e profunda da pesquisa acadêmica da governança corporativa e, em especial, o papel do conselho de administração, veja: Chatterjee, S. & Harrison, J. S. 2001. Corporate governance. Em Hitt, M. A., Freeman, R. E. & Harrison, J. S. (Eds.). *Handbook of strategic management*: 543–563. Malden, MA: Blackwell.
68. Para uma interessante análise teórica da governança corporativa na Rússia, veja: McCarthy, D. J. & Puffer, S. M. 2008. Interpreting the ethicality of corporate governance decisions in Russia: Utilizing integrative social contracts theory to evaluate the relevance of agency theory norms. *Academy of Management Review*, 33(1): 11–31.
69. Haynes, K. T. & Hillman, A. 2010. The effect of board capital and CEO power on strategic change *Strategic Management Journal*, 31(110): 1145–1163.
70. Este início de análise se baseia em Monks & Minow, op. cit.
71. Business Roundtable. 1990. *Corporate governance and American Competitiveness*, março: 7.
72. O papel do diretor no desempenho de aquisições é abordado em: Westphal, J. D. & Graebner, M. E. 2008. What do they know? The effects of outside director acquisition experience on firm acquisition performance. *Strategic Management Journal*, 29(11): 1155–1178.
73. Byrne, J. A., Grover, R. & Melcher, R. A. 1997. The best and worst boards. *BusinessWeek*, 26 de novembro: 35–47. The three key roles of boards of directors are monitoring the actions of executives, providing advice, and providing links to the external environment to provide resources. Veja Johnson, J. L., Daily, C. M. & Ellstrand, A. E. 1996. Boards of directors: A review and research agenda. *Academy of Management Review*, 37: 409–438.
74. Pozen, R. C. 2010. The case for professional boards. *Harvard Business Review*, 88(12): 50–58.
75. O papel dos conselheiros vindos de fora é abordado em: Lester, R. H., Hillman, A., Zardkoohi, A. & Cannella, A. A. Jr. 2008. Former government officials as outside directors: The role of human and social capital. *Academy of Management Journal*, 51 (5): 999–1013.
76. McGeehan, O. 2003. More chief executives shown the door, study says. *New York Times*, 12 de maio: C2.
77. O exemplo deste parágrafo se baseia em: Helyar, J. & Hymowitz, C. 2011. The recession is gone, and the CEO could be next. *Bloomberg Businessweek*. 7–13 de fevereiro: 24–26; Selter, B. 2010. Jonathan Klein to leave CNN. mediadecoder.blogs.nytimes.com. 24 de setembro: np; Silver, A. 2010. Milestones. *TIME Magazine*. 20 de dezembro: 28; www.bp.com e Mouawad, J. & Krauss, C. 2010. BP is expected to replace Hayward as chief with American. *The New York Times*. 26 de julho: A1.
78. Stoever, H. 2012. NACD highlights growing need for succession planning and diversity in the boardroom. nacdonline.org, 22 de março: np.
79. Para uma análise dos efeitos da remuneração de conselheiros vindos de fora da empresa em casos de decisões de aquisições, veja: Deutsch, T., Keil, T. & Laamanen, T. 2007. Decision making in acquisitions: The effect of outside directors' compensation on acquisition patters. *Journal of Management*, 33(1): 30–56.
80. As interrelações de diretores são abordadas em: Kang, E. 2008. Director interlocks and spillover effects of reputational penalties from financial reporting fraud. *Academy of Management Journal*, 51(3): 537–556.
81. Há benefícios, obviamente, de se ter conselheiros vindos da própria empresa. Eles, teoricamente, estariam mais cientes das estratégias da companhia. Além disso, aqueles vindos de fora da empresa podem confiar demais nos indicadores do desempenho financeiro por causa das assimetrias de informação. Para uma análise interessante, veja: Baysinger, B. D. & Hoskisson, R. E. 1990. The composition of boards of directors and strategic control: Effects on corporate strategy. *Academy of Management Review*, 15: 72–87.
82. Hambrick, D. C. & Jackson, E. M. 2000. Outside directors with a stake: The linchpin in improving governance. *California Management Review*, 42(4): 108–127.
83. Corsi, C., Dale, G., Daum, J., Mumm, J. & Schoppen, W. 2010. 5 things board directors should be thinking about. spencerstuart.com, dezembro: np; Evans, B. 2007. Six steps to building an effective board. *Inc.com*, np; Beatty, D. 2009. New challenges for corporate governance. *Rotman Magazine*, outono: 58–63; e Krause, R., Semadeni, M. & Cannella, A. 2013. External COO/ presidents as expert directors: A new look at the service role of boards. *Strategic Management Journal*. Em produção.
84. Uma análise sobre o processo da aprovação dos acionistas na compensação executiva é apresentada em: Brandes, O., Goranova, M. & Hall, S. 2008. Navigating shareholder influence: Compensation plans and the shareholder approval process. *Academy of Management Perspectives*, 22(1): 41–57.
85. Monks e Minow, op. cit.: 93.

86. Uma análise dos fatores que resultam no ativismo dos acionistas é encontrada em: Ryan, L. V. & Schneider, M. 2002. The antecedents of institutional investor activism. *Academy of Management Review*, 27(4): 554–573.
87. Para uma análise profunda do ativismo dos acionistas, veja: David, P., Bloom, M. & hillman, A. 2007. Investor activism, managerial responsiveness, and corporate social performance. *Strategic Management Journal*, 28(1): 91–100.
88. Há um forte apoio à pesquisa da ideia de que a presença de um grande bloco de acionistas está associada com as decisões de maximização de valor. Por exemplo, veja: Johnson, R. A., Hoskisson, R. E. & Hitt, M. A. 1993. Board of director involvement in restructuring: The effects of board versus managerial controls and characteristcs. *Strategic Management Journal*, 14: 33–50.
89. Para uma análise de ativismo institucional e sua relação com a remuneração do CEO, veja: Chowdhury, S.D. & Wang, E. Z. 2009. Institutional activism types and CEO compensation. *Journal of Management*, 35(1): 5–36.
90. Para uma visão interessante do impacto da propriedade institucional das estratégias de inovação, veja: Hoskisson, R. E., Hitt, M. A., Johnson, R. A. & Grossman, W. 2002. *Academy of Management Journal*, 45(4): 697–716.
91. www.calpers-governance.org.
92. Icahn, C. 2007. Icahn: On activist investors and private equity run wild. *BusinessWeek*, 12 de março: 21–22. Para uma visão interessante sobre a transição de Carl Icahn (?) do ataque corporativo para o ativismo acionista, leia Grover, R. 2007. Just don't call him a raider. *BusinessWeek*, 5 de março: 68–69. A citação no texto é parte da resposta de Icahn ao artigo de R. Grover.
93. Bond, P. 2012. Netflix stock climbs after Carl Icahn takes a position. hollywoodreporter.com, 31 de outubro: np.
94. Para um estudo da relação entre propriedade e diversificação, veja: Goranova, M., Alessandri, T. M., Brandes, P. & Dharwadkar, R. 2007. Managerial ownership and corporate diversification: A longitudinal view, *Strategic Management Journal*, 28(3): 211–226.
95. Jensen, M. C. & Murphy, K. J. 1990. CEO incentives—It's not how much you pay, but how. *Harvard Business Review*, 68(3): 138–149.
96. Para uma visão sobre as vantagens e desvantagens relativas da "dualidade" — ou seja, uma pessoa assumindo simultaneamente as funções de CEO e presidente do conselho de administração, veja: Lorsch, J. W. & Zelleke, A. 2005. Should the CEO be the chairman? *MIT Sloan Management Review*, 46(2): 71–74.
97. Uma análise sobre o compartilhamento de conhecimento é abordado em: Fey, C. F. & Furu, P. 2008. Top management incentive compensation and knowledge sharing in multinational corporations. *Strategic Management Journal*, 29(12): 1301–1324.
98. Sasseen, J. 2007. A better look at the boss's pay. *BusinessWeek*, 26 de fevereiro: 44–45; e Weinberg, N., Maiello, M. & Randall, D. 2008. Paying for failure. *Forbes*, 19 de maio: 114, 116.
99. Encontraram-se pesquisas em que a remuneração dos executivos está mais relacionada com o desempenho em empresas com políticas de compensações e salários e conselhos de administração dominados por conselheiros vindos de fora da empresa. Veja, por exemplo, Conyon, M. J. & Peck, S. I. 1998. Board control, remuneration committees, and top management compensation. *Academy of Management Journal*, 41: 1446–157.
100. Anônimo. 2012. American chief executives are not overpaid. *The Economist*, 8 de setembro: 67.
101. Caldwell, D. & Francolla, G. 2012. Highest paid CEOs. cnbc.com, 19 de novembro: np.
102. George, B. 2010. Executive pay: Rebuilding trust in an era of rage. *Bloomberg Businessweek*, 13 de setembro: 56.
103. Chahine, S. & Tohme, N. S. 2009. Is CEO duality always negative? An exploration of CEO duality and ownership structure in the Arab IPO context. *Corporate Governance: An International Review*, 17(2): 123–141; e McGrath, J. 2009. How CEOs work. HowStuffWorks.com. 28 de janeiro: np.
104. Anônimo. 2009. Someone to watch over them. *The Economist*. 17 de outubro: 78; Anônimo. 2004. Splitting up the roles of CEO and Chairman: Reform or red herring? *Knowledge@Wharton*, 2 de junho: np; e Kim, J. 2010. Shareholders reject split of CEO and chairman jobs at JPMorgan. FierceFinance.com, 18 de maio: np.
105. Tuggle, C. S., Sirmon, D. G., Reutzel, C. R. & Bierman, K. 2010. Commanding board of director attention: Investigation how organizational performance and CEO duality affect board members' attention to monitoring. *Strategic Management Journal*, 31: 946–968; Weinberg, N. 2010. No more lapdogs. *Forbes*. 10 de maio: 34–36; e Anônimo. 2010. Corporate constitutions. *The Economist*. 30 de outubro: 74.
106. Semadeni, M. & Krause, R. 2012. Splitting the CEO and chairman roles: It's complicated...
107. Tal comportamento oportunista é comum em todas as relações entre dirigentes e agentes. Para uma descrição dos problemas de agência, em especial no contexto da relação entre os acionistas e gerentes, veja: Jensen, M. C. & Meckling, W. H. 1976. Theory of the firm: Managerial behavior, agency costs, and ownership structure. *Journal of Financial Economics*, 3: 305–360.
108. Hoskisson, R. E. & Turk, T. A. 1990. Corporate restructuring: Governance and control limits of the internal market. *Academy of Management Review*, 15: 459–477.
109. Para uma interessante visão do mercado para o controle corporativo e como ele é influenciado pela intensidade do conhecimento, veja: Coff, R. 2003. Bidding wars over R&D-intensive firms: Knowledge, opportunism, and the market for corporate control. *Academy of Management Journal*, 46(1): 74–85.
110. Walsh, J. P. & Kosnik, R. D. 1993. Corporate raiders and their disciplinary role in the market for corporate control. *Academy of Management Journal*, 36: 671–700.
111. O papel dos órgãos reguladores do setor bancário é abordado em: Bhide, A. 2009. Why bankers got so reckless. *BusinessWeek*, 9 de fevereiro: 30–31.
112. Wishy-washy: The SEC pulls its punches on corporate-governance rules. 2003. *Economist*, 1º de fevereiro: 60.
113. McLean, B. 2001. Is Enron overpriced? *Fortune*, 5 de março: 122–125.
114. Swartz, J. 2010. Timberland's CEO on standing up to 65,000 angry activists. *Harvard Business Review*, 88(9): 39–43.
115. Bernstein, A. 2000. Too much corporate power. *BusinessWeek*, 11 de setembro: 35–37.
116. Esta seção se baseia em Young, M. N., Peng, M. W., Ahlstrom, D., Bruton, G. D. & Jiang, Y. 2005. Principal-principal conflicts in corporate governance (manuscrito não publicado); e Peng, M. W. 2006. *Globalstrategy*. Cincinnati: Thomson South-Western. Agradecemos pelos valiosos comentários de Mike Young, da Hong Kong Baptist University, e Mike Peng, da University of Texas, de Dallas.
117. Khanna, T. & Rivkin, J. 2001. Estimating the performance effects of business groups in emerging markets. *Strategic Management Journal*, 22: 45–74.

capítulo 10

Criação de Designs Organizacionais Eficazes

Depois da leitura deste capítulo você deverá obter uma boa compreensão dos seguintes pontos a aprender:

PA10.1 Os padrões de crescimento das maiores corporações e a relação entre a estratégia de uma empresa e sua estrutura.

PA10.2 Cada um dos tipos tradicionais de estrutura organizacional: simples, funcional, divisional e matricial.

PA10.3 As consequências das operações internacionais de uma empresa sobre a estrutura organizacional.

PA10.4 Os diferentes tipos de organizações sem fronteiras internas — livre de barreiras, modular e virtual — e suas vantagens e desvantagens relativas.

PA10.5 A necessidade de criar projetos organizacionais ambidestros que permitam que as empresas explorem novas oportunidades e integrem as operações existentes de modo eficaz.

Aprenda com os Erros

O Boeing 787 Dreamliner mudou as coisas na indústria de aeronaves comerciais.[1] Trata-se do primeiro avião de carreira que não tem um revestimento de alumínio. Em vez disso, a Boeing o projetou utilizando um material composto, que diminui o peso do avião, fazendo-o consumir 20% menos combustível que o 767, o modelo que seria substituído por ele. A maior eficiência no gasto de combustível e outros avanços de projeto tornaram o 787 muito requisitado entre as opções de venda da indústria. A Boeing recebeu pedidos de mais de 900 Dreamliners antes mesmo que os primeiros 787 tivessem voado.

Isso significou uma importante mudança para a Boeing. Em 2003, quando a Boeing anunciou o desenvolvimento do novo avião, também decidiu projetá-lo e fabricá-lo de um jeito diferente do que havia feito antes. No passado, a Boeing havia projetado e construído a maior parte dos componentes de suas aeronaves. Agora a Boeing forneceria os projetos de engenharia e especificações detalhadas para seus principais fornecedores. Estes, então, construiriam os componentes de acordo com as especificações da Boeing. Para limitar os investimentos iniciais necessários para a fabricação do 787, a Boeing adotou uma estrutura modular e terceirizou boa parte da engenharia dos componentes para os fornecedores. A Boeing forneceu as especificações básicas e delegou a eles o cuidado com os detalhes do projeto, engenharia e fabricação dos componentes e subsistemas. As operações da Boeing em Seattle seriam, então, responsáveis por juntar as partes e montar o avião completo.

Trabalhando com cerca de 50 fornecedores em quatro continentes, a Boeing descobriu que coordenar e integrar o trabalho deles é muito desafiador. Alguns dos fornecedores contratados não tinham a experiência de engenharia necessária para a tarefa e terceirizaram a engenharia para subcontratantes. Isso dificultou consideravelmente o monitoramento do trabalho de engenharia. Jim Albaugh, o chefe comercial de aviação da Boeing, identificou a questão principal nessa mudança de responsabilidade e disse: "Demos serviço para pessoas que nunca haviam trabalhado com esse tipo de tecnologia antes, e não efetuamos a supervisão necessária". Com a extensão geográfica do conjunto de fornecedores, a Boeing também encontrou dificuldades em monitorar o progresso das empresas fornecedoras. A Boeing até acabou comprando alguns dos fornecedores depois que ficou claro que eles não entregariam os projetos e produtos dentro do prazo. Por exemplo, a Boeing gastou cerca de $1 bilhão para adquirir a unidade da Vought Aircraft Industries responsável pela fuselagem do avião. Quando os fornecedores finalmente entregaram as peças, a Boeing encontrou, às vezes, dificuldades de montar ou combinar os componentes. No primeiro 787, ela descobriu que o nariz e a fuselagem não se encaixavam, deixando uma folga considerável entre as duas seções. Para resolver esses problemas, ela teve de realocar muitos dos seus maiores fornecedores, colocando-os juntos por seis meses para refinar o projeto e por questões de integração.

No fim, a decisão de terceirizar custou muito para a Boeing. O avião estava três anos atrasado quando o primeiro 787 foi entregue ao cliente. Todo o processo custou bilhões de dólares a mais do que o planejado originalmente e também mais do que custaria para a Boeing para projetá-lo em suas próprias fábricas. No início de 2013, todos os 49 dos 787 que foram entregues aos clientes não puderam voar por causa de preocupações com incêndios de bordo devido às baterias de lítio usadas para fornecer energia para o avião — peças que não foram projetadas pela Boeing. Jim NcNerney, presidente da Boeing, concluiu: "Em retrospecto, nosso plano para o 787 pode ter sido muito ambicioso, incorporando muitas coisas inéditas de uma vez só — aplicação de novas tecnologias, projetos e processos de construção revolucionários, e o aumento de terceirização de engenharia e fabricação".

Perguntas para Discussão

1. Várias empresas se beneficiam da terceirização de projeto e fabricação. O que foi diferente no caso da Boeing que retardou tanto o êxito final?
2. Que lições a experiência com o 787 fornece à Boeing para seu próximo esforço de desenvolvimento de modelos de avião?

Um dos conceitos centrais neste capítulo é a importância das organizações sem fronteiras internas. As organizações bem-sucedidas criam fronteiras permeáveis entre as atividades internas, bem como entre a organização e seus clientes, fornecedores e parceiros de alianças externos. Introduzimos essa ideia no Capítulo 3, na nossa análise do conceito de cadeia de valor, que consiste de várias atividades primárias (p. ex., logística de suprimento, marketing e vendas) e de apoio (p. ex., procurement, administração de recursos humanos). Há vários possíveis benefícios resultantes das atividades de terceirização como parte de se tornar eficaz uma organização sem fronteiras. No entanto, a terceirização também pode resultar em desafios. No caso da Boeing, a empresa perdeu grande volume de controle ao usar fornecedores independentes para projetar e construir os subsistemas principais do 787.

Os administradores atuais se deparam com duas atividades constantes e vitais para estruturar e configurar suas organizações.[2] Primeira: devem decidir qual seria o tipo de estrutura organizacional mais apropriada. Segunda: precisam avaliar que instrumentos, processos e técnicas são mais úteis na melhoria da permeabilidade dos limites internos e externos.

Formas Tradicionais de Estrutura Organizacional

estrutura organizacional
os padrões formalizados das interações que ligam as tarefas, tecnologias e pessoal das empresas.

A **estrutura organizacional** se refere aos padrões formalizados das interações que ligam as tarefas, tecnologias e pessoal das empresas.[3] As estruturas ajudam a assegurar que os recursos sejam usados de modo eficaz para cumprir a missão da organização. A estrutura fornece um meio de equilibrar duas forças conflitantes: a necessidade para a divisão de tarefas em agrupamentos significativos, e a necessidade de integrar tais agrupamentos para a assegurar eficiência e eficácia.[4] A estrutura identifica a organização executiva, gerencial e administrativa de uma empresa e indica as responsabilidades e relações hierárquicas. Ela também exerce influência no fluxo de informação, bem como no contexto e natureza das interações humanas.[5]

As organizações, em sua maioria, começam muito pequenas e acabam morrendo ou permanecem pequenas. Aqueles que sobrevivem e prosperam embarcam em estratégias projetadas para aumentar o escopo geral de operações e permitir que elas entrem em novos domínios de produtos e mercados. Tal crescimento impõe pressão adicional sobre os executivos para controlar e coordenar o aumento de crescimento e aumento de diversidade da empresa. O tipo mais apropriado de estrutura depende da natureza e magnitude do crescimento.

PA10.1
Os padrões de crescimento das maiores corporações e a relação entre a estratégia de uma empresa e sua estrutura.

Padrões de Crescimento das Grandes Corporações: Relações entre Estratégia e Estrutura

A estratégia e estrutura de uma empresa mudam à medida que ela aumenta de tamanho, se diversifica em novos mercados de produtos e expande seu escopo geográfico.[6] A Figura 10.1 ilustra padrões de crescimento comuns das empresas.

FIGURA 10.1 Padrões de Crescimento Dominante das Grandes Corporações

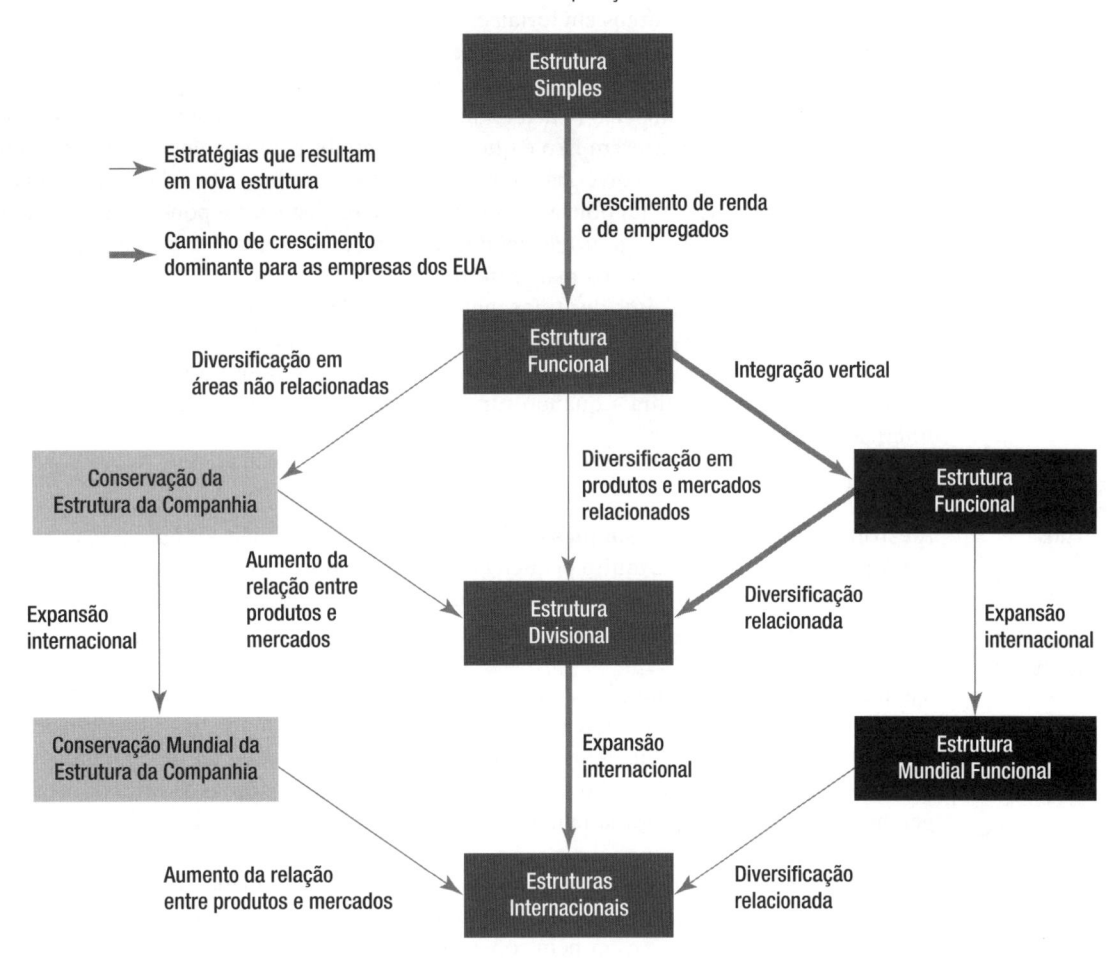

Fonte: Adaptado de J. R. Galbraith e R. K. Kazanjian. *Strategy Implementation: Structure, Systems and Process*, 2ª ed. Direitos autorais © 1986.

Uma nova empresa com uma *estrutura simples* costuma aumentar sua receita de vendas e quantidade de produção com o passar do tempo. Ela também pode investir em integração vertical para assegurar fontes de suprimentos (integração para trás ou reversa), bem como os canais de distribuição (integração para a frente ou dianteira). A estrutura simples da empresa passa, então, a implementar uma *estrutura funcional* para concentrar seus esforços em aumentar a eficiência e aprimorar suas operações e produtos. Essa estrutura possibilita agrupar suas operações em funções, departamentos ou áreas geográficas*. À medida que seus mercados iniciais amadurecem, uma empresa olha além de seus produtos e mercados atuais, buscando por possíveis expansões.

Uma estratégia de diversificação relacionada exige a necessidade de se reorganizar em torno de linhas de produtos ou mercados geográficos. Isso resulta em uma *estrutura divisional*. À medida que o negócio expande em termos de receita de vendas, e à medida que as oportunidades de crescimento nacional se tornam um tanto limitadas, uma empresa pode procurar oportunidades em mercados internacionais. Uma empresa tem uma variedade de estruturas para escolher: a *divisão internacional*, a *área geográfica*, a *divisão mundial de produtos*, a *funcionalidade mundial* e a *matriz mundial*. Decidir qual é a estrutura mais apropriada quando uma empresa tem operações internacionais depende de três fatores primários: a extensão da expansão internacional, o tipo de estratégia (global, multidoméstica ou transnacional) e o grau de diversidade de produção.[7]

---

* N.E.: Alguns autores singularizam a departamentalização (operação de agrupar e separar cargos conforme algum critério) geográfica.

Algumas empresas podem achar vantajoso diversificar em várias linhas de produto, em vez de concentrar seus esforços em fortalecer suas relações com seus distribuidores e fornecedores por meio da integração vertical. Elas se organizam de acordo com as linhas de produto implementando uma estrutura por produto. Além disso, algumas empresas podem escolher entrar em áreas de produtos não relacionados, em geral adquirindo negócios existentes. Com frequência, o motivo de fazerem isso é que adquirir ativos e competências é mais econômico e conveniente do que desenvolvê-los internamente. Tal estratégia não relacionada, ou conglomerada, exige, relativamente, pouca integração entre os negócios e pouco compartilhamento de recursos. Assim, uma *estrutura de holding* se torna apropriada. Há muitos outros padrões de crescimento, mas esses são os mais comuns.**

Agora analisaremos alguns dos tipos mais comuns de estruturas organizacionais — a simples, a funcional, a divisional (incluindo duas variações: a *unidade estratégica de negócios* e a *holding*), a matriz e suas vantagens e desvantagens. Encerraremos a seção com uma análise das consequências estruturais quando uma empresa expande suas operações em mercados internacionais.[8]

PA10.2
Cada um dos tipos tradicionais de estrutura organizacional: simples, funcional, divisional e matriz.

Estrutura Simples

A **estrutura organizacional simples** é a forma organizacional mais antiga e a mais comum. A maioria das organizações é muito pequena e tem um ou poucos produtos, na qual o dono gestor (ou o alto executivo) toma a maioria das decisões. É ele quem controla todas as atividades, enquanto que os demais servem como seus assistentes.

Vantagens A estrutura simples é bem informal e a coordenação das tarefas é realizada sob supervisão direta. A tomada de decisão é muito centralizada, há pouca especialização de tarefas, poucas regras e regulamentos, e um sistema de avaliação e de recompensas informal. Embora o dono gestor esteja intimamente envolvido em quase todas as fases do negócio, um gerente costuma ser empregado para supervisionar as operações do dia a dia.

Desvantagens Uma estrutura simples pode alimentar a criatividade e o individualismo, visto que há poucas regras e regulamentos. Porém, tal "informalidade" pode ocasionar problemas. Os empregados podem não estar bem cônscios de suas responsabilidades, havendo o risco de conflito e confusão. E podem se aproveitar da falta de regulamentos e agir conforme seus próprios interesses, o que pode desgastar a motivação e satisfação e resultar no uso equivocado dos recursos da organização. As pequenas organizações têm estruturas planas, que limitam as oportunidades de crescer verticalmente. Sem o potencial de avanço futuro, o recrutamento e retenção de talentos pode se tornar muito difícil.

estrutura organizacional simples
uma forma organizacional na qual o dono gestor toma a maior parte das decisões e realiza a maior parte das atividades de controle, enquanto que o resto do pessoal serve como uma extensão do maior executivo.

Estrutura Funcional

Quando uma organização é pequena (quinze empregados ou menos), não é necessário ter vários arranjos formais e agrupamentos de atividades. Entretanto, à medida que a empresa cresce, as demandas excessivas podem chegar até o dono gestor para que ele obtenha e processe todas as informações necessárias para administrar o negócio. Provavelmente, ele não terá as habilidades e condições necessárias para todos os serviços (p. ex., contabilidade, engenharia, produção, marketing). Assim, precisará contratar especialistas de várias áreas funcionais. Tal crescimento do escopo e complexidade geral do negócio precisará de uma **estrutura organizacional funcional**, na qual as maiores funções da empresa são agrupadas internamente. A coordenação e integração das áreas funcionais se tornam as responsabilidades mais importantes do presidente-executivo da empresa (veja a Figura 10.2).

estrutura organizacional funcional
uma forma organizacional na qual as maiores funções da empresa, como produção, marketing, P&D e contabilidade, são agrupadas internamente.

** A queda dos custos de transação e globalização resultaram em algumas mudanças nos padrões históricos comuns que abordamos. Algumas empresas estão, de fato, ignorando o estágio de integração vertical. Em vez disso, estão se concentrando nas competências centrais e da terceirização de outras atividades de criação de valor. Ademais, até as empresas relativamente jovens estão se globalizando mais cedo devido aos custos de comunicação e transporte mais baratos. Para uma visão interessante sobre as startups globais, veja McDougall, P. P. & Oviatt, B. M. 1996. New Venture Internationalization, Strategic Change and Performance: A Follow-Up Study. *Journal of Business Venturing*, 11: 23–40; e McDougall, P. P. & Oviatt, B. M. (Eds.). 2000. The Special Research Forum on International Entrepreneurship. *Academy of Management Journal*, outubro: 902–1003.

FIGURA 10.2 Estrutura Organizacional Funcional

```
                        Presidente-
                        Executivo
    ┌─────────┬─────────┬─────────┬─────────┬─────────┐
 Gerente de Gerente de Gerente de Gerente  Gerente  Gerente de
 Produção  Engenharia Marketing  de P&D   de Pessoal Contabilidade
```

Gerentes de baixo escalão, especialistas e outros funcionários de baixo nível

Estruturas funcionais costumam ser encontradas em organizações nas quais há um único produto ou serviço, ou produtos e serviços estreitamente relacionados, grande montante de produção e certa integração vertical. Inicialmente, as empresas tendem a expandir o escopo geral das operações penetrando em mercados existentes, apresentando produtos similares em mercados adicionais, ou aumentando o nível de integração vertical. Tais atividades de expansão aumentam claramente o escopo e a complexidade das operações. A estrutura funcional provê um nível de centralização maior que ajuda a assegurar a integração e o controle sobre as atividades relacionadas com o produto e mercado ou com várias atividades primárias (desde a logística de suprimento às operações de marketing, vendas e serviços) da cadeia de valor (abordada nos capítulos 3 e 4). Destaques de Estratégia 10.1 fornece um exemplo de uma estrutura organizacional funcional — a da Parkdale Mills.

Vantagens Ao reunir especialistas em departamentos funcionais, uma empresa pode aumentar sua coordenação e controle dentro de cada área funcional. As tomadas de decisões na empresa serão centralizadas no topo da organização. Isso aumenta a perspectiva de nível organizacional (em oposição com a área funcional) nas várias funções da organização. Ademais, a estrutura funcional fornece um uso mais eficiente do talento administrativo e técnico, visto que a expertise da área funcional é reunida em um único departamento (p. ex., o marketing), em vez de estar espalhada em uma variedade de áreas de produto ou mercado. Por último, facilita-se o avanço da carreira e o desenvolvimento profissional em áreas especializadas.

Desvantagens As diferenças de valores e orientações entre as áreas funcionais podem impedir a comunicação e coordenação. Edgar Schein, do MIT, disse que as suposições compartilhadas, frequentemente baseadas em histórico e experiências similares dos membros, formam unidades funcionais na organização. Com isso, é comum os departamentos se considerarem isolados, contidos em si mesmos, com pouca necessidade de interação e coordenação com outros departamentos. Isso prejudica a comunicação porque os grupos funcionais podem não apenas ter objetivos diferentes, como podem também atribuir diferentes significados a palavras e conceitos. De acordo com ele:

> A palavra "marketing" significará desenvolvimento do produto para o engenheiro, estudo do cliente por meio da pesquisa de mercado para o gerente de produção, publicidade para o vendedor e constante mudança no projeto para o gerente de fabricação. Quando tentarem trabalhar juntos, eles atribuirão os desacordos às respectivas personalidades e deixarão de notar os pressupostos e idiossincrasias mais profundas e compartilhadas que enriquecem como cada função pensa.[9]

Tais orientações estreitas também podem levar ao pensamento de curto prazo baseado amplamente no que é melhor para a área funcional, e não para a organização como um todo. Em uma empresa manufatureira, o setor de vendas pode querer oferecer uma quantidade maior de produtos personalizados para atrair os clientes da empresa; a área de P&D pode exagerar

DESTAQUES DE ESTRATÉGIA 10.1

A PARKDALE MILLS: UMA ESTRUTURA ORGANIZACIONAL FUNCIONAL BEM-SUCEDIDA

Por mais de 80 anos, a Parkdale Mills, com aproximadamente $1 bilhão em receitas, tem sido a líder da produção de algodão e blends de algodão (mistura com fios sintéticos). Sua expertise é decorrente da concentração em apenas uma linha de produto, aperfeiçoando processos e acolhendo inovações. Andy Warlick, o presidente da empresa, disse: "Acho que gastamos mais tempo do que quaisquer dois concorrentes juntos em novos equipamento e robótica. Fazemos isso porque queremos competir no mercado global, no qual muitos concorrentes têm estruturas mais baratas e recebem subsídios que não recebemos, de modo que realmente temos de nos concentrar na consistência e controle de custo". Fibras têxteis são consideradas como commodities, e a Parkdale é a produtora de baixo custo da indústria.

As tarefas são altamente padronizadas, e a autoridade é centralizada em Duke Kimbrell, fundador e diretor, e em Andy Warlick, presidente-executivo. A empresa trabalha com uma equipe enxuta de trabalhadores e reduzido grupo de altos executivos. Kimbrell e Warlick são considerados como muito sagazes quanto ao mercado de algodão, tecnologia, fidelidade do cliente e incentivos.

Fontes: Stewart, C. 2003. The Perfect Yarn. *The Manufacturer.com*, 31 de julho; www.parkdalemills.com; Berman, P. 1987. The Fast Track Isn't Always the Best Track. Forbes, 2 de novembro: 60–64; e entrevista pessoal com Duke Kimbrell, 11 de março de 2005.

---

no design dos produtos e componentes para realizar uma primorosa técnica; e a produção pode favorecer produtos básicos que podem ser produzidos a baixo custo e em longos ciclos de produção. As estruturas funcionais podem sobrecarregar os altos executivos da empresa porque os conflitos têm a tendência de serem "empurrados para cima", para o topo da organização, uma vez que não há executivos responsáveis pelas linhas de produção específicas. As estruturas funcionais dificultam o estabelecimento de padrões uniformes de desempenho em toda a organização. Pode ser relativamente fácil avaliar os gerentes de produção à base do volume produtivo e do controle de custo, mas o estabelecimento de medidas de desempenho para engenharia, P&D e contabilidade são mais difíceis.

Estrutura Divisional

estrutura organizacional divisional
uma forma organizacional na qual os produtos, projetos ou mercados de produtos são agrupados internamente.

A **estrutura organizacional divisional** (às vezes chamada de estrutura multidivisional ou em "M") é organizada de acordo com os produtos, projetos ou mercados. Cada uma das divisões, por sua vez, inclui seus próprios especialistas funcionais, que costumam ser organizados em departamentos.[10] Uma estrutura divisional envolve um conjunto de unidades relativamente autônomas governadas por um escritório corporativo central. As divisões de operação são relativamente independentes e consistem de produtos e serviços diferentes dos das outras divisões.[11] As tomadas de decisões operacionais em grandes negócios apresenta demandas excessivas para a alta gerência da empresa. Para lidar com questões organizacionais mais amplas, de longo prazo, os executivos seniores devem delegar as decisões para gestores de menor escalão. Os executivos divisionais têm um papel fundamental: eles ajudam a determinar produtos e mercados, e os objetivos financeiros para a divisão, bem como a contribuição dela para o desempenho corporativo geral.[12] As recompensas são baseadas amplamente em medidas de desempenho financeiro, como receita e resultado líquido. A Figura 10.3 ilustra uma estrutura divisional.

A General Motors foi uma das primeiras empresas a adotar a estrutura organizacional divisional.[13] Na década de 1920, a companhia criou cinco grandes divisões de produto (Cadillac, Buick, Oldsmobile, Pontiac e Chevrolet), bem como várias divisões industriais. Desde então, muitas empresas descobriram que, à medida que diversificavam em novas atividades de produtos e mercados, as estruturas funcionais — com sua ênfase em departamentos funcionais únicos —, não conseguiam administrar o aumento da complexidade de todo o negócio.

Vantagens Ao criar divisões separadas para administrar mercados de produtos individuais, há uma separação dos controles estratégico e operacional. Os gestores divisionais podem

FIGURA 10.3 Estrutura Organizacional Divisional

```
                        Presidente-
                         Executivo
                             |
                             |——————— Assessores
                             |         Corporativos
        ┌────────────────────┼──────────────────┐
   Divisão A            Divisão B          Divisão C
  Gerente-Geral        Gerente-Geral      Gerente-Geral
        │                    │                  │
  ┌──┬──┬──┬──┬──┐       Organizado       Organizado
 Ger Ger Ger Ger Ger Ger   como a           como a
 Prod Eng Mkt P&D Pes Cont Divisão A       Divisão A
        │
Gerentes de baixo escalão, especialistas e trabalhadores operacionais
```

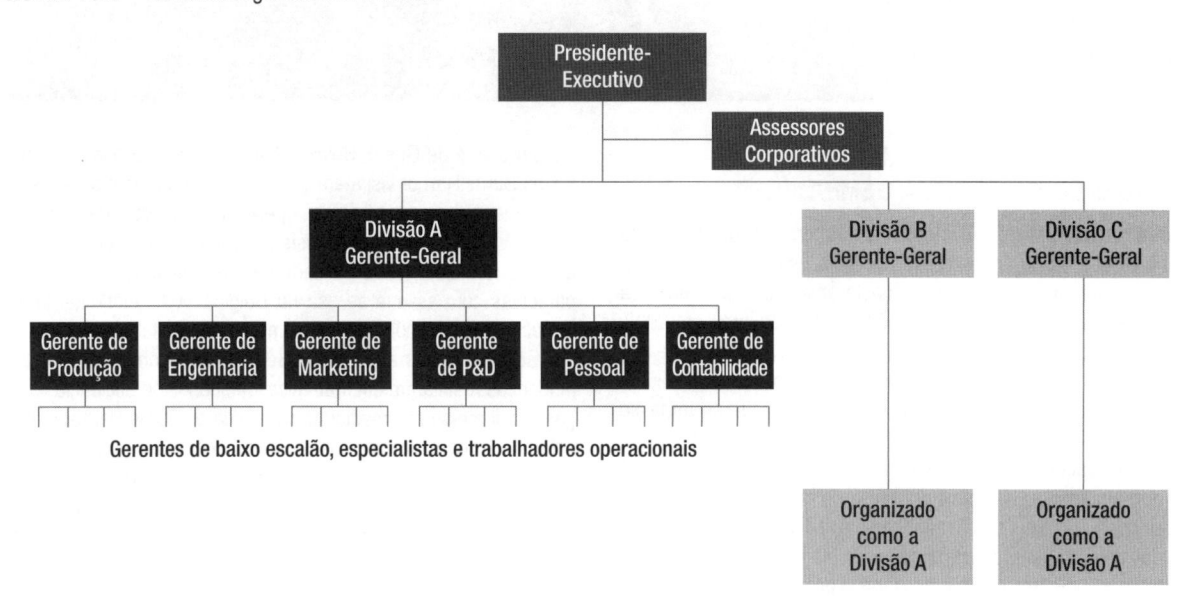

concentrar seus esforços em melhorar as operações nos mercados de produtos pelos quais são responsáveis, enquanto os escritórios corporativos podem devotar seu tempo para resolver questões estratégicas gerais para a corporação inteira. O foco nos produtos e mercados de uma divisão — pelos executivos divisionais — dá à corporação uma habilidade maior de responder rapidamente às mudanças importantes. Visto que há departamentos funcionais dentro de cada divisão da corporação, os problemas associados com o compartilhamento de recursos entre os departamentos funcionais são minimizados. Devido aos múltiplos níveis de gerentes-gerais (executivos responsáveis pela integração e coordenação de todas as áreas funcionais), o desenvolvimento do talento administrativo aumenta.

Desvantagens Ela pode ser muito cara; pode haver aumento de custos devido à duplicação do pessoal, operações e investimentos, pois cada divisão deve contar com várias funções. Pode também haver uma competição disfuncional entre as divisões entre cada divisão, caso cada uma delas tenha a tendência de se concentrar apenas em suas operações. Os gerentes divisionais costumam ser avaliados de acordo com medidas comuns, tais como o retorno sobre os ativos e crescimento de vendas. Se os objetivos forem conflitantes, pode haver a ocorrência de um jogo de "soma zero", que desencorajaria o compartilhamento de ideias e de recursos entre as divisões em prol do bem comum da corporação. Ghoshal e Bartlett, dois peritos líderes de estratégia, observam:

> Como seu próprio nome indica, as divisões dividem. O modelo divisional fragmentou os recursos da companhia; ele criou canais verticais de comunicação que isolaram unidades de negócios e evitaram que estas compartilhassem seus pontos fortes com outros. Consequentemente, o total da corporação passou a ser menos do que a soma de suas partes.[14]

Com muitas divisões fornecendo diferentes produtos e serviços, há a chance de haver diferenças na imagem e qualidade entre as divisões. Uma divisão pode oferecer produtos básicos, de menor qualidade, que podem prejudicar a reputação da marca de outra divisão cujas ofertas têm grande qualidade e diferenciação. Visto que cada divisão é avaliada em termos de medidas financeiras, como o retorno sobre o investimento e o crescimento de receitas, é comum vermos a demanda de concentração no desempenho de curto prazo. Se a administração corporativa usar os lucros trimestrais como principal indicador de desempenho, a administração divisional pode tender a enfatizar significativamente o "crescimento dos números" e a

DESTAQUES DE ESTRATÉGIA 10.2

ROMPENDO OS LIMITES DIVISIONAIS: APRENDENDO COM A IRMÃ GÊMEA

Na beira do Lago Michigan, em Burns Harbor, Indiana, está uma siderúrgica que há 50 anos produz aço para uso no setor automobilístico e outras indústrias do meio oeste americano. A siderúrgica teve problemas nas décadas de 1980 e 1990 e quebrou em 2002. Ela foi comprada pela ArcelorMittal Steel, a maior fabricante de aço do mundo, em 2005. Contudo, a fábrica teve outra crise em 2007, quando foi ameaçada de ser desativada a menos que se tornasse mais produtiva e eficiente.

Hoje, ela requer 1,32 homem/hora por tonelada de aço produzido, o que representa 34% mais eficiência do que a média das siderúrgicas dos EUA. Em 2011, a fábrica estava 19% mais eficiente do que estava em 2007 e produzia duas vezes mais a quantidade de aço em relação a 2009. Seu futuro como fábrica de aço é, hoje, garantido.

Como a ArcelorMittal conseguiu rejuvenescer uma antiga siderúrgica? Eliminando as barreiras entre as unidades da organização para facilitar a transferência de conhecimento e a aprendizagem. Uma das desvantagens de uma estrutura divisional é que as divisões costumam se enxergar como concorrentes umas das outras e, portanto, não estão dispostas a compartilhar informações que favoreçam as demais. A ArcelorMittal superou isso "geminando" diferentes siderúrgicas, uma eficiente e uma com problemas, e desafiando a fábrica eficiente a ajudar sua irmã gêmea. A siderúrgica Burns Harbor formava um par com a de Ghent, Bélgica. Mais de 100 engenheiros e gerentes da Burns Harbor visitaram a fábrica de Ghent para aprender com seus colegas como melhorar as operações. Eles copiaram rotinas da fábrica visitada, adotaram o sistema avançado de controle computadorizado usado nela e passaram a usar máquinas automatizadas parecidas com as que se usa na Bélgica. A ArcelorMittal também forneceu $150 milhões de investimento de capital para atualizar as operações e igualar a fábrica de Burns Harbor com a de Ghent. Tais mudanças resultaram em dramáticas melhorias de eficiência. Os belgas orgulham-se das melhorias na fábrica de Burns Harbor e, agora, estão tentando aprimorar suas próprias operações para permanecer à frente dos americanos. A fábrica de Ghent produz atualmente 950 toneladas de aço por empregado anualmente, apenas 50 toneladas a mais do que a de Burns Harbor, mas os gestores de Ghent se gabam de que logo elevarão a produtividade para 1.100 toneladas por empregado. Assim, a fábrica de Ghent coopera e está disposta a ajudar a de Burns Harbor, mas seus gestores e empregados têm um traço competitivo também.

A experiência da ArcelorMittal demonstra como as empresas podem agir para superar as desvantagens típicas de sua estrutura divisional.

Fonte: Miller, J. 2012. Indiana steel mill revived with lessons from abroad. *WSJ.com*, 21 de maio: np; www.nishp.org/bh-history.htm; e Markovich, S. 2012. Morning brief: Foreign investment revives Indiana steel mill. blogs.cfr.org, 21 de maio: np.

---

minimização de atividades como publicidade, manutenção e investimentos de capital, o que poderia depreciar as medidas de desempenho de curto prazo. Destaques de Estratégia 10.2 discorre sobre como a ArcelorMittal trabalha para superar algumas das desvantagens da estrutura divisional ao "combinar" suas fábricas.

Analisaremos duas variações da forma divisional: a unidade estratégica de negócios (UEN) e a companhia holding.

Estrutura de Unidade Estratégica de Negócios (UEN) Corporações muito diversificadas, como a ConAgra, uma produtora de alimentos com valor de mercado de $13 bilhões, podem consistir de dezenas de divisões diferentes.[15] Se a ConAgra fosse usar uma estrutura divisional pura, seria quase impossível para o escritório corporativo planejar e coordenar as atividades, porque a extensão de controle seria grande demais. Para obter sinergias, a ConAgra teve de estabelecer seus negócios diversificados em três UENs primárias: serviço de alimentação (restaurantes), varejo (mercados) e produtos agrícolas.

Com a **estrutura UEN**, as divisões com produtos, mercados e/ou tecnologias parecidas são agrupadas em unidades homogêneas para obter sinergias. Estas incluem as discutidas no Capítulo 6 no caso de diversificação relacionada, como a alavancagem das competências centrais, o compartilhamento de infraestruturas e o poder de mercado. Em geral, quanto mais relacionados os negócios em uma corporação, menos UENs serão necessárias. Cada uma das UENs na corporação funciona como um centro de lucro.

> **estrutura de unidade estratégica de negócios (UEN)**
> uma forma organizacional em que produtos, projetos ou divisões de mercados de produtos são agrupados em unidades homogêneas.

Vantagens A estrutura UEN torna mais manejável a tarefa do escritório corporativo de planejar e controlar. Ademais, com uma descentralização maior da autoridade, os negócios individuais podem reagir mais rápido no caso de mudanças importantes no ambiente do que se todas as divisões precisassem se reportar diretamente com o escritório corporativo.

Desvantagens Como as divisões são agrupadas em UENs, pode ser difícil obter sinergias entre elas. Se as divisões em UENs diferentes têm fontes de sinergia em potencial, pode ser difícil efetivá-las. O nível adicional de administração aumenta o número de pessoal e gastos gerais, enquanto que os níveis hierárquicos afastam mais o escritório corporativo das divisões individuais. O escritório corporativo pode não ficar a par dos desenvolvimentos principais que poderiam ter um impacto maior sobre a corporação.

Estrutura de Companhia Holding A **estrutura de companhia holding** (às vezes chamada de *conglomerado*) também é uma variação da estrutura divisional. Enquanto que a estrutura UEN costuma ser utilizada quando existem similaridades entre os negócios individuais (ou divisões), a estrutura de companhia holding é apropriada quando o conjunto de negócios de uma corporação não tem muito em comum. Assim, o potencial de haver sinergias é limitado.

As estruturas de companhia holding são muito adequadas a empresas com uma sinergia de diversificação não relacionada. Companhia como a Berkshire Hathaway e a Loews usam a estrutura de companhia holding para implementar suas estratégias de diversificação não relacionada. Considerando que há menos similaridades entre os negócios, os escritórios corporativos nessas companhias delegam um elevado grau de autonomia para a operação das divisões e execução de controles financeiros e programas de incentivo para obter altos níveis de desempenho de negócios individuais. As equipes corporativas dessas empresas tendem a ser pequenas devido ao envolvimento limitado na operação geral de seus vários negócios.[16]

estrutura de companhia conservadora
uma forma de organização que é uma variação da estrutura organizacional divisional na qual as divisões têm um alto grau de autonomia, tanto de outras divisões como da sede corporativa.

Vantagens A estrutura de companhia holding economiza por utilizar menos pessoal e ter custos gerais menores resultantes de se ter um escritório corporativo menor e menos níveis hierárquicos. A autonomia dos executivos divisionais na estrutura de companhia holding aumenta o nível de motivação deles e lhes permite responder mais rapidamente às oportunidades e ameaças do mercado.

Desvantagens Há uma falta inerente de controle e dependência por parte dos executivos de nível corporativo em relação aos executivos divisionais. Podem surgir grandes problemas caso estes deixem a empresa porque o escritório corporativo tem muito poucas "reservas" — talentos administrativos adicionais prontos para preencher rapidamente as posições principais. Caso surjam problemas em uma divisão, pode ser muito difícil reajustar negócios individuais por causa de um limitado apoio de pessoal no escritório corporativo.

Estrutura Matricial

Um método que tenta superar as deficiências inerentes de outras estruturas é a **estrutura organizacional matricial**. Ela é uma combinação de estruturas funcionais e divisionais. É muito comum que os departamentos funcionais sejam combinados com grupos de produção com base em um projeto. Por exemplo, um grupo de produção pode querer desenvolver e adicionar um novo produto à sua linha; para esse projeto, ele obtém pessoal de vários departamentos funcionais, como marketing, produção e engenharia. Esse pessoal trabalha sob o gestor do grupo pelo tempo que durar o projeto, que pode variar de algumas semanas a um período indeterminado. Os indivíduos que trabalham em uma organização matricial respondem a dois administradores: o gerente de projeto e o gerente de sua área funcional. A Figura 10.4 ilustra uma estrutura matricial.

Algumas grandes corporações multinacionais usam uma estrutura matricial para combinar grupos de produção e unidades geográficas. Os gerentes de produção têm

estrutura organizacional matricial
uma forma organizacional na qual há várias linhas de autoridade, e alguns indivíduos se reportam a, pelo menos, dois gestores.

FIGURA 10.4 Estrutura Organizacional Matriz

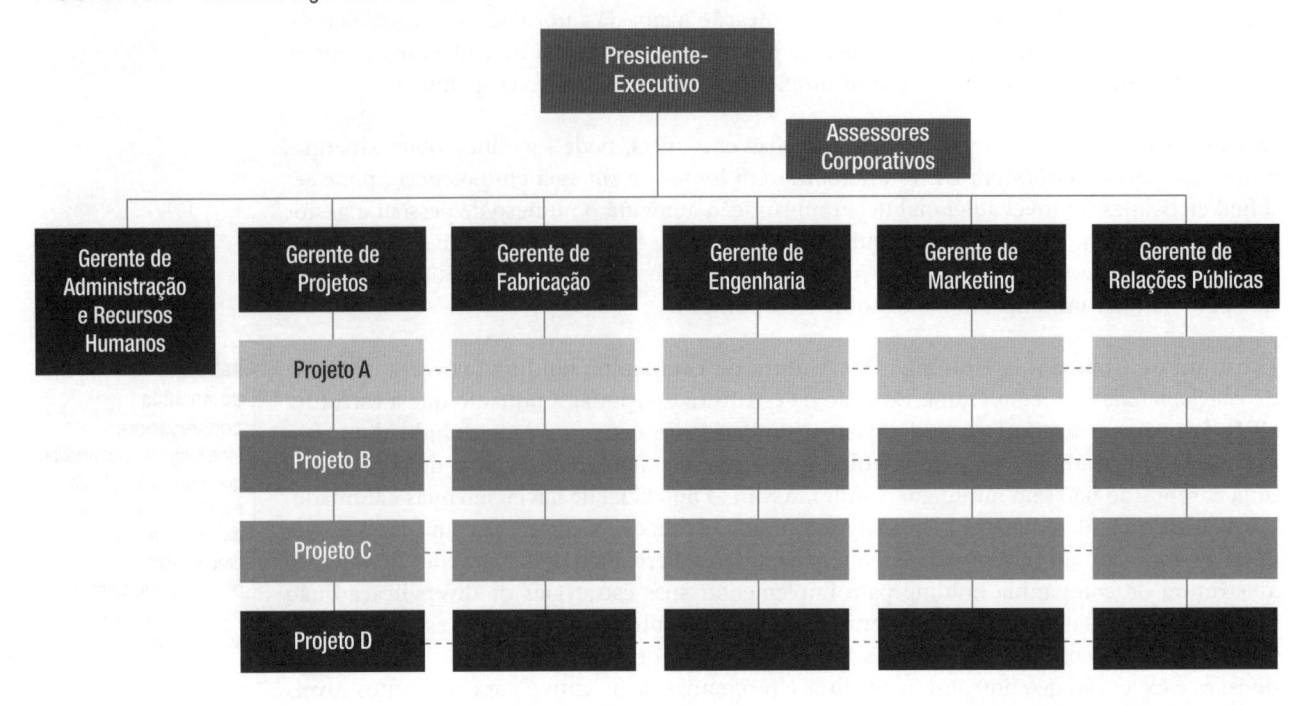

responsabilidades mundiais pelo desenvolvimento, fabricação e distribuição de sua própria linha, enquanto que os gerentes de regiões geográficas têm responsabilidades pela rentabilidade dos negócios em suas regiões. No meio da década de 1990, a Caterpillar, Inc. implementou esse tipo de estrutura.

Outras organizações, como a Cisco, usam uma estrutura matriz para tentar manter a flexibilidade. Nessas empresas, os trabalhadores individuais têm um local funcional permanente, mas também são designados e trabalham com equipes de projetos temporários.[17]

Vantagens A estrutura matricial facilita o uso de pessoal, equipamento e instalações especializadas. Em vez de duplicar as funções, como seria o caso de uma estrutura divisional baseada nos produtos, os recursos são compartilhados. Os indivíduos com maior experiência podem dividir seu tempo entre vários projetos. Esse compartilhamento de recursos e colaboração pode permitir que uma empresa use seus recursos de modo mais eficiente e responda de modo mais rápido e eficaz às mudanças no ambiente competitivo. A flexibilidade inerente à estrutura matricial provê profissionais com maior responsabilidade. Tal experiência permite que eles desenvolvam suas habilidades e competências.

Desvantagens As estruturas em que os empregados devem se reportar a duas pessoas pode resultar em incerteza e no aumento de conflitos por poder e pela alocação de pessoal e outros recursos. As relações de trabalho se tornam mais complicadas. Isso pode resultar em dependência excessiva de processos de grupos e trabalho em equipe, além da dispersão de responsabilidade, o que pode prejudicar as tomadas de decisão no tempo certo.

Vamos usar o exemplo da Procter & Gamble (P&G) para ver algumas das desvantagens associadas a uma estrutura matriz:

> Depois de 50 anos com uma estrutura divisional, a P&G implantou uma estrutura matriz em 1987. Nessa estrutura, ela tinha categorias de produtos, como sabões e detergentes, em uma dimensão e gerentes funcionais em outra. Dentro de cada categoria de produto, os gerentes das unidades dos outros países se reportavam aos gerentes regionais que, por sua vez, se reportavam aos gerentes de produção. A estrutura se tornou complexa demais para administrar, com treze camadas de administração e conflitos de poder significativos, à medida que os gerentes funcionais pensavam em como satisfazer suas próprias agendas estratégicas que, em geral, en-

FIGURA 10.5 Estruturas Organizacionais: Funcional, Divisional e Matriz Vantagens e Desvantagens

Estrutura Funcional

Vantagens	Desvantagens
• O conjunto de especialistas aumenta a coordenação e o controle.	• As diferenças na orientação das áreas funcionais impedem a comunicação e coordenação.
• A tomada de decisões centralizada aumenta a perspectiva organizacional entre as funções.	• A tendência dos especialistas de desenvolver uma visão de curto prazo e uma orientação funcional estreita.
• Uso eficiente de talento administrativo e técnico.	• Os conflitos das áreas funcionais podem sobrecarregar os tomadores de decisões de alto nível.
• Facilita o avanço da carreira e o desenvolvimento profissional em áreas especializadas.	• Dificuldade em estabelecer padrões de desempenho uniformes.

Estrutura Divisional

Vantagens	Desvantagens
• Aumenta o controle estratégico e operacional, permitindo que os executivos de nível corporativo resolvam questões estratégicas.	• O aumento de custos relacionados com a duplicação do pessoal, operações e investimento.
• Rápida resposta às mudanças ambientais.	• A competição disfuncional entre as divisões pode prejudicar o desempenho corporativo geral.
• Aumenta o foco sobre produtos e mercados.	• A dificuldade de manter uma imagem corporativa uniforme.
• Minimiza os problemas associados com o compartilhamento de recursos entre as áreas funcionais.	• A ênfase exagerada no desempenho de curto prazo.
• Facilita o desenvolvimento dos gerentes-gerais.	

Estrutura Matricial

Vantagens	Desvantagens
• Aumenta a resposta do mercado por meio de colaboração e sinergias entre os colegas profissionais.	• As relações onde há a necessidade de se reportar a duas pessoas podem resultar em incerteza no que se refere à responsabilidade.
• Permite uma utilização mais eficiente dos recursos.	• Os intensos conflitos de poder podem resultar em aumento de conflitos.
• Aumenta a flexibilidade, coordenação e comunicação.	• As relações de trabalho podem se tornar mais complicadas, e os recursos humanos podem ser duplicados.
• Aumenta o desenvolvimento profissional por meio de mais responsabilidades.	• A dependência excessiva de processos de grupos e trabalho em equipe pode impedir a tomada de decisões no tempo certo.

travam em contradição com agendas dos gerentes de produção. Depois de ver seu índice de crescimento cair de 8,5% na década de 1980 para 2,6% na década de 1990, a P&G eliminou a estrutura matricial e passou para uma estrutura de produção mundial, com três categorias principais de produtos para ter unidade de direção e tomadas de decisão mais ágeis.[18]

A Figura 10.5 resume brevemente as vantagens e desvantagens das estruturas organizacionais funcional, divisória e matriz.

Operações Internacionais: Consequências sobre a Estrutura Organizacional

PA10.3
As consequências das operações internacionais de uma empresa sobre a estrutura organizacional.

Os administradores atuais devem manter uma determinada perspectiva internacional dos negócios e estratégias competitivas da sua empresa. No mercado mundial, os gerentes devem assegurar consistência entre suas estratégias (nos níveis empresariais, corporativos e internacionais) e a estrutura de suas organizações. À medida que as empresas entram em mercados estrangeiros, costumam seguir um padrão de mudanças em sua estrutura paralelo às mudanças em suas estratégias.[19] Há três tipos de circunstâncias que influenciam a escolha de estrutura: (1) o tipo de estratégia que está orientando as operações estrangeiras da empresa, (2) a diversidade do produto e (3) o quanto uma empresa depende das vendas externas.[20]

Ao passo que as operações internacionais vão se tornando parte importante das operações gerais, os gestores devem fazer mudanças que sejam consistentes com a estrutura da empresa. Os tipos primários de estruturas nas quais se assenta a administração das operações internacionais de uma empresa são:[21]

- Divisão internacional
- Divisão por área geográfica
- Funcional mundial
- Divisão de produção mundial
- Matricial mundial

estrutura de divisão internacional
uma forma organizacional na qual as operações internacionais constituem uma divisão autônoma, separada. A maioria das operações nacionais é mantida em outras partes da organização.

estrutura de divisão por área geográfica
um tipo divisional de estrutura organizacional na qual as operações em regiões geográficas são agrupadas internamente.

estrutura matricial mundial
um tipo de estrutura organizacional matriz caracterizada por ter uma linha de autoridade para as divisões de áreas geográficas e outra linha de autoridade para as divisões de produção mundial.

estrutura funcional mundial
uma estrutura funcional na qual todos os departamentos têm responsabilidades mundiais.

estrutura de divisão de produção mundial
uma estrutura de divisão de produção na qual todas as divisões têm responsabilidades mundiais.

startup global
uma organização de negócios que, desde o início, procura obter vantagens significativas do uso de recursos e da venda de produtos em vários países.

As estratégias multidomésticas são orientadas por imperativos políticos e culturais que exigem que os administradores de cada país respondam às condições locais. As estruturas consistentes com tal orientação estratégica são as **estruturas de divisão internacional** e **por área geográfica**. Nesses casos, os gestores locais recebem um alto nível de autonomia e administram suas operações dentro dos limites e demandas de seu mercado geográfico. À medida que as vendas estrangeiras de uma empresa aumentam porcentualmente em relação às suas vendas locais, haverá, provavelmente, a passagem de uma estrutura de divisão internacional para uma por área geográfica. E, também, quando o produto e/ou a diversidade de mercado da empresa ganha expressividade, a empresa provavelmente se beneficiará de uma **estrutura matricial mundial**.

As estratégias mundiais são definidas pelas pressões econômicas, que exigem que os gerentes visualizem suas operações em diferentes áreas geográficas para serem administradas com eficiência total. As estruturas consistentes com a perspectiva da eficiência são as **estruturas funcional mundial** e **de divisão de produção mundial**. Aqui, os gerentes divisionais encaram o mercado como homogêneo e devotam relativamente pouca atenção aos mercados locais e aos fatores políticos e econômicos. A escolha entre esses dois tipos de estruturas é fortemente influenciada pela extensão da diversidade do produto. Empresas com relativamente poucos níveis de diversidade de produto podem optar por uma estrutura de divisão de produção. Todavia, se uma diversidade significativa de produto/mercado for o resultado de aquisições internacionais altamente não relacionadas, uma estrutura de companhia holding mundial deverá ser implementada. Tais empresas têm poucas coisas em comum entre seus produtos, mercados ou tecnologias, e pouca necessidade de integração.

Startups Globais: Um Fenômeno Recente

A expansão internacional ocorre em um momento posterior para a maioria das corporações, geralmente depois de esgotadas as possibilidades de crescimento doméstico. Observa-se, cada vez mais, com maior intensidade, a ocorrência de dois fenômenos inter-relacionados. Primeiro, muitas empresas se expandiram para o exterior relativamente cedo em sua história. Segundo, algumas empresas já "nascem globais" — ou seja, desde o início, muitas startups são globais em suas atividades. Por exemplo, a Logitech Inc., uma produtora líder em acessórios para PCs, era global desde seu primeiro dia. Fundada em 1982 por um suíço e dois italianos, a companhia tem filiais na Califórnia e na Suíça. A P&D e a fabricação também eram realizadas em ambos os locais e, depois, também em Taiwan e na Irlanda.[22]

O sucesso de companhias como a Logitech desafia a sabedoria convencional de que uma empresa deve, inicialmente, obter ativos, implementar processos internos e adquirir experiência antes de se aventurar em terras distantes. Isso também levanta várias questões: o que exatamente é uma startup global? Sob quais condições uma companhia deveria começar como uma startup global? O que é necessário para ter êxito como startup global?

Uma **startup global** tem sido definida como uma organização de negócios que, desde o início, procura obter vantagens competitivas significativas do uso de recursos e da venda de produtos em vários países. Desde o início, ela usa recursos mundiais e vende seus produtos e serviços para clientes no mundo todo. As fronteiras geográficas das nações são irrelevantes para uma startup global.

| DESTAQUES DE **ESTRATÉGIA** | 10.3 | | **SUSTENTABILIDADE AMBIENTAL** |

UMA STARTUP GLOBAL QUE QUER FORNECER ENERGIA PARA O MUNDO

A Buffalo Grid ainda luta para implantar seus serviços plenamente, mas já se posicionou como uma empresa verdadeiramente mundial. Seu intuito é estabelecer usinas de distribuição de energia elétrica barata para atender aos mercados rurais da África e da Índia. Nesses mercados, milhões de pessoas têm celulares e outros aparelhos eletrônicos portáteis, mas vivem desconectados e não têm eletricidade em casa. Elas carregam seus aparelhos em lojas de conveniência, restaurantes e bares, em geral a preços muito altos. A Buffalo Grid quer resolver esse problema com uma solução ambientalmente sustentável e não onerosa.

A Buffalo Grid desenvolveu microgeradores de emissão zero de carbono para o mundo em desenvolvimento a um custo de centavos por hora de uso. Instalados em bicicletas, geram energia elétrica a partir do movimento dos pedais. Assim, transitam pelas redondezas, prestando serviços sem agredir o meio ambiente.

A orientação global da empresa é evidente em seu núcleo administrativo, no alcance geográfico das operações e na localização de seus parceiros. Está na visão de seus principais administradores a origem desse modo global de pensar. O negócio é o resultado das ideias de seis empreendedores, todos com ampla e diversificada bagagem internacional. Os fundadores da empresa incluem uma pessoa que viveu seus primeiros anos da infância no Quênia e ajudou a administrar um negócio que trabalhava com fornecedores na África. Outro cresceu no México. Um terceiro viveu na Guatemala e no Peru. O quarto fundador morou em vários países em desenvolvimento na juventude. O quinto cresceu na Irlanda do Norte, mas também viveu na Índia. O alcance geográfico da empresa também é notável. Sua sede está na Grã-Bretanha, mas ela procura atender às necessidades de clientes que estão a milhares de quilômetros, na Índia e na África. A empresa também opera com um parceiro global e assinou um acordo com a Infosys, a empresa de TI da Índia. A Infosys fornecerá um mentor para a Buffalo Grid que os apoiará e fornecerá contratos e conselho de negócios para aproveitar as oportunidades na Índia.

Fontes: Anônimo. 2013. Infosys to mentor 16 British start-ups locally in the UK. Economictimes.idiantimes.com, 12 de fevereiro: np; e Buffalogrid.com.

Não há motivos para que todas as startups sejam globais. Ser global necessariamente envolve muita comunicação, coordenação e custos com transporte. Portanto, é imperioso identificar as circunstâncias sob as quais começar como globais é vantajoso.[23] Primeira: se os recursos humanos necessários estão dispersos no mundo todo, ser global pode ser a melhor maneira de ter acesso a eles. Por exemplo, os italianos são mestres na fabricação de couros finos, e os europeus em ergonomia. Segunda: em muitos casos, o financiamento estrangeiro pode ser mais fácil de se obter e pode ser mais adequado. Tradicionalmente, os empreendedores dos EUA mostram maior disposição de correr riscos, mas eles têm horizontes de tempo menores em suas expectativas de retorno. Se uma startup norte-americana está procurando por capitais pacientes, seria melhor procurar em outros países. Terceira: os clientes-alvo, em muitos mercados especializados, estão em outras partes do mundo. Quarta: em muitas atividades econômicas, um movimento gradual dos mercados nacionais para os estrangeiros não é mais possível porque, se um produto é bem-sucedido, os concorrentes estrangeiros podem imitá-lo imediatamente. Assim, uma entrada preventiva nos mercados estrangeiros pode ser a única opção. Por último, por causa dos custos de desenvolvimento iniciais altos, pode ser necessário um mercado global para recuperar os custos. Isso é particularmente verdade para startups de nações pequenas, que não têm acesso a grandes mercados domésticos.

Administrar com êxito startups globais apresenta muitos desafios. A comunicação e coordenação entre fusos horários e culturas sempre é um problema. Visto que a maioria das startups tem muito menos recursos do que as corporações bem estabelecidas, uma chave para o sucesso é internalizar poucas atividades e terceirizar o restante. Os gerentes de tais empresas devem ter considerável experiência internacional anterior para poderem ser bem-sucedidos em lidar com os inevitáveis problemas de comunicação e com os conflitos culturais. Outra chave para chegar a um bom termo é manter baixos os custos com comunicação e coordenação. A única maneira de conseguir isso é através da criação de mecanismos administrativos mais baratos. Os tipos de organização sem fronteiras que analisaremos na próxima seção são particularmente adequados para startups globais graças à flexibilidade e ao baixo custo.

Destaques de Estratégia 10.3 fala sobre uma startup britânica com visão e escopo de operações globais.

Como a Estrutura de uma Organização Pode Influenciar a Formulação da Estratégia

As discussões envolvendo as relações entre estratégia e estrutura usualmente indicam que a estrutura acompanha a estratégia. A estratégia que uma empresa escolhe (p. ex., a diversificação relacionada) define os elementos estruturais, tais como a divisão de tarefas, a necessidade da integração de atividades e as relações de autoridade dentro da organização. Não obstante, uma estrutura existente pode influenciar a formulação da estratégia. Uma vez estabelecida a estrutura de uma empresa, torna-se muito difícil e caro alterá-la.[24] Os executivos podem não conseguir modificar suas tarefas e responsabilidades, ou podem não acolher a ruptura associada com uma transferência para um novo local. Há custos associados com a contratação, treinamento e substituição de pessoal executivo, administrativo e operacional. A estratégia não pode ser formulada sem considerar os elementos estruturais.

A estrutura de uma organização também pode ter uma influência importante sobre como ela compete no mercado. Ela também pode influenciar a estratégia de uma empresa, as operações diárias e o desempenho.[25]

PA10.4
Os diferentes tipos de organizações sem fronteiras internas — livre de barreiras, modular e virtual — e suas vantagens e desvantagens relativas.

modelos de organizações sem fronteiras
organizações nas quais as fronteiras, incluindo as verticais, horizontais, externas e geográficas, são permeáveis.

Modelos de Organizações Sem Fronteiras

O termo *sem fronteiras* pode dar a ideia de uma realidade organizacional caótica, na qual "vale tudo". Não é o caso. Tal como Jack Welch, o ex-presidente da GE, sugeriu, ser sem fronteiras não significa dizer que todos as fronteiras internas e externas desapareçam completamente, mas que elas se tornam mais abertas e permeáveis.[26] Destaques de Estratégia 10.4 discorre sobre os quatro tipos de fronteiras.

Não estamos sugerindo que os **modelos de organizações sem fronteiras** devem substituir as estruturas organizacionais tradicionais, mas que eles devem complementá-las. A Sharp Corp. implementou uma estrutura funcional para obter economias de escala com sua pesquisa aplicada e habilidades de fabricação. Entretanto, para realizar esse objetivo-chave, a Sharp dependeu de vários mecanismos e processos de integração:

> Grupos funcionais podem se transformar em "câmaras fechadas" que obstaculizam o desenvolvimento do produto. Para prevenir que esse fato ocorra, os gerentes de produção da Sharp têm a responsabilidade — mas não a autoridade — de coordenar todo o conjunto de atividades da cadeia de valor. E a companhia convoca várias forças-tarefa compostas de elementos, corporativos e de diversos departamentos da empresa, para garantir que as atividades compartilhadas, incluindo a unidade corporativa de P&D e o pessoal de vendas, estejam configuradas de maneira ótima e alocadas entre diferentes linhas de produtos. A Sharp investe em tais coordenações de tempo intensivo para minimizar os inevitáveis conflitos que surgem quando as unidades compartilham atividades importantes.[27]

Nós analisaremos três métodos para tornar as fronteiras mais permeáveis, que ajudarão a facilitar o compartilhamento geral de conhecimento e informação entre as fronteiras internas e externas da organização. O tipo *livre de barreiras* envolve tornar todas as fronteiras da organização — internas e externas — mais permeáveis. As equipes são fundamentais para implementar uma organização sem fronteiras. As organizações do tipo *modular* e *virtual* se concentram na necessidade de criar relações isentas de vincos, diretas e ágeis, com organizações externas, como clientes e fornecedores. Enquanto o tipo modular enfatiza a terceirização de atividades secundárias, a organização virtual (ou em rede) se concentra nas alianças entre entidades independentes formadas para explorar oportunidades específicas do mercado.

A Organização Livre de Barreiras

A mentalidade preconcebida de "fronteira" está profundamente enraizada nas burocracias. Ela é evidenciada por clichês do tipo "Este não é meu trabalho", "Vim do meu departamento para ajudar", ou em batalhas sem fim referentes à precificação de produtos. Em uma companhia tradicional, as fronteiras são claramente estabelecidas no projeto da estrutura organizacional. Sua vantagem básica é que os papéis dos gerentes e empregados são simples, claros,

DESTAQUES DE ESTRATÉGIA 10.4

TIPOS DE FRONTEIRAS

Existem quatro tipos primários de fronteiras que estabelecem limites às organizações. No ambiente de negócios dinâmico de hoje em dia, são precisos diferentes tipos de fronteiras para estimular um alto grau de interação com influências externas e vários níveis de permeabilidade.

1. *Fronteiras verticais entre os níveis hierárquicos da organização.* A SmithKline Beecham pede que seus empregados de diferentes níveis hierárquicos deem ideias sobre como administrar informações de testes clínicos. As ideias são transformadas em planos de ação que diminuem significativamente o tempo de aprovação do novo produto de seus farmacêuticos. Isso não seria possível se as barreiras entre os níveis de indivíduos na organização fossem altos demais.

2. *Fronteiras horizontais entre as áreas funcionais.* Os investimentos da Fidelity fazem com que os obstáculos funcionais sejam mais porosos e flexíveis entre as divisões, como marketing, operações e atendimento ao consumidor, oferecendo aos clientes uma experiência mais integrada ao realizar negócios com a companhia. Os clientes podem levar suas perguntas a uma única e determinada pessoa, reduzindo a chance de serem "enrolados" por empregados que acham que o atendimento ao cliente não é sua responsabilidade. Na Fidelity, o serviço ao cliente é trabalho de todos, independentemente de sua área funcional.

3. *Fronteiras externas entre a empresa e seus clientes, fornecedores e órgãos reguladores.* A GE Lighting, ao trabalhar bem próxima dos varejistas, funciona por meio da cadeia de valor como uma única operação. Isso permite à GE acompanhar as compras do ponto de venda, obtendo um controle maior na gestão de estoque.

4. *Fronteiras geográficas entre locais, culturas e mercados.* A natureza global do atual ambiente de negócios fez com que a PricewaterhouseCoopers usasse um sistema de groupware mundial. Com isso, a companhia se conecta instantaneamente a seus 26 escritórios mundiais.

Fonte: Ashkenas, R. 1997. The organization's New Clothes. Em Hesselbein, F., Goldsmith, M. e Beckhard, R. (Eds.). *The Organization of the Future*: 104–106. São Francisco: Jossey Bass.

---

bem definidos e de vida-longa. Uma grande deficiência foi apontada para os autores durante uma entrevista com um executivo de alta tecnologia: "A estrutura tende a dividir; ela resulta em lutas territoriais".

Tais estruturas estão sendo substituídas por tarefas e papéis fluidos, ambíguos e deliberadamente mal definidos. O fato de as funções não mais serem definidas com clareza, porém, não implica que diferenças de habilidades, autoridade e talento desapareceram. Uma **organização livre de barreiras** proporciona a uma empresa estabelecer uma ponte capaz de interligar reais diferenças em termos de cultura, funções e alvos e encontrar pontos de contato que facilitem o compartilhamento de informações e outras formas de comportamento cooperativo. A eliminação de vários obstáculos que sufocam a produtividade e a inovação pode aumentar o potencial de toda a organização.

Criação de Fronteiras Internas Permeáveis Para que uma organização livre de barreiras funcione de modo eficaz, o nível de confiança e de interesses compartilhados entre todas suas partes constituintes deve aumentar.[28] A companhia precisa desenvolver o nível de habilidade necessário entre seus empregados para trabalhar de forma mais democrática. Uma organização livre de barreiras também exige uma mudança na filosofia da organização: trocar o desenvolvimento executivo pelo organizacional, e substituir os investimentos em indivíduos de grande potencial por investimentos que alavanquem o talento de todos os indivíduos.

As equipes podem ser um aspecto importante das estruturas sem barreiras.[29] Jeffrey Pfeffer, autor de vários livros repletos de importantes observações, incluindo *The Human Equation*, sugere que as equipes têm três vantagens primárias.[30] Primeira: equipes substituem o controle baseado nos colegas pelo controle hierárquico das atividades de trabalho. Os empregados controlam a si mesmos, reduzindo o tempo e energia que a gerência deve dispensar nessa tarefa. Segunda: as equipes desenvolvem frequentemente mais soluções criativas para os pro-

organização livre de barreiras
um projeto organizacional no qual as empresas unem reais diferenças em cultura, função e alvos para encontrar pontos em comum que facilitem o compartilhamento de informações e outras formas de comportamento cooperativo.

blemas porque elas encorajam o conhecimento tácito dos indivíduos.[31] O brainstorming, ou a resolução de problemas em grupo, envolve reunir um conjunto de ideias e experiência para aumentar as chances de que, pelo menos, um membro do grupo pensará em uma maneira de resolver o problema apresentado. Terceira: ao instituir o controle mútuo entre si, substituindo o controle hierárquico, as equipes permitem a remoção de níveis de hierarquia e a absorção de tarefas administrativas anteriormente realizadas por especialistas. Isso evita os custos de se ter pessoas cuja única tarefa é observar as pessoas que observam o trabalho de outras pessoas.

As organizações livres de barreira eficazes devem ir além de obter uma integração e coordenação próximas nas divisões de uma corporação. A pesquisa sobre organizações multidivisionais enfatizaram a importância da coordenação interdivisional e compartilhamento de recursos.[32] Isso exige forças-tarefa e grupos interdivisionais, sistemas de recompensas e incentivos que enfatizam a cooperação interdivisional e programas de treinamento em comum.

Frank Carruba (ex-encarregado dos laboratórios da Hewlett-Packard) descobriu que a diferença entre equipes medíocres e boas estava, em geral, na variação dos níveis de motivação e talento.[33] Mas o que explicava a diferença entre as boas equipes e as equipes realmente superiores? A principal diferença — e ela representa uma diferença geral de 40% no desempenho — era como os membros tratavam-se mutuamente: o quanto eles acreditavam um no outro e criavam uma atmosfera de encorajamento, em vez de uma de competição. Visão, talento e motivação são capazes de levar uma equipe só até certo ponto. O grande destaque nas "super" equipes foram o elevado grau de autenticidade e preocupação, que permitiram uma sinergia total dos talentos, motivação e visão individuais.

Desenvolvimento Eficaz do Relacionamento Externo Nas organizações livres de barreiras, os gerentes também devem criar fronteiras organizacionais flexíveis e porosas, e estabelecer fluxos de comunicação e relações mutuamente benéficas com grupos internos (p. ex., empregados) e externos (p. ex., clientes).[34] A IBM trabalhou para desenvolver relações cooperativas de longa permanência com a Mayo Clinic. A clínica é uma cliente importante mas, o que é mais relevante, é uma parceira de pesquisa. A IBM enviou alguns empregados para a Mayo Clinic, e ambas as organizações têm trabalhado juntas na tecnologia de identificação precoce de aneurismas, explorando informações de registros eletrônicos de saúde para desenvolver planos de tratamento personalizados para os pacientes, e outras questões médicas. Trabalham em colaboração por mais de doze anos, os pesquisadores da IBM e da Mayo desenvolveram uma forte relação.[35]

As organizações livres de barreiras criam relações bem-sucedidas entre seus constituintes internos e externos, mas há um grupo adicional — os concorrentes — de cujas relações cooperativas algumas organizações se beneficiaram ao desenvolvê-las. Por exemplo, após batalhar por conta própria para desenvolver a tecnologia, a Ford, a Renault-Nissan e a Daimler concordaram em cooperar uma com a outra para desenvolver sistemas de células de combustível de hidrogênio, de emissão zero, para seus automóveis.[36]

Ao se juntar e participar ativamente da Business Roundtable — uma organização constituída por CEOs das corporações líderes dos EUA —, o Walmart pôde aprender sobre as iniciativas de ponta sustentáveis de outras grandes corporações. O livre fluxo de informações possibilitou ao Walmart tomar várias ações para aumentar a eficiência energética de suas operações. Elas são descritas em Destaques de Estratégia 10.5.

Riscos, Desafios e Possíveis Desvantagens Muitas empresas descobrem que criar e administrar uma organização livre de barreiras pode ser frustrante.[37] A Puritan-Bennett Corporation, uma fabricante de equipamentos respiratórios, notou que seu tempo de desenvolvimento de produto mais do que dobrou depois de adotar a administração por equipes. Roger J. Dolida, diretor de P&D, atribuiu a falha à falta de compromisso dos altos executivos, à grande rotatividade na composição das equipes e a reuniões pouco frequentes. Com frequência, os gestores acostumados a hierarquias rígidas acham difícil fazer a transição para o estilo mais democrático e participativo que o trabalho em equipe exige.

Christopher Barnes, um consultor da PricewaterhouseCoopers, havia trabalhado anteriormente como engenheiro industrial para a Challenger Electrical Distribution (uma subsidiária da Westinghouse, agora parte da CBS) em uma fábrica que produzia caixas de disjuntores.

DESTAQUES DE ESTRATÉGIA 10.5 — SUSTENTABILIDADE AMBIENTAL

O BUSINESS ROUNDTABLE: UM FÓRUM PARA O COMPARTILHAMENTO DAS MELHORES PRÁTICAS DE SUSTENTABILIDADE AMBIENTAL

O Business Roundtable é um grupo de CEOs das maiores corporações dos EUA cuja finalidade é promover políticas públicas pró-negócios. Ele foi criado em 1972 por meio da fusão de três organizações preexistentes: o March Group, o Contruction Users Anti-Inflation Roundtable e o Labor Law Study Committee. O grupo foi chamado de "o maior aliado da comunidade de negócios" pelo presidente Obama.

O Business Roundtable se tornou o primeiro amplo grupo de negócios a concordar sobre a necessidade de combater a mudança climática mediante ações coletivas, e permanece empenhado em limitar as emissões dos gases de efeito estufa e em colocar os Estados Unidos em um caminho mais sustentável. A organização considera que as ameaças à qualidade e quantidade de água, o aumento dos gases de efeito estufa e o risco de mudança climática — junto com o aumento dos preços da energia e a demanda crescente — são fatores de grande preocupação.

Seu recente relatório "Create, Grow, Sustain" apresenta as melhores práticas e medidas das companhias membros da Business Roundtable que representam quase todos os setores da economia cujas receitas anuais somam $6 trilhões. Os presidentes do Walmart, FedEx, PepsiCo, Whirlpool e Verizon estão entre os 126 executivos das empresas líderes dos EUA que compartilharam algumas de suas melhores iniciativas sustentáveis citadas no relatório. Essas companhias estão determinadas a reduzir emissões poluentes, aumentar a eficiência na utilização da energia e desenvolver práticas de negócios mais sustentáveis.

Vejamos, por exemplo, algumas das iniciativas do Walmart. O presidente da empresa, Mike Duke, diz que ela está trabalhando com seus fornecedores, parceiros e clientes para realizar seu programa de sustentabilidade. A companhia ajudou a estabelecer o Consórcio da Sustentabilidade para estabelecer padrões de medida para os efeitos ambientais dos produtos de consumo no seu ciclo de vida. A varejista também ajudou a criar o Índice de Produtos Sustentáveis para fornecer informações para os clientes sobre o impacto ambiental dos produtos que compram.

Como parte dos esforços sustentáveis, o Walmart iniciou ou estava em vias de desenvolver mais de 180 projetos de energia renovável. Em conjunto, esses esforços resultaram em mais de 1 bilhão de quilowatts/hora de produção de energia renovável por ano, o suficiente para atender às necessidades de abastecimento de energia elétrica de 78 mil domicílios.

Os esforços de energia renovável do Walmart se concentram em três iniciativas gerais.

- Investir no desenvolvimento de sistemas de geração e distribuição de energia em suas propriedades. Como parte desse empenho, o Walmart instalou painéis solares em 127 locais, em sete países. Ela também tem 26 instalações de célula de combustível, 11 microprojetos eólicos e 7 projetos que usam a energia solar.

- Expandir seus contratos com fornecedores de energia renovável também tem sido um foco do Walmart. Assim, ele ignora os serviços públicos locais, indo diretamente aos fornecedores de energia renovável para assinar contratos de longo prazo de fornecimento de energia. Quanto a esses contratos, que oferecem condições mais favoráveis, a empresa acredita que darão aos fornecedores o incentivo de investir nos sistemas de geração, aumentando a disponibilidade de energia renovável para outros usuários.

- Em regiões onde ir diretamente até os fornecedores de energia renovável é difícil ou até impossível, o Walmart se concentrou nos serviços públicos locais para aumentar seu investimento em energia renovável.

Fontes: Anônimo. 2010. Leading CEOs Share Best Sustainability Practices. www.environmentalleader.com, 26 de abril: np; Hopking, M. Sem data. Sustainable Growth. www.businessroundtable, np; Anônimo. 2012. Create, growm, sustain. www.businessroundtable.org, 18 de abril: 120; e Business Roudtable. www.en.wikipedia.org.

Sua tarefa era liderar uma equipe de trabalhadores de uma fábrica com problemas na fase de montagem final, com a missão de "melhorar as coisas". Essa noção vaga levou a equipe ao fracasso. Depois de um ano perdido, a equipe foi desfeita. Em retrospecto, Barnes identificou vários motivos para o fiasco: (1) credibilidade pessoal limitada — ele era encarado como um "forasteiro"; (2) falta de comprometimento da equipe — todos os envolvidos eram obrigados a participar dela; (3) comunicação ruim — ninguém foi informado sobre por que a equipe era importante; (4) limitada autonomia — os gerentes de linhas se recusaram a abrir mão do controle sobre os membros da equipe; e (5) incentivos desalinhados — a cultura recompensava mais o desempenho individual do que o desempenho conjunto. A experiência de Barnes tem consequências sobre todos os tipos de equipes, quer sejam compostas por gerentes, profissionais, religiosos ou pessoal de produção.[38] Os prós e os contras das estruturas livres de barreiras são resumidas na Figura 10.6.

FIGURA 10.6 Prós e Contras das Estruturas Livres de Barreiras

Prós	Contras
• Alavanca os talentos de todos os empregados. • Aumenta a competição, coordenação e compartilhamento de informações entre funções, divisões, UENs e grupos externos. • Permite uma resposta mais rápida às mudanças do mercado por se concentrar em apenas um objetivo. • Pode resultar em iniciativas coordenadas de ganhos mútuos entre os principais fornecedores, clientes e parceiros de alianças.	• Dificulta a superação de fronteiras políticas e de autoridade dentro e fora da organização. • Falta uma liderança forte e uma visão em comum, o que pode resultar em problemas de coordenação. • Processos democráticos que consomem muito tempo e que são difíceis de administrar. • Ausência de altos níveis de confiança, o que pode prejudicar o desempenho.

A Organização Modular

Charles Handy, autor de *The Age of Unreason*, disse:

> Embora possa ser conveniente ter todos à nossa volta o tempo todo, dispor todo o tempo da força de trabalho em nossas mãos é um modo extravagante de organizar os recursos necessários. É mais barato mantê-los fora da organização [...] e comprar seus serviços quando for preciso.[39]

organização modular
uma organização na qual as funções não vitais são terceirizadas, que usa o conhecimento e expertise dos fornecedores externos ao mesmo tempo que retém o controle estratégico.

A **organização modular** terceiriza as funções não vitais, usando o conhecimento e expertise dos melhores fornecedores, mas retendo o controle estratégico. Os que estão fora da organização podem ser usados para fabricar peças, lidar com a logística ou realizar atividades de contabilidade.[40] A cadeia de valor pode ser usada para identificar as principais atividades primárias e de apoio de uma empresa para criar valor: que atividades devem ser realizadas internamente e quais devem ser terceirizadas?[41] A organização se torna o eixo central cercado por redes de fornecedores e especialistas externos, partes essas que podem ser acrescentadas ou removidas. Tanto as unidades de fabricação como as de serviços podem ser modulares.[42]

O tipo modular tem sido muito adotado pela indústria de vestuário. A Nike e a Reebok, por exemplo, se concentram em seus pontos fortes: design e marketing de calçados da moda de alta tecnologia. A Nike tem poucas instalações fabris, e a Reebok, nenhuma. As duas companhias contratam, virtualmente, todas as etapas de produção em fornecedores da China, Vietnã e de outros países com mão de obra barata. Evitar grandes investimentos em ativos fixos os ajuda a obter grandes lucros com menores aumentos de vendas. A Nike e a Reebok podem estar em linha com as mudanças nas preferências do mercado porque seus fornecedores se tornaram peritos em se reequipar rapidamente para atualizar a produção.[43]

Na organização modular, a terceirização de tarefas secundárias oferece três vantagens:

1. Uma empresa pode diminuir os custos gerais, estimular o desenvolvimento de novos produtos contratando fornecedores mais qualificados que o pessoal interno, evitar a capacidade ociosa, reduzir os estoques e não se prender a uma tecnologia em particular.
2. Uma companhia pode concentrar seus escassos recursos em áreas em que possui vantagens competitivas. Essa condição pode significar mais financiamentos para que a P&D contrate os melhores engenheiros, e permite a continuidade de treinamento contínuo das equipes de vendas e de serviços.
3. Uma organização pode usar o conhecimento e expertise de seus parceiros especializados da cadeia de fornecedores, incorporando habilidades críticas e acelerando o aprendizado organizacional.[44]

Com o tipo modular, uma companhia pode alavancar relativamente pouco montante de capital e dispor de uma pequena equipe administrativa para atingir o que poderiam parecer objetivos estratégicos inatingíveis.[45] Certas pré-condições são necessárias antes de o método modular poder ser bem-sucedido. Primeira: a empresa deve trabalhar de perto com os fornecedores para assegurar que os interesses de cada parte estão sendo satisfeitos. As companhias precisam encontrar vendedores leais e confiáveis a quem podem ser confiados segredos comerciais. Eles também requerem garantias de que os fornecedores dedicarão seus recursos financeiros, físicos e humanos para alcançar os objetivos estratégicos, como a diminuição de custos ou ser o líder do mercado.

Segunda: a empresa modular deve se certificar de ter escolhido as competências adequadas para manter na empresa. No caso da Nike e da Reebok, as competências principais são o design e o marketing, e não a fabricação de calçados; no caso da Honda, a competência principal é a tecnologia dos motores. Uma organização deve evitar terceirizar componentes que podem comprometer suas vantagens competitivas de longo prazo.

Riscos Estratégicos da Terceirização As principais preocupações estratégicas são (1) perda de habilidades críticas ou desenvolvimento das habilidades erradas, (2) perda das habilidades funcionais cruzadas e (3) perda de controle sobre um fornecedor.[46]

Terceirização em demasia pode resultar em uma empresa "entregar" muitas habilidades e controle.[47] A terceirização libera a companhia da exigência de manter os níveis de habilidades necessárias para fabricar os componentes essenciais.[48] Em certo momento, os chips semicondutores pareciam uma tecnologia simples para terceirizar, mas agora eles se tornaram um componente crítico de vários produtos. As companhias que terceirizaram esses tipos de chips correm o risco de perder a habilidade de fabricá-los à medida que a tecnologia avança. Elas se tornam mais dependentes de seus fornecedores.

Habilidades funcionais cruzadas se referem às habilidades adquiridas por meio da interação de indivíduos de vários departamentos da companhia.[49] Tais interações ajudam a resolver problemas em um determinado setor interno cujos empregados mantêm relacionamentos funcionais com os de outros departamentos. Porém, se uma empresa terceiriza responsabilidades-chave, como a fabricação, a comunicação entre as unidades funcionais pode ficar mais difícil. Uma empresa e seus empregados devem integrar suas atividades com um novo fornecedor externo.

Os produtos terceirizados podem dar muito poder aos fornecedores sobre os fabricantes. Os fornecedores que são vitais para o sucesso do fabricante têm o poder, em essência, de fazer com que o fabricante seja seu "refém". A Nike lida com esse possível problema "expatriando" profissionais para trabalhar em tempo integral nas fábricas de seus fornecedores. Além disso, a Nike tem como prática comum trazer os altos executivos e equipes técnicas dos fornecedores para sua sede. Assim, a empresa acompanha de perto o andamento e execução dos novos projetos, estabelece relações de confiança com seus fornecedores e desenvolve formas de relacionamento de longo prazo, prevenindo-se de situações de demasiada dependência.

A Figura 10.7 resume os prós e contras das estruturas modulares.[50]

A Organização Virtual

Ao contrário do pensamento de "autossuficiência", que orienta os projetos organizacionais tradicionais, o desafio estratégico atual é fazer mais com menos e procurar por oportunidades e soluções fora da empresa. A organização virtual fornece os meios de usar recursos e explorar oportunidades.[51]

A **organização virtual** pode ser vista como uma rede de evolução constante de companhias independentes — fornecedores, clientes e até concorrentes — que estão relacionadas por compartilharem habilidades, custos e acesso aos mercados umas das outras.[52] Os membros de uma organização virtual, por reunir e compartilhar o conhecimento e experiência de cada organização componente, simultaneamente, "sabem" mais e podem "fazer" mais do que qualquer organização isolada do grupo poderia fazer sozinha. Ao trabalharem juntas de perto, cada uma delas ganha a longo prazo do aprendizado individual e organizacional.[53] O termo *virtual*, que significa algo "que existe como potência, mas não realmente", é bem comum na indústria da computação. A habilidade do computador de parecer ter mais capacidade de armazenamento do que realmente tem é chamada de memória virtual. De modo similar, por reunir os recursos de várias entidades, uma organização virtual pode parecer ter mais capacidades do que realmente possui.[54]

organização virtual
uma rede de evolução constante de companhias independentes que estão relacionadas por compartilharem habilidades, custos e acesso aos mercados umas das outras.

FIGURA 10.7 Prós e Contras das Estruturas Modulares

Prós	Contras
• Dirigem os talentos administrativos e técnicos às atividades mais importantes.	• Inibem a visão em comum por meio da dependência de grupos externos.
• Mantêm um pleno controle estratégico sobre a maior parte das atividades críticas — as competências centrais.	• Diminuem as vantagens competitivas futuras caso as tecnologias vitais ou outras competências sejam terceirizadas.
• Obtêm o melhor desempenho de cada elo da cadeia de valor.	• Aumentam a dificuldade de voltar às atividades da empresa que voltam a agregar valor devido as mudanças no mercado.
• Alavancam as competências centrais pela terceirização com um menor comprometimento do volume de capital.	• Resultam em desgaste das habilidades funcionais cruzadas.
• Encorajam o compartilhamento de informações e aceleram o aprendizado organizacional.	• Diminuem o controle operacional e aumentam a possibilidade de perda de controle sobre um fornecedor.

Organizações virtuais não precisam ser permanentes, e as empresas participantes podem estar envolvidas em várias alianças. As organizações virtuais podem envolver empresas diferentes, que realizam atividades de valor complementares, ou diferentes empresas envolvidas em conjunto nas mesmas atividades de valor, como produção, P&D e distribuição. A porcentagem de atividades que são realizadas em conjunto com parceiros pode variar significativamente de aliança para aliança.[55]

Como a estrutura de tipo virtual difere da de tipo modular? Diferentemente do tipo modular, na qual o foco da empresa a mantém em pleno controle estratégico, a organização virtual é caracterizada por empresas participantes que abrem mão de parcela de seu controle e aceitam destinos interdependentes. As empresas participantes buscam uma estratégia coletiva que lhes permita lidar com a incerteza por meio de esforços cooperativos. O benefício é que, assim como a memória virtual aumenta a capacidade de armazenamento, as organizações virtuais aumentam a capacidade ou a vantagem competitiva das empresas participantes.

Destaques de Estratégia 10.6 discorre sobre a colaboração entre empresas de setores de atividade aparentemente não relacionados para desenvolver uma tecnologia que poderia, em potencial, afetar todos os produtos que usam o plástico como componente, recipiente ou embalagem.

Cada companhia que se vincula a outras para criar uma organização virtual contribui apenas com o que ela considera como suas competências principais. Isso faz com que ela misture e adapte o que faz de melhor com o melhor das outras empresas identificando suas habilidades vitais e os elos necessários para outras habilidades.[56]

Desafios e Riscos É frequente que tais alianças deixem de cumprir com suas expectativas: na década de 1980, várias empresas concorrentes que competiam nos EUA estabeleceram um consórcio, a US Memories, para projetar e fabricar chips de memória para computadores. O objetivo do consórcio era permitir que as empresas competissem melhor com os concorrentes japoneses e taiwaneses. Mas o consórcio não deu certo devido a diferenças de interesses e objetivos das empresas envolvidas.

A organização virtual requer dos gestores estabelecer relações com outras companhias, negociar acordos nos quais todas as partes ganhem, encontrar parceiros com objetivos e valores compatíveis e determinar o equilíbrio apropriado entre liberdade e controle. Os sistemas de informação devem ser projetados e integrados para facilitar a comunicação com os parceiros atuais e potenciais.

Os gerentes devem ser claros sobre seus objetivos estratégicos ao formar alianças. Alguns objetivos são determinados pelo tempo, e as alianças são dissolvidas assim que o objetivo é alcançado. Algumas alianças podem ter objetivos de relativo longo prazo e precisarão ser cuidadas e monitoradas com clareza para produzir compromissos mútuos e evitar amargos conflitos por controle. A altamente dinâmica indústria de PCs é caracterizada por várias alianças temporárias entre produtores de hardware, sistemas operacionais e software.[57] Mas as alianças na indústria automobilística, como as que envolvem a Nissan e a Volkswagen, são mais estáveis, têm objetivos de longo prazo e tendem a se manter por longos períodos.

| DESTAQUES DE **ESTRATÉGIA** | 10.6 | | SUSTENTABILIDADE AMBIENTAL |

PLÁSTICOS ORGÂNICOS 2.0: UMA INICIATIVA DE COLABORAÇÃO ENTRE CINCO EMPRESAS MUNDIAIS

Coca-Cola, Ford Motor Company, H. J. Heinz, Nike e Procter & Gamble são cinco empresas não concorrentes, fornecedoras ou clientes, unidas para resolver uma preocupação em comum. Elas estão trabalhando para desenvolver plásticos à base de compostos orgânicos. A Coca-Cola está na vanguarda dessa tecnologia e desenvolveu um plástico bolha que inclui 30% de plástico à base de plantas. A Heinz já licenciou a tecnologia, mas essas duas empresas, junto com as outras três parceiras, criaram a Plant PET Technology Collaborative (PTC) para, unindo esforços, desenvolverem ainda mais essa tecnologia, no intuito de produzir material plástico 100% derivado de plantas que possam ser usados em vários produtos em várias indústrias. O porta-voz da PTC disse: "Os membros da PTC estão empenhados em apoiar e defender a pesquisa, expandir o conhecimento e acelerar o desenvolvimento da tecnologia para tornar comercialmente viável o plástico PET 100% orgânico, que é uma fonte mais sustentável, reduzindo, consequentemente, o uso de combustível fóssil".

Essa cooperação é importante para que tais empresas atinjam os objetivos de sustentabilidade a que se propuseram. Por exemplo, a P&G estabeleceu uma redução de 25% na utilização de produtos à base de petróleo pela empresa até 2020, e um compromisso de longo prazo de chegar aos 100%. Ed Sawiki, diretor associado da área de desenvolvimento mundial de negócios da companhia, afirmou que o esforço de P&D colaborativo é relevante, pois permite à P&G "trabalhar com outros para acelerar o andamento do aprendizado técnico e da disponibilidade comercial de PET à base de plantas mais rápido do que qualquer outra parte poderia fazer sozinha. Isso nos capacita a entregar produtos e embalagens que os clientes desejam de uma maneira sustentável. E gera uma situação em que a companhia, os clientes e o ambiente ganham". Os membros da PTC esperam ter um plástico 100% orgânico até 2016 ou 2017.

Essa colaboração também contribui para um segundo objetivo das empresas: o desenvolvimento de métodos, padrões e terminologia em comum para plásticos sustentáveis. As marcas promoverão tais padrões para facilitar a aceitação e preferência dos clientes, e o uso mundial por parte de outras corporações. Tais padrões também podem ser usados em esforços regulatórios por governos para incentivar o uso de embalagens sustentáveis.

Fontes: Caliendo, H. 2012. Five major brands collaborating on plant-based PET. Plasticstoday.com, 5 de junho: np; e Siemers, E. 2012. Nike joins Coke, Ford, Heinz, and P&G to develop plant-based plastics. Sustainablebusinessoregon.com, 5 de junho: np.

A organização virtual é a culminação lógica das estratégias de investimentos conjuntos do passado. O compartilhamento de riscos, custos e recompensas são os fatos da vida de uma organização virtual.[58] Quando as organizações virtuais são formadas, constituem-se em tremendos desafios para o planejamento estratégico. Tal como acontece com uma corporação modular, é essencial identificar as competências principais. No entanto, para que uma estrutura virtual seja bem-sucedida, é preciso elaborar um plano estratégico para determinar o quão eficaz será combinar as competências centrais.

O planejamento estratégico deve lidar com o controle operacional diminuído e a esmagadora necessidade de confiança e visão em comum entre os parceiros. Essa nova estrutura pode ser apropriada para empresas cujas estratégias exigem fusão tecnológica (p. ex., computação e comunicação) ou no caso de empresas que exploram a diminuição do ciclo de vida de seu produto, o que requer entradas simultâneas em vários mercados geográficos. E pode ser eficaz para empresas que desejam suprir rapidamente o mercado com um novo produto ou serviço. A recente profusão de alianças entre linhas áreas foi motivada, primariamente, pela necessidade de prover uma experiência de voo perfeita aos viajantes de negócios, que, afinal, pagam tarifas integrais. A Figura 10.8 resume suas vantagens e desvantagens.

Organizações sem Fronteiras: Fazendo-as Funcionar

Projetar uma organização que, simultaneamente, apoie as exigências da estratégia de uma organização e seja consistente com as demandas do ambiente e eficazmente implementada pelas pessoas em torno do gestor é de suma importância para qualquer administrador.[59] A solução mais eficaz costuma ser a combinação de tipos organizacionais. Ou seja, uma empresa pode terceirizar várias partes de sua cadeia de valor para reduzir os custos e aumentar a qualidade, caso se envolva, simultaneamente, em várias alianças para aproveitar os desenvolvimentos tecnológicos ou entrar em novos mercados, e eliminar obstáculos dentro da organização para aumentar sua flexibilidade.

FIGURA 10.8 Prós e Contras das Estruturas Virtuais

Prós	Contras
• Permitem o compartilhamento dos custos e habilidades. • Aumentam o acesso aos mercados mundiais. • Melhoram a resposta ao mercado. • Criam uma organização "melhor em tudo", uma vez que cada parceiro traz suas competências centrais para a aliança. • Encorajam o compartilhamento do conhecimento individual e organizacional e aceleram o aprendizado organizacional.	• Torna-se mais difícil determinar onde uma companhia termina e onde outra começa devido à grande interdependência entre elas. • Levam a possíveis perdas de controle operacional entre os parceiros. • Resultam em perda de controle estratégico sobre as tecnologias emergentes. • Exigem novas habilidades administrativas que são difíceis de adquirir.

Fonte: Miles, R. E. & Snow, C. C. 1986. Organizations: New Concepts for New Forms. *California Management Review*, primavera: 62–73; Miles & Snow. 1999. Causes of Failure in Network Organizations. *California Management Review*, verão: 53–72; e Bahrami, H. 1991. The Emerging Flexible Organization: Perspectives from Silicon Valley. *California Management Review*, verão: 33–52.

Quando uma organização enfrenta pressões externas, escassez de recursos e declínio do desempenho, ela tende a se tornar mais focada internamente, em vez de dirigir seus esforços à administração e à melhoria das relações com os stakeholders externos existentes e em potencial. Essa pode ser a ocasião mais oportuna para os gestores analisarem cuidadosamente suas atividades da cadeia de valor e avaliarem o potencial para adotar elementos dos tipos organizacionais modulares, virtuais e livre de barreiras.

Nesta seção abordaremos duas questões com as quais os gerentes devem se preocupar à medida que trabalham para projetar uma organização livre de barreiras. Primeira: eles precisam desenvolver instrumentos que assegurem a coordenação e integração eficaz. Segunda: os gerentes precisam estar cientes dos benefícios e custos do desenvolvimento de relações fortes e de longo prazo com os stakeholders internos e externos.

Facilitação da Coordenação e Integração Obter a coordenação e integração necessárias para maximizar o potencial do capital humano de uma organização envolve muito mais do que apenas instituir uma nova estrutura. As técnicas e processos necessários para assegurar a coordenação e integração das atividades-chave da cadeia de valor de uma organização são fundamentais. As equipes são a parte principal dessas novas formas organizacionais, e o trabalho em equipe exige novos e flexíveis métodos para coordenar e integrar.

Os administradores treinados em hierarquias rígidas podem achar difícil fazer a transição para o estilo mais democrático e participativo que o trabalho em equipe demanda. Douglas K. Smith, coautor de *The Wisdom of Teams*, destaca: "Um grupo completamente diverso deve concordar em um objetivo, colocar a noção de responsabilidade individual de lado e descobrir como trabalhar um com o outro. Acima de tudo, eles devem aprender que, se a equipe falhar, a culpa é de todos".[60] No âmbito de um projeto organizacional apropriado, os gerentes devem selecionar e equilibrar um mix de ferramentas e técnicas para facilitar a coordenação e integração eficaz das atividades principais. Alguns dos fatores que devem ser considerados são:

- Uma cultura em comum e valores compartilhados.
- As estruturas organizacionais horizontais.
- Os sistemas e processos horizontais.
- As tecnologias de comunicação e de informação.
- As práticas de recursos humanos.

Cultura em Comum e Valores Compartilhados O compartilhamento de metas, os objetivos mútuos e um alto grau de confiança são essenciais para o sucesso das organizações sem fronteiras. Nos ambientes fluidos e flexíveis das novas arquiteturas organizacionais, as culturas em comum, os valores compartilhados e os incentivos alinhados cuidadosamente costumam ter um menor custo de implantação e ser um meio mais eficaz de controle estratégico do que regras, limites e procedimentos formais. Tony Hsieh, o fundador da Zappos, concorda com a necessidades de culturas e valores compartilhados quando descreve seu papel da seguinte maneira: "Penso em mim mesmo menos como líder e mais como arquiteto de um ambiente propício à geração de ideias pelos empregados".[61]

Estruturas Organizacionais Horizontais Estruturas que agrupam unidades de negócios similares ou relacionadas sob um controle administrativo comum e que facilitam o compartilhamento de recursos e infraestruturas para explorar as sinergias entre as unidades de operação, ajudando a criar um senso de objetivo comum. A consistência no treinamento e desenvolvimento de estruturas similares entre as unidades de negócios facilita a interação de trabalho e o treinamento cruzado, e aumenta o entendimento de problemas e oportunidades em comum. As equipes de funcionalidade cruzada, os grupos interdivisionais e as forças-tarefa representam importantes oportunidades para melhorar a compreensão e estimular a cooperação entre as unidades operacionais.

> **estruturas organizacionais horizontais**
> formas organizacionais que agrupam unidades de negócios similares ou relacionadas sob o controle administrativo comum e que facilitam o compartilhamento de recursos e infraestruturas para explorar as sinergias entre as unidades de operação, ajudando a criar um senso de objetivo comum.

Sistemas e Processos Horizontais Sistemas organizacionais, políticas e procedimentos são mecanismos tradicionais para obter a integração entre as unidades funcionais. As políticas e procedimentos existentes costumam fazer um pouco mais do que institucionalizar os obstáculos que existem em virtude de anos de administração enquadrada no modelo tradicional. Começando com uma compreensão dos processos básicos de negócios no contexto de "um conjunto de atividades que usa um ou mais tipos de materiais de entrada e cria um produto acabado que é valioso para o cliente", o best-seller de 1993 de Michael Hammer e James Champy, *Reengineering the Corporation,* estabeleceu uma metodologia para reprojetar os sistemas e procedimentos internos adotada por muitas organizações.[62] Uma reengenharia bem-sucedida diminui custos, estoques, ciclos e tempo de resposta, e aumenta qualidade e o grau de flexibilidade da organização. Outros defendem benefícios similares, como o aprimoramento da administração da qualidade total.

Tecnologias da Informação e Comunicação (TI) O uso eficaz da TI pode exercer um papel importante no preenchimento de lacunas e na eliminação de barreiras entre as organizações. O e-mail e a videoconferência podem aprimorar as comunicações laterais de longa distância e os fusos horários, e contornar muitos dos obstáculos do modelo tradicional. A TI pode ser um poderoso aliado no redesign e na simplificação dos processos dos negócios internos e na melhoria da coordenação e integração entre fornecedores e consumidores. As tecnologias da internet eliminaram a papelada em muitas das relações entre compradores e fornecedores, permitindo que as organizações associadas diminuam estoques, ciclos de entrega e custos operacionais. A TI deve ser encarada mais como um componente primário da estratégia geral de uma organização do que simplesmente em termos de apoio administrativo.

Práticas de Recursos Humanos Mudanças sempre envolvem e afetam a dimensão humana das organizações. A atração, desenvolvimento e retenção do capital humano são vitais para a criação de valor. À medida que as estruturas sem fronteiras são implementadas, os processos são refeitos, e as organizações se tornam cada vez mais dependentes de TIs sofisticadas, as habilidades dos trabalhadores e gerentes devem ser atualizadas para alcançar maior eficiência.

Destaques de Estratégia 10.7 fala sobre a introdução bem-sucedida das Crest Whitestrips da Procter & Gamble. O exemplo mostra como as ferramentas e técnicas da P&G, tais como tecnologias de informação e as práticas de recursos humanos, ajudam a obter colaborações e integrações eficazes entre as diferentes unidades de negócios da empresa.

Benefícios e Custos do Desenvolvimento de Relações Internas e Externas Duradouras As organizações sem fronteiras bem-sucedidas dependem bastante de seus aspectos internos. Em vez de confiar em sistemas burocráticos e rígidos esquemas hierárquicos, essas empresas são flexíveis e coordenam suas ações mediante normas sociais compartilhadas e fortes relações sociais, tanto com os stakeholders internos como externos.[63] Ao mesmo tempo, é importante reconhecer que depender de relacionamentos pode ter efeitos positivos e negativos. Para mover-se com sucesso para uma organização sem fronteiras, os administradores precisam reconhecer e atentar para os custos e benefícios de se depender de relacionamentos e normas sociais para orientar o comportamento.

DESTAQUES DE ESTRATÉGIA 10.7

CREST WHITESTRIPS: UM EXEMPLO DE COMO A P&G CRIA E OBTÉM BENEFÍCIOS DE UMA ORGANIZAÇÃO SEM FRONTEIRAS

Devido à variedade de produtos — sabões, fraldas, pastas de dente, batatinhas, loções, detergentes —, a Procter & Gamble (P&G) tem um enorme conjunto de recursos que pode usar de vários modos para lançar novos e formidáveis produtos. Por exemplo, a companhia criou uma nova categoria de sistemas de branqueamento de dentes com a Crest Whitestrips. O branqueamento de dentes feito no dentista pode clarear o sorriso de alguém em apenas uma consulta, mas custar centenas de dólares. Por outro lado, os kits domésticos de branqueamento, como o Crest Whitestrip, custam muito menos e têm quase a mesma eficiência.

O Whitestrip foi criado por meio do esforço conjunto de desenvolvedores de produtos de três unidades diferentes da P&G. Pessoas da divisão de higiene bucal forneceram a expertise de clareamento dentário; os especialistas da divisão de assistência domiciliar à saúde contribuíram com sua experiência em alvejantes; e os cientistas de pesquisa e desenvolvimento corporativo forneceram uma nova tecnologia de aplicação. Essas três unidades distintas, ao colaborar e combinar seu conhecimento tecnológico, conseguiram desenvolver um produto acessível para clarear os dentes e, de acordo com o site, garantiram "mais sucesso no trabalho e no amor". Com $300 milhões anuais de receitas no varejo, o lançamento do Whitestrips tem sido o maior sucesso da P&G, algo que não seria possível sem a habilidade colaborativa da empresa.

Tais colaborações são o resultado de mecanismos organizacionais bem estabelecidos. A P&G criou mais de 20 grupos de resolução de problemas, com 8 mil participantes no total. Cada grupo consiste de voluntários de diferentes setores da companhia e se concentra em uma área de atuação (fragrâncias, embalagens, química de polímeros, ciência da pele, e assim por diante). Os grupos resolvem problemas específicos que lhes são trazidos e se reúnem para encontrar as melhores práticas. A companhia também postou o recurso "Pergunte-me" na sua intranet, no qual os empregados podem descrever um problema de negócios, que é direcionado às pessoas com a experiência apropriada. Em uma visão ampla, a P&G promove e faz um rodízio do pessoal interno entre países e unidades de negócios. Como resultado, seus empregados estabelecem poderosas redes de unidades inter-relacionadas.

Fontes: Hansem, M. T. 2009. *Collaboration: How Leaders Avoid the Traps, Create Unity, and Reap Big Results*. Boston: Harvard Business Press, 24–25; Anônimo. 2004. At P&G, It's 360-Degree Innovation. www.businessweek.com, 11 de outubro: np; www.whitestrips.com; Anônimo. 2009. The Price of a Whhiter, Brighter Smile. www.washingtonpost.com, 21 de julho: np; Hansen, M. T. & Birkinshaw, J. 2007. The Innovation Value Chain. *Harvard Business Review*, junho: 85(6): 121–130.

Há três benefícios primários de que as organizações usufruem ao depender de relacionamentos:

- *Os custos dentro da empresa podem diminuir dramaticamente pelo uso de sistemas de relacionamento*. Os gerentes e empregados em empresas orientadas por relacionamento são guiados por normas sociais e relações que têm com outros gerentes e empregados. Em decorrência disso, a empresa pode diminuir o grau de dependência do monitoramento, regras e regulamentos, e dos incentivos financeiros para assegurar que os trabalhadores se esforçarão e trabalharão pelos interesses da empresa. Uma postura baseada em relacionamentos leva gerentes e agentes a agir para apoiar e os deixa mais dispostos a sair de seus papéis formais quando precisam cumprir tarefas para outros e para a organização. Também é menos provável que se omitam em relação a suas responsabilidades.
- *Há também a possibilidade de uma redução nos custos de transação entre uma empresa e seus fornecedores e clientes*. Se as empresas construírem sólidas relações com empresas parceiras, será mais provável que venham a trabalhar de maneira cooperativa com essas empresas e confiar que seus parceiros trabalharão para os melhores interesses da aliança. Isso diminuirá a necessidade de contratos formais detalhados e de estabelecer regras burocráticas estritas para descrever as responsabilidades e definir o comportamento de cada empresa. Além disso, empresas parceiras vinculadas por um forte relacionamento provavelmente estarão mais dispostas a investir em recursos que apoiam especificamente essa parceria. E, para finalizar, elas terão muito menos receio de que seu parceiro tentará levar vantagem apropriando-se da maior parte dos benefícios da parceria.
- *Como os empregados e administradores, bem como as empresas parceiras, compartilham um senso comum de propriedade e objetivos, haverá uma disposição geral de buscar por soluções em que todos ganhem*. Ao assumir uma visão de relacionamento, é menos provável que os indivíduos procurem apenas o melhor para seus próprios interesses pessoais. Eles também considerarão os benefícios e os custos para outros indivíduos

na empresa e também para a empresa em geral. O mesmo é verdade em nível organizacional. As empresas com fortes relações com seus parceiros procurarão por soluções que não beneficiam apenas a elas, mas que forneçam benefícios equitativos e desvantagens limitadas para as empresas parceiras. Tal situação ficou evidente no caso de várias empresas alemãs durante a crise econômica de 2008 a 2010. Governo, corporações e sindicatos alemães trabalharam juntos para encontrar a maneira mais justa de responder à crise. As empresas concordaram em não demitir empregados; os sindicatos concordaram em reduzir a semana de trabalho; o governo entrou com subsídios para compensar a redução de salário. Em outras palavras, negociaram um sacrifício compartilhado para lidar com o desafio. Isso ajudou as empresas alemãs a voltarem à ativa assim que a crise passou.

Embora sejam vários os benefícios de se adotar a visão de relacionamento, podem existir também alguns custos substanciais:

- *Quando as relações entre os indivíduos e empresas tornam-se mais estreitas, corre-se o risco de prender-se ao status quo econômico, deixando de lado, conscientemente, opções melhores e concretas e acomodando-se a uma condição subótima.* Esse estado de coisas é também conhecido por "efeitos de lock-in". O problema aqui é que as decisões se tornam orientadas por preocupações com as relações, enquanto que os fatores econômicos se tornam menos importantes. Como resultado, a empresa se torna menos capaz de tomar decisões que poderiam beneficiá-la, pois tais decisões poderiam prejudicar os empregados ou as empresas parceiras. Por exemplo: de acordo com a lógica econômica, convém para a empresa retirar-se de um determinado setor de atividade, mas os vínculos que as prendem aos empregados que trabalham nessa divisão e às empresas parceiras desse mercado podem reduzir sua disposição de tomar a decisão difícil de sair desse mercado. Trata-se de algo que pode ser debilitante para companhias em mercados de mudança rápida, nos quais as empresas bem-sucedidas acrescentam, reorganizam e, às vezes, deixam operações e relações regularmente.
- *Visto que não há orientações formais, os conflitos entre indivíduos e unidades das empresas, bem como entre as empresas parceiras, são costumeiramente resolvidos por meio de negociações e processos ad hoc.* Nessas circunstâncias, não há meios legais ou regras burocráticas para orientar a tomada de decisão. Assim, quando as empresas têm que tomar decisões difíceis, nas quais há diferenças de opiniões sobre a melhor ação a se tomar, as escolhas definitivas costumam ser orientadas pelo poder inerente dos indivíduos e das empresas envolvidas. O uso desse poder pode ser não intencional e subconsciente, mas os resultados podem ser considerados injustos por uma ou mais partes.
- *O capital social dos indivíduos e das empresas pode definir decisões sobre oportunidades.* Assim, em vez de identificar as melhores pessoas para assumir o papel de liderança ou o fornecedor ótimo com o qual fazer contrato, tais escolhas são dirigidas com mais intensidade pelo nível de conexão social que a pessoa ou o fornecedor tem. Isso também aumenta os obstáculos de entrada para possíveis novos fornecedores ou empregados os quais uma empresa poderia contratar, uma vez que as novas empresas provavelmente não têm as conexões sociais necessárias para serem escolhidas como parceiras valiosas com as quais realizar contratos. Outra consequência pode ser a limitação da probabilidade de que ideias inovadoras façam parte das conversas da empresa.

Como mencionado antes neste capítulo, a solução pode estar na integração eficaz entre os elementos de uma estrutura formal, sistemas de recompensa e relacionamentos fortes. Isso pode influenciar relações específicas, de modo que um gerente designará empregados para estabelecer relações ao mesmo tempo que mantém alguma supervisão administrativa e sistemas de recompensa que motivarão o comportamento desejado. Um procedimento assim pode resultar em ênfases diferentes em relações diferentes. Por exemplo, em alguns departamentos, como a contabilidade, estruturas e formas de avaliação tradicionais podem ser ótimas. No entanto, em unidades de desenvolvimento de novos produtos, pode ser mais apropriado enfatizar os sistemas de relacionamento.

PA10.5

A necessidade de criar projetos organizacionais ambidestros que permitam que as empresas explorem novas oportunidades e integrem as operações existentes de modo eficaz.

adaptabilidade
a capacidade, por parte dos gestores, de explorar novas oportunidades e de ajustar-se aos mercados voláteis, evitando a inércia.

alinhamento
o senso claro dos gerentes de como o valor está sendo criado em curto prazo e como as atividades são integradas e coordenadas apropriadamente.

projetos organizacionais ambidestros
projetos organizacionais que tentam, ao mesmo tempo, realizar inovações modestas e incrementais, bem como drásticas e revolucionárias.

Criação de Projetos Organizacionais Ambidestros

No Capítulo 1 apresentamos o conceito de "ambidestria", que incorpora dois desafios contraditórios enfrentados pelos gerentes atuais.[64] Primeiro: os gerentes devem explorar novas oportunidades e se ajustar aos mercados voláteis para evitar a inércia. Eles devem assegurar que mantêm a **adaptabilidade** e devem permanecer proativos na expansão e/ou modificação de seu escopo produto/mercado para antecipar e satisfazer as condições do mercado. Tais competências são desafiadoras, em especial, quando a mudança é rápida e imprevisível.

Segundo: os gerentes também devem explorar, de modo eficaz, o valor de seus recursos e competências existentes. Eles precisam ter **alinhamento**, que é o senso claro de como o valor está sendo criado em curto prazo e como as atividades são integradas e coordenadas apropriadamente. As empresas que obtêm a adaptabilidade e o alinhamento são consideradas como *organizações ambidestras* — alinhadas e eficientes em como administram os negócios atuais, mas flexíveis o suficiente em caso de mudanças no ambiente, de modo que possam prosperar no futuro.

Lidar com tais demandas opostas é difícil, porque sempre haverá algum grau de conflito. As empresas costumam sofrer quando priorizam demasiadamente a adaptabilidade ou o alinhamento. Quando as ações visam, essencialmente, a questão da adaptabilidade, a empresa terá pouca rentabilidade no curto prazo. Se os gerentes dirigirem seus esforços primariamente sobre o alinhamento, eles, provavelmente, perderão oportunidades de negócios.

Organizações Ambidestras: Atributos de Projeto Principais

Um estudo feito por Charles O'Reilly e Michael Tushman[65] dá algumas ideias de como algumas empresas podem criar **projetos organizacionais ambidestros** bem-sucedidos. Eles investigaram companhias que tentaram realizar inovações modestas e incrementais, bem como dramáticas e revolucionárias, ao mesmo tempo. A equipe investigou 35 tentativas para realizar inovações revolucionárias em 15 unidades de negócios de 9 mercados diferentes. Os estudos envolveram projetos organizacionais e processos, sistemas e culturas associadas com os projetos revolucionários, bem como seu impacto nas operações e desempenho dos negócios tradicionais.

As companhias estruturaram seus projetos revolucionários de uma das quatro formas a seguir:

- Sete delas sob *estruturas organizacionais funcionais* existentes internamente.
  Os projetos foram integrados completamente na estrutura organizacional e administrativa comum.
- Nove na forma de *equipes de funcionalidade cruzada*. Os grupos operavam dentro da organização estabelecida, mas fora da estrutura administrativa existente.
- Quatro empresas organizaram *equipes autônomas*. As unidades eram independentes, estabelecidas fora da organização e da hierarquia administrativa.
- Quinze instituíram *organizações ambidestras*. Nesse caso, os esforços de inovação foram organizados dentro de unidades estruturalmente independentes, cada uma delas tendo seus próprios processos, estruturas e culturas. Entretanto, elas foram integradas na estrutura administrativa sênior existente.

Os resultados das 35 iniciativas foram registrados em duas dimensões:

- Seu sucesso em criar as inovações desejadas foi medido pelos resultados comerciais reais do novo produto ou pela aplicação prática no mercado, ou ainda em função do aprendizado técnico.
- O desempenho do negócio existente foi avaliado.

O estudo descobriu que a estrutura organizacional e as práticas administrativas empregadas tiveram um impacto direto e significativo no desempenho tanto das iniciativas revolucionárias como dos negócios tradicionais. Os projetos organizacionais ambidestros foram mais eficazes do que os outros três projetos em ambas as dimensões: o lançamento revolucionário dos produtos ou serviços (i.e., a adaptação) e a melhoria do desempenho dos negócios existentes (i.e., o alinhamento).

Por Que a Organização Ambidestra Foi a Estrutura mais Eficaz?

O estudo descobriu que há muitos fatores. Uma visão clara e convincente, comunicada de modo consistente pela equipe administrativa sênior da companhia, foi fundamental para o estabelecimento dos projetos ambidestros. A estrutura permeável facilitou a disseminação de informações facilitadoras e, ao mesmo tempo, evitou a propagação de informes desestabilizadores. A estreita coordenação e integração dos níveis administrativos permitiu que as novas unidades compartilhassem recursos importantes das unidades tradicionais, como dinheiro, talento e expertise. Tal compartilhamento foi encorajado e facilitado pelos sistemas de recompensa eficazes, que enfatizaram os alvos gerais da companhia. A separação organizacional assegurou que os processos distintivos, estruturas e culturas das novas unidades não fossem sobrepujados pelo peso inercial dos "negócios comuns". As unidades já estabelecidas foram postas a salvo das distrações do lançamento de novos negócios, e continuaram a concentrar toda sua atenção e energia em refinar suas operações, melhorar seus produtos e servir a seus clientes.

QUESTÕES PARA DEBATER

Quase metade dos quartos de hotéis nos Estados Unidos é reservada por meio de agentes de viagens online (AVOs), como o Priceline.com e o Travelocity.com. Esses sites cresceram a ponto de lidar com reservas cujo montante saltou de $2 bilhões em 2001 para $15 bilhões em 2011. De início, esses sites eram bem-vistos pelas maiores cadeias de hotéis. Em relação às agências de viagens tradicionais, eles davam acesso mais fácil aos clientes, e a preços inferiores.

Com o passar do tempo, o ponto de vista das cadeias de hotéis quanto aos AVOs mudou. As taxas que cobravam cresceram e, atualmente, representam 30% do preço dos quartos dos hotéis. Isso se tornou um grande problema para as cadeias de hotéis. Para começar, as margens do setor hoteleiro são baixas, e com os AVOs levando uma fatia maior, minguavam os resultados líquidos. Além disso, as AVOs alteraram a dinâmica entre hotéis e clientes. Estes passaram a dar muito mais preferência às reservas online, valorizando menos o contato direto com os estabelecimentos hoteleiros. Como resultado, os clientes se tornaram mais focados nos preços e menos leais a uma determinada cadeia de hotéis.

Seis grandes redes hoteleiras, incluindo Hilton, Hyatt e Choice Hotels, reagiram cooperando umas com as outras no desenvolvimento de site de reservas conjunto, o Roomkey.com. O site foi projetado para oferecer preços similares aos dos AVOs, mas com taxas muito menores, deixando uma parte maior dos pagamentos dos clientes nos cofres dos hotéis. Ademais, o site permitiria que os hotéis oferecessem informações mais detalhadas e atualizadas sobre cada hotel em comparação ao que os AVOs geralmente oferecem. Além disso, as cadeias de hotéis garantiriam que os clientes usuários do Roomkay.com receberiam todos os benefícios previstos nos programas de fidelidade em decorrência de suas estadas reservadas pelo site.

O futuro dirá se o Roomkey.com é a resposta para os problemas das cadeias de hotéis com os AVOs. Há sinais de que o começo é auspicioso. Lançado em janeiro de 2012, o site teve cerca de 14 milhões de visitas mensais até setembro daquele ano. Novas cadeias se associaram, incluindo as redes La Quinta, Millenium e Vantage Hospitality. O sistema disponibiliza, atualmente, mais de 50 mil endereços de hotéis. Por outro lado, ainda não

(continua)

é claro se o Roomkey.com está tomando uma parte dos negócios dos AVOs. Embora o Roomkey.com tenha gerado um tráfego significativo, a maioria dos visitantes começou com os sites das próprias cadeias e respondeu a um anúncio nele para visitar o Roomkey.com. Poucos dos visitantes (apenas 10%, de acordo com uma análise do Compete.com) acessaram o Roomkey.com sem serem induzidos por uma dos sites da cadeia de hotéis.

Perguntas para Discussão

1. Você acha que o Roomkey.com será bem-sucedido? Por que ou por que não?
2. Que ações o Roomkey.com pode tomar para atrair mais clientes que usam os AVOs?
3. Como as cadeias podem usar o Roomkey.com para melhorar sua posição em relação aos AVOs, mesmo que ainda não esteja claro se o Roomkey.com fará sucesso?

Fontes: Robinson-Jacobs, K. 2012. Hotels unite to take on dot-coms. *Dallas Morning News*, 23 de janeiro: 1D, 4D; Solinsky, S. 2012. The curious identity of Roomkey.com. compete.com, 18 de setembro: np; DeLollis, B. 2012. Roomkey.com hotel chain adds more chains. usatoday.com, 24 de setembro: np; e Bilbao, R. 2012. Five minutes with John Davis, SEO, Roomkey.com. bizjournals.com, 25 de maio: np.

Refletindo quanto às Implicações sobre a Carreira...

- **Projetos Organizacionais Sem Fronteiras:** Sua empresa tem instrumentos estruturais (p. ex., cultura, práticas de recursos humanos) que facilitam o compartilhamento de informações entre as fronteiras? Independentemente do nível de falta de fronteiras da organização, uma questão fundamental para a carreira é o quanto se está disposto a atravessar os limites da organização. Tal comportamento sem fronteiras é o que permite avançar e alavancar o capital humano. É preciso avaliar quão sem fronteiras você é no contexto da organização. Que ações você pode tomar para tornar-se ainda mais sem fronteiras?
- **Sistemas e Processos Horizontais:** Um dos métodos sugeridos no capítulo para aprimorar o quão sem fronteiras uma organização pode ser é a *reengenharia*. Você deve analisar o trabalho que está realizando e pensar como ele pode passar por uma reengenharia para aumentar sua qualidade, acelerar seu tempo de resposta e diminuir os custos. Considere a viabilidade de apresentar os resultados de sua análise a seus superiores imediatos. Será que serão receptivos à sua sugestão?
- **Organizações Ambidestras:** As empresas que obtêm *adaptabilidade* e *alinhamento* são consideradas ambidestras. Como indivíduos, podemos tentar ser ambidestros. Devemos avaliar nossa ambidestridade analisando nossa adaptabilidade (nossa habilidade de mudar em resposta às mudanças à nossa volta) e nosso alinhamento (quão bons somos para explorar nossas competências existentes). Que passos podemos dar para melhorar nossa ambidestridade?

resumo

As corporações bem-sucedidas devem se assegurar de que têm o tipo de estrutura organizacional certa. Ademais, elas devem garantir que suas empresas incorporam a integração e processos necessários para que as fronteiras internas e externas de suas empresas sejam flexíveis e permeáveis. Tal necessidade se torna cada vez mais importante à medida que os ambientes das empresas se tornam mais complexos, sujeitos a mudanças rápidas e imprevisíveis.

Na primeira seção deste capítulo falamos sobre os padrões de crescimento das grandes corporações. Embora, em sua maioria, as organizações permaneçam pequenas ou desapareçam, algumas empresas continuam a crescer em termos de receita, integração vertical e diversidade de produtos e serviços. Além disso, seu escopo geográfico pode aumentar a ponto de incluir operações internacionais. Acompanhamos os padrões de crescimento, que evoluem de estruturas simples para a estrutura funcional, enquanto uma empresa cresce em termos de tamanho e aumenta seu nível de integração vertical. Depois que uma empresa expande em produtos e serviços relacionados, sua estrutura muda, e a organização muda de funcional para divisional. Por fim, quando a empresa penetra nos mercados internacionais, sua estrutura novamente se altera para acomodar as mudanças de estratégia.

Também falamos sobre os diferentes tipos de estrutura organizacional — simples, funcional, divisional (incluindo suas duas variações — a unidade estratégica de negócios e a companhia holding) e a matriz —, bem como sobre suas vantagens e desvantagens relativas. Fechamos a seção com uma análise das consequências da estrutura quando uma empresa entra nos mercados internacionais. Os três fatores primários a levar em conta ao determinar a estrutura mais apropriada são o tipo de estratégia internacional, a diversidade do produto e o quanto uma empresa depende das vendas estrangeiras.

A segunda seção do capítulo apresentou o conceito de organizações sem fronteiras. Não sugerimos que o conceito de organizações sem fronteiras substitui as formas tradicionais de estruturas organizacionais. Em vez disso, ele deve complementá-las. Isso é necessário para lidar com o aumento da complexidade e mudanças no ambiente competitivo. Falamos sobre os três tipos de organizações sem fronteira. O tipo livre de barreiras se concentra na necessidade de os obstáculos internos e externos de uma empresa serem mais flexíveis e permeáveis. O tipo modular enfatiza a terceirização estratégica de atividades secundárias. O tipo virtual se concentra nos benefícios estratégicos das alianças e da formação da rede de organizações. Falamos sobre as vantagens e desvantagens de cada tipo de organização sem fronteiras e sugerimos algumas técnicas e processos que são necessários para implementá-las com sucesso. Estas são as de cultura e valores em comum, as estruturas organizacionais horizontais, os sistemas e processos horizontais, as tecnologias de comunicação e de informação e as práticas de recursos humanos.

A seção final tratou da necessidade de os gerentes desenvolverem organizações ambidestras. Nos ambientes mundiais de rápida mudança de hoje em dia, os gerentes devem ser responsivos e proativos para tirar vantagem das novas oportunidades. Ao mesmo tempo, devem integrar e coordenar efetivamente as operações existentes. Tais exigências pedem por projetos organizacionais que estabeleçam grupos de trabalho que sejam unidades estruturalmente independentes, com cada uma delas tendo seus próprios processos, estruturas e culturas. Mas, ao mesmo tempo, cada unidade precisa ser efetivamente integrada na hierarquia administrativa existente.

PERGUNTAS DE REVISÃO DO RESUMO

1. Por que é importante que os gerentes considerem com cuidado o tipo de estrutura organizacional que usarão para implementar suas estratégias?
2. Trace, resumidamente, o padrão de crescimento dominante das maiores corporações, da estrutura simples para a funcional e desta para a divisional. Fale sobre a relação entre a estratégia de uma empresa e sua estrutura.
3. Quais são as vantagens e desvantagens relativas dos tipos de estruturas organizacionais — simples, funcional, divisional e matricial — abordadas neste capítulo.
4. Quando uma empresa expande suas operações para mercados estrangeiros, quais são os três fatores mais importantes a levar em conta ao decidir que tipo de estrutura é mais apropriada? Quais são os tipos de estruturas internacionais abordadas no texto e quais são as relações entre estratégia e estrutura?
5. Descreva, resumidamente, os três tipos diferentes de organizações sem fronteiras: a livre de barreiras, a modular e a virtual.
6. Cite alguns dos atributos principais dos grupos eficazes. E, também, dos grupos ineficazes.
7. Quais são as vantagens e desvantagens dos três tipos de organizações sem fronteiras: a livre de barreiras, a modular e a virtual?
8. Quando os projetos organizacionais ambidestros são necessários? Cite alguns de seus atributos principais.

termos-chave

estrutura organizacional 312
estrutura organizacional simples 314
estrutura organizacional funcional 314
estrutura organizacional divisional 316
estrutura de unidade estratégica de negócios (UEN) 318
estrutura de companhia holding 319
estrutura organizacional matricial 319
estrutura de divisão internacional 322
estrutura de divisão por área geográfica 322
estrutura de matriz mundial 322
estrutura funcional mundial 322
estrutura de divisão de produção mundial 322
startup global 322
modelos de organizações sem fronteiras 324
organização livre de barreiras 325
organização modular 328
organização virtual 329
estruturas organizacionais horizontais 333
adaptabilidade 336
alinhamento 336
projetos organizacionais ambidestros 336

exercício experimental

Recentemente, muitas empresas passaram para uma estrutura modular. Por exemplo, passaram a terceirizar mais muitas de suas atividades de tecnologia de informação (TI). Identifique três dessas organizações. Usando fontes secundárias, avalie (1) o motivo dado pela empresa para terceirizar a TI e (2) as consequências sobre seu desempenho.

	Empresa	Motivo	Consequência(s) sobre o Desempenho
1.			
2.			
3.			

questões & exercícios práticos

1. Escolha uma organização que concorre em algum setor de atividade em que tenha interesse pessoal. Acesse a internet e determine que tipo de estrutura organizacional essa empresa tem. Em seu ponto de vista, ela é consistente com a estratégia que escolheu implementar? Por quê? Por que não?

2. Escolha um artigo da *Valor Econômico, Fortune, Forbes, Exame* ou qualquer outra publicação bem conhecida que fale de uma corporação que passou por uma mudança significativa de sua direção estratégica. Quais são as consequências para a estrutura dessa organização?

3. Acesse a internet e procure por declarações públicas ou discursos de um executivo de uma grande corporação sobre uma iniciativa significativa, como a entrada em uma joint venture ou o lançamento de uma nova linha de produtos. Quais acha que serão as consequências de tornar as barreiras internas e externas da empresa mais flexíveis e permeáveis? O executivo falou dos processos, procedimentos, dos instrumentos de integração ou das questões culturais que servirão a esse objetivo? Ou há outras questões abordadas que permitem que a empresa se torne mais sem fronteiras?

4. Procure por um artigo recente nas publicações listadas na pergunta 2 que fale sobre o envolvimento de uma empresa na terceirização (organização modular), ou em uma aliança estratégica ou em redes de organizações (organizações virtuais). A empresa foi bem-sucedida ou malsucedida no empreendimento? Por quê? Por que não?

questões éticas

1. Se uma empresa tem uma estrutura divisional e exerce extrema pressão sobre seus executivos divisionais para atingirem alvos de rentabilidade de curto prazo (p. ex., a receita do trimestre), isso poderia levantar algumas considerações éticas? Por quê? Por que não?

2. Se uma empresa promove uma aliança estratégica, mas não exerce o controle comportamental apropriado de seus empregados (em termos de cultura, recompensas e incentivos, e limites — conforme vimos no Capítulo 9) envolvidos na aliança, que questões éticas isso poderia levantar? Quais poderiam ser as desvantagens de longo e curto prazo para a empresa?

referências

1. Ilson, K. & Doz, Y. 2012. 10 rules for managing global innovation. *Harvard Business Review*, 90(10): 84–92; Wallace, J. 2007. Update on problems joining 787 fuselage sections. Settlepi.com, 7 de junho: np; Peterson, K. 2011. Special report: A wing and a prayer: Outsourcing at Boeing. Reuters.com, 20 de janeiro: np; Hiltzik, M. 2011. 787 Dreamliner teaches Boeing costly lesson on outsourcing. Latimes.com, 15 de fevereiro: np; e Gates, D. 2013. Boeing 787's problems blamed on outsourcing, lack of oversight. Seattletimes.com, 2 de fevereiro: np.

2. Para uma visão singular sobre o projeto organizacional, veja: Rao, R. 2010. What 17th century pirates can teach us about job design. *Harvard Business Review*, 88(10): 44.

3. Essa análise introdutória se baseia em: Hall, R. H. 2002. *Organizations: Structures, processes, and outcomes* (8ª ed.). Upper Saddle River, NJ: Prentice Hall; e Duncan, R. E. 1979. What is the right organization structure? Decision-tree analysis provides the right answer. *Organizational Dynamics*, 7(3): 59–80. Para uma análise profunda das relações entre estratégia e estrutura na literatura da teoria organizacional e da administração estratégica, veja: Keats, B. & O'Neill, H. M. 2001. Organization structure: Looking through a strategy lens. Em Hitt, M. A., Freeman, R. E. & Harrison, J. S. 2001. *The Blackwell handbook of strategic management*: 520–542. Malden, MA: Blackwell.

4. Gratton, L. 2011. The end of the middle manager. *Harvard Business Review*, 89(1/2): 36.

5. Uma análise interessante sobre o papel do projeto organizacional na execução da estratégia está em: Neilson, G. L., Martin, K. L. & Powers, E. 2009. The secrets to successful strategy execution. *Harvard Business Review*, 87(2): 60–70.

6. Essa análise se baseia em: Chandler, A. D. 1962. *Strategy and structure*. Cambridge, MA: MIT Press; Galbraith J. R. & Kazanjian, R. K. 1986. *Strategy implementation: The role of structure and process*. St Paul, MN: West Publishing; e Scott, B. R. 1971. Stages of corporate development. Intercollegiate Case Clearing House, 9-371-294, BP 998. Harvard Business School.

7. Nossa análise dos diferentes tipos de estrutura organizacional se baseia em várias fontes, incluindo: Galbraith & Kazanjian, op. cit.; Hrebiniak, L. G. & Joyce, W. F. 1984. *Implementing strategy*. Nova York: Macmillan; Distelzweig, H. 2000. Organizational structure. Em Helms, M. M. (Ed.). *Encyclopedia of management*: 692–699. Farmington Hills, MMI: Gale; e dess, G. G. & Miller, A. 1993. *Strategic management*. Nova York: McGraw-Hill.

8. Uma análise sobre um projeto organizacional inovador está em: Garvin, D. A. & Levesque, K. C. 2009. The multiunit enterprise. *Harvard Business Review*, 87(2): 106–117.

9. Schein, E. H. 1996. Three cultures of management: The key to organizational learning. *Sloan Management Review*, 38(1): 9–20.

10. Visões sobre as consequências da governança sobre as formas multidivisionais estão em: Verbeke, A. & Kenworthy, T. P. 2008. Multidivisional vs. metanational governance. *Journal of International Business*, 39(6): 940–956.

11. Martin, J. A. & Eisengardt, K. 2010. Rewiring: Cross-business-unit collaborations in multibusiness organizations. *Academy of Management Journal*, 53(2): 265–301.

12. Para uma análise sobre as consequências do desempenho, veja: Hoskisson, R. E. 1987. Multidivisional structure and performance: The contingency of

diversification strategy. *Academy of Management Journal*, 29: 625–644.

13. Para uma análise plena e importante sobre a evolução em direção à forma divisional da estrutura organizacional nos Estados Unidos, veja: Chandler, op. cit. Encontramos um estudo empírico rigoroso sobre a relação entre estratégia e estrutura em: Rumelt, R. P. 1974. *Strategy, structure, and economic performance*. Cambridge, MA: Harvard Business School Press.

14. Ghoshal, S. & Bartlett, C. A. 1995. Changing the role of management: Beyond structure to processes. *Harvard Business Review*, 73(1): 88.

15. Koppel, B. 2000. Synergy in ketchup? *Forbes*, 7 de fevereiro: 68–69; e Hitt, M. A., Ireland, R. D. & Hoskisson, R. E. 2001. *Strategic management: Competitiveness and globalization* (4ª ed.). Cincinnati, OH: Southwestern Publishing.

16. Pitts, R. A. 1977. Strategies and structures for diversification. *Academy of Management Journal*, 20(2): 197–208.

17. Silvestri, K. 2012. The evolution of organizational structure. *footnote 1.com*, 6 de junho: np.

18. Andersen, M. M., Froholdt, M., Poulfelt, F. 2010. *Return on strategy: How to achieve it*. Nova York: Routledge.

19. Haas, M. R. 201. The double-edged swords of autonomy and external knowledge: Analyzing team effectiveness in a multinational organization. *Academy of Management Journal*, 53(5): 989–1008.

20. Daniels, J. D., Pitts, R. A. & Tretter, M. J. 1984. Strategy and structure of U.S. multinationals: An exploratory study. *Academy of Management Journal*, 27(2): 292–307.

21. Habib, M. M. & Victor, B. 1991. Strategy, structure, and performance of U.S. manufacturing and service MNCs: A comparative analysis. *Strategic Management Journal*, 12(8): 589–606.

22. Nossa análise das startups globais se baseia em: Oviatt, B. M. & McDougall, P. P. 2005. The internationalization of entrepreneurship. *Journal of International Business Studies*, 36(1): 2–8; Oviatt, B. M. & McDougall, P. P. 1994. Toward a theory of international new ventures. *Journal of International Business Studies*, 25(1): 45–64; e Oviatt, B. M. & McDougall, P. P. 1995. Global start-ups: Entrepreneurs on a worldwide stage. *Academy of Management Executive*, 9(2): 30–43.

23. Encontramos algumas orientações úteis sobre as startups globais em: Kummerle, W. 2005. The entrepreneur's path for global expansion. *MIT Sloan Management Review*, 46(2): 42–50.

24. Veja, por exemplo, Miller, D. & Friesen, P. H. 1980. Momentum and revolution in organizational structure. *Administrative Science Quarterly*, 13: 65–91.

25. Muitos autores dizem que a estrutura de uma empresa pode influenciar sua estratégia e desempenho. Entre eles: Amburgey, T. L. & Dacin, T. 1995. As the left foot follows the right? The dynamics of strategic and structural change. *Academy of Management Journal*, 37: 1427–1452; Dawn, K. & Amburgey, T. L. 1991. Organizational inertia and momentum: A dynamic model of strategic change. *Academy of Management Journal*, 34: 591–612; Fredrickson, J. W. 1986. The strategic decision process and organization structure. *Academy of Management Review*, 11: 280–297; Hall, D. J. & Saias, M. A. 1980. Strategy follows structure! *Strategic Management Journal*, 1: 149–164; e Burgelman, R. A. 1983. A model of the interaction of strategic behavior, corporate context, and the concept of strategy. *Academy of Management Review*, 8: 61–70.

26. Uma análise interessante sobre como a internet afetou as fronteiras das empresas pode ser encontrada em: Afuah, A. 2003. Redefining firm boundaries in the face of the internet: Are firms really shrinking? *Academy of Management Review*, 28(1): 34–53.

27. Collis & Montgomery, op. cit.

28. Govindarajan, V. G. & Trimble, C. 2010. Stop the innovation wars. *Harvard Business Review*, 88(7/8): 76–83.

29. Para uma análise sobre o papel do treinamento para o desenvolvimento de equipes de alto desempenho, veja: Kets de Vries, M. F. R. 2005. Leadership group coaching in action: The zen of creating high performance teams. *Academy of Management Executive*, 19(1): 77–89.

30. Pfeffer, J. 1998. *The human equation: Building profits by putting people first*. Cambridge, MA: Harvard Business School Press.

31. Para uma análise sobre como a diversidade da área funcional afeta o desempenho, veja: Bunderson, J. S. & Sutcliffe, K. M. 2002. *Academy of Management Journal*, 45(5): 875–893.

32. Veja, por exemplo, Hoskisson, R. E., Hill, C. W. L. & Kim, H. 1993. The multidivisional structure: Organizatinal fossil or source of value? *Journal of Management*, 19(2): 269–298.

33. Pottruck, D. A. 1997. Speech delivered by the co-CEO of Charles Schwab Co., Inc., to the Retail Leadership Meeting, São Francisco, CA. 30 de janeiro; e Miller, W. 1999. Building the ultimate resource. *Management Review*, janeiro: 42–45.

34. As parcerias públicas e privadas são abordadas em: Engardio, P. 2009. State capitalism. *BusinessWeek*, 9 de fevereiro: 38–43.

35. Aller, R., Weiner, H. & Weilart, M. 2005. IBM and Mayo collaborating to customize patient treatment plans. cap.org, janeiro: np; e McGee, M. 2010. IBM, Mayo partner on aneurysm diagnostics. informationweek.com, 25 de janeiro: np.

36. Anônimo. 2013. Automakers in alliance to speed fuel-cell development. latimes.com, 29 de janeiro: np.

37. Dess, G. G., Rasheed, A. M. A., McLaughlin, K. J. & Priem, R. 1995. The new corporate architecture. *Academy of Management Executive*, 9(3): 7–20.

38. Barnes, C. 1998. A fatal case. *Fast Company*. fevereiro–março: 173.

39. Handy, C. 1989. The age of unreason. Boston: Harvard Business School Press; Ramstead, R. 1997. APC maker's low-tech formula: Start with the box. *The Wall Street Journal*, 29 de dezembro: B1; Mussberg, W. 1997. Thin screen PCs are looking good but still fall flat. *The Wall Street Journal*, 2 de janeiro: 9; Brown, E. 1997. Monorail: Low cost PCs. Fortune, 7 de julho: 106–108; e Young, M. 1996. Ex-Compaq executives start new company. *Computer Reseller News*, 11 de novembro: 181.

40. Encontramos uma análise original sobre como código aberto pode ajudar as companhias de automóvel da Big 3 em: Jarvis, J. 2009. How the Google model could help Detroit. *BusinessWeek*, 9 de fevereiro: 32–36.

41. Para uma análise sobre algumas das desvantagens da terceirização, veja Rossetti, C. & Choi, T. Y. 2005. On the dark side of strategic

sourcing: Experiences from the aerospace industry. *Academy of Management Executive*, 19(1): 46–60.

42. Tully, S. 1993. The modular corporation. *Fortune*, 8 de fevereiro: 196.

43. O offshoring nas empresas de fabricação é abordado em: Coucke, K. & Sleuwaegen, L. 2008. Offshoring as a survival strategy: Evidence from manufacturing firms in Belgium. *Journal International Business Studies*, 39(8): 1261–1277.

44. Quinn, J. B. 1992. *Intelligent enterprise: A knowledge and service based paradigm for industry*. Nova York: Free Press.

45. Para uma visão interessante sobre a terceirização e seu papel no desenvolvimento das capacidades, leia: Gottfredson, M., Puryear, R. & Phillips, C. 2005. Strategic sourcing: From periphery to core. *Harvard Business Review*, 83(4): 132–139.

46. Esta análise se baseia em: Quinn, J. B. & Hilmer, F. C. 1994. Strategic outsourcing. *Sloan Management Review*, 35(4): 43–55.

47. Reitzing, M. & Wagner, S. 2010. The hidden costs of outsourcing: Evidence from patent data. *Strategic Management Journal*, 31(11): 1183–1201.

48. Ideias sobre a terceirização e sobre as marcas privadas podem ser encontradas em: Cehn, S-F. S. 2009. A transaction cost rationale for private branding and its implications for the choice of domestic vs. offshore outsourcing. *Journal of International Business Strategy*, 40(1): 156–175.

49. Para uma visão profunda sobre o uso de terceirização para análise de decisão, leia: Davenport, T. H. & Iyer, B. 2009. Should you outsource your brain? *Harvard Business Review*, 87(2): 38.

50. Veja também: Stuckey, J. & White, D. 1993. When and when not to vertically integrate. *Sloan Management Review*, primavera: 71–81; Harrar, G. 1993. Outsource tales. *Forbes ASAP*, 7 de junho: 37–39, 42; e Davis, E. W. 1992. Global outsourcing: Have U.S. managers thrown the baby out with the bath water? *Business Horizons*, julho–agosto: 58–64.

51. Para uma análise sobre a criação de conhecimento por meio de alianças, veja: Inspen, A. C. 1996. Creating knowledge through collaboration. *California Management Review*, 39(1): 123–140; e Mowery, D. C., Oxley, J. E. & Silverman, B. S. 1996. Strategic alliances and interfirm knowledge transfer. *Strategic Management Journal*, 17 (Edição Especial, Inverno): 77–92.

52. Doz, Y. & Hamel, G. 1998. *Alliance advantage: The art of creating value through partnering*. Boston: Harvard Business School Press.

53. DeSanctis, G., Glass, J. T. & Ensing, I. M. 2002. Organizational designs for R&D. *Academy of Management Executive*, 16(3): 55–66.

54. Barringer, B. R. & Harrison, J. S. 2000. Walking a tightrope: Creating value through interorganizational alliances. *Journal of Management*, 26: 367–403.

55. Um exemplo contemporâneo das organizações virtuais é o consórcio de P&D. Para uma análise profunda, veja: Sakaibara, M. 2002. Formation of R7D consortia: Industry and company effects. *Strategic Management Journal*, 23(11): 1033–1050.

56. Bartness, A. & Cerny, K. 1993. Building competitive advantage through a global network of capabilities. *California Management Review*, inverno: 78–103. Para uma análise histórica profunda da utilidade das alianças na indústria dos computadores, veja: Moore, J. F. 1993. Predators and prey: A new ecology of competition. *Harvard Business Review*, 71(3): 75–86.

57. Veja Lorange, P. & Rood, J. 1991. Why some strategic alliances succeed and others fail. *Journal of Business Strategy,* janeiro–fevereiro: 25–30; e Slowinski, G. 1992. The human touch in strategic alliances. *Mergers and Acquisitions*, julho–agosto: 44–47. Um argumento convincente para as alianças estratégicas é fornecido por Ohmae, K. 1989. The global locic of strategic alliances. *Harvard Business Review*, 67(2): 134–154.

58. Algumas das desvantagens das alianças são analisadas em: Das, T. K. & Teng, B. S. 2000. Instabilities of strategic alliances: An internal tensions perspective. *Organization Science*, 11: 77–106.

59. Esta seção se baseia em: Dess, G. G. & Picken, J. C. 1997. *Mission critical*. Burr Ridge, IL: Irwin Professional Publishing.

60. Katzenbach, J. R. & Smith, D. K. 1994. *The wisdom of teams: Creating the high performance organization*. Nova York: HarperBusiness.

61. Bryant, A. 2011. *The corner office*. Nova York: St. Martin's Griffin, 230.

62. Hammer, M. & Champy, J. 1993. *reengineering the corporation: A manifesto for business revolution*. Nova York: HarperCollins.

63. Gupta, A. 2011. The relational perspective and east meets west. *Academy of Management Perspectives*, 25(3): 19–27.

64. Esta seção se baseia em: Birkinshaw, J. & Gibson, C. 2004. Building ambidexterity into an organization. *MIT Sloan Management Review*, 45(4): 47–55; e Gibson, C. B. & Birkinshaw, J. 2004. The antecedents, consequences, and mediating role of organizational ambidexterity. *Academy of Management Journal*, 47(2): 209–226. Robert Duncan costuma ser creditado como sendo o primeiro a criar o termo "organizações ambidestras", neste artigo intitulado: Designing dual structures for innovation. Em Kilmann, R. H., Pondy, L. R. & Slevin, D. (Eds.). 1976. *The management of organizations*, vol. 1: 167–188. Para uma análise acadêmica importante sobre o conceito da exploração e utilização, que é paralela com a adaptação e alinhamento, veja: March, J. G. 1991. Exploration and exploitation in organizational learning. *Organization Science*, 2: 71–86.

65. Esta seção se baseia em: O'Reilly, C. A. & Tushman, M. L. 2004. The ambidextrous organization. *Harvard Business Review*, 82(4): 74–81.

PARTE 3: IMPLEMENTAÇÃO DA ESTRATÉGIA

capítulo 11

Liderança Estratégica:

A Criação de Uma Organização de Aprendizado e Ética

Depois da leitura deste capítulo você deverá obter uma boa compreensão dos seguintes pontos a aprender:

PA11.1 As três atividades interdependentes nas quais todos os líderes bem-sucedidos devem estar continuamente empenhados.

PA11.2 Dois elementos da liderança eficaz: a superação de obstáculos para mudar e o uso eficaz do poder.

PA11.3 O papel crucial da inteligência emocional (IE) na liderança de sucesso e suas possíveis desvantagens.

PA11.4 A importância do desenvolvimento de competências complementares (ou "competências companheiras") e a criação de uma organização de aprendizado.

PA11.5 O papel do líder no estabelecimento de uma organização ética.

PA11.6 A diferença entre os métodos para a ética organizacional baseados na integridade e na obrigatoriedade.

PA11.7 Vários elementos fundamentais que as organizações devem ter para se tornarem organizações éticas.

Aprenda com os Erros

A maioria das pessoas nunca sequer ouviu falar da Synthes, uma fabricante de equipamentos médicos de West Chester, Pennsylvania. Ainda assim, em 2012, ela esteve nos noticiários nacionais dos EUA quando se descobriu que quatro de seus funcionários corporativos eram responsáveis por ações ilegais realizadas pela companhia, sendo sentenciados à prisão.[1]

Quando os problemas começaram? Entre 2002 e 2004, a Synthes conduziu testes clínicos do cimento ósseo da Norian, um produto usado para tratar fraturas de compressão vertebral (FCVs), um tipo de fratura que ocorre em cerca de 500 mil idosos por ano. A Norian, uma subsidiária adquirida por $50 milhões em 1999, já havia obtido a aprovação de vários tipos de tratamentos de reconstituição óssea. Entretanto, a Food and Drug Administration (FDA) barrou explicitamente o uso do tratamento de FCVs da Norian devido à preocupação de que o produto poderia parar na corrente sanguínea e prejudicar os pacientes, podendo até mesmo resultar em óbito. Apesar da restrição, a Synthes decidiu não esperar por um teste clínico homologado pela FDA, lançou o produto diretamente no mercado e começou a divulgar o Norian para utilização em procedimentos cirúrgicos FVCs não aprovados. Infelizmente, os pacientes não sabiam dos riscos mortais que enfrentariam.

Os resultados? Três pacientes morreram na mesa de operações em cirurgias da coluna vertebral em 2003 e 2004! A Synthes não relatou essas mortes à FDA, sob a alegação de que não foram causadas exclusivamente por seu produto. Porém, informar o FDA era uma obrigação legal. O Departamento de Justiça dos EUA está tentando provar que o cimento causou aquelas mortes, uma acusação apoiada pelos cirurgiões que usaram o produto da Norian. A Synthes foi multada em $23,2 milhões e acusada de 44 condutas ilegais. A Norian é ré em 52 crimes, incluindo mentir para a FDA com intenção fraudulenta. O juiz do Tribunal Distrital Legroom Davis disse: "Na escala de 0 a 10 de conduta errada, esta merece 11. Está acima do limite".

O Departamento de Justiça dos EUA processou de acordo com os termos da Responsible Corporate Officer Doctrine, uma legislação que torna os executivos com certas posições de autoridade passíveis de serem criminalmente responsabilizados por violações das leis sobre alimentos e drogas medicamentosas, mesmo quando não estejam diretamente cientes da conduta irregular. As sentenças que os quatro executivos receberam foram as mais duras até agora sob essa lei.

Qual pode ser o problema subjacente da Synthes que levou a tal desrespeito pela lei?

Em grande parte, parece ter sido uma questão de liderança. Hansjorg Wyss, que foi o fundador e presidente da Synthes, vendeu a empresa para a Johnson & Johnson por $20 bilhões em junho de 2012. Wyss possuía 50% das ações da companhia, sua gestão era de estilo centralizador, e sua postura, intimidante. Wyss também era conhecido por prestar atenção aos mínimos detalhes, e nada era aprovado na empresa sem passar antes por ele. Até mesmo os pratos da cantina, que Wyss insistia que deviam ser quadrados, e a marca do papel higiênico do escritório corporativo tinham de ter sua aprovação! Ele era conhecido pelos antigos empregados como um "gorila de 360 kg que queria as coisas do jeito dele". Embora Wyss fosse incluído nos e-mails e em relatórios que citavam os riscos dos produtos, ele promoveu reuniões com todos, depois que os relatórios foram emitidos, para fazer com que o cimento ósseo da Norian fosse usado em FCVs. A estratégia da Synthes era persuadir alguns médicos a realizar o procedimento por conta própria, e então a companhia tentaria popularizar o produto.

Inicialmente, estimava-se que levaria três anos para que os estudos clínicos fossem aprovados. No entanto, Wyss insistiu, sem qualquer explicação, em que não seria realizado nenhum estudo clínico. Os executivos de alto escalão eram leais a Wyss, uma vez que haviam sido preparados por ele para galgar os níveis corporativos. Eles sabiam que era melhor não confrontá-lo!

Perguntas para Discussão
1. Por que a Synthes insistiu nesse comportamento arriscado por um ganho relativamente tão pequeno?
2. Se fosse a Johnson & Johnson, que aspectos da cultura da Synthes você mudaria?

Ficou evidente, no final das contas, que a Synthes pagou um preço alto por suas ações antiéticas e ilegais — multas, danos à reputação e até a prisão de alguns dos maiores executivos. Talvez o principal responsável pelo fiasco da Synthes tenha sido seu presidente, Hansjorg Wyss. Autoritário e intimidador, não tolerava quem não concordasse com ele e se concentrava nas receitas e lucros, ao mesmo tempo em que desconsiderava as considerações éticas e morais. Em contraste, os líderes eficazes têm um importante, se não o principal, papel na criação de uma cultura organizacional que busque a excelência sem se afastar dos elevados padrões de comportamento ético.

Este capítulo versa sobre o papel da liderança estratégica na administração, adaptação e em como lidar com o aumento da complexidade e incerteza ambiental. Primeiro definimos liderança e suas três atividades interdependentes — estabelecer uma direção, projetar uma organização e estimular uma cultura dedicada à excelência e comportamento ético. Então identificamos dois elementos da liderança que contribuem para o sucesso — a superação de obstáculos para mudança e o uso eficaz do poder. A terceira seção se concentra na inteligência emocional, um traço que está sendo cada vez mais reconhecido como vital para uma liderança de sucesso. Em seguida enfatizamos a importância de os líderes desenvolverem competências complementares e criarem uma organização de aprendizagem. Nesse ponto nos concentramos na delegação de poder, com a qual os empregados e gerentes da organização inteira desenvolvem um senso de autodeterminação, competência, significado e impacto, elementos imensamente importantes para o aprendizado. Por fim, discorremos sobre o papel do líder na construção de uma organização ética e os elementos de uma cultura ética que contribuem para a eficácia da empresa.

Liderança: Três Atividades Interdependentes

No mundo caótico de hoje, poucos falariam contra a necessidade de liderança. Mas como encorajá-la? Será que basta deixar as coisas como estão, ou é preciso promover um progresso contínuo em direção a um objetivo preestabelecido? Acreditamos que uma administração que não preze a liberdade não é liderança. A liderança é proativa, orientada por alvos, e focalizada na criação e implementação de uma visão criativa. **Liderança** é o processo de transformar organizações, transformando-as do que são naquilo que o líder considera que deveriam ser. Essa definição implica em um bocado de coisas: *descontentamento* com o status quo, uma *visão* do que deveria ser e um *processo* para fazer mudanças. Um executivo de uma companhia de seguros compartilhou a seguinte ideia: "Eu lidero de acordo com o Princípio de Noé: é bom saber quando vai chover, mas, Santo Deus, o melhor é construir a arca".

Fazer a coisa certa é cada vez mais importante. Muitos mercados estão declinando; a aldeia global está se tornando cada vez mais complexa, interconectada e imprevisível; e os ciclos de vida dos produtos e mercados estão se tornando cada vez menores. Quando lhe pediram para descrever o ciclo de vida dos produtos de sua companhia, o CEO de uma fornecedora de componentes de computador disse: "Sete meses do berço ao túmulo — e isso inclui três meses para projetar o produto e produzi-lo!". Richard D'Aveni, autor de *Hypercompetition*, disse que em um mundo no qual todas as dimensões de competição parecem ser comprimidas

---

liderança
o processo de transformar as organizações, fazendo-as ser aquilo que o líder deseja.

FIGURA 11.1 Três Atividades Interdependentes da Liderança

- Estabelecer uma direção
- Projetar a organização
- Estimular uma cultura dedicada à excelência e comportamento ético

pelo tempo e aumentadas em complexidade, as vantagens competitivas *sustentáveis* não são mais possíveis.

A despeito da importância de fazer a "coisa certa", os líderes também devem se preocupar em "fazer a coisa direito". Charan e Colvin acreditam firmemente que a execução, ou seja, a implementação da estratégia, também é essencial para o sucesso.

> Dominar a execução acaba sendo a melhor maneira de um presidente manter seu emprego. Assim, qual é a melhor maneira de pensar naquela obsessão tão sexy, a estratégia? Ela é extremamente importante — obviamente. O problema é que o mundo atual, fascinado, alimenta a crença enganosa de que desenvolver exatamente a estratégia certa fará com que uma companhia supere seus adversários. Na verdade, essa ainda é a metade do trabalho.[2]

Assim, os líderes são agentes de mudança cujo sucesso é medido por quão eficientemente eles formulam *e* executam uma visão e missão estratégica.[3]

Muitos autores dizem que os líderes de sucesso devem reconhecer três atividades interdependentes que devem ser continuamente reavaliadas para o sucesso da organização. Como mostra a Figura 11.1, elas são: (1) estabelecer uma direção, (2) projetar a organização e (3) estimular uma cultura dedicada à excelência e comportamento ético.[4]

A natureza interdependente dessas três atividades é bem clara. Consideremos uma organização com uma grande missão e uma estrutura organizacional fantástica, mas uma cultura que, implicitamente, encoraja a negligência e o comportamento antiético. Ou uma com uma boa direção e forte cultura, mas com equipes contraprodutivas e um sistema de "soma zero", que resulta em uma situação disfuncional na qual o ganho de uma parte é encarado como perda em outra, e a colaboração e compartilhamento são severamente prejudicados. Obviamente, tais combinações não seriam eficientes.

Frequentemente as falhas das organizações, hoje em dia, podem ser atribuídas à falta de consideração equitativa dessas três atividades. A ideia de uma banqueta de três pernas nos ajuda: se faltar uma perna ou se ela estiver quebrada, a banqueta vai cair. Analisemos brevemente cada uma dessas três atividades e o valor de um método bicultural de liderança.

Estabelecer uma Direção

Uma compreensão holística dos stakeholders de uma organização exige habilidade para explorar o ambiente e desenvolver conhecimento, seja sobre todos os stakeholders da companhia, seja sobre outras destacadas tendências e eventos ambientais. Os gestores devem integrar esse conhecimento em uma visão daquilo que a organização poderia se tornar.[5] Essa visão requer capacidade de resolver problemas cada vez mais complexos, proatividade nos

PA11.1
As três atividades interdependentes nas quais todos os líderes bem-sucedidos devem estar continuamente empenhados.

estabelecer uma direção
uma atividade de liderança estratégica voltada à análise e formulação da estratégia.

DESTAQUES DE ESTRATÉGIA 11.1

SUSTENTABILIDADE AMBIENTAL

UMA VISÃO DE SUSTENTABILIDADE AMBIENTAL AJUDA A 3M A SE MANTER COMPETITIVA

Visão e mudanças criativas não são apenas responsabilidades do CEO. Vejamos, por exemplo, o caso do vice-presidente de engenharia ambiental e controle de poluição da 3M, Joe Ling. Em 1975, o sr. Ling supervisionou os esforços da 3M em cumprir as novas exigências legais referentes à poluição. Anos atrás, por exemplo, a 3M se concentrou em diminuir seu impacto ambiental ao instalar filtros nas chaminés, tratar, antes de liberar, as águas servidas, e separar os resíduos sólidos. Embora tais estratégias de prevenção permitissem que a 3M atendesse às exigências legais, a visão do sr. Ling ia muito além. Em vez de encarar as preocupações ambientais como um mal necessário, ele se perguntou se a 3M poderia evitar a poluição e lucrar com isso. Em sua opinião, isso era possível, e colocou em marcha o famoso programa Pollution Prevention Pays (ou 3P), em vigor até hoje.

Não obstante seja desafiador introduzir uma mudança criativa em qualquer organização, o sr. Ling não se intimidou em estabelecer alvos desafiadores. Qualquer ideia que reduzisse a poluição também deveria economizar dinheiro para a 3M. Os executivos da companhia se comprometeram com esse ideal e reiteraram que "qualquer coisa que não fosse um produto era considerado um custo". Tal estratégia de sustentabilidade está firmemente baseada na filosofia 3P, de que tudo o que aumenta o rastro deixado pela 3M não é apenas poluição ou resíduos, mas também sinal de ineficiências operacionais.

Além de encorajar os grandes executivos a repensar produtos e processos, o 3P também deu autoridade aos empregados de níveis hierárquicos e funcionais menores para gerar melhorias de sustentabilidade. A visão do sr. Ling de integrar o 3P na cultura corporativa da 3M cresceu a ponto de se tornar um fenômeno de sucesso, culminando em mais de 6.300 projetos de sustentabilidade e $1,17 bilhão em poluentes poupados. De acordo com o mantra do 3P, de que a prevenção da poluição contribui para o sucesso financeiro da 3M, a companhia economizou mais de $1 bilhão no primeiro ano do projeto.

O 3P tem sido parte integrante da estratégia corporativa da 3M em um mercado global cada vez maior. Alguém poderia imaginar que a economia de custos proveniente das ações de sustentabilidade redundaria em aumento da lucratividade, apesar de que as margens de lucro da 3M são, grosso modo, as mesmas de 30 anos atrás. Contudo, ela opera em um negócio industrial cada vez mais competitivo, com redução das margens operacionais, o que torna os programas de eficiência operacional, como o 3P, fundamentais para o sucesso de longo prazo da 3M. Portanto, não é nenhuma surpresa que a 3M continue a desafiar seus empregados com altos padrões de sustentabilidade. Nas últimas duas décadas, a 3M reduziu as emissões tóxicas em 99% e as emissões de gases que contribuem para o efeito estufa em 72%. Isso faz com que a 3M seja a única companhia a ganhar o prêmio Energy Star Award da EPA (EPA é a sigla, em inglês, da Agência de Proteção Ambiental americana) todos os anos desde que ele é concedido, economizando e se mantendo competitiva nesse meio tempo.

Fontes: Esty, D. C. & Winston, A. S. 2009. *Green to Gold*. Hoboken, NJ: Wiley: 106–110; Anônimo. 2012. 2015 Sustainability goals: Sometimes our toughest challenges are the ones we put on ourselves. www.3m.com, 10 de junho: np; e Winston, A. S. 2012. 3M's sustainability innovation machine. www.businessweek.com, 15 de maio: np.

---

métodos e desenvolvimento de opções estratégicas viáveis. Uma visão estratégica traz muitos benefícios: direção clara do futuro; base para as missões e alvos da organização; e aumento da comunicação, participação e comprometimento dos empregados.

Às vezes, o processo criativo envolve o que o presidente da Yokogawa, a parceira japonesa da GE na área de Sistemas Médicos, chamou de pensamento "trem-bala".[6] Ou seja, se queremos aumentar a velocidade em 10 km/h, procuramos por avanços incrementais. No entanto, se queremos dobrar a velocidade, precisamos pensar "fora da caixa" (p. ex., aumentar a tração, mudar o sistema de suspensão geral). Os líderes precisam de mais soluções criativas do que apenas manter o passo com alguns ajustes menores. Em vez disso, eles devem sugerir visões mais revolucionárias.

Destaques de Estratégia 11.1 mostra o método revolucionário de Joe Ling para a estratégia de sustentabilidade da 3M. Esse exemplo ilustra que a liderança visionária não é apenas responsabilidade do CEO.

Projetar a Organização

projetar a organização
uma atividade de liderança estratégica para criar estruturas, equipes, sistemas e outros processos organizacionais que facilitam a implementação da visão e estratégia do líder.

Às vezes, quase todos os líderes têm dificuldade de implementar sua visão e estratégias.[7] Tais problemas podem vir de várias fontes:

- Falta de entendimento da responsabilidade e prestação de contas entre os gestores.
- Sistemas de recompensa que não motivam os indivíduos (ou conjuntos, como grupos e divisões) a atingir os alvos organizacionais.

- Orçamento e sistemas de controle inadequados ou inapropriados.
- Instrumentos insuficientes para integrar atividades na organização.

Os líderes bem-sucedidos envolvem-se ativamente na criação de estruturas, equipes, sistemas e processos organizacionais que facilitam a implementação da sua visão e estratégias. Caso a empresa deixe de estruturar corretamente as atividades organizacionais, provavelmente será incapaz de obter vantagens de baixo custo geral por monitorar de perto seus custos através de procedimentos de controle financeiro e de custo formalizados e detalhados. No que se refere à estratégia de nível corporativo, uma estratégia de diversificação relacionada necessitaria de sistemas de recompensa que enfatizassem as medidas comportamentais porque a independência entre as unidades de negócios tende a ser muito importante. Em contraste, os sistemas de recompensa associados com uma estratégia de diversificação não relacionada se concentraria mais nos indicadores financeiros de desempenho porque as unidades de negócios seriam relativamente autônomas.

Esses exemplos ilustram a importância do papel da liderança na criação de sistemas e estruturas para atingir os fins desejados. Sobre a importância do projeto da organização, Jim Collins diz: "Além de descobrir o que a companhia defende e forçá-la a entender no que ela é realmente boa, a construção de mecanismos é o papel do presidente — o líder como arquiteto".[8]

Estimular uma Cultura Comprometida com a Excelência e Comportamento Ético

A cultura organizacional pode ser um meio eficaz de controle organizacional.[9] Os líderes têm um papel vital na mudança, desenvolvimento e sustento da cultura de uma organização. Consideremos uma empresa chinesa, a Huawei, uma empresa muito bem-sucedida na área de soluções e serviços de comunicação via rede.[10] Em 2012, ela teve receitas de $35,4 bilhões e um lucro líquido de $2,5 bilhões. Sua forte cultura pode ser atribuída a seu fundador, Ren Zhengfei, e seu histórico no People's Liberation Army. Nessa cultura, elimina-se o individualismo e se promove-se o espírito coletivo e a ideia de caçar em bando. É a "cultura do lobo" da Huawei:

cultura organizacional excelente e ética uma cultura organizacional concentrada nas competências principais e em altos padrões éticos.

> A cultura da Huawei baseia-se em um senso de patriotismo, com o sr. Zhengfei citando frequentemente os pensamentos de Mao Zedong em seus discursos e publicações internas, como a revista dos empregados, a *Huawei People*. As equipes de vendas são chamadas de "Guerrilhas de Mercado", e as táticas de batalha, como "primeiro ocupar as áreas rurais para cercar as cidades", são usadas internamente. Além de Mao Zedong, o sr. Zhengfei encorajou seus empregados a imitar o exemplo dos japoneses e alemães. Isso é exemplificado nas palavras escritas em uma carta dirigida aos novos contratados: "Espero que você abandone a mentalidade de atingir resultados rapidamente, incorporando a atitude 'pé no chão' dos japoneses e o espírito detalhista dos alemães".
>
> A noção da "cultura de lobo" vem do fato de que os trabalhadores da Huawei são encorajados a se espelhar no comportamento dos lobos, que têm um senso apurado de olfato, são agressivos e, o mais importante, caçam em bando. Esse espírito coletivo e agressivo é o centro da cultura da Huawei. Combinar o comportamento dos lobos com o estilo de treinamento militar contribui para o sucesso da companhia.

Em contraposição, os líderes também podem ter um efeito muito prejudicial sobre a cultura e a ética de uma empresa. Imagine o impacto negativo que as ações negativas de Todd Berman tiveram sobre a empresa que ele ajudou a fundar — a Chartwell Investments, um fundo de investimento em participações acionárias de Nova York.[11] Ele roubou mais de $3,6 milhões da empresa e dos investidores. Berman se declarou culpado das acusações de fraude feitas pelo Departamento de Justiça. Durante dezoito meses ele enganou os investidores da Chartwell a respeito da real situação financeira do portfólio de ações da empresa, dizendo, falsamente, que ela precisava emprestar fundos para cobrir as despesas operacionais. Em vez disso, Berman transferia o dinheiro para sua conta bancária pessoal, junto com as taxas relativas à carteira de investimentos.

Indubitavelmente, o comportamento e os valores de um líder podem ter um grande impacto sobre uma organização — para o bem ou para o mal. Destaques de Estratégia 11.2 mostra um exemplo positivo. Nele se discute como o diretor da Infosys criou uma cultura ética "fazendo o que mandava fazer".

DESTAQUES DE ESTRATÉGIA | 11.2 — ÉTICA

O ESTÍMULO DA ÉTICA E DOS VALORES DE UMA EMPRESA: FAZER O QUE SE MANDA FAZER

As empresas costumam elaborar declarações de valor e códigos de conduta, mas muitas não vivem de acordo com seus próprios padrões — em outras palavras, elas não cumprem o que dizem. Vejamos o exemplo positivo de N. R. Narayana Murthy, diretor e um dos fundadores da Infosys (uma companhia indiana de tecnologia gigante). Em fevereiro de 1984, logo depois de ser fundada, a Infosys decidiu importar um superminicomputador para começar a desenvolver software para clientes de outros continentes. Quando a máquina chegou no aeroporto de Bangalore, a alfândega local se recusou a liberá-la a menos que a companhia "cuidasse dela" — o eufemismo indiano para "propina". Um atraso na alfândega ameaçaria o projeto. Ainda assim, em vez de ceder às demandas antiéticas da alfândega, o sr. Murthy manteve-se fiel a seus valores e escolheu o caminho formal, mais caro, de pagar um imposto de 135% com poucas chances de recorrer e receber um reembolso.

Refletindo sobre esse evento, o sr. Murthy diz: "Não tínhamos dinheiro suficiente para pagar o imposto; foi preciso pedir emprestado. Entretanto, visto que decidimos agir de modo ético, não tivemos escolha. Não pagaríamos propinas. Acabamos pagando o dobro pela máquina e tínhamos apenas uma pequena chance de receber o dinheiro de volta. Mas uma consciência tranquila é o travesseiro mais macio no qual podemos deitar a cabeça à noite [...] Demorou alguns anos para que as autoridades corruptas deixassem de nos oferecer favores".

Fonte: Raman, A. P. 2011. "Why don't we try to be India's most respected company?" *Harvard Business Review*, 89(11): 82.

Gestores e altos executivos devem aceitar a responsabilidade pessoal de desenvolver e fortalecer o comportamento ético na organização. Eles devem demonstrar, de modo consistente, que tal comportamento é vital para a visão e missão da organização. Vários elementos devem estar presentes, e ser reforçados, para que uma empresa se torne ética, incluindo exemplos a serem seguidos, crenças corporativas e códigos de conduta, sistemas de recompensa e avaliação e políticas e procedimentos. Em face da importância desses elementos, os analisaremos em detalhes na última seção deste capítulo.

Fazendo as Coisas Acontecerem: Como Superar Obstáculos e Usar o Poder

PA11.2
Dois elementos da liderança eficaz: a superação de obstáculos para mudar e o uso eficaz do poder.

O ambiente de negócios de hoje em dia demanda dos líderes uma série de funções. O sucesso das organizações depende bastante de como eles, enquanto indivíduos, enfrentam desafios e cumprem promessas. Que práticas e habilidades são necessárias para realizar o trabalho de modo eficaz? Nesta seção nos concentraremos em duas habilidades que são a marca de uma liderança bem-sucedida: a superação de obstáculos para mudar e o uso eficaz do poder. Depois, na próxima seção, examinaremos um traço humano importante que ajuda os líderes a serem mais eficazes: a inteligência emocional.

Superando os Obstáculos para Mudar

obstáculos para mudar
características de indivíduos e organizações que impedem um líder de transformar uma organização.

interesse em manter o status quo
um obstáculo para a mudança que resulta da aversão das pessoas ao risco.

O que são os **obstáculos para mudar** que os líderes costumam encontrar e como eles podem resultar em uma mudança organizacional para melhor?[12] Afinal, as pessoas, geralmente, têm certo nível de escolha sobre o quanto apoiarão ou resistirão às iniciativas de mudança que um líder promove. Por que costuma haver tanta resistência? As organizações de todos os níveis estão dispostas à inércia, e demoram a aprender, se adaptar e mudar porque:

1. Muitas pessoas têm **interesses em manter o status quo**. As pessoas tendem a ter aversão ao risco e a ser resistentes a mudanças. Há numerosas pesquisas sobre um fenômeno comum (em inglês conhecido por *escalation*) no qual certos indivíduos continuam a investir "dinheiro bom em más decisões", apesar dos resultados negativos quanto ao desempenho.[13]

2. Existem os **obstáculos sistêmicos**. O projeto da estrutura, processamento de informações e relações hierárquicas de uma organização (e similares) que impede o fluxo e a avaliação apropriados das informações. Uma estrutura burocrática com múltiplas camadas, exigências onerosas de documentação e regras e procedimentos rígidos "inocularão" a organização contra mudanças.
3. Os **obstáculos comportamentais** fazem com que os gerentes encarem os assuntos de uma perspectiva parcial ou limitada devido à sua educação, treinamento, experiências de trabalho, e assim por diante. Consideremos um incidente compartilhado por David Lieberman, diretor de marketing da GVO, uma inovadora empresa de consultoria:

> Uma pessoa criativa da empresa teve uma ideia inovadora para um novo produto. Quase todos amaram a ideia. Todavia, ela foi descartada por um representante de alto nível da produção, que explodiu: "Uma nova cor? Você faz ideia do problema com peças de reposição que isso vai gerar?". Essa reação não vinha de um idiota irritado que não queria montar mais algumas prateleiras de armazenamento na fábrica. Ocorre que vinha escutando, há muito tempo, falar sobre economia, estoque baixo e "foco". Lieberman disse: "Bons conceitos, mas nem sempre bons para a inovação".

4. Os **obstáculos políticos** se referem aos conflitos resultantes das relações de poder. Eles podem ser causados por vários fatores, como interesses pessoais, recusa em compartilhar informações, brigas pela obtenção de recursos, atritos entre departamentos e divisões e mesquinhas diferenças interpessoais.
5. As **restrições de tempo pessoal** nos lembram da conhecida expressão segundo a qual há necessidade de "parar para pensar". A lei de planejamento de Gresham diz que as decisões operacionais determinarão o tempo necessário para o pensamento e reflexão estratégicas. Essa tendência é acentuada em organizações experienciando uma severa competição ou retração nas quais os gerentes e empregados podem não ser suficientes.

Destaques de Estratégia 11.3 fala sobre como a Microsoft e a Natura Cosméticos conseguiram superar obstáculos políticos para criar um ambiente mais colaborativo.

Os líderes devem se valer de várias habilidades pessoais e dos instrumentos organizacionais para fazer suas organizações avançarem diante de tais obstáculos. Dois fatores mencionados anteriormente — a construção de uma organização de aprendizado e uma organização ética — fornecem o clima propício para que o líder possa direcionar o foco da organização e avançar em direção aos seus objetivos.

Um dos instrumentos mais importantes de que um líder dispõe para superar obstáculos é seu poder pessoal e organizacional. Os bons líderes devem evitar abusar do poder. A boa liderança requer o exercício apropriado do poder. Vamos falar sobre isso a seguir.

O Uso Eficaz do Poder

A boa liderança exige o uso eficaz do poder para superar obstáculos para mudar.[14] Mark Twain brincou: "Eu apoio o progresso. Sou contra as mudanças". O **poder** se refere à habilidade do líder de fazer as coisas do modo como ele quer que sejam feitas. É a habilidade de influenciar o comportamento das outras pessoas, de persuadi-las a fazer as coisas de uma maneira que, de outro modo, não fariam, e superar a resistência e oposição. O exercício eficaz do poder é essencial para a boa liderança.[15]

Um líder deriva seu poder de várias fontes ou fundamentos. O modo mais simples de entender as bases do poder é classificá-las como organizacional ou pessoal, tal como mostra a Figura 11.2.

Os **fundamentos organizacionais de poder** se referem ao poder que uma pessoa tem devido à sua posição formal na administração.[16] Eles incluem o poder legítimo, o de recompensar, o coercivo e o de informação. O *poder legítimo* é outorgado pela autoridade intrínseca ao próprio sistema organizacional e é exercido em virtude da posição do gestor na organização. O *poder de recompensar* depende da habilidade do líder ou gerente de conferir recompensas por comportamentos ou resultados positivos. O *poder coercivo* é o que capacita os gestores a

---

obstáculos sistêmicos
obstáculos para mudança que resultam de um projeto organizacional que impede o fluxo e a avaliação apropriados das informações.

obstáculos comportamentais
obstáculos para mudança associados com a tendência dos gerentes de encarar os assuntos a partir de um ponto de vista parcial ou limitado baseado em sua educação e experiência anteriores.

obstáculos políticos
obstáculos para mudança relacionados com conflitos resultantes das relações de poder.

restrições de tempo pessoal
um obstáculo para mudança que resulta das pessoas não terem tempo suficiente para o pensamento e reflexão estratégicas.

poder
a habilidade do líder de fazer as coisas do modo como ele quer que sejam feitas.

fundamentos organizacionais do poder
uma posição formal na administração que é a base do poder do líder.

DESTAQUES DE ESTRATÉGIA | 11.3

COMO SUPERAR OS OBSTÁCULOS POLÍTICOS PARA MUDAR

Para superar os obstáculos políticos para mudar, as companhias de hoje trabalham de modo mais colaborador do que jamais ocorreu, tanto dentro da empresa como fora dela. Embora as reuniões virtuais de equipes e outros aparatos tecnológicos, como o Facebook e o Twitter, facilitem as conversas e a delegação de poder aos empregados, não são suficientes para os líderes que dependem só da tecnologia. Em vez disso, os altos executivos devem liderar pelo exemplo e ser, eles mesmos, bons colaboradores. Um obstáculo para a colaboração eficaz é a disseminação de batalhas políticas. Vejamos a Microsoft, por exemplo. Antes da Apple lançar seu tablet de sucesso, o iPad, a Microsoft havia desenvolvido um tablet viável mais de uma década antes. Contudo, interesses pessoais e desavenças entre grupos sepultaram o projeto. Desde então, parece que a Microsoft está se concentrando em estabelecer uma colaboração administrativa mais próxima, como mostra o caso da recente aquisição do Skype. Este programa, que possibilita as chamadas videoconferências, se tornará uma das unidades de negócios da Microsoft, que precisará colaborar mais com outras divisões para realizar as sinergias esperadas da aquisição.

A Natura Cosméticos do Brasil fornece outro exemplo de como superar obstáculos resolvendo conflitos políticos. Alessandro Carlucci, até pouco tempo atrás (agosto de 2014) CEO dessa grande fabricante e distribuidora de produtos de beleza, implementou um "processo de engajamento" compreensivo que promove um modo de pensar colaborativo em todos os níveis da organização. Como parte desse processo, o sr. Carlucci priorizou unir seus executivos de alto escalão em torno de objetivos em comum e acabar com as lutas internas por poder, que se tornaram cada vez mais evidentes depois que a Natura se tornou uma companhia de capital aberto em 2004. Ele instituiu, como parte integrante da filosofia administrativa da companhia, a necessidade de que os executivos de maior gabarito investissem no desenvolvimento pessoal. Assim, cada um deles embarcou em uma "jornada pessoal" com um coach dedicado, que conversava com cada um, individualmente, e com a equipe como um todo. Carlucci explica que "este é um tipo diferente de treinamento. Não se trata apenas de falar com seu chefe ou subordinados, mas de falar sobre a história de vida de uma pessoa, com suas famílias; é algo mais holístico, amplo, integrando todos os diferentes papéis de um ser humano". Diferentemente de outros processos de desenvolvimento, esse método de treinamento enfatiza o lado humano dos membros da equipe de administração, com todos seus diferentes pontos fortes, mas também com seus pontos fracos. Essa experiência ilustra de modo eficaz que nenhum alto executivo da Natura, isoladamente, tem todas as respostas, e que a colaboração não apenas é possível, mas essencial para o sucesso a longo prazo. Os esforços de Carlucci de criar um pensamento colaborador começaram a ser reconhecidos por pessoas fora da companhia e ajudaram a empresa a ter uma boa posição na lista da *Fortune* das melhores companhias para líderes.

Fonte: Ibarra, H. & Hansen, M. T. 2011. Are you a collaborative leader? *Harvard Business Review*, 89(7/8): 68–75; Anônimo. 2011. Analysis: What does Microsoft's Skype acquisition mean for businesses? www.computerweekly.com, 13 de maio: np; Hansen, M. T. & Ibarra, H. 2011. Getting collaboration right. blogs.hbr.org, 16 de maio: np.

FIGURA 11.2 As Bases do Poder de um Líder

- **Fundamentos do Poder**
  - **Organizacional**
    - Poder legítimo
    - Poder de recompensar
    - Poder coercivo
    - Poder de informação
  - **Pessoal**
    - Poder referente
    - Poder de expertise

penalizar os empregados por erros de omissão ou compartilhados. O *poder de informação* deriva de o gestor ter acesso, controle e meios para distribuir informações que não estão amplamente disponíveis a todos da organização.

DESTAQUES DE ESTRATÉGIA 11.4

O USO DO PODER "BRANDO" NA SIEMENS

Até 1999, o pagamento de propinas nos mercados internacionais não era apenas legalmente permitido na Alemanha: as corporações alemãs também podiam deduzi-las do imposto de renda. No entanto, quando essas leis mudaram, a poderosa Siemens achou difícil parar com seu hábito de pagar propinas em suas grandes operações mundiais. Por fim, um grande escândalo fez com que altos executivos saíssem da empresa, incluindo seu presidente Klaus Kleinfeld. O sucessor do sr. Kleinfeld foi Peter Löscher, que se tornou, em 2007, o primeiro CEO vindo de fora da organização na história de mais de 160 anos da Siemens. Como forasteiro, o sr. Löscher achou difícil se estabelecer como um líder forte dentro da burocrática organização da Siemens. No entanto, ele acabou descobrindo uma maneira de realizar com êxito uma transição bem-sucedida para sua nova posição.

Naturalmente, no estágio inicial do cargo, faltaram-lhe conexões internas e fundamentos de poder associados ao conhecimento interno de pessoas e processos. Ainda assim, a Siemens enfrentou grandes desafios, como a falta de enfoque no cliente, e precisou de um líder forte com a habilidade de mudar esse status quo. Não havendo um fundamento mais formal para o exercício do poder, ele se valeu de meios mais informais para cumprir seu mandato de mudança organizacional e aumento da orientação ao cliente.

Uma vez por ano, todos os 700 executivos de alto escalão se reuniam para uma conferência de liderança em Berlin. Devido à histórica falta de foco no cliente, Löscher usou a pressão dos colegas como um modo informal (ou brando) de poder para desafiar e, eventualmente, mudar essa orientação. Lembrando-se de sua primeira conferência de liderança como presidente, ele diz: "Cataloguei todos os e-mails do Outlook do ano passado de todos os presidentes e diretores das diversas divisões da empresa. Então analisei quanto tempo eles gastavam com os clientes e os classifiquei. Houve um grande debate em meu círculo mais próximo sobre se eu deveria citar nomes. Alguns acharam que isso envergonharia as pessoas, mas eu decidi colocar os nomes das pessoas na tela assim mesmo".

Os resultados desse exercício foram notáveis: o sr. Löscher gastou metade de seu tempo com os clientes, mais do que qualquer outro alto executivo. Obviamente, os que estavam administrando as divisões de negócios deveriam ter uma classificação maior de interação com os clientes do que o CEO. Isso confirmou a falta de foco no cliente na organização. Essa classificação é recorrentemente apresentada em todas as conferências de liderança da Siemens desde que Löscher assumiu o cargo. Com o tempo, a orientação de focar-se nos clientes aumentou, porque ninguém queria ter uma classificação ruim e passar vergonha. O estilo de liderança de Löscher e o uso do poder brando durante o início de seu trabalho parecem ter compensado, visto que o conselho de administração da Siemens estendeu seu contrato como presidente da indústria ícone alemã um ano antes de expirar.

Fonte: Lüscher, P. 2012. The CEO of Siemens on using a scandal to drive change. *Harvard Business Review*, 90(11): 42; e Anônimo. 2011. Löscher soll Vorstandschef beleiben. www.manager-magazin.de, 25 de julho: np.

Um líder também deve poder influenciar os subordinados por causa das características de sua personalidade e comportamento. Esses fatores são considerados como o **fundamento pessoal de poder**, incluindo o poder referente e o de expertise. A fonte do *poder referente* é a identificação do subordinado com o líder. Os atributos pessoais ou carisma de um líder podem influenciar os subordinados e torná-los devotados a ele. A fonte do *poder de expertise* é a experiência e conhecimento do líder. Ele é o expert de quem os subordinados dependem para obter as informações de que precisam para fazer bem seu trabalho.

Líderes de sucesso usam diferentes tipos de fundamentos de poder, em geral uma combinação deles, para atender às exigências de uma situação, como natureza da tarefa, características de personalidade dos subordinados e urgência da situação.[17] A persuasão e o desenvolvimento de um consenso são essenciais, bem como o incentivo à ação. Em certo ponto, os retardatários devem ser incitados.[18] Peter Georgescu, que se aposentou recentemente como presidente da Young & Rubicam (uma subsidiária de publicidade de mídia do WPP Group, do Reino Unido), resumiu o dilema de um líder de maneira muito inteligente (e engraçada): "Tenho almofadas para os joelhos e uma pistola 45. Me ajoelho e imploro muito, mas também atiro nas pessoas".[19]

Destaques de Estratégia 11.4 relata algumas sutilezas do poder. No caso, o presidente da Siemens conseguiu fazer uma mudança organizacional ao usar bem a pressão sobre os executivos.

fundamento pessoal de poder
as características da personalidade de um líder e seu comportamento, que são o fundamento do poder de um líder.

PA11.3

O papel crucial da inteligência emocional (IE) na liderança de sucesso e suas possíveis desvantagens.

Inteligência Emocional: Uma Característica Fundamental da Liderança

Nas seções anteriores falamos sobre as habilidades e atividades da liderança estratégica. O foco estava no "que os líderes fazem e como fazem". Agora a questão é "quem os líderes *são*", ou seja, quais características da liderança são mais importantes. Obviamente, as duas questões estão relacionadas porque os bons líderes têm características valiosas que fazem com que eles trabalhem bem para criar valor para a organização.[20]

Há muitos livros sobre as características de um líder bem-sucedido.[21] Elas incluem a integridade, maturidade, energia, discernimento, motivação, inteligência, expertise, e assim por diante. Para simplificar, essas características podem ser agrupadas em três grandes conjuntos de habilidades:

- Habilidades simplesmente técnicas (como facilidade com números ou pesquisas operacionais).
- Habilidades cognitivas (como o raciocínio analítico ou a análise quantitativa).
- Inteligencia emocional (como a autoadministração e as relações administrativas).

A "inteligência emocional (IE)" se popularizou na literatura e na prática administrativa recentemente.[22] Os artigos da *Harvard Business Review* publicados em 1998 e 2000 pelo psicólogo/jornalista Daniel Goleman, que tem uma associação mais de perto com o conceito, se tornaram os artigos da *HBR* que mais recebem pedidos de reimpressão. E os dois livros mais recentes de Goleman, *Inteligência Emocional — A Teoria Revolucionária que redefine o que é ser inteligente* e *Trabalhando com a Inteligência Emocional*, estavam na lista de best-sellers do *New York Times*. Goleman define **inteligência emocional** como a capacidade de reconhecer suas próprias emoções a as dos outros.[23]

inteligência emocional (IE)
a capacidade do indivíduo de reconhecer suas próprias emoções e as dos outros, incluindo fatores como autoconsciência, autorregulação, motivação, empatia e habilidades sociais.

Estudos recentes sobre gestores de sucesso descobriram que os líderes eficazes têm, consistentemente, um alto nível de IE.[24] Descobertas indicam que a IE é um indicador mais apropriado do sucesso na vida (bem-estar econômico, satisfação com a vida, amizade, vida familiar), incluindo as realizações ocupacionais, do que o QI. Essa evidência está de acordo com o jargão: "O QI te contrata, mas o QE (quociente emocional) te promove". Os gerentes de recursos humanos acreditam que essa declaração é veraz, mesmo no caso de trabalhos muito técnicos, como os dos cientistas e engenheiros.

Isso não significa que o QI e as habilidades técnicas sejam irrelevantes, mas que eles se tornam "habilidades de entrada". São exigências necessárias para chegar a posições administrativas de alto nível. A IE, por outro lado, é essencial para a boa liderança. Goleman diz que, sem ela, um gerente pode ter excelente treinamento, mente analítica incisiva e muitas ideias inteligentes, mas ainda assim não seria um ótimo líder.

A Figura 11.3 identifica os cinco componentes da IE: autoconsciência, autorregulação, motivação, empatia e habilidades sociais.

Autoconsciência

A autoconsciência é o primeiro componente da IE e nos lembra do conselho do oráculo de Delfos há milhares de anos: "conheça-te a ti mesmo". A autoconsciência envolve uma pessoa conhecer profundamente suas emoções, pontos fortes e fracos e motivações. Pessoas com acentuada autoconsciência não são críticas demais, nem irrealisticamente otimistas. Em vez disso, são honestas consigo mesmas e com outros.

As pessoas em geral admiram e respeitam a honestidade. Os líderes sempre estão tomando decisões, o que exige uma avaliação honesta de habilidades — das próprias e dos outros. Aqueles que se autoavaliam honestamente (i.e., as pessoas autoconscientes) estão preparados para fazer o mesmo nas organizações que administram.[25]

Autorregulação

Os impulsos biológicos dirigem nossas emoções. Embora não possamos nos livrar delas, podemos tentar controlá-las. A autorregulação, algo semelhante a ter uma conversa interior constante, nos liberta de sermos prisioneiros de nossos sentimentos.[26] As pessoas que se empenham nesse diálogo consigo mesmas têm ocasionais situações de mau humor e impulsos

FIGURA 11.3 Os Cinco Componentes da Inteligência Emocional em Ação

	Definição	Características
Habilidades de Autoadministração		
Autoconsciência	• A habilidade de reconhecer e entender seu humor, emoções e impulsos, bem como seus efeitos sobre os outros.	• Autoconfiança • Autoavaliação realista • Senso de humor autodepreciativo
Autorregulação	• A habilidade de controlar ou redirecionar impulsos e humor disruptivos. • A propensão a adiar julgamentos — de pensar antes de agir.	• Confiabilidade e integridade • Conforto com a ambiguidade • Disposição de mudar
Automotivação	• Uma paixão pelo trabalho por motivos que vão além de dinheiro ou status. • Uma tendência de procurar atingir alvos com energia e persistência.	• Forte impulso para vencer • Otimismo, mesmo em casos de falha • Compromisso com a organização
Relações interpessoais		
Empatia	• A habilidade de entender a roupagem emocional de outras pessoas. • A habilidade de tratar as pessoas de acordo com suas reações emocionais.	• Expertise em criar e estabelecer talentos • Permeabilidade cultural • Prestação de serviço a clientes e fregueses
Habilidade social	• Proficiência em administrar relações e criar redes pessoais. • Uma habilidade de encontrar pontos em comum e estabelecer relacionamentos.	• Eficácia de liderar a mudança • Persuasão • Expertise em criar e liderar equipes

Fonte: Reimpresso com a permissão da *Harvard Business Review*. Anexo do artigo "What Makes a Leader", de D. Goleman, janeiro de 2004. Direitos autorais © 2004 pela Harvard Business School Publishing Corporation; todos os direitos reservados.

emocionais como todo mundo. Entretanto, elas encontram maneiras de se controlar e até canalizar seus sentimentos de modo útil.

As pessoas com autorregulação conseguem criar um ambiente de confiança e justiça, no qual o comportamento político e as lutas internas são bem reduzidas e a produtividade tende a ser alta. As pessoas que dominaram suas emoções conseguem produzir mais e implementar mudanças em uma organização. Quando se anuncia uma nova iniciativa, é menos provável que entrem em pânico; elas conseguem suspender julgamentos, procurar informação e ouvir os executivos que estão explicando o novo programa.

Automotivação

Os bons executivos são motivados a ir além das expectativas — suas e de todos os outros. Embora muitas pessoas sejam movidas por fatores internos, como dinheiro e prestígio, os que têm potencial de liderança são motivados por um profundo desejo de serem bem-sucedidos naquilo que empreendem.

As pessoas motivadas mostram paixão pelo trabalho em si, como procurar por desafios criativos, amor pelo aprendizado e ter orgulho por um trabalho bem executado. Também têm um alto nível de energia para fazer melhor as coisas, bem como uma inquietação com o status quo. Elas desejam explorar novos métodos para seu trabalho.

Empatia

A empatia é, provavelmente, o componente mais reconhecível da IE. "Empatia" significa uma consideração profunda pelos sentimentos de um empregado, bem como outros fatos, no processo de tomar decisões inteligentes. A empatia é importante, em especial no ambiente de

DESTAQUES DE ESTRATÉGIA 11.5

EMPATIA EM UM CONSULTÓRIO ODONTOLÓGICO PEDIÁTRICO

Uma estratégia-chave de líderes eficazes é enxergar as situações do ponto de vista da outra pessoa — em outras palavras, mostrar empatia. A empatia é especialmente importante ao lidar com clientes que nem sempre conseguem dizer o que preferem. Tomemos como exemplo os serviços odontológicos infantis. Os consultórios odontológicos infantis parecem, cheiram e têm os mesmos sons dos consultórios normais porque os donos projetam seus consultórios de acordo com o que fazem (i.e., serviços odontológicos), em vez do que é melhor para seus clientes.

Considerando que até mesmo muitos pais têm sentimentos negativos em relação aos consultórios odontológicos, é, naturalmente, bem desafiador criar entusiasmo ou, pelo menos, diminuir a ansiedade da experiência para a criança. É aí que uma boa dose de empatia entra em cena. Vamos tentar ver uma sessão odontológica do ponto de vista de uma criança. Como resolver a questão da melhor maneira possível? É conveniente esquecer a sabedoria convencional e "sentir" a sessão odontológica. Podem surgir várias ideias interessantes ao simular a experiência infantil. Primeiro: qual é a primeira coisa que se vê ao entrar no consultório? Muito pouco, se a área da recepção estiver organizada no nível dos olhos de um *adulto*. Mesmo a mais maravilhosa recepcionista permanecerá invisível aos olhos da criança. Segundo: o que se escuta? Novamente, a possibilidade é alta de ouvir apenas os sons inerentes aos equipamentos dentários, algo que, na perspectiva da criança, pode parecer com alguém torturando ratos na sala ao lado. Terceiro: qual é o cheiro do lugar? Francamente, os consultórios exalam aquele odor característico que, para as crianças e muitos adultos, resulta em pânico.

Então qual seria o principal objetivo de se colocar no lugar de uma criança? Ver o mundo do ponto de vista do cliente pode fazer com que baixemos o balcão da recepção para que as crianças possam ver a linda recepcionista. Ou tocar uma música de fundo no ritmo de uma batida por segundo para evocar um coração pulsando. E, por último, um bom isolamento acústico anula os sons da broca girando. Acima de tudo, este exemplo mostra que a empatia — ou a habilidade de enxergar as situações do ponto de vista da outra pessoa — permite que os donos de negócios adaptem suas ofertas de serviços e produtos a segmentos de clientes específicos.

Fonte: Burrus, D. 2011. *Flash foresight*. Nova York: Harper Business: xxii-xxiv.

---

negócios de hoje, por, pelo menos, três motivos: o aumento do uso de equipes, a rápida expansão da globalização e a crescente necessidade de reter talento.[27]

Quando lidera uma equipe, um gerente tem a responsabilidade de chegar a um consenso — em geral, envolvendo uma grande quantidade de emoções. A empatia faz com que um gerente sinta e entenda os pontos de vistas de todos na mesa.

A globalização costuma envolver diálogos interculturais que podem desaguar em desentendimentos. As pessoas empáticas percebem as sutilezas da linguagem corporal; conseguem ouvir a mensagem por detrás das palavras. Elas têm uma compreensão profunda da existência e da importância das diferenças culturais e étnicas.

A empatia também tem um papel fundamental na retenção de talento. O capital humano é particularmente importante para uma empresa na economia do conhecimento quando a questão é criar vantagens competitivas sustentáveis. Os líderes precisam de empatia para desenvolver e manter seus maiores talentos, porque quando excelentes profissionais deixam a empresa, levam seu conhecimento tácito com eles.

Destaques de Estratégia 11.5 mostra que a empatia pode compensar em várias situações. Aqui ela ajuda um consultório odontológico pediátrico a enxergar seu negócio pelos olhos de uma criança.

Habilidade Social

Enquanto os três primeiros componentes da IE são habilidades autoadministrativas, as últimas duas — a empatia e a habilidade social — envolvem a habilidade da pessoa de administrar sua relação com outros. A habilidade social pode ser vista como uma postura amistosa com um objetivo: fazer as pessoas andarem na direção que queremos, quer se trate de concordar com uma nova estratégia de marketing ou se entusiasmar com um novo produto.

As pessoas com habilidades sociais tendem a ter um grande círculo de conhecidos, bem como o dom de encontrar pontos em comum e criar relacionamentos. Elas reconhecem que não se faz nada sozinho, e precisam ter uma rede estabelecida para quando chega a hora de agir.

As redes sociais podem ser vistas como o ápice das outras dimensões da IE. As pessoas podem ser bem eficazes na administração das relações quando conseguem entender e controlar suas próprias emoções e ter empatia com os sentimentos dos outros. A motivação também contribui para a habilidade social. As pessoas que são motivadas a vencer tendem a ser otimistas, mesmo quando confrontadas com contratempos. E quando as pessoas são alegres, seu "brilho" é refletido em suas conversas e encontros sociais. Elas são populares, e por um bom motivo.

A chave para desenvolver a habilidade social é se tornar um bom ouvinte — uma habilidade que muitos executivos acham bem desafiadora. Teresa Taylor, presidente da Quest Communications, diz:[28]

> "Com o passar dos anos, algo que eu realmente procurei fazer é ouvir de verdade. Quando digo isso quero dizer que, às vezes, as pessoas fingem que estão ouvido, mas, na verdade, estão imersas em seus próprios pensamentos. Estou tentando me colocar no lugar da outra pessoa, tentando entender o que a motiva e por que ela está na posição em que está".

Inteligência Emocional: Algumas Possíveis Inconveniências e Precauções

Muitos grandes líderes têm enormes reservas de empatia, perspicácia interpessoal, ciência dos próprios sentimentos e compreensão de seu impacto sobre outros.[29] O mais importante é que eles sabem como aplicar essas habilidades judiciosamente em benefício de determinada situação. Um grau mínimo de IE auxiliará uma pessoa a ser um líder eficaz, desde que canalizada de modo apropriado. Porém, níveis elevados dessas habilidades podem se tornar algo "demasiadamente bom" caso estimulem comportamentos inadequados. Algumas possíveis inconveniências da IE podem ser observadas ao se olhar o outro lado de seus benefícios.

Os Líderes Eficazes Têm Empatia por Outros Mas também devem poder tomar "decisões difíceis". Os líderes devem poder usar a lógica e o raciocínio, e reconhecer os sentimentos dos outros para que as pessoas sintam que essas decisões são corretas. Todavia, pode ser fácil se identificar demais com outros ou confundir empatia com simpatia. Isso pode dificultar a tomada de decisões difíceis.

Os Líderes Eficazes Julgam Bem as Pessoas Um perigo é que os líderes passem a julgar ou criticar demais as falhas que percebem nas pessoas. Eles podem tender a ignorar os pensamentos dos outros, fazendo-os se sentir subvalorizados.

Os Líderes Eficazes São Apaixonados pelo que Fazem, e Mostram Isso Isto não quer dizer que eles são como líderes de torcida. Antes, quer dizer que eles expressam sua paixão na forma de persistência na busca por um objetivo ou um foco incansável sobre um princípio valioso. Entretanto, há uma linha tênue entre se entusiasmar por alguma coisa e deixar sua paixão fechar nossa mente para outras possibilidades ou nos fazer fechar os olhos a realidades que outros enxergam.

Os Líderes Eficazes Criam Conexões Pessoais com seu Pessoal Os líderes mais eficazes usam bem seu tempo para falar com os empregados individualmente e em grupo, ouvindo suas ideias, sugestões e preocupações, e respondendo de modo que as pessoas sintam que suas ideias são respeitadas e apreciadas. Contudo, se o líder faz muitas visitas de surpresa, pode criar uma cultura de medo e de microadministração. Obviamente, é essencial atingir o equilíbrio correto.

Moralmente falando, a liderança emocional não é nem boa nem má. Por um lado, líderes emocionais podem ser altruístas, concentrados no bem-estar geral da companhia e dos empregados, e orientam-se por princípios. Por outro lado, podem ser manipuladores, egoístas e desonestos. Por exemplo, se uma pessoa está usando a liderança apenas para ganhar poder, ela não está sendo um verdadeiro líder.[30] Longe disso: ela está usando sua IE para entender o que as pessoas querem e utilizar esse conhecimento para atender a seus desejos de ganhar autoridade e influência. Afinal, respostas simples vendem.

PA11.4
A importância do desenvolvimento de competências complementares (ou "competências companheiras") e a criação de uma organização de aprendizado.

Desenvolvendo Competências Complementares e Criando uma Organização de Aprendizado

Os líderes de todos os níveis da organização precisam refletir sobre as habilidades que têm e em como podem construir e aumentar seu rol de habilidades.[31] É comum que líderes se percam tentando aumentar competências que já têm. No entanto, o caminho mais promissor para um indivíduo aprender e crescer pode ser desenvolver novas competências que complementem os dons e habilidades que já têm. Por exemplo, um líder que tem uma grande competência de desenvolver ideias inovadoras pode aumentar o valor dessa virtude desenvolvendo boas habilidades de comunicação. Um líder assim se beneficiaria de um efeito de interação, uma situação na qual a combinação de duas habilidades pode gerar um resultado significativamente maior do que qualquer habilidade poderia fazê-lo isoladamente. Ao aumentar suas habilidades de comunicação, esse líder altamente inovador poderá comunicar melhor o valor das ideias inovadoras que ele desenvolveu e a necessidade de aumentar o aprendizado e desenvolvimento inovador na organização.

Destaques de Estratégia 11.6 traz ideias únicas dos benefícios de desenvolver competências complementares e como fazer isso.

Uma vez que os líderes refletiram sobre e aumentaram suas próprias competências, podem voltar sua atenção à construção de uma organização de aprendizado. Tal organização pode se adaptar à mudança, incentivar a criatividade e ser bem-sucedida em mercados altamente competitivos.

Para introduzir o conceito de uma organização de aprendizado, nos basearemos em Charles Handy, um dos visionários da administração mais respeitados da atualidade. Ele é o autor de *A Era da Irracionalidade* e *A Era do Paradoxo* e compartilhou um episódio interessante, anos atrás:

> Certa vez, um entregador não conseguiu encontrar a remota cabana de minha família. Ele contatou sua base no rádio e esta nos ligou para pedir informações. Ele estava por perto, mas a base deixou de lhe passar uma parte importante das informações. Então ele contatou a base novamente, e ela nos ligou mais uma vez. Em seguida, o carteiro repetiu o ciclo uma terceira vez para perguntar se tínhamos um cão perigoso. Quando ele, por fim, chegou, perguntamos se não seria mais fácil e menos irritante ele nos ter ligado diretamente da cabine telefônica da estrada, onde havia estacionado o carro. Ao que ele respondeu: "Não posso fazer isso porque eles não reembolsam o dinheiro que gasto". "Mas são apenas alguns centavos", respondi. Ele retrucou: "Eu sei. Mas isso mostra o quão pouco eles confiam em nós".[32]

De relance, poderia parecer que essa história resume a falta de confiança dispensada ao infeliz entregador: Não faça perguntas! Faça apenas o que foi mandado fazer![33] Entretanto, subjacente a esse cenário está a mensagem de que o aprendizado, o compartilhamento de informação, a adaptação, a tomada de decisões e assim por diante *não* são compartilhados na organização. Em contraposição, as organizações líderes reconhecem a importância de que todos estejam envolvidos no processo de aprender e se adaptar ativamente. Como observado pelo expert e atual líder das questões sobre as organizações de aprendizado, Peter Senge, do MIT, foram-se os dias em que Henry Ford, Alfred Sloan e Tom Watson "*aprendiam pela organização*".

> Em um mundo cada vez mais dinâmico, interdependente e imprevisível, simplesmente não é mais possível para ninguém "entender tudo lá de cima". O modelo antigo, "os chefes pensam e os empregados agem", deve agora abrir passagem para o pensamento integrado e a ação em todos os níveis. Embora o desafio seja grande, a possível compensação também o é. O ex-presidente do Citibank Walter Wrison diz: "A pessoa que entende como usar a inteligência coletiva do pessoal de sua organização acabará com a competição".[34]

Aprender e mudar envolve, tipicamente, o contínuo questionamento do status quo ou do método de procedimento de uma organização. Com isso se quer dizer que todos os indivíduos da organização devem poder refletir.[35] Muitas organizações estão tão concentradas em realizar o trabalho do dia a dia que raramente param para pensar de modo objetivo sobre si mesmas e seu negócio, se é que o fazem em alguma ocasião. Com frequência, deixam de fazer

DESTAQUES DE ESTRATÉGIA | 11.6

COMPETÊNCIAS COMPANHEIRAS: A MELHORIA DOS PONTOS FORTES DE UM LÍDER

Os líderes que pretendem dar o passo seguinte em sua carreira podem seguir um processo simples de treinamento cruzado de quatro etapas. A ideia básica por trás disso é simples, porém, eficaz. A maioria dos líderes tem pelo menos uma competência que os torna importantes e, eventualmente, indispensáveis, mas faz pouco sentido continuar a trabalhar continuamente em cima de qualidades já testadas e aprovadas. Em vez disso, os líderes podem se beneficiar de identificar e desenvolver pontos fortes complementares. Criar esses pontos fortes complementares — ou competências companheiras — pode resultar em uma liderança substancialmente mais eficaz do que encontrar oportunidades cada vez mais raras de melhorar uma competência que já é fora de série.

Primeiro: os líderes devem identificar seus pontos fortes em áreas que, em geral, se enquadram em cinco categorias: caráter, capacidade pessoal, obtenção de resultados, habilidades interpessoais e aptidão para liderar uma mudança. Embora essas tarefas possam ser realizadas de vários modos, é importante entender que nossa própria visão é menos importante do que o modo como os outros nos veem, o que significa uma alteração de 360° no método de escolha.

Segundo: escolher um ponto forte para se concentrar. A maioria das pessoas acha que é fácil identificar pontos fracos e concentrar sua atenção neles para melhorá-los. A menos que uma competência esteja extremamente subdesenvolvida (i.e., dentro de um percentil de 10%), porém, pode compensar nos concentrar em competências que já são fortes, mas que ainda não são extraordinárias. Fazer uma competência evoluir de forte para extraordinária pode aumentar dramaticamente a percepção de eficácia. Entretanto, é mais fácil falar do que realmente escolher entre várias competências fortes, porque a maioria das pessoas não tem um critério de seleção. Para selecionar corretamente, os líderes devem optar por uma competência forte que seja importante para a organização. Ademais, os líderes devem escolher uma competência da qual gostem sobremaneira.

Terceiro: selecionar uma competência companheira. Embora desenvolver uma competência grande ou extraordinária seja um passo importante para a jornada de se tornar um líder indispensável, pode ser bastante compensador se concentrar em uma competência medíocre que possa ser desenvolvida de um modo interativo (ou complementar). Como já dito antes, essa competência complementar deve ser avaliada pela organização e também ser algo pelo qual os líderes sintam paixão.

Quarto: desenvolver aquela competência companheira. Uma vez que escolhemos uma competência valiosa para a organização e pessoalmente interessante, deveremos agora procurar melhorar as habilidades básicas nessa área. Na prática, podemos pesquisar a maior quantidade possível de oportunidades para desenvolvê-la, tanto dentro como fora do trabalho. Por exemplo, podemos fazer cursos ou praticar informalmente com amigos e colegas de trabalho. Ou nos voluntariar em atividades que nos possibilitem praticar essa habilidade e obter avaliações contínuas.

Pesquisas extensivas feitas pela Zenger Folkman, uma consultoria de desenvolvimento líder, fornecem evidências sólidas dos benefícios de combinar atributos. Tais descobertas foram baseadas na análise de um banco de dados de mais de 250 mil pesquisas de 360° (aquelas efetuadas entre os pares ou o círculo de trabalho) de cerca de 30 mil líderes em desenvolvimento. Consideremos, por exemplo, as competências de "foco no resultado" e "estabelecimento de relações". Apenas 14% dos líderes que eram razoavelmente fortes (ou seja, estavam no percentil de 75%) em se focar nos resultados, mas muito menos em estabelecer relações, chegaram no nível extraordinário de liderança: no percentil de 90% de eficácia geral de liderança. De modo similar, apenas 12% dos que eram razoavelmente fortes na criação de relacionamentos, mas menos em se focar nos resultados, atingiram esse nível. No entanto, quando um indivíduo tinha um bom desempenho em ambas as categorias, algo fantástico aconteceu: todos os 72% dos que estavam no percentil de 75% em ambas as categorias atingiram os 90% da eficácia geral de liderança.

Fonte: Zenger, J. H., Folkman, J. R. & Edinger, S. K. 2011. Making yourself indispensable. *Harvard Business Review*, 89(10): 84–92.

---

perguntas mais incisivas que poderiam fazê-las questionar suas suposições mais básicas, refrescar estratégias ou reestruturar processos de trabalho. Eis a opinião de Michael Hammer e Steven Stanton, os consultores pioneiros que iniciaram o movimento de reengenharia:

> Reflexão envolve consciência de si, dos clientes e dos consumidores. Significa pensar sem preconceitos. Significa questionar suposições amadas e substituí-las por novos métodos. É a única maneira de uma companhia vencedora poder manter sua posição de liderança, e pela qual uma companhia com grandes recursos pode assegurar que continuará a ter um bom desempenho.[36]

Para se adaptar à mudança, incentivar a criatividade e permanecer competitivos, os líderes devem construir organizações de aprendizado. A Figura 11.4 lista os cinco elementos de uma organização de aprendizado.

FIGURA 11.4
Os Principais Elementos de uma Organização de Aprendizado

Eis os cinco elementos principais de uma organização de aprendizado. Cada um deles deve ser visto como *necessários, mas não suficientes*. Ou seja, as boas organizações de aprendizado necessitam de todos eles.

1. Inspirar e motivar o pessoal com uma missão ou objetivo.
2. Delegar poder aos empregados em todos os níveis.
3. Acumular e compartilhar conhecimento interno.
4. Juntar e integrar informação externa.
5. Desafiar o status quo e permitir a criatividade.

organizações de aprendizado
organizações que criam um método proativo e criativo para desvelar o ainda desconhecido, caracterizadas por (1) inspirar e motivar o pessoal com uma missão e objetivo, (2) delegar poder aos empregados de todos os níveis, (3) acumular e compartilhar o conhecimento interno, (4) juntar e integrar informações externas e (5) desafiar o status quo e permitir a criatividade.

Inspirando e Motivando o Pessoal com uma Missão ou Propósito

As **organizações de aprendizado** bem-sucedidas criam métodos proativos e criativos para desvelar o desconhecido, solicitam ativamente o envolvimento dos empregados de todos os níveis e lhes permitem usar sua inteligência e imaginação. Todos, não apenas a gerência, precisam de níveis maiores de habilidades.[37] Um ambiente de aprendizado envolve um compromisso da organização inteira para mudar, orientação voltada à ação e ferramentas e métodos aplicáveis.[38] Ela deve ser vista por todos como uma filosofia orientadora, e não somente como mais um programa de mudança.

Uma exigência fundamental de todas as organizações de aprendizagem é que todos sintam e apoiem um objetivo plausível e convincente. Nas palavras de William O'Brien, presidente da Hanover Insurance: "Antes de poder haver uma participação significativa, as pessoas devem compartilhar certos valores e ideias a respeito do que se está tentando alcançar. Descobrimos que as pessoas têm uma real necessidade de sentir que são parte de uma missão de capacitação".[39] Tal perspectiva é consistente com um estudo intensivo de Kouzes e Posner, autores de *The Leadership Challenge*.[40] Eles, recentemente, analisaram informações prestadas por cerca de 1 milhão de entrevistados que eram líderes de vários níveis em muitas organizações ao redor do mundo. Uma das grandes descobertas foi que os líderes têm grandes dificuldades de imaginar um futuro que afete outros, ou seja, que influencie o que outros veem e sentem. Para ilustrar:

> Buddy Blanton, um dos principais diretores da Rockwell Collins, aprendeu essa lição na própria pele. Ele pediu a opinião de sua equipe sobre sua liderança pessoal, e a grande maioria respondeu de modo positivo. No entanto, eles lhe recomendaram fortemente que deveria ser mais assertivo em inspirá-los a compartilhar suas visões. "Nos sentiríamos beneficiados, como equipe, se você nos ajudasse a entender como chega até suas visões. Queremos caminhar a seu lado à medida que estabelece os alvos e visões, para que todos possamos chegar juntos no fim do caminho".[41]

Inspirar e motivar as pessoas com uma missão ou objetivo é necessário, mas não é condição suficiente para desenvolver uma organização que possa aprender e se adaptar rapidamente a um ambiente complexo e interconectado.

Delegando Poder aos Empregados de Todos os Níveis

"O grande líder é um grande servo", disse Ken Melrose, presidente da Toro Company e autor de *Making the Grass Greener on Your Side*.[42] O papel de um gerente consiste em formar um ambiente no qual os empregados podem atingir seu potencial enquanto ajudam a organização a avançar em direção a seus objetivos. Em vez de se posicionarem como controladores de recursos e corretores de poder, os líderes devem se ver como recursos flexíveis dispostos a assumir vários papéis, como treinadores, fornecedores de informação, professores, tomadores de decisão, facilitadores, apoiadores ou ouvintes, dependendo das necessidades de seus empregados.[43]

A chave da delegação de poder é a liderança eficaz. A delegação não pode acontecer se houver um vácuo de liderança. De acordo com Melrose: "Lideramos melhor quando servimos às necessidades das pessoas. Não fazemos o trabalho para elas; permitimos que aprendam e progridam no trabalho".

As organizações de ponta reconhecessem a necessidade de confiança, controle cultural e expertise em todos os níveis, em substituição às regras e regulamentos extensivos e

DESTAQUES DE ESTRATÉGIA 11.7 — CROWDSOURCING

O USO DA SABEDORIA DOS EMPREGADOS PARA TOMAR DECISÕES MELHORES

CEOs costumam estar rodeados por uma aura de infalibilidade e perspicácia nos negócios. Mas poucos são os que vivem uma realidade como essa ao longo do caminho, fato sugestivo de que até mesmo os mais hábeis entre eles têm habilidades limitadas. Ironicamente, desfazer a imagem de CEOs todo-poderosos ao perceber e identificar suas limitações cognitivas pode nos ajudar a aprimorar o processo de tomada de decisões organizacional. Consideremos a WBG Construction, uma pequena construtora de casas localizada a oeste de Boston. Quando são necessárias decisões importantes, Greg Burrill, o presidente, pede aos empregados com conhecimento relevante ou que se envolveram na questão para compartilhar seus pensamentos. Esse método colaborativo resultou, recentemente, não apenas na decisão de vender uma casa, mas também os inspirou a planejar um novo andar que atraiu todo um novo segmento de compradores.

Outro exemplo vem da EMC, uma gigante de armazenamento de informações, que viabilizou a participação por meio de uma plataforma de mídia social chamada de EMC | One. Quando a recessão se instalou, e economizar se tornou obrigatório, a EMC usou essa plataforma de mídia social para decidir algo que a maioria das companhias concluiria que é trabalho típico dos altos executivos: economizar no quê? Milhares de empregados participaram e identificaram meios de economizar desconhecidos pela gerência. O resultado foram cortes de custo menos dolorosos, porque os empregados participaram do processo. Delegar poder aos empregados dessa forma utiliza as visões do dia a dia dos trabalhadores de níveis menores e beneficia a empresa e a força de trabalho.

Em alguns outros casos, as más decisões não apenas custam caro como também podem resultar em acidentes de partir o coração. A NASA pode olhar para trás e ver 50 anos de sucessos pioneiros, mas também de trágicos acidentes causados por más decisões. Em fevereiro de 2009, o voo do ônibus espacial Discovery era coberto de incertezas envolvendo uma questão com o sistema de combustível, o que poderia atrasar o lançamento. No passado, as decisões de lançamento dos ônibus espaciais eram tomadas por um pequeno grupo de indivíduos que se baseavam em uma cultura de complacência resultante de muitos outros sucessos anteriores e falhas de comunicação. Mas a NASA implementou, por fim, uma mudança de cultura extremamente necessária que, agora, valoriza as informações de todos os membros do grupo. Mike Ryschkewitsch, o engenheiro-chefe da NASA, observou: "Uma das coisas que a NASA enfatiza fortemente, agora, é que qualquer pessoa que trabalha aqui, se vê algo que não parece estar certo, tem a responsabilidade de informar, e pode informar". Ao utilizar o ponto de vista dos indivíduos de suas organizações, os líderes esperam melhorar as tomadas de decisão e assegurar o sucesso a longo prazo dos negócios.

Fonte: Davenport, T. H. 2012. The wisdom of your in-house crowd. *Harvard Business Review*, 90(10): 40; e Davenport, T. H. & Manville, B. 2012. *Judgement calls: Twelve stories of big decisions and the teams that got them right*. Boston: Harvard Business Reevire Press: 25–38.

---

incômodos inerentes ao controle estratégico.[44] Alguns argumentam que muitas organizações são vítimas da "síndrome do herói", segundo a qual o valor daqueles que alcançam altas posições de poder é exaltado e o valor dos outros é menor. Tal atitude está implícita em frases como "lidere, siga ou saia do caminho" ou, inclusive, a ainda menos atraente, "a menos que esteja no cavalo que lidera, a vista nunca mudará". Poucos alcançarão as posições hierárquicas superiores nas organizações, mas na economia da informação, as organizações mais fortes são as que usam os talentos de todos da equipe de modo eficaz.

Delegar poder aos indivíduos solicitando suas ideias ajuda uma organização a aumentar a moral dos empregados. Também auxilia a criar uma cultura na qual os empregados de nível médio e baixo sintam que suas ideias e iniciativas serão valorizadas e melhorarão o desempenho da empresa, conforme explicado em Destaques de Estratégia 11.7.

Acumulando e Compartilhando o Conhecimento Interno

Organizações eficazes também devem *redistribuir informações, conhecimento* (habilidades para agir de acordo com as informações) e *recompensas*.[45] A companhia pode dar poder aos empregados da linha de frente para agirem como "advogados dos clientes", fazendo o que for necessário para satisfazê-los. A companhia precisa disseminar informações compartilhando as expectativas e reações dos clientes, bem como as informações financeiras. Os empregados devem estar cientes dos objetivos dos negócios e de como as principais atividades de criação de valor da organização estão relacionadas umas com as outras. Por fim, as organizações devem alocar as recompensas considerando quão eficazmente os empregados usam as informações, o conhecimento e o poder para aumentar a qualidade do serviço ao cliente e o desempenho geral da companhia.[46]

Vejamos o exemplo da Whole Foods Market, Inc., a maior rede de supermercados de alimentos naturais e orgânicos dos Estados Unidos.[47] Um benefício importante do compartilhamento das informações internas da Whole Foods tem sido o processo de *benchmarking interno*. A competição é intensa na Whole Foods. As equipes competem contra suas próprias metas de vendas, crescimento e produtividade; elas competem contra diferentes equipes em suas lojas. E também contra equipes similares de lojas e regiões diferentes. Há um elaborado sistema de avaliação em que cada equipe é um benchmark, ou seja, servem como referência uma para a outra. O "Tour da Loja" é o mais intenso. Periodicamente, cada loja da Whole Foods recebe a visita de um grupo de cerca de 40 visitantes de outras regiões. O aprendizado lateral — descobrir o que os colegas estão fazendo direito e levar tais práticas para sua organização — se tornou uma força motivadora na Whole Foods.

Além de aumentar o compartilhamento das informações da companhia nos níveis superiores e inferiores da organização, os líderes também precisam desenvolver meios de chegar até as fontes internas mais informais. Em uma pesquisa recente entre CEOs, membros do conselho de administração e outros altos executivos de várias organizações sem fins lucrativos, os entrevistados responderam o que diferenciava os bons candidatos a uma promoção. O consenso: o executivo era visto como uma pessoa que escuta. De acordo com Peter Meyer, o autor desse estudo, "o valor de escutar é claro: não podemos ser bem-sucedidos em administrar uma companhia se não escutamos o que nosso pessoal, clientes e fornecedores nos dizem[...] Ouvir e entender bem são a chave para se tomar boas decisões".[48]

Reunindo e Integrando Informações Externas

Reconhecer oportunidades e ameaças no ambiente externo é vital para o sucesso de uma empresa. À medida que as organizações *e* ambientes se tornam mais complexos e evoluem rapidamente, torna-se cada vez mais importante que os empregados e gerentes estejam mais cientes das tendências e eventos ambientais — tanto gerais como específicos de um setor de atividade — e mais conhecedores dos concorrentes e clientes da empresa. A seguir veremos algumas ideias de como fazer isso.

Primeiro: a internet acelerou dramaticamente a velocidade com a qual qualquer um pode localizar informações úteis ou pessoas que possam ter informações úteis. Antes da internet, localizar alguém que trabalhou em certa companhia — sempre uma boa fonte de informação — era bem difícil. Hoje, porém, as pessoas postam seus currículos na internet, participam em grupos de discussão e falam abertamente sobre o local em que trabalham.

Marc Friedman, gerente de pesquisa de mercado da Andrew Corporation, uma fabricante de equipamentos de comunicação sem fio cujo valor de mercado alcança $1 bilhão e está em franco crescimento, dá um exemplo de utilização eficaz da internet.[49] Um dos sites preferidos de Friedman é o da Corptech, que traz informações sobre 45 mil companhias de alta tecnologia e mais de 170 mil executivos. Uma das linhas de produto da empresa consistia de antenas para sistemas de controle de tráfego aéreo. Ele recebeu um pedido para providenciar planos de atualização contra panes nas comunicações país a país de vários aeroportos. Ele não sabia nada sobre o controle de tráfego aéreo até então. Entretanto, encontrou um site na internet da International Civil Aviation Organization. Felizmente, encontrou ali uma boa quantidade de informações úteis, incluindo várias companhias de pesquisa trabalhando em sua área de interesse.

Segundo: os empregados de todos os níveis da companhia podem usar as fontes tradicionais de "conhecimentos gerais" para obter informações externas. Pode-se aprender bastante lendo jornais, livros e revistas de negócios. Há outras fontes para a obtenção de informações externas, como fazer parte de organizações profissionais ou de comércio, assistir a reuniões e convenções, e criar uma rede entre colegas de dentro e de fora de nossa área profissional. Andy Grove, da Intel, reuniu informações de pessoas como Steven Spielberg, da DreamWorks SKG, e John Malone, da Tel-Communications Inc.[50] Ele acreditava que tais interações lhe dariam ideias de como tornar os PCs mais divertidos e melhores para se comunicar. Internamente, Grove passava parte de seu tempo com os jovens engenheiros que dirigiam os laboratórios da Intel Architecture, uma instalação de Oregon a qual Grove esperava que, de fato, se tornasse o laboratório de P&D para toda a indústria de PCs.

---

benchmarking
a busca dos gestores pelos melhores exemplos de uma prática em particular, como parte de seus esforços contínuos para melhorar as práticas correspondentes em sua própria organização.

Terceiro: o benchmarking pode ser um meio útil de usar as informações externas. Aqui, os gerentes procuram pelos melhores exemplos de uma prática em particular como parte de seus esforços contínuos para melhorar as práticas correspondentes em sua própria organização.[51] Existem dois tipos de benchmarking. O **benchmarking competitivo** restringe a busca pelas melhores práticas à concorrência, enquanto que o **benchmarking funcional** procura determinar as melhores práticas independentemente do setor de atividade. No caso do benchmarking competitivo, é melhor lidar com padrões específicos do segmento de mercado (p. ex., tempo de resposta exigido para consertar quedas de energia nas diversas empresas distribuidoras). Já nos processos mais genéricos (p. ex., responder às ligações de números 0800), o benchmarking funcional é mais adequado, porque as funções são, basicamente, as mesmas em qualquer mercado.

A Ford Motor Company costumava ter como benchmarking (ou seja, como referência) as operações de pagamento de contas da Mazda.[52] Seu objetivo inicial de um corte de 20% dos custos de sua equipe de contas a pagar, que contava com 500 funcionários, chegou a 75% — o que foi alcançado. A Ford descobriu que sua equipe se debruçava, na maior parte do tempo, sobre uma pilha de papéis na tentativa de resolver dados conflitantes sobre ordens de compra, faturas e recibos. Seguindo o exemplo da Mazda, a Ford aboliu as faturas: os recibos eram suficientes para a tarefa.

Quarto: concentrar-se diretamente nos clientes para obter informações. Por exemplo, William McKnight, chefe do escritório de vendas da 3M de Chicago, exigiu que os vendedores de produtos abrasivos conversassem diretamente com os funcionários das lojas para descobrir do que eles precisavam, em vez de ligar apenas para os representantes.[53] Era algo muito inovador para a época — 1909! Mas ilustra a necessidade de chegar até o usuário final de um produto ou serviço. (McKnight presidiu a 3M de 1929 a 1949, e chefiou o conselho de administração de 1949 a 1969.) Mais recentemente, James Taylor, vice-presidente mundial de marketing da Gateway 2000, falou sobre o valor da visão do cliente para diminuir o tempo de resposta, um fator vital para o sucesso na indústria de PCs.

> Falamos com 100 mil pessoas por dia — pessoas que ligam pedindo um computador, fazendo compras e procurando por suporte técnico. Nosso site recebe 1,1 milhão de visitas por dia. O tempo que leva para uma ideia entrar na organização, ser processada e chegar aos clientes para receber sua resposta foi reduzido para minutos. Projetamos a companhia em torno de rapidez e resposta.[54]

benchmarking competitivo
um tipo de benchmarking no qual os exemplos se baseiam nos concorrentes de um mesmo setor de atividade.

benchmarking funcional
um tipo de benchmarking no qual os exemplos se baseiam em qualquer organização, inclusive naquelas fora do setor de atividade.

Desafiando o Status Quo e Permitindo a Criatividade

Anteriormente, neste capítulo, falamos sobre alguns dos obstáculos que os líderes enfrentam para tentar mudar uma organização: interesses investidos no status quo, obstáculos sistêmicos, comportamentais e políticos, e restrições de tempo pessoal. Para que uma empresa se torne uma organização de aprendizagem, deve superar tais barreiras, estimulando a criatividade e permitindo que ela permeie a empresa. Trata-se de algo bem desafiador, se a empresa estiver ancorada em uma mentalidade de status quo.

Talvez a melhor maneira de desafiar o status quo seja o líder forçar a criação de um senso de urgência. Por exemplo, quando Tom Kasten era o vice-presidente da Levi Strauss, tinha um método direto para iniciar a mudança:

> Criamos uma imagem convincente dos riscos de *não* mudar. Deixamos o pessoal ouvir sobre isso diretamente dos clientes. Gravamos entrevistas com os clientes e divulgamos alguns trechos. Um grande cliente disse: "Confiamos, desconfiando, em muitos de seus concorrentes. Examinamos as entregas deles por amostragem. Mas abrimos *todas* as entregas da Levi". Outro disse: "Seus prazos de entrega são os piores. Se não se tratassem da Levi, já teriam falido". Isso foi poderoso. Gostaria que tivéssemos feito mais disso.[55]

Tal iniciativa, se sincera, é digna de confiança, estabelece uma missão compartilhada e a necessidade de grandes transformações. Ela pode canalizar as energias e trazer à tona mudanças e esforços criativos.

Estabelecer uma "cultura de dissidência" pode ser outro meio eficaz de questionar o status quo e serve como um incentivo para a criatividade. Nesse caso, as normas são estabelecidas, e por meio delas os dissidentes podem questionar abertamente a perspectiva de um superior sem medo de retaliação e punição. Consideremos a visão de Steven Balmer, CEO da Microsoft, a respeito do ex-presidente do conselho de administração da empresa, Bill Gates:

> Bill [Gates] fazia a companhia ter a ideia de que o conflito pode ser uma coisa boa [...] Bill sabia que é importante evitar aquele jeito cortês que evita que cheguemos ao núcleo da questão rapidamente. Ele gostava quando alguém, mesmo um empregado júnior, o desafiava, e podíamos saber que nos respeitava quando começava a gritar em resposta.[56]

Algo que tem uma relação próxima com a cultura de dissensão é fomentar uma cultura que encoraja a tomada de risco. "Se não estamos errando, não estamos arriscando, o que significa que não iremos a lugar nenhum. A chave é errar mais rápido que a concorrência para que possamos ter mais chances de aprender e vencer", disse John Holt, coautor de *Celebrate Your Mistakes*.[57]

Empresas que cultivam culturas de experimentação e curiosidade certificam-se de que *falhar* não é, em essência, uma palavra ruim. Elas encorajam os erros como uma parte fundamental da vantagem competitiva. Diz-se que a inovação é um grande paradoxo: o sucesso — ou seja, os verdadeiros avanços — costuma vir das falhas. A seguir estão alguns métodos para encorajar a tomada de riscos e aprender com os erros da organização:[58]

- **Formalizar Fóruns de Fracassos** Para evitar que as falhas e as importantes lições que elas oferecem venham a ser varridas para debaixo do tapete, deve-se estabelecer um tempo para refletir. A GE começou, há pouco tempo, a compartilhar as lições de seus fracassos reunindo os gerentes cujos esforços "imaginativos e revolucionários" foram deixados de lado.
- **Avançar em Direção dos Alvos** A inovação exige flexibilidade em termos de alvos, visto que as predições iniciais não são mais do que meras suposições. Scott Cook, da Intuit, chega até mesmo a sugerir que as equipes que estão desenvolvendo novos produtos ignorem as previsões iniciais. "Para cada uma das falhas foram elaboradas planilhas fantásticas", ele diz.
- **Trazer Gente de Fora** Pessoas de fora podem neutralizar as emoções e preconceitos que causam fracassos. Os clientes podem ser muito valiosos. Depois que seu chip de DNA falhou, a Corning trouxe companhias farmacêuticas para o teste de sua tecnologia de descoberta de novas drogas, a Epic.
- **Provar a si Mesmo que Está Errado, Não Certo** As equipes de desenvolvimento tendem a procurar por evidências que as apoiam, e não que contradigam. "Devemos reestruturar o que estamos procurando logo de início. Não estamos atrás de provas que confirmem que estamos certos. Trata-se mais de nos testar para provar que estamos errados", diz Scott Anthony da Innosight.

Por fim, a falha pode ter um papel importante e positivo no desenvolvimento pessoal de alguém. John Donahue, o presidente da eBay, se baseia no beisebol ao se lembrar da visão (e inspiração!) que um dos seus antigos patrões compartilhou com ele:[59]

> "Os maiores rebatedores da major League Baseball, que estão entre os melhores do mundo, podem rebater seis de cada dez lançamentos e ainda serem considerados como os melhores rebatedores de todos os tempos. Essa é a minha filosofia — a chave é ficar na posição e tentar rebater. Tudo o que é preciso fazer é acertar uma ou duas e, ocasionalmente, uma daquelas que manda a bola fora do estádio, e seremos considerados como os melhores rebatedores ou o melhor líder de negócios do mundo. Não podemos chegar lá sem errar várias vezes."

PA11.5
O papel do líder no estabelecimento de uma organização ética.

A Criação de uma Organização Ética

Ética pode ser definida como um sistema de certo e errado.[60] Ela ajuda as pessoas a decidir quando uma ação é moral ou imoral, socialmente desejável ou não. A fonte da ética de uma pessoa pode incluir crenças religiosas, herança nacional e étnica, práticas familiares, padrões comunitários, experiências educacionais e amigos e vizinhos. A ética de negócios é a aplicação de padrões éticos no empreendimento comercial.

ética
um sistema de certo e errado que ajuda as pessoas a decidir quando uma ação é moral ou imoral e/ou socialmente desejável ou não.

Ética Individual *versus* Ética Organizacional

Muitos líderes pensam que ética seja apenas uma questão de escrúpulos pessoais, uma questão de foro íntimo entre os empregados e suas consciências. Tais líderes são rápidos em descrever qualquer comportamento errado como um incidente isolado de um empregado rebelde. Eles presumem que a companhia não deve ter nenhuma responsabilidade pelos atos errôneos de indivíduos. De seu ponto de vista, ética nada tem a ver com liderança.

A ética, porém, tem tudo a ver com liderança. Dificilmente uma falha de caráter de uma pessoa isolada pode explicar completamente uma má conduta corporativa. Em vez disso, as práticas de negócios éticas costumam envolver a cooperação tácita, se não explícita, de outros e refletir os valores, atitudes e padrões de comportamento que definem a cultura operacional de uma organização. A ética é uma questão organizacional tanto quanto pessoal. Os líderes que deixam de exercer a liderança necessária para instituir sistemas apropriados e controles que facilitam a conduta ética compartilham a responsabilidade com os que concebem, executam e se beneficiam conscientemente das más condutas corporativas.[61]

A **orientação ética** de um líder é um fator-chave na promoção do comportamento ético. Líderes éticos assumem a responsabilidade pessoal e ética por suas ações e tomadas de decisão. Os líderes que demonstram altos padrões éticos se tornam exemplo para outros e aumentam o nível de comportamento ético de uma organização. O comportamento ético deve começar com o líder antes de se esperar que os empregados ajam de acordo com seus preceitos.

Tem havido um interesse crescente pelo desempenho corporativo ético. Alguns motivos para tal tendência podem ser a falta de confiança crescente em tudo que se refira às atividades corporativas, a crescente ênfase em questões de qualidade de vida e os vários escândalos corporativos recentes. As crises éticas podem ser muito caras — em termos de custo financeiro, desgaste do capital humano e reputação geral da empresa. Meramente aderir aos padrões regulatórios mínimos pode não ser suficiente para permanecer competitivo em um mundo que se tornou mais socialmente consciente. Destaques de Estratégia 11.8 discorre sobre possíveis problemas éticos nas companhias de prestação de serviços públicos que estão tentando capitalizar em cima do desejo dos clientes de participar nos esforços de lidar com o aquecimento global.

Os últimos anos foram caracterizados por vários exemplos de comportamentos antiéticos e ilegais por parte de vários grandes executivos. Entre eles, executivos de empresas como Enron, Tyco, WorldCom Inc., Adelphia e Healthsouth Corp., todos obrigados a deixar o cargo e enfrentando (ou sendo considerados culpados por) acusações de conduta criminosa. Talvez o exemplo mais notável seja o de Bernie Madoff, cujo esquema Ponzi, descoberto em 2008, fraudou investidores de $50 bilhões em ativos que visavam a aposentadoria e doações filantrópicas.

Uma organização ética é caracterizada por uma concepção de valores éticos e integridade como uma força motivadora do empreendimento.[62] Os valores éticos moldam a busca por oportunidades, o projeto dos sistemas organizacionais e o processo de tomada de decisão usado por indivíduos e grupos. Eles fornecem uma estrutura comum de referência que serve como uma força unificadora entre diferentes funções, linhas de negócios e grupos de empregados. A ética organizacional ajuda a definir o que a companhia é e o que ela defende.

Há muitos possíveis benefícios de se ter uma organização ética, mas eles costumam ser indiretos. As pesquisas descobriram resultados inconsistentes referentes à relação geral entre o desempenho ético e medidas de desempenho financeiro.[63] Contudo, encontraram relações positivas entre o desempenho ético e uma forte cultura organizacional, esforços aprimorados dos empregados, menor rotatividade, maior compromisso organizacional e aprimoramento da responsabilidade social.

As vantagens de uma orientação ética mais forte podem se refletir no maior comprometimento dos empregados e na motivação para a excelência. Isso é particularmente importante nas organizações de conhecimento intensivo de hoje, nas quais o capital humano é fundamental para criar valor e vantagens competitivas. As relações positivas e construtivas entre os indivíduos (i.e., o capital social) são vitais para estimular o capital humano e outros recursos da organização. Baseando-se no conceito da administração dos stakeholders,

ética organizacional
os valores, atitudes e padrões de comportamento que definem a cultura operacional de uma organização e que determinam o que ela encara como comportamento aceitável.

orientação ética
as práticas que as empresas usam para promover uma cultura de negócios ética, incluindo modelos éticos, crenças corporativas, códigos de conduta, sistemas de recompensa e avaliação éticos e políticas e procedimentos éticos constantemente reforçados.

DESTAQUES DE ESTRATÉGIA 11.8 — SUSTENTABILIDADE AMBIENTAL / ÉTICA

ENERGIA "VERDE": REAL OU APENAS UMA JOGADA DE MARKETING?

Muitos clientes querem "ser verdes" e procuram oportunidades para agir de acordo. As companhias fornecedoras de gás e eletricidade são um alvo óbvio de atenção nessa questão, pois costumam utilizar combustíveis fósseis que poderiam ser economizados via redução de consumo ou substituição por fontes de energia alternativas. De fato, alguns consumidores estão dispostos a pagar mais caro para contribuir com os esforços de sustentabilidade ambiental para evitar o aquecimento global. Sabendo disso, muitas companhias de energia nos Estados Unidos desenvolveram programas de energia alternativa e pediram que os clientes as ajudassem a financiá-los.

Infelizmente, muitas delas estão oferecendo opções que não estão apresentando os resultados prometidos. Algumas começaram muito lentamente ou tiveram dificuldade para oferecer uma energia alternativa rentável. Outras, porém, são suspeitas de cometer um novo tipo de fraude — o "greenwashing" (um curioso trocadilho que parece envolver o conhecido termo "lavagem de dinheiro", lembrando que "green" também é uma gíria para "dólar"). Esse termo se refere a companhias que fazem afirmações infundadas sobre as qualidades de seus produtos ou serviços quanto ao respeito pelo meio ambiente. No caso de muitas companhias de energia, suas afirmações de "energia verde" não passam de promessas vazias. Em vez de realmente gerar energia renovável adicional, boa parte do dinheiro que deveria ser usado para isso é usado para pagar os custos de marketing. "Elas estão se aproveitando da boa vontade das pessoas", diz Stephen Smith, diretor executivo da Southern Alliance for Clean Energy, um escritório de advocacia de Knoxville, Tennessee.

Consideremos o que duas companhias de energia ofereceram e como o dinheiro foi usado realmente:

- A Duke Power, de Indiana, criou um programa chamado "GoGreen Power". Os clientes foram informados de que poderiam pagar por energia "verde" e que uma quantidade específica de eletricidade seria obtida de fontes renováveis. O que realmente aconteceu? Menos de 18% das contribuições voluntárias dos clientes em um ano recente foram usados no desenvolvimento da energia renovável.

- A Alliant Energy, de Iowa, estabeleceu um programa chamado "Second Nature". Os clientes foram informados de que "apoiariam o crescimento de uma 'energia verde' boa para o planeta gerada pelo vento e biomassa". O que realmente aconteceu? Mais de 56% dos gastos foram usados nos custos de marketing e administrativo, não no desenvolvimento de energia "verde".

Fontes: Elgin, B. & Holden, D. 2008. Green Power Beware. *BusinessWeek*, 29 de setembro: 68–70; www.cleanenergy.org; duke-energy.com; e alliantenergy.com.

---

uma boa organização ética também pode fortalecer os laços entre fornecedores, clientes e agências do governo.

Duas Abordagens Distintas das Organizações Éticas: Integridade *versus* Compliance

PA11.6 A diferença entre os métodos para a ética organizacional baseados na integridade e na conformidade.

Antes de falar sobre os elementos-chave de uma organização ética, devemos entender os elos entre a integridade organizacional e a pessoal.[64] Não é possível haver organizações de alta integridade sem indivíduos de alta integridade. No entanto, a integridade individual raramente é autossustentável. Até mesmo boas pessoas podem perder o controle quando enfrentam pressões, tentações e expectativas de melhoria de desempenho na ausência de sistemas de apoio organizacional e limites éticos. A integridade organizacional depende de um conceito de objetivo, responsabilidade e ideais para uma organização como um todo. Uma responsabilidade importante da liderança é criar uma estrutura ética e desenvolver as capacidades organizacionais para torná-la operacional.[65]

Lynn Paine, um estudioso de ética de Harvard, identifica dois métodos: o método baseado na conformidade (em relação a regras e disposições legais) e o baseado na integridade. (Veja a Figura 11.5 para compará-los.) Diante da possibilidade de processos judiciais, várias organizações reagem implementando os **programas éticos baseados na conformidade**. Tais programas, também denominados "normas de compliance", costumam ser projetados por um conselho corporativo com o objetivo de evitar, detectar e punir violações legais. Mas ser ético é muito mais do que ser legal, e um método baseado na integridade lida com a questão ética de um modo mais compreensivo.

programas éticos baseados na conformidade programas para o estabelecimento de organizações éticas que têm o objetivo de evitar, detectar e punir violações legais.

Os **programas éticos baseados na integridade** combinam a preocupação com os aspectos legais e a ênfase na responsabilidade administrativa pelo comportamento ético. Ele é mais amplo e profundo, e exige mais do que uma iniciativa de obrigação legal. Ele é mais amplo

FIGURA 11.5 Métodos de Administração Ética

Características	Método Baseado na Conformidade	Método Baseado na Integridade
Caráter (Ethos)	Conformidade com padrões impostos externamente	Autogovernança de acordo com os padrões escolhidos
Objetivo	Prevenção de conduta criminosa	Possibilita uma conduta responsável
Liderança	Orientada pela obediência à lei	Orientado pela administração com o auxílio do RH, advogados e outros
Instrumentos de ação	Educação, menor discricionarismo, auditoria e controles, penalidades	Sistemas de educação, liderança, contábeis e organizacionais, e processos de decisão, auditoria e controles, penalidades
Pressupostos Comportamentais	Seres autônomos orientados por interesse material-pessoal	Seres sociais movidos por interesse material próprio, valores, ideais, colegas

Fonte: Reimpresso com a permissão da *Harvard Business Review*. Anexo de "Managing Organizational Integrity", por L. S. Paine. Direitos autorais © 1994 pela Harvard Business School Publishing Corporation; todos os direitos reservados.

porque procura possibilitar uma conduta responsável. É mais profundo porque vai até o caráter e o sistema operacional da organização e de seus membros, até os valores, pensamentos e ações basilares. É mais exigente porque requer um esforço ativo para definir as responsabilidades que constituem a bússola ética de uma organização. E o mais importante: a ética organizacional é vista como responsabilidade da gerência.

Um conselho corporativo pode assumir um papel no projeto e implementação de estratégias de integridade, mas todos os gerentes de todos os níveis e de todas as funções estão envolvidos no processo. Uma vez integradas nas operações rotineiras, tais estratégias podem evitar lapsos éticos prejudiciais, pois recorrem a poderosos impulsos humanos por pensamentos e ações morais. A ética se torna o caráter dominante na organização e não uma restrição opressiva. Eis um exemplo de como uma empresa vai além de simplesmente obedecer a leis no estabelecimento de uma organização ética:

> Ao ensinar ética a seus empregados, a Texas Instruments, uma fabricante de chips e aparelhos eletrônicos com valor de mercado de $13 bilhões, pede que eles se façam as seguintes perguntas: Isso é legal? É consistente com os valores declarados da companhia? Fará com que o empregado se sinta mal ao fazer isso? O que o público vai pensar se tal ação vazar para a imprensa? Um funcionário acha isso errado? Se os empregados não estão certos do quão ética é a questão, eles são encorajados a perguntar a alguém até esclarecerem o assunto. Nesse processo, os empregados podem perguntar aos executivos de alto escalão e até aos advogados da companhia. Na TI, a questão de ética vai muito além de ser meramente legal. Não é nenhuma surpresa que essa companhia sirva de modelo para a ética corporativa e tenha recebido três prêmios de ética: o David C. Lincoln Award for Ethics and Excellence in Business, o American Business Ethics Award e o Bentley College Center for Business Ethics Award.[66]

Os métodos baseados na conformidade são motivados externamente — ou seja, no medo de punição por fazer algo ilegal. Por outro lado, os métodos baseados na integridade são movidos pelo compromisso pessoal e organizacional com o comportamento ético.

Uma empresa precisa contar com vários elementos fundamentais para se tornar uma organização extremamente ética:

- Modelos de comportamento.
- Crenças e códigos de conduta corporativos.
- Sistemas de recompensa e de avaliação.
- Políticas e procedimentos.

Esses elementos são extremamente inter-relacionados. As estruturas de recompensa e as políticas serão inúteis se os líderes não forem bons modelos. Ou seja, os líderes que,

programas éticos baseados na integridade
programas para estabelecer organizações éticas que combinam a preocupação com os aspectos legais e a ênfase na responsabilidade administrativa pelo comportamento ético, incluindo (1) possibilitar uma conduta ética, (2) examinar os valores, pensamentos e ações principais que guiam a organização e seus membros, e (3) definir as responsabilidades e aspirações que constituem a bússola ética de uma organização.

PA11.7
Vários elementos fundamentais que as organizações devem ter para se tornarem organizações éticas.

implicitamente dizem "façam o que eu digo, não o que eu faço" terão, rapidamente, sua credibilidade prejudicada, e tais ações sabotarão outros elementos que são essenciais à construção de uma organização ética.

Modelos de Comportamento

Para o bem ou para o mal, os líderes são modelos em suas organizações. Talvez poucos executivos possam compartilhar uma experiência que melhor ilustre isso do que Linda Hudson, CEO da General Dynamics.[67] Logo após se tornar a primeira mulher a ocupar o cargo de presidente, ela foi para Nordstrom e comprou alguns terninhos novos para vestir no trabalho. Uma mulher na loja lhe mostrou como dar um nó no seu lenço de uma maneira muito peculiar. Depois que ela o usou no trabalho, adivinhe: nada menos do que uma dúzia de mulheres na organização estavam usando lenços exatamente da mesma maneira! Ela disse:

> "Foi então que percebi que minha vida nunca mais seria a mesma, que as pessoas vigiariam todos os meus passos. E que isso não se restringiria à maneira como me visto. Envolveria meu comportamento, o exemplo que eu daria, meu jeito de ser e o quão confiável eu era — todo esse tipo de coisas [...] Como líder, as pessoas passam a nos observar como nunca poderíamos ter imaginado exercendo outros papéis."

Com certeza, os líderes devem "fazer o que falam"; deve haver consistência entre o que dizem e fazem. Os valores e o caráter dos líderes se tornam transparentes para os empregados de uma organização por meio de seu comportamento. Quando os líderes não acreditam nos padrões éticos que estão tentando inspirar, não serão modelos eficazes. Às vezes, ser um líder eficaz inclui assumir responsabilidade por lapsos éticos dentro da organização — mesmo que os próprios executivos não estejam envolvidos. Consideremos a perspectiva de Dannis Bakke, presidente da AES, a companhia de eletricidade cujo valor de mercado atinge $18 bilhões, com sede em Arlington, Virgínia.

> Houve uma grande violação aos valores da AES (em 1992). Nove membros da equipe de tratamento de água de Oklahoma mentiram para a EPA sobre a qualidade da água da instalação. Não houve dano ambiental, mas eles mentiram sobre os resultados. Um jovem químico da empresa descobriu e informou o líder da equipe, que nos notificou. Poderíamos dizer que os que mentiram eram os responsáveis e deviam assumir a culpa, mas a administração sênior também assumiu a responsabilidade e fez cortes nas remunerações. Minha redução foi de cerca de 30%.[68]

Ações desse naipe aumentam a lealdade e o comprometimento dos empregados em toda a organização. Muitos acreditariam que teria sido muito mais fácil (e menos caro, pessoalmente!) para Bakke e sua equipe administrativa simplesmente exigir uma forte ação punitiva contra as nove pessoas que estavam agindo de maneira contrária ao comportamento esperado pela cultura ética da AES. Todavia, ao compartilhar a responsabilidade pelas más ações, os altos executivos — mediante uma atitude bem visível — tornaram claro que a responsabilidade e as punições por lapsos éticos vão muito além das partes "culpadas". Tal comportamento corajoso por parte dos líderes ajuda a fortalecer o ambiente ético em uma organização.

Crenças Corporativas e Códigos de Conduta

crenças corporativas
o conjunto de crenças dos gestores vigentes em uma organização.

Crenças corporativas e códigos de conduta são elementos que fundamentam normas, credos e orientações para a tomada de decisões. Eles proporcionam aos empregados uma compreensão clara das políticas e posição ética da organização. Tais orientações também fornecem a base para os empregados se recusarem a cometer atos antiéticos e os ajudam a estar cientes das questões antes que tais situações surjam. Para que os códigos sejam realmente eficazes, os membros da organização devem ter consciência deles e das orientações comportamentais que contêm.[69] Destaques de Estratégia 11.9 identifica quatro razões principais pelas quais os códigos de conduta apoiam os esforços organizacionais para manter um local de trabalho seguro e eticamente saudável.

DESTAQUES DE ESTRATÉGIA 11.9 — ÉTICA

OS ELEMENTOS DE UM CÓDIGO CORPORATIVO

Os códigos corporativos não são apenas úteis para transmitir as normas e políticas organizacionais, mas também servem para legitimar uma organização aos olhos dos outros. Nos Estados Unidos, os códigos federais orientam os juízes quando determinam como sentenciar uma companhia acusada de um crime, considerando se ela tinha um código escrito e se ela estava desconsiderando suas próprias orientações éticas. As Nações Unidas e os países ao redor do mundo endossaram códigos como um modo de promover a responsabilidade corporativa social. Como tal, um código fornece um contrato corporativo cada vez mais importante que sinaliza a disposição de uma companhia de agir de modo ético.

Para os empregados, os códigos de conduta servem para quatro propósitos principais:

1. Ajudar os empregados com diversos históricos culturais a trabalharem juntos de modo mais eficaz.
2. Fornecer um ponto de referência para as tomadas de decisão.
3. Ajudar a atrair indivíduos que querem trabalhar para um negócio que estabelece altos padrões.
4. Ajudar uma companhia a administrar o risco ao diminuir a probabilidade de danos resultantes de má conduta.

Com os recentes escândalos de Wall Street, muitas corporações estão tentando tornar seus códigos de conduta mais eficazes. A Nasdaq passou a exigir que as companhias listadas distribuam um código a todos os empregados. O código da gigante de software alemã, a SAP, informa os empregados que suas violações "podem resultar em consequências que afetam seu emprego, e que podem resultar em investigação externa, procedimentos da lei civil ou acusações criminais". Obviamente, os códigos de conduta são parte importante da administração de uma organização ética.

Fontes: Paine, L., Deshpande, R., Margolis, J. D. & Bettcher, K. E. 2005. Up to Code: Does Your Company's Conduct Meet World Class Standards? *Harvard Business Review*, 82(12): 122–126; e Stone, A. 2004. Putting Teeth in Corporate Ethics Codes. www.businessweek.com, 19 de fevereiro.

As grandes corporações não são as únicas a desenvolver e usar códigos de conduta. Consideremos o exemplo da Wetherill Associates (WAI), uma pequena fornecedora de peças elétricas para o mercado automotivo.

> Em vez de um código convencional de conduta, a WAI tem um Manual de Garantia de Qualidade — uma combinação de texto filosófico, guia de conduta, manual técnico e perfil da companhia — que descreve o compromisso da empresa com a honestidade, ação ética e integridade. A WAI não tem um escritório de ética corporativa porque a pessoa que exerce essa função é Marie Bothe, a presidente da WAI. Ela considera que sua principal obrigação funcional é manter os 350 empregados da companhia no caminho do comportamento ético e procurar por oportunidades para ajudar a comunidade. Ela delegou os aspectos "técnicos" do negócio — marketing, finanças, pessoal e operações — a outros membros da organização.[70]

Sistemas de Recompensas e de Avaliação

É inteiramente possível que um grande líder ético presida uma organização que realize vários atos antiéticos. Como? Uma fenda na estrutura de recompensas de uma organização pode, inadvertidamente, fazer com que os indivíduos ajam de maneira inapropriada caso as recompensas sejam vistas como sendo distribuídas com base nos resultados, em vez de levarem na devida conta a maneira como os alvos e objetivos são atingidos.[71]

Falando de um modo geral, os comportamentos antiéticos (ou ilegais) são mais prováveis de ocorrer em lugares nos quais a competição é intensa. Alguns chamam isso de "o lado negro da competição". Consideremos alguns exemplos:[72]

- A competição entre as instituições educacionais pelos melhores alunos está se tornando mais acirrada. Um encarregado de admissões sênior de Claremont McKenna College pediu demissão depois de admitir aumentar as pontuações do SAT das turmas seguintes por seis anos. O motivo, obviamente, era aumentar a posição da escola na lista anual do *U.S. News and World Report* das melhores faculdades e universidades dos Estados Unidos. Carmen Nobel, que reportou o incidente no *Working Knowledge* (uma publicação da Harvard Business School), sugeriu que o escândalo "põe em dúvida o valor dos rankings competitivos".

- Um estudo de 11 mil locais de testes de emissões veiculares de Nova York descobriu que as companhias com a maior quantidade de concorrentes locais aprovaram carros com índices de emissões consideravelmente altas, e que perdiam clientes quando não passavam nos testes. Os autores do estudo concluíram: "Em contextos onde o preço é restrito, as empresas usam qualidades ilícitas como estratégia de negócios".

Muitas companhias desenvolveram sistemas de recompensas e avaliações que determinam se um gerente está agindo de maneira ética. Por exemplo, a Raytheon, uma fornecedora de equipamentos militares de defesa com valor de mercado de $24 bilhões, incorpora os seguintes itens em seu "Instrumento de Avaliação de Liderança":[73]

- Manter um comprometimento inequívoco com a honestidade, verdade e ética em cada faceta do comportamento.
- Atuar em conformidade com as políticas e cartas de intenção da companhia ao trabalhar para alterar quaisquer mudanças de política necessárias.
- As ações devem ser consistentes com as palavras; ser compromissado; admitir erros prontamente.
- Ser confiável e inspirar outros a fazer o mesmo.

Dan Burnham, ex-presidente da Raytheon, observou: "O que procuramos em um candidato à liderança no que se refere à integridade? O que realmente estamos procurando são pessoas que desenvolveram um giroscópio interno de princípios éticos. Procuramos por pessoas cujo pensamento ético é parte do que fazem — algo que não é diferente do 'pensamento estratégico' ou 'pensamento tático'".

Políticas e Procedimentos

Muitas das situações que uma empresa enfrenta têm padrões regulares e identificáveis. Os líderes tendem a lidar com tal rotina estabelecendo uma política ou procedimento para ser seguido que possa ser aplicado de modo uniforme em cada ocorrência. Tal orientação pode ser útil para especificar as relações adequadas com os clientes e fornecedores de uma empresa. Por exemplo, Levi Strauss desenvolveu estritas orientações a partir de parâmetros mundiais, e o Chemical Bank (parte do J. P. Morgan Chase Bank) tem uma política de proibir qualquer ação que possa determinar se os fornecedores são clientes da Chemical quando o banco licita contratos.

As políticas e procedimentos desenvolvidos com cuidado orientam o comportamento de modo que os empregados sejam encorajados a se portar de maneira ética. Entretanto, eles devem ser reforçados por meio de comunicação eficaz, obrigatoriedade e monitoração, bem como boas práticas de governança corporativa. Além disso, o Sarbanes-Oxlay Act de 2002 fornece considerável proteção legal a empregados de companhia de capital aberto que reportam práticas antiéticas ou ilegais. As disposições da lei, cujo coautor foi o Senador Grassley:[74]

- Tornam ilegal "descartar, remover do cargo, suspender, ameaçar, assediar ou discriminar de qualquer maneira um 'denunciante'".
- Estabelecem punições criminais de até dez anos de cadeia para executivos que punem os denunciantes.
- Exigem auditorias dos comitês para estabelecer procedimentos para ouvir as denúncias.
- Permitem que o Ministério do Trabalho (nos EUA) ordene a uma companhia recontratar um denunciante demitido sem qualquer audição judicial.
- Dão ao denunciante o direito de um julgamento por juri popular, eliminando meses ou anos de cansativas audiências administrativas.

QUESTÕES PARA DEBATER

A Pacific Investment Management Company, LLC (conhecida como PIMCO), é uma empresa de investimentos de Newport Beach, Califórnia. A PIMCO administra os investimentos de vários clientes, incluindo milhões de pessoas que estão economizando para a aposentadoria, planos de pensão, instituições educacionais, fundações, entre outros. Com $290 bilhões de ativos, a PIMCO Total Return Fund é administrada pelo seu cofundador e copresidente de investimentos Bill Gross.

Vários anos atrás, Gross percebeu o agravamento de um problema que poderia afetar sua estratégia de investimento:

> "Em 2006, já havia sinais de que a economia estava extremamente alavancada por pirâmides financeiras, em especial quanto ao setor imobiliário residencial. A temperatura desse mercado nos Estados Unidos sempre foi mais bem avaliada em Orange County (Califórnia). Mas, em certo dia de agosto, quando eu estava atravessando a rua para ir fazer meu exercício diário de ioga, me ocorreu que precisávamos ter uma noção sobre o que acontecia no resto do país."

A ideia radical de Gross era selecionar 10 dos 40 analistas de crédito da PIMCO e transformá-los em "falsos" compradores de casas para ver o que realmente estava acontecendo nesse mercado! Embora não tivessem a intenção de comprar uma casa, cada um deles recebeu um território que poderiam visitar várias vezes por mês. Esses analistas fingiriam ser compradores sérios para obter informações sobre práticas de empréstimos hipotecários. Em um período de dois anos, descobriram que muitas casas poderiam ser adquiridas sem entrada nem documentação para provar a renda. Isso estava acontecendo em todo o país!

Gross admitiu que "não estava necessariamente orgulhoso dessa enganação óbvia". No entanto, "esta pequena trapaça alertou [a PIMCO] sobre o que realmente estava rolando — empréstimos mentirosos e práticas de financiamento extravagantes". A descoberta foi chocante e fez com que a PIMCO ficasse longe do mercado de financiamentos hipotecários de alto risco de inadimplência (em inglês, *subprime*). Embora, na época, a dimensão que a bolha imobiliária estava tomando não fosse percebida de uma maneira geral, o mercado de hipotecas subprime teria papel fundamental na crise que mais tarde afundou a economia.

Perguntas para Discussão

1. O que acha da ética de fingir comprar residências?
2. Os fins justificam os meios?
3. Essa foi uma liderança eficaz?

Fontes: Brady, D. 2011. Etc. Hard choises—Interview with Bill Gross. *Bloomberg Businessweek*, 13 de junho: 88; e Vaishampayan, D. & Collins, M. 2012. Bill Miller looks to housing for redemption. *Bloomberg Businessweek*, 22 de outubro: 53–54.

Refletindo quanto às Implicações sobre a Carreira...

- **Liderança Estratégica:** O capítulo identifica três atividades interdependentes que são fundamentais para a liderança estratégica: estabelecer uma direção, projetar uma organização e estimular uma cultura dedicada à excelência e comportamento ético. Durante a vida como aluno e profissional nas organizações em que se trabalha, uma pessoa assume, várias vezes, posições de liderança. Quanto há de empenho consciencioso e bem-sucedido em cada uma dessas atividades? Deve-se observar os líderes das organizações e avaliar o quanto se pode aprender deles no que se refere às qualidades de liderança estratégica que alguém pode usar para avançar na carreira.

- **Poder:** Você deve identificar as fontes do poder de seus superiores no trabalho. Como a fonte primária e o modo de exercer o poder afetam sua própria criatividade, moral e disposição de permanecer na organização? Além disso, é preciso identificar os métodos que você pode usar para aumentar seu próprio poder à medida que subir na carreira. Explique por que escolheu determinados métodos.

(continua)

(continuação)

- **Inteligência Emocional:** O capítulo identifica os cinco componentes da Inteligência Emocional (autoconsciência, autorregulação, automotivação, empatia e habilidades sociais). Qual é sua nota em cada um deles? Que passos você pode dar para aprimorar sua Inteligência Emocional e obter mais sucesso na carreira?
- **Criação de uma Organização Ética:** Identifique um dilema pessoal que esteja enfrentando no trabalho. Como lidou com ele? Sua resposta foi baseada na conformidade, na integridade ou foi antiética? Caso seu comportamento tenha sido baseado na conformidade, pense em como poderia ter sido diferente se fosse inspirado na integridade. O que aprendeu de sua experiência que poderia torná-lo um líder mais ético no futuro?

resumo

A liderança estratégica é vital para assegurar que as estratégias são formuladas e implementadas de modo eficaz. Os líderes têm um papel fundamental na realização de três atividades vitais e interdependentes: estabelecer a direção, projetar a organização e estimular uma cultura compromissada com a excelência e com o comportamento ético. Se os líderes ignorarem ou forem ineficazes no desempenho de qualquer uma das três, a organização não será muito bem-sucedida. Também identificamos dois elementos da liderança que contribuem para o sucesso — a superação de obstáculos para mudar e o uso eficaz do poder.

A inteligência emocional (IE) é muito importante para que os líderes cumpram suas atividades de modo eficaz. Os cinco elementos que contribuem para a IE são a autoconsciência, a autorregulação, a automotivação, a empatia e a habilidade social. Os primeiros três elementos pertencem às habilidades de autoadministração, enquanto que os dois últimos estão associados à habilidade da pessoa de administrar sua relação com os outros. Também falamos sobre as possíveis desvantagens do uso ineficaz da IE. Nelas incluem-se o uso disfuncional do poder e a tendência de se tornar empático demais, o que pode resultar em injustificada redução das expectativas de desempenho.

Os líderes precisam desenvolver competências complementares e exercer um papel central na criação de uma organização de aprendizagem. Os dias em que os altos executivos "pensavam" e todos os outros na organização "faziam" se foram. Com ambientes mutáveis, imprevisíveis e de competição complexa, os líderes precisam que todos na organização tenham ideias e ajam. As grandes ideias podem vir de qualquer parte da organização — da suíte executiva à fábrica. Os cinco elementos que dissemos serem fundamentais para uma organização de aprendizagem são: inspirar e motivar as pessoas com uma missão ou objetivo, delegar poder às pessoas de todos os níveis da organização, acumular e compartilhar o conhecimento interno, reunir informações externas e desafiar o status quo para estimular a criatividade.

Na seção final do capítulo, falamos sobre o papel fundamental do líder de instilar o comportamento ético na organização. Falamos sobre os elevados custos que as empresas têm quando surgem crises éticas — custos em termos financeiros e de perda de reputação, bem como de desgaste do capital humano e das relações com fornecedores, clientes, a sociedade em geral e agências do governo. E, como era de se esperar, os benefícios de se ter uma organização ética são muitos. Contrastamos os métodos baseados na conformidade e na integridade para a construção da ética na organização. Os métodos de conformidade são motivados externamente; ou seja, eles derivam do medo de ser punido por agir ilegalmente. Os métodos baseados na integridade, por outro lado, são movidos pelo comprometimento pessoal e da organização com o comportamento ético. Também falamos sobre os quatro elementos principais de uma organização ética: modelos de comportamento, crenças corporativas, sistemas de recompensa e avaliação, e políticas e procedimentos.

PERGUNTAS DE REVISÃO DO RESUMO

1. As três atividades principais — estabelecer uma direção, projetar a organização e estimular uma cultura e ética — são todas parte do que os líderes eficazes fazem normalmente. Explique como essas atividades estão inter-relacionadas.

2. Defina Inteligência Emocional (IE). Quais são os elementos principais da IE? Por que a IE é tão importante para a boa liderança estratégica? Fale sobre suas possíveis "inconveniências".

3. Conhecimento pode ser um fator de vantagem competitiva. Descreva como uma empresa pode continuar a acumular conhecimento a fim de se manter competitiva.

4. Como os cinco elementos principais das "organizações de aprendizado" podem ser incorporados nas companhias mundiais.

5. Quais são os benefícios de as empresas e seus acionistas conduzirem os negócios de uma maneira ética?

6. As empresas que deixam de se comportar de um modo ético podem pagar caro por essa atitude. Cite alguns desses custos e sua fonte.

7. Quais são as diferenças mais importantes entre uma "organização de integridade" e uma "organização de conformidade" na construção da ética organizacional da empresa?

8. Cite alguns mecanismos importantes de promoção da questão da ética em uma empresa.

termos-chave

liderança 346
estabelecer uma direção 347
projetar a organização 348
cultura organizacional excelente e ética 349
obstáculos para mudar 350
interesse em manter o status quo 350
obstáculos sistêmicos 351
obstáculos comportamentais 351
obstáculos políticos 351
restrições de tempo pessoal 351
poder 351
fundamentos organizacionais do poder 351
fundamento pessoal de poder 353
inteligência emocional (IE) 354
organizações de aprendizado 360
benchmarking 362
benchmarking competitivo 363
benchmarking funcional 363
ética 364
ética organizacional 365
orientação ética 365
programas éticos baseados na conformidade 366
programas éticos baseados na integridade 367
crenças corporativas 368

exercício experimental

Selecione dois líderes de negócios bem conhecidos — um que você admire e outro que não admire. Avalie cada um deles sob as cinco características da inteligência emocional.

Características da Inteligência Emocional	Líder Admirado	Líder Não Admirado
Autoconsciência		
Autorregulação		
Motivação		
Empatia		
Habilidades sociais		

exercícios & perguntas práticas

1. Identifique dois CEOs cuja liderança você admire. O que é admirável neles no que se refere às suas habilidades, atributos e uso eficaz do poder?

2. Os fundadores têm um papel importante no desenvolvimento da cultura e dos valores da organização. Às vezes, sua influência persiste por muitos anos. Identifique e descreva duas organizações nas quais as culturas e valores estabelecidos pelo(s) fundador(es) continuam a florescer. É possível encontrar pesquisas úteis na internet para responder a essas perguntas.

3. Alguns líderes dão grande ênfase ao desenvolvimento do capital humano superior. De que maneiras isso ajuda uma empresa a desenvolver e sustentar vantagens competitivas?

4. Neste capítulo falamos sobre os cinco elementos de uma "organização de aprendizado". Escolha uma empresa com a qual esteja familiarizado e diga se ela é ou não um exemplo de alguns (ou de todos) esses elementos.

questões éticas

1. Às vezes, as organizações precisam procurar e contratar profissionais talentosos fora da empresa, ignorando, dessa forma, os empregados da empresa. Existem condições sob as quais isso poderia levantar questões éticas?

2. Crises éticas podem surgir, teoricamente, em qualquer organização. Descreva alguns dos sistemas, procedimentos e processos que podem ajudar a prevenir tais crises.

referências

1. Kimes, M. 2012. Bad to the bone. *Forbes*, 12 de outubro: 140–154; Loftus, P. 2011. 4 former Synthes executives sentenced to prison time for unapproved bone cement study. www.orthostreams.com, 13 de dezembro: np; Lotus, P. 2011. Corporate News: Former Synthes officers receive prison sentences. *Wall Street Journal*, 22 de novembro: B4; e Relatório Anual da Synthes, 2011.

2. Charan, R. & Colvin, G. 1999. Why CEOs fail. *Fortune*, 21 de junho: 68–78.

3. Yukl, G. 2008. How leaders influence organizational effectiveness. *Leadership Quarterly*, 19(6): 708–722.

4. Estas três atividades e nossa análise se baseiam: em Kotter, J. P. 1990. What leaders really do. *Harvard Business Review*, 68(3): 103–111; Pearson, A. E. 1990. Six basics for general managers. *Harvard Business Review*, 67(4): 94–101; e Covey, S. R. 1996. Three roles of the leader in the new paradigm. Em *The leader of the future*: 149–160. Hesselbein, F., Goldsmith, M. & Beckhard, R. (Eds.). São Francisco: Jossey-Bass. Algumas das análises sobre cada um dos três conceitos das atividades da liderança se baseiam em: Dess, G. G. & Miller, A. 1993. *Strategic management*: 320–325. Nova York: McGraw-Hill.

5. García-Morales, V. J., Lloréns-Montes, F. J. & Verdú-Jover,

A. J. 2008. The effects of transformational leadership on organizational performance through knowledge and innovation. *British Journal of Management*, 19(4): 299–319.

6. Day, C. Jr. & LaBarre, P. 1994. GE: Just your average everyday $60 billion family grocery store. *Industry Week*, 2 de maio: 13–18.

7. Martin, R. 2010. The execution trap. *Harvard Business Review*, 88(7/8): 64–71.

8. Collins, J. 1997. What comes next? *Inc. Magazine*. Outubro: 34–45.

9. Hsieh, T. 2010. Zappos's CEO on going to extremes for customers. *Harvard Business Review*, 88(7/8): 41–44.

10. Andersen, M. M., Froholdt, M. & Poulfelt, F. 2010. *Return on strategy*. Nova York: Routledge; e Relatório Anual da Huawei de 2009.

11. Anônimo. 2006. Looking out for number one. *BusinessWeek*, 30 de outubro: 66.

12. Schaffer, R. H. 2010. Mistakes leaders keep making. *Harvard Business Review*, 88(9): 86–91.

13. Para uma perspectiva profunda sobre a escalação, veja: Brockner, J. 1992. The escalation of commitment to a failing course of action. *Academy of Management Review*, 17(1): 39–61; e Staw, B. M. 1976. Knee-deep in the big muddy: A study of commitment to a chosen course of action. *Organizational Behavior and Human Decision Processes*, 16: 27–44. A análise sobre os obstáculos sistêmicos, comportamentais e políticos se baseiam em: Lorange, P. & Murphy, D. 1948. Considerations in implementing strategic control. *Journal of Business Strategy*, 5: 27–35. De maneira similar, Noel, M. Tichy falou sobre três tipos de resistência para a mudança no contexto da General Electric: resistência técnica, resistência política e resistência cultural. Veja Tichy, N. M. 1993. Revolutinalize your company. *Fortune*, 13 de dezembro: 114–118. Os exemplos se baseiam em: O'Reilly, B. 1997. The secrets of America's mmost admired corporations: Now ideas and new products. *Fortune*, 3 de março: 60–64.

14. Esta seção se baseia em: Champoux, J. E. 2000. *Organizational behavior: Essential tenets for a new millennium*. Londres: South-Western; e The mature use of power in organizations. 2003. *RGR International-Executive Insights*, 29 de maio, 12.19.168.197/execinsights/8-3.htm.

15. Uma perspectiva profunda sobre o papel do poder e da política nas organizações é fornecido por: Ciampa, K. 2005. Almost ready: How leaders move up. *Harvard Business Review*, 83(1): 46–53.

16. Pfeffer, J. 2010. Power play. *Harvard Business Review*, 88(7/8): 84–92.

17. Westphal, J. D. & Graebner, M. E. 2010. A matter of appearances: How corporate leaders manage the impressions of financial analysts about the conduct of their boards. *Academy of Management Journal*, 53(4): 15–44.

18. Encontramos uma análise da importância da persuasão na realização de uma mudança em: Garvin, D. A. & Roberto, M. A. 2005. Change through persuasion. *Harvard Business Review*, 83(4): 104–113.

19. Lorsch, J. W. & Tierney, T. J. 2002. *Aligning the stars: How to succeed when professionals drive results*. Boston: Harvard Business School Press.

20. Alguns consideram a IE como um "traço", ou seja, um atributo que se torna estável com o tempo. No entanto, muitos autores, incluindo Daniel Goleman, dizem que ela pode ser desenvolvida por meio de motivação, práticas estendidas e reações. Por exemplo, em D. Goleman, 1998, What makes a leader? *Harvard Business Review*, 76(5): 97, Goleman fala sobre isso no quadro: "Can emotional intelligence be learned?"

21. Para uma revisão sobre essa literatura, veja: Daft, R. 1999. *Leadership: Theory and practice*. Fort Worth, TX: Dryden Press.

22. Esta seção se baseia em: Luthans, F. 2002. Positive organizational behavior: Developing and managing psychological strengths. *Academy of Management Executive*, 16(1): 57–72; e Goleman, D. 1998. What makes a leader? *Harvard Business Review*, 76(6): 92–105.

23. A IE tem raízes no conceito de "inteligência social", que foi identificada primeiro por E. L. Thorndike em 1920 (Intelligence and its uses. *Harper's Magazine*, 140: 227–235). Os psicólogos vêm, a algum tempo, descobrindo outras espécies de inteligência e, agora, as reuniram em alguns grupos, como inteligência abstrata (a habilidade de entender e manipular símbolos verbais e matemáticos), concreta (a habilidade de entender e manipular objetos) e social (a habilidade de entender e se relacionar com as pessoas). Veja: Ruisel, I. 1992. Social intelligence: Conception and methodological problems. *Studia Psychologica*, 34(4–5): 281–296. Acesse trochim.human.cornell.edu/gallery.

24. Veja, por exemplo: Luthans, op. cit.;Mayer, J. D., Salvoney, P. & Caruso, D. 2000. Models of emotional intelligence. Em Sternberg, R. J. (Ed.). *Handbook of intelligence*. Cambridge, UK: Cambridge Universtiy Press; e Cameron, K. 1999. Developing emotional intelligence at the Weatherhead School of Management. *Strategy: The Magazine of the Weatherhead School of Management*, inverno: 2–3.

25. Tate, B. 2008. A longitudinal study of the relationships among self-monitoring, authentic leadership, and perceptions of leadership. *Journal of Leadership & Organizational Studies*, 15(1): 16–29.

26. Moss, S. A., Dowling, N. & Callanan, J. 2009. Towards an integrated model of leadership and self-regulation. *Leadership Quarterly*. 20(2): 162–176.

27. Encontramos uma perspectiva profunda sobre a liderança, que envolve descobrir, desenvolver e celebrar o que é único em cada indivíduo em: Buckingham, M. 2005. What great managers do. *Harvard Business Review*, 83(3): 70–79.

28. Bryant, A. 2011. *The corner office*. Nova York: St. Martin's Griffin, 197.

29. Esta seção se baseia em: Klemp, G. 2005. *Emotional intelligence and leadership: What really matters*. Cambria Consulting, Inc., www.cambriaconsulting.com.

30. Haifetz, R. 2004. Question authority. *Harvard Business Review*, 82(1): 37.

31. Nossa análise sobre competências complementares se baseia em: Zenger, J. H., Folkman, J. R. & Edinger, S. K. 2011. Makin yourself indispensable. *Harvard Business Review*, 89(10): 84–92.

32. Handy, C. 1995. Trust and the virtual organization. *Harvard Business Review*, 73(3): 40–50.

33. Essa seção se baseia em Dess, G. G. & Picken, J. C. 1999. *Beyonf productivity*. Nova York: AMACOM. Os elementos da organização de aprendizado

dessa seção são consistentes com o trabalho de Doroty Leonard-Barton. Veja, por exemplo: Leonard-Barton, D. 1992. The factory as a learning laboratiry. *Sloan Management Review*, 11: 23–38.

34. Senge, P. M. 1990. The leader's new work: Building learning organization. *Sloan Management Review*, 32(1): 7–23.

35. Bernoff, J. & Schandler, T. 2010. Empowered. *Harvard Business Review*, 88(7/8): 94–101.

36. Hammer, M. & Stanton, S. A. 1997. The power of reflection. *Fortune*, 24 de novembro: 291–296.

37. Hannah, S. T. & Lester, P. B. 2009. A multilevel approach to building and leading learning organizations. *Leadership Quarterly*, 20(1): 34–48.

38. Para obter alguma orientação sobre como realizar mudanças eficazes na organização, veja: Wall, S. J. 2005. The protean organization: Learning to love change. *Organizational Dynamics*, 34(1): 37–46.

39. Covey, S. R. 1989. *The seven habits of highly effective people: Powerful lessons in personal change*. Nova York: Simon & Schuster.

40. Kouzes, J. M. & Posner, B. Z. 2009. To lead, create a shared vision. *Harvard Business Review*, 87(1): 20–21.

41. Kouzes e Posner, op. cit.

42. Melsore, K. 1995. *Making the grass greener on your side: A CEO's journey to leading by servicing*. São Francisco: Barrett-Koehler.

43. Tekleab, A. G., Sims, Jr., H. P., Yun, S., Tesluk, P. E. & Cox, J. 2008. Are we on the same page? Effects of self-awareness of empowering and transformational leadership. *Journal of Leadership & Organizational Studies*, 14(3): 185–201.

44. Helgesen, S. 1996. Leading from the grass roots. Em *Leader of the future*: 19–24 Hesselbein et al.

45. Bowen, D. E. & Lawler, E. E., III. 1995. Empowering service employees. *Sloan Management Review*, 37: 73–84.

46. Easterby-Smith, M. & Prieto, I. M. 2008. Dynamic capabilities and knowledge management: An integrative role for learning? *British Journal of Management*, 19(3): 235–249.

47. Schafer, S. 1997. Battling a labor shortage? It's all in your imagination. *Inc.*, agosto: 24.

48. Meyer, P. 1998. So you want the president's job [...] *Business Horizons*, janeiro–fevereiro: 2–8.

49. Imperato, G. 1998. Competitive intelligence: Get smart! *Fast Company*, maio: 268–279.

50. Novicki, C. 1998. The best brains in business. *Fast Company*, abril: 125.

51. A análise introdutória do benchmarking se baseia em Miller, A. 1998. *Strategic management*: 142–143. Nova York: McGraw-Hill.

52. Port, O. & Smith, G. 1992. Beg, borrow—and benchmark. *BusinessWeek*, 30 de novembro: 74–75.

53. Main, J. 1992. How to steal the best ideas around. *Fortune*, 19 de outubro: 102–106.

54. Taylor, J. T. 1997. What happens after what comes next? *Fast Company*, dezembro–janeiro: 84–85.

55. Sheff, D. 1996. Levi's changes everything. *Fast Company*, junho–julho: 65–74.

56. Isaacson, W. 1997. In search of the real Bill Gates. *Time*, 13 de janeiro: 44–57.

57. Holt, J. W. 1996. *Celebrate your mistakes*. Nova York: McGraw-Hill.

58. McGregor, J. 2006. How failure breeds success. *Bloomberg Businessweek*, 10 de julho: 42–52.

59. Bryant, A. 2011. *The Corner Office*. Nova York: St. Martin's Griffin, 34.

60. Essa análise inicial se baseia em: Conley, J. H. 2000. Ethics in business. Em Helms, M. M. (Ed.). *Encyclopedia of management* (4ª ed.): 281–285.; Farmington Hills, MI: Gale Group; Paine, L. S. 1994. Managing for organizational ethics through transformational leadership. *Journal of Business Ethics*, 14: 829–838.

61. Pinto, J., Leana, C. R. & Pil, F. K. 2008. Corrupt organizations or organizations of corrupt individuals? Two types of organizations-level corruption. *Academy of Management Review*, 33(3): 685–709.

62. Soule, E. 2002. Managerial moral strategies—in search of a few good principles. *Academy of Management Review*, 27(1): 114–124.

63. Carlson & Perrewe, op. cit.

64. Essa análise se baseia em: Paine. Managing for organizational integrity; Paine, L. S. 1997. *Cases in leadership, ethics, and organizational integrity: A Strategic approach*. Burr Ridge, IL: Irwin; e Fontrodona, J. 2002. Business ethics across the Atlantic. Business Ethics Direct, www.ethicsa.org/BED_art_fontrodone.html.

65. Para saber mais sobre as capacidades de operacionalização para sustentar um fundamento ético, veja: Largay III, J. A. & Zhang, R. 2008. Do CEOs worry about being fired when making investment decisions. *Academy of Management Perspectives*, 22(1): 60–61.

66. Veja www.ti.com/corp/docs/company/citizen/ethics/benchmark.shtml; e www.ti.com/corp/docs/company/citizen/ethics/quicktest.shtml.

67. Bryant, A. 2011. *The corner office*. Nova York: St. Martin's Griffin, 91.

68. Wetlaufer, S. 1999. Organizing for empowerment: An interview with AES's Rogers Sant and Dennis Bakke. *Harvard Business Review*, 77(1): 110–126.

69. Para uma perspectiva profunda e acadêmica sobre o impacto dos códigos de ética sobre as tomadas de decisão executiva, veja: Stevens, J. M., Steensma, H. K., Harrison, D. A. & Cochran, P. S. 2005. Symbolic or substantive document? The influence of ethics code on financial executives' decisions. *Strategic Management Journal*, 26(2): 181–195.

70. Paine. Managing for organizational integrity.

71. Para um estudo recente sobre os efeitos do estabelecimento de alvos para um comportamento antiético, leia: Schweitzer, M. E., Ordonez, K. & Douma, B. 2004. Goal setting as a motivator of unethical behavior. *Academy of Management Journal*, 47(3): 422–432.

72. Williams, R. 2012. How competition can encourage unethical business practices. business.financialpost.com, 31 de julho: np.

73. Fulmer, R. M. 2004. The challenge of ethical leadership. *Organizational Dynamics*, 33(3): 307–317.

74. www.sarbanes-oxley.com.

PARTE 3: IMPLEMENTAÇÃO DA ESTRATÉGIA

capítulo 12

Administração da Inovação e Fomento ao Empreendedorismo Corporativo

Depois da leitura deste capítulo você deverá obter uma boa compreensão dos seguintes pontos a aprender:

PA12.1 A importância de implementar estratégias e práticas que fomentam a inovação.

PA12.2 Os desafios e armadilhas da administração dos processos corporativos de inovação.

PA12.3 Como as corporações usam novos grupos de investimento de risco, incubadores de negócios e defensores de produtos para criar um ambiente interno e uma cultura que promovam o desenvolvimento empreendedor.

PA12.4 Como o empreendedorismo corporativo atinge tanto os alvos financeiros como os estratégicos.

PA12.5 Benefícios e possíveis desvantagens da análise das reais opções nas tomadas de decisão da implantação dos recursos nos contextos do empreendedorismo corporativo.

PA12.6 Como uma orientação empreendedora pode aumentar os esforços da empresa para desenvolver iniciativas de investimento corporativo promissoras.

Aprenda com os Erros

Se perguntarmos a um grupo de alunos o nome de uma companhia bem-sucedida, a Google, provavelmente, será uma das primeiras mencionadas. Ela domina a busca e a publicidade on-line, desenvolveu um navegador de sucesso e um sistema operacional usado por 75% dos smartphones vendidos em 2012.[1] Seu sucesso fica evidente no preço de suas ações, que subiram de cerca de $350 no início de 2009 para cerca de $800 cada no início de 2013. Mas isto não quer dizer que a Google foi bem-sucedida em tudo o que experimentou. Um dos fracassos mais notáveis da empresa aconteceu quando ela tentou investir fora dos mercados online e sem fio. Em 2006, ela decidiu expandir seu negócio de publicidade para o rádio. Depois de gastar centenas de milhões de dólares em seus esforços empreendedores no mercado de publicidade radiofônica, a Google abandonou o negócio em 2009.

Ela via grande potencial em aplicar seu modelo de negócios em tal atividade. No modelo tradicional de publicidade radiofônica, as companhias que desejavam anunciar seus produtos e serviços faziam um contrato com a agência de publicidade para desenvolver um conjunto de spots (comerciais). Então elas compravam blocos de tempo de publicidade das estações de rádio. O pagamento era feito de acordo com o número de ouvintes de cada emissora. A Google acreditava que podia desenvolver um modelo mais poderoso. Seu projeto era comprar grandes espaços publicitários na programação. Então ela leiloaria esse tempo às companhias que desejavam anunciar. A Google acreditava que poderia vender tempo de anúncios a preços maiores caso pudesse identificar quais anúncios e em que estações haveria o maior impacto para os anunciantes. Assim, em vez de cobrar com base no tamanho da audiência, a empresa seguiria o modelo que usava na internet e cobraria com a base em sua eficácia. Para desenvolver a competência de medir a eficácia do anúncio, a Google comprou o dMarc, uma companhia que desenvolveu uma tecnologia para administrar e medir os spots de rádio, por $102 milhões.

A visão geral da Google era ainda mais ampla. Ela também planejava entrar no mercado de anúncios impressos e na TV. Com isso, poderia prover um "painel" para os executivos de marketing das empresas com informações sobre a eficácia da publicidade na internet, na TV, no meio impresso e no rádio. Então poderia lhes vender uma grande quantidade de espaço de publicidade entre todas as quatro mídias e maximizar os gastos com anúncios de uma empresa.

No entanto, sua tentativa de inovar o mercado do rádio se deparou com dois desafios principais. Primeiro: o modelo da publicidade do rádio, diferentemente da publicidade online, se baseava muito mais no relacionamento. As estações de rádio, as empresas que estavam anunciando e as agências de publicidade tinham laços fortes e duradouros, que limitavam a habilidade da Google de entrar no mercado. De fato, poucas estações de rádio estavam dispostas a vender tempo de publicidade para a Google. Além disso, as agências de publicidade viam a empresa como uma ameaça a seu modelo de negócios e não estavam dispostas a comprar tempo dela. Segundo: a Google descobriu que sua habilidade de medir a eficácia dos anúncios de rádio era limitada. Ao contrário de outros mercados, nos quais se pode medir se as pessoas clicaram nos anúncios, ela achou difícil medir se os ouvintes respondiam aos anúncios. A Google tentou usar anúncios que mencionavam sites específicos que os ouvintes poderiam acessar, mas descobriu que poucos deles faziam isso. No fim, a empresa pôde vender tempo de rádio por apenas uma fração do que as estações de rádio receberiam fazendo seus acordos de publicidade tradicionais. Com isso, as emissoras abandonaram o negócio de rádio da Google.

PARTE 3: IMPLEMENTAÇÃO DA ESTRATÉGIA

A empresa descobriu que tinha a iniciativa de inovar o mercado de rádio, mas não possuía conhecimento, experiência ou conexões sociais necessários para vencer nesse mercado.

Perguntas para Discussão

1. Por que as lições que a Google aprendeu em seu mercado de publicidade online não se aplicaram ao mercado de rádio?
2. O rádio está passando cada vez mais para sistemas de satélite e streaming. Essa é uma nova oportunidade para a Google, ou a empresa deveria se afastar por completo desse mercado?

PA12.1
A importância de implementar estratégias e práticas que fomentam a inovação.

A mudança administrativa é uma das funções mais importantes realizadas pelos líderes estratégicos. Existem dois meios principais pelos quais as companhias podem expandir ou melhorar seu negócio — a inovação e o empreendedorismo corporativo. Essas duas atividades andam de mãos dadas porque ambas têm objetivos similares. O primeiro é a renovação estratégica. As inovações ajudam uma organização a manter seu vigor e se reinventar à medida que as condições no ambiente de negócios mudam. É por isso que a inovação administrativa é uma questão de implementação estratégica tão importante. O segundo é a busca por novas oportunidades de investimento. As revoluções inovadoras, bem como os novos conceitos de produto, as tecnologias em evolução e a mudança da demanda, criam oportunidades para o investimento corporativo. Neste capítulo abordaremos esses tópicos — como a mudança e a inovação podem estimular a renovação estratégica e o empreendedorismo corporativo.

Administrando a Inovação

inovação
o uso de novo conhecimento para transformar os processos organizacionais ou criar produtos e serviços comercialmente viáveis.

Uma das fontes mais importantes do crescimento das oportunidades é a inovação. A **inovação** envolve usar o novo conhecimento para transformar os processos organizacionais ou criar produtos e serviços comercialmente viáveis. As fontes do novo conhecimento podem incluir a tecnologia mais moderna, os resultados de experimentos, visões criativas ou informação competitiva. Independentemente do modo como ela surge, a inovação ocorre quando uma nova combinação de ideias e informação causa mudanças positivas.

A ênfase na novidade é o ponto principal. Por exemplo, para que uma aplicação de patente tenha qualquer chance de sucesso, um dos atributos mais importantes é que ela apresente novidades. Não é possível patentear uma ideia que foi copiada. Essa é a ideia central. De fato, a raiz da palavra *inovação* vem do latim *novus*, que quer dizer "novo". A inovação envolve apresentar algo novo ou mudar algo em alguma coisa para que ela seja nova.[2]

Entre as fontes mais importantes de novas ideias está a nova tecnologia. A tecnologia gera novas possibilidades. Ela representa a matéria-prima da qual a empresa se vale para criar produtos e serviços inovadores. Mas ela não é a única fonte de inovação. Pode haver inovação nos recursos humanos, na infraestrutura da empresa, no marketing, no serviço ou em muitas outras áreas agregadoras de valor que não têm muito a ver com a "alta tecnologia". Destaques de Estratégia 12.1 mostra uma inovação simples, mas eficaz, feita nas tintas da Dutch Boy. Como o exemplo sugere, a inovação pode assumir várias formas.

Tipos de Inovação

Embora as inovações nem sempre sejam de alta tecnologia, há grandes chances de que se constituam em importante fonte de mudança e crescimento. Quando uma inovação é baseada em uma nova e arrebatadora tecnologia, ela costuma ter um impacto mais abrangente. Às vezes, até mesmo uma pequena inovação pode acrescentar valor e criar vantagens competitivas. A inovação pode e deve ocorrer na organização inteira — em cada departamento e em todos os aspectos da cadeia de valor.

inovação de produto
os esforços para criar projetos de produtos e aplicações de tecnologia que resultem no desenvolvimento de novos produtos para os usuários finais.

Uma distinção que costuma ser usada ao se falar sobre inovação é entre inovação de processo e inovação do produto.[3] A **inovação de produto** se refere aos esforços para criar projetos de produtos e aplicações de tecnologia que resultem no desenvolvimento de novos produtos para os usuários finais. Vimos no Capítulo 5 como as estratégias genéricas costumam ser

DESTAQUES DE ESTRATÉGIA 12.1

A INOVAÇÃO DE UMA SIMPLES LATA DE TINTA DA DUTCH BOY

Às vezes, uma simples mudança pode fazer uma grande melhoria em um produto. Qualquer pintor sabe que abrir uma lata de tinta e passar o líquido para outro recipiente sem derramar nenhuma gota são dois dos desafios de pintar. A Dutch Boy resolveu esse problema ao fazer um recipiente de tinta com dupla função. Todos os recipientes, de plástico, têm uma grande tampa de girar, fácil de manejar, e uma alça lateral. O resultado foi bom para o cliente, tornando a pintura mais fácil e com menos sujeira. A alça também diminui a necessidade de uma vara para mexer a tinta, visto que é possível fazer isso chacoalhando o recipiente.

Embora a inovação da Dutch Boy tenha sido simples, de caráter não tecnológico e que não tenha tido nada a ver com o produto principal, o lançamento da nova embalagem foi mencionado em artigos de 30 revistas de consumo nacionais e 60 grandes jornais, bem como rendeu uma história no *Good Morning America*. O Gire e Entorne também foi chamado de "Produto do Ano" pelo *USA Today*, *Bloomberg Businessweek*, e *Better Homes & Gardens*. Também foi o vencedor do Good Housekeeping VIP Awards de 2011, que comemora os produtos mais inovadores da última década.

Fonte: 11 Innovative Products from the Past Decade. 2011. *The Good Housekeeping Research Institute*; e www.fallscommunications.com.

---

diferentes, dependendo do estágio do ciclo de vida de um determinado setor de atividade. As inovações de produto tendem a ser mais comuns durante os primeiros estágios do ciclo de vida setorial. Elas também costumam ser associadas a uma estratégia de diferenciação. As empresas que se diferenciam por fornecer aos clientes novos produtos ou serviços, com características únicas ou melhorias de qualidade, costumam realizar uma inovação de produto.

Por outro lado, a **inovação de processo** costuma estar associada com a melhoria da eficiência de um processo organizacional, em especial os sistemas de fabricação e as operações. Ao se basear nas novas tecnologias e na experiência acumulada da organização (Capítulo 5), as empresas podem melhorar o uso dos materiais, diminuir o tempo do ciclo e aumentar a qualidade. As inovações de processo são mais propensas a acontecer nos últimos estágios do ciclo de vida setorial, nos quais as companhias procuram modos de permanecerem viáveis em mercados cuja demanda diminuiu e a competição é mais intensa. Como resultado, as inovações de processos estão mais associadas às estratégias de liderança de custo geral, porque o objetivo de várias melhorias de processo é diminuir o custo das operações.

Outra maneira de ver o impacto de uma inovação é observar seu grau de inovabilidade, que pode estar entre incrementadora e radical.[4]

- A **inovação radical** gera mudanças fundamentais por exigir a descontinuação das práticas existentes. Essas inovações revolucionárias acontecem, em geral, devido a mudanças tecnológicas. Elas tendem a ser muito disruptivas e podem transformar uma companhia ou até revolucionar todo um setor de atividade. Elas podem resultar em produtos ou processos que podem ser patenteados, devido a carregarem uma forte vantagem competitiva para uma empresa. Exemplos incluem a eletricidade, o telefone, o transistor, os computadores desktop, as fibras ópticas, a inteligência artificial e as drogas geneticamente projetadas.
- As **inovações incrementadoras** aprimoram as práticas existentes ou fazem pequenas melhorias nos produtos e processos. Elas podem representar aplicações revolucionárias dentro dos paradigmas existentes, antecipando inovações mais radicais. Visto que elas sustentam uma companhia por aumentar ou expandir sua linha de produtos ou habilidades de fabricação, as inovações incrementadoras podem ser uma fonte de vantagem competitiva em virtude de fornecer novas capacidades que minimizam os gastos ou a velocidade de produção. Exemplos disso incluem as comidas congeladas, as bebidas esportivas, pneus radiais com cintas de aço, contabilidade eletrônica, vidro inquebrável e termômetros digitais.

Algumas inovações são extremamente radicais; outras são apenas incrementadoras. Mas a maioria das inovações situa-se entre esses dois extremos (veja a Figura 12.1).

---

inovação de processo
os esforços para melhorar a eficiência dos processos organizacionais, em especial os sistemas de fabricação e as operações.

inovação radical
uma inovação que muda, fundamentalmente, as práticas existentes.

inovação incrementadora
uma inovação que aprimora as práticas existentes ou faz pequenas melhorias nos produtos e processos.

FIGURA 12.1 Continuum entre Inovações Radicais e Incrementais

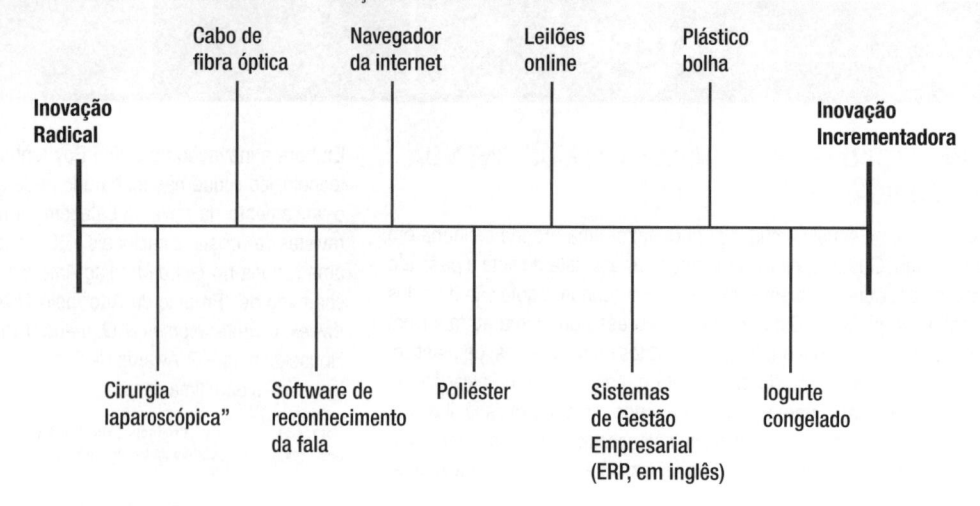

```
                    Cabo de        Navegador      Leilões        Plástico
                    fibra óptica   da internet    online         bolha
    Inovação                                                                Inovação
    Radical                                                                 Incrementadora
    |───────────────┬──────────────┬──────────────┬──────────────┬──────────|
                    │              │              │              │
              Cirurgia       Software de     Poliéster      Sistemas       Iogurte
              laparoscópica" reconhecimento                 de Gestão      congelado
                             da fala                        Empresarial
                                                            (ERP, em inglês)
```

O professor Clayton M. Christensen, da Harvard Business School, identificou outro método útil para caracterizar os tipos de inovações.[5] Ele estabelece uma distinção entre as inovações sustentáveis e disruptivas. *Inovações sustentáveis* são as que aumentam as vendas em um mercado existente, em geral por fazer com que novos produtos ou serviços sejam vendidos a margens maiores. Tais inovações podem incluir inovações incrementadoras ou radicais. Por exemplo, a internet foi um avanço tecnológico que transformou a venda no varejo. Mas em vez de ser disruptiva para as atividades das companhias de catálogos, como a Lands' End e a L. L. Bean, ela energizou seus negócios existentes ao aumentar seu alcance e tornar suas operações mais eficientes.

Em contraste, *inovações disruptivas* são as que revolucionam os mercados por lhes prover novos métodos para atender às necessidades do consumidor. As características de uma inovação disruptiva a tornam um tanto contraintuitivas. As inovações disruptivas:

- São tecnologicamente mais simples e menos sofisticadas do que os produtos e serviços disponíveis.
- Apelam para clientes menos exigentes que estão procurando por soluções mais convenientes e menos caras.
- Demoram para funcionar e só se tornam disruptivas depois que se estabeleceram em um novo mercado ou na parte menos destacada de um mercado existente.

Christensen cita o Walmart e a Southwest Airlines como dois exemplos disruptivos. O Walmart começou como uma única loja, e a Southwest com poucos voos. Mas, uma vez que ambos os casos representavam grandes abandonos das práticas existentes e focalizavam necessidades não atendidas, cresceram continuamente até se tornarem novos empreendimentos que se concentravam em uma nova categoria de clientes até que, finalmente, inverteram o status quo. Christensen diz: "Em vez de sustentar a trajetória de melhoria que foi estabelecida em um mercado, [uma inovação disruptiva] o revoluciona e redefine ao trazer algo mais simples para o mercado".[6]

Destaques de Estratégia 12.2 mostra como a Aereo está tentando revolucionar o mercado de TV ao apresentar uma alternativa mais simples e mais barata à televisão a cabo.

A inovação é tanto uma força no ambiente externo (tecnologia, competição) como um fator que afeta as escolhas internas de uma empresa (estratégias genéricas, atividades de acréscimo de valor).[7] Entretanto, pode ser consideravelmente difícil para algumas empresas administrar a inovação, em especial as que se tornaram confortáveis com seu status quo.

DESTAQUES DE ESTRATÉGIA 12.2

A AEREO TENTA RECONFIGURAR A INDÚSTRIA TELEVISIVA

Nas últimas décadas, a televisão, como modelo de negócio, tem sido consideravelmente estável. Embora as emissoras enviem seus sinais pelo ar, poucos clientes, nos EUA, usam antenas para captá-los. Em vez disso, assistem à programação de TV por meio de fornecedores de serviço a cabo ou satélite. Esses operadores remuneram as redes de TV — nos Estados Unidos: NBC, ABC, CBS, Fox e Univision — pelo direito de transmitir seu conteúdo aos clientes. E, por outro lado, cobram os expectadores desses canais como parte dos pacotes de TV por assinatura.

Barry Diller, o fundador da rede Fox, está tentando mexer nesse modelo com sua startup, a Aereo. Sua empresa usa a internet e a tecnologia de computação em nuvem para prover serviço de TV local para os clientes inscritos. Por $12 mensais, a Aereo transmitirá os sinais de transmissão locais para os clientes assistirem em casa, em seus PCs ou tablets. Os clientes podem escolher assistir programas ao vivo ou a qualquer hora.

Contudo, retransmitir os sinais de TV sem a permissão das redes de TV constitui-se em violação às leis de direitos autorais. Visto que a Aereo não paga as redes de TV pelos sinais, as redes se recusaram a lhe dar permissão. Como a Aereo resolveu o problema? Ela argumenta que não retransmite o sinal. Em vez disso, através de miniantenas de TV do tamanho de uma moeda, grava uma cópia única da transmissão de TV, individualmente por cliente inscrito — uma gravação que os clientes recuperam da nuvem quando querem assistir aos programas. Visto que a lei de direitos autorais permite que cada usuário faça uma cópia pessoal da mídia transmitida, a Aereo diz que seu serviço é legal. Cada cliente inscrito está simplesmente gravando sua cópia remotamente usando sua própria antena pessoal e sua conta em nuvem de computador.

As redes de TV estão lutando contra essa lógica. A Aereo tem potencial para revolucionar drasticamente a estrutura econômica da indústria televisiva, pois elimina as taxas por cliente que os fornecedores de cabo e satélite pagam. Essas empresas também podem ver seu negócio ameaçado, porque a Aereo oferece o serviço a um custo menor. As maiores redes de TV processaram a Aereo, dizendo que ela está violando as leis de direitos autorais, visto que ela, não os clientes finais, está gravando e armazenando os programas. Em essência, de acordo com as redes, a Aereo está retransmitindo o sinal na internet para os clientes, desrespeitando a legislação. Em primeira instância, a decisão judicial, em 2012 deu ganho de causa à Aereo, mas em 2014, a Suprema Corte Americana decidiu que a Aereo opera como uma empresa de TV a cabo e que deve pagar os direitos de transmissão.

Fontes: Stewart, C. & Marr, M. 2012. High noon for Diller's aereo. wsj.com, 24 de maio: np; Poltrack, A. 2012. The Aereo internet TV battle: What's happening and why it matters. digitaltrends.com, 16 de dezembro: np; e Kafka, P. 2013. Aereo raises $38 million to take its cord-cutting service to 22 more cities. allthingsd.com, 8 de janeiro: np.

Desafios da Inovação

> **PA12.2**
> Os desafios e armadilhas da administração dos processos corporativos de inovação.

Inovação é essencial para sustentar as vantagens competitivas. Vimos, no Capítulo 3, que um dos quatro elementos do Balanced Scorecard é a inovação e perspectiva de aprendizado. A extensão e o sucesso dos esforços de inovação da companhia são indicativos de seu desempenho geral. Como o guru da administração Peter Drucker alertou, "Uma companhia já estabelecida que, em uma época que demanda inovação, não é capaz de inovar está condenada a declinar e ser extinta".[8] No ambiente competitivo de hoje, a maioria das empresas tem apenas uma escolha: "inovar ou morrer".

Assim como acontece com relação às mudanças, porém, muitas empresas resistem à inovação. Apenas as companhias que buscam a inovação ativamente, mesmo em caso de dificuldade ou incerteza, terão a compensação por seus esforços de inovação. Mas administrar a inovação é difícil.[9] O ex-diretor e presidente-executivo da Pfizer, William Steere, declarou: "De certa forma, administrar a inovação é análogo a domar um cavalo selvagem: não temos certeza do sucesso até o alcançarmos. Nesse meio tempo, todos sentem alguns solavancos".[10]

O que torna a inovação tão difícil? A incerteza sobre os resultados é um fator. As companhias costumam hesitar em investir tempo e recursos em atividades cujo futuro é desconhecido. Outro fator é que os processos de inovação envolvem muitas escolhas. E essas escolhas apresentam cinco dilemas com os quais as companhias devem lidar ao buscar a inovação.[11]

- *Sementes versus Ervas Daninhas.* Muitas companhias têm uma abundância de ideias inovadoras. Elas devem decidir quais dessas são as mais prováveis de darem frutos — as "Sementes" — e quais devem ser postas de lado — as "Ervas Daninhas". Algo complicado, uma vez que alguns projetos de inovação exigem um nível considerável de investimento antes de uma empresa poder avaliar completamente se elas realmente valem a pena. As empresas precisam de instrumentos por meio dos quais podem escolher vários projetos inovadores.
- *Experiência versus Iniciativa.* As companhias devem decidir se liderarão um projeto inovador. Os gerentes sêniores têm experiência e credibilidade, mas tendem a evitar o risco. Os empregados de médio escalão, que podem ser inovadores, podem ter mais entusiasmo por verem em primeira mão como uma inovação resolveria problemas específicos. As empresas devem apoiar e recompensar membros da organização que trazem novas ideias à luz.
- *Pessoal Interno versus Externo.* Os projetos de inovação precisam de pessoal competente para ser bem-sucedidos. O pessoal de dentro da companhia tem mais capital social e conhece a cultura e rotina da organização. Mas esse conhecimento pode, na verdade, inibi-los de pensar de modo diferente. Os projetos de inovação de equipes formadas com pessoal externo exigem que os gerentes de projeto justifiquem a contratação e o tempo gasto em recrutar, treinar e estabelecer relações. A empresa precisa simplificar e apoiar o processo desses esforços de inovação.
- *Desenvolvimento de Capacidades versus Colaboração.* Os projetos de inovação costumam exigir um novo conjunto de habilidades. As empresas podem buscar ajuda de outros departamentos e/ou fazer parcerias com outras companhias que contribuam com recursos e experiência e que compartilhem os custos de desenvolvimento. Todavia, tais arranjos podem gerar dependências e inibir as habilidades de desenvolvimento internas. Ademais, podem surgir disputas sobre quem contribuiu mais ou como os benefícios do projeto devem ser alocados. As empresas precisam de um instrumento para criar elos com partes externas para o processo de inovação.
- *Incrementos versus Lançamentos Preventivos.* As companhias devem administrar o tempo e a escala dos novos projetos inovadores. Um lançamento incrementador é menos arriscado porque exige menos recursos e serve como um teste de mercado. Mas um lançamento que é também experimental pode minar a credibilidade do projeto. Ele também abre as portas para uma resposta competitiva. Um lançamento em grande escala exige mais recursos, mas pode ocasionar uma resposta competitiva eficaz. As empresas precisam fazer arranjos de financiamento e administração que permitam que o projeto comece com tudo e que seja receptivo às reações do mercado.

Tais dilemas destacam por que o processo de inovação pode ser desafiador, inclusive para as empresas muito bem-sucedidas. Destaques de Estratégia 12.3 falam sobre como a Procter & Gamble está lidando com esses desafios para melhorar sua capacidade de inovação. A seguir consideraremos cinco passos que as empresas podem dar para melhorar seu processo interno de inovação.[12]

Cultivar Habilidades de Inovação

Algumas empresas, como a Apple, Google e Amazon, criam produtos e serviços inovadores regularmente, enquanto que outras empresas lutam para gerar novos produtos para o mercado. O que diferencia essas empresas inovadoras do resto do grupo? Jeff Dyer, Hal Gregersen e Clayton Christensen dizem que a resposta está no DNA de inovação dos líderes dessas empresas.[13] Seus líderes exibem "habilidades de descoberta" que os permitem ver o potencial das inovações e fazer a organização ir para a frente estimulando o valor dessas inovações.[14] Esses líderes gastam 50% mais tempo nessas atividades de descoberta do que os líderes de empresas menos inovadoras. Para aprimorar seus processos inovadores, as empresas precisam cultivar as habilidades de inovação de seus gerentes.

O principal atributo que as empresas precisam desenvolver em seus gerentes para melhorar o potencial de inovação é a inteligência criativa. Esta é orientada pela habilidade central

DESTAQUES DE ESTRATÉGIA 12.3

A PROCTER & GAMBLE TENTA PERMANECER INOVADORA

Desde o desenvolvimento do Ivory Soap, em 1879, passando pelo óleo Crisco, o primeiro óleo completamente vegetal, em 1911, depois para o Crest, a primeira pasta de dentes fluoretada, em 1955, em seguida para as batatas Pringles, em 1968, e chegando ao esfregão Swiffer em 1998, a Procter & Gamble (P&G) é reconhecidamente, e de há muito, uma empresa inovadora. Ela liderou o mercado com esses produtos e os usou para estabelecer-se como empresa de produtos de consumo diferenciados. A P&G, sob qualquer ponto de vista, é uma companhia muito bem-sucedida e ocupou um honroso 5º lugar na relação das empresas mais admiradas publicada pela revista *Fortune* em 2012. Ainda assim, a P&G considera ser difícil permanecer inovadora. O último produto inovador de sucesso que a P&G lançou foi o Crest Whitestrips, produto lançado em 2001. Em anos recentes, seus novos produtos têm sido extensões ou derivações de produtos já existentes, como o acréscimo de flocos embranquecedores na pasta de dentes Crest, ou o uso do anti-histamínico do Nyquil para combater a insônia, chamado de ZzzQuil. Com o ZzzQuil, a P&G não está inovando nesse mercado, pois muitos haviam entrado antes, como a Johnson & Johnson, com o Tylenol PM. Um administrador de portfólio de um fundo mútuo de investimento zombou do ZzzQuil, dizendo: "É um sinal de como anda a inovação na P&G. Ela não é suficiente. É incrementadora, derivativa".

Os fatores responsáveis pelas dificuldades da P&G em permanecer inovadora não são surpreendentes. Eles crescem a partir do sucesso inicial. Primeiro: em razão de sua grande quantidade de produtos, há um grande potencial para novas extensões e derivados de produtos. Embora dificilmente venham a se tornar sucessos, eles são muito mais seguros do que novas ideias inovadoras. Segundo: mesmo que seus gerentes de menor escalão possam estar entusiasmados com novas ideias inovadoras, os líderes de suas unidades, que são responsáveis pelo desenvolvimento dos novos produtos, podem querer não apostar em grandes lançamentos. Os gerentes dessas unidades também são responsáveis e recompensados pelo desempenho atual da unidade, uma medida que será afetada negativamente pelos grandes custos associados com o desenvolvimento e comercialização de novos produtos realmente inovadores. Terceiro: devido a seu grande porte, a P&G transferiu as responsabilidades da P&D para as divisões. Apesar de aumentar as habilidades das divisões para lançar novos produtos incrementalmente, não é algo que facilite a colaboração necessária entre as unidades para desenvolver, audaciosamente, novos produtos.

A P&G está tentando resolver essas questões concentrando de 20% a 30% de trabalhos de pesquisa na criação de novos negócios de nível corporativo e em uma unidade de inovação. Ter um esforço corporativo voltado à inovação separa o orçamento para o desenvolvimento de produtos dos números dos lucros da divisão, aumentando a disposição da empresa em investir no desenvolvimento de produtos de longo prazo. Além disso, a unidade corporativa poderá estimular a colaboração entre as unidades para desenvolver produtos de sucesso.

Fontes: Coleman-Lochner, L. & Hymowitz, C. 2012. At P&G, the innovation well runs dry. *Bloomberg Businessweek*, 10 de setembro: 24–26; e Bussey, J. 2012. The innovator's enigma. wsj.com, 4 de outubro: np.

---

de associação — a habilidade de enxergar padrões em informações e integrar diferentes questões, informações e visões — e quatro padrões de ação: questionar, observar, experimentar e criar redes pessoais (networking). À medida que os gerentes colocam em prática esses quatro padrões de ação, começam a desenvolver a habilidade de associar. Dyer e seus colegas fazem a seguinte ilustração para demonstrar que os indivíduos que usam essas habilidades desenvolverão inovações mais criativas e de maior potencial.

> Imagine: você tem um gêmeo idêntico, com o mesmo cérebro e talentos naturais que você, e ambos receberam uma semana para ter uma ideia criativa para um novo negócio. Durante esse período, você tem suas próprias ideias. Já seu irmão, em contraste, (1) fala com dez pessoas — incluindo um engenheiro, um músico, um pai "dono de casa" e um projetista — sobre o investimento, (2) visita três startups inovadoras e observa o que fazem, (3) experimenta cinco produtos "novos no mercado", (4) apresenta um protótipo que ele construiu para cinco pessoas e (5) lhes pergunta: "E se eu fizesse isso?" e "Por que você faz isso?" pelo menos dez vezes por dia, observando e experimentando atividades. Quem você acha que terá as ideias mais inovadoras (e realizáveis)?

O ponto é que, por meio desse questionamento, observação, experimentação e criação de rede como parte do processo de inovação, os gerentes tomarão melhores decisões de inovação a partir de então e, o mais importante, começarão a desenvolver o tão necessário DNA de inovação para serem melhores inovadores no futuro. Ao se habituarem a essa forma de proceder, os tomadores de decisão encontrarão oportunidades e serão mais criativos ao associarem informações de diferentes partes da vida, de diferentes pessoas com quem entrarão em contato e de diferentes setores de suas organizações. A habilidade de inovar não está ligada ao cérebro como uma espécie de direito de nascença. As pesquisas sugerem que apenas 1/3 de nossas habilidades de pensar criativamente são genéticas. Os outros 2/3 desenvolvem-se com o decorrer do tempo. As pesquisas de neurociência indicam que o cérebro é "plástico", ou seja, ele se molda conforme as experiências vividas. À medida que os gerentes desenvolvem a habilidade de fazer perguntas criativas, reúnem um conjunto de vivências provenientes de diversos lugares e as ligam àquelas de suas próprias vidas, seus cérebros acompanharão e desenvolverão a habilidade de ver facilmente as situações de um ponto de vista criativo e se basear em uma grande quantidade de experiências e conhecimento para identificar soluções criativas. As cinco características do inovador eficaz são descritas junto com exemplos de cada uma na Figura 12.2.

Definição do Escopo da Inovação

As empresas devem ter meios de focar seus esforços de inovação. Ao definir o "envolvimento estratégico" — o escopo empresarial dos esforços de inovação —, as empresas asseguram que seus esforços de inovação não são desperdiçados em projetos fora do domínio de interesse da

FIGURA 12.2 O DNA do Inovador

Característica	Descrição	Exemplo
Associação	Os inovadores têm a habilidade de conectar perguntas, problemas e ideias de diferentes campos, que parecem não ter nada a ver uns com os outros. Isso lhes permite enxergar, criativamente, oportunidades que outros não detectam.	Pierre Omidyar viu a oportunidade que resultou no eBay quando relacionou três itens: (1) um fascínio pessoal por criar mercados mais eficientes, (2) sua noiva queria encontrar recipientes de balas colecionáveis raros e (3) a ineficiência dos anúncios classificados em localizar tais itens.
Questionamento	Os inovadores estão sempre fazendo perguntas que desafiam a visão comum. Em vez de aceitar o status quo, eles se perguntam "Por que não?" ou "E se?". Isso faz com que outros à sua volta desafiem os pressupostos que limitam o possível alcance das ações que sua empresa pode tomar.	Depois de testemunhar o surgimento do eBay e da Amazon, Marc Benioff questionou por que os softwares de computador ainda eram vendidos em caixas, e não por meio de uma inscrição e baixados pela internet. Esse foi o início do Salesforce.com, uma empresa com mais de $2,2 bilhões de vendas em 2012.
Observação	Os executivos motivados pela descoberta produzem ideias de negócios inovadoras observando o comportamento regular de indivíduos, em especial clientes e possíveis clientes. Tais observações identificam os desafios que os clientes enfrentam e oportunidades que antes não haviam sido identificadas.	Ao observar sua esposa lutar para administrar as finanças da família, o fundador da Intuit, Scott Cook, identificou a necessidade de um software financeiro fácil de usar que possibilitasse gerenciar suas dívidas, contas bancárias e investimentos.
Experimentação	Thomas Edison disse certa vez: "Eu não falhei. Eu simplesmente descobri 10 mil modos de como não fazer funcionar". Os inovadores experimentam novas possibilidades com regularidade, aceitando que muitas de suas ideias não darão certo. A experimentação pode incluir novos trabalhos, viver em países diferentes e novas ideias para seus negócios.	Os fundadores Larry Page e Sergey Brin proporcionam tempo e recursos para que os empregados da Google experimentem. Alguns dos projetos, como a plataforma de celulares Android, foram grandes vencedores. Outros, como os sistemas de rede social Orkut e Buzz, não deram certo. Mas a Google continuará a fazer experiências com novos produtos e serviços.
Networking	Os inovadores desenvolvem amplas redes pessoais. Eles usam um diversificado conjunto de indivíduos para encontrar e testar ideias radicais. Isso pode ser feito comparecendo a conferências nas quais indivíduos com vários históricos pessoais se reúnem para compartilhar visões e ideias, como a Technology, Entertainment, and Design (TED) Conference ou o Aspen Ideas Festival.	Michael Lazaridis teve a ideia para um dispositivo de e-mail sem fio que o levou a fundar a Research in Motion, agora chamado de Blackberry, após comparecer a uma conferência. Nela, um orador falou sobre um sistema sem fio que a Coca-Cola usava nas máquinas automáticas de venda que lhe informava quando havia necessidade de reposição. Lazaridis viu a oportunidade de usar o mesmo conceito com a comunicação de e-mails, e a ideia do Blackberry veio à tona.

Fonte: Reimpresso com a permissão de Harvard Business Review. Anexo de *The Innovator's DNA*, de J. H. Dyer, H. G. Gregerson e C. M. Christensen. Direitos autorais 2009 de The Harvard Business School Publishing Corporation; todos os direitos reservados.

companhia. O envolvimento estratégico define o alcance dos projetos aceitáveis. Um **envolvimento estratégico** cria uma visão empresarial específica da inovação que define como uma empresa pode gerar novos conhecimentos e aprender com uma iniciativa de inovação, mesmo que o projeto não dê certo. Ele também direciona os esforços de inovação de uma empresa, o que ajuda a separar as sementes das ervas daninhas e desenvolver habilidades internas.

Uma maneira de determinar em quais projetos trabalhar é se concentrar em uma tecnologia comum. Então os esforços de inovação da empresa podem se concentrar no desenvolvimento das habilidades e na experiência em determinada área técnica. Outro possível foco é o tema do mercado. Consideremos como a DuPont respondeu à crescente preocupação por produtos que não agridem o meio ambiente:

> No início da década de 1990, a DuPont procurou usar seu conhecimento sobre plásticos para identificar quais produtos atendiam à crescente demanda do mercado por produtos biodegradáveis. Ela fez vários experimentos com resina de poliéster biodegradável, batizando-a de Biomax. Ao experimentar diferentes aplicações e formulações exigidas pelos clientes em potencial, a companhia finalmente pôde criar um produto economicamente viável e com apelo mercadológico. A DuPont continuou a expandir a marca Biomax, e atualmente produz uma grande linha de plásticos que não agridem o meio ambiente.[15]

envolvimento estratégico
uma visão empresarial específica da inovação que define como uma empresa pode gerar novos conhecimentos e aprender com uma iniciativa de inovação, mesmo que o projeto não dê certo.

As companhias devem estar plenamente conscientes, não apenas sobre os tipos de inovação que estão procurando, mas também quanto aos resultados esperados. Cada companhia precisa desenvolver um conjunto de perguntas a propósito de seus esforços de inovação:

- Quanto vai custar essa iniciativa de inovação?
- Qual é a probabilidade de ela realmente se tornar comercialmente viável?
- Quanto valor ela vai acrescentar; ou seja, quanto ela vai valer caso funcione?
- O que podemos aprender caso ela não dê certo?

No entanto, uma empresa que objetiva ser inovadora precisa desenvolver um método sistemático de avaliar e aprender em cima dos resultados das iniciativas de inovação. Observar as inovações dessa perspectiva ajuda uma empresa a administrar o processo.[16]

Administrar o Ritmo da Inovação

Além de esclarecer o escopo da inovação ao definir o envolvimento estratégico, as empresas também precisam estabelecer o ritmo da inovação. Quanto tempo vai demorar para que uma iniciativa de inovação seja realisticamente realizada? A linha de tempo do projeto de uma inovação incremental pode ser de seis meses a dois anos, enquanto que uma inovação mais radical costuma demorar em longo prazo — dez anos ou mais.[17] Em geral, inovações radicais começam com um longo período de exploração no qual a experimentação torna irreais linhas de tempo estritamente definidas. Bem ao contrário, as empresas que estão inovando incrementalmente para explorar uma janela de oportunidade podem usar um método de marcos rigorosamente fixados em função de alvos e prazos. A apurada sensibilidade para determinar prazos realistas ajuda as companhias a enquadrar temporalmente os dilemas, facilitando a ação administrativa.

O andamento do processo também pode ser uma fonte de vantagem competitiva porque ele ajuda a companhia a gerenciar as transições e desenvolver um ritmo interno.[18] Isso não quer dizer que a companhia ignora as demandas do tempo do mercado; em vez disso, as companhias ajustam seu próprio relógio interno de um modo que lhes permite frustrar os concorrentes através do controle do processo de inovação. Com esse controle, a empresa trabalha para desenvolver um ritmo interno que se enquadre com as práticas de compra dos clientes. Por exemplo, durante anos a Intel trabalhou para desenvolver novos chips microprocessadores a cada dezoito meses. Ela teria três chips em processo em qualquer ponto do tempo — um no estágio de produção e venda, um na fase de desenvolvimento e outro que estaria na mesa de projetos. Esse ritmo também se amoldava ao mercado, porque a maioria dos clientes corporativos substituía os computadores a cada três anos. Assim, os clientes estavam duas gerações atrás de sua tecnologia de computador, fazendo-os sentir a necessidade de se atualizar a cada três anos. Na era pós PCs, a Apple desenvolveu um ciclo interno similar, porém mais rápido, que lhe permitiu lançar uma nova geração de iPad anualmente.

Isso não implica dizer que o objetivo é sempre ser o mais rápido a inovar. Alguns projetos não podem ser apressados. As companhias que apressam seus esforços de pesquisa ou que vão ao mercado antes de estarem prontas para isso podem comprometer sua habilidade de inovar — e sua reputação. Assim, administrar o ritmo da inovação pode ser um fator importante do sucesso a longo prazo.

Recursos Humanos para Apropriação do Valor da Inovação

As pessoas são fundamentais para o processo de identificar, desenvolver e comercializar as inovações de modo eficaz. Elas precisam ter um conjunto de habilidades, bem como experiência — experiência de trabalhar com equipes e em processos de inovação bem-sucedidos. Para obter valor das atividades de inovação, as companhias devem colocar à disposição dos tomadores de decisões estratégicas equipes que tornem isso possível.

Essa visão levou os peritos Rita Gunther McGrath e Thomas Keil a pesquisar os tipos de práticas de administração de recursos humanos que as boas empresas usam para obter valor de seus esforços de inovação.[19] Há quatro práticas que são especialmente importantes:

- A formação de equipes de inovação deve incluir membros experientes que sabem como é lidar com a incerteza e que podem ajudar os novos membros da equipe a desenvolver habilidades de gestão de risco.
- A exigência de que os empregados que procuraram fazer sua carreira avançar na organização sirvam no novo grupo de risco como parte desse processo.
- Uma vez que as pessoas obtiveram experiência com o novo grupo de risco, elas devem ser transferidas para as principais posições de administração, nas quais podem se valer de suas habilidades e conhecimento para revitalizar o negócio principal da companhia.
- Separar o desempenho dos indivíduos do desempenho da inovação. De outra forma, os participantes qualificados podem se sentir estigmatizados caso o esforço de inovação em que trabalharam não dê certo.

Existem outras práticas de recursos humanos aparentemente benéficas para as atividades de inovação de uma empresa, mas que, na verdade, podem ser contraprodutivas:

- Criar uma equipe que consiste apenas de membros muito qualificados, cuja experiência primária está relacionada com o negócio principal da companhia. Isso faz com que poucas pessoas lidem com a incerteza dos projetos de inovação e pode fazer com que boas ideias sejam dispensadas porque não parecem se enquadrar com o negócio principal.
- Formar uma equipe integralmente constituída de voluntários desejosos de trabalhar em projetos que achem interessantes. Tais indivíduos costumam ser superzelosos no que se refere a novas tecnologias ou extremamente apegados a conceitos de produtos, o que pode resultar em decisões ruins sobre em quais projetos investir e quais abandonar.
- Criar um clima no qual os membros da equipe de inovação são considerados como cidadãos de segunda classe. Em companhias em que as conquistas são recompensadas, os participantes mais inteligentes e ambiciosos podem evitar projetos de inovação com resultados incertos.

A menos que uma organização possa colocar seus membros principais em novas equipes de investimento eficazes, será improvável a criação de qualquer vantagem de diferenciação de seus esforços inovadores.[20] Uma compreensão melhor de como organizar o pessoal envolvido nos esforços de inovação de uma companhia resulta no melhor meio de assegurar que os desafios de inovação serão cumpridos com eficácia. Destaques de Estratégia 12.4 descreve o método que a Air Products and Chemicals Inc. está usando para melhorar seus esforços de inovação.

Colaborar com Parceiros de Inovação

É muito raro que uma organização tenha todas as informações necessárias para realizar uma inovação, desde o conceito até a comercialização. Até mesmo uma companhia muito competente em suas operações correntes costuma precisar de novas habilidades para obter novos

DESTAQUES DE ESTRATÉGIA 12.4

A CONTRATAÇÃO DE EMPREGADOS PARA UMA INOVAÇÃO BEM-SUCEDIDA NA AIR PRODUCTS

Quando o assunto é implementar seus esforços de inovação, a Air Products and Chemicals, Inc. (APCI) reconhece a importância de contratar empregados para ser bem-sucedida. A Air Products é uma fabricante mundial de produtos químicos industriais e equipamentos relacionados. Sediada em Allentown, Pennsylvania, a Air Products tem vendas anuais de $10 bilhões, fábricas em mais de 30 países e 22 mil empregados no mundo inteiro. A companhia é amplamente conhecida por incorporar a inovação em sua cultura mediante um processo *sui generis* de engajamento de seus funcionários.

Ron Pierantozzi, um veterano de 30 anos de companhia e diretor de inovação e de desenvolvimento de novos produtos diz: "Inovação tem tudo a ver com disciplina [...] Ela exige um tipo diferente de treinamento, ferramentas diferentes e novos métodos de experimentação". Para implementar essa filosofia, Pierantozzi começa com seu pessoal. Ele recruta pessoas com várias experiências e expertises, incluindo engenheiros, empreendedores e funcionários do governo. Deixa claro para os membros de sua equipe de inovação que eles retornarão para as operações principais depois de quatro anos — um fato que muitos consideram um algo a mais, pois trabalhar em uma unidade de inovação costuma impulsionar a carreira profissional. Ele também assegura à equipe que não haverá nenhum estigma associado com eventuais falhas, uma vez que a experimentação é altamente valorizada.

As equipes de inovação são criadas para administrar os ativos intelectuais da companhia e determinar quais tecnologias têm o maior valor potencial. Um dos principais benefícios desse método tem sido o de alavancar os recursos humanos para obter resultados inovadores sem aumentar os gastos com P&D. Tais esforços resultaram em um prêmio de inovação da APQC (anteriormente conhecida como American Productivity and Quality Center), que enaltece as companhias por práticas exemplares que aumentam a produtividade.

Fontes: Chesbrough, H. 2007. Why Bad Thinghs Happen to Good Thecnology. *The Wall Street Journal*: 28–29 de abril, R11; Leavitt, P. 2005. Delivering the Difference: Business Process Management at APCI. *APQC, www.apqc.com*; McGrath, R. G. & Kreil, T. 2007. The Value Captor's Process: Getting the Most Out of Your New Business Ventures. *Harvard Business Review*, maio: 128–136; e *www.apci.com*.

---

resultados. Os parceiros de inovação fornecem as habilidades e insights necessários para fazer com que os projetos de inovação sejam bem-sucedidos.[21]

Os parceiros de inovação podem vir de várias fontes, incluindo universidades de pesquisa e o governo federal. Todo ano, o governo dos EUA promove licitação de preços e condições de produtos ou serviços capazes de fornecer soluções ou realizar aprimoramentos. A fabricante de chips Intel, por exemplo, se beneficiou ao financiar várias pesquisas universitárias. Em vez de lhes dar um cheque em branco, a Intel negociou o direito de patentear o resultado das pesquisas patrocinadas por ela. A universidade retém a posse da patente, mas a Intel ganha o uso gratuito dela.[22]

A parceria estratégica exige que as empresas identifiquem seus pontos fortes e fracos e que façam escolhas sobre quais habilidades desenvolver, quais precisam de desenvolvimento adicional e quais estão fora do escopo atual ou futuro das operações da empresa.

Para escolher parceiros, as empresas precisam se perguntar por quais habilidades estão procurando e que parceiro de inovação poderá contribuir.[23] Incluem-se aqui o conhecimento de mercados, perícia tecnológica ou contatos com agentes protagonistas em um determinado setor de atividade. Em geral, os parceiros de tecnologia também costumam especificar como as recompensas da inovação serão compartilhadas e quem possuirá a propriedade intelectual desenvolvida.[24] Destaques de Estratégia 12.5 falam sobre como a Coca e a Deka descobriram que cada uma tinha apenas alguns dos recursos necessários para se empenhar e uma iniciativa global audaciosa, mas, juntas, elas tinham os recursos necessários.

Os esforços de inovação que envolvem vários parceiros e a velocidade e facilidade com que os parceiros podem estabelecer uma rede e colaborar estão mudando o modo como as inovações são realizadas.[25] Destaques de Estratégia 12.6 mostra como a IBM está usando as tecnologias de crowdsourcing para incentivar a colaboração entre empregados, clientes, fornecedores e outros stakeholders para aumentar os esforços de inovação.

Empreendedorismo Corporativo

O **empreendedorismo corporativo** (EC) tem dois objetivos principais: a busca por novas oportunidades de investimento e renovação estratégica.[26] O processo de inovação mantém

empreendedorismo corporativo
a criação de novo valor para uma corporação por meio de investimentos que criam novas fontes de vantagem competitiva ou renovam a proposta de valor.

DESTAQUES DE ESTRATÉGIA 12.5 — SUSTENTABILIDADE AMBIENTAL

COCA E DEKA: PARCEIROS PARA RESOLVER A NECESSIDADE DE ÁGUA LIMPA

A Coca-Cola e a DEKA têm uma suas próprias visões inovadoras. Isoladamente, seria difícil tornarem-nas realidade. Juntas, podem fazê-las acontecer. A Coca-Cola estabeleceu como meta repôr por completo a água utilizada na produção de suas bebidas até o ano de 2020. Para fazer isso, precisou aprimorar a eficiência na utilização e investir em alguns projetos específicos. Essas medidas representam 35% de consecução do objetivo, mas ela precisava encontrar um meio de acrescentar água potável na equação. A DEKA Research tenciona fornecer água potável a áreas do mundo em desenvolvimento nas quais é um bem escasso, mas não tinha recursos suficientes para fazer com que isso aconteça.

Embora o fornecimento de água potável esteja garantido nos países desenvolvidos, 20% da população do mundo não tem acesso a ela. As organizações governamentais e não governamentais (ONGs) têm investido bilhões de dólares em projetos para tratar e disponibilizar a água de rios, lagos e oceanos. Mas esse esforço ainda não supriu a necessidade de muitos. A DEKA Research tem uma solução inovadora para a questão: um sistema de purificação de água chamado Slingshot, que é simples, portátil e acessível. Em vez de depender de grandes e multimilionários projetos, trata-se de um sistema de baixo custo (cerca de $ 2 mil cada) que pode produzir 946 litros de água potável por dia, o suficiente para 300 pessoas, usando menos eletricidade do que a necessária para fazer um secador funcionar. O Slingshot tem o tamanho de um pequeno refrigerador e sua tecnologia se baseia no processo de dessalinização usado para produzir água potável para navios. Por intermédio de um processo de destilação por compressão a vapor, o sistema aquece a água por meio de vários ciclos. No processo de evaporação, são removidos minerais, metais pesados e outros contaminantes. E a pasteurização se encarrega de eliminar bactérias e vírus. Porém, a DEKA enfrenta o grande desafio de trazer essa tecnologia para o mercado. Ela precisa de milhões de dólares para construir uma fábrica de Slingshots.

É aí que a Coca entra. Seu presidente, Muhtar Kent, comprometeu-se a tornar a empresa neutra quanto à água. "A água é o elemento vital de nosso negócio, e assumimos o compromisso de assegurar que estamos fazendo nossa parte para repôr a água que usamos e devolvê-la às comunidades ao redor do mundo", disse Kent. A Coca vê a DEKA como uma grande parceira nesse objetivo. Ela dispõe dos recursos financeiros para tornar isso possível, mas não da tecnologia para produzir água da mesma maneira que a DEKA. A Coca prometeu "dezenas de milhares de dólares" para ajudar a DEKA a construir sua fábrica e começar a produzir Slingshots. Além do investimento financeiro, a Coca tem os recursos operacionais para entregar Slingshots em áreas do mundo que não têm outro acesso à água potável. Já começou a testar as máquinas em áreas rurais na África do Sul, México e Paraguai. E espera implantar até 2000 unidades na África, Ásia e América Latina em 2015. Em conjunto, as duas empresas parecem ter todos os recursos necessários para tornar o Slingshot uma solução inovadora e valiosa na busca por água potável.

Fontes: Copeland, M. V. 2010. Dean Kamen (Still) wants to save the world. *Fortune*, 3 de maio: 61–62; Nasr, S. L. 2009. How the Slingshot water purifier works. *HowStuffWorks.com*, 27 de julho: np; Solomon, D. 2012. Dean Kaman's Slingshot heard 'round the world. *Unionleader.com*, 7 de outubro: np; e Geller, M. 2012. Coke, Segway investor team up on clean water project. *reuters.com*, 25 de setembro: np.

---

as empresas alertas ao expô-las a novas tecnologias, torná-las cientes das tendências do mercado e ajudá-las a avaliar novas possibilidades. O EC usa os frutos do processo de inovação para ajudar as empresas a desenvolver novas fontes de vantagem competitiva e renovar suas propostas de valor. Assim como o processo de inovação ajuda as empresas a fazer melhorias positivas, o empreendedorismo corporativo as auxilia a identificar oportunidades e iniciar novos investimentos.

A criação de novos investimentos corporativos de risco é chamada de "intraempreendedorismo" por Gifford Pinshot, porque ela significa desenvolver negócios empreendedores dentro das corporações existentes.[27] Entretanto, para tocar um empreendedorismo corporativo que tenha retornos acima da média e que contribua para vantagens sustentáveis, é necessário que ele seja realizado de modo eficaz. Nesta seção examinaremos as fontes de atividade empreendedora dentro das empresas estabelecidas e os métodos que as grandes corporações usam para estimular o comportamento empreendedor.

Em uma corporação típica, o que determina como os projetos empreendedores serão desenvolvidos? Isso depende de muitos fatores, incluindo:

- Cultura corporativa.
- Liderança.
- Características estruturais que orientam e restringem as ações.
- Sistemas organizacionais que fomentam a aprendizagem e administram as recompensas.

DESTAQUES DE ESTRATÉGIA 12.6 — CROWDSOURCING

O ENCONTRO INFORMAL DE INOVAÇÃO DA IBM

A IBM é uma das corporações mais bem conhecidas do mundo, mas seu presidente, Samuel Palmisano, notou haver um grande desafio para a empresa. Embora a IBM fosse capaz de realizar pesquisas científicas básicas e possuísse os direitos sobre 40 mil patentes, estava encontrando dificuldades de transformar seu conhecimento patenteado em produtos comercializáveis. Além disso, sua reputação entre os investidores era a de uma empresa de desenvolvimento incremental de produtos, característica não desejável nos mercados tecnológicos de maior dinamismo. Palmisano creditou ao crowdsourcing a condição de promover a IBM de uma maneira ousada.

Em 2006, a IBM realizou o Jam Innovation, um evento aberto e informal que envolveu 150 mil empregados e familiares da IBM, parceiros de negócios, clientes e pesquisadores universitários. O encontro era constituído de duas sessões de 72 horas. Participantes de mais de 100 países reuniram-se 24 horas seguidas durante três dias. Os debates estavam organizados ao redor de 25 tecnologias em seis amplas categorias. Embora os temas do congresso fossem ricos em conteúdo, foi um desafio para a IBM obter dados significativos do público. O formato de 24 horas significou que não era possível que apenas um supervisor acompanhasse as discussões, e a quantidade de posts para os assuntos fez com que a IBM tivesse uma grande quantidade de informações nas quais debruçar-se. Os debates resultaram em 46 mil ideias de negócios em potencial. Para que todas as informações fizessem sentido, a IBM organizou os assuntos usando um sofisticado software de análise de texto e fez com que uma equipe de 50 gerentes digerisse as informações organizadas. Usando as informações da primeira sessão, os gerentes identificaram 31 "grandes ideias". Eles exploraram ainda mais essas 31 ideias na segunda sessão do congresso. Então a IBM formou outro grupo de 50 gerentes mundiais para rever as discussões do encontro. As equipes de gerentes se concentraram nos conjuntos de ideias relacionadas, como cuidados com a saúde e o meio ambiente.

Os gerentes da IBM viram que o evento estava servindo para três objetivos. Primeiro: dava aos indivíduos, tanto de dentro como de fora da IBM, que já tinham boas ideias, um fórum no qual podiam compartilhar suas visões com os grandes gerentes. Segundo: proporcionava aos indivíduos com ideias menos significativas um meio de fazer uma relação com outras ideias, resultando em iniciativas mais relevantes. Por exemplo, os indivíduos que tinham ideias sobre uma melhor previsão de tempo local, aparelhos de detecção para serviços públicos de água e previsões climáticas de longo prazo se juntaram para criar um "Gerenciamento Previsível de Água", uma solução compreensiva para que as autoridades relacionadas à questão da água pudessem administrar seus recursos, uma solução de negócios em que ninguém na IBM havia pensado antes do encontro. Terceiro: a estrutura mundial do evento permitiu que a IBM, desde o início, pudesse verificar como seus empregados, parceiros e clientes de diferentes regiões tinham diferentes objetivos e preocupações sobre possíveis novos negócios. Por exemplo, o que os clientes queriam dos sistemas para administrar registros de cuidado com a saúde variavam bastante, dependendo da região.

Baseando-se nas sessões do encontro, a IBM iniciou dez novos negócios cujo financiamento representava $100 milhões. Um deles, o Intelligent Transportation System, um sistema que reúne, administra e dissemina informações em tempo real sobre os sistemas de transporte metropolitano para otimizar o fluxo do tráfego, foi vendido às autoridades de trânsito da Suécia, Reino Unido, Singapura, Dubai e Austrália. Outro, a Intelligent Utility Networks, se tornou o produto principal do negócio de serviços de utilidade pública da IBM. Um terceiro, o Big Green, tornou-se parte da maior iniciativa da história da IBM, um projeto bilionário para administrar melhor a energia e outros recursos.

Fontes: Bjelland, O. M. & Wood, R. C. 2008. An Inside View of IBM's Innovation Jam. *Sloan Management Review*, outono: 32–40; Hempel, J. 2006. Big Blue Brainstorm, *BusinessWeek*, 7 de agosto: 70; Takahasi, D. 2008. IBM's Innovation Jam 2008 Shows How Far Crowdsourcing Has Come. *Businessweek.com*, 9 de outubro: np.

Todos os fatores que influenciam o processo de implementação da estratégia também moldarão como as corporações se empenham no investimento interno.

Outros fatores também afetarão como os empreendimentos de risco serão realizados.

- O uso das equipes na tomada de decisão estratégica.
- Se a companhia é orientada pelo bem ou serviço.
- Se os esforços de inovação são orientados às melhorias de produtos ou processos.
- O quanto ela usa alta tecnologia ou não.

Visto que esses fatores são diferentes em cada organização, algumas companhias podem estar mais envolvidas do que outras na identificação e desenvolvimento de novas oportunidades de investimento de risco.[28] Tais fatores também influenciarão a natureza do processo do EC.

Em geral, ECs bem-sucedidos exigem que uma empresa vá além das operações e mercados atuais na busca por novas oportunidades. As oportunidades revolucionárias são as que costumam gerar os maiores retornos. Porém, tais estratégias não são isentas de risco. Nas seções a seguir falaremos sobre algumas escolhas estratégicas e questões de implementação que influenciam no sucesso ou fracasso das atividades EC.

PA12.3
Como as corporações usam novos grupos de investimento de risco, incubadores de negócios e defensores de produtos para criar um ambiente interno e uma cultura que promovam o desenvolvimento empreendedor.

métodos focalizados para o empreendedorismo corporativo
um empreendedorismo corporativo no qual a atividade de risco está integralmente separada das outras operações correntes da empresa.

novo grupo de investimento
um grupo de indivíduos, ou uma divisão, dentro de uma corporação, que identifica, avalia e cultiva oportunidades de investimentos de risco.

incubadores de negócios
um novo grupo de investimento corporativo de risco que apoia e cuida de novos investimentos empreendedores até que eles possam prosperar e seguir como negócios autônomos.

Duas abordagens distintas para os investimentos corporativos de risco são encontradas em empresas que perseguem objetivos empreendedores. O primeiro é o risco corporativo *focalizado*, no qual as atividades de EC são isoladas das operações existentes de uma empresa e realizadas por unidades de trabalho independentes. O segundo método é o *disperso*, no qual todas as partes e todo membro da organização estão empenhados nas atividades intraempreendedoras.

Abordagens Focalizadas

Em geral, as empresas que usam um método focalizado separam a atividade corporativa de risco das outras operações correntes da empresa. O EC costuma ser o domínio de grupos de trabalho autônomo, que buscam objetivos empreendedores independentes do resto da empresa. A vantagem dessa abordagem é que ela libera os membros das equipes empreendedoras para pensar e agir sem as restrições impostas pelas normas e rotinas organizacionais existentes. Essa autonomia é, em geral, necessária para o tipo de criatividade de mente aberta que leva a revoluções estratégicas. A desvantagem é que, devido ao seu isolamento da parte principal da corporação, os grupos de trabalho que se concentram nos investimento de risco internos podem deixar de obter os recursos ou apoios necessários para completar um projeto empreendedor. Há duas formas — os novos grupos de investimento (NGIs) e os incubadores de negócios — que estão entre os tipos mais comuns de métodos focalizados.

Novos Grupos de Investimento (NGIs) As corporações costumam criar NGIs, cujo objetivo é identificar, avaliar e cultivar oportunidades de investimento de risco. Em geral, esses grupos funcionam como unidades semiautônomas com pouca estrutura formal. O **novo grupo de investimento** pode ser, simplesmente, um comitê que informa ao presidente possíveis novos investimentos de risco. Ou pode estar organizado como uma nova divisão corporativa com seus próprios membros e orçamento. Os objetivos do NGI podem estar abertos a quais tipos de investimentos serão considerados. Alternativamente, algumas corporações os usam para promover um esforço concentrado em um problema específico. Em ambos os casos, eles têm uma dose considerável de liberdade para assumir riscos e uma reserva de recursos para fazê-lo.[29]

Em geral, os NGIs têm um tempo de mandato maior do que um departamento de P&D comum. Seu envolvimento vai além da inovação e experimentação para se coordenar com outras divisões corporativas, identificar possíveis parceiros de investimento, reunir recursos e iniciar o investimento na prática. Destaques de Estratégia 12.7 mostram como o WD-40 usou um NGI para melhorar seus esforços de EC.

Incubadores de Negócios O termo *incubador* foi usado originalmente para descrever um aparelho nos quais os ovos são chocados. **Incubadores de negócios** são projetados para fazer novos negócios "saírem da casca do ovo". Eles são um tipo de NGI corporativo com um propósito mais específico — apoiar e cuidar de novos investimentos empreendedores até que eles possam prosperar e seguir como negócios autônomos. As corporações usam os incubadores como um meio de fazer crescer os negócios identificados pelo NGI. Embora recebam apoio de muitas partes da corporação, eles ainda funcionam de modo independente até que estejam fortes o suficiente para continuarem por sua conta. Dependendo do tipo de negócio, eles são integrados na divisão corporativa existente ou continuam a funcionar como uma subsidiária da empresa de origem.

Os incubadores, tipicamente, fornecem algumas ou todas as cinco funções a seguir:[30]

- *Financiamento.* Incluem investimentos de capital, tanto financeiros (empréstimos) quanto não financeiros, em espécie e empréstimos.
- *Espaço físico.* Os incubadores nos quais diversas startups compartilham o mesmo espaço fornecem solo fértil para novas ideias e colaboração.
- *Serviços de negócios.* Além do espaço de escritório, os novos investimentos de risco precisam de serviços básicos e de infraestrutura; isso pode incluir qualquer coisa, de sistemas de telefonia e redes de computadores a serviços de relações-públicas e administração de pessoal.

| DESTAQUES DE **ESTRATÉGIA** | 12.7 |

O USO DA EQUIPE DO AMANHÃ PARA FAZER O WD-40 CRESCER

Quando uma dobradiça range, muitos procuram por uma lata de WD-40. Esse icônico lubrificante de latas azuis existe por mais de 50 anos e tem uma participação de mercado de 70% no negócio de lubrificantes em spray. Garry Ridge, o presidente da WD-40, brinca que "mais pessoas usam o WD-40 todo o dia do que o fio dental". Ainda assim, Ridge queria que a empresa continuasse a procurar por oportunidades de crescimento. Historicamente, a equipe de marketing da WD-40 foi responsável pelo desenvolvimento do produto, mas isso envolveu pequenas alterações do produto em si ou novas embalagens para os já existentes.

Conhecendo o foco incremental da estrutura corrente e desejando que o WD-40 se concentrasse em novas e mais ousadas oportunidades, Ridge criou uma equipe multifuncional, chamada de Equipe do Amanhã, para administrar seus esforços mundiais de EC. Essa equipe incluía pessoal do marketing, pesquisa, cadeia de fornecimento, compras e distribuição. Para liderar a equipe, Ridge recorreu ao experiente executivo Graham Milner, que pensava mundialmente e tinha um histórico de marketing. Houve certa resistência por parte da equipe de marketing devido à sua perda de poder sobre o processo de desenvolvimento do novo produto. Ridge resolveu isso de vários modos. Ele teve uma participação ativa na formação da equipe, envolvendo-se em vários dos conflitos entre a Equipe do Amanhã e outros grupos da organização, e carregou consigo um protótipo inicial do primeiro produto da equipe, a No Mess Pen, para mostrar quão interessado ele estava no novo produto. Seu envolvimento sinalizou a importância da equipe para a WD-40. Ao colocar um executivo de marketing na liderança da Equipe do Amanhã, ele destacou a importância do marketing para a organização. Milner e a outra líder da equipe, Stephanie Barry, trabalharam em conjunto com o diretor de marketing, instituíram uma política de portas abertas e compartilharam informações com o marketing. Em conjunto, essas ações acabaram com a resistência em relação à Equipe do Amanhã.

Ridge também deu ao time um alvo audacioso. Ele o encarregou de desenvolver novos produtos que poderiam gerar $100 milhões em vendas por ano a partir dos lançamentos dos últimos três anos. Até 2010, a equipe havia criado produtos que geraram $165 milhões em receitas. Ridge também vê uma grande mudança no restante da empresa como resultado desse esforço. Ele enxerga os empregados como membros de uma "tribo" e a organização como um "laboratório de aprendizagem vivo".

Fontes: Ferrarini, E. 2010. WD-40 Company CEO Talks about Rebuilding an Innovative Brand and Taking It Global. *Enterprise Leadership*, 27 de fevereiro: np; Bounds, G. 2006. WD-40 CEO Repackages a Core Product. *Pittsburgh Post Gazette*, 23 de maio: np; Govindarajan, V. & Trimble, D. 2010. Stop the Innovation Wars. *Harvard Business Review*, julho–agosto: 76–83; www.intheboardroom.com.

- *Mentoring (Orientação)*. Os executivos seniores e o pessoal técnico habilidoso podem dar treinamento e conselhos baseados em experiência.
- *Networking (Estabelecimento de redes de relacionamento)*. O contato com outras partes da empresa e com agentes externos, como fornecedores, peritos industriais e possíveis clientes, facilita a resolução de problemas e o compartilhamento de conhecimento.

Quando a Microsoft teve problemas para revigorar suas habilidades empreendedoras, criou uma incubadora de negócios para melhorar seus esforços empreendedores.

Para encorajar o empreendedorismo, as corporações, às vezes, precisam fazer mais do que criar grupos de trabalho independentes ou incubadoras de investimento de risco para gerar novas iniciativas. Em algumas empresas, o espírito empreendedor está em toda a organização.

Abordagens Dispersas

O segundo tipo de EC é o disperso. No caso de algumas companhias, uma dedicação aos princípios e práticas do empreendedorismo permeiam toda a organização. Uma vantagem disso é que os membros da organização não precisam ser lembrados da necessidade de pensarem de maneira empreendedora ou estarem dispostos a mudar. A habilidade de mudar é considerada como uma competência central. Ela leva à segunda vantagem: devido à reputação empreendedora da empresa, os stakeholders, como os vendedores, clientes ou parceiros de aliança, podem trazer novas ideias ou oportunidades de investimento de risco para qualquer um na organização e esperar que elas sejam bem recebidas. Tais oportunidades possibilitam que uma empresa esteja acima da concorrência. Contudo, exitem algumas desvantagens também. As empresas que são superzelosas quanto ao EC algumas vezes sentem que devem mudar por

> **abordagens dispersas para o empreendedorismo corporativo**
> o empreendedorismo corporativo no qual uma dedicação aos princípios e às políticas do empreendedorismo permeiam toda a organização.

mudar, o que as faz perder as competências principais ou gastar muito na P&D e inovação às custas dos que ficam na parte de baixo da pirâmide. Três aspectos relacionados do empreendedorismo disperso incluem as culturas empreendedoras, que têm um compromisso extenso com as atividades de EC, as liberações de recursos para as ações de apoio empreendedoras e o uso de defensores de produtos para promover comportamentos empreendedores.

cultura empreendedora
uma cultura corporativa na qual a mudança e renovação são um foco constante de atenção.

Cultura Empreendedora Em algumas grandes corporações, a cultura corporativa incorpora o espírito empreendedor. Uma cultura de empreendedorismo é aquela na qual a busca por oportunidades de investimento de risco permeia cada parte da organização. A chave para criar valor com sucesso é enxergar cada atividade da cadeia de valor como uma fonte de vantagem competitiva. O efeito do EC no sucesso estratégico de uma empresa é mais forte quando ele anima todas as áreas da organização. Ele é encontrado em companhias nas quais os líderes estratégicos e a cultura, em conjunto, impelem a equipe no rumo da inovação, assunção de riscos e procura de novas oportunidades de investimento de risco.[31]

Em companhias com uma cultura empreendedora, todos na organização estão alertas às oportunidades para ajudar a gerar novos negócios. Muitas empresas com tal característica aplicam o método de cima para baixo para estimular a atividade empreendedora. Os grandes líderes da organização apoiam programas e incentivos que alimentam um clima de empreendedorismo. Muitas das melhores ideias para os novos investimentos de risco corporativos, porém, caminharam no sentido inverso. Catherine Winder, CEO da Rainmaker Entertainment, falou sobre como ela incentiva qualquer empregado a gerar e estabelecer ideias inovadoras[32]:

> Temos uma política de portas abertas para que qualquer um na empresa possa dar ideias [...] e descrevê-las entre 15 e 30 segundos. Se gostarmos, trabalharemos nela. Se for possível ser conciso e explicar a ideia de modo claro, isso quer dizer que há alguma coisa boa ali.

Em uma cultura empreendedora, mudanças e renovações estão na mente de todos. Amazon, 3M, Intel, Cisco são algumas das corporações mais conhecidas por suas atividades de investimento de risco corporativo. Muitas corporações jovens de crescimento rápido também atribuem grande parte de seu sucesso à cultura empreendedora. Mas outras empresas de sucesso estão lutando para permanecerem empreendedoras. Por exemplo, a Sony foi muito bem-sucedida em seus esforços de investimento corporativo por vários anos, porém, mais recentemente, encontrou grande dificuldade de manter sua posição como líder empreendedora no mercado de produtos eletrônicos de consumo e de computadores.

Alocações de Recursos O EC exige a disposição da empresa em investir na geração e execução de ideias inovadoras. Quanto à geração, os empregados estarão muito mais dispostos a desenvolver essas ideias se tiverem tempo para isso. Por décadas, a 3M permite que seus empregados tenham tempo livre, de até 15% da carga horária, para trabalhar no desenvolvimento de novos produtos.[33] A Google seguiu um caminho parecido com sua regra de 70-20-10. Ela espera que seus empregados gastem 70% do tempo nas linhas dos produtos principais existentes. E podem gastar 20% de seu tempo em produtos de esferas relacionadas nas quais a companhia pode recorrer para estender sua linha de produção. Os 10% remanescentes é tempo livre, que pode ser aproveitado para pensar em novas e audaciosas ideias. De acordo com Larry Page, presidente da Google, esses 10% são "importantes para permitir que as pessoas sejam criativas de verdade e pensem de modo original". Além do tempo, as empresas podem fomentar o EC financiando monetariamente ideias empreendedoras. A Johnson & Johnson (J&J) usa um grupo (o Internal Ventures Group) para apoiar as ideias empreendedoras desenvolvidas dentro da empresa. Os empreendedores internos apresentam propostas para o grupo. A mesa de revisão decide quais propostas financiar e solicita investimentos adicionais das divisões de operação da J&J. A Nike e a Google têm um esquema semelhante ao do J&J. A disponibilidade de tempo e o acesso a fontes de financiamento podem aumentar a probabilidade de sucesso das atividades empreendedoras dentro da empresa.

Campeões do Produto O EC nem sempre envolve fazer grandes investimentos em startups ou estabelecer incubadoras para fazer novas divisões crescerem. Em geral, as ideias inovadoras surgem no curso normal do negócio e são apresentadas e se tornam parte do jeito de fazer negócios. Os defensores de produto costumam ser necessários para tomar a frente nos investimento iniciados internamente. **Campeões do produto** (ou de projeto) são as pessoas que trabalham em uma corporação que apresentam ideias empreendedoras, identificam que tipos de mercados existem para o produto ou serviço, encontram recursos para apoiar o investimento e promovem o conceito desse investimento de risco para os gerentes de alto escalão.[34]

Quando empregados de níveis menores identificam uma ideia de produto ou uma nova solução, eles a levam ao supervisor ou a alguém com autoridade. A nova ideia que é gerada em um laboratório de tecnologia pode ser apresentada a outros pelo seu inventor. Se a ideia tem mérito, ganha apoio e força na organização.[35] Mesmo que a corporação não esteja procurando por uma nova ideia ou tenha um programa para cultivar investimentos de risco internos, o comportamento independente de alguns membros da organização pode ter importantes consequências estratégicas.

Não importa como uma ideia empreendedora surge, porém, um novo conceito de investimento de risco deve passar por dois estágios fundamentais para ser colocado em prática:

1. *Definição do projeto.* Uma oportunidade deve ser justificada em termos de atração no mercado e quão bem ela se alinha aos outros objetivos estratégicos da corporação.
2. *Ímpeto do projeto.* Para que um projeto ganhe ímpeto, seu impacto estratégico e econômico deve ser apoiado por gerentes sêniores que têm experiência em projetos similares. Então ele se torna um negócio em estágio embrionário com sua própria organização e orçamento.

Para um projeto avançar pelos estágios de definição e ímpeto, um campeão do produto, em geral, precisa gerar apoio e encorajamento. Os defensores são especialmente importantes após a definição do produto e antes que ele ganhe força. Eles formam um elo entre os estágios de definição e ímpeto do desenvolvimento interno ao procurar recursos e estimular o interesse pelo produto entre os clientes em potencial.[36] Em geral, eles devem trabalhar de modo discreto e solitário. Consideremos o exemplo de Ken Kutaragi, o engenheiro da Sony que foi o defensor do PlayStation.

> Embora a Sony tenha feito o processador do primeiro videogame Nintendo, ninguém da Sony, em meados da década de 1980, viu futuro nesses produtos. Kutaragi se lembra: "Eles eram um tanto esnobes. Para o pessoal da Sony, teria sido constrangedor fazer o produto da Nintendo por ser apenas um brinquedo". Mas Kutaragi estava convencido de que poderia fazer um produto melhor. Ele começou a trabalhar secretamente em um videogame. Ele disse: "Percebi que, se fosse de conhecimento geral, o projeto estaria acabado". Discretamente, começou a angariar o apoio dos executivos sêniores, como o chefe de P&D. Ele defendeu sua ideia de que a Sony deveria usar seu projeto para desenvolver capacidades nas tecnologias digitais que poderiam ser importantes no futuro. Nada aconteceu até 1994, quando, depois de anos de desenvolvimento "subterrâneo" e de silenciosa construção de uma rede interna de apoio internos, a Sony apresentou o PlayStation. Até o ano 2000, a Sony havia vendido 55 milhões de unidades, e Kutaragi se tornou o CEO da Sony Computer Entertainment. Exerceu a função até 2005, supervisionando os esforços do lançamento do PS3, a versão da nova geração do PlayStation, o console de videogame líder de mercado.[37]

Os campeões do produto têm um importante papel empreendedor no estabelecimento corporativo por encorajar outros a dar uma chance a novas ideias promissoras.[38]

Medindo o Sucesso das Atividades de Empreendedorismo Corporativo

Neste ponto da análise, é razoável nos perguntarmos se o EC é bem-sucedido. O investimento corporativo de risco, como o processo de inovação, costuma exigir um grande esforço. Será que ele vale a pena? Consideremos os fatores que as corporações devem levar em conta ao avaliar o sucesso dos programas de EC. Também examinaremos técnicas que as companhias podem usar para limitar os gastos com os investimentos de risco, ou diminuir suas perdas caso as iniciativas de EC pareçam estar condenadas.

---

campeão do produto
uma pessoa que trabalha em uma corporação que apresenta ideias empreendedoras identifica que tipos de mercados existem para o produto ou serviço, encontra recursos para apoiar o investimento e promove o conceito desse investimento de risco para os gerentes de alto escalão.

PA12.4
Como o empreendedorismo corporativo atinge tanto os alvos financeiros como os estratégicos.

Comparação dos Alvos Estratégicos e Financeiros do EC Nem todos os esforços de investimento corporativo de risco são financeiramente recompensadores. Em termos de desempenho financeiro, pouco mais de 50% dos esforços de investimento corporativo de risco são rentáveis (em termos de taxa de retorno) dentro de seis anos após o lançamento.[39] Se esse fosse o único critério para definir o sucesso, poderia parecer um retorno muito fraco. Por um lado, tais resultados devem ser esperados, porque o EC é mais arriscado do que outros investimentos, como expandir as operações existentes. Por outro, as corporações esperam um retorno maior de projetos de investimento corporativo de risco do que das operações normais. Assim, em termos de equilíbrio entre risco e retorno, parece que o EC costuma deixar a desejar.[40]

Porém, existem vários outros critérios importantes para avaliar o sucesso desse tipo de investimento. A maioria dos programas de EC tem alvos estratégicos.[41] Os motivos estratégicos para iniciar um investimento corporativo de risco incluem fortalecer a posição competitiva, entrar em novos mercados, expandir as capacidades aprendendo e adquirindo novos conhecimentos e edificar a base de recursos e experiência da corporação. Há três perguntas que devem ser feitas para avaliar a eficácia das iniciativas de investimento de risco da corporação:[42]

1. *Os produtos ou serviços oferecidos pelo investimento são aceitos no mercado?* O investimento é considerado como um sucesso de mercado? Em caso afirmativo, os retornos financeiros são, provavelmente, satisfatórios. O investimento pode também abrir as portas para outros mercados e sugerir possibilidades para outros projetos.
2. *As contribuições do investimento para as competências internas e experiência da corporação são valiosas?* O investimento acrescentou valor à empresa internamente? Se a resposta for sim, os alvos estratégicos, como estimular os ativos existentes, gerar novos conhecimentos e aumentar as capacidades da empresa, serão, provavelmente, atingidos.[43]
3. *O investimento de risco pode sustentar as bases de sua vantagem competitiva?* A proposta de valor oferecida pelo investimento o protege contra ataques competitivos? Em caso positivo, ele, provavelmente, colocará a corporação em uma posição mais forte em relação à concorrência e fornecerá uma base a partir da qual edificará outras vantagens.

Esses critérios incluem alvos estratégicos e financeiros do EC. Outra maneira de avaliar um investimento corporativo de risco é compará-lo aos quatro critérios do Balanced Scorecard (Capítulo 3). Para ser bem-sucedido, não são apenas os alvos financeiros e de aceitação do mercado (dos clientes) que devem ser atingidos, mas também as metas de negócios internos, de inovação e de aprendizagem. Assim, ao avaliar o sucesso de um investimento corporativo, é importante olhar além de simples retornos financeiros e considerar um conjunto mais amplo de critérios.[44]

Defensores de Saída Embora uma cultura de defensores de projetos de investimentos de risco seja vantajosa para estimular um fluxo constante de iniciativas empreendedoras, muitas — na verdade, a maioria — das ideias não vão funcionar. Em certo ponto do processo, a maioria delas será abandonada. Às vezes, porém, as companhias esperam demais para desistir de um novo investimento de risco, e o fazem apenas depois de terem gasto uma grande quantidade de recursos, ou pior, depois de um fracasso de mercado. O oneroso projeto de satélites mundiais de telecomunicação da Motorola, conhecido como Iridium, serve para ilustrar essa questão. Não obstante existissem problemas com o projeto desde seu demorado processo de desenvolvimento, a Motorola se recusava a cancelá-lo. Após investir $5 bilhões e anos de esforços, o projeto foi abandonado.[45]

defensor de saída
uma pessoa que trabalha em uma corporação e que está disposta a questionar a viabilidade de um projeto de investimento exigindo provas sólidas do sucesso do investimento de risco e desafiando o sistema de crenças que faz com que o projeto continue a avançar.

Um modo de evitar essas custosas e desanimadoras derrotas é apoiar um papel-chave no processo do EC: os **defensores de saída**. Em contraste com os campeões do produto e outros entusiastas empreendedores da corporação, os defensores de saída estão dispostos a questionar a viabilidade de um projeto de investimento de risco.[46] Ao exigirem provas sólidas e desafiarem o sistema de crenças que faz com que o projeto continue a avançar, os defensores de saída restringem investimentos que parecem duvidosos.

Tanto os defensores de produto como os de saída devem estar dispostos a, energicamente, defender aquilo em que acreditam. Ambos põem suas reputações em jogo. Mas eles também diferem de modos importantes.[47] Os campeões do produto lidam com incertezas e ambiguidade. Os defensores de saída diminuem a ambiguidade por reunir informações e desenvolver uma forte defesa de por que um projeto deveria ser descontinuado. Os campeões do produto são imaginados como dispostos a violar procedimentos e agirem fora dos canais normais. Os defensores de saída devem restituir procedimentos e reafirmar os critérios de tomada de decisão que deveriam orientar as decisões de investimento. Enquanto os defensores de produto emergem como heróis, os de saída correm o risco de perder seu status por se oporem a projetos populares.

O papel do defensor de saída pode não ser atraente, mas pode salvar uma corporação financeiramente e em termos de reputação no mercado. Ele é especialmente importante porque uma das medidas do sucesso dos esforços do EC da empresa é a extensão da capacidade de saber quando parar, cortar os laços e seguir em frente.

Análise das Opções Reais: Uma Ferramenta Útil

Uma das maneiras pelas quais uma empresa pode minimizar fracassos e evitar perdas por ir atrás de ideias ruins é aplicar a lógica das opções reais. A **análise das opções reais** (AOR) é uma ferramenta financeira de análise de investimento. Ela tem sido adotada aos poucos, mas de modo crescente, por consultores e executivos, para apoiar tomadas de decisão estratégicas das empresas. Em que consiste a AOR e como pode ser apropriadamente utilizada? Para entender as opções *reais*, primeiro é necessária uma compreensão básica do que são *opções*.

Do ponto de vista financeiro, as opções existem quando alguém (o dono da opção) tem o direito, mas não a obrigação, de se envolver em certos tipos de transação. As mais comuns são as opções de ações. Elas dão ao possuidor o direito de comprar (opção de compra) ou vender (opção de venda) determinado número de ações a um preço específico (preço de exercício) em algum momento no futuro.[48] O investimento feito imediatamente é pequeno, enquanto que o investimento a ser feito no futuro é, em geral, maior. Uma opção para comprar ações de rápido crescimento cotada atualmente em $50 pode custar até $0,50.[49] Os donos de tais opções de ações limitaram suas perdas em $0,50 por ação, enquanto que as possibilidades positivas são ilimitadas. Esse aspecto das opções é atraente porque elas oferecem a perspectiva de grandes ganhos com relativamente pouco investimento inicial, o que representa perdas limitadas.

A expressão "opções reais" se aplica a situações nas quais a teoria das opções e as técnicas de avaliação são aplicadas a ativos reais ou coisas físicas, em oposição aos ativos financeiros. Aplicadas ao empreendedorismo, as opções reais sugerem um caminho que as companhias podem usar para administrar a incerteza associada com o lançamento de novos investimentos de risco. Algumas das aplicações mais comuns das opções reais estão relacionadas com a propriedade e seguros. Uma opção de imóvel fornece ao proprietário o direito de comprar ou vender uma propriedade a um preço previamente estabelecido, em algum momento no futuro. O preço de mercado da propriedade pode superar o preço preestabelecido (ou de exercício) — ou o valor do mercado pode ser inferior ao preço de exercício. Se o preço do imóvel subir, o dono da opção provavelmente a comprará ("exercerá a opção", no jargão do mercado). Se o valor de mercado da propriedade cair abaixo do preço de exercício, dificilmente o dono da opção fará a compra. Na última circunstância, o dono da opção limitou sua perda ao custo da opção, mas durante a vigência da opção, ele retém o direito de participar de qualquer possível benefício que possa surgir.

Aplicações da Análise das Opções Reais para as Decisões Estratégicas

O conceito de opções também pode ser aplicado às decisões estratégicas nas quais a administração tem flexibilidade de ação. Surgem situações em que a administração deve decidir se investirá fundos adicionais para fazer a atividade crescer ou acelerar, talvez adiá-la para aprender mais, diminuir a escala da atividade ou até mesmo abandoná-la. As decisões de investir em novos investimentos de risco ou outras atividades de negócios, como P&D, filmes

---

PA12.5
Benefícios e possíveis desvantagens da análise das reais opções nas tomadas de decisão da implantação dos recursos nos contextos do empreendedorismo corporativo.

análise das opções reais
uma ferramenta de análise de investimento que vê um investimento ou uma atividade como uma série de passos sequenciais e que, para cada passo, permite ao investidor optar entre (a) investir fundos adicionais para fazer a atividade crescer ou acelerar, (b) adiá-la, (c) diminuir sua escala ou (d) abandoná-la.

cinematográficos, exploração e produção de poços de petróleo, e a abertura ou fechamento de minas de cobre têm, em geral, essa flexibilidade.[50] Alguns pontos importantes a se ter em mente são:

- Deve-se usar a AOR quando os investimentos podem ser divididos em estágios: um investimento menor, de entrada, pode ser seguido por investimentos subsequentes. As opções reais podem ser aplicadas a uma decisão de investimento que dá a uma companhia o direito, mas não a obrigação, de fazer investimentos adicionais.
- Os tomadores de decisões estratégicas têm "pedágios", ou pontos-chave, nos quais podem decidir se continuarão, adiarão ou abandonarão o projeto. Os executivos têm flexibilidade de ação. Existem oportunidades para tomar outras decisões e continuar ou não, associadas com cada fase.
- Espera-se que haja um aumento de conhecimento sobre os resultados no momento do próximo investimento e que esse conhecimento adicional ajude a informar aos tomadores de decisão se devem ou não fazer investimentos adicionais (ou seja, fazendo um paralelo com o mercado financeiro, se o preço de exercício justifica ou não exercer a opção).

Muitas decisões estratégicas têm a característica de conter uma série de opções. Esse fenômeno é chamado de "opções embutidas", um conjunto de investimentos nos quais em cada estágio do investimento existe a opção de continuar ou não. Consideremos as opções reais lógicas que a Johnson Controls, uma fabricante de assentos de carros, painéis de instrumentos e sistemas de controle interno usa para fazer com que suas ideias empreendedoras avancem ou sejam descartadas.[51] A Johnson torna cada nova ideia inovadora uma opção fazendo um pequeno investimento nela. Para decidir exercer uma opção, a ideia deve ser aprovada em cada estágio de desenvolvimento. Jim Geschke, vice-presidente e gerente-geral da integração de produtos eletrônicos na Johnson, descreve esse processo:

> Pense na Johnson como uma máquina de inovação. Na frente ela tem uma série de portões robustos pelos quais as ideias devem passar. Para começar, temos várias ideias e gastamos algum dinheiro em cada uma. À medida que se desenvolvem, elas passam por um portão no qual a decisão de continuar ou não é feita. Várias ideias são filtradas, resultando em menos itens, e o gasto em cada uma aumenta [...] Vários meses depois, cada uma delas passa por outro portão. Se ela consegue passar, isso indica que se trata de uma boa ideia que nós continuaremos a desenvolver. Então os gastos aumentam, e o número de ideias diminui. Quando chegamos ao portão final, precisamos ter um negócio viável para que ele seja aceito. Em certo ponto do processo de desenvolvimento, levamos nossa ideia aos clientes e lhes perguntamos o que acham. Às vezes eles dizem: "Essa ideia é horrível. Esqueçam". Outras vezes eles dizem: "Isso é fabuloso. Quero um milhão disso".

O processo de avaliar as ideias separando as vencedoras das perdedoras de forma a manter os investimentos baixos ajudou a Johnson Controls a faturar mais de $42 bilhões em um ano. Usar a lógica das opções reais para avançar o processo de desenvolvimento é uma das principais maneiras de as empresas diminuirem a incerteza e minimizarem as falhas relacionadas com a inovação.[52] A lógica das opções reais pode ser usada também com outros tipos de decisões estratégicas. Destaques de Estratégia 12.8 discorre sobre como a Intel usa a lógica da opção real ao tomar decisões de expansão de capacidade.

Possíveis Armadilhas da Análise das Opções Reais

Apesar dos muitos benefícios que podem ser obtidos ao se usar a AOR, os gerentes devem estar cientes de suas possíveis limitações ou armadilhas. A seguir citamos três delas.[53]

Teoria de Agência e o Dilema da Solução Reversa Suponhamos que as companhias que adotam a perspectiva de opções reais invistam pesado no treinamento e que seu pessoal entenda como estimar adequadamente a variância — a quantidade de dispersão dos resultados estimados em relação aos esperados. Tal treinamento pode ajudá-los a usar a AOR. No entanto, ele não resolve outro problema inerente: os gerentes podem saber como e ser incentivados a "torcer as regras". A maioria das planilhas eletrônicas permite que os usuários simplesmente solucionem reversamente (de trás para frente) qualquer fórmula; ou seja, podemos digitar a resposta que queremos e perguntar quais valores são necessários em uma fórmula para obter

---

dilema da solução reversa
um problema relacionado às decisões de investimento no qual o sistema de gestão se depara com um projeto que satisfaz os critérios de aprovação de investimentos, mesmo que o investimento não agregue valor à empresa.

> **DESTAQUES DE ESTRATÉGIA | 12.8**

INTEL: ECONOMIZANDO MILHÕES COM AS OPÇÕES REAIS

O negócio de semicondutores é complexo e dinâmico. Isso dificulta a administração. Por um lado, a tecnologia e a demanda do consumidor por chips são muito voláteis. Isso dificulta o planejamento para o futuro no que se refere aos projetos e fábricas do produto necessários. Por outro lado, é incrivelmente caro construir novas fábricas de chips (cerca de $5 bilhões cada), e o equipamento de fabricação precisa ser pedido muito antes de ser necessário. Essa antecedência pode chegar a até três anos. Trata-se de um desafio e tanto. As empresas devem decidir quanto e que tipo de equipamento comprar muitos antes de entenderem bem qual será a demanda de chips semicondutores. Um erro de estimação deixa as empresas com excesso ou insuficiência de capacidade de produção.

A Intel descobriu um método para limitar tais riscos utilizando contratos de opções. Ela paga, antecipadamente, uma certa taxa pelo direito de comprar peças-chave do equipamento em uma data específica no futuro. Naquele momento, ela compra o equipamento ou libera o fornecedor do contrato. Nesses casos, o fornecedor fica livre para vender o equipamento para outrem. Tudo isso parece razoavelmente simples. Várias mercadorias, como trigo e açúcar, operam em um robusto mercado de opções. O desafio não está em realizar contratos. Está em estabelecer o preço. Diferentemente de trigo e açúcar, em que um grande número de fornecedores e compradores formam um mercado eficiente que estabelece os preços daquelas commodities, há poucos compradores e fornecedores de equipamentos de fabricação de chips. Além disso, o equipamento não é uma mercadoria padronizada. Assim, os preços para as opções de equipamento envolvem negociações difíceis.

Karl Kempf, um matemático da Intel, descobriu como suavizar esse processo. Em conjunto com um grupo de matemáticos de Stanford, Kempf desenvolveu um programa de computador para calcular o preço das opções. Ele e seus colegas criaram um modelo de previsão do potencial da demanda. Eles calculam a probabilidade de ocorrência de vários níveis de demanda em potencial. E, também, simulam no computador uma fábrica de chips. Então usam os possíveis níveis de demanda para prever quantas partes do equipamento de produção serão necessárias na fábrica para atender à demanda. Esse ciclo é repetido milhares de vezes, gerando previsões sobre a probabilidade de terem de comprar peças de equipamento específicas. Eles usam essa informação para identificar que equipamentos, definitivamente, serão necessários. Onde há incerteza significativa sobre a necessidade do equipamento, eles usam os resultados da simulação para identificar o equipamento específico pelo qual precisam valer-se dos contratos de opção e o valor dessas opções para a Intel. Isso ajuda a estabelecer o preço.

A Intel estima que, desde 2008, o uso das opções nas compras de equipamento livrou a empresa de um excesso de $125 milhões e lhe proporcionou pelo menos $2 bilhões de receitas provenientes de expansões que puderam realizar rapidamente usando o equipamento adquirido ao exercer o direito de opção.

Fontes: Kempf, K., Erhun, F., Hertzler, E., Rosenberg, T. & Peng, C. 2013. Optimizing capital investment decisions at Intel Corporation, *Interfaces*, 43(1): 62–78; e King, I. 2012. A chipmaker's model mathematician. *Bloomberg Businessweek*, 4 de junho: 35.

---

aquela resposta. Se os gerentes sabem que certo valor de opção deve ser atingido para que uma proposta seja aprovada, eles podem solucionar reversamente o modelo para obter a variância estimada como necessária para chegar à resposta que a alta direção deseja.

Problemas de agência são inerentes às decisões de investimento. Eles podem acontecer quando gerentes e proprietários são figuras diferentes em uma empresa — quando os gerentes assumem o papel de "agentes", o que deveria ser atributo dos "dirigentes" (acionistas). Um gerente pode ter algo a ganhar por não agir nos melhores interesses dos proprietários, ou os interesses dos gerentes e proprietários não estão alinhados. Segundo a teoria da agência, à medida que os interesses dos gerentes e dos proprietários divergem, aqueles seguirão seu próprio caminho, um que satisfaça seus interesses pessoais. Às vezes isso é feito para assegurar um salário melhor: os gerentes que sugerem projetos podem acreditar que, se forem aprovados, haverá uma chance muito maior de serem promovidos. Assim, ao passo que os gerentes têm um incentivo para propor projetos que *deveriam* ser bem-sucedidos, também têm o incentivo de propor projetos que *podem* ser bem-sucedidos. E, graças à subjetividade envolvida na modelagem formal de uma opção real, os gerentes podem sentir-se motivados a escolher vários valores que aumentem a probabilidade de aprovação.

Arrogância Administrativa: A Superconfiança e a Ilusão de Controle Em geral, decisões ruins são o resultado de armadilhas como preconceitos, falta de discernimento e outras fragilidades do ser humano. Muitas dessas mazelas morais compõem o campo semântico abrangido pelo conceito de **arrogância administrativa**.[54]

Primeiro: a arrogância administrativa acontece quando os tomadores de decisão que fizeram boas escolhas no passado passam a acreditar que possuem expertise superior para administrar a incerteza. Creem que suas habilidades podem diminuir os riscos inerentes à

arrogância administrativa
preconceitos, falta de discernimento e outras fragilidades humanas que resultam em más decisões administrativas.

tomada de decisão muito mais do que realmente conseguem. Tais gerentes são mais dispostos a se afastar da análise para confiar mais em seu próprio juízo. No caso das opções reais, eles simplesmente declaram que qualquer decisão é uma opção real e atuam como antes. Se lhes for solicitado modelar formalmente sua decisão, estarão mais dispostos a usar a estimativa de variância que apoia seu ponto de vista.

Segundo: o uso da perspectiva de opções reais pode encorajar os tomadores de decisão a serem parciais quanto à ação. Tal parcialidade pode resultar em imprudência. A arrogância administrativa é um problema tão grande (ou maior) para as pequenas decisões quanto para as grandes. Por quê? O custo de subscrever o primeiro estágio de uma opção é muito menor do que o custo do pleno comprometimento, e os gerentes prestam menos atenção às pequenas decisões do que às grandes. Visto que as opções reais são projetadas para minimizar as possíveis perdas, ao mesmo tempo em que preservam os possíveis ganhos, quaisquer problemas que surgem serão, provavelmente, menores de início, causando menos preocupação para o gerente. A arrogância administrativa pode levar os gerentes a concluir que tais problemas são mais fáceis de resolver e controlar — uma preocupação chamada de ilusão de controle. Os gerentes podem deixar de responder apropriadamente por subestimar o problema ou acreditar que, como ele é pequeno, podem resolvê-lo com facilidade. Assim, os gerentes podem administrar cada decisão de opção real com menos cuidado e diligência do que se tivessem se comprometido plenamente com um investimento maior.

"morrer abraçado" a um compromisso
a tendência dos gerentes de se apegar irracionalmente a um investimento, mesmo um que esteja dividido em uma sequência de decisões, quando os critérios de investimento não são satisfeitos.

PA12.6
Como uma orientação empreendedora pode aumentar os esforços da empresa de desenvolver iniciativas de investimento corporativo promissoras.

Arrogância Administrativa: Abraçar um Compromisso Irracional A força da perspectiva das opções reais é também seu calcanhar de Aquiles. Tanto as opções reais como as decisões envolvendo a escolha de um determinado compromisso exigem ambientes específicos com decisões sequenciais.[55] Simplesmente separar uma decisão em várias partes não garante que haverá um final feliz. Trata-se de uma condição potencialmente presente, independentemente do fato de que exercer a opção retém certa incerteza, sendo esse o caso da maioria. A decisão pelo abandono também tem fortes fatores psicológicos associados a ela que afetam a habilidade dos gerentes de tomar as decisões corretas no momento de exercer ou não a opção.[56]

Uma opção de sair requer a reversão de uma decisão inicial tomada por alguém da organização. Em geral, as organizações encorajam os gerentes a "possuir suas decisões", para motivá-los. Como os próprios gerentes investem em suas decisões, fica difícil para eles assumirem a mudança de rota: pode parecer que haviam tomado a decisão errada desde o início, mesmo que, naquela ocasião, fosse uma boa escolha. Quanto mais específico o capital humano do gerente se torna, mais difícil é transferi-lo para outra organização. Consequentemente, há uma grande probabilidade de que os gerentes permanecerão onde estão para tentar fazer a decisão existente dar certo. É mais provável que continuarão com o projeto existente mesmo que ele deva, provavelmente, ser descartado.[57]

Apesar das possíveis armadilhas do método das opções reais, muitas das decisões estratégicas que os defensores de produto e os grandes gerentes devem tomar aumentam de importância quando os tomadores de decisão têm uma mentalidade empreendedora.

Orientação Empreendedora

As empresas que desejam se engajar em ECs bem-sucedidos precisam ter uma orientação empreendedora (OE).[58] A OE se refere às práticas de criação estratégica que as empresas usam para identificar e iniciar investimentos corporativos de risco. Ela representa uma estrutura mental e uma perspectiva voltada ao empreendedorismo que é refletida nos processos contínuos e na cultura corporativa de uma empresa.[59]

orientação empreendedora
as práticas que as empresas usam para identificar e iniciar investimentos corporativos de risco.

Uma OE tem cinco dimensões que permeiam os estilos e práticas das tomadas de decisão dos membros da empresa: autonomia, caráter inovador, proatividade, agressividade competitiva e assunção de risco. Esses fatores trabalham juntos para aumentar o desempenho empreendedor de uma empresa. Mas mesmo as empresas que são fortes em apenas alguns aspectos da OE podem ser bem-sucedidas.[60] A Figura 12.3 resume as dimensões da **orientação empreendedora**. A seguir discutiremos as cinco dimensões da OE e como elas têm sido usadas para aumentar o desenvolvimento de investimento de risco interno.

FIGURA 12.3 Dimensões da Orientação Empreendedora

Dimensão	Definição
Autonomia	Ações independentes por parte de um indivíduo ou equipe voltadas a apresentar um conceito ou visão de negócio e a fazer com que ela seja realizada.
Caráter inovador	A disposição de introduzir novidades por meio de experimentos e processos criativos com o objetivo de desenvolver novos produtos e serviços, bem como novos processos.
Proatividade	Uma perspectiva voltada para o futuro de um líder de mercado que tem a meta de aproveitar as oportunidades antecipando as demandas futuras.
Agressividade competitiva	Um esforço intenso para obter desempenho superior ao dos concorrentes, caracterizado por uma postura de combate ou uma resposta agressiva voltada a melhorar sua posição ou superar uma ameaça em um mercado competitivo.
Assunção de risco	Tomar decisões e agir em um contexto de incerteza sobre possíveis resultados; alguns empreendimentos também podem envolver comprometimento de recursos substanciais nos processos subsequentes.

Fontes: Dess, G. G. & Lumpkin, G. T. 2005. The Role of Entrepreneurial Orientation in Stimulating Effective Corporate Entrepreneurship. *Academy of Management Executive*, 19(1): 147–156; Covin, J. G. & Slevin, D. P. 1991. A Conceptual Model of Entrepreneurship as Firm Behavior. *Entrepreneurship Theory & Practice*, outono: 7–25; Lumpkin, G. T. & Dess, G. G. 1996. Clarifying the Entrepreneurial Orientation Construct and Linking It to Performance. *Academy of Management Review*, 21: 135–172; Miller, D. 1983. The Correlates of Entrepreneurship in Three Types of Firms. *Management Science*, 29: 770–791.

Autonomia

A **autonomia** se refere à disposição de agir de modo independente para realizar uma visão ou oportunidade empreendedora. Ela se aplica a indivíduos ou equipes que operam fora das normas e estratégias existentes na organização. No contexto do empreendedorismo corporativo, as unidades autônomas de trabalho costumam levar seus pontos fortes a novas arenas, identificar oportunidades que estão além das capacidades atuais da organização e encorajar o desenvolvimento de novos investimentos de risco ou aprimorar suas práticas de negócios.[61]

A necessidade da autonomia pode se aplicar a esforços empreendedores dispersos ou focalizados. Devido à ênfase em projetos de investimento de risco que estão sendo desenvolvidos fora do fluxo normal do negócio, um método focalizado sugere um ambiente de trabalho que é, relativamente, autônomo. Mas a autonomia também pode ser importante em uma organização na qual o empreendedorismo é parte da cultura corporativa. Tudo, desde os métodos da interação do grupo em seu sistema de recompensas, deve fazer com que os membros da organização sintam que ainda podem pensar livremente sobre oportunidades de investimento de risco, dispor de tempo para investigá-las e agir sem medo de repúdio. Isso implica em respeito pela autonomia de cada indivíduo e receptividade ao pensamento independente, que levam à defesa das ideias de investimento corporativo de risco. Assim, a autonomia representa um tipo de delegação de poder (veja o Capítulo 11) que é direcionada à identificação e aproveitamento de oportunidades empreendedoras. A Figura 12.4 identifica duas técnicas que as organizações costumam usar para promover a autonomia.

A criação de unidades autônomas de trabalho e o encorajamento das ações independentes podem ter armadilhas capazes de comprometer sua eficácia. Equipes autônomas frequentemente deixam de apresentar coordenação. A descentralização excessiva tem um grande potencial de gerar ineficiências, como duplicação de trabalho e desperdício de recursos em projetos de realização questionável. Por exemplo, Chris Galvin, ex-presidente da Motorola, eliminou o método skunkwork (veja a Figura 12.4) que a companhia estava usando para desenvolver novos telefones sem fio. Quinze equipes haviam criado 128 telefones diferentes, o que resultou em custos crescentes e operações extremamente complexas.[62]

Para que as unidades autônomas de trabalho e os projetos independentes sejam efetivos, tais esforços devem ser medidos e monitorados. Isso exige um equilíbrio delicado: as companhias devem ter paciência e orçamento ajustado para tolerar as tentativas dos grupos autônomos, e força para descontinuar esforços que não estão dando frutos. É preciso que isso seja realizado a partir de um senso claro de objetivo — ou seja, de gerar novas fontes de vantagens competitivas.

autonomia
ação independente de um indivíduo ou equipe voltada a apresentar um conceito ou visão de negócio e a fazer com que sejam realizados.

FIGURA 12.4 Técnicas de Autonomia

	Autonomia	
Técnica	**Descrição/Objetivo**	**Exemplo**
Usar skunkworks[1] para estimular o pensamento empreendedor	Skunkworks são unidades independentes de trabalho, em geral, fisicamente separadas da sede corporativa. Elas permitem que os empregados se livrem da pressão de suas rotinas diárias para se empenharem na resolução criativa de problemas.	A Overstock.com criou skunkworks para resolver o problema de devolução de mercadorias. A solução foi um negócio dentro do negócio: leilões da Overstock. A unidade cresceu ao vender produtos devolvidos à Overstock, oferecendo preços 30% menores do que os leilões da eBay.
Design de estruturas organizacionais que apoiam ações independentes	Em geral, as companhias estabelecidas com estruturas tradicionais precisam substituí-las para competir de modo mais eficaz.	A Deloitte Consulting, uma divisão da Deloitte Touche Tohmatsu, achou difícil competir contra empresas jovens e ágeis. Assim, foram criadas pequenas unidades autônomas chamadas de "chip-aways", que funcionavam com a flexibilidade de uma startup. No seu primeiro ano, o faturamento alcançou $40 milhões — 10% maior do que o previsto.

Fontes: Conlin, M. 2006. Square Feet. Oh How Square! *BusinessWeek*, www.businessweek.com, 3 de julho; Cross, K. 2001. Bang the Drum Quickly. *Business 2.0*, maio: 28–30; Sweeney, J. 2004. A Firm for All Reasons. *Consulting Magazine*, www.consultingmag.com, e Wagner, M. 2005. Out of the Skunkworks. *Internet Retailer*, janeiro, www.internetretailer.com.

Caráter Inovador

caráter inovador
disposição para introduzir novidade por meio de experimentos e processos criativos com o objetivo de desenvolver novos produtos e serviços, bem como novos processos.

O **caráter inovador** se refere aos esforços de uma empresa para encontrar novas oportunidades e soluções. No início deste capítulo falamos sobre a inovação; aqui nos concentraremos no caráter inovador — a atitude de uma empresa quanto à inovação e à disposição de inovar. Ela envolve a criatividade e experimentos que resultam em novos produtos, serviços ou em processos tecnológicos aprimorados.[63] O caráter inovador é um dos maiores componentes de uma estratégia empreendedora. Como indicado no início do capítulo, porém, o gerenciamento de um caráter inovador pode ser muito desafiador.

A capacidade de inovação exige que a empresa deixe as tecnologias e práticas existentes e se aventure além do corrente estado da arte (no sentido empresarial, o nível mais elevado de técnicas postas à disposição do consumidor). Invenções e novas ideias precisam ser nutridas, mesmo quando seus benefícios são incertos. Todavia, nas condições de rápida mudança de hoje, a produção, assimilação e exploração eficazes das inovações podem ser um meio importante de obter vantagens competitivas. O interesse no aquecimento global e em outras preocupações ecológicas fizeram com que muitas corporações concentrassem seus esforços na solução de problemas ambientais.

Como nossa análise anterior sobre o EC indicou, muitas corporações devem seu sucesso a um programa ativo de investimento corporativo de risco baseado na inovação.[64] A Figura 12.5 destaca dois dos métodos que as companhias podem usar para melhorar sua posição competitiva por intermédio do caráter inovador.

O caráter inovador pode ser uma fonte de grande progresso e de forte crescimento corporativo, mas há grandes armadilhas no caso das empresas que investem em inovação. Os gastos com P&D voltados à identificação de novos produtos ou processos podem ser um desperdício de recursos se os esforços não derem resultados. Outro perigo está relacionado com o clima competitivo. Mesmo que uma companhia crie uma nova capacidade ou aplique com sucesso um avanço tecnológico, outra empresa pode desenvolver uma inovação similar ou descobrir um uso mais rentável para ela. Por fim, a P&D e outros esforços de inovação estão entre os primeiros a serem cortados durante períodos de revés econômico.

Embora a inovação seja um meio importante de investimento corporativo interno, ela também envolve grandes riscos, pois os investimentos em inovações podem não compensar. Para os gerentes estratégicos de empresas empreendedoras, o bom desenvolvimento e a adoção de inovações podem gerar vantagens competitivas e se constituir em uma grande fonte de crescimento para a empresa.

---

[1] N.E.: Não há uma tradução condensada para o termo, que significa uma pequena equipe que trabalha de forma intensiva em um projeto sem obedecer às rotinas geralmente adotadas na organização para desenvolvimento de um projeto.

FIGURA 12.5 Técnicas de Caráter Inovador

Caráter Inovador		
Técnica	Descrição/Objetivo	Exemplo
Fomentar a criatividade e experimentação	As companhias que apoiam exploração de ideias e permitem que os empregados se expressem criativamente melhorando os resultados da inovação.	Para chegar até as reservas de talento inovador, a Royal Dutch/Shell criou o "GameChanger" para ajudar os empregados a desenvolverem ideias promissoras. O processo fornece fundos de até $600 mil para empreendedores promissores desenvolverem projetos inovadores e realizar experimentos.
Investir em nova tecnologia, P&D e melhorias contínuas	Em geral, as últimas tecnologias fornecem fontes de novas vantagens competitivas. Para extrair valor da nova tecnologia, as companhias devem investir nela.	O sistema de fabricação OptiPlex da Dell Computer Corporation revolucionou a linha de montagem tradicional. Centenas de computadores personalizados podem ser montados em um turno de oito horas usando técnicas de automação de ponta que aumentam a produtividade de uma pessoa em 160%.

Fontes: Breen, B. 2004. Living in Dell Time. *Fast Company*, novembro: 88–92: Hammonds,, K. H. 2002. Size Is Not a Stratgy. *Fast Company*, agosto: 78–83; Perman, S. 2001. Automate or Die. *eCompanyNow.com*, julho; Dell. M. 1999. *Direct from Dell*. Nova York: HarperBusiness; e Watson, R. 2006. Expand Your Innovation Horizons. *Fast Company*, www.fastcompant.com, maio.

Proatividade

A **proatividade** se refere aos esforços de uma empresa de aproveitar novas oportunidades. As organizações proativas monitoram tendências, identificam necessidades futuras dos clientes atuais e antecipam mudanças na demanda ou problemas emergentes que podem resultar em novas oportunidades de investimento. A proatividade envolve o reconhecimento de mudanças e a disposição de agir de acordo com elas, saindo na frente da concorrência.[65] Os gerentes estratégicos que praticam a proatividade mantêm seus olhos no futuro, na busca por novas possibilidades de crescimento e desenvolvimento. Tal perspectiva voltada para o porvir é importante para companhias que querem ser líderes em seu setor de atividade. Muitas empresas proativas buscam maneiras de não apenas mirarem o futuro, mas também de mudar a própria natureza da competição setorial.

proatividade
uma perspectiva voltada para o futuro de um líder de mercado que tem como meta aproveitar as oportunidades de antecipação das demandas futuras.

A proatividade coloca os concorrentes na posição de precisar responder às iniciativas bem-sucedidas. O benefício obtido pelas empresas que são as primeiras a entrar em novos mercados, estabelecer identidade de marca, implementar técnicas administrativas ou adotar novas tecnologias de operação em determinado segmento é chamado de "vantagem do pioneirismo".[66]

Os primeiros a investir costumam ter muitas vantagens. Primeira: os pioneiros empresariais, em especial em novos setores de atividade, com frequência obtêm grandes e inusuais lucros, porque não existem concorrentes que possam diminuir os preços. Segunda: os primeiros a investir que estabelecem o reconhecimento de marca costumam reter sua imagem e participação de mercado justamente em virtude do pioneirismo. Às vezes tais benefícios também se aplicam a outros investidores iniciais, mas, em geral, os pioneiros têm uma vantagem que pode ser sustentada até que as empresas entrem na fase de maturidade do ciclo de vida setorial.[67]

Os primeiros a investir nem sempre são bem-sucedidos. Os clientes das companhias que apresentam novos produtos ou adotam tecnologias revolucionárias podem relutar a se comprometerem com um jeito novo de fazer as coisas. Em seu livro *Atravessando o Abismo*, Geoffrey A. Moore observou que a maioria das empresas deseja uma evolução, e não revolução de suas operações. Isso dificulta que o primeiro investidor venda novas e promissoras tecnologias.[68]

Mesmo com estes alertas, porém, as companhias que são as primeiras a investir podem aprimorar sua posição competitiva. A Figura 12.6 ilustra dois métodos que as empresas podem usar para agir proativamente.

Ser um líder em seu setor de atividade nem sempre resulta em vantagens competitivas. Algumas das empresas que foram pioneiras no lançamento de novos produtos ou que apos-

FIGURA 12.6 Técnicas da Proatividade

	Proatividade	
Técnica	**Descrição/Objetivo**	**Exemplo**
Introduzir novos produtos ou capacidades tecnológicas à frente da concorrência.	Ser o primeiro a investir dá às companhias a habilidade de moldar o campo de atuação e de mudar as vantagens competitivas a seu favor.	A Amazon pôde redesenhar o mercado de venda de livros ao entrar bem cedo no mercado e definir a experiência do usuário. Ela fortaleceu ainda mais sua posição como primeira a investir ao realizar outros investimentos de varejo e, mais tarde, na computação em nuvem.
Buscar continuamente novas ofertas de produto ou serviço.	As empresas que fornecem novos recursos ou fontes de suprimentos podem se beneficiar de uma posição proativa.	A Costco aproveitou a oportunidade de alavancar seu sucesso como vendedora de marcas premium quando apresentou a Costco Home Stores. Essas lojas costumam estar perto dos armazéns e depósitos, e sua rápida rotação de estoque proporciona uma vantagem de custo de 15% a 25% sobre os concorrentes mais próximos, como a Bassett Furniture e a Bombay Company.

Fontes: Bryce, D. J. & Dyer, J. H. 2007. Strategies to Crack Well-Guarded Markets. *Harvard Business Review*, maio: 84-92; Collins, J. C. & Porras, J. I. 1997. *Built to Last*. Nova York: HarperBusiness; Robinson, D. 2005. Sony Pushes Relability in Vaio Laptops. *IT Week*, www.itweek.co.uk, 12 de outubro; e www.sony.com.

taram sua reputação em novas marcas não obtiveram a compensação desejada. A Coca-Cola e a PepsiCo investiram $75 milhões no lançamento de refrigerantes que capitalizariam em cima da tendência das dietas de baixa caloria. Mas com metade dos carboidratos eliminados, nem o *C2*, o produto da Coca[2] nem o *Pepsi Edge* tinham um gosto muito bom. Juntas, as duas novas marcas nunca chegaram a obter mais de 1% de participação de mercado. A PepsiCo abandonou a produção em 2005, e a Coca, logo depois, em 2007.[69] Tais equívocos indicam os perigos de se tentar antecipar a demanda proativamente. Outro perigo para as companhias que buscam oportunidades é que elas levam seus esforços proativos ao limite. Por exemplo, a Porsche tentou estender a imagem da marca fora da área automotiva. Embora alguns esforços tenham dado certo, como as camisetas e óculos escuros da Porsche, outros falharam, como seus tacos de golfe.

A monitoração e exploração cuidadosa do ambiente, bem como uma extensa pesquisa de viabilidade, são necessárias para uma estratégia proativa que leve a vantagens competitivas. As empresas que fazem isso bem têm substanciais crescimento e desenvolvimento interno para apresentar. Muitas delas puderam sustentar as vantagens de sua proatividade por anos.

Agressividade Competitiva

agressividade competitiva
um esforço intenso para superar o desempenho dos concorrentes, caracterizado por uma postura de combate ou resposta agressiva visando melhorar sua posição ou resistir a uma ameaça em um mercado competitivo.

A **agressividade competitiva** se refere aos esforços para superar o desempenho dos concorrentes. Companhias com uma orientação agressiva estão dispostas "a batalhar" com os concorrentes. Elas podem diminuir os preços e sacrificar a rentabilidade para ganhar quota de mercado ou gastar agressivamente para obter capacidade de produção. Como um meio de desenvolvimento e crescimento de empresa, a agressividade competitiva pode envolver muita assertividade em alavancar os resultados de outras atividades empreendedoras, como o caráter inovador ou a proatividade.

A agressividade competitiva é direcionada aos concorrentes. A análise SWOT, abordada nos capítulos 2 e 3, fornece um meio útil de distinguir entre esses diferentes métodos de EC. A proatividade, como vimos na última seção, é uma resposta às oportunidades — o "O" de "SWOT". A agressividade competitiva, em contraste, é a resposta às ameaças — o "T"[3] de "SWOT". Uma postura de agressividade competitiva é importante para empresas que querem entrar em novos mercados diante de intensa rivalidade.

Os gestores estratégicos podem usar a agressividade competitiva para combater tendências setoriais que ameacem sua sobrevivência ou posição de mercado. Às vezes, as empresas pre-

---
[2] N.E.: C2 e Pepsi Edge foram versões da Coca-Cola e Pepsi lançadas nos EUA e que continham metade dos carboidratos, açúcar e calorias das contidas na versão clássica.
[3] N.E.: SWOT – Strengnts (Forças); Weakness (Franquezas); Oportunities (Oportunidades); Treats (ameaças).

FIGURA 12.7 Técnicas de Agressividade Competitiva

Agressividade Competitiva		
Técnica	Descrição/Objetivo	Exemplo
Entrar em mercados com preços drasticamente menores.	Margens de operação estreitas tornam as companhias vulneráveis à maior competição de preços.	Usando um software de código aberto, a Zimbra, Inc., na Califórnia, tornou-se uma líder em software de mensagens e colaboração. Seu produto custa 1/3 a menos do que o de seu competidor direto, o Microsoft Exchange. A Zimbra gerou $4,3 bilhões de vendas em 2012.
Encontrar bons modelos de negócios e copiá-los.	Enquanto uma prática não é protegida por leis de propriedade intelectual, provavelmente não haverá problemas em imitá-la. Encontrar soluções para os problemas existentes é, em geral, mais rápido e barato do que inventá-las.	A Best Practices LLC é um grupo de consultoria da Carolina do Norte que procura as melhores práticas, dá-lhes uma nova aparência e as vende. Com receitas anuais que ultrapassam $8 milhões, a Best Practices se tornou uma líder de melhorias contínuas e estratégias de benchmarking.

Fontes: Guth, R. A. 2006. Trolling the Web for Free Labor, Software Upstarts Are New Force. *The Wall Street Journal*, 12 de novembro: 1; Mochari, I. 2001. Steal This Strategy. *Inc.*, julho: 62–67; www.best-in-class.com; e www.zimbra.com.

cisam ser fortes para defender sua posição competitiva, o que pode torná-las líderes em seu segmento. Em geral, as empresas precisam ser agressivas para assegurar a vantagem obtida ao capitalizar em cima de novas tecnologias ou por atender às novas necessidades do mercado. A Figura 12.7 sugere duas maneiras pelas quais as empresas que usam a agressividade competitiva podem melhorar sua posição empreendedora.

Outra prática que as companhias usam para superar a concorrência é anunciar previamente novos produtos e tecnologias. Esse tipo de sinalização tem como objetivo não apenas possíveis clientes, mas também para observar como os concorrentes reagirão e desestimulá-los de lançar iniciativas similares. Às vezes o anúncio prévio é feito apenas para assustar os concorrentes, uma ação com implicações éticas em potencial.

A agressividade competitiva nem sempre resulta em vantagens competitivas. Algumas companhias (ou seus CEOs) prejudicaram bastante sua reputação por serem agressivas demais. Embora continue a ser uma empresa dominante, o perfil altamente agressivo da Microsoft a torna alvo de escárnio por parte de algumas empresas e indivíduos. Esforços para encontrar substitutos viáveis para os produtos da Microsoft ajudaram a criar o interesse em opções alternativas fornecidas pela Google, Apple e o movimento de software de código aberto.[70]

A agressividade competitiva é uma estratégia que é melhor se usada com moderação. As companhias que estabelecem agressivamente sua posição competitiva e exploram vigorosamente as oportunidades de serem rentáveis podem, a longo prazo, conseguir sustentar melhor sua vantagem competitiva se a meta for derrotar, em vez de dizimar, seus concorrentes.

Assunção de Risco

Assunção de risco se refere à disposição de uma empresa de aproveitar uma oportunidade de investimento, mesmo quando ela não tem certeza se o investimento será bem-sucedido — agir audaciosamente sem conhecer precisamente as consequências. Para ter êxito em um empreendedorismo corporativo, as empresas, em geral, têm que adotar alternativas mais arriscadas, mesmo que isso signifique esquecer os métodos e produtos que funcionaram bem no passado. Para obter retornos financeiros maiores, as empresas assumem correr riscos, como fazer grandes dívidas, empenhar enormes quantidades dos recursos da empresa, apresentar novos produtos a novos mercados e investir em tecnologias não exploradas.

Todos os métodos para o desenvolvimento interno que analisamos têm seus riscos em potencial. Quer estejam sendo agressivas, proativas ou inovadoras, as empresas que estão seguindo o caminho do EC precisam agir sem ter certeza sobre em que suas ações resultarão. Antes de colocar suas estratégias em ação, os empreendedores corporativos precisam conhecer o apetite por riscos de sua empresa.[71]

assunção de risco
tomar decisões e agir sem conhecimento certo dos possíveis resultados. Alguns empreendimentos também podem envolver comprometimento de recursos substanciais nos processos subsequentes.

Os três tipos de riscos que as organizações e seus executivos enfrentam são os riscos de negócios, financeiros e pessoais:

- O *risco de negócios* envolve o investimento no desconhecido sem conhecer sua probabilidade de sucesso. É o risco associado com a entrada em mercados não testados ou comprometimento com tecnologias não provadas.
- O *risco financeiro* requer que uma companhia faça um grande empréstimo ou use uma grande parte de seus recursos para crescer. Nesse contexto, o risco costuma se referir ao equilíbrio entre risco e retorno que é comum na análise financeira.
- O *risco pessoal* se refere aos riscos que um executivo corre ao tomar uma posição em favor de um curso de ação estratégico. Os executivos que assumem tais riscos influenciam o curso da companhia inteira, e suas decisões também podem ter consequências significativas sobre suas carreiras.

Mesmo que a assunção de riscos envolva uma dose de sorte, não se identifica com um jogo de azar. As melhores companhias investigam as consequências de várias oportunidades e criam cenários de possíveis resultados. A chave para a administração de riscos empreendedores é avaliar as novas oportunidades de investimento de risco cuidadosamente para diminuir a incerteza que as envolve. A Figura 12.8 apresenta dois métodos que as companhias podem usar para fortalecer sua posição competitiva assumindo riscos.

Assumir riscos, por natureza, envolve possíveis perigos e armadilhas. Apenas os riscos bem administrados podem resultar em vantagens competitivas. As ações realizadas sem a suficiente previsão, pesquisa e planejamento podem se mostrar muito dispendiosas. Portanto, os gerentes administrativos devem sempre estar alertas a riscos potenciais. Em seu livro, *Inovação e Empreendedorismo*, Peter Drucker diz que os bons empreendedores, em geral, não arriscam. Em vez disso, eles tomam providências para minimizar os riscos compreendendo cuidadosamente em que consistem. Assim eles evitam se concentrar no risco e se concentram na oportunidade.[72] A assunção de risco é uma boa maneira de terminar este capítulo sobre o empreendedorismo corporativo. As companhias que escolhem crescer por meio do investimento corporativo de risco interno devem se lembrar que o empreendedorismo sempre envolve adotar o que é novo e incerto.

FIGURA 12.8 Técnicas da Tomada de Risco

	Tomada de Risco	
Técnica	Descrição/Objetivo	Exemplo
Pesquisar e avaliar os fatores de risco para minimizar a incerteza	As companhias que pesquisam — ou seja, avaliam cuidadosamente as consequências de suas ações audaciosas — diminuem a probabilidade de fracassos.	A Gaybar Electric Co. arriscou quando investiu $144 milhões para reestruturar seu sistema de distribuição. Ela consolidou 231 pequenos centros em 16 armazéns de suprimentos e instalou a mais atualizada rede de comunicações. Agora a Graybar é considerada como uma líder no reprojeto de instalações, e suas vendas aumentaram constantemente desde sua consolidação, ultrapassando os $5 bilhões de vendas em um ano recente.
Usar técnicas que funcionaram em outros domínios	Os métodos arriscados que outras companhias experimentaram podem fornecer um meio de promover os alvos da companhia.	A Autobytel.com, uma das primeiras companhias a vender carros online, decidiu adotar o que já havia funcionado com outras empresas — fazer comerciais durante o Super Bowl. Ela foi a primeira empresa da internet a fazer isso, e seu comercial de 30 segundos de $1,2 milhão compensou por gerar semanas de publicidade gratuita e notícias de negócios favoráveis.

Fontes: Anônimo. 2006. Graybar Offers Data Center Redesign Seminars. *Cabling Installation and Maintenance*, www.cim.pennnet.com, 1º de setembro; Keenan, F. & Mullaney, T. J. 2001. Clicking at Graybar. *BusinessWeek*, 18 de junho: 132–34; Weintraub, A. 2001. Make or break for Autobytel. *BusinessWeek e.biz*, 9 de julho: EB30-EB32; www.autobytel.com; e www.graybar.com.

QUESTÕES PARA DEBATER

A Microsoft gerou $74 bilhões em vendas e cerca de $17 bilhões de lucro em 2012 e domina o mercado de sistemas operacionais de PCs e aplicativos para escritórios; ainda assim, a cotação de suas ações tem se mantido estável nos últimos dez anos. Por que isso acontece? Os investidores têm pouca confiança de que a Microsoft lance produtos de extremo sucesso que venham a substituir seus softwares de PCs quando as informações do mercado tecnológico apontam para uma fase pós-PC.

Não que a Microsoft tenha deixado de ter ideias inovadoras. A empresa gasta quase $9 bilhões por ano com P&D. Há mais de dez anos, os engenheiros da Microsoft desenvolveram um PC tablet. Também foram pioneiros na Web-TV. Mas ela deixou de transformar esses esforços pioneiros em produtos comercializáveis. Nos mercados nos quais não foi a pioneira, a Microsoft teve sucesso limitado com os produtos que projetou para combater os desafios emergentes. O player de música Zune foi projetado para desafiar o iPod, mas foi um fracasso no mercado. Recentemente, ela também teve problemas para posicionar-se no mercado de smartphones.

A Microsoft lutou para construir e alavancar sua capacidade de inovação em investimentos empreendedores por, pelo menos, dois motivos. Primeiro: o domínio do Windows e do software Office dificulta o lançamento de novos produtos. Os desenvolvedores de novos produtos têm, às vezes, que justificar como seu produto se enquadra na linha de produtos da Microsoft. Dick Brass, um ex-vice-presidente da Microsoft, disse: "A companhia procura, continuamente, frustrar os esforços de seus líderes visionários". Segundo: a Microsoft tem dificuldade de atrair os grandes projetistas de software. A empresa não é vista como um lugar legal para se trabalhar. É vista por desenvolvedores como burocrática demais. E o baixo preço de suas ações dificulta a atração de grandes projetistas com promessas de grandes ganhos mediante opções de ações — um elemento de compensação comum para atrair talentos tecnológicos.

Em um esforço para ser mais empreendedora, a Microsoft decidiu ir além dos limites da empresa. Ela criou uma incubadora de negócios, o Bing Fund. Essa empresa procura trabalhar com startups que desenvolvam novas ideias relacionadas com soluções da internet e com o software de celulares. Os gerentes do Bing Fund selecionam algumas pequenas empresas para ajudar a qualquer momento. À medida que essas empresas vão se estabelecendo por conta própria, outras serão acrescentadas. A Microsoft fornece o capital para essas empresas, espaço para trabalhar perto de seu *campus*, acesso a seu software, orientação por parte de seus programadores e gerentes e acesso à sua rede. A Microsoft prometeu o financiamento, dizendo que o Bing Fund se "apoia na experiência, expertise e recursos da Microsoft". O possível benefício para a Microsoft é que ela pode adquirir uma participação maior nas startups ou o direito aos softwares desenvolvidos por ela e usar os recursos obtidos como a base para seus esforços de crescimento empreendedor.

Perguntas para Discussão

1. Se fosse o gestor de uma startup tecnológica, você trabalharia com o Bing Fund?
2. Você acha que a Microsoft conseguirá usar as ideias inovadoras desenvolvidas pelas empresas que trabalham com o programa Bing Fund e as aplicará internamente para se tornar mais empreendedora?
3. No fim, o Bing Fund ajudará a Microsoft a se tornar mais bem-sucedida no empreendedorismo corporativo?

Fontes: Vance, A. 2010. At top business but just not cool. *International Herald Tribune*, 6 de julho: 2; Clarke, G. 2010. Inside Microsoft's innovation crisis. *Theregister.co.uk*, 5 de fevereiro: np; Blacharski, D. 2012. Microsoft's Bing Fund takes angel investing to the next level. *Itworld.com*, 26 de julho: np; e Lardinois, F. 2012. Bing Fund: Microsoft officially launches its new angel fund and incubator program. *Techcrunch.com*, 12 de julho: np.

Refletindo quanto às Implicações sobre a Carreira...

- **Inovação:** É preciso identificar que tipos de inovações estão sendo procuradas por sua empresa. Elas tendem a ser incrementais ou radicais? Relacionadas com produtos ou processos? Existem maneiras de você acrescentar valor a tais inovações, independentemente de quão pequenas suas contribuições possam ser?

- **Cultivo das Habilidades de Inovação:** A Figura 12.2 descreve as cinco características do inovador eficaz (associação, questionamento, observação, experimento e criação de redes). Você deve se avaliar em relação a cada uma dessas características. E pode praticá-las no trabalho e na vida profissional para desenvolver suas habilidades como inovadoras. No caso de uma entrevista de trabalho em uma organização que é considerada altamente inovadora, pode ser interessante destacar tais características.

- **Análise das Opções Reais:** Em geral, o sucesso de uma carreira depende da criação e exercício das "opções" de carreira. Contudo, a criação de opções envolve custos também, como aprender novas habilidades, obter certificados complementares e assim por diante. Considere as opções que você pode criar para si mesmo e avalie o custo delas.

- **Orientação Empreendedora:** Leve em consideração as cinco dimensões da orientação empreendedora e faça uma autocrítica a propósito de cada uma delas (autonomia, caráter inovador, proatividade, agressividade competitiva e assunção de risco). Havendo uma alta orientação empreendedora, talvez você tenha um futuro como empreendedor. É necessário considerar como usar a experiência e aprendizado no trabalho atual para se transformar em um empreendedor de sucesso nos anos seguintes.

resumo

Para permanecerem competitivas na economia atual, as empresas estabelecidas devem procurar por novos mecanismos de desenvolvimento e crescimento. Neste capítulo discorremos sobre como a inovação e o empreendedorismo corporativo podem ser meios de criar investimentos de risco internos e renovações estratégicas, e como a orientação empreendedora pode ajudar as corporações a melhorar sua posição competitiva.

A inovação é um dos primeiros meios pelos quais as corporações crescem e fortalecem sua posição estratégica. As inovações podem assumir várias formas, desde inovações de avanços radicais a melhorias incrementadoras. Em geral, as inovações são usadas para atualizar produtos e serviços ou para aprimorar processos organizacionais. A administração dos processos de inovação costuma ser desafiadora por envolver uma grande quantidade de incerteza e por haver muitas escolhas a serem feitas sobre a extensão e tipo de inovações a seguir. Ao cultivar habilidades de inovação, definir seu escopo, administrar seu ritmo, contratar pessoas para obter valor dela e colaborar com os parceiros de inovação, as empresas podem administrar melhor o processo de inovação.

Também falamos sobre o papel do empreendedorismo corporativo no desenvolvimento dos investimentos de risco e na renovação estratégica. Em geral, as corporações usam um método focalizado ou disperso para os investimentos corporativos de risco. As empresas com um método focalizado costumam separar a atividade de investimento corporativo de risco das outras operações correntes da empresa para estimular o pensamento independente e encorajar os membros da equipe empreendedora a pensar e agir sem as restrições impostas pela corporação. Em companhias nas quais as atividades de investimento de risco são dispersas, uma cultura de empreendedorismo permeia todas os escaninhos da companhia para induzir comportamentos estratégicos por parte de todos os membros da organização. Ao medir o sucesso das atividades de investimento corporativo de risco, tanto os objetivos financeiros como estratégicos devem ser considerados. A análise das opções reais costuma ser usada para tomar decisões de mais qualidade em casos de situações empreendedoras incertas. No entanto, o método de opções reais tem desvantagens em potencial.

A maioria das empresas empreendedoras precisa ter uma orientação empreendedora: os métodos, práticas e estilos de tomada de decisão que os gerentes estratégicos usam para agir de modo empreendedor. As cinco dimensões da orientação empreendedora são encontradas em empresas que buscam estratégias de investimento corporativo de risco. Autonomia, caráter inovador, proatividade, agressividade competitiva e assunção de riscos contribuem de modo ímpar na busca por novas oportunidades. Quando usadas de modo eficaz, os métodos e práticas da orientação empreendedora podem ser usados para se envolver com sucesso em empreendedorismo corporativo e na criação de novos investimentos de risco. Entretanto, os gerentes estratégicos devem estar cientes das armadilhas associadas a cada um desses métodos.

PERGUNTAS DE REVISÃO DO RESUMO

1. Qual o significado do conceito de um continuum de inovações incrementais e radicais?

2. Quais são os dilemas que as organizações enfrentam ao decidir em quais projetos de inovação investir? Que passos uma organização pode dar para administrar o processo de inovação de modo eficaz?

3. Qual é a diferença entre os métodos focalizados e dispersos do empreendedorismo corporativo?

4. Como os incubadores de negócios são usados para cuidar de investimentos corporativos de risco internos?

5. Qual é o papel dos campeões do produto na criação de um novo bem ou serviço em uma corporação? Como as companhias podem usar os campeões do produto para aprimorar seus esforços de desenvolvimento de investimentos?

6. Explique a diferença entre a proatividade e a agressividade competitiva em termos de atingir e sustentar uma vantagem competitiva.

7. Descreva como as dimensões da orientação empreendedora (OE) de caráter inovador, proatividade e tomada de riscos podem ser combinadas para criar vantagens competitivas para as empresas empreendedoras.

Orientação Empreendedora	Companhia A	Companhia B
Autonomia		
Caráter Inovador		
Proatividade		
Agressividade Competitiva		
Assunção de Risco		

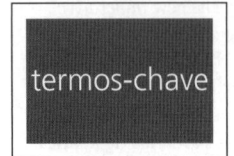

termos-chave

inovação 378
inovação de produto 378
inovação de processo 379
inovação radical 379
inovação incrementadora 379
envolvimento estratégico 385
empreendedorismo corporativo 387
métodos focalizados para o empreendedorismo corporativo 390
novo grupo de investimento 390
incubadores de negócios 390
métodos dispersos para o empreendedorismo corporativo 391
cultura empreendedora 392
campeão do produto 393
defensor de saída 394
análise das opções reais 395
dilema da solução reversa 396
arrogância administrativa 397
"morrer abraçado" a um compromisso 398
orientação empreendedora 398
autonomia 399
caráter inovador 400
proatividade 401
agressividade competitiva 402
assunção de risco 403

exercício experimental

Escolha duas grandes corporações diferentes de duas indústrias diferentes (você pode usar as companhias das *Maiores e Melhores da Exame* para escolher). Compare e contraste essas organizações em termos de sua orientação empreendedora.

BASEADO EM SUA COMPARAÇÃO:

1. Como a orientação empreendedora da companhia é refletida na estratégia dela?
2. Qual corporação você diria que tem a orientação empreendedora mais forte?
3. A corporação com a orientação empreendedora mais forte é também mais forte em termos de performance financeira?

exercícios & perguntas práticas

1. Selecione uma empresa conhecida por suas atividades de empreendimento corporativo. Pesquise a companhia e fale sobre como ela se posiciona em relação aos concorrentes mais próximos. Ela tem uma vantagem estratégica única? Uma desvantagem? Explique.
2. Explique a diferença entre inovações de produtos e de processos. Dê exemplos de empresas que recentemente apresentaram cada tipo de inovação. Quais são os tipos de inovação relacionados com as estratégias de cada empresa?
3. Usando a internet, escolha uma companhia que esteja listada no Bovespa. Pesquise o quanto a companhia tem uma cultura empreendedora. Ela tem um fundo de capital de investimento corporativo de risco? Você acha que seus esforços empreendedores são suficientes para gerar vantagens competitivas?
4. Como uma empresa estabelecida pode usar uma orientação estratégica para melhorar sua posição estratégica geral? Dê exemplos.

questões éticas

1. As atividades de inovação, via de regra, visam fazer uma descoberta ou comercializar uma tecnologia antes da concorrência. Cite algumas das práticas antiéticas que as companhias poderiam realizar durante o processo de inovação. Cite algumas das possíveis consequências de longo prazo de tais ações.
2. Discorra sobre as consequências éticas do uso de políticas e práticas empreendedoras para atingir alvos corporativos de responsabilidade social. Esses esforços são autênticos e genuínos ou apenas uma tentativa de atrair mais clientes?

referências

1. Yarrow, J. 2012. It's official: Apple is just a niche player in smartphones now. businessinsider.com. 2 de novembro: np; Vascellaro, J. 2009. Radio tunes out Google in rare miss for web titan. wsj.com. 12 de maio: np; e McGrath, R. 2011. Failing by design. *Harvard Business Review*, 89(4): 76–83.

2. Para uma análise interessante, veja: Johannessen, J. A., Olsen, B. & Lumpkin, G. T. 2001. Innovation as newness: What is new, how new, and new to whom? *European Journal of Innovation Management*, 4(1): 20–31.

3. A análise da inovação de produto e processo se baseia em: Roberts, E. B. (Ed.). 2002. *Innovation: Driving product, process, and market change*. São Francisco: Jossey-Bass; Hayes, R. & Wheelwright, S. 1985. Competing through manufacturing. *Harvard Business Review*, 63(1): 99–109; e Hayes, R. & Wheelwright, S. 1979. Dynamics of product-process life cycles. *Harvard Business Review*, 57(2): 127–136.

4. A análise sobre inovações radicais e incrementadoras se baseia em: Leifer, R., McDemott, C. M., Colarelli, G., O'Connor, G. C., Peters, L. S., Rice, M. P. & Veryzer, R. W. 2000. *Radical innovation: How mature companies can outsmart upstarts*. Boston: Harvard Business School Press; Damanpour, F. 1996. Organizational complexity and innovation: Developing and testing multiple contingency models. *Management Science*, 42(5): 693–716; e Hage, J. 1980. *Theories of organizations*. Nova York: Wiley.

5. Christensen, C. M. & Raynor, M. E. 2003. *The innovator's solution*. Boston: Harvard Business School Press.

6. Dressner, H. 2004. The Gartner Fellows interview: Clayton M. Christensen. www.gartner.com, 26 de abril.

7. Para outra perspectiva sobre como os diferentes tipos de inovação afetam as escolhas organizacionais, veja: Wolter, C. & Veloso, F. M. 2008. The effects of innovation on vertical structure: Perspectives on transactions costs and competences. *Academy of Management Review*, 33(3): 586–605.

8. Drucker, P. F. 1985. *Innovation and entrepreneurship: 2000*. Nova York: Harper & Row.

9. Birkinshaw, J., Hamel, G. & Mol, M. J. 2008. Management innovation. *Academy of Management Review*, 33(4): 825–845.

10. Steere, W. C., Jr. & Niblack, J. 1997. Pfizer, Inc. Em Kanter, R. M., Kao, J. & Wiersema, F. (Eds.). *Innovation: Breakthrough thinking at 3M, DuPont, GE, Pfizer, and Rubbermaid*: 123–145. Nova York: HarperCollins.

11. Morrissey, C. A. 2000. Managing innovation through corporate venturing. *Graziadio Business Report*, primavera, gbr.pepperdine.edu; e Sharma, A. 1999. Central dilemmas of managing innovation in large firms. *California Management Review*, 41(3): 147–164.

12. Sharma, op. cit.

13. Dyer, J. H., Gregerson, H. B. & Christensen, C. M. 2009. The innovator's DNA. *Harvard Business Review*, dezembro: 61–67.

14. Eggers, J. P. & Kaplan, S. 2009. Cognition and renewal: Comparing CEO and organizational effects on incumbent adaptation to technical change. *Organization Science*, 20: 461–477.

15. Biodegradable Products Institute. 2003. "Compostable Logo" of the Biodegradable Institute gains momentum with approval of DuPont Biomax resin, www.bpiworld.org, 12 de junho; Lerfer et al., op. cit.

16. Para mais informações sobre como definir o escopo da inovação, veja: Valikangas, L. & Gibbert, M. 2005. Boundary-setting strategies for escaping innovation traps. *MIT Sloan Management Review*, 46(3): 58–65.

17. Leifer et al., op. cit.

18. Bhide, A. V. 2000. *The origin and evolution of new businesses*. Nova York: Oxford University Press; Brown, S. L. & Eisenhardt, K. M. 1998. *Competing on the edge: Strategy as structured chaos*. Cambridge, MA: Harvard Business School Press.

19. McGrath, R. G. & Kail, T. 2007. The value captor's process: Getting the most out of your new business ventures. *Harvard Business Review*, maio: 128–136.

20. Para uma interessante análise sobre como compartilhar conhecimento tecnológico com diferentes divisões em uma organização pode contribuir para os processos de inovação, veja: Miller, D. J., Fern, M. J. & Cardinal, L. B. 2007. The use of knowledge for technological innovation within diversified firms. *Academy of Management Journal*, 50(2): 308–326.

21. Ketechen Jr., D. J., Ireland, R. D. & Snow, C. C. 2007. Strategic entrepreneurship, collaborative innovation, and wealth creation. *Strategic Entrepreneurship Journal*, 1(3–4): 371–385.

22. Chesbrough, H. 2003. *Open innovation: The new imperative for creating and profiting from technology*. Boston: Harvard Business School Press.

23. Para um estudo recente sobre o que torna as parcerias de aliança bem-sucedidas, veja: Sampson, R. C. 2007. R&D alliances and firm performance: The impact of technological diversity and alliance organization on innovation. *Academy of Management Journal*, 50(2): 364–386.

24. Para uma perspectiva interessante sobre o papel da colaboração entre as corporações multinacionais, veja: Hansen, M. T. & Nohria, N. 2004. How to build collaborative advantage. *MIT Sloan Management Review*, 46(1): 22–30.

25. Wells, R. M. J. 2008. The product innovation process: Are managing information flows and cross-functional collaboration key? *Academy of Management Perspectives*, 22(1): 58–60. Dougherty, D. & Dunne, D. D. 2011. Organizing ecologies of complex innovation. *Organization Science*, em produção. Kim, H. E., Pennings, J. M. 2009. Innovation and strategic renewal in mature markets: A study of the tennis racket industry. *Organization Science*, 20: 368–383.

26. Guth, W. D. & Ginsberg, A. 1990. Guest editor's introduction: Corporate entrepreneurship. *Strategic Management Journal*, 11: 5–15.

27. Pinchot, G. 1985. *Intrapreneuring*. Nova York: Harper & Row.

28. Para uma perspectiva interessante sobre o papel do contexto na descoberta e criação de oportunidades, veja: Zahra, S. A. 2008. The virtuous cycle of discovery and creation of entrepreneurial opportunities. *Strategic Entrepreneurship Journal*, 2(3): 243–257.

29. Birkinshaw, J. 1997. Entrepreneurship in multinational corporations: The characteristics

of subsidiary initiatives. *Strategic Management Journal*, 18(3): 207–229; e Kanter, R. M. 1985. *The change masters*. Nova York: Simon & Schuster.

30. Hansen, M. T., Chesbrough, H. W., Nohria, N. & Sull, D. 2000. Networked incubators: hothouses of the new economy. *Harvard Business Review*, 78(5) : 74–84.

31. Para mais informações sobre a importância da liderança na criação de um clima de empreendedorismo, veja: Ling, Y., Simsek, Z., Lubatkin, M. H. & Veiga, J. F. 2008. Transformational leadership's role in promoting corporate entrepreneurship: Examining the CEO-TMT interface. *Academy of Management Journal*, 51(3): 557–576.

32. Bryant, A. 2011. Got an idea? Sell it to me in 30 seconds. *nytimes.com*, 1º de janeiro: np.

33. Gunter, M. 2010. 3M's innovation revival. *Cnnmoney.com*, 24 de setembro: np; Byrne, J. 2012. The 12 greatest entrepreneurs of our time. *Fortune*, 9 abril: 76; e Anônimo. 2007. Johnson & Johnson turns to internal venturing. *silico.wordpress.com*, 16 de julho: np.

34. Para uma análise interessante, veja: Davenport, T. H., Prusak, L. & Wilson, H. J. 2003. Who's bringing you hot ideas and how are you responding? *Harvard Business Review*, 80(1): 58–64.

35. Howell, J. M. 2005. The right stuff. Identifying and developing effective champions of innovation. *Academy of Management Review*, 19(2): 108–119. Veja também Greene, P., Brush, C. & Hart, M. 1999. The corporate venture champion: A resource-based approach to role and process. *Entrepreneurship Theory & Practice*, 23(3): 103–122; e Markham, D. K. & Aiman-Smith, L. 2001. Procuct champions: Truths, myths and management. Research Technology Management, maio–junho: 44–50.

36. Burgelman, R. A. 1983. A process model of internal corporate venturing in the diversified major firm. *Administrative Science Quarterly*,28: 223–244.

37. Hamel, G. 2000. *Leading the revolution*. Boston: Harvard Business School Press.

38. Greene, Brush, & Hart, op. cit.; e Shane, S. 1994. Are champions different from non-champions? Journal of Business Venturing, 9(5): 397–421.

39. Block, Z. & MacMillan, I. C. 1993. *Corporate venturing—Creating new businesses with the firm*. Cambridge, MA: Harvard Business School Press.

40. Para uma análise interessante sobre esse equilíbrio, veja: Stringer, R. 2000. How to manage radical innovation. *California Management Review*, 42(4): 70–88; e Gompers, P. A. & Lerner, J. 1999. *The venture capital cycle*. Cambridge, MA: MIT Press.

41. Cardinal, L. B., Turner, S. F., Fern, M. J. & Burton, R. M. 2011. Organizing for product development across technological environments: Performance trade-offs and priorities. *Organization Science*, em produção.

42. Albrinck, J., Hornery, J., Kletter, D. & Neilson, G. 2001. Adventures in corporate venturing. *Strategy + Business*, 22: 119–129; e McGrath, R. G. & MacMillan, L. C. 2000. *The entrepreneurial mind-set*. Cambridge, MA: Harvard Business School Press.

43. Kiel, T., McGrath, R. G. & Tukianinen, T. 2009. Gems from the ashes: Capability creation and transforming in internal corporate venturing. *Organization Science*, 20: 601–620.

44. Para uma interessante análise sobre como diferentes alcances de alvos afetam o aprendizado organizacional e a motivação do empregado, veja: Seijts, G. H. & Latham, G. P. 2005. Learning versus performance goals: When should each be used? *Academy of Management Executive*, 19(1): 124–131.

45. Crockett, R. O. 2001. Motorola. *BusinessWeek*, 15 de julho: 72–78.

46. As ideias desta seção se baseiam em Royer, I. 2003. Why bad projects are so hard to kill. *Harvard Business Review*, 80(1): 48–56.

47. Para uma interessante perspectiva sobre os diferentes papéis que os indivíduos têm no processo empreendedor, veja: Baron, R. A. 2008. The role of affect in the entrepreneurial process. *Academy of Management Review*, 33(2): 328–340.

48. Hoskin, R. E. 1994. *Financial accounting*. Nova York: Wiley.

49. Conhecemos as opções de ações como uma derivação dos ativos — ou seja, "um ativo cujo valor depende ou é derivado do valor de outro, o ativo subjacente": Amram, M. & Kulatilaka, N. 1999. *Real options: Managing strategic investment in an uncertain world: 34*. Boston: Harvard Business School Press.

50. Para uma análise interessante sobre por que é difícil "matar as opções", veja: royer, I. 2003. Why bad projects are so hard to kill. *Harvard Business Review*, 81(2): 48–57.

51. Slywotzky, A. & Wise, R. 2003. Double-digit in no-growth times. Fast Company, abril: 66–72; *www.hoovers.com*; e *www.johnsoncontrols.com*.

52. Para mais informação sobre o papel das opções reais na tomada de decisões empreendedoras, veja: Folta, T. B. & O'Brien, J. P. 2004. Entry in the presence of dueling options. *Strategic Management Journal*, 25: 121–138.

53. Esta seção se baseia em Janney, J. J. & Dess, G. G. 2004. Can real options analysis improve decision-making? Promises and pitfalls. *Academy of Management Review*, 18(4): 60–75. Para ideias adicionais sobre as armadilhas das opções reais, considere McGrath, R. G. 1997. A real options logic for initiating technology positioning investment. *Academy of Management Review*, 22(4): 974–994; Coff, R. W. & Laverty, K. J. 2001. Real options on knowledge assets: Panacea or Pandora's box. *Business Horizons*, 73: 79, McGrath, R. G. 1999. Falling forward: Real options reasoning and entrepreneurial failure. *Academy of Management Review*, 24(1): 13–30; e Zardkoohi, A. 2004.

54. Para entender as diferenças entre como os gerentes declaram suas decisões de métodos e como eles realmente as praticam, a análise de March e Shapira talvez seja a melhor. March, J. G. & Shapira, Z. 1987. Managerial perspectives on risk and risk-taking. *Management Science*, 33(11): 1404–1418.

55. Encontramos uma análise sobre alguns fatores envolvidos nessa questão em: Choo, C. W. 2005. Information failures and organizational disasters. *MIT Sloan Management Review*, 46(3): 8–10.

56. Para uma consideração interessante sobre o uso da análise das opções reais na aplicação das comunicações sem fio, que ajudou a diminuir o perigo potencial da fixação em determinada decisão tomada, veja: McGrath, R. G., Ferrier, W. J. & Mendelow, A. L. 2004. Real option as engines of choice and heterogeneity. *Academy of Management Review*, 29(1): 86–101.

57. Uma solução muito útil para diminuir os efeitos da arrogância administrativa é incorporar um "defensor de saída" no processo de decisão. Os defensores de saída fornecem argumentos para liberar o comprometimento de uma empresa com uma decisão. Para uma análise bem profunda sobre os defensores de saída, veja: Royer, I. 2003. Why bad projects are so hard to kill. *Harvard Business Review*, 81(2): 49–56.

58. Para mais informação sobre como a orientação empreendedora influencia o desempenho organizacional, veja: Wang, L. 2008. Entrepreneurial orientation, learning orientation, and firm performance. *Entrepreneurship Theory & Practice*, 32(4): 635–657; e Runyan, R.. Droge, C. & Swinney, J. 2008. Entrepreneurial orientation versus small business orientation: What are their relationships to firm performance? *Journal of Small Business Management*, 46(4): 567–588.

59. Covin, J. G. & Slevin, D. O. 1991. A conceptual model of entrepreneurship as firm behavior. *Entrepreneurship Theory and Practice*, 16(1): 7–24; Lumpkin, G. t. & Dess, G. G. 1996. Clarifuing the entrepreneurial orientation construct and linking it to performance. *Academy of Management Review*, 21(1): 135–172; e McGrath, R. G. & MacMillan, I. C. 2000. *The entrepreneurial mind-set*. Cambridge, MA: Harvard Business School Press.

60. Lumpkin, G. T. & Dess, G. G. 2001. Linking two dimensions of entrepreneurial orientation to firm performance: The moderation role of environment and life cycle. *Journal of Business Venturing*, 16: 429–451.

61. Para uma análise interessante, veja: Day, J. D., Mang, P. Y., Richeter, A. & Roberts, J. 2001. The innovative organization: Why new ventures need more than a room of their own, *McKinsey Quarterly*, 2:21–31.

62. Crockett, R. O. 2001. Chris Galvin shakes things up—again. *BusinessWeek*, 28 de maio: 38–39.

63. Para ideias sobre o papel da tecnologia da informação sobre o caráter inovador, veja Dibrell, C., Davis, P. S. & Craig, J. 2008. Fueling innovation through information technology in SMEs. *Journal of Small Business Management*, 46(2): 203–218.

64. Para uma análise interessante sobre o impacto do caráter inovador sobre os resultados organizacionais, veja: Cho, H. J. & Pucik, V. 2005. Relationship between innovativeness, quality, growth, profitability, and market value. *Strategic Management Journal*, 26(6): 555–575.

65. Danneels, E. & Sethi, R. 2011. New product exploration under environmental turbulence. *Organization Science*, em produção.

66. Lieberan, M. B. & Montgomery, D. B. 1988. First mover advantages. *Strategic Management Journal*, 9 (Edição Especial): 41–58.

67. A análise sobre as vantagens de ser o primeiro a investir se baseia em vários artigos, incluindo: Lambkin, M. 1988. Order of entry and performance in new markets. *Strategic Management Journal*, 9: 127–14; Lieberman & Montgomery, op. cit.: 41–58; e Miller, A. & Camp, B. 1985. Exploring determinants of success in corporate ventures. *Journal of Business Venturing*, 1(2): 87–105.

68. Moore, G. A. 1999. *Crossing the chasm* (2ª ed.). Nova York: HarperBusiness.

69. Mallas, S. 2005. PepsiCo loses its Edge. Motley Fool, 1º de junho, www.fool.com.

70. Lyons, D. 2006. The cheap revolution. *Forbes*, 18 de setembro: 102–111.

71. Miller, K. D. 2007. Risk and rationality in entrepreneurial processes. *Strategic Entrepreneurship Journal*, 1(1–2): 57–74.

72. Drucker, op. cit., pp. 109–110.

PARTE 4: ANÁLISE DE CASOS

capítulo 13

Análise de Casos da Administração Estratégica

Depois da leitura deste capítulo você deverá obter uma boa compreensão dos seguintes pontos a aprender:

PA13.1 Como a análise de casos estratégica é usada para simular experiências do mundo real.

PA13.2 Como a análise de casos de administração estratégica pode nos ajudar a desenvolver a habilidade de diferenciar, especular e integrar ao avaliar problemas complexos de negócios.

PA13.3 Os passos envolvidos na condução de uma análise de caso de administração estratégica.

PA13.4 Como tirar o máximo proveito da análise de caso.

PA13.5 Como as técnicas de indução ao conflito e de raciocínio de integração podem resultar em decisões melhores.

PA13.6 Como usar os insights estratégicos e o material de cada um dos doze capítulos anteriores deste livro para analisar questões propostas pelos casos de administração estratégica.

Por Que Analisar Casos de Administração Estratégica?

> PA13.1
> Como a análise estratégica de casos é usada para simular experiências do mundo real.

"Se não fizermos as perguntas certas, nunca teremos as soluções certas. Gastei muito tempo da minha carreira sentindo ter feito um bom trabalho respondendo às perguntas erradas. E isso aconteceu porque deixei que outras pessoas me fizessem perguntas. Uma das coisas que tentei fazer cada vez mais — e, obviamente, é algo que tenho a oportunidade de fazer como líder — é reformular essa questão. Assim, estou muito mais interessado ultimamente em discutir sobre quais devem ser as perguntas do que necessariamente sobre as soluções".[1]

— Tim Brown, presidente da IDEO (uma empresa líder de consultoria de projetos)

Costuma-se dizer que a chave para obter boas respostas é encontrar boas perguntas. Os gerentes estratégicos e os líderes de negócios devem avaliar opções, fazer escolhas e encontrar soluções para os desafios enfrentados diariamente. Um estudo da administração estratégica apresenta o mesmo desafio. O processo de analisar, decidir e implementar ações estratégicas levanta muitas e boas perguntas:

- Por que algumas empresas são bem-sucedidas enquanto outras fracassam?
- Por que algumas companhias têm um desempenho melhor que outras?
- Que informação é necessária no processo de planejamento estratégico?
- Como os valores e crenças afetam a tomada de decisão estratégica?
- Que habilidades e capacidades são necessárias para implementar uma estratégia de modo eficaz?

Como um aluno de administração estratégica responde a essas perguntas? Pela análise de casos estratégicos. A **análise de caso** simula a experiência do mundo real que os gerentes estratégicos e líderes de companhias enfrentam ao tentar determinar como dirigir melhor uma companhia. Os estudantes são postos no meio de uma situação real e desafiados a descobrir o que fazer.[2]

análise de caso
um método para aprender conceitos complexos de administração estratégica — como análise ambiental, processos de tomadas de decisão e implementação de ações estratégicas — colocando os alunos no meio de uma situação real e os desafiando a descobrir o que fazer.

Fazer as perguntas certas é apenas o começo da análise de caso. Nos capítulos anteriores falamos sobre as questões e desafios que os gerentes enfrentam e fornecemos bases analíticas para entender a situação. Mas, uma vez terminada a análise, as decisões devem ser tomadas. A análise de caso nos força a escolher entre alternativas diferentes e a estabelecer um plano de ação baseado na opção preferida. Porém, mesmo então, o trabalho não acabou. A análise estratégica de caso requer, também, considerar a forma de execução do plano e as consequências da escolha desse determinado curso de ação em detrimento de outro.

Um caso de administração estratégica é uma descrição detalhada de uma situação desafiadora enfrentada por uma organização.[3] Em geral, inclui uma cronologia de eventos e muito material de apoio, como demonstrações financeiras, listas de produtos e transcrições de entrevistas com empregados. Embora nomes e localizações mudem às vezes, em prol do anonimato, os casos costumam reportar os fatos e situações com a maior autenticidade possível.

Um dos motivos principais de se analisar casos de administração estratégica é desenvolver a habilidade de avaliar situações de negócios de modo crítico. Nas análises de casos, é importante ir além das prescrições dos livros-texto e das respostas rápidas. É necessário analisar profundamente a informação fornecida e entender a raiz das questões e as causas essenciais dos problemas de uma companhia.

As habilidades necessárias para preparar uma análise estratégica de caso eficaz podem nos beneficiar em uma situação de negócios real. A análise de caso é importante fator de aprendizado porque aprimora habilidades que não podem ser ensinadas em um curso teórico. Há três habilidades envolvidas em uma análise de caso que são especialmente úteis para os gerentes estratégicos — as habilidades de diferenciar, especular e integrar.[4] A análise de caso pode aprimorá-las da seguinte maneira:

> **PA13.2**
> Como a análise de casos de administração estratégica pode nos ajudar a desenvolver a habilidade de diferenciar, especular e integrar ao avaliar problemas complexos de negócios.

1. *Diferenciar.* A administração estratégica eficaz exige que vários elementos diferentes de uma situação sejam avaliados ao mesmo tempo. Isso também é verdadeiro na análise de caso. Ao fazer essa análise, é importante isolar fatos vitais, avaliar se as suposições são úteis ou não, e distinguir entre informações boas ou más. É preciso diferenciar os fatores que estão influenciando a situação apresentada por um caso para fazer uma boa análise. A administração estratégica também envolve entender que os problemas, em geral, são complexos e multifacetados. Algo que também se aplica à análise de casos. Devemos nos perguntar se há no caso questões operacionais, de nível empresarial ou corporativo. Os problemas vêm de elos fracos da cadeia de valor interna ou de ameaças no ambiente externo? Cave fundo. Aceitar a resposta mais fácil ou menos controversa rápido demais costuma não levar à raiz do problema.

2. *Especular.* Gerentes estratégicos precisam poder usar sua imaginação para visualizar uma explicação ou solução que pode não ser visível de imediato. O mesmo também ocorre com a análise de caso. Poder imaginar cenários diferentes ou contemplar o resultado de uma decisão pode ajudar a análise. Os gerentes também precisam lidar com incertezas, visto que a maioria das decisões é tomada sem o conhecimento total das circunstâncias. Isso também é verdadeiro na análise de caso. Em geral, o material à disposição pode não apresentar todas as informações ou os dados apresentados podem ser contraditórios. A habilidade de especular sobre detalhes que são desconhecidos ou as consequências de uma ação pode ser útil.

3. *Integrar.* A estratégia envolve ter o quadro geral em mente ou ter uma perspectiva organizacional. A análise de caso estratégico não é diferente. Embora os capítulos deste livro tenham sido divididos em vários tópicos que podem se aplicar a diferentes partes de uma organização, toda essa informação deve ser integrada em apenas um conjunto de recomendações que afetarão a companhia inteira. O gerente estratégico deve compreender como todos os fatores que influenciam a organização vão interagir. Isso também se aplica à análise de caso. As mudanças feitas em uma área da organização afetarão outras. Assim, é necessário ter uma perspectiva holística que integra o impacto de várias decisões e das influências ambientais de todas as partes da organização.

Nos negócios, essas três atividades às vezes "competem" umas com as outras por nossa atenção. Por exemplo, alguns tomadores de decisão podem ter a habilidade natural de diferenciar elementos de um problema, mas não conseguem integrá-los muito bem. Outros têm criatividade inata suficiente para imaginar soluções ou preencher lacunas em caso de falta de informação. Mas podem ter dificuldade ao se deparar com fatos e números concretos. Mesmo assim, cada uma dessas habilidades é importante. A marca de um bom gerente estratégico é a habilidade de, simultaneamente, distinguir e visualizar o todo e de imaginar um cenário futuro ao mesmo tempo em que se concentra no presente. Assim, outro motivo de se realizar uma análise de caso é que ela nos ajuda a desenvolver e exercitar nossa habilidade de diferenciar, especular e integrar. David C. Novak, o CEO da Young Brands, nos dá uma perspectiva útil sobre o assunto:[5]

> "Acho que o que precisamos nos nossos líderes, as pessoas que, no fim das contas, dirigem nossas companhias e funções, é que sejam pessoas que usam os dois lados do cérebro — pessoas que podem ser analíticas, mas que também têm criatividade, o lado direito do cérebro na equação. Hoje em dia, mais do que nunca, isso é cada vez mais necessário."

A análise de caso leva o aluno por todo o ciclo de atividades que um gerente enfrentaria. Extrapolando as descrições dos livros-texto de conceitos e exemplos, as análises de casos nos fazem assumir, por algum tempo, o papel do tomador de decisões estratégicas e avaliar as situações de modo crítico. Os executivos e proprietários devem tomar decisões todos os dias, com informações limitadas e com um turbilhão de atividades de negócios ao redor. Consideremos o exemplo da Sapient Health Network, uma startup da internet que, para sobreviver, precisou submeter-se a algumas análises e resoluções de problemas. Destaques de Estratégia 13.1 descreve como essa companhia se transformou depois de um autoexame sério durante uma época de crise.

Como se pode verificar pela experiência da Sapient Health Network, os negócios costumam se deparar com desafios imediatos que ameaçam sua existência. O caso da Sapient ilustra como o processo de administração estratégica a ajudou a sobreviver. Primeiro a companhia avaliou realisticamente o ambiente e o mercado, e fez um levantamento de seus recursos. Depois tomou decisões difíceis, que incluíram mudar seu foco de mercado, contratar e demitir e reorganizar seus ativos. Por último, ela agiu. O resultado não fez apenas com que a empresa sobrevivesse, mas também causou uma reviravolta que resultou em um rápido sucesso.

Como Conduzir uma Análise de Caso

PA13.3
Os passos envolvidos na condução de uma análise de caso de administração estratégica.

O processo de analisar casos de administração estratégica envolve vários passos. Nesta seção vamos rever os mecanismos para preparar uma análise de caso. Antes de começar, há duas coisas que devemos ter em mente que esclarecerão nossa compreensão do processo e que tornarão os resultados dele mais significativos.

Primeiro: a menos que nos preparemos para uma discussão de caso, há muito pouco que poderemos ganhar da discussão e menos ainda o que poderemos oferecer. Os bons gerentes estratégicos não entram em situações de resolução de problemas sem fazer sua parte — investigar, analisar e pesquisar possíveis soluções e, às vezes, aconselhar-se com terceiros. Em geral, a boa resolução de problemas exige que os tomadores de decisão estejam imersos nos fatos, opções e consequências de se cercar de problemas. Na análise de caso, isso significa ler e entender plenamente os elementos do caso antes de tentar fazer uma análise.

O segundo ponto está relacionado com o primeiro. Para tirar o máximo de proveito possível da análise de caso, precisamos nos "inserir" nela — ou seja, pensar como um dos participantes reais da situação. No entanto, são várias as posições que podemos escolher. Elas são abordadas nos parágrafos a seguir:

- *Tomador estratégico de decisão.* Essa é a posição do executivo sênior responsável pela resolução da situação descrita no caso. Pode ser a do CEO, do dono do negócio ou de um gerente estratégico em posição executiva-chave.

DESTAQUES DE ESTRATÉGIA 13.1

ANÁLISE, TOMADA DE DECISÃO E MUDANÇAS NA SAPIENT HEALTH NETWORK

A Sapient Health Network (SHN) começou bem. O presidente Jim Kean e seus dois cofundadores obtiveram $5 milhões com investidores de risco para realizar sua visão: um serviço online de assinatura de informações de cuidados com a saúde. A ideia era criar uma comunidade na internet para pessoas que sofrem de doenças crônicas. Ela colocaria à disposição, de todos os inscritos, assinantes com informações especializadas, recursos, troca de mensagens e salas de bate-papo para que as pessoas que tivessem as mesmas doenças pudessem fornecer informações e apoio uma à outra. "Quem seriam os consumidores mais vorazes de informações do que as pessoas que enfrentam uma doença que mudou e ameaça sua vida?", pensou Bill Kelly, um dos cofundadores da SHN. A pesquisa inicial de mercado e os testes beta (testes de eficácia no mundo real) apoiaram a ideia.

Durante os testes beta, porém, o serviço foi fornecido de graça. Os problemas começaram quando a SHN tentou fazer seus inscritos de teste começarem a pagar pelos serviços. Menos de 5% se inscreveu, o que representa menos de 15% do que a companhia havia previsto. A Sapient contratou um vice-presidente de marketing que iniciou uma promoção agressiva, mas depois de três meses de campanha, a SHN ainda tinha apenas 500 membros. A SHN estava gastando $ 400 mil por mês, com pouca receita em retorno.

A essa altura, de acordo Susan Clymer, membro do conselho de administração, "o clima na empresa era de tentar extrair pelo menos alguma coisa boa do que já havia sido empenhado no projeto". A SHN havia elaborado um sistema de softwares que tinha dois componentes: o IPE, cuja finalidade era o estabelecimento de perfis pessoais, e o IQE, um mecanismo de consulta. A SHN usou esse sistema para coletar informações detalhadas sobre seus assinantes.

A SHN estava convicta de que seu sistema especializado era um grande indutor de inscrições para o serviço. Mas como poderia usá-lo? Foi aí que os fundadores se lembraram que o plano de negócios original sugeria que poderia haver um mercado para agregar dados provenientes dos pacientes reunidos no site. Será que eles poderiam ajustar o negócio comercializando as informações dos pacientes? Para analisar essa possibilidade, Kean experimentou a ideia realizando uma pesquisa de mercado em um enorme conglomerado de instituições de assistência médica da Costa Leste dos EUA. Essas instituições ficaram intrigadas. A SHN percebeu que seu sistema poderia se tornar uma ferramenta de pesquisa de mercado.

Os fundadores, então, se decidiram: eles ainda criariam comunidades online para os pacientes com doenças crônicas, mas o serviço seria gratuito. E eles transformariam a SHN de uma companhia que administrava assinaturas para uma que vendia pesquisas de mercado.

Por fim, procederam às mudanças. Algumas foram dolorosas, incluindo a dispensa de dezoito empregados. Por outro lado, a SHN precisava de expertise na área de cuidados médicos. Chegou até a contratar um CEO interino, Craig Davenport, um veterano de 25 anos do setor, para encaminhar a companhia na nova direção. Por último, ela precisava comunicar a nova mensagem a seus assinantes. Começou reembolsando os $10 mil de taxas de inscrição que havia recebido.

Todas essas ações foram bastante recompensadas em apenas dois anos. As receitas aumentaram para $1,9 milhão, e, no início do terceiro ano, a SHN foi comprada pela WebMD. Menos de um ano depois, a WebMD se fundiu com a Healtheon. A companhia conjunta ainda dirige um próspero negócio a partir da localização original da SHN em Portland, Oregon.

Fontes: Ferguson, S. 2007. Health Care Gets a Better IT Prescription. *Baseline*, www.baselinemag.com, 24 de maio. Brenneman, K. 2000. Healtheon/WebHD's Local Office Is Thriving. *Business Journal of Portland*, 2 de junho; Raths, D. 1998. Reversal of Fortune. *Inc. Technology*, 2: 52–62.

- *Conselho de Administração.* Como o conselho representa os proprietários de uma corporação, tem a responsabilidade de se impor quando uma crise administrativa ameaça a companhia. Um membro do conselho tem uma posição única para resolver problemas.
- *Consultor externo.* O conselho ou os diretores executivos podem decidir levar uma determinada questão ao olhar crítico de consultores externos. A vantagem é uma análise objetiva da situação. Mas há também uma desvantagem, decorrente da não autoridade para realizar mudanças.

Antes de começar a análise, pode ser útil nos visualizarmos assumindo um desses papéis. Então, ao passo que estudamos e analisamos os elementos do caso, podemos diagnosticar e recomendar soluções de um modo consistente com nossa posição. Podemos experimentar perspectivas diferentes. Podemos descobrir que nossa visão da situação muda dependendo do nosso papel. Como um consultor externo, por exemplo, pode ser muito fácil concluir que certas pessoas devem ser substituídas para resolver um problema apresentado no caso. Entretanto, se assumirmos o papel de presidente, que conhece as pessoas e os desafios que elas têm enfrentado, podemos hesitar em demiti-los e procuraremos outras soluções.

A ideia de interpretar certo papel é parecida com o mundo real de vários modos. Em nossa carreira, talvez tenhamos que trabalhar em uma organização na qual contadores, banqueiros, advogados ou outros profissionais externos estão nos aconselhando sobre como resolver cer-

DESTAQUES DE ESTRATÉGIA 13.2

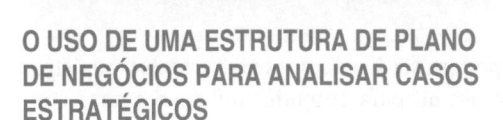

O USO DE UMA ESTRUTURA DE PLANO DE NEGÓCIOS PARA ANALISAR CASOS ESTRATÉGICOS

Em geral, empresas estabelecidas precisam mudar o que estão fazendo para melhorar sua posição competitiva ou, simplesmente, sobreviver. Para realizar mudanças de maneira eficaz, em geral, é necessário um plano. Planos de negócios não servem mais apenas para os empreendedores. O tipo de análise de mercado, de tomada de decisão e o planejamento de ação, que é considerado como prática padrão entre os novos investimentos de risco, também pode beneficiar empresas já em funcionamento que desejam fazer mudanças, aproveitar uma oportunidade ou seguir em uma nova direção.

Os melhores planos de ação, porém, não são aqueles feitos por décadas de projeções financeiras mês após mês ou que dependem de uma aderência rígida a uma programação de eventos impossíveis de prever. Os bons se concentram em quatro fatores que são fundamentais para o sucesso de novos investimentos de risco. Esses mesmos fatores também são importantes na análise de caso, porque vão à raiz de muitos dos problemas encontrados nos casos estratégicos.

1. *O Pessoal.* "Quando me cai nas mãos um plano de negócios, sempre leio a seção de currículos primeiro", diz William Sahlman, um professor de Harvard. As perguntas relacionadas com o pessoal que são de extrema importância para os investidores incluem: Quais são suas habilidades? Quanta experiência você tem? Qual é sua reputação? Costuma trabalhar junto, como uma equipe? Essas mesmas perguntas podem ser usadas em análises de casos para avaliar o papel dos indivíduos no caso estratégico.

2. *A Oportunidade.* As oportunidades de negócios surgem de várias formas. Elas não se limitam a novos investimentos de risco. A oportunidade de entrar em novos mercados, apresentar novos produtos ou se fundir com um concorrente representa muitos dos desafios que são encontrados em casos de administração estratégica. Quais são as consequências dessas ações? Os desafios propostos afetarão o conceito de negócio da empresa? Que fatores podem intervir no caminho para o sucesso? As mesmas questões também estão presentes na maioria dos casos estratégicos.

3. *O Contexto.* Coisas acontecem em contextos que não podem ser controlados pelos gestores da empresa. Isso é particularmente verdadeiro no ambiente geral, em que as tendências sociais, mudanças econômicas ou eventos como os ataques terroristas de 11 de setembro de 2001 podem mudar os negócios de uma hora para outra. Ao analisar estrategicamente os casos, devemos nos perguntar: a companhia está ciente do impacto do contexto sobre os negócios? O que vai acontecer se o contexto mudar? Ela pode influenciar o contexto de um modo que favoreça a companhia?

4. *Risco e Recompensa.* Com o novo investimento, os empreendedores e investidores assumem riscos e colhem recompensas. Nos casos estratégicos, riscos e recompensas se estendem, em geral, a muitos outros stakeholders, como os empregados, clientes e fornecedores. Ao analisarmos um caso, devemos nos perguntar: Os gerentes estão fazendo escolhas que compensarão no futuro? As recompensas serão distribuídas por igual? Alguns stakeholders estarão em risco se a situação do caso mudar? E se a situação permanecer a mesma? Ela pode se tornar ainda mais arriscada?

Quer o negócio esteja crescendo ou diminuindo, seja grande ou pequeno, ou orientado aos produtos ou ao serviço, as questões envolvendo pessoal, oportunidades, contexto e riscos e recompensas terão um grande impacto sobre o desempenho. Portanto, devemos sempre considerar esses quatro fatores ao avaliar casos de administração estratégica.

Fontes: Wasserman, E. 2003. A Simple Plan. *MBA Jungle*, fevereiro: 50–55; DeKluyver, C. A. 2000. *Strategic Thinking: An Executive Perspective*. Upper Saddle River, NJ: Pentice Hall; e Sahlman, W. A. 1997. How to write a Great Business Plan. *Harvard Business Review*, 75(4): 98–108.

---

tas situações de negócios ou melhorar nossas atividades. O ponto de vista deles será diferente do nosso, mas será útil entendê-lo. Do mesmo modo, podemos trabalhar como membro de uma equipe de auditoria em uma empresa de contabilidade ou em um comitê de empréstimo de um banco. Nessas situações, seria proveitoso entender as situações na perspectiva do líder do negócio, que deve sopesar nossa opinião em relação a qualquer outro conselho que recebe. A análise de caso pode nos ajudar a desenvolver a habilidade de apreciar esses muitos pontos de vista.

Um dos papéis mais desafiadores para interpretar nos negócios é o de fundador ou proprietário do negócio. No caso das pequenas empresas ou startups, o fundador pode exercer todas as funções de uma só vez — tomador de decisão primário, acionista primário e presidente. Contratar um consultor externo pode não ser uma opção. Contudo, as questões enfrentadas pelas empresas, jovens ou já estabelecidas, costumam não ser tão diferentes, em especial no que se refere a formular um plano de ação. Os planos de negócios que as empresas empreendedoras usam para levantar dinheiro ou propor uma expansão de negócios giram, com frequência, em torno de algumas questões-chave que devem ser resolvidas independentemente do tamanho ou idade do negócio. Destaques de Estratégia 13.2 revê as questões de planejamento de negócios que são mais importantes a considerar ao avaliar qualquer caso, em especial do ponto de vista do fundador ou dono do negócio.

Na sequência, revisaremos os cinco passos a serem seguidos ao conduzir uma análise de caso de administração estratégica: familiarizar-se com o material, identificar os problemas, analisar as questões estratégicas usando as ferramentas e insights da administração estratégica, propor soluções alternativas e fazer recomendações.[6]

Familiarizar-se com o Material

Em geral, os casos incluem muito material. Eles podem ser bem complexos e incluir registros financeiros detalhados ou textos longos. Mesmo assim, para entender um caso e suas consequências, devemos nos familiarizar com seu conteúdo. Às vezes a informação necessária não é aparente. Ela pode estar em notas de rodapé de um anexo ou em uma entrevista com um empregado de nível menor. Em outros casos, os pontos importantes podem ser difíceis de entender por não estarmos familiarizados com o assunto. Ao estudar um caso estratégico, devemos tentar adotar a seguinte técnica para aumentar nosso entendimento:

- Fazer uma primeira rápida leitura do caso para ter uma compreensão geral da questão.
- Usar essa leitura inicial para relacionar o assunto com possíveis conceitos estratégicos.
- Ler o caso novamente, agora com cuidado. Fazer anotações ao ler.
- Avaliar como os conceitos estratégicos podem nos informar decisões-chave ou sugerir informações alternativas.
- Depois de formular uma recomendação inicial, dar mais uma lida no caso rapidamente para nos ajudar a avaliar as consequências das ações que propusermos.

Identificar os Problemas

Ao conduzir uma análise de caso, uma das tarefas mais importantes é identificar o problema. Antes vimos que uma das principais razões de se fazer uma análise de caso é encontrar soluções. Mas não podemos fazer isso se não soubermos qual é o problema. Um ditado que você talvez já tenha ouvido é: "Um bom diagnóstico é meio caminho andado para a cura". Em outras palavras, uma vez determinado qual é o problema, estaremos no caminho certo para identificar uma solução razoável.

Alguns casos têm mais de um problema. Todavia, os problemas costumam estar relacionados. Como um exemplo hipotético, consideremos o seguinte: a Companhia A estava perdendo clientes para um novo concorrente. Depois de uma análise, ela determinou que o concorrente tinha um tempo de entrega 50% mais rápido, mesmo que seu produto fosse de menor qualidade. Os gerentes da Companhia A não conseguiam entender por que os clientes se contentavam com um produto inferior. Acontece que não havia ações de marketing dizendo aos clientes da Companha A que seu produto era superior. Um segundo problema foi que a queda de vendas resultou em cortes da equipe de vendas da Companhia A, havia dois problemas relacionados: tecnologia de entrega inferior e esforço de vendas insuficiente.

Ao tentar determinar o problema, devemos evitar nos concentrar nos sintomas; devemos nos concentrar na raiz do problema. Por exemplo, no caso da Companhia A, acima, o sintoma era a perda de clientes. Mas os problemas eram uma força de vendas subdimensionada, com escassez de pessoal, combinada com uma tecnologia de entrega ultrapassada. Devemos tentar enxergar além dos sintomas imediatos, procurando entender os problemas fundamentais.

Outra dica ao preparar uma análise de caso é articular o problema.[7] Pôr no papel uma declaração do problema nos dá um ponto de referência ao qual recorrer ao dar sequência à análise de caso. Isso é importante porque o processo de formular as estratégias ou avaliar os métodos de implementação podem nos distanciar do problema inicial. Devemos nos certificar de que nossa recomendação realmente resolve os problemas que identificamos.

Outra coisa sobre identificar os problemas: às vezes eles só serão visíveis *depois* da análise. Em alguns casos, o problema será apresentado de modo claro, talvez no parágrafo de abertura, ou na última página do caso. Mas, em outros casos, o problema não surge até depois de os elementos do caso terem sido analisados. A seguir abordaremos a questão da análise estratégica do caso.

Conduzir Análises Estratégicas

Este livro apresentou vários instrumentos analíticos (p. ex., a análise das cinco forças e da cadeia de valor), bases de contingências (p. ex., quando usar estratégias de diversificação relacionadas, em vez das não relacionadas) e outras técnicas que podem ser usadas para avaliar situações estratégicas. Os doze capítulos anteriores discorreram sobre práticas que são comuns na administração estratégica, porém, apenas algumas podem ser aprendidas estudando práticas e conceitos. A melhor maneira de compreender esses métodos é aplicá-los na condução de análises de casos específicos.

O primeiro passo é determinar quais questões estratégicas estão envolvidas. Há um problema no ambiente competitivo da empresa? Ou há um problema interno? Se for interno, tem a ver com a estrutura organizacional? Controles estratégicos? Uso de tecnologia? Talvez a companhia tenha feito seus empregados trabalhar demais ou não tenha utilizado bem seu capital intelectual. A companhia não soube levar a bom termo uma fusão? Escolheu a estratégia de diversificação errada? Não soube introduzir um novo produto direito? Cada uma dessas questões está relacionada com um ou mais dos conceitos discutidos antes neste livro. Devemos determinar quais questões estratégicas estão associadas com os problemas que identificamos. Também é preciso lembrar que a maioria dos casos da vida real envolve questões que estão extremamente inter-relacionadas. Mesmo em casos em que há apenas um grande problema, os processos estratégicos necessários para resolvê-lo podem envolver várias partes da organização.

Uma vez identificadas as questões que se aplicam ao caso, é hora de conduzir a análise. Por exemplo, talvez seja necessária uma análise das cinco forças ou dissecar a estratégia competitiva da companhia. Talvez precisemos avaliar se os recursos são raros, valiosos ou difíceis de imitar ou de substituir. Ou, quem sabe, a situação requeira uma análise financeira para avaliar a condição econômica da companhia. Talvez o modo de entrada internacional necessite ser reavaliado devido a mudanças nas condições do país de destino. Pode ser indicado reformular as técnicas de delegação de poder ao empregado para aumentar o aprendizado organizacional. Qualquer que seja o caso, todos os conceitos estratégicos apresentados neste livro incluem ideias para avaliar sua eficácia. Determinar quão bem a companhia está se saindo nesses pontos é fundamental para o processo da análise de caso.

A análise dos índices financeiros é um dos instrumentos primários usados na condução de uma análise de caso. O Apêndice 1 do Capítulo 13 inclui uma análise e exemplos de índices financeiros que costumam ser usados na avaliação do desempenho de uma empresa e de seu bem-estar financeiro. A Figura 13.1 traz um resumo dos índices financeiros apresentados no Apêndice 1 deste capítulo.

Nesta parte do processo da análise estratégica geral, também é importante testar nossas próprias suposições sobre o caso.[8] Primeiro: com quais pressupostos estamos trabalhando sobre os elementos materiais do caso? Pode ser que tenhamos interpretado o conteúdo do caso de maneira diferente do restante dos membros da equipe ou dos colegas de classe. A clareza a respeito dessas suposições será importante para determinar a maneira de analisar o caso. Segundo: que pressupostos fizemos sobre a melhor maneira de resolver os problemas? Devemos nos perguntar por que escolhemos um tipo de análise em vez de outro. Esse processo de avaliação de suposições também pode nos ajudar a determinar se chegamos à raiz do problema ou ainda estamos lidando apenas com os sintomas.

Como mencionado antes, às vezes o diagnóstico crítico de um caso só pode ser feito depois de a análise ter sido conduzida. No entanto, no fim desse estágio do processo saberemos quais são os problemas e teremos completado uma análise plena deles. Podemos, então, dar o próximo passo: encontrar as soluções.

análise dos índices financeiros
um método de avaliar o desempenho de uma companhia e seu bem-estar financeiro por meio de indicadores de valores contábeis, incluindo liquidez de curto e longo prazo, giro de ativos, rentabilidade e valor de mercado.

Propor Soluções Alternativas

É importante lembrar que, na análise de um caso de administração estratégica, dificilmente existe apenas uma resposta certa ou um único jeito melhor. Até quando os membros de uma turma ou equipe concordam em qual é o problema, eles podem não concordar em como resolvê-lo. Portanto, será útil considerar várias soluções diferentes.

FIGURA 13.1 Um Resumo dos Cinco Tipos de Índices Financeiros

Índice	O Que Ele Mede
Índices de pagamentos ou de liquidez de curto prazo:	
Liquidez corrente	A capacidade de usar os ativos para honrar as obrigações financeiras.
Liquidez seca	A capacidade de usar ativos líquidos para pagar obrigações financeiras rapidamente.
Índice de liquidez imediata	A capacidade de liquidar obrigações financeiras com os recursos monetários disponíveis.
Índices de pagamentos de longo prazo ou de alavancagem financeira:	
Grau de endividamento total	Quanto dos ativos totais da companhia é financiado por uma dívida.
Índice de alavancagem	Compara quanto uma companhia é financiada por capitais de terceiros em relação ao capital próprio.
Índice de participação do capital próprio	Quanto do capital próprio está sendo usado para financiar ativos.
Índice de cobertura de despesas financeiras	Quão bem uma companhia tem suas obrigações de juros cobertas.
Índice de cobertura de caixa	A capacidade de uma companhia de gerar caixa através de suas operações.
Índices de rotação ou gestão de ativos:	
Índice de rotação do estoque	Quantas vezes por ano uma companhia vende todo seu estoque.
Giro do estoque em dias	A média de dias que o estoque demora para ser vendido.
Índice de recebimento de vendas	A frequência anual de recebimento do total de duplicatas a receber.
Giro das vendas em dias	A média de dias que demora para receber as vendas a crédito (média de tempo de recebimento).
Giro do ativo	Quanto das vendas é gerada por unidade monetária ($1) em ativos.
Índice de capital intensivo	Investimento em ativos, por unidade monetária, necessário para gerar $1 de vendas.
Índices de rentabilidade:	
Margem de lucro final	Quanto lucro é gerado por $1 de vendas.
Índice de rentabilidade do investimento (IRI)	Quão eficazmente os ativos estão sendo usados para gerar retornos.
Índice de rentabilidade do patrimônio líquido (IRPL)	Quão eficazmente o capital investido no negócio pelos seus donos está sendo usado para gerar retornos.
Índices de valor de mercado:	
Índice de preço/lucro (P/L)	Quando os investidores estão dispostos a pagar por $1 dos ganhos atuais.
Valor patrimonial da ação (VPA)	Representa o valor de cada ação, considerando os dados patrimoniais contábeis.

Depois de conduzir uma análise estratégica e identificar o problema, devemos fazer uma lista das opções. Quais são as possíveis soluções? Quais são as alternativas? Primeiro deve-se fazer uma lista de todas as opções imagináveis sem prejulgar nenhuma delas. É preciso ter em mente, também, que nem todos os casos exigem decisões drásticas ou mudanças revolucionárias. Algumas companhias só precisam de pequenos ajustes. De fato, "não fazer nada" pode ser uma alternativa razoável em certos casos. Embora isso seja raro, pode ser mais útil considerar o que acontecerá se a companhia não fizer nada. Tal ponto ilustra o objetivo de se desenvolver alternativas: avaliar o que acontecerá se uma companhia escolher uma solução em vez da outra.

Assim, durante este passo da análise de caso, avaliaremos as escolhas e suas consequências. Um aspecto de qualquer negócio que provavelmente será destacado nessa parte da análise é a implementação estratégica. Devemos nos perguntar como as escolhas serão implementadas. Pode ser que uma escolha que pareça óbvia gere um problema ainda maior quando posta em prática. Mas devemos nos lembrar que nenhuma estratégia ou "reparo" estratégico funcionará se não puder ser implementado. Depois que uma lista de alternativas foi feita, cabem as seguintes perguntas:

- A companhia pode pagar por isso? Como a alternativa vai afetar os resultados finais?
- A solução provavelmente gerará uma resposta competitiva?
- Os empregados da companhia aceitam as mudanças? Que impacto a solução terá sobre o moral?
- Como a decisão afetará outros stakeholders? Os clientes, fornecedores e outros a aceitarão?
- Como essa solução se enquadra na visão, missão e objetivos da companhia?
- A cultura ou valores da companhia mudarão em virtude dessa solução? Trata-se de uma mudança positiva?

O objetivo nesta altura do processo da análise de caso é encontrar uma solução que resolva o problema e seja realista. Considerar as consequências das várias soluções alternativas resultará, em geral, em uma recomendação final mais bem planejada e complexa.

Fazer Recomendações

O objetivo básico da análise de caso é encontrar soluções. Nossa análise ainda não estará completa até termos recomendado um curso de ação. Nessa fase a tarefa é fazer um conjunto de recomendações apoiada pela análise. É preciso descrever com exatidão o que precisa ser feito. Explicar por que esse curso de ação resolverá o problema. A recomendação também deve incluir sugestões da melhor maneira de implementar a solução proposta porque as ações recomendadas e suas consequências sobre o desempenho e o futuro da empresa estão inter-relacionadas.

Convém frisar que a solução proposta deve resolver o problema que identificamos. Esse ponto não pode ser subestimado; com frequência, os alunos fazem recomendações que tratam apenas os sintomas ou deixam de lidar com os problemas principais do caso. É necessário desenvolver um argumento lógico que mostre como o problema levou à análise e a análise levou às recomendações que estamos propondo. Nunca é demais lembrar que uma análise não é um fim em si mesmo; ela é útil apenas se resultar em uma solução.

As ações propostas devem descrever os próximos passos que a companhia precisa tomar. Não devemos dizer, por exemplo: "Se a companhia fizer mais pesquisa de mercado, então recomendaria o seguinte curso de ação…". Antes, devemos fazer com que a pesquisa se torne parte da recomendação. Aprofundando esse exemplo, se também queremos sugerir ações subsequentes que podem ser diferentes *dependendo* dos resultados das pesquisas de mercado, tudo bem. Entretanto, as recomendações iniciais não devem ser condicionais, sobre coisas que a companhia pode ou não fazer.

Em resumo, a análise de caso pode ser um processo muito recompensador, mas, como podemos imaginar, também pode ser frustrante e desafiadora. Se seguirmos os passos descritos, lidaremos com os diferentes elementos de uma análise de caso. Trata-se de um método capaz de dar uma base sólida à nossa análise. Assim, mesmo que haja diferenças de opinião sobre como interpretar os fatos, analisar a situação ou resolver os problemas, podemos nos sentir confiantes de que não pulamos nenhum estágio importante no processo de encontrar o melhor curso de ação.

É praxe solicitar aos estudantes apresentações orais da informação de um caso e sua análise das melhores soluções. Isso costuma ser feito como um projeto de grupo. Ou talvez um aluno seja designado para apresentar suas ideias para a turma sobre as circunstâncias e soluções para um caso que a equipe está analisando. A Figura 13.2 nos dá algumas dicas de como preparar uma apresentação oral de caso.

FIGURA 13.2 Como Preparar uma Apresentação Oral de Caso

Regra	Descrição
Organize seus pensamentos.	Comece por se familiarizar com o material. Se estiver trabalhando com uma equipe, compare suas anotações sobre os pontos principais do caso e compartilhe pontos de vista com os que outros membros da equipe possam ter tido a partir de tabelas e anexos. Então faça um esboço. Essa é uma das melhores maneiras de organizar o fluxo e conteúdo da apresentação.

Enfatize a análise estratégica.	O objetivo da análise de caso é diagnosticar problemas e encontrar soluções. No processo, talvez haja a necessidade de retrabalhar o material do caso apresentado e reconfigurá-lo de um modo que possa ser analisado de modo mais eficaz. Apresente o material de maneira que ele resulte na análise — não repita simplesmente qual é o caso. Isso envolve três grandes categorias com a seguinte ênfase:
	
	    Histórico/Declaração do Problema — 10–20%
	    Análise Estratégica/Opções — 60–75%
	    Recomendações/Plano de Ação — 10–20%
	
	Como se pode ver, a ênfase de sua apresentação deve estar na análise. Isso provavelmente vai exigir a reorganização do material para que os instrumentos de análise estratégica sejam usados.

Seja lógico e consistente.	Uma apresentação desconexa e difícil de acompanhar pode confundir o ouvinte e deixar de resultar em uma boa discussão. Seus argumentos e explicações devem ser apresentados em sequência lógica. Apoie suas alegações com fatos. Inclua uma análise financeira quando for apropriado. Certifique-se de que as soluções que recomendar solucionem os problemas que tenha identificado.
Defenda sua posição.	Em geral, uma apresentação oral é seguida por uma discussão de classe. Antecipe aquilo de que outros poderão discordar e esteja preparado para defender seu ponto de vista. Isso pode significar estar ciente das escolhas que fez e das consequências de suas recomendações. Seja claro sobre os pressupostos em que se baseou. Consiga expandir sua análise.
Compartilhe as responsabilidades da apresentação.	Em geral, as análises de caso de administração estratégica são conduzidas por equipes. Cada membro da equipe deve ter um papel claro na apresentação, de preferência um papel oral. Também é importante coordenar as diferentes partes da apresentação oral de uma maneira lógica e fluente em seu todo. Quão bem a equipe trabalhou em conjunto costuma ficar claro durante uma apresentação oral.

PA13.4 Como tirar o máximo proveito da análise de caso.

Como Tirar o Máximo de Proveito da Análise de Caso

Um dos motivos da análise de caso ser tão enriquecedora como um instrumento de aprendizagem é que ela se baseia em muitos recursos e habilidades que vão além do material didático. Isso é verdade, em especial, no estudo da estratégia. Por quê? Porque a administração estratégica em si é uma tarefa extremamente integrativa que se baseia em muitas áreas de especialização de vários níveis, do individual a toda a sociedade. Portanto, para aproveitar ao máximo a análise de casos, expanda seus horizontes além dos conceitos deste livro e procure por ideias em seu próprio cabedal de conhecimento. Eis algumas dicas de como fazer isso:[9]

- *Mantenha a mente aberta.* Como qualquer boa discussão, uma análise de caso evoca fortes opiniões e fortes emoções. Mas são as diversas perspectivas que tornam o caso tão valioso: variados pontos de vista com frequência resultam em uma análise mais completa. Assim, devemos evitar deixar que uma resposta emocional ao estilo ou opinião de uma outra pessoa nos impeça de ouvir o que ela está dizendo. Depois de avaliar, podemos discordar dela ou definir seu argumento como não convincente. A menos que mantenhamos a mente aberta, corre-se o risco de não dar a devida importância à contribuição da outra pessoa. Além disso, as pessoas costumam dar mais valor às opiniões daqueles que consideram ser bons ouvintes.

- *Defenda aquilo em que acredita.* Embora seja importante manter a mente aberta, também é importante declarar nosso ponto de vista de maneira proativa. Não devemos tentar descobrir o que nossos amigos ou professores querem ouvir. Devemos analisar o caso da perspectiva de nosso próprio histórico e sistema de crenças. Por exemplo, talvez sintamos que uma decisão seja antiética ou que os gerentes de um caso tenham interpretado mal os fatos. Não se deve ter receio de declarar isso em uma discussão. Quando uma pessoa defende sua posição, ela encoraja outras a avaliar as questões mais de perto. Isso pode resultar em uma investigação mais plena e em debates mais significativos.
- *Baseie-se em sua experiência pessoal.* Talvez tenhamos experiências do trabalho ou como consumidor que lancem luz sobre algumas das questões de um caso. Não obstante um dos objetivos da análise de caso seja aplicar os instrumentos analíticos deste livro, sempre é possível enriquecer a discussão utilizando as próprias experiências e bagagem de vida. Obviamente, é imprescindível precaver-se de ir a extremos. Em outras palavras, não se deve imaginar que perspectiva pessoal seja o único ponto de vista que importa! Basta, simplesmente, reconhecer que uma experiência em primeira mão costuma representar uma contribuição muito bem-vinda à qualidade geral das discussões de caso.
- *Participe e persuada.* Se você é americano, já deve ter ouvido a expressão: "Vote cedo… e frequentemente". Entre os membros leais de certos partidos políticos, nos Estados Unidos, isso se tornou uma piada. Por quê? Porque o sistema democrático americano, no qual o voto não é obrigatório, se baseia no conceito de uma pessoa, um voto. Mesmo que alguns eleitores quisessem votar mais vezes para eleger seu candidato, não poderiam, uma vez que isso é vetado pela legislação eleitoral. Esse não é o caso de uma discussão. As pessoas que são persuasivas e falam o que têm em mente podem, muitas vezes, influenciar o ponto de vista de outros. Porém, para fazer isso, precisamos estar preparados e ser convincentes. Ser persuasivo significa mais do que falar alto ou bastante. Envolve entender todos os lados de um argumento e poder superar as objeções à nossa visão do problema. Esses esforços podem tornar uma discussão mais viva. Há, aí, um paralelo com o que acontece no mundo real: nos negócios, as pessoas compartilham suas opiniões com frequência e tentam persuadir outras a ver as coisas do seu jeito.
- *Seja conciso e direto.* No item anterior, fomos encorajados a falar e "vender" nossas ideias a outros em uma discussão de caso. Mas o que estamos vendendo deve ser claro. É necessário argumentar de uma maneira explícita e direta, identificar os pontos importantes e ser breve. E não tentar falar de muitos pontos simultaneamente, alternando entre os tópicos. Deve-se procurar expor toda a situação do caso de uma só vez. Lembre-se: os outros alunos se ressentem de colegas que falam e falam, abusando do tempo, ou que se repetem desnecessariamente. A melhor maneira de evitar isso é se manter focalizado e objetivo.
- *Pense criativamente.* Tudo bem provocarmos um pouco; às vezes, essa é a consequência de se defender uma questão. Mas pode ser igualmente importante ser imaginativo e criativo ao fazer uma recomendação ou ao determinar como implementar uma solução. Albert Einstein disse certa vez: "A imaginação é mais importante do que o conhecimento". O motivo disso é que a administração estratégica exige mais do que memorizar conceitos. As ideias da administração estratégica devem ser aplicadas em cada caso diferente — apenas conhecer os princípios não basta. A imaginação e o pensamento criativo nos ajudam a aplicar o conhecimento estratégico de modos novos e originais.
- *Aprenda com os insights dos outros.* Antes de decidirmos alguma coisa sobre um caso, convém ouvir o que os outros alunos têm a dizer. É válido obter uma segunda opinião, uma terceira, e assim por diante. Obviamente, em uma situação em que somos obrigados a colocar nossa análise no papel, talvez não possamos aprender de outros antes. Mas em uma discussão de caso, devemos observar como os outros alunos atacam as questões e procuram resolver os problemas. Tais habilidades de

observação também podem ser a chave para obter respostas do caso. Por exemplo, as pessoas tendem a acreditar em autoridades, de modo que dão mais valor ao que o CEO da companhia diz. Em alguns casos, porém, as declarações dos gerentes de médio escalão podem representar um ponto de vista que é ainda mais útil para encontrar uma solução aos problemas que se apresentam.

- *Aplique os insights de outras análises de caso.* Usamos exemplos, no livro inteiro, de negócios reais para ilustrar os conceitos estratégicos. O objetivo foi mostrar como as empresas pensam e lidam com problemas de negócios. Durante o curso, você talvez tenha realizado várias análises de caso como parte de sua experiência de aprendizado. Uma vez que algumas análises de caso tenham sido realizadas, você verá como os conceitos deste livro se aplicam nas situações de negócios da vida real. Aplique os insights dos exemplos deste livro e suas próprias discussões de caso anteriores em cada novo caso que analisar.

- *Analise criticamente seu próprio desempenho.* As avaliações de desempenho são um elemento padrão de muitas situações do local de trabalho. Elas são usadas para determinar promoções, aumentos e designações de trabalho. Em algumas organizações, todos, desde os grandes executivos até o membro mais baixo da hierarquia, são avaliados. Mesmo em situações em que o dono ou presidente não é avaliado por outros, eles acham útil se perguntar regularmente: "Estou sendo eficaz?". O mesmo se aplica a nosso desempenho em uma situação de análise de caso. Pergunte-se: "Meus comentários foram úteis? Dei uma boa contribuição? Como posso melhorar da próxima vez?". Use consigo mesmo o mesmo critério que usa para avaliar outros. Que nota se daria? Essa técnica não apenas nos tornará mais justos em nossa avaliação dos outros, mas também indicará como melhorar nosso desempenho.

- *Faça pesquisas externas.* Muitas vezes, podemos aumentar nosso entendimento de uma situação de caso investigando fontes além do material do caso. Por exemplo, talvez queiramos estudar um determinado setor de atividade mais de perto ou pesquisar os concorrentes mais próximos de uma companhia. Ações recentes, como fusões e aquisições, ou apresentações de produtos, podem ser apresentados na imprensa de negócios. A companhia em si pode fornecer informações úteis em seu site ou relatórios anuais. Tal informação pode estimular discussões adicionais e enriquecer a análise de caso. (*Cuidado*: é melhor consultar o professor primeiro para se certificar de que essa pesquisa adicional é encorajada. Trazer pesquisa externa pode entrar em conflito com os objetivos didáticos do professor.)

Vários dos pontos sugeridos sobre como tirar o máximo de proveito da análise de caso se aplicam apenas à discussão aberta de um caso, como em uma sala de aula. A Figura 13.3 fornece orientações adicionais úteis para preparar e formalizar uma análise de caso.

Técnicas Úteis de Tomada de Decisão na Análise de Caso

PA13.5
Como as técnicas de indução ao conflito e de integração podem resultar em decisões melhores.

As demandas dos líderes de negócios atuais exigem que eles realizem várias funções. O sucesso de suas organizações costuma depender de como eles, como indivíduos — e como parte de grupos —, atendem aos desafios e cumprem promessas. Nesta seção falaremos sobre duas técnicas diferentes que podem ajudar os gestores a tomar boas decisões e, por sua vez, permitir que as organizações obtenham um desempenho melhor.

Primeiro discutiremos o pensamento integrativo, uma técnica que ajuda os gerentes a tomar decisões melhores ao lidar com demandas conflitantes envolvendo recursos, múltiplas contingências e várias oportunidades. Depois falaremos sobre a advocacia do diabo e o inquérito dialético. Esses dois métodos de tomada de decisão referem-se ao uso eficaz do conflito no processo de tomada de decisão.

FIGURA 13.3 Como Preparar e Formalizar uma Análise de Caso

Regra	Descrição
Seja meticuloso.	Muitas das ideias apresentadas na Figura 13.2 sobre as apresentações orais também se aplicam à análise de caso feita por escrito. Entretanto, uma análise formalizada costuma ser mais completa. Isso significa escrever uma declaração do problema e articular os pressupostos. Também é importante dar embasamento aos argumentos e fazer referências aos materiais do caso e outros fatos de modo mais específico.
Coordene os esforços da equipe.	Em geral, os casos escritos são preparados por grupos pequenos. Em um grupo, assim como em uma discussão de classe, podemos discordar do diagnóstico ou do plano de ação recomendado. Isso pode ser muito saudável se resultar em uma compreensão mais rica dos elementos do caso. Mas antes de colocar nossas ideias no papel, devemos nos certificar de coordenar as respostas. Não é admissível preparar uma análise escrita que pareça contraditória ou um remendo de pensamentos desconexos.
Evite repetir o óbvio.	Não há razão alguma para citar novamente um material que todos já conhecem, ou seja, o conteúdo do caso. É muito fácil para os alunos usar o espaço para a análise escrita como uma recapitulação dos detalhes do caso — o que não significa praticamente nada. Devemos nos concentrar nos pontos principais e repetir apenas as informações mais importantes da análise.
Apresente a informação graficamente.	Tabelas, gráficos e outras formas de exibição costumam ser a melhor maneira de apresentar materiais que apoiam nossos argumentos. Por exemplo, cálculos financeiros, como análise do ponto de equilíbrio, de sensibilidade ou do retorno sobre o investimento são mais bem representados graficamente. Mesmo informações qualitativas, como listas de produtos ou de empregados, podem ser resumidas e adequadamente visualizadas em uma tabela ou gráfico.
Exerça o controle de qualidade.	Ao formalizar uma análise de caso, é especialmente importante respeitar a gramática, não cometer erros de ortografia e digitação, e outras distrações visuais. Os erros passíveis de serem disfarçados em uma apresentação oral ou discussão de classe costumam ganhar destaque quando aparecem escritos. Devemos fazer com que nossa apresentação seja a mais profissional possível, e não permitir que a aparência do caso por escrito impeça o leitor de reconhecer a importância e a qualidade de nossa análise.

Os desafios com que os líderes atuais se deparam exigem deles o enfrentamento de várias forças de oposição. Como a seção anterior indicou, manter a consistência com a cultura, visão e projeto organizacional da companhia pode ser difícil, em especial se esses três elementos não estão alinhados.

Como um líder toma boas decisões estratégicas diante de várias contingências e diversas oportunidades? Um estudo recente de Roger L. Martin revela que executivos que têm uma habilidade conhecida como **pensamento integrativo** estão entre os líderes mais eficazes. Em seu livro *The Opposable Mind*, Martin defende que as pessoas que podem considerar duas ideias conflitantes simultaneamente, sem dispensar uma delas ou se sentir incapazes de reconciliá-las, tornam-se, em geral, os melhores solucionadores de problemas graças à sua habilidade de sintetizar de modo criativo pensamentos opostos. Ao explicar a fonte do título de sua obra (algo como "A Mente Oponível"), Martin cita F. Scott Fitzgerald, que observou: "O teste de uma inteligência de primeira ordem é a habilidade de reunir duas ideias opostas na mente ao mesmo tempo e, ainda assim, reter a habilidade de funcionar. Alguém deveria, por exemplo, ser capaz de ver que uma situação é irremediável, mas, ainda assim, estar determinado a encontrar uma alternativa".[10]

Em contraste com o pensamento convencional, que tende a se concentrar em fazer escolhas entre ideias que competem uma com a outra a partir de um conjunto limitado de alternativas, o pensamento integrativo é um processo pelo qual as pessoas reconciliam pensamentos opostos identificando soluções criativas que proporcionem mais opções e novas alternativas.

pensamento integrativo
um processo de reconciliar pensamentos opostos pode gerar novas alternativas e soluções criativas em vez de rejeitar uma em favor de outra.

FIGURA 13.4 Pensamento Integrativo: O Processo de Pensar e Decidir

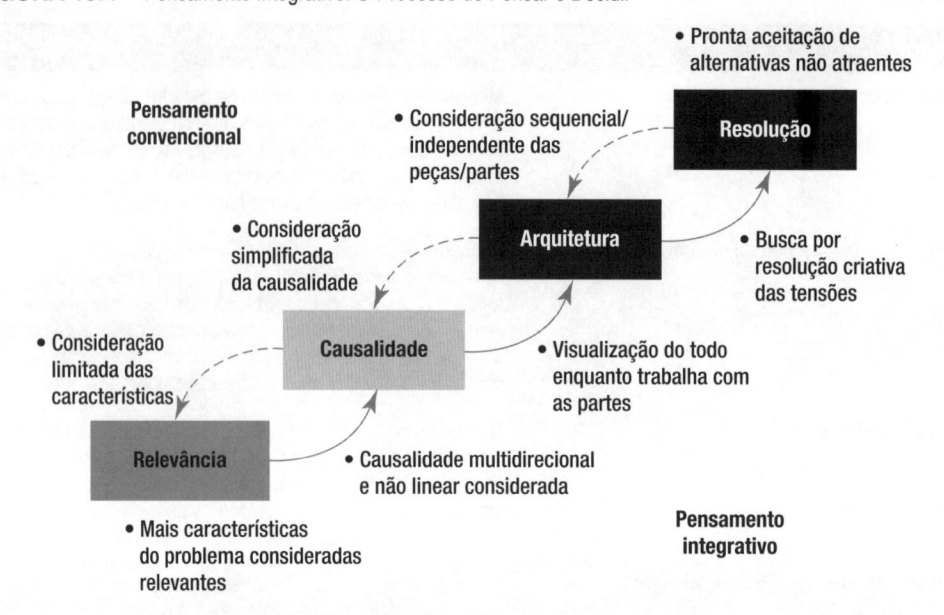

- Pronta aceitação de alternativas não atraentes

Pensamento convencional

- Consideração sequencial/independente das peças/partes

Resolução

- Consideração simplificada da causalidade

Arquitetura

- Busca por resolução criativa das tensões

- Consideração limitada das características

Causalidade

- Visualização do todo enquanto trabalha com as partes

Relevância

- Causalidade multidirecional e não linear considerada

Pensamento integrativo

- Mais características do problema consideradas relevantes

Fonte: Reimpresso com a permissão da Harvard Business School Press de R. L. Martin. *The Opposable Mind*, 2007. Direitos autorais 2007 pela Harvard Business School Publishing Corporation; todos os direitos reservados.

A Figura 13.4 descreve os quatro estágios do pensamento integrativo e os processos de decisão. Martin usa o exemplo admitidamente simples de decidir onde passar as férias para ilustrar os estágios:

- *Relevância* — Escolha quais características da decisão considera pertinentes e importantes. Por exemplo: Aonde irá? O que verá? Onde ficará? Quanto vai custar? É seguro? Outras características podem ser menos importantes, mas tente pensar em tudo que possa importar.
- *Causalidade* — Faça um mapa mental das relações causais entre as características, ou seja, como as várias características estão relacionadas umas com as outras. Por exemplo: vale a pena convidar amigos para dividir as despesas? Um destino exótico será menos seguro?
- *Arquitetura* — Use o mapa mental para organizar uma sequência de decisões que terão um resultado específico. Por exemplo: fará os arranjos de hotel e voo primeiro ou se concentrará em quais locais de turismo estarão disponíveis? Nenhuma decisão é certa ou errada, mas considerar várias decisões simultaneamente pode levar a uma decisão melhor.
- *Resolução* — Faça sua seleção. Por exemplo: escolha o destino, qual voo, e assim por diante. Sua resolução final vincula-se à avaliação dos primeiros estágios; se não estiver satisfeito com suas escolhas, as setas tracejadas no diagrama (Figura 13.4) sugerem que é possível voltar no processo e reavaliar seus pressupostos.

Aplicado aos negócios, o método de pensamento integrativo permite que os tomadores de decisão considerem as situações não como mutuamente exclusivas — aumentar os custos ou investir mais; satisfazer os acionistas ou agradar a comunidade —, mas cujas oposições são passíveis de serem sintetizadas através de soluções criativas. A chave é pensar em termos de "ambos", em vez de "ou um, ou outro". Martin diz: "O pensamento integrativo nos mostra que há uma maneira de integrar as vantagens de uma solução sem cancelar as vantagens de uma solução alternativa".

DESTAQUES DE ESTRATÉGIA 13.3

O PENSAMENTO INTEGRATIVO NA RED HAT, INC.

Como uma desenvolvedora de software ganha dinheiro oferecendo softwares de graça? Esse era o dilema que o fundador da Red Hat, Bob Young, estava enfrentando nos primeiros dias de seu movimento por software de código aberto. Um desenvolvedor finlandês chamado Linus Torvals, usando o software gratuito UNIX, havia desenvolvido um sistema operacional chamado de "Linux", que estava circulando amplamente na comunidade freeware. O software foi projetado especificamente para ser uma alternativa aos onerosos sistemas comercializados pela Microsoft e a Oracle. Para usar o software proprietário, as corporações tinham que pagar grandes taxas de instalação e eram obrigadas a ligar para os engenheiros da Microsoft ou da Oracle para consertá-los quando alguma coisa estava errada. Do ponto de vista de Young, este era um modelo de negócio falho e insustentável.

Mas o modelo gratuito também era falho. Embora várias companhias tenham surgido para ajudar as empresas a usar o Linux, havia poucas oportunidades de lucrar com isso. Young disse: "Não era possível ganhar dinheiro vendendo o sistema operacional [Linux] porque ele era complemente gratuito, e se alguém começasse a cobrar por ele, outra pessoa viria e baixaria o preço. Tratava-se de uma commodity na mais verdadeira acepção do termo". Para complicar o assunto, centenas de desenvolvedores eram parte de uma comunidade de softwares que estava constantemente modificando e removendo os defeitos do Linux — a um índice equivalente a três atualizações diárias. Como resultado, os administradores do sistema nas corporações que tentaram adotar o software gastavam tanto tempo acompanhando as atualizações que já não estava compensando a economia proveniente do software livre.

Young viu o apelo de ambos os métodos, mas também percebeu que havia a necessidade de um novo modelo. Ao contemplar o dilema, notou uma característica relevante até então negligenciada — visto que a maioria das corporações precisava conviver com decisões de software por, pelo menos, dez anos, elas, quase sempre, tinham de escolher fazer negócios com o líder no setor. Young se deu conta de que precisava posicionar a Red Hat como a maior fornecedora de Linux. Para fazer isso, propôs uma solução radical: fornecer uma versão oficial do Linux e apresentá-lo de uma nova maneira — por download, em vez de CD. Ele contratou programadores para criar uma versão que poderia ser baixada — ainda gratuita — e prometeu, em essência, manter a qualidade (por uma taxa, obviamente), lidando com todos os programadores de fonte aberta que estavam continuamente sugerindo mudanças. No processo, desenvolveu um produto em que as companhias poderiam confiar e lucrou ao estabelecer uma relação de serviço contínuo com seus clientes. A versão de Linux da Red Hat se tornou, de fato, padrão. Até o ano 2000, o Linux estava instalado em 25% dos sistemas de servidores operacionais, e a Red Hat detinha mais de 50% do mercado mundial dos sistemas Linux.

Ao reconhecer que uma síntese dos dois modelos de negócios falhos poderia resultar no melhor de dois mundos, Young exibiu traços do pensamento integrativo. Ele identificou as relações causais entre as características relevantes do mercado e o caminho da prosperidade para a Red Hat. Então formulou um método que integrou aspectos dos outros dois em uma nova alternativa. Por estar determinado a fornecer uma versão de download gratuita, Young também assumiu a responsabilidade de criar seu próprio caminho para o sucesso. A compensação foi substancial: quando a Red Hat abriu o capital em 1999, Young se tornou um bilionário no primeiro dia de trabalho. Em fevereiro de 2011, a Red Hat faturava mais de $850 milhões e seu valor de mercado alcançava quase $9 bilhões.

Fonte: Martin, R. L. 2007. *The Opposable Mind*. Boston: Harvard Business School Press; e *finance.yahoo.com*.

Ainda que Martin tenha descoberto que o pensamento integrativo seja natural para algumas pessoas, ele também acredita que possa ser ensinado. Mas trata-se de algo que pode ser difícil de aprender, em parte porque exige que as pessoas *desaprendam* padrões antigos e se conscientizem em como pensar. No caso dos executivos dispostos a examinar mais profundamente seu modo de pensar, o pensamento integrativo pode ser desenvolvido e se tornar uma habilidade valiosa. Destaques de Estratégia 13.3 nos mostra como o cofundador da Red Hat Inc., Bob Young, fez com que sua companhia se tornasse uma líder de mercado ao usar o pensamento integrativo para resolver um grande problema no campo do software de código aberto.

Técnicas que Induzem ao Conflito

Agora vamos falar sobre algumas técnicas que costumam aprimorar uma análise de caso e que envolvem o uso construtivo do conflito. Na sala de aula — bem como no mundo dos negócios —, com frequência estamos analisando casos ou resolvendo problemas em grupo. Em que pese a palavra *conflito* ter uma conotação negativa (p. ex., comportamento rude, afrontas pessoais), pode ser muito útil para chegar a uma solução melhor de casos. Ele pode ser um meio eficaz de obter novas ideias e questionar e analisar rigorosamente as suposições e alternativas estratégicas. De fato, se não houver um conflito construtivo, haverá apenas um consenso. Quando isso acontece, as decisões tendem a ser baseadas em compromisso, em vez de em colaboração.

É provável que em suas aulas de comportamento organizacional você já tenha aprendido o conceito de "pensamento coletivo" (em inglês, *groupthink*).[11] Esse termo foi criado por Irving Janis depois de ter conduzido vários estudos sobre a tomada de decisão executiva, e se trata de uma condição na qual os membros do grupo tentam chegar a um acordo ou consenso sem considerar outras alternativas viáveis realisticamente. De fato, as normas do grupo reforçam o moral às custas do pensamento criativo, e a tomada de decisão é prejudicada.[12]

Muitos de nós fomos, provavelmente, "vítimas" do pensamento coletivo uma vez ou outra na vida. Talvez tenhamos nos confrontado com situações nas quais pressões sociais, políticas ou o "não querer se destacar" talvez tenham nos restringido de expressar nossas preocupações sobre certo curso de ação escolhido. Entretanto, a tomada de decisão em grupos é prática comum na administração de muitas empresas. Muitas companhias, em especial as grandes, dependem das informações de vários altos executivos para fornecer informação valiosa e experiência em sua área de especialidade tanto quanto de suas perspectivas únicas. As organizações precisam desenvolver culturas e sistemas de recompensa que encorajem as pessoas a expressar suas opiniões e dialogar abertamente. O conflito construtivo pode ser muito útil no sentido de enfatizar a necessidade de os gestores considerarem os pontos de vista alheios e não apenas se tornarem grandes defensores das posições de sua preferência.

O Capítulo 11 enfatizou a importância de delegar poder às pessoas de todos os níveis para participarem nos processos de tomada de decisão. Afinal, muitos de nós experienciamos situações em que não há uma correlação perfeita entre a posição funcional ou hierárquica de alguém e a viabilidade de suas ideias! Nos termos deste curso, a análise de caso envolve um tipo de tomada de decisão que é, frequentemente, conduzida em grupos. Destaques de Estratégia 13.4 fornece orientações para utilizar métodos baseados em equipes para tornar a análise de caso mais eficaz.

Obviamente, entender como trabalhar em grupo e os possíveis problemas associados com os processos de decisão em grupo podem beneficiar o processo de análise de caso. Portanto, vejamos alguns dos sintomas do pensamento coletivo e algumas sugestões de como evitá-lo. Depois sugerimos algumas técnicas de tomada de decisão que induzem ao conflito — a advocacia do diabo e o inquérito dialético — que podem evitar o pensamento coletivo e resultar em melhores decisões.

Sintomas do Pensamento Coletivo e Como Evitá-lo Irving Janis identificou vários sintomas do pensamento coletivo, incluindo:

- *Uma ilusão de invulnerabilidade.* Isso tranquiliza as pessoas quanto a possíveis perigos e resulta em excesso de otimismo e negligência em atentar para os alertas de perigo.
- *Acreditar na inerente moralidade do grupo.* Como as pessoas pensam que estão fazendo o que é certo, tendem a ignorar as consequências éticas ou morais de suas decisões.
- *Visões estereotipadas a respeito de membros de grupos oposicionistas.* Os membros de outros grupos são vistos como fracos e pouco inteligentes.
- *A aplicação de pressão sobre os membros que expressam dúvidas sobre as ilusões compartilhadas do grupo ou questionam a validade dos argumentos propostos.*
- *A prática da autocensura.* Os membros permanecem em silêncio quanto a seus pontos de vista opostos e minimizam o valor de suas próprias perspectivas.
- *Uma ilusão de unanimidade.* As pessoas concluem que os julgamentos expressos pelos membros são compartilhados entre todos.
- *A existência de guardiões da mente.* As pessoas, às vezes, se designam como guardiões da mente para proteger o grupo de informações adversas que poderiam acabar com o clima de consenso (ou concordância).

DESTAQUES DE ESTRATÉGIA 13.4

COMO TORNAR AS EQUIPES DE ANÁLISE DE CASO MAIS EFICAZES

Trabalhar em equipes pode ser muito desafiador. Nem todos os membros da equipe têm as mesmas habilidades, interesses ou motivações. Alguns só querem terminar o trabalho. Outros veem as equipes como uma oportunidade de se socializar. Ocasionalmente, haverá participantes que acham que eles deveriam estar no comando e tomar todas as decisões; outros têm aproveitadores — membros que não querem fazer nada exceto receber crédito pelo trabalho de equipe.

Uma das consequências desses muitos estilos é que as reuniões das equipes podem ser um desperdício de tempo. Desacordos sobre como proceder, como compartilhar o trabalho ou o que fazer na próxima reunião tendem a atrasar as equipes e impedir seu progresso em direção ao alvo. Não obstante a dinâmica das equipes de análise de caso possam ser quase sempre desafiadoras, dependendo da personalidade dos envolvidos, algo que quase todos os membros percebem é que, no fim das contas, o trabalho da equipe deve ser realizado. A maioria também deseja fazer um trabalho da melhor qualidade possível. As orientações a seguir fornecem algumas ideias úteis sobre como realizar o trabalho de uma equipe mais eficazmente.

Passar Mais Tempo Juntos

Um dos fatores que evitam que as equipes façam um bom trabalho com a análise de caso é deixar de usar o tempo necessário. A menos que a equipe se concentre nas questões relacionadas com a análise de caso — tanto no caso em si quanto na organização de como o trabalho deve ser realizado — o resultado final será, provavelmente, deficiente, porque as decisões que são tomadas rápido demais dificilmente chegarão à raiz do(s) problema(s) do caso. "As reuniões devem ser encaradas como um recurso precioso, mas são tratadas como um mal necessário", diz Kenneth Sole, um consultor especializado no comportamento organizacional. Como resultado, as equipes que se importam mais em completar do que em fazer uma boa análise costumam adotar decisões ruins.

Portanto, devemos esperar ter algumas reuniões que se estenderão, em especial no início do projeto, quando o trabalho está sendo esquematizado e suas questões estão sendo organizadas e, de novo, no fim, quando a equipe deve coordenar os componentes da análise de caso que serão apresentados. Não compartilhar esse período de tempo resultará em dúvidas quanto à abrangência da análise, e a apresentação, provavelmente, será intermitente e incompleta.

Organizar uma Agenda Focalizada e Disciplinada

Para completar as tarefas e evitar perder tempo, as reuniões devem ter um objetivo claro. Para fazer isso na Roche, a fabricante suíça de medicamentos, seu presidente, Franz Humer, implementou uma "agenda de decisões". Essa agenda se concentra apenas nas questões de maior valor da Roche, e as discussões são limitadas a esses tópicos. Em termos de análise de caso, os grandes tópicos incluem a organização das questões do caso, a relação de elementos do caso com as questões estratégicas apresentadas na aula ou no material didático, e a designação de papéis para os vários membros da equipe. Tais objetivos ajudam a manter os participantes no caminho certo.

As agendas também podem ser usadas para resolver questões como a linha do tempo para concluir o trabalho. De outra forma, o objetivo das reuniões pode ser apenas administrar as "crises" e acabar a análise de caso dentro do prazo. Uma solução é designar um membro da equipe para administrar a agenda. Essa pessoa deve se certificar de que a equipe se concentre nas tarefas em mãos e permaneça ciente das restrições de tempo. Outro papel poderia ser o de relacionar os esforços da equipe com os passos apresentados nas figuras 13.2 e 13.3 sobre como preparar uma análise de caso.

Prestar Mais Atenção à Estratégia

Em geral, as equipes gastam muito tempo se concentrando em aspectos que não são importantes para um caso. Isso pode incluir detalhes que são interessantes, mas irrelevantes, ou questões operacionais, em vez de estratégicas. É verdade que boas dicas para as questões do caso são encontradas, às vezes, em meio às conversas dos gerentes principais ou nas tendências evidentes de uma demonstração financeira. Mas depois que tais insights vêm à luz, as equipes precisam se concentrar nos problemas estratégicos subjacentes do caso. Para resolver esses problemas, as grandes corporações, como a Cadbury Schweppes e a Boeing, realizam reuniões apenas para gerar alternativas estratégicas para resolver seus problemas. Isso dá aos gestores tempo para considerar as implicações dos vários cursos de ação. Reuniões separadas são realizadas para avaliar as alternativas, tomar decisões estratégicas e aprovar um plano de ação.

Uma vez identificadas as soluções estratégicas ou "correções de curso" — como é comum na maioria dos casos designados —, as consequências operacionais e os detalhes da implementação fluirão das decisões estratégicas que as companhias tomam. Portanto, concentrar-se primariamente nas questões estratégicas dará às equipes ideias para fazer recomendações baseadas em uma compreensão mais profunda das questões do caso.

Produzir Decisões Reais

Nas reuniões costuma haver mais discussão do que decisão. Em geral, as equipes passam boa parte do tempo falando sem chegar a conclusão alguma. Raymond Sanchez, presidente do Security Mortgage Group da Flórida, diz que as reuniões são realizadas mais para "confirmar uma discussão que já foi discutida". Para serem eficientes e produtivas, as reuniões de equipes precisam ser mais do que compartilhar informações ou dar ideias. Por exemplo, uma reunião inicial pode resultar na equipe perceber que precisa estudar o caso mais profundamente e examinar os aspectos ligados às questões estratégicas com mais cuidado. Uma vez que a análise é iniciada, a equipe precisa chegar a um consenso para que as decisões tomadas perdurem após o término da reunião. Decisões duradouras são mais úteis porque liberam os membros da equipe para tomarem os passos seguintes.

Uma técnica indicada nesse processo é fazer uma síntese de cinco minutos ao final de cada reunião realizada. De acordo com Pamela Schindler, diretora do Center for Applied Management da Wittenberg University, é importante pensar nas consequências da reunião antes de terminá-la. "A grande alegria da síntese é perceber de quantas reuniões não se precisa mais", ela diz.

(continua)

(continuação)

Tais orientações não são úteis apenas para ajudar as equipes a concluir seu trabalho, mas também ajudam a resolver algumas das dificuldades que costumam enfrentar. Por envolver cada membro, usar uma agenda de reuniões e se concentrar nas questões estratégicas vitais para quase todos os casos, a discussão será limitada e o critério para tomar decisões será mais claro. Isso permite que a tarefa domine, e não a personalidade de alguém. E se a equipe terminar o trabalho mais rapidamente, sobrará mais tempo para se concentrar em outros projetos ou dar os retoques finais em uma apresentação de análise de caso.

Fontes: Mankins, M. C. 2004. Stop Wasting Valuable Time. *Harvard Business Review*, setembro: 58–65; e Sauer, P. J. 2004. Escape from Meeting Hell. *Inc. Magazine*, maio, www.inc.com.

O pensamento coletivo é, com certeza, um fenômeno indesejado e negativo que pode resultar em más decisões. Irving Janis o considera como um dos principais componentes de decisões ruins, como a preparação equivocada para o ataque de Pearl Harbor, o aumento de escala da guerra do Vietnã e a falta de previdência quanto às consequências da invasão do Iraque. Muitos dos mesmos tipos de decisões ruins aconteceram nas organizações de negócios. Janis deu várias sugestões para evitar o pensamento coletivo que podem ser usadas como orientações valiosas nas tomadas de decisão e na resolução de problemas:

- Os líderes devem encorajar os membros do grupo a expressar suas preocupações e objetivos.
- Quando os executivos de alto escalão designam um problema para um grupo resolver, devem adotar uma posição imparcial, e não mencionar suas preferências.
- Antes de um grupo chegar a uma decisão final, o líder deve encorajar os membros a discutir suas deliberações com colegas de trabalho de confiança e comunicar o resultado dessas conversas com o grupo.
- O grupo deve convidar peritos externos e encorajá-los a desafiar os pontos de vista e posições do grupo.
- O grupo deve ser subdividido, ter várias reuniões com dirigentes diferentes e, então, se reunir novamente para resolver suas diferenças.
- Depois de chegar a um acordo preliminar, o grupo deve ter uma reunião de "repescagem", um encontro que proporciona a todos uma nova e derradeira oportunidade para expressar quaisquer preocupações remanescentes e repensar a questão antes de tomar uma decisão final.

O Uso do Conflito para Aprimorar a Tomada de Decisão Além das sugestões anteriores, o uso eficaz do conflito pode ser um meio de melhorar a tomada de decisão. Embora o conflito possa ter resultados negativos, como má vontade, raiva, tensão e diminuição de motivação, tanto os líderes como os componentes do grupo devem tentar assegurar que ele esteja sendo administrado corretamente e usado de forma maneira construtiva.

Dois métodos de tomada de decisão que induzem ao conflito que se tornaram bem populares são a *advocacia do diabo* e o *inquérito dialético*. Ambos os métodos incorporam o conflito no processo de tomada de decisão por meio do debate formal. Um grupo encarregado de tomar uma decisão ou de resolver um problema é dividido em dois subgrupos, e cada um estará envolvido com a análise e solução.

Com a **advocacia do diabo**, um dos grupos (ou indivíduos) age como um crítico do plano. O advogado do diabo tenta levantar problemas com a alternativa proposta e sugere as razões pelas quais não deveria ser adotada. O papel do advogado do diabo é criar dis-

---

advocacia do diabo
um método de introduzir o conflito em um processo de tomada de decisão designando indivíduos específicos ou grupos agindo como críticos de uma análise ou solução planejada.

sonância. Isso assegura que o grupo dará uma olhada mais profunda em sua proposta ou alternativa original. Ao ter um grupo (ou pessoa) designado para o papel de advogado do diabo, ficará mais claro que tal posição adversária é legítima. Ela gera críticas que poderiam, de outra forma, não ser feitas.

Alguns autores sugeriram que o uso de um advogado do diabo pode ser muito útil para ajudar o conselho de administração a se assegurar de que as decisões são abordadas de modo abrangente, evitando o pensamento coletivo.[13] Charles Elson, um diretor da Sunbeam Corporation, argumentou que:

> Os advogados do diabo são fantásticos em qualquer situação porque nos ajudam a entender que as decisões têm numerosas implicações [...] Quanto mais pensamos nas consequências antes de tomar uma decisão, melhor será o resultado dessa decisão. É por isso que o advogado do diabo é sempre uma boa pessoa, irritante às vezes, mas uma boa pessoa.

Como era de se esperar, pode haver alguns problemas em se usar o método do advogado do diabo. Se a visão de uma pessoa é constantemente criticada, ela pode ficar desmoralizada. Assim, essa pessoa pode dar apenas "soluções seguras" para minimizar a vergonha ou o risco pessoal e se tornar menos sujeita a críticas. Além disso, mesmo que o advogado do diabo consiga encontrar problemas com o curso de ação proposto, pode não haver novas ideias ou contrapropostas para serem colocadas no lugar. Assim, esse método pode, às vezes, se concentrar apenas no que está errado, sem sugerir novas ideias.

O **inquérito dialético** tenta realizar os objetivos do advogado do diabo de uma maneira mais construtiva. Trata-se de uma técnica na qual um problema é abordado de dois pontos de vista alternativos. A ideia é que a partir da crítica de perspectivas opostas — uma tese e uma antítese — ocorrerá uma síntese criativa. O inquérito dialético envolve os seguintes passos:

1. Identificar uma proposta e a informação que foi usada para chegar até ela.
2. Declarar as suposições subjacentes da proposta.
3. Identificar um contraplano (antítese) que se acredite ser factível, politicamente viável e crível. No entanto, ele deve se basear em suposições que são opostas às da proposta original.
4. Iniciar um debate no qual os indivíduos arregimentam argumentos e apoios a cada um dos planos.
5. Identificar uma síntese que, espera-se, inclua os melhores componentes de cada alternativa.

Há algumas possíveis desvantagens associadas com o inquérito dialético. Ele pode consumir muito tempo e envolver muito treinamento. Ademais, pode resultar em uma série de concessões entre a proposta inicial e o contraplano. Em casos em que a proposta original era o melhor método, isso seria ruim.

Apesar de algumas possíveis limitações associadas a essas técnicas de tomada de decisão que induzem ao conflito, ambas proporcionam vários benefícios. As duas técnicas forçam o debate sobre pressupostos, informações e recomendações subjacentes entre os subgrupos. Tais debates tendem a evitar a aceitação sem crítica de um plano que pode ser visto como satisfatório em virtude de uma análise superficial. A abordagem serve para recorrer ao conhecimento e perspectivas dos membros do grupo e continua até que todos os participantes do grupo concordem com as suposições e ações recomendadas. Visto que ambos os métodos servem para usar, em vez de minimizar ou suprimir, o conflito, decisões de maior qualidade serão tomadas. A Figura 13.5 resume brevemente essas técnicas.

> **inquérito dialético**
> um método de introduzir conflito no processo de tomada de decisão elaborando (e debatendo os méritos) propostas diferentes que são factíveis, politicamente viáveis e dignas de confiança, mas derivam de pressupostos diferentes.

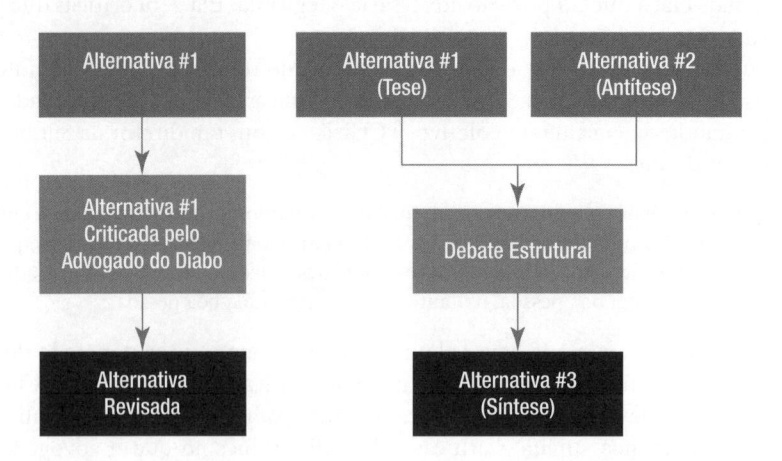

FIGURA 13.5 Dois Processos de Tomada de Decisão que Induzem ao Conflito

```
Alternativa #1                    Alternativa #1      Alternativa #2
                                    (Tese)              (Antítese)
     │                                  │                    │
     ▼                                  └────────┬───────────┘
Alternativa #1                                   ▼
Criticada pelo                           Debate Estrutural
Advogado do Diabo
     │                                           │
     ▼                                           ▼
 Alternativa                              Alternativa #3
  Revisada                                  (Síntese)
```

PA13.6
Como usar os insights estratégicos e o material de cada um dos doze capítulos anteriores deste livro para analisar questões propostas pelos casos de administração estratégica.

O Acompanhamento do Ciclo de Análise/Decisão/Ação na Análise de Caso

No Capítulo 1 definimos administração estratégica como a análise, decisões e ações que as organizações realizam para criar e sustentar vantagens competitivas. Essa sequência de palavras não é acidental, porque corresponde à ordem de eventos que costumam ocorrer no processo de administração estratégica. Na análise de caso, como no mundo real, esse ciclo de eventos pode fornecer uma base útil. Primeiro, uma análise de caso nos termos do ambiente de negócios e eventos atuais é uma necessidade. Para fazer tal análise, o histórico do caso deve ser considerado. Em seguida, com base na análise, são tomadas as decisões. Isso pode envolver a formulação de uma estratégia, a escolha entre opções difíceis, adiantar-se agressivamente, ou recuar de uma situação ruim. Há muitas possíveis decisões, dependendo da situação. Por fim, uma ação é exigida. Depois que as decisões são tomadas e os planos são feitos, a ação começa. Os passos de ação recomendados e as consequências da implementação dessas ações são o estágio final.

Cada um dos doze capítulos anteriores deste livro inclui técnicas e informações que podem ser úteis em uma análise de caso. Contudo, nem todas as questões apresentadas serão importantes em cada caso. Como vimos antes, um dos desafios da análise de caso é identificar os pontos mais críticos em meio a um material que pode ser ambíguo ou não importante.

Esta seção fundamenta-se no material apresentado em cada um dos doze capítulos anteriores para mostrar como ele se enquadra no processo de análise de caso. As ideias estão relacionadas sequencialmente e em termos de uma perspectiva estratégica abrangente. Um dos trabalhos ao se conduzir uma análise de caso é ver como as partes se relacionam e como as ideias de um estudo de estratégia podem nos ajudar a entender uma determinada situação.

1. *Análise dos alvos e objetivos organizacionais.* A visão, missão e os objetivos de uma companhia mantêm os membros da organização focados em um alvo em comum. Eles também influenciam como uma organização aloca seus recursos, se relaciona com seus acionistas e ajusta seus objetivos de curto prazo com os de longo prazo. Os objetivos podem até influenciar como uma companhia formula e implementa suas estratégias. Ao explorar as questões dos alvos e objetivos, podemos nos perguntar:

    - A companhia desenvolveu objetivos de curto prazo que são inconsistentes com sua missão de longo prazo? Em caso positivo, como a gerência pode realinhar sua visão, missão e objetivos?
    - A companhia considerou todos seus stakeholders por igual ao tomar decisões críticas? Em caso negativo, as visões de todos os stakeholders não deveriam ser tratadas como iguais, ou alguns deles são mais importantes do que outros?

- A companhia está enfrentando uma questão que entra em conflito com uma de suas políticas de longa duração? Se a resposta for afirmativa, como ela poderia comparar suas políticas existentes com a possível nova situação?

2. *Análise do ambiente externo.* O ambiente do negócio tem dois componentes. O macroambiente consiste das condições demográficas, socioculturais, políticas/legais, tecnológicas, econômicas e globais. O ambiente competitivo inclui rivais, fornecedores, clientes e outros fatores que podem afetar diretamente o sucesso de uma companhia. Os gerentes estratégicos devem monitorar o ambiente para identificar as oportunidades e ameaças que podem ter um impacto sobre o desempenho. Ao investigarmos o ambiente externo de uma empresa, podemos nos perguntar:

   - A companhia segue as tendências e eventos do macroambiente? Se não, como essas influências podem fazer parte do processo de análise estratégico da companhia?
   - A companhia está examinando e monitorando o ambiente competitivo? Se estiver, como ela está usando a inteligência competitiva que está reunindo para aprimorar sua vantagem competitiva?
   - A companhia analisou corretamente o impacto das forças competitivas em seu setor de atividade em termos de rentabilidade? Se for o caso, como ela pode aprimorar sua posição competitiva em relação a essas forças?

3. *Análise do ambiente interno.* O ambiente interno de uma empresa consiste de seus recursos e de outras habilidades de acréscimo de valor. A análise da cadeia de valor e um método baseado nos recursos podem ser usados para identificar os pontos fortes e fracos da companhia e determinar como eles estão contribuindo para suas vantagens competitivas. A avaliação do desempenho da empresa também pode ajudar a fazer comparações significativas com os concorrentes. Ao fazer a análise interna de uma companhia, podemos nos perguntar:

   - A empresa sabe como os vários componentes de sua cadeia de valor estão acrescentando valor à empresa? Se não, que análise interna é necessária para determinar seus pontos fortes e fracos?
   - A companhia analisou com precisão a fonte e vitalidade de seus recursos? Se sim, ela está usando seus recursos de um modo que contribua para as vantagens competitivas?
   - O desempenho financeiro da companhia é tão bom ou melhor do que os dos seus concorrentes mais próximos? Se a resposta for afirmativa, ela equilibrou seu sucesso financeiro com o critério de desempenho de outros stakeholders, como clientes e empregados?

4. *Avaliação dos ativos intelectuais de uma empresa.* O capital humano é um importante recurso na economia de conhecimento atual. Como resultado, atrair, desenvolver e reter os empregados talentosos é um dos principais desafios estratégicos. Outros recursos, como patentes e marcas comerciais, também são fundamentais. Como as companhias alavancam seus recursos intelectuais por meio das redes sociais e alianças estratégicas, e como a tecnologia é usada para administrar o conhecimento, isso pode exercer uma grande influência sobre a vantagem competitiva de uma empresa. Ao analisar os recursos intelectuais de uma empresa, podemos nos perguntar:

   - A companhia tem subutilizado o capital humano? Se for essa a situação, que passos são necessários para desenvolver e alavancar os recursos intelectuais?
   - A empresa está perdendo oportunidades de forjar alianças estratégicas? Em caso positivo, como ela pode usar seu capital social para criar uma rede de relacionamentos mais eficaz?
   - A companhia desenvolveu sistemas de administração de conhecimento que incorporam o que aprendem? Se não, que tecnologias podem ser usadas para reter o novo conhecimento?

5. *Formulação de estratégias de negócios.* As empresas usam as estratégias competitivas de diferenciação, foco e liderança de custo geral como uma base para superar as cinco forças competitivas e desenvolver vantagens competitivas sustentáveis. Combinações dessas estratégias podem funcionar melhor em alguns ambientes competitivos. Além disso, o ciclo de vida setorial é uma contingência importante que pode afetar a escolha, por uma companhia, das estratégias de nível empresarial. Ao avaliar tais estratégias, podemos nos perguntar:

    - A companhia escolheu a estratégia competitiva correta tendo em vista o ambiente setorial e a situação da concorrência? Se não, como ela deveria usar seus pontos fortes e recursos para melhorar o desempenho?
    - A companhia usa a combinação de estratégias de modo eficaz? Se for o caso, que habilidades ela pode cultivar para aumentar a rentabilidade no futuro?
    - A companhia está usando uma estratégia que é apropriada para o ciclo de vida do setor em que ela está competindo? Caso contrário, como ela pode se realinhar para enquadrar seus esforços no estágio atual do crescimento do setor?

6. *Formulação de estratégias corporativas.* As grandes empresas costumam possuir e administrar portfólios de negócios. As estratégias corporativas são voltadas à busca de sinergias entre tais negócios. As técnicas de diversificação relacionadas e não relacionadas são métodos alternativos para decidir que negócios devem ser acrescentados ou removidos do portfólio. As companhias podem diversificar por meio de fusões, aquisições, joint ventures, alianças estratégicas e desenvolvimento interno. Ao analisar as estratégias de nível corporativo, podemos nos perguntar:

    - Considerando as oportunidades e ameaças presentes no ambiente, a companhia está competindo nos negócios certos? Se não, como ela pode realinhar sua estratégia de diversificação para obter vantagens competitivas?
    - A corporação está administrando seu conjunto de negócios de um modo que crie sinergias entre eles? Se a resposta for sim, que negócios adicionais ela deve considerar acrescentar ao seu portfólio?
    - Os motivos dos grandes gerentes corporativos, que estão forçando as estratégias de diversificação, são apropriados? Se não, que ação pode ser tomada para lidar com suas atividades ou alinhá-las com os melhores interesses de todos os stakeholders?

7. *Formulação de estratégias de nível internacional.* Os mercados estrangeiros são uma fonte tanto de oportunidades como de possíveis perigos para as companhias que desejam expandir-se internacionalmente. Para decidir qual estratégia de entrada é mais apropriada, as companhias devem avaliar o equilíbrio entre os dois fatores com os quais as empresas se deparam ao entrar em mercados estrangeiros: a redução de custo e a adaptação local. Para obter vantagens competitivas, as empresas costumam escolher uma dentre três estratégias: a global, a multidoméstica ou a transnacional. Ao avaliar as estratégias de nível internacional, podemos nos perguntar:

    - A entrada da companhia no mercado internacional é ameaçada por ações dos concorrentes locais? Se sim, como as diferenças culturais podem ser minimizadas para aumentar as chances de a empresa ser bem-sucedida?
    - A companhia fez as escolhas apropriadas entre redução de custo e adaptação local aos mercados estrangeiros? Se não, como ela pode ajustar sua estratégia para obter vantagens competitivas?
    - A empresa pode melhorar sua eficácia adotando uma estratégia internacional em detrimento de outra? Em caso afirmativo, que critério ela deve usar para escolher entre uma estratégia global, multidoméstica ou transnacional?

8. *Formulação de estratégias empreendedoras.* Os novos investimentos de risco criam serviços e mais riqueza. Para isso, é preciso identificar uma oportunidade viável no mercado, bem como reunir recursos e montar uma equipe empreendedora para explorá-la. Os novos investidores, geralmente, causam uma forte resposta competitiva das empresas já existentes em certo mercado. Ao examinar o papel do

pensamento estratégico para o sucesso dos empreendimentos de risco e o papel das dinâmicas competitivas, podemos nos perguntar:

- A companhia está empenhada em um processo contínuo de reconhecimento de oportunidades? Se não, como ela pode aprimorar sua habilidade de reconhecer as oportunidades?
- Os empreendedores que estão lançando novos investimentos de risco têm visão, dedicação e senso de direção e um comprometimento com a excelência? Se sim, como eles afetaram o desempenho e a dedicação de outros empregados envolvidos no investimento?
- Os princípios estratégicos foram usados no processo de desenvolvimento das estratégias para aproveitar a oportunidade empreendedora? Se não, como o investimento pode usar instrumentos como a análise das cinco forças e da cadeia de valor para melhorar sua posição competitiva e desempenho?

9. *Obtenção de controle estratégico eficaz.* Os controles estratégicos fazem com que uma empresa implemente as estratégias de modo eficaz. Os controles informacionais envolvem a comparação do desempenho com os alvos declarados e com a exploração, monitoração e responsabilidade com o ambiente. Os controles comportamentais surgem da cultura da companhia, dos sistemas de recompensa e dos limites organizacionais. Ao avaliar o impacto dos controles estratégicos sobre a implementação, podemos nos perguntar:

    - A companhia está aplicando os sistemas de controle informacionais apropriados? Caso contrário, como ela pode implementar um método mais interativo para melhorar o aprendizado e minimizar os tempos de resposta?
    - A corporação tem uma cultura forte e eficaz? Se não tem, que passos ela pode dar para alinhar seus valores e sistema de recompensas com seus alvos e objetivos?
    - A empresa implementou sistemas de controle que se amoldam às suas estratégias? Se a resposta for sim, que passos adicionais podem ser dados para aprimorar o desempenho?

10. *Criação de designs organizacionais eficazes.* Os designs organizacionais que estão alinhados com as estratégias competitivas podem aperfeiçoar o desempenho. À medida que as companhias crescem e mudam, suas estruturas também devem evoluir para satisfazer às novas demandas. Na economia atual, as fronteiras organizacionais devem ser flexíveis e permeáveis para facilitar interações mais suaves com participantes externos, como clientes, fornecedores e parceiros de alianças. Novas formas de organização estão se tornando mais comuns. Ao avaliar o papel da estrutura organizacional com a implementação estratégica, podemos nos perguntar:

    - A companhia implementou as estruturas organizacionais apropriadas para o tipo de negócio em que ela atua? Se não, como ela pode alterar seu design para aumentar a competitividade?
    - A empresa está usando projetos organizacionais sem fronteiras quando apropriados? Se sim, como os gerentes sêniores estão mantendo o controle sobre seus empregados de menor nível?
    - A companhia usa a terceirização para obter os melhores resultados possíveis? Se não, que critério ela deve usar para decidir que funções podem ser terceirizadas?

11. *Criação de uma organização ética e de aprendizado.* Uma liderança forte é essencial para obter vantagens competitivas. Dois papéis da liderança são especialmente importantes. O primeiro é a criação de uma organização de aprendizado pela obtenção de talentos e pelo encorajamento do desenvolvimento de novos conhecimentos. O segundo é que os líderes têm um papel vital na motivação dos empregados para a excelência e inspiração do comportamento ético. Ao explorar o impacto da liderança estratégica eficaz, podemos nos perguntar:

    - Os líderes promovem a excelência como parte da cultura geral? Em caso positivo, como isso influenciou o desempenho da empresa e das pessoas?

- A companhia está compromissada em ser uma organização de aprendizado? Se não, o que ela pode fazer para capitalizar os talentos individuais e coletivos dos membros da organização?
- Os líderes da companhia mostraram uma atitude ética em seu próprio comportamento? Se não, como seu comportamento influenciou as ações de outros empregados?

12. **Fomentar o empreendedorismo corporativo.** Muitas empresas buscam, recorrentemente, novas oportunidades de crescimento e novos meios para a renovação estratégica. Em algumas corporações, as unidades autônomas de trabalho, como incubadores de negócios e os grupos de novos investimentos de risco, são usadas para enfocar as atividades de investimento corporativo de risco. Em outras corporações, os defensores de produtos e outros membros da empresa proporcionam à companhia o ímpeto para expandir em novas áreas. Ao investigar o impacto do empreendedorismo sobre a eficácia estratégica, podemos nos perguntar:

- A companhia resolveu os dilemas associados com a administração da inovação? Se sim, a definição é eficaz e ela dá andamento aos esforços de inovação?
- A corporação desenvolveu unidades autônomas de trabalho que têm liberdade para apresentar novas ideias de produtos? Em caso afirmativo, ela usou os defensores de produto para implementar as novas iniciativas de investimento de risco?
- A empresa tem uma orientação empreendedora? Se não, o que ela pode fazer para encorajar atitudes empreendedoras no comportamento estratégico dos membros da organização?

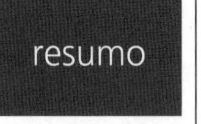

resumo

A análise de caso de administração estratégica fornece um método eficaz de aprender como as companhias analisam problemas, tomam decisões e resolvem desafios. Os casos estratégicos incluem relatórios detalhados sobre a real situação do negócio. O objetivo da análise de caso é a exposição a várias situações organizacionais e administrativas. Quando nos colocamos no lugar do tomador de decisões estratégicas, temos noção da dificuldade e complexidade de muitas situações estratégicas. No processo, podemos aprender como fazer boas perguntas estratégicas e aumentar nossas habilidades analíticas. A apresentação das análises de caso também nos permite ajudar a desenvolver habilidades de comunicação oral e escrita.

Neste capítulo discutimos a importância da análise estratégica de caso e descrevemos os cinco passos envolvidos na condução de uma análise de caso: familiarizar-se com o material, identificar os problemas, analisar questões estratégicas, propor soluções alternativas e fazer recomendações. Também discorremos sobre como aproveitar ao máximo a análise de caso. Por último, demonstramos como o processo da análise de caso segue o ciclo de análise/decisão/ação da administração estratégica e resumimos questões e assuntos associados com cada um dos doze capítulos anteriores deste livro.

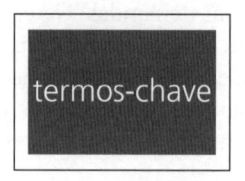

termos-chave

análise de caso 413
análise dos índices financeiros 419
pensamento integrativo 425
advocacia do diabo 430
inquérito dialético 431

referências

1. Bryant, A. 2011. *The corner office.* Nova York: St. Martin's, 15.
2. O material deste capítulo se baseia em várias fontes, incluindo: Barnes, L. A., Nelson, A. J. & Christensen, C. R. 1994. *Teaching and the case method: Text, cases and readings.* Boston: Harvard Business School Press; Guth, W. D. 1985. Central concepts of business unit and corporate strategy. Em W. D. Guth (Ed.). *Handbook of business strategy*: 1–9. Boston: Warren, Gorham & Lamont; Lundberg, C. C. & Enz, C. 1993. A framework for student case preparation. *Case Research Journal*, 13 (Verão): 129–140; e Ronstadt, R. 1980. *The art of case analysis: A guide to the diagnosis of business situations.* Dover, MA: Lord Publishing.
3. Edge, A. G. & Coleman, D. R. 1986. *The guide to case analysis and reporting* (3ª ed.). Honolulu, HI: System Logistics.
4. Morris, E. 1987. Vision and strategy: A focus for the future. *Journal of Business Strategy*, 8: 51–58.
5. Bryant, A. 2011. *The corner office.* Nova York: St. Martin's, 18.
6. Essa seção se baseia em: Lundberg & Enz, op. cit., e Ronstadt, op. cit.
7. A importância da definição do problema é enfatizada em: Mintzberg, H., Raisinghani, D. & Theoret, A. 1976. The structure of "unstructured" decision processes. *Administrative Science Quarterly*, 21(2): 246–275.
8. Drucker, P. F. 1994. The theory of the business. *Harvard Business Review*, 72(5): 95–104.

9. Essa seção se baseia em Edge & Coleman, op. cit.
10. Evans, R. 2007. The either/or dilemma. www.ft.com, 19 de dezembro: np; e Martin, R. L. 2007. *The opposable mind*. Boston: Harvard Business School Press.
11. Irving Janis é creditado por criar o termo *pensamento coletivo*, e ele o aplicou primeiramente a fiascos do governo (como o incidente da Baía dos Porcos de 1961). Veja: Janis, I. L. 1982. *Victims of groupthink* (2ª ed.). Boston: Houghton Mifflin.
12. Boa parte de nossa análise se baseia em: Finkelstein, S. & Mooney, A. C. 2003. Not the usual suspects: How to use board process to make boards better. *Academy of Management Executive*, 17(2): 101–113; Schweiger, D. M., Sandberg, W. R. & Rechner, P. L. 1989. Experiential effects of dialectical inquiry, devil's advocacy, and consensus approaches to strategic decision making. *Academy of Management Journal*, 32(4): 745–772; e Aldag, R. J. & Stearns, T. M. 1987. *Management*. Cincinnati: South-Western Publishing.
13. Finkelstein e Mooney, op. cit.

APÊNDICE 1 DO CAPÍTULO 13

Análise dos Indicadores Financeiros e Patrimoniais*

Demonstrações Contábeis Padronizadas

Algo óbvio que podemos querer fazer com as demonstrações contábeis de uma companhia é compará-las com as de outras companhias similares. Isso, porém, resultaria em um problema imediato. É quase impossível comparar diretamente as demonstrações contábeis de duas companhias devido à diferença de porte.

Por exemplo, a Oracle e a IBM são sérios concorrentes no mercado de software de computadores, mas a IBM é muito maior (em termos de ativos), de modo que fica difícil uma comparação direta. Aliás, é complicado até mesmo comparar as peças contábeis de períodos diferentes de tempo, porque a própria empresa muda de tamanho. Esse tipo de problema se agrava se tentarmos justapor a IBM e, digamos, a SAP (da Alemanha). Se as demonstrações contábeis da SAP forem feitas em euro, teremos, então, uma diferença de tamanho *e* moeda.

Para começar a fazer comparações, um método prático que podemos adotar é padronizar as demonstrações contábeis de alguma maneira. Uma forma muito comum e útil de fazer isso é trabalhar com porcentagens, em vez de cifrões. As informações resultantes são chamadas de *demonstrações contábeis padronizadas*. Vamos considerá-las a seguir.

Balanço Patrimonial Padronizado

Para fácil referência, utilizamos os balanços da Prufrock Corporation de 2012 e 2013 na Figura 13A.1. Nós os padronizamos expressando cada item como uma porcentagem dos ativos totais. Os balanços patrimoniais padronizados da Prufrock de 2012 e 2013 são exibidos na Figura 13A.2.

Perceba que alguns dos totais não batem exatamente em função de arredondamentos. Note também que a soma algébrica das mudanças tem de ser zero e que os números finais devem somar 100%.

Nesse formulário, as informações são relativamente simples de apreender e comparar. Por exemplo, apenas de olhar para os dois balanços da Prufrock, vemos que o Ativo Circulante representava 19,7% do Ativo Total em 2013, contra 19,1% em 2012. O Passivo Circulante recuou de 16% para 15,1% do Passivo Total (ou Ativo Total) no mesmo período. De modo similar, o Patrimônio Líquido subiu de 68,1% para 72,2% entre 2012 e 2013.

Em geral, a liquidez da Prufrock, medida pelo Ativo Circulante com relação ao Passivo Circulante, cresceu de um ano para o outro. Simultaneamente, as dívidas da Prufrock (Passivo Circulante mais Exigível a Longo Prazo) diminuíram como porcentagem do Ativo Total. Podemos ser tentados a concluir que o balanço melhorou.

---

* Este Apêndice é inteiramente adaptado de Rows, S. A., Westerfield, R. W. & Jordan, B. D. 1999. *Essencials of Corporate Finance* (2ª ed.). cap. 3. Nova York: McGraw-Hill.

FIGURA 13A.1
Prufrock Corporation

	2012	2013
Ativo		
Ativo Circulante		
Disponibilidades	$ 84	$ 98
Duplicatas a receber	165	188
Estoques	393	422
Total	$ 642	$ 708
Ativo Não Circulante		
Imobilizado Líquido	$ 2.731	$ 2.880
Ativo Total	$ 3.373	$ 3.588
Passivo		
Passivo Circulante		
Contas a pagar	$ 312	$ 344
Outras Obrigações	231	196
Total	$ 543	$ 540
Exigível a Longo Prazo	$ 531	$ 457
Patrimônio Líquido		
Capital Social	$ 500	$ 550
Lucros Acumulados	1.799	2.041
Total	$ 2.299	$ 2.591
Passivo Total	$ 3.373	$ 3.588

Balanços em 31 de dezembro de 2012 e de 2013 ($ milhões)

Demonstração de Resultados Padronizada

Uma maneira útil de padronizar a demonstração de resultado do exercício, exibida na Figura 13A.3, é expressar cada item como uma porcentagem do total de vendas, como no caso da Prufrock na Figura 13A.4.

Essa demonstração nos mostra o que acontece com cada dólar (ou outra unidade monetária utilizada) nas vendas. No caso da Prufrock, as despesas financeiras incorridas consomem $0,061 de cada $1,00 de vendas e os impostos levam mais $0,081. Após a apuração final, obtém-se um lucro líquido de $0,157 em cada $1,00, do qual é distribuído $0,052 a título de dividendos aos acionistas e retidos $ 0,105 de cada $1,00 de venda no próprio negócio, sob a rubrica Lucros Retidos, que serão acrescidos ao saldo da conta Lucros Acumulados.

Essas porcentagens são muito úteis para fazer comparações. Por exemplo, um número relevante é a porcentagem de custo. No caso da Prufrock, $0,582 de cada $1,00 de vendas são usados para pagar pela compra das mercadorias vendidas. Seria interessante calcular a mesma porcentagem no caso dos principais concorrentes da Prufrock para ver como ela se sai em termos de controle de custo.

Análise de Indicadores

Outra maneira de evitar problemas envolvidos na comparação de companhias de diferentes tamanhos é calcular e comparar os *indicadores financeiros* (uma expressão genérica que engloba aspectos financeiros, mas também econômicos e patrimoniais). Tais índices são meios de comparar e avaliar as relações entre diferentes grupos de informação contábil. A seguir falaremos sobre os índices mais comuns, mas há muitos outros que não serão mencionados aqui.

FIGURA 13A.2
Prufrock Corporation

	2012	2013	Diferença
Ativo			
Ativo Circulante			
Disponibilidades	2,5%	2,7%	+ 0,2%
Duplicatas a receber	4,9	5,2	+ 0,3
Estoques	11,7	11,8	+ 0,1
Total	19,1	19,7	+ 0,6
Ativos Não Circulante			
Imobilizado	80,9	80,3	− 0,6
Ativo Total	100%	100%	0%
Passivo			
Passivo Circulante			
Contas a pagar	9,2%	9,6%	+ 0,4%
Outras Obrigações	6,8	5,5	− 1,3
Total	16,0	15,1	− 0,9
Exigível a Longo Prazo	15,7	12,7	− 3,0
Patrimônio Líquido			
Capital Social	14,8	15,3	+ 0,5
Lucros Acumulados	53,3	56,9	+ 3,6
Total	68,1	72,2	+ 4,1
Passivo Total	100%	100%	0%

Balanços em 31 de Dezembro de 2012 e de 2013 (%)
Nota: Os números podem não somar 100,0% devido ao arredondamento.

FIGURA 13A.3
Prufrock Corporation

Vendas	$ 2.311
Custo das Mercadorias Vendidas	1.344
Depreciação	276
Lucro operacional (*)	$ 691
Despesas Financeiras	141
Lucro Tributável	$ 550
Imposto de Renda (34%)	187
Lucro Líquido	$ 363
Dividendos	$121
Lucros Retidos (para acréscimo aos Lucros Acumulados)	242

Demonstração de Resultados de 2013 ($ em milhões)
* LAJIR (Lucro Antes dos Juros e I.R.)

FIGURA 13A.4
Prufrock Corporation

Vendas	100%
Custo das Mercadorias Vendidas	58,2
Depreciação	11,9
Lucro operacional (*)	29,9
Despesas Financeiras	6,1
Lucro Tributável	23,8
Imposto de Renda (34%)	8,1
Lucro Líquido	15,7%
Dividendos	5,2%
Lucros Retidos (para acréscimo aos Lucros Acumulados)	10,5

Demonstração de Resultados de 2013 (%)

Um dos problemas com os índices é que não é incomum que diferentes pessoas e fontes não calculem-nos da mesma forma, o que resulta em muita confusão. As definições específicas que adotamos aqui podem ou não ser as mesmas que você já tenha visto ou verá por aí. Se utilizarmos índices como um instrumento de análise, devemos ter o cuidado de documentar como calculamos cada um e, se estivermos comparando nossos números com os de outra fonte, devemos nos certificar de saber como são calculados.

Para cada um dos índices aqui mencionados, surgem várias questões:

1. Como eles são calculados?
2. O que se quer medir, e por que devemos nos interessar?
3. Qual é a unidade de medida?
4. O que um valor alto ou baixo pode estar nos dizendo? Como tais valores podem ser enganosos?
5. Como essa medida pode ser aprimorada?

Os índices financeiros costumam ser agrupados nas seguintes categorias:

1. Índices de liquidez a curto prazo (ou de capacidade de pagamentos a curto prazo).
2. Índices de liquidez a longo prazo (ou de alavancagem financeira).
3. Índices de rotação (ou de gestão de ativos).
4. Índices de rentabilidade.
5. Índices de valor de mercado.

Consideraremos cada um desses por sua vez. Ao calcular esses números para a Prufrock, usaremos os valores das demonstrações contábeis (2013) a menos que seja dito o contrário. Os valores para os vários índices vêm das demonstrações de resultados e do balanço patrimonial.

Índices de Liquidez a Curto Prazo (ou de capacidade de pagamentos a curto prazo)

Como o nome sugere, os índices de capacidade de pagamentos a curto prazo, como grupo, devem fornecer informações sobre a liquidez de uma empresa, daí serem amplamente conhecidos como *índices de liquidez*. Sua preocupação primária é a condição da empresa de pagar suas contas de curto prazo sem estresse. Consequentemente, esses índices se concentram nos ativos e passivos circulantes.

Por motivos óbvios, os índices de liquidez são particularmente interessantes para os credores de curto prazo. Visto que os gerentes financeiros estão trabalhando constantemente com bancos e outros credores de curto prazo, a avaliação desses índices é essencial.

Uma vantagem de verificar os ativos e passivos circulantes (também chamados "correntes") é que seus valores escriturais e de mercado serão, provavelmente, similares. Com certa frequência (mas nem sempre), esses direitos e obrigações não têm "vida" longa o suficiente para que ambos se descontrolem seriamente. Por outro lado, podem mudar, e efetivamente mudam com considerável rapidez, de modo que os montantes podem não ser confiáveis para orientar decisões futuras.

Liquidez Corrente Um dos índices mais conhecidos e usados é o de *liquidez corrente*. Como você deve ter adivinhado, ele é definido por:

$$\text{Liquidez Corrente} = \frac{\text{Ativo Circulante}}{\text{Passivo Circulante}}$$

No caso da Prufrock, sua liquidez corrente em 2011 era:

$$\text{Liquidez Corrente} = \frac{\$708}{\$540} = 1{,}31 \text{ vez}$$

Como os direitos e obrigações correntes são, em princípio, convertidos em caixa em até doze meses, o índice de liquidez corrente é uma medida de solvência de curto prazo. Pode-se pensar nele em termos monetários ou de equivalência (tantas vezes). Assim, podemos dizer que a Prufrock teve $1,31 de ativos correntes para cada $1 de passivos correntes, ou que a Prufrock tem suas obrigações cobertas em 1,31 vez.

Para um credor, em especial um credor de curto prazo, como um fornecedor, quanto maior for esse índice, melhor. Para a empresa, apresentar um índice elevado indica liquidez, mas também pode significar um uso ineficaz do caixa e de outros ativos de curto prazo. A não ser em circunstâncias extraordinárias, poderíamos esperar ver um índice de liquidez corrente de no mínimo 1, porque abaixo de 1 implicaria em capital de giro (ativo circulante menos passivo circulante) negativo. Isso não seria comum em uma boa empresa, ao menos para os tipos mais usuais de negócios.

O índice de liquidez corrente, como qualquer índice, é afetado por vários tipos de transações. Por exemplo, suponhamos que a empresa tome empréstimos de reembolso a longo prazo para levantar dinheiro. Essa operação redundaria em um aumento de caixa no curto prazo e um acréscimo das dívidas (exigível) de longo prazo. As obrigações correntes não seriam afetadas, de modo que o índice aumentaria.

Por último, perceba que o que parece ser um índice de liquidez corrente baixo pode não ser um mau sinal para uma companhia que tenha uma grande capacidade de endividamento não utilizada.

Índice de Liquidez Seca O valor escritural do estoque o torna não muito confiável como medida do valor efetivo de mercado, pois sua qualidade não é considerada. Parte dele pode, posteriormente, ser danificada, se tornar obsoleta ou se perder.

Além disso, estoques relativamente grandes costumam ser um sinal de problemas no curto prazo. A empresa pode superestimar as vendas e comprar ou produzir em excesso. Nesse caso, a empresa corre o risco de ter uma parte substancial de sua capacidade de liquidez comprometida por um estoque de rotação lenta.

Para que se possa avaliar melhor a real condição de liquidez, o *índice de liquidez seca* é calculado da mesma forma que o quociente de liquidez corrente, mas omitindo-se do numerador o valor dos estoques:

$$\text{Índice de liquidez seca} = \frac{\text{Ativo Circulante} - \text{Estoque}}{\text{Passivo Circulante}}$$

Note que usar o Disponível (o caixa) para comprar estoque não afeta o índice de liquidez corrente, mas diminui o quociente de liquidez seca. Novamente, a ideia é a de que a liquidez do estoque é relativamente menor em comparação com a do caixa.

No caso da Prufrock, esse índice em 2011 era:

$$\text{Índice de liquidez seca} = \frac{\$708 - 422}{\$540} = 0{,}53 \text{ vez}$$

Aqui o índice de liquidez seca conta uma história diferente em confronto com o índice de liquidez corrente, porque o estoque representa mais da metade do ativo circulante da Prufrock. Para exagerar esse ponto, se esse estoque consistisse de, digamos, usinas nucleares não vendidas, haveria, sem dúvida alguma, sérios motivos para preocupação.

Índice de Liquidez Imediata Um credor de curtíssimo prazo estaria interessado no *índice de liquidez imediata*:

$$\text{Índice de liquidez imediata} = \frac{\text{Disponibilidades}}{\text{Passivo Circulante}}$$

Podemos verificar que tal quociente é de 0,18 vez para a Prufrock.

Índices de Pagamentos de Longo Prazo

Os índices de liquidez a longo prazo indicam a capacidade a longo prazo da empresa de honrar suas obrigações, ou, de modo mais genérico, seu grau de alavancagem financeira. Esses quocientes são, às vezes, chamados de *índices de alavancagem financeira* ou apenas de *índices de alavancagem*. Consideremos três medidas que costumam ser usadas e algumas variações.

Grau de Endividamento Total O grau de endividamento total leva em conta todas as dívidas de todos os credores que estão para vencer. Ele pode ser calculado de vários modos, mas o mais simples é:

$$\text{Grau de endividamento total} = \frac{\text{Passivo Total} - \text{Patrimônio Líquido}}{\text{Ativo Total}}$$

$$= \frac{\$3.588 - 2.591}{\$3.588} = 0{,}28 \text{ vez}$$

Nesse caso, um analista poderia dizer que a Prufrock opera com 28% de dívidas.** Se isso é alto ou baixo, ou se faz alguma diferença, depende da estrutura de capitais.

A Prufrock tem $0,28 em obrigações para cada $1 de ativos. Portanto, há $0,72 ($1 − 0,28) de patrimônio líquido — o mesmo que capital próprio — para cada $0,28 de dívida. Com isto em mente, podemos definir duas variações úteis envolvendo o total de dívidas, o *índice de alavancagem* e o *índice de participação do capital próprio*:

$$\text{Índice de alavancagem} = \text{grau de endividamento total}/\text{Índice de patrimônio líquido}$$
$$= \$.28/\$.72 = 0{,}39 \text{ vez}$$
$$\text{Índice de participação do capital próprio} = \text{Índice do ativo total}/\text{Índice de patrimônio líquido}$$
$$= \$1/\$.72 = 1{,}39 \text{ vez}$$

O fato de que o índice de participação do capital próprio é 1 + o índice de alavancagem não é uma coincidência:

Índice de participação do capital próprio = Índice do ativo total/Índice de patrimônio líquido = $1/$0,72 = 1,39 vez
= (Patrimônio Líquido + Passivo Circulante + Exigível a Longo Prazo)/ Patrimônio Líquido
= 1 + Índice de alavancagem = 1,39 vezes

O que devemos perceber aqui é que, dado um desses três índices, podemos calcular imediatamente os outros dois, de modo que todos eles informam exatamente a mesma coisa.

Índice de Cobertura de Despesas Financeiras Outra medida comum da capacidade de pagamentos a longo prazo é o *índice de cobertura de despesas financeiras* (ICDF), também conhecido por índice de cobertura de juros (pagos e incorridos). Novamente, existem várias definições possíveis (e bem conhecidas), mas ficaremos com a mais tradicional:

$$\text{Índice de cobertura de despesas financeiras} = \frac{\text{Lucro Operacional}}{\text{Despesas Financeiras}}$$

$$= \frac{\$691}{\$141} = 4{,}9 \text{ vezes}$$

Como o nome sugere, esse índice mede quão bem a companhia tem suas obrigações com despesas financeiras cobertas. No caso da Prufrock, essa cobertura chegava a 4,9 vezes.

** O total de patrimônio líquido, aqui, inclui suas ações preferenciais, se houver. Uma fórmula equivalente desse índice seria (Passivo Circulante + Exigível a longo prazo).

Índice de Cobertura de Caixa Um problema com o índice ICDF é que ele não reflete exatamente o grau da capacidade operacional da empresa em cobrir as despesas financeiras incorridas, uma vez que há a dedução da depreciação de bens e equipamentos, a qual não representa uma efetiva saída de caixa, mas um ajuste de ordem econômica. Considerando que as despesas financeiras, do ponto de vista dos credores, são de fato um fluxo de caixa, pode-se definir o *índice de cobertura de caixa* da seguinte forma:

$$\text{Índice de cobertura de caixa} = \frac{\text{Lucro Operacional} + \text{Depreciação}}{\text{Despesas Financeiras}}$$

$$= \frac{\$691 + 276}{\$141} = \frac{\$967}{\$141} = 6,9 \text{ vezes}$$

O numerador da fórmula anterior (Lucro Operacional + Depreciação) costuma ser abreviado como EBITDA (sigla em inglês, e amplamente utilizada entre os analistas). Trata-se de uma medida básica da capacidade da empresa de gerar caixa com suas operações, e é frequentemente utilizada para elaborar o fluxo de caixa disponível para honrar as obrigações financeiras.

Índices de Rotação ou Gestão de Ativos

A seguir voltamos nossa atenção à eficiência com que a Prufrock maneja seus ativos. Para avaliá-la, dispomos dos denominados *índices de rotação (ou gestão) de ativos*. O que eles procuram descrever é quão eficientemente, ou intensamente, uma empresa se vale de seus ativos para gerar vendas. Primeiro veremos dois importantes ativos correntes: o estoque e os valores a receber.

Índice de Rotação do Estoque Durante o ano, a Prufrock teve um custo de mercadorias vendidas de $1.344. O inventário de fim do ano apontou um estoque de mercadorias no valor de $422. Com esses números, a *rotação do estoque* pode ser calculada:

$$\text{Índice de rotação do estoque} = \frac{\text{Custo das mercadorias vendidas}}{\text{Estoque}}$$

$$= \frac{\$1.344}{\$422} = 3,2 \text{ vezes}$$

Esse índice nos diz que, em sentido amplo, vendemos, ou giramos o estoque inteiro 3,2 vezes. Desde que não tenha ocorrido solução de continuidade, ou seja, não houve falta de mercadorias em estoque quando um pedido de compra era recebido, quanto maior o índice, mais eficientemente teremos administrado o estoque.

De posse da informação de que o estoque sofreu uma rotação de 3,2 vezes durante o ano, então podemos descobrir imediatamente quanto tempo demorou para que ele girasse, em média, uma vez. A isso chamamos *giro do estoque em dias*:

$$\text{Giro do estoque em dias} = \frac{365 \text{ dias}}{\text{Rotação do estoque}}$$

$$= \frac{365}{3,2} = 114 \text{ dias}$$

Esse número nos diz que, em média, demorou 114 dias para que o estoque fosse vendido por completo. Uma interpretação alternativa é que, supondo que tenhamos utilizado os estoques e a composição de custos mais recentes, transcorrerão 114 dias para que nosso montante atual de estoque seja comercializado.

Por exemplo, ouvimos, frequentemente, coisas como: "A Majestic Motors tem condições de suprir a demanda de automóveis por 60 dias". Isso significa dizer que, com base nas vendas médias diárias atuais, em 60 dias ela colocaria no mercado todo o estoque disponível. Poderíamos dizer que a Majestic tem dois meses de vendas em estoque.

Índice de Recebimento de Vendas Enquanto o índice de rotação do estoque nos indica quão rapidamente podemos vender os produtos, o índice de recebimento de vendas nos diz em quanto tempo o valor das vendas ingressará em nosso caixa. A fórmula de cálculo é semelhante à da rotação do estoque:

$$\text{Índice de recebimento de vendas} = \frac{\text{Vendas}}{\text{Duplicatas a receber}}$$

$$= \frac{\$2.311}{\$188} = 12,3 \text{ vezes}$$

Simplificando, recebemos nossos valiosos créditos e financiamos novamente as vendas 12,3 vezes durante o ano.***

Esse indicador faz mais sentido se for expresso em dias:

$$\text{Giro das vendas em dias} = \frac{365 \text{ dias}}{\text{Índice de recebimento de vendas}}$$

$$= \frac{365}{12,3} = 30 \text{ dias}$$

Portanto, em média, recebemos nossas vendas a prazo em 30 dias. Por motivos óbvios, esse índice é frequentemente chamado de *prazo médio de recebimento* (PMR).

Perceba também que, se estivermos usando os valores mais recentes, também podemos dizer que temos o valor de 30 dias de vendas a receber.

Giro do Ativo Saindo da área das contas específicas, como estoque ou duplicatas a receber, podemos passar a analisar um índice importante, o *giro do ativo*, também conhecido por *índice de rotação do ativo total*. A fórmula de cálculo é a seguinte:

$$\text{Giro do ativo} = \frac{\text{Vendas}}{\text{Ativo Total}}$$

$$= \frac{\$2.311}{\$3.588} = 64 \text{ vezes}$$

Em outras palavras, e fazendo o devido cálculo, para cada unidade monetária em ativos geramos $0,64 de vendas.

Um índice derivado, o *índice de capital intensivo*, é simplesmente a recíproca (i.e., 1 dividido pelo) do giro do ativo. Ele pode ser interpretado como o investimento em ativos, por unidade monetária, necessário para gerar $1 de vendas. Valores altos correspondem a empreendimentos de capital intensivo (p. ex., serviços públicos de fornecimento de água, eletricidade etc.). No caso da Prufrock, o giro do ativo é de 0,64, cujo inverso, o *índice de capital intensivo da empresa*, é de $1,56, significando que a empresa requer $1,56 de ativos para gerar $1 de vendas.

Índices de Rentabilidade

As três medidas que analisamos nesta seção são, provavelmente, as mais conhecidas e usadas dentre todos os índices financeiros. De uma maneira ou de outra, eles mostram quão eficientemente a empresa utiliza seus ativos e administra suas operações. O foco deste grupo é o resultado líquido (em inglês, *bottom line*).

Margem de Lucro Final As companhias prestam muita atenção à sua *margem de lucro final*:

$$\text{Margem de lucro final} = \frac{\text{Lucro Líquido}}{\text{Vendas}}$$

$$= \frac{\$363}{\$2.311} = 15,7\%$$

Isso nos diz que, em termos contábeis, a Prufrock gera pouco menos de $0,16 de lucro para cada $1,00 em vendas.

*** Nesse caso, concluímos implicitamente que todas as vendas foram feitas a prazo. Se não fosse o caso, então usaríamos o total de vendas a prazo nesses cálculos, e não o total de vendas.

Com tudo o mais constante, uma margem de lucro relativamente elevada é, naturalmente, desejada. Uma situação como essa corresponde a índices de dispêndios baixos em relação às vendas. No entanto, adiantamos que, em geral, outros elementos envolvidos variam.

Por exemplo, diminuir nossos preços de venda costuma resultar em aumento da quantidade de unidades, mas o normal é que isso faça as margens de lucro diminuírem. O lucro total (ou, mais importante, o fluxo de caixa operacional) pode subir ou decrescer; assim, o fato de as margens serem menores não é, necessariamente, um mau sinal. Afinal, não é possível dizer que, como diz o ditado: "Nossos preços são tão baixos que perdemos dinheiro em tudo o que vendemos, mas compensamos na quantidade!"****

Índice de Rentabilidade do Investimento   O *índice de rentabilidade do investimento* (IRI) é uma medida do lucro gerado na aplicação de cada $1,00 de ativos. Ele pode ser definido de várias formas, mas a mais comum é:

$$\text{Índice de rentabilidade do investimento} = \frac{\text{Lucro Líquido}}{\text{Ativo Total}}$$

$$= \frac{\$363}{\$3.588} = 10,12\%$$

Índice de Rentabilidade do Patrimônio Líquido   O *índice de rentabilidade do patrimônio líquido* (IRPL) avalia como os acionistas se saíram durante o ano. Visto que nosso alvo é beneficiar os acionistas, o IRPL é, em termos contábeis, a medida padrão de desempenho. O IRPL costuma ser medido assim:

$$\text{Índice de rentabilidade do patrimônio líquido} = \frac{\text{Lucro Líquido}}{\text{Patrimônio Líquido}}$$

$$= \frac{\$363}{\$2.591} = 14\%$$

Do ponto de vista estritamente contábil, para cada unidade monetária de capital próprio, portanto, a Prufrock gerou $0,14 de lucro.

Como o IRI e o IRPL são métricas citadas com muita frequência, enfatizamos que é importante lembrar que eles são indicadores de retorno. Por esse motivo, essas medidas devem ser apropriadamente denominadas de *retorno sobre o investimento contábil* e *retorno sobre o capital próprio contábil*. Independentemente de como sejam chamados, seria improdutivo comparar seus resultados com, por exemplo, uma taxa de juros vigente nos mercados financeiros.

O fato de que o IRPL excede o IRI reflete a condição de empresa financeiramente alavancada da Prufrock. Examinaremos a relação entres essas duas medidas em mais detalhes a seguir.

Índices de Valor de Mercado

Nosso grupo final de medidas se baseia, em parte, em informações não necessariamente contidas nas demonstrações financeiras — o preço de mercado das ações. Obviamente, essas medidas só podem ser calculadas diretamente no caso de empresas de capital aberto.

Partimos de uma situação em que a Prufrock tem 33 milhões de ações em circulação e que cada ação é vendida por $88 no final do ano. Se lembrarmos que o lucro líquido da Prufrock foi de $363 milhões no exercício de 2013, então podemos calcular que seu lucro por ação (LPA) foi de:

$$\text{LPA} = \frac{\text{Lucro Líquido}}{\text{Ações em circulação}} = \frac{\$363}{33} = \$11$$

Índice de Preço/Lucro   A primeira de nossas medidas de valor de mercado, o *índice de preço/lucro*, ou P/L, é definida por:

$$\text{P/L} = \frac{\text{Cotação da ação}}{\text{Lucro por ação}}$$

$$= \frac{\$88}{\$11} = 8 \text{ vezes}$$

**** Não, isso não é verdade; as margens podem ser pequenas, mas elas precisam ser positivas!

Pode-se dizer que a as ações da Prufrock são vendidas por oito vezes mais do que valem, ou podemos dizer que as ações da Prufrock têm, ou "carregam", um P/L múltiplo de 8. Ou, ainda, que um investidor obteria o retorno do capital aplicado na aquisição após oito anos, caso fosse mantido o lucro por ação verificado no exercício de 2013.

Visto que o índice P/L mede quanto os investidores estão dispostos a pagar por $1,00 de lucro atual, os P/Ls maiores costumam indicar que a empresa tem perspectivas significativas de crescimento. Obviamente, se uma empresa não tem, ou quase não tem, lucros, seu P/L será, provavelmente, muito alto; assim, como sempre, devemos tomar cuidado ao interpretar esse índice.

Valor Patrimonial da Ação Uma segunda medida que costuma ser citada é o *valor patrimonial da ação* (VPA):

$$\text{Valor patrimonial da ação} = \frac{\text{Patrimônio Líquido}}{\text{Ações em Circulação}}$$

$$= \frac{\$88}{(\$2.591/33)} = \frac{\$88}{\$78,5} = 1,12 \text{ vez}$$

Note que o resultado representa o valor de cada ação em termos escriturais. Em outras palavras, ele reflete os números históricos.

A comparação imediata é com o valor da cotação atual ($88). A relação entre esta e o VPA ($78,52) é igual a 1,12 (ou seja, $88 / $78,52), significando que o valor de mercado é superior ao contábil. Valores menores do que 1 poderiam dar a entender que a empresa não tem sido bem-sucedida, em geral, na criação de valor para seus acionistas.

Conclusão

Com isso fica completa nossa definição de alguns índices comumente utilizados. A Figura 13A.5 apresenta os índices que discutimos.

FIGURA 13A.5 Um Resumo dos Cinco Tipos de Índices Financeiros

I. Índices de liquidez a curto prazo

$$\text{Liquidez Corrente} = \frac{\text{Ativo Circulante}}{\text{Passivo Circulante}}$$

$$\text{Liquidez Seca} = \frac{\text{Ativo Circulante} - \text{Estoque}}{\text{Passivo Circulante}}$$

$$\text{Liquidez Imediata} = \frac{\text{Disponibilidades}}{\text{Passivo Circulante}}$$

II. Índices de pagamento de longo prazo

$$\text{Grau de endividamento total} = \frac{\text{Passivo Total} - \text{Patrimônio Líquido}}{\text{Ativo Total}}$$

Índice de alavancagem = grau de endividamento total / Índice de patrimônio líquido

Índice de participação do capital próprio = Índice do ativo total / Índice de patrimônio líquido

$$\text{Índice de cobertura de despesas financeiras} = \frac{\text{Lucro Operacional}}{\text{Despesas Financeiras}}$$

$$\text{Índice de cobertura de caixa} = \frac{\text{Lucro Operacional} + \text{Depreciação}}{\text{Despesas Financeiras}}$$

III. Índice de rotação ou gestão de ativos

$$\text{Índice de rotação de estoque} = \frac{\text{Custo das mercadorias vendidas}}{\text{Estoque}}$$

$$\text{Giro do estoque em dias} = \frac{365 \text{ dias}}{\text{Rotação do Estoque}}$$

$$\text{Índice de recebimento de vendas} = \frac{\text{Vendas}}{\text{Duplicatas a receber}}$$

$$\text{Giro das vendas em dias} = \frac{365 \text{ dias}}{\text{Índice de Recebimento de Vendas}}$$

$$\text{Giro do ativo} = \frac{\text{Vendas}}{\text{Ativo Total}}$$

$$\text{Índice de capital intensivo} = \frac{1}{\text{Giro do Ativo}}$$

IV. Índices de rentabilidade

$$\text{Margem de lucro final} = \frac{\text{Lucro Líquido}}{\text{Vendas}}$$

$$\text{Índice de rentabilidade do investimento (IRI)} = \frac{\text{Lucro Líquido}}{\text{Ativo Total}}$$

$$\text{Índice de rentabilidade do patrimônio líquido (IRPL)} = \frac{\text{Lucro Líquido}}{\text{Patrimônio Líquido}}$$

$$\text{IRPL} = \frac{\text{Lucro Líquido}}{\text{Vendas}} \times \frac{\text{Vendas}}{\text{Ativo Total}} \times \frac{\text{Ativo Total}}{\text{Patrimônio Líquido}}$$

V. Índices de Valor de Mercado

$$\text{Lucro por Ação (LPA)} = \frac{\text{Lucro Líquido}}{\text{Ações em circulação}}$$

$$\text{Índice de preço/lucro (P/L)} = \frac{\text{Cotação da Ação}}{\text{Lucro por Ação}}$$

APÊNDICE 2 DO CAPÍTULO 13

Fontes de Informações sobre Companhias e Setores de Atividade*

Para que os executivos de negócios tomem as melhores decisões ao desenvolver estratégias corporativas, é fundamental que conheçam seus competidores e a área de atuação. O processo pelo qual as corporações aprendem o máximo possível sobre seus concorrentes costuma ser chamado de "inteligência competitiva". Este apêndice fornece uma visão geral de importantes fontes de informação, amplamente disponíveis, que podem ser úteis na formação de inteligência competitiva básica. Muita informação dessa natureza está disponível em bibliotecas, bases de dados de artigos, livros de referência em negócios e em sites da internet. Esta lista recomendará vários desses locais. Peça ajuda a uma bibliotecária porque as coleções e recursos das bibliotecas costumam variar.

As fontes de informação estão organizadas em dez categorias:

Inteligência Competitiva
Companhias de Capital Aberto ou Fechado — Subsidiária ou Divisão — dos EUA ou Estrangeira?
Como Encontrar Informações de Companhias de Capital Aberto
Guias e Tutoriais
Arquivos da SEC/EDGAR (base de dados da U.S. Security and Exchange Commission, agência americana que regula o mercado de valores mobiliários do país) — Relatórios Anuais aos Acionistas das Companhias
Classificação das Companhias
Sites de Negócios
Análise Estratégica e Competitiva — Fontes de Informações
Fontes para Pesquisa e Análise Setorial
Mecanismos de Busca

Inteligência Competitiva

Os alunos e outros pesquisadores que quiserem saber mais sobre o valor e o processo da inteligência competitiva devem ler quatro livros recentes sobre o assunto. Pergunte a uma bibliotecária sobre versões eletrônicas (e-books) dos seguintes títulos:

Michaeli Rainer. *Competitive Intelligence: Competitive Advantage through Analysis of Competition, Markets and Technologies*. Londres: Springer-Verlag, 2012.
John J. McGonagle e Carolyn M. Vella. *Proactive Intelligence: The Successful Executive's Guide to Intelligence*. Londres: Springer-Verlag, 2012.
Hans Hedin, Irmeli Hirvensalo e Markko Vaarnas. *Handbook of Market Intelligence: Understand, Compete and Grow in Global Markets*. Chichester, West Sussex, U.K: John Wiley & Sons, 2011.
Benjamin Gilad. *Early Warning: Using Competitive Intelligence to Anticipate Market Shifts, Control Risk, and Create Powerful Strategies*. Nova York: American Management Association, 2004.

Companhias de Capital Aberto ou Fechado — Subsidiária ou Divisão** — dos EUA ou Estrangeira?

Companhias negociadas na bolsa de valores dos Estados Unidos são obrigadas a emitir vários relatórios com informações detalhadas sobre a empresa. É dada ampla publicidade a esses relatórios, nos quais são encontrados dados valiosos sobre as companhias, diferenciando-as das empresas de capital fechado, que, em geral, não disponibilizam informações mais relevantes. De modo similar, as informações financeiras das subsidiárias e divisões costumam ser

---

* Esta informação foi compilada por Ruthie Brock e Carol Byrne, bibliotecárias de Negócios da The University of Texas, em Arlington. Apreciamos muito sua valiosa contribuição.
** N.E.: No Brasil é obrigatória a apresentação de balanços para todas as sociedades anônimas (S.A.) de capital aberto, todas as S.A. de capital fechado com faturamento superior a R$300 milhões ou ativos superiores a R$240 milhões. Todas as instituições financeiras também são obrigadas a apresentar balanços.

arquivadas em uma demonstração financeira consolidada pela matriz, em vez de ser tratada de modo independente, limitando, em consequência, o acesso público a dados mais completos. As companhias estrangeiras cujas ações são negociadas na bolsa de valores dos EUA devem preencher relatórios similares aos exigidos das companhias americanas, e que são bastante abrangentes. As publicações e sites a seguir fornecem dados gerais sobre as companhias, incluindo se elas são abertas ou não, subsidiárias ou divisões, dos EUA ou estrangeiras:

The Corporative Directory fornece os perfis de mais de 9 mil companhias de capital aberto nos Estados Unidos, incluindo empresas estrangeiras com ações na bolsa de valores dos daquele país (ADRs). Algumas delas aceitam inscrições em uma versão alternativa online no site www.walkerresearch.com

Corporate Affiliations. New Providence, NJ: LexisNexis, 2011.

Essa publicação de oito volumes apresenta breves perfis das maiores corporações dos EUA e estrangeiras, tanto abertas como fechadas, bem como suas subsidiárias, divisões e afiliadas. Mostra, também, a hierarquia das relações corporativas. Uma versão online nos permite obter uma lista das companhias que se enquadram em um critério específico. Os resultados podem ser baixados em uma tabela. A versão online exige uma inscrição, disponível em algumas bibliotecas americanas.

ReferenceUSA. Omaha, NE: Infogroup.Inc.

Trata-se de um banco de dados online de mais de 14 milhões de empresas localizadas nos Estados Unidos. Uma de suas características únicas é que ele inclui companhias abertas e fechadas, grandes e pequenas. Estão disponíveis abas de busca Personalizada e Orientada. Além disso, os resultados podem ser mais bem analisados utilizando o recurso Quick, que acessa um informativo setorial resumido com dados sobre tamanho, localização geográfica etc. Outros módulos de inscrição estão disponíveis para se usar a interface do ReferenceUSA e podem estar disponíveis em algumas bibliotecas.

O *Ward's Business Directory* alista breves perfis de mais de 112 mil companhias e indica se elas são abertas ou fechadas, subsidiárias ou divisões. Dois volumes do conjunto estão organizados segundo o sistema de Classificações Setoriais Padrões (SIC, em inglês) e do Sistema de Classificação Setorial Norte-Americano (NAICS, em inglês), e apresentam a classificação das companhias nas áreas de atividade. Algumas bibliotecas podem oferecer essa publicação de negócios como parte do banco de dados *Gale Directory Library*.

Como Encontrar Informações de Companhias de Capital Aberto[***]

A maioria das empresas disponibiliza seu relatório anual aos acionistas, bem como outros relatórios financeiros no site da corporação. Note que algumas companhias usam uma variação de seu nome no endereço do site, como a Procter & Gamble: *www.pg.com*. Alguns "sites agregadores" também reuniram em um só lugar links convenientes de muitos relatórios de corporações dos EUA ou estrangeiras, ou incluíram todos os informes em um documento PDF como parte de seu banco de dados, embora, em geral, sem a preocupação de torná-los facilmente inteligíveis.

The Public Register Online. Woodstock Valley, CT: Bay Tact Corp.

O *Public Register Online* inclui mais de 5 mil relatórios anuais aos acionistas de companhias de capital aberto e relatórios de organismos oficiais sobre elas para visualização online. São fornecidos links para acesso a relatórios em sites de companhias individuais, arquivos oficiais do site da Securities and Exchange Commission, informações de ações da bolsa de valores da NYSE Euronext, ou alguma combinação dessas fontes. Também é disponibilizado um link para pedidos pessoais de cópias de relatórios anuais impressos.

http://www.annualreportservice.com/

Mergent Online. Nova York: Mergent, Inc.

A Mergent Online é um banco de dados que fornece relatórios de companhias e demonstrações financeiras de companhias abertas dos EUA e estrangeiras. O banco de dados da Mergent tem 25 anos de relatórios trimestrais e anuais que podem ser baixados em tabelas que possibilitam análises evolutivas ano a ano ou entre companhias. Os alunos deveriam analisar com uma bibliotecária a disponibilidade desse banco de dados na biblioteca de sua faculdade ou universidade.

http://mergentonline.com

[***] N.E.: A bolsa de São Paulo (BOVESPA) publica as demonstrações financeiras das empresas de capital aberto (séries longas, em português) em seu site: www.bmfbovespa.com.br/pt_br/produtos/listados-a-vista-e-derivativos/renda-variavel/empresas-listadas.htm

Guias e Tutoriais para Pesquisar Companhias e Setores de Atividade

Researching Companies Online. Debbie Flanagan. Fort Lauderdale. FL.
Esse site fornece um processo passo a passo para encontrar informações gratuitas sobre companhias e setores de atividade na internet.
www.learnwebskills.com/company/

Guide to Financial Statements e *How to Read Annual Reports*. Armonk, NY: IBM
São dois guias educacionais, localizados no site da IBM, que fornecem informações básicas sobre como ler e entender as declarações financeiras e outras informações nos informes oficiais e nos relatórios anuais aos acionistas para as companhias em geral, não apenas para a IBM.
www.ibm.com/investor/help/guide/introduction.wss
www.ibm.com/investor/help/reports/introduction.wss

EDGAR Full-Text Search Frequently Asked Questions (FAQ). Washington DC: U.S. Securities and Exchange Commission
A procura por arquivos integrais da SEC (popularmente conhecidos como arquivos EDGAR) melhorou muito quando a SEC lançou seu formulário de busca no fim de 2006. Suas características são explicadas em sua página de FAQ.
www.sec.gov/edgar/searchedgar/edgarfulltectfaq.htm

Locating Company Information. Tutorial. William e Joan Schreyer Business Library, Penn State University, University Park, PA.
Criada por bibliotecários de Penn State, esse fabuloso tutorial fornece sugestões para recursos online e impressos para as informações das companhias. Clique nos links "how to" de cada item para receber uma breve instrução.
www.libraries.psu.edu/psul/researchguides/business.html

Ten Steps to Industry Intelligence. Tutorial Industrial. George A. Smathers Library, University of Florida, Gainesville, FL.
Fornece um método passo a passo para encontrar informações sobre setores de atividade, com links embutidos para as fontes recomendadas.
http://businesslibrary.uflib.ufl.edu/industryresearch

Conducting Business Research. Esse tutorial fornece um processo passo a passo para a pesquisa de negócios. http://www.lib.utexas.edu/services/instruction/learningmodules/businessresearch/intro.html

(sites listados em inglês)

Arquivos da SEC/EDGAR — Relatórios das Companhias

Os Arquivos da SEC incluem vários relatórios que as companhias abertas arquivam com a Securities and Exchange Commission para disponibilizar informações sobre sua corporação. Eles costumam ser chamados de arquivos "EDGAR", uma sigla para Electronic Data Gathering, Analysis and Retrieval System. Alguns sites e bancos de dados comerciais melhoraram o acesso a esses relatórios oferecendo características de busca adicionais que não são encontradas no site oficial (*www.sec.gov*).

EDGAR Database Full-Text Search. Securities and Exchange Commission (SEC) dos EUA, Washington, DC.
Os relatórios oficiais e outros documentos corporativos exigidos são disponibilizados no banco de dados da SEC e do EDGAR em até 24 horas depois do arquivamento. Os relatórios anuais, por outro lado, costumam ser enviados diretamente para os acionistas e não são exigidos como parte do EDGAR pela SEC, embora algumas companhias voluntariamente os incluam. Tanto os relatórios oficiais como os relatórios anuais aos acionistas são considerados como fontes básicas de informações sobre a companhia.
A SEC oferece uma interface de busca integral do conteúdo e anexos dos arquivos EDGAR da SEC. A busca avançada é recomendada para localizar informações "difíceis de encontrar" em documentos arquivados pelas corporações e seus concorrentes. Também podem ser feitas buscas por tipos específicos de relatórios de certos setores de atividade.
http://searchwww.sec.gov/EDGARFSCliente/jsp/EDGAR_MainAccess.jsp

LexisNexis Academic—SEC Filings & Reports. Bethesda, MD: LexisNexis.
Os arquivos e relatórios de companhias da Securities Exchange Commission estão disponíveis por meio de um banco de dados chamado LexisNexis Academic. Tais relatórios e arquivos podem ser obtidos pelo nome da companhia, pelo código do setor ou pelos símbolos das

ações (abreviaturas com que as ações são conhecidas nas bolsas de valores) negociadas em um determinado período de tempo, ou por um relatório específico. Arquivos de procurações, relatórios oficiais, prospectos e registros também estão disponíveis.

Mergent Online—EDGAR Search, Nova York: Mergent, Inc.

Uma alternativa para o sec.gov, o site da Securities and Exchange Commission, é usar o banco de dados da Mergent Online para procurar arquivos oficiais das empresas. Procure se certificar de que sua biblioteca faz inscrições para o link "EDGAR Search". Em seguida, a busca dos Arquivos do Governo da Mergent nos permite procurar pelo nome de uma companhia, ou várias outras chaves. A pesquisa pode ser limitada por data e por tipo de arquivo SEC. O URL a seguir também deve funcionar se sua biblioteca faz inscrições no banco de dados da Mergent Online.

http://www.mergentonline.com/fillingsearch.php?type=edgar&criteriatype=findall&submitvalues

Classificação das Companhias

Fortune 500. Nova York: Time Inc.

A lista *Fortune 500* e outras classificações de companhias são publicadas na edição impressa da revista *Fortune* e também estão disponíveis online.

http://money.cnn.com/magazines/fortune500/2012/full_list/index.html

Forbes Global 2000. Forbes, Inc.

As companhias listadas em The Forbes Global 2000 são as maiores e mais poderosas do mundo.

http://www.forbes.com/global2000/

Sites de Negócios

Big Charts. São Francisco: MarketWatch, Inc.

O BigCharts é um site de pesquisa de investimento abrangente e fácil de usar que fornece acesso a instrumentos de pesquisa de nível profissional, como tabelas interativas, citações atuais e históricas, análises setoriais e filtros de ações diárias, bem como notícias e comentários do mercado.

O MarketWatch opera o site, um serviço da Dow Jones & Company. Apoiado pelos patrocinadores do site, é gratuito para todos os investidores independentes.

http://bigcharts.marketwatch.com/

GlobalEdge. East Lansing, MI: Michigan State University

O GlobalEdge é um portal da internet que fornece uma quantidade significativa de informações sobre negócios internacionais, países ao redor do globo, estados dos EUA, setores de atividade e notícias.

http://globaledge.msu.edu/

Yahoo Finance. Sunnyvale, CA: Yahoo! Inc.

Esse site contém links com informações sobre os mercados dos EUA e mundiais, fontes de informação, referências financeiras, editoriais de investimento, notícias financeiras e outros sites úteis.

http://finance.yahoo.com

Análise Estratégica e Competitiva — Fontes de Informações[****]

A análise de uma companhia pode assumir a forma de um exame de seu ambiente interno e externo. No processo, seria útil identificar os pontos fortes, os pontos fracos, as oportunidades e as ameaças (SWOT) da companhia. As fontes para esse tipo de análise são variadas, mas talvez o melhor a fazer seria encontrar artigos do *The Wall Street Journal*, de revistas de negócios e de publicações setoriais de comércio. Publicações como essas podem ser encontradas nos bancos de dados citados a seguir, disponíveis em muitas bibliotecas públicas e acadêmicas. Ao usar um bando de dados que tem estrutura para isso, tente procurar pelo nome da companhia em conjunto com uma ou mais palavras-chave, como em "IBM e competição" ou "Microsoft e processos" ou "AMR e custos do combustível" para encontrar artigos que se relacionem com o ambiente externo.

ABI/INFORM Complete. Ann arbor, MI: ProQuest LLC.

O *ABI/INFORM Complete* fornece resumos e artigos integrais que abrangem disciplinas como administração, legislação, tributação, economia, assistência médica e tecnologia da informação

---

[****] N.E.: Há diversos artigos com textos completos, a base scielo (www.scielo.org) oferece textos acadêmicos completos.

de mais de 6.800 publicações acadêmicas, de negócios e de comércio. Outros tipos de recursos incluem relatórios setoriais e de companhias, estudos de casos, relatórios de pesquisas de mercado e uma grande quantidade de informação econômica disponível para download.

Business Insights: Essentials. Farmington Hills, MI: Gale CENGAGE Learning.

O *Business Insights* fornece informações detalhadas de companhias e segmentos de atuação para um grupo de empresas de capital aberto ou não. Os perfis das companhias incluem relações entre a matriz e suas subsidiárias, classificações estatísticas setoriais, produtos e marcas e índices financeiros. Os relatórios das análises SWOT também estão disponíveis. A ferramenta de comparação de Companhias e Setores de Atividade permite que um pesquisador compare faturamentos, empregados e informações de vendas de até seis companhias em um determinado período de tempo. Os resultados estarão disponíveis na forma de imagem, tabela ou planilha.

Business Source Complete, Ipswich, MA: EBSCO Publishing.

O *Business Source Complete* é um banco de dados de textos integrais com mais de 3.800 periódicos acadêmicos de negócios que abrangem administração, economia, finanças, contabilidade, negócios internacionais e muito mais. O banco de dados também inclui perfis detalhados das 10 mil maiores companhias do mundo, bem como uma seleção de relatórios econômicos de países, fornecidos pela Economist Intelligence Unit (EIU). O banco de dados inclui estudos de casos, relatórios de pesquisa de investimentos e de mercado, análises SWOT e muito mais. O *Business Source Complete* contém mais de 2.400 periódicos de negócios revisados.

Thomson ONE Research.

O *Thomson ONE Research* oferece relatórios analíticos integrais de mais de 65 mil companhias do mundo. Os relatórios de pesquisa são excelentes fontes de perfis estratégicos e financeiros de uma empresa e seus concorrentes e das tendências setoriais. Desenvolvido por várias empresas de corretagem, investimentos financeiros e de pesquisa, incluem uma grande quantidade de informações atuais e históricas úteis para avaliar uma companhia ou um setor ao longo do tempo.

International Directory of Company Histories. Detroit, MI: St. James Press, 1988–present. 141 volumes até o momento.

Essa publicação abrange mais de 11 mil companhias multinacionais, e a série ainda está acrescentando volumes. A história de cada companhia constitui-se, aproximadamente, de três a cinco páginas e fornece um resumo da missão, objetivos e ideais das companhias, seguidos pelos seus marcos históricos, principais subsidiárias e concorrentes. As decisões estratégicas feitas durante o período de existência das empresas costumam estar presentes. A série abrange as companhias abertas e fechadas e as entidades sem fins lucrativos. As informações de busca incluem o nome legal das companhias, informações sobre sua sede, URL, data de incorporação, posição na bolsa de valores, valor de mercado e seu código primário do Sistema de Classificação Setorial Norte-Americano (NAICS, em inglês). Outras seleções de leitura completam a informação de busca. O Volume 59, de data atual, está disponível eletronicamente no banco de dados da Gale Virtual Reference Library da Gale CENGAGE Learning.

LexisNexis Academic. Bethesda, MD: LexisNexis.*****

Essa busca avançada fornece acesso a grandes publicações de negócios, transcrições de transmissões e notícias setoriais. As informações abrangem mais de 25 setores de atividade. A seção Companies dá acesso a dossiês e perfis de companhias e aos arquivos SEC. A ferramenta de busca Company Dossier permite que um pesquisador compare as declarações financeiras de até cinco companhias de uma vez, com disponibilização de downloads.

The Wall Street Journal. Nova York: Dow Jones & Co.

O respeitado jornal de negócios está disponível na forma de busca integral desde 1984 com o banco de dados *Factiva*. O link "News Pages" fornece acesso aos artigos atuais e edições do *The Wall Street Journal*. Dow Jones, a editora da versão impressa do *The Wall Street Journal*, também tem uma inscrição online disponível no site wsj.com. Algumas bibliotecas dão acesso ao *The Wall Street Journal* por meio do banco de dados ProQuest Newspapers.

***** N.E.: No Brasil, a Capes disponibiliza o portal periódicos Capes (www.periodicos-capes-gov.br.ez29.periodicos.capes.gov.br), que oferece uma infinidade de artigos, acadêmicos ou não, em diversas línguas, muitos com texto completo. O portal dá acesso a bases de dados científicos gratuitas nacionais e internacionais, e diversas universidades oferecem acesso às bases não gratuitas assinadas pelo portal. O conteúdo gratuito está disponível em www.periodicos.capes.gov.br.

Fontes para Pesquisa e Análise Setorial

Factiva. Nova York: Dow Jones & Co.

O banco de dados *Factiva* contém várias opções de pesquisa setorial. Uma delas seria procurar no banco de dados por artigos em revistas de negócios e em publicações de comércio. Uma segunda opção no *Factiva* seria fazer uma busca na categoria Companies/Markets por relatórios de comparação de companhias/setores.

Mergent Online. Nova Yokr: Mergent Inc.

O *Mergent Online* é um banco de dados onde é possível fazer buscas por mais de 60 mil companhias de capital aberto no mundo. O banco de dados oferece relatórios setoriais mundiais, concorrentes dos EUA e estrangeiros, e informações biográficas de executivos. A opção Basic Search do Mergent permite a busca por códigos primários setoriais (SIC ou NAICS, em inglês). Depois que a busca é feita, as companhias desse segmento são listadas. Uma comparação ou uma análise de grupo padrão pode ser criada para examinar as companhias de uma área de atuação ou sob vários critérios. A Advanced Search permite que o usuário faça uma busca mais ampla por informações financeiras e textuais. Os resultados, incluindo os índices para a empresa e seus concorrentes, podem ser baixados em uma planilha.

North American Industry Classification (NAICS)

O Sistema de Classificação Setorial Norte-Americano (NAICS) substituiu oficialmente a Standard Industrial Classification (SIC) como estrutura numérica usada para definir e analisar setores de atividade econômica, embora algumas publicações e bancos de dados ofereçam ambos os sistemas de classificação. Os códigos NAICS são usados no Canadá, Estados Unidos e México. Nos Estados Unidos, os códigos NAICS são usados na realização de Censos Econômicos a cada cinco anos, fornecendo uma visão da economia dos EUA em certo período do tempo.

NAICS: *www.census.gov/eos/www/naics/*

Censo Econômico: *www.census.gov/econ/census07/*

NetAdvantage. Nova York: S & P Capital IQ.

O banco de dados inclui informações financeiras e de investimento das companhias, bem como uma publicação bem conhecida chamada *Industry Surveys*. Cada relatório setorial inclui informações sobre o ambiente atual, tendências e índices setoriais, estatísticas principais e análises financeiras de comparação entre empresas. Está disponível nos formatos HTML, PDF e Excel.

Business Insights: Essentials. Farmington Hills, MI: Gale CENGAGE Learning.

O *Business Insights* fornece dados trabalhados de companhias e setores para um grupo de companhias abertas e fechadas. Os perfis das empresas incluem relações entre matriz e subsidiárias, classificações e estatísticas setoriais, produtos e marcas e índices financeiros. As seleções dos relatórios das análises SWOT também estão disponíveis. A ferramenta de comparação de Companhias e Setores permite que um pesquisador compare receitas, empregados e informações de vendas de até seis companhias em um determinado período de tempo. Os resultados estão disponíveis em forma de imagem, tabela ou planilha.

Plunkett Research Online. Houston, TX: Plunkett Research, Ltd.

O Plunkett fornece pesquisas de mercado de setores específicos, análises de tendências e dados de negócios para 34 segmentos de atividade.

Mecanismos de Busca

Google. Mountain View, CA: Google, Inc.

Reconhecido por sua tecnologia avançada, qualidade de resultados e simplicidade, o mecanismo de busca Google é altamente recomendado por bibliotecários e outros peritos que usam a internet.

www.google.com

Dogpile. Bellevue, WA: InfoSpace, Inc.

O Dogpile é um mecanismo de metapesquisa que busca e compila os resultados mais relevantes de mais de doze mecanismos de busca individuais.

http://www.dogpile.com/

ÍNDICE DE EMPRESAS

A

ABB; *veja* Asea Brown Boveri
ABC, 300, 381
Accenture, 20, 112, 128, 216–217
Access Health, 128–129
Ace Hardware, 154
Adam's Mark hotels, 147
Adelphia Communications, 202, 365
Adidas, 17
Adobe Systems, 20
ADP Corporation, 279
Aereo, 381
AES, 368
AIG, 181
Airbus, 266
Air Products and Chemicals Inc., 386
  staffing for innovation, 387
Akami Technologies, 120–121
Alberto-Culver, 165
Albertsons, 28, 142
Aldi, 143, 145, 215
Alico, 181
Allegheny International, 41
Alliant Energy of Iowa, 366
Allied Signal, 78
Alpha Natural Resources, 303–304
Amazon, 4, 5, 46, 57, 86, 87, 88, 126, 157, 183, 260–261, 266, 382, 384, 392, 402
  competition with Apple Inc., 269
Amazon Prime, 88
Amazon Web Services, 58
American Business Information, 51
American Productivity and Quality Center, 387
America Online, 180
Amgen, 9
Amoco, 181, 187
AMR, 224
AmTran Technology, 261
Andersen Consulting, 120, 128
Andersen Windows, 154
Andersen Worldwide, 201
Andrew Corporation, 362
Anheuser-Busch, 193
Aniboom, 199
Ann Hewitt Associates, 116
AOL Time Warner, 206
Apollo Group, 291
Apple Inc., 2, 17, 57, 60, 84, 92, 107, 116, 131, 147, 181, 183, 194, 230, 282, 284, 352, 382, 385, 403
  versus Amazon, 269
  and competitors, 61
  market value, 108
Apple Store, 271
APQC (American Productivity and Quality Center), 387
aQuantive, 180
Arcelor, 193
ArcelorMittal, divisional boundaries, 318
Arco, 181
Arthur Andersen, 15
Asea Brown Boveri, 232
Atkore International, 198
Atlas Door, creating competitive advantage, 158–160
AT&T, 185
Audi, 171
Autobytel.com, 404
AutoNation, 27
Autonomy, 180
AutoVAZ, 220

B

B. Dalton, 88
Baby Bells, 51
Bain & Company, 112
Bankhaus Metzler, 153
Bank of America, 104–105, 106, 202
Barnes & Noble, 3, 4, 88, 157, 266
Bassett Furniture, 402
Bear Stearns, 2
Beca Group, 81–82
Beecham Group, 196
Ben & Jerry's, 150
Beneficial Financial, 195
Berkshire Hathaway, 75, 184–185, 189, 319
Best Buy, 15, 156, 187
Best Practices LLC, 403
Betaworks, 247
Biocon, 200
Blissful Yoga, 271
Blockbuster, 36, 157
Blue Cross of California, 59
BMW, 61, 63, 71, 75–76, 147, 152
  Mini cars, 153
BNP Paribas, 193
Boeing Company, 20, 217, 227, 266, 311–313, 429
Boise Cascade, 188
Bombay Company, 402
Booz Allen Hamilton, 292
Borders, 5, 36
  demise of, 3–4
Boston Consulting Group, 143, 190–191, 198, 226, 242, 264
Boston Research Group, 280
Boston Scientific, 193
Bowls: A Cereal Joint, 151
Brinker International mission statement, 25
British American Tobacco, 64
British Petroleum, 5, 18, 181, 204, 292
British Sky Broadcasting, 302
Brocade, 290
Buffalo Grid, global start-up, 233
Burdines, 76
Business Roundtable, 292, 326
  and sustainability practices, 327

C

Cabot Corporation, 192
Cadbury Schweppes, 429
Cadillac, 316
CalPERS, 295
Calvin Klein, 167
Campbell Soup, 75, 80
Cannondale, 147, 155
Canon, 24
Cargill, 86
CarMax, 79
  competitive analytics, 80
Carrier Air Conditioning, 39
Casio, 183
Casual Male Retail Group, 44
Catalyst, 114
CA Technologies, 285
Caterpillar, Inc., 147, 165, 320
  value chain analysis, 99–100
Cathay Pacific, 11
CBS, 327, 381

Celanese Chemical Corporation, 223
Cendant, 91
Center for Applied Management, 430
Center for Automotive Research, 59
Center for Talent Innovation, 114
Center for Work-Life Policy, 112
Cerberus Capital, 180
Cereal Bowl, 151
Cereal Cabinet, 151
Cereality, 151
Challenger Electrical Distribution, 326
Chartwell Investments, 349
Cheesecake Factory, 147–148
Chemical Bank, 370
Chery Automobile Company, 63
Chevrolet, 54, 62, 71, 316
Chili's, 25
Choice Hotels, 337
Chrysler Corporation, 2, 15, 63, 147, 169, 180, 195, 270
Ciba-Geigy, 182
Circuit City, 2, 36
Cisco Systems, 126, 128, 132, 178–180, 194, 320, 392
Citibank, 358
Citicorp, 229
Citigroup, 5, 40, 292, 297
Clayton, Dublilier & Rice, 189, 198
Clearspire.com, 163
Clearwell Systems Inc., 163
Clegg, 112
CNBC, 300
CNET, 58
CNN/Money, 250
CNN/U.S., 292
Coca-Cola Company, 87, 165, 218, 223, 226, 227, 230, 238, 239, 297, 331, 384, 387, 402
   partner with DEKA, 388
Colgate-Palmolive, 271
Comcast, 84
Commerce Bank, posicionamento diferenciado, 167
Compaq Computer, 276
ConAgra, 86, 182, 318
Cone Communications, 18
ConocoPhillips, 203–204
Conseco, 180, 195
Construction Users Anti-Inflation Roundtable, 327
Continental Airlines, 87, 144, 195, 284
Cooper Industries, 181, 182
Cooper Software, Inc., 111

Coors Brewing, 147
Corel, 196
Corning, 364
Corptech, 362
Costco Home Stores, 402
Costco Wholesale Corporation, 261
Countrywide Financial, 289, 299
Craigslist, 222
Custom Research Inc, 149
CVS Pharmacies, 151
Cypress Semiconductor, 23

D

Daily Deal Media, 86
Daimler-Benz, 70–71, 180, 326
Danone, 239–240
Dart, 203
DataWind, 213
Dayton Hudson Corporation, 203
Deere & Company, 219
DEKA Research, 387, 388
Delicious Bite, 250
Dell Inc., 85, 116, 152–153, 157, 401
   eroding competitive advantage, 89–90
Deloitte Consulting, 299, 400
Deloitte Touche Tohmatsu, 400
Delphi Corporation, 59
Delta Air Lines, 13, 195, 203–204
Destination XL, 44
Diamond Offshore Drilling, 190
Digg, 246–247
Digital Directory Assistance, 51
Digital Equipment Corporation, 40, 125
Discovery Communications, 296
Disneyland, 24
Diversity, 265
dMarc, 377
Dolce & Gabbana, 81
Dollar General, 143
Dow Jones & Company, 450
Dream Works SKG, 362
Dropbox, 58
Drybar, 271
Duke Energy, 113, 193
Duke Power of Indiana, 366
Dun & Bradstreet, 124
DuPont, 385
Duracell, 151
Dutch Boy, 378
   innovation at, 379

E

Eastman Kodak, 127
eBay, 3, 195, 364, 384

Ecolab, 265
Edatanetworks, 248
Eleuria, 155
Eli Lilly & Company, 55
E-Loan, 254, 273
EMC, 361
Emerson Electric, 284
Encyclopaedia Britannica, 36, 39, 73
Enron Corporation, 15, 201, 202, 299, 365
Epic, 364
Ernst & Young, 299
ExxonMobil, 181, 296

F

Facebook, 120, 126, 152, 247, 254, 352
Fannie Mae, 40
Federal Express, 11, 84, 150, 282, 327
   mission statement, 25
Ferrari, 62, 63, 171
Fiat, 195
Fidelity Investments, 295, 325
Fleet Mortgage, 76
Flickr, 179
Food Lion, 300
Ford Motor Company, 21, 22, 62, 63, 147, 171, 185, 218, 229, 233, 270, 326, 331, 363
   turnaround, 170
Forrester Research, 165
Fortune Brands, 27
Fox Business Network, 300
Fractal Graphics, 49
Freddie Mac, 40
FreeMarkets, 52
Freeport-McMoran, 181
Frito-Lay, Super Bowl ads, 77

G

Gateway Computer, 363
Geek Squad, 187
Geely Automotive, 170
General Dynamics, 368, 1668
General Electric, 5, 20, 78, 79, 113, 115, 193, 201, 212, 219, 324, 364
General Electric Aerospace, 1668
General Electric Healthcare, 219
General Electric Lighting, 325
General Electric Medical Systems, 111
General Mills, 236, 283
General Motors, 5, 20, 21, 59, 63, 147, 210, 270, 300
Genzyme, 228

Gerber Products Company, 86
Gibson guitars, 150
Gillette Corporation, 151, 183
GlaxoSmithKline, 114–115
Global Crossing, 201
Gmarket, 195
Goldcorp, 46
   crowdsourcing by, 49
Goldman Sachs, 296
Goodyear Aerospace, 1668
Google Inc., 2, 24, 57, 86, 107, 111, 112, 117, 131, 152–153, 181, 246, 266, 282, 376–378, 382, 384, 392, 403
   market value, 108
Graybar Electric Company, 404
Greenpeace, 17
Green Tree Financial, 180, 195
Greylock Partners, 246
Groupon, 86
GSI Commerce, 195
Gucci, 81, 151, 220
Guidant, 193
GVO, 351

H

H. J. Heinz, 331
Hamilton, 167
Hanover Insurance, 360
Hardtofindrx.com, 222
Harley-Davidson, 84, 145
Harley-Davidson Café, 84
Harry Winston, 167
HCI Direct, 76
   evaluation system, 116
Healtheon, 416
Healthsouth Corporation, 365
Heidrick & Struggles, 293
Hewlett-Packard, 5, 23, 117, 125, 127, 153, 180, 238, 276–277, 326
Hill & Knowlton/Harris Interactive, 18
Hilton Hotels, 337
Hindustan Unilever, 113, 213
Hitachi, 105
Home Depot, 44, 154, 282, 286
Home Shopping Network, 110
Honda Motors, 6, 54, 63, 71, 75, 147
Honeywell ElectroOptics, 1668
Honeywell International, Inc., 41, 46, 78
Hostess Corporation, 140–141, 142
Household International, 195
HTC, 131
Huawei, 349

Hudson Square Research, 88
Hyatt Hotels, 337
Hyundai Motors, 61, 62, 63, 72

I

IBM, 20, 21, 40, 53, 91, 120, 169, 183, 216, 229, 238, 284, 296, 326, 387, 437, 449
   alliance with WellPoint, 184
   innovation jam, 389
IBM Global, 80
Icos Corporation, 55
IDEO, 22
Ignition Corporation, 120
IKEA, 8
ILS Technology, 200
ImClone systems, 15
Imperial Tobacco, 64
InBev, 193
Infosys, 216, 233, 349
   ethics and values, 350
ING SRI Index Fund, 20
Institute for Supply Management, 79
Intel Architecture labs, 362
Intel Corporation, 5, 14, 79, 107, 113, 114, 181, 224, 238, 264, 288, 362, 385, 387, 392, 397
   market value, 108
International Paper Company, 20, 46, 107
   sustainable business practices, 21
International Public Relations Association, 77
Interstate Bakeries, 140
Intuit, 169, 190, 258, 364, 384
Iowa Beef Processors, 86
Ispionage, 39
iTunes Music Store, 61

J

J. D. Power & Associates, 54, 149, 170
Jaguar, 170, 185
James Irvine Foundation, redefined mission, 26
Japan Tobacco International, 64
JCPenney, 62
JetBlue Airways Corporation, 78
Johnson & Johnson, 37, 345, 346, 383, 392
Johnson Controls, 396
JPMorgan Chase, 15, 297, 370
Juno Online Services, 76

K

Kaufmann Foundation, 252
Kazaa, 61
Kellogg, 228
Kentucky Fried Chicken, 186
Kia, 62, 63
Kickstarter, 253
Kidder Peabody, 201
KKR, 189
KKR Capstone, 189
Kmart, 61, 165
Korn/Ferry International, 293
KPMG, 112
Kraft Foods, 230
Kroger, 142, 287

L

L. L. Bean, 380
Labor Law Study Committee, 327
La Boulange, 185
Lacoste, 81
Lamborghini, 62, 63, 171
Land Rover, 170
Lands' End, 155, 380
La Quinta, 337
Lay's, 230
LegalZoom.com, 57
Lego, 40
Lehman Brothers, 299
Lending Tree, 273
Lenscrafters, 263
Levi Strauss, 363, 370
Lexus, 63, 147, 149, 282
LG Electronics, 78
   procurement, 79
Lightsaver Technologies, reshoring operations, 226
LinkedIn, 152, 153, 254
Linksys, 178
Lipton Tea, 150
Little Monster Productions, 253
Litton Industries, 41
LivingSocial, 86
Lockheed Martin, 9, 112, 168, 188
Loews Corporation, 190
Logitech, 322
Longine, 167
Loral Corporation, 188
Lotus Corporation, 238
Lowe's, 44, 154
Luxottica, 263

M

Make Meaning, 272
Mandalay Entertainment, 22
March Group, 327

Marks and Spencer, 285, 288
　measurable goals, 286
Marlin Steel Wire Products, 152–153
Marriott Corporation, 144
Mars Central Europe, 284
Martin guitars, 147
Martin Marietta, 9
Massey Energy, 292
Mayo Clinic, 37, 326
　knowledge organization, 38
McDonald's Corporation, 24, 186, 188–189, 228, 285, 305
　external control mechanisms, 301
McKesson, 182
McKinsey & Company, 19, 40, 242
Medtronic, 24, 147
Men's Wearhouse, 44
Mercedes-Benz, 61, 63, 70–71, 151, 171
Merck & Company, 94, 107, 115
Merrill Lynch, 2, 5, 104–105, 106, 202
Metabolix, 251
MetLife, 181
Metorex, 7
Microchip Technologies, 132
Microsoft Corporation, 39, 45, 73, 78, 107, 109, 111, 120, 127, 180, 193, 218, 220, 224, 287, 297, 306, 351, 352, 364, 391, 403, 405, 427
　market value, 108
Microsoft Exchange, 403
Millennium Hotels, 337
Mini Cooper, 71
Mint.com, 259
Mittal Steel, 193
Molson Coors, 199
MonsterTRAK, 110
Morgan Stanley, 147
Morningstar, 20
Motel 6, 37, 40
Motorola, 24, 394, 399
MRM Worldwide, 199
Music Genome Project, 258
MySimon, 58
Mystery Brewing Company, 253

N

Napster, 61, 131
National Association of Corporate Directors, 293
National Federation of Independent Business, 255

Natura Cosméticos, 351, 352
NBC, 381
NEC, 19
Neiman Marcus, 62
Nestlé, 185–186, 226, 232
Netflix, 157, 295
NewPage Corporation, 110
New York Times vs. Wall Street Journal, 266
Nextel, 180
Nike, Inc., 17, 187, 218, 224, 228, 268, 329, 331, 392
　external control mechanisms, 301
Nikeid.com, 155
Nintendo, 60, 393
Nissan Motors, 54, 63, 71, 330
Nokia, 119
Nordstrom, 61, 76, 81–82, 147, 368
Norian, 344–345
North Face, 147
Northwest Airlines, 195
Not Your Average Joe's, 283
Novartis, 11, 182
Novell, 196, 270
NPD Group, 179
Nucor Steel Company, 107, 175, 282
　market value, 108
Nynex, 51

O

O. R. T. Technologies, 222–223
Office Depot, 156
Olam Industries, 19
Oldsmobile, 316
Olympus Corporation, 15, 289
Omega watches, 167
1-800-Got-Junk, 126
On the Border, 25
Oracle Corporation, 107, 127, 203, 218, 229, 297, 427, 437
Otis elevator, 39
Outboard Marine Corporation, 24
Overstock.com, 400
Oxford ClycoSciences, 228

P

Pacific Gas and Electric, 300
Pacific Investment Management Company, 371
Padora, 257
　reshaping music business, 258
Parkdale Mills, 315
　functional structure, 316
Paychex, 59
PayPal, 86, 195, 258
Pearle Vision, 263

Penske Automotive Group, 71
PeopleSoft, 203
PepsiCo, 77, 87, 112, 186, 218, 219, 238, 327, 402
　in India, 239
Pez, 384
Pfizer, Inc., 55, 86, 94, 134, 193, 197, 220, 222, 284, 381
Phelps Dodge, 181
Philip Morris, 64
Pier 1 Imports, 37
Pizza Hut, 186
Plant PET Technology Collaboration, 331
Plum Organics, 259
Polaroid, 125
Pontiac, 316
Porsche, 62, 63, 171, 402
PPG Industries, 27
　scenario planning, 41
Premier Automotive Group, 170
Priceline.com, 201, 337
PricewaterhouseCoopers, 118, 325, 326
ProCD, 51, 73
Procter & Gamble, 16–17, 19, 27, 36, 46, 113, 165–166, 181, 218, 230, 271, 320–321, 331, 333, 382, 448
　boundaryless organization, 334
　innovativeness, 383
　prosumer concept, 81
　in Vietnam, 231
Progress Energy, 193
Providence Equity Partners, 97
Pryor Cashman LLP, 253
Pure Digital Technologies, 178
Puritan-Bennett Corporation, 326

Q

Quaker Oats, 163, 196
Quora, 39
Qwest Communications, 357

R

Radio Shack, 2, 156
Raimaker Entertainment, 392
Ralphs, 28, 142
Raytheon, 122, 370
Rdio, 258
Reckitt Benckiser, 118
　workplace diversity, 119
Recreational Vehicle Dealer Association, 185
Redbox, 157
Reddit, 246

Red Hat, 427
Reebok, 187, 230, 329
Renault, 145, 220
   low costs, 146
Renault-Nissan, 326
Research in Motion, 384
Ritz-Carlton Hotels, 285
Roche, 429
Rock Center for Corporate Governance, 293
Rockwell Collins, 360
Roomkey.com, 337–338
Royal Dutch Shell, 401
Running Press, 262
Ryanair, 267

S

SABMiller, 199
SAIC, 210–212
Salemi Industries, 34–35
Samsung Electronics, 131, 230, 261, 265
Samsung Group, 24
SAP, 46, 277, 369, 437
   knowledge sources, 129
Sapient Health Network, 415
   analysis, decision making and change, 416
Scottsdale Quarter, 271–272
Sears, 2, 21, 61, 96, 111, 147
Sears Vision, 263
Security Mortgage Group, 429
Sephora.com, 76
Seventh Generation, 28
Shanghai Automotive Industry Corporation, 210
Sharp Corporation, 324
Shaw Industries, 75, 182, 184–185, 186
   vertical integration, 187
Shell Oil Company, 19, 117
ShopRunner, 88
Siebel Systems, 229, 297
Siemens AG, soft power, 353
Sikorsky helicopters, 39
Singapore Airlines, 286
Single Source Systems, 27
Siri Inc., 194
Skype, 128, 193, 352
Slideshare, 39
SmithKline Beecham, 196, 325
Snapple Beverage Company, 196
Sodima, 236
Softbank, 180, 193
Solectron, 112–113
Solomon Smith Barney, 180

Songza, 258
Sony Computer Entertainment, 393
Sony Corporation, 6, 19, 200, 261, 393
Southern Alliance for Clean Energy, 366
Southwest Airlines, 5, 8, 79, 86, 87, 107, 111, 267, 282, 380
   market value, 108
Spanx, 259
Sports Authority, 88
Spotify, 258
Sprint, 20, 180, 193
Sprint Nextel, 180
Square, 258
SsangYong, 211
Standard and Poor's, 4, 15
Starbucks, 185, 249
StubHub, 195
Sunbeam Corporation, 201, 431
Sunglass Hut, 263
Sun Microsystems, 127
Swatch Group, breakaway positioning, 167
Swatch Watches, 70
Synthes, 344–346

T

T. Rowe Price, 295
Taco Bell, 186
Tandem Computers, 117
Target Corporation, 203
Target Stores, 4, 17, 21, 165, 263, 296
Tata Group, 170, 199
Tata Motors, 63
Taylor Wall & Associates, 49
TCS, 216, 217
TD Bank, 167
Teach for America, 23
Tele-Communications Inc., 362
Tesco, 145, 215
Tesoro, 203–204
Texas Instruments, 367
TGI Fridays, 231
Third Millennium Communications, 120
3M Corporation, 87, 182, 200, 282, 363, 392
   environmental sustainability, 348
Time Warner, 180, 206, 297
T-Mobile, 185
Tokyo Electric Power Company, 5
TOMS, 268
Toro Company, 360
Toshiba Corporation, 5

Toyota Motor Company, 6, 54, 63, 71, 73, 75, 147, 149, 170, 218, 264, 282
Toys "R" Us, 88
Trainer Refinery, 203
Travelocity.com, 337
Triarc, 196
Tribune, 2
True Value, 154
Twitter, 161, 352
Tyco International, 15, 197, 202, 365
   divestment by, 198

U

Under Armour, Inc., 259
Unilever, 46, 148, 165–166, 213, 265, 271
   crowdsourcing by, 150
Unilife, 226
United Airlines, 87, 195
United Parcel Service, 11, 46
United Technologies, competitive intelligence, 39
Univision, 381
UpNext, 269
US Memories, 330

V

Valero, 203–204
Values Technology, 117
Vantage Hospitality, 337
Varian Medical Systems, 27
Verizon Communications, 327
Verizon Wireless, 200
Viewpoint DataLabs International, 90
Virgin Group, 21, 189
Vizio, Inc., 260
   low-cost imitator, 261
Vodafone, 213
Volkswagen, 171, 210, 218, 330
Volvo, 170
Vons, 28
Vought Aircraft, 311

W

Wachovia, 297
Wahaha, 87
Wall Street Journal vs. New York Times, 266
Walmart Stores Inc., 4, 8, 16, 17, 20, 46, 61, 62, 143, 145, 155, 156, 165, 217, 219, 265, 280, 282, 326, 327, 380
   sustainable business practices, 21
Walnut Venture Associates, 254

Walt Disney Company, 297
Warby Parker, combination strategy, 263
Washington Mutual, 5, 40, 297
Waste Management, 201
WBG Construction, 361
WD-40 Company, 261, 390
  teams at, 391
WebMD, 416
WellPoint Health Network, 59
  mission and vision, 25
Wells Fargo, 13, 24, 27, 112, 297
Wendy's, 238
Westinghouse, 326
Wetherill Associates, 369
Whirlpool, 22, 327

Whole Foods Market, Inc., 143, 362
Wikipedia, 39, 46
Winnebago, 185
Wipro, 216
WordPerfect, 196
WorldCom, Inc., 201, 202, 299, 365
World Triathlon Corporation, 97
World Wildlife Fund, 17
WPP Group PLC, 126, 353
Wyeth, 193
Wynn Resorts, 291

X

Xerox Corporation, 24

Y

Yahoo!, 254, 266, 292, 450
Yakult, 240
Yap, 269
Yokogawa, 348
Young & Rubicam, 353
Young Brands, 415
YouTube, 39, 84, 179
Yugo, 144
Yum! Brands, 186

Z

Zara, 199
Zenger Folkman, 359
Zhejiang Geely Holding Company, 63
Zimbra, Inc., 403
Zong, 195
Zurich Financial Services, 229
Zynga, 24

ÍNDICE DE NOMES

Os números de páginas seguidos por "n" se referem às notas.

A

Aaker, David A., 174, 244
Abby, E., 307
Adams, R., 102
Adams, S., 135
Adler, P. S., 137
Afuah, A., 68, 341
Aguirre, D., 136
Ahlstrom, D., 309
Aiman-Smith, L., 409
Aime, F., 137
Akula, V., 242
Albaugh, Jim, 311
Albrinck, J., 409
Alcott, K., 226, 244
Aldag, R. J., 437
Aldrich, H. E., 274, 275
Alessandri, T. M., 309
Alexander, M., 207
Allard, M. J., 137
Aller, R., 341
Alsever, J., 136
Alvarez, S. A., 66
Amabile, T. M., 136
Amburgey, T. L., 341
Amit, R., 102
Amram, M., 409
Anard, B. N., 208
Anders, G., 174
Andersen, M. M., 341, 374
Anderson, E., 101
Anderson, J. C., 100
Anderson, Jerry, 226
Anderson, M. M., 101, 102
Anderson, P., 135
Anderson, Richard, 13
Andreessen, Marc, 246
Angel, R., 102
Angwin, J. S., 208
Anslinger, P. A., 207
Ansoff, H. I., 66
Ante, S. E., 180, 274
Anthony, Scott, 243, 364
Apotheker, Leo, 277
Argawal, A., 308
Argyris, Chris, 278, 306
Arikan, A. M., 31, 101
Arino, A., 208
Armstrong, R. W., 174
Arndt, M., 207
Arnold, D., 244
Arnott, D. A., 307
Arregale, J.-L., 101, 137
Arrfelt, M., 304
Ash, L., 6
Ashkenas, R., 325
Aston, A., 67
Augustine, Norman R., 9, 31, 175
Austen, B., 30
Austin, R. D., 31, 174

B

Bachman, J., 243
Bader, P., 138
Bahrami, H., 332
Baier, J., 135
Baker, Stephen, 67, 179, 307
Bakke, Dennis, 368, 375
Ballou, J., 252
Balmer, Steven, 364
Bamford, C. E., 67
Bandler, J., 306
Bansal, P., 135
Barbora, D., 17
Barkema, H. P., 176, 208
Barnes, B., 243
Barnes, Christopher, 326–327, 341
Barnes, L. A., 436
Barnett, M. L., 68
Barnevik, Percy, 32, 136
Barney, J. B., 31, 66, 83, 101, 135, 174
Baron, R. A., 135, 274, 409
Barringer, B. R., 342
Barry, Stephanie, 391
Barsoux, J., 307
Bart, C. K., 33
Bartlett, C. A., 175, 243, 317, 341
Bartness, A., 342
Bartz, Carol, 292
Barwise, P., 136
Baum, J. A. C., 208
Baumgardner, M., 251
Baumgarter, P., 68
Bauwhede, H. V., 289
Bay, Michael, 77
Baysinger, B. D., 308
Beamish, P. W., 243, 275
Bearden, W. O., 175
Beartini, M., 97
Beatty, D., 308
Becht, Ben, 119
Becker, G. S., 135
Beckhard, R., 31, 325, 373
Begley, T. M., 31
Beller, P. C., 306
Belton, C., 242
Benioff, Marc, 384
Benkler, Y., 307
Bennett, N., 308
Bennett, Stephen M., 169–170
Benoit, D., 135
Bensaou, B. M., 101
Bensinger, G., 269
Benson, C., 21
Benz, M., 32
Berfield, S., 262
Bergen, M. E., 174
Berkowitz, E. N., 243
Berkowitz, K., 175
Berle, Adolf, 290
Berlusconi, Silvio, 6
Berman, P., 316
Berman, Todd, 349
Bernanke, Ben, 40
Bernardino, Joseph, 201
Berner, R., 265
Berns, Gregory, 124
Bernstein, A., 309
Bernstein, Sanford C., 105
Berry, J., 208
Berry, M. A., 32
Bertini, M., 174
Besley, S., 208
Bethune, Gordon, 144
Bettcher, K. E., 369
Bezos, Jeff, 4, 260–261, 269
Bhagat, R. S., 243
Bhattacharya, A. K., 243
Bhattacharya, C. B., 32
Bhide, A. V., 274, 309, 408
Bhushan, R., 239
Bierce, Ambrose, 290
Bierman, L., 309
Bigley, G. A., 31
Bilbao, R., 338
Birke, A., 254

Birkinshaw, J., 10, 31, 244, 307, 334, 342, 408
Bjelland, O. M., 389
Blacharski, D., 405
Blake, S., 137
Blank, Arthur, 282
Blankenship, Don, 292
Blanton, Buddy, 360
Block, Z., 409
Bloom, M., 309
Blumenthal, Neil, 262
Blyler, M., 102
Bodick, N., 174
Bodwell, C., 32
Bogner, W. C., 135
Boh, W. F., 137
Bolland, Marc, 286
Bond, P., 309
Bonnabeau, E., 174
Booth, Lewis, 170
Borders, Louis, 3
Borders, Tom, 3
Bosse, D. A., 32
Bothe, Marie, 369
Bounds, G., 391
Bouquet, C., 307
Bowen, D. E., 375
Bowen, H. P., 206
Bower, J. L., 10
Bowie, N. E., 203
Boyd, D. P., 31
Boyle, M., 67
Brabeck, Peter, 232, 244
Brady, D., 371
Brandenburger, A., 59, 60, 68
Brandes, P., 308, 309
Brandt, R., 307
Branson, Richard, 21, 32, 136
Brasher, P., 301
Brass, Dick, 405
Bratzel, Stefan, 171
Bray, C., 307
Breen, B., 401
Brenneman, K., 416
Bresser, R. F., 102
Brigham, B., 208
Brigham, E. F., 208
Brin, Sergey, 384
Brnoff, J., 375
Broache, A., 67
Brock, Ruthie, 447n
Brockner, J., 374
Brockovich, Erin, 300
Bromiley, P., 289
Brooker, K., 175
Brouthers, L. E., 243
Brown, E., 341
Brown, J. S., 129

Brown, R. H., 243
Brown, R. L., 67
Brown, S. L., 408
Brown, Tim, 22, 174, 413
Brush, C., 409
Bruton, G. D., 309
Bryan, M., 259
Bryant, A., 31, 32, 33, 136, 274, 307, 342, 374, 375, 409, 436
Bryant, James, 51
Bryce, D. J., 402
Bryon, E., 67
Buchanan, L., 275
Buckingham, M., 374
Buckley, M. R., 243
Buckman, R. C., 137
Buffett, Warren, 35–36
Bunderson, J. S., 341
Bungay, S., 33
Burgelman, R. A., 275, 341, 409
Burnham, Dan, 370
Burrill, Greg, 361
Burris, Dan, 37, 38, 67
Burrows, P., 31
Burrus, D., 174, 356
Burt, Ronald S., 122, 137
Burton, R. M., 409
Bush, J., 68
Buss, D., 259
Bussey, J., 383
Bustillo, M., 301
Butz, H. E., 175
Bygrave, W. D., 249, 274
Bynum, A., 208
Byrne, Carol, 447n
Byrne, J. A., 308

C

Cabrera, Susana, 250
Cain, T., 100
Caldwell, D., 309
Callanan, J., 374
Calliendo, H., 331
Cameron, K., 374
Camillus, J. C., 32, 40
Camp, B., 410
Campbell, A., 206, 207
Campbell, J. T., 101
Cannella, A. A., Jr., 308
Canning, A., 156
Caplan, J., 174
Cappelli, P., 135, 137
Cardin, R., 136
Cardinal, L. B., 408, 409
Carey, J., 68, 259
Carey, S., 204
Carley, W. M., 136

Carlson, D. S., 375
Carmelli, A., 306
Carpenter, M., 308
Carr, N. G., 68
Carrott, G. T., 32
Carruba, Frank, 326
Carter, N. M., 307
Caruso, D., 374
Cash, J. I., Jr., 101
Casico, W. F., 207
Cassar, G., 274
Cassidy, J. C., 175
Cattani, K., 175
Causey, Julie, 119
Cehn, S.-F. S., 342
Cerny, K., 342
Cescau, Patrick, 213
Chahine, S., 309
Chakrabarti, A., 243
Challenger, J., 67
Chambers, John, 179
Champion, David, 151
Champoux, J. E., 374
Champy, James, 333, 342
Chan, C. M., 244
Chan, P., 175
Chandler, Alfred D., 340, 341
Chang, V., 136
Charan, R., 31, 347, 373
Charitou, C. D., 66
Charnovitz, S., 32
Chase, S., 119
Chatman, J., 136
Chatterjee, S., 33, 308
Chen, B., 206
Chen, M. J., 264, 268, 275
Chen, Winston, 113
Chen, X.-P., 275
Chesbrough, H. W., 207, 386, 408, 409
Chironga, M., 221
Cho, H. J., 410
Chochrane, Bruce, 226
Choi, C., 207
Choi, T. Y., 79, 341
Choo, C. W., 409
Chowdhury, S. D., 309
Chrisman, J. J., 275
Christakis, N. A., 137
Christensen, Clayton M., 380, 383, 384, 408, 436
Chuang, C.-M., 244
Chung, M., 137
Ciampa, K., 374
Cieply, M., 243
Clarke, G., 405
Clifford, S., 272
Clymer, Susan, 416

Cochran, P. L., 307
Cochran, P. S., 375
Coff, R. W., 102, 309, 409
Cohen, D., 137
Cohen, S., 226
Colarelli, G., 408
Colby, S. J., 26
Colchester, M., 271
Cole, David E., 59
Coleman, D. R., 436
Coleman, J. S., 137
Coleman-Lochner, L., 231, 383
Collier, P., 243
Collins, J. C., 281, 402
Collins, Jim, 256, 275, 306, 349, 374
Collins, M., 371
Collis, D. J., 33, 101, 102, 341
Colvin, G., 31, 67, 174, 207, 347, 373
Colvin, J. G., 244
Conley, J. G., 138
Conley, J. H., 375
Conlin, M., 400
Conway, Ron, 246
Conyon, M. J., 309
Cook, Scott, 364, 384
Cook, Timothy, 131, 138
Cooper, S., 274
Copeland, M. V., 258, 275, 388
Copeland, T. E., 207
Coronado, Julia, 193
Corsi, C., 308
Corstjens, M., 174
Cotte, J., 32
Coucke, K., 341
Courtney, H., 67
Covey, S. R., 373, 375
Covin, J. G., 384, 410
Cox, J., 375
Cox, T. H., 136, 137
Coy, P., 67, 207
Coyne, E. J., Sr., 175
Coyne, K. P., 175
Coyne, S. T., 175
Craig, J., 410
Craig, S., 135
Crockett, R. O., 409, 410
Crook, J., 259
Cross, R., 67, 136, 137
Cruise, Tom, 76
Csere, C., 68
Cupta, A., 342

D

Dacin, M. T., 208, 341
Daft, R., 374
Dagnino, G. B., 175
Dahan, E., 175
Daily, C. M., 289, 308
Dale, G., 308
Dalton, C., 294
Dalton, D. R., 289, 294
Damanpour, F., 408
Daniels, J. D., 341
Danna, D., 102
Danneels, E., 138, 410
Das, T. K., 342
Daum, J., 308
D'Aveni, Richard A., 175, 347
Davenport, Craig, 416
Davenport, T. H., 136, 174, 342, 361, 409
David, P., 309
Davidson, P., 275
Davies, A., 67
Davies, M., 268
Davis, E. W., 342
Davis, Legroom, 345
Davis, P. S., 175, 410
Davis, S., 174
Davison, L., 129
Dawar, 244
Dawn, K., 341
Day, C., 374
Day, G. S., 66, 101
Day, J. C., 137
Day, J. D., 410
Deal, T. E., 306
Dean, B. V., 175
Dean, J., 261
Dean, T. J., 67
De Castella, T., 49
Deeds, D. L., 275
Deephouse, D. L., 102
DeKluyver, C.A., 417
Delgrosso, P., 174
Dell, Michael, 89, 116, 401
Delmas, M. A., 32
DeLollis, B., 338
DeLong, T. J., 31
De Meuse, K. P., 176
Dennis, W. J., 275
Deogun, N., 206, 207
De Paula, M., 100
Desal, Lalita, 239
DeSanctis, G., 342
Despande, R., 369
DesRoches, D., 252
Dess, Gregory G., 31, 73, 101, 130, 135, 137, 174, 175, 206, 207, 208, 245, 306, 307, 340, 341, 342, 373, 374, 399, 409, 410
De Tienne, D.R., 274
Deutsch, T., 308

Devers, C., 304
Dharwaskar, R., 309
Dholakia, U., 174
Dias, Fiona, 88
Dibrell, C., 410
Dickson, P. R., 175, 275
DiFucci, John, 203
Dimon, James, 15
Distelzweig, H., 340
Ditkoff, S. W., 26
Dixon, M., 174
Dobson, C., 31
Doh, J. P., 32
Doherty, D., 240
Dolida, Roger J., 326
Domoto, H., 245
Donahue, John, 3, 30, 364
Donlon, J. P., 101
Donnelly, Brian, 222
Dougherty, D., 408
Douglas, C. A., 136
Douglas, S. P., 244
Douma, B., 375
Doving, E., 138
Dowell, G., 275
Dowling, G. R., 135
Dowling, N., 374
Downing, L., 174
Doz, Yves L., 244, 340, 342
Dranove, D., 68
Dressner, H., 408
Driver, M., 32
Droege, Scott, 174
Droge, C., 410
Drucker, Peter F., 35–36, 39, 66, 67, 275, 381, 404, 408, 410, 436
Dubini, P., 275
Duffield, David, 203
Duke, Mike, 327
Dumaine, Brian, 251
Duncan, R. E., 340
Duncan, Robert, 342
Dunlap, S., 137
Dunlap-Hinkler, D., 208, 275
Dunn, Patricia, 277
Dunne, D. D., 408
Dutta, S., 101
Dutton, G., 135
Dyer, Jeff H., 100, 135, 245, 382–384, 402, 408
Dykes, B., 197

E

Earl, M. J., 101
Easterby-Smith, M., 375
Ebbers, Bernard, 202
Edelman, D. C., 175

Eden, L., 243
Edge, A. G., 436
Edinger, S. K., 359, 374
Edmondson, G., 153
Edvisson, Leif, 135
Edwards, C., 261
Efrati, A., 307
Eggers, J. P., 408
Ehrenfeld, J. R., 32
Eickhoff, Gerald, 120
Eidam, M., 153
Einhorn, B., 244
Einstein, Albert, 423
Eisenberg, Melvin Aron, 290
Eisenhardt, K. M., 138, 206, 274, 308, 340, 408
Elenkov, D. S., 66
Elfenbein, H. A., 32
Elgin, B., 366
Ellinghaus, Uwe, 76
Elliott, H., 171
Elliott, M., 67
Ellis, B., 307
Ellison, Lawrence, 203
Ellstrand, A. E., 289, 308
Elson, Charles, 431
Emerson, Ralph Waldo, 40
Eng, D., 174
Engardio, P., 242, 341
Ensing, I. M., 342
Enz, C., 436
Erhun, F., 397
Erickson, T. J., 135, 136
Espinoza, J., 274
Esty, D. C., 17, 32, 348
Ethiraj, S. K., 101
Evans, P. B., 67
Evans, R., 437
Ewing, J., 31
Eyring, M. J., 31, 243

F

Faems, D., 244
Fahey, E., 174
Fahey, J., 207
Fahey, L., 66, 67
Fahlander, A., 135
Fairclough, G., 68
Fama, Eugene, 308
Farley, Jim, 170
Feeny, D., 101
Felberbaum, M., 80
Felps. W., 31
Felsted, A., 286
Felton, M., 135
Fenner, L., 275

Ferguson, G., 67
Ferguson, S., 416
Fern, M. J., 408, 409
Ferrarini, E., 391
Ferrier, W. J., 264, 268, 275, 409
Fey, C. F., 309
Fickling, D., 64
Field, J. M., 101
Filatochev, I., 308
Finch, Jacqueline, 271
Finegold, D., 32
Finkelstein, Ben, 84
Finkelstein, S., 135, 437
Fiorina, Carly, 5, 276–277
Fisher, A., 136, 207
Fisher, M. L., 100
Fisman, R., 243
Fitzsimmons, J., 275
Fjeldstad, O. D., 100
Flint, J., 174
Foley, A., 153
Folkman, J. R., 359, 374
Folliard, Tom, 80
Folta, T. B., 409
Fontrodona, J., 375
Forbath, T., 245
Forbush, T., 31
Ford, Henry, 21, 358
Forest-Cummings, Heather, 114
Foster, A. C., 28
Foust, D., 67, 68
Fowler, G. A., 88
Fowler, S. W., 101
Fowler, T., 204
Franco, T. C., 198
Francolla, G., 309
Frank, Barney, 40
Frank, Oren, 199
Frank, R., 307
Fredrickson, J. W., 341
Freeman, K., 174
Freeman, R. E., 31, 32, 137, 275, 288n, 308, 340
Frey, B. S., 32
Friedman, Marc, 362
Frier, S., 184
Friesen, P. H., 341
Froholdt, M., 101, 102, 341, 374
Fromartz, S., 274
Frost, 244
Fry, Art, 282
Fryer, B., 67, 244, 307
Fulmer, I. S., 308
Fulmer, R. M., 375
Furu, P., 309

G

Gaal, Stephen, 254
Gaba, V., 274
Gabarro, J. J., 31
Gadiesh, O., 174, 175
Gaglio, C. M., 274
Gaines-Ross, L., 101
Galbraith, J. R., 313, 340
Galcin, Chris, 399
Gallagher, L., 136
Galvin, Chris, 410
Gao, Y., 243
Garcia-Morales, V. J., 373
Garda, R. A., 268
Garg, V., 136
Garnier, J.-P., 101
Garten, J. E., 243
Garvin, D. A., 31, 340, 374
Gasparro, A., 174
Gates, Bill, 109, 364, 375
Gates, D., 340
Gee, P., 275
Geller, M., 388
George, B., 296, 309
Georgescu, Peter, 353
Gerdes, L., 136
Gerhart, B., 308
Geschke, Jim, 396
Ghemawat, Pankaj, 67, 217, 243, 244
Ghoshal, Sumantra, 66, 135, 175, 243, 244, 317, 341
Ghosn, Carlos, 146
Gibbert, M., 408
Gibson, C. B., 138, 342
Gibson, J., 10
Gikkas, N. S., 243
Gilad, Benjamin, 447
Gilbert, J. L., 174, 175
Gilboa, Dave, 262
Gilmartin, Ray, 115
Gilmore, J., 175
Gimbel, B., 174, 207, 243
Ginsberg, A., 408
Gladwell, Malcolm, 120
Glass, J. T., 342
Glazer, E., 243
Glimcher, Michael, 271–272
Glover, K., 301
Goddard, J., 31
Goffee, R., 135
Goldsmith, Marshall, 31, 126, 138, 325, 373
Goldstein, N. J., 307
Goleman, Daniel, 354, 355, 374
Golisano, Tom, 59
Goll, I., 67

Gompers, P. A., 409
Goode, Mary, 120
Gooderham, P. N., 138
Goodman, Stephen, 253
Goodstein, L. D., 175
Goold, M., 206, 207, 306
Goranova, M., 308, 309
Goteman, I., 306
Gottfredson, M., 342
Gourville, J. T., 97
Govan, F., 6
Govindarajan, V. G., 208, 243, 244, 341, 391
Graebner, M. E., 206, 308, 374
Graen, G. B., 307
Graham, Ben, 135
Grant, R. M., 83, 102
Grassley, Chuck, 370
Gratton, L., 136, 340
Graybow, M., 307
Green, J., 304
Green, S., 101
Greenblatt, Drew, 152
Greene, I., 67
Greene, P., 409
Greenhouse, S., 301
Greenspan, Alan, 138
Greenwald, B., 67
Greenwood, R., 32
Gregersen, Hal B., 382–384, 408
Gregg, F. M., 243
Greising, D., 307
Greve, H. R., 208
Grimm, C. M., 264, 268, 275
Grobart, S., 206
Groenfeldt, T., 184
Gross, Bill, 371
Gross, D., 308
Grossman, Mindy, 110, 136
Grossman, W., 309
Grove, Andrew S., 5, 79, 113, 114, 136, 264, 275, 288, 362
Grover, C. M., 308
Grover, R., 309
Grow, B., 67, 101, 207
Gruber, Peter, 22
Guinan, P. J., 138
Gulati, R., 275
Gumbel, P., 244
Gunther, M., 30, 409
Gupta, A. K., 243, 244
Gupta, N. J., 21
Gupta, P., 180
Guterman, J., 67
Guth, R. A., 403
Guth, W. D., 175, 207, 408, 436

H

Haas, M. R., 135, 341
Haber, P., 244
Habib, M. M., 341
Haddad, C., 101
Hagel, J., 129, 244, 408
Hagerty, J., 174
Haleblian, J., 197
Halkias, M., 88
Hall, Brian J., 117, 307
Hall, D. J., 341
Hall, J., 66
Hall, R. H., 307, 340
Hall, S., 308
Hall, W. K., 175
Hambrick, D. C., 176, 268, 275, 289, 307, 308
Hamel, Gary, 32, 35, 66, 106, 135, 206, 207, 342, 408, 409
Hammer, Michael, 333, 342, 359, 375
Hammonds, K. H., 31, 401
Handy, Charles, 32, 328, 341, 358, 374
Hannah, S. T., 375
Hansen, M. T., 116, 119, 135, 137, 138, 334, 352, 408, 409
Hardy, Jeffrey, 220
Hardy, Q., 33
Hargreaves, S., 204, 243
Harnish, V., 33, 138
Harrigan, K., 207
Harris, J., 136, 289
Harrison, D. A., 375
Harrison, J. S., 31, 32, 137, 208, 275, 308, 340, 342
Hart, M., 409
Hart, Stuart L., 19, 32
Hartley, S. W., 175
Harveston, P. D., 243
Harvey, C. P., 137
Harvey, M., 243
Hasan, F., 101
Haslam, S. A., 306
Haspelagh, P., 207
Hatch, N. W., 135
Haughton, K., 68
Haugland, S. A., 208
Hawkins, Asher, 52
Hax, A. C., 207
Hayashi, A. M., 124
Hayek, Nicholas, 70
Hayes, R., 408
Haynes, K. T., 308
Hayward, Tony, 18, 292
Heavey, C., 275
Hedin, Hans, 447

Heifetz, R., 374
Heine, K., 68
Helgesen, S., 375
Helms, M. M., 32, 175, 243, 340, 375
Helper, S., 68
Helyar, J., 308
Hemp. P., 31
Hempel, J., 389
Henderson, Larry, 223
Henkoff, R., 101, 136
Henriques, D. B., 307
Heracleous, L., 175
Hertzler, E., 397
Hessel, E., 32
Hesselbein, F., 31, 325, 373
Hesseldahl, A., 61
Hewitt, Walter, 276
Hewlett, S. A., 137
Hewlett, Sylvia Ann, 114
Hill, A. D., 137, 207
Hill, C. W. L., 341
Hill, K., 67
Hillman, A., 308, 309
Hills, G. E., 274
Hilmer, F. C., 342
Hiltzik, M., 340
Hindo, B., 206
Hintz, Brad, 105
Hirvensalo, Irmeli, 447
Hitt, M. A., 32, 83, 101, 102, 135, 137, 176, 197, 206, 208, 243, 244, 275, 308, 309, 340, 341
Hoetker, G., 101
Hof, R. D., 307
Holcomb, T. R., 176
Holden, D., 366
Hollande, François, 6
Hollender, J., 32
Holme, C., 150
Holt, John W., 364, 375
Hoover, V. L., 264, 275
Hopkins, M. S, 68, 327
Hornery, J., 409
Hoskin, R. E., 409
Hoskisson, R. E., 83, 206, 244, 308, 309, 340, 341
Hotard, D., 175
Hout, T. M., 67, 217, 243, 244
Howe, Jeff, 46, 67
Howell, J. M., 409
Howell, Robert A., 107
Hrebiniak, L. G., 31, 207, 340
Hsieh, Tony, 149, 333, 374
Hudson, Linda, 368
Hult, T. M., 68
Humer, Franz, 429
Hurd, Mark, 5, 23, 277

Hutt, M. D., 208
Huy, Q. H., 32
Hymowitz, C., 308, 383

I

Ibarra, H., 33, 116, 119, 137, 352
Icahn, Carl, 295, 309
Ignatius, A., 207
Ihlwan, M., 79
Immelt, Jeffrey, 20, 78, 101, 212
Imperato, G., 101, 375
Ingram, T. N., 175
Inkpen, A. C., 244, 342
Iosebashvili, I., 243
Ireland, R. D., 83, 101, 102, 135, 206, 208, 243, 244, 341, 408
Isaacson, W., 307, 375
Isobe, T., 244
Iyer, B., 174, 342

J

Jackson, E. M., 308
Jackson, M., 100
Jackson, S. E., 32
Jacobs, A., 174
Jacobs, D. L., 57
Janis, Irving L., 428, 430, 437
Janssens, M., 244
Jap, S. D., 101
Jarvis, J., 341
Jean, S., 226, 244
Jenks, John, 26
Jenner, Hartmut, 101
Jensen, Michael C., 308, 309
Jiang, Y., 309
Jimenez, Joseph, 11
Jin, B., 244
Jindra, B., 308
Joachimsthaler, E., 244
Jobs, Steven, 5, 61, 116, 135, 183, 284
Johannessen, J. A., 408
Johnson, J. L., 289, 308
Johnson, M. W., 31, 243
Johnson, R. A., 309
Johnson, S., 67, 137
Jones, G., 135
Jones, T. J., 31
Jordan, B. D., 437n
Joshi, S., 207
Joyce, W. F., 31, 207, 340

K

Kafka, P., 381
Kahn, J., 67
Kaiser, R. B., 136
Kale, P., 101, 245

Kamen, Dean, 388
Kampur, D., 216
Kane, Y. L., 261
Kang, E., 308
Kanter, Rosabeth Moss, 408
Kaplan, D., 174
Kaplan, M., 88
Kaplan, R. E., 136
Kaplan, Robert S., 31, 92, 95, 102, 136
Kaplan, Steven, 296, 408
Kapur, D., 217
Karamchandani, A., 213
Karri, R., 174
Kary, T., 30
Kashwarski, T., 32
Kasten, Tom, 363
Katz, J. A., 274
Katz, J. H., 137
Katzenbach, J. R., 342
Kazanjian, R. K., 313, 340
Kean, Jim, 416
Keats, B., 340
Kedia, B. L., 243
Keegan, R. W., 77
Keenan, F., 404
Keil, Thomas, 207, 308, 386, 408, 409
Kelleher, Herb, 5, 79, 86
Keller, M., 44
Kelly, Bill, 416
Kempf, Karl, 397
Kengelbach, J., 208
Kennedy, A. A., 306
Kenny, David, 120
Kenny, Katharine W., 80
Kent, Muhtar, 388
Kenworthy, T. P., 340
Kerin, Roger A., 175
Kerr, J., 307
Kerwin, K. R., 68
Kessler, S., 258
Ketchen, D. J., Jr., 68, 264, 275, 408
Kets de Vries, M. F. R., 32, 136, 341
Keynes, John Maynard, 27
Khanna, P., 307
Khanna, T., 208, 275, 309
Kharif, O., 156
Khosla, S., 244
Kichen, S., 135
Kidd, J. B., 244
Kidwell, R. E., Jr., 308
Kiley, D., 301
Kilmann, R. H., 342
Kim, B., 262
Kim, E., 175

Kim, H. E., 341, 408
Kim, J., 309
Kim, L., 175
Kim, P. H., 274
Kim, W. C., 275
Kimbrell, Duke, 316
Kimes, M., 373
King, A. A., 68
King, I., 397
Kirkland, J., 67
Kirkman, B. L., 138
Kirn, S. P., 102
Kiron, D., 80
Klein, Jonathan, 292, 308
Kleinfeld, Klaus, 353
Klemmer, D., 208
Klemp, G., 374
Kletter, D., 409
Kline, D., 244
Kling, K., 306
Koogle, Tim, 254
Kopp, Wendy, 23
Koppel, B., 341
Kor, Y. Y., 31
Kosnik, R. D., 309
Kotabe, M., 208, 245, 275
Kotha, S., 275
Kotter, John P., 373
Kouzes, J. M., 360, 375
Koza, M. P., 245
Kozlowski, Dennis, 202
Kramer, M. R., 32
Krause, R., 269, 308, 309
Krauss, C., 308
Kripalani, M., 217
Krishnan, H., 207
Krishnan, M. S., 101, 174
Krisnan, R. A., 207
Kroll, M., 175, 274, 307
Ku, G., 206
Kubzansky, M., 213
Kuemmerle, W., 341
Kulatilaka, N., 409
Kumar, M. V., 206
Kumar, N., 68
Kutaragi, Ken, 393
Kwak, M., 61, 68
Kwon, S. W., 137
Kyriazis, D., 206

L

Laamanen, T., 207, 308
LaBarre, P., 374
Labianca, G., 137
Labianca, Joe, 137
Lachenauer, Rob, 264, 265, 275
Lacity, M., 101

Lafley, A. G., 113
LaForge, R. W., 175
Lal, R., 174
Lalwani, N., 213
Lam, K., 101
Lam, Y., 265
Lambkin, M., 410
La Monica, P. R., 203
Landes, D. S., 243
Landinois, F., 405
Lane, P. J., 206
Lanese, Lory, 113
Laplume, A. O., 32
Largay, J. A., III, 375
Lash, J., 32
Latham, G. P., 136, 307, 409
Lavelle, M., 32
Laverty, K. J., 409
Lawler, E. E., III, 32, 375
Lawrence, Joanne, 196
Lawrence, T. B., 101
Lawton, C., 261
Lazandis, Michael, 384
Leana, C. R., 137, 375
Leavitt, P., 386
Lee, G. K., 138
Lee, H. L., 17
Lee, J., 306
Lee, Kun-Hee, 24
Lees, R. J., 31
Lei, D., 138, 175, 243
Leiber, N., 226
Leifer, R., 408
Lenzner, R., 136, 207
Leonard-Barton, Dorothy, 125, 137, 374
Lerner, J., 409
Lester, P. B., 375
Lester, R. H., 308
Leu, C., 208
Leung, W., 31
Levesque, L. C., 31, 340
Levin, D., 100
Levine, D., 307
Levit, A., 280
Levitt, Theodore, 225–226, 244
Levy, A., 258
Lewin, A. Y., 243
Lewis, Ken, 202
Li, J. J., 101, 137, 208
Li, J. T., 244
Libert, B., 49, 67
Lichthental, John, 223
Lieberman, David, 351
Lieberman, M. B., 410
Light, D. A., 67, 137
Lim, Y., 175
Lin, H. C., 275

Lin, John, 137
Linblad, C., 307
Ling, C. S., 31
Ling, Joe, 348
Ling, Y., 409
Linn, A., 170
Linton, Thomas, 79
Lipin, S., 206, 207
Lipparini, A., 101
Lipton, M., 33
Little, Arthur D., 207
Little, Mitch, 132
Liu, S. X. Y., 101
Lloréns-Montes, F. J., 373
Locke, Edwin A., 307
Loeb, M., 31
Lohr, S., 175
London, T., 31
Long, W., 274
Lopwz, Jose Ignacio, 136
Lorange, P., 66, 342, 374
Lorenzoni, G., 101
Lorsch, Jay W., 309, 374
Löscher, Peter, 353
Lotus, P., 373
Low, C. K., 289
Loyd, L., 204
Lu, J. W., 243, 275
Lubatkin, M. H., 409
Lublin, J. S., 116
Lucchetti, A., 307
Luehrman, T. A., 102
Luhby, T., 110
Lumpkin, G. T., 137, 274, 384, 408, 410
Lund, S., 221
Lundberg, C. C., 436
Lunnan, R., 208
Luochs, K., 207
Luthans, Fred, 374
Lutz, Robert A., 15, 32
Lyons, D., 410

M

Ma, H., 174
Mabey, C., 136
MacCormack, A., 31, 245
MacMillan, J. C., 175, 243, 409, 410
Madhok, A., 244
Madoff, Bernard, 40, 365
Mahmood, I., 243
Maiello, M., 275, 309
Main, J., 375
Majluf, N. S., 207
Makino, S., 243, 244
Makri, M., 206
Malhotra, D., 206

Mallas, S., 410
Malone, John, 362
Malone, Michael S., 135
Malone, Tom, 120
Mandel, M., 67
Mandelker, G., 308
Mang, P. Y., 410
Mankins, M. C., 430
Mann, J., 174
Manning, S., 243
Manville, B., 361
Mao Zedong, 349
March, J. G., 342, 409
Marcial, G., 68
Marcus, Bernard, 282
Margolis, J. D., 32, 369
Markham, S. K., 409
Markides, C. C., 66, 174
Markman, G. D., 306
Markovich, S., 318
Marks, M. S., 101, 176
Marriott, J. W., Jr., 144, 174
Martin, A., 208
Martin, J. A., 135, 136, 244, 340
Martin, J. E., 138
Martin, K. L., 31, 340
Martin, R. J., 374
Martin, Roger L., 425, 426, 427, 437
Martin, T., 174
Martin, X., 245
Martinez, Arthur, 2
Martinez, J., 207
Mass, N. J., 102
Massini, S., 243
Mathur, S. K., 67, 217
Matlack, C., 68
Matthews, C. H., 274
Mattioli, 110
Mauborgne, R., 275
Maurer, H., 307
May, R. C., 67
Mayer, J. D., 374
Maynard, M., 100
Mazumdar-Shaw, Kiran, 200
McAfee, A., 101
McCarthy, D. J., 308
McClennan, S., 199
McDermott, C. M., 408
McDonald, M. L., 206, 307
McDougall, P. P., 314n, 341
McEwen, Robert, 49
McGahan, Anita M., 68, 101
McGee, M., 341
McGeehan, P., 308
McGonagle, John J., 447
McGrath, C., 137
McGrath, J., 309

McGrath, Rita Gunther, 175, 243, 386, 408, 409, 410
McGregor, J., 213, 375
McKnight, William, 363
McLaughlin, R., 208
McLaughlin, K. J., 341
McLean, Bethany, 300, 309
McMullan, W. E., 274, 275
McNamara, G., 175, 197, 304
McNicol, J. P., 243
McVae, J., 32
McVey, Henry, 147
Means, Gardiner C., 290
Meckling, W. H., 308, 309
Meehan, Sean, 136
Mehta, S. N., 174, 307
Meier, D., 206
Meiland, D., 101
Meindl, J. R., 30
Meiners, Roger, 225
Melcher, R. A., 308
Melrose, Ken, 360, 375
Mendelow, A. L., 409
Merchant, H., 245
Meyer, A. D., 274
Meyer, K. E., 244
Meyer, Peter, 362, 375
Michael, D. C., 243
Michel, J. G., 275
Michelangelo, 202
Mider, Z., 304
Miles, R. E., 332
Miller, A., 31, 174, 307, 340, 373, 375, 410
Miller, D., 306, 341, 384
Miller, D. J., 207, 408
Miller, F. A., 137
Miller, J., 318
Miller, K. D., 410
Miller, W., 341
Milner, Alex, 223
Milner, Graham, 391
Minow, Neil, 14, 31, 288, 307, 308
Minter, S., 226
Mintzberg, Henry, 10, 11, 31, 278–279, 306, 436
Misangyi, V. F., 31
Mitchell, R., 307
Mitroff, S., 262
Mitsuhashi, H., 208
Mittal, Lakshmi, 207
Mochari, I., 403
Mohammad, R., 174
Mol, M. J., 408
Moliterno, T. P., 136
Monahan, J., 275
Monahan, Tom, 259

Monks, Robert, 14, 31, 288, 307, 308
Montes-Sancho, M. J., 32
Montgomery, C. A., 101, 102
Montgomery, D. B., 341, 410
Monti, Mario, 6
Moon, Y., 167, 175
Mooney, A. C., 437
Moore, Geoffrey A., 401, 410
Moore, J. F., 342
Moran, P., 137
Morison, R., 101
Morita, Akio, 19
Morris, B., 306
Morris, E., 436
Morrissey, C. A., 408
Morrod, T., 261
Morrow, J. S., 176
Mors, M. L., 137
Morse, E. A., 101
Morse, G., 207
Moss, S. A., 374
Mouawad, J., 308
Mouio, A., 208
Mowery, D. C., 342
Moynihan, Brian, 105
Mozilo, Angelo, 289
Mudambi, R., 68, 208, 244, 275
Muir, Max, 265
Mulally, Alan, 22–23, 170, 171
Mullaney, T. J., 176, 404
Mumm, J., 308
Munk, N., 102
Murdoch, James, 302
Murdoch, Rupert, 302
Murningham, J. K., 206
Murphy, D., 374
Murphy, Kevin J., 309
Murply, P., 243
Murthy, N. R. Narayana, 350
Mussberg, W., 341

N

Nader, Ralph, 300
Nagarajan, G., 219
Nagaraju, B., 217
Nahapiet, J., 135
Nair, H., 31, 243
Nalebuff, B. J., 59, 60, 68
Nam, D., 175
Narasimhan, O., 101
Narayan, A., 208, 240
Narayanan, V. K., 66, 67
Nasr, S. L., 388
Naughton, K., 54
Nayar, Vineet, 116
NcNerney, Jim, 311

Ndofor, H., 275
Needham, Charles, 7
Neilson, G., 409
Neilson, G. L., 31, 340
Nelson, A. J., 436
Nelson, B., 39
Ness, S. M., 38
Netessine, S., 307
Neuborne, E., 175
Newbert, S. L., 31, 101
Newman, R., 30
Nexon, M., 136
Niblack, J., 408
Niven, P., 102
Nmarus, J. A., 100
Nobel, Carmen, 369
Nobel, R., 244
Nohria, N., 138, 275, 408, 409
Nonaka, I., 135
Noorda, Raymond, 270
Noot, Walter, 91
Nordstrom, Dan, 76
Norton, David P., 31, 92, 95, 102
Novak, David C., 415
Novicki, C., 375
Nutt, P. C., 31
Nyberg, A. J., 308

O

Obama, Barack, 327
Obodaru, O., 33
O'Brien, J. M., 136
O'Brien, J. P., 409
O'Brien, William, 360
O'Connor, G. C., 408
O'Connor, M., 222
Odell, A. M., 110
Odlyzko, A., 67
O'Donnell, S. W., 245
Oh, H., 137
Ohmae, Kenichi, 242, 342
Okie, Francis G., 282
O'Leary-Kelly, A. M., 307
Oliver, C., 208
Olsen, B., 408
Olsen, Kenneth H., 40
Omidyar, Pierre, 384
O'Neill, H. M., 340
Ordonez, I., 204
Ordonez, L., 375
O'Reilly, B., 374
O'Reilly, Charles A., 136, 336, 342
Orey, M., 67
Oster, S. M., 207
Ouchi, William, 306, 307
Oviatt, B. M., 314n, 341
Oxley, J. E., 342

Ozzie, Raymond, 91

P

Paalanjian, A., 259
Padgett, T., 301
Page, Larry, 384, 392
Paine, Lynn S., 368, 369, 375
Palazzo, G., 307
Palmer, T. B., 68
Palmeri, C., 174
Palmisano, Samuel, 53, 389
Pandit, Vikram, 292
Paranjpe, Nitin, 113
Pare, T. P., 206
Parise, S., 136, 138
Park, M., 44
Passariello, C., 271
Patscot, Steven, 111
Patton, Paul, 76
Pauleen, D. J., 243
Pauling, Linus, 124
Pawlowski, Janina, 254
Pearce, J. A., II, 32, 175
Pearl Jam, 258
Pearson, A. E., 373
Pearson, D., 146
Pech, R., 265
Peck, S. I., 309
Peluso, M., 150
Peng, Mike W., 244, 309
Pennings, J. M.., 408
Penske, Roger, 71
Pepitone, J., 274
Peridis, Theo, 138
Perkins, A. B., 135
Perman, S., 401
Perrewe, P. L., 375
Pestana, Miguel, 150
Peteraf, M. A., 68, 137, 275
Peters, L. S., 408
Peters, S., 208, 245
Peters, Thomas J., 306
Peterson, K., 340
Petrucciani, Tony, 27
Pfeffer, Jeffrey, 31, 110, 135, 136, 325, 341, 374
Phelan, Dan, 114–115
Phelps, C., 208
Phillips, C., 342
Phillips, R. A., 32
Picasso, Pablo, 123, 124
Picken, J. C., 73, 101, 130, 135, 175, 206, 207, 306, 307, 342, 374
Pieper, Jurgen, 153
Pierantozzi, Ron, 386
Pil, F. K., 375
Pinchot, Gifford, 408

Pine, B. J., II, 175
Pink, D. H., 132
Pinto, J., 375
Pitts, R., 138
Pitts, R. A., 341
Plambeck, E., 17
Ployhart, R. E., 136
Pogue, D., 275
Polanyi, M., 135
Polek, D., 208
Pollack, Lindsey, 110
Poltrack A., 381
Pondy, L. R., 342
Poppo, L., 137
Porras, J. I., 306, 402, 447
Port, O., 375
Porter, Michael E., 18, 31, 32, 49, 50, 55, 60, 65, 67, 68, 72, 74, 77, 100, 102, 142, 144, 148, 174, 175, 201, 206, 207, 208, 214, 215, 216, 217, 243, 244
Portland, A., 137
Posner, B. Z., 360, 375
Potter, F., 252
Pottruck, D. A., 341
Poulfelt, F., 101, 102, 341, 374
Pound, J., 307
Poundstone, W., 307
Powell, B., 244
Powell, T. C., 174
Powers, E., 31, 340
Pozen, R. C., 308
Prahalad, C. K., 35, 66, 106, 135, 174, 206, 207, 213, 244
Presley, Elvis, 37
Priem, R. L., 67, 341
Prieto, I. M., 375
Prior, V., 67
Pritchard, David, 287
Prusak, L., 137, 409
Pucik, V., 410
Puffer, S. M., 308
Purda, L. D., 67
Puryear, R., 342
Putin, Vladimir, 220
Pylas, P., 31

Q

Quigley, J. V., 33
Quinn, James Brian, 135, 278–279, 306, 342
Quinn, R. T., 102

R

Rainer, Michaeli, 447
Raisinghani, D., 436
Rajiv, S., 101

Ramamurti, R., 216, 217
Raman, A. P., 242, 350
Ramirez, J., 26
Randall, D., 309
Randall, T., 155, 175
Rao, A. R., 174
Rao, R., 340
Rappaport, A., 207
Rasheed, A. M. A., 67, 341
Rashid, R., 137
Raths, D., 416
Ratliff, Rick, 171
Raynor, M. E., 408
Rayport, J. F., 100
Reagan, J., 170
Rechner, P. L., 437
Reed, S., 207
Reedy, E. J., 252
Reene, Michael, 120
Reinartz, W., 175
Reiner, C., 153
Reinert, U., 243
Reingen, P. H., 208
Reisinger, D., 61
Reiter, C., 100, 171
Reitzig, M., 342
Renneboog, L. D. R., 306
Ren Zhengfei, 349
Reuer, J. J., 208, 245
Reutzel, C. R., 309
Rexrode, C., 231
Rhodes, D., 174
Rice, M. P., 408
Richter, A., 410
Ricks, D., 245
Ridge, Garry, 261, 391
Ridge, J. W., 137
Rigas família, 202
Rigby, D. K., 207
Ring, P. S., 208
Ritzman, L. P., 101
Rivkin, Jan W., 102, 244, 309
Robb, A., 252
Roberto, M. A., 374
Roberts, D., 68
Roberts, E. B., 408
Roberts, J., 410
Roberts, P. W., 135
Robins, J. A., 102
Robinson, Mark, 46
Robinson, R. B., 175
Robinson, S. L., 307
Robinson-Jacobs, K., 77, 338
Rocks, D., 226
Rodriguez, P., 243
Rogers, James, 113
Rogers, T. J., 23
Rollag, K., 136

Romanelli, E., 275
Rondinelli, D. A., 31, 32
Ronstadt, R., 436
Roos, A., 208
Roos, J., 342
Root, Allan, 22
Rose, Charlie, 206
Rose, Kevin, 246–247
Rosen, B., 138
Rosenberg, T., 397
Rosenblum, D., 68
Rosenzweig, Dan, 112
Rossetti, C., 341
Roth, David, 151
Roth, K., 102
Rothenbuecher, J., 206
Rothhaermel, F. T., 275
Roundy, P. T., 206
Rouse, T., 243
Rowley, I., 68
Rowley, T. J., 208
Rows, S. A., 437n
Roy, J. P., 208
Royer, I., 409
Rucci, A. J., 102
Rudden, E., 244
Rugman, Alan M., 234, 244
Ruisel, I., 374
Rukstad, M. G., 33
Rumelt, R. P., 341
Runyan, R., 410
Rush, Patrick, 105
Rusli, E., 206
Russo, M. V., 28
Ryan, L. V., 308
Ryan, M. K., 306
Ryschkewitch, Mike, 361

S

Sachitanand, R., 217
Safferstone, T., 31
Saffo, P., 136
Safizadeh, M. H., 101
Sahlman, William A., 417
Saias, M. A., 341
St. John, W., 275
Sakaibara, M., 342
Salancik, G., 31
Salman, W. A., 68
Salomon, R., 244
Salvoney, P., 374
Sambol, David, 289
Sampson, R. C., 408
Samuelson, J., 31
Sanchez, Raymond, 429
Sandberg, W. R., 437
Sanders, W. G., 289

Sandler, L., 30
Sandler, N., 243
Sant, Roger, 375
Sasseen, J., 309
Sauer, P. J., 430
Sawhney, M., 244
Scarpello, L., 269
Schaefler, Leonard, 59
Schafer, S., 375
Schaffer, R. H., 374
Schandler, T., 375
Schawlow, Arthur, 117
Scheck, J., 307
Schecter, S. M., 176
Schein, Edgar H., 315, 340
Schendel, D., 245
Schenkel, M. T., 274
Scherer, A. G., 307
Scherzer, L., 102
Schijven, M., 176, 197
Schindler, Pamela, 430
Schiro, Jim, 118
Schmidt, C., 135
Schmidt, Eric, 67
Schmidt, G., 175
Schneider, J., 66
Schneider, M., 308
Schoemaker, P. J. H., 66, 102
Schoenherr, Tobias, 226
Schol, M., 32
Schoonhoven, C. B., 274
Schoppen, W., 308
Schreyoff, G., 66
Schrottke, J., 206
Schultz, Howard, 249
Schwartz, N. D., 244
Schweiger, D. M., 437
Schweitzer, M. E., 375
Schwert, G. William, 206
Scott, B. R., 340
Scott, F. S., 66
Scott, L., 68
Scudamore, Brian, 126
Segalla, M., 135
Seglin, J. L., 274
Seijits, G. H., 136, 409
Sellers, P., 208, 242, 307
Semadini, M., 308, 309
Sen, S., 32
Senge, Peter M., 8, 21, 31, 32, 358, 374
Server, A., 187
Sethi, R., 410
Sexton, D. A., 33
Seybold, P., 175
Shah, B., 67
Shah, R. H., 208
Shanley, M., 68

Shapira, Z., 409
Shapiro, C., 68, 73
Shapiro, J., 136
Sharer, Kevin, 9
Sharma, A., 244, 408
Sharma, M., 240
Shaver, J. M., 275
Shaw, Peter, 184
Shaw, Robert, 187
Sheff, D., 375
Shepherd, D. A., 274
Shinar, Uri, 199
Shockley, R., 80
Shook, C., 136
Short, J. C., 68
Shrader, R. C., 274
Shukla, A., 17
Sidhu, Inder, 32, 90, 102
Siebel, Tom, 229, 244, 307
Siemers, E., 331
Sieracki, Eric, 289
Silva, C., 307
Silver, A., 308
Silverberg, Brad, 120
Silver-Greenberg, J., 135
Silverman, B. S., 342
Silverman, Henry, 91
Silvestri, L., 341
Simmons, Cal, 252
Simmons, P. J., 32
Simons, R., 306
Sims, H. P., Jr., 375
Simsek, Z., 275, 409
Singh, H., 207, 245
Singh, J. V., 101
Singh, K., 243
Singh, S., 219
Sirmon, D. G., 101, 137, 176, 208, 309
Sirower, M. L., 207
Slater, D., 102
Slater, R., 115, 136
Sleeper, Nathan K., 198
Sleuwaegen, L., 342
Slevin, D. P., 342, 384, 410
Sloan, Alfred, 21
Sloan, Alfred P., 358
Slocum, J. W., Jr., 138, 175, 307
Slowinski, G., 342
Slywotcky, A., 409
Smith, B. R., 274
Smith, Douglas K., 136, 332, 342
Smith, G., 243, 375
Smith, H., 271
Smith, K. G., 175, 264, 268, 275
Smith, Stephen, 366
Snow, C. C., 175, 264, 275, 332, 408

Snyder, Nancy, 22
Sole, Kenneth, 429
Solinsky, S., 338
Solomon, D., 388
Sonpar, K., 32
Sorrell, Martin, 126
Souers, Michael, 4
Soule, E., 375
Souler, D., 275
Spector, J., 49, 67
Spencer, J. W., 138
Sperling, John, 291
Spielberg, Steven, 362
Spinelli, S., 249, 274
Srivastava, M., 239
Stabell, C. B., 100
Stadter, G., 102
Stafford, E. R., 208
Staley, O., 68
Stalk, George, Jr., 158, 175, 264, 265, 275
Stamboulidis, G., 265
Stanford, D., 21
Stanton, S. A.., 375
Stanton, Steven, 359
Staw, B. M., 374
Stead, D., 174
Stearns, T. M., 437
Stecklow, S., 307
Steens, H. K., 375
Steere, W. C., Jr., 408
Steere, William, 381
Steffens, P., 275
Stelter, D., 174
Sternberg, R. J., 374
Stetler, B., 101, 308
Stevens, J. M., 375
Stewart, C., 316, 381
Stewart, Thomas A., 108, 135, 136, 207, 274
Stewart, W. H., 67
Stibel, J. M., 174
Stieglitz, N., 68
Stienmann, H., 66
Stimpert, J. L., 175
Stoever, H., 308
Stone, A., 369
Stone, B., 88
Strack, R., 135
Straus, S., 137
Strickland, A. J., III, 307
Stringer, R., 409
Stross, R. E., 243
Stuckey, J., 342
Stumpf, John, 13
Su, K. H., 275
Suddath, C., 174
Sull, D. N., 33, 138, 409

Sun, J. J., 101
Sunwyn, Mark, 110
Sutcliffe, K. M., 66, 341
Swaminathan, A., 275
Swaminathan, V., 208
Swartz, J., 309
Sweeney, J., 400
Sweo, R., 67
Swinney, J., 410
Symonds, W. C., 174
Szobocsan, J., 138

T

Takahashi, D., 389
Takeuchi, I., 135
Tallman, Joseph, 129
Tang, J., 67
Tang, Y., 208
Tanner, J., 175
Tapscott, D., 49
Task, A., 32, 208, 306
Tate, B., 374
Taub, E. A., 261
Taylor, A., III, 68, 174
Taylor, J. T., 375
Taylor, James, 363
Taylor, Teresa, 357
Taylor, W. C., 138
Teece, David, 131, 138
Teitelbaum, R., 307
Tekleab, A. G., 375
Teng, B. S., 342
Teramoto, Y., 244
Terwiesch, C., 155, 175
Tesluk, P. E., 138, 375
Thain, John, 202, 208
Theoret, A., 436
Thomas, J. G., 32
Thomas, R. J., 67, 137
Thompson, A. A., Jr., 307
Thorndike, E. L., 374
Thornton, E., 174, 207
Thurm, S., 67
Tichy, Noel M., 374
Tierney, T., 138
Tierney, T. J., 374
Tietzen, Terry, 248
Tilin, A., 275
Timmons, J. A., 249, 274
Tischler, L., 49, 68
Tiwana, A., 208
Tohme, N. S., 309
Toman, N., 174
Tome, Carol B., 286
Tomlinson, D., 68
Toossi, M., 67
Torres, N. L., 274

Torvalds, Linus, 427
Tosano, Kaora, 243
Touryalai, H., 135
Townsend, M., 44
Tretter, M. J., 341
Trevino, L. K., 307
Triandis, H. C., 243
Trimble, C., 208, 341
Trimble, G., 391
Troianovski, A., 180
Trudel, R., 32
Tsai, W., 275
Tsao, A., 67
Tu, M., 175
Tuggle, C. S., 309
Tukiainen, T., 409
Tully, S., 180, 307, 341
Turk, T. A., 309
Turner, S. F., 409
Tushman, Michael L., 336, 342
Twain, Mark, 351
Tyrangiel, J., 138
Tyson, L. D., 67

U

Uhl-Bien, M., 307
Uhlenbruck, K., 243
Ulaga, W., 175
Ulrich, D., 101
Ulrich, K. T., 155, 175
Uzzi, B., 137

V

Vaaler, P. M., 175
Vaarnas, Markko, 447
Vagelos, P. Roy, 107
Vaishampayan, S., 371
Valdes-Dapena, P., 54
Valeant-Yenichek, Julie, 44
Valikangas, L., 408
Van Aukun, P. M., 33
Van Buren, H. J., 137
Van Buren, M. E., 31
Vance, A., 405
Van Gogh, Vincent, 123, 124
Van Hoven, M., 199
Van Looy, B., 244
Van Putten, A. S., 243
Van Wamelen, A., 221
Varian, H. R., 68, 73
Vascellaro, J., 265, 269, 408
Veiga, J. F., 275, 409
Vella, Carolyn M., 447
Veloso, F. M., 408
Verbeke, Alain, 234, 244, 340
Verdú-Jover, A. J., 373
Verespej, M., 251

Vermeulen, F., 208
Very, P., 137
Veryzer, R. W., 408
Vesper, K. H., 274, 275
Vestring, T., 243
Victor, B., 341
Viguerie, P., 67
Vogel, C., 275
Vogel, D. J., 32
Von, Hippel, Eric, 67

W

Waddock, S., 32
Wagner, M., 400
Wagner, S., 342
Wakabayashi, D., 180
Walker, B. A., 208
Walker, Jay, 208, 274
Wall, S. J., 375
Wallace, B., 275
Wallace, J., 340
Walsh, J. P., 309
Walters, B. A., 67, 208, 245, 274, 307
Walton, Sam, 16, 282
Wan, W. P., 244
Wang, E. Z., 309
Wang, L., 410
Wang, William, 261
Warlick, Andy, 316
Warner, F., 136
Warnholz, J.-L., 243
Wasik, J., 254, 274
Wasserman, E., 417
Waterman, Robert H., 306
Waters, J. A., 11
Wathieu, L., 174
Watkins, M. D., 67
Watson, R., 401
Watson, Thomas J., 21, 184, 358
Weaver, G. R., 307
Weaver, K. M., 275
Webber, A. M., 135
Weber, J., 307
Weber, K., 66
Wei, Jinping, 230
Weilart, M., 341
Weinberg, D., 138
Weinberg, N., 309

Weiner, H., 341
Weinreb, E., 110
Weintraub, A., 404
Welch, D., 68
Welch, Jack, 5, 79, 201, 208, 324
Wellington, F., 32
Wells, R. M. J., 408
Welsch, Harold L., 274
Wen, S. H., 244
Werder, A. V., 307
Werhane, P. H., 203
Wernerfelt, B., 137
Westerfeldt, R. W., 437n
Westergren, Tim, 258
Weston, J. S., 306
Weston, John F., 208
Weston, John S., 279
Westphal, J. D., 206, 307, 308, 374
Wetlaufer, S., 244, 307, 375
Wheelwright, S., 408
Whelan, D., 67
White, A., 271
White, D., 342
White, J., 187
Whitman, Meg, 277
Wiersema, F., 408
Wiersema, M. F., 102, 206
Wiggett, Jim, 76
Willcocks, L. P., 101
Williams, A. D., 49
Williams, G., 275
Williams, M. A., 137
Williams, R., 375
Williamson, Oliver E., 207
Williamson, P., 242
Wilson, D., 174
Wilson, H. J., 138, 409
Wilson, K., 340
Wilson, S., 261
Wind, Y., 244
Winder, Catherine, 392
Wingfield, N., 138, 208
Winkler, Annette, 71
Winston, A. S., 17, 348
Winter, C., 198, 244
Wirtz, J., 175
Wise, R., 68, 409
Wiseman, R., 304
Wojdyla, B., 68
Wolfenson, J., 67

Wolter, C., 408
Wong, S.-S., 137
Wood, J., 101
Wood, R. C., 389
Woolley, S., 32
Worrell, D., 259
Wright, P., 175, 274, 307
Wriston, Walter, 201, 358
Wuestner, C., 171
Wurster, T. S., 67
Wynn, Steve, 291
Wysocki, Bernard, Jr., 120, 137
Wyss, Hansjorg, 345–346

Y

Yakubovich, V., 307
Yamaguchi, Y., 240
Yang, Q., 244
Yao, X., 275
Yarow, J., 408
Yatsko, P., 17
Yeoh, P. L., 102
Yoffie, D. B., 61, 68
Yolton, Mark, 129
Young, Bob, 427
Young, M. N., 309, 341
Yukl, Gary, 373
Yun, S., 375

Z

Zaccaro, S. J., 138
Zachadakis, A. L., 274
Zahra, S. A., 244, 408
Zajac, E. J., 307
Zardkoohi, A., 308, 409
Zaslav, David, 296
Zell, D., 137
Zelleke, A., 309
Zellner, Wendy, 307
Zenger, J. H., 359, 374
Zhang, R., 375
Zhao, A., 252
Zhou, K. Z., 137
Zhu, D. H., 101
Ziegler, J., 251
Zollo, M., 206
Zozula, Sojna, 226
Zrike, Stephen, 165